W0253375

Informatik-Fachberichte

Herausgegeben von W. Brauer
im Auftrag der Gesellschaft für Informatik (GI)

57

GI – 12. Jahrestagung

Kaiserslautern, 5. – 7. Oktober 1982

Proceedings

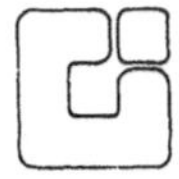

Herausgegeben von J. Nehmer

Springer-Verlag
Berlin Heidelberg New York 1982

Herausgeber

Jürgen Nehmer
Universität Kaiserslautern
Postfach 3049, 6750 Kaiserslautern

ISBN-13: 978-3-540-11609-7 e-ISBN-13: 978-3-642-68603-0
DOI: 10.1007/978-3-642-68603-0

2145/3140 – 5 4 3 2 1 0

Vorwort

Die 12. Jahrestagung der Gesellschaft für Informatik an der Universität Kaiserslautern steht unter dem thematischen Schwerpunkt

"SYSTEMS ENGINEERING"

in der Informatik. Unter dem Druck einer sehr geringen Zahl eingereichter Beiträge sind wir von dem Konzept der Vorjahre abgerückt, die Tagung überwiegend aus eingereichten Beiträgen zu bestreiten. Der zweite Tag hat durch die eingeladenen Übersichtsvorträge einen vorwiegend tutorialen Charakter und soll der Jahrestagung gegenüber den vielen Fachtagungen eine eigenständige Attraktivität verleihen. Die in Übersichtsvorträgen behandelten Themen sollen den hier anwesenden Fachleuten Gelegenheit bieten, sich bequem über außerhalb des eigenen Arbeitsgebiets sich abzeichnende neue Entwicklungen zu informieren.

Dem Programmkomitee, den Programmausschüssen der Fachgespräche sowie dem Organisationskomitee am Tagungsort sei an dieser Stelle für ihren Beitrag zum Gelingen der Tagung herzlich gedankt.

Kaiserslautern, Juli 1982

Jürgen Nehmer

Folgende Firmen haben die Vorbereitung und Ausrichtung der Tagung finanziell unterstützt:

Siemens AG
IBM Deutschland GmbH
BASF AG
Brown, Boveri & Cie. AG
Telefonbau & Normalzeit GmbH
Gebr. Kittelberger GmbH & Co.
Pfaff GmbH
Stilgenbauer KG
F. K. Horn

PROGRAMMKOMITEE

J. Nehmer, Kaiserslautern (Vorsitz)
G. Goos, Karlsruhe
W. R. Haas, Frankfurt
W. Hesse, München
U. Herzog, Erlangen
E. Holler, Karlsruhe
H. Keutgen, Aachen
K.-P. Löhr, Bremen
N. Mall, Friedrichshafen
R. Piloty, Darmstadt
P. Raulefs, Kaiserslautern
L. Richter, Dortmund
M. Sedello, Paderborn

Inhaltsverzeichnis   Hauptprogramm   Seite

* Der Beitrag lag leider zum Zeitpunkt der Drucklegung noch nicht vor.

* Der Beitrag lag leider zum Zeitpunkt der Drucklegung noch nicht vor.

Inhaltsverzeichnis Fachgespräche Seite

RECHNERARCHITEKTUR - HEUTE UND MORGEN

Wolfgang K. Giloi

Technische Universität Berlin

1. Was ist Rechnerarchitektur?

"Architektur" ist "in" in der Informatik. Überall da, wo etwas strukturiert wird - und in der Informatik, die deshalb auch mitunter als "Strukturwissenschaft" bezeichnet wird, ist schlechthin alles strukturiert - geht es oft nicht mehr um "Struktur" sondern um "Architektur". Netzwerke haben eine "Netzwerkarchitektur", Betriebssysteme haben eine "Betriebssystemarchitektur", usw. Diesem Sprachgebrauch folgend, wird der Informatiker zum "Informationsarchitekten".

Ist nicht auch der Begriff "Rechnerarchitektur" ein Ausfluß dieser Sprachmode? Wenn es zulässig wäre, "Rechnerarchitektur" mit "Hardwarestruktur" gleichzusetzen, wie dies manchmal geschieht, dann wäre dieser Einwand berechtigt. Eine rein strukturelle Sicht von Rechnerarchitektur ist aber nicht nur unergiebig, sondern irreführend. Die Bau-Architektur, von der der Begriff entlehnt ist, ist ja auch nicht einfach Struktur, sondern Struktur im Dienste einer vorgegebenen Funktionalität und anderer, der Funktion noch übergeordneter Anforderungen.

Die Rolle der Architektur kommt treffend in der folgenden, der Encyclopaedia Britannica entnommenen Definition zum Ausdruck:
"The types of architecture are established not by architects but by society, according to the needs of the different institutions. Society sets the goals and assigns to the architect the job of finding the means of achieving them."

Was sind diese Ziele, die der Rechnerarchitekt erfüllen soll? In der Vergangenheit gab es ein dominierendes Ziel, nämlich das Ziel, eine bestimmte Funktionalität mit möglichst hoher Leistung zu einem attraktiven (man kann auch sagen marktgerechten) Preis zur Verfügung zu stellen. Ausser bei Spezialanwendungen, die eine vorgegebene absolute Leistung erfordern, war also letztlich das Preis/Leistungs-Verhältnis zu optimieren wobei sich durch den Fortschritt der Halbleitertechnik ständig die Leistung nach oben und der Preis nach unten bewegte.

Auch in Zukunft wird das Preis/Leistungs-Verhältnis einer Rechenanlage eine wesentliche Randbedingung ihres Entwurfs bleiben. Zusätzlich sind aber weitere, wichtige Architekturziele hinzugetreten; neben dem Preis/

Leistungsverhältnis sind dies die folgenden Aspekte.

- Erweiterbarkeit: Eine Rechenanlage sollte ohne wesentliche Änderung der Systemsoftware modular erweiterbar sein und damit mit wachsenden Aufgaben wachsen können.
- Zuverlässigkeit: Die Zuverlässigkeit von Hardware und Software sollte gesteigert werden, falls die Anwendung es erfordert bis zur vollständigen Fehlertoleranz, und die Sicherheit und Integrität der gespeicherten Daten sollte erhöht werden.
- Software-Qualität: Die Systemsoftware sollte sich vereinfachen und damit fehlerfreier und billiger in der Herstellung werden, und der Rechner sollte den Entwurf und die Herstellung zuverlässigerer und wartbarerer Anwendungssoftware unterstützen.

Die Forderungen nach Erweiterbarkeit und Fehlertoleranz können nur von Mehrrechnersystemen erfüllt werden. Es läßt sich ferner belegen [1], daß auch der Aspekt der Software-Qualität auf effiziente Weise nur durch Mehrrechnerarchitekturen erfüllt werden kann. Sollten sich neue Programmierstile wie das funktionelle Programmieren oder das logische Programmieren durchsetzen, so werden neuartige Rechnerarchitekturen zur Unterstützung dieser Programmiermethoden benötigt, die ebenfalls Mehrrechnerarchitekturen sein werden. Und schließlich werden Multi-Mikrorechnersysteme wegen der besonders hohen Kosteneffizienz der Mikrorechnerbausteine auch das günstigste Preis/Leistungsverhältnis bieten. Aus all diesen Gründen besteht unter Kundigen kein Zweifel, daß die Entwicklung von Mehrrechner-Architekturen die wichtigste Entwicklung der achtziger Jahre auf dem Gebiet der Rechnerarchitektur sein wird [2].

Neben der eigentlichen Funktionalität einer Rechenanlage und der immanenten Forderung, daß die geforderte Funktionalität möglichst kosteneffizient zur Verfügung stehen soll, gibt es damit noch eine Reihe weiterer Attribute, wie zum Beispiel eine vorgeschriebene Mindestleistung oder die oben erwähnten Attribute der Erweiterbarkeit, Zuverlässigkeit oder Software-Qualität, die am Anfang eines Architekturentwurfs stehen. Das Schlagwort für die Tätigkeit des Aufstellens des Katalogs der zu erfüllenden Attribute und Funktionen lautet requirement engineering; die Formulierung der Attribute und Funktionen heißt Spezifikation. Spezifikationen sollen konsistent und vollständig sein. Daher sind formale Spezifikationsmethoden und Beschreibungsformen notwendig, die die Eindeutigkeit der Spezifikationen gewährleisten und möglichst eine mechanisierte Überprüfung von Konsistenz und Vollständigkeit erlauben.

Die Erweiterbarkeit einer Rechenanlage ist primär eine Frage der Systemsoftware-Organisation. Zuverlässigkeit und Fehlertoleranz setzen beide gleichermaßen geeignete Software- wie Hardwarestrukturen voraus. Die Frage der Systemsoftware-Struktur ist eine Frage der Aufteilung der Gesamtfunktionalität des Systems - einschließlich der Betriebssystem-Funktionen - auf die Software, Firmware und Hardware des Systems. Die Zuverlässigkeit und Wartbarkeit von Anwender-Software ist abhängig von der "semantischen Lücke" zwischen dem in einer höheren Programmiersprache geschriebenen Anwenderprogramm und seiner Darstellung im Rechner, d.h. letztlich eine Frage der Definition der Maschinen-Datenobjekte und Kontrollstrukturen [3]. In keinem Falle wäre auch nur einer der genannten Aspekte durch Hardwarestruktur-Betrachtungen allein zu lösen. Wir werden noch zeigen, daß auch die Frage der Parallelarbeit primär nicht als Frage der Hardwarestruktur sondern als Frage des Programmierstils zu betrachten ist.

Diese wenigen Beispiele zeigen bereits, daß das requirement engineering beim Entwurf einer Rechnerarchitektur stark von Softwarefragen, Fragen der Programmiermethodik und der Programmstrukturen beeinflußt ist. Andererseits bestimmen die Requirements die zu treffenden Entwurfsentscheidungen bezüglich der Programmstrukturen und Art der Datendarstellungen in der Maschine sowie der Kontrollstrategien bei der Ausführung der Algorithmen durch die Maschine. Diese Festlegungen wiederum implizieren gewisse Hardware-Strukturen und -Mechanismen.

Um diesem Tatbestand Rechnung zu tragen, haben wir zur Kennzeichnung einer Rechnerarchitektur die folgenden Definitionen eingeführt [3]:

<Rechnerarchitektur> = (<Operationsprinzip>,<Hardwarestruktur>)
<Operationsprinzip> = (<Maschinen-Datentypen>,<Kontrollstrukturen>)
<Hardwarestruktur> = (<Art und Anzahl der Hardware-Betriebsmittel>,
<Kommunikationsstruktur>)
<Maschinen-Datentyp> = (<Menge von Funktionen>,
<Klasse von Datenobjekten>,
<Menge von Maschinen-Darstellungen der Objekttypen>)
<Kontrollstrukturen> = (<Strategien für Operationskontrolle und Datenkontrolle>).

Es ist hier nicht der Ort, auf weitere Verfeinerungen dieses Schemas einzugehen, die am Ende in eine vollständige Taxonomie von Rechnerarchitekturen münden [3]. Was die Definitionen aufzeigen sollen, ist die Tatsache, daß Rechnerarchitektur sich nicht vom Gesichtspunkt reiner Hardwarestruktur-Betrachtungen erfassen läßt, sondern nur als Dichotomie von Operationsprinzip und Hardwarestruktur. Das Operationsprinzip definiert eine Menge fundamentaler Regeln für die Arbeitsweise der Hardware-Betriebsmittel des Rechners durch die Festlegung der Funktionen der einzelnen Maschinen-Datentypen, der Darstellungen, die die Objekte der Maschinen-Datentypen in der Hardware finden und der Mechanismen, die die Art des Zugriffs zu Objekten und ihrer Bearbeitung bestimmen. Die Maschinen-Datentypen stellen die Software-Schnittstelle des Rechners dar, wobei der Programmierer die Maschinen-Datentypen als abstrakte Datentypen sehen sollte, d.h., ohne Kenntniss ihrer internen Darstellung (gegen diese Forderung wird in konventionellen Rechnern gröblich verstoßen).

Rechnerentwurf ist die Aufgabe, nach den Regeln der Rechnerarchitektur ein Operationsprinzip zu definieren, das die gestellten Requirements erfüllt und dieses Operationsprinzip dann auf geeignete Firmware- und Hardware-Strukturen abzubilden. Rechnerentwurf kann daher nicht mit dem Entwurf von Hardwarestrukturen beginnen. Die Idee, mehrere Prozessoren oder Rechner nach irgendeiner für günstig gehaltenen Struktur zu verbinden - Bus, Ring, Stern, Dreieck, Matrix, Pyramide, oder was immer sonst - ist allein noch keine Architekturidee. Man kann keine Rechnerstruktur vernünftig entwerfen und optimieren, wenn man sich nicht vorher klar gemacht hat, welche Programmiermethodik, welche Programmstrukturen, welche Art der Parallelarbeit und welche Sicht von Datenobjekten durch die Struktur unterstützt werden soll. Es gibt eine Reihe von zum Teil recht spektakulären Beispielen, wo diese Tatsache mißachtet wurde, wo "innovative" Rechnerarchitekturen nach dem Motto realisiert wurden: "Hier ist eine besonders 'gute' Hardwarestruktur, die Parallelarbeit ermöglicht. Jetzt ist es Sache der 'Softwareleute', herauszufinden, wie man dieses wunderbare Instrument programmiert, und der Benutzer, es auch nach Kräften zu nutzen." Solche Versuche endeten zwangsläufig mit Mißerfolgen.

Eine weitere Beziehung, die kritisch beleuchtet werden muß, ist die zwischen Rechnerarchitektur und dem Entwurf von VLSI-Bausteinen. Es ist heute noch nicht abzusehen, ob es jemals eine Zeit geben wird, wo man ganze, komplexe Mehrrechnersysteme wird auf einem Chip unterbringen können. Die "1 μ-Technologie", deren Einführung gegenwärtig im Gange ist, wird uns den 256K-bit dynamischen Speicherbaustein bescheren, sowie den leistungsfähigen 32-bit Mikroprozessor. Danach kann man ermessen, welcher weitere Miniaturisierungsfaktor notwendig wäre, um einen solchen Prozessor mit einem Speicher von, sagen wir, einer Kapazität von 1 Mbyte, mit Speicherverwaltung, EA-Prozessor, Steuerlogik für Peripheriegeräte, usw. auf einem Chip unterzubringen. Und damit hätte man gerade mal einen konventionellen Mikrorechner auf einen Chip gebracht und noch kein komplexes Mehrrechnersystem.

Deshalb werden noch für absehbare Zeit die Hardware-Betriebsmittel einer Rechnerarchitektur - Prozessoren, Speicher, Kommunikationseinrichtungen - diskrete Baueinheiten bleiben, die ihrerseits selbstverständlich unter weitgehenderer Verwendung von LSI- oder VLSI-Bausteinen realisiert werden. Mit dem Fortschritt der Großintegration werden solche Bausteine funktionell immer komplexer werden, und als Folge werden immer weniger Bausteine zur Realisierung einer Rechnerstruktur benötigt, bzw. man wird sich immer komplexere Strukturen leisten können. Der Rechnerarchitekt wird in der Regel die Realisierung der Hardware-Betriebsmittel seiner Architektur dem Hardware-Spezialisten überlassen. Er muß aber die Möglichkeiten zur Realisierung, den der Fortschritt der Großintegration bietet, kennen; so wie der Gebäudearchitekt wissen muß, welche Materialien mit welchen Eigenschaften zur Verfügung stehen, obwohl er die statische Ausführung des Gebäudes dem Experten hierfür, dem Statiker überläßt.

Wir können die Ergebnisse unserer Diskussion in dem in Bild 1 gezeigten Diagramm zusammenfassen. Dieses Bild soll die Beziehungen der Rechnerarchitektur zu anderen Disziplinen aufzeigen, aber keine Gewichtung der einzelnen Disziplinen andeuten (alle Felder in Bild 1 haben daher die gleiche Fläche). Benachbarte Felder stehen in unmittelbarer Interaktion miteinander.

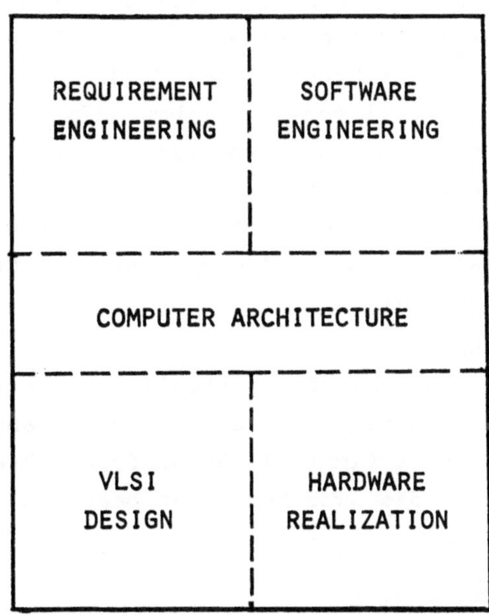

Bild 1 Illustration der Wechselbeziehungen zwischen Rechnerarchitektur und anderen Disziplinen, die die Anforderungen oder Randbedingungen liefern oder für die Realisierung einer Rechnerarchitektur zuständig sind

Unsere Betrachtungen sollten klar gemacht haben, daß der Entwurf einer geeigneten, VLSI-gerechten Struktur für einen bestimmten Prozessor der Weg sein kann, auf dem der Rechnerarchitekt eine funktionelle Anforderung an seine Architektur erfüllen mag, selbst aber keine Rechnerarchitektur ist. Auf diesen Unterschied muß hingewiesen werden, weil in jüngster Zeit die intensiven Bemühungen, spezielle numerische Algorithmen - vor allem auf dem Gebiet der digitalen Signal- und Bildverarbeitung - so aufzubereiten und in Hardwarestrukturen umzusetzen, daß diese Strukturen sich besonders gut zur Realisierung als VLSI-Bausteine eignen, oft fälschlich unter der Rubrik "Rechnerarchitektur" laufen. Bausteine, wie zum Beispiel die systolic arrays [4], sind keine Rechner, sondern allenfalls Spezialprozessoren; ihre Existenz kann aber Rückwirkungen auf das Operationsprinzip einer Rechnerarchitektur und die Gestaltung ihrer Hardwarestruktur und hier insbesonders der Kommunikationsstruktur haben. Für den Rechnerarchitekten wird es aber eine mindestens ebenso wichtige Frage sein, wie er die Tatsache, daß es für manche Algorithmen im System Spezialprozessoren geben mag, während andere programmiert werden müssen, für den Benutzer möglichst transparent werden läßt.

2. Parallelarbeit und Rechnerarchitektur

2.1 Was ist Parallelität?

Die Schwierigkeiten, die viele Autoren mit dem Begriff der Parallelität haben, und die mitunter anzutreffenden etwas mythischen Vorstellungen von "Parallelalgorithmen" rühren unserem Eindruck nach von der Schwierigkeit, sich von dem Modell des Algorithmus als einer diskreten Folge von Zustandstransformationen zu lösen, wie es durch den "von Neumann-Rechner" und die "von Neumann-Sprachen" entstanden ist (als Beispiel für das "klassische" Algorithmus-Modell siehe [5]). Um diese Schwierigkeiten zu vermeiden, gehen wir von der folgenden, wesentlich allgemeineren Algorithmus-Definition aus [6].

DEFINITION: Algorithmus
Ein Algorithmus ist eine endliche, partiell geordnete Menge von Aktivitäten, durch die der Zustand von Datenobjekten verändert wird. Die Teilordnung der Aktivitäten bestimmt die Reihenfolge ihrer Ausführung; sie wird konstituiert durch die zwischen ihnen bestehenden Datenabhängigkeiten.

DEFINITION: Datenabhängigkeit
Gegeben seien zwei Aktivitäten eines Algorithmus, A_i und A_k. A_k heißt "datenabhängig von A_i", wenn ein Operand von A_k das Ergebnis der Aktivität von A_i ist.

Bedingt durch die Teilordnung, die durch die Datenabhängigkeiten des Algorithmus gegeben ist, gibt es in jedem Zustand der Algorithmus-Ausführung eine Teilmenge von zu diesem Zeitpunkt ausführbaren Aktivitäten. Jede Ausführung einer Aktivität verändert im allgemeinen die Menge der momentan ausführbaren Aktivitäten. Die Mächtigkeit dieser Menge ist die _momentane innere Parallelität_ des Algorithmus. Der Verlauf der momentanen inneren Parallelität über dem zeitlichen Ablauf der Algorithmus-Ausführung sei das _Bearbeitungsprofil_ des Algorithmus genannt [7].

Eine für die Beurteilung von Rechnerarchitekturen sehr wichtige Unterscheidung ist die zwischen expliziter und impliziter Parallelität [8], wie sie durch die folgende Definition zum Ausdruck gebracht wird.

DEFINITION: _Explizite und implizite Parallelität_
Explizite Parallelität ist eine Menge von Aktivitäten, die a priori als datenunabhängig voneinander und damit parallel ausführbar bekannt sind. Im Gegensatz dazu ist implizite Parallelität eine Menge von Aktivitäten, deren Datenunabhängigkeit voneinander nicht a priori bekannt ist, sondern erst durch eine Datenabhängigkeitsanalyse ermittelt werden muß.

Das bekannteste Beispiel für explizite Parallelität besteht in der Feldverarbeitung: Gewisse Operationen auf Feldern sind definitionsgemäß datenunabhängig voneinander und können damit alle gleichzeitig einer Transformation unterworfen werden (Beispiel: äußeres Produkt zweier Vektoren). Explizite Parallelität läßt sich in einer geeigneten Rechnerarchitektur dadurch in einfacher Weise in Parallelarbeit umsetzen, daß man auf der Hardware-Ebene (als "Maschinen-Datentypen") strukturierte Objekte und darauf anwendbare Funktionen einführt. Man gelangt dadurch zu den _Datenstruktur-Architekturen_ [9], [10], die sich durch besonders effiziente Kontrollmechanismen auszeichnen.

Implizite Parallelität muß erst in ein explizite umgewandelt werden, bevor sie von der Hardware eines Rechners wirklich zur Parallelarbeit ausgenutzt werden kann. Für die Durchführung der dazu notwendigen Datenabhängigkeitsanalyse gibt es folgende Möglichkeiten.

1. Der Programmierer führt die Datenabhängigkeitsanalyse durch und zeigt dem Rechner durch entsprechende Programmkonstrukte (Beispiel: "_parbegin_..._end_" [11]) explizit an, welche Aktivitäten parallel ausgeführt werden können. Um keine Parallelarbeitsmöglichkeiten zu verschenken, muß der Programmierer eine vollständige Übersicht über die im Programm bestehenden Datenunabhängigkeiten haben. Bei prozeduralen Programmiersprachen wird dies durch die Möglichkeit der Mehrfachzuweisung von Werten zu einer Variablen stark erschwert und ist bei komplexeren Programmen kaum möglich.

2. Der Rechner führt bei der Programmübersetzung eine Analyse durch, um die in jedem Rechenschritt gegebene momentane innere Parallelität zu ermitteln. In vielen Fällen scheitert dies jedoch praktisch an Komplexitäts- und Entscheidbarkeitsproblemen.
3. Der Rechner überwacht den Datenfluß während der Programmausführung und entscheidet aufgrund dieser Kenntnis in jedem Zeitpunkt über die Ausführbarkeit einer Aktivität. Diese Methode führt zu den Datenfluß-Architekturen [6].

Die implizite Parallelität schließt definitionsgemäß die explizite Parallelität ein. Ist ein Rechner in der Lage, implizite Parallelität zu erkennen, dann kann er im Prinzip auch die explizite Parallelität auf diese Weise handhaben, wobei der Wirkungsgrad eines solchen Vorgehens in der Regel aber sehr unbefriedigend sein wird. Ein solcher Fall liegt zum Beispiel bei der Ausführung von in einer "von Neumann-Sprache" (z.B. FORTRAN) geschriebenen Programmen auf Vektor-Rechnern wie der CYBER 200 oder dem CRAY-1 vor. Da von Neumann-Sprachen keine strukturierten Datenobjekte enthalten, drückt sich die bei der Feldverarbeitung explizit gegebene Parallelität im Programm nur implizit in der Form von **for**-Schleifen aus. Ein "vektorisierender" Compiler macht daraus explizite Parallelität, wobei dieses Vorgehen aber seine Grenzen in bestimmten Unentscheidbarkeitsfragen findet [12]. Aber auch da, wo die Vektorisierung möglich ist, haben vielfältige Testfälle immer wieder gezeigt, daß die "Handvektorisierung" zu wesentlich effizienteren Programmen als die automatische Vektorisierung führt. Das gleiche gilt erst recht für die Bearbeitung expliziter Parallelität im Datenfluß-Rechner, wo die automatische Erkennung von impliziter Parallelität aufgrund der "Zündregel-Semantik" des Datenfluß-Prinzips wesentlich aufwendiger ist als die Bearbeitung von im Programm bereits explizit gemachter Parallelität. Es muß auch noch betont werden, daß Parallelität in großem Maße nach bisheriger Erfahrung nur bei der Feldverarbeitung auftritt, im Prinzip also explizit gemacht werden kann (vorausgesetzt, die verwendete Programmiersprache stellt dafür Konstrukte bereit).

Die für den Mathematiker reizvolle Aufgabe, besonders effiziente Algorithmen für Parallel-Rechner zu finden, stellt sich über die Aufgabe hinaus, Algorithmen mit minimaler Komplexität zu finden, wie folgt: Im Falle der Auswertung expliziter Parallelität sind die Algorithmen so zu strukturieren, daß die Operationen auf möglichst mächtigen, wohlstrukturierten Datenmengen auszuführen sind. Im Falle der Auswertung impliziter Parallelität sind Algorithmen so zu formulieren, daß möglichst geringe Datenabhängigkeiten zwischen den Operationen bestehen.

2.2 Datenfluß-Architektur

DEFINITION: Datenfluß-Architektur
Eine Datenfluß-Architektur ist eine Rechnerarchitektur, deren Operationsprinzip darin besteht, daß die Steuerung des Ablaufs eines Algorithmus nicht wie bei konventionellen Rechnern durch entsprechende Kontrollkonstrukte im Programm bestimmt wird, sondern implizit aus dem Datenfluß abgeleitet wird, der mit der Berechnung verbunden ist.

Die Bestimmung der Ausführbarkeit einer Aktivität (Operation) geschieht über die "Zündregel-Semantik" des Datenfluß-Schemas [6], welches lautet: Eine Operation ist dann ausführbar, wenn (1) ihre Operanden verfügbar sind und (2) der Empfänger des Resultats bereit ist, das Ergebnis entgegenzunehmen. Die zweite Bedingung kann fallengelassen werden, wenn die Resultate nicht unmittelbar an die Operationen, die diese als Operanden benötigen, weitergegeben werden, sondern zunächst in einen Puffer geschrieben werden. Damit erhält eine Operation ihre Operanden nicht angeliefert, sondern muß sich diese im Puffer suchen.

Das elementare Datenfluß-Schema, welches nur aufgrund der Zündregel-Semantik und damit ohne weitere Kontrollanweisungen auskommt, ist nur in Sonderfällen anwendbar, nämlich bei verzweigungsfreien, rekurrenten (repetitiven) Lösungsverfahren. Dies schließt seine Anwendbarkeit als alleinige Kontrollstrategie einer Allzweck-Rechnerarchitektur aus. Zur Lösung dieses Problems sind verschiedene Wege erprobt worden [6]:

- Erweiterung des Datenfluß-Schemas durch Einbeziehung von prozeduralen Abhängigkeiten neben den Datenabhängigkeiten;
- Verbindung von Datenfluß-Kontrolle und Blockstruktur prozeduraler Sprachen;
- Verbindung von Datenfluß-Kontrolle und funktionellem Programmieren.

Als tragfähig hat sich eigentlich nur die letztgenannte Lösung erwiesen [13].

Das Datenfluß-Prinzip ist eine "intelligente" Kontrollstrategie dahingehend, daß die Maschine nach jeder Operationsausführung markiert, welche weiteren Aktivitäten dadurch ausführbar geworden sind. Zu diesem Zweck muß die Maschine geeignete Datenstrukturen aufbauen, manipulieren und - und das ist das Entscheidende - permanent nach ausführbaren Aktivitäten durchsuchen. Der mit dem Suchen verbundene erhebliche Aufwand ist der Preis für das intelligente Kontrollschema, das es erlaubt, implizit gegebene Parallelität ohne Zutun des Programmierers für die Parallelarbeit zu nutzen.

Als operationsausführendes Element bietet sich der Mikroprozessor an, der selbst natürlich als "von Neumann-Rechner" arbeitet. Das Datenfluß-

Prinzip beseitigt damit zwar die sequentielle Arbeitsweise des von Neumann-Rechners auf der Ebene der Programmausführung, es beseitigt jedoch nicht die Ineffizienz des "von Neumann-Flaschenhalses" [14]. Vielmehr hat man jetzt die noch ineffizientere Parallelarbeit vieler solcher Flaschenhälse; noch ineffizienter deshalb, weil zusätzliche Leistungsverluste durch den mit dem Datenfluß-Prinzip verbundenen hohen Organisationsaufwand (ständiges Listendurchsuchen, Wartezeiten, usw.) hinzukommen. Es ist die Hoffnung der Befürworter dieser Architekturform, daß man durch die Parallelarbeit von hunderten oder gar tausenden von Prozessoren trotzdem zu einer hohen Gesamtleistung gelangt, zu einem tragbaren Preis, da die einzelnen Mikroprozessoren ja "fast nichts kosten". Wir werden noch auf die Frage einzugehen haben, ob dies wirklich der Fall ist.

Die Zuordnung der auszuführenden Prozesse zu den Prozessoren kann nach zwei grundverschiedenen Prinzipien erfolgen, die wir mit Auftragsanziehung bzw. Auftragszuweisung bezeichnen [8], und die folgendermaßen charakterisiert sind:

- Auftragsanziehung: die Prozessoren suchen sich ausführbare Prozesse.
- Auftragszuweisung: die Prozesse sind den Prozessoren statisch zugewiesen; ein Prozessor hat die Aufgabe festzustellen, wann die ihm zugewiesenen Prozesse ausführbar sind.

Das Prinzip der Auftragsanziehung erfordert ein fest gekoppeltes System, bei dem alle Prozessoren auf einem zentralen, gemeinsam benutzten Speicher arbeiten und über diesen miteinander kommunizieren. In diesem Speicher wird eine Warteliste der ausführbaren Aktivitäten unterhalten; ein freiwerdender Prozessor entnimmt jeweils den ersten zur Ausführung anstehenden Auftrag. Das Prinzip ist sehr einfach und hat den besonderen Vorteil, daß es für die Software irrelevant ist, welcher Prozessor am Ende welchen Prozeß ausführt ("softwaretransparente" Ausführung). Es sei erwähnt, daß dieses Prinzip nicht auf Datenfluß-Architekturen beschränkt ist, sondern allgemein in Multicomputer-Systemen angewandt werden kann; ein Beispiel ist der Intel iAPX 432-Rechner. Das einfache Prinzip hat den Nachteil, daß der zentrale Speicher bei wachsender Zahl von Prozessoren sehr schnell zum "Systemflaschenhals" werden kann und ferner einer Fehlertoleranz des Systems im Wege steht.

Das Prinzip der Auftragszuweisung erlaubt es, die von einem Prozessor auszuführenden Programme in dessen privatem Speicher abzulegen. Dies mindert den Kommunikationsflaschenhals, da jetzt nur noch die Datenkommunikation zwischen den Prozessoren über einen Bus oder ein Verbindungsnetzwerk erfolgen muß. Der Preis für diesen Vorteil besteht darin, daß jetzt die Zuordnung von Prozessoren und Prozessen nicht mehr softwaretransparent ist.

2.3 Datenstruktur-Architektur

Datenstruktur-Architekturen arbeiten auf der Grundlage expliziter Parallelität und beseitigen den "von Neumann-Flaschenhals" völlig durch die Einführung strukturierter Datenmengen ("Datenstruktur-Objekte" genannt) auf der Maschinenebene, wobei die Maschine solche Datenstruktur-Objekte als ganzes den geforderten zustandstransformierenden Operationen unterwirft [9]. Datenstruktur-Architekturen stellen somit eine Erweiterung des Prinzips der Datenabstraktion auf der Hardware-Ebene, wie sie in Rechnern mit Speichersegmentierung für Klassen von skalaren Objekten besteht, auf beliebig strukturierte Objekte dar.

Allgemein kann ein Datenobjekt (einer Sprache oder einer Maschine) definiert werden:

<Datenobjekt> ::= (<Identifikator>,<Wert>,<Typ>) .

Im von Neumann-Rechner wie in den "von Neumann-Sprachen" ist <Identifikator> eine Speicherplatzadresse und <Wert> ist der Speicherplatzinhalt. <Typ> ist im von Neumann-Rechner **any**, d.h. jede beliebige, interpretierbare Art von Information.

Im Datenstruktur-Rechner hingegen gilt:

<Identifikator> ::= <Logischer Objektname>
<Wert> ::= (<Struktur-Spezifikation>,<Datenmengen-Darstellung>)
<Typ> ::= (<Objekttyp>,<Elementetyp>)

(falls die (strukturierten) Datenmengen homogen sind). Die <Struktur-Spezifikation> wird durch einen Objektdeskriptor geliefert, und als <Datenmengen-Darstellung> verwendet man zweckmäßigerweise die für den Zugriff einfachste Datenstruktur, den Datenvektor, d.h. die Abspeicherung unter konsekutiven Adressen. Bei den Vektormaschinen ist der Datenvektor gleichzeitig auch das einzige strukturierte Datenobjekt der Maschine. Bei der verallgemeinerten Datenstruktur-Architektur nach Giloi und Berg [9], [10] kann aber die spezifizierte (logische) Struktur eines Maschinen-Datenobjekts beliebig verschieden von der Struktur seiner Datenmengen-Darstellung sein. Zu diesem Zweck wird eine Abbildung definiert, die die spezifizierte logische Struktur auf die Speicherstruktur der Datenmengen-Darstellung abbildet. Es läßt sich zeigen [9], [8], da dazu eine einzige, parameterisierte Funktion ausreicht, die deshalb standardisierte Adressierungsfunktion (SAF) heißt und die durch eine spezielle Hardwareeinrichtung in der Maschine ausgeführt wird. Damit enthält der Rechner einen "Datenzugriffsprozessor", der die Datenmengen in jeder beliebig vorgebbaren Ordnung der Verarbeitungseinrichtung (processing site) anliefert, statt daß wie im von Neumann-Rechner eine CPU mit einer Speicheradresse zum Speicher gehen muß, um sich jeden einzelnen Speicherplatzinhalt zu holen.

Da die Strukturierung der zu verarbeitenden Datenmengen bekannt ist, ist auch die Parallelität der darauf auszuführenden Operationen bekannt. Datenstruktur-Architekturen sind damit Rechnerarchitekturen zur Nutzung einer expliziten Parallelität. Selbstverständlich sind Datenstruktur-Rechner definitionsgemäß Maschinen mit Objektadressierung, wobei Objekte beliebige, vom Benutzer definierbare Datenstrukturen sein können und nicht einfache Klassen von skalaren Größen mit lokaler Namensgebung, wie bei den Maschinen mit Objektadressierung, die auf dem Prinzip der Speichersegmentierung [8] basieren [15] (ein Beispiel für letzteres ist auch hier wieder der iAPX 432-Rechner [16]). Es läßt sich zeigen, daß die Prinzipien der Datenkapselung [17] und Zugriffskontrolle [18] in Datenstruktur-Rechnern wesentlich effizienter ausgeführt werden können, als in "objektadressierten" Rechnern mit bloßer Speichersegmentierung [1]*). Daher eignen sich Datenstruktur-Architekturen ganz besonders als Qualitätssoftware-Maschinen [19]. Wegen des mit der Bearbeitung strukturierter Objekte verbundenen SIMD-Gewinns (SIMD: single instruction - multiple data) und des aufgrund der expliziten Parallelität möglichen hohes Grades an Parallelarbeit stellen sie aber auch besonders günstige Architekturen zur Handhabung großer Datenmengen dar. Dies gilt für numerische wie nicht-numerische Anwendungen.

2.4 Verteilte Mehrrechnersysteme

Die Forderungen nach unbegrenzter, software-transparenter modularer Erweiterbarkeit und vollständiger Fehlertoleranz kann nur durch Mehrrechnersysteme mit verteilter Kontrolle erfüllt werden. Der Aufteilung der Systemfunktionen auf "Task Moduln" verschiedenster Art entsprechend ergibt sich eine durch kooperierende Prozesse gebildete Programmstruktur; Parallelarbeit im System ist damit durch die parallele Ausführung von Prozessen gegeben. Da, wo der Programmierer die Inter-Prozeß-Kommunikation und Synchronisation festlegt, haben wir es mit einer expliziten Parallelität zu tun; man kann aber verteilte Systeme auch als Datenfluß-Architekturen realisieren. Als Kommunikationsstruktur wird bei kleiner bis mittlerer Datenübertragungsrate (bis 10 Mbit/s) die (bitserielle) Bus-

*) Der hauptsächliche Unterschied zwischen einer Objektadressierung auf der Grundlage einer Speichersegmentierung und der Objektadressierung in Datenstruktur-Rechnern ist, daß im ersten Falle immer noch jedes einzelne Datenelement eines Objekts adressiert werden muß, während im zweiten Falle nur das Objekt als ganzes adressiert, auf seine Elemente aber durch Ausführung von Zugriffsfunktionen zugegriffen wird.

oder Ringstruktur benutzt; bei höheren Übertragungsraten kommt nur die Ringstruktur mit einem kollisionsfreien Übertragungsprotokoll in Frage [20].

Mehrrechnersysteme mit verteilter Kontrolle werden sich auf dem Gebiet der kommerziellen Datenverarbeitung zu einer Standard-Architekturform entwickeln und damit zu einer ernsthaften Konkurrenz zu den bisherigen "Mainframe"-Rechnern werden. Es gehört zu dem reichen Mythenschatz, den es gerade auf dem Gebiet der Rechnerarchitektur gibt, daß bisherige Mainframe-Programme auch weiterhin nur auf konventionellen Mainframe-Rechnern ausgeführt werden können, daß die wegen der bestehenden riesigen Software-Investitionen unabdingbare Forderung nach softwaremäßiger "Rückwärtskompatibilität" zur "Perpetuierung" dieser überholten Architekturform führt. Selbstverständlich läßt sich ein verteiltes Mehrrechnersystem mit Interpreten für jegliche Programmiersprache ausstatten - einschließlich FORTRAN, COBOL und IBM/360-Assemblercode.

Die Vorteile eines Mehrrechnersystems mit verteilter Kontrolle gegenüber einem konventionellen Mainframe-Rechner sind schlagend:

- Durch den Aufbau solcher Systeme aus in riesigen Stückzahlen hergestellten VLSI-Mikrorechner-Komponenten wird eine wesentlich bessere Kosteneffizienz erreicht.
- Durch Parallelarbeit einer Anzahl verschiedenartiger, für ihre Aufgabe spezialisierter Moduln wird die Leistung eines größeren und entsprechend teueren Mainframes erreicht.
- Durch die Verteilung der Betriebssystemfunktionen und eine starke hardwaremäßige Unterstützung der intern verwendeten Protokollhierarchie für die Inter-Prozeß-Kooperation wird eine starke Vereinfachung der Systemsoftware erreicht [21].
- Darüber hinaus bieten verteilte Mehrrechnersysteme entscheidende Vorteile wie die softwaretransparente modulare Erweiterbarkeit und die Fehlertoleranz, Eigenschaften, die mit der konventionellen Mainframe-Architektur nicht zu erzielen sind.

2.5 Kommen die Multicomputer-Systeme mit 1000 Prozessoren?

Die Anhänger der Idee der Datenfluß-Architektur stellen sich zukünftige Rechner vor, die einige 100 bis einige 1000 Prozessoren enthalten. Die japanischen Planer der "Fith Generation Computer Systems" sprechen von gigantischen Inference Machines (Maschinen zum logischen Schließen in Expertensystemen), die aus einigen 100 bis 1000 Single-Chip-Computern der Leistung einer IBM 360/168 (oder mehr) bestehen sollen. Das Ziel solcher Entwicklungen soll es sein, Rechner mit einer numerischen Leistung von etwa 1000 MFLOPS (million floating-point operations per second) bzw. bei logischen Schlußfolgerungen eine Leistung von 1000 MLIPS (million logical inferences per second) zu erreichen [22]. Zum Vergleich: Vektormaschinen-Supercomputer à la CRAY-1 oder CYBER 200 haben eine nominelle Maximalleistung von ca. 100 MFLOPS; leistungsfähige (und teure) Mainframe-Computer schaffen einige wenige MFLOPS bzw. 0.01-0.1 MLIPS.

Nach heutigem Stand der Technik ist ein Mikroprozessor mit privatem Speicher, Speicherverwaltung, Taktversorgung, Interrupt-Logik, Bus-Interface und seriellen Schnittstellen, Monitor und Selbsttesteinrichtungen allenfalls auf einer (nicht zu kleinen) Platine unterzubringen, d.h. als Single-Board-Computer, keinesfalls aber als Single-Chip-Computer herzustellen. Die Entwicklung geht dahin, immer mehr der genannten Einrichtungen (bis auf einen größeren Speicher) auf einen Satz von einigen wenigen Chips zu bringen. Damit wird man in einigen Jahren auf einer Platine mehrere Prozessoren mit eigenem Speicher unterbringen können, oder aber einen in seinen Funktionen wesentlich gesteigerten Single-Board-Computer (32bit-Prozessor mit Gleitpunkt-Arithmetik, Speicherverwaltung, entsprechend großer Speicherkapazität). Der Aufbau von Rechnern mit 1000 Prozessoren wird aber schon aus aufbautechnischen Gründen in diesem Jahrzehnt nicht Realität werden.

Die effizienteste Art, eine kleine bis mittlere Zahl von Prozessoren miteinander zu verbinden, ist die feste Kopplung über einen allen zugänglichen, zentralen "Multiport"-Speicher (shared memory). Die schnellste uns bekannte, gegenwärtig existierende Kommunikationseinrichtung solcher Art in einem Multi-Mikrocomputer-System ist der in Verbindung mit einem asynchronen Speicherbus und einer Prioritätenlogik arbeitende MAC-Bus [23]. Diese Speicher-Bus-Kombination erlaubt den kollisionsfreien Zugriff von 8 Mikroprozessoren MOTOROLA MC68000 zu dem Kommunikationsspeicher mit einer maximalen Datenrate von 50 Mbyte/s (dies erlaubt uns, in dem MAC (micro array computer) genannten Mini-Feldrechner bei der Pipeline-Vektorverarbeitung eine Maximalleistung von 10 MFLOPS zu erzielen). Von der maximal zulässigen räumlichen Ausdehnung her könnte man ein solches Kommunikationssystem für den Anschluß von bis zu 32 Prozessoren erweitern, bei gleichbleibender Speicherbandbreite. Aus Wirtschaftlichkeitsgründen ist der Kommunikationsspeicher mit MOS-SRAM-Elementen aufgebaut, die bei einer Kapazität von 16Kbit mit einem Zugriffszyklus von 45 ns erhältlich sind. In etwa 2 Jahren werden wir mit der Verfügbarkeit von MOS-SRAM mit einer Kapazität von 64Kbit und etwa 30 ns Zugriffszyklus rechnen können. Mit einer schnelleren Logik für das bus arbitration wird sich damit die Bandbreite eines solchen Speichers vielleicht noch auf 100 Mbyte verdoppeln lassen, womit dann zunächst aber auch die Grenze dieser Technologie erreicht sein dürfte.

100 Mbyte soll auch die maximale Bandbreite eines von Zoccoli und Sanderson vorgeschlagenen synchronen Bussystems betragen, mit dem sich bis zu 25 Prozessoren mit ebenso vielen Speichereinheiten verbinden lassen. Allerdings gilt die genannte Übertragungsrate nur für den konfliktfreien Fall, der in dem Rapid Bus genannten System nicht gegeben ist. Im ungünstigsten Falle könnten alle 25 Prozessoren gleichzeitig alle auf einen Speichermodul zugreifen wollen, wodurch sich die Übertragungsbandbreite auf 4 Mbyte verringern würde. Außerdem müssen Zweifel angemeldet werden, ob sich mit den vorgesehenen ECL-Bausteinen die geplante Arbeitsgeschwindigkeit realisieren läßt (im Gegensatz zu unserem aus dem STARLET-Bus entstandenen MAC-Bus ist der Rapid Bus ein bisher unerprobtes "Papierkonzept") [24].

Wir halten als Ergebnis fest, daß für stark gekoppelte Multicomputer-Systeme mit einer mittleren Zahl von Prozessoren der Bus die angemessene Verbindungsstruktur ist, die es erlaubt, die volle Leistung der Prozessoren zu nutzen. Dies gilt auch noch für die Mikroprozessoren der nächsten Generation, deren Leistung sich noch einmal verdoppeln wird.

Für verteilte Multicomputer-Systeme kommt nur eine lose Kopplung in Frage. Hierfür ist die Standard-Kommunikationsstruktur der bitserielle Bus oder Ring, der gegenwärtig vorwiegend mit einer Koaxialkabel-Verbindung arbeitet, in Zukunft zunehmend aber vom Lichtleiter Gebrauch machen wird (dies ist in erster Näherung eine Kostenfrage). Eine solche Verbindung kann bis zu einer Datenrate von etwa 10 Mbit/s mit dem CSMA-CD-Protokoll (carry sense multiple access with collision detection) arbeiten (Beispiel: Ethernet-Bus), während bei höheren Übertragungsraten nur noch die (kollisionsfreien) token-ring- oder slotted-ring-Protokolle in Frage kommen [20].

Der im Augenblick schnellste Rechnerkopplungsbus der Welt für lokale Rechnernetze wird gegenwärtig bei uns in Zusammenarbeit mit dem Heinrich-Hertz-Institut Berlin entwickelt [25]. Dieses "UPPER-Bus" genannte System hat eine Brutto-Übertragungsrate von 280 Mbit/s, was einer Netto-Datenrate von 25 Mbyte/s entspricht. Dies ist die Hälfte der Speicher-Bus-Bandbreite des MAC-Systems; dafür können die Knoten des UPPER-Systems aber auch bis zu einigen 100 Metern räumlich voneinander getrennt sein.

Im Prinzip lassen sich in einen Ringbus beliebig viele Knoten einschalten. Allerdings erfährt die Information in jedem Knoten, den sie durchläuft, eine Verzögerung, da das Ringbus-Protokoll grundsätzlich erfordert, daß der auf dem Ring zirkulierende Datenstrom in jedem Knoten ein Schieberegister durchläuft. Diese Verzögerung beträgt bei dem ultraschnellen UPPER-Bus 60 ns pro Knoten, was bei einer größeren Zahl von Knoten zu erheblichen Laufzeiten führen kann (hinzu kommt natürlich noch die Laufzeit auf den Verbindungskabeln). An sich ist bei verteilten Systemen eine solche Verzögerung nicht besonders kritisch (während sie bei Systemen mit zentraler Kontrolle "tödlich" wäre). Was aber dennoch dem Einsatz eines solchen seriellen Bussystems als Kommunikationsstruktur, z.B. einer Datenfluß-Architektur im Wege steht, ist der verhältnismäßig hohe Aufwand pro Knoten, der es nicht erlauben würde, mit einem solchen System simple Mikroprozessoren zu koppeln. Hingegen kann man ohne weiteres daran denken, eine Anzahl von komplexeren, an sich bereits sehr viel leistungsfähigeren Rechnern (wie z.B. STARLET oder MAC) auf diese Weise zu koppeln und auf der Grundlage kooperierender Prozesse zusammenarbeiten zu lassen. Mit einem solchen System wird sich ohne weiteres die Leistung heutiger "Super-Mainframes" mit geringerem Aufwand erreichen und übertreffen lassen.

Als Kommunikationsstruktur für die ins Auge gefaßten Systeme von einigen 100 bis 1000 Mikroprozessoren bleibt damit nur noch das <u>Verbindungsnetz</u> (interconnection network) [26], [8]. Solche Netzwerke lassen sich im Prinzip bereits mit der heute verfügbaren VLSI-Technologie herstellen und werden daher auch die unabdingbare Grundlage für Multicomputer-Systeme mit einer großen Zahl von Prozessoren (100 und mehr) angesehen. Für die in einem solchen Netzwerk erreichbare Datenübertragungsrate haben wir an anderer Stelle [27] 0.4 Mbyte/s pro Übertragungspfad abgeschätzt, also etwa 1/100 der Speicher-Bus-Bandbreite des MAC-Systems. Diese niedrige Übertragungsrate wird dadurch gemildert, daß im Netzwerk eine Anzahl von Übertragungspfaden gleichzeitig bestehen können, wobei es allerdings auch zu Blockierungen und Zugriffs-Kollisionen kommen kann.

Zusammenfassend läßt sich feststellen, daß es aus der Sicht der Verbindungsproblematik heraus immer vorteilhafter sein wird, Multicomputer-Systeme mit weniger und dafür leistungsfähigeren Bearbeitungsknoten aufzubauen als Systeme mit sehr vielen, weniger leistungsfähigen Knoten.

3. Programmierstil und Rechnerarchitektur

3.1 Software-Krise und "Mainframe-Paradoxon"

Seit über einem Jahrzehnt gibt es die Erkenntnis, daß wir uns in einer "Software-Krise" befinden. Die Software-Krise wurde dadurch ausgelöst, daß die Anforderungen an Funktionalität und Komfort der Betriebs- und Anwendungs-Software enorm zunahmen, was zu immer komplexeren Software-Systemen führte. Mit zunehmender Komplexität und damit abnehmender Überschaubarkeit eines Systems steigen seine Erstellungskosten überproportional an. Das Ergebnis sind die bekannten Fälle von Mainframe-Betriebssystemen, deren Herstellung hunderte von Mannjahren und damit viele Millionen Dollar kostete, wobei das Endprodukt dann immer noch unzählige, erst im Laufe der Zeit erkennbar werdende Fehler enthält, d.h. in keiner Weise das Prädikat "zuverlässig" verdient.

In der gleichen Zeit konnten die Hardwarekosten durch den Fortschritt der Halbleitertechnologie um Zehnerpotenzen gesenkt werden. Dadurch hat sich das Kostenverhältnis zwischen Hardware und Software umgekehrt: Bei den heutigen Mainframe-Rechnern betragen (je nach der Peripherie-Ausstattung) die Software-Kosten 50-80% der Gesamtkosten. Ähnlich hoch sind die Kosten der Software-Wartung, die etwa 60-70% der Betriebskosten einer Rechenanlage ausmachen [28].

Die moderne Softwaretechnik hat in den letzten Jahren erhebliche Anstrengungen mit Erfolg unternommen, um durch methodische Verbesserungen und die Entwicklung der entsprechenden Entwurfswerkzeuge diese Situation zu verbessern. Grundlage dieser Methodik ist das von Parnas eingeführte Prinzip der Modularisierung und Datenkapselung nach dem Prinzip des "Information Hiding", das inzwischen durch die Entwicklung des Modells der abstrakten Datentypen und der darauf aufbauenden Methodik der "hierarchischen Komplexitätszerlegung" einen gewissen Reifegrad erreicht hat.

Durch geeignete Zerlegung in hinreichend kleine, überschaubare Moduln kann die Gesamtkomplexität eines Software-Systems stark verringert werden. Die Modularisierung wird unterstützt durch formale Spezifikationsmethoden und -werkzeuge, durch die die Definition der Schnittstellen und Funktionen eines jeden Moduls bezüglich ihrer Vollständigkeit und Konsistenz überprüfbar wird.

Die Hoffnung jedoch, die man vor einigen Jahren noch hegte, daß es nur eine Frage der Zeit sei, bis Werkzeuge für die automatisierte Verifizierung der Korrektheit eines Moduls bezüglich seiner Spezifikationen einsetzbar wären, scheint sich nicht zu erfüllen. Aus heutiger Sicht ist es utopisch, davon auszugehen, daß man die Software-Krise wird dadurch lösen können, daß man nur noch korrekt-bewiesene Programme erzeugt. Aus diesem Grunde mehren sich die Stimmen, die fordern, daß es Aufgabe einer Rechnerarchitektur sein sollte, die Herstellung und Ausführung zuverlässiger und wartbarer Software zu unterstützen [29]. Wir wollen eine Rechnerarchitektur, die diesen Forderungen gerecht wird, als Qualitätssoftware-Maschine (QSM) bezeichnen.

Die QSM-Entwicklung stellt damit einen entscheidenden Schritt zur Lösung oder zumindest Milderung der Software-Krise dar. Allerdings können QSMs die oben genannten Forderungen nach softwaremäßiger Rückwärtskompatibilität natürlich nicht erfüllen: Keine noch so "intelligente" Maschine kann nachträglich aus COBOL- oder FORTRAN-Programmen "Qualitätssoftware" machen. Die Zukunft der QSM hängt damit von der generellen Einführung geeigneter Programmiersprachen und Entwurfswerkzeuge ab, die die Software-Modularisierung nach dem Prinzip des "Information Hiding" und der Datenkapselung unterstützen, sowie die strenge Typenbindung und den Entwurf durch schrittweise Verfeinerung.

Von allen in diese Richtung zielenden Sprachen hat allerdings nur eine die Chance, breitere Anwendung zu finden, und das ist ADA. Dies liegt nicht etwa daran, daß ADA eine besonders gute Sprache wäre - hierüber gibt es ja gewisse Kontroversen [30], sondern weil der umfangreiche Konsensbildungsprozeß bei der Definition von ADA die Akzeptanz gefördert hat und darüber hinaus ADA als offizielle DOD-Sprache in jedem Falle einen entsprechenden Stellenwert genießt. Bei der Konzeption des Intel iAPX 432-Rechners und der Entscheidung, hierfür enorme Summen zu investieren, haben solche Überlegungen sicher Pate gestanden.

Das Paradoxe dieser Situation ist, daß dennoch ständig neue Mainframe-Rechner entwickelt werden, als gäbe es keine Softwarekrise. Wir nennen dies das "Mainframe-Paradoxon".

3.2 Funktionelles Programmieren

Backus schreibt über die Nachteile der "von Neumann-Sprachen" [14]:

> "The first problem results from the von Neumann style of word-at-a-time programming, which requires that words flow back and forth to the state, just like the flow through the von Neumann bottleneck. Thus a von Neumann language must have a semantics closely coupled to the state, in which every detail of computation changes the state. The consequence of this semantics closely coupled to states is that every detail of every feature must be built into the state and its transition rules."

Einen Abschnitt weiter fährt er fort:

> "Perhaps the most important element in providing powerful changeable parts in a language is the availability of combining forms that can be generally used to built new procedures from old ones." ... "One obstacle to the use of combining forms is the split between the expression world and the statement world in von Neumann languages. Functional forms naturally belong to the world of expressions; but no matter how powerful they are they can only build expressions that produce a one-word result. And it is in the statement world that these one-word results must be combined into the overall result. Combining single words is not what we really should be thinking about, but it is a large part of programming any task in von Neumann languages. To help assemble the overall result from single words these languages provide some primitive combining forms in the statement world - the **for**, **while**, and **if-then-else** statements - but the split between the two worlds prevent the combining forms in either world from attaining the full power they can achieve in an undivided world."

Funktionelles Programmieren, wie es an sich bereits seit den frühen sechziger Jahren in der Form von pure LISP bekannt ist, wie es aber erst seit Backus' Turing Award Acceptance Paper in den Brennpunkt des Interesses gerückt ist, ist ein Weg, ganz in der "more orderly world of expressions" (Backus) zu bleiben und die "statement world", die für Backus (fälschlich) mit der Betrachtung einzelner Speicherzustände (states) und damit mit dem "von Neumann Bottleneck" des "word-at-a-time programming" fest verbunden ist, zu vermeiden. Backus' Abneigung gegen das Statement geht so weit, daß er die "nicht-von Neumann-Sprache" APL ebenfalls verwirft, weil sie noch die Zuweisung enthält, obwohl er durchaus anerkennt, daß APL die von ihm aufgeführten Nachteile der von Neumann-Sprachen nicht aufweist [14].

Das funktionelle Programmieren kennt keine Variablen, sondern nur Werte. Die Grundoperation ist die Applikation einer Funktion auf einen Wert (oder auf Werte), durch die wieder ein neuer Wert erzeugt wird. Deshalb wird das funktionelle Programmieren auch "applikatives Programmieren" genannt. Die Speicherzustände sind damit nicht mehr die Zustände von Variablen (die jederzeit durch eine Zuweisung verändert werden können), sondern sie repräsentieren die Werte, mit denen gerechnet wird. Es gibt in den funktionellen Programmiersprachen zwar noch die Bindung von Werten an Identifikatoren, aber mit der Maßgabe, daß diese Bindung, wenn sie einmal erfolgt ist, für den gesamten Zugriffsbereich (scope of access) der Programmeinheit, in der der Wert auftritt, erhalten bleibt. Man nennt dies das "Prinzip der einmaligen Zuweisung". Jedesmal, wenn ein Zugriffsbereich (z.B. eine Funktion, ein Programmblock, eine Interationsschleife) erneut betreten wird, kann die Bindung jedoch durch eine neue ersetzt werden (dies unterscheidet die "benannten Werte" von Konstanten).

Bei den Programmierungs-Theoretikern erfreut sich das funktionelle Programmieren vor allem deshalb großer Beliebtheit, weil wegen des Fehlens von Zuweisungen die Semantik funktioneller Programme sich einfach und elegant formal beschreiben läßt. Ferner vermeidet der funktionelle Programmierstil eine im prozeduralen Programmieren inhärente Fehlerquelle, die in der Erzeugung von in ihrer Wirkung nicht vorhersehbaren Seiteneffekten besteht, da das Prinzip der einmaligen Zuweisung Seiteneffekte ja ausschließt. Da es keine Variablen gibt, entfällt auch die in den von Neumann-Sprachen durch Mehrfachverwendung der Variablen erzwungene Sequentialisierung [8]. Damit erlaubt es der funktionelle Programmierstil einer geeigneten Rechnerarchitektur (z.B. Datenfluß-Architektur), die nur durch die Datenabhängigkeiten im auszuführenden Algorithmus beschränkte Parallelität im Rahmen ihrer Möglichkeiten (Verfügbarkeit der Betriebsmittel) voll zur Parallelarbeit auszunutzen.

Parallelität in großem Umfange gibt es nur als explizite Parallelität, d.h. bei der Verarbeitung umfangreicher, strukturierter Datenmengen wie z.B. Felder. Datenfluß-Architekturen basieren auf der Simultanarbeit vieler von Neumann-Rechner. Dementsprechend sehen sie Felder oder andere Datenstrukturen nicht als einen komplexen, strukturierten Wert an, sondern - wie die von Neumann-Sprachen - als eine Menge skalarer Werte, die im Prinzip alle gleichzeitig transformiert werden können (sofern genügend Prozessoren dazu zur Verfügung stehen). Dementsprechend werden die einzelnen skalaren Operationen wie in den von Neumann-Sprachen auch in Datenfluß-Sprachen weiterhin individuell "imperativ" angegeben, wobei man zur Vereinfachung der Schreibarbeit "Sammelkonstrukte" wie das **forall** - als "parallel"-Entsprechung der (sequentiellen) **for**-Schleife - einführt. Gleichzeitig erleichtert dies dem Datenfluß-Rechner die parallele Ausführung, da durch ein solches Konstrukt Parallelität explizit gemacht wird (im Prinzip könnte auch die "Zündregel-Semantik" der Datenfluß-Maschine die Parallelität bei der Bearbeitung von Strukturen handhaben, wenn auch nur mit wesentlich größerem Verwaltungsaufwand).

Die (parallel erzeugten) einzelnen Werte müssen am Ende zu einem Resultat zusammengefaßt werden. Dies kann entweder dadurch geschehen, daß man sie zu einer Struktur von Werten (array, record) zusammenfaßt, oder aber durch eine "merge"-Operation (in APL heißt das "Reduktion") zu einem einzelnen Wert [31]. Der Unterschied zur von Neumann-Sprache besteht auch hier wieder darin, daß dieses Einsammeln nicht repetitiv (in einer Schleife) erfolgen muß, sondern simultan erfolgen kann.

Das funktionelle Programmieren als Lösung aller Probleme anzusehen, wie das von manchen Enthusiasten mitunter getan wird, ist voreilig, da dieser Programmierstil auch eine Reihe ungelöster und auch schwer lösbarer Probleme mit sich bringt. Ein solches Problem besteht darin, daß die Funktionsaufrufe die einzigen Schnittstellen zwischen verschiedenen Programmeinheiten sind [32]. Dies steht einer Modularisierung von Programmen nach dem Prinzip der hierarchischen Komplexitätszerlegung entgegen. Ein weiteres Problem liegt darin, daß Eingabe und Ausgabe keine funktionellen Operationen sind [32]. Beide Aktivitäten können bei wiederholtem Aufruf mit den gleichen Parametern verschiedene Wirkungen erzeugen.

In reinen funktionellen Sprachen, wie z.B. der Sprache VAL [31], [32], gibt es daher keine Eingabe- und Ausgabe-Anweisungen. Vor Beginn einer Berechnung muß eine komplette Liste der Eingabewerte, mit denen die Rechnung ausgeführt werden soll, vorliegen; nach Ende der Berechnung kann dann eine Liste der Resultatwerte abgeholt werden. Dies mag für eine

Stapelverarbeitung genügen, aber nicht für interaktive Anwendungen; ferner ist die Programmierung von Datenbank-Anwendungen nicht möglich, da es das "Updaten" von Speicherobjekten (z.B. Dateien) ja grundsätzlich nicht gibt [32].

Backus selbst geht es nicht um die grundsätzliche Abschaffung der Sicht von Zuständen, sondern um die Abschaffung des "word-at-a-time processing" und der "semantics closely coupled to states" der von Neumann-Sprachen. Stattdessen schwebt ihm eine Programmiersprache mit einer einfacheren, weniger starren Semantik mit weniger umständlichen, detailbehafteten Zustandstransformationsregeln ("semantics losely coupled to states") vor. Zu diesem Zweck stellt er ein Applicative State Transition System (AST) auf, das sich durch eine einfache Struktur auszeichnet und ein funktionelles Programmiersystem zur Grundlage hat [14]. In diesem System lassen sich einige der oben angeführten Probleme lösen.

Wir erwähnen dies, weil wir häufiger auf Aussagen wie: "im funktionellen Programmieren gibt es keine Zustände" oder (noch falscher) "gibt es keine Sequentialität" stoßen. Wir hoffen, durch unsere Darlegungen solche Mißverständnisse ausgeräumt zu haben. Wieweit sich der funktionelle Programmierstil, der zweifellos seine Vorzüge für das "Programmieren im Kleinen" hat, auch zur wirkungsvollen Methode für das "Programmieren im Großen" wird ausbauen lassen und damit breiteren Einsatz finden wird, darüber wagen wir keine Prognose zu stellen. Sollte sich das funktionelle Programmieren als _die_ Programmiermethode der Zukunft erweisen, dann wird schon diese Entwicklung dafür sorgen, daß die Datenfluß-Architektur zur vorherrschenden Architekturform wird. Sollte sich umgekehrt die Datenfluß-Architektur als die Lösung aller Architekturprobleme erweisen, dann wird dies seine Rückwirkung auf die Verbreitung des funktionellen Programmierstils haben. Möglicherweise wird aber weder das eine noch das andere eintreten.

3.3 Prozedurales Programmieren ohne "von Neumann-Flaschenhals"

Der Fehler, der von den Anhängern des funktionellen Programmierstils oft begangen wird, ist die Gleichsetzung von "prozeduraler Sprache" und "von Neumann-Sprache". Diese Gleichsetzung gilt zwar für die gängigsten Sprachen, von FORTRAN über ALGOL und PASCAL bis ADA, aber zum Beispiel nicht für APL, worauf nicht zuletzt Backus selbst hingewiesen hat [14].

Alle in den Backus-Zitaten des vorhergehenden Abschnittes aufgezeigten Probleme können auf einen Schlag gelöst werden, wenn man als primitive Datentypen der Sprache anstelle der in von Neumann-Sprachen üblichen Skalare _Datenstruktur-Objekte mit darauf definierten Funktionen_ einführt und die Funktionen geeignet wählt. Der Unterschied zu der Verarbeitung von Strukturen wie **array** oder **record** der von Neumann-Sprachen (und auch der meisten funktionellen Sprachen) besteht darin, daß solche Datenstruktur-Objekte als Ganzes referiert und den zustandstransformierenden Operationen unterworfen werden, während es in von Neumann-Sprachen ja nur Operationen auf den Elementen einer Struktur wie **array** oder **record** gibt, so daß jedes Element individuell referiert und manipuliert werden muß. Bei den Datenstruktur-Objekten hingegen erfolgt der Zugriff auf Unterstrukturen (bis zum einzelnen Element) durch Selektionsoperationen, welche, auf das Objekt angewandt, den Wert der selektierten Komponenten liefern. Selektionsoperationen und zustandstransformierende Operationen bilden damit die von Backus geforderten "combining forms".

Diese Maßnahme beseitigt das "word-at-a-time processing". Um auch noch das "state-at-a-time transforming" zu beseitigen, ist jetzt nur noch erforderlich, Selektionsoperationen auch auf der linken Seite einer Zuweisung zuzulassen. Seien OP1 und OP2 zwei Operandenobjekte, R ein Resultatobjekt, T eine zustandstransformierende Funktion und S1, S2 und S3 Selektionsoperationen. Es sind dann im allgemeinen Falle Anweisungen der Art zugelassen (wir benutzen die Infix-Schreibweise):

S3(R) ← S1(OP1) T S2(OP2).

Man kann die Anwendung einer Selektionsoperation auf der rechten Seite einer Zuweisung als V-Funktion ansehen und die Zuweisung in Verbindung mit der Selektionsoperation auf der linken Seite als O-Funktion [17], beidesmal angewandt auf ein strukturiertes Datenobjekt.

Die unterstützende Rechnerarchitektur für diese Art der prozeduralen Programmierung, die alle von Backus aufgestellten Postulate erfüllt und sich besonders gut zur Darstellung von expliziter Parallelität eignet, ist die in Abschnitt 2.3 eingeführte Datenstruktur-Architektur. Allerdings verbietet es die Vielzahl möglicher Datenstruktur-Objekte, diese alle als elementare Maschinen-Datentypen einzuführen. Deshalb wird die Maschine nur einige wenige Basis-Strukturtypen mit entsprechenden Operationen unterstützen, die sich dann als Bausteine komplexerer Datenstruktur-Objekte und der auf ihnen definierten Funktionen eignen [10], [19].

Man kann zeigen, daß es genügt, die eindimensionale lineare Ordnung einer bestimmten Anzahl von Elementen eines bestimmten Elementetyps als Baustein einzuführen [33]. Zu den Elementetypen gehören neben den elementaren Datentypen der Programmiersprache wie **integer**, **real**, **boolean**, **character** noch eine Anzahl von speziellen Systemtypen [19]. Als Selektionsoperationen bieten sich Funktionen zur Auswahl zusammenhängender

Untervektoren, zur Ausmaskierung bestimmter Elemente, zur beliebigen Umordnung der Elemente und zum Zugriff auf die Zeilen- oder Spaltenelemente von Matrizen, deren Elemente in einem Datenvektor dargestellt sind, an. Als zustandstransformierende Funktionen sieht man zweckmäßigerweise innere und äußere Produkte, Reduktionen und Suchoperationen vor [19]. Alle hier genannten Funktionen des Maschinen-Datentyps **vector** sind in dem von uns entwickelten STARLET-Rechner, der erstmaligen Realisierung einer verallgemeinerten Datenstruktur-Architektur, hardwaremäßig realisiert.

Zur Realisierung beliebiger Datenstruktur-Typen bietet sich deren Darstellung als benutzerdefinierte abstrakte Datentypen an. Als (interne) Darstellungen der Objekte und Funktionen der benutzerdefinierten abstrakten Datentypen eignet sich der Maschinen-Datentyp **vector**. Dies setzt natürlich voraus, daß dieser Datentyp als primitiver Datentyp in die verwendete höhere Programmiersprache eingebaut wird (die ihrerseits wiederum das Programmieren von abstrakten Datentypen unterstützen sollte). Aus diesem Grunde wurde von uns als Kandidat für eine solche Erweiterung die datentypenorientierte Programmiersprache CLU gewählt. Die von uns erweiterte und dabei gleichzeitig auch in einigen Zügen vereinfachte Sprache heißt CLU-S, wobei das S für "structure-building", aber auch für "simplified" steht.

Durch die strenge Typenbindung, die Datenkapselung im Sinne abstrakter Datentypen, die Objektadressierung von Datenstruktur-Objekten sowie umfangreiche, zur Laufzeit ausgeführte Konsistenzprüfungen wird die STARLET genannte Datenstruktur-Architektur gleichzeitig auch zur "Qualitätssoftware-Maschine". Der auf den Methoden der hierarchischen Komplexitätszerlegung und der Modularisierung und Datenkapselung nach dem Prinzip des Information Hiding basierende, "von Neumann-freie", prozedurale Programmierstil erfüllt alle Forderungen nach zuverlässiger und wartbarer Software und erlaubt einen hohen Grad von Parallelarbeit, wobei die durch die Datenstruktur-Objekte gegebene explizite Parallelität besonders effizient genutzt wird. Darüber hinaus kann weitere Parallelarbeit in der Form kooperierender paralleler Prozesse organisiert werden.

4. Innovative Rechnerarchitekturen und VLSI-Entwurf

Man findet häufiger die Ansicht vertreten, daß unkonventionelle Rechnerarchitekturen nur mit ebenso unkonventionellen Bausteinen realisiert werden können, daß erst die Möglichkeit eines einfachen und billigen Entwurfs kundenspezifischer VLSI-Komponenten (propriatory chips) damit den Weg zu neuartigen Rechnerstrukturen eröffnet.

Wir haben im Laufe der vergangenen Jahre höchst innovative Rechnerarchitekturen konzipiert und realisiert oder befinden uns mitten im Prozeß der Realisierung [34]. In allen Fällen sind zur Realisierung der innovativen Operationsprinzipien auch recht neuartige Hardware-Einrichtungen nötig geworden; in keinem Falle waren wir aber an der Realisierung dadurch gehindert, daß wir keine Möglichkeit hatten, uns eigene Chips entwerfen und herstellen lassen zu können. Alle von uns entwickelten Rechnersysteme sind aber nichtsdestotrotz weitgehend mit VLSI-Bausteinen aufgebaut.

VLSI-Komponenten sind umso billiger, in je größerer Stückzahl sie hergestellt werden. Deshalb wird der Hardware-Entwerfer soweit wie irgend möglich zunächst nach Standard-Bausteinen Ausschau halten. In der Mikrorechner-Welt gibt es Standard-Bausteine für fast alles und jedes, und man kann davon ausgehen, daß, sobald ein allgemeiner Bedarf für eine neue Funktionseinheit festgestellt wird, es einen Hersteller gibt, der hier eine Marktlücke sieht - vorausgesetzt, er kann mit hinreichend hohen Absatzzahlen rechnen. Gewisse Lücken bestehen nur noch auf dem Gebiet der Speicherverwaltungs-Bausteine und Kommunikations-Bausteine - weil es hier noch keine Standard-Lösungen gibt (die Lücke bei den Speicherverwaltungs-Bausteinen beginnt sich allerdings zu füllen).

Das heißt nicht, daß es nicht auch einen Bedarf für kundenspezifische Bausteine gibt. In jedem Rechner gibt es architekturspezifische Funktion, einheiten, für die es keine fertigen LSI-Bausteine gibt und die daher als MSI-Schaltungen realisiert werden müssen. Wir haben in STARLET und MAC eine "message buffer" genannte Schaltung, die die Datenfluß-Synchronisation der Kooperation zweier Mikroprozessoren übernimmt. Ein LSI-Baustein würde uns hier an verschiedenen Stellen jeweils eine Schaltung mit 8 MSI-Bausteinen einsparen - aber zu welchem Preis? Selbst wenn uns der Entwurf des LSI-Chips nichts kosten würde, wäre er teurer als die MSI-Schaltung, da er spezielle Testeinrichtungen und ein aufwendiges 48-pin Gehäuse erfordern würde.

Es gibt Beispiele, wo der Gewinn in der Einsparung einer ganzen Baugruppe (Platine) bestehen kann. Ein solches Beispiel ist der Speicherverwaltungs- und Zugriffsrechtkontroll-Einheit (ATGU) unseres UPPER-Knotenrechners. Man muß hierbei aber beachten, daß diese Schaltung die Komplexität etwa eines 16-bit Mikroprozessors hat, also sicher nicht nach Mead und Conway [35] mit standardisierten Schaltungen und auf einfache und billige Weise realisierbar wäre.

Wie ist diese Aussage zu vereinbaren mit Entwicklungen von innovativen Architekturen wie zum Beispiel dem Intel-Rechner iAPX 432, dessen Realisierung zum Entwurf eines völlig neuen Chip-Satzes führte, wofür nach Branchengerüchten zwischen 50 und 100 Millionen Dollar aufgewendet worden sein sollen? Intel hat in der Tat eine an sich konventionell arbeitende CPU mit unkonventionellen Zügen ausgestattet: Die Maschine segmentiert ihren Speicher, wobei der Zugriff zu den Segmenten über Capability-Listen geregelt wird. Dadurch unterstützt gibt es eine Anzahl von Systemtypen (im Sinne abstrakter Datentypen) zur Ausführung primitiver Betriebssystemfunktionen (einschließlich eines Multiprocessing nach dem Prinzip der Auftragsanziehung [8]). Die Funktionen der Systemtypen sind weitgehend in den Mikrocode verlagert worden; d.h., es wird sehr stark von der Methode Gebrauch gemacht, bekannte Software-Lösungen "vertikal" in die Firmware zu verlagern. Dies erfordert einen recht großen Kontrollspeicher sowie eine Anzahl speziell benutzter Register (beides zusammen war auf einem Chip nicht unterzubringen, so daß der iAPX 432 "general data processor" ein 2-Chip Mikroprozessor ist).

Gleiche, ja noch darüber hinausgehende Architektur-Eigenschaften kann man, wie die STARLET-Entwicklung zeigt, auch dadurch erreichen, daß man die unkonventionellen Datentypen und Züge einer innovativen Rechnerarchitektur auf eine ebenso innovative Hardwarestruktur abbildet, statt sie (wie beim iAPX 432) durch vertikale Verlagerungen in den Mikrocode einer konventionellen Hardwarestruktur zu realisieren. Insbesondere gehört hier zu den innovativen Strukturprinzipien das von uns entwickelte Prinzip der "hierarchischen Funktionsverteilung" [1]. Es ist die konsequente Anwendung dieses Prinzips, die uns weitgehend von der Notwendigkeit architekturspezifischer LSI-Bausteine befreit. Es soll dabei aber nicht verschwiegen bleiben, daß es den idealen Prozessorbaustein für nach dem Prinzip der hierarchischen Funktionsverteilung entworfene Mehrrechner-Architekturen noch nicht gibt: den mikroprogrammierbaren Mikroprozessor (mit externem Steuer-PROM). Aber auch diesen Baustein wird es geben, sobald ein hinreichend großer Bedarf dafür erkannt wird.

Damit soll nicht gesagt werden, daß es nicht notwendig ist, den Entwurf kundenspezifischer LSI-Bausteine an den Universitäten zu lehren und zu praktizieren. Allgemein wird in naher Zukunft in der Industrie ein grosser Bedarf an solchen Bausteinen bestehen, die vorwiegend als Gate-Arrays, zum Teil abe auch als Standard-Zellen-Logik aufgebaut sind [36], wobei eine "Standard-Zelle" zum Beispiel ein 8-bit Mikroprozessor sein kann. In der Rechnerentwicklung werden in der "Mainframe-Technologie" bereits weitgehend Gate-Arrays verwandt, und Standard-Zellen-Bausteine findet man z.B. als spezielle "Device-Controller". Dabei ist zu beachten, daß es in der Mainframe-Technik nicht in dem Maße fertige Standard-Bausteine für alle möglichen Funktionen gibt, wie in der "bus-orientierten"

Mikroprozessortechnik.

Aber auch in der Mikroprozessortechnik wird man sich zum Aufbau innovativer Rechnerarchitekturen an der einen oder anderen Stelle einen speziellen LSI-Baustein wünschen. Erwähnt wurden bereits Kommunikationsschaltungen - zum Beispiel die Schaltzelle eines Verbindungsnetzwerks (s. Abschnitt 2.5). Bei Spezialrechnern - zum Beispiel für digitale Signalverarbeitung oder Bildverarbeitung - wird man u.U. LSI-Bausteine zum Aufbau spezieller Prozessoren (zum Beispiel als Zelle eines systolischen Arrays [4]) benötigen, obwohl es aber auch hier die verschiedensten Spezialelemente wie z.B. akkumulierende Multiplizierer, Korrelator-Bausteine usw. fertig gibt. Auch beim Entwurf von Spezialprozessoren gilt allgemein die gleiche Regel wie beim Entwurf von innovativen Rechnerarchitekturen schlechthin: die Notwendigkeit für spezielle Schaltungen kann zum Teil durch Ingenuität beim Entwurf funktionell gleicher Schaltungen mit Standard-Elementen ersetzt werden.

Was wir als Ergebnis dieser Betrachtungen festhalten wollen, ist die Tatsache, daß man nicht erst die Möglichkeit des Entwurfs und der Herstellung eigener LSI-Schaltungen realisiert haben muß, um innovative Rechnerarchitekturen entwickeln - und realisieren - zu können. Viel wichtiger ist es, zunächst überhaupt Konzepte zu haben. Ebenso wichtig ist es dann, über eine geeignete Entwurfsmethodik und die zugehörigen Entwurfswerkzeuge zu verfügen. Für Rechnerarchitekturen gilt wie für Software-Systeme, daß man das Fehlen einer vollständigen und konsistenten funktionellen Spezifikation am Anfang des Entwurfsverfahrens mit viel Aufwand für Testen und Fehlersuche bei der Realisierung erkaufen muß. Als Spezifikationsmethode hat sich bei uns ähnlich wie im Software-Bereich die formale, prädikatenlogische Spezifikation sehr bewährt [37].

Zwischen Spezifikation und der eventuellen Entscheidung für den Einsatz spezieller, architekturspezifischer LSI-Baustein liegen noch mehrere Ebenen des detaillierten Architekturentwurfs und des Entwurfs der Hardware-Struktur, insbesondere der Kommunikationsstruktur. Die dabei auftretenden Probleme und Entwurfsentscheidungen sind so komplex, daß sie nur in einem iterativen Prozeß von einem erfahrenen Entwerfer, mit Sicherheit aber nicht von einem "Hardware-Compiler" optimal gelöst werden können. Auch hierbei werden umfangreiche Simulations- und Testwerkzeuge benötigt, und das gleiche gilt für die am Ende zu realisierenden Schaltungen. Die mitunter zu findende Vorstellung, daß die Entwicklung zukünftiger "Parallel-Architekturen" so aussieht, daß der Komplexitätstheoretiker einen besonders guten "Parallel-Algorithmus" aufstellt, den der Chip-Entwerfer dann "in VLSI" realisiert - vielleicht noch mit etwas logischen Entwurf dazwischen - ist, man verzeihe uns das harte Wort, naiv. Um den top-down-iterativen Entwurfsprozeß einer innovativen Rechnerarchitektur zu kennzeichnen, sei noch einmal auf das Bild 1 verwiesen: Alle dort genannten Disziplinen sind involviert, wobei naturgemäß die Disziplin der Rechnerarchitektur den zentralen Kern bildet.

Literatur

[1] Giloi W.K., Gueth R., Kallerhoff R., "Hierarchical Function Distribution - A Design Principle for Advanced HLLACs", noch unveröffentlicht (auch in [34] zu finden)

[2] Neumann P.G. et al., "Directions for Future Research and Development in Multicomputer Systems", Final Report SRI Project 1826, SRI International 1981

[3] Giloi W.K., "A Complete Taxonomy of Computer Architecture Based on the Abstract Data Type View", in: Blaauw/Haendler(eds.), "Workshop on Taxonomy in Computer Architecture", Universität Erlangen, IMMD-Bericht 14,8 (1981)

[4] Kung H.T., "Why Systolic Architectures", COMPUTER 15,1 (Jan. 1982), 37-46

[5] Kandzia P., Langmaack H., Informatik: Programmierung, Teubner, Stuttgart 1973

[6] Giloi W.K., "Datenflußprinzipien in Rechnerarchitekturen", in: J. Swoboda(ed.), Struktur und Betrieb von Rechensystemen, NTG Fachberichte Bd. 80, VDE-Verlag, Berlin 1982

[7] Chen T.C., "Parallelism, Pipelining and Performance Enhancement by Multiprocessing", in: Hasselmeier/Spruth(eds.), Rechnerstrukturen, Oldenbourg, München 1974, 104-150

[8] Giloi W.K., Rechnerarchitektur, Springer, Berlin-Heidelberg-New York 1981

[9] Giloi W.K., Berg H.K., "Introducing the Concept of Data Structure Architectures", Proc. 1977 Int. Conf. on Parallel Processing, IEEE Catalog No. 77CH1253-4C, 44-51

[10] Giloi W.K., "The DRAMA-Principle and Data Type Architectures", in: J. Niedereichholz(ed.), Datenbanktechnologie, Teubner, Stuttgart 1979, 81-100

[11] Dijkstra E.W., "Co-operating Sequential Processes", in: Genuys F. (ed.), Programming Languages, Academic Press, New York 1968

[12] Kuck D.J., "A Survey of Parallel Machine Organization and Programming", COMPUTING SURVEYS 9,1 (March 1977), 29-59

[13] Agerwala T., Arvind(eds.): Special Issue on Data Flow Systems , COMPUTER 15,2 (Feb. 1982)

[14] Backus J., "Can Programming be Liberated From the von Neumann Style? A Functional Style and Its Algebra of Programs", CACM 21,8 (1978), 613-641

[15] Fabry R.S., "Capability-Based Addressing", CACM 17,1 (July 1974), 403-412

[16] Tyner P., iAPX 432 General Data Processor Architecture Reference Manual, Intel Corp., Santa Clara, Ca. 1981

[17] Parnas D.L., "On the Criteria to be Used in Decomposing Systems Into Modules", CACM 15,12 (Dec. 1972), 1053-1058

[18] Landwehr C.E., "Formal Methods for Computer Security", COMPUTING SURVEYS 13,3 (Sept. 1981), 247-278

[19] Giloi W.K., Gueth R., "Concepts and Realization of a High-Performance Data Type Architecture", Internat. J. of Computer and Information Sciences 11,1 (1982), 25-54 (auch in [34] zu finden)

[20] Kuemmerle K., "Local-Area Communication Networks - An Overview", in: J. Swoboda(ed.), Struktur und Betrieb von Rechensystemen, NTG-Fachberichte Bd. 80, VDE-Verlag, Berlin 1982, 128-145

[21] Behr P.M., Giloi W.K., "Ein Software-Konzept für verteilte Multicomputer-Systeme und seine Unterstützung durch die Architektur des UPPER-Systems", GI-Jahrestagung 1982, Springer, Berlin-Heidelberg-New York 1982

[22] Moto-oka et al., Proc. of Internat. Conf. on Fifth Generation Computer Systems , Japan Information Processing Development Center, Tokyo 1981

[23] Giloi W.K., Bruening U., "A Configurable Array Computer for Signal and Image Processing", in: K.S. Fu/T.L. Kunii(eds.), Image Engineering, Lecture Notes in Comp. Science, Springer, Berlin-Heidelberg-New York 1982

[24] Zoccoli M.P., Sanderson A.C., "Rapid Bus Multicomputer Network", COMPUTER DESIGN (Nov. 1981), 324-332

[25] Giloi W.K., Behr P.M., "An IPC Protocol and Its Hardware Realization For a High-Speed Distributed Multicomputer System", Proc. 8th Internat. Sympos. on Computer Architecture, IEEE Catalog No. 81CH 153-3 (1981), 481-488

[26] Fen T., "A Survey of Interconnection Networks", COMPUTER 14,12 (Dec. 1981), 12-27

[27] Giloi W.K., "Innovative Multicomputer Architectures - The Development of the Eighties", Proc. REAL TIME DATA '82

[28] Boehm B.W., "Software Engineering", IEEE TRANS. COMPUTERS C-25 (1976), 1226-1241

[29] Denning P.J., "Computer Architecture: Some Old Ideas that Haven't Quite Made it", CACM 24,9 (Sept. 1981), 553-554

[30] Hoare C.A.R., "The Emperor's Old Clothes", CACM 24,2 (Feb. 1981), 75-83

[31] Ackerman W.B., "Data Flow Languages", Proc. 1979 Nat. Comp. Conf., AFIPS Press, Arlington, Va. 1979, 1087-1095

[32] McGraw J.R., "The VAL Language: Description and Analysis", ACM TRANS. PROGRAMMING LANGUAGES 4,1 (Jan. 1982), 44-82

[33] Berg H.K., Giloi W.K., "Hierarchical Specification of Abstract Data Types", in: Berg H.K./Giloi W.K.(eds.), The Use of Formal Specification in Software, IFB 36, Springer, Berlin-Heidelberg-New York 1981, 150-196

[34] Giloi W.K. et al., "Realizing Innovative Multicomputer Architectures With Off-the-Shelf VLSI Components", Technische Universität Berlin, FB Informatik, Techn. Bericht 82-06 (1982)

[35] Mead C., Conway L., Introduction to VLSI Systems, Addison-Wesley, Reading, Mass. 1980

[36] Stein M., "CMOS-Gate-Arrays - Eine Alternative in der integrierten Schaltungstechnik", Markt & Technik Nr. 22 (4. Juni 1982), 68-70

[37] Gueth R., Kirrmann H., "Entwurfsmethodik für Rechnerarchitekturen demonstriert am Beispiel des STARLET-Rechners", noch unveröffentlicht

Die "Neue Mikroelektronik" in der Informatik: Voraussetzungen und Auswirkungen

Reiner W. Hartenstein
Universität Kaiserslautern

Zusammenfassung

In den vergangenen vier Jahren wurden die Computer Science Departments an den Universitäten in den USA revolutioniert durch eine neue Entwicklung, dort genannt: VLSI. Diese "neue Mikroelektronik" entsteht durch das Zusammenwirken mehrerer innovativer Komponenten. Die Informatik bekommt ein neues Hilfsmittel, welches eine direkte Umsetzung von Algorithmen in Layout erlaubt. Eine neuartige Kooperation mit den Halbleiterherstellern schafft die Voraussetzungen für die praktische Erprobung solcher Konzepte und für eine Praxis-orientierte Ausbildung auf diesem Gebiet. Informatik-Methoden dringen in großem Umfang ein in das Gebiet der Entwurfsmethoden für hochkomplexe integrierte Bausteine und der dazugehörigen CAD-Software. Mittelfristig ist mit außerordentlich starken Strukturveränderungen in der Industrie zu rechnen. Das vorliegende Papier beleuchtet Möglichkeiten, Voraussetzungen und Auswirkungen der neuen Entwicklung.

1. Einleitung

Ein neues Textbuch /1/, das zwei Jahre nach seinem Erscheinen bereits an etwa 1oo Universitäten für Lehrveranstaltungen verwendet wird (Bild 1), motiviert Schüler außerordentlich stark, wird jedoch immer wieder kontrovers diskutiert. Was steckt hinter all den aufsehenerregenden Aktivitäten? Das Haupt-Anliegen kann man zusammenfassen in der Forderung: Layout-Entwurf muß ein Gegenstand der Informatik werden in Lehre, Forschung und Praxis! Der Komplex der damit zusammenhängenden Aktivitäten umfaßt: optimale Lehrmethoden hierzu, Entwicklung innovativer Hardware-Konzepte hiermit, eine saubere, entkoppelnde Schnittstelle zur Technologie, neue Infrastrukturen für billige und schnelle Herstellung von Probeschaltungen, sowie bedienungsfreundliche, leicht implementierbare, portable CAD-Software.

Zunächst sei bei den Auswirkungen begonnen. Abschnitt 2 veranschaulicht exemplarisch die Entstehung neuer Hardware-Konzepte, die bislang wegen zu hoher Prototyp-Herstellungskosten nicht erprobt werden konnten. Abschnitt 3 schildert neue Infrastrukturen für ebensolche Prototypen-Herstellung. Abschnitt 4 schließlich gilt neuartiger CAD-Software.

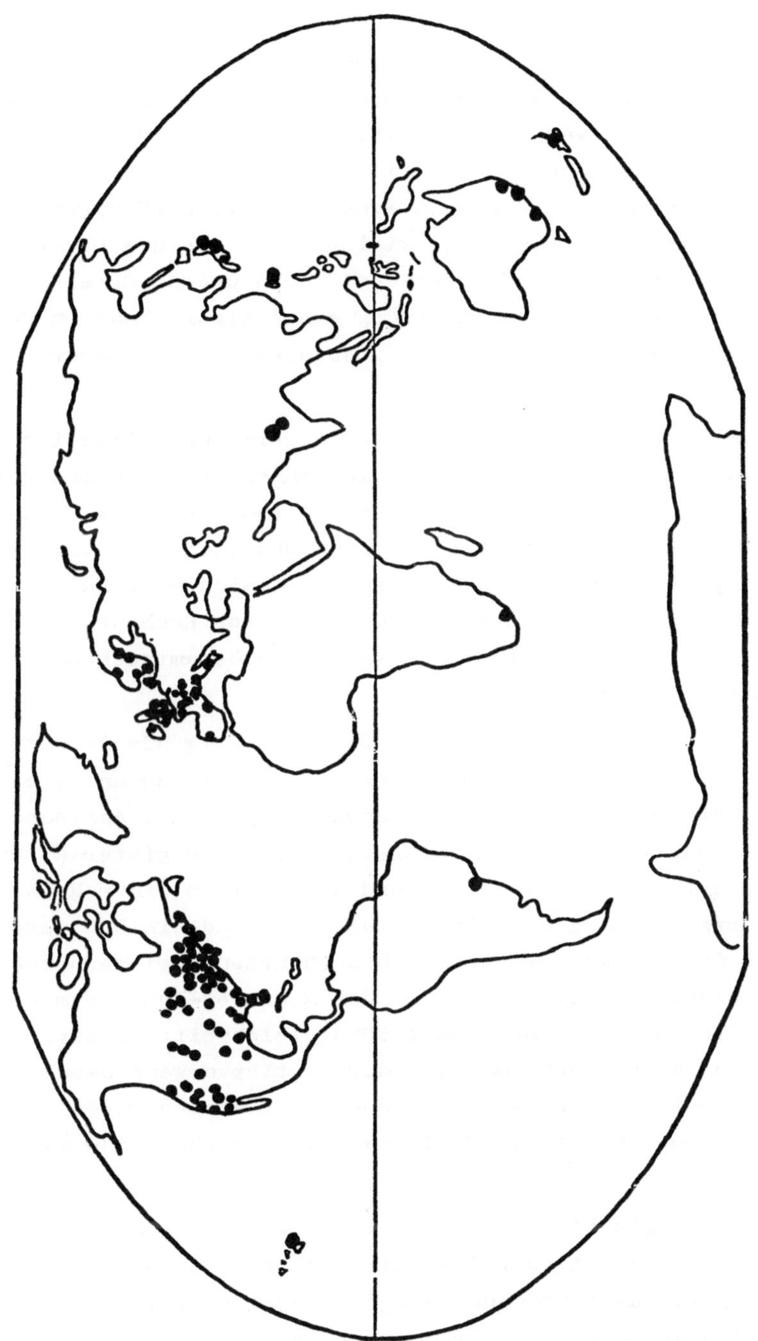

Bild 1. Verbreitung des "Mead-&-Conway-Kurses" an Universitäten

2. Planare Algorithmen

Viele DV-Probleme stoßen an die Grenzen der Leistungsfähigkeit von Universal-Rechenanlagen. Hierzu müssen Lösungen mit höchstmöglicher Parallelität gefunden werden, wie z.B. 10^3 gleichzeitige Aktivitäten. Ein Weg dorthin führt über Parallelität feinster Granularität, wie z. B. derart, daß Kommunikations- und Synchronisations-Ereignisse in Zeitabständen aufeinander folgen, die kleiner sind als die Dauer einer Maschinen-Instruktion: beispielsweise 10^{-7} Sekunden. Derartiges ist oft erreichbar durch direkte Umsetzung eines Algorithmus in das planare Layout eines integrierten Bausteines, sozusagen als "planarer Algorithmus".

Dies sei veranschaulicht am bubble sort Algorithmus. Dies ist ein Sortier-Algorithmus, der jeweils nur in benachbarten Zellen gespeicherte Objekte miteinander vergleicht und ggf. vertauscht (vgl. Veranschaulichung in Bild 2). Bei N zu sortierenden Objekten ist die Komplexität über der Zeit: $O(N) = N^2$ bei sequentieller Ausführung. Bei einer Software-Lösung mit beispielsweise $N = 10^3$ und einer Rechenzeit von 10^{-4} Sekunden je Elementarschritt ergibt sich eine Gesamtrechenzeit der Größenordnung 10^2 Sekunden.

Als Alternative hierzu sei auf einem Chip die folgende Struktur realisiert (Bild 3b): Es wird eine SPU (special processing unit) entwickelt, die zwei Objekte miteinander vergleichen und ggf. den Austausch "swap" durchführen kann, sowie ein daran anschließbares Register R. Damit wird eine Konfiguration aus N Registern und N-1 SPUs zu einer Reihe zusammengeschaltet derart, daß immer abwechslnd ein R und ein SPU aufeinander folgen. Jede SPU ist mit den beiden benachbarten Registern zusammengeschaltet, sodaß Vergleich und swap der Register-Inhalte möglich ist. Durch geeignete Taktung können alle SPUs gleichzeitig aktiviert werden. Nach spätestens N Takt-Perioden ist der Sortiervorgang beendet, wenn zuvor N Objekte in die Register abgespeichert worden waren. Wir erhalten eine sequentielle Komplexität $O(N) = N$ und eine räumliche Komplexität von $O(N) = N$.

N sei $N = 10^3$ und ein Elementarschritt benötige 10^{-7} Sekunden, was in NMOS-Technologie realisierbar ist. Die Gesamtrechenzeit beträgt dann 10^{-4} Sekunden, was um 6 Größenordnungen schneller ist, als mit obiger Universalrechner-Lösung. Jede SPU und jedes Register bestehen aus ca. je 10^2 Transistoren, was insgesamt eine Größenordnung von 10^5 Transistoren ergibt. Dies ist technisch auf einem einzigen Chip realisierbar. Die Zahl der Transistoren ist nicht größer als die von CPU und Arbeitsspeicher der Universalrechner-Lösung (Bild 3 a). Somit wurde bei ver-

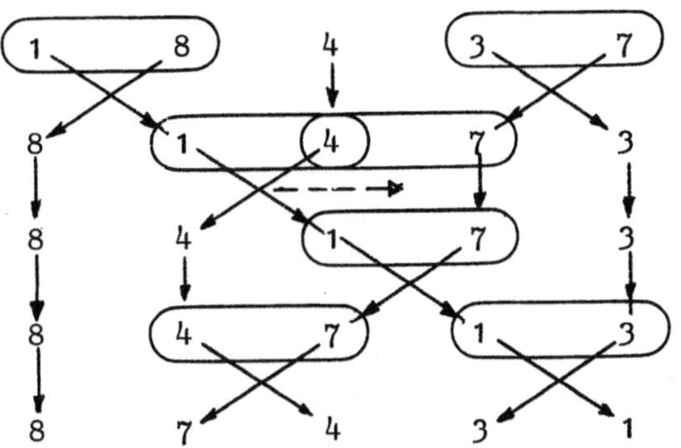

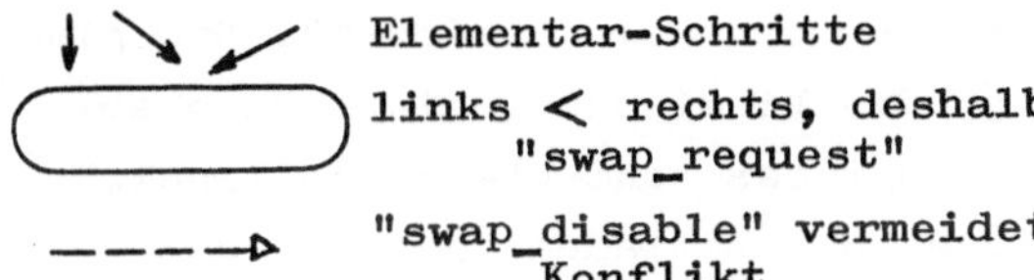

Bild 2. bubble sort Algorithmus

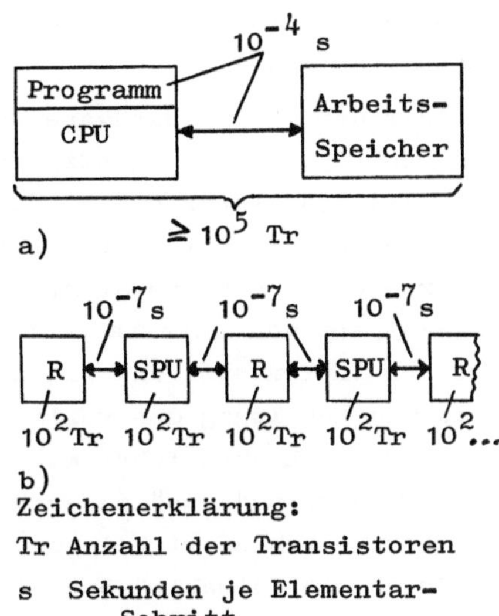

Bild 3. bubble sort: a) Software, b) planare Lösung

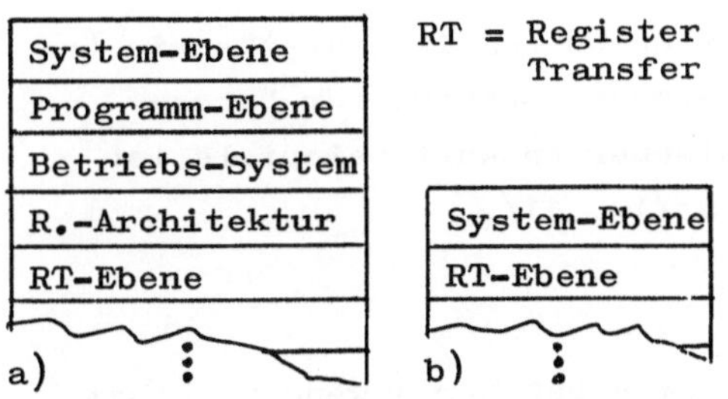

Bild 4. Involvierte methodologische Ebenen: a) bei rein sequentieller Software, b) bei planarer Direkt-Implementierung

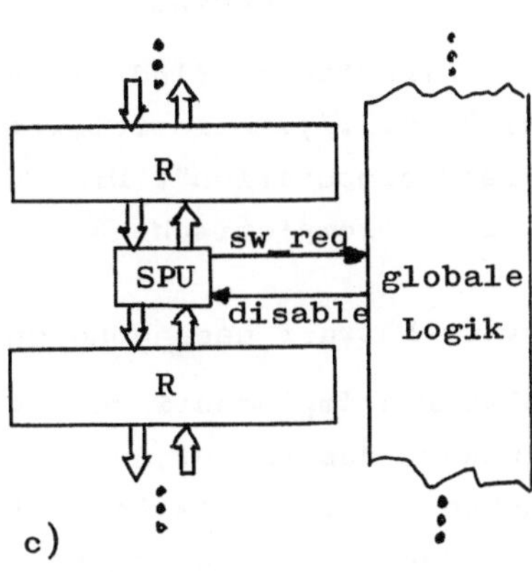

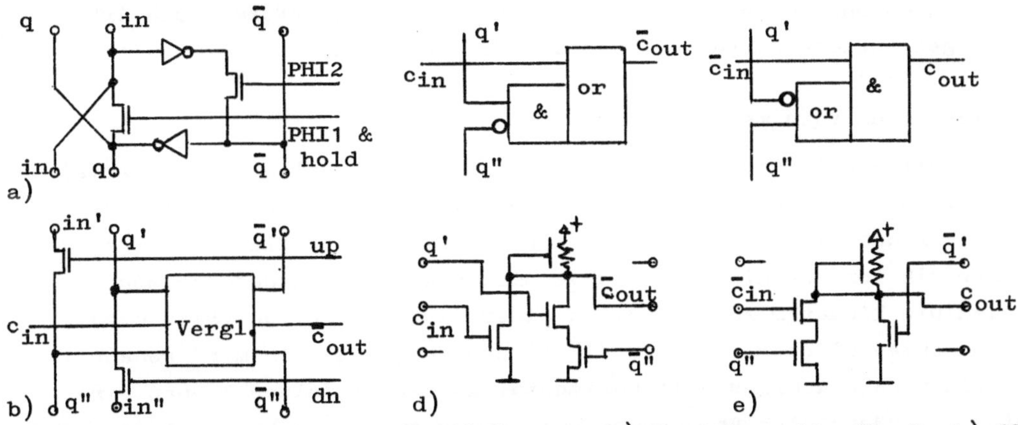

Bild 5. planare bubble sort Realisierung: a) Registerzelle für R, b) SPU-Zelle, c) Datenpfade: Ausschnitt, d) Vergleicher mit negiertem Ausgang, e) Vergleicher mit negiertem Eingang (jeweils für den Übertrag c_{in}, c_{out})

gleichbarem Hardware-Aufwand eine Durchsatz-Steigerung um 6 Größenordnungen erzielt.

Zur Ansteuerung der Hardware wird keinerlei Software, noch ein Steuerwerk benötigt, sondern lediglich ein Taktgeber. Durch Hinzufügen weiterer N+1 Transistoren kann das Chip das Ende des Sortierprozeß selbst erkennen und signalisieren, auch bei weniger als N Schritten infolge entsprechender Eingabedaten. Somit muß noch nicht einmal die Anzahl der Taktperioden abgezählt werden. Bild 4 veranschaulicht die Direktheit der Implementierung planarer Algorithmen, und Bild 5 zeigt die Logik und Schaltung des vorliegenden Beispieles. Die Register R sind in quasi-statisch ausgeführt mit 2-Phasen-Taktung durch PHI1 und PHI2 (s. /1/). Wenn kein "swap" ausgeführt wird, erfolgt ein "refresh". Die globale Logik verhindert bei einem "swap" die Einmischung einer Nachbar-SPU durch ein "disable"-Signal und erzeugt das "end-of-sort"-Signal. Die SPU ermöglicht auch das Laden "load" und Entladen "unload" des Chips, angesteuert durch die "globale Logik". Alle Teile, außer den R, sind reine Schaltnetze.

Planare Algorithmen sind der Anlaß einer neuen Komplexitätstheorie (s. /2, 3, 4, u.a./), beispielsweise nach Methoden suchend für "area-efficient computation". Die Fülle praktischer Entwurfsbeispiele ist groß. Eine exemplarische Übersicht geben /10, 11/.

3. Layout-Entwurf nach Mead und Conway

Zur planaren Implementierung von Algorithmen muß der Anwender selbst den Entwurf des Layout durchführen. Hierzu gibt /1/ eine gut optimierte Lehrmethode an. Zusätzlich hilft der hier gelehrte Entwurfs-Stil bei der Senkung der Entwurfskosten. Voraussetzungen für die Lehrmethode und deren Anwendung in der Praxis sind neue Kooperationsformen und Arbeitsteilungen, welche folgende Abschnitte beschreiben.

3.1 The "long thin man"

Der traditionelle Layout-Entwurf erfolgt arbeitsteilig unter Spezialisten, wie beispielsweise einem Logik-Spezialisten, einem Schaltungstechniker und einem Layout-Spezialisten (Bild 6 a). Die neue Mikroelektronik fordert hingegen die Vereinigung aller methodologischen Ebenen bis hinunter zum Layout in einer einzigen Person (Bild 6 b). Ein so ausgebildeter Designer /1/ wird auch "long thin man" genannt, da sein Wissen weniger weit horizontal in die einzelnen Ebenen eindringt, sondern sich Ebenen-übergreifend weit in die Vertikale erstreckt. Wichtig für den "long thin man" ist es, daß sein Kopf in der System-

bzw. Anwendungs-Ebene bleibt, er aber dennoch mit beiden Beinen in der Layout-Ebene steht. Er sieht die Probleme quasi aus der Giraffen-Perspektive, wohingegen der traditionelle Anwender sie nur aus der Vogel-Perspektive sah. Vorteil des "long thin man" ist es, daß er Spürsinn dafür hat, ob es für kritische Probleme der System-Ebene eine planare Lösung in der Layout-Ebene gibt, die sehr effizient ist.

Voraussetzung für die Tätigkeit des "long thin man" ist es, daß seine Schlankheit nicht zum handicap wird. Diese Voraussetzung ist erfüllt wie folgt. Die Lehre ist auf der didaktischen Seite kompromißlos optimiert worden /1/. Eine saubere, entkoppelte Schnittstelle nach unten (vgl. 3.2) entlastet erheblich von technologischen Lehrinhalten. In der logischen Ebene sind fast alle Minimierungs-Verfahren unwichtig geworden, da Optimierungs-Kriterien der Layout-Ebene bei weitem den Vorrang haben (vgl. 3.3). Bessere und besser integrierte CAD-Software (vgl. 4.) trägt ebenfalls bei zur Entlastung des "long thin man".

Der Anfänger kann mit /1/ und dazu passenden Übungsaufgaben nach ca. 10 bis 15 Lektions-Stunden oder gegen Ende eines dreitägigen Kompakt-Kurs mit eigenen Layout-Entwürfen und -Projekten beginnen. Ein noch besserer Praxis-Bezug wird erreicht durch Einbezug von CAD-Software-Anwendung. Dies ist zu erreichen durch eine einsemestrige doppelstündige Vorlesung, zusammen mit einem halbtätigen Entwurfspraktikum. Zu empfehlen ist eine daran anschließende Projektarbeit mit Layout-Entwurf. Bei Kompakt-Form empfiehlt sich eine Dauer von 2 bis 4 Wochen bei Übungen mit CAD-Software-Einsatz. Der Autor dieses Papiers verfügt über Erfahrungen mit allen o. g. Formen von Kursen. Kurrikulumsfragen sind in /5/ behandelt, wo der Einbau in die ACM-Kurrikulums-Empfehlungen für das Fach Computer Science ausführlich wiedergegeben ist.

Der optimale Praxis-Bezug der Lehre ist nur dann gewährleistet, wenn die Übungs-Entwürfe des Studenten auch hergestellt werden, und der Student den Test der gelieferten Schaltungen selbst durchführt. Eine entsprechende Infrastruktur liegt in den USA und auch in anderen Ländern vor (vgl. 3.2). In den USA kommuniziert der Student mit dieser Infrastruktur sogar über das ARPAnet. In der BRD sind meine Kollegen von der Technologie darauf vorbereitet, eine solche Infrastruktur zu betreiben. Das Hauptproblem bei uns ist die Formierung der Anwendergemeinde wegen schlechter Ausstattung der Informatik an den Universitäten: Fehlen geeigneter Peripheriegeräte, veraltete Rechner (Kompatibilitätsprobleme), Personalprobleme (Software-Portations-Arbeiten). Eine Einbindung in ein Projekt "wissenschaftliches Datennetz" würde mehr personelle Kräfte aktivieren durch Mitarbeit von Kollegen der Praktischen Informatik.

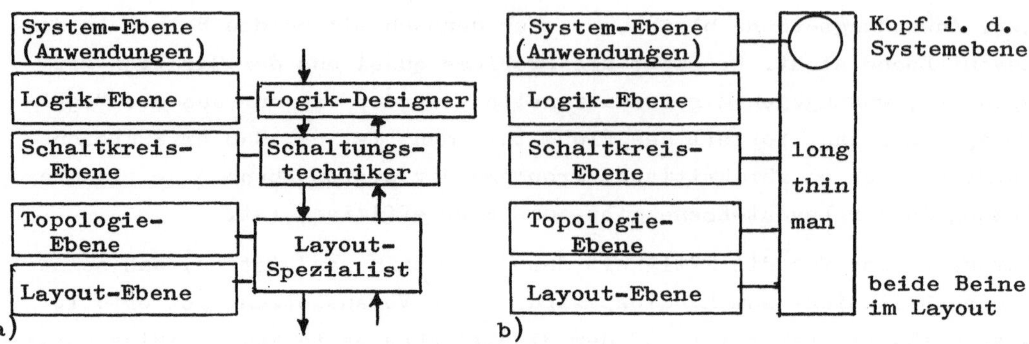

Bild 6. Arbeitsteilung beim Layout-Entwurf: a) traditionell, b) in der "neuen Mikroelektronik"

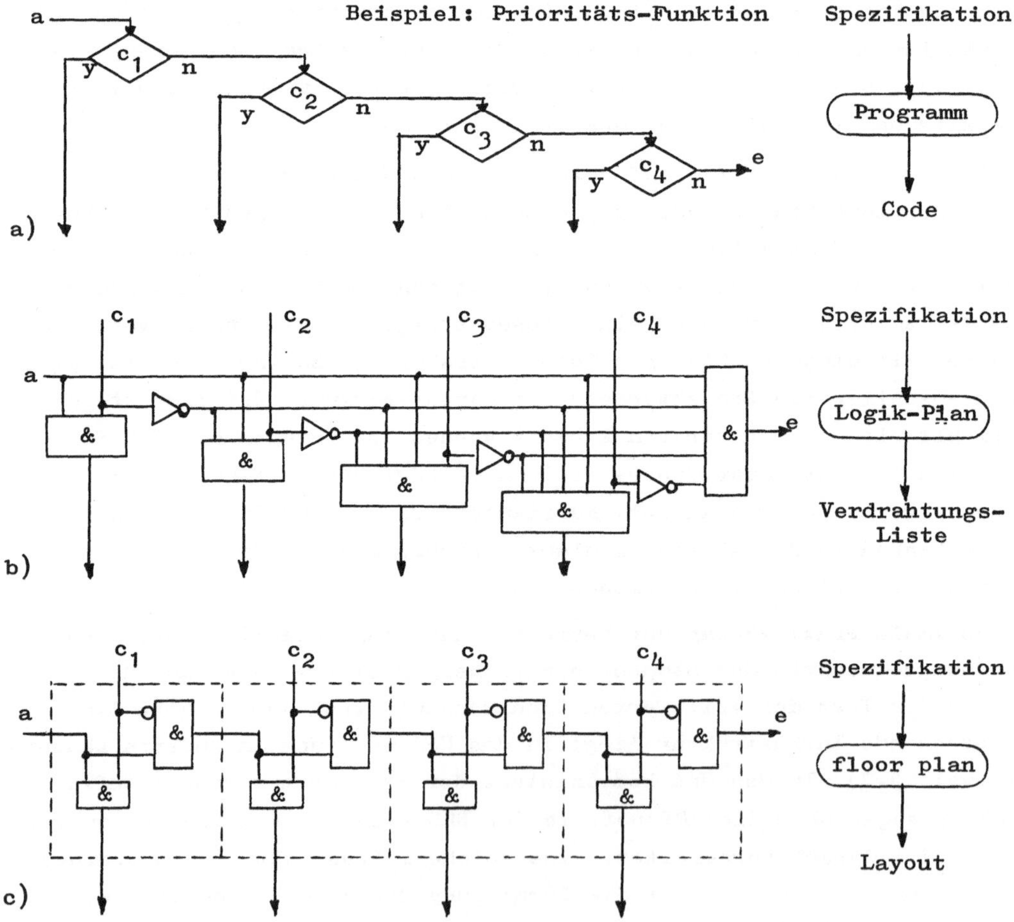

Beispiel: Prioritäts-Funktion

Bild 7. Drei Arten der Implementierung von Algorithmen: a) sequentielle Algorithmen per Software, b) Rechnerstrukturen aus Bausteinen und Baugruppen, c) monolithische, planare Implementierung von Algorithmen.

3.2 Neue Infrastrukturen

Neue Infrastrukturen auf der Seite von Technologie und Fabrikation sind eine wichtige Voraussetzung für eine Praxis-orientierte "neue Mikroelektronik" in Lehre und Forschung. Speziell auf den "long thin man" ausgerichtete Infrastrukturen erbringen folgende Leistungen: Schnelle und sehr billige Herstellung von "Prototyp"-Schaltungen und studentischen Übungs-Schaltungen (prototyping service), und: Pflege einer sehr einfachen, sauberen, und entkoppelnden kompatiblen Schnittstelle zur Übergabe des Layout. Ideal wären Durchlaufzeiten von 1 bis 2 Wochen (was z. B. Paul Jespers einmal gelungen ist), und Kosten von ca. 100 bis 200 US-Dollar für ca. 5 bis 10 Schaltungen (was in den USA vor Jahren demonstriert worden ist). Ein beschleunigender Faktor ist der Verkehr zwischen der Infrastruktur und deren Anwendergemeinde per Datenübertragungsnetz. In den USA erfüllt das ARPA-Netz diese Funktion. Solche Netze haben einen nicht zu unterschätzenden Vorteil bei der Lösung von Kompatibilitäts-Problemen: nicht lesbare Magnetbänder kommen nicht vor.

Bild 8 zeigt die organisatorische Funktion der neuen Infrastrukturen. Durch EDV-Anwendung wird der Anwender von fertigungstechnischen Details entlastet. Er generiert als Resultat seiner Entwurfsbemühungen vereinfachtes "abstraktes" und kompatibles Layout. Die Konkretisierung und evtl. notwendige Anpassung an Fabrik-spezifische Anforderungen eines bestimmten Herstellers wird durch eine zentrale Stelle per EDV durchgeführt die man "VLSI-Implementierungs-Zentrum" nennen könnte (Bild 8). Die Bereitstellung eines solchen VIZ kann man bezüglich der Wegbereitung für viele Anwender vergleichen mit der Einführung von Betriebssystemen und höheren Programmiersprachen: es entstand das klassische Rechenzentrum für viele Anwender ohne Hardware-Kenntnisse, sozusagen das "Software-Implementierungs-Zentrum". Eine wichtige standardisierende Rolle spielt CIF (Caltech Intermediate Form) als Layout-Datenformat, das weltweit als VIZ-Eingabesprache so gut wie akzeptiert ist. Nähere Einzelheiten über den VIZ-Komplex sind zu finden in /6, 9/.

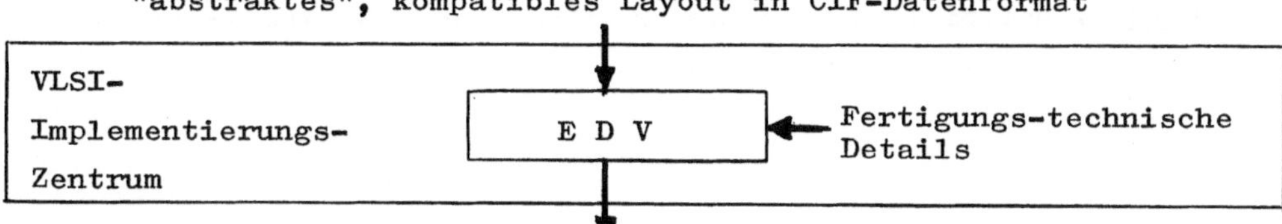

Bild 8. Den "long thin man" entlastende Funktion von Infrastrukturen

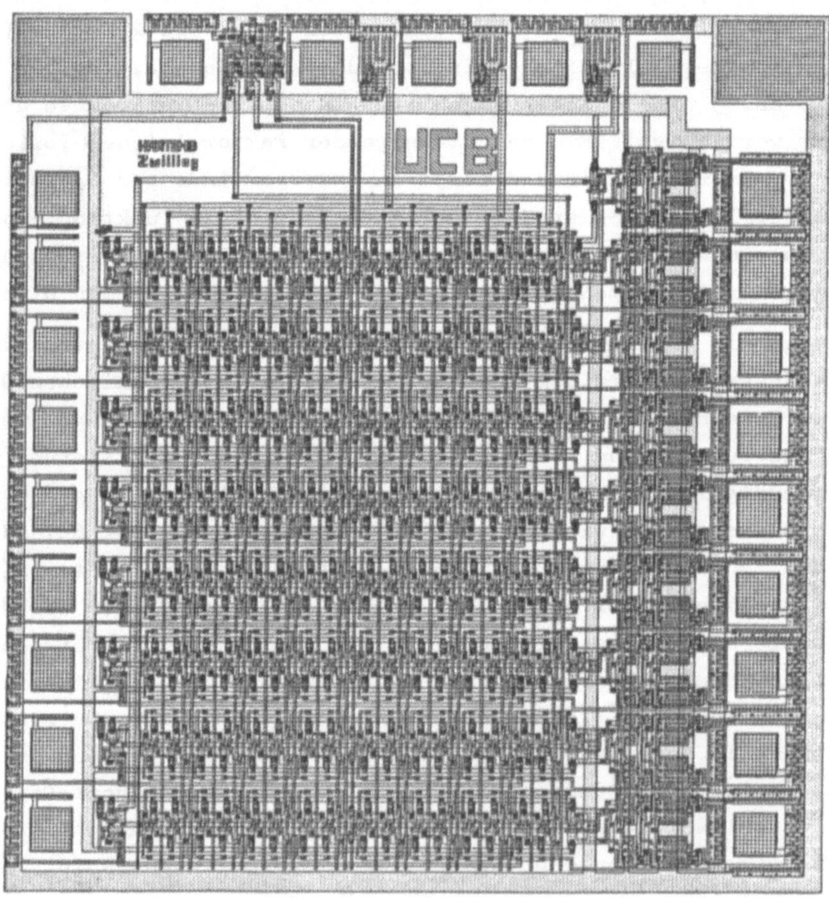

Bild 9. Beispiel einer studentischen Übungs-Schaltung /7/

3.3 Optimierung beim Layout-Entwurf

Das klassische Rechenzentrum mit seinen "utilities" machte sehr teure Rechenanlagen der Programmierausbildung großer Studentenzahlen zugänglich. Auf ähnliche Weise machen es o. g. Infrastrukturen möglich, daß große Zahlen von Studenten zu diskutablem Preis ihre Übungsschaltungen hergestellt bekommen. Es bleibt noch die Frage, ob dem Informatik-Studenten die "neue Mikroelektronik" vom Lehrstoff-Umfang denn überhaupt zugemutet werden kann. Ein typischer Informatik-Studienplan in der Bundesrepublik sieht nur einen äußerst knappen Zeitrahmen vor für die "Säule" der "Technischen Informatik". Die Frage kann ohne Einschränkung mit "ja" beantwortet werden, infolge möglicher Entlastung von folgenden zwei Seiten: durch andere Schwerpunktsetzung bei den Lehrinhalten der "Technischen Informatik" (was in Kaiserslautern erfolgreich im Rahmen einer neuen Studienordnung erprobt wurde), und durch die Tatsache, daß die "neue Mikroelektronik" völlig andere Entwurfs-Kriterien verlangt, als die klassische Hardware auf Baustein- und Baugruppen-Basis. Dies sei in Folgenden veranschaulicht.

Die planare Implementierung von Algorithmen (vgl. Abschnitt 2) ist eine von drei möglichen Grundformen der Implementierung (Bild 7): der Software-Implementierung (a), der klassischen Implementierung auf Bausteinbasis (b), und der monolithischen Implementierung (c). In letzterem Fall muß das Layout für die planaren Muster auf der Oberfläche eines "Chip" topologisch und geometrisch samt Vermaßung definiert werden, wohingegen bei klassischer Hardware die Verdrahtungsliste das wesentliche Entwurfsziel ist. Das hervorstechendste Zwischenresultat ist daher unterschiedlich: b) der Logik-Plan als Basis zur Erzeugung der Verdrahtungsliste zur Verbindung der Bausteine untereinander, und c) der "floor plan" (eine Art Flächennutzungsplan) als Basis des Entwurfes von Topologie und Geometrie auf einer zweidimensionalen ebenen Fläche.(vgl. Bild 7). Entsprechend unterschiedlich sind die Optimierungskriterien: b) die Zahl der Bausteine wird minimiert, und c) der Flächenbedarf wird minimiert. Bild 7 c deutet die Wichtigkeit des floor plan an, und Bild 12 zeigt ein Beispiel eines umfangreicheren floor plan.

Das wichtigste Kriterium optimalen Layout-Entwurfes ist der Flächenbedarf: das "Chip" muß so klein wie möglich werden. Aktive Elemente, wie Transistoren benötigen im Schnitt beträchtlich weniger Fläche, als planare "Leitungen". Vor Allem "Langstrecken-Verdrahtung" auf dem Chip muß vermieden werden, da diese neben immensem Flächenverbrauch eine enorme Verschlechterung der Arbeitsgeschwindigkeit der Schaltung

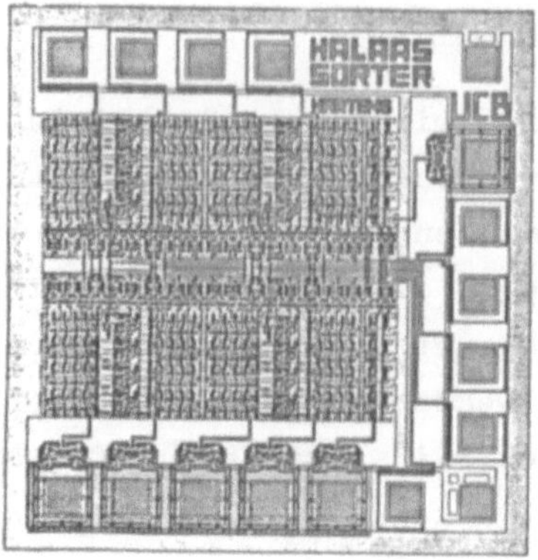

Bild 10. Feasibility Study eines Sortierer-Chi /8/

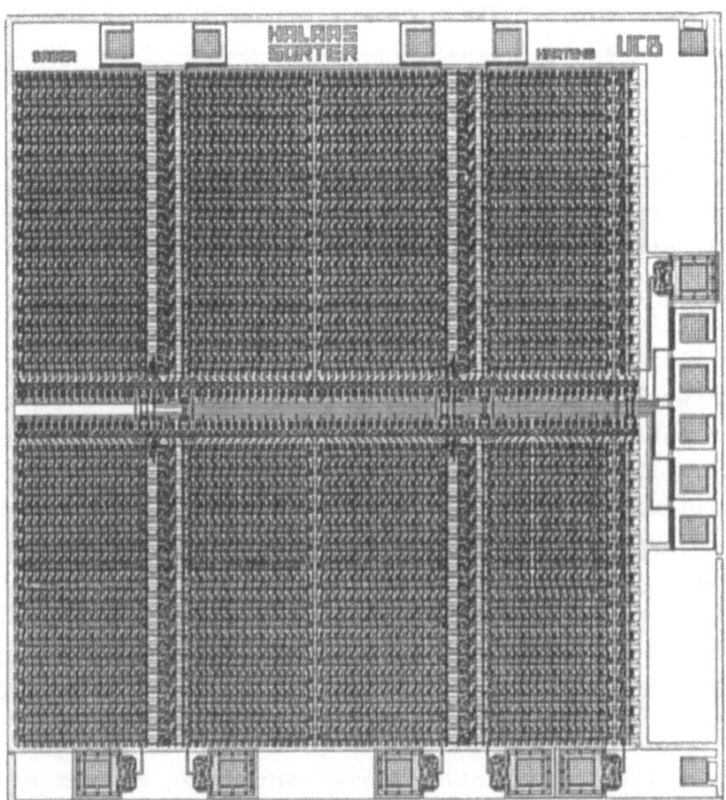

Bild 11. Erweiterte Version des Layout zu Bild 10.

verursacht. Eine besonders effektive Strategie in dieser Richtung ist die möglichst weitgehende, wenn möglich 1oo-prozentige Anwendung von "wiring by abutment" (etwa: Verdrahtung durch Aneinanderstoßen) durch bloßes "Aneinander-Plazieren" von Layout-Zellen mit entsprechend entworfener Topologie und Geometrie. Bild 7 c (im Vergleich zu Bild 7 b) veranschaulicht dies: ein 4-Bit breiter Prioritäts-Operator entsteht durch "abutment" von entsprechend bemessenen 1-Bit Prioritäts-Zellen. Es ist einleuchtend, daß der floor plan die beste Grundlage entsprechender Topologie- und Geometrie-Planung ist. auch bezüglich der Minimierung von Global-Verdrahtungen.

"Abutment" ist nicht nur ein Mittel der Verdrahtungs-Minimierung (Länge null), sondern auch eine Strategie zur Erzielung geringer Entwurfs-Kosten über die Erreichung regelmäßiger Strukturen ("Structured Design" /1/, Bild 9 aus /7/ zeigt eine Studenten-Übungsschaltung mit regelmäßiger Struktur). Außerdem sind solche regelmäßigen Strukturen leicht parameterisierbar. Dies ermöglicht bei Anwendung höherer Layoutsprachen sozusagen "mit wenigen Handgriffen" die Erweiterung einer kleinen Schaltung (z. B. feasibility study in Bild 10 aus /8/) in eine große Schaltung höherer Kapazität und großerer Wortlänge (z.B. Bild 11: Erweiterung zu Bild 10). Craig Mudge definierte einen Regelmäßigkeits-Faktor als Gütemaß (Zahl der Transistoren insgesamt zur Zahl der individuell plazierten Transistoren; Bild 12 zeigt Beispiele und den Trend).

Integrierter Baustein	Tausend Transistoren	Regelmäßigkeit
8080 Mikrorechner	4,6 / 4,3	1,06
8085 Mikrorechner	6,3 / 2,0	3,1
8086 Mikrorechner	20 / 6,6	4,4
iapx 432 Mikcrorechner CPU	100 / 6	16
DEC FFP Gleitkomma-Prozessor	75 / 1	75
Mead-&-Conway design style, typisch:		50

Bild 12. Regelmäßigkeitsfaktoren bei Layout-Entwürfen nach Craig Mudge

Wegen der Wichtigkeit von Regelmäßigkeit und Flächenersparnis verlieren klassische Minimierungsverfahren der Logischen Ebene sehr stark an Bedeutung. Meist laufen deren Ergebnisse den Layout-Kriterien sogar zuwider: Optimierung der Gatteranzahl führt meist zu erheblicher Steigerung des Bedarfes an Verdrahtungsfläche. Auch der enorme Rechenzeit-Bedarf bei Implementierung komplexerer klassischer Minimierungsverfahren etwa bei CAD-Software führt letztlich dazu, daß der "long thin man" mit einer "Dünnbrett-Version" der Digitalen Logik genügend ausgebildet ist.

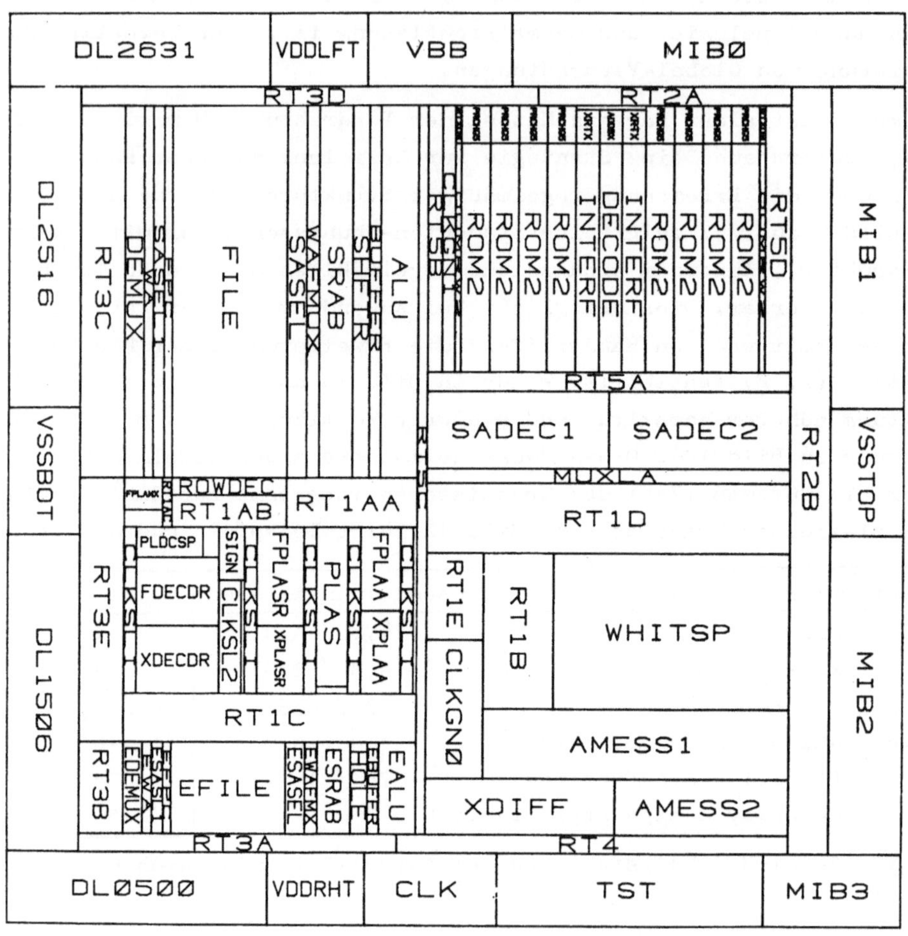

<u>Bild 12</u>. Beispiel eines "floor plan" (DEC FPP Gleitkomma-Prozessor)

Auch nötige Kenntnisse in Schaltungstechnik sind minimal und das Modell des Transistors ist einfach, wenn die Lehre an /1/ angelehnt wird. Eine rein topologische Ebene (ohne Geometrie) als Zwischenebene zwischen Schaltkreis-Ebene und Layout-Ebene (vgl. Bild 6) mit "stick Diagrammen" (graphisch) oder "symbolischem Layout" (Text) als Notationen erleichtert den Layout-Entwurf durch saubere Trennung von topologischen und geometrischen Problemen (s. in /1/). Alles in Allem kann dadurch die Ausbildung des Informatikers zum "long thin man" im Rahmen eines für die Bundesrepublik typischen Studienplanes realisiert werden.

4. CAD-Software für den "long thin man"

Pragmatische Einschränkungen der Anforderungen (z.B. Beschränkung auf achsenparallele Layout-Muster "Manhattan patterns"), "abstraktes" Layout (vereinfacht, vgl. Abschnitt 3, und Bild 8) als Eingabe-Basis, Verzicht auf ungezügelte Kreativität (nur einfachste, transparente Datenstrukturen), ein Programmierstil mit Bevorzugung kleiner, lose gekoppelter und separat benützbarer Programme ("tool box approach"), Normschnittstellen (UNIX als Einheits-Betriebssystem, und CIF als Einheitsschnittstelle für Layout und Strukturen höherer Ebenen), sowie eine intensive Zusammenarbeit über "electronic mail" via ARPA-Netz und unter Austausch von Teilen arbeitsteilig erstellter Software ließen einen neuartigen Typus von CAD-Software mit hohem Integrationsgrad entstehen. Dieses, und die Tatsache, daß diese Software von "long thin men" (mit starken background in Programm-Konstruktions-Technik) implementiert wurde, führte zu folgenden Vorteilen gegenüber traditioneller Software, die z.T. nur für sehr teures Geld beschafft werden kann: (1) stark reduzierter Implementierungsaufwand, (2) bessere Algorithmen, (3) erheblich bessere Benutzerschnittstelle und Vertrautheit der Terminologie, (4) Portabilität (derzeit wegen UNIX noch nur in den USA), und (5) die gesamte "tool box" kann von nur einem einzigen Informatiker beherrscht werden (kommerzielle Software erfordert Spezialisten-Teams für Pflege und Benützung).

Eine gute Strategie zur Förderung der Entstehung einer Anwendergemeinde für "neue Mikroelektronik" an den Universitäten in der BRD wäre es, zunächst dieses "tool box"-Konzept zu kopieren, um innerhalb einer Zeitspanne von ca. 2 Jahren die jeweilige örtliche CAD-Software-Ausstattung allmählich "hochzufahren", was gleichzeitig auch als Lernprozeß für die Hochschullehrer angesehen werden kann. Dies sollte dann eine Kooperation mit der Industrie begründen in Richtung auf die sich bereits abzeichnende billige "personal integrated VLSI design station" der 80-er Jahre.

Literatur-Hinweise

/1/ C. Mead, L. Conway: Introduction to VLSI Systems; Addison-Wesley, Reading, Mass., USA, second edition, 1982.

/2/ M. C. Foster, H. T. Kung: The Design of Special Purpose VLSI Chips; COMPUTER, 13, 13)January 1980), und: Proc. 7th Int'l. Symp. on Computer Architecture, La Baule, France, May 1980.

/3/ C. E. Leiserson: Area-efficient VLSI Computation; PhD dissertation, report CMU-CS-82-108, Department of Computer Science, Carnegie-Mellon-University, Pittsburgh, PA, 1982

/4/ diverse Aufsätze in (eds.: H. Kung, R. Sproull, G. Steele): Proc. CMU-Conference on VLSI Systems and Computation; Springer-Verlag, New York, 1981

/5/ C. Sequin: Instruction in MOS LSI Systems Design; COMPUTER, March 1980.

/6/ R. Hartenstein: VLSI-Bausteine in geringen Stückzahlen für Spezial-Anwendungen; Elektronische Rechenanlagen 22, H. 4 (August 1980).

/7/ P. Liell, G. Zwilling: Speicher- und Triggereinheit für einen Logik-Analysator - Beispiel für einen VLSI-Entwurfsprozeß; int. Bericht, FB Informatik, Universität Kaiserslautern, Januar 1980.

/8/ A. Halaas: VLSI-implemented Algorithms for fundamental Searching and Sorting Problems; Bericht Nr. 38/81, Fachbereich Informatik, Universität Kaiserslautern, Juni 1981

/9/ R. Hartenstein: Shared Cultures: CIF, Starting Frames, and Scalable Design Rules; in: (eds.: P.Jespers, C. Sequin, M. van de Wiele) Design Methodologies for VLSI Circuits; Noordhoff & Stijthoff, Alphen an den Rijn (Niderlande), 1982

/10/ D. G. Fairbairn: VLSI: A New Frontier for Systems Designers; COMPUTER, January 1982.

/11/ P. C. Treleaven: VLSI Processor Architectures; COMPUTER, June 1982

THE INTEGRATED DESIGN OF COMPUTER SYSTEMS WITH MIMOLA

PETER MARWEDEL
UNIVERSITY OF KIEL
F.R. GERMANY

Summary

A design method and the corresponding CAD tools for the design of digital computers from a very high-level functional specification is presented. Computers are specified by a set of application programs, for which they shall be optimized, and a set of boundary conditions for the type and number of hardware resources. The paper describes CAD tools, which synthesize architectures from the specification, evaluate their cost and performance and generate microcode. Several design iterations, in which the designer plays an active role, are used to optimize the design. Two applications of the design method are included in the paper.

1. Introduction

Nowadays hardware cannot be designed independently of software. Too strong are the implications of software algorithms. For example, algorithms for safe operating systems require hardware protection mechanisms and fast processing of pictoral information requires the use of array processors. Functions of operating systems, which were formerly implemented in software, are now implemented in hard- or firmware. Very large scale integration (VLSI) will allow us to design parallel processors which are structured according to the structure of the problem. Therefore we need tools for the design of hardware from a high-level specification of the problem.

Before we describe our tools, we have to think about how our specification should look like. We consider the specification of a machine instruction set as inadequate because the problems, which are to be solved by a computer system, are stated on a much higher level and because the specification of conventional instruction sets will not allow us to fully utilize the possibilities of VLSI. Therefore we start with a higher level specification: our specification contains the set of problems to be solved by the computer. This set of problems is described by a set of application programs, written in a high-level programming language. This specification opens a large design space and allows us to optimize the instruction set.

A key feature of our system is the automated synthesis of hardware, i.e. the automated selection and interconnection of hardware modules such that the specified higher level function is performed. Synthesis procedures are regarded as a means to overcome the verification problem, i.e. the problem of verifying that a manual design at the low level meets the high-level specification. Simulations at the low level, which have been used for many years, are time-consuming and cannot guarantee the absence of errors.

2. The MIMOLA design system

The basic ideas of the MIMOLA system go back to 1975, when G. Zimmermann presented a paper at the national GI-conference[1]. The paper contained a new design method and the definition of the language MIMOLA (= machine-independent microprogramming language). During the years that followed, design tools were developed and applied[2,3,4]. Currently the system is being extended and used for two designs.

A similar system, starting from a slightly lower level, was concurrently developed at the Carnegie-Mellon University[5]. Huang combined ideas of both systems[6].

2.1 The language MIMOLA

A language, which is used at several design levels, has to be able to describe several levels of details. Therefore MIMOLA supports a PASCAL-like level as well as RT-levels[+].

Example:

A high-level MIMOLA program may contain the sequence

```
TYPE    .INTEGER = .BIT(15:0);
VAR     p,q    : .INTEGER
LO      p:= p/1 - > B(+),
        q:= p/1 - > B(-);
```

+) A different approach is used in the CONLAN project: a family of languages is derived from a common base language.[7]

This means that a block, labelled LO, may be evaluated in parallel. Not yet named function boxes of type B (binary) shall be used to increment/decrement a variable p (Notation for expressions is postfix). The old value of p will be used in the second assignment ('edge triggered assignment').

The same language is able to describe explicitly which memory locations are used:

```
LO   Smain(100) .BIT(15:0): = Smain(100). BIT(15:0)/1->B(+), (1)
     Smain(101) .BIT(15:0): = Smain(100).BIT(15:0)/1->B(-);
```

S ( ) is the CONT operator in MIMOLA. 'main' is the name of the memory and 100 is the address. This level is called partially bound RT-level because variables have been bound to memory locations.

Finally it is possible to express completely bound programs in the language:

```
LO Smain_A(I(100).BIT(17:9)).BIT(15:0) : = Smain_B(I(100).BIT(17:9))
          .BIT(15:0)/F1 ->Balu_O(I(7).BIT(3:0)),...              (2)
```

This means that instruction bits I.BIT(17:9) contain the value 100. They are used at the address input of memory ports Smain_A and Smain_B. The constant 1 is hard-wired (F1). Function box Balu_O is steered by bits 3 to 0 of the instruction.

MIMOLA also contains constructs for the description of hardware.

2.2 Specification of the design problem

In the introduction we mentioned that a design with MIMOLA starts with application programs. Type and number of programs have to be selected such that they sufficiently represent the application areas of the projected computer. In this context, the term 'application programs' includes the operating system, compilers, editors etc.

The programs specify, which type of a processor is to be designed. If signal processing programs are used, signal processors will be synthesized. Similarly, array processing programs will lead to array processors etc. General purpose computers may be designed by using a broad spectrum of applications as input. In general, hardware architectures will be structured according to the structure of the applications.

The specification has to be written in MIMOLA. The task of converting e.g. PASCAL programs to MIMOLA does not present many problems.

Semantics of MIMOLA is predefined only at the RT-level. Semantics of high-level MIMOLA is defined by a set of substitution rules (called macros), which define a mapping from high-level MIMOLA to RT-level MIMOLA. This allows us, for example, to translate both PASCAL and FORTRAN DO-loops into MIMOLA DO-loops and to define the semantics by different mappings to the RT-level. Substitution rules are always required as a part of the specification. However, users do not have to develop these rules themselves but select them from a library.

The functional behaviour of programs is not specified by the programs alone. Normally, information about overflow traps, index checking, protection etc. is implicit. This information has to be made explicit in the problem specification. Index checking, for example, may be included in the substitution rules for arrays.

A simulator is provided with the MIMOLA CAD-system. It may be used to check if the programs perform the intended function.

The synthesized hardware may be less optimal for rarely executed parts of the programs. Therefore the CAD-system has to know the relative importance of the different parts of the application programs. To this end, weights or estimated frequencies of execution have to be inserted into the programs. There are various possible sources for this information:

- In certain cases, mathematical analysis is possible[8].
- If the programs are executable somewhere, their execution may be monitored by hard-, soft- or firmware-monitors.
- The MIMOLA simulator is able to insert the frequencies into the programs automatically.

The specification is completed by a set of boundary conditions. These boundary conditions may prescribe the number and/or type of ALU's to be used, the number of memory ports, the instruction fields and the data paths. The amount of restrictions may range from empty to a complete specification of a target architecture (in the last case the synthesis part of the system is not used). Resources (like ALU's and memories) which are to be used, may be completely described in a library. This description may contain low-level information such as the required VLSI-chip area. This allows us to use elements of a bottom-up design style in our top-down design. For example, the library may contain a TTL-catalogue.

2.3 Transformations applied to the problem description

In order to produce the desired results, the MIMOLA software system (MSS) applies several transformations to the set of application programs (cf. Fig. 1).

2.3.1 Translation of MIMOLA programs to an intermediate language

In order to simplify all following transformations, MIMOLA programs are translated to an intermediate language which closely mirrors the flow of control and of data. The intermediate language is similar to intermediate tree languages used in compiler development projects [9,10].

2.3.2 Mapping of the programs to the RT-level

This transformation replaces all high-level language elements, such as CALL, FOR and WHILE, by assignments and simple conditions. This replacement uses the already mentioned substitution rules.

All variables are replaced by references to actual memories.

2.3.3 Program transformations generating a more parallel program

In order to allow synthesis and effective use of parallel hardware, the application programs are made more parallel. The transformations cause blocks to coalesce such that the number of parallel executable statements in the blocks is increased. All resource constraints are ignored during the transformations, they are considered later on. The method is similar to methods used in data flow analysis[11] ('reducible flowcharts').

There may exist data dependences between statements of blocks to be coalesced. If they would lead to additional tests at runtime the blocks are not coalesced at all. Otherwise, data dependences are removed by statement substitution[12].

Example:

```
Blocks LO and L1:
   LO  S(100):= S(101);
   L1  S(102):= S(100)/S(103) ->B(+);
```

will be coalesced into a single block of assignments executable in parallel:

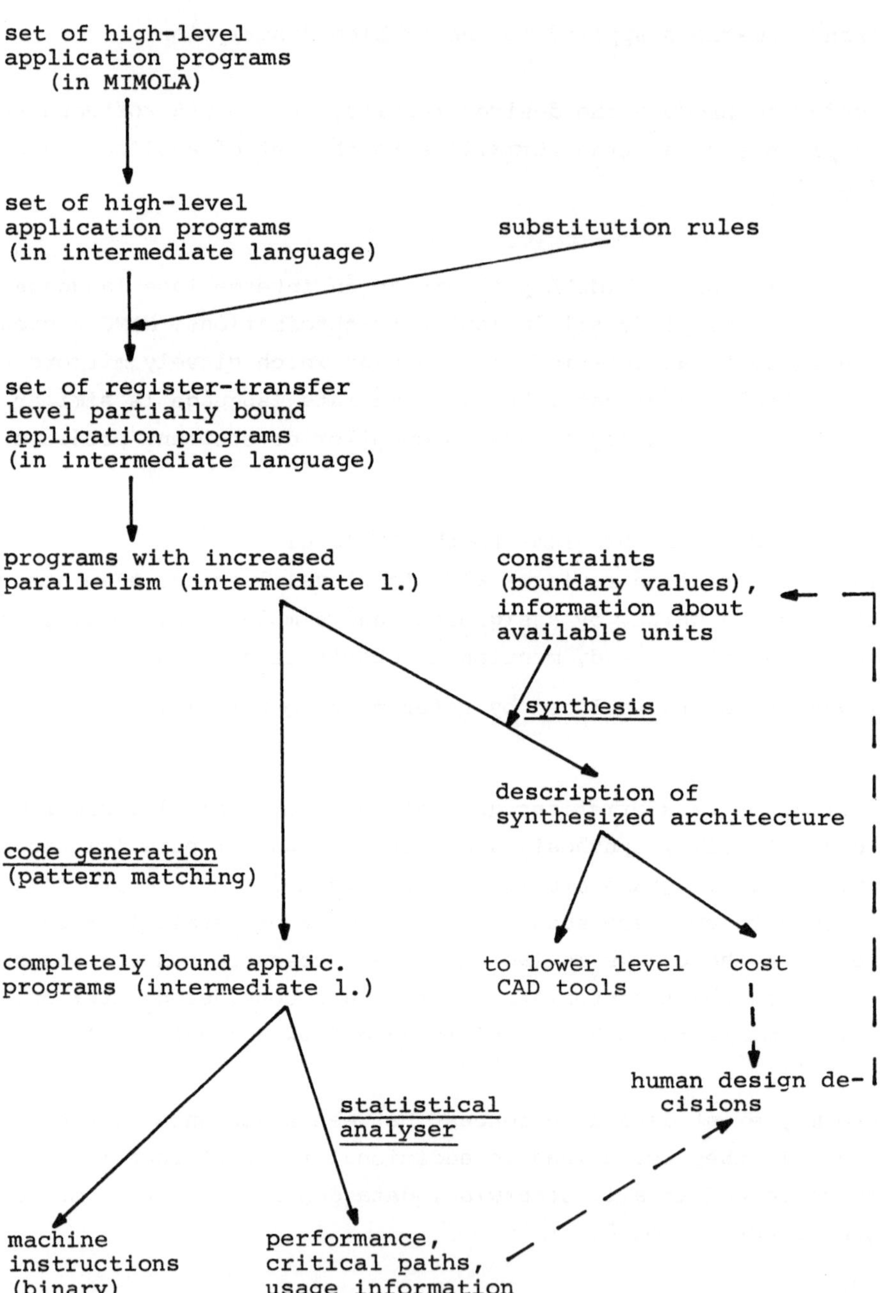

Figure 1 Steps in the design with MIMOLA

```
LO and 1  S(100):= S(101),
          S(102):= S(101)/S(103) ->B(+);
```

2.3.4 Synthesis

Synthesis, as it will be described, generates an RT-level hardware description, containing memories, function boxes and paths. Function boxes are described by their width, their speed and a list of their functions. Synthesis below the RT-level, e.g. synthesis of the function boxes from logic gates[13], is one of the projected extensions to the MIMOLA system.

Hardware is synthesized such that parallel execution of the statements contained in a block is possible for every block, except if the boundary conditions do not allow that much hardware. This means that the fastest architecture, which does not violate the boundary conditions, is synthesized.

Synthesis procedures derive the following architectural parameters from the application programs:

- Number of input and output ports: memories with many ports may be designed. Synthesis procedures compute the largest number of read- and write-operations in a block in order to create the required memory ports.
- Function boxes: a number of function boxes is created which is sufficient to execute all functions in each of the blocks in parallel. Available types of function boxes may be declared.
- Paths (wires): the required data paths are created.
- Instructions: it is assumed that hardware units are directly controlled by instructions having a format similar to that of horizontal microinstructions. Our system synthesizes instructions by assuming that all hardware resources should be controlled by independent instruction fields.
  Existing designs proof that the size of the code for these instructions may even be less than for conventional machine instructions[14]. The MIMOLA system will be extended such that more conventional instruction formats may be studied as well.

Synthesis procedures contain a number of optimizations. Other optimizations are done by the designer and are described in section 2.4.

2.3.5 Microcode generation

Microcode generation is a key feature of the MIMOLA system. Its inclusion in the system is a big step towards the integrated design of hardware and soft/firmware. Program development and hardware development are done at the same time, using the same tools and the same language. No inconsistencies between several versions of hardware descriptions may arise. Microcode tools are available before any hardware implementation exists. This, of course, requires a retargetable microcode generator, i.e. a microcode generator that is table driven by the hardware description. The large number of projected target architectures inhibits the design of a separate code generator for every architecture. It is not obvious that such a code generator is feasible. Therefore we shall give some details about our code generator:

The code generator operates on the partially bound intermediate language tree and assigns hardware units to the knots of the tree and data paths to its edges. Function boxes are assigned to logic and arithmetic operations, memory ports to read and write operations. Control information is assigned to the function select inputs of hardware units. If a direct data path is missing (say, a path between a function box and a memory), new knots, representing the required detours (busses, multiplexers), are inserted in the flow trees.

Using the definition of Mallett[15], the different possibilities to assign hardware to the knots are called versions.

If the number of hardware resources is not sufficient for the execution of one block in one instruction, the required number of instructions is generated.

The code generator uses three phases:
During the first phase, all possible versions are computed. This is done by matching the patterns of the partially bound programs with the hardware patterns. Example: the completely bound assignment statement (2) is one possible version of the first, partially bound assignment statement in (1).

If a fast, specialized hardware exists for a certain pattern of the program, a special replacement rule may be included in the hardware description. This rule describes the program pattern and the fast version to be generated.

Resource conflicts are ignored during the step.

The second phase excludes all versions for which resource-conflicts and data-dependences lead to contradictions. For example, data dependences may require parallel execution of two completely bound assignments and resource conflicts may inhibit parallel execution. If the list of versions for a part of the input program becomes empty, the architecture is not capable of executing the program. This should not happen, if synthesis is correct.

The third phase selects a version for every partially bound operation and packs versions into microinstructions. Several algorithms for microinstruction packaging are known[15]. Earlier versions of the MIMOLA system use an algorithm similar to the LINEAR algorithm. These versions use a lookahead of up to five microoperations[16]. Currently we are implementing a BRANCH AND BOUND-type algorithm. This algorithm is specially designed to minimize the execution time of the microprogram. During a BRANCH AND BOUND search the estimated frequencies of execution and the hardware delay times are used to select a combination of versions with optimized execution time. These versions are packed into microinstructions such that no resource conflicts occur and all data dependences are taken care of.

For common subexpressions the list of versions is identical. Therefore they do not generate resource conflicts and can be evaluated concurrently. Hence, recognition of common subexpressions is a by-product.

The output of the code generator is a tree, which represents the flow of data and of control in the target architecture. Binary microcode may be obtained by picking the instruction bits like apples. The flow trees, however, are very useful for several other purposes, because they do not only describe the flow of data and control, but they also contain hardware delay times and instruction frequencies. Therefore these trees are extremely valuable for performance evaluation.

2.3.6 Architecture assessment and preparation of design decisions

For quite a number of years computer design systems will be computer-aided systems, not fully automatic systems. It will not be possible to forgo the ideas of human designers. The CAD-system has to provide a basis for design decisions and has to assess the value of human design decisions. Both functions are provided by the statistical analyser of the MIMOLA system. In order to prepare design decisions, the analyser

- searches for bottle-necks such as critical data paths,

- searches for resources, which, with respect to their cost, are insufficiently used,
- searches for resources which could be a substitute for insufficiently used resources.

The analyser also computes an estimated performance. A good estimate is the expected run-time of the programs contained in the specification. This run-time is easily computed from the completely bound intermediate language trees because these contain instruction frequencies and hardware delay times.

Computation of costs uses default assumptions about the cost of RT-modules. However, costs may also be defined explicitly. This is useful if the design of the RT-modules has been continued to lower levels and precise information about the number of gates etc. is available.

2.4 Design Decisions

Synthesis procedures try to synthesize the fastest possible hardware. When all program transformations are completed, the designer has to take care about cost/performance trade-offs. To this end, the designer uses the information computed by the statistical analyser and tries to improve the cost/performance ratio by changing the boundary conditions and iterating the design. Changing the boundary conditions requires nothing more but editing a generated hardware description. Possible design changes include:

- Deletion of function boxes if other function boxes provide the same function.
- Reduction of the length of the instruction using coding techniques.
- Replacement of infrequently used hardware functions by routines.
- Deletion of data paths.
- Adjustment of the speed of the resources.
- Replacement of synthesized units by available units.

After several design iterations, cost/performance relations like Fig. 2 are obtained and an architecture may be selected.

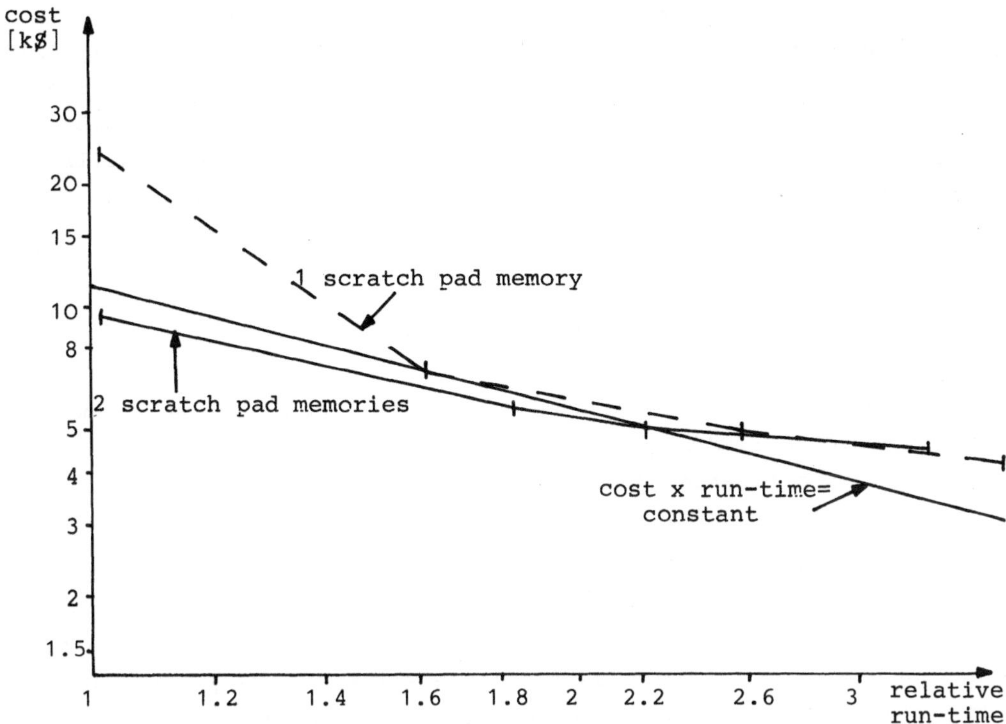

Fig. 2 Relations between cost and performance

3. Applications

3.1 Scientific Subroutine Package

The first application of the design method was the design of a processor for scientific computations. These were represented by IBM's scientific subroutine package (SSP). A major part of this package was translated to MIMOLA, estimated weights for the blocks were added. Fig. 2 shows cost/performance relations for a subset of this package. The dotted lines are valid for architectures with a main memory and one scratch pad memory, the solid line is valid for architectures with a main memory and two scratch pad memories. The number of ports for the scratch pad memories is fixed whereas the number of ports of the main memory varies. It is larger for the fast architectures on the left hand side. Obviously architectures with two scratch pad memories are more economical. They are cheaper because less main memory ports are required to obtain a certain performance.

An architecture with two scratch pads has been implemented in hardware and is operating. The architecture contains two ALU's, an adder, a multiply/divide unit, a comparator and many data paths. Its complexity is similar to the complexity of a MODCOMP II minicomputer (equivalent of a mid-range PDP-11) to which it is coupled. For fixed point operations it is about 25 times faster than the minicomputer. Good utilization of the implemented parallelism has been observed. The code is more compact than for the MODCOMP II or the PDP-10[16].

3.2 Redesign of a SIEMENS 7.000-type machine

In a second application, we used a functional description of the instruction set of a SIEMENS 7.000-type machine as a design specification. Although the specification level is lower than we intended, the design method proved to be useful.

A functional description of the instruction set was written in MIMOLA. Weights were known from benchmarks. After several design iterations, a machine was obtained, which was slightly faster than a SIEMENS 7.750. The design of a machine being as fast as a SIEMENS 7.760 is feasible. A surprising result was the reduction of the size of the microcode to 15 % of the SIEMENS design.

This example shows that the design space was too small to improve the performance of the SIEMENS architecture. However, the design was done by one student as his master thesis. A reduction of the design time is obvious. The thesis[17] does not only describe the architecture but also contains the complete microcode. This is an example of the integrated design of hard- and firmware.

Conclusion

A design system has been described which may be a stepping stone for the development of tools for the design of VLSI computers. The design system uses concepts of compiler construction (e.g. code generation) and hardware oriented concepts (e.g. function boxes). It is supported by a language which is able to describe software and hardware. Computers, which were designed with the MIMOLA system, bear comparisons with manual designs.

Acknowledgement

This paper would have been impossible without the ideas of G. Zimmermann. In addition, many students contributed to the MIMOLA software system.

References

1. Zimmermann, G., "Eine Methode zum Entwurf von Digitalrechnern mit der Programmiersprache MIMOLA", Informatik Fachberichte, Vol. 5, Springer, 1976
2. Zimmermann, G., "The MIMOLA Design System: A Computer Aided Digital Processor Design Method", Proc. 16th Design Autom. Conf., 1979, pp. 53-58
3. Zimmermann, G., "Cost Performance Analysis and Optimization of Highly Parallel Computer Structures: First Results of a Structured Top-Down Design Method", Proc. 4th Int. Conf. on Computer Hardware Description Languages, 1979, pp. 33-39
4. Marwedel, P., "The MIMOLA Design System: Detailed Description of the Software System", Proc. 16th Design Automation Conf., 1979, pp. 59-63
5. Hager, L.J. and Parker, A.C., "Automated Synthesis of Digital Hardware", IEEE Trans. Comp., 31, 2 (1982), pp. 93-109
6. Huang, C.-L., "Computer-Aided Logic Synthesis Based on a New Multi-level Hardware Description Language", Ph.D. Thesis, State University of New York at Binghampton, 1981
7. Piloty, R., Barbacci, M., Borrione, D., Dietmeyer, D., Hill, F. and Skelly, P., "CONLAN - A Construction Method for Hardware Description Languages", Proceedings Nat. Comp. Conf. , Vol. 49, 1980
8. Knuth, D.E., "The Art of Computer Programming", Addison Wesley, 1975
9. Cattell, R.G.G., "Formalization and Automatic Derivation of Code Generators", Ph.D. Thesis, Carnegie Mellon University, Pittsburgh, 1978
10. Schmidt, U. and Völler, R., "Die formale Entwicklung der maschinenunabhängigen Zwischensprache CAT", Informatik Fachberichte, Vol. 50, Springer, pp. 57-64
11. Hecht, M.S., "Flow Analysis of Computer Programs", North Holland, 1977
12. Kuck, D.J., "The Structure of Computers and Computations", p. 111, Wiley, 1978
13. Abraham, J.A. and Gajski, D.D., "Design of Testable Structures Defined by Simple Loops", IEEE Trans. Comp., 30, 11(1981), pp. 875-884
14. Marwedel, P., "The Design of a Subprocessor with Dynamic Microprogramming with MIMOLA", Informatik-Fachberichte, Vol. 27, Springer, pp. 164-177
15. Mallett, P.W., "Methods for Compacting Microprograms", Ph.D. Thesis, University of Southwestern Louisiana, Lafayette, 1978
16. Marwedel, P., "Hardware Allocation for Horizontal Microinstructions in the MIMOLA Software System", Report 5/80, Institut für Informatik und Praktische Mathematik, Kiel, 1980
17. Krüger, G., "Entwurf einer Rechnerzentraleinheit für den Maschinenbefehlssatz des SIEMENS Systems 7.000 mit dem MIMOLA-Rechnerentwurfssystem", Diploma Thesis, University of Kiel, Kiel, 1980

Computer Design Language - Version Munich

(CDLM)

Eine moderne Rechnerentwurfssprache

Winfried Hahn

Fachbereich Informatik
Hochschule der Bundeswehr München
Werner-Heisenberg-Weg 39, D-8014 Neubiberg

Vorgestellt wird ein System zur Entwurfsverifikation auf unterschiedlichen Ebenen der Detaillierung und zur Kontrolle des Transformationsprozesses zwischen den Detaillierungsebenen hierarchisch strukturierter, digitaler Systeme. Dabei wird zunächst auf Struktur- und Verhaltensbeschreibung von Entwurfsmoduln und die Zusammenfassung von Moduln zu Strukturen eingegangen, um dann zur Arbeitsmethodik mit dem Entwurfssystem überzugehen.

EINLEITUNG

Im wesentlichen seit etwa 1964 [1-4] sind Rechnerentwurfssprachen vorgeschlagen [5] und in erheblicher Anzahl auch implementiert worden [6-8]. Ihre Anwendungsgebiete reichen von der Systemebene über Maschinenbefehlsebene, Register-Transfer-Ebene, Schaltnetzebene bis zur Bauelemente-Ebene, wobei auf unterschiedlichen Ebenen verschiedene Sprachen verwendet werden, z.B. auf Systemebene PMS [17-21], auf Maschinenbefehlsebene ISP [22-25], auf Register-Transferebene CDL.

Geht man davon aus [9], daß dem Entwurf eines komplexen Systems zunächst eine überwiegend verbale Spezifikation zugrunde liegt, diese dann auf möglichst hohem Abstraktionsniveau formalisiert wird, bis alle Anforderungsdetails präzise erfasst sind, und davon ausgehend durch schrittweisen Abbau des Abstraktionsniveaus die Detailstruktur der Systemimplementierung abgeleitet wird, so sind, wie u.a. in [10] ausgeführt, derartige Sprachen keine Unterstützung des Entwurfsprozesses als Ganzem. Ein Schritt in Richtung auf eine Entwurfsautomatisierung kann nur eine Sprache sein, die sowohl eine Beschreibung des Systemverhaltens und dies wiederum auf unterschiedlichem Abstraktionsniveau mit der Möglichkeit der Beschreibung paralleler Abläufe als auch eine präzise Beschreibung der Systemstruktur unter Einbeziehung benutzerdefinierbarer Systemkomponenten und ihres Zeitverhaltens erlaubt. Wesentlich dabei ist, daß Moduln unterschiedlichen Abstraktionsniveaus unabhängig von ihrer Einordnung in die Modulhierarchie des Entwurfs gemeinsam simuliert werdenkönnen. Ansätze hierzu sind Arbeiten wie zum einen die Entwicklung derSprache MIMOLA [11] und die Weiterentwicklung von LALSD [12] zu LALSD II [13], wobei jedoch MIMOLA keine Entwurfsverifikation mit mehrwertiger Logik unter Einbeziehung des Zeitverhaltens erlaubt und LALSD-II keine Möglichkeit zu einer übergeordneten, algorithmischen Entwurfsdefinition bietet.

1. Entwicklungsgrundlagen von CDLM

Intention der zu CDLM führenden Arbeiten war, daß nicht primär die Entwicklung einer neuen Sprache sondern die Schaffung eines verbesserten Werkzeuges für den Entwurf digitaler Systeme im Vordergrund zu stehen habe. Für die einzelnen, angestrebten Sprachebenen

- Systemebene
- Maschinenbefehlsebene
- Register-Transferebene

und die Beschreibungsaspekte

- Strukturbeschreibung
  - gegliedert nach Funktionen
  - gegliedert nach Schaltungsbausteinen

und

- Verhaltensbeschreibung
  - ohne vorgegebenes Operationswerk
  - mit vorgegebenem Operationswerk

wurden deshalb

- auf der Basis vergleichender Übersichten [14, 15],
- der aus der Literatur ablesbaren Akzeptanz einzelner Sprachen über den engeren Entwicklerkreis hinaus und
- der Verfügbarkeit eines Simulators zur Gewinnung von Erfahrung [16]

als Vorbilder die Sprachen CDL [17-21] zur Strukturbeschreibung und ISP [22-25] für die Beschreibung funktionellen Verhaltens ausgewählt und darauf die Definition der Sprache CDLM [26] aufgebaut.

2. Strukturbeschreibungen in CDLM

Wie CDL als Ganzes ist dieser Teil der Sprache CDLM nichtprozedural. Auf einen Vereinbarungsteil mit Festlegungen zu speichernden und nichtspeichernden Objekten sowie Signalgeneratoren folgt demnach ein Anweisungsteil mit Befehlen der Art

/ Befehlssteuerung / Anweisungsliste ;

wobei bedingte bzw. unbedingte Befehle unabhängig von der Reihenfolge ihrer Aufschreibung jeweils genau dann ausgeführt werden, wenn die zugehörige Befehlssteuerung aktiviert wird. Damit wird einerseits das Geflecht von Datenwegen sowie andererseits die Steuerwerksstruktur eines Entwurfs beschrieben.

Ergänzungen gegenüber CDL sind im wesentlichen:

- Übergang zu vierwertiger Logik,
- Beschreibbarkeit des Zeitverhaltens von Entwurfskomponenten,
- schnittstellenvariable Definition von Operatoren,
- schnittstellenvariable Definition funktioneller Register,

- Strukturierbarkeit eines Entwurfes,
- Parametrisierung eines Entwurfes,
- Attributierung eines Entwurfes und
- kontextabhängige Generierung von Entwurfsbausteinen durch Konstruktionsprozeduren des Simulators.

Übergegangen wurde demnach von der zweiwertigen Logik der Sprache CDL zu einer vierwertigen Logik mit den Binärwerten 0 und 1 ergänzt um Z zur Kennzeichnung des hochohmigen Zustandes einer Three-State-Busleitung sowie ? zur Kennzeichnung, daß nicht entschieden werden kann, welchen der Zustände 0, 1 oder Z eine Leitung annehmen wird, wie z.B. bei der Simulation eines bestimmten Zeitverhaltens unter Berücksichtigung von Zeittoleranzen.

	0	1	Z	?
0	1	1	1	1
1	1	0	?	?
Z	1	?	?	?
?	1	?	?	?

Fig. 1 Vierwertige Zuordnungstabelle der NAND-Funktion

Z^{n+1}		S^n: 0	S^n: 1				S^n: Z , ?			
			D^n				D^n			
		-	0	1	Z	?	0	1	Z	?
Z^n	0	0	0	1	?	?	0	?	?	?
	1	1	0	1	?	?	?	1	?	?
	?	?	0	1	?	?	?	?	?	?

Fig. 2 Einem speichernden Objekt zuzuweisender Wert Z^{n+1} in Abhängigkeit von Zustand S^n des Steuereingangs, D^n des Dateneingangs und Z^n des Objektes

Alle Operatoren sowie die Auswertung bedingter Ausdrücke sind auf der Basis äquivalenter, boolescher Ausdrücke unter Verwendung von NAND gemäß Fig. 1 definiert. Zuweisungen an speichernde Objekte werden gemäß Fig. 2 ausgeführt.

Die Beschreibung des Zeitverhaltens eines Entwurfes basiert auf einer Zeitfortschaltung in festen Beträgen Δ durch den Simulator und der Vereinbarung von Taktsignalen mit Parametern, deren Werte ganzzahlige Vielfache von Δ sind.

Signaldurchlaufzeiten von Schaltnetzen werden mittels Verzögerungsgliedern (Notation vgl. Anhang)

```
    DELAY  specifier = input FOR ( delay ) ;
mit
    delay ::= time | risetime \ falltime
```

beschrieben, wobei die Zeiten wieder als ganzzahlige Vielfache von Δ angegeben werden.

Probleme bei der zeitverhaltenskorrekten Behandlung von Zuweisungen sind u.a. die unterschiedlichen Reaktionszeiten der Ausgänge Q und $\bar{Q}$ speichernder Objekte, die ihrerseits wieder unterschiedlich sind, abhängig davon, ob eine Änderung des Steuereinganges oder bei aktiviertem Steuereingang eine Änderung des Dateneinganges die Zustandsänderung auslöst.

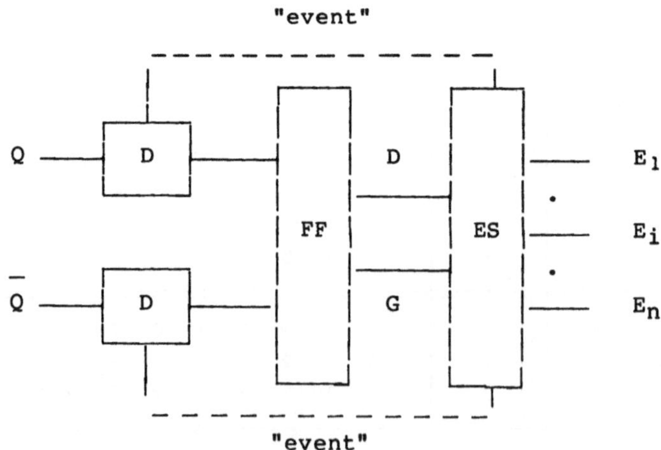

Fig. 3 Flipflop-Modell zur zeitverhaltenskorrekten Simulation von Zuweisungen an speichernde Objekte

Gelöst wird das Problem mit dem Flipflop-Modell der Fig. 3, in dem ein Einstellschaltnetz ES die Zustandsänderungen eines idealen D-Flipflops FF steuert, während spezifische Eingangssituationen "event" das Zeitverhalten der Ausgänge Q und $\bar{Q}$ durch Beeinflussung der Verzögerungsglieder D gemäß

DELAY specifier = input FOR (delay AFTER eventreference
{ , delay AFTER eventreference $\}_0^*$) ;

steuern.

Verwendbar ist dieses Flipflop-Modell in benutzerdefinierbaren Registertypen mit formalen, umfangsvariablen Ein- und Ausgängen, bei denen neben dem Zeitverhalten auch ein über die Basisfunktion "Speichern" hinausgehendes, funktionelles Verhalten zeitverhaltensrichtig festgelegt werden kann. Eingebaut werden derartige Register über eine erweiterte Registervereinbarung mit der prinzipiellen Form

REGISTER identifier (quantity) =
(gatein , datain { , functionin $\}_0^*$) ;

Da im übrigen die klassische Register-Transfer-Notation und damit die Verwendung eines Registers in verschiedenen Anweisungen als Zielobjekt auch bezüglich dieser Register beibehalten wird, muß ggfs. die Zusammenführung der Datenwege und ihrer Kontrolle, entsprechend der Vorgehensweise bei einer Implementierung, jeweils in Form eines Schaltnetzes in disjunktiver Normalform und ggfs. unter Verwendung dessen Zeitverhalten prägender Operatoren vom Simulator generiert werden.

Strukturierbar ist ein Entwurf in CDLM mittels des Modultyps UNIT, der, funktions- und/oder schaltungsbezogen, in sich abgeschlossene Entwurfskomponenten definiert und entsprechend Fig. 4 aufgrund seines internen Aufbaus eine hierarchische Entwurfsstruktur zu beschreiben erlaubt.

Einzubauende, jedoch nicht lokal definierte Modul-Typen werden in erster Priorität einer dem Simulator zugänglich gemachten Bibliothek des Benutzers und sonst einer Standardbibliothek des Simulators entnommen.

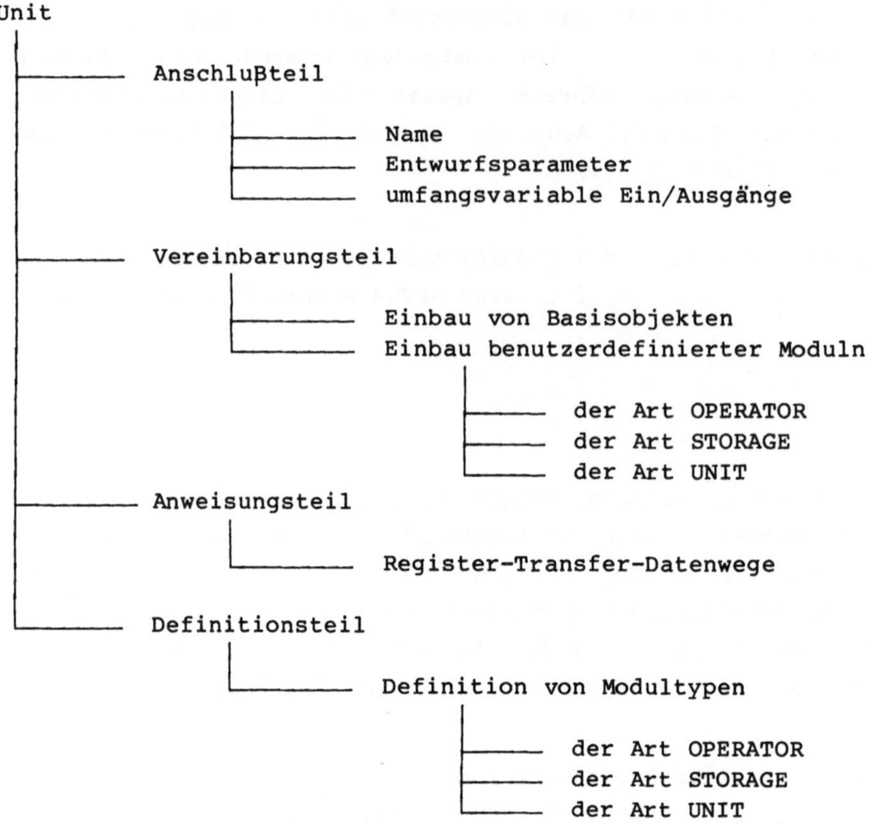

Fig. 4 Struktur eines Moduls vom Typ UNIT

Entwurfsparameter eines Moduls, wie z.B. Wortlänge von Registern oder typische Signaldurchlaufzeiten, sind auch bei jedem Einbau von Moduln in diesen wirksam und überschreiben deren lokale Parameterangaben.

Neben Entwurfsparametern, die vom Simulator ausgewertet werden, kann ein CDLM-Entwurf Vereinbarungen ergänzende Attribute der Form

$$\ll \text{keyword } \{ : \text{text} \}_0^1 \ \{ , \text{keyword } \{ : \text{text} \}_0^1 \}_0^* \gg$$

enthalten, die Anwendungsprogrammen zusätzliche Informationen über den Entwurf, z.B. bei einer rechnerunterstützten Implementierung zu verwendende IC-Typen, vermitteln.

Ein allgemeines Problem bei Strukturbeschreibungen ist die bequeme Definition von Standardstrukturen, als Beispiel sei ein Kommunikationsnetz aus 2 x 2 Routern [32] eines Datenflußrechners erwähnt. In

Rechnerbeschreibungssprachen zum Teil eingefügte Elemente, wie z.B. Laufanweisungen, sind hierfür unzulänglich. Die in der Sprache CDLM vorgesehene Möglichkeit ist der Aufruf von Konstruktionsprozeduren aus einer erweiterbaren Bibliothek des Simulators. So generiert z.B.

```
CONSTRUCT CUBE_NETWORK ('IN', 'LINK', 'OUT', N) ;
```

bei einem sich aus dem CDLM-Kontext ergebenden N = 8 ein System von Einbauanweisungen der Art

```
TERMINAL
[ LINK(1,0) , LINK(1,1) ] = [ IN(0)     , IN(4)     ] . ROUTER . ,
                :                          :                  :
[ LINK(2,4) , LINK(2,5) ] = [ LINK(1,1) , LINK(1,3) ] . ROUTER . ,
                :                          :                  :
[ OUT(6)    , OUT(7)    ] = [ LINK(2,5) , LINK(2,7) ] . ROUTER . ;
```

die das Netz der Fig. 5 beschreiben.

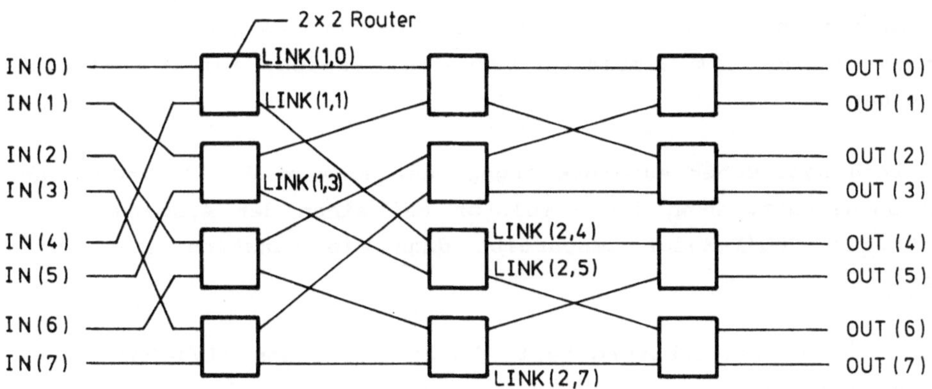

Fig. 5 Beispiel eines Kommunikationsnetzes

3. Verhaltensbeschreibungen in CDLM

Hierfür bietet die Sprache CDLM zwei Beschreibungsebenen unterschiedlichen Abstraktionsniveaus an:

- Spezifikation des Verhaltens eines Moduls durch einen in einer höheren Programmiersprache (der Übersetzbarkeit und Ausführbarkeit wegen vorläufig PL/I [27]) formulierten Algorithmus und

- ISPS-äquivalente, prozedurale Sprachelemente zur Beschreibung kollateraler Abläufe.

Die Einbettung von in PL/I formulierten Algorithmen geschieht durch Einbau von Moduln mit einer Struktur entsprechend

```
MODULE interface
       { declarationpart }₀¹
       { ON expression }₀¹ pl1procedure
END
```

in einen Entwurf. Die Kommunikation zwischen Moduln erfolgt weiterhin ausschließlich über die Modulschnittstelle und ist seiteneffektfrei, da in einem PL/I-Modul nur lokale Variablen zugelassen sind und Eingabewerte nur mittels "call by value" übergeben werden.

Die Ausführung einer PL/I-Prozedur kann optional durch Angabe eines booleschen Ausdrucks über den Eingangsvariablen gesteuert werden. Da die Prozedur dann vom Simulator nur ausgeführt wird, wenn der Wert des Ausdrucks "TRUE" ist, kann auch ein PL/I-Modul getaktet werden und in Verbindung mit zusätzlichen Prozedurparametern, die als Zustandsvariablen vom Simulator verwaltet werden, ein Schaltwerk beschreiben.

Wird kein boolescher Ausdruck angegeben, so wird die Prozedur jeweils dann ausgeführt, wenn der Simulator auf einen der Ausgangswerte zugreift. Der PL/I-Modul beschreibt dann die Funktion eines Schaltnetzes.

Mittels eines Vereinbarungsteils können in einen PL/I-Modul weitere Moduln, unabhängig von ihrem Beschreibungsniveau, eingebaut werden.

Die in PL/I nicht vorhandenen Möglichkeiten zur Beschreibung von Parallelität innerhalb eines Systems und des Zeitverhaltens eines Systemmoduls sind in CDLM gegeben, da zum einen der CDLM-Simulator in einem strukturierten Entwurf die einzelnen Moduln pseudokollateral verarbeitet und zum anderen PL/I-Moduln beliebig in einen das Zeitverhalten gegenüber der Entwurfsumgebung beschreibenden Rahmenmodul eingebaut werden können.

Schließlich erlauben in einen PL/I-Modul eingefügte Ein/Ausgabeanweisungen die Kommunikation eines mittels der Sprache CDLM simulierten Rechners mit der realen Peripherie des Simulationsrechners.

Ein Schritt in Richtung auf eine strukturelle Ausarbeitung eines Entwurfes ist demgegenüber eine Verhaltensbeschreibung auf einer ISP [22-25] äquivalenten Ebene und einer Modulstruktur entsprechend Fig. 4, wobei jedoch der Anweisungsteil statt nichtprozedural notierbarer Befehle prozedural notierte, bedingte bzw. unbedingte Aktivitäten der Form

$$\{ \text{ Marke } \}_0^1 \; \{ \text{ Datenflußanweisung } \}_0^* \; \text{Kontrollflußanweisung}$$

enthält. Vereinbarungsteil eines Moduls und seine Datenflußanweisungen legen dabei, abgesehen von einer stets möglichen Parametrisierung, den operativen Teil des Moduls fest, während Marken, denen in Analogie zu speichernden Objekten der Strukturbeschreibungen die Werte 0, 1 und ? zugewiesen werden können, als Namen von Aktivitäten in Verbindung mit Kontrollflußanweisungen die Struktur des zugehörigen Steuerwerkes offen lassen.

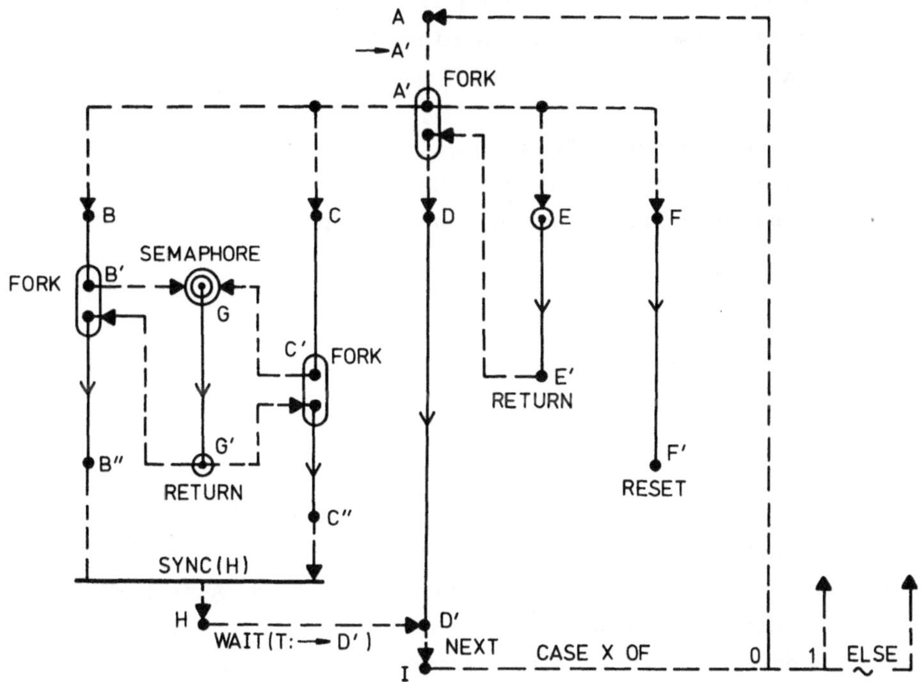

Fig. 6 Beispiel einer in CDLM beschreibbaren Ablaufstruktur

Beispiele für in CDLM beschreibbare Kontrollflußübergänge zeigt Fig. 6. Danach wird zunächst einmal mittels NEXT und → Marke die nachfolgend notierte bzw. die angesprochene Aktivität, u.U. nach einerWartezeit WAIT (time), ausführbar, während mittels CASE-Anweisungen eine Auswahl unter mehreren Nachfolgeaktivitäten getroffen werden kann.

Den gleichzeitigen Start mehrerer Ketten von Aktivitäten ermöglicht eine FORK-Anweisung. Diese Ketten werden entweder, wie z.B. B, C, D und F, als unabhängige Ketten gestartet, die u.U. mittels RESET ohne Nachfolger enden, oder aber als Sequenz, z.B. E, ggfs. mit aktuellen Parametern aufgerufen.

Die in der FORK-Anweisung zu Sequenzaufrufen anzugebende Fortsetzung wird erst dann ausführbar, wenn alle gestarteten Sequenzen beendet sind. Dabei kann der Zugriff auf kritische Sequenzen, vgl. G , jeweils mittels eines Semaphors kontrolliert werden.

Die Zusammenführung von Ketten kann schließlich entweder unsynchronisiert, vgl. D', oder synchronisiert, vgl. H, erfolgen. Im letzteren Fall wird die Nachfolgeaktivität erst dann ausführbar, wenn alle mit SYNC (Marke) abgeschlossenen Aktivitäten ausgeführt sind.

Da das Ausführen von Aktivitäten daran gebunden werden kann, daß ein den Anweisungsteil mit der Funktion eines Taktes einleitender Ausdruck den Wert "TRUE" liefert, enthält CDLM an Erweiterungen gegenüber ISP

- Beschreibung des Zeitverhaltens,
- Beschreibung kollateraler Abläufe und
- Schutz kritischer Ablaufsequenzen über Semaphore.

4. Arbeitsmethodik mit CDLM

Zum Thema selbst gibt es umfangreiche Literatur [28-31], so daß hier nur noch kurz auf die Ersetzung abstrakter Information (Spezifikation) durch konkrete Information (Implementierung) beim Ausarbeiten eines Entwurfes in CDLM eingegangen werden soll. Wesentlich ist dabei stets der Nachweis der Korrektheit einer Systemtransformation, des zentralen Ablaufschrittes der Fig. 7.

Systemdefinition → Systemverifikation → Systemtransformation

↓ ↑

Systemverifikation

↓

Systemimplementierung

Fig. 7 Schritte der Systementwicklung

Der Einstieg in den Iterationsprozess geschieht in CDLM durch die Festlegung eines ersten Netzes von PL/I-Moduln, u.U. aus einer bereits vorliegenden Modulbibliothek, zur Erfüllung geforderter Globaleigenschaften des Systems. Mittels Simulation kann auf formale Fehlerfreiheit und funktionelle Richtigkeit geprüft werden. Danach kann der Entwurf modulweise verfeinert werden, wobei stets eine dynamische Verifikation des Transformationsschrittes mittels Simulation äquivalenter aber unterschiedlich detaillierter Modulbeschreibungen in einer gemeinsamen Testumgebung und Vergleich der Modulreaktionen erfolgen kann.

Im einzelnen kann dabei so vorgegangen werden, daß modulweise zunächst die operativen Komponenten festgelegt werden und zu einem Zustandsübergangsmodell übergegangen wird. Nach einer verfeinerten Überprüfung der Einhaltung von Entwurfszielen und der Variation der Entwurfsverfeinerung, u.a. durch verfeinerte Modularisierung, kann die Kontrollstruktur des Moduls ausgearbeitet und verifiziert werden. Dabei kann jederzeit durch ein Austauschen von Modulbibliotheken und Setzen von Zeitparametern korrektes Zeitverhalten in den Entwurf eingeführt werden, so daß die Einhaltung von Zeitvorgaben in den Entwurfszielen getestet werden kann.

5. Stand der Arbeiten

Für den struktursprachlichen Teil von CDLM ist seit Anfang 1981 ein von der Firma GISMO - Gesellschaft für angewandte Informatik, System- und Organisationsberatung, Karlsruhe, in PL/I geschriebener Pilot-Simulator verfügbar. Der volle Sprachumfang wird Ende 1982 zur Verfügung stehen, während die Ausarbeitung und Implementierung einer komfortablen Kommandosprache CDLM-WFL [33] für 1983 geplant ist.

Anhang

Für Auszüge aus der CDLM-Grammatik gilt als Notation

$\{ x \}_a^b$ x muβ mindestens a-mal und kann maximal b-mal auftreten; * anstelle von b kennzeichnet ein beliebig häufiges Auftreten.

| Es muβ eine Auswahl getroffen werden.

Worte über dem Alphabet der grossen Buchstaben sind Schlüsselworte.

LITERATUR

[1] Reed, I.S.: Symbolic Synthesis of Digital Computers, Proc. ACM, Sept. 1952, pp. 90-94

[2] Proctor, R.M.: A Logic Design Translator Experiment Demonstrating Relationships of Language to Systems and Logic Design, IEEE Trans. on Electronic Computers, Vol. EC-13, Aug. 1964, pp. 422-430

[3] Schlaeppi, H.P.: A Formal Language for Describing Machine Logic, Timing, and Sequencing (LOTIS), IEEE Trans. on Electronic Computers, Vol. EC-13, Aug. 1964, pp. 439-448

[4] Schorr, H.: Computer Aided Digital Design and Analysis Using a Register Transfer Language, IEEE Trans. on Electronic Computers, Vol. EC-13, Dec. 1964, pp. 730-737

[5] Lipovsky, G.J.: Hardware Description Languages: Voices from the Tower of Babel, IEEE Computer, Vol. 10, June 1977, pp. 14-17

Symposia on Computer Hardware Description Languages and their Applications:

[6a] 1973, New York, on
Computer Hardware Description Languages,

[6b] 1974, Darmstadt, on
Hardware Description Languages,

[6c] 1975, New York, on
Computer Hardware Design, Languages, and their Applications,

[6d] 1979, Palo Alto, on
Computer Hardware Description Languages,

[6e] 1981, Kaiserslautern, on
Computer Hardware Description Languages and their Applications

Special Issues on Computer Hardware Description Languages:

[7a] IEEE Computer, Vol. 7, Dec. 1974,

[7b] IEEE Computer, Vol. 10, June 1977,

[8] Tutorial on Computer-Aided Design Tools for Digital Systems, Van Cleemput, W.M. (Ed.), IEEE Catalog No. EHD 132-1, 1979

[9] Pepper, P., Partsch, H.: On the Feedback between Specifications and Implementations: An Example, Bericht TUM-I 8011, Inst. für Informatik, Techn. Univ. München, 1980

[10] Hoehne, H., Piloty, R.: Design Verification at the Register Transfer Language Level, enth. in [8]

[11] Marwedel, P., Zimmermann, G.: Mimola Report (Revision 1) and Mimola Software System User Manual, Bericht 2/79, Inst. für Informatik und Prakt. Mathematik, Univ. Kiel, 1979

[12] Su, S.Y.H., Baray, M.B.: LALSD - A Language for Automated Logic and System Design, in [6c], pp. 30-31

[13] Su, S.Y.H., Huang, Ch.L., Fu P.Y.K.: A New Multi-Level Hardware Design Language (LALSD II) and Translator, in [6c], pp. 155-169

[14] Su, S.Y.H.: A Survey of Computer Hardware Description Languages in the USA, IEEE Computer, Dec. 1974, pp. 45-51

[15] Barbacci, M.R.: A Comparison of Register Transfer Languages for Describing Computers and Digital Systems, IEEE Trans. on Computers, Vol. C-24, Febr. 1975, pp. 137-150

[16] Hahn, W.: MMo-X - Eine Familie in Computer Design Language beschriebener Rechner, Bericht 8004, FB Informatik, Hochschule der Bundeswehr München, 1980

[17] Chu, Y.: An Algol-like Computer Design Language, Comm. ACM, Vol. 8, Oct. 1965, pp. 607-615

[18] Mesztenyi, C.K.: Translator and Simulator for the Computer Design and Simulation Program, Version I, Techn. Report 67-48, Comp. Science Center, Univ. of Maryland, 1968

[19] Mesztenyi, C.K.: Computer Design Language, Techn. Report 58-72, Comp. Science Center, Univ. of Maryland, 1968

[20] Chu, Y.: Design Automation by the Computer Design Language, Techn. Report 69-86, Comp. Science Center, Univ. of Maryland, 1968

[21] Chu, Y.: Computer Organization and Microprogramming, Prentice-Hall, Englewood Cliffs, New York, 1972

[22] Bell, C.G., Newell, A.: The PMS and ISP Descriptive Systems for Computer Structures, Proc. 1970 Spring Joint Comp. Conf. (AFIPS), pp. 351-374

[23] Barbacci, M.R., Bell, C.G., Newell, A.: ISP: A Language to Describe Instruction Sets and other Register Transfer Systems, Proc. IEEE COMPCON 72, San Francisco, pp. 219-222

[24] Barbacci, M.R., Siewiorek, D.P.: Applications of an ISP Compiler in a Design Automation Laboratory, in [6c], pp. 69-75

[25] Barbacci, M.R.: Instruction Set Processor Specifications (ISPS): The Notation and its Application, IEEE Trans. on Computers, Vol. C-30, Jan. 1981, pp. 24-40

[26] Hahn, W.: Computer Design Language - Version Munich (CDLM): Eine moderne Rechnerbeschreibungssprache, Bericht 8002, FB Informatik, Hochschule der Bundeswehr München, 1981

[27] Burroughs Corp.: B7000/B6000 Series PL/I ReferenceManual, No. 5001530, 1977

[28] Entwurfsautomatisierung für Datenverarbeitungsanlagen und deren Komponenten, Nachrichtentechn. Fachberichte Band 49, VDE, Berlin, 1974

[29] Van Cleemput, W.M.: Computer-Aided Design of Digital Systems: a Bibliography, Woodland Hills, Computer Science Press, 1976

[30] Estrin, G.: Modeling for Synthesis - The Gap between Intent and Behavior, in [8], pp. 76-81

[31] Eveking, H.: The Application of Register Transfer Languages in the Design of Real Hardware, in [6d], pp. 169-177

[32] Leung, Cl.: On a Top-Down Design Methodology for Packet Systems, in [6e], pp. 171-184

[32] Walbert, R.: Spezifikation der Kommandosprache CDLM-S zur Steuerung der Simulation von in CDLM beschriebenen Rechnerstrukturen, Bericht 8003, FB Informatik, Hochschule der Bundeswehr München, 1981 (wird überarbeitet zu CDLM-WFL)

ARCHITECTURAL SUPPORT FOR SOFTWARE IN THE MONADS III COMPUTER DESIGN

J.L. Keedy
Institut für Praktische Informatik
Technische Hochschule Darmstadt,
D6100 Darmstadt,
Alexanderstr. 24,
West Germany

J. Rosenberg,
Department of Computer Science,
Monash University,
Victoria, 3168,
Australia.

1. Introduction

The MONADS Project was established in 1976 at Monash University in Melbourne, Australia, with the main aim of investigating improved techniques for designing and developing large software systems. In the first stage of investigation a new operating system [11, 19, 45, 49, 52] was developed for the MONADS I computer, which is a Hewlett Packard 2100A system locally modified to support a virtual memory and to provide additional addressing modes and registers, including hardware-assisted process stacks [12, 58]. As the operating system design progressed it was realised that even the modified hardware was unsuitable for implementing efficiently the software ideas which we had in mind, although we were partly able to overcome the deficiencies by developing a kernel which presented the main system with a more idealised view of the hardware [50, 52]. Subsequent investigations undertaken by the MONADS team have concentrated on the design and development of new computer hardware more amenable to our software aims. First a pilot project was undertaken in which a new architecture was implemented by rather more drastic modifications to a second HP2100A, known as MONADS II [2, 3]. But although MONADS II in principle demonstrates the feasibility of our ideas, certain deficiencies in the basic HP2100A design (e.g. the basic instruction set and the size of address spaces) could not be overcome. For this reason the design and development of a completely new computer system, MONADS III [24-29, 55] commenced in 1981. This paper briefly describes the software ideas behind the MONADS III design and then sketches the main features of its architecture.

2. Main Features of the Software Architecture

It is desirable in any large software project to have a clear and consistent approach regarding both the static and dynamic structures of the system, and to minimise the number of mechanisms involved in its implementation. In this section we describe the two basic structuring techniques adopted by the MONADS project.

2.1 Static Structure.

Parnas has argued that one of the most dangerous aspects of the conventional approaches to software design which have created the present software crisis [39] is the dissemination of too much information among implementors of different parts of the system [42] and has shown that this can be avoided by decomposing systems into information-hiding modules [43]. Likewise programming language researchers have increasingly recognised the value of abstract data types as a technique for modularising programs in a way which allows the objects manipulated by the program to be defined in terms of the abstract operations which can be performed on them [38, 61]. Jones has pointed out the commonality of approach between abstract data types in programming languages and modularisation techniques in operating systems, formulating this approach in terms of an 'object model' [16]. In common with all these researchers the MONADS team takes the view that any software system should be designed as a collection of information-hiding modules whose interface procedures support suitably abstract operations. All conventional software units (e.g. programs, program modules, subroutine libraries, operating system modules, data abstractions and files) can be straightforwardly specified as information-hiding modules [22]. MONADS, perhaps more than most systems and researchers, emphasizes that information-hiding must be rigorously enforced (e.g. by forbidding the exportation of variables [20]) and that files must be implemented as information-hiding modules [31], although the idea is not new [60].

2.2 Dynamic Structure. Lauer and Needham [37] have drawn attention to the existence of two fundamentally different approaches to process structuring, the message-oriented (or out-of-process) technique which identifies modules with processes and the procedure-oriented (or in-process) technique which treats inter-module calls as procedure calls not involving a process-switch. While they have also demonstrated the functional equivalence of the two techniques they did not compare their dynamic properties. An investigation carried out by one of the authors [23] suggests that in this respect the in-process technique is superior. Furthermore if each data abstraction in a program is regarded as a separate module and if each file in a system is treated as a separate module (see 2.1) always present in the virtual memory (see 3), the number of processes which have to be managed in an out-of-process operating system becomes unmanageable. Hence we rigorously adopt the in-process technique for centralised processing systems. (We are not concerned here with the issues involved in distributed processing systems.)

3. Memory Structure

The MONADS III memory structure is based on a model which combines segmentation and paging in a novel way [21]. Previous combined schemes either have achieved this by allowing each segment to be paged [17, 40] with the result that small segments have incurred a high overhead in internal fragmentation and even in the case of large segments an average of half a page per segment is wasted, or have reduced the fragmentation problem by introducing multiple page sizes [47], which complicates memory management algorithms. The new model, which has some similarities with Bishop's proposal [4], allows many segments to be clustered into a paged address space thus considerably reducing the amount of memory lost to internal fragmentation. Segments are addressed by segment capabilities in such a way that there is no fixed relationship between segment boundaries and page boundaries, and each segment can be protected by separate access rights (Figure 1).

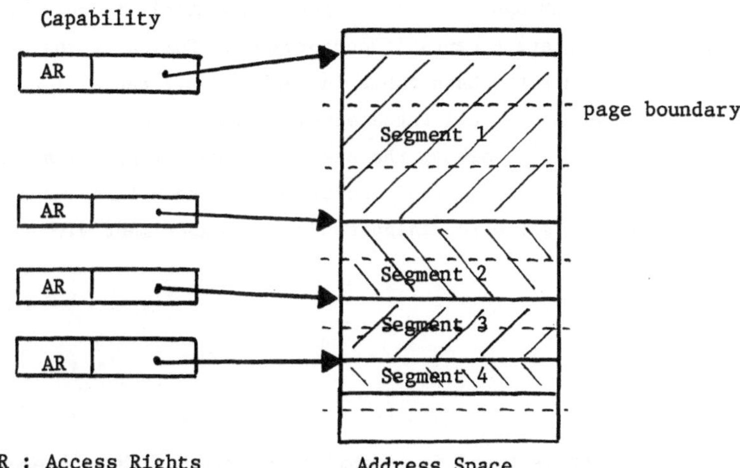

Figure 1 : A Paged Address Space Containing Variable Length Segments

The apparent problems with this scheme, that only the last segment in an address space can be dynamically extended, and that if unrelated segments are placed contiguously in an address space irrelevant information can be brought into main memory, are discussed later.

Like the IBM System/38 [14] and Intel iAPX [15], MONADS III adopts the view that all information, including files, resides permanently in a large uniform virtual memory. This means that no separate filestore need be maintained, that files can be addressed and synchronised like computational memory data structures (cf. Multics [40]) and that explicit functions for moving information between the filestore and the virtual memory (e.g. loaders and block access to files) become redundant. In order to achieve this in such a way that objects can be uniquely named over the life of the system (and thus achieve the advantages of capability based addressing) implies that virtual addresses must be very large.

In MONADS III an effective virtual address consists of the pair <address space number, offset in address space>, where the address space number is 32 bits and the within address space offset is a 28 bit nibble (4-bit) address. Thus the address translation unit must translate 60-bit addresses. To organise this around conventional page table structures would be extremely difficult because these are proportional to the size of the virtual memory and would require more main memory than is economically feasible. Ideally address translation should be organised as an associative look-up, with a table entry for each page currently in the main memory, thus making the information required for those address translations which do not lead to a page fault proportional to the size of main memory. This scheme was actually used by Atlas [35], but since then main memory sizes have grown considerably and it is no longer feasible to build associative fast memories large enough for this purpose. The MU6-G computer [7] solves this problem by serial searches of several tables, with all tables being searched in parallel. IBM System/38 [14] uses a hash table in main memory and relies on a cache memory to achieve acceptable performance. Following the MONADS II scheme [1], MONADS III implements the hash table in fast memory, but will use an improved algorithm [46]. An advantage of all these schemes is that the page tables used for resolving page faults (i.e. containing the disc addresses of pages) are not understood by the hardware, leaving the page fault software free to define any structures which it chooses - and leaving software designers free to experiment with different structures [54].

4. Protection

In MONADS III protection is based on capabilities [9], but the implementation differs considerably from other capability-based systems. Most capability systems [8, 15, 36, 59, 62] maintain a central object table, i.e. a table which maps names in capabilities onto the objects being referenced and defines the properties of those objects, e.g. for segments the start address and length and for more abstract objects details of the type manager, etc. By using very large virtual addresses and by distinguishing two different types of capability, segment capabilities and module capabilities, the use of a central object table is avoided.

Segment capabilities have three basic fields, a start address, a length and access rights. The start address uniquely defines the position of the segment in virtual space and the length, which can be used for bounds checking purposes, signifies the number of nibbles which it occupies. The access rights field signifies whether for a data segment it can only be read or whether it can also be modified. Other values of the access rights field have special meanings indicating that the segment holds sensitive information which can only be operated on by certain instructions. Such segments are used to hold various special items such as semaphores and module capabilities.

As a consequence of organising software as information-hiding modules there is usually only one segment capability in existence for any segment, the only exception being when (some part of) a segment is passed from one procedure to another by reference. The structure of segment capabilities simplifies the passing of a refined portion of a segment by reference, in that the parameter is simply passed as a segment capability with its own start address, its own length and its own access rights (which must all be defined within the limits of the segment capability from which it was created). Because the stack discipline guarantees that segment capabilities passed as parameters cannot be retained on exit from a procedure and the instruction set does not allow segment capabilities to be copied, except as parameters, there is no way in which a procedure can retain copies of segment capabilities.

Module capabilities provide the holder with the right to access higher level objects, which are always implemented as information-hiding modules (see 2.1). A module capability consists of a unique module name, a few special bits which further define the holder's use of the module, and an access rights field specifying which interface procedures of the module can be called. Whereas segment capabilities are interpreted directly by the hardware address translation unit, module capabilities are interpreted by microcode and to this extent can be freely redefined without changes to the hardware. In the initial implementation of the system each module resides in a separate address space, so that a unique module name is simply an address space number.

Module capabilities are held in protected segments, either individually or as arrays. There is, however, no restriction on the ownership of segments containing module capabilities. Thus in principle they may appear among the segments of any program or file. They can be passed as parameters and can be freely retained by copy operations to the extent that the special bits in the capability permit this. Thus unlike conventional systems any user-written module can serve as a directory [25].

To avoid the problem of garbage collection for modules in a large virtual memory [4], the first system implementation designates (by a special bit in the capability) only one capability for each module as the 'owner' capability. Ownership can however be transferred from one capability to another. The instructions which manipulate capabilities ensure that cycles of ownership cannot occur, although other cycles are permitted. When an 'owner' capability is deleted, the corresponding module and recursively any modules for which it has 'owner' capabilities, are also deleted [25].

Although module capabilities can be passed as parameters, their main use is as operands for inter-module calls. Unless a module can present the system with a module capability containing the appropriate access rights to call the required procedures, the microcode will prevent an inter-module call from being made. Since all software units are implemented as modules this provides a uniform mechanism for protecting access to proprietry software, to operating system modules, to files, etc. Futhermore, the ability to distribute module capabilities which include access rights to only a subset of a module's procedures provides a powerful level of programmed protection, allowing the owner of a module to specify a much finer grain of protection for his programs and data than is common in conventional file systems [31]. Thus protection problems such as the 'diligent researcher' [60] can be straightforwardly implemented.

5. Module Structure and Addressing

Spier [56] has identified five distinct classes of segment which are needed to support an executing module: the procedure segment, the domain own segment (accessible to all the procedures of a domain executing in any process), the incarnation own temporary segment (the temporary variables of a process executing in a procedure of the domain) the incarnation own permanent segment (process-related data which is preserved between invocations of a module's procedures) and the argument segment (used by a process for passing parameters between modules). Richards [48] has proposed a modification of this scheme which has been revised for use in MONADS III as follows.

We define the following six classes of segments [28] required to support information-hiding modules in a large virtual memory:

(i) The code segments, which correspond to a type manager's code, and are shareable across all the instance modules of that type (e.g. all the files of a particular type);

(ii) the code-related data segments (usually, but not necessarily constants) which together with the procedure segments complete the type manager;

(iii) the permanent segments of a module instance (e.g. the segments containing instances of the data segments of files or operating system modules);

(iv) the local segments of the active procedures of a process executing in a module (e.g. locally declared data and temporary variables);

(v) the parameter segments, which may be passed within and between modules by value or by reference;

(vi) the retained data segments, i.e. process-related data segments which are retained by a module through a series of calls from another module executing in the same process (e.g. the data segments for a temporary data abstraction).

The fundamental difference between this and Spier's model is that his domain own segments are replaced by code-related data segments which have the same lifetime as the procedure segments, and the permanent data segments which are necessary to distinguish file instances from file types. Futhermore, because segments may contain module capabilities, the right to access other modules may be shared in a flexible manner. For example, a module capability held in code-related data segments is available for use by all the instances of a file type, whereas a capability held in permanent data segments can be used only in conjunction with a particular file instance.

The main advantage of classifying segments in this way is that the different types of segment have different scopes and different deletion rules. Local and parameter segments are deleted on procedure exit, whereas retained segments are deleted when the calling module exits from the scope in which they were declared. On the other hand code and code-related segments are deleted when a type manager is deleted, and permanent data segments when a module instance is deleted.

The segment capabilities for these various kinds of segment are held in capability lists, which are defined and addressed by a set of bases which form part of a process state. Each base includes a valid bit, a start address and a count of the number of segment capabilities in the appropriate capability list. Unlike most capability systems capabilities for segments and for modules are held in separate lists, and bases address lists consisting entirely of segment capabilities.

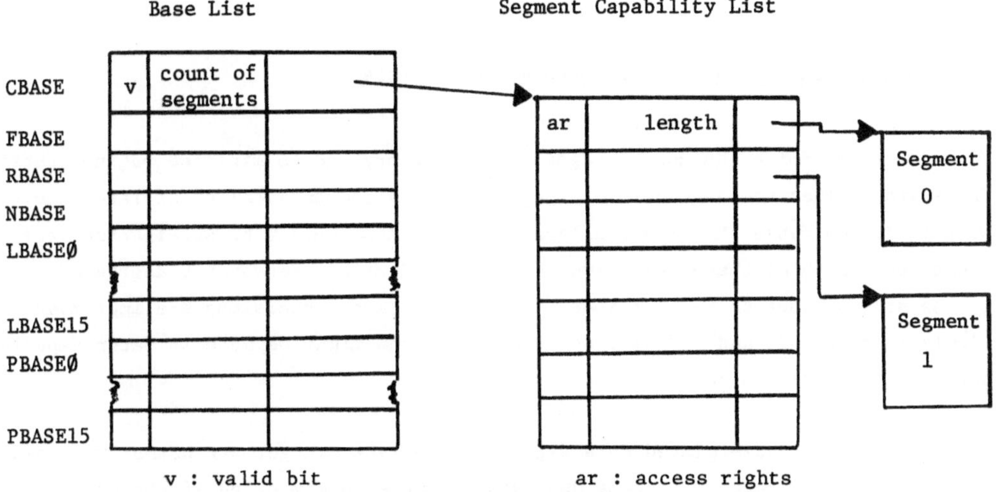

Figure 2 : The Addressing Environment of a Module

Different bases are used by a procedure executing in a module to address its different types of segment, as follows (Figure 2). Code-related data segments are addressed via the CBASE, permanent data segments via an FBASE, local segments by one of 16 LBASEs, parameter segments by one of 16 PBASEs, and retained data segments by the RBASE. There is also an NBASE which is used to set up parameters for a call. The LBASEs and PBASEs are designed to address sixteen lexical levels, but because the values of bases are held in memory (unlike the B6700 [41]) and are accessed only by microcode, support for more lexical levels can easily be added if required.

No special base exists for code segments, since only the current procedure can be directly addressed, for which purpose a hardware-implemented register is loaded on procedure entry from an entrypoint list associated with the called module (or retrieved from the linkage segment on procedure exit).

Six bits are required to specify a base, and a capability list may contain up to 1024 segments. Hence a segment address requires sixteen bits. To reduce this to 4 bits to improve efficiency and to provide a flexible architecture [2,3] data segments are actually addressed via 16 capability registers, which contain a valid bit, a full virtual start address, a segment length and access rights. Before a procedure can access one of its segments it must load a segment capability into a capability register. Because the load capability register instructions are microcoded the hardware has no knowledge of bases. The hardware also provides three index registers which can be used in conjunction with capability registers (and small literal offsets) to address arrays (including fields in arrays of records). A special capability register is also provided to support push and pop operations for temporary variables at the stack top, and this is linked to an accumulator register, which can also be separately addressed [51].

6. Mapping Segments and Modules onto Address Spaces

In order to maximise the use of pages in main memory and to minimise paging traffic it is desirable that the segments in a page exhibit a common locality of reference. Likewise it is desirable that space allocation for a new segment be straightforwardly implemented. Both of these objectives are achieved with a reasonable degree of success by the scheme about to be described, although since the decisions are implemented entirely in microcode and software some optimisations might be made if later experience suggests that this is desirable.

All the code and code-related data segments of a type manager are normally placed in a single address space, with code and data segments intermingled if the compiler chooses. Such a 'code address space' also contains the 'red tape' associated with the type manager, e.g. the capability list for its code-related data segments and entrypoint lists for its interface and internal procedures [26]. (Because all addressing is capability based there is no risk that users can modify or corrupt this sensitive information.) Thus a code address space corresponds both to a file containing the object code of a module and to the program image in the virtual memory of conventional systems.

Likewise the permanent segments of a module instance (corresponding to file data or to operating system tables, etc.) are grouped, together with their red tape (including the capability list for its segments), into a 'file address space' [26].

The remaining segment types (local segments, parameter segments and retained segments), are held in a 'stack address space', one such address space being allocated per process [27]. A MONADS stack differs from stack implementations on other systems, such as MULTICS [40] or the ICL2900 Series [17] in several respects. Because of the large size of address spaces it holds not only scalar items and other small variables, but also arrays and other large items rather than simply their addresses. Also because information-hiding protection is enforced the lower levels of the user stack can hold the stack frames for job management and similar software which on other in-process systems is usually implemented as separate processes [30, 44]. Because address spaces can continue to exist in virtual memory between active computations, the life of a stack is synonymous with the life of its owning user, i.e. stacks are not deleted between computations but are retained and reactivated when the owning user logs in, at the point where the user previously logged out [57]. This not only reduces the number of address spaces used for stacks and the management involved in their creation and deletion, but it also means that status information (such as the user's current directories) can automatically be saved between terminal sessions.

The actual stack structure is otherwise conventional. Procedure linkage is held on the stack and capability lists for local, parameter, and retained data segments [29] are also held on the stack. The addressing bases and other process state information are held at the stack base. Finally to assist concurrent programs, the microcode supports a cactus stack organisation similar to that found in the B6700 [41].

The mapping of segments and modules onto address spaces so far described has the disadvantage that segments of unknown length and segments which dynamically expand and contract in the middle of an address space cannot be straightforwardly implemented. An extension of the basic scheme which allows such segments to be placed in secondary address spaces and at the same time allows files longer than 128 Mbytes to be implemented is described in [10]. The same paper explains how heaps, lists and dynamic data structures are integrated into the architecture.

Finally, just as capability lists can be safely held in the address spaces to which they refer, page tables containing the disc addresses of pages can be similarly organised. Each address space in the system contains its own page table at the high order addresses, such that logical information grows from one end while page tables grow from the other end. Because the structure of page tables is not fixed by the hardware a variety of different techniques can be used. The straightforward scheme used in MONADS II is described in [54].

7. Module Linking

The unique name in a module capability is simply the address space number of the primary address space which characterises the module. In the case of code modules (i.e. modules such as programs and subroutine libraries which do not require permanent data segments, or a type manager referenced independently of specific instances) the name is the address space number of the code address space. In the case of references to specific module instances with permanent data, the name is the file address space number, and the type manager associated with the file is recorded in the red tape in the file address space. Since only one type manager is associated with each collection of permanent data segments, information-hiding is strictly enforced.

Instances of retained data segments (e.g. for temporary data abstractions) reside on process stacks and are never listed in directories [29]. Hence capabilities for modules with retained data are normal code or file capabilities (depending whether permanent data segments are associated with the module).

Module capabilities can be held permanently with the code or data of a calling module or can be retrieved from directories and temporarily assigned within a module (either directly by the module code or indirectly via the command language interpreter). If module capabilities can be retrieved from more than one source the writer of the code can specify the order of search via a search rule which provides a flexible mechanism both for enforcing particular links and for using default links if the user does not provide a capability explicitly [24].

Microcoded instructions are provided to assist in passing parameters by value or reference and for making procedure calls [27]. For inter-module calls there are facilities for matching and resolving procedure names (which can differ in the source of the called and calling modules) [24]. The unique name in a module capability provides sufficient information to locate both the code and permanent data segments of a module, thus allowing the code capability register and FBASE to be set up by the call instruction. The appropriate LBASE and PBASE registers are also set up to address the local and parameter capability lists for a called procedure. In the case where a module plans to make a sequence of calls on some other module a 'call segment' is set up on the stack, and the values of all bases (including the RBASE after the retained segments have been created [29]) are saved between calls in this segment to reduce the overheads of the call instruction [24].

8. Synchronisation

Because information-hiding is strictly enforced and processes are organised according to the in-process model, all synchronisation takes place within individual modules.

In principle all that is required is an implementation of monitors [5, 13]. However, the monitor solution was rejected for a variety of reasons [18], and instead the microcode supports P and V operations on semaphores [6], on set semaphores (a mechanism for efficiently allocating equivalent resources) [33] and on reader-writer semaphores [34]. A major advantage of implementing a uniform virtual memory is that these mechanisms can be used uniformly for all purposes, so that 'file locks' and other cumbersome software methods for synchronising access to files and data bases are unnecessary.

9. Conclusion

At the time of writing the MONADS III computer is still at the design and construction stage. The basic hardware design is described in [55]. The feasibility of the basic system design described in the present paper has, however, already been largely demonstrated in the MONADS II system, which is now fully operational with compilers and a rudimentary operating system which is capable of executing substantial Pascal and Modula 2-like modules. When the operating system is completed it will be fully portable to MONADS III using the technique described in [32, 53].

Acknowledgements

The authors wish to thank all the members of the MONADS team who have participated in the design and implementation of the various MONADS systems. Special thanks are due to D. Abramson, P. Dawson, M. Evered, M. Halpern, K. Ramamohanarao, I. Richards, D. Rowe, J.V. Thompson, B. Wallis and J. Wells.

We gratefully acknowledge grants F77/15337 and F80/15191 from the Australian Research Grants Committee, SC18/79 from the Monash Special Research Fund and grant SB3/11 from the Australian Computer Research Board.

References

1. Abramson, D. "Hardware Management of a Large Virtual Memory", Proc. 4th Australian Computer Science Conference, Brisbane 1981 (Australian Computer Science Communications 3, 1, pp 1-13).

2. Abramson, D. "Hardware for Capability Based Addressing", Proc. 9th Australian Computer Conference, Hobart, 1982.

3. Abramson, D., Ph.D. Thesis, Department of Computer Science, Monash University (in preparation).

4. Bishop, B. "Computer Systems with a Very Large Address Space and Garbage Collection", Ph.D. Thesis, Massachusetts Institute of Technology, 1977 (MIT LCS TR-178).

5. Brinch-Hansen, P. "The Programming Language Concurrent Pascal", IEEE Transactions on Software Engineering, 1, 2, 1975, pp 199-207.

6. Dijkstra, E.W. "Cooperating Sequential Processes", in "Programming Languages", ed. F. Genuys, Academic Press, 1968, pp 43-112.

7. Edwards, D.B.G., Knowles, A.E. and Woods, J.V. "The MU6-G: A New Design to Achieve Mainframe Performance from a Mini Sized Computer", Proc. 7th Annual Symposium on Computer Architecture, 1980, pp 161-167.

8. England, D.M. "Architectural Features of System 250", Infotech State of the Art Report 14, Operating Systems, 1972, pp 395-426.

9. Fabry, R.S. "Capability Based Addressing", Comm. ACM, 17, 7, 1974, pp 403-412.

10. Gehringer, E.F., Keedy, J.L. and Thompson, J.V. "Dynamic Data Structure Management in MONADS III", Proc. 5th Australian Computer Science Conference, pp 68-78, Perth 1982.

11. Georgiades, A., Richards, I. and Keedy, J.L. "A File System for the MONADS Operating System", Proc. 8th Australian Computer Conference, pp 547-558, Canberra 1978.

12. Hagan, R.A. and Wallace, C.S. "A Virtual Memory System for the Hewlett Packard 2100A", ACM Computer Architecture News, 6, 5, 1979, pp 5-13.

13. Hoare, C.A.R., "Monitors: An Operating System Structuring Concept", Comm. ACM, 17, 10, pp 549-557.

14. Houdek, M.E. and Mitchell, G.R. "Translating a Large Virtual Address", IBM System/38 Technical Developments, 1978, pp 19-21.

15. Intel Corporation "Introduction to the iAPX432 Architecture", Intel Corporation Manual, Order No. 171821-001, 1981.

16. Jones, A.K. "The Object Model, a Conceptual Tool for Structuring Software", in Bayer et al. "Operating Systems, An Advanced Course", Lecture Notes in Computer Science, 60, Springer Verlag, Berlin, 1978, pp 7-16.

17. Keedy, J.L. "An Outline of the ICL 2900 Series System Architecture", Australian Computer Journal, 9, 2, 1977, pp 53-62; reprinted in "Computer Structures: Principles and Examples" ed. D.P. Siewiorek, C.G. Bell and A. Newell, McGraw-Hill 1981, pp 251-259.

18. Keedy, J.L. "On Structuring Operating Systems with Monitors", Australian Computer Journal, 10, 1, 1978, pp 23-27; reprinted in ACM Operating Systems Review, 13, 1, 1979, pp 5-9.

19. Keedy, J.L. "The MONADS Operating System", Proc. of 8th Australian Computer Conference, pp. 903-910, Canberra 1978.

20. Keedy, J.L. "On the Exportation of Variables", Australian Computer Journal 12, 1, 1980, pp 23-27.

21. Keedy, J.L. "Paging and Small Segments: A Memory Management Model", Proc. IFIP-80, 8th World Computer Congress, pp 337-342, Melbourne 1980.

22. Keedy, J.L. "The MONADS View of Software Modules", Proc. 9th Australian Computer Conference, Hobart 1982.

23. Keedy, J.L. "A Comparison of Processes Structuring Models", MONADS Report No. 4, Monash University.

24. Keedy, J.L. "Inter-Module Binding and Calling in the MONADS Systems"(in preparation)

25. Keedy, J.L. "Module Capability Management in the MONADS Systems" (in preparation)

26. Keedy, J.L. "Module Creation in the MONADS System" (in preparation)

27. Keedy, J.L. "A Stack Model and its Implementation in the MONADS Systems" (in preparation)

28. Keedy, J.L. "The Internal Structure of Modules in the MONADS Systems" (in preparation)

29. Keedy, J.L. "Data Abstractions, Opened Files and Resource Control in the MONADS Architecture" (in preparation).

30. Keedy, J.L. and Ramamohanarao, K. "A Job Management Model for In=Process Systems", MONADS Report No. 7, Monash University.

31. Keedy, J.L. and Richards, I. "A Software Engineering View of Files", Australian Computer Journal, 14, 2, 1982, pp. 56-61.

32. Keedy, J.L. and Rosenberg, J. "Information Hiding - A Key to Successful Software Engineering", Proc. Conference on Computers and Engineering 1981, Institution of Engineers, Australia, Publication No. 81/8, pp 1-5, 1981.

33. Keedy, J.L., Rosenberg, J. and Ramamohanarao, K. "On Implementing Semaphores with Sets", The Computer Journal, 22, 2, 1979, pp 146-150.

34. Keedy, J.L., Rosenberg, J. and Ramamohanarao, K. "On Synchronising Readers and Writers with Semaphores", The Computer Journal, 25, 1, 1982, pp. 121-125.

35. Kilburn, T., Edwards, D.B.E., Lanigan, M.J. and Sumner, F.H. "One Level Storage System", I.R.E. Transactions on Electronic Computation, EC-11, 2, 1962, pp. 223-234.

36. Lampson, B. and Sturgis, H. "Reflections on Operating System Design", Comm. ACM, 19, 5, 1976, pp 251-265.

37. Lauer, H.C. and Needham, R.M. "On the Duality of Operating System Structures", ACM Operating Systems Review, 13, 2, 1979, pp. 13-19.

38. Liskov, B., Snyder, A., Atkinson, R. and Schaffert, C. "Abstraction Mechanisms in CLU", Comm. ACM, 20, 8, 1977, pp 564-576.

39. Naur, P., Randell, B. and Buxton, J.N. "Software Engineering Concepts and Techniques", Petrocelli/Charter, New York, 1976.

40. Organick, E.I. "The Multics System: An Examination of its Structure", MIT Press, Cambridge, Mass., 1972.

41. Organick, E.I. "Computer Systems Organization, the B5700/6700 Series", Academic Press, New York, 1973.

42. Parnas, D.L. "Information Distribution Aspects of Design Methodology", Proceedings 5th World Computer Congress, IFIP-71, pp. 339-344.

43. Parnas, D.L. "On the Criteria to be Used in Decomposing Systems into Modules", Comm. ACM, 15, 12, pp 1053-1058.

44. Ramamohanarao, K. "A New Model for Job Management Systems", Ph.D. Thesis, Monash University, 1980.

45. Ramamohanarao, J. and Keedy, J.L. "Job Management in the MONADS Operating System", Proc. 8th Australian Computer Conference, pp. 1476-1488, Canberra 1978.

46. Ramamohanarao, J. and Sacks-Davis, R. "Hardware Address Translation for Machines with a Large Virtual Memory", Information Processing Letters, 13, 1, 1981, pp. 23-29.

47. Randell, B. "A Note on Storage Fragmentation and Program Segmentation", Comm. ACM, 12, 7, 1969, pp. 365-369.

48. Richards, I. "The Organisation and Protection of Information in a Computer Utility", Ph.D. Thesis, Monash University, 1981.

49. Richards, I. and Keedy, J.L. "Subsystem Management in the MONADS Operating System", Proc. 8th Australian Computer Conference, pp. 1520-1529, Canberra, 1978.

50. Rosenberg, J. "The Concept of a Hardware Kernel and its Implementation in a Minicomputer", Ph.D. Thesis, Dept. of Computer Science, Monash University, 1979.

51. Rosenberg, J. "MONADS Series III Instruction Set", MONADS Series III Technical Report No. 1, Version 1.0, June 1981.

52. Rosenberg, J. and Keedy, J.L. "The MONADS Hardware Kernel", Proc. 8th Australian Computer Conference, pp. 1542-1552, Canberra, 1978.

53. Rosenberg, J. and Keedy, J.L. "Information Hiding - A Case Study", Proc. Conference on Computers in Engineering, 1981, Institution of Engineers, Australia, Publication No. 81/8, pp. 6-9, 1981.

54. Rosenberg, J. and Keedy, J.L. "Software Management of a Large Virtual Memory", Proc. 4th Australian Computer Science Conference, Brisbane, 1981 (Australian Computer Science Communications, 3, 1, pp. 173-181).

55. Rosenberg, J., Rowe, D.M. and Keedy, J.L. "An Overview of the MONADS Series III Architecture", Proc. 5th Australian Computer Science Conference, pp. 58-67, Perth 1982.

56. Spier, M.J. "A Model Implementation of Protective Domains", Int. Journal of Computer and Information Sciences, 2, 3, 1973, pp 201-229.

57. Thomson, J.V., Ph.D. Thesis, Department of Computer Science, Monash University, (in preparation)

58. Wallace, C.S. "Memory and Addressing Extensions to a HP2100A, Proc. 8th Australian Computer Conference, pp. 1796-1811, Canberra 1978.

59. Wilkes, M.V. and Needham, R.H. "The Cambridge CAP Computer and its Operating System", North Holland, Oxford, 1979.

60. Wulf, E., Cohen, E., Corwin, W., Jones, A., Levin, R., Pierson, C. and Pollack, F. "HYDRA: The Kernel of a Multiprocessor Operating System", Comm. ACM, 17, 3, 1974, pp. 336-345.

61. Wulf, W., London, R. and Shaw, M. "An Introduction to the Construction and Verification of Alphard Programs", IEEE Transactions on Software Engineering, SE-2, 4, 1976, pp. 253-264.

62. Wulf, W.A., Levin, R. and Harbison, S.P. "HYDRA/C.mmp: An Experimental Computer System", McGraw-Hill, New York, 1981.

EIN SOFTWAREKONZEPT FÜR VERTEILTE MULTICOMPUTER-SYSTEME UND SEINE UNTERSTÜTZUNG DURCH DIE ARCHITEKTUR DES UPPER-SYSTEMS

Peter M. Behr und Wolfgang K. Giloi

Technische Universität Berlin

Zusammenfassung

Die steigende Nachfrage nach leistungsfähigen, erweiterbaren, ausfalltoleranten, sicheren und dazu noch preisgünstigen Rechner-Systemen bewirkt vielfältige Forschungs- und Entwicklungs-Aktivitäten auf dem Gebiet der Multicomputer-Systeme. Die enormen Fortschritte der VLSI-Technologie unterstützen diese Entwicklung durch leistungsfähige und relativ billige Mikrocomputer-Bausteine. Multicomputer-Systeme, insbesondere solche mit verteilter Kontrolle, sind prinzipiell in der Lage, die genannten Ziele zu erreichen; in der Praxis gibt es bisher jedoch kaum Systeme, die alle Anforderungen gleichzeitig erfüllen und im kommerziellen Bereich eingesetzt werden. Als Ursache hierfür sehen wir die Tatsache, daß innovative Rechnerarchitekturen kaum nützlich sind, wenn sie nicht dazu beitragen, die bekannten Softwareprobleme lösen zu helfen. In dieser Arbeit wird ein Softwarekonzept für verteilte Multicomputer-Systeme vorgestellt, welches eine einfache, überschaubare und sichere Modularisierung komplexer Anwenderprogramme in kooperierende Prozesse erlaubt, unabhängig von der gewählten Funktionsverteilung im System. Dieses Konzept diente als Grundlage für die Entwicklung des UPPER-Systems, dessen Architektur und Hardwarestruktur beschrieben wird.

1. Einleitung

Die Entwicklung von Mehrrechnersystemen wird vielfach als die wichtigste Entwicklung unseres Jahrzehntes angesehen [1]. Dies gilt insbesondere für Mehrrechnersysteme mit verteilter Kontrolle, da dies die einzige Architekturform ist, die alle wichtigen Forderungen an zukünftige Rechnerarchitekturen gleichzeitig zu erfüllen in der Lage ist [2], nämlich

- hohe Leistung durch Parallelarbeit mehrerer Rechner
- modulare Erweiterbarkeit des Systems
- Fehlertoleranz des Systems und dadurch unbegrenzte Verfügbarkeit
- Vereinfachung der Software-Herstellung und Wartung durch Modularisierung.

Es ist inzwischen allgemein anerkannt, daß die parallele Ausführung kooperierender Prozesse die einzig angemessene Granularität der Parallelarbeit in verteilten Mehrrechnersystemen bietet. Für die Programmierung der

Kommunikation und Synchronisation zwischen den Prozessen als Voraussetzung ihrer Kooperation sind die verschiedensten Modelle vorgeschlagen und auch angewendet worden [3], [4], [5]. Auf der Grundlage dieser Modelle sind verschiedene Programmiersprachen bzw. Erweiterungen bestehender Programmiersprachen vorgeschlagen und hie und da auch implementiert worden. Ein Nachteil der meisten Modelle ist jedoch, daß sie zu sehr noch der gewohnten Disziplin der sequentiellen Programmierung verhaftet sind, wie zum Beispiel das "Rendezvous" [3] oder das "Remote Invocation" [4], und damit letztlich nicht die Grundlage für eine einfache und "narrensichere" Programmierung von in eine große Zahl kooperierender Prozesse zerlegten Anwendungssystemen bieten können. Ein weiteres Problem ist die bisher vorherrschende Art der Implementierung von Kommunikationsmechanismen in der Form von SEND-RECEIVE-Konstrukten, COMMUNICATION PORTS, etc., low-level Konstrukte also, die dem Systemprogrammierer zwar weitgehende Freiheiten lassen, für den Anwendungsprogrammierer aber in ihrer Wirkung nicht genügend überschaubar sind, um eine fehlerfreie Programmierung komplexer Anwendungssysteme zu unterstützen, geschweige zu gewährleisten.

Aus diesen Gründen mehren sich die Stimmen, die meinen, daß die Programmierung verteilter Systeme überhaupt nicht vernünftig auf der Basis des gewohnten prozeduralen Programmierstils vorgenommen werden kann und daß deshalb ein geeigneterer Programmierstil zu finden ist. Als Kandidat hierfür findet das funktionelle Programmieren großes Interesse, wobei aber oft übersehen wird, daß bisher nicht recht klar ist, wie man in diesem Programmierstil das moderne Entwurfsprinzip der hierarchischen Komplexitätszerlegung nach den Regeln des information hiding, dessen großer Wert wohl kaum mehr zu bestreiten ist, anwenden kann. Während die Vorteile des funktionellen Programmierens für das "Programmieren im Kleinen" unbestreitbar sind, ist seine Eignung für das "Programmieren im Großen" noch nicht erwiesen.

Eine Lösung dieses Dilemmas bietet unseres Erachtens die konsequente Anwendung des Prinzips des "separation of mechanisms and policy", aber nicht in dem Wulfschen Sinne, daß dem Programmierer nur die Mechanismen vorgegeben werden, während er die Policies selbst bestimmen und implementieren muß [6], sondern, gerade umgekehrt, in dem Sinne, daß dem Programmierer die Policies vorgegeben werden, während die Mechanisms ihm verborgen bleiben, d.h., nur dem System bekannt sind.

Auf das Problem der Programmierung verteilter Systeme angewendet heißt das, daß ein für allemal für die dem Programmierer sichtbaren Protokollschichten - dies ist das Inter Process Cooperation Protocol (IPC-Protokoll) und das Data Sharing Protocol (DS-Protokoll) - geeignete Modelle (policies) festgelegt werden, deren Benutzung dann durch möglichst einfache, überschaubare "hohe" Sprachkonstrukte ermöglicht wird. Dies schränkt naturgemäß die Freiheit des Anwendungsprogrammierers ein - damit aber auch die Freiheit, beliebig Fehler machen zu können. Entscheidend ist letztlich nur, daß dem Anwendungsprogrammierer alle Möglichkeiten zur Programmierung von Systemen von kooperierenden Prozessen geboten werden, wobei zur Vermeidung von Fehlern aber ein ganz bestimmter Weg vorgeschrieben ist. Eine weitere Forderung an die Programmiermethodik für verteilte Systeme ist, daß die Programmierung völlig unabhängig von der aktuellen Funktionsverteilung im System vorgenommen werden kann.

Wir werden in dieser Arbeit zeigen, wie sich alle obengenannten Forderungen durch Einführung des Dienstleistungs-Modells für das IPC-Protokoll und des secured object lending-Modells für das DS-Protokoll auf der Grundlage des gewohnten prozeduralen Programmierstils erfüllen lassen. Das Ergebnis ist eine einfache, überschaubare und sichere Programmiermethode für verteilte Systeme.

Zur Lösung der aufgezeigten Probleme genügt es nicht, eine neue oder erweiterte Programmiersprache einzuführen. Zuverlässige und wartbare Software ist ohne entsprechende Unterstützung durch die Architektur des Rechners nicht zu verwirklichen [7]. Dies gilt in erhöhtem Maße für verteilte Systeme, wo nur durch eine Symbiose des geeigneten Programmierkonzepts mit der Architektur und Hardwarestruktur des Systems sich die oben gestellten Forderungen effizient erfüllen lassen. Dieser Erkenntnis entsprechend werden im UPPER-System die obengenannten Modelle in ungewöhnlichem Maße durch Hardwareeinrichtungen unterstützt. Das Ergebnis ist die in der Arbeit aufgezeigte Verteilung der Systemfunktionen auf eine in jedem Knoten des Systems existierende Hierarchie physikalischer Maschinen - einer der Schlüssel für die hervorragende Handhabbarkeit, Leistung und Sicherheit des UPPER-Systems.

2. Vereinfachung der Systemsoftware

Es war eines unserer Entwurfsziele, im UPPER-System das vorhandene Betriebssystem eines Knotenrechners als "lokales Betriebssystem" weiter benutzen zu können. Es ist klar, daß solch ein lokales Betriebssystem keine Kooperation zwischen Prozessen in verschiedenen Knoten durchführen kann. Im UPPER-System wird diese Aufgabe durch eine zusätzliche, übergeordnete Instanz in jedem Knoten, die wir den Cooperation Handler des Knotens nennen, durchgeführt; das lokale Betriebssystem erhält eine Schnittstelle zu seinem Cooperation Handler. Diese Aufgabenteilung hat zwei Vorteile: (1) Sie ermöglicht es, wesentliche Teile eines vorhandenen Betriebssystems zu übernehmen und (2) sie erfüllt die Forderung der modernen Softwaretechnik nach Komplexitätszerlegung; die Zusammenarbeit des lokalen Betriebssystems mit dem Cooperation Handler ist besser überschaubar als ein zusammenhängendes verteiltes Betriebssystem.

Der Cooperation Handler verwaltet alle Prozesse eines Knotens und unterstützt und überwacht die Inter-Prozeß-Kooperation. Da jegliche Kooperation - also auch zwischen Prozessen innerhalb desselben Knotens - über den Cooperation Handler abläuft, wird das System transparent für den Benutzer. Dies ist eine wesentliche Voraussetzung für die Realisierung eines modular erweiterbaren und ausfalltoleranten Systems. Die Erstellung von Anwendersystemen wird wesentlich vereinfacht, da bei der Programmierung die Verteilung der Prozesse auf die Knoten des Systems nicht beachtet werden muß.

Als Bestandteil der Prozeßkooperation unterstützt und überwacht der Cooperation Handler auch die Kommunikation zwischen den Prozessen des Systems. Er muß somit auch den Zugriff zu den Datenobjekten der Prozesse seines Knotens überwachen, was dazu führt, daß er konsequenterweise den gesamten privaten Speicher seines Knotens verwaltet. Gemeinsam bilden die Cooperation Handler-Funktionen das verteilte Betriebssystem, wobei jeder Cooperation Handler nur die Datenobjekte seines Knotens kontrolliert und nur die Prozesse innerhalb seines Knotens verwaltet.

Schon an dieser Stelle sei betont, daß die Durchführung der umfangreichen Aufgaben des Cooperation Handlers eine entsprechende Unterstützung durch die Architektur und die Hardware-Struktur der Knoten erfordert.

3. Prozesse im UPPER-System

Im UPPER-System werden Befehle und Daten eines Prozesses völlig getrennt. Der Code-Bereich ist für die gesamte Lebensdauer eines Prozesses invariant. Die Daten eines Prozesses sind in zwei Klassen eingeteilt:

- Datenobjekte, die nur lokal zu einem Prozeß benutzt werden;
- Datenobjekte, die zur Inter-Prozeß-Kommunikation benutzt werden (sharable objects).

Die lokalen Datenobjekte eines Prozesses werden gemeinsam durch die Überwachung der Zugriffsdomäne der Prozesse geschützt. Dagegen müssen die zur Kommunikation benutzten Objekte einzeln geschützt werden. Die Zugriffsüberwachung auf diese Objekte erfolgt durch eine Objektadressierung [8], die auf der Grundlage einer Speichersegmentierung implementiert ist.

Die Prozesse des UPPER-Systems sind multifunktionale Prozesse, d.h., sie können mehrere Eintrittspunkte besitzen. Jedem Prozeß ist eine systemweit eindeutige Prozeßkennung zugeordnet. Ein Prozeß kann in mehreren Knoten des Systems installiert sein und dabei in jedem Knoten in mehreren Inkarnationen ablaufen. Innerhalb eines Knotens wird der Code eines Prozesses von allen Inkarnationen gemeinsam benutzt. Die Prozesse des UPPER-Systems müssen eintrittsinvariant sein. Dies ist keine besondere Einschränkung, verringert jedoch den Overhead beim Start eines Prozesses erheblich.

Im UPPER-System wird das Programmieren der Prozesse völlig von der Verteilung der Prozesse auf die Knoten des Systems getrennt; eine für ausfalltolerante und damit rekonfigurierbare Systeme notwendige Maßnahme. Der Programmierer hat damit eine kohärente Sicht des Systems, d.h., das System erscheint ihm als ein einziger Rechner. In einer ersten Realisierungsstufe des Systems wird die Verteilung der Prozesse eines Anwendungsprogramms der Einfachheit halber dem Benutzer überlassen, wobei dieser den gleichen Prozeß mehrfach in verschiedenen Knoten des Systems einrichten kann, sei es aus Leistungsgründen oder zur Erzielung von Ausfallsicherheit. Diese statische Zuordnung der Prozesse zu den Knoten vereinfacht die Prozeßverwaltung erheblich.

Darüber hinaus unterstützt das System aber auch eine dynamische Verteilung der Prozeßausführung zur Laufzeit. Hierzu führt jeder Knoten-Supervisor eine globale Prozeßtabelle, in die jeder Prozeß mit den Knotennummern eingetragen wird, in denen er installiert und damit ablauffähig ist. So kann der Supervisor zur Laufzeit entscheiden, in welchem Knoten ein Prozeß zu starten ist, oder wo bei Ausfall eines Knotens ein Prozeß erneut gestartet werden kann. Diese Mechanismen bieten eine gute Grundlage zur Realisierung von Fehlertoleranz und automatischer Lastverteilung und unterstützen die Implementierung von Rekonfigurations- und Restart-Möglichkeiten.

4. Inter-Prozeß-Kooperation im UPPER-System

4.1 Anforderungen an die Inter-Prozeß-Kooperation in verteilten Systemen

Neben der Art der Prozeßdarstellung im System bestimmt die Strategie der Inter-Prozeß-Kooperation den Schwierigkeitsgrad der Erstellung von Anwendersoftware. Die Beschränkung des Programmierers auf möglichst wenige Konzepte ist hier eine wesentliche Voraussetzung für eine einfache und sichere Programmierbarkeit; die Konzepte sollten dabei auf einer abstrakten Sicht der Inter-Prozeß-Kommunikation basieren. Ihre Unterstützung erfordert nicht nur eine effiziente Ausführung durch spezielle Hardwareeinrichtungen, sondern, was ebenso wichtig ist, die Überprüfung der korrekten Ausführung. Dazu ist es erforderlich, die Architektur des Systems auf die gewählte Kooperations-Strategie abzustimmen. Die Inter-Prozeß-Kooperation im UPPER-System beruht auf einem einfachen, "natürlichen" Modell, das diesen Anforderungen voll gerecht wird.

Eine Kooperations-Strategie definiert die Regeln zur Synchronisation und Kommunikation der kooperierenden Prozesse. Beide Aspekte sollten im IPC-Protokoll, in dem die Kooperations-Strategie ihren Ausdruck findet, berücksichtigt sein, damit der Anwender sie nicht getrennt programmieren muß. Da ein wesentliches Architekturziel die Erzielung einer möglichst hohen Leistung des Systems ist, sind alle IPC-Protokolle auszuschließen, durch die die Möglichkeit der Parallelarbeit der Prozesse unnötig eingeschränkt wird [2]. Das IPC-Protokoll sollte daher auf dem Datenfluß-Prinzip beruhen, bei dem die Möglichkeiten zur Parallelarbeit nur durch die bestehenden Datenabhängigkeiten beschränkt sind [9].

Ein IPC-Protokoll muß unabhängig davon sein, ob zwei kooperiende Prozesse im gleichen Knoten oder in verschiedenen Knoten ablaufen. Die Forderung nach Abstraktheit bedeutet, daß der Benutzer nur die Kooperations-Strategie kennt, während ihm die Mechanismen zur ihrer Durchführung verborgen bleiben. Darüber hinaus müssen die Implementierungsmechanismen hinreichend einfach und allgemein sein, um eine Hardware/Firmware-Implementierung zu erlauben.

4.2 Das Dienstleistungsmodell

Die Inter-Prozeß-Kooperation in verteilten Systemen muß wegen der fehlenden zentralen Systemaufsicht auf dem Prinzip der "kooperatoven Autonomie" beruhen. Danach kann ein Prozeß einen anderen Prozeß jederzeit zur Verrichtung einer Dienstleistung auffordern. Der Empfänger dieser

Anforderung muß sie erfüllen, bleibt aber autonom in seiner Entscheidung, wie und wann er die Dienstleistung erbringt.

Im Dienstleistungs-Modell (service request model) ist ein Prozeß, der eine Dienstleistung anfordert, der Konsument dieser Leistung (service) und der Prozeß, der eine Anfrage bearbeitet, ihr Produzent. Es wird damit eine Consumer/Producer-Relation auf der Menge der Prozesse eines Systems erzeugt. Diese Relation ist asymmetrisch, aber weder reflexiv noch transitiv. Das Dienstleistungs-Modell bestimmt entscheidend die Art des IPC-Protokolls (IPC = inter process cooperation) im UPPER-System.

Die statisch möglichen Prozeß-Beziehungen (Consumer/Producer-Relation) zwischen den Prozessen des Systems lassen sich durch einen gerichteten Graphen G(P,B) darstellen. Die Prozesse sind dabei die Knoten P, und die möglichen Prozeß-Beziehungen werden durch gerichtete Kanten B repräsentiert. Da für die Aufrufbeziehungen Zyklenfreiheit gefordert ist, kann dieser Graph als Präzedenzgraph dargestellt werden. Im allgemeinen Fall besitzt dieser Graph mehrere Wurzeln (Prozesse, die nur als Konsumenten auftreten). Ein Anwender-System enthält mindestens eine Wurzel und umfaßt alle Prozesse, die nur über seine "Wurzel-Prozesse" erreichbar sind. Die verschiedenen Anwender-Systeme sind in diesem Graphen als unabhängige Teilgraphen zu erkennen. Prozesse, die von verschiedenen Anwender-Systemen aus erreichbar sind, werden als System-Prozesse bezeichnet.

4.3 Ein IPC-Protokoll nach dem Dienstleistungsmodell

Ein IPC-Protokoll, das die Kommunikation und Synchronisation der Prozesse eines verteilten Systems nach dem Dienstleistungs-Modell regelt, muß wenigstens folgende Funktionen zur Verfügung stellen:

- Ein Konsument muß in der Lage sein, einen Produzenten zu initialisieren. Gleichzeitig sollte der Produzent Zugriffsrechte auf die zur Kommunikation benutzten Datenobjekte erhalten.
- Ein Produzent muß in der Lage sein, eine Fertigmeldung abzugeben.
- Ein Konsument muß in der Lage sein, auf die Fertigmeldung eines Produzenten zu warten.

In Bild 1 ist die von uns eingeführte "high-level" Sprachkonstruktion zur Beschreibung dieser IPC-Strategie vereinfacht dargestellt. Sie entspricht einer Erweiterung des Prozedur-Konzepts dahingehend, daß eine Prozedur (ein Prozeß) parallel zu anderen Prozeduren ausgeführt werden kann.

```
    CONSUMER PROCESS                                          PRODUCER PROCESS

process C;
begin
  :      /*preparations*/
  :
initiate P(<parameters>);  ----------------------->  process P(<parameters>);
  .                        (a unique communication    begin
  :      /*do work          path between consumer
  :       in parallel*/     and producer is estab-      :
  :                         lished by the coopera-      :      /*render service*/
  :                         tion handlers involved)     :
  :                                                     :
event P timeout(<time limit>); <-------------------  cause;  /*transmit results*/
         /*await results*/
                                                        :      /*do cleanup*/
when exception do ... end;                              :
                                                     end;
  :      /*use results*/
  :
end;
```

Bild 1 Illustration der Inter-Prozeß-Kooperation nach dem Dienstleistungsmodell

Der Konsument C fordert die Initiierung des Produzenten P durch Ausführung der INIT-Anweisung. Diese Anforderung enthält die Spezifikation der zur Kommunikation benutzten Datenobjekte. Die Kommunikationsmechanismen sind Bestandteil des Protokolls und werden im folgenden Abschnitt genauer beschrieben.

Der Produzent P wird durch seinen Cooperation Handler gestartet, sobald der Knoten dazu in der Lage ist. Der Konsument C kann in Übereinstimmung mit dem "no wait send"-Prinzip [5] in der Zwischenzeit seine Arbeit ungehindert fortsetzen, bis er das Ergebnis von P benötigt. Dies wird durch die Ausführung der EVENT-Anweisung angezeigt. C wartet an dieser Stelle, bis P durch Ausführung der CAUSE-Anweisung eine Fertigmeldung abgibt. Falls P die CAUSE-Anweisung ausführt, bevor C die EVENT-Anweisung erreicht, wird der Konsument C natürlich nicht aufgehalten. Nur im Falle eines Time-Out oder einer anderen Ausnahmesituation führt C die exception-Anweisungen aus. Da die Cooperation Handler der beiden Prozesse eine exklusive Verbindung zwischen ihnen herstellen, muß der Produzent nicht wissen, für welchen Konsumenten er arbeitet.

Umfangreiche Simulationserfahrungen mit diesem Konstrukt haben seine Vielfältigkeit, Sicherheit und einfache Anwendbarkeit bewiesen. Darüber hinaus ist der Mechanismus sehr gut geeignet, durch spezielle Hardware in den Knoten ausgeführt zu werden. Die Sprachkonstruktion wird durch Einbettung in PASCAL den Benutzern des UPPER-Systems zur Verfügung stehen. Da die UPPER-Architektur die Ausführung direkt unterstützt, ist die Sprachkonstruktion auch in der Assemblersprache des Knotenrechners enthalten.

4.4 Das Datenzugriffs-Modell

Will man die Kommunikationsmechanismen zwischen Prozessen in eine Kooperations-Politik integrieren, so ist es sinnvoll, einen Datenaustausch auf die Stellen zu beschränken, an denen die Prozeßausführung aufgrund der Kooperations-Strategie ohnehin koordiniert werden muß. Bei der Prozeßkooperation nach dem Dienstleistungs-Modell können die Prozesse damit nur Daten an folgenden beiden Stellen austauschen:

1) Bei der Initialisierung eines Produzenten durch den Konsumenten.
2) Bei der Fertigmeldung eines Produzenten.

Beim Initialisieren eines Produzenten können Daten nur vom Konsumenten zum Produzenten übertragen werden. Bei einer Fertigmeldung ist es sinnvoll, die Datenübertragung nur vom Produzenten zum Konsumenten zu erlauben. Die asymmetrische Consumer/Producer-Relation wirkt sich damit auch auf die Mechanismen zur Inter-Prozeß-Kommunikation aus.

Durch die Beschränkung auf diese beiden Kooperationspunkte wird die Kommunikation der Prozesse überschaubar. Man erhält einen sicheren Kommunikationsmechanismus, der eine gewisse Ähnlichkeit mit dem Mechanismus der Parameterübergabe bei den Prozeduren besitzt.

Wie bei Prozeduren gibt es zwischen Prozessen INPUT-, OUTPUT- und TRANSFER-Parameter. Der Parameteraustausch zwischen den Prozessen eines Mehrrechnersystems muß neben dem reinen Informationsaustausch noch folgende Anforderungen erfüllen:

- Entkopplung der parallelen Prozesse: Es muß dafür gesorgt werden, daß nach einem Datenaustausch die Prozesse unabhängig voneinander weiterarbeiten können. Dies sichert eine maximale Parallelität zwischen kooperierenden Prozessen.

- Unterstützung von Ausfalltoleranz: Die Parameteraustausch-Mechanismen müssen sicherstellen, daß ein Prozeduraufruf jederzeit automatisch wiederholt werden kann, falls ein Produzent durch einen Ausfall die geforderte Dienstleistung nicht erbringt, d.h., der Prozeduraufruf muß wiederstartfähig sein.

Diese beiden Anforderungen werden durch die folgenden Kommunikationsregeln sichergestellt, die wir als "secured object lending" bezeichnen:

1. Für den Konsumenten wird der Zugriff auf Kommunikationsobjekte, die er dem Produzenten übergibt, solange auf read beschränkt, wie der Produzent im Besitz des Zugriffsrechts ist.
2. Erhält der Produzent ein write-Zugriffsrecht, so gilt dieses in Wirklichkeit nur für eine vom System automatisch erstellte Kopie des Datenobjektes.

Ein Kommunikationsobjekt des Konsumenten bleibt bis zum Ende einer Prozeßbeziehung konstant und kann im Fehlerfalle erneut vergeben werden. Der Konsument gibt beim Aufruf des Produzenten die Kommunikationsobjekte an und spezifiziert für jedes Objekt den Austausch-Mechanismus (IN, OUT, TRANS). Diese Parameterspezifikation muß konsistent zu der Parameterspezifikation des Entry-Points des Produzenten sein.

4.5 Die Prozeßbibliothek

Das Prozeß-Konzept im UPPER-System unterstützt sehr wirkungsvoll die einfache Programmierbarkeit und effiziente und sichere Ausführung der Inter-Prozeß-Kooperation. Die Zerlegung komplexer Anwendersysteme in möglichst viele parallele Prozesse bringt jedoch die gleichen Probleme mit sich, wie sie allgemein bei der Modularisierung komplexer Software-Systeme auftreten. Diese Probleme werden durch eine Programmentwurfsbibliothek überwunden, die bereits vor der Laufzeit die Schnittstellen und Aufrufbeziehungen zwischen getrennt entworfenen und übersetzten Moduln auf Konsistenz und Vollständigkeit überprüft und gegenüber gewissen, vorgegebenen Spezifikationen verifiziert [10].

Die Inter-Prozeß-Kooperation nach dem Dienstleistungsmodell führt zu schmalen, wohldefinierten Schnittstellen zwischen den Prozessen. Damit kann der modulare Entwurf von Programmen auf den prozeßweisen Entwurf von Softwaresystemen angewandt werden. Entwurf und Implementierung eines Prozeß-Systems werden durch eine Prozeßbibliothek (Programmentwurfsbibliothek) wesentlich unterstützt wenn nicht erst ermöglicht.

Ein Präzedenzgraph (s. Abschnitt 4.2), der alle dem System bekannten Prozesse mit ihren möglichen Prozeß-Beziehungen enthält, bildet die Grundlage der Prozeßbibliothek des UPPER-Systems. Sie verwaltet die Spezifikationen aller Prozesse mit ihren Schnittstellen und Aufrufbeziehungen. Weiter erfüllt sie die folgenden wichtigen Funktionen:

- Sie sorgt für die systemweit eindeutige Vergabe von Prozeßkennungen.
- Sie führt das Urbild der "globalen Prozeßtabelle", die der Cooperation Handler zur Verwaltung der Prozesse zur Laufzeit benötigt.
- Die Modifikation eines Prozesses kann nur über die Prozeßbibliothek erfolgen, wobei die Einhaltung der Schnittstellen-Spezifikation erzwungen wird.

Die Spezifikation eines Prozesses besteht aus der Spezifikation der Schnittstelle, die der Prozeß nach oben den anderen Prozessen zur Verfügung stellt (Anzahl der Entry-Points und Anzahl, Typ und Austausch-Mechanismen der Paramter jedes Entry-Points). Weiter sind alle Prozeßaufrufe, die ein Prozeß ausführen kann, in seiner Spezifikation enthalten. Damit kann die Prozeßbibliothek die Prozeßaufrufe auf Zyklenfreiheit überprüfen.

Obwohl die Prozeßbibliothek schon zur Übersetzungszeit Inkonsistenzen an den Schnittstellen der Prozesse verhindert, wird im UPPER-System nicht auf eine Konsistenzüberprüfung der Schnittstellen zur Laufzeit verzichtet. Ein verteiltes Multicomputer-System muß jeden Prozeß vor fehlerhaftem Verhalten eines anderen Prozesses schützen; dies ist letztlich nur durch eine strikte Kontrolle der Prozeßausführung durch die Hardware möglich.

5. Die Hardwarestruktur des UPPER-Systems

5.1 Kommunikationsstruktur

In Bild 2 ist die Kommunikationstruktur des UPPER-Systems dargestellt. Das System besteht aus bis zu 16 Verarbeitungsknoten, die durch ein sehr leistungsfähiges Bussystem miteinander verbunden sind. Das Bussystem ist fehlertolerant bezüglich des Ausfalls einzelner Knoten sowie der Unterbrechung einer physikalischen Busverbindung. Selbst wenn beide Verbindungen an derselben Stelle unterbrochen sind, besteht immer noch eine Verbindung zwischen allen Knoten des Systems. In einer ersten Realisierung wird das UPPER-System mit nur einem unidirektionalen Ringbus mit einer Übertragungsrate von 280 Mbit/s aufgebaut, die Erweiterung

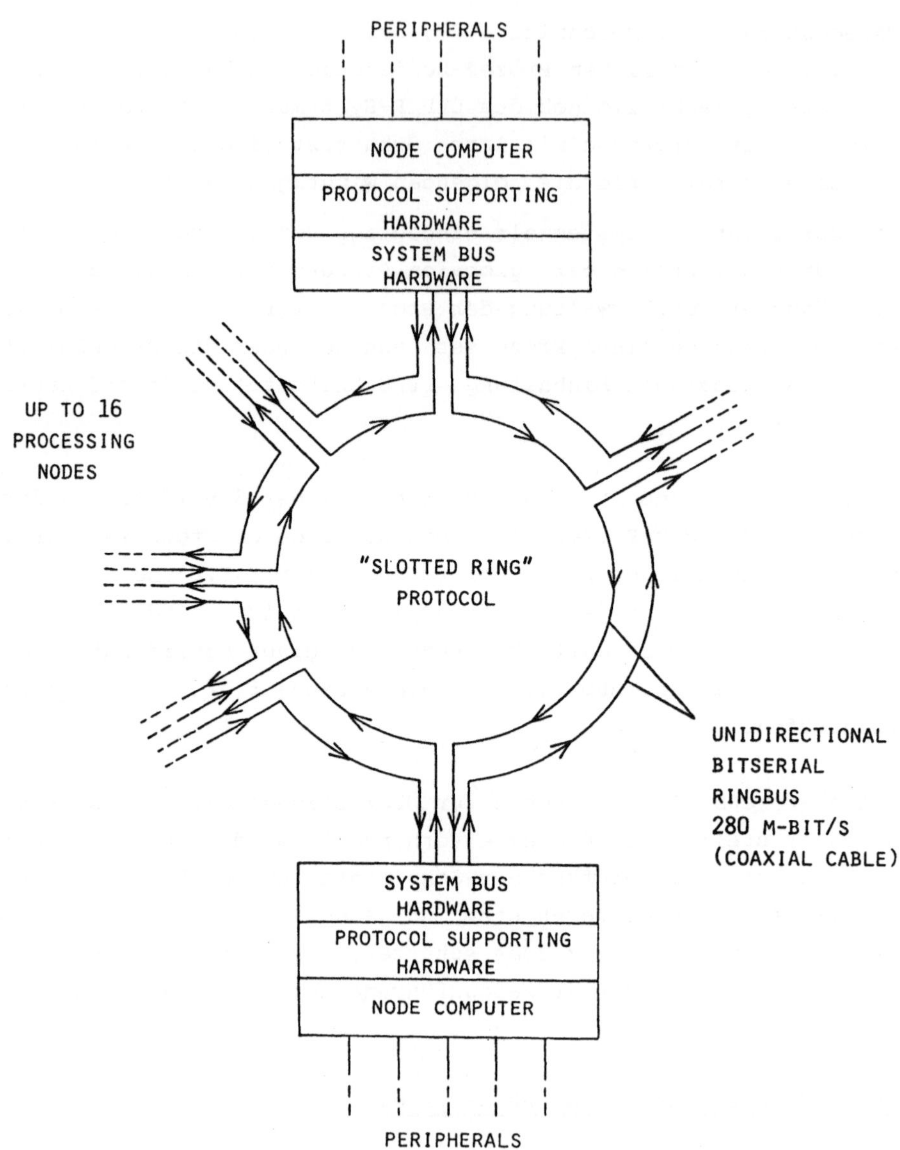

Bild 2 Struktur des UPPER-Systems

zum Doppelring ist jedoch vorbereitet. Das Zugriffs- und Übertragungsprotokoll des Busses ist das des "slotted ring" [11].

Die Ausführung der Buszugriffs- und -übertragungsprotokolle bei einem seriellen Bussystem bedingt einen nicht zu vernachlässigenden Overhead. Es ist darum notwendig, möglichst große Dateneinheiten auszutauschen. Im UPPER-System werden deshalb immer nur ganze Datenobjekte (beliebiger Größe) zur Kommunikation zwischen den Knoten benutzt und nie die Inhalte einzelner Speicherzellen ausgetauscht. Dies ist transparent für den Benutzer, der die Elemente von "shared objects" wie gewohnt adressiert.

5.2 Hardwareunterstützung der IPC-Protokollhierarchie

Level	Policy	Mechanism	Executive
INTER-PROCESS COOPERATION	SERVICE REQUEST MODEL	INITIATE-EVENT-CAUSE	COOPERATION HANDLER
COMMUNICATION	OBJECT SHARING, MUTUAL EXCLUSION OF WRITE ACCESS	SECURED OBJECT LENDING MODEL	COOPERATION HANDLER + ATGU + BTU
MEMORY ACCESS CONTROL	OBJECT ADDRESSING THROUGH CAPABILITIES	MEMORY SEGMENTATION	ATGU + COOPERATION HANDLER
BUS ACCESS AND TRANSMISSION	CONFLICT-FREE ACCESS, MAXIMUM BUS UTILIZATION	SLOTTED RING PROTOCOL	SYSTEM BUS INTERFACE
LOGICAL LINK	PAKET SWITCHING	PAKET TRANSMISSION IN PREFORMATTED SLOTS	SYSTEM BUS INTERFACE

Tabelle 1 IPC-Protokollhierarchie im UPPER-System und ausführende Hardware

Die Kooperation zwischen den Prozessen eines Anwendersystems wird durch die in Tabelle 1 angegebene Protokollhierarchie geregelt. Tabelle 1 gibt ferner an, welche speziellen Hardwareeinrichtungen für die Ausführung der Protokolle zuständig sind. Die starke Hardware/Firmware-Unterstützung der Inter-Prozeß-Kooperation im UPPER-System führt auf die in Bild 3 gezeigte Hardware-Struktur eines Knotens. Man erkennt drei funktionell getrennte Bereiche:

(1) der eigentliche Knotenrechner (node computer) mit seinen Peri-

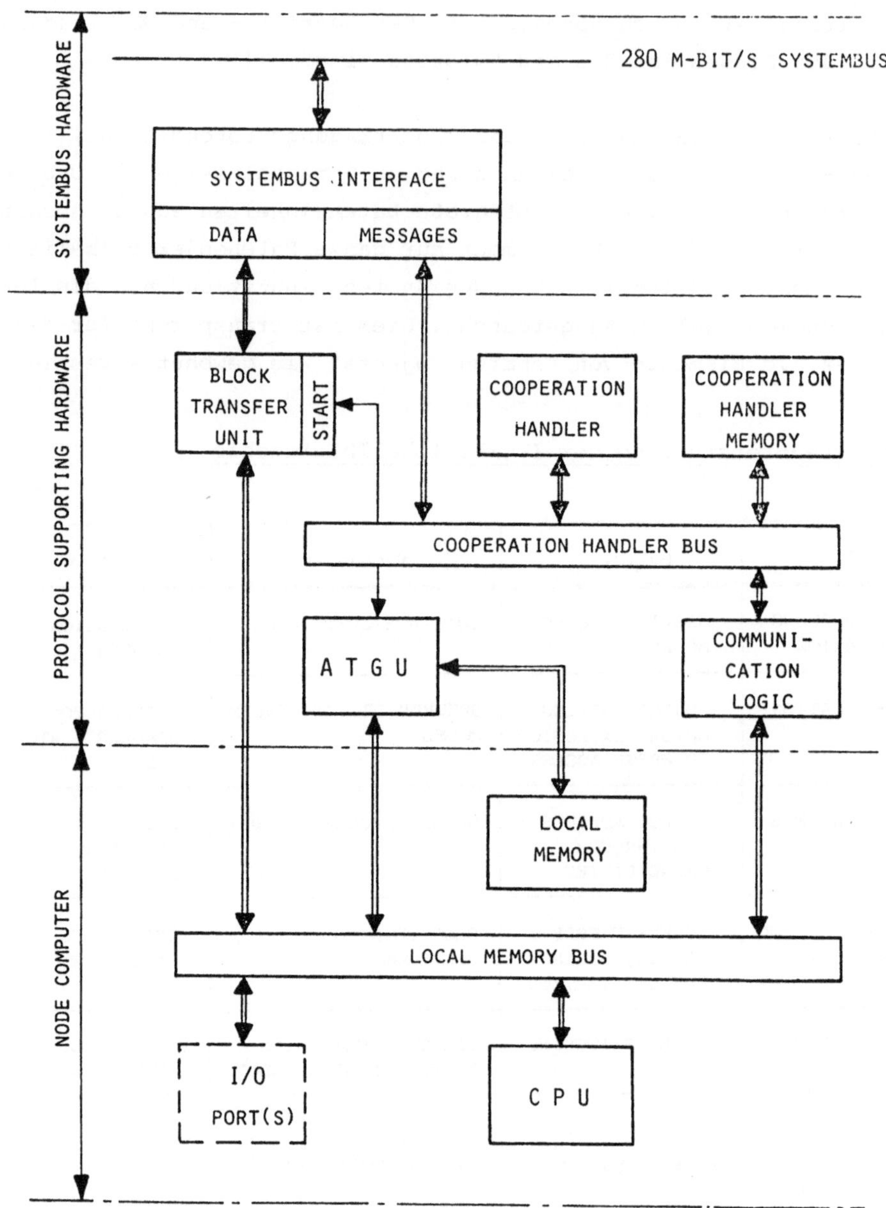

Bild 3 Blockdiagramm eines Knotens im UPPER-System

pheriegeräten;

(2) die Hardware zur Unterstützung des IPC-Protokolls;

(3) das Systembus-Interface (Ausführung des Zugriffs- und Übertragungsprotokolls).

Der Cooperation Handler läuft auf einem eigenen Mikrorechner (MC68000). Der Cooperation Handler wird von zwei leistungsfähigen, speziellen Hardwareeinrichtungen unterstützt. Die eine, ATGU (address transformation and memory guard unit) genannt, verwaltet den Knotenspeicher; die andere, BTU (block transfer unit) genannt, unterstützt den Datenaustausch zwischen den Knoten.

Der Knotenrechner kann nur seinen lokalen Speicher erreichen, wobei alle Zugriffe über die ATGU laufen. Dadurch ist der Cooperation Handler in der Lage, alle Zugriffseinschränkungen, wie sie durch die Kommunikationsmechanismen des IPC-Protokolls festgelegt werden, durch einfaches Manipulieren der internen Tabellen der ATGU zu erzwingen.

Die Blocktransfereinheit (BTU) ermöglicht einen sehr effizienten und sicheren Datenaustausch zwischen den Knoten des Systems. Da die BTU nur vom Cooperation Handler des Knotens initialisiert wird, kann dieser dadurch auch die Zugriffseinschränkungen bei der Kommunikation zwischen Prozessen in verschiedenen Knoten überwachen.

Der Cooperation Handler besitzt eine eigene Schnittstelle zum Systembus-Interface für den Austausch von Botschaften (messages) mit den anderen Cooperation Handlers des Systems. Zwischen dem Cooperation Handler und dem Knotenrechner gibt es eine leistungsfähige Verbindungseinheit (CL = communication logic), die eine sehr schnelle Kommunikation zwischen dem lokalen Betriebssystem und dem Cooperation Handler ermöglicht.

5.3 Hierarchische Funktionsverteilung

Die Menge der Funktionen eines Rechnersystems - von den elementaren datentransformierenden Operationen bis zu den komplexen Funktionen von Laufzeitsystemen und Betriebssystem - zerlegt man beim Entwurf zweckmässigerweise in eine geschichtete Hierarchie derart, daß die Funktionen einer Schicht sich der Funktionen darunterliegender Schichten bedienen können, aber nicht umgekehrt [12]. Rechnersysteme mit komplexer Funktionalität, wie sie insbesondere aus den modernen Forderungen der Unterstützung von Qualitäts-Software resultieren, lassen sich nur dann effizient realisieren, wenn man die logische Funktionshierarchie auf eine geeignet strukturierte Hierarchie physikalischer Maschinen abbildet [13]. Wir nennen dies das Prinzip der hierarchischen Funktionsverteilung.

Die oben aufgestellte These gilt insbesondere auch für verteilte Systeme, die wie das UPPER-System primär aus den Anforderungen eines Software-Konzepts für die einfache und sichere Programmierbarkeit entwickelt werden. Solche Anforderungen implizieren Qualitätssoftware-Maßnahmen wie

- hierarchische Komplexitätszerlegung in getrennt compilierbare Software-Moduln;
- Anwendung des Prinzips der Datenkapselung und des Information Hiding;
- Objekt-Adressierung mit strenger Zugriffsrechts-Kontrolle.

Gegenüber einem Einprozessorsystem kommt das Prozeß-Scheduling hinzu; gegenüber einem Multiprozessor-System mit zentralisierter Kontrolle kommt die Knoten-Kommunikation hinzu bzw. die übergeordneten, über die Verwaltung der Knoten-Betriebsmittel hinausgehenden Funktionen des "verteilten Betriebssystems". Tabelle 2 gibt eine Übersicht über die Ebenen der logischen Funktionshierarchie im UPPER-System, die Objekte, die auf der jeweiligen Ebene sichtbar sind, sowie die Abbildung der Funktionshierarchie auf die Hierarchie physikalischer Maschinen.

Level	Information Items Visible	Physical Machine
Distributed Operating System	Processes; Scheduling information; Task connection information; Communication objects; Access control information	Cooperation handlers (collectively) supported by BTU
Local Operating System	Active processes; Resource objects	Node computer
Process under Execution	Run Time Environment (e.g., stack & heap objects); Instruction objects	
Data control & Access to Items in Objects	Logical addresses; Physical addresses; Capabilities	Address Transformation & Memory Guard Unit

Tabelle 2 Hierarchische Funktionsverteilung im UPPER-System

Der Cooperation Handler besitzt einen privaten Speicher für seine Routinen und Tabellen. Bezüglich des Knotenrechners sind die Programme des Cooperation Handlers Firmware, da sie für den Programmierer nicht erreichbar sind.

Jeder Cooperation Handler verfügt über eine Kopie der globalen Prozeßtabelle, in der die statischen Zuordnungen der Prozesse zu den Knoten des Systems vermerkt sind. Die unerledigten Anforderungen für Prozeßaktivierungen verwaltet der Cooperation Handler in der Form von Wartelisten für die jeweiligen Prozesse, und zur Überwachung der korrekten Ausführung des IPC-Protokolls führt er eine Prozeß-Verbindungstabelle, in der die aktuellen Consumer/Producer-Relations zusammen mit den jeweils vergebenen Zugriffsrechten auf Kommunikationsobjekte vermerkt sind. Dadurch sind die Cooperation Handler in der Lage, exklusive Kommunikationsverbindungen für jede bestehende Consumer/Producer-Relation herzustellen.

Die Leistungsfähigkeit des Cooperation Handlers versetzt diesen in die Lage, neben seinen Supervisor-Aufgaben noch weitere wichtige Systemfunktionen wahrzunehmen, die in einem fehlertoleranten System notwendig sind. Da diese Funktionen primär aber nichts mit dem hier vorgestellten Software-Konzept für verteilte Systeme zu tun haben und überdies an anderer Stelle beschrieben wurden [14], seien sie übergangen.

Die ATGU führt die Adreßtransformationen der Speichersegmentierung durch und überwacht dabei die Einhaltung der Objektgrenzen. Sie prüft ferner, ob der Zugriff dem spezifizierten globalen Zugriffsmodus entspricht und innerhalb der Zugriffsdomäne des Eigentümers liegt. Der Aufbau dieser speziellen Hardware-Einrichtung wurde ebenfalls bereits beschrieben [14]. Es sei hier nur erwähnt, daß die Adreßtransformation durch einen schnellen Cache-Speicher für 16 Deskriptoren beschleunigt wird. Dadurch kann eine Transformation mit allen Überprüfungen in der Regel in 80 ns durchgeführt werden; im Falle eines _cache fault_ beträgt der zusätzliche Zeitaufwand ca. 200 ns.

Literatur

[1] Neumann P. G. et al., "Directions for Future Research and Development in Multicomputer Systems", Final Report SRI Project 1826, SRI-International (May 1981)

[2] Giloi W. K., _Rechnerarchitektur_, Springer, Berlin-Heidelberg-New York 1981

[3] Hoare C. A. R., "Communicating Sequential Processes", CACM 21,8 (Aug. 1978), 666-677

[4] Brinch Hansen P., "Distributed Processes: A Concurrent Programming Concept", CACM 21,11 (Nov. 1978), 934-941

[5] Liskov B., "Primitives for Distributed Computing", MIT Laboratory for Computer Science, Computation Structure Group Memo 175 (May 1979)

[6] Wulf W. A., "Compilers and Computer Architecture", COMPUTER 14,7 (July 1981)

[7] Denning P. J., "Computer Architecture: Some Old Ideas that Haven't Quite Made it", CACM 24,9 (Sept. 1981), 553-554

[8] Wulf W. A., "HYDRA: The Kernel of a Multiprocessor Operating System", CACM 17,6 (June 1974), 337-345

[9] Giloi W. K., "Datenfluß-Prinzipien in Rechnerarchitekturen", in J. Swoboda(ed.), Struktur und Betrieb von Rechensystemen, NTG Fachberichte Bd. 80, VDE-Verlag, Berlin 1982

[10] DeRemer F., Kron H., Programming in the Large Versus Programming in the Small", Proc. Int. Conf. on Reliable Software, SIGPLAN Notices 10,6 (June 1975), 114-121

[11] Penny B. K., Baghdadi A. A., "Survey of Computer Communications Loop Networks", Part 1 and 2, COMPUTER COMMUNICATION, Vol. 2, 1979 165-180 and 224-241

[12] Dijkstra E. W., "The Structure of 'THE' - Multiprogramming System", CACM 11,5 (May 1968), 341-346

[13] Giloi W. K., Gueth R., Kallerhoff R., "Hierarchical Function Distribution - A Design Principle for Advanced HLLACs", noch unveröffentlicht

[14] Giloi W. K., Behr P. M., "An IPC-Protocol and Its Hardware Realization For a High-Speed Distributed Multicomputer System", Conf. Proc. of the 8th Annual Symposium on Computer Architecture, IEEE Catalog No. 81CH1593-3 (1981), 481-488

Rechnerunterstützte Konstruktion von Spezialrechnern aus Programmen anwendungsorientierter höherer Programmiersprachen

Hermann Härtig, Thomas Krause und Andreas Pfitzmann

Institut für Informatik IV, Universität Karlsruhe
7500 Karlsruhe, Postfach 6380

Zusammenfassung:

Die rechnerunterstützte Konstruktion von Spezialrechnern aus Programmen anwendungsorientierter höherer Programmiersprachen wird motiviert.
Ein Rechnerbaukasten für Concurrent Pascal Programme wird kurz beschrieben. Danach werden die für ADA nötigen Änderungen skizziert.
Anschließend werden Aufgaben und Aufbau eines Konfigurierungssystems (stark erweiterten Übersetzers) beschrieben. Es konfiguriert einen Spezialrechner aus Bausteinen des Rechnerbaukastens. Dabei sind vorgebene Qualitätsmerkmale einzuhalten und Kosten zu optimieren.

Schlagwörter:

Spezialrechner, rechnerunterstützte Konfigurierung, Konfigurierungssystem, Rechnerbaukasten, Concurrent Pascal, ADA.

CR Categories:

C.0 COMPUTER SYSTEMS ORGANIZATION;GENERAL
Systems specification methodology.

C.1.3 PROCESSOR ARCHITECTURE;OTHER ARCHITECTURE STYLES
Adaptable architectures, High level language architectures.

C.3 SPECIAL-PURPOSE AND APPLICATION BASED SYSTEMS
Process control systems, Real-time systems.

C.4 PERFORMANCE OF SYSTEMS
Reliability, availability.

J.6 COMPUTER-AIDED ENGINEERING
Computer-aided design (CAD).

1 Einleitung

Durch den starken Preisverfall bei der Produktion hochintegrierter Halbleiterbauelemente ist eine stärkere Spezialisierung von Rechnern auf ihre jeweiligen Anwendungen möglich und sinnvoll geworden. Dies führte dazu, daß zahlreiche sogenannte Rechnerbaukästen in der Literatur vorgeschlagen wurden und auch käuflich erwerbbar sind. Deren Bausteine sind in der Regel vollständige Rechner, die zu Mehrrechner- oder Mehrprozessorsystemen zusammengestellt werden [HäRo_80, HäKr_80, Nils_81, SySa_82]. Der Rückgriff auf solche Rechnerbaukästen ist dann sinnvoll, wenn es sich um Anwendungen handelt, bei denen

- der Rechner überwiegend für eine Spezialanwendung eingesetzt wird und
- die Stückzahl so niedrig liegt, daß die Entwicklungskosten hoch gegenüber den Reproduktionskosten sind [HäKr_80].

Beispiele für solche Anwendungen finden sich u.a. im Bereich der Prozeßdatenverarbeitung.

Diesem technologischen Trend steht die Entwicklung höherer Programmiersprachen für die Realzeitdatenverarbeitung gegenüber. Die Aufteilung großer Programmpakete in kleinere Module wird durch diese modernen Programmiersprachen ebenso unterstützt, wie die elegante und sichere Handhabung paralleler Prozesse durch geeignete Sprachkonstrukte. Frühe Beispiele hierfür sind Concurrent Pascal [Brin_75], Modula und Pearl, während ein neueres Beispiel für die angesprochene Gruppe von Realzeitprogrammiersprachen ADA ist [ADA_80]. PEARL und ADA unterstützen auf unterschiedliche Weise auch Fehlerbehandlung auf Sprachebene.

Ziel dieser Arbeit ist die Zusammenführung dieser beiden unabhängigen Bestrebungen. Wir arbeiten an der Erfüllung von Voraussetzungen für die Konstruktion eines Konfigurierungssystems (stark erweiterten Übersetzers), der als Ergebnis einer Übersetzung nicht nur Objektcode, sondern auch Vorschriften für den Zusammenbau eines Spezialrechners für das übersetzte Programm erzeugt.

Voraussetzungen für die Konstruktion eines solchen Konfigurierungssystems sind

- ein Rechnerbaukasten, dessen Bausteine sich für den Zusammenbau eines Spezialrechners für ein gegebenes Anwendungsprogramm in einer höheren Programmiersprache besonders eignen,
- Verfahren zur Konfigurierung eines Spezialrechners, der bezüglich der Kosten (oder einer anderen Funktion) optimiert ist und auch nichtfunktionale Eigenschaften (wie z.B. vorgebene Antwortzeiten oder bestimmte Zuverlässigkeitsmerkmale) besitzt.

Dieser Beitrag stellt zunächst einen Rechnerbaukasten vor, dessen Bausteine sich für die Konstruktion von Spezialrechnern aus Concurrent Pascal Programmen eignen.

2 COPRA - ein Rechnerbaukasten für die Konfigurierung von Spezialrechnern aus Concurrent Pascal Programmen

Die Anforderungen an die Bausteine eines Rechnerbaukastens ergeben sich einerseits aus der gewählten Programmiersprache (hier Concurrent Pascal), und andererseits aus ihrer Verwendung als Baukasten für Realzeitsysteme. Concurrent Pascal ist im wesentlichen eine Erweiterung von Pascal um die Sprachelemente Prozeß und Monitor, die die Programmierung paralleler Abläufe ermöglichen. Die parallelen Prozesse selbst sind sequentielle Programme. Sie werden sequentiell hintereinander aufgeschrieben, jedoch nach der Initialisierung parallel abgearbeitet.

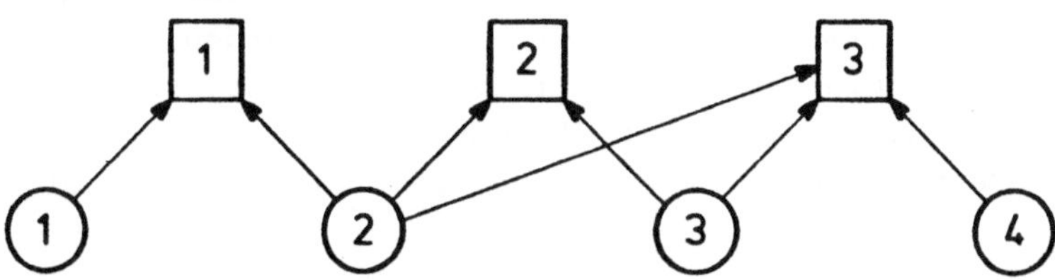

Bild 1: Struktur eines Concurrent Pascal Programms

Bild 1 zeigt die Struktur eines einfachen Concurrent Pascal Programms. Die Kreise stellen Prozesse dar, die parallel ablaufen können. Die Prozesse kommunizieren über Monitore, die hier als Rechtecke dargestellt sind. Die Synchronisation paralleler Prozesse erfolgt durch den Aufruf von Monitorprozeduren. Die Implementierung des Monitors muß sicherstellen, daß sich zu jeder Zeit nur ein Prozeß im Monitor aufhält. Die Pfeile in Bild 1 stellen Zugriffsrechte der Prozesse auf die Monitore dar. Diese Zugriffsrechte sind im Programm in Form von Parametern explizit anzugeben. In einem Concurrent Pascal Programm sind alle Prozesse gleichberechtigt.

Die Anforderungen von Concurrent Pascal an einen Rechnerbaukasten lassen sich wie folgt zusammenfassen [HäKr_80]:

- gegebenenfalls echtes paralleles Arbeiten der Prozesse, d.h. mehrere gekoppelte Rechner, auf die sich ein oder mehrere Concurrent Pascal Prozesse abbilden lassen,
- effiziente Implementierung von Monitoren, d.h. effizienter und gleichberechtigter Zugriff der Prozesse auf die Daten der Monitore,
- Implementierung der Prozesse ohne zentrale Instanz auf der Software- und Hardwareebene
- effiziente Benachrichtigungsmechanismen zwischen den Prozessen.

Aus dem Verwendungszweck als Rechnerbaukasten ergeben sich weitere Anforderungen an die Bausteine:

- geringe Anzahl verschiedener Bausteine (Karten)
- diese sollen sich leicht zu einem Spezialrechner konfigurieren lassen (Handhabbarkeit).
- flexible Speichergröße
- möglichst große Flexibilität der Ein/Ausgabe mit wenig Bausteintypen auf der Ein/Ausgabe-Karte (funktionelle Universalität)
- Möglichkeit der vollständigen Programmmierung der Ein/Ausgabe in der anwendungsorientierten Programmiersprache.

Die Anforderungen an den Hardware - Aufbau sind im wesentlichen realisiert worden [Poli_80, FrIs_80].

Es gibt mehrere Möglichkeiten, durch Architekturmaßnahmen höhere Programmiersprachen auf Rechnern zu unterstützen. So kann etwa der Befehlssatz eines Rechners durch Mikroprogrammierung für eine Programmiersprache (Zwischensprache) optimiert werden. Dies wurde hier nicht realisiert. Ein anderer Weg liegt in der Anpassung der Hardware eines Rechners durch Strukturmaßnahmen an eine vorgegebene höhere Programmiersprache. Beide Wege schließen sich nicht aus, sondern ergänzen sich.

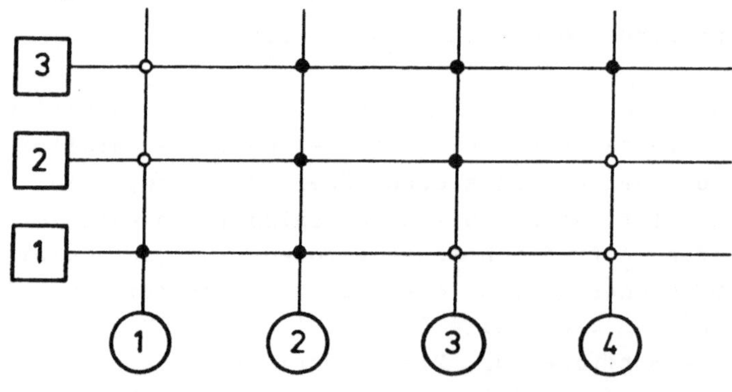

Bild 2: Rechnerstruktur

Bild 2 zeigt eine mögliche Rechnerstruktur, wie sie sich aus dem in Bild 1 dargestellten Concurrent Pascal Programm ergeben könnte.

Die Prozesse werden auf unabhängige Rechnermoduln abgebildet, von denen jeder seinen privaten Speicher hat. Die Monitore sind als gemeinsame Speicherbereiche realisiert. Zugriffskonflikte auf gemeinsame Speicher treten nur bei Monitoren auf, auf die mehrere Prozesse zugleich zugreifen wollen. Das unsynchronisierte Zugreifen von mehreren Prozessen auf einen Monitor kann verhindert werden, indem der gemeinsame Speicher für die gesamte Dauer des Zugriffs auf den Monitor dem Rechnermodul zugeordnet bleibt, der als erster die Zuteilung erhält.

Eine direkte Realisierung der steuerbaren Kreuzungspunkte in Bild 2 ist relativ teuer. Die Variablen aller Monitore sind daher in einem gemeinsamen Speicher abgelegt, auf den über einen gemeinsamen Bus zugegriffen wird. Um den gleichberechtigten Zugriff von Prozessen auf verschiedene Monitore zu realisieren, wird der Bus nicht für die gesamte Dauer jedes Monitoraufrufes sondern zyklenweise vergeben. Ein dezentraler Arbiter vergibt "round robin" die Zugriffsrechte auf den gemeinsamen Speicher.

Für eine effiziente Implementierung des gegenseitigen Ausschlusses reicht eine zyklenweise Vergabe des Speicherzugriffs nicht aus. Jeder Rechnermodul kann daher zur Ausführung eines "TEST AND SET" Befehls den gemeinsamen Bus auch für zwei Zyklen reservieren.

Durch die Reduzierung der Kreuzschienen-Architektur auf nur einen gemeinsamen Bus und Speicher hat man zwar eine einfachere Hardwarestruktur des Systems, jedoch führt eine Implementierung von Wartebedingungen durch wiederholtes Abfragen zu Engpässen auf dem gemeinsamen Bus.

Zur effizienten Implementierung von DELAY und CONTINUE wird daher ein funktionell verschiedener, zweiter gemeinsamer Bus (Prozeßsignalbus) realisiert. Durch Aufruf von DELAY(Q) wird der aufrufende Prozeß in eine Warteschlange Q eingetragen. Der Prozeß, welcher CONTINUE(Q) aufruft, entnimmt der Warteschlange die Nummer des blockierten Prozesses und legt sie auf den Prozeßsignalbus. Der Rechnermodul, der den Prozeß abarbeitet, erhält eine Nachricht mit der Nummer des blockierten Prozesses und aktiviert diesen.

Wichtige Prozesse mit bestimmten Geschwindigkeitsanforderungen werden exklusiv auf einen Rechnermodul abgebildet. Beim Aufwecken solcher Prozesse ist die Verdrängung eines anderen aktiven Prozesses (also eine Prozeßumschaltung) nicht notwendig. Ist außerdem kein Monitoraufruf erforderlich, sind sehr genaue Aussagen über Antwortzeiten möglich.

Prozeßsignalmechanismus und Anschluß an den gemeinsamen Bus sind auf einer CPU - Karte realisiert. Gemeinsamer und private Speicher sind aus baugleichen Karten aufgebaut. Für den Aufbau eines auf ein Concurrent Pascal Programm zugeschnittenen Rechners sind diese beiden genannten Bausteine sowie Bausteine für die Ein/Ausgabe ausreichend.

In der folgenden Tabelle ist die Abbildung von Concurrent Pascal Programmen auf die COPRA-Bausteine und deren organisatorische Prinzipien dargestellt.

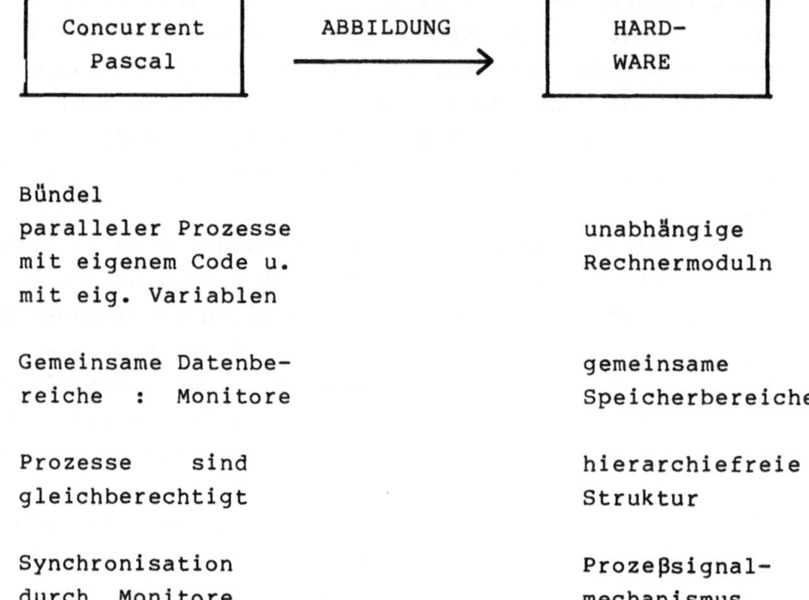

Die Berücksichtigung der Ein/Ausgabe im Rechnerbaukasten ist in [HäKr_80] näher beschrieben.

Neben den genannten Anforderungen sollte ein Rechnerbaukasten für ADA Programme

- die Realisierung hierarchischer Rechnerstrukturen als Entsprechung der Schachtelbarkeit von ADA Tasks [ADA_80] erlauben und
- das komplexe ADA Tasking [HäPT_81] unterstützen, etwa Taskoperationen, deren Ergebnis vom Zustand mehrerer anderer Tasks abhängt.

3 Rechnerunterstützte Konfigurierung

Bei Verwendung eines Rechnerbaukastens lassen sich für ein Anwendungsprogramm beliebig viele Spezialrechner konfigurieren, die zwar der funktionalen Spezifikation durch das Programm genügen, sich aber dennoch in wesentlichen Merkmalen unterscheiden. Zu diesen nichtfunktionalen (qualitativen) Merkmalen gehören Ausführungszeiten, Verhalten beim Ausfall von Hardwarekomponenten, räumliche Verteilung von Rechnern und die Kosten.

Der billigste konfigurierbare Rechner besteht aus einer CPU, einem hinreichend großen Speicher und den Ein/Ausgabe-Schnittstellen. Davon unterscheidet sich in Aufwand und Leistung ein Rechner, der durch

Abbildung eines jeden Prozesses auf einen eigenen Rechermodul entsteht. Um eine höhere Zuverlässigkeit zu errreichen, ist die Abbildung eines Prozesses auf mehrere Rechnermoduln denkbar. Ein weiteres Unterscheidungmerkmal ist der räumliche Abstand von Prozessen untereinander.

Die Aufgabe des Konfigurierungssystems besteht also in der Konfigurierung eines Spezialrechners aus den Bausteinen eines Rechnerbaukastens, der nicht nur die durch ein Anwendungsprogramm vorgegebene Funktion durchführt, sondern auch die evt. geforderten nichtfunktionalen Eigenschaften besitzt.

Dabei sind die sich aus Anzahl und Typ der verwendeten Bauteile ergebenden Kosten zu minimieren. In besonderen Fällen können andere Zielfunktionen wie Gewicht, Stromverbrauch etc. an die Stelle dieser Kosten treten.

Notwendig sind dazu Algorithmen, die entweder die Nichterfüllbarkeit einer Anforderung feststellen oder möglichst die billigste Konfiguration liefern, die einer oder mehreren Qualitätsanforderungen genügt. Solche Algorithmen sind für isoliert betrachtete Qualitätsanforderungen in [Schr_81] zur Konfigurierung entsprechend dem Rechenzeitbedarf von Prozessen und in [PfHä_82] und [Pfit_82] für die Konfigurierung entsprechend vorgegebener Zuverlässigkeitsmerkmale zu finden. Zufriedenstellende allgemeine Lösungen dieses Problems sind uns nicht bekannt.

Als Beispiel wird im folgenden ein Algorithmus zur Erreichung vorgegebener Zuverlässigkeitsmerkmale und Minimierung der dazu notwendigen Kosten skizziert.

Danach werden die Aufgaben und der daraus resultierende grundsätzliche Aufbau eines Konfigurierungssystems dargestellt.

Schließlich werden die Auswirkungen separater Übersetzbarkeit auf ein Konfigurierungssystem beschrieben.

3.1 Algorithmus zur Erzielung von vorgegebenen Zuverlässigkeitsmerkmalen bei Minimierung der Kosten

Der im folgenden skizzierte Algorithmus basiert auf statischer Redundanz, deren Einsatz in vielen praktischen Fällen zu große Hardwarekosten verursacht.

Zusätzlich senkt die Anwendung statischer Redundanz die Verarbeitungsleistung etwas, so daß eine Neukonfigurierung des Rechners etwa zur Einhaltung geforderter Antwortzeiten notwendig werden kann. Daran läßt sich die grundsätzliche Problematik der geforderten Algorithmen aufzeigen.

Die einfachere mathematische Behandlung statischer Redundanz erleichtert jedoch die Angabe eines Algorithmus, der entweder die

Nichterfüllbarkeit einer Anforderung meldet oder den billigsten Rechner mit vorgebener Zuverlässigkeit liefert.

Der Algorithmus besteht in iterativer Anwendung von TMR (Triple Modular Redundancy) zur Erhöhung der Zuverlässigkeit bezüglich Hardwareausfällen (Überlebenswahrscheinlichkeit oder Verfügbarkeit) und dem Verfahren des stärksten Abstiegs zur Optimierung der Kosten.

Dabei wird ein Teilsystem mit der Zuverlässigkeit R durch drei Teilsysteme und einen Voter mit der Zuverlässigkeit V ersetzt. Das so enstehende System hat eine Zuverlässigkeit von

$V R^2 (3-2R)$,

Iteriert man dieses Vorgehen und gilt

$$V \in \left(\frac{8}{9}, 1\right], R \in \left(\frac{1}{4}\left(3-\sqrt{9-\frac{8}{V}}\right), \frac{1}{4}\left(3+\sqrt{9-\frac{8}{V}}\right)\right)$$

so strebt die Zuverlässigkeit des Teilsystems gegen

$$G(V) = \frac{1}{4}\left(3+\sqrt{9-\frac{8}{V}}\right)$$

Dieser Grenzwert liegt nahe bei V, wenn V nahe bei 1 liegt. Für

$V \in \left[\frac{16}{17}, 1\right]$ gilt $V-G(V) \leq 18(1-V)^2$.

Die Beweise sind in [Pfit_82] zu finden.

Da die Kosteneffektivität des geschilderten Verfahrens bei jedem Iterationsschritt sinkt [Pfit_82], liefert der folgende Algorithmus die Konfiguration mit minimalen Kosten bei nicht überlappenden Teilsystemen und einer Anforderung [KoUs_79, Pfit_82].

```
IF Anforderung erfüllbar      -- vorgebenes Zuverlässigkeitsmerkmal
                              -- kleiner G(V)
THEN
  WHILE Qualitätsmerkmalskenngröße_des_Systems < Anforderung
  LOOP
    Bestimme kosteneffektivste_Verbesserung der
    Qualitätsmerkmalskenngröße_des_Systems
    bezüglich der Komponententypen;
    Wende kosteneffektivste_Verbesserung an allen
    Komponenten des betreffenden Typs an;
  END LOOP;
  -- Optimierungsverfahren des stärksten Abstiegs durchgeführt.

  Wende die zuletzt bestimmte kosteneffektivste_Verbesserung so oft
  (reeller Wert) auf das der Bestimmung zugrunde liegende System an,
  daß Qualitätsmerkmalskenngröße_des_Systems = Anforderung.
  Die Kosten dieses im allgemeinen nur gedanklich
  möglichen Systems sind eine untere Schranke für die
  Kosten eines real möglichen Systems, das die Anforderung erfüllt.
  -- Untere Schranke für Systemkosten bestimmt.
```

```
    FOR Verbesserung IN REVERSE durchgeführte kosteneffektivste
                                Verbesserungen
    LOOP
      Entferne an so vielen Komponenten wie ohne Verletzung
      der Anforderung möglich Verbesserung;
    END LOOP;
    Kosten des erhaltenen Systems sind eine obere Schranke
    für die Kosten eines Systems, das die Anforderung erfüllt;
    -- Obere Schranke für Systemkosten bestimmt.

    Drucke untere und obere Schranke der Systemkosten;
    Drucke erhaltenes System;
  ELSE
    Drucke Anforderung unerfüllbar;
  END IF;
```

3.2 Aufgaben und Aufbau eines Konfigurierungssystems

Zuerst prüft die Analyse Syntax und statische Semantik des Programms einschließlich der in ihm enthaltenen Anforderungen und Spezifikationen, ebenso soweit möglich Deadlockfreiheit [Röhr_8Ø] des Prozeßsystems und Widerspruchsfreiheit der Anforderungen. Ist das funktionale Verhalten des Programms oder von Programmteilen formal spezifiziert, so kann die Korrektheit von einem automatischen Beweiser überprüft werden. Fehler und Widersprüche sind dem Programmierer mitzuteilen, der dann das Programm, gegebenenfalls aber auch Anforderungen oder Spezifikationen ändert.

Sind diese Prüfungen positiv ausgefallen, so folgt wenn möglich eine quellsprachenorientierte Optimierung.

Codeerzeugung für den Wirtsrechner ermöglicht den funktionalen Test des Programms und damit das Gewinnen von einigen von der Analyse nicht ermittelbaren weiteren Qualitätsmerkmalsangaben des Programms. Funktionaler Test ist auch dann sinnvoll, wenn das Programm als korrekt bezüglich seiner formalen Spezifikation bewiesen wurde, da so die formale Spezifikation überprüft wird.

Als nächstes sollte eine prozeßorientierte [Pfit_82] Optimierung erfolgen, die alle Parallelität erhält bzw. möglichst herausfindet und durch Klassifizierung von Prozessen in aktive und passive (Monitore) die anschließende Konfigurierung durch aktive bzw. passive Hardware-Module vorbereitet.

Die Konfigurierung kennt die zur Verfügung stehenden Hardware-Module, ihre Zusammenschaltungsmöglichkeiten sowie Strategien zur Verteilung von Programm-Moduln auf Hardware-Moduln. Die Konfigurierung gibt der Modellierung und der Codeerzeugung eine Verteilung von Programm-Moduln auf Hardware-Moduln vor.

Die Modellierung kennt Qualitätsmerkmalsangaben der Hardwåre-Moduln und ihrer Zusammenschaltungsmöglichkeiten, erhält oder ermittelt Qualitätsmerkmalsangaben der Programm-Moduln, prüft, ob die Verteilung von Programm-Moduln auf Hardware-Moduln den Anforderungen genügt, fordert von der Konfigurierung gegebenenfalls eine andere Verteilung (oder zum Beispiel statische Redundanz), berechnet Qualitätsmerkmalskenngrößen des Spezialrechners und meldet gegebenenfalls die Unerfüllbarkeit von Anforderungen bzw. gibt Warnungen aus.

Nach zielmaschinenorientierter Optimierung, Codeerzeugung und Nachoptimierung kann die Modellierung auch das zeitliche Verhalten des konfigurierten Spezialrechners simulieren. Durch Tests mit Realzeitsimulation können weitere Qualitätsmerkmalsangaben des Spezialrechners ermittelt werden. Gegebenenfalls muß die Konfigurierung die Verteilung von Programm-Moduln auf Hardware-Moduln ändern usw..

Alle Aufgaben eines Konfigurierungssystems außer Programmbeweis, prozeßorientierter Optimierung, Konfigurierung und Modellierung sind gängige Aufgaben des Übersetzerbaus. Es liegt also nahe, ein Konfigurierungssystem durch Erweiterung eines modularen Übersetzers für die höhere Programmiersprache zu erhalten (Bild 3), oder es in eine Programmierumgebung einzubeziehen, wie sie etwa für ADA gefordert wird (Bild 4). Dort sind Data Base, Data Base Manager und die Configuration Management Tools zur Speicherung, Verwaltung und Überwachung aller softwareprojektbezogenen Information vorgesehen, der Frequency Analyzer zählt die Ausführungen jeder Anweisung und der Timing Analyzer ermittelt die kumulierte Ausführungszeit jeder Anweisung [WBST_81]. Die dadurch ermittelbaren Kenngrößen des Programms sind für Konfigurierung und Modellierung einsetzbar [Pfit_82].

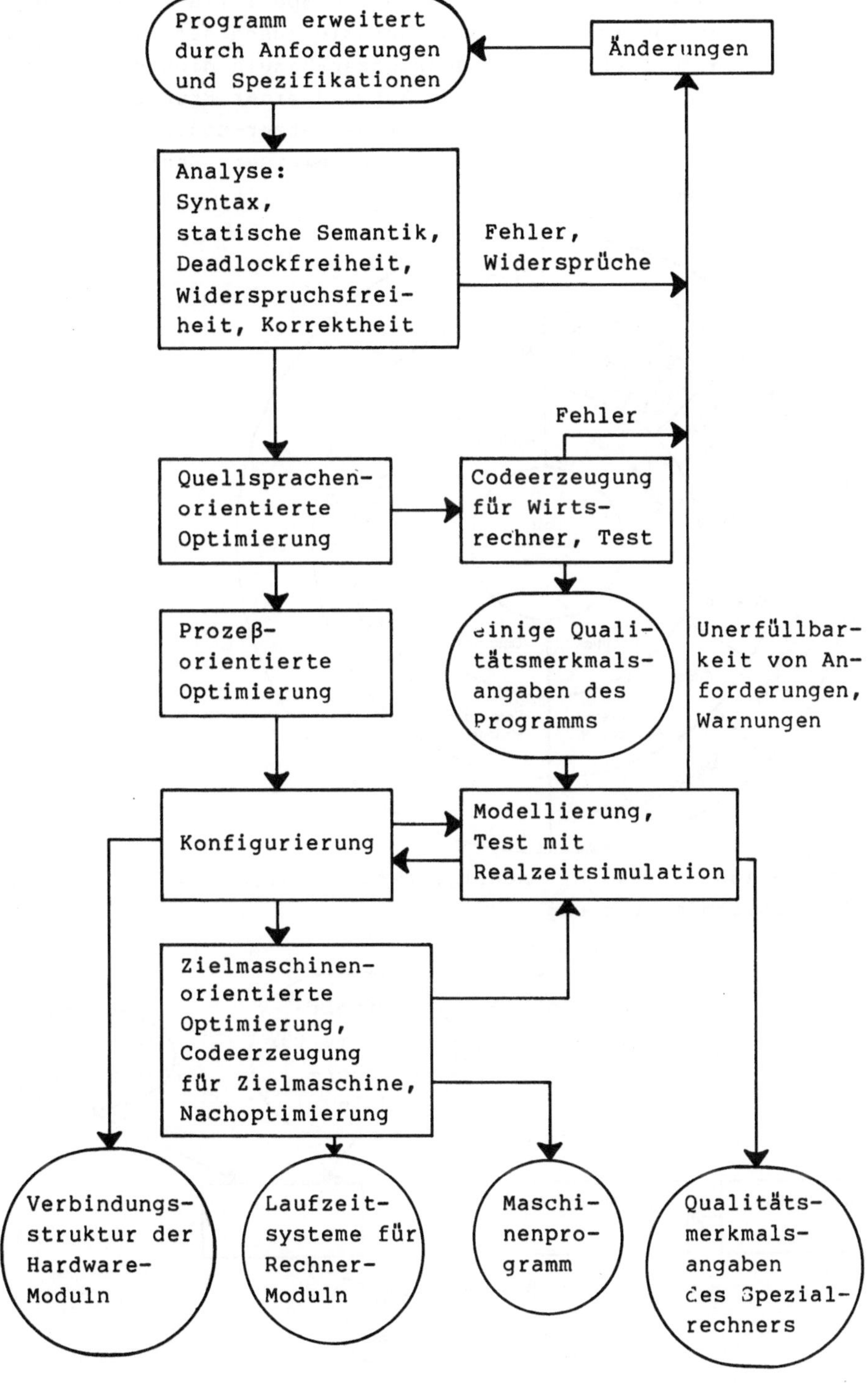

Bild 3: Konfigurierungssystem

Ist das Weitergeben von Anforderungen und Spezifikationen in den Zwischensprachen des Übersetzers bis zur zielmaschinenorientierten Optimierung möglich, braucht an den Übersetzer-Moduln nichts geändert zu werden. Ansonsten muß zwischen dem Aufwand einer Erweiterung der Zwischensprachen und damit Änderung von Übersetzer-Moduln und einer umständlicheren Informationsbeschaffung von Beweiser, Konfigurierung und Modellierung abgewogen werden.

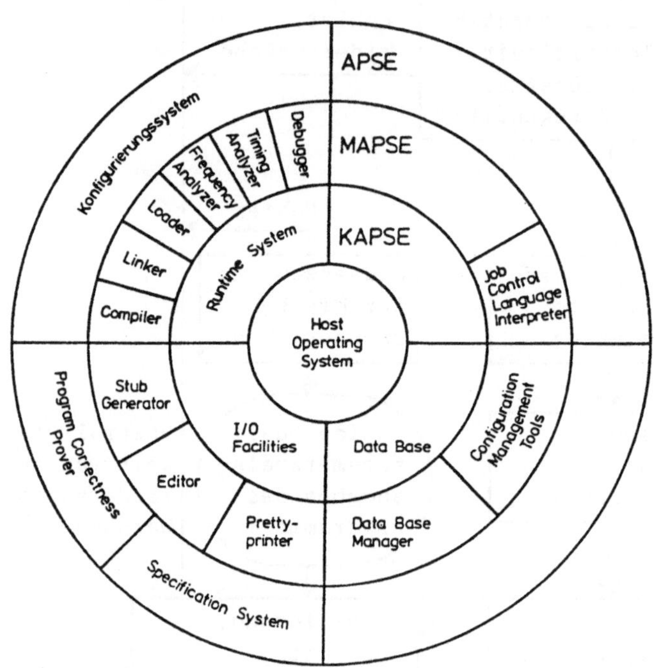

Bild 4: Integration des Konfigurierungssystems in eine ADA-Programmierumgebung

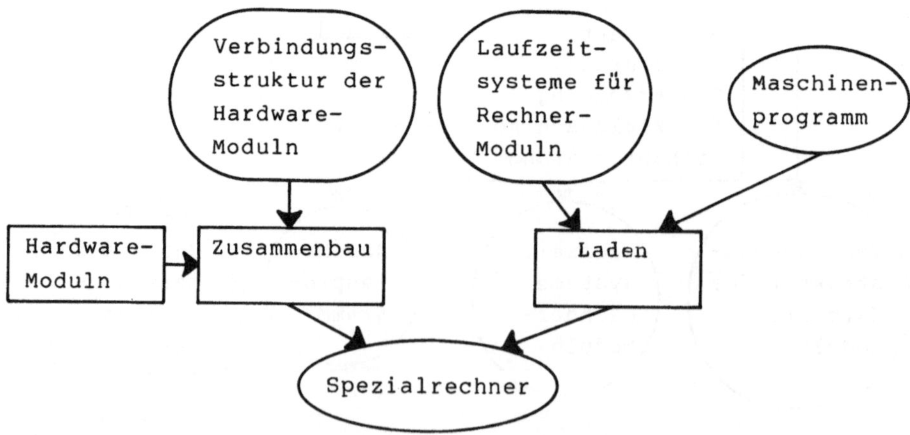

Bild 5: Zusammenfügen der Ausgaben des Konfigurierungssystems

Neben der normalen Ausgabe eines Übersetzers (Maschinenprogramm oder Fehlermeldungen) gibt das Konfigurierungssystem gegebenenfalls einen Programm-Beweis, Unerfüllbarkeitsmeldungen oder Qualitätsmerkmalsangaben des Spezialrechners sowie die Verbindungsstruktur der Hardware-Moduln aus und erzeugt außerdem unter Beachtung der Verteilung von Programm-Moduln auf Hardware-Moduln aufgabenspezifische Laufzeitsysteme für die Rechner-Moduln.

Bild 5 zeigt das Zusammenfügen der Ausgaben des Konfigurierungssystems zu einem Spezialrechner, das aus und für das Programm und die in ihm enthaltenen Anforderungen erzeugt wurde.

3.3 Auswirkungen der separaten Übersetzbarkeit (ADA)

In ADA können bestimmte Programmeinheiten in gewissen Reihenfolgen separat übersetzt werden [ADA_8Ø]. Dabei bleiben alle Prüfungen erhalten. Die Schnittstellen der separat übersetzbaren Programmeinheiten (z. B. Paketspezifikation) sind so gestaltet, daß der Übersetzer die ihm vorgelegten Programmeinheiten nicht nur analysieren, sondern zumindest für alle nicht generischen Programmeinheiten sogar Code erzeugen kann.

Will man diese Möglichkeit und die mit ihr verbundenen Vorteile (Prognosemöglichkeiten) auf das Konfigurierungssystem übertragen, müssen die Schnittstellen separat übersetzbarer Programmeinheiten so erweitert werden, daß Konfigurierung, Modellierung und Test mit Realzeitsimulation in Bild 3 auch für noch nicht vollständig vorliegende Programme möglich sind. Dazu sind Schnittstellen-Erweiterungen durch Anforderungen, Schätzungen der Software-Qualitätsmerkmalskenngrößen der noch zu realisierenden Programmeinheiten und ihres Betriebsmittelbedarfs sowie Spezifikationen bei Top-Down Programmentwicklung nötig, bei Bottom-Up Programmentwicklung sind Schnittstellen-Erweiterungen durch Qualitätsmerkmalsangaben des Untersystems und seine Spezifikation nötig. Da ADA beide Programmentwicklungsstile und auch Mischformen unterstützt, sind alle Erweiterungen nötig.

Das Konfigurierungssystem muß Zugang zu einer Datenbank (z.B. Data Base in Bild 4) haben, um sich interne Ergebnisse, z. B. die Verbindungsstruktur eines Teilsystems, zwischen den Konfigurierungen für separat übersetzbare Programmeinheiten merken zu können.

Auch wenn man der Schnittstellen-Erweiterung als Schätzung der Software-Qualiätsmerkmalskenngrößen der noch zu realisierenden Programmeinheiten und ihres Betriebsmittelbedarfs bei Top-Down

Programmentwicklung nur grobe Näherungswerte liefern kann, ist sie für die Prognose mancher Qualitätsmerkmalskenngrößen des Spezialrechners während des Programmentwurfs (z. B. Masse, Energieverbrauch, Hardware-Kosten) unter Umständen sehr nützlich.

Durch die für die separate Übersetzbarkeit definierten Schnittstellen ist es erleichtert, Software-Parallel-Redundanz durch alternative Implementierung von separaten Subeinheiten zu realisieren.

4 Ausblick

Die vorgeschlagene rechnerunterstützte Konstruktion von Spezialrechnern aus Programmen höherer Programmiersprachen erfordert neben einem geeigneten Rechnerbaukasten automatisierbare Verfahren zur Erzielung nichtfunktionaler Qualitätsmerkmale.

Während Rechnerbaukästen schon vielfach realisiert sind, dürften die wenigen bekannten Verfahren zur Konfigurierung die Leistung eines erfahrenen Entwerfers gegenwärtig noch nicht erreichen. Sie eignen sich daher nicht für eine Implementierung.

Dem stehen als Vorteile der rechnerunterstützten Konstruktion die zu erwartende Fehlervermeidung, der schnellere Ablauf des Entwurfs und die damit verbundene Kostensenkung beim Entwurfsprozeß gegenüber. Wenn die Produktionskosten für Hardwarebauelemente weiter fallen, kommen diese Vorteile noch stärker zum Tragen.

Referenzen:

ADA_80 Ichbiah, Heliard, Roubine, Barnes, Krieg-Brueckner, Wichmann, Ledgard, Abrial:
The Programming Language ADA; Reference Manual, Proposed Standard Document; United States Department of Defense, July 1980; Lecture Notes in Computer Science Vol. 106.

Brin_75 Per Brinch Hansen:
The Programming Language CONCURRENT PASCAL; IEEE Transactions on Software Engineering 1, 2; June 1975; Seite 199 bis 207

FrIs_80 Ulrich Frank, Hans Joachim Isenberg:
Ein auf Concurrent Pascal basierendes Mehrmikrorechnerentwicklungssystem - Systemkonzept und Softwarerealisierung; Diplomarbeit am Institut für Informatik IV der Universität Karlsruhe, März 1980.

HäKr_80 Hermann Härtig, Thomas Krause:
COPRA - eine auf Concurrent Pascal basierende Rechner-Architektur; Hardware für Software, K.-H. Hauer, C. Seeger (Hrsg.), Tagung III/1980 des GERMAN CHAPTER OF THE ACM, Oktober 1980, Konstanz, Berichte des GERMAN CHAPTER OF THE ACM Band 6, B. G. Teubner Stuttgart, Seite 155 bis 169

HäPT_81 Hermann Härtig, Andreas Pfitzmann, Leo Treff: Task State Transitions in ADA; ADA LETTERS, A Bimonthly Publication of ADATEC, the SIGPLAN Technical Committee on ADA, Volume I, Number 1, July, August 1981, Seite 31 bis 42 und Volume II, number 1, July, August 1982, Seite 6 und 7.

HäRo_80 W. Händler, H.Rohrer: Gedanken zu einem Rechner-Baukasten-System; Elektronische Rechenanlagen 22, 1980, Heft 1, Seite 3 bis 13.

KoUs_79 Boris A. Koslow, I. A. Uschakow: Handbuch zur Berechnung der Zuverlässigkeit für Ingenieure; In deutscher Sprache herausgegeben und ergänzt von Kurt Reinschke; Carl Hanser Verlag, München Wien, 1979

Nils_81 Sven A. Nilsson: Konzept und Architektur eines fehlertoleranten Mehrmikrorechner Systems; Hochschulsammlung Naturwissenschaft Informatik Band 9, Hochschulverlag, 1981

PfHä_82 Andreas Pfitzmann, Hermann Härtig: Grenzwerte der Zuverlässigkeit von Parallel-Serien-Systemen; Fehlertolerierende Rechnersysteme, GI-Fachtagung München, März 1982, Informatik-Fachberichte Band 54, Springer Verlag, Berlin, Heidelberg, New York, 1982, Seite 1 bis 16

Pfit_82 Andreas Pfitzmann: Konfigurierung und Modellierung von Mehrmikrorechnern aus um Zuverlässigkeitsanforderungen erweiterten ADA-Programmen; Interner Bericht Nr. 8/82, Institut für Informatik IV, Fakultät für Informatik, Universität Karlsruhe, Februar 1982

Poli_80 Werner Politz: Ein auf Concurrent Pascal basierendes Mehrmikrorechnerentwicklungssystem - Systemkonzept und Hardwarerealisierung; Diplomarbeit am Institut für Informatik IV der Universität Karlsruhe, März 80.

Röhr_80 Johannes Röhrich: PATSY, Eine Sprache zur Spezifikation und Verifikation von Synchronisationsbeziehungen; Interner Bericht Nr. 6/80, Institut für Informatik II, Fakultät für Informatik, Universität Karlsruhe, 1980

Schr_81 W. Schröck: Ein Modell zur Konstruktion optimaler Konfigurationen von Rechensystemen; Messung, Modellierung und Bewertung von Rechensystemen, GI-NTG Fachtagung Jülich, Februar 1981, Informatik-Fachberichte Band 41, Springer Verlag, Berlin, Heidelberg, New York, 1981

SySa_82 Max Syrbe, Franz Saenger: Modelle zum Entwurf fehlertolerierender Mehrrechnersysteme und deren Simulation; Fehlertolerierende Rechnersysteme, GI-Fachtagung München, März 1982, Informatik-Fachberichte Band 54, Springer Verlag, Berlin, Heidelberg, New York, 1982, Seite 1 bis 16

WBST_81 Martin I. Wolfe, Wayne Babich, Richard Simpson, Richard Thall, Larry Weissman: The ADA Language System; COMPUTER June 1981, Seite 37 bis 45

Funktion und Realisierung einer rechnergesteuerten

Fernsprech-Nebenstellenanlage

R. Rüttinger, M. Silber

Telefonbau und Normalzeit GmbH

6000 Frankfurt/Main

Zusammenfassung

In der heutigen hochentwickelten und stark arbeitsteilig organisierten Wirtschaft, Industrie und Verwaltung sind vielseitige Möglichkeiten des Informationsaustausches ein unentbehrlicher Bestandteil der notwendigen Infrastruktur.

Es ist Informationsaustausch sowohl innerhalb als auch zwischen Organisationseinheiten der o.a. Bereiche notwendig.

Fernsprech-Nebenstellenanlagen sind einerseits komfortable, schnelle und wirtschaftliche innerbetriebliche Kommunikationssysteme mit sich ständig weiterentwickelnden technischen und organisatorischen Möglichkeiten und sorgen andererseits für den Zugang zum weltweiten öffentlichen Fernsprechnetz.

Es wird die Fernsprech-Nebenstellenanlage in ihrer Einordnung in das weltumspannende Fernsprechnetz und in ihrer Funktion erklärt. Aus den funktionellen Anforderungen wird das für die Lösung der Steueraufgaben notwendige Realzeitsystem abgeleitet. Anhand der rechnergesteuerten Fernsprech-Nebenstellenanlage TN-6030-Zeitmultiplex wird beispielhaft eine Realisierung erläutert. Dabei wird auf die Arbeitsteilung zwischen Hardware und Software eingegangen, es wird der funktionelle Aufbau der zur Steuerung notwendigen Hardware beschrieben und anhand des Ablaufes eines Vermittlungsvorganges aus der Sicht der Steuerung wird die Software-Struktur, die Organisation des Betriebsablaufes, das Sicherheitskonzept sowie das Wartungskonzept erläutert.

1. Aufgaben einer Nebenstellenanlage

Im Zuge der Technisierung der letzten einhundert Jahre haben die internationalen Fernmeldeverwaltungen in enger Zusammenarbeit mit den Fernmeldeindustrien das weltumspannende öffentliche Fernsprechnetz (Bild 1) geschaffen.

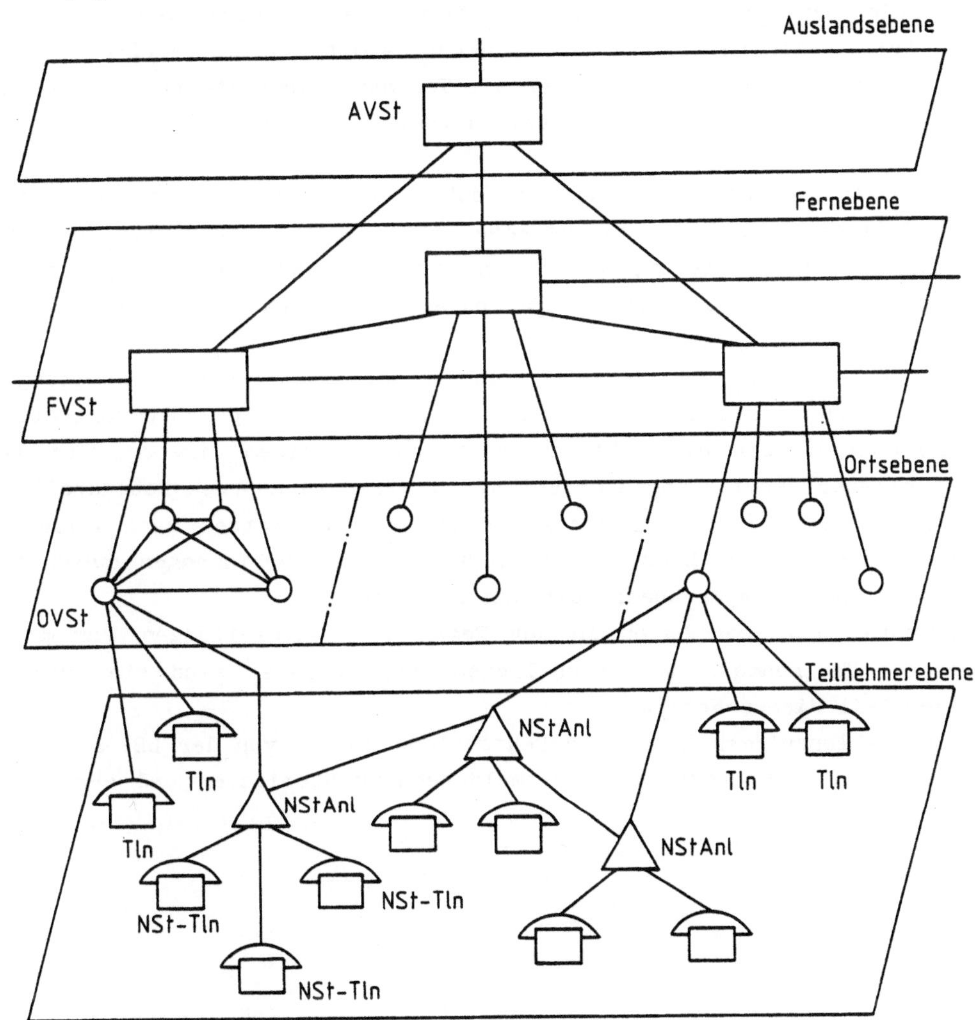

Bild 1: Prinzip des öffentlichen Fernsprechnetzes

AVSt : Auslandsvermittlungsstelle
FVSt : Fernvermittlungsstelle
NStAnl : Nebenstellenanlage
NSt-Tln: Nebenstellenteilnehmer
OVSt : Ortsvermittlungsstelle
Tln : Teilnehmer

Es ist bei vergröbender Betrachtung in vier Ebenen organisiert:

(1) die <u>Auslandsebene</u>, über die die verschiedenen nationalen Fernsprechnetze miteinander verbunden sind

(2) die <u>Fernebene</u>, die verschiedene Fernvermittlungsstellen - wie z.B. München, Frankfurt, Hamburg usw. - verknüpft

(3) die <u>Ortsebene</u>, die Ortsvermittlungsstellen verschiedener Ortsteile - innerhalb von z.B. Frankfurt - miteinander verbindet

(4) die <u>Teilnehmerebene</u>, auf der die Teilnehmerapparate und die Nebenstellenanlage mit ihren Netzen angesiedelt sind.

An den Ausläufern dieses Netzes, d.h. auf der Teilnehmerebene, sind die Teilnehmer am Fernsprechverkehr im allgemeinen mit ihren Telefonapparaten angeschlossen, von denen aus sie gewünschte Fernsprechverbindungen durch entsprechende Manipulationen selbst aufbauen und auch wieder auslösen (abbauen) können.
In Organisationseinheiten wie z.B. Industriebetrieben, Verwaltungen oder Ämtern, die ein großes Aufkommen an interner Sprachkommunikation aufweisen, werden die Teilnehmerapparate mit einem eigenen Netz und mit eigener Vermittlungseinrichtung zu einer Fernsprech-Nebenstellenanlage zusammengefaßt. Innerhalb eines solchen Netzes kann kommuniziert werden, ohne hierfür gebührenpflichtige Verbindungen durch das öffentliche Fernsprechnetz aufbauen zu müssen.
Nebenstellenanlagen haben in der Regel über Amtsleitungen Zugang zu anderen Teilnehmern des öffentlichen Netzes. Daher sind sie automatisch Teil dieses Netzes.
Nebenstellenanlagen können in Deutschland sowohl von der DBP als auch direkt von Unternehmen der Fernmeldetechnik überlassen und errichtet werden.

Nebenstellenanlagen gibt es in unterschiedlichen Größen und Ausbaustufen zum Anschluß von einigen wenigen bis zu etlichen tausend Telefonapparaten. Für besondere Bedarfsträger können auch weitverzweigte private Fernsprechnetze durch Zusammenschalten von Nebenstellenanlagen gebildet werden (1).

Die wesentlichen Anforderungen an ein solches Vermittlungssystem sind (Bild 2):

- Bedarfsweises Bereitstellen von Nutzpfaden in genügender Anzahl
- für Gesprächsverbindungen aus dem bzw. in das öffentliche(n) Fernsprechnetz zu bzw. von Nebenstellen-Teilnehmern, die für solche Verbindungen berechtigt sind
- für interne Gesprächsverbindungen zwischen den Nebenstellen-Teilnehmern.

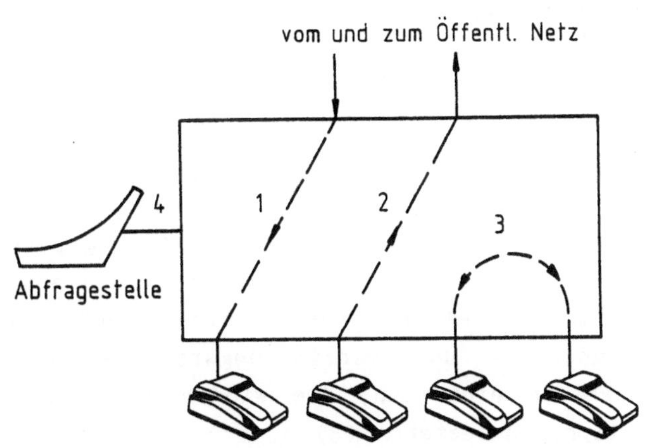

Bild 2: Wesentliche Aufgaben einer Nebenstellenanlage

Bei der Bemessung des Umfanges an Nutzpfaden einer Nebenstellenanlage sind betriebliche und wirtschaftliche Gesichtspunkte zu berücksichtigen; auf der einen Seite muß die bereitgestellte Ausrüstung hinsichtlich ihrer Leistung, bei Einhaltung einer vorgeschriebenen Güte der Verkehrsabwicklung, der anfallenden Verkehrsbelastung genügen, und auf der anderen Seite sollen die dafür aufzuwendenden Kosten möglichst niedrig bleiben. Beide Forderungen lassen sich nur in Einklang bringen, wenn Leistung und Belastung genau aufeinander abgestimmt sind; wenn also die Zahl der bereitgestellten Nutzpfade anhand des für jeden Ausbau zu erwartenden Verkehrs sorgfältig berechnet und ausgelegt ist.

Sowohl die mathematischen Gesetzmäßigkeiten der Verkehrstheorie als auch Simulationspraktiken mit Rechnersystemen sind bereits in der Entwicklungsphase von Nebenstellenanlagen eine ausschlaggebende Planungsgrundlage für die Konzipierung eines solchen leistungsfähigen Nutzpfade-Systems (2).

2. Die Phasen des Verbindungsaufbaus

Wer sich am Fernsprechverkehr beteiligt, benötigt einen Nutzpfad, den er durch Abheben des Telefonhörers und anschließendem Wählen erhalten kann. Die bei dem Aufbau einer gewünschten Verbindung ablaufenden steuerungs- und vermittlungstechnischen Vorgänge lassen sich in 6 Phasen einteilen, die wieder aus detaillierenden und ergänzenden Teilphasen bestehen (3).

In der 1. Phase der Zeichengabe signalisiert der Anschluß seinen grundsätzlichen Verbindungswunsch (Aushängen; Belegen) und definiert den Endpunkt der gewünschten Verbindung (Wählen). Eine Teilphase kann hier z.B. die Meldung der Nebenstellenanlage sein, daß sie zur Wahlaufnahme bereit ist (Wählton, Wahlabruf).

In der 2. Phase sucht die Nebenstellenanlage einen Nutzinformationspfad, über den die Verbindung bis zum gewählten Anschluß hergestellt werden kann.

Die 3. Phase wird durch die Prüfung bestimmt, ob der gewählte Anschluß überhaupt technisch einen Anruf entgegennehmen kann, oder ob er bereits durch eine andere Verbindung belegt ist.
Hier kann z.B. eine Teilphase auch der Prüfung vorbehalten sein, ob beide Partner berechtigt sind, eine Verbindung zu erhalten.

In der 4. Phase wird beiden an der Verbindung beteiligten Anschlüssen die Bereitschaft der Nebenstellenanlage signalisiert, Nutzinformationen zu übermitteln, wenn der in den vorherigen Phasen gefundene und belegungsfähige Anschluß empfangsbereit ist (Rufen, Freiton).

Die 5. Phase wird durch die Empfangsbereitschaft des angewählten Anschlusses (Melden, Aushängen) eingeleitet und führt zur Gesprächsdurchschaltung.

Die 6. Phase behandelt zeichengabetechnisch das Auslösen der Verbindung bzw. das Einleiten eines Umsteuervorgangs in der Nebenstellenanlage, worauf der Ablauf mit Phase 1 erneut beginnen kann (Einhängen, Rückfrage).

Die klassischen Zeichengabeverfahren, wie sie heute noch für die Nebenstellentechnik gelten, basieren darauf, daß während der Zeichengabe auf den Anschlußleitungen Kennzeichen in Form von elektrischen Spannungen oder Strömen unterschiedlicher Höhe und Zeitdauer ausgetauscht werden. Auf den Anschlußleitungen laufen daher zwei Informationsflüsse zusammen:

- die energiearme Nutzfracht in Form von Sprachwechselströmen und

- die energiereiche Steuerungsfracht in Form von elektrischen Kennzeichen.

3. Trennung von Gesprächs- und Steuerinformationen

Die Verschmelzung von Nutzpfad und Steuerungspfad zu einem gemeinsamen Informationsweg setzt sich bei konventionellen Nebenstellenanlagen von der Anschlußleitung aus fort bis in die innersten Strukturen dieser Systeme (Bild 3). Eine klare Abtrennung in funktionelle Einheiten ist hier nur schwerlich möglich. Alle Elemente übernehmen sowohl steuerungstechnische als auch vermittlungs- und übertragungstechnische Aufgaben.
Dies ist bei einem elektronischen Koppelfeld nicht mehr möglich. Es dient ausschließlich dem Transport der energiearmen Nutzfracht und ist somit eine funktionell als auch technologisch klar abgrenzbare Einheit des Gesamtsystems (Bild 4).

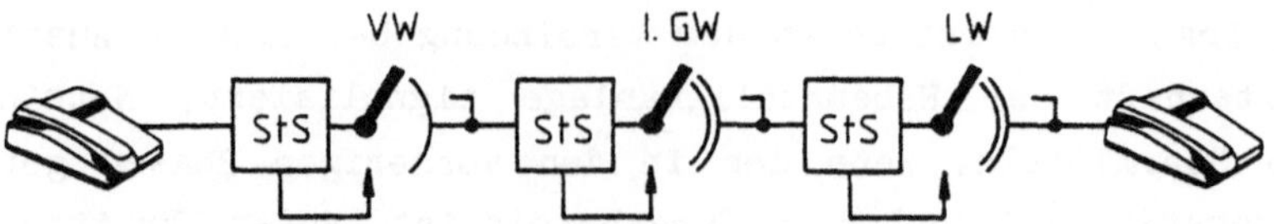

VW : Vorwahlstufe (Vorwähler)
I. GW : 1. Wahlstufe (1. Gruppenwähler)
LW : 2. und 3. Wahlstufe (Leitungswähler)
StS : Steuersatz

Bild 3: Direkt gesteuerte Nebenstellenanlage mit schritthaltender Durchschaltung

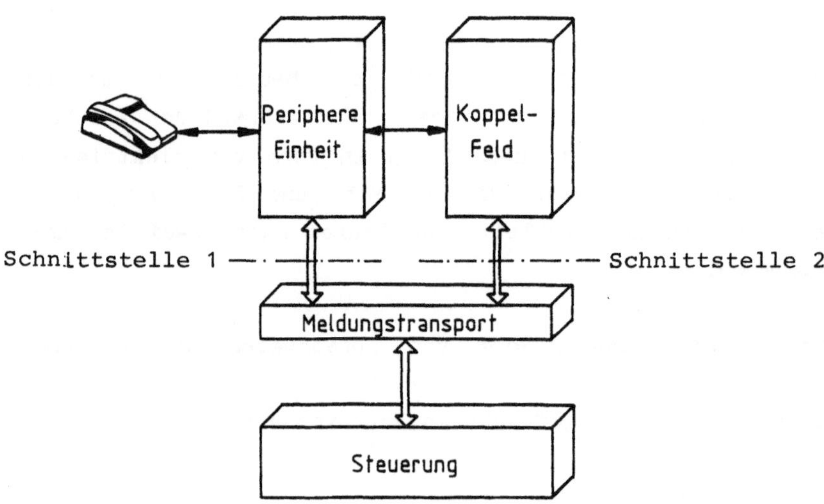

Bild 4: Systemarchitektur der Nebenstellenanlage 6030 Zeitmultiplex

Bedingt durch eine solche Systemarchitektur werden Nutzinformation und Steuerungsinformation entflochten, physikalisch umgesetzt und ihrer Bestimmung gemäß den jeweiligen Funktionseinheiten zugeführt; andererseits sind die Signalisierungen der Nebenstellenanlage und die Nutzinformation aus dem Koppelfeld wieder zusammenzuführen und auf die Anschlußleitung weiterzugeben. Hierzu dient die periphere Einheit. Sie wird gebildet aus dem jeder Anschlußleitung zugeordneten Anschlußorgan, das auch dafür sorgt, daß Störeinflüsse oder äußerst energiereiche Wellen (Blitzeinschlag) vom System ferngehalten werden.

4. Anforderungen an das Steuerungssystem

Das Steuerungssystem einer Nebenstellenanlage hat die Aufgabe, von der peripheren Einheit Steuerdaten zu übernehmen, zu interpretieren und daraus Entscheidungen zur Abgabe von Steuerbefehlen an das Koppelfeld bzw. die periphere Einheit abzuleiten. Steuerdaten entstehen bei den teilnehmerspezifischen Anschlußorganen beim Erkennen von relevanten Zustandsänderungen des betreffenden Teilnehmerapparates. An das Steuerungssystem werden sehr hohe Anforderungen hinsichtlich Reaktionszeit und Verfügbarkeit gestellt (z.B. Verzugszeiten von wenigen hundert Millisekunden für Rufen eines Teilnehmers und Durchschalten nach Melden; Verfügbarkeit auch bei sehr hoher Belastung rund um die Uhr).

Bild 5 spiegelt den typischen tageszeitlichen Verlauf des Verkehrsaufkommens einer Nebenstellenanlage wieder, wie er im praktischen Betrieb an der Außenschnittstelle auftritt. Dieses Verkehrsaufkommen belastet sowohl das Koppelfeld als auch das Steuerungssystem und die Steuerungsschnittstellen.
Die Kennzeichen des Zeichengabeverfahrens auf den Anschlußleitungen erzeugen bei jedem Zustandswechsel einen Anreiz an das Steuerungssystem. Bei der Wahl z.B. treten im Abstand von 40 und 60 ms Zustandsänderungen beim gleichen Kennzeichen auf, die alle sicher erkannt und verarbeitet werden müssen, um Falschwahl zu vermeiden. Das Steuerungssystem darf selbst bei Spitzenbelastung oder gar Überlast keine Wartezeiten für die Bearbeitung der Anreize zulassen, die auch nur annähernd an diese Zeiten herankommen.

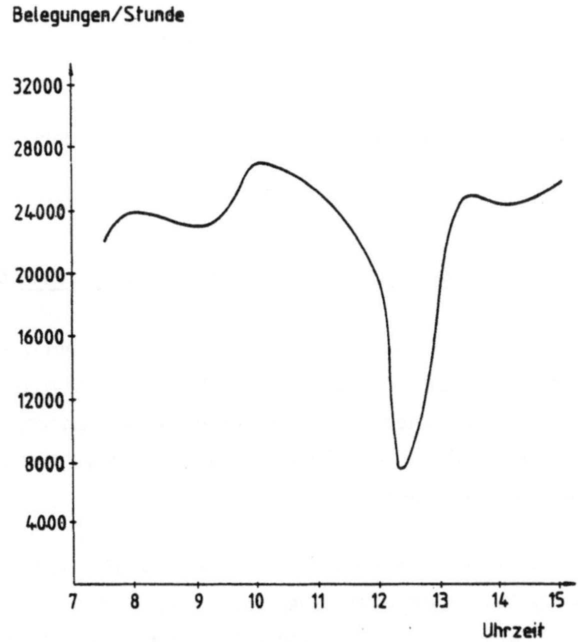

Bild 5: Verkehrsaufkommen mit tageszeitlichem Verlauf

Bild 6 gibt einen Überblick über die mittlere Zahl der Anreize und Steuerungsbefehle in einer Anlage mit etwa 8000 Anschlüssen. Man ist jedoch bei der Betrachtung davon ausgegangen, daß die Verteilung der Belegungen innerhalb des betrachteten Zeitraums rein zufällig ist und somit die tatsächlichen Anreizzahlen ein Vielfaches sein können. Das Steuerungssystem kann diese Anreiz- und Befehlsflut nur durch Distribution bei gleichzeitiger Komprimierung zu mächtigeren Anreizen und Befehlen bewältigen. Gleichzeitig erhöht sich damit auch die zulässige Wartezeit für diese Anreize.

Anschlüsse der Nebenstellenanlage	mittlere Zahl der Belegungen an der Außenschnittstelle pro Stunde	mittlere Zahl der Anreize an Schnittstelle 1 (vgl. Bild 4) pro Sekunde	mittlere Zahl der Steuerungsbefehle an Schnittstelle 1 pro Sekunde	mittlere Zahl der Steuerungsbefehle an Schnittstelle 2 pro Sekunde
ca. 8000	ca. 28000	ca. 600	ca. 160	ca. 16 10^7

Bild 6: Überblick über die Informationsflüsse auf der Schnittstelle

5. Systemübersicht der Nebenstellenanlage TN-6030-Zeitmultiplex

Das Bild 7 zeigt den Aufbau einer modernen rechnergesteuerten Nebenstellenanlage, der TN-6030-Zeitmultiplex (4), mit allen wesentlichen Systemkomponenten. Entsprechend ihren Aufgaben im Fernsprechnetz werden die Anschlußleitungen zu unterschiedlichen A-Gruppentypen zusammengefaßt:

- Teilnehmergruppen zum Anschluß von max. 320 Fernsprechapparaten
- Leitungsgruppen zum Anschluß von max. 64 weiterführenden Leitungen
- Platzgruppen zum Anschluß von max. 8 Abfrageplätzen und Sondereinrichtungen.

Alle A-Gruppentypen (siehe Bild 7) können im Gesamtsystem entsprechend dem geforderten Ausbau mehrfach vorhanden sein. Jede dieser A-Gruppen verfügt über ein einstufiges Zeitmultiplex-Koppelfeld mit der zugehörigen hardwarerealisierten Koppelfeldsteuerung sowie über die gruppentypische periphere Einheit und dem zugehörigen µP-gesteuerten Zustandssteuerwerk.

Die Koppelfelder der A-Gruppen sind einheitlich für ein gleiches Verkehrsangebot ausgelegt, wobei der Gesamtverkehrswert des Systems durch räumliche Vielfachschaltung in der verlustfreien B-Gruppe erreicht wird. Das Koppelfeld der B-Gruppe arbeitet ebenfalls mit einer dezentralen Koppelfeldsteuerung zusammen. Ein weitgespanntes Kanalwerk vermittelt den Informationsaustausch zwischen den dezentralen Steuerwerken und der freiprogrammierbaren Zentralsteuerung. Diese Struktur der A-Gruppen ermöglicht die notwendige Informationsverdichtung durch die Vorverarbeitung im Zustandssteuerwerk, so daß das Kanalwerk nur noch solche Informationen an die Zentralsteuerung übertragen muß, die zu Veränderungen der Verkehrsbeziehungen innerhalb der Nebenstellenanlage führen. Andererseits sendet die Zentralsteuerung nur Einstellbefehle, die sich aus Veränderungen der Verkehrsbeziehungen ergeben, über das Kanalwerk zum Zustandssteuerwerk bzw. zur Koppelfeldsteuerung. Zustandssteuerwerk und Koppelfeldsteuerung bearbeiten diese Befehle selbsttätig und sorgen somit für die erforderliche Signalisierung auf der Anschlußleitung und die Aufrechterhaltung des Dauerzustandes der eingestellten

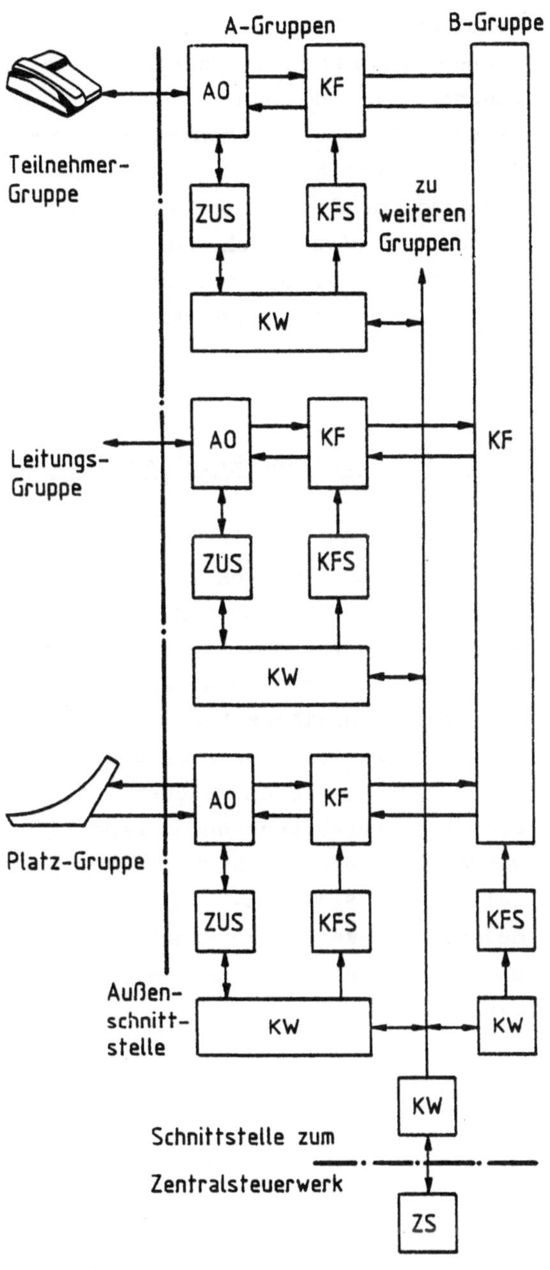

Bild 7: Systemübersicht 6030 Zeitmultiplex

Verbindung. Das Kanalwerk besteht in seiner Gesamtheit aus einem Steuerwerk mit der Schnittstelle zur Zentralsteuerung, einem Leitungssystem und den Sende-/Empfangseinrichtungen in den Gruppen. Unter Kontrolle der zentralen Steuerung sorgt das Kanalwerk mit hoher Geschwindigkeit für den Datenfluß in Form von normierten Telegrammen von und zu den Gruppensteuerwerken. Die geforderte hohe Betriebssicherheit wird durch ein Höchstmaß an Eigensicherheit erreicht. Der modulare Aufbau mit seinen Einheitsschnittstellen vereinfacht die Erweiterbarkeit zu großem Ausbau des Systems.

6. Die Software-Struktur der Zentralsteuerung

In der Zentralsteuerung müssen neben der Bearbeitung von Vermittlungsanreizen auch andere Aufgaben durchgeführt werden. Hierzu gehört die Bedienung von Standardgeräten wie Konsolschreibmaschine, Drucker und Magnetschicht-Peripheriegeräte, die für Gesprächsdatenerfassung oder Verkehrswertmessungen benötigt werden. Weiterhin gehört die Verarbeitung von Störungs- und Bereitmeldungen dezentraler Einrichtungen und Fehlermeldungen zentraler Art dazu.

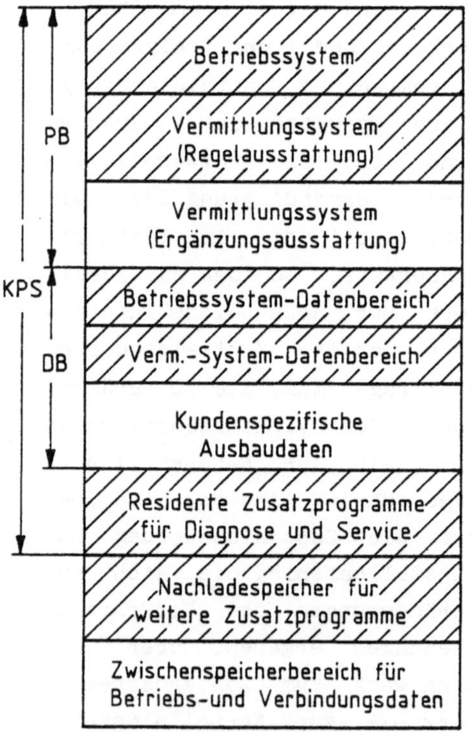

Bild 8: Übersicht des Speicheraufbaus

6.1 Die Programm-Struktur

Die Gesamtsoftware des TN-Systems 6030 Zeitmultiplex gliedert sich in mehrere Teilbereiche:
Das Betriebssystem dient der Steuerung der Programme und Bedienung der angeschalteten Peripherie;
das Vermittlungssystem dient der Steuerung des Verbindungsablaufes;
das Diagnosesystem dient der Überwachung, Fehlereingrenzung und automatischen Fehlerreaktion;
das Servicesystem dient der Bedienung und Wartung des Gesamtsystems.

Bild 8 gibt einen Überblick über die Softwareteile, die sich im Speicher eines Steuerungsrechners unterscheiden lassen. Angepaßt an die jeweilige Aufgabenstellung werden mehrere Programmklassen unterschieden (4). Die übergeordnete Klasse ist das auf Vermittlungsaufgaben optimierte eigene Betriebssystem, das jederzeit in der Lage ist, Arbeitsprogramme (APs) kurzfristig zu unterbrechen (Bild 9).

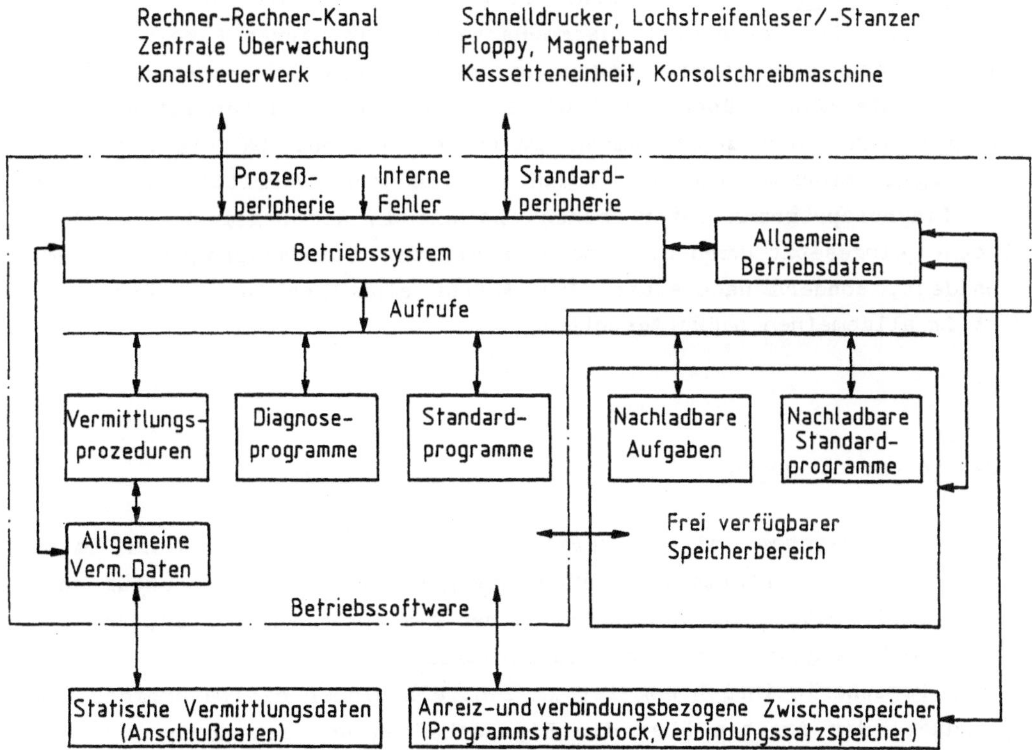

Bild 9: Software-Struktur

Die Vermittlungsprogramme sind aus der Sicht des Betriebssystems anreizbezogene Programme, die die vermittlungstechnischen Steuervorgänge übernehmen und mit Vermittlungsdaten (Anschlußorgan, aktueller Zustand, Berechtigungen) arbeiten. Sie sind residente Programme und können jederzeit gestartet werden. Vermittlungsprogramme können sich nicht gegenseitig unterbrechen, jedoch können sie von Alarmprogrammen (Programm zur Fehlerbearbeitung) unterbrochen werden; ihre Kommunikation mit der Peripherie erfolgt betriebssystem-gesteuert über eigene Aufrufe.

Diagnose-Programme erfüllen gerätebezogene Aufgaben. Als Alarm-Programme haben sie die höchste AP-Priorität, jedoch können sie bei untergeordneten Entstörungsmaßnahmen auch in niedrig priorisierten Ebenen abgewickelt werden. Sie können jederzeit gestartet und von höher priorisierten APs jederzeit unterbrochen werden. Diagnose-Programme sind residente Programme, sie können nicht suspendiert werden. Eine direkte Kommunikation mit den Standard-Peripherie-Geräten ist nicht möglich.

Standard-Programme sind solche Programme, die mit der Standard-Peripherie (Bedienkonsole) zusammenarbeiten. In diesen Bereich fallen die Bedienungsprogramme, Wartungsprogramme usw. der Nebenstellenanlage. Sie können über die Bedienkonsole sowie von Vermittlungsprogrammen und Diagnoseprogrammen gestartet werden. Da sie mit einer niedrigen Priorität laufen, werden sie von jedem Vermittlungsprogramm und Diagnoseprogramm unterbrochen. Da sie in der Regel für Service-Zwecke eingesetzt werden, sind die meisten Standardprogramme nicht resident, sondern nachladbar. Der Aufruf einzelner Service-Programme ist im allgemeinen paßwortgeschützt.

6.2 Die Datenstruktur

Dem Betriebssystem und dem Vermittlungssystem sind allgemeine Daten zugeordnet, die Informationen über die generelle Anlagenstruktur enthalten. Die Daten sind allen Programmen gemeinsam zugänglich, und sie sind vom Umfang her weitgehend ausbauvariant.
Jeder Peripherieeinrichtung ist im Zentralspeicher ein Datenblock zugeordnet, der Angaben über die Eigenschaften und den Zustand dieser Einrichtung enthält.

Für jede Gruppe (Teilnehmer-, Leitungs-, Platz- oder Mixergruppe) gibt es einen Gruppenspeicher. Dort sind z.B. die Typen der in dieser Gruppe angeschalteten Anschlußorgange, die Anzahl der angeschlossenen Mehrfrequenzverfahrens-Register, ein Zustandsfeld zur Belegtkennzeichnung der Zeitlagen der eigenen A-Koppelgruppe sowie der Störzustand einzelner Gruppenbestandteile eingetragen.

Jedem Anschlußorgan AO ist ein Anschlußspeicher (Bild 10) zugeordnet, der den AO-Zustand, den Typ, die Berechtigungen und bei Teilnehmern die zugeordnete Rufnummer enthält. Die Anschlußspeicher haben eine einheitliche Länge.

Wird ein Anschlußorgan AO infolge eines Neuanreizes belegt, so wird ihm für die Dauer der Belegung ein Verbindungssatz-Speicher VSS (Bild 11) zugeordnet; der Anschlußspeicher und der VSS werden miteinander verknüpft. Im VSS werden alle Informationen abgelegt, die den erreichten Verbindungszustand kennzeichnen. Neben den Angaben über den Verbindungszustand (z.B. Wahlzustand), die Verkehrsart (z.B. Internverbindung) sowie einiger Sonderkennzeichnungen (z.B. der Verbindung vom oder zum Abfrageplatz) enthält der VSS Angaben über die beteiligten AO-Adressen und den belegten Verbindungsweg. Zusätzlich enthält er Informationen für Zeitüberwachungsmaßnahmen und über Verknüpfungen zu anderen VSS. Letzteres trifft bei den Rückfrage- und Konferenzverbindungen oder bei Warteschlangen zu.

0 1 2 3 4 5 6 7 8 9 A B C D E F

VSS-Adresse		
ZS-Adresse		
F	Berechtigung	Typ
ZH	Rufnummer	

F Fehlerhinweis F=1 bedeutet Anschlußorgan gesperrt
VSS Verbindungssatzspeicher
ZS Zusatzspeicher
ZH ZS-Hinweis

Bild 10: Anschlußspeicher AS

0 1 2 3 4 5 6 7 8 9 A B C D E F

Zeitkette vorwärts				
Zeitkette rückwärts				
Sonderzustand	VZUST	P	E	VART
Zeitlageninformation	Programmnummer			
RT-Adresse				
Adresse eines Verknüpfungs-VSS				
Wartekette vorwärts				
Wartekette rückwärts				
Platzzustand	Wahlzustand			
RG-Adresse				
GT-Adresse				

E Externverbindung
GT Gerufener Teilnehmer
P Verbindung vom/zum Abfrageplatz
RG Register
RT Rufender Teilnehmer
VART Verkehrsart (z.B. Intern, Amt)
VZUST Verbindungszustand (z.B. Wahl)

Bild 11: Verbindungssatzspeicher VSS

7. Organisation des Betriebsablaufes

Der gesamte Betriebsablauf innerhalb der Zentralsteuerung wird durch das Betriebssystem gesteuert. Die durchzuführenden Verwaltungsaufgaben lassen sich gliedern in:

7.1 Prozedurverwaltung für Arbeitsprogramme

Hierüber werden Vermittlungs-, Diagnose- und Standard-Programme gestartet, unterbrochen, suspendiert und beendet. Alle Anreize von der Prozeßperipherie, von den Standardgeräten oder von abgelaufenen Zeitaufträgen werden an Arbeitsprogramme weitergegeben, die je nach Dringlichkeit in einer bestimmten Prioritätsebene (vgl. 6.1) ablaufen können (Bild 12).

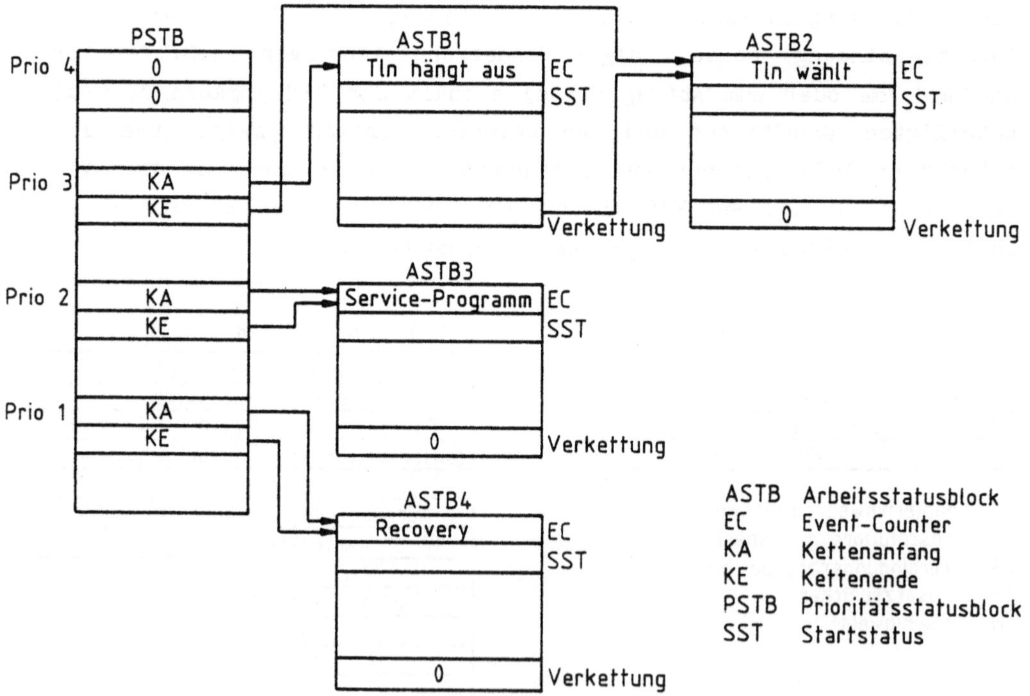

Bild 12: Prioritäts- und wartegerechte Abarbeitung der wartenden Arbeitsprogramme

Auf der niedrigsten Prioritätsebene laufen zyklisch Überwachungsprogramme, die immer dann gestartet bzw. fortgesetzt werden, wenn keine Programme höherer Priorität ablaufen müssen. Zu diesen Recovery-Maßnahmen gehören u.a. die Plausibilitätsüberprüfung zentraler Datenfelder (Verkettung von Datenblöcken) und die Übertragung bestimmter Datenfelder in den Reserverechner.

In der nächsthöheren Priorität laufen alle Programme, die von geringer Dringlichkeit und nicht vermittlungstechnischer Natur sind (Service-Programme, Diagnose-Programme).

Vermittlungsprogramme haben den Serviceprogrammen gegenüber eine höhere Dringlichkeit, die höchste Prioritätsebene ist jedoch den wichtigen Diagnoseprogrammen vorbehalten.

7.2 Speicherverwaltung

Die Vergabe von Zwischenspeicherbereichen wird hierüber koordiniert. Zwischenspeicher werden stets benötigt, wenn Informationen in der Zentralsteuerung nur für einen begrenzten Zeitraum bereitgestellt werden müssen. Sie sind nach der Aufgabenstellung unterschiedlich; im wesentlichen sind es:

- Allgemeiner Zwischenspeicher; er dient als Nachladebereich für Serviceprogramme. Weiterhin wird er zum Puffern von Datenmengen benutzt, so z.B. für die Aufnahme der Zeichen eines Eingabekommandos oder der Zeichen zur Ausgabe auf ein Bandgerät

- Arbeitsstatusblock-Zwischenspeicher; der Bereich ist in Blöcke fester Länge strukturiert. Jedem Anreiz wird ein Arbeitsprogramm-Statusblock zugeordnet, der Angaben über den Inhalt des Befehlszählers, des Statusregisters und der Arbeitsregister in der Start- bzw. Wiederstartphase enthält.

- VSS-Zwischenspeicher; siehe oben

7.3 Geräteverwaltung

Die Geräteverwaltung ist für die Ansteuerung der Standard-Geräte erforderlich; sie verwaltet und treibt die Standard-Peripherie-Geräte und koordiniert Geräteaufträge, Geräteanforderungen und Geräteunterbrechungen. Über eine V24-Schnittstelle kann die Zentralsteuerung direkt mit Daten einer anderen Datenverarbeitungsanlage versorgt werden. Es können neben den vermittlungstechnischen Anreizen, mehrere Kommandoeingaben gleichzeitig eingelesen werden. Neben den Fehlermeldungen des Systems können Protokolle über Verkehrsabläufe (Protokolle der Stellbefehle an die Peripherie), Protokolle der Gesprächsdatenerfassung, Protokolle über die Belastung der peripheren Vermittlungseinrichtung (Belastung der A-Koppelstufen, der Leitungsbündel, der Register in den einzelnen Gruppen) ausgegeben werden. Letztere können in frei wählbaren Zeitzyklen über einen Schnelldrucker gelistet werden.

7.4 Zeitverwaltung

Die Zeitverwaltung sorgt für das Echtzeitverhalten des Systems, verwaltet Zeitüberwachungen, die aktuelle Uhrzeit und den Kalender.

Für viele Vorgänge in der Zentralsteuerung ist der Faktor Zeit von entscheidender Bedeutung:

- Zeitüberwachung bei vermittlungstechnischen Vorgängen wie Zwischenwahlzeitbegrenzung bei Teilnehmerwahl
- Zyklisches Einleiten bestimmter Vorgänge wie das Bereitmelden der Rechner bei einer übergeordneten Überwachungseinrichtung
- Führen des Kalenders mit Datum und Uhrzeit, diese Daten werden u.a. bei der Gesprächsdatenerfassung benötig.
- Zeitüberwachung von Meldungen aus oder zu der Prozeßperipherie, wie z.B. bei Meldungen von Wächterrundgängen oder die Ausgabe von Gebühren-Summendaten zu bestimmten Terminen.

Um diese kritischen Zeitbedingungen einzuhalten, wurden

- ein Prozessor mit kurzer Befehlszykluszeit eingesetzt
- die Interruptstruktur und Programme der Zeitverwaltung zeitoptimal aufbereitet.

8. Sicherheitskonzept, Überlastfallbehandlung

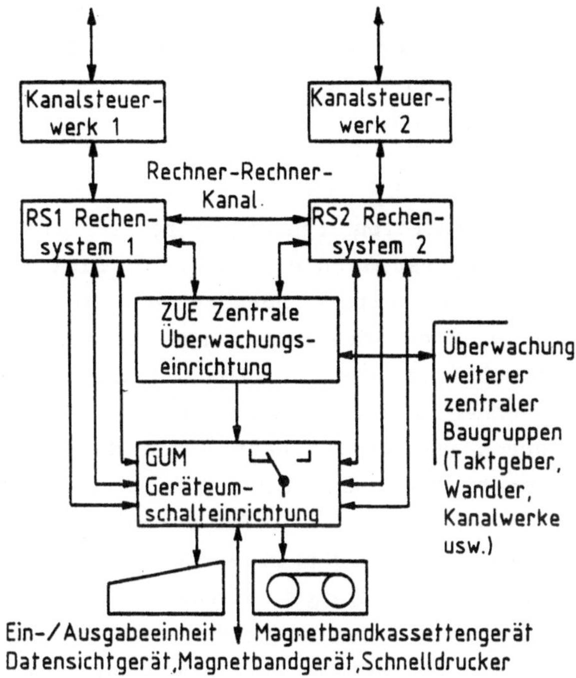

Bild 13: Funktioneller Aufbau der duplizierten Prozeßrechnersteuerung

Für eine Nebenstellenanlage ist die ständige Verfügbarkeit u. damit die Betriebssicherheit von erheblicher Bedeutung. Ein Ausfall der Anlage ist weder für ein Krankenhaus noch für ein Industrieunternehmen denkbar. Die Nebenstellenanlage 6030-Zeitmultiplex verfügt über ein mehrstufig aufgebautes Diagnosesystem, das sich aus Hardware und Software zusammensetzt. Mit der Störungsbehandlung in der Peripherie wird die Verfügbarkeit des Gesamtsystems unterstützt. Das gesamte Überwachungssystem arbeitet selbständig und weitgehend ohne Beeinflussung des Vermittlungsverkehrs. Überwachungsbereiche sind

- Anschlußorgan-Überwachung
- dezentrale Überwachungseinrichtung
- zentrale Überwachungseinrichtung
- Rechnereigenüberwachung
- Programmüberwachung
- Datenüberwachung

Auf erkannte Fehler reagiert das System selbsttätig. Die Reaktion ist von der Fehlerart abhängig. In den einfachsten Fällen ist nur eine bestimmte Verbindung von einem Fehler betroffen, in diesen Bereich fallen Softwarefehler oder von der Anschlußorgan-Überwachung erkannte Fehler. Bei Ausfällen von Gruppen werden alle davon betroffenen Verbindungen zwangsausgelöst. Die Zentralsteuerung besteht aus Sicherheitsgründen aus zwei unabhängigen Rechnersystemen RS (Bild 13). Ein RS arbeitet als Betriebs-RS und führt alle Prozeßaufgaben durch. Das zweite RS arbeitet als Reserve-RS. Über einen Rechner-Rechner-Kanal erhält das Reserve-RS vom Betriebs-RS ständig alle für die aktuelle Betriebsführung erforderlichen Zustandsinformationen, so daß das Reserve-RS im Störungsfall die Betriebsführung unterbrechungslos fortsetzen kann.

Bei zentralen Fehlern wird zunächst eine Umschaltung zum zweiten Rechnersystem unternommen. In diesem Fall kann eine unterbrechungslose Umschaltung durchgeführt werden. Durch die ständige Aktualisierung des Reserverechners kann der Vermittlungsbetrieb ohne Beeinträchtigung nach der Umschaltung fortgesetzt werden. Der ausgefallene Rechner führt, sofern erforderlich, selbsttätig einen Ladevorgang durch und wird danach durch den führenden Rechner ständig aktualisiert. Erst wenn eine Umschaltung nicht zum Erfolg führt, wird ein automatischer Anlauf des Gesamtsystems veranlaßt.
Alle Fehlermeldungen werden protokolliert und optisch signalisiert. Extreme Bedingungen können zu Überlastungen führen, die eine Blokkierung des Gesamtsystems verursachen können. Zur Abwendung bzw. zur Entlastung werden bei Erreichen vorgegebener Schwellwerte Neuanreize für Teilnehmer nicht mehr zugelassen, niedere Dienste in der Zentralsteuerung werden nicht mehr durchgeführt. Die Einschränkungen wirken derart, daß nur noch bestehende Vermittlungsvorgänge und der ankommende Leitungsverkehr bearbeitet werden.

9. Service und Wartung

Für Service- und Wartungsaufgaben stehen eine Vielzahl von Service-Programmen zur Verfügung, so z.B.:

- Darstellung und Protokollierung der Anschlußdaten (Berechtigung, Rufnummer, Anschlußlage usw.) und Daten für Leistungsmerkmale (Codewahlziele, Sperrkennziffern)
- Verändern und Protokollieren der Anschlußdaten (Rufnummernzuordnung, Sammelanschlüsse, Berechtigungen) und Daten für Leistungsmerkmale (Codewahlziele, Pick-up-Gruppen)
- Protokoll der Anlage-Ausbaudaten
- Eingriffsmöglichkeiten für Wartungszwecke zum Sperren und Freigeben von einzelnen Anschlußorganen oder anderen Systembaugruppen (Standardgeräte)

Alle Maßnahmen können während des Betriebs durchgeführt werden, zumal es erforderlich sein kann, ausschließlich in Spitzenverkehrszeiten auftretende Fehler zu ermitteln und ggf. sofort zu beseitigen. Für diese Arbeiten stehen eine Vielzahl von Hilfsprogrammen zur Verfügung. Für alle Service-Funktionen wird eine benutzerfreundliche Sprache an der Konsole verwendet. Die Service-Funktionen werden durch eine Bedienerführung unterstützt, die über eine Help-Funktion angefordert werden kann.

Literatur:

(1) Karlheinz Breitbach: Fernsprechnebenstellenanlagen. Unterrichtsblätter der Deutschen Bundespost 1978.

(2) Telecom Australia: A Course in Teletraffic Engineering 1978.

(3) Karl-Ludwig Plank: Neue Entwicklungen im Fernmeldewesen. TN-Fachbericht 1/1980.

(4) Klaus Dietze, Manfred Silber: TN-System 6030-Zeitmultiplex - ein Vermittlungssystem für 100 bis 10000 Teilnehmer. TN-Nachrichten (1976).

Alte Software und neue Rechner: Ein Konzept zur Erhaltung der Funktionskompatibilität zwischen Rechnergenerationen.

Werner Zucker, Stollmann & Co. GmbH, Hamburg

Zusammenfassung:

Nach dem Prinzip: "Die Hardware paßt sich der Software an" wird ein Task-Modul vorgestellt, der alte Software weitgehend emuliert, ohne die neue Rechnerarchitektur zu "behindern". Lösungen für Probleme bei der Systemschnittstelle und der Ein-/Ausgabeschnittstelle werden vorgestellt. Es wird gezeigt, wie existierende Software-Entwicklungswerkzeuge - z.B. COBOL - für neue Rechner genutzt werden können.

Inhalt

1. PROBLEMSTELLUNG

Die Trägheit, mit der Rechner neuartiger Architektur Verbreitung finden, hängt im wesentlichen damit zusammen, daß die Rechnerentwicklung nicht auf der "grünen Wiese" stattfinden kann, sondern bestehende Fakten mit einbezogen werden müssen (z.B. vorhandene Dateien, bestehende Software).

Neuartige Rechnerarchitekturen führen deshalb oft nur ein Schattendasein auf Spezialgebieten ohne "Vergangenheit".

Durch neue Rechnerarchitekturen soll aber einerseits "endlich ein Schlußstrich" unter veraltete Konzepte gezogen werden, andererseits sollen durch "weiche Übergänge" auch neue Rechnergenerationen wirtschaftlich vermarktbar sein.

Diese allgemeine Problemstellung ist vermutlich nicht allgemein lösbar - oder wenn: in den Antworten zu nichtssagend.

Deshalb soll an einem realisierten Projekt eine konkrete Lösung dieser Problemstellung vorgetragen werden. Der Begriff "Funktionskompatibilität" wird dabei im Laufe der Ausführungen implizit definiert.

2. DER NEUE RECHNER

2.1 Architektur

Ob der Zielrechner zur Klasse einer "neuen Rechnergeneration" gehört, lassen wir ruhig die Computergeschichtsschreibung beurteilen (nämlich im nachhinein), gegenüber klassischen CPU-orientierten Rechnern hat er jedenfalls eine andere neuartige Architektur. Nach Prof. Giloi gehört er zur Klasse der Polyprozessorsysteme mit verteilter Kontrolle und enger Kopplung. Sein logisches Funktionsbild:

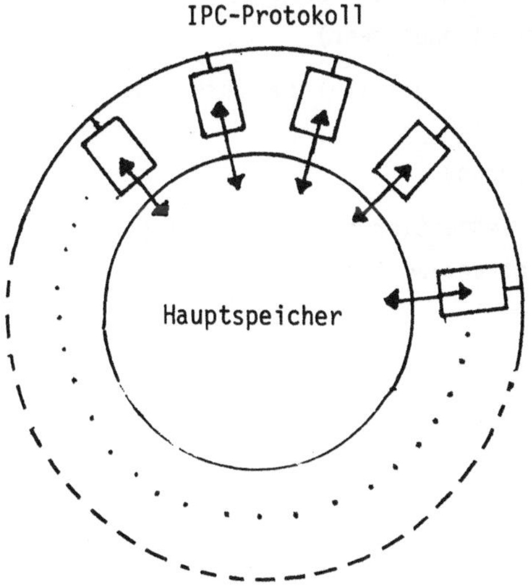

Dem Prinzip nach besteht das Rechnersystem aus spezialisierten Rechner-Moduln, die jeweils private Speicher und Prozessoren zur Abarbeitung einer Systemdienstleistung haben. Sie sind "eng gekoppelt", weil sie auf einen gemeinsamen Hauptspeicher zugreifen können und hier Objekte ohne Transfers austauschen können.

Das System arbeitet mit "verteilter Kontrolle", weil das Inter-Processor-Communication-Protocol (IPC-Protokoll) keinen "Master" oder Supervisor kennt. Das IPC-Protokoll heißt im Falle dieses Rechners ITC-Protokoll (Inter-Tui-Communication-Protocol), weil die am Protokoll teilnehmenden logischen Einheiten "Tui" heißen.

Die Rechner-Moduln sind für den Bereich kommerzieller Anwendungen spezialisiert:

- Peripherie-Moduln enthalten das LIOCS (Logical Input-Output System) z.B. Datenbank-Modul, Terminal-Modul (mit Maskeninterpreter), Datenfernverarbeitungs-Modul (mit DFÜ-Protokoll),
- Task-Moduln enthalten den Emulator oder/und Interpreter eines Maschinencodes oder/und Metacodes, sowie Testhilfen, Koordinationsfunktionen, etc.

Die Rechnerentwicklung wurde unter dem Projektnamen MAJA vom BMFT gefördert. Der fertige Rechner wird z.B. als TA 1900 von Triumph Adler AG produziert und im Projektgeschäft eingesetzt.

2.2 Neue Funktionen

Es ist klar, daß man bei Übergang auf neue Rechner bzw. Benutzung bestehender Software auf neuen Rechnern versuchen muß, bereits die neuen Eigenschaften mit zu benutzen. Ein paar davon sind:

a) Es steht "viel" Hauptspeicher zur Verfügung (praktisch keine Restriktionen mehr)

b) Das Ein-/Ausgabesystem kann parallel zum Task-Modul und zu sich selbst arbeiten (Response-time-Verringerung)

c) Es steht eine Speichersegmentierung zur Verfügung: Unterstützung von Reentrant-Software

d) Das Ein-/Ausgabeprotokoll ist als strenges Schichtenmodell Modul-unabhängig definiert:

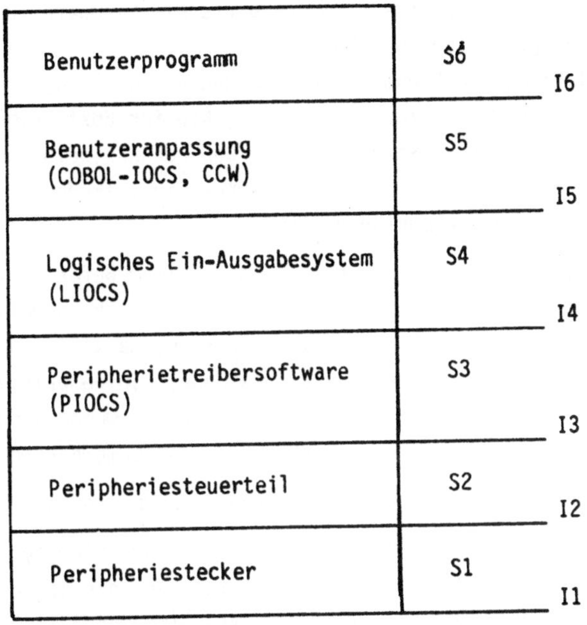

Schicht		Interface
Benutzerprogramm	S6	I6
Benutzeranpassung (COBOL-IOCS, CCW)	S5	I5
Logisches Ein-Ausgabesystem (LIOCS)	S4	I4
Peripherietreibersoftware (PIOCS)	S3	I3
Peripheriesteuerteil	S2	I2
Peripheriestecker	S1	I1

e) Redundanzmöglichkeit vorhanden durch Mehrfachstecken von Moduln.

3. EIN TASK-MODUL MIT FUNKTIONSKOMPATIBILITÄT

3.1 "Alte" und "neue" Software behindern sich nicht

Alte Software soll auf dem neuen Rechner "im Prinzip" so funktionieren (ablaufen) wie auf dem alten Rechner. Da der alte Rechner nicht total emuliert werden soll (- wo bleibt da der Schlußstrich? -), wird eine Funktionskompatibilität angestrebt und erreicht durch ein hinreichendes Verhältnis von Emulation und Simulation.
Da die Task-Moduln des MAJA-Rechners voneinander völlig unabhängig sind, können sie spezialisiert arbeiten (natürlich müssen sie sich an das ITC-Protokoll halten!). Es ist also völlig gleichgültig, welcher Maschinencode von welchem Task-Modul abgearbeitet wird. So kann man also einen Task-Modul entwickeln, der IBM-Programme nachvollzieht, ohne der "modernen" Entwicklung anderer Task-Moduln (z.B. ADA-Metacode-Interpreter) Abbruch zu tun: Alt und Neu kann unbehelligt nebeneinander existieren.

3.2 Was muß ein Task-Modul mindestens können?

Die Entwicklung des Betriebssystems erfolgte als Firmware-/Hardware-Entwicklung mit entsprechenden Entwicklungswerkzeugen.
Für die Entwicklung von Dienstprogrammen und Anwenderprogrammen standen hierbei Werkzeuge zur Verfügung. Es wurde beschlossen, hierfür Host-Rechner, IBM- und Siemens-Großrechner, zu benutzen. Statt also für den Rechner selber einen Programm-Editor, Compiler oder Assembler zu entwickeln, wurde ein Task-Modul entwickelt, der auf dem Host erstellte Programme ausführen konnte.

Zunächst einmal muß dieser Task-Modul den Benutzer-Befehlssatz des Host-Rechners emulieren (dabei wurde zunächst die Gleitkommaarithmetik weggelassen). Die privilegierten Befehle sollten natürlich nicht emuliert werden, da es ja sonst beim "alten" bliebe bzw. eine "plug-compatible" Maschine entstünde. Einige privilegierte Operationscodes wurden deshalb für MAJA-spezifische Operationen verwendet, wodurch gleich eine Assembler-Unterstützung des Host-Rechners für Systemprogramme "abfiel".

Weitere spezifische MAJA-Funktionen wurden in Form von Makros auf dem Host installiert.

Auf diese Weise konnte also "sofort" mit der Programmierung in Assembler begonnen werden. Natürlich konnten so nur Programme entstehen, die keine spezifischen Host-Dienstleistungen (z.B. über SVC's) benötigten. Aber immerhin: Eine Vielzahl von bestehenden Assembler-Moduln war damit verfügbar (man denke nur an Datumsroutinen).

Durch Erweiterung der MAJA-Makro-Bibliothek um namensgleiche und aufrufinvariante Host-Makros (z.B. EOJ!) konnte der Umfang der Mitbenutzung bestehender Software erweitert werden: Allerdings nur auf Source-Ebene.
Unser Ziel war es jedoch, die Funktionskompatibilität auch auf Maschinencode-Ebene zu erweitern: Damit können auch Programme, die von Kompilierern erzeugt wurden, ablauffähig werden. Dazu müssen jedoch alle von den Kompilierern erzeugten SVC's - sofern sie nicht durch Restriktionen verboten werden - simuliert werden.

Typische SVC's sind:

- DUMP: Natürlich sieht der DUMP auf dem MAJA-Rechner völlig anders aus als auf dem Host-Rechner, er erfüllt aber denselben Zweck (Funktionskompatibilität)
- EOJ: Was damit "gemeint" ist, ist klar, auf dem MAJA-Rechner läuft dieser SVC aber völlig anders ab (Kommunikation mit den Peripherie-Moduln), als auf dem Host-Rechner

- GETMAIN: Hier muß bei dem MAJA-Rechner die Speichersegmentierung berücksichtigt werden und die "andere" Speicherverwaltungstechnik
- DATE: Hier ist es keine Schwierigkeit, Kompatibilität zu erreichen.

Durch die Simulation der "wichtigsten" SVC's wurde also die teilweise Funktionskompatibilität auf der Ebene der Systemschnittstelle auf Maschinencode-Ebene erreicht.

Eine Funktionskompatibilität der Ein-/Ausgabeschnittstelle auf Maschinencode-Ebene wurde verboten (keine Simulation des SVC 0), obwohl das im Prinzip auch möglich gewesen wäre. Da aber die unterschiedliche Auffassung über Ein-/Ausgabe zu gravierend war, wurde hier die Funktionskompatibilität eine Ebene höher angesiedelt (Schritt 5).

3.3 Nutzung der neuen Funktionen

MAJA liefert pro Task 4 verschiedene Speichersegmente jeweils mit den Eigenschaften

- Read/Write local (v.Neumann-Segment)
- Read-only local (Programmcode und Konstanten)
- Read/Write global (Kommunikationssegment)
- Read-only global (Systemprogramme).

Für jedes dieser Segmente gibt es verdeckte Basisregister für den Anfang und das Ende. Assembler-Programme können also stets relativ zu Null assembliert werden.
Wie kann nun die Segmentierung genutzt werden? Hierfür wurden die beiden oberen Bits der 24-Bit-Adresse zur Segment-Nr. erklärt, wobei 00 dem üblichen v.Neumann-Segment entspricht und damit kompatibel bleibt. Durch entsprechende Beginn-Adresse (z.B. durch den Binder vergeben) können aber auch befehlsweise Reentrance-Programme geschrieben werden. Hier natürlich zunächst nur in Assembler! Damit konnten (zumindest in Assembler) alle neuen Funktionen genutzt werden.

3.4 Zusätzliche nützliche Funktionen

Ein weiteres Problem bei der Emulation/Simulation ist die Erkennung und Behandlung von Programmfehlern. Oft wird die Fehlerinterpretation in der Software behandelt. Ein typisches Beispiel hierfür ist der Datenfehler. Um hier ebenfalls eine Funktionskompatibilität zu erreichen, wurde ein "interner Interrupt" eingeführt, der sich so verhält wie das Host-Betriebssystem (STXIT-Routine). Dazu gehört dann noch der "externe Interrupt", der ebenfalls mit vom Task-Modul simuliert wird, so daß Programme, die mit diesen Techniken arbeiten, übernehmbar sind.

Ein weiteres Problem ist natürlich das Testen: Dafür wurde in das Task-Modul ein vollständiger komfortabler DEBUG hineinentwickelt. Dieser arbeitet aber natürlich nur auf Maschinencode-Ebene.

3.5 Bemerkungen

Die Emulation des IBM/Siemens-Maschinencodes erfordert 8 Bit-Byte-Eigenschaften: Da sich die Operanden byteweise überlappen können, hat man so seine Schwierigkeiten (IBM-Siemens auch!), wenn der Systembus wortweise (z.B. 16 Bit oder 32 Bit) arbeitet.

Im Read-only-Segment kann ein beschränktes pipelining (look-ahead-fetch) laufen: Bei "alten" Programmen kann das nur mit Mühe durchgeführt werden, weil ein Befehl den nachfolgenden ändern kann (wird deshalb auch nicht gemacht).

Zur Auswertung von Tests oder Wartungsroutinen führt der Task-Modul in seinem privaten Speicher neben den für die Emulation nötigen Betriebsmitteln (PSW, Register) zusätzliche Statusinformationen, die Aussagen über die mit der laufenden Task verknüpften Betriebsmittel anderer Moduln machen.

4. COBOL

4.1 Vorbereitung zum Laden

Programme, die auf dem Host erstellt wurden, müssen Top-down geladen oder in geeigneter Weise auf den Zielrechner übertragen werden. Viele Gründe führen uns dazu, die vom Linker auf dem Host erstellten Moduln vor dem Übertragen zur Ausführung noch einmal mit einem Konverter "anzufassen":

- Die Programme sollen vereinheitlicht werden (unabhängig werden vom Host-System). Dazu wird zum Beispiel ein Identifikations-Satz erzeugt, der alle relevanten Informationen für den Lader auf dem Zielsystem enthält.
- In Speichersegmente aufgeteilte Programme erhalten zusätzliche Identifikationssätze (vielleicht ist ein Segment ja schon geladen).
- Die zur Ausführung bestimmten Programme können mit HELP-Informationen erweitert werden.

Nach dem Link der Moduln müssen die Programme also noch einem Vorbereitungsstep unterworfen werden (Convert-Step).

4.2 COBOL-Programme

Der Programmierer kann also wie bisher seine COBOL-Programme auf dem Host für den Zielrechner kompilieren. Jedoch mit der Restriktion, daß keine SELECT-Klausel verwendet werden darf:

Die Ein-/Ausgabe wird über CALL-Schnittstellen abgewickelt.
Passende Assembler-Moduln stehen auf dem Host bereit. (Schicht 5).

Was aber ist z.B. mit den Anweisungen ACCEPT bzw. DISPLAY, die ja doch auch eine Ein-/Ausgabe bewirken? Glücklicherweise bzw. zweckmäßigerweise erzeugen die Compiler V-Konstanten, über die bestimmte Funktionen eingebunden werden. Es wird nicht jedesmal Code erzeugt, sondern Funktionen werden durch passende Moduln bereitgestellt. Beim OS-COBOL-Compiler von IBM gibt es eine ganze Bibliothek solcher Moduln (mit Namen ILBO...). Von diesen Moduln werden jetzt einfach alle interessanten bzw. nicht ablauffähigen durch neue Moduln gleichen Namens und gleicher Schnittstelle, aber funktionskompatibel ersetzt.
Auf diese Weise kann also z.B. die Anweisung

ACCEPT name FROM CONSOLE.

in dem MAJA-System entsprechend durchgeführt werden (eine Eingabe über den "Task-IO-Tui" siehe TA 1900-Literatur).

Ganz besonders wertvoll ist dabei die Ersetzung des READY-TRACE-Moduls: Dieser Modul wurde wesentlich weiter umgestaltet und zum symbolischen Paragraphen-Ablaufverfolger mit Stop- und Go-Funktionen entwickelt. Damit war auch ein zusätzlicher symbolischer Test von Programmen auf dem MAJA-Rechner möglich.

Diese Art der Funktionskompatibilität hatte außerdem noch den Vorteil, daß die ersetzten Moduln reentrant geschrieben wurden, wodurch die COBOL-Programme "kleiner" wurden.
Leider erzeugt der OS-COBOL-Compiler weiter keinen reentrant-fähigen Code, so daß hier die Speichersegmentierung nur zum Teil genutzt werden kann.

Ein weiteres Problem ergab sich noch für COBOL-Programme unter dem OS-Betriebssystem: Die Programme werden vom OS als Unterprogramme aufgefaßt. Das hatte zur Konsequenz, daß ein weiterer (kleiner) Modul geschrieben werden mußte, der diese Funktion übernimmt. Auch dieser Modul wurde etwas weiter ausgestaltet als notwendig, um den Rest-Komfort zu erhöhen.

4.3 Symbolisches Testen auf dem Zielrechner

Kompiliert man Programme unter der TEST-Option, stellt der Kompilierer alle Information zur Verfügung, die man benötigt, um auf dem Zielrechner voll symbolisch testen zu können:

- Globale Test-Tabelle mit Informationen über den Modul (Name, Basisadresse, etc.)
- Symboltabelle für Datenfelder des COBOL-Programmes, COBOL-Verben, Paragraphennamen.

Diese Informationen (Zwischendateien) werden vom Konverter in ein für den Zielrechner "brauchbares" Format transformiert, so daß sie beim Übertragen oder Laden mit auf den Zielrechner gelangen. Ein weiterer Modul (reentrant) sorgt dann unter Testbedingungen für einen symbolischen DEBUG des COBOL-Programmes, wobei hier den Komfort-Wünschen des Benutzers beliebig begegnet werden kann.
Auf diese Weise ist also auch eine funktionskompatible Testunterstützung auf dem neuen Rechner möglich.

5. "Alte" Anwenderprogramme

Vor kurzem wurde ein großes COBOL-Programmpaket (Fertigungssteuerung) - ca. 120 Programme - in nur 2 Monaten auf den MAJA-Rechner gebracht: Alle Ein-/Ausgaben der Programme wurden über CALL-Schnittstellen abgewickelt. Die Anpassung in der Schicht 5 konnte alle geforderten Funktionen liefern.
Und das ist auch die Voraussetzung für eine sinnvolle Funktionskompatibilität: Betriebssystem, Kommunikationsprotokoll und Ein-/Ausgabeprotokoll des neuen Rechners müssen "sauber" definierte unabhängige Funktionsschnittstellen besitzen.
Aber: Wo ist das schon der Fall?

Literatur:

1) IBM OS/VS COBOL
Subroutine Library, Program Logic (LY28-6425-1)

2) IBM System/370
Principles of Operation (GA22-7000-4)

3) IBM OS/VS COBOL Compiler
Program Logic (LY28-6486-2)

4) IBM OS COBOL
Interactive Debug Terminal (SC-28-6465-2)

5) XA-SYSARCH
Systembeschreibung TA 1900

6) SA-GENCOB
Allgemeine COBOL-Beschreibung /TA 1900

7) SA-COBEX2
Erweiterte COBOL-Ein-Ausgabeschnittstelle /TA 1900

NEUE RECHNERARITHMETIKEN UND IHR EINFLUSS AUF ARCHITEKTUR UND PROGRAMMIERUNG ZUKÜNFTIGER RECHNERSYSTEME

(ÜBERSICHTSVORTRAG)

Ulrich W. Kulisch
Institut für Angewandte Mathematik
Universität Karlsruhe (TH)
Postfach 6380
D-7500 Karlsruhe
West-Germany

Zusammenfassung: Frühe Programmiersprachen vermeiden - wohl aus historischen Gründen - eine präzise Definition der Eigenschaften der arithmetischen Verknüpfungen und der Rundungen. Der Vortrag faßt umfangreiche Forschungsaktivitäten auf dem Gebiete der Rechnerarithmetik zusammen, welche während der letzten 15 Jahre durchgeführt wurden. Er gibt auch einen Überblick über Erfahrungen mit verschiedenen Implementierungen der gewonnenen Ergebnisse.

Die Darstellung beginnt mit einer vollständigen Auflistung der Räume, welche beim numerischen Rechnen mit Rechenanlagen auftreten. Dies führt bereits auf eine neue, sehr allgemeine Definition von Rechnerarithmetik. Es wird dann zunächst anhand einiger Beispiele auf offensichtliche Schwächen herkömmlicher Rechnerarithmetiken und Programmiersprachen hingewiesen und es werden deren Auswirkungen in der numerischen Mathematik aufgezeigt. Anschließend wird dann ein neues Konzept zur Definition der Rechnerarithmetik behandelt. Die arithmetischen Verknüpfungen werden hier mittels eines allgemeinen mathematischen Abbildungsprinzipes erklärt, welches als Semimorphismus bezeichnet wird. Es werden die Eigenschaften von Semimorphismen diskutiert und es wird ferner darauf eingegangen, wie man diese Eigenschaften erhält und wir man sie zweckmäßiger Weise auf Rechenanlagen implementiert. Die Eigenschaften des Semimorphismus eignen sich zur axiomatischen Definition der arithmetischen Verknüpfungen und der Rundungen in Programmiersprachen.

Es wird dann darauf hingewiesen, warum man im allgemeinen die mittels des Prinzipes des Semimorphismus erklärten arithmetischen Verknüpfungen über herkömmliche Programmiersprachen nicht befriedigend ansprechen kann. Dies hat zu entsprechenden Erweiterungen der Sprachen PASCAL und FORTRAN geführt.

Die Ideen der neuen Arithmetik sind inzwischen auf verschiedenen Prozessoren implementiert worden. Dies schließt auch die notwendigen Spracherweiterungen ein. Dem Vortrage wird eine Demonstration eines Rechners, welcher mit der neuen Arithmetik ausgestattet ist, folgen.

Es stellt sich heraus, daß der neuen Arithmetik in der numerischen Analysis eine Schlüsselrolle bei der automatischen Fehlerkontrolle durch den Rechner selbst zukommt. Anhand von zahlreichen allgemeinen Programmpaketen wird demonstriert, daß man bei einer großen Anzahl von Problemen garantierte Schranken mit maximaler Genauigkeit erhalten kann. Der Rechner beweist zudem noch die Existenz und Eindeutigkeit der Lösung innerhalb der berechneten Schranken. Ist diese nicht gegeben, so stellt er dies fest.

Ausführliche Literaturangaben zu den behandelten Fragen finden sich in:

[1] Kulisch, U.: Grundlagen des numerischen Rechnens - Mathematische Begründung der Rechnerarithmetik, Reihe Informatik, Band 19, Wissenschaftsverlag des Bibliographischen Instituts, Mannheim 1976

[2] Kulisch, U., Miranker, W.L.: Computer Arithmetic in Theory and Practice, Academic Press 1981

[3] Wissenschaftliches Rechner und Programmiersprachen, Fachseminar des German Chapter of the ACM, Bericht Nr. 10, Herausgegeben von U. Kulisch und Ch. Ullrich, B.G. Teubner, Stuttgart 1982

DIE KONZEPTION, PROGRAMMIERUNG UND ANWENDUNG DES GRAPHISCHEN KERNSYSTEMS GKS

Günther Pfaff
Technische Hochschule Darmstadt
Fachgebiet Graphisch-Interaktive Systeme
Alexanderstr. 24
6100 Darmstadt

(Aktualisierung eines im Computer-Magazin, im Juni-Heft 1982 erschienenen Artikels).

Nach 6 Jahren nationaler Entwicklungsarbeit und zweijähriger internationaler Diskussion ist GKS, das Graphische Kernsystem, jetzt "draft international standard" (DIS) und liegt den Mitgliedsländern zur letzten Abstimmung zum "international standard" (IS) vor. Damit ist den DIN und ISO Experten der entscheidende Durchbruch bei ihren Bemühungen um einen graphischen Standard gelungen: alle technischen Fragen zu und Einwände gegen den GKS Vorschlag sind in der Experten-Runde des ISO/TC97/ SC5/WG 2 Graphics völlig und in Übereinstimmung gelöst.

Dieser Artikel gibt eine kurze Zusammenfassung des Werdegangs und des aktuellen Stands der GKS-Normung und stellt anschließend die wichtigsten Inhalte des GKS in einem Überblick dar.

Als wichtigste Daten der GKS-Entwicklung müssen genannt werden:

- Juni 1976:
Gründung des NI-UA 5.9 (Unterausschuß graphische Datenverarbeitung);

- August 1977:
1. Sitzung der im Frühjahr 1977 gegründeten ISO/TC97/ SC5/WG 2 Graphics in Toronto (Kanada); Beschluß, neben GSPC (Core) auch GKS zu behandeln.

- Juni 1980:
bei der 4. ISO-WG2 Sitzung in Tiefenbach (Allgäu) wird die DIN GKS Version 6.0 diskutiert und dann ohne Gegenstimme als alleiniges "work item" angenommen. DIN ist "sponsoring body".

- Februar 1981:
Diskussion der GKS Version 6.2 (Ergebnis von Tiefenbach) in der 5. ISO-WG2 Sitzung in Melbourne (USA). Aus der Behandlung von rund 170 Einwänden (issues) resultiert die Version 6.6. GKS wird "working draft".

- Oktober 1981:
Auf der 6. ISO-WG2 Sitzung in Abingdon (England) werden 151 Issues diskutiert und vollständig gelöst. Damit ist auf internationaler Expertenebene Übereinstimmung erreicht; die technische Diskussion um GKS ist abgeschlossen. Die Ergebnisse werden in das GKS-Dokument eingearbeitet und die GKS-Version 7.0 als "draft proposal" verabschiedet. Diese wird als "draft international standard" vorgeschlagen.

- Juni 1982:
Die 7. ISO-WG2 Sitzung behandelt in Eindhoven (Holland) Änderungswünsche,welche von einigen Mitgliedsländern in Form von Kommentaren bei der Abstimmung über GKS gegeben wurden. In allen technischen Fragen wird Einigung erzielt und die resultierenden Änderungen in das GKS-Dokument eingearbeitet. GKS ist damit "draft international standard (DIS)". Alle in der WG2 vertretenen Länder (z.B. USA (ANSI), England (BSI), Frankreich (AFNOR), Deutschland (DIN), etc) erklären, den ISO-Standard übernehmen zu wollen. Im DIN ist die Übernahmeprozedur bereits eingeleitet. Noch in diesem Jahr wird der "Rosadruck" (eine Vorabnorm bei der Übernahme von ISO-Normen) erwartet.

Die in Eindhoven beschlossenen GKS-Änderungen stellen zum größten Teil Erweiterungen dar. Die wichtigsten sind im Anhang aufgeführt.

Der Übergang zum "international standard (IS)" findet auf politischer Ebene statt. Dabei anfallende Kommentare werden von einem GKS-Control-Board behandelt und mit 2/3 Mehrheit entschieden.

Nun zum technischen Inhalt:
Das graphische Kernsystem GKS bildet eine Schnittstelle zwischen Anwendungsprogrammen und Konfigurationen aus graphischen Ein- und Ausgabegeräten. Es umfaßt alle Kernfunktionen für interaktive und passive Graphik auf einem breiten Gerätespektrum. Die Geräteunabhängigkeit ermöglicht es, Anwendungsprogramme zwischen den verschiedensten GKS Installationen ohne Änderungen austauschen zu können; Anwendungsprogrammierer müssen nicht mehr die unterschiedlichen graphischen Geräte und deren Gerätetreiberfunktionen programmieren, sondern können auf einen einheitlichen Satz graphischer Funktionen zurückgreifen.

Typische für GKS geeignete Ausgabegeräte sind Vektor- und Rasterplotter, Mikrofilmgeräte, Rasterscan-Geräte (von semigraphischen über TV- zu hochauflösenden Farbrastergeräten), Speicherröhren (auch mit Refresh-Teil) und Vektordisplays (mit und ohne Segmentierung und Transformationshardware). Auf der Eingabegeräteseite sind alphanumerische Tastaturen, Potentiometer, Steuerräder, Steuerknüppel, Tablett und Digitalisiergeräte zu nennen (Abbildung 1).

Levels	Processors	Graphical Devices
L0a	starting with 8 bit processors (8,16,20,32,36,..bits/word); static memory handler; slow external storage media sufficient;	Microfilm, raster and vector plotters, alphanumeric displays and printers, TV-monitors, simple storage tubes, simple raster and vector refresh devices;
L0b	as L0a	output devices as L0a; input devices like alphanumeric and function keyboards, tracking balls, lightpens, tablets; thumb wheels;
L0c	starting with 16 bit processors multitasking facilities or programmable interrupt handling possibly dynamic storage handling for event queue;	as L0b; plus digitizers, shape sampling devices;
L1a L1b L1c	starting with 16 bit processors dynamic storage or virtual memory management; fast access to secondary memory desirable;	vector devices with segmented display file; sophisticated features like clipping and transformations desirable; storage tubes with refresh components; raster devices with several picture planes; fast raster scan displays with microcomputer intelligence for e.g. hidden surface elimination; For 1b and 1c systems, lightpens which deliver segment identifiers calculated from display file addresses or by coordinate comparison on raster scan displays.
L2a L2b L2c	As level 1 systems with emphasis laid on effective storage management	

Abbildung 1: Prozessoren und graphische Geräte der einzelnen Levels

Die unterstützten Anwendungen reichen von rein passiver Datenpräsentationsgraphik (Business- und Home-ComputerGraphik) zu hoch-interaktiven Digitalisieranwendungen in der Kartographie; von Metafile (Plot-File) und MikrofilmErstellung zu graphischen Simulatoren (bewegte Bilder durch geometrische Objekttransformationen oder geschickte Farbtafeländerungen); von dem Entwurf einfacher Zeichnungen (Flußdiagramme, Bilder für Berichte und Folien) über elektrischen Schaltkreis-Layout zum rechnerunterstützten Konstruieren 3-dimensionaler Objekte (Schiffsbau, Maschinenbau, Karosserieentwurf, etc.). Ebenso lassen sich Anschlüße an bildverarbeitende Systeme realisieren, die z.B. Satellitenbilder mit generativer Graphik überlagern (Abbildung 2).

Levels	Applications
L0a	Business Graphics; Microfilm and Metafile Output; Metafile input and interpretation; Low level output driver for higher graphics systems such as three-dimensional drawing systems;
L0b	Interactive business graphics; Process control; Simple picture generating systems; Input supply for higher graphics systems
L0c	Input-based systems with strong interaction requirements, such as digitizing applications; Optimal usage of physical input device qualities via predefined multiple input device associations;
L1a L1b L1c	Multiple workstation systems; Display of several pictures simultaneously; Interaction on and manipulation of picture subparts; Design applications and simulation systems;
L2a L2b L2c	Design and drafting systems with maximal usage of GKS facilities; Re-use of once-defined segments for picture construction; Copying of workstation contents to other workstations; Office automation systems; Graphical editors; CAD systems.

Abbildung 2: Anwendungen der einzelnen Levels

Natürlich müssen für die jeweiligen Anwendungen verschiedene anwendungsspezifische Funktionsschalen entwickelt werden, die auf GKS Funktionen aufbauen (siehe Abbildung 3).

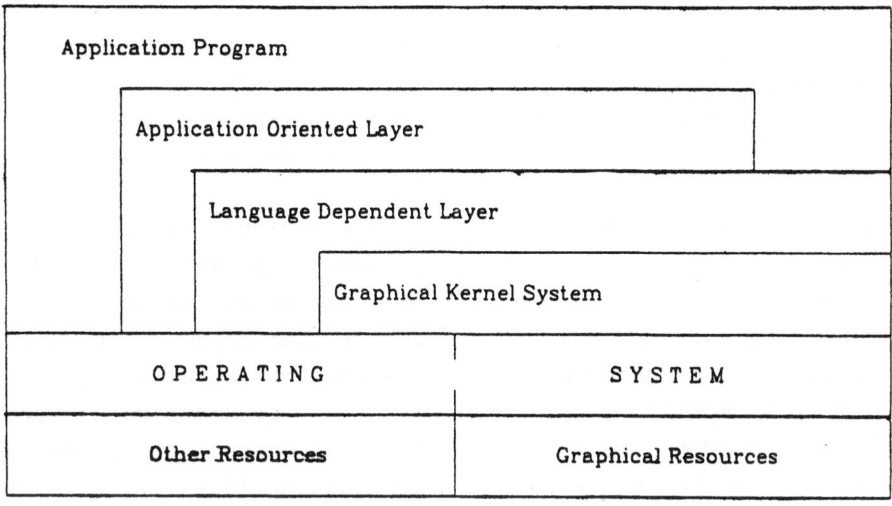

Abbildung 3: Schalenmodell um GKS

Workstations: GKS faßt eine variable Menge realer graphischer Geräte als abstrakte Workstations zusammen (nicht zu verwechseln mit Arbeitsplatz, der aus mehreren GKS-Workstations bestehen kann). Das Anwendungsprogramm sieht nur Workstations und ihre abstrakten Eigenschaften. Im wesentlichen stellt eine Workstation eine idealisierte Konfiguration graphischer Geräte dar. Real vorhandene Gerätefunktionen und aus Anwendungssicht wünschenswerte Funktionen werden zu logischen Workstationeigenschaften abstrahiert. Fehlen auf einer realen Gerätekonfiguration solche Funktionen, werden sie durch Workstation-Software soweit als möglich und gefordert ausgeglichen. Eine GKS-Workstation umfaßt maximal ein Ausgabegerät und eine beliebige Menge von Eingabegeräten. Typische Workstations bauen auf folgenden Geräten oder Gerätekonfigurationen auf:

- Plotter;
- Speicherröhre mit Tastatur und Steuerrädern;
- Digitalisierer;
- Refreshgerät mit Tastatur, Lichtgriffel und Tablett;
- Metafile (Plotfile auf einem Langzeit-Speichermedium).

Workstations können geöffnet (OPEN WORKSTATION) und freigegeben werden (CLOSE WORKSTATION); aktiviert werden (ACTIVATE WORKSTATION) -dann wird die folgende Ausgabe auf dem Ausgabegerät dieser Workstation dargestellt-, und deaktiviert werden (DEACTIVATE WORKSTATION) -die Ausgabe wird unterbrochen-. Die Ausgabefläche kann gelöscht werden (CLEAR WORKSTATION), ein Bild kann neu gezeichnet werden (REDRAW ALL SEGMENTS ON WORKSTATION), nicht ausgeführte Bildänderungen können nachgeholt werden (UPDATE WORKSTATION), etc. Außerdem können eine Reihe von Workstationattributen gesetzt werden, wie später beschrieben wird.

Eingabe- und Ausgabeprimitives: Die verschiedenen Geräteeigenschaften sind durch eine logische Funktionenschicht dem Anwendungsprogramm verdeckt. Die Ausgabeprimitives

- POLYLINE (Linienzug),
- POLYMARKER (Markensequenz),
- TEXT,
- FILL AREA (Polygon oder auch gefüllte Fläche),
- PIXEL ARRAY (Bildelementematrix, die hauptsächlich für die Ausgabe an Rastergräten geeignet ist), und
- GENERALIZED DRAWING PRIMITIVE (allgemeines Darstellungselement wie Kreis, Kreisbogen, Ellypse, Spline, etc.)

dienen dem Erzeugen graphischer Ausgabe. Werden diese Funktionen aufgerufen, so wird die entsprechende Ausgabe an allen aktiven Workstations erzeugt.

Symmetrisch zu den abstrakten Ausgabeprimitives gibt es logische Eingabedatentypen:

- LOCATOR (Position in Weltkoordinaten),
- VALUATOR (Real-Zahl),
- CHOICE (Integer-Zahl als Auswahl aus einer Menge),
- PICK (Segmentname und "Pick-Identifier"), und
- STRING.

Die Eingabefunktionen des GKS beruhen auf diesen 5 Eingabedatentypen und drei Betriebsarten, in denen jedes logische Eingabegerät betrieben werden kann. Die Betriebsarten bestimmen, ob der Operateur oder das Anwendungsprogramm die Initiative bei Interaktionen übernimmt.

Bei der REQUEST Eingabe (ähnlich dem FORTRAN READ) muß der Operateur eine Eingabeanforderung beantworten: er muß einen Wert am Eingabegerät einstellen und ein Signal auslösen (z.B. eine Taste drücken), wenn der Wert übernommen werden soll. Das Anwendungsprogramm wartet bis zum Ende der Operateuraktion.

Bei der SAMPLE Eingabe fragt das Anwendungsprogramm den aktuellen logischen Wert eines Eingabegerätes ab, ohne daß der Operateur ein Signal geben kann. Er kann diesen Wert aber durch Einstellen des physikalischen Eingabegerätes (z.B. Drehen einer Rollkugel) bestimmen, nicht jedoch den Zeitpunkt der Wertübernahme. Mit Sample-Eingabe können besonders effizient dynamische Bildänderungen in Abhängigkeit von einer Bedienersteuerung realisiert werden.

Bei der EVENT Eingabe generiert der Operateur Eingabedaten asynchron zu der Anwenderprogrammausführung. Diese werden in eine Eingabewarteschlange gespeichert und können vom Anwendungsprogramm dort abgeholt werden. Die Abkopplung der Eingabeaktionen von der Programmausführung ermöglicht hohe Interaktionsfähigkeit, läßt dem Operateur weitgehende Dialogfreiheit und läßt ihn seine Eingabegeschwindigkeit frei wählen.

Für jedes logische Eingabegerät kann der Anwender die Betriebsart, Anfangswerte, Echo- und Prompting-Techniken, die Echoausgabefläche und weitere gerütespezifische Zusatzinformation definieren. Die Zuordnung der logischen Geräte zu physikalischen Geräte(kombinatione)n kann nicht vom Anwendungsprogramm verändert werden, sondern wird vom Workstation-Implementierer festgelegt. Gute GKS-Implementierungen für interaktive Anwendungen sollten hier flexible Lösungen anbieten, die es erlauben, die Realisierungen der logischen Eingabegeräte an bestimmte Probleme (z.B. Digitalisierungen) und an bestimmte Geräteausstattungen (z.B. Tabletts mit Stift oder Lupe und mehreren Tasten) anzupaßen.

Attribute: Für die Ausgabe von GKS-Primitives spielen zwei Gruppen von Attributen eine Rolle: Primitiveattribute (oder modale Attribute) und Workstationattribute (oder dynamische Attribute). Weiterhin unterscheiden wir geometrische Attribute, welche die Größe und Form von Primitves bestimmen (z.B. Textgröße, Zeichenabstand und Patterngröße), und nicht-geometrische Attribute, welche das Erscheinungsbild auf verschiedenen Geräten festlegen.

Zu den Primitveattributen gehören alle geometrischen Attribute, der "pick-identifier", der bei einer PICK Eingabe zusätzlich zum Segmentnamen gemeldet wird, und sogenannte "Bundle-Indizes". Bundles stellen Attributsätze dar, die für jede Workstation und jeden Primitivetyp einzeln definiert werden können.

Für jeden Primitvetyp kann ein Attributsatzindex als modales Attribut gesetzt werden. Alle modalen Attribute werden zu den Primitives gebunden, wenn diese generiert werden. Es ist nicht möglich, diese Attribute nachträglich zu verändern.

Die zweite Gruppe, die Workstationattribute, enthalten nicht-geometrische Attribute. Diese sind wie oben erwähnt, in "bundles" zusammengefaßt und werden auf der Workstation in Tabellen gespeichert. Für jeden modalen Attributindex muß es einen Attributsatz auf jeder aktiven Workstation geben. Wird das Primitive ausgegeben, dann werden aufgrund des dazugebundenen Index auf den verschiedenen Workstations die verschiedenen Attributsätze gelesen und das Primitive damit gezeichnet.

Ein Polyline-Attributsatz z.B. enthält die Attribute Linientyp, Linienbreite-Skalierungsfaktor, und Farb/IntensitätsIndex. Der Benutzer kann nun auf zwei Workstations (Schwarz/ Weiß-Gerät und Farbenplotter) zwei Attributsätze mit dem Index 3 generieren:

```
SET POLYLINE REPRESENTATION (DISPLAY,3,DASHED,1,1)
SET POLYLINE REPRESENTATION (PLOTTER,3,SOLID,1,INDEX-RED)
```

Bei der Ausgabesequenz:

```
SET POLYLINE INDEX (3)
POLYLINE (4,TRIANGLE-POINTS)
```

wird der Linienzug auf dem Schwarz/Weiß-Gerät gestrichelt und auf dem Plotter in Rot ausgegeben.

Workstationattribute können auch als dynamische Attribute bezeichnet werden, da eine Änderung eines Tabelleneintrags zu einer "dynamischen" Änderung aller bisher mit diesem Attributsatz gezeichneten Ausgabeinformation führt. Wird z.B. der oben erwähnte Polyline-Attributesatz mit der GKS-Funktion

```
SET POLYLINE REPRESENTATION (PLOTTER,3,SOLID,1,INDEX-GREEN)
```

umdefiniert, so wird der bereits in Rot gezeichnete Linienzug seine Farbe zu Grün ändern. Auch wenn ein Gerät keine Attributtabelle besitzt (z.B. ein Plotter), so wird dieser Effekt durch die Workstation garantiert, indem diese eine Bildneuausgabe mit den neuen Attributen vornimmt. Die Bildneuausgabe kann vom Anwendungsprogramm bis zu einem folgenden UPDATE WORKSTATION unterdrückt werden.

Transformationen: GKS kennt drei Koordinatensysteme: Weltkoordinaten (WC), Normalisierte Koordinaten (NDC) und Gerätekoordinaten (DC).

Der Anwendungsprogrammierer benutzt Weltkoordinaten für die Definition geometrischer Information. Er definiert sich einen Ausschnitt in seiner Benutzerwelt (SET WINDOW), und einen Viewportbereich auf der virtuellen Bildebene, genannt NDC (SET VIEWPORT). Je ein Window und ein Viewport sind einander zugeordnet und definieren eine Normalisierungstransformation. Mehrere solcher sind gleichzeitig definierbar; mit ihnen können verschiedene Weltkoordinatenausschnitte auf der normalisierten Bildebene plaziert werden (siehe Abbildung 4).

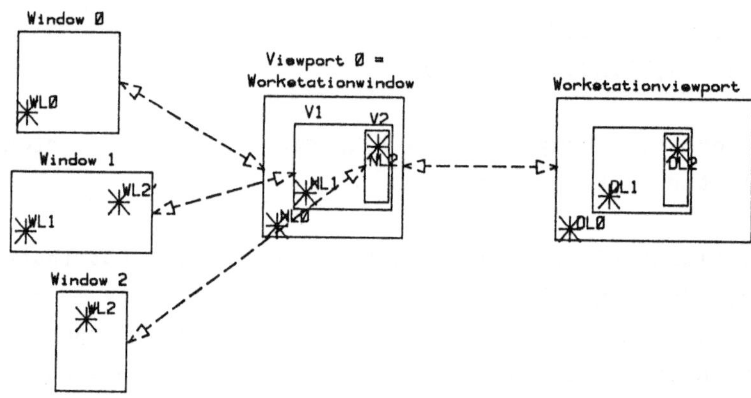

Abbildung 4: Transformationen

Normalisierte Gerätekoordinaten stellen ein einheitliches Koordinatensystem für alle Workstations dar. Der NDC-Bereich erstreckt sich, soweit es das Positionieren des Viewports und des Workstation-Windows betrifft, auf den Ausschnitt 0,1 x 0,1 . Das auf den NDC abgebildete Bild kann im Segmentspeicher und dem Metafile gespeichert werden. Segmenttransformationen finden im NDC statt (SET SEGMENT TRANSFORMATION).

Für jede Workstation gibt es ein Gerätekoordinatensystem (DC), welches durch den Geräteadressbereich bestimmt wird. Die Abbildung vom NDC auf Gerätekoordinaten kann vom Benutzer für jede Workstation getrennt mittels der Funktionen SET WORKSTATION WINDOW und SET WORKSTATION VIEWPORT bestimmt werden. Damit ist es möglich, auf verschiedenen Workstations verschiedene Bildgrößen (Workstation-Viewports) und verschiedene Bildausschnitte (Workstation-Windows) darzustellen.

Segmente: Ausgabeprimitives und modale Attribute können zu Segmenten einstufig zusammengefaßt werden. Segmente sind die kleinsten Einheiten für Bildmanipulationen und Änderungen. Segmente können generiert (CREATE SEGMENT, CLOSE SEGMENT) und gelöscht werden (DELETE SEGMENT); umbenannt (RENAME SEGMENT) und ineinander eingefügt werden (INSERT SEGMENT). Beim Einfügen werden nur die Primitives und die Attribute übernommen, nicht jedoch die Segmentstruktur, sodaß sich keine Segment-Hierarchie ergibt. Segmente können in einem geräteunabhängigen Segmentspeicher abgelegt werden; aus dem Segmentspeicher können sie zu anderen Workstations kopiert werden (ASSOCIATE SEGMENT WITH WORKSTATION und COPY SEGMENT TO WORKSTATION) und in andere Segmente eingesetzt werden. Damit werden Anwendungen unterstützt, die an einer interaktiven Workstation ein Bild generieren und/ oder editieren, und abschließend auf einem Plotter ausgeben oder auf einem Metafile speichern.

Metafile: GKS definiert einen speziellen Workstationtyp, den Metafile. Er dient der Speicherung graphischer Information über eine Arbeitssitzung hinaus und dem Übertragen von Bildern zu anderen Installationen und GKS-Implementierungen. Es wird unterschieden zwischen GKS-Metafile Ausgabe- und Eingabe-Workstations. Die Ausgabe-Workstation kann in sequentieller Form alle GKS-Ausgabeprimitives und Attribute, sowie Transformationen speichern und zusätzlich beliebige Benutzerinformation (WRITE ITEM TO GKSM) aufnehmen; von der Eingabe-Workstation erfolgt das Einlesen mittels der Funktionen GET ITEM TYPE FROM GKSM, die es dem Anwendungsprogramm erlaubt, gezielt Sätze zu überspringen oder ins Anwendungsprogramm zu übernehmen, READ ITEM FROM GKSM und INTERPRET ITEM. Nach dem Interpretieren ist im GKS und auf den Workstations der gleiche Zustand vorhanden, der bei direktem Aufruf der entsprechenden

Funktionen durch das Anwendungsprogramm entstanden wäre. Damit können Bilder über mehrere Arbeitssitzungen hinweg erzeugt werden: nach dem Einlesen vom Metafile wird die graphische Information weiter interaktiv bearbeitet und dann ausgegeben oder wieder abgespeichert.

Levels: Wie zu Beginn erläutert, soll GKS für einen weiten Bereich von Anwendungen, graphischen Geräten und Prozessoren eingesetzt werden können. Sicherlich kann und sollte eine Implementierung nicht alle Funktionen und Konzepte für alle Anforderungen in einem System integrieren, da dies zu nicht vertretbarem Overhead führen dürfte. Stattdessen müssen für bestimmte Anwendungen Teilsysteme gebildet werden, für bestimmte Geräte Anpassungen durchgeführt werden und die Charakteristika bestimmter Prozessoren berücksichtigt werden. Ein wichtiges Hilfsmittel hierzu stellt die GKS Level-Struktur dar. Es sind neun verschiedene Ausbaustufen definiert, deren Funktionalität in Abbildung 5 gezeigt ist. Jeder Kasten der 3 x 3 Matrix stellt eine GKS Ausbaustufe dar, deren Funktionen sich aus der Vereinigung der im Kasten aufgeführten Funktionen mit denen der unmittelbar links und oben benachbarten Kästen ergeben.

	NO INPUT	REQUEST INPUT	FULL INPUT
Minimal Output	All five output primitives; GDP if workstation support available; Predefined bundles; at least 4 polyline, 5 polymarker, 2 text, and 4 fill area bundles Multiple normalization transformation facility; (at least 1 settable transformation); Metafile functions optional Multiple workstation concept at least 1 output workstation	Request input functions for LOCATOR, VALUATOR, CHOICE, and STRING; Initialize and Set device mode functions at least one input workstation available	SAMPLE and EVENT input concept; Event queue concept;
Full Output and Basic Segmentation	All text and fill area attributes; Full bundle concept; (redefinition of predefined bundles possible, and at least 1 user-settable bundle required); Metafile functions and metafile workstations required basic segmentation	Request pick input Initialise pick device; Set pick device mode;	Sample and event input for pick device
Segment Storage Output	Workstation-independent segment storage; INSERT SEGMENT; COPY SEGMENT TO WORKSTATION; ASSOCIATE SEGMENT WITH WORKSTATION		

Abbildung 5: GKS-Levels

Zusätzlich zu den GKS-Funktionen der einzelnen Ausbaustufen, gibt es weitere Variablen innerhalb der Funktionen (Anzahl der Attribute, der Segmente, der Workstations, der Eingabegeräte in einer Implementierung, etc.). Es ist eine minimale Ausstattung definiert, die jede GKS-Implementierung erfüllen muß. Da viele Anwendungen mit der minimalen Ausstattung nicht ausreichend unterstützt sind, sollten Implementierungen auch hier den Bedürfnissen anpaßbar sein.

Nachdem die technische Diskussion seit Oktober 1981 abgeschlossen ist, steht zu erwarten, daß erste Implementierungen der GKS Version 7.0 im Laufe dieses Sommers zur Verfügung stehen werden. Der GKS-Verein hat die Koordinierung der mit GKS zusammenhängenden Aktivitäten übernommen. Wenden Sie sich deshalb für weitere Informationen an den GKS-Verein oder soweit es mit diesem Artikel zusammenhängende Fragen betrifft - an den Autor.

Anhang

Vom 7. bis 11. Juni 1982 fand in Eindhoven (Holland) die 7. Sitzung der ISO/TC97/SC5/WG 2 statt, bei der Änderungswünsche diskutiert wurden, welche von den nationalen Standardisierungsgremien gefordert worden waren. Die nachfolgend aufgeführten Änderungen wurden in GKS 7.0 integriert.

Die wichtigsten Änderungen im Überblick:

1. Neben den "gebündelten" (bundled) Attributen, die indirekt über Indizes zu den Ausgabeprimitives gebunden werden, sind nun auch direkte ungebündelte Attribute zugelaßen. Soll ein Ausgabeprimitive ein bestimmtes (evtl. durch Normen festgelegtes) Aussehen haben, so können direkte Attribute gesetzt werden; sollen sich Primitive-Gruppen nur sichtbar von anderen unterscheiden, sollen Attribute dynamisch verändert werden, oder sollen sie auf verschiedenen Workstations verschieden interpretiert werden, so werden weiterhin Bundles verwendet.

   Das folgende Beispiel zeigt eine gemischte Anwendung beider Attributarten:

```
DECLARE FLAGS 1..13  INIT (13*BUNDLED)

SET POLYLINE REPRESENTATION (DISPLAY,1,DASHED,1.0,INDEX1)
SET POLYLINE INDEX (1)
POLYLINE (2,P)
FLAGS 1  := UNBUNDLED
SET ATTRIBUTE SOURCE FLAGS (FLAGS)
```

```
SET LINETYPE (DOTTED)
POLYLINE (2,Q)
SET LINETYPE (SOLID)
POLYLINE (2,R)
FLAGS 1  := BUNDLED
SET ATTRIBUTE SOURCE FLAGS (FLAGS)
POLYLINE (2,S)
```

Hier existiert Abbildung 6

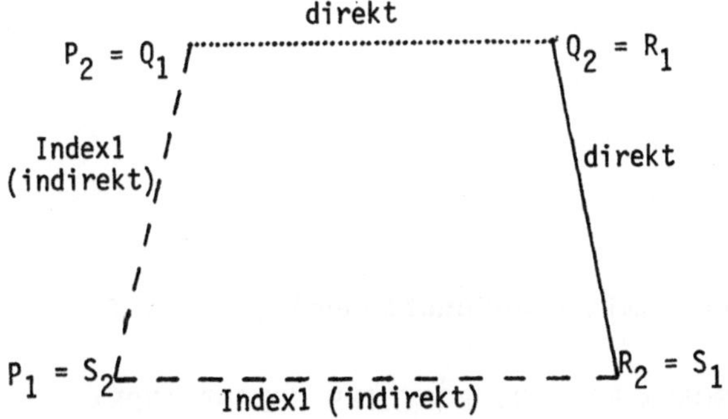

Abbildung 6: Statische und indirekte Attribute

```
SET POLYLINE REPRESENTATION (DISPLAY,1,SOLID,1.0,INDEX1)
```

Hier existiert Abbildung 7

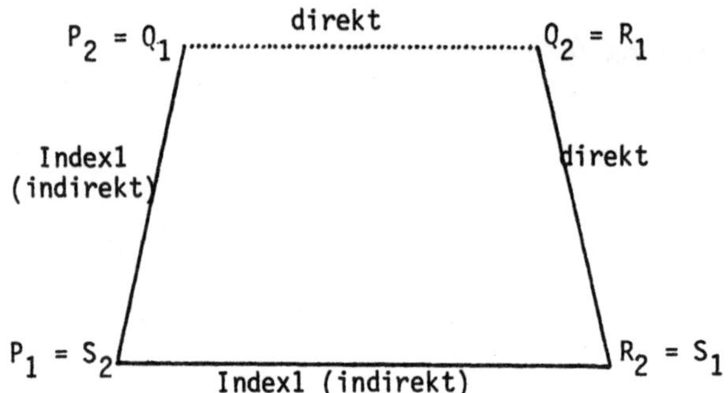

Abbildung 7:

Direkte Attribute (und damit GKS-Funktionen) gibt es für

LINETYPE, LINEWIDTH SCALE FACTOR, POLYLINE COLOUR INDEX
MARKERTYPE, MARKER SIZE SCALE FACTOR, POLYMARKER COLOUR INDEX
TEXT FONT AND PRECISION, CHARACTER EXPANSION FACTOR, CHARACTER SPACING, TEXT COLOUR INDEX
FILL AREA INTERIOR STYLE, FILL AREA STYLE INDEX, FILL AREA COLOUR INDEX.

2.) Zu den 5 logischen Eingabegeräten ist als sechstes das STROKE Gerät hinzugefügt worden.
3.) CHARACTER SPACING und CHARACTER EXPANSION FACTOR sind nun auch im Text-Bundle.
4.) Die Funktion SET CHARACTER ALIGNMENT wird hinzugefügt.
5.) Eine GKS-Implementierung ist nur gültig, wenn sie genau einem Level entspricht.

6.) Die Inquiry-Funktionen wurden umgruppiert.

7.) UPDATE WORKSTATION erlaubt nun auch die Ausgabe eines Systempuffers ohne Bildneugenerierung.

8.) Die Fehlerbehandlung wurde vereinfacht.

Außerdem wurde an vielen Stellen das Dokument verbessert. Die meisten Änderungen sind Erweiterungen des GKS 7.0. Sie können zum Großteil als notwendige Grundfunktionen angesehen werden und damit als eine Erweiterung des Kundenkreises.

METHODEN DER KÜNSTLICHEN INTELLIGENZ: ÜBERSICHT UND ANWENDUNGEN IN EXPERTENSYSTEMEN

Peter Raulefs

Fachbereich Informatik
Universität Kaiserslautern
Postfach 3049
6750 KAISERSLAUTERN

Zusammenfassung.

Es wird eine einführende Übersicht über wichtige Methoden der Künstlichen Intelligenz gegeben. Die Übersicht beschränkt sich auf grundlegende Methoden, die in existierenden Expertensystemen realisiert sind und erstreckt sich nicht auf spezielle Methoden aus Einzelbereichen wie Sprach- und Bildverarbeitung, oder Mechanisches Beweisen. Daraus ergibt sich als Schwerpunkt eine Darstellung der Methoden zur Wissensrepräsentation, -manipulation und -akquisition.

1. Einleitung

Wissenschaftlicher und technischer Fortschritt haben zu einer Situation geführt, die man häufig als *Wissensexplosion* beschreibt. Eine Konsequenz dieser Situation ist die Tatsache, daß viele Aufgaben nur noch von hochspezialisierten und langwierig ausgebildeten *Experten* bearbeitet werden können. *Expertensysteme* bilden den Versuch, Experten durch die Mechanisierung einzelner Arbeitsgänge zu unterstützen. Den Anlaß zur Entwicklung von Expertensystemen lieferte zunächst weniger diese Aufgabenstellung, als eine Paradigmenverschiebung in der Künstlichen Intelligenz (KI) im letzten Jahrzehnt: Ursprünglich war man der Meinung, daß viele "intelligente" Aktivitäten wie Schachspielen, Sprachverstehen und Beweisen durch einige grundlegende und allseitig anwendbare Mechanismen bearbeitet werden können. Es ergab sich jedoch, daß solche Universalmechanismen nicht gefunden werden konnten, und Systeme immer dann erfolgreich waren, wenn sie auf der Grundlage von möglichst viel *Wissen* (d.h. Fakten, Arbeitstechniken, Bewertungskriterien u.a.) des jeweiligen Anwendungsgebietes arbeiten. Zur Konstruktion einschlägiger *wissensbasierter Systeme* (engl. knowledge-based systems) ergab sich daraus die Frage, wie man solches Wissen im Rechner effektiv darstellen und anwenden könne. Die dazu jetzt vorliegenden Techniken bilden die methodische Grundlage eines weiten Bereiches der KI, den man *Knowledge Engineering* nennt. Diese Arbeit soll eine knappe und einführende Übersicht über die wichtigsten dieser Methoden geben.

Während hier gundlegende Methoden zur Entwicklung von Expertensystemen besprochen werden, gibt /RAU 81/ eine kurze Übersicht über Aufgaben, Einsatz und Zukunftstrends bei Expertensystemen. /STE 82/ gibt eine ausführlichere Einführung in Expertensysteme, die in expandierter Form auch in der Monographie /HWL 82/ erscheint. Eine ausführliche Einführung in die Methoden der Künstlichen Intelligenz geben Lehrbücher /BFE 80/, /NIL 80/ und /WIN 77/.

2. Übersicht

Die wichtigsten z.Zt. bearbeiteten Aufgabengebiete von Expertensystemen sind:

(1) *Interpretation* physikalisch gegebener Daten, z.B. Meßdaten oder Sprachäußerungen.

(2) *Diagnose* von Systemzuständen, z.B. Fehlerzustände und -ursachen in technischen und biologischen Systemen.

(3) *Planen* von Aktionen (z.B. eines Roboters), die einen gewünschten Zustand herstellen.

(4) *Konstruktion* nach vorgegebenen Spezifikationen, z.B. elektrischen Schaltkreisen.

(5) *Beweisen* mathematischer Sätze

(6) *Tutoring*, d.h. Vermitteln und Einüben von Wissensinhalten.

Diese Aufgaben werden bearbeitet von

- *eingebetteten Systemen*, etwa Meßdatenüberwachung und Auslösen von Alarmsignalen in einer Intensivstation.
- *Beratungssystemen*, in denen mit Benutzern an der Lösung von Aufgaben kooperiert wird.

Eingebettete Systeme brauchen dann nicht notwendig über alle Komponenten zu verfügen, die Bestandteile voll ausgebauter Beratungssysteme sind.

Architektur von Expertensystemen. Ein als Beratungssystem ausgebautes Expertensystem besteht aus folgenden Komponenten:

* die *Wissensbasis* enthält alle Wissensinhalte, die die Grundlage der Arbeit der anderen Komponenten bildet.
* die *Problemlösungskomponente* bearbeitet die vom Benutzer gestellten Aufgaben.
* die *Erklärungskomponente* begründet die von der Problemlösungskomponente erarbeiteten Lösungen und macht ihre Erarbeitung für den Benutzer durchschaubar.
* die *Wissensakquisitionskomponente* unterstützt die Konstruktion der Wissensbasis.
* die *Dialogkomponente* führt den Dialog mit Benutzern aus.

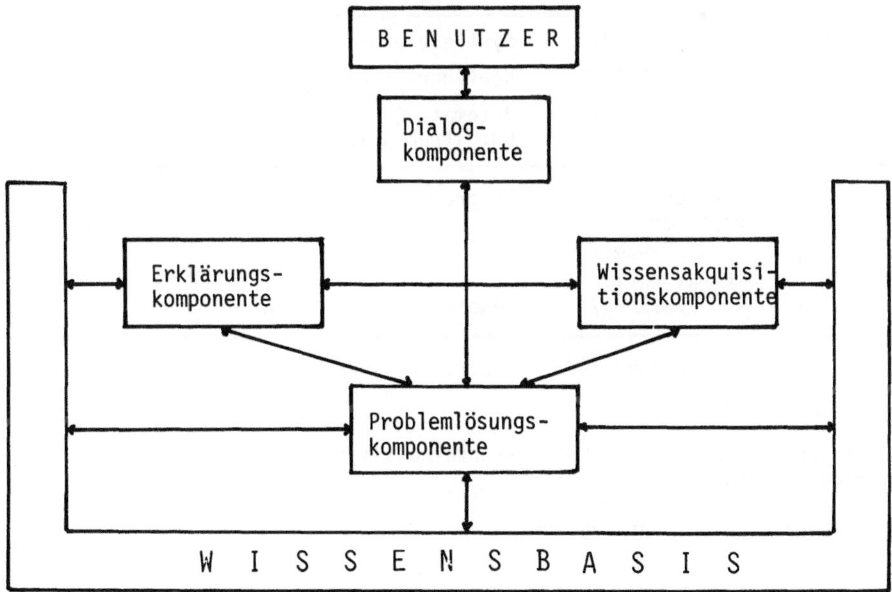

Abb. 2.1. *Aufbau von Expertensystemen*

Grundlage für Konstruktion und Funktion von Expertensystemen sind Methoden zur

* Wissensrepräsentation - Kodierung von Wissensinhalten im Rechner.
* Wissensmanipulation - Anwendung und Verarbeitung von Wissen.
* Wissensakquisition - Erwerb und Erweiterung von Wissen.

Hierbei sind wiederum die Methoden der Wissensrepräsentation grundlegend und werden in dieser Übersicht am ausführlichsten besprochen.

Anwendungen. Für einzelne Aufgabengebiete liefert Tab.1 Übersicht über exemplarische Expertensysteme und die in ihnen angewandten Methoden.

Aufgabengebiet	System	Beschreibung
Interpretation	DENDRAL /BUF 78/ Metasystem: MetaDENDRAL	Interpretation von Massenspektrogrammen organ. Molekülfragmente; WR: analog/PS
	Dipmeter Advisor /DAV 81/, /GER 82/	Interpretation geolog. Meßdaten aus Öl-bohrungen; WR:Frame-strukturierte PS, Tafel; Kontrolle durch Planformierung. WA:Dialog mit Experten.
Diagnose	MYCIN /SHO 76/ Metasystem:EMYCIN	Diagnose bakteriogener Infektionskrankheiten; WR:Kontextbäume/PS; WA:Dialog mit Experten (TEIRESIAS).
	INTERNIST /PMM 77/ Metasystem:EXPERT	Diagnose innerer Krankheiten; WR: PS; WA: Expertendialog und automat. Konstruktion von Produktionsregeln.
Planen	MOLGEN /STE 81/	Planung molekulargenet. Experimente; WR:Frame-strukturierte PS.
Konstruktion	SECS /WIP 74/	Synthese organ. Verbindungen
	R1 /MCD 80/	Konfigurierung von VAX-Systemen; WR:PS
	APE /BOR 81/	Automat. Programmkonstruktion WR: strukturiertes PS
Beweisen	Stanford Pascal Verifier /POL 81/	Programmverifikation; WR:PS
	Mkgraf Karl /SIE 80/	Beweisen log. Formeln.
Tutoring	SOPHIE /BBB 74/	Reparatur elektron. Bauteile

Abk.: WR = Wissensrepräsentation, WA= Wissensakquisition
PS = Produktionssystem

Tab.1: *Beispiele für Expertensysteme*

3. Methoden

Ihre Aufgaben bearbeiten Expertensysteme durch Manipulation der Wissensinhalte, die in ihrer Wissensbasis in einer geeigneten Wissensrepräsentation kodiert sind. Die Beschaffung, Aufbereitung und Kodierung von Wissensinhalten wird durch Verfahren der Wissensakquisition unterstützt. Manipulation und Akquisition bauen damit auf der Repräsentation von Wissen auf.

3.1. Wissensrepräsentation

Das von Expertensystemen benutzte und manipulierte Wissen entspricht dem, was auch der nachgebildeten Vorgehensweise von Spezialisten zugrunde liegt. Je nachdem, ob man Wissensinhalte als "passive Daten" oder anwendbare Prozeduren beschreibt, gelangt man zu verschiedenen Formen der Wissensrepräsentation:

* *deklarative Wissensrepräsentationen* geben Beschreibungen von Sachverhalten, die keine Angaben über Konstruktion und Gebrauch von Wissen enthalten.

  Beisp.: "die Liste (1 3 9 21 77) ist sortiert"

* *prozedurale Wissensrepräsentationen* beschreiben Verfahren zur Konstruktion, Verknüpfung und Anwendung von Wissen.

  Beisp.: Eine Prozedur für den Quicksort-Sortieralgorithmus.

* *Kontrollwissen* nennt man Verfahren zur Steuerung des Einsatzes deklarativer und prozeduraler Wissensbeschreibungen.

  Beisp.: Auswahlverfahren für optimale Sortierverfahren auf gegebenen Daten.

Diese Darstellungsarten werden häufig irreführend als deklaratives, prozedurales bzw. Kontroll-Wissen bezeichnet. Einzelne Wissensinhalte können jedoch in jeder Darstellungsform repräsentiert werden, deren Zweckmäßigkeit von der Anwendung abhängt.

In vielen Anwendungen kann von einzelnen Wissensinhalten nicht sicher gesagt werden, ob sie gelten oder nicht *(vages Wissen)*. Die Darstellung von Vagheit ist eng mit Modellen darüber verbunden, wie sich die Vagheit von Wissensinhalten bestimmen läßt, die sich aus der Verknüpfung mehrerer vager Wissensinhalte ergeben.

Formen der Wissensrepräsentation lassen sich verwenden, um gleichartige oder anders repräsentierte Wissensinhalte zu *strukturieren*. Die Gleichartigkeit von Strukturierungsmittel und Wissensrepräsentation ergibt sich daraus, daß Strukturierung von Wissen selbst einen Wissensinhalt bildet.

Häufig erfolgreich angewandte Wissensrepräsentationen werden im Laufe der Zeit zu verbreiteten Sprachelementen sowohl in Beschreibungs- und Repräsentationssprachen (deklarative Repräsentation), als auch in Programmiersprachen (prozedurale Repräsentation). Jede solche Sprache bildet daher eine Wissensrepräsentation. Wir beschränken uns auf solche Wissensdarstellungen, die speziell für die Anwendungen der künstlichen Intelligenz in Expertensystemen nützlich sind.

3.1.1. Deklarative Wissensrepräsentationen

(1) Prädikatenlogik. Prädikatenkalküle 1. Stufe /MEN 72, RIC 78/ bilden die Grundlage deklarativer Wissensrepräsentationen, deren Aufbau wir im folgenden voraussetzen. Zur Eingrenzung von Abteilungen werden häufig *Sortenkalküle* benutzt, in denen Funktionen und Prädikate auf bestimmte, durch Sorten benannte Mengen von Objekten beschränkt werden.

(1.1) Frame-Problem. In einigen Anwendungen (z.B. Spiele, Aktionspläne für Roboter) werden Expertensysteme zur Planung von Aktionen eingesetzt, die zu gewünschten Zielsituationen führen sollen.

Beisp.: In der *Klötzchen-Modellwelt* (engl. blocks world) gibt es Würfel A,B,C,..., die auf einem Tisch stehen oder übereinander gestapelt sind. Ein Roboterarm kann jeweils ein Klötzchen greifen, und auf den Tisch stellen bzw. auf ein anderes Klötzchen stapeln. Ein Zustand kann durch eine Konjunktion elementarer Aussagen beschrieben werden:

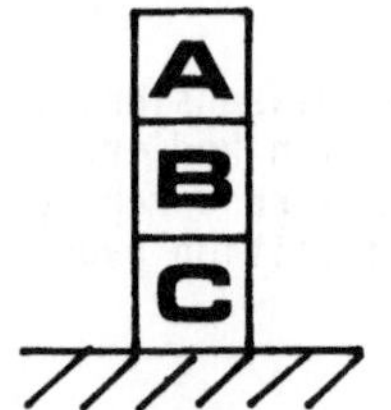

FREI(A) & AUF(A,B) & AUF(B,C) & AUF(C,TISCH)

Die Ausführung der Operation STAPELN(X,Y) ist in einem Zustand mit FREI(X) & FREI(Y) anwendbar und stapelt X auf Y. Eine Beschreibung der durch STAPELN (X,Y) bewirkten Zustandsänderung wäre extrem aufwendig, wenn man auch die nicht veränderten Zustandsbestandsteile mit aufführen müßte.

Die Aufgabe, für zustandsändernde Operationen zu beschreiben, was sich an Zuständen wie ändert und was nicht, nennt man das *Frame-Problem*.

(1.2) Zustandslogik. Ein Ansatz zur Beschreibung von zustandsändernden Aktionen besteht darin, alle Prädikate und Operationen mit einem Argument der Sorte "ZUSTAND" auszurüsten.

Beisp.: STAPELN(X,Y,z): FREI(X,z) & FREI(Y,z) → FREI(X,z´) & AUF(X,Y,z´)
Dieser Ansatz liefert eine *Zustandslogik* /MCH 69/

(2) Semantische Netze. Semantische Netze sind als graphische Veranschaulichung prädikatenlogischer Formeln entstanden. Ein semantisches Netz ohne Variable *(Grundnetz)* ist ein gerichteter Graph, dessen

* Knoten mit Individuennamen
* Kanten mit Prädikatnamen

beschriftet sind:

Beisp.:

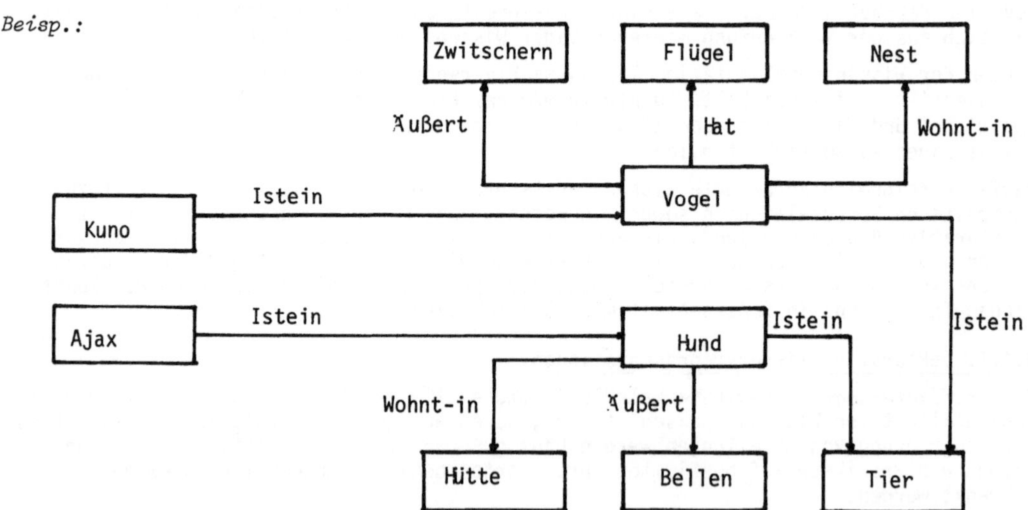

Knoten von semantischen Netzen können auch mit Termen beschriftet sein, in denen alle Variable implizit allquantifiziert sind. Durch *Skolemisierung* können damit auch existenzquantifizierte Formeln dargestellt werden.

Beisp.: "Jede Stadt hat ein Rathaus": $\forall$x:Stadt. $\exists$y:Rathaus. Hat(x,y)(*)
Sei f: Stadt $\rightarrow$ Rathaus; dann ist (*) äquivalent zu
$\forall$x:Stadt. Hat(x,f(x))

Logische Verknüpfungen werden durch Hilfslinien dargestellt:

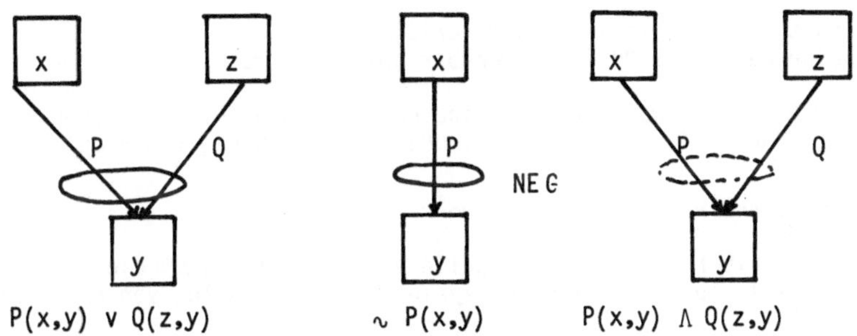

Lit.: /FIN 79/

3.1.2. Prozedurale Wissensrepräsentationen

(1) Produktionssysteme bestehen aus

* einer *Datenbasis* mit syntaktisch uniform kodierten Wissensinhalten (Daten)
* einer *Produktionsbasis*, d.h. einem System von *Produktionsregeln*.
  Eine Produktionsregel ist ein Paar <Test> $\rightarrow$ <Aktion>,
  wobei <Test> als Prädikat über der Datenbasis, und
  <Aktion> als Anweisung zur Änderung der Datenbasis interpretiert wird.
* einen *Regelinterpretierer*, der zusammengesetzt ist aus
  - einem *Pattern Matcher* zur Auswertung von Tests über der Datenbasis.
  - einem *Interpretierer* zur Ausführung von Aktionen, die Daten- und Produktionsbasis ändern können.
  - einer *Kontrolle*, die Produktionsregeln zur Oberfprüfung auf Anwendbarkeit und ggf. Anwendung auswählt.

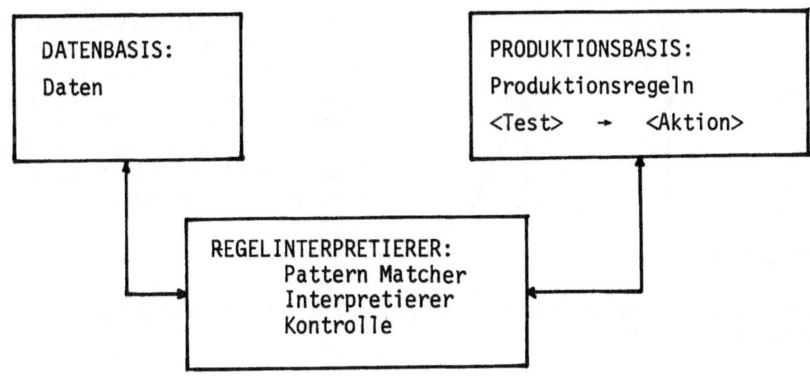

Abb. 3.1. *Architektur von Produktionssystemen.*

(1.1) Auswahl-Anwendungszyklus. Tests in Produktionsregeln werden als *Muster* (engl. pattern) ausgedrückt, d.h. als Ausdrücke mit Variablen. Die Auswertung eines Tests erfolgt dadurch, daß eine Substitution für die in ihm vorkommenden Variablen gesucht wird, so daß die Anwendung der Substitution das Muster in einen Ausdruck überführt, der in der Datenbasis vorkommt. Die Suche nach solchen Substitutionen heißt *Pattern Match* zwischen Muster und Datenbasis. Eine Produktionsregel test → aktion heißt *anwendbar* auf der Datenbasis db, wenn der Pattern Match erfolgreich eine Substitution δ liefert; die *Anwendung* dieser Produktionsregel besteht dann darin, (δ aktion) auf db auszuführen.

Diese Vorgänge laufen im Auswahl-Anwendungszyklus (engl.recognize-act-cycle) ab, nach dem der Regelinterpretierer arbeitet:

```
sei PB die Produktionsbasis,
    DB die Datenbasis im Anfangszustand
in
until (DB genügt einem Terminierungskriterium
      oder keine Regel aus PB ist anwendbar auf DB)  do
      begin
          (1) AUSWAHL:  wähle aus PB eine Regel P, die auf DB anwendbar ist;
          (2) ANWENDUNG:  DB  : =  (Ergebnis der Anwendung von P auf DB)
      end;
```

Abb. 3.2. *Auswahl-Anwendungszyklus in Produktionssystemen*

(1.2.) Kontrolle. Die Kontrolle des Regelinterpretierers nimmt die AUSWAHL einer anwendbaren Regel im Auswahl-Anwendungszyklus vor. Zwei Arten von *Kontrollstrategien* werden angewandt:

* *unwiderrufliche Kontrollstrategien* schließen aus, daß nach Auswahl und Anwendung von Regeln bei Mißerfolg wieder zu einer Situation vor Auswahl einer Regel zurückgegangen wird, um evtl. eine andere Regelauswahl zu verfolgen.
* *vorläufige Kontrollstrategien* ermöglichen dagegen eine spätere Revision von Auswahlentscheidungen.
  - bei *Rücksetzverfahren* (eng. backtracking) können bei Regelauswahl mögliche Alternativen zusammen mit dem Zustand der Datenbasis gespeichert und später wieder aufgegriffen werden.
  - bei *Graphsuchverfahren* werden die Konsequenzen der Anwendung anwendbarer Regeln bestimmt und ggf. unter Einbeziehung von Informationen aus Fehlwegen auf dieser Grundlage Auswahlentscheidungen getroffen.

(1.3) UND/ODER-Bäume. Häufig kann die von einem Produktionssystem bearbeitete Aufgabenstellung in mehrere Teilaufgaben zerlegt werden, von denen

- UND jede einzelne
- ODER nur mindestens eine

erfolgreich bearbeitet werden muß.

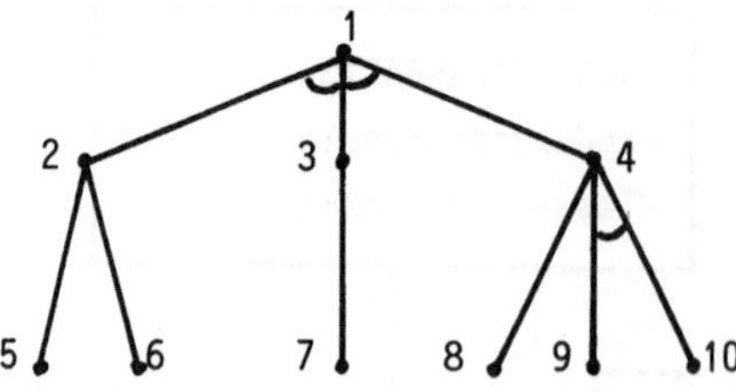

Dies wird in UND/ODER-Bäumen wie in Abb. 3.3 anschaulich dargestellt: Aufgabe 1 wird zerlegt in Teilaufgaben 2,3 und 4, von denen jede erreicht werden muß (UND-Bögen). Aufgabe 2 wird in die Teilaufgaben 5 und 6 zerlegt, von denen nur eine erreicht werden muß.

Abb. 3.3. *UND/ODER-Baum*

UND/ODER Bäume geben eine Darstellung der Abläufe von Produktionssystemen mit vorläufigen Kontrollstrategien.

(1.4) Vorwärts-, Rückwärts- und bidirektionale Produktionssysteme. Produktionsregeln kann man auch in Rückwärtsrichtung anwenden: Um den Effekt der Aktion zu erreichen, bildet der Test ein *Unterziel*, das wiederrum durch Aktionen von Regeln erreicht werden kann, sofern deren Tests als Unterziele erreicht werden können, usw. Diese vom Ziel ausgehende und damit *zielgerichtete Suche* endet, wenn ein Satz von Unterzielen durch die Datenbasis erfüllt wird und somit bei vorwärtsgerichteter Anwendung der bisher rückwärts verketteten Regeln das Ziel erreicht wird. Bidirektionale Produktionssysteme machen sich Vor- und Rückwärtsverkettung von Regeln zunutze.

Lit.: /DAK 77/ gibt eine gute Obersicht über die wichtigsten Mechanismen für Produktionssysteme. In/PDIS/ finden sich Arbeiten, die auch jetzt noch einen guten Querschnitt durch Forschungsprobleme geben. /NIL 80/ gibt eine breite und sorgfältige Einführung in Grundlagen und Anwendungen von Produktionssystemen.

(2) PROLOG: Prozedurale Interpretation der Prädikatenlogik. Die Prädikatenlogik kann nicht nur zur deklarativen, sondern auch zur prozeduralen Wissensrepräsentation angewandt werden. Diese Entdeckung liegt der Programmiersprache PROLOG (/CLO/ 81/) /VEM 77/ zugrunde.

Horn-Klausel. Ein *Literal* ist ein Prädikatsymbol gefolgt von einer Argumentliste von Termen (Beisp.: P(x,f(s,y))). Sind $q, p_1, \ldots, p_R$ Literale, in denen die Variablen $x_1, \ldots, x_n$ vorkommen so ist
$q \leftarrow p_1, \ldots, p_R$ eine *Horn-Klausel*, die für $\forall x_1,\ldots,x_n.\ q \leftarrow (p_1 \ \& \ \ldots \ \& \ p_R)$ steht

Interpretation. In einer Hornklausel $q \leftarrow p_1, \ldots, p_R$ wird q als Prozedurkopf und $p_1, \ldots, p_R$ als Prozeduraufrufe interpretiert. Ein Prozeduraufruf p an die Prozedur $q \leftarrow p_1, \ldots, p_R$ wird wie folgt ausgeführt:

(1) unifiziere p und q, d.h. suche eine Substitution δ, so daß $\delta p = \delta q$;
wenn Unifikation erfolglos *dann* Abbruch *sonst* (2);

(2) wende auf den Kontext, in dem p vorkommt, die Substitution δ an und ersetze darin δp durch $\delta p_1, \ldots, \delta p_R$.

Beispiel.

```
(1) ← teilvon (f,p)
(2) teilvon (a,p) ←
(3) teilvon (h,a) ←
(4) teilvon (f,h) ←
(5) teilvon (x,z) ← teilvon (x,y), teilvon (y,z)
```

(Dies ist ein PROLOG-Programm, in dem p für Person, a für Arm, h für Hand und f für Finger steht; x,y und z sind Variable.)

(1) ist die Aufgabenstellung, (2)-(4) sind Fakten, (5) ist eine Prozedur.

Eine mit (1) ("zeige, daß ein Finger Teil einer Person ist") beginnende Berechnung verläuft wie folgt:

```
              | ← teilvon (f,p)  (1)
(f/x), (p/z)  |                                  Aufruf von (1) an (5)
              | ← teilvon (f,y), teilvon (y,p)
(h/y)         |                                  Aufruf teilvon (f,y) an (4)
              | ← teilvon (h,p)  (6)
(h/x), (p/z)  |                                  Aufruf von (6) an (5)
              | ← teilvon (h,y), teilvon (y,p)
(a/y)         |                                  Aufrufe an (2), (3)
              |
```

(Eine PROLOG-Berechnung endet mit einer leeren Klausel)

Hinweise:

1. PROLOG unterstützt deklarative und prozedurale Wissensrepräsentationen, erlaubt jedoch keine explizite Darstellung von Kontrollwissen (vgl. PLANNER-artige Sprachen in 3.1.3).
2. Prozedurrümpfe sind *Mengen* von Prozeduraufrufen; die Reihenfolge der Abarbeitung ist (im Prinzip) beliebig: dies ist eine Kontrollabstraktion.
3. Zu einem Prozeduraufruf kann es mehrere aufrufbare Prozedurköpfe geben; die Auswahl ist (im Prinzip) indeterminiert; dies ist eine Kontrollabstraktion.
4. Ein- und Ausgabe verhalten sich symmetrisch: zu Ausgaben können auch Eingaben berechnet werden, oder umgekehrt, oder beides.
5. PROLOG ist gut zur Implementierung von Produktionssystemen geeignet.

3.1.3. Kontrollwissen

Die explizite Darstellung von Kontrollwissen bezieht sich stets auf die Repräsentation der jeweils kontrollierten Wissensinhalte.

Metaregeln. Eine Kontrolle der AUSWAHL im Regelinterpretierer von Produktionssystemen kann explizit durch *Metaregeln* (Regeln über die Anwendung von Regeln) dargestellt werden. In Metaregeln wird angegeben, in welcher Reihenfolge und unter welchen Bedingungen Produktionsregeln angewandt werden sollen. Insbesondere können Metaregeln die Regelanwendung aufgrund von Bedingungen über die Vorgeschichte und Zielsetzung von Berechnungen steuern.

Lit.: /DAV 77/, /DKL 79/, /GMW 79/, /WEY 80/.

Operator-Differenz-Tafeln. Eine sehr einfache Form der Darstellung von Kontrollwissen für Produktionssysteme wurde im *General Problem Solver* GPS /NSI 72/ vorgeschlagen und z.B. im Problemlösesystem STRIPS (Planformierung für Roboter: /FNI 71/, /FHN 72/) realisiert: Zwischen aktuellem und Zielzustand der Datenbasis wird eine *Differenz* gebildet. Jede Produktionsregel kodiert einen *Operator*. In einer *Operator-Differenz-Tafel* wird zusammengestellt, wie Differenzen durch Anwendung von Operatoren verändert werden. Die Auswahl anwendbarer Operatoren erfolgt dann dadurch, daß man zur aktuellen Zustand-Ziel-Differenz aus der Operator-Differenz-Tafel denjenigen Operator aussucht, der die Differenz am stärksten reduziert.

PLANNER-artige Sprachen. Bei der Anwendung von Produktionssystemen als Deduktionssysteme zur Ableitung behaupteter Sachverhalte liefert der Aktionsteil einer Regel
- bei *Vorwärtsverkettung* neue abgeleitete Aussagen, die man häufig als ASSERT-Partikel in der Datenbasis ablegt: (ASSERT Kuno zwitschert)
- bei *Rückwärtsverkettung* neue abgeleitete Teilziele, die man häufig als GOAL-Partikel in der Datenbasis ablegt: (GOAL Kuno (hat Flügel)).

Je nach Verwendungszweck kann man daher die Aussage
∀x. Istein(Vogel,x)   (hat (Flügel, x) & zwitschert (x))
formulieren als

```
(1) procedure  Istein (Vogel, ?X)
        begin  ASSERT (hat (Flügel $X)
               ASSERT (zwitschert $X)
        end
(2) procedure  zwitschert (?X)
        begin  GOAL (Istein (Vogel $X)
               ASSERT (zwitschert $X)
        end
```

?X ist *Matchvariable*, an die beim Aufruf-Match ein Wert gebunden wird, der an jedes Vorkommen von $X in der Prozedur übergeben wird.

Der Prozeduraufruf erfolgt durch *"pattern-directed invocation":* Keine der Prozeduren in (1), (2) hat einen Namen, sondern beide werden über die *Aufrufmuster* Istein (Vogel, ?X) und zwitschert (?X) aufgerufen: Z.B. liefert der Ausdruck Istein (Vogel, Kuno) einen erfolgreichen Aufruf-Match mit dem Aufrufmuster von (1), so daß die Prozedurausführung
(ASSERT hat (Flügel Kuno)) und (ASSERT zwitschert Kuno) der Datenbasis hinzufügt.

In Prozedurrümpfen können aufgrund lokaler Berechnungen weitere Daten aufgearbeitet, aber auch lokal berechnete Bedingungen an ASSERT-/GOAL-Instruktionen geknüpft werden.

Diese Überlegungen bilden die Grundlage des Programmiersprachenentwurfes PLANNER /HEW 72/, der zu zahlreichen Entwicklungen in Programmiersprachen geführt hat (z.B. QA4 /RDW 72/, Conniver /MDS 72/, QLISP /REB 76/, POPLAR /DAV 71/; Übersicht: /BDR 74/).

AMORD. In PLANNER wird die Benutzung eines Wissensinhaltes bei Einbau in das System festgelegt, so daß er im späteren Verlauf etwa aufgrund neu eingetretener Bedingungen nicht mehr eingeschränkt oder erweitert werden kann. In AMORD wird für jeden Wissensinhalt in der Datenbasis explizit beschrieben, ob und wodurch seine Gültigkeit gerechtfertigt ist und für welche Zwecke er wichtig ist. Diese Angaben können sich im Laufe einer Berechnung ändern, so daß für Neben- und Folgewirkungen ein *Truth-Maintenance-System* /DOY 79/ die Konsistenz der Datenbasis gewährleisten muß. Das AMORD-System erlaubt es ferner, über solche Angaben regelgesteuert zu reflektieren, so daß die Beziehung zwischen Kontrollentscheidungen und Wissensinhalten explizit Gegenstand von Ableitung ist. Auf diese Weise kann der Suchraum bei Problemlöse- und Beweisprozessen durch sehr effektive Nutzung problemspezifischer Wissensinhalte erheblich eingeschränkt werden.

Lit.: /DKL 79/, /BHRV 82/.

3.1.4. Vages Wissen

Die Gültigkeit von Sachverhalten ist häufig nicht sicher bekannt. Die Vagheit der Gültigkeit von Aussagen wird meist mit Zahlenwerten beschrieben, die auf Intervalle [-1, +1] bzw. [0,1] skaliert sind. Für die Konstruktion bzw. Ableitung neuer aus vagen Aussagen benötigt man Mechanismen, nach denen die Vagheit der neu gebildeten Aussagen bewertet wird. Häufig werden in *Mehrfachableitungen* dieselben Aussagen auf verschiedenen Wegen und mit unterschiedlicher Vagheitsbewertung abgeleitet. Sie können dann unter *Evidenzverstärkung/-abschwächung* (/WKU 79/, /WAH 81/) zusammengefaßt werden.

Die in Expertensystemen angewandten Ansätze basieren auf (1) *"Fuzzy" Mengentheorie* /ZAD 79/ und (2) dem in MYCIN realisierten Modell, das auf *Sicherheitsfaktoren* aufgebaut /SHO 76/.

In allen Ansätzen werden die Vagheitgrößen aus subjektiv bestimmten Zahlengrößen aufgebaut, da nicht auf der Grundlage statistischer Analysen argumentiert werden kann. So werden in MYCIN die Sicherheitsfaktoren bestimmt aus:

MB(h,e) := Zuwachs an Glaubwürdigkeit für die Hypothese h aufgrund der Evidenz e (aus [0,1])

MD(h,e) := Zuwachs an Unglaubwürdigkeit für die Hypothese h aufgrund der Evidenz e (aus [0,1])

Der Sicherheitsfaktor CF(h,e) für Hypothese h aufgrund von Evidenz e wird daraus bestimmt zu CF(h,e) := MB(h,e) - MD(h,e) (aus [-1, +1].
In der praktischen Entwicklung werden Größen MB(h,e), MD(h,e) und sogar CF(h,e) oft durch retrospektives Skalieren aufgrund des gewünschten Ergebnisses bestimmt. Theoretische Modelle für "fuzzy/inexact reasoning" dienen daher nicht der Fundierung der Vorgehensweise, sondern ihrer Erklärung und Erläuterung.

3.1.5. Strukturierung von Wissen: Frames, Units, Scripts

Zur Strukturierung von größeren Wissensmengen wurden M. Minsky /MIN 75/ die *Frames* vorgeschlagen, die eine Verallgemeinerung der Records (wie in Pascal) bzw. Property-Lists (in LISP) bilden: Ein Frame besteht aus einer Kollektion benannter Terminalfelder (engl. terminals, slots). Mit jedem Terminalfeld ist eine Beschreibung möglicher Einträge assoziiert wie (Typbeschreibungen, Bedingungen und Muster, mit denen Einträge einen erfolgreichen Match liefern müssen).

Beisp.: HAUS *frame*

Spezialisierung - von: GEBÄUDE
Ist-Teil-von : (DORF, STADTTEIL, STADT)
Stil : (LANDHAUS, REIHENHAUS, SCHLOß, WOHNTURM)
Zahl-der-Fenster : INTEGER, mehr als 2
Zahl-der-Türen : INTEGER (DEFAULT = 1)

(1) *Instanzen.* Durch Eintrag von erlaubten Werten in Terminalfelder entsteht aus einem Frame ein Frame, das Instanz des vorherigen ist (Spezialisierung). Ein Frame liefert damit zunächst einen *Erwartungsrahmen*, der zu konkreten Beschreibungen spezialisiert werden kann.

(2) *Vererbungshierarchien.* Im obigen Beispiel ist das Frame HAUS Teil einer Hierarchie von Frames:

* ein Frame GEBÄUDE liefert eine Beschreibung allgemeiner Charakteristika von Gebäuden und enthält Verweise auf Spezialisierungen wie HAUS. Die in den Terminalfeldern von GEBÄUDE genannten Einträge gelten auch für HAUS, so daß diese Einträge auf HAUS vererbt werden.
* im Frame HAUS sind Verweise auf weitere Frames enthalten, z.B. im Terminalfeld Ist-Teil-von : mögliche Einträge sind Verweise auf die Frames DORF, STADTTEIL, und STADT.
  Die Terminalfelder von GEBÄUDE und HAUS vererben sich jeweils weiter auf diese Frames.

Diese Frame-Hierarchie, in denen sich Terminalfelder auf jeweils abhängige Frames weiter vererben, heißt *Vererbungshierarchie* (engl. inheritance hierarchy).

(3) *Standardeinträge.* Bei der Instanziierung von Frames brauchen für einzelne Terminalfelder nicht notwendig Einträge angegeben zu werden. Um sicherzugehen, daß auf jeden Fall ein sinnvoller Eintrag vorhanden ist,können für Terminalfelder *Standardeinträge* (etwa mit dem Schlüsselwort DEFAULT, vgl. Zahl-der-Türen) angegeben werden. Werden bei der Instanziierung dann Einträge angegeben, so werden Standardeinträge überschrieben.

(4) *Triggers.* In ein Terminalfeld kann auch eine Prozedur (engl. trigger procedure) eingetragen werden, die bei Instanziierung Werte berechnet, die in dieses *oder ein anderes* Terminalfeld des Frames eingetragen werden.

(5) *Vernetzung durch gemeinsame Terminalfelder.* Frames können nicht nur durch Vererbung, sondern auch durch gemeinsame Terminalfelder miteinander vernetzt sein. Auf diese Weise können z.B. Triggerprozeduren in einem Frame Einträge auch für andere Frames bestimmen.

(6) *Transfer Frames.* Aktionen können als *Transformationen zwischen Frames* beschrieben werden. Häufig kommt es vor, daß Terminaleinträge in einem Frame aus Zusammenfassungen von Einträgen in anderen Frames bestimmt werden. Zusammenfassen und Einordnen in einen neuen Zusammmenhang ist eine Form von Lernen, die durch *Transfer Frames* realisiert werden kann: Ein Transfer Frame ist ein besonders genutztes Frame, das als Filter für Einträge aus anderen Frames dient, dieim Transfer Frame zusammengefaßt und - z.B. durch Vererbung oder Triggerprozeduren - an andere Frames weitergegeben werden.

Lit. Dieses Konzept wurde als Frames von Minsky /MIN 75/ , Scripts von Schank und Abelson /SCH 77/ und Units von Stefik /STE 80/ eingeführt. Frames bilden die grundlegende Struktur in den Wissensrepräsentationssprachen KRL /BWI 77/, FRL /ROG 77/, KLONE /BRA 78/ und ObjTalk /LAU 78/, sowie dem portierbaren Programmpaket UNITS /STE 80/. Frame-basierte Expertensysteme sind z.B. GUS /BOB 77/ und NUDGE /GOR 77/.

3.2. Wissensmanipulation

Für drei Bereiche der Manipulation von Wissen sind Verfahren entwickelt worden, die in Expertensystemen angewandt werden:

- *Transformation* von Wissen, d.h. Übersetzung zwischen Wissensrepräsentationen.
- *Deduktion*, d. h. Verknüpfung vorhandener und Ableitung neuer Wissensinhalte.
- *Synthese*, d.h. Verknüpfung vorhandener Wissensinhalte und ihre Einordnung in bzw. Verallgemeinerung zu Abstraktionen.

3.2.1. Transformation

Die Effizienz von Such- und Deduktionsverfahren ist meist entscheidend von der Repräsentation manipulierten Wissens abhängig: Zeit- und Speicheraufwand kann sich für ungünstige und geeignete Wissensrepräsentationen oft um einen Faktor in der Größenordnung mehrerer Zehnerpotenzen unterscheiden; dies kann entscheidend für den Unterschied zwischen praktischer Brauchbarkeit und Nutzlosigkeit sein.

In bisherigen Expertensystemen wurden überwiegend jeweils uniforme, d.h. für den gesamten Anwendungsbereich gleichartige Wissensrepräsentationen verwendet. Bei musterorientierten Ableitungssystemen (MOAS) sind dies Produktionssysteme, die auf einer einheitlichen, durch den Pattern Matcher festgelegten Mustersprache arbeiten. Für solche Mustersprachen werden häufig analoge Repräsentationen gewählt. (Beisp.: DENDRAL /BSF 69/). Größere Wissensbasen sind daher auf verschiedenen spezialisierten Wissensrepräsentationen aufgebaut, die durch Übersetzer ineinander überführt werden, so daß jeweils auf den geeignetsten Repräsentationen gearbeitet werden kann.

In vorliegenden Systemen bestehen Transformationen darin, problemangepaßte in rechnerangepaßte Darstellungen zu transformieren.Beispiele sind:

(1) Übersetzung von Produktionssystemen in effizierte LISP-Programme:
(/FMD 77/, /FOR 79/) : Übersetzer für QPS2 (Produktionssystemsprache).
/VME 79/: Übersetzer für Produktionsregeln in MYCIN-Syntax (Bestandteil des Metasystems EMYCIN).

(2) Übersetzung zwischen Repräsentationen für verschiedene Verarbeitungsstufen: Das Spracherkennungssystem HARPY /LOW 76/ repräsentiert Wissen zur Erkennung von Sprachäußerungen (als Ergebnis der phonetischen Verarbeitung) in einem Produktionssystem. Ein Übersetzer überträgt die Ergebnisse dieses Produktionssystems in ein Übergangsnetzwerk (ATN), auf dem die weitere syntaktische und semantische Analyse vorgenommen wird.

3.2.2. Deduktion

Die Entwicklung von Deduktionssystemen bezog sich bis ca. Ende des letzten Jahrzehnts vor allen auf zwei Aufgabengebiete:

- *Mechanisches Beweisen*, d.h. Ableitung vermuteter Sachverhalte aus anderen durch Anwendung von Ableitungsregeln, die durch algorithmische oder heuristische Strategien gesteuert wird.
- *Problemlösen*, d.h. Konstruktion von Lösungen zu Aufgabenstellungen durch Anwendung von Operationen aus Anfangssituationen.

Beide Bereiche sind eng miteinander verwandt; ihre Darstellung übersteigt den Rahmen dieser Übersicht.

Lit.: /BIB 81/, /LOV 78/ (Mechanisches Beweisen)
/NIL 80/ (Problemlösen)

Deduktionen in existierenden Expertensystemen werden druch Produktionssysteme ausgeführt, die in diesem Zusammenhang oft als *musterorientierte Ableitungssysteme* (engl. pattern-directed inference systems) bezeichnet werden. Im Mechanischen Beweisen gibt es seit einigen Jahren die Absicht zur Entwicklung von Systemen, in denen die Anwendung von Ableitungsregeln stärker durch heuristische, d.h. auf problem-bezogenen Wissen aufgebauten Strategien gesteuert wird /SIE 81/. Man kann daher erwarten, daß diese Gebiete zu einem zusammenwachsen werden.

Lit.: /PDIS/enthält Beiträge, die zusammen einen guten Oberblick liefern.

3.2.3. Synthese

Verknüpfen, Einordnen und Verallgemeinern von Wissensinhalten (Trainingsdaten) sind die vermutlich wichtigsten Mechansimen, die *Lernvorgängen* zugrunde liegen. Einschlägige Techniken bilden daher die Grundlage für eine *Mechanisierung der Wissensakquisition.* Eine grobe Klassifikation der Verfahren liefert die Unterscheidung in (vgl./MIT 82/)

- *datengetriebene* Strategien, in denen Änderungen an Hypothesen durch neu bebetrachtete Trainingsdaten ausgelöst werden.
- *erzeuge-und-prüfe*-Strategien, in denen neue Hypothesen zunächst unabhängig von Trainingsdaten erzeugt und an den verfügbaren Trainingsdaten überprüft werden, so daß die Hypothesen ausschließlich akzeptiert werden oder der Anstoß zur Bildung weiterer Hypothesen gegeben ist.

Beispiele für realisierte Methoden sind:

(1) Datengetriebene Strategien.

(1.1) Tiefe-zuerst-Expansion: eine *aktuelle Hypothese* wird an Trainingsdaten überprüft und ggf. verändert, so daß die geänderte Hypothese anschließend die aktuelle wird, usw.
Beisp.: /WIN 75/ (Verallgemeinern struktureller Beschreibungen von Linienzeichnungen).

(1.2) Breite-zuerst-Expansion: eine *aktuelle Menge von Hypothesen* wird an Trainingsdaten überprüft, so daß die beste anschließend die Grundlage zur Bildung einer neuen aktuellen Hypothesenmenge bildet.

Beisp.: SPROUTER /HRM 75/, TROTH /VER 74/.

(1.3) Versionsräume sind Mengen jeweils aller mit den Trainingsdaten verträglichen Hypothesen, aus denen aufgrund neuer Trainingsdaten weitere Versionsräume konstruiert werden.

Beisp.: LEX /MIT 78/.

(1.4) Programmsynthese aus Beispielsrechnungen konstruiert aus aufeinanderfolgend betrachteten Trainingsdaten optimale Programme.

Beisp.: /BEI 82/, /BIE 76/.

(2) Erzeuge-und-prüfe Strategien:

(2.1) Cartesische Überdeckungen: Trainingsdaten werden in einer mehrwertigen Logik repräsentiert. Durch Erweiterung von Verfahren zur Bestimmung von Primimplikanten (in der Schaltwerktheorie) auf diese Logik werden Hypothesen als minimale Oberdeckungen erzeugt.

Beisp.: /MC 79/.

(2.2) Konstruktion approximativer Hypothesen aus wenig zuverlässigen Trainingsdaten.

Beisp.: /BMI 78/.

3.3. Wissensakquisition

Wissensakquisition ist ein sehr aufwendiger Teil der Konstruktion von Expertensystemen. Hier für gibt es vor allem zwei Gründe:

(1) Ein Spezialist für ein diffuses Gebiet zeichnet sich vor allem durch schwer dokumentierbares heuristisches Wissen aus.
(2) Fertigkeiten von Experten manifestieren sich bei ihrer Anwendung. Wissensakquisition erfolgt daher zunächst durch Beobachtung und Befragen von Experten durch einen *Wissens-Ingenieur*, der seine Beobachtungen anschließend in geeigneten Wissensrepräsentationen darstellt, auf die ein Expertensystem zu-

greifen kann.

Es gibt zwei Ansätze zur Mechanisierung bzw. Unterstützung der Wissensakquisition:

- *Synthese neuer Wissensinhalte* durch Anwendung der in 3.2.3. beschriebenen Verfahren.
- *Rechner-gestützter Dialog mit Experten in einem erzeuge-und-prüfe-Zyklus:* Aus einem Expertensystem werden Beispiele erzeugt und einem Experten zur Beurteilung vorgelegt. Stellt der Experte Fehler fest, so erklärt das Expertensystem seine Vorgehensweise; der Experte kooperiert auschließend mit dem Wissensakquisitionsystem zur Korrektur und Weiterentwicklung des Expertensystems.
  Dieser Ansatz ist z.B. in TEIRESIAS /DAV 79/, der Wissensakquisitions- und Erklärungskomponente von MYCIN realisiert.

4. Schlußbemerkungen

4.1. *Inferenz-/Planungskomponente.* Die Auswahl der in dieser knappen Einführung besprochenen Methoden orientiert sich an der in Abb. 2.1 angegebenen Struktur von Expertensystemen. Eine Verfeinerung liefert die Aufspaltung der Problemlösungskomponente in eine

* *Inferenzkomponente* zur Ableitung von Wissen, welches nicht explizit in der Wissensbasis enthalten ist, und
* *Planungskomponente*, in der zielorientiert Pläne für Aktivitäten des Expertensystems entwickelt und ggf. an Zwischenergebnissen korrigiert werden.

Während Inferenzkomponenten meist als Produktionssysteme realisiert werden, liegen Planungskomponenten Methoden der Planformierung zugrunde, die hier nicht besprochen werden (vgl. /NIL 80/).

4.2. *Kooperierende Expertensysteme.* Expertensysteme haben sich jeweils für genau eingegrenzte, spezialisierte Aufgabenbereiche als erfolgreich erwiesen. Eine Ausweitung ihres Kompetenzbereiches stößt auch mit dem in 3.1.5 angegebenen Strukturierungsmethoden an Grenzen. Eine zukünftige Entwicklungsrichtung bilden daher Systeme kooperierender Expertensysteme, die auf Mehrrechnersystemen realisiert werden (vgl. /EL 79/, /SMI 79/).

4.3. *Wissenschaftliche und technische Relevanz.* Expertensysteme liefern zum erstenmal die Möglichkeit zur Entwicklung von Artefakten, welche vollständige Wissensbereiche systematisch darstellen, und aktiv verfüg- und anwendbar machen. Dies trifft besonders für *diffuse Gebiete* /RAU 81/ zu, die bisher nicht präzise beschrieben werden konnten, und auf denen Kompetenz nur durch langes Training und Erfahrungen sammeln erworben werden kann. Damit werden der Informationstechnik neue Anwendungen erschlossen.

5. Literaturverzeichnis

1. /BBB 74/ Brown, J:S: Burton, A.G. Bell. SOPHIE: A sophisticated instructional environment for teaching electronic trouble-shooting. Bolt, Beranek & Newman, Tech. Rep. No. 2790, 1974.

2. /BEI 82/ Beierle, C. Synthesizing minimal programs from traces of observable behavior. Proc. ECAI-82(1982)96-101.

3. /BFE 80/ Barr, A., E.A. Feigenbaum (Eds.). *The Handbook of Artificial Intelligence*. W. Kaufmann, Inc. 1980

4. /BHRV 82/ Benda, W., G. Hornung, P. Raulefs, F. Vollmann. Der Metabeweiser für die Zahlentheorie. Proc. GWAI-82 (1982).

5. /BIB 81/ Bibel, W. *Automated Theorem Proving*. Vieweg Verlag, 1982.

6. /BIE 76/ Bierman, A.W. Approaches to automatic programming. In M.C. Yovits, D. Rubinoff (Eds.), *Advances in Computers 1976*. Academic Press.

7. /BOR 74/ Bobrow, D., P. Raphael. New programming languages for Artificial Intelligence research. ACM Computing Surveys: 6(1974)153-174.

8. /BOR 81/ Bartels, U., W. Olthoff, P. Raulefs. APE: An expert system for automatic programming. Proc. 7thIJCAI-81(1981) 1037-1043.

9. /BMI 78/ Buchanan, B.G., T.M. Mitchell. Model-directed learning of production rules. In /PDIS/.

10. /BRA 78/ Brachanan, R.J. A structural paradigm for representing knowledge. Rept. No. 3605, Bolt, Beranek and Newman Inc., Cambridge, Mass., 1978

11. /BSF 69/ Buchanan, B.G., G. Sutherland, E.A. Feigenbaum. Heuristic DENDRAL: A program for generating explanatory hypotheses in organic chemistry. In MI4, 1969.

12. /BUF 78/ Buchmann, B.G., E.A. Feigenbaum DENDRAL and Meta-DENDRAL: Their applications dimension. AI:11(1978)5-24.

13. /BWI 77/ Bobrow, D., T. Winograd. An overview of KRL. Cognitive Science: 1(1977)3-46.

14. /CLO 81/ Clocksin, W.F., C.S. Mellish. Programming in Prolog. Springer Verlag, 1981.

15. /DAK 77/ Davis, R., J. King. An overview of production systems. In MI8(1977)300-332.

16. /DAV 71/ Davies, J.M. POPLAR: A POP-2 PLANNER. Tech. Rept. MIP-R-89, School of AI, Univ. of Edinburgh, 1971.

17. /DAV 77/ Davis, R. Meta-level knowledge: overview and applications. In 5thIJCAI-77 (1977)920-927.

18. /DAV 79/ Davis, R. Interactive transfer of expertise. Artificial Intelligence: 12(1979)120-157.

19. /DAV 81/ Davis, R. et al. The Dipmeter Advisor: Interpretation of geological signals. Proc. 7thIJCAI-81(1981)846-852.

20. /DKL 79/ de Kleer, J. et al. Explicit control of reasoning. In AI-MIT(1979,vol.1)93-116.

21. /DOY 79/ Doyle,J. A glimpse at truth maintenance. In AI-MIT(1979,vol.1)119-136.

22. /EL 79/ Erman, L.D., V. Lesser. The application of artificial intelligence techniques to cooperative distributed processing. 6thIJCAI-79(1979)537-540

23. /FHN 72/ Fikes, R.E., P.E. Hart, N.J. Nilsson. Learning and executing generalized robot plans. Artificial Intelligence: 3(1972)251-288.

24. /FIN 79/ Findler, N.V. (Ed.) *Associative Networks*. Academic Press, 1971.

25. /FMD 77/ Forgy, D., J.McDermott. OPS: A domain-independent production system. Proc. 5thIJCAI-77(1977)933-939.

26. /FNI 71/ Fikes, R.E., N.J. Nilsson. STRIPS: A new approach to the application of theorem proving to problem solving. Artificial Intelligence: 3(1971)189-208.

27. /FOR 79/ Forgy, C.A. On the efficient implementation of production systems. Ph.D.-Thesis. Dept. of Computer Science, Carnegie-Mellon Univ., Feb. 1979.

28. /GER 82/ Gershman, A. Building a geological expert system for dipmeter interpretation. Proc. ECAI-82(1982)139-140.

29. /GMW 79/ Gordon, M., R. Milner, C. Wadsworth. Edinburgh LCF. Springer LNCS:78, 1979

30. /GOR 77/ Goldstein,I.P., R.B. Roberts. NUDGE, a knowledge-based scheduling program. Proc. 5thIJCAI-77(1977)257-263.

31. /HEW 72/ Hewitt, C. PLANNER: A language for... Tech. Rept. TR-258, M.I.T. AI-Lab., 1972.

32. /HRM 75/ Hayes-Roth, F., D. Mostow. An automatically compliable recognition network for structured patterns. Proc. 4thIJCAI-75(1975)356-362.

33. /HWL 82/ Hayes-Roth, F., D. Waterman, D. Lenat (Eds.). *Building Expert Systems*. Mc Graw Hill, 1982.

34. /LAU 78/ Laubsch,J. ObjTalk. Tech.Rept. Inst. f. Informatik, Univ. Stuttgart (1978)

35. /LOV 78/ Loveland, D.W. *Automated Theorem Proving*. North-Holland, 1978.

36. /LOW 76/ Lowerre, B.T. The HARPY Speech Recognition System. Ph.D.-Thesis. Computer Science Dept., Carnegie-Mellon Univ., 1976.

37. /MC 79/ Michalsky, R.S., R. Chilansky. Knowledge-acquisition ba encoding expert rules versus computer induction from examples. Int.J. for Man-Machine Studies (1979).

38. /MCD 80/ McDermott, J. R1: A rule-based configurer of computer systems. Tech. Rept. CMU-CS-80-119, Dept. of Computer Science, Carnegie-Mellon Univ., 1980.

39. /MCH 69/ McCarthy, J., P.J. Hayes. Some philosphical problems from the standpoint of Artificial Intelligence. In MI4(1969)463-502.

40. /MEN 72/ Mendelssohn, E. *Introduction to Logic*, 1972.

41. /MDS 72/ McDermott, D.V., G.J. Sussmann The CONNIVER Reference Manual. MIT AI-Lab. Memo 259(1972).

42. /MIN 75/ Minsky, M. A framework for representing knowledge. In *The Psychology of Computer Vision*, P.H. Winston (Ed.), Mc Graw Hill, 1975

43. /MIT 78/ Mitchell, T.M. Version spaces: An approach to concept learning. Tech. Rept. STAN-CS-78-711/HPP-79-2, Computer Science Dept, Stanford Univ., 1978.

44. /MIT 82/ Mitchell, T.M. Generalization as search. Artificial Intelligence: 18(1982)203-226.

45. /NIL 80/ Nilsson, N.J. *Principles of Artificial Intelligence.* Tioga Publ. Co., 1980.

46. /NSI 72/ Newell, A., H.A. Simon *Human Problem Solving.* Prentice-Hall, 1972.

47. /PDIS/ *Pattern-directed inference systems.* Eds. D. Waterman, F. Hayes-Roth. Academic Press, 1978.

48. /PMM 77/ Pople, M.E., J.D. Myers, R.A. Miller. DIALOG: A model of diagnostic logic for internal medicine. Proc. 5th IJCAI (1977).

49. /POL 81/ Polak, W. The Stanford Pascal Verifier. In GWAI-81(1981)

50. /RAU 81/ Raulefs, P. Expert systems: State of the art and future trends. In GWAI-81(1982) und MEMO-SEKI-BN-81-03.

51. /RDW 72/ Rulifson, J.F., J.A. Derksen, R.J. Waldinger. QA4: A procedural calculus for intuitive reasoning. SRI AI-Center Tech. Rept. 73 (1972).

52. /REB 76/ Reboh, R. et al. QLISP: A language for the interactive development of complex systems. SRI AI-Center Tech. Rept. 120 (1976).

53. /RIC 78/ Richter, M. M. *Logikkalküle.* Teubner Verlag, 1978.

54. /SCA 77/ Schank, R.C., R.P. Abelson. *Scripts, Plans, Goals and Understanding.* Erlbaum Assoc., 1977.

55. /SHO 76/ Shortliffe, E.H. *Computer-Based Medical Consultations: MYCIN*, American Elsevier, 1976.

56. /SIE 81/ Siekmann, J. et al. Das Karlsruher Beweissystem. In GWAI-81(1981).

57. /SMI 79/ Smith, R.G. A framwork for distributed problem solving. 6thIJCAI-79(1979)836-841 und Tech. Rept. STAN-CS-78-700(1978), Computer Science Dept., Stanford Univ.

58. /STE 80/ Stefik, M. Planning with constraints. Tech. Rept. STAN-CS-80-784. Computer Science Dept., Stanford Univ. (1980).

59. /STE 82/ Stefik, M. The organization of expert systems. A tutorial. Artificial Intelligence: 18(1982)135-173.

60. /VEM 77/ van Emden, M.H. Programming with resolution logic. In MI8(1977)266-199.

61. /VER 74/ Vere, S.A. Inductive learning of structural productions. In /PDIS/.

62. /VME 79/ van Melle, W. A domain-independent system that aids in constructing knowledge-based consultation programs. Tech. Rept. STAN-CS-80-820, Computer Science Dept., Stanford Univ. (1979).

63. /WAH 81/ Wahlster, W. *Natürlichsprachliche Argumentation in Dialogsystemen*. Springer Informatik Fachberichte, Bd. 48. 1981.

64. /WEY 80/ Weyhrauch, R. Prolegomena to a theory of mechanized formal reasoning. Memo, Computer Science Dept, Stanford Univ., 1980.

65. /WIN 75/ Winston, P.H. Learning structural descriptions from examples. In *The Psychology of Computer Vision*, P.H. Winston (ed.), McGraw Hill, 1975.

66. /WIP 74/ Wipke, W.T. Computer-assisted 3-dimensional synthetic analysis. In Computer-Representation and Manipulation of Chemical Information, Eds. Wipke, Heller, Feldman and Hyde. Wiley-Interscience, 1974.

67. /WKU 79/ Weiss, S., S.A. Kulikowski. EXPERT: A system for developing consultation models. 6thIJCAI-79(1979)942-947.

68. /ZAD 79/ Zadeh, L. A theory of approximate reasoning. In MI9(1979).

Abk.:

AI-MIT	=	Artificial Intelligence: An MIT Perspective. Eds. P.H. Winston, R.H. Brown. MIT Press, 1979.
ECAI	=	European Conference on Artificial Intelligence.
GWAI	=	German Workshop on Artificial Intelligence.
IJCAI	=	International Joint Conference on Artificial Intelligence.
MI	=	Machine Intelligence.

IMPERATIVE, PRÄDIKATIVE UND FUNKTIONALE PROGRAMMIERUNG
(Kurzfassung)

Reinhard WILHELM
FB 10 - Informatik
Universität des Saarlandes
D-6600 Saarbrücken

Es werden im folgenden kurz die Werkzeuge charakterisiert, mit denen man imperativ, prädikativ oder funktional programmiert, nämlich die Programmiersprachen des jeweiligen Typs.

Imperative (Kontrollfluß-)Programmiersprachen

Beispiele: FORTRAN, ALGOL 60, ALGOL 68, SIMULA, PASCAL, PLI, ADA, ... Charakteristisch für diese Klasse von Programmiersprachen ist das zugrundeliegende Berechnungsmodell, die sogenannte von Neumann-Architektur. Diese Architektur ist durch die konventionelle CPU-Speicher-Kombination charakterisiert, welche in fast allen käuflich erwerbbaren Rechnern - vom Hobby-Computer bis zum Großrechner - existiert. Konzepte der Maschine scheinen bis in die Programmiersprache durch, etwa Variablen als Namen für Speicherzellen oder Gruppen von Speicherzellen, Ausdrücke als Berechnungen auf Speicherinhalten, Wertzuweisungen als Speicheroperationen, die den Zustand der Maschine verändern.

Im Laufe der Weiterentwicklung wurden aber auch Möglichkeiten zur Abstraktion eingeführt: höhere Kontrollstrukturen, Blockstruktur, Prozeduren, Typen, verschiedene Realisierungen abstrakter Datentypen wie etwa Klassen, Moduln, packages. Für die (explizite) Beschreibung paralleler (konkurrenter) Aktivitäten wurden Konzepte wie Prozesse, Monitore, Tasks, Semaphore und bedingte kritische Bereiche in neue oder existierende Sprachen integriert. Die Nähe zur Maschine erlaubt die effiziente Ausnutzung der zur Verfügung stehenden Rechenleistung.

Prädikative Programmiersprachen

Beispiel: PROLOG (Colmerauer)
Fernziel: Das zu lösende Problem wird in der Sprache der Prädikatenlogik beschrieben, und ein geeignetes System leitet aus dieser Problemspezifikation mehr oder weniger automatisch einen Algorithmus in (effizient) ausführbarer Form ab. Dieser Ansatz wird oft als Programmsynthese bezeichnet.

In PROLOG hat der Programmierer im Dialog mit dem System die Möglichkeit, Fakten anzugeben und Fragen zu stellen. Fakten werden angegeben, indem ein Prädikat und ein Tupel von Argumenten aufgelistet werden, auf welchen das Prädikat erfüllt ist. Fragen werden gestellt, indem man zu gegebenen Argumenten eines Prädikats eine Kombination von restlichen Argumenten sucht, welche dann zusammen das Prädikat erfüllen.

Funktionale Programmiersprachen

Programmiersprachen: LISP (McCarthy), FP (Backus), HOPE (Burstall), SASL, KRC (Turner)
Wie der Name sagt, wird in funktionalen Programmiersprachen mit Funktionen programmiert. Neben einer Menge von Basisfunktionen, etwa arithmetischen Funktionen, Konstruktions- und Selektionsfunktionen für strukturierte Objekte und sonstigen Funktionen, welche dem Anwendungsbereich angepaßt sind, gibt es die Möglichkeit, neue Funktionen zu definieren. Eine Funktion wird durch Angabe einer Parameterliste und eines definierenden Ausdrucks definiert. Im definierenden Ausdruck können wieder bereits definierte Funktionen und auch die zu definierende Funktion auftreten, d.h. ein wesentliches Element in funktionalen Programmiersprachen ist Rekursion.

Eine Stärke funktionaler Programmiersprachen, aber auch eine der Schwierigkeiten für effiziente Implementierungen, liegt in der Existenz höherer Funktionen, d.h. von Funktionen, welche Funktionen als Argumente und als Werte haben.

Es gibt kein Variablenkonzept, keine Wertzuweisung wie in imperativen Sprachen, deshalb keine Seiteneffekte beim Aufruf (bei der Anwendung) von Funktionen. Funktionen werden aufgerufen und ausgewertet, wenn ihre Resultate als Argumente von anderen Funktionen benötigt werden ("demand driven evaluation"). Hier liegt ein Unterschied zu Datenflußsprachen, welche ansonsten viele Eigenschaften mit den funktionalen Sprachen gemein haben, und deshalb häufig mit ihnen zur Gruppe der applikativen Sprachen zusammengefaßt werden.

Datenflußsprachen

Programmiersprachen: VAL (Ackermann, Dennis), ID (Arvind, Gostelow, Plouffe), LAU (Comte et. al.), LUCID (Ashcroft, Wadge)
Datenflußsprachen sind geprägt von einer bestimmten parallelen Rechnerarchitektur, bezeichnet als Datenflußrechner. Konzeptionell sieht diese folgendermaßen aus: Eine Menge von Spezialprozessoren für jeweils eine Operation ist mit einem Netz von gerichteten Leitungen verbunden. Längs dieser Leitungen werden Objekte transportiert. Hat ein Prozessor alle Argumente für seine Operation erhalten, so führt er die Operationen auf ihnen aus, konsumiert dabei die Argumente und gibt das Ergebnis auf die Ausgangsleitung. Diese Art von Auswertungsstrategie heißt "data driven". Die Sprachen, welche für diese Datenflußrechner entwickelt wurden, haben i.a. die "single assignment"-Eigenschaft, d.h. jeder Name benennt im Programm nur einen Ausdruck. Dessen Wert kann unter diesem Namen in anderen Ausdrücken verfügbar gemacht werden. Spezielle Konstruktionen werden allerdings für Schleifen benötigt, in denen ja Namen iterativ neue Werte bezeichnen sollen. Schleifen (also Iteration) sind kennzeichnend für Datenflußsprachen. Sie spiegeln Zyklen im Datenflußrechner wieder.

B i b l i o g r a p h i e

Bücher: Überblick über Programmiersprachen verschiedenen Typs:

T.W. Pratt: Programming Languages: Design and Implementation, Prentice-Hall (1975)

J.E. Sammet: Programming Languages: History and Fundamentals, Prentice-Hall (1969)

H.J. Schneider: Problemorientierte Programmiersprachen, Teubner, Stgt. (1981)

Überblick über Programmkonstruktionsmethoden für mehrere Programmiersprachentypen:

A. Biermann, H. Guihot, I. Kodratoff: Automatic Program Construction Techniques, McMillan (im Druck)

F.L. Bauer, H. Wössner: Algorithmische Sprache und Programmentwicklung, Springer-Verlag (1981)

Überblick über die Architekturen, welche imperativen, funktionalen und Datenflußsprachen zugrunde liegen:

P.C. Treleaven, D.R. Brownbridge, R.P. Hopkins: Daten-Driven and Demand-Driven Computer Architecture, ACM Comp. Surveys, 14(1), 1982

Imperatives Programmieren

S. Alagić, M.A. Arbib: The Design of Well-Structured and Correct Programs, Springer-Verlag (1978)

O.-J. Dahl, E.W. Dijkstra, C.A.R. Hoare: Structured Programming, Academic Press (1972)

E.W. Dijkstra: A discipline of programming, Prentice-Hall (1976)

R. Hahn: Höhere Programmiersprachen - Einführung - , Akademische Verlagsgesellschaft, Wiesbaden (1981)

N. Wirth: Systematisches Programmieren, Teubner, Stgt. (1978)

N. Wirth: Algorithmen und Datenstrukturen, Teubner, Stgt. (1979)

und viele hundert PASCAL, ALGOL 60, PL/I, ...-Bücher.

Prädikatives Programmieren

W.F. Clocksin, C.S. Mellish: Programming in Prolog, Springer-Verlag (1981)

R. Kowalski: Logic for Problem Solving, North Holland (1979)

Sonstige Publikationen:

W. Bibel: Prädikatives Programmieren, Lect. Notes Comp. Sc. 33, Springer-Verlag, 274-283, 1975

W. Bibel, U. Furbach, J. Schreiber: On strategies for the synthesis of algorithms in Proc. 5th GI-conf. on Programming Languages, K. Alber (ed.), Informatik-Fachberichte 12, Springer-Verlag, 97-109, 1978

K.L. Clark, F.G. McCabe: Prolog: A Language for Implementing Expert Systems, Technical Report: DOC 80/21 (1980), Imperial College, Dep. of Computing, London

Colmerauer et. al.: Last Steps towards an Ultimate PROLOG, Intl. Joint Conf. on Artificial Intelligence, 1981

J.R. Ennals: An Introduction for Teachers, Publication No. DOC 81/7, 1981, Imperial College, Dep. of Computing, London

H. Guihot, Gresse: Program Synthesis from Incomplete Specifications, Springer Lec. Notes 87

R. Kowalski: Predicate Logic as a Programming Language, in Information Processing 74, North Holland, 1974

R. Kowalski: Algorithms = Logic + Control, CACM 22(7), July 1979

Funktionales Programmieren - Bücher -

W.H. Burge: Recursive Programming Techniques, Addison-Wesley, 1975

P. Henderson: Functional Programming: Application and Implementation, Prentice-Hall (1980)

J. Darlington, P. Henderson, A. Turner: Functional Programming and its Applications,Cambridge University Press (1982)

L I S P

J. Allen: Anatomy of LISP, McGraw-Hill Series in Artificial Intelligence (1978)

McCarthy et. al.: LISP 1.5 Programmer's Manual, MIT Press, Cambridge Mass., 1962

H.W. Winston, B.K.P. Horn: LISP, Addison-Wesley Publ. Comp. (1981)

BYTE, Special Issue on LISP, Aug. 1979, McGraw Hill

Sonstige Publikationen:

Tagungsband (ACM 81): ACM 1981 Conf. on Functional Programming Languages and Computer Architecture

J. Backus: Can Programming be literated from the von Neumann Style? A Functional Style and its Algebra of Programs, CACM 21(8), 1978

J. Backus: Function Level Programs as Mathematical Objects, in (ACM 81)

G. Berry: Programming with Concrete Data Structures and Sequential Algorithms, in (ACM 81)

R.M. Burstall, D.B. McQueen, D.F. Sanella: HOPE: An Experimental Applicative Language, LISP Conference, Stanford 1980

J. Guttag, J. Horning, J. Williams: FP with Data Abstraction and Strong Typing, in (ACM 81)

R.M. Keller, G. Lindstrom: Applications of Feedback in Functional Programming, in (ACM 81)

B. Nordström: Programming in Constructive Set Theory: Some Examples in (ACM 81)

D.A. Turner: The Semantic Elegance of Applicative Languages, in (ACM 81)

D.A. Turner: The Future of Applicative Programming, 3rd ECI-Conf., Springer Lec. Notes 123, 1982

Datenflußsprachen:

(IEEE 82), IEEE Computer, Feb. 82, Data Flow Systems

W.B. Ackerman: Data Flow Languages, in (IEEE 82)

W.B. Ackerman, J.B. Dennis: VAL-A value oriented algorithmic language, preliminary reference manual, Tech. Rep. TR-218, Lab. for Computer Science, Massachusetts Institute of Technology, June 1979

Arvind, K.P. Gostelow, W. Plouffe: An asynchronous programming language and computing machine, Tech. Rep. 114a, Dep. Information and Computer Science, Univ. of California, Irvine, Dec. 1978

E.A. Ashcroft, W.W. Wadge: LUCID, a nonprocedural language with iteration, Commun. ACM 20, 7 (July 1977), 519-526

J.B. Dennis: Data-flow supercomputers, Computer 13, 11 (Nov. 80), 48-56

O. Gelly et al.: LAU software system: A high level data driven language for parallel programming, in Proc. 1976, Int. Conf. Parallel Processing (Aug. 76), p. 255

A. Plas et al.: LAU system architecture: A parallel data driven processor based on single assignment, in Proc. 1976, Int. Conf. Parallel Processing (Aug. 76), pp. 293-302

F A C H G E S P R Ä C H

INTERAKTIVE SYSTEME -
BEISPIELE FÜR METHODISCHES VORGEHEN BEIM ENTWURF

veranstaltet von der
Fachgruppe Interaktives Programmieren / Interaktive Systeme
im Fachausschuß 2

Inhalt des Fachgesprächs — Seite

* Der Beitrag lag leider zum Zeitpunkt der Drucklegung noch nicht vor.

Vorwort:

Bedingt durch die Möglichkeiten hochminiaturisierter Elektronik, wachsen dem Rechner am Arbeitsplatz neue Rollen zu. In der Terminologie der beiden folgenden Beiträge formuliert, kann man an ihn Arbeit delegieren , er kann in synergistischer Weise Arbeitsgruppen ergänzen. Für eine breite Nutzung dieser Möglichkeiten ist noch viel Detailarbeit zu leisten, damit die Delegation von Routinearbeiten des nicht tagtäglichen Bedarfs nicht aufwendiger wird als die Routinearbeiten selbst. Die Mensch-Maschine-Kommunikation setzt eigenständig und gleichberechtigt zu anderen Problemkreisen neue Randbedingungen für Hardware- und Software-Entwicklung.

Soll der delegierende Dialog befriedigend sein, so ist "Symmetrie" zu fordern, d.h. nicht nur der Rechner bietet Lösungsmethoden an, die der (be)nutzende Mensch zu verstehen hat, sondern auch der Rechner "versteht" menschliche Lösungsmethoden - im langfristigen Idealfall durch Auswertung von Beispielen und Dialog auf begrifflicher Ebene. Dieses "über die Daten-Übertragung hinaus hin zur Methoden-Vermittlung" kann zum gegenwärtigen Stand der allgemeinen Erkenntnis noch als weitgehend ungelöst betrachtet werden.

Deshalb ist zwischenzeitlich zumindestens zu fordern, daß der Mensch (wenn ihm schon auferlegt ist, abstrahierend zu programmieren sowie sein Wissen in algorithmischer Form einzubringen...) seinen Beitrag an Methoden in einer geordneten und dennoch nicht einengenden Verfahrensumwelt erbringen kann, um durch Analogschlüsse und Strukturierung schneller zum Ziel zu kommen. Methodisches Vorgehen beim Entwurf interaktiver Systeme ist unbestreitbare technische und wirtschaftliche Notwendigkeit. Das Fachgespräch versucht, diesen Aspekt erneut bewußt zu machen.

Reinhard Kofer
SIEMENS AG , ZTI INF 23

Das dedizierte Software-Enwicklungssystem PET/MAESTRO
- 6 Jahre Entwicklung, Vertrieb und Nutzung -

Rita Nagel,
K.-H. Herrmann

Softlab GmbH
München

Inhalt:
----

1. Chronik von PET/MAESTRO
2. Werkzeugnutzung auf herkömmlichen Großrechnern
3. Das Basiskonzept von PET/MAESTRO
4. Die Benutzerschnittstelle
5. Feedback von Anwendern - Einfluß auf die Weiterentwicklung
6. DFÜ-Schnittstellen zu Zielrechnern
7. Informationsmanagement via Regiepult
8. Resumee
9. Literatur

Chronik von PET/MAESTRO

1974 Mit finanzieller Unterstützung des Bundesministerereriums für Forschung und Technologie wird mit der Entwicklung eines Programm-Entwicklungs-Terminals (PET) begonnen.

1975 Auf der Systems '75 wird PET als Programmiersystem der Fachwelt vorgestellt. Philips und Softlab beschließen die gemeinsame Weiterentwicklung und den Vertrieb von "PET/X1150".

1976 Softlab und Philips installieren die ersten PET-Systeme bei Pilotkunden.

1977 Die Vertriebsaktivitäten werden in vollem Unfang aufgenommen. Vertriebsbeginn und erste Installationen in Österreich.

1978 PET/X1150 wird zum umfassenden Software-Entwicklungs-System ausgebaut. Der Vertrieb in Holland beginnt.

1979 Über 2000 Software-Entwickler arbeiten bereits mit PET/X1150. Aufnahme des Vertriebs in den USA und Kanada unter der Produktbezeichnung "MAESTRO".

1980 Gründung von Softlab Systems Inc, San Francisco. Die Bank of America ordert die MAESTRO-Systeme, die dann auf 576 Arbeitsplätze ausgebaut werden. Vertriebsstart in Dänemark, Schweden und Frankreich.

1981 In Belgien, Großbritannien, Spanien und der Schweiz wird der Vertrieb aufgenommen. Größter Abschluß in Deutschland: Die Dresdner Bank ordert 150 PET-Arbeitsterminals. Für die Software-Entwicklung im eigenen Haus installiert Softlab das 100. PET-Terminal.

1982 Zur Hannover Messe '82 wird das weiterentwickelte System unter dem Namen PET/MAESTRO präsentiert. Als wesentliche Erweiterung wird das integrierte Projektmanagementsystem PLUS angeboten. Inzwischen nutzen mehr als 7000 Anwender PET/MAESTRO für ihre Aufgaben in der Software-Entwicklung.

Werkzeugnutzung auf herkömmlichen Großrechnern

Daß und warum die Eingabe und Änderung von Programm-Quelltexten über Bildschirme unmittelbar in die rechnergestützte Datenhaltung sinnvoller ist als traditionelle Datenerfassungs-Verfahren, muß wohl nicht mehr ausführlich erläutert werden: viele Firmen kennen die Vorteile der Online-Bildschirm-Erfassung ja schon, sei es beim Programmierer selbst, in den Fachabteilungen oder auch im Textverarbeitungs-Sekretariat. Der wesentliche Vorteil des Bildschirmes besteht darin, daß Tippfehler schnell und unproblematisch korrigiert werden können und die Daten direkt in den entsprechenden Bibliotheken gespeichert werden, also auf Arbeitsvorbereitung und Operating verzichtet werden kann. Eingabefehler werden vom Programmierer dann später selbst korrigiert, wie auch die weitere Bearbeitung meist durch ihn selbst erfolgt.

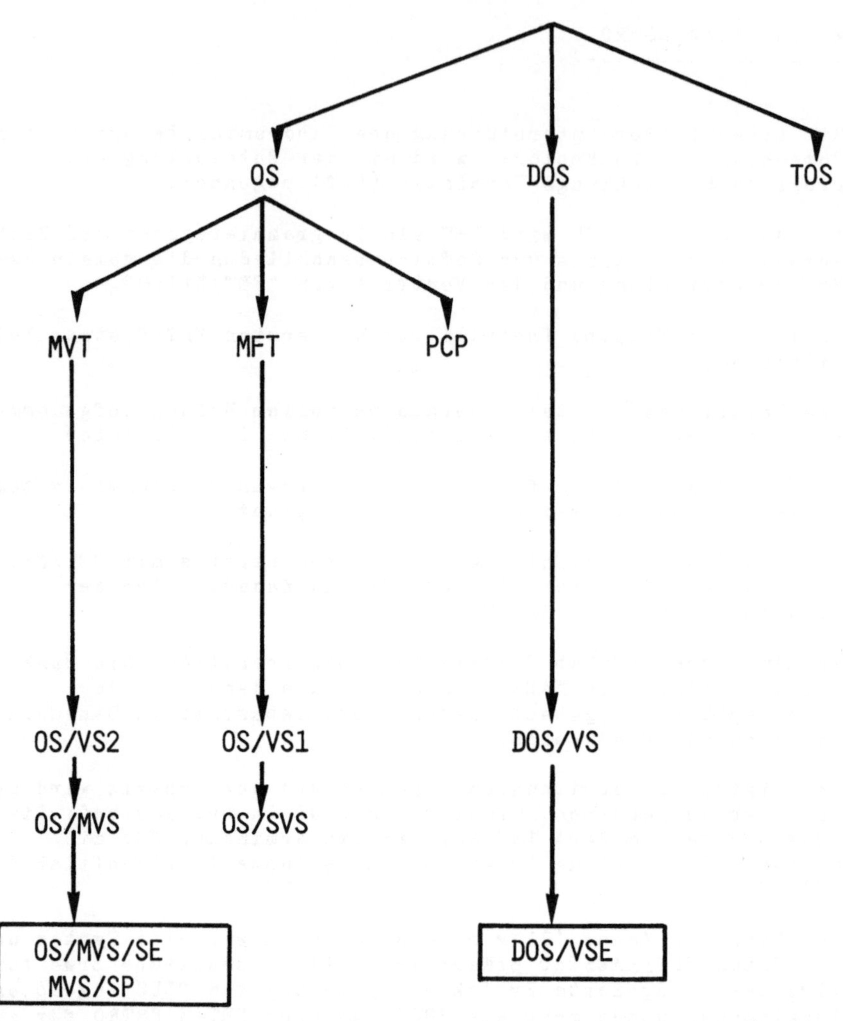

Abb. 1
Entwicklung der Betriebssysteme

In der täglichen Praxis zeigen sich jedoch eine Reihe von Mängeln, die zu unüberwindlichen Akzeptanzproblemen führen können:

- Die Antwortzeiten sind unbeständig und zu lang, sobald eine größere Anzahl von Dialog-Terminals angeschlossen wird.

- Die Benutzerschnittstelle ist zu "sequentiell". Sie geht von der praxisfremden Vorstellung aus, daß der Programmierer das Programm "von vorne nach hinten herunterschreibt", was weder der modernen Software-Entwicklungs-Methodik der "schrittweisen Verfeinerung" noch der auf Papier gewohnten Arbeitsweise entspricht.

- Der Datenschutz ist oft nur unzureichend gelöst, ebenso die Revisionsfähigkeit der Dokumente. So fehlt nicht selten die schlüssige Möglichkeit von Änderungsnachweisen.

- Die Datensicherheit ist vor allem in virtuellen Systemen nicht unproblematisch. Bei Systemabstürzen können mehrere Stunden produktiver Arbeit verloren gehen.

Diese offenkundigen Mängel in der Benutzerschnittstelle verwundern nur so lange, wie man sich nicht die technischen Grundlagen vergegenwärtigt, die den meisten Host-Systemen zugrunde liegen: sie sind implementiert unter Betriebssystemen, welche über oft 15 Jahre und mehr hinweg aus reinen Stapelsystemen heraus entstanden sind (s. Abb.). Und stapelorientierte Betriebssysteme auf stapelorientierten Rechnern bringen nun einmal die oben zitierten Nachteile mit sich, selbst dann, wenn man nachträglich mit viel Aufwand und Software eine Dialogfähigkeit "auf sie aufpfropft". Hier liegt die Wurzel des Akzeptanzproblems für viele interaktive Softwareentwicklungs-Werkzeuge. Denn die Probleme der Basiswerkzeuge schlagen auf alle weiteren phasenorientierten Werkzeuge durch.

Es liegt nahe, die Frage zu stellen, ob die dedizierte Verwendung eines üblichen Hostrechners - wie er auch in der Produktion verwendet wird und für den die Software zu entwickeln ist - die aufgezeigten Probleme ausräumt. Dies muß verneint werden, da zwar partielle aber keine prinzipiellen Verbesserungen erreicht werden. Ein batch-orientierter Rechner wird auch dann nicht zum Realzeit-Rechner wenn er dediziert eingesetzt wird. Partielle Verbesserungen können in Abhängigkeit der kapazitativen Auslegung jedoch sein:

- Verkürzung der Antwortzeiten,
- weniger Ausfälle und
- höhere Verfügbarkeit.

Um die Probleme jedoch prinzipiell zu lösen, sind eine Reihe besondere Hardware-Eigenschaften wichtig:

- echte Dialogrechnereigenschaften, wie sie z.B. Prozessrechnern zu eigen sind,

- Bildschirme, die unmittelbar an den Arbeitsspeicher gekoppelt sind und deren Bildinhalte damit ohne jede Verzögerung geändert oder sogar völlig ausgewechselt werden können,

- eine softwaremäßig beliebig zu programmierende Schreibmarke (Cursor), welche eine unaufdringliche, aber wirksame Benutzerführung ermöglicht,

- Tastaturen, welche der Zentraleinheit ohne jede Verzögerung jedes einzelne angeschlagene Zeichen sofort zur Bearbeitung übergeben und

- Großplatten mit eigener Intelligenz, welche den hohen Datendurchsatz ermöglichen, ohne den ein schnelles Antwortverhalten bei gleichzeitig maximaler Datensicherheit nicht zu erzielen ist.

Das Basiskonzept von PET/MAESTRO

Diese Überlegungen führten bei der Münchner Softlab GmbH zur Entwicklung des PET/MAESTRO-Systems. Die Hardware dazu wurde entsprechend den oben angeführten Vorstellungen in der X1150 von Philips gefunden.

Damit konnten 2 wesentliche Anforderungen erfüllt werden:

- gesichertes Antwortzeitverhalten im Sekundenbereich, das keine Unterbrechungen des Gedankenflusses verlangt, und

- schnelles Neuladen bei maximalem Schutz der bereits vom Benutzer eingegebenen Informationen auch bei Systemausfällen.

Beide Forderungen werden von Dialogprogrammiersystemen auf Großrechnern nicht erfüllt. Bei einer Installation, in welcher sowohl PET/MAESTRO als auch ein derartiges System zur Verfügung gestellt wurden, ließ sich an Hand der Logbücher über die Systembenutzung ein deutliches Abwandern der Programmierer zum schnelleren System beobachten. Nicht zufällig ist deshalb der Stammvater von PET/MAESTRO eines der erfolgreichsten Datenerfassungssysteme (Philips X1150). Auch auf ihm konnten jedoch erst eine Reihe neuartiger Software-Konzepte die extremen Anforderungen realisieren, deren Verwirklichung erst die breite Benutzerakzeptanz brachte (Mitte 82 über 7000 Benutzer).

Die bereits bei Beginn der Systemplanung bekannten Akzeptanzforderungen

- Einfachheit der Bedienung,
- Sicherheit der Datenbestände,
- schnelle Antwortzeit und
- schnelles Neuladen

verlangten einen konzeptionell möglichst einfachen Systemaufbau, welcher zugleich eine tragfähige und leicht erweiterbare Grundlage für immer umfangreichere und leistungsfähigere softwaretechnologische Werkzeuge bietet.

Dies war deshalb das wichtigste Entwicklungskriterium bei der Konstruktion
- der Benutzermaschine und
- der Datenhaltung,

die im folgenden kurz skizziert werden sollen.

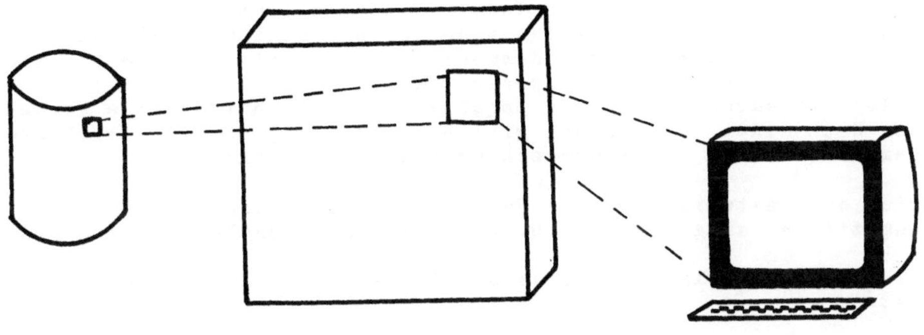

Prozessrechner P 7000

- mit Plattengeschwindigkeit
  ⟶ Bildschirm
- 100% Datensicherheit
- Zeicheninterrupt
- volle Intelligenz am Bildschirm

Abb. 2
Jeder im Informations-Fenster gezeigte Satz wird in dem Moment auf die Platte zurückgeschrieben, in dem der Cursor in verläßt

Die Benutzerschnittstelle

Jeder Benutzer sieht PET/MAESTRO als eine "virtuelle Maschine", die lediglich aus seinem Bildschirm-Terminal und der in Bibliotheken und Dateien organisierten Datenhaltung besteht - abgesehen von den gemeinsam benutzten Peripheriegeräten wie Drucker, Magnetband und DFUE zum Großrechner.

Die Tastatur der virtuellen Maschine repräsentiert zugleich ihren Befehlsvorrat: jede gedrückte Taste wird sofort interpretiert. Diese sofortige Interpretation jeder Taste - und nicht etwa erst einer vollständigen Eingabezeile - ist eine Besonderheit der PET/MAESTRO-Hardware und -Software, die zusammen mit dem unmittelbar am Arbeitsspeicher angekoppelten Zeichengenerator für den Bildschirm die extrem schnellen Systemreaktionen und bequeme Benutzerschnittstelle ermöglichte. Nach einem Tastendruck gibt es - abhängig vom Typ der Taste und dem Zustand der Benutzermaschine - drei Möglichkeiten:

- Eine der Taste zugeordnete Funktion wird aufgerufen und unmittelbar ausgeführt (z.B. Einfügen oder Löschen einer Zeile).

- Die Taste wird ignoriert, da sie im aktuellen Zustand unwirksam ist.

- Das der Taste zugeordnete Zeichen wird in den Arbeitsspeicher geschrieben an der Stelle des aktuellen Cursor-Standes.

Vom Standpunkt des Benutzers ändert er im letzten Fall direkt den ihm im Bildschirm-Informationsfenster gezeigten Satz der Arbeitsdatei - tatsächlich werden geänderte Sätze jeweils in dem Moment auf die Platte zurückgeschrieben, in dem der Cursor sie verläßt (s.Abb.). Diese direkte Editierfunktion ist wesentlich schneller und für den Benutzer durchsichtiger als die in vielen Systemen üblichen Editierkommandos, die erst nach einer mehr oder minder aufwendigen Formulierung des Editierwunsches und Absenden des Kommandos die gewünschte Änderung durchführen.

Das sofortige Rückschreiben jeder geänderten Zeile auf die Platte ist auch ein wesentlicher Beitrag zur Systemsicherheit - nach einem Systemausfall kann der Benutzer sicher sein, daß allenfalls seine unmittelbar vorausgehende Eingabezeile unberücksichtigt geblieben ist.

Feedback von Anwendern - Einfluß auf die Weiterentwicklung

Während Sicherheit, schnelle Antwortzeiten, bequeme Bedienung und rasches Neuladen von vornherein als wichtig für die Akzeptanz vorausgesetzt und deshalb bereits im Systemkonzept berücksichtigt worden waren, überraschten bei den ersten Pilotversionen von PET/MAESTRO die Probleme, welche jede Umstellung von gewohnten, eingefahrenen Arbeits- und Organisationsmethoden auf die Erfordernisse eines interaktiven Programmiersystems hervorrief. Es zeigte sich,

- daß jeder Zwang zur Benutzung eines bestimmten Verfahrens oder Hilfsmittels eher zur Ablehnung als zur Akzeptanz führt und

RJE-DFUE-Anschlüsse:		Maschinen-Typen:
IBM	2780-BSC und 3780-BSC	370, 4300, 303X, 308X
IBM	HASP-Multileaving	
IBM	3770-SDLC/SNA	
Siemens	TRANSDATA 8418-MSV2	4004, 7.700, 7.500
Siemens		7.800
UNIVAC	NTR	1100
HB/Cii	VIP	
Amdahl		VX
NCR		VRX
ICL		
KIENZLE		9066
NIXDORF		8870
PHILIPS		P450/P4500
PHILIPS		P2000
DEC		11/X
DEC		VAX/7XX
INTEL		MDS
SIEMENS		SME
KONTRON		PSI
ZILOG		MCZ
ZILOG		ZDS

Dialog-DFUE-Anschluesse:	
IBM	3271/3274/3276-BSC
IBM	3274-SDLC/SNA
Siemens	8161-MSV1
UNIVAC	UTS400
HB/Cii	VIP
ICL	

Abb. 3
DFÜ-Schnittstellen zwischen PET/MAESTRO und Zielrechnern

- daß Bleistift, Radiergummi, Papier und Programmliste auch Vorteile haben, deren Fehlen in einem Dialogsystem ebenfalls schnell zu seiner Ablehnung bereits in der Einführungsphase führen kann.

Typisch war die Klage eines Programmierers in einer Pilot-Installation, daß die DELETE-RECORD-Taste des Terminals wesentlich benutzerunfreundlicher sei als sein gewohnter Radiergummi - nach ihrem Drücken verschwinde der betreffende Satz spurlos, während auch ein ausradierter Satz bis zu seinem Überschreiben zumindest noch so gut lesbar sei, daß ein irrtümliches Ausradieren leicht korrigiert werden könne. Heute erfordert selbstverständlich auch bei PET/MAESTRO die Wiederherstellung einer irrtümlich gelöschten Zeile nur das Drücken zweier Tasten!

Ähnliche Hinweise wurden von den PET/MAESTRO-Entwicklern immer ernst genommen. Die naheliegende Antwort, daß der Benutzer halt vor Drücken einer Taste nachdenken solle, ob er ihre Funktion wirklich wünsche, ist bei einem derartigen Entwicklungssystem nicht zulässig: Wenn die Benutzung neuer Werkzeuge nach kurzer Eingewöhnung immer noch mehr Nachdenken erfordert als die der altgewohnten, dann bringen sie eben keine Erleichterung.

Deshalb wurden in die PET/MAESTRO-Datenhaltung eine Reihe von Funktionen eingebaut, die ausschließlich die Vorteile von Papier und Liste simulieren, und durch welche Klagen wie die oben erwähnten schnell verstummten.

DFÜ-Schnittstellen zu Zielrechnern

PET/MAESTRO ist ein dediziertes System, auf dem Software für andere Rechner entwickelt wird. Erfahrung in der Basis-Softwareentwicklung bewahrte die PET/MAESTRO-Entwickler dabei vor einem entscheidenden Fehler: auch diejenigen Arbeiten auf dem off-line-System durchführen zu wollen, für welche der Großrechner besser geeignet ist, wie etwa die Übersetzung oder der Programmtest, sei er interaktiv oder in traditioneller Stapelverarbeitung. Sie wußten, daß auch der beste Sprachübersetzer auf einem Kleinrechner einem modernen Großrechner-Compiler in seiner Fehlerdiagnostik weit unterlegen sein muß - aus technischen Gründen des Compilerbaus - und daß man deshalb dem Programmentwickler einen Bärendienst leisten würde, nähme man ihm seinen "großen" Compiler. Und sie waren sich bewußt, daß Anwendungssysteme nur auf dem Rechner und in der Systemumgebung getestet werden sollten, wo sie später auch eingesetzt werden sollen.

Damit war es selbstverständlich, was die PET/MAESTRO-Software noch leisten mußte, außer der optimalen Unterstützung der Haltung und Bearbeitung von Textdokumenten aller Art; sie mußte diejenigen Dienste, welche der Großrechner dem Programmentwickler befriedigend bieten kann, "transparent durchreichen". Sei es nun die Übersetzung und der Testlauf im Fern-Stapelbetrieb oder der interaktive Test in einer Timesharing-Umgebung (s. Abb.). Was jedoch nicht heißt, daß die ausgefeilten Textbearbeitungs-Hilfen nicht auch hierbei die Benutzerschnittstelle für den interaktiv arbeitenden Programmentwickler wesentlich verbessern konnten - sei es durch weitgehende Automatisierung der Erstellung der Auftragssteueranweisungen oder durch Einsatz der Textbearbeitungsfunktionen für die Aufbereitung und Auswertung von Testergebnissen wie Listen und Dumps.

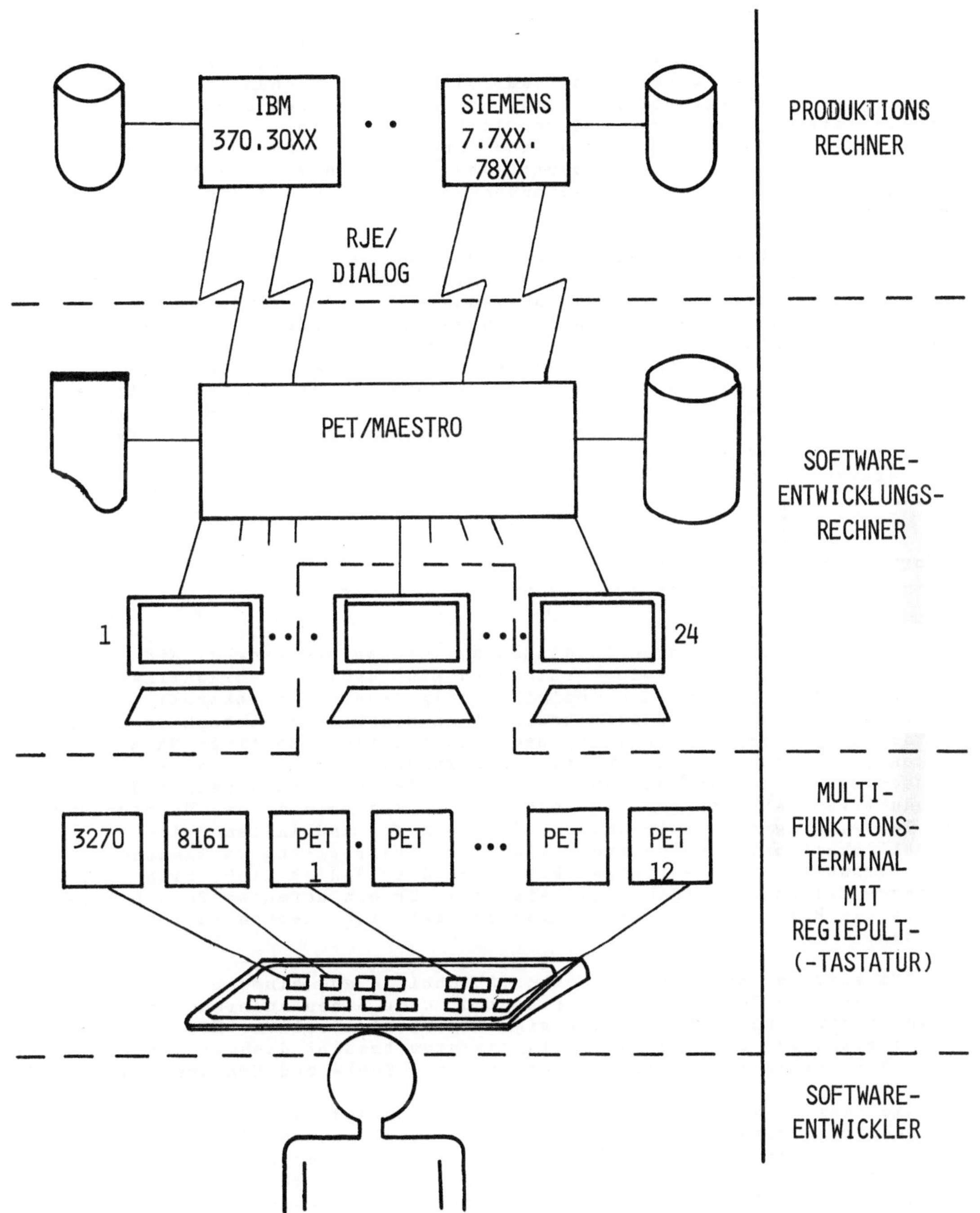

Abb. 4
Alle Werkzeuge im Dialog über den Multi-Funktions-Arbeitsplatz von PET/MAESTRO

Dem Software-Entwickler müssen alle Werkzeuge über eine einheitliche Schnittstelle angeboten werden. Wo die Werkzeuge letztlich lokalisiert sind, ist für den Benutzer unerheblich. Was er benötigt, sind Leistungen, die seinen wirklichen Bedürfnissen entsprechen, da er sie andernfalls nicht akzeptieren wird. Da für die verschiedenen Phasen unterschiedliche Werkzeuge erforderlich sind, ergibt sich zwangsläufig ein Werkzeugverbund. Und der ist nur dann gut zu beherrschen wenn alle gegenwärtigen und auch zukünftigen Tools die gleiche Benutzerschnittstelle, die gleichen Bedienungskonventionen und die gleiche Datenbasis haben.

Der im Rahmen einer derartigen Software-Produktions-Umgebung realisierte Verbund von Rechnern bringt zudem noch einen Zusatznutzen: mit seiner textorientierten Datenhaltung und seinen Text-Verarbeitungs-Möglichkeiten ist ein leistungsfähiges Software-Entwicklungssystem zugleich die ideale Basis für die "Büroautomation". Es bietet hier vor allem in der Organisation und Unterstützung der Nachrichtenübermittlung innerhalb und außerhalb der Mitarbeiterteams, in den Archivierungs- und Suchfunktionen für Dokumente, im Parallelzugriff auf zahlreiche Dokumente der Datenbasis und in der Vielfalt der Textaufarbeitungsdienste weit mehr, als die meisten üblichen Textverarbeitungs-Geräte.

Informationsmanagement via Regiepult

In der Praxis zeigten sich bald auch weitere Anforderungen. Ein Systementwickler führt keine weitgehend standardisierten Routinefunktionen durch, sondern erledigt ständig neue, intellektuell anspruchsvolle, kreative Aufgaben, oft in einer Streßatmosphäre unter Zeitdruck. Bei seiner Arbeit wechseln Abschnitte intensiven Nachdenkens, unterstützt von zahlreichen Dokumenten, in welchen er nachschlagen und zuweilen Vermerke oder Änderungen vornehmen muß, mit "produktiven" Abschnitten, in denen er das Ergebnis dieses Nachdenkens als Texte, Diagramme oder Code niederlegen muß und in denen die Schnelligkeit und Mühelosigkeit dieser Textbearbeitung weitgehend seine Produktivität bestimmen. Dabei ist dies jedoch nicht eine einfache Erfassungsaufgabe, wie sie etwa für ein normales Data-Entry-System die Regel ist, sondern unterscheidet sich hiervon in mehreren Punkten:

- Oft wird der Softwareentwickler Abschnitte aus einem bereits vorhandenen Dokument (Spezifikation, Code eines anderen Programms) übernehmen und ggf. geringfügig überarbeiten wollen. Ein interaktives Programmentwicklungssystem braucht deshalb mächtige und trotzdem leicht bedienbare Kopier-, Such- und Ersetzungshilfen.

- Die während des Erfassungsprozesses ablaufende kreative Arbeit bedingt Änderungen und Umstellungen sowohl während der Ersteingabe als auch später bei der Überarbeitung, Korrektur und Wartung, die weit über die geringen Schreibfehlerberichtigungen bei der konventionellen Data-Entry-Textautomation hinausgehen. Dies erfordert - wieder neben schnellen Kopier-, Such- und Ersetzungshilfen - eine Benutzerschnittstelle, welche nicht für jede Änderung eine komplizierte Anweisung in einer Kommandosprache verlangt, sondern ihre Durchführung "unmittelbar auf dem Bildschirm" ermöglicht.

PET / MAESTRO
INFORMATIONS - SYSTEM

(Fernsehkamera - u. Regietisch - Prinzip)

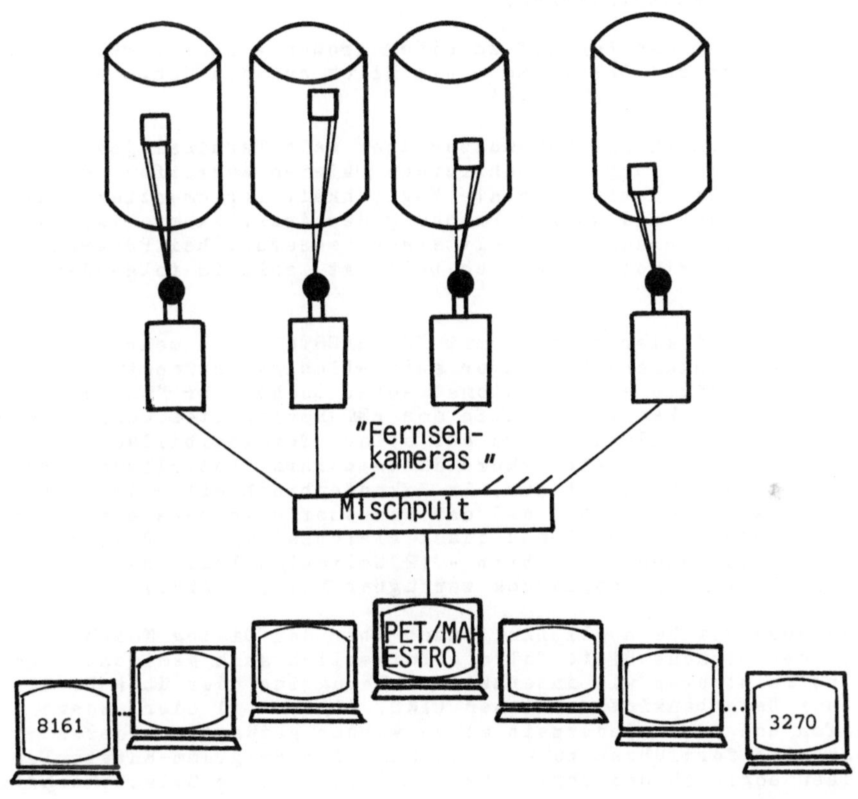

Abb. 5
Das interaktive Regiepult von PET/MAESTRO bietet auf Knopfdruck über 1 physikalischen Bildschirm 12 logische Bildschirminhalte an. Zusätzlich kann im Mehrfach-Dialog auf den HOST durchgeschaltet werden.

- Zwar sind auch für den Softwareentwickler große Teile des zu erstellenden Materials unformatierte oder formatierte Texte (Dokumente, Code), andere sind jedoch Grafiken (Struktogramme, Datenflußpläne, Baumdiagramme, HIPOS......) oder Formulare (Listen, Entscheidungstabellen). Gerade ihre Anfertigung und noch mehr ihre Änderung ist extrem zeitraubend und erfordert jeweils auf die entsprechende Darstellungstechnik angepasste, automatisierte Hilfen.

Wie schon gesagt, bearbeitet der Systementwickler - im Gegensatz z.B. zum "Datentypisten" - zu einem bestimmten Zeitpunkt nicht nur einen einzigen "Vorgang" an Hand eines einzigen Dokuments, sondern er

- "verdichtet" zahlreiche vorgegebene Informationen (z.B. Spezifikationen, Entwürfe, Anforderungen) und

- "schafft kreativ" neue Informationen (z.B. Planungsunterlagen, Programme, Dokumentationen).

Er braucht deshalb den Zugriff zu einer großen Anzahl verschiedener Arbeitsunterlagen und Dokumente - ein Blick auf den Schreibtisch eines Programmierers zeigt, wie viele!

Deshalb muß der PET/MAESTRO-Benutzer über sein Terminal jederzeit ohne nennenswerte Verzögerung auf zahlreiche Dateien zugreifen können. Wie diese, wohl derzeit komfortabelste Möglichkeit implementiert wurde und genutzt werden kann und so zur Erhöhung des Arbeitskomforts, zur Produktivitätssteigerung und Qualitätsverbesserung bei Programm-Entwicklung und Wartung wesentlich beiträgt, soll im folgenden näher erläutert werden.

Der Software-Entwickler verfügt mit PET/MAESTRO über mehrere, genau gesagt 12 "Fernsehkameras", die er auf beliebige Dokumente richten und deren Bildausschnitte er mit automatischer Suche oder "manuell gesteuert" bewegen kann. Mit Hilfe des PET-Regiepultes kann er das Bild von einer beliebigen Kamera auf seinen Terminalbildschirm rufen. Die übrigen Kameras behalten währenddessen ihre Einstellung, und ein einziger Tastendruck reicht aus, in Sekundenbruchteilen deren Bilder zu sehen. So wurde erreicht, daß der Benutzer alle gerade zur Problemlösung benötigten Informationen quasi gleichzeitig zur Bearbeitung - also über 1 physischen Bildschirm - 12 beliebige logische Bildschirminhalte per Knopfdruck verfügbar hat (s. Abb.).

Durch die zusätzliche Möglichkeit auch über den Dialog-Modus - IBM-3270 oder Siemens 8161, falls erforderlich auch gemischt - auf Host-Dienstleistungen wie interaktives Debugging oder über DC-Schnittstellen auf Datenbankinformationen (IMS, DL/1, ...) oder andere zuzugreifen und dabei jederzeit einen vorher geführten anderen Arbeitsschritt fortführen zu können, kann der Programm-Entwickler seine Ideen sogleich und ohne arbeitsunterbrechende Zwischenschritte in Taten umsetzen.

Resumee

Mit diesem "synergistischen" Konzept der interaktiven off-line-Programmentwicklung mit transparenten on-line-Funktionen gelang es erstmalig, Daten- und Textverarbeitung ohne alle Kompromisse so miteinander zu verbinden, daß die an der Softwareentwicklung Betei-

Leistungen von PET/MAESTRO	Analyse und Definition	Entwurf	Implementierung	Integration und Test	Wartung
Universelle Dienste					
Textbearbeitung	x	x	x	x	x
Regiepult	x	x	x	x	x
Suchfunktionen	x	x	x	x	x
Kopierfunktionen	x	x	x	x	x
Soft-Keys	x	x	x	x	x
Markierungen	x	x	x	x	x
Schnappschüsse	x	x	x	x	x
Tischrechner	x	x	x	x	x
Projektbibliothek	x	x	x	x	x
Nachrichtensystem	x	x	x	x	x
Prozedursprache	x	x	x	x	x
Menu-Sprache	x	x	x	x	x
Formatsprache	x	x	x	x	x
Spez. Dienste für Software-Entwickler					
Graphik-Generator	x	x			
Strukturmethode		x	x	x	x
Syntaxführung			x		x
Codegeneratoren			x		x
JCL-Generierung				x	x
RJE-/Dialog-Kommunikation				x	x
Test-Unterstützung				x	x
Ergebnisvergleich				x	x
Änderungskontrolle				x	x
Versions-Führung					x
Spez. Dienste für Projektmanagement					
Aufgabenverteilung	x	x	x	x	x
Produktmuster und Standards	x	x	x	x	x
Aufwandskontrolle	x	x	x	x	x
Berichtswesen	x	x	x	x	x

Abb. 6
Werkzeugverbund für alle Phasen der Software-Entwicklung

ligten (Programmierer, Analytiker, Organisatoren, Projektleiter, ..) nicht nur einzelne Arbeiten sondern alle notwendigen Tätigkeiten im Dialog über den Bildschirm abwickeln kann, und zwar in einer Form, die eine echte Verbesserung gegenüber der traditionellen Arbeitsweise mit "Bleistift, Radiergummi und Papier" ist.

Die Erfahrungen während der Entwicklung und dem Breiteneinsatz von PET/MAESTRO haben gezeigt, daß nicht eine Idee alleine oder eine besondere Systemfunktion die Akzeptanz und damit den Erfolg eines interaktiven Programmentwicklungssystems bestimmen. Vielmehr ist es die große Anzahl verschiedener Eigenschaften, die erst durch ihr Zusammenwirken "synergistisch" seinen Einsatz in der täglichen Programmierpraxis angenehm und nützlich machen. Dazu gehören offensichtliche Eigenschaften, wie etwa schnelle Antwortzeiten oder hohe Datensicherheit, ebenso wie subtile, wie etwa ein plausibles "Benutzermodell" und ein als "natürlich" empfundenes Systemverhalten.

Vor allem aber - und das ist wohl die wichtigste Lehre aus der PET/MAESTRO-Entwicklung - wünscht der Benutzer nicht die Unterstützung einer bestimmten "Softwarephilosophie" oder "Entwicklungsmethodik", sondern ein breites Angebot aufeinander abgestimmter Werkzeuge (s. Abb.) für seine tägliche Arbeit, aus dem er sich selbst nach seinen eigenen Anforderungen, Problemen und Erfahrungen sein "Idealsystem" zusammenstellen kann.

Darum dürfte die Zukunft den dedizierten Software Entwicklungs-Systemen gehören, die ein umfassendes Toolkonzept bieten und den Verbund mit beliebigen Zielsystemen erlauben.

Literatur

R. Nagel "Akzeptanz- und Realisierungsprobleme bei einem interaktiven Programmentwicklungssystem", Treffen "Techniken des Dialogs", German Chapter of the ACM, Hamburg (29.-30. April 1977)

H.F.W. Schramm, "Offline und doch Online: Interaktive Programmentwicklung und Dokumentation", Online 4/1977, S. 238

R. Nagel, P. Schnupp, "Expected and Unexpected Acceptance Problems with an interactive Programming Tool", In: Pragmatic Programming and sensible Software, Online, Uxbridge (1978) S. 321

H.F.W. Schramm, "Interaktive Programmentwicklung ohne Belastung des Rechenzentrums", BTA+BTO 26, (1978), Heft 4

B.C.Mc Nurlin, "Stand-alone programming work-stations", EDP Analyzer, 11/79

Dr.P.Schnupp, "Der Software-Entwickler am Regietisch", H.Heilmann, Hrsg., 8. Jahrbuch der EDV, Forkel-Verlag, Stuttgart, 12/79

UNI Linz: Viel Freude mit Programmierlabor, Online-ADL 1-2/81

K.-H.Herrmann, "Verteilte Software-Produktion ohne englische Systemgrenzen", Online-ADL, 10/81

Kommunikation in Mensch-Rechner-Dialogen

Ingbert Kupka, Susanne Maass, Horst Oberquelle

Fachbereich Informatik, Universitaet Hamburg,
Rothenbaumchaussee 67/69
D-2000 Hamburg 13

Inhalt

1. Einleitung

Ziel dieses Beitrags ist es, die Gesamtproblematik bei Entwurf und Nutzung von Mensch-Rechner-Systemen durchsichtiger zu machen und einen staerkeren Realitaetsbezug herzustellen.
Um isolierte Betrachtungen (Inselloesungen) fuer einzelne Problemfelder zu ueberwinden, wird der Aspekt der Kommunikation als uebergreifendes Phaenomen herausgestellt. Dieses Vorgehen ergibt sich als konsequente Weiterentwicklung bisheriger Forschungsbemuehungen: Im 2. Teil wird gezeigt, wie die Bezugssysteme fuer praktische Systementwicklungen und fuer theoretische Modelle erweitert wurden bis hin zu Kommunikationsnetzen. Es wird erlaeutert, welche Ergebnisse auf den jeweiligen Stufen moeglich waren.
Die Anwendung allgemeiner Strukturen und Prinzipien der Kommunikation (dargestellt im 3. Teil) auf Probleme des Entwurfs interaktiver Systeme zeigt, dass sich bekannte Forderungen einordnen lassen, vage Forderungen praezisiert und neue Forderungen hinzugefuegt werden koennen. Die Perspektiven fuer den Entwurf interaktiver Systeme sind im 4. Teil zusammengefasst.

2. Bezugssysteme fuer den Mensch-Rechner-Dialog

Die Entwicklung von Mensch-Rechner-Dialogen ist aufs engste verknuepft mit den zugrundeliegenden Bezugssystemen. Diese bestimmen die Erkenntnis- und Realisierungsmoeglichkeiten und zeigen einen Trend zu immer umfassenderen Modellen.

2.1. Der Rechner als Bezugssystem

In der Anfangszeit der Nutzung von Rechnern im Dialog stand der Rechner selbst im Mittelpunkt der Betrachtung, d.h. es wurde das System betrachtet, das in Abb. 1 als Netz aus Instanzen und Kanaelen (NIK) (vgl. OBERQUELLE (1980)) dargestellt ist.

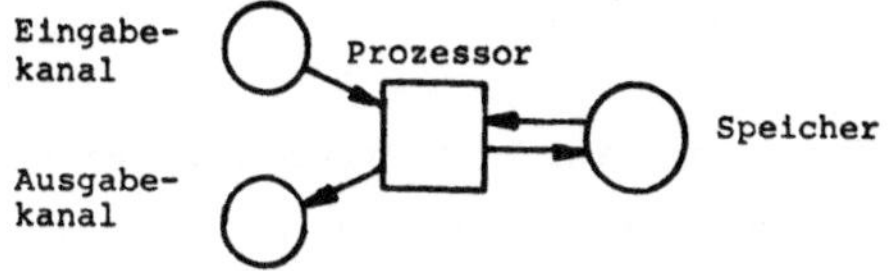

Abb. 1: Der Rechner als System (NIK)

Dieses Schema kann gleichermassen fuer die Nutzungsformen (vgl. HOFFMANN (1977)) der passiven (Taetigkeiten von Mensch und Rechner weitgehend entkoppelt), der aktiven (Verschraenkung der beiderseitigen Taetigkeiten) wie der interaktiven Nutzung (Koordination und staendige Kontrolle durch den Benutzer, aktuelle Informationsversorgung) verwendet werden.

Die technische Entwicklung zielte zunaechst auf eine geeignete Ausruestung des Rechners durch Hardware und Software:

- geeignete Konfigurationen (z.B. mit Front-Ends und speziellen Speichereinheiten),
- neue Prozessoreigenschaften (wie Echtzeituhr, Hauptspeicherschutz, dynamische Adressberechnung, Unterbrechungen),
- neue Uebertragungstechniken (z.B. Multiplex-Kanaele),
- neue Ein-/Ausgabegeraete (z.B. Lichtgriffel, Cursor etc.),
- Betriebssysteme fuer 'Time-sharing'-Betrieb,
- gespraechsfaehige Software (Kommandosprachen(interpreter), Editoren, (fruehe) Dialogsprachen).

Die Theorie von Mensch-Rechner-Dialogen war zunaechst eine rechnerbezogene Theorie der Dialogsysteme und Dialogsprachen. Sie basierte auf der Automatentheorie, der Theorie formaler Sprachen, der Berechenbarkeitstheorie sowie Theorien der formalen Semantik, die fuer (Stapelverarbeitungs-)Programmiersprachen entwickelt worden waren. Auf dieser Basis war es moeglich, die Syntax und Semantik von Dialogsprachen in Abhaengigkeit von (virtuellen) Zustaenden des Rechners oder unabhaengig von Zustaenden funktional exakt zu beschreiben. Einen Ueberblick geben KUPKA & WILSING (1975).
Diese rechnerbezogene Theorie stiess bald an eine wesentliche Grenze: Sie gestattete, existierende Systeme zu beschreiben, gab aber kaum Hinweise fuer die Gestaltung besserer Systeme. Diese konnten erst durch eine Ausweitung des Bezugssystems gewonnen werden.

2.2. Das System Benutzer - Rechner

Die Einbeziehung pragmatischer Gesichtspunkte fuehrte zu einer Ausweitung des Bezugssystems, welches nun symmetrisch aussieht.

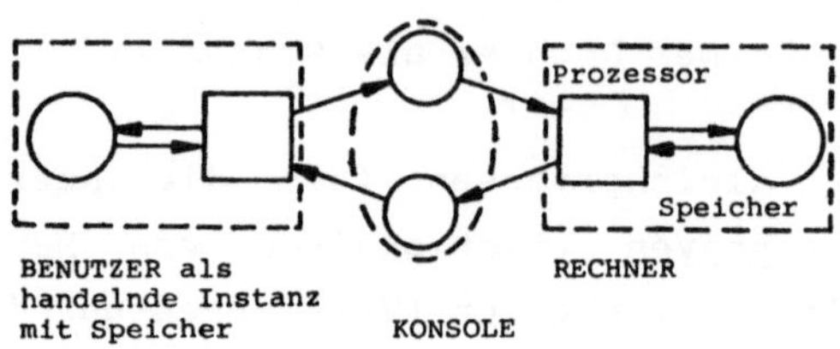

Abb. 2: Benutzer und Rechner (NIK)

Die technische Entwicklung ist um eine Anpassung an den Benutzer bemueht: Die Ein-/Ausgabekanaele werden im Hinblick auf die Faehigkeiten und Schwaechen des menschlichen Benutzers als Einheit (Konsole) gestaltet und ergonomisch optimiert. Antwortzeiten werden an Erwartungen des Benutzers angepasst.

Als Vorstufe zu einer Theoriebildung werden verschiedene Aspekte von Mensch-Rechner-Systemen systematisiert.

- Das Auftragskonzept (OBERQUELLE (1976)) interpretiert das Grundschema neu, indem unabhaengig von ihrem Traeger (Mensch oder Rechner) die pragmatischen Rollen des Auftraggebers und des Auftragnehmers eingefuehrt werden. Die zugehoerigen Dialoge werden begrifflich erfasst, als Prozesse modelliert und ihre Beziehung zu der statischen Struktur beschrieben.
- Dialogtypen werden klassifiziert (z.B. in DEHNING,ESSIG&MAASS (1978)) durch Kategorien wie "Initiative" (beim Benutzer oder beim System, mit Aufforderung bzw. mit Vorschlag), "Auswahlmoeglichkeiten" (voll, eingeschraenkt, festgelegt) und "Auftragseindeutigkeit" (ja, nein). Dialogformen wie Frage/Antwort, Kommando/Reaktion oder Menuekonversation werden als Folgen von Dialogtypen erklaert.
- Einfache Benutzermodelle basieren auf einer Klassifikation von Benutzern und Aufgaben und werden bei der Auswahl von Dialogformen herangezogen (ebenda).
- Auch Verfeinerungen der schematischen Darstellung des Benutzers werden vorgenommen (vgl. Abb. 3).
- Erste Ansaetze fuer Systemmodelle, die dem Benutzer den Umgang mit dem Rechner erleichtern sollen, werden eroertert. Als Beispiele seien die Uebergangsdiagramme nach PARNAS (1969), Interaktionsdiagramme

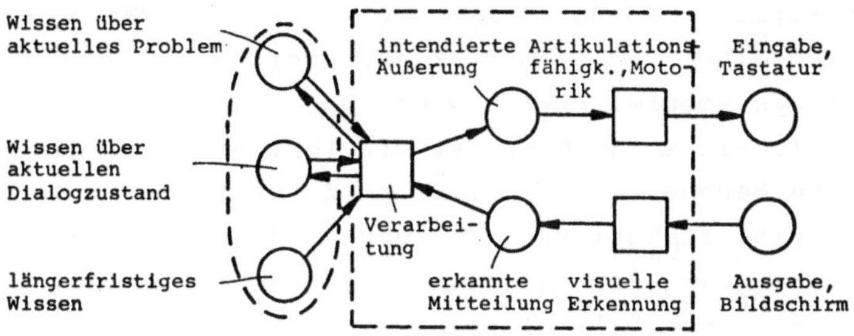

Abb. 3: Verfeinertes Modell des Benutzers (nach HOFFMANN&KUPKA (1978))

nach DENERT (1977) und das Konzept der "Sites, Modes, and Trails" von NIEVERGELT&WEYDERT (1979) erwaehnt.

- Auskunftsmoeglichkeiten ueber den Zustand des Dialogs und ueber die Fortsetzungsmoeglichkeiten werden dem Benutzer auf Anforderung oder automatisch angeboten. Beispiele sind HELP-Funktionen (am fortgeschrittensten wohl bei FENCHEL&ESTRIN (1982)) oder das Konzept der "Exkursionen" (DZIDA et al. (1979)).

Die Erkenntnisse vor dem Hintergrund des Systems Benutzer-Rechner sind primaer pragmatischer Natur. Es wird klar, dass die Effizienz von Dialogen in hohem Masse davon abhaengt, wieweit Benutzer und System zueinander passen. Die Gestaltung von Dialogsystemen ist kein algorithmisierbares Problem. Dem koordinierten Informationsaustausch zwischen allen Beteiligten kommt grosse Bedeutung zu. Die Wichtigkeit der Programmiersprache im Sinne von Ausdrucksmoeglichkeiten fuer funktionales Rechnerverhalten tritt zurueck gegenueber den (hauptsaechlich visuellen) Rueckmeldemoeglichkeiten (vgl. NIEVERGELT (1982)).

2.3. Das Netz kommunikativer Beziehungen

Das Bezugssystem Benutzer-Rechner erweist sich als nicht ausreichend, um alle im Zusammenhang mit der Gestaltung von Mensch-Rechner-Dialogen auftretenden Fragen behandeln zu koennen.

- Zweck und Hilfsmittel des Dialogs weisen aus dem Bezugssystem heraus. Konkreter: Manche Fragen koennen nur unter Einbeziehung des Nutzers (der ungleich dem Benutzer sein kann, vgl. HOFFMANN (1977)) behandelt werden.

  Die aktuelle Anpassung von Dialogsystemen an Benutzerwuensche erfordert haeufig eine Anpassung von Software. Wenn der Benutzer diese nicht selbst vornehmen kann, ist eine Rueckkopplung vom Benutzer zum Systementwickler notwendig.

- Interaktive Arbeit am Rechner ist oft Teil einer Teamarbeit, bei der auch ueber den Rechner kommuniziert wird. Dies gilt z.B. fuer die in letzter Zeit viel diskutierten Softwareproduktionsumgebungen.
- Wir erleben gegenwaertig eine fortschreitende inselfoermige Algorithmisierung von Teilaufgaben, die z.B. ueber im Dialog nutzbare Methodenbanken verknuepfbar werden.

Auch die technischen Bedingungen lassen eine Ausweitung des Bezugssystems ratsam erscheinen. Durch die Installierung neuer Uebertragungseinrichtungen mit hohen Datenraten und grossen Bandbreiten, den Aufbau von Rechnernetzen und die Entwicklung von Telekommunikationsdiensten hat sich das Umfeld des Mensch-Rechner-Dialogs wesentlich veraendert.

Fuer die Behandlung der vielfaeltigen kommunikativen Beziehungen bietet sich eine Systematik an, bei der Netze aus Instanzen und Kanaelen (NIK) bzw. aus Aufgaben und Mitteln (NAM) (vgl. OBERQUELLE (1980)) verwendet werden, um die raeumliche bzw. die zeitlich/kausale Vernetzung darzustellen. Die Beziehungen zwischen Nutzern, Benutzern, Entwicklern und Rechner koennen z.B. wie in Abb. 4 dargestellt werden.

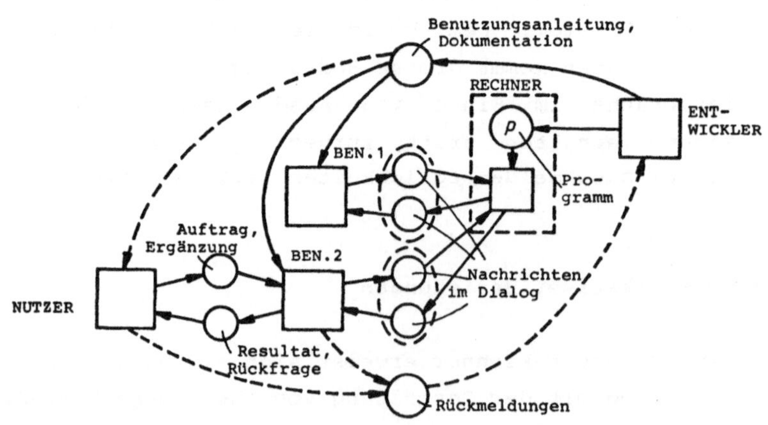

Abb. 4: Vernetzung zwischen mehreren Instanzen (NIK/NAM)

Bei dieser ausgeweiteten Betrachtungsweise werden Begriffe wichtig, die bisher primaer im Bereich der betriebswirtschaftlichen Organisationslehre (s. GROCHLA (1973)) und in der Informatik nur vereinzelt

Verwendung fanden (z.B. in den sog. "Kommunikationsdisziplinen" in PETRI (1977)):

- Arbeitsteilung: Die Kooperation von Instanzen ist in der Regel das Ergebnis einer Arbeitsteilung, die meistens mit einer funktionalen Spezialisierung (z.B. von Menschen und Rechnern) einhergeht.
- Delegation: Sie besteht aus der formalen Festlegung eines Handlungsspielraumes und der Uebergabe der Handlungsausfuehrung an eine andere Instanz. Auch die kommunikativen Faehigkeiten des Rechners beruhen auf Delegation. Darauf hat z.B. PALME (1978) deutlich hingewiesen. Auch die Beschreibung des Rechnerverhaltens als "objektivierte Subjektivitaet" in NEES (1980) zielt in diese Richtung.
- Automatisierung: Automatisierung ist nur fuer Handlungen moeglich, die nicht nur formalisierbar sind, sondern in ihrer Struktur auch durch den Algorithmusbegriff erfasst werden. Nur algorithmisch beschreibbare Handlungen koennen an den Rechner delegiert werden. Besondere Probleme ergeben sich bei der Ruecknahme der Delegierung (etwa wenn alte Strukturen zur Aufgabenloesung zerstoert wurden) und bei unvollstaendiger Formalisierung. Die nachtraegliche Einbeziehung unberuecksichtigter Ausnahmefaelle scheint nur bei einer interaktiv kontrollierten Automatisierung moeglich.
- Generalisierung: Bei der Delegierung von Aufgaben an den Rechner werden diese oft parametrisiert und durch Variation der Parameter konkretisiert. Der Auftraggeber Mensch kann dann die Taetigkeiten des Rechners nur noch in sehr abstrakter Weise, wenn ueberhaupt, nachvollziehen: eine wichtige Ursache fuer Intransparenz von Systemen.
- Koordination, Synchronisierung: Das Funktionieren des Gesamtsystems ist nicht durch das Funktionieren der einzelnen Instanzen gewaehrleistet. Vielmehr bedarf es der Kommunikation zum Zwecke der Koordination. Dies gilt auch fuer das zweckmaessige Zusammenwirken von Mensch und Maschine.

Eine Theorie derartig vernetzter Systeme existiert erst in Ansaetzen. Sie muesste eine Gesamtschau der Phaenomene "Organisation", "Kommunikation" und "Information" erlauben. Die allgemeine Netztheorie (PETRI (1980)) zielt in diese Richtung.
Eine Voraussetzung fuer eine umfassende Theorie von Mensch-Maschine-Systemen ist die Erfassung des Phaenomens "Kommunikation" unter Beruecksichtigung der kommunikativen Faehigkeiten von Menschen und Rechnern.

3. Kommunikation und Algorithmisierung

Die historische Entwicklung, nach der erst mit zunehmender Ausbreitung der Anwendungen bestimmte kommunikative Techniken fuer den Mensch-Rechner-Dialog zum Einsatz gelangten, legt nahe,

Kommunikation als eine komfortable Ergaenzung

der Informations- bzw. Datenverarbeitungsleistung aufzufasssen. Wir betrachten dies als ein Missverstaendnis und stellen dem folgende Thesen entgegen:

These 1: In der Praxis ist Algorithmisierung eine Folge der Arbeitsteilung und tritt in einem Kommunikationsprozess auf.

These 2: Es gibt eine eingeschraenkte Art von Kommunikation, die algorithmisiert werden kann.

Zur Erlaeuterung betrachten wir die Kommunikationsleistung des Rechners im Rahmen seiner gesamten Leistungen und versuchen, sie zu modellieren.

3.1. Die Kommunikationsleistung des Rechners in der Praxis

Als eigentliche Leistung des Rechners wird urspruenglich die Datenverarbeitungsleistung (DV-Leistung) angesehen, die darin besteht, im Sinne einer konkreten Aufgabenstellung Resultatdaten zu Eingabedaten zu ermitteln. Im Stapelverarbeitungsbetrieb wird genau diese Leistung organisiert.

Die Speicherleistung des Rechners ist anfangs der DV-Leistung untergeordnet, wird aber zu einer davon unabhaengigen Leistung: Datenbanken und Informationssysteme reduzieren DV-Leistungen im obigen Sinne auf die Gestaltung von Zugriffen auf gespeicherte Daten. Algorithmen- und Methodenbanken bieten Speicherleistungen auf einem hoeheren Organisationsniveau.

Mit dem Aufkommen unterschiedlicher Nutzungsarten wird die Verfuegbarkeitsleistung des Rechners immer wichtiger. Dazu gehoeren die 'Online'- Verfuegbarkeit, die Garantie von Echtzeitbedingungen, der Fernzugriff und der Mehrfachzugriff. Feinstrategien der Verfuegbarkeit sind Gegenstand von Betriebssystem-Modellen.

Die Kommunikationsleistung des Rechners stellt sich so dar:

- Ein Minimum dieser Leistung ist stets vorhanden, da zur Programmierung universeller Rechner sprachliche Festlegungen notwendig sind.

- Die aktive und interaktive Nutzung verlangen weitere kommunikative Elemente wie Unterbrechungen durch Eingriff, beiderseitige Rueckfragen oder interaktiv veraenderbare Vereinbarungen.
- Die technischen Vorgaben beim Teilnehmerbetrieb und bei Rechnernetzen ermoeglichen die Kommunikation zwischen mehreren Benutzern via Rechner oder zwischen Operateur und Benutzer und zwischen Benutzern und verschiedenen Rechnern.
- Normalerweise nicht im Einzeldialog zwischen Mensch und Rechner beobachtbar, aber langfristig von grosser Bedeutung sind die Kommunikationsleistungen, die in der Anhaeufung und Verbreitung von Daten sowie in der Sammlung und Verfuegbarmachung von Algorithmen bestehen.

3.2. Eine Spezialisierung des Kommunikationsbegriffs

Die wissenschaftliche Forschung hat Kommunikation in sehr verschiedenen Bereichen untersucht, die der Informatik unterschiedlich nahestehen. Im folgenden skizzieren wir, welche Bedeutung diese Untersuchungen fuer Mensch-Rechner-Dialoge haben. Naehere Einzelheiten, insbesondere ausfuehrliche Literaturhinweise findet man in KUPKA, MAASS & OBERQUELLE (1981).

Psychologie, Soziologie und Linguistik betrachten Kommunikation zwischen Menschen. Fuer die Informatik stellt sich das Problem, welche der Erkenntnisse dabei auf die Kommunikation zwischen Mensch und Rechner uebertragbar sind.

Die Mathematische Kommunikationstheorie nach Shannon und Weaver bezieht sich auf Fragestellungen der technischen Kommunikation wie Kapazitaeten, Codesicherung usw.. Bislang hat sich dieser Ansatz als zu eng fuer die Problematik der Mensch-Maschine-Kommunikation erwiesen. Eine zukuenftige Theorie der Mensch-Maschine-Kommunikation muesste die Mathematische Kommunikationstheorie integrieren koennen.

Aus der Sicht der Organisationslehre tritt Kommunikation bei der Organisation oder Selbstorganisation von Systemen auf. Bezogen auf Unternehmungen stellt sich Kommunikation als Mittel zur Organisation von Aktionseinheiten im Hinblick auf einen Betriebszweck dar und besteht aus einem Geflecht informationeller Beziehungen zwischen Aktionseinheiten (Menschen, Maschinen). Diese Betrachtungsweise wird nicht nur der Problematik integrierter betrieblicher Informationssysteme gerecht, sondern hat auch generell fuer die Anwendung der Informatik Bedeutung. So sieht C.A. Petri in der Gestaltung von Kommunikation und Organisation die eigentliche Aufgabe der Informatik

(s. PETRI (1980)).
Kaum untersucht ist der Gesamtzusammenhang zwischen Kommunikation und Algorithmisierung. Der folgende Ansatz stellt einen systematischen Versuch in dieser Richtung dar und laesst sich grob wie folgt skizzieren:

a) Kommunikation wird durch sechs pragmatische Kriterien so definiert, dass eine Einbeziehung des Rechners moeglich wird. Von diesen Kriterien wird unterstellt, dass sie allgemein akzeptabel sind.
b) Zur Modellierung werden sogenannte Kommunikationsschemata eingefuehrt.
c) Es wird gezeigt, dass Delegation, insbesondere an Maschinen, eine Formalisierung voraussetzt. Dies fuehrt zur Einschraenkung von Kommunikation zu formaler Kommunikation.
d) Als rechnerbedingte weitere Einschraenkung ergibt sich die algorithmische Kommunikation.

Pragmatische Kriterien:

Kommunikation ist koordiniertes symbolisches Handeln mehrerer Beteiligter unter Zuhilfenahme eines Mediums.

(1) Kommunikation dient dem koordinierten Handeln der Beteiligten.
(2) Kommunikation unterliegt den Zielsetzungen der einzelnen Beteiligten (Intentionen) .
(3) Kommunikation setzt vergleichbare Verstehensgrundlagen voraus (Konventionen, Wissen) .
(4) Kommunikation kann sich auf den Kommunikationsprozess selbst und seine Voraussetzungen beziehen (Metakommunikation) .
(5) Kommunikation ist stets mit Erwartungen an die anderen Beteiligten verbunden (Partnerbilder) .
(6) Kommunikation unterliegt dem Bestreben nach oekonomischem Verhalten.

Erst die weitere Modellierung zeigt, in welchem Sinne Kommunikation mit Rechnern diese Kriterien erfuellt.

Kommunikationsschemata:

Zur Darstellung von Zusammenhaengen in Systemen ebenso wie von Prozessen werden hier Netze verwendet. Eine wichtige Eigenschaft der schematischen Netzdarstellungen ist der frei waehlbare Abstraktions-

oder Detaillierungsgrad, der durch Vergroeberung und Verfeinerung - dies sind wohldefinierte Strukturabbildungen - veraendert werden kann.

Die durch die sechs pragmatischen Kriterien beschriebene Situation kann schrittweise durch Netze erlaeutert werden (vgl. auch KUPKA et al. (1981)).

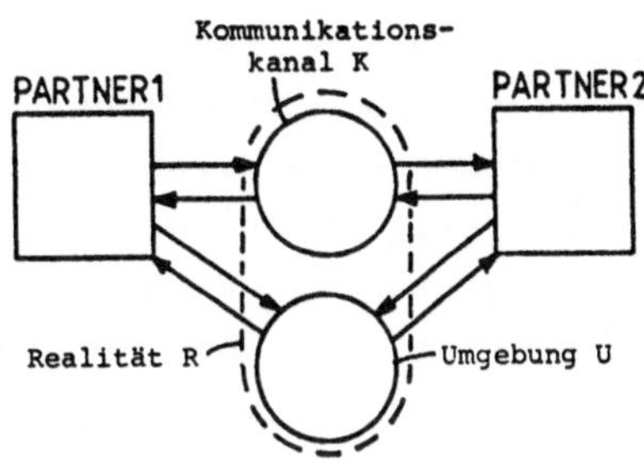

Abb. 5 Zwei kommunizierende Partner (NIK)

Die Partner P1 und P2 sind ueber die sie umgebende Realitaet R verbunden und interagieren ueber den ausgezeichneten Kommunikationskanal als Medium oder ueber die restliche Umgebung U.
Die beiden Partner koennen jeweils in eine Handlungs- und eine Speicherkomponente unterteilt werden, wobei die sechs Kriterien eine Untergliederung der durch die Speicher repraesentierten Zustaende in spezielle Mittel nahelegen.

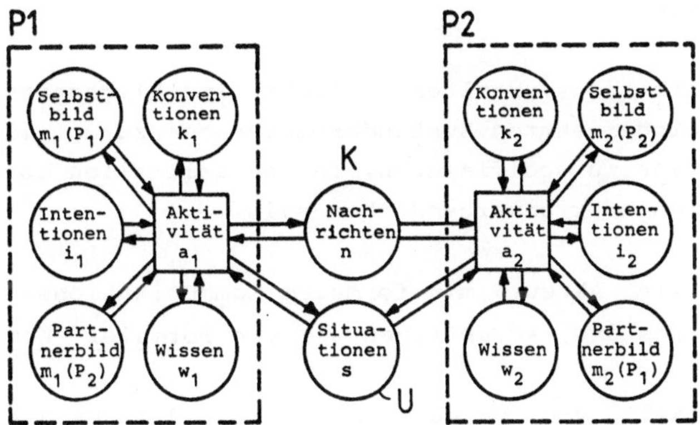

Abb. 6: Strukturierung der Partner (NIK/NAM)

3.3. Delegation, Formalisierung und Algorithmisierung

Die im vorigen Abschnitt eingefuehrten Schemata erlauben es, die Kommunikation zwischen je zwei Akteuren in einem System zu diskutieren. Ein bestimmtes Kommunikationsverhalten kann insbesondere als Folge von Handlungsdelegation auftreten (vgl. 2.3.). Fuer die Ausfuehrung delegierter Handlungen verbleiben im allgemeinen Verhaltensspielraeume. Eine Voraussetzung fuer Delegation ist die (im Extremfall formale) Beschreibbarkeit von Verhalten bzw. Verhaltensbedingungen. Hierdurch wird es erst moeglich, das delegierte Verhalten auf Korrektheit hin zu kontrollieren. Kontrollierbarkeit muss gegeben sein, da die Verantwortung prinzipiell beim Delegierenden verbleibt. Handlungsdelegation beschraenkt sich ueblicherweise auf die Behandlung von sogenannten Normalfaellen. Darueberhinaus gibt es immer Ausnahmefaelle, fuer die geklaert sein muss,

a) wer sie als solche erkennt und
b) was in diesen Faellen geschehen soll.

Ein fuer die Informatik wesentlicher Spezialfall der Kommunikation zwischen zwei Akteuren liegt vor, wenn einer der Partner strikt nach vorgegebenen Regeln kommuniziert, d.h. ein strenges Rollenverhalten zeigt. Wir koennen dies anhand der Kommunikationsschemata praezisieren:

> Ein Akteur zeigt formales Kommunikationsverhalten, wenn alle seine fuer das Verhalten relevanten Komponenten (vgl. Abb. 6) durch mathematische Modelle (wohldefinierte Mengen und Funktionen) beschreibbar sind.

Formales Kommunikationsverhalten erlaubt im allgemeinsten Fall, auf alle in Abb. 6 eingefuehrten Zustandskomponenten zuzugreifen und sie im Rahmen der Modelle zu modifizieren. In Spezialfaellen koennen einzelne Komponenten fehlen oder unveraenderbar sein.

> Kommuniziert ein Akteur mit formalem Kommunikationsverhalten mit einer anderen Instanz, so sprechen wir von formaler Kommunikation.

Einen Spezialfall von Delegation stellt die Programmierung von Verhalten dar. Hier ist der Zusammenhang von Verhalten und seinen Bedingungen nicht nur allgemein formal, sondern algorithmisch (durch berechenbare Funktionen und aufzaehlbare Mengen) beschrieben und kodifiziert.

Die auf Algorithmisierung beruhende Mensch-Maschine-Kommunikation ist als besondere Art formaler Kommunikation anzusehen. Der maschinelle Partner zeigt strikt das einprogrammierte funktionale und kommunikative Rollenverhalten. Es hat also eine Handlungsdelegation vom Entwickler an den Rechner stattgefunden. Im Unterschied zu zwischenmenschlicher Handlungsdelegation sind hier die Handlungsspielraeume exakt festgelegt (praktisch meist gleich Null). Insbesondere das Heraustreten aus der Rolle bei unvorhersehbaren oder zur Delegationszeit unvorhergesehenen Ereignissen ist der Maschine im Gegensatz zum Menschen unmoeglich.

Auf der anderen Seite kann die Algorithmisierung zu einer Generalisierung von Verhalten eingesetzt werden und zusammen mit Praezision und Schnelligkeit Verhaltensweisen der Maschine ermoeglichen, die dem Delegierenden selbst praktisch unmoeglich und fuer den Benutzer oft undurchschaubar sind.

3.4. Die Maschine als virtueller Kommunikationspartner

Die vorstehenden Ueberlegungen haben klargestellt, auf welche Art und Weise der Rechner als handelnde Instanz den Kreis der primaer Beteiligten betritt: durch Delegation.
Es bleibt zu klaeren, wie die anderen Merkmale der Kommunikation (und die Komponenten unseres Modells aus Abb. 6) fuer einen derartigen Kommunikationspartner zu interpretieren sind.

Die Maschine hat keine Zielsetzungen aus sich heraus. Das programmierte Verhalten ist Ausdruck der Zielsetzungen ihrer Entwickler und wirkt nach der Delegation unabhaengig von diesen weiter. Diese virtuelle Intention kann bei der Vielfalt beteiligter Entwickler widerspruechlich und unverstaendlich sein.

Wissen kann in der Maschine in Form von Daten gespeichert sein. Konventionen werden haeufig einprogrammiert und sind dann als solche kaum zugreifbar oder aenderbar. Sie koennen allerdings auch explizit gespeichert und modifizierbar sein. Da auch das Kommunikationsverhalten nur durch die Algorithmisierbarkeit und die Speichergroesse eingeschraenkt ist, sind sehr komplexe Verstehensmodelle im Rechner moeglich, wie sie z.B. im Bereich der Kuenstlichen Intelligenz untersucht werden.

Prinzipiell ist auch die Metakommunikation mit dem Rechner moeglich. Alle Moeglichkeiten, die ueber den elementaren Einsatz von Rechnern fuer DV-Leistungen und Speicherleistungen hinausgehen, zaehlen dazu. In der Praxis sind sie allerdings unterentwickelt. Die Moeglichkeiten der Metakommunikation muessen durch den Entwickler vorgesehen sein und werden durch ihn festgeschrieben. Die Forderung nach Selbsterklaerungsfaehigkeit kann als Aufforderung verstanden werden, die Metakommunikation staerker zu ermoeglichen.

Das Benutzerbild in der Maschine wird durch die Entwickler festgeschrieben. Es begrenzt das Benutzerverhalten auf die implementierten Eingabemoeglichkeiten.
Das Partnerbild beim Benutzer ist das bereits vorn genannte Systemmodell, das der Benutzer benoetigt, um seine Kommunikation mit dem Rechner zu planen und sich Reaktionen des Rechners zu erklaeren.

Das Oekonomiestreben bei der Kommunikation drueckt sich einerseits in der Delegation sich wiederholender kommunikativer Handlungen an den Rechner aus. Andererseits findet es seinen Niederschlag in der Tendenz, die ausgetauschten Nachrichten knapp zu halten unter Ausdehnung der Konventionen.

Was es bedeutet, dass der Rechner nur algorithmisch kommuniziert, soll an einem vereinfachten Schema erlaeutert werden, in dem die haeufig im Programm verborgenen Komponenten weggelassen sind.

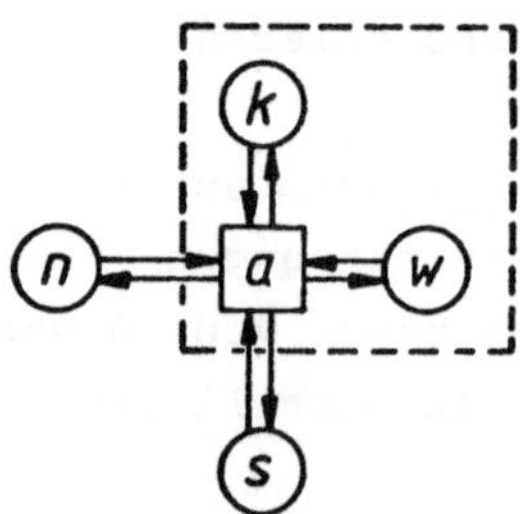

Abb. 7: Der Rechner als Kommunikationspartner (vereinfacht)

Die Menge und Struktur der moeglichen Nachrichten werden durch eine formale Sprache erfasst. Der Umfang und die Struktur des Wissens werden durch ein Datenspeichermodell beschrieben, z.B. als relationale Datenbank oder durch Datentypen und Variablen eines Programms.
Die Gesamtheit der Situationen wird als Gesamtheit digitaler Nachrichten von und zu der restlichen Umgebung U (z.B. zu Reglern, von

Messgeraeten) erfasst.
Die Aktivitaet a setzt sich aus berechenbaren Funktionen zusammen, die die neuen Zustandskomponenten in Abhaengigkeit vom alten Zustand bestimmen:

- 'updating' des Wissens: w' = f1 (n,k,w,s)
- Veraenderung der Situation: s' = f2 (n,k,w,s)
- resultierende Nachricht: n' = f3 (n,k,w,s)
- neue Konventionen: k' = f4 (n,k,w,s) .

Die Konventionen sorgen fuer die Zuordnung von eingehenden Nachrichten zu funktionalen Taetigkeiten. Modelle fuer Konventionen sind noch rar und im wesentlichen nur fuer Veraenderungen des Wissens ausformuliert.

4. Perspektiven fuer den Entwurf interaktiver Systeme

In zweierlei Hinsicht kann der Blickwinkel der Kommunikation zu verbessertem Systemdesign fuehren. Dazu betrachten wir zunaechst die Nutzung und dann die Benutzung interaktiver Systeme als kommunikative Vorgaenge.

4.1. Nutzung als kommunikativer Vorgang

Ein Netz, das den Nutzungsvorgang grob darstellt, findet sich in Abbildung 4. Die gestrichelten Pfeile deuten bereits an, welche zusaetzlichen Kommunikationswege innerhalb dieses vernetzten Systems wuenschenswert waeren.

Der Nutzer, der an der Loesung bestimmter Probleme interessiert ist, delegiert die notwendige Rechnerbenutzung an eine andere Person. Diese tritt aufgrund der Benutzungsanweisung, die ihr vom Systementwickler zur Verfuegung gestellt wird, in einen Dialog mit dem Rechner ein und gibt die aufbereiteten Ergebnisse an den Nutzer zurueck. Zusaetzliche Kommunikationskanaele zwischen Nutzer und Entwickler sowie eine Rueckkopplungsmoeglichkeit vom Benutzer zum Entwickler duerften zu einer besseren Dialoggestaltung fuehren. In der Literatur sind solche Ansaetze unter dem Stichwort "partizipatives Systemdesign" zu finden (vgl. EASON & DAMODARAN (1979)).

Ein Einbezug der Nutzungsumgebung kann eine anwendungsbestimmte

Einordnung der dargestellten Prozesse in organisatorische Gesamtaufgaben erleichtern. Es sollte eine Abgrenzung stattfinden, welche Taetigkeiten algorithmisierbar und als Ganzes programmierbar sind und welche nur teilweise algorithmisierbar und programmierbar sind, so dass eine Interaktion mit Benutzern oder gar den Nutzern notwendig wird. Dafuer ist auch zu analysieren, wo Generalisierungen stattfinden und ob eine Algorithmisierung im Gesamtkontext ueberhaupt wuenschenswert ist.

Bestandteil der Entwurfsdokumentation sollte daher ein Nutzungsplan sein, der die Spezifikationen und Randbedingungen der Algorithmisierung enthaelt und z.T. die stattfindenden Delegationsprozesse widerspiegelt. Eine Analyse der entstehenden Kommunikationsstrukturen kann Umleitungen und Veraenderungen von Informationsstroemen aufdecken, die innerhalb betrieblicher Informationssysteme von Bedeutung sind.

Fuer den Benutzer kann sich der durch formalisierte Kommunikation auf Rechnerauskunft und Manuale eingeschraenkte Kommunikationsweg vom Entwickler zu ihm als zu eng erweisen, naemlich dann, wenn nichtformalisierbare Randbedingungen der Delegation bestehen. In diesem Falle sollte die Nutzung von der Aufrechterhaltung eines direkten Kommunikationsweges abhaengig gemacht werden. Dies betrifft Anwendungen in kritischen Entscheidungsbereichen wie z.B. Medizin oder Militaer.

Auch die Moeglichkeit einer Ruecknahme von Delegation darf im Falle von Algorithmisierung nicht von vornherein unterbunden werden, wozu es aber im Falle von komplexen Systemen faktisch kommt.

4.2. Benutzung als kommunikativer Vorgang

Der Mensch-Rechner-Dialog kann als kommunikativer Vorgang aufgefasst werden, wie er in Abbildung 6 skizziert und im Anschluss daran erlaeutert wurde (mit P1 = Benutzer, P2 = Maschine).

Einige Komponenten sollen hier angesprochen werden.

* Die "Intention der Maschine":
Beispiele sind Bereitstellung von Informationen, Verbergen von Detailinformationen, Erhoehung des Durchsatzes, Beschleunigung der menschlichen Arbeit. Beim Entwurf ist zu entscheiden, welche Intentionen wirksam sein sollen, inwieweit sie im Dialog offenzulegen

sind, inwieweit sie veraenderbar sein sollen durch ueberschreibende Programmierung etc..

* Das Benutzerbild des Rechners:

Es manifestiert sich in den zur Verfuegung gestellten Problemloese- und Dialogfunktionen. Beim Entwurf werden Annahmen ueber die Art der zukuenftigen Benutzer gemacht: Sind sie Computer-naiv, professionell, spezialisiert in anderen Bereichen, erfahren ?
Soll das Benutzerbild (innerhalb eines bestimmten Rahmens) variabel bleiben, so bieten sich zwei Moeglichkeiten: Entweder findet eine Anpassung automatisch waehrend des Dialogs statt ("adaptive Fuehrung" aufgrund einer fortwaehrenden Analyse des Dialogs), oder besser: der Benutzer bestimmt explizit und metakommunikativ selbst darueber. Hierzu erklaert das System die relevanten Klassifikationsmerkmale und ihre Auswirkungen auf das Systemverhalten.
Benutzerklassifikationen und -modelle sollten Bezug nehmen auf kommunikative Faehigkeiten, wie sie unser Modell andeutet (etwa: Aufbau und Veraenderung von Konventionen und Wissen).

* Das Rechnerbild des Benutzers:

Fuer den Benutzer duerften in diesem Zusammenhang grobe Vorstellungen nuetzlicher sein als formale exakte Systembeschreibungen von hohem Detaillierungsgrad. Er braucht eine strukturelle Vorstellung von der Arbeitsweise der realen oder virtuellen Maschine. So kann er zielgerichtet Befehle ausfuehren lassen, und zwar unmittelbar oder doch nach jeweils wenigen Dialogschritten zur Erkundung der Moeglichkeiten. Auch helfen sie, im Einzelfall unerwartete Reaktionen zu begreifen.

Vorstellungen vom Rechner als informationsverarbeitender Maschine koennen auf Paradigmen der Programmierung und der Informationsverarbeitung basieren. Das traditionell wichtigste Paradigma ist das der von-Neumann-Maschine: Der Rechner gilt als eine Maschine zur Veraenderung von Speicherzelleninhalten, die Variablenwerte darstellen. Sein Verhalten wird gesteuert durch ein Programm, das die notwendigen Befehle und Angaben zur Reihenfolge ihrer Ausfuehrung enthaelt.
Da die Einzelaktionen, wie Zuweisungen an Variable, keinen unmittelbaren Bezug zum semantischen Problemloesungsprozess haben, muss sich die Vorstellung ueber die ablaufenden Vorgaenge am Kontrollfluss orientieren. Dieser ist allerdings auch bei Bevorzugung der Kontrollelemente des strukturierten Programmierens nur schwer transparent zu machen.

Ein Paradigma, das der menschlichen Denkweise vielleicht naeher ist, ist das in Produktionssprachen der sog. kuenstlichen Intelligenz sowie bei der Programmierung nach van Wijngaarden realisierte Konzept der Fallregeln: Das (virtuelle) Systemverhalten wird durch eine Menge von Regeln beschrieben, die sich auf aktuelle Gesamtzustaende beziehen. Von jedem einzelnen Schritt des Verarbeitungsvorgangs weiss der Benutzer dann, dass dieser einer der Regeln genuegen muss. Jede Regel fuer sich kann der Semantik des Problemloeseprozesses direkt zugeordnet werden (siehe hierzu KUPKA (1982)).

Moeglich waere auch ein Bild vom Rechner als algorithmisch kommunizierender Instanz. Es koennte sich an den implementierten algorithmischen Funktionen orientieren, etwa: zwischen den verschiedenen Softwareschichten differenzieren und ausgehend davon das Kommunikationsverhalten ableiten.
Eine unserer Ansicht nach bessere Alternative ist wie folgt zu beschreiben: Die wichtigen Grundlagen des maschinellen Kommunikationsverhaltens, wie z.B. virtuelle Intentionen, Dialogkonventionen, Benutzerbild der Maschine, werden beim Entwurf festgelegt. Sie sind explizit in der Dokumentation festzuhalten und dem Benutzer auf mehreren Wegen zugaenglich zu machen. Hierzu gehoert auch eine Information des Benutzers ueber diejenigen (Kommunikations-) Vorgaenge, die seinem aktuellen Mensch-Rechner-Dialog vorausgingen und ihm seine Gestalt gaben (Design, Informationssammlung) bzw. die wiederum auf seinem Dialog beruhen (von Mitarbeiterkontrolle bis zu Managemententscheidungen).

Neben gut aufbereiteter Dokumentation und direkter Kommunikation mit Entscheidungstraegern und Systementwerfern ist eine weitgehende Selbsterklaerungsfaehigkeit des Systems anzustreben. Diese sollte Bezug nehmen auf ein vorhandenes allgemeines Rechnerbild des Benutzers oder darauf abzielen, es durch ein geeignetes Modell zu ersetzen. Selbsterklaerung wird am guenstigsten erreicht durch ein situationsgebundenes partielles Verfuegbarmachen einer Text/Bild-Beschreibung des Systems, meist durch HELP-Funktionen oder rechnergefuehrte Dialogformen realisiert.

5. Literatur

DEHNING,W.,ESSIG,H.&MAASS,S. (1978). Zur Anpassung virtueller Mensch-Rechner-Schnittstellen an Benutzererfordernisse im Dialog; Universitaet Hamburg, Fachbereich Informatik, Bericht Nr. 50

DENERT,E. (1977). Specification and Design of Dialog Systems With State Diagrams. in: Morlet,E.&Ribbens,D.(Hrsg.) (1977). Proc. International Computing Symposium,417-424,Amsterdam:North-Holland

DZIDA,W.,HERDA,S.,ITZFELD,W.D.,SCHUBERT,H. (1979). The Separation of Knowing from Doing; GMD-IST, Internal Report 5/79, St. Augustin: GMD

EASON,K.D. & DAMODORAN,L.(1979). Design Procedures for User Involvement and User Support. Infotech State of the Art Report on Man/Computer Communication, vol.2,129-139,Maidenhead:Infotech Intl. Ltd.

FENCHEL,R.S. & ESTRIN,G. (1982). Self-Describing Systems Using Integral Help. IEEE, Transactions on Systems,Man and Cybernetics, SMC-12,2, 162- 167

GROCHLA,E.(Hrsg.)(1973). Handwoerterbuch der Organisation. Stuttgart: Poeschel

HOFFMANN,H.-J. (1977). Betrachtungen zum Entwurf interaktiver Systeme. in: BLASER,A.&HACKL,C.(Hrsg.). Interactive Systems. Lecture Notes in Computer Science, vol. 49, 38 - 91, Berlin, Heidelberg, New York: Springer

HOFFMANN,H.-J. & KUPKA,I. (1978). Arbeiten mit interaktiven Systemen, erlaeutert am Vorgang des Programmierens - Theoretische Konzepte und Gesichtspunkte der Realisierung - . Fachgruppe Interaktives Programmieren der GI (Hrsg.). Notizen zum Interaktiven Programmieren 1, 5 - 30

KUPKA,I. (1981). Pragmatics of Information and Man-Machine Cooperation. in: LASKER,G.E.(Hrsg.). Applied Systems and Cybernetics, vol. V, 2303 - 2309, New York etc.: Pergamon Press

KUPKA, I. (1982). Paradigmen des Programmierens. Tagung "Psychologie des Programmierens", Gesellschaft fuer Bildungstechnologie und Oesterreichische Computer Gesellschaft, Passau/Schaerding (wird veroeffentlicht)

KUPKA,I.,MAASS,S.&OBERQUELLE,H.(1981). Kommunikation - ein Grundbegriff fuer die Informatik. Universitaet Hamburg, Fachbereich Informatik, Mitteilung Nr. 91,IFI-HH-M-91/81

KUPKA,I. & WILSING,N. (1975). Dialogsprachen. Stuttgart: Teubner

NEES,G. (1980). Der Mensch und sein Dialog mit der Maschine. Fachgruppe Interaktives Programmieren der GI (Hrsg.). Notizen zum Interaktiven Programmieren 4, 122 - 140

NIEVERGELT,J. (1982). Gestaltung der Mensch-Maschine-Schnittstelle bei interaktiven Systemen. Tagung "Psychologie des Programmierens", Gesellschaft fuer Bildungstechnologie und Oesterreichische Computer Gesellschaft, Passau/Schaerding (wird veroeffentlicht)

NIEVERGELT,J. & WEYDERT,J. (1979). Sites, Modes, and Trails: Telling the user of an interactive system where he is, what he can do, and how to get to places. ETH Zuerich, Institut fuer Informatik, Bericht Nr. 28

OBERQUELLE,H. (1976). Grundbegriffe zur Beschreibung von Dialogen und dialogfaehigen Systemen. Universitaet Hamburg, Fachbereich Informatik, Bericht Nr. 28

OBERQUELLE,H. (1980). Nets as a Tool in Teaching and Terminology Work. in: BRAUER,W.(Hrsg.). Net Theory and Applications. 481 - 506, Lecture Notes in Computer Science, vol. 84. Berlin, Heidelberg, New York: Springer

PALME,J. (1978). Interactive Software for Humans; Second revised version. Swedish National Defense Research Institute, Stockholm, FOA1, Report C10029-M3(E5;H9)

PARNAS,D.L.(1969). On the Use of Transition Diagrams in the Design of a User Interface for an Interactive Computer System.Proc. ACM 24th Nat.

Conference,378-385

PETRI,C.A. (1977). Communication Disciplines. in: SHAW, B. (Hrsg.). Computing system design. Proc. Joint IBM University of Newcastle upon Tyne Seminar,171-183. University of Newcastle upon Tyne, Computing Laboratory

PETRI,C.A. (1980). Introduction to General Net Theory. in: BRAUER,W.(Hrsg.). Net Theory and Applications. 1-19, Lecture Notes in Computer Science, vol. 84. Berlin, Heidelberg, New York: Springer

F A C H G E S P R Ä C H

"SOFTWARETECHNOLOGISCHE ASPEKTE BEI MODELL- UND METHODENBANKEN UND BEI CAD-SYSTEMEN"

Veranstaltet von der Fachgruppe "Methoden- und Modellbanksystem" im Fachausschuß 5/7 und der Fachgruppe "Rechnerunterstütztes Entwickeln und Konstruieren" im Fachausschuß 8

Programmkomitee

Schlechtendahl, Karlsruhe (Vorsitz) - Bauhuber, München - Blaser, Heidelberg - Encarnacao, Darmstadt - Gnatz, München - Grabowski, Karlsruhe - Hüber, Walldorf - Krause, Berlin - Lockemann, Karlsruhe - Müller, Frankfurt - Nowacki, Berlin

Inhalt des Fachgesprächs Seite

Vorwort

Bei der Integration von Teillösungen zu Gesamtsystemen werden heute vielfach -und besonders im CAD-Bereich- spezielle Techniken des System Engineering diskutiert, die allgemein und generalisierend unter dem Begriff Modell- und Methodenbanksysteme einzuordnen sind. Zweck des Fachgesprächs über Softwaretechnologische Aspekte bei Modell- und Methodenbanken und bei CAD-Systemen der GI-Fachgruppen Modell- und Methodenbanksysteme (MMBS) und Rechnerunterstütztes Entwickeln und Konstruieren (CAD) war die gemeinsame Diskussion derartiger Techniken. Dabei sollten die grundsätzlichen System- und Softwareaspekte von Modell- und Methodenbanken besonders -aber nicht ausschließlich- im Hinblick auf CAD-Systeme betrachtet werden.

Das Fachgespräch richtete sich dementsprechend überwiegend an Fachleute aus Forschung, Entwicklung und Praxis, die über eigene Erfahrung in Systementwicklung oder Systembewertung verfügen, eigene Entwicklungen planen oder sich mit Fragen des Entwurfes komplexer systeme auseinandergesetzt haben. Als Stichworte, denen im Rahmen des Fachgesprächs besondere Aufmerksamkeit gelten sollte, waren hervorgehoben worden:

- Systemarchitektur und Schnittstellen;
- Sprachumgebung und Laufzeitumgebung;
- Konflikte bei der Integration autonomer Teilsysteme;
- Spezielle Anforderungen des CAD an MMBS.

Als Koordinator des Fachgesprächs möchte ich den Autoren und Vortragenden für Ihre Beiträge, den Mitgliedern des Programmausschusses für Ihre Unterstützung bei der Programmgestaltung und die Begutachtung der eingereichten Beitäge herzlich danken.

E.G.Schlechtendahl

Aufgaben und Prinzipien der Einbettung vorgefertigter Softwarebausteine in eine Systemumgebung

Rainer Hüber
SAP-GmbH
Max-Planck-Str. 6909 Walldorf/Baden

Abstract

Soll bei der Entwicklung eines Anwendungssystems auf bereits vorhandene Softwarebausteine zurückgegriffen werden, so müssen diese zunächst in eine gemeinsame Softwareumgebung integriert werden, um hier anschließend miteinander zu den gewünschten, semantisch mächtigeren Funktionen und Datentypen verknüpft werden zu können. Zugrundegelegt wird hierzu die Einbettung von Programmen unterschiedlicher Art und Herkunft in eine höhere Programmiersprache. Erläutert werden dabei anfallende Aufgaben und mögliche Realisierungsprinzipien.

1. Einführung

Die beständige Verschiebung der DV-Kosten von der Hardware- auf die Softwareseite verlangt zunehmend nach rationelleren Methoden zur Gestaltung der Softwareproduktion, um den Entwicklungsaufwand großer Programmsysteme zu reduzieren. Bemühungen hierzu sind keineswegs neu. Vielmehr wird bereits seit den frühen sechziger Jahren, vor allem seit dem Auftreten der Programmiersprachen FORTRAN und COBOL versucht, Software auf Vorrat zu produzieren, um Softwaresysteme auf der Basis vorgefertigter Softwarebausteine (abgekürzt: SWB) erstellen zu können.

Das Prinzip, vorhandene Programmlösungen zur Erstellung neuer Softwaresysteme wiederzuverwenden, kann erheblich zur Aufwandreduzierung und damit zur Erhöhung der Wirtschaftlichkeit bei der Erschließung neuer Anwendungsgebiete beitragen. Auf Vorteile dieses Prinzips für die Softwareerstellung weisen u.a. [HUE 82; HAU 81; ESP 78; BOD 80; DHL 79] hin; Vorteile auf der wirtschaftlichen Seite sind beispielsweise in [HAN 79] umfassend dargelegt.

Trotzdem hat sich das Prinzip der Wiederverwendbarkeit bis heute keineswegs uneingeschränkt durchgesetzt. Gründe hierfür liegen zum einen auf methodischer Seite, nämlich in der Schwierigkeit der Reduzierung eines Gesamtproblems auf vordefinierte Teilprobleme [SCHU 77]. Zum anderen jedoch - und dies ist der Hauptgegenstand dieses Beitrags - auch auf der technischen Seite, nämlich darin, daß jeder erstellte SWB bestimmte Annahmen über seine Umgebung macht, insbesondere hinsichtlich Laufzeitunterstützung und Schnittstellenkonventionen.

Natürlich ist Wiederverwendbarkeit existierender SWB in einer neuen Systemumgebung nur dann sinnvoll und sicher einsetzbar, wenn alle vorliegenden SWB wohldefiniert sind in dem Sinne, daß jeder SWB eine klar abgrenzbare (Teil-)Aufgabe realisiert und über eine exakt beschriebene Datenschnittstelle mit seiner Umgebung kommuniziert.

Umgekehrt sollte eine aus logischer Sicht durchaus mögliche Einbettung eines SWB nicht a priori durch Implementierungsbeschränkungen auf Seiten der einbettenden Umgebung beschränkt sein. Die meisten Inkompabilitäten von Aufruf- und Parameterübergabekonventionen ließen sich nämlich systemgestützt einander anpassen. Im Idealfall muß ein einzubettender SWB nur die beiden folgenden Bedingungen erfüllen:

(a) Logische Schnittstelle
Der SWB muß hinsichtlich seiner Funktion (Semantik) und hinsichtlich seiner Datenschnittstelle wohl definiert sein. Die Funktion muß im Kontext der Ein- und Ausgabedaten des SWB klar dokumentiert sein, um überhaupt entscheiden zu können, ob der SWB zur Lösung einer Teilaufgabe infrage kommt oder nicht.
Sofern der SWB mit seiner einbettenden Umgebung Daten austauscht, geschieht dies über eine dem SWB fest zugeordnete Datenschnittstelle.

(b) Ablauffähigkeit
Für eine jeweils zugrundeliegende Anlage muß der SWB in einer ablauffähigen Form bereitgestellt werden, d.h. der Baustein wird als ein auf der Anlage lauffähiger Objektmodul angeliefert. Oder er wird als Quellprogramm geliefert, und es steht ein zugehöriger Compiler zur Verfügung, der ein ablauffähiges Objektprogramm erzeugt.
Wesentliche Forderung ist hierbei, daß alle vom SWB referierten Laufzeitroutinen zuladbar bereitgestellt werden können.

Vom Funktionsumfang und Inhalt her können sich dabei ebenso elementare Funktionen (i.S.v. nicht sinnvoll weiter in Einzelfunktionen zerlegbare Funktionen) wie auch beliebig mächtige, softwaretechnische "Fertigteile", wie etwa ein Datenbanksystem oder Graphiksoftware qualifizieren.

SWB können zusammenfassend sein: Elemente einer Unterprogramm-Bibliothek, Programmsysteme, die zur Einbettung in eine Wirtssprache vorgesehen sind, Elemente einer Sammlung von einzelnen Hauptprogrammen, oder eigenständige Programmsysteme (mit eigener Sprachschnittstelle für den Endbenutzer).

Schließlich wird in der Praxis auch die Kostenfrage darüber entscheiden, ob ein von extern beziehbarer SWB in eine neue Systemumgebung aufgenommen werden soll oder nicht: Seine Einbettung ist dann wirtschaftlich, wenn der Aufwand der Anpassung kleiner ist als der einer Neuimplementation.

Im folgenden wird ein Überblick über typische Problemstellungen gegeben, die bei der Integration eines SWB in eine Softwaresystem Umgebung anfallen, nicht zuletzt mit dem Hintergedanken, den Aufwand für Schnittstellenanpassungen in den Griff zu bekommen.

2. Modell einer Systemlösung

2.1 Systemarchitektur

Eine Charakterisierung der betrachteten Systemumgebung kann gestützt werden auf eine besondere Klasse von Softwaresystemen, die man heute zumeist als Methodenbanksysteme (abgekürzt:MeBS) bezeichnet [BRS 78; DHL 79; ESP 78].

MeBS lassen sich charakterisieren als streng modular aufgebaute Softwaresysteme, die auf einer Sammlung von Systemkomponenten basieren, wobei letztere so weit wie möglich von extern bezogen werden und/oder sich prinzipiell auch in anderen Systemumgebungen leicht wiederverwenden lassen. Analoge Definitionen zu MeBS geben u.a. [BRS 78; DHL 79; ESP 78]. Zu den wesentlichsten Bestandteilen eines MeBS zählen Mechanismen für die systemunterstützte Integration von SWB und für die Verwaltung der Bausteine selbst im Kontext der einbettenden Systemumgebung.

Ebenso wichtig wie die softwaretechnische Präsenz der SWB ist die Verfügbarkeit von deren inhaltlichen Beschreibungen. Ein entsprechendes Informationsverwaltungssystems, in das SWB- Beschreibungen abgelegt und für den SWB-suchenden Benutzer gezielt bereitgestellt werden können, zählt wiederum zu den Komponenten des Grundsystems. Über mögliche Organisationsformen einer Informationsbasis gibt [ALP 80] ausführliche Auskunft.

In ein MeBS einmal eingebrachte SWB müssen natürlich auch miteinander verknüpft werden, d.h. zu semantisch mächtigeren (Anwendungs-)Funktionen kombiniert werden können; dann nämlich, wenn die SWB aus der Sicht der jeweiligen Anwendung noch zu elementar oder zu wenig angepaßt sind. Hierzu zählt auch das Versorgen algorithmischer Bausteine mit Daten aus der Datenbank, das Verwalten von (Zwischen-) Ergebnissen sowie das Fortschreiben einer oder mehrerer Datenbasen.

Da hier offensichtlich die SWB zu sprachlich manipulierbaren Objekten der einbettenden Umgebung werden, sehen wir als unmittelbares Einbettungsziel zweckmäßigerweise eine höhere Programmiersprache ("Wirtssprache") vor, die im weiteren als die Basissprache des MeBS bezeichnet wird.

Systematisch konzipierte MeBS lassen nach [DHL 79] eine klare Trennung erkennen zwischen einerseits einem anwendungsneutralen Grundsystem und andererseits einem "Anwendungsaufsatz", d.h. anwendungsspeziellen Komponenten, die für jede Anwendung eigens bereitgestellt werden müssen. Die sich hieraus ergebende Systemarchitektur sei zusammenfassend kurz umrissen (vergl. [HUE 82; DHL 79]):

Das Grundsystem enthält im wesentlichen die zuvor aufgeführten Komponenten, also insbesondere Funktionen, die zur Integration von Programmen und zum Anschluß von Datenverwaltungssystemen (DVS) benötigt werden.

Zum Anwendungsaufsatz zählen vor allem eine auf die Anwendungsbedürfnisse inhaltlich abgestimmte Sammlung von SWB, die in der "Bausteinbasis" (Komponente des Grundsystems) verwaltet werden, ferner die um die SWB erweiterte Basissprache sowie ein Interpreter, der die Kommunikation mit dem Benutzer abwickelt. Das Füllen der Bausteinbasis mit SWB wird zweckmäßigerweise durch DV-Spezialist und einen hinzugezogenen Anwendungsspezialisten gemeinsam erfolgen.

Die eingebetteten und sprachlich verfügbar gemachten SWB bilden die Grundlage für den Anwendungsaufsatz. Die um die SWB erweiterte Basissprache repräsentiert in Bild 2.1 die sog. EBL-Ebene (Extended-Base-Level).

Die nächste Ebene läßt sich auffassen als die Menge der gewünschten Anwendungsfunktionen. Diese sind als Prozeduren der erweiterten Basissprache implementiert, d.h. jede solche Prozedur ist über eingebetteten SWB der Bausteinbasis realisiert. In Bild 2.1 ist diese Ebene als 'Adapted-level' (AL) bezeichnet.

```
                         A N W E N D U N G S -
Programm-                  A U F S A T Z                     Auskunft-
verwaltung                                                    system
                 +-----------------------------------+
+------+         ! +-------------------------------+ !        +------+
!      !         ! !           UL - Ebene          ! !        !      !
!  P   !         ! ! Benutzersprachschnittstelle   ! !        !  I   !
!  R   !         ! +-------------------------------+ !        !  N   !
!  O   !         ! !           AL - Ebene          ! !        !  F   !
!  G   !         ! ! Menge der von der Anwendung   ! !        !  O   !
!  R   !         ! ! gewünschten  Funktionen als   ! !        !  R   !
!  A   !         ! ! Programme der  Basissprache   ! !        !  M   !
!  M   !         ! +-------------------------------+ !        !  A   !
!  M   !         ! !           EBL - Ebene         ! !        !  T   !
!  E   !         ! ! um SWB erweiterte Basissprache! !        !  I   !
!      !         ! +-------------------------------+ !        !  O   !
!      !         +-----------------------------------+        !  N   !
!      !                                                      !  E   !
!      +------------------------------------------------------+  N   !
!      !                                                      !      !
!      !          Mechanismen für die Integration,            !      !
!      !          Anpassung und Steuerung von SWB             !      !
!      !                                                      !      !
+-------------------------------------------------------------------+
                    G R U N D S Y S T E M
```

Bild 2.1

Auf der obersten Ebene schließlich werden die Operatoren der AL-Ebene dem Benutzer zugänglich gemacht. Die Ebene repräsentiert sich dabei in Form einer entweder prozeduralen oder deskriptiven und i.a. für den Dialogbetrieb konzipierten Benutzersprachschnittstelle. Sie wird deshalb auch als 'User-level' (UL) bezeichnet.

Durch die Untergliederung in eine UL- und eine AL-Ebene soll eine klarere Trennung zwischen der Dialogführung einerseits und der eigentlichen Verarbeitung von Daten andereseits unterstützt werden. Wir werden im weiteren jedoch auf diese beiden oberen Ebenen nicht weiter eingehen.

2.2 Prinzip der Einbettung

Der Übergang vom Grundsystem auf die unterste Ebene des Anwendungsaufsatzes, auf die EBL-Ebene, besteht im wesentlichen aus der Einbettung der zuvor ausgewählten SWB in die Basissprache.

Ein eingebrachter SWB soll aus der Basissprache aufgerufen und i.A. mit Parametern versorgt werden können. Da SWB voraussetzungsgemäß von unterschiedlicher Art und Herkunft sein dürfen, sind deren unterschiedliche Aufruf- und Schnittstellenkonventionen bei der Einbettung in die Sprache zu berücksichtigen und ggf. mit denen der einbettenden Sprache abzugleichen. Wie in Kap. 4 ausführlich beschrieben wird, ist dies eine auf maschinennaher Ebene abzuwickelnde Aufgabe. Sie sollte daher dem Benutzer der erweiterten Basissprache gegenüber verdeckt bleiben und beim Aufnehmen des SWB in die Sprache vom Systemspezialisten geregelt werden.

Hierzu verfährt man zweckmäßigerweise so, daß man jeden einzubettenden SWB mit den in der Basissprache enthaltenen Konzepten beschreibt, d.h. als syntaktisches Sprachelement dieser Sprache, etwa als Prozedur, darstellt. Damit ist dann auch die Schnittstelle eines SWB in einer einheitlichen und dem Compiler der Basissprache verständlichen Form beschrieben. Das zugehörige sprachliche Konstrukt der Basissprache nennen wir im folgenden 'SWB-Rahmen'.

Dieser Begriff rührt vom Inhalt eines Rahmens her. Ein Rahmen hat die Aufgabe, den aus einem in der Basissprache geschriebenen Programm heraus kommenden Aufruf an den SWB weiterzureichen. Während dieses Vorgangs sind jedoch die spezifischen Schnittstellenkonventionen des "fremden" (des von außen bezogenen) SWB nachzubilden. Der SWB-Rahmen muß somit einerseits einen fremden SWB der Basissprache gegenüber wie einen in der Sprache selbst geschriebenen Baustein erscheinen lassen, zum andern soll für den SWB die von ihm erwartete Softwareumgebung nachgebildet werden.

Wie in [HUE 82] gezeigt wird, erweist sich der SWB-Rahmen auch als geeigneter Aufsetzpunkt für weitere Kontroll- und Regelmaßnahmen, die zur Gewährleistung einer konsistenten Koppelung zwischen SWB mit Datenbasisdaten im SWB-Rahmen verankert werden können.

3 Softwaretechnische Eigenschaften von SWB

Wegen der beliebigen Art und Herkunft von SWB müssen bei der Integration von SWB und bei ihrer Handhabung im Kontext von Programmen der Basissprache verschiedenartige softwaretechnische Eigenschaften berücksichtigt werden. Von diesen Eigenschaften hängt ab, welche Maßnahmen zur Aufnahme eines SWB in das System erforderlich sind. Relevante Eigenschaften sind:
- Laufzeitumgebung,
- Aufrufbarkeit aus der Basissprache, Form der Datenübergabe,
- Funktionsangebot.

3.1 Laufzeitumgebung

Ein aus der Basissprache aufzurufender SWB ist ablauffähig, wenn ihm alle benötigten Betriebsmittel von seiner Umgebung bereitgestellt werden (vergl Abschn. 1: Anforderungen an einen SWB).

Ein Objektprogramm enthält nach seiner Generierung durch einen Compiler noch eine Reihe von Externreferenzen, die durch Hinzubinden von weiteren Bindemoduln mit entsprechenden Einsprungpunkten (entries) zu befriedigen sind. Die Menge aller solcher Moduln bezeichnet man üblicherweise als die Laufzeitumgebung eines compilierten Programms.

Bei differenzierterer Betrachtung ist zu unterscheiden, ob das Hinzubinden eines solchen Moduls statisch vor oder aber dynamisch, d.h. erst zur Laufzeit erfolgen soll. Eine Entscheidung für eine dieser beiden Alternativen hängt meist ab von Kriterien wie z.B.
- Größe der verfügbaren Anlage
- Häufigkeit der zu erwartenden Änderungen an den hinzuzubindenden Moduln sowie von Aktualitätserfordernissen

- Verhältnis der Anzahl zwischen potentiell (im Programmtext referierten) und aktuell (im Programmlauf referierten) Moduln.

Ein Objektprogramm, dessen Externbezugnahmen durch statisches Binden noch zu befriedigen ist, wird gewöhnlich als Bindemodul bezeichnet, ein Objektprogramm ohne solche offenen statischen Referenzen als Lademodul oder auch als "Phase". Sowohl Binde- als auch Lademoduln können jeweils noch offene dynamische Referenzen besitzen (dies sind Referenzen, die durch dynamisches Zubinden zur Laufzeit zu befriedigen sind).

Zur Durchführung des statischen Bindens wird man zweckmäßigerweise mehrere, auf spezifische Laufzeitumgebungsansprüche der SWB zugeschnittene Binde-Jobs zusammenstellen. Für dynamisch nachzuladende Bindemoduln hingegen sind bestimmte Programmbibliotheken vorab mit den erforderlichen Moduln zu versorgen.

Probleme und Lösungsalternativen für die Handhabung von Laufzeitroutinen sowie Möglichkeiten des statischen und dynamischen Zuladens von Programmen sind in [EOSS 82] ausführlich dargestellt.

3.2 Aufrufbarkeit und Datenübergabe

Hinsichtlich der Übergabe von Ablaufkontrolle und Daten bei der Eingliederung eines SWB in die übergeordnete Programmumgebung (hier: ein (Steuer-)Programm der Basissprache) ist zu unterscheiden:

- Der SWB stellt ein in eine Wirtssprache einbettbares Unterprogramm dar

- Der SWB stellt ein eigenständiges Hauptprogramm dar, das unter der Kontrolle eines in der Basissprache geschriebenen Programms ablaufen soll

- Der SWB Stellt ein Hauptprogramm dar und soll als asynchroner Prozess, der von dem Programm der Basissprache aktiviert wird, im Hintergrund ablaufen (dies trifft besonders auf Programme mit langen Rechenzeiten zu.).

In den beiden erst genannten Fällen ist sicherzustellen, daß die Ablaufkontrolle vom aufrufenden Programm der Basissprache an das SWB-Programm übergeht und nach dessen Beendigung wieder zurückgegeben wird. Im ersten Fall sind zusätzlich noch compilerspezifische Varianten zu berücksichtigen, da die technische Durchführung eines Unterprogrammsprungs vom jeweiligen Compiler, der einem betrachteten SWB zugrundeliegt, festgelegt wird.

Die jeweilige softwaretechnische Form beeinflußt auch die Frage der Datenübergabe bei Aufruf des SWB.

(a) einem Unterprogramm können Daten über dessen Parameterschnittstelle mitgegeben werden (die Verwendung global vereinbarter, d.h. nicht über die Parameterschnittstelle in- oder exportierter Daten sollte untersagt bleiben).

(b) ein Hauptprogramm verfügt aus technischen Gründen nicht über eine definierte Parameterschnittstelle. Die Datenübergabe erfolgt hier stets über die Datenbasis (meist über spezielle Dateien).

(c) Beide Formen können überlagert sein durch eine interaktivve

Datenübergabe:
Der SWB wendet sich über die Dialogschnittstelle direkt an den Benutzer und fordert diesen zur Eingabe von Daten auf. Im einfachsten Falle sind Anzahl und Typen der interaktiv einzugebenden Daten vorab bekannt. Die Dialogeingabe läßt sich dann ggf. unter Umsteuern der Eingabe auf eine (Batch-) Eingabe aus einer Datei und somit auf obigen Fall (b) zurückführen.
Im Allgemeinfall jedoch vollzieht sich die Bearbeitung eines Problems nicht vorhersagbar in mehreren Interaktionsschritten. Unter einem Interaktionsschritt ist eine Benutzereingabe zusammen mit der darauffolgenden Reaktion des SWB zu verstehen, unter "interaktiv" soll hierbei verallgemeinernd verstanden werden, daß sowohl die Reaktion des SWB abhängt vom Inhalt einer Benutzereingabe, als auch eine Benutzereingabe abhängt von über den Bildschirm ausgegebenen Ergebniswerten.

3.3 Funktionsangebot

Ein SWB kann darstellen:

(a) eine einzelne Funktion (Algorithmus), die alle zu ihrem Ablauf erforderlichen Daten über ihre Datenschnittstelle erhält, und die alle Ergebnisse über diese Schnittstelle wieder an die Umgebung abliefert. Insbesondere besitzt sie kein Datengedächtnis. Eine solche Funktion ist vollständig beschrieben, wenn sowohl die Abbildungsfunktion (Eingabedaten in Ausgabedaten) als auch (im Dijkstra'schen Sinne) Randbedingungen für die Daten als Pre- und Postconditions formal beschrieben sind.

(b) eine Menge zusammengehöriger Funktionen, die über gemeinsamen Daten operieren, welche auch über die Aufrufdauer einer Funktion hinweg gültig bleiben. Solche Funktionenmengen werden üblicherweise heute mittels Sprachkonzepten wie die des Abstrakten Datentyps, des (Programm-)<u>Moduls</u> (mit Gedächtnis) (siehe [GOO 81]) und dergl. sprachlich dargestellt. Beispiele für Funktionenmengen sind Datenbanksysteme, statistische Auswertungssysteme, graphische Systeme, etc.

Eine in eine Programmiersprache einbettbare Funktionenmenge nennen wir im folgenden ein <u>Gastsystem</u>, umgekehrt bezeichnen wir ein als ein eigenständiges Hauptprogramm konzipiertes Programmsystem, das seine Funktionen über eine eigenen Sprachschnittstelle anbietet, als ein <u>Eigenständiges Programmsysyem</u> (abgekürzt: EPS). Besonderheiten von EPS werden im folgenden Abschnitt betrachtet.

Von seinem Funktionsangebot hängt ab, wie ein eingebetteter SWB in der Basissprache repräsentiert wird, d.h. welche syntaktische Form sein SWB-Rahmen besitzt. Für (a) wird der SWB-Rahmen eine Prozedur darstellen. Eine Funktionenmenge (b) hingegen wird man in moderneren Programmiersprachen wie ADA, MODULA-2 [WIR 78] oder LIS [LIS 78] mittels der o.g. Konzepte wie etwa das des Programmoduls im Sinne von [GOO 81; GOKA 77] beschreiben, um die Zusammengehörigkeit der Funktionen sowie das Datengedächtnis sprachlich ausdrücken zu können.

Umgekehrt fordern wir von einer "geeigneten" Basissprache eines MeBS, daß sie zumindest über die o.g. Sprachkonzepte, das Prozedur- und das Modulkonzept, verfügt. Wir werden in Kap. 4 weitere, für die Basissprache wünschenswerte Sprachkonzepte kennenlernen, die die Implementation der Anpassung unterschiedlicher Aufruf- und Parameterübergabekonventionen betreffen.

3.4 Bemerkungen zur Übernahme von Programmsystemen (EPS)

Die Übernahme eines EPS (s.o) als Baustein in das zu entwickelnde Softwaresystem hat zum Ziel, die Lösung eines komplexeren Teilproblems komplett an das EPS zu delegieren. Unter "komplexer" soll dabei verstanden sein, daß die einzelnen Lösungsschritte erst im Kontext der vom EPS bereitgestellten Sprachschnittstelle, also während eines Aktivierungszeitraums des EPS formuliert werden. Wir unterscheiden im folgenden dialogfähige und batch-betriebene EPS.

Ein dialogfähiges EPS kann von einem Programm der Basissprache nur aufgerufen werden, anschließend führt es den Dialog mit dem Benutzer bis zur expliziten Beendigung selbstständig durch (vergl. Bild 3.1). Der Benutzer ist hier also für den Aktivierungszeitraum des EPS gewöhnlicher Benutzer des EPS, d.h. er muß dessen Sprach- und Bedienungskonventionen beherrschen. Umgekehrt birgt dies jedoch die Gefahr, daß die Benutzerschnittstelle des Gesamtsystems, die nunmehr aus mehreren eigenständigen Sprachschnittstellen zusammengesetzt wird, inhomogen wird. Dies ist beispielsweise der Fall, wenn für inhaltlich gleiche Funktionen unterschiedliche syntaktische Sprachkonstrukte auftreten, so etwa für die Addition zweier Zahlen:

```
EPS-1    :    A = B + C
EPS-2    :    ADD (B, C, A)
```

Die Eigenständigkeit der Sprachschnittstelle eines EPS hat umgekehrt auch Vorteile:

- Erweiterbarkeit der Sprachschnittstelle für den Endbenutzer um spezielle Sprachkonstrukte und Formulierungstechniken, die mit der Integration des EPS mit übernommen werden können. Beispiele hierfür sind
  - Editiersysteme mit ihrem breiten Spektrum an Editierfunktionen
  - Reportgeneratoren mit ihren tabellen- oder formularorientierten Ein-/Ausgabefähigkeiten
  - graphische Systeme.

Ein Batch-betriebenes EPS nimmt hingegen seine Kommandos von einer bestimmten Kommandodatei entgegen. Daraus folgt einerseits, daß die einzelnen Problemlösungsschritte, die mittels des EPS abgewickelt werden sollen, bei Aktivierung des EPS als Kommandos in diese Datei bereits eingetragen sein müssen. Zum andern soll auch weiterhin der Benutzer mit dem Gesamtsystem im Dialog arbeiten können, d.h. das Aufbauen der Kommandodatei im Dialog wird zur Aufgabe des einbettenden Softwaresystems (siehe Bild 3.2). Die eigentliche Aktivierung des EPS kann erst nach einer vollständigen Eingabe aller EPS-Operatoren erfolgen.

Die Umsetzung von UL-Eingaben (s. 2.1) auf formal korrekte Eingaben für das EPS hat im Allgemeinfall also den Charakter einer Sprachabbildung. Das Verfahren ist oftmals vorrangig als das Ziel zu verstehen, Batchsysteme, die sich zur Lösung gewisser Teilproblembereiche bewährt haben, in ein zu entwickelndes, i.d.R. dialogfähiges Softwaresystem zu integrieren (nicht zuletzt auch aus Akzeptanzgründen). Eine ausführliche Motivation zu diesem Ansatz gibt F. Bodendorf in [BOD 80].

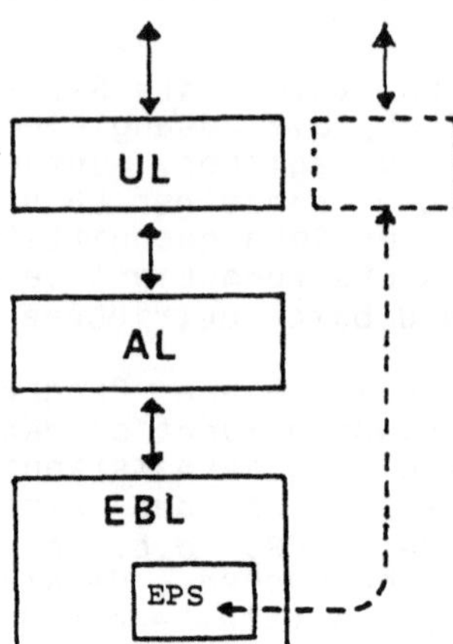

(in Erscheinung tretender Interpreterteil des EPS)

Bild 3.1

Veranschaulichung der Einbettung eines dialogfähigen EPS

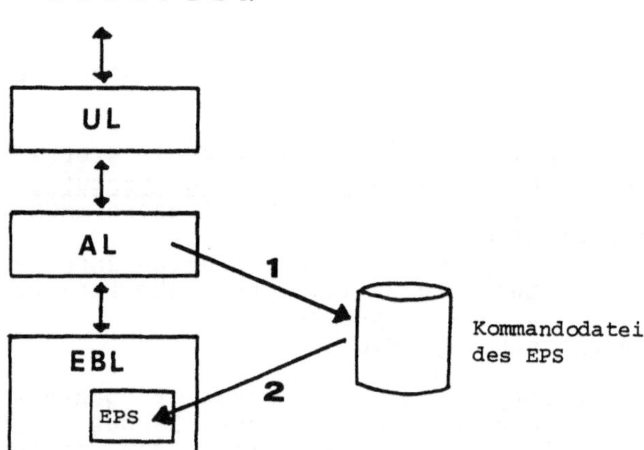

Kommandodatei des EPS

Bild 3.2

Aktivieren eines batchbetriebenen EPS

1 Aufbau eines "Batch-Jobs" im Dialog

2 Abarbeiten des Batchjobs durch das aktivierte EPS

Läuft das Batch EPS als asynchroner Hintergrundprozess ab, und soll das aufrufende System im Dialog betrieben werden, so kann das Antwortzeit-Verhalten des übergeordneten Dialogsystems dadurch wesentlich verbessert werden, wenn nämlich langdauernde Rechenvorgänge an den Hintergrundprozess delegiert werden können werden. Beispielsweise werden im SAP-System [SAP 81] alle Benutzereingaben im Dialog entgegengenommen, auf syntaktische Korrektheit und auf Konsistenz gegen die Datenbasis geprüft, während die eigentlichen zeitintensiven Datenbank-Fortschreibungen durch eine asynchron laufende Hintergrundtask durchgeführt werden.

Auf EPS kann man beispielsweise dann sinnvoll zurückgreifen, wenn beispielsweise

(1) die Formulierung von Teilproblemlösungen spezielle Sprachkonstrukte erfordert, welche nicht oder nur mangelhaft mittels der implementierten UL-Dialogschnittstelle (vergl. 2.1) nachgebildet werden können,

(2) das EPS hinsichtlich seiner Operatoren für die zu bearbeitende Teilaufgabe hinreichend abgeschlossen ist, d.h. wenn keine Verknüpfungen der EPS-Funktionen mit weiteren Funktionen der Umgebung erforderlich sind,

(3) der Benutzer das zu integrierende EPS bereits kennt und beherrscht und diese Erfahrung in das neue Softwaresystem "mit hinüber" nehmen möchte.

4 Aufruftechniken

Die zugrundeliegende Aufgabenstellung, nämlich das Einbetten von SWB beliebiger Herkunft in eine gemeinsame Sprachumgebung, ist gelöst, wenn alle im vorigen Kapitel beschriebenen Eigenschaften von SWB bei der Integration eines SWB nachgebildet werden können, und wenn eingebettete SWB in der Basissprache in einheitlicher Form angesprochen werden können, d.h. wenn die Übergabe von Ablaufkontrolle und Daten entsprechend den Konventionen des SWB innerhalb des SWB-Rahmens geregelt ist. Der Rumpf eines SWB-Rahmens (der nach 3.3 entweder eine Prozedur oder einen Modul darstellt) beinhaltet also im wesentlichen Umsetzalgorithmen.

Einen guten Überblick über Aufruftechniken einiger in der Praxis eingesetzter Systeme wie z.B. ICES oder REGENT geben [EOSS]. Nachfolgend sind die Prinzipien von Umsetzalgorithmen grob und auf einer Ebene beschrieben, die noch von speziellen Realisierungen abstrahiert.

Wir diskutieren zunächst typische Umsetztechniken für den wohl geläufigsten Fall, nämlich für die Einbettung einer Prozedur (einer prinzipiell beliebigen Programmiersprache) in eine angenommene Basissprache. Danach wird ein Überblick über die etwas allgemeinere Vorgehensweise bei der Integration eines Gastsystems gegeben. Abschließend werden Umsetztechniken für einzubettende Hauptprogramme grob skizziert.

4.1 Einbettung externer Prozeduren

Zur Herstellung der Aufrufbarkeit eines Unterprogramms beliebiger Herkunft sind zwei Aufgaben zu lösen:

(1) Nachbilden der Konventionen zur Übergabe der Ablaufkontrolle zwischen einem aufrufenden Programm der Basissprache und dem SWB.

(2) Nachbilden der Konventionen zur Übergabe der zu einem Aufruf gehörenden Parameterliste.

Die Idee der Bezugnahme auf Programme einer fremden Programmiersprache spiegelt sich heute in manchen existierenden Programmiersprachen wider, so z.B. in einer Reihe von PASCAL- und PL/1-Dialekten. Die Fähigkeit, die Ablaufkontrolle an ein Programm einer fremden Sprache zu übergeben und anschließend wieder zurückzuerhalten, ist heute, sofern überhaupt vorhanden, fester und nicht änderbarer Bestandteil der durch den Compiler der Aufrufumgebung implementierten Sprache.

Das Prinzip eines Unterprogrammsprungs beruht generell auf einem Sprungbefehl der zugrundeliegenden Rechenanlage, bei dem sowohl Sprung- als auch Rücksprungadresse in zwei fest vereinbarten Registern gehalten werden, etwa die Register 14 und 15.

Eine weitere Vorbedingung der Ablauffähigkeit eines UP's ist die Bereitstellung eines Speicherbereichs bestimmter Länge durch das aufrufende Programm der Basissprache, welcher vom Laufzeitsystem des UP's zum Sicherstellen von Kontrollgrößen und Registerinhalten benötigt wird. Zur Übergabe der Adresse dieses Sicherstellungsbereichs (häufig als "SAVE-AREA" bezeichnet) ist ein weiteres Register erforderlich.

Die Kontrollübergabetechnik sowie die Registerbelegungsvorschriften definieren gemeinsam die Call-Schnittstelle einer Prozedur. Registerbelegungsvorschriften können je nach Herkunft des SWB, d.h. je nach verwendetem Compiler bzw. - bei ASSEMBLER-Programmen - je nach Programmierrichtlinien unterschiedlich sein. Es ist jedoch anzumerken, daß sich in der Praxis heute einheitliche Richtlinien zur Übergabe der Sprung- und Rücksprungadresse (sowie der Adresse der unten besprochenen Parameteradressliste) in Registern weitgehend durchgesetzt haben.

Unter der Realisierung der Call-Schnittstelle eines SWB verstehen wir demzufolge eine Befehlssequenz zum

- Durchführen der Registerbelegungen,
- Bereitstellen eines SAVE-AREA Bereichs und zum
- Auslösen des UP-Sprungbefehls

entsprechend den Konventionen des einzubettenden SWB.

Regelung der Parameterübergabe

Abgesehen von SWB mit ausschließlich interaktiver Datenübergabe (vergl. 3.2.c) besitzt ein Unterprogramm stets eine Parameterschnittstelle. Der Aufbau der Parameterliste in der vom SWB gewünschten Form ist dann ebenfalls wie nachfolgend beschrieben innerhalb des SWB-Rahmens abzuwickeln.

Auf der logischen Ebene der Basissprache stellt die Parameterschnittstelle eines SWB eine Liste von Programmvariablennamen, Werten, und Ausdrücke über beiden dar.

Natürlich muß gewährleistet sein, daß der Typ eines aktuellen Parameters der Aufrufumgebung (Basissprache) mit dem des formalen Parameters (des SWB) verträglich ist. Dies läßt sich erreichen, indem jedem Parameter der ursprünglichen SWB-Schnittstelle ein entsprechender Parametertyp der SWB-Rahmen-Schnittstelle zugeordnet wird.

Auf der nächst tieferen Realisierungsebene wird die Parameterliste durch eine Liste von Adressen der zugehörigen Programmvariablen (call by reference) oder von temporär erzeugten Hilfsspeicherbereichen (zur Aufnahme des Übergabewertes bei 'call by value') dargestellt. Diese Liste wird nachfolgend als Parameteradressliste (abgekürzt: PAL) bezeichnet.

Die PAL selbst stellt also auf Speicherebene einen zusammenhängenden Speicherbereich dar, der insbesondere selbst wieder über ein vereinbartes Register adressiert wird.

Nach diesem Schema erfolgt beispielsweise die Parameterübergabe in FORTRAN IV/BS2000 (hier enthält Register R1 die Adresse der Parameterliste). Von manchen Compilern wird zur Erhöhung der Laufzeiteffizienz ein Teil der PAL-Elemente ebenfalls in Registern gehalten. Beispielsweise werden in PL/1-BS2000 die ersten drei PAL-Einträge in den Registern R2, R3 und R4 abgelegt, während die restliche Liste wie oben geschildert dargestellt ist und übergeben wird (Adresse der Parameterliste in R1).

Zur Realisierung der Parameterschnittstelle, die wie bereits die zuvor besprochene Call-Schnittstelle je nach Herkunft des SWB unterschiedlich ausgeprägt sein kann, sind somit innerhalb des SWB-Rahmens folgende Aufgaben abzuwickeln:

(1) Implementierung der PAL in der vom SWB erwarteten Struktur.

(2) Eintragen der Adressen der aktuellen Übergabeobjekte in die PAL. Übergabeobjekte sind Programmvariablen (Call by reference) oder temporäre Hilfsfelder (Call by value).

(3) Bereitstellen einer SAVE_AREA in dem vom SWB gewünschten Umfang,

(4) Belegen der Register mit den Adressen der vereinbarten Daten- und Kontrollbereiche,

(5) Übergabe der Ablaufkontrolle durch Auslösen des UP-Sprungs.

Nach diesem Schema werden beispielsweise im System KARAMBA [HDL 79] SWB-Rahmen für FORTRAN-Unterprogramme gebildet. KARAMBA bietet hierzu sogar einen Generator an, der SWB-Rahmen für FORTRAN Programme automatisch in der Basissprache LIS [LIS 78] erzeugt.

Wir zeigen nun an einem Beispiel, durch welche Sprachkonzepte die Formulierung von Umsetzalgorithmen unterstützt werden kann. Wir wählen als Basissprache hierzu die PASCAL-ähnliche Systemimplementierungssprache LIS (Vorläufersprache von ADA) [LIS 78].

Zu dem FORTRAN-Unterprogramm (FORTRAN IV, BS 2000, BGFOR-Compiler)

```
SUBROUTINE FORUP ( PAR1 , PAR2 )
INTEGER PAR1
REAL    PAR2
```

gehört in der Sprache LIS der folgende SWB-Rahmen (Prozeduren heißen in LIS "ACTION's"):

```
FORUP_FRAME : ACTION    ( PAR1 : IN  INTEGER ;
                          PAR2 : OUT REAL    ) ;
```

Bild 4.2-a zeigt den zum SWB-Rahmen gehörenden Prozedurrumpf in einer leicht vereinfachten Darstellung. Die Komponente LAST_PARAMETER einer

(a)

```
FORUP_FRAME  :  ACTION
                ( PAR1  :  IN  INTEGER ;
                  PAR2  :  OUT REAL      ) ;
  . . .

PROGRAM FORUP_FRAME ;
%-------------------

 SAVE_AREA       : ARRAY (0..25) OF WORD ;
 S_A_ADDRESS     : INTEGER == SAVE_AREA . BASE ;
                         % Adresse der Variablen
 P_A_ADDRESS     : INTEGER == FORTRAN_PAL . BASE ;
                         % Adresse der Variablen
 BEGIN %forup_frame

   FORTRAN_PAL (1) . LAST_PARAMETER    := FALSE ;
   FORTRAN_PAL (1) . PARAMETER_ADDRESS := PAR1 @ BYTEADDRESS ;

   FORTRAN_PAL (2) . LAST_PARAMETER    := TRUE ;
   FORTRAN_PAL (2) . PARAMETER_ADDRESS := PAR2 @ BYTEADDRESS ;

   FORUP_CALL  (PAR_AREA_ADDRESS  := P_A_ADDRESS ,
                SAVE_AREA_ADDRESS := S_A_ADDRESS ) ;

 END ;%forup_frame
```

(b)

```
INTERFACE FORUP_CALL
   SAVE_AREA_ADDRESS   : IN R13 ;
   PAR_AREA_ADDRESS    : IN R1  ;
   USE                   R14 , R15 ;

   BEGIN
     RX_INST ( OP     == L ,
               REG1   == R15 ,
               REGX   == 0 ,
               DISP   == EXTERNAL 'FORUP');
     RR_INST ( OP     == BALR ,
               REG1   == R14 ,
               REG2   == R15 ) ;
   END ;
```

Bild 4.2
LIS-Deklaration eines SWB-Rahmens

PAL-Eintrags FORTRAN_PAL (i) gibt an, ob es sich um den letzten Parameter handelt (TRUE) oder nicht (FALSE). Die physischen Adressen (@BYTEADDRESS) der Parameter werden in die Komponente PARAMETER_ADDRESS eingetragen.

Die im Rumpf aufgerufene Prozedur FORTRAN_CALL ist dabei in Form eines sog. Interface realisiert (LIS bietet diese Konstrukt u.a. an, um nicht in LIS geschriebene Prozeduren nach deren Konventionen aufrufen zu können). In letzterem wird für die korrekte Belegung der Register R1, R13, R14 und R15 gesorgt und es können Maschineninstruktionen inline in den erzeugten Objektcode eingefügt werden, hier zum Ausführen des Externsprungs (Bild 4.2-b).

4.2 Einbettung eines Gastsystems

In Verallgemeinerung zu der in 4.1 besprochenen Einbettung einzelner Prozeduren soll nun die Einbettung eines Gastsystems zumindest grob skizziert werden, um Gemeinsamkeiten und Besonderheiten gegenüber dem zuvor in 4.1 Gesagten aufzuzeigen. Eine ausführliche Behandlung dieses Themas findet sich in [HUE 82].

Ein Gastsystem wird nach 3.3 als ein Programmmodul der Basissprache dargestellt, wobei die Gastsystemfunktionen (GSF) den Operatoren des zugehörigen Programmoduls entsprechen sollen. Es wird - grob gesprochen - eingebettet, indem alle seine GSF eingebettet werden.

Die Repräsentation einer GSF in der Basissprache, nämlich durch einen Operator (Prozedur) des zu erzeugenden Programmoduls erfolgt ganz analog zu der in 4.1 beschriebenen Weise.

So nennen wir auch den Operator des Programmoduls, der eine GSF als Konstrukt der Basissprache repräsentiert, einen GSF-Rahmen. Lediglich die Bezugnahme auf Daten, die allen GSF gemeinsam sind (also Daten des Gedächtnisses), bedarf in der Regel einer besonderen Handhabung.

Die Zusammengehörigkeit der Gastsystemoperatoren wird auf softwaretechnischer Ebene beschrieben durch gewisse Steuer- und Kontrolldaten, die zu allen GSF global sind, und die deren Ablauf beeinflussen. So ist beispielsweise beim Datenbanksystem UDS der Parameter "Benutzerinformationen" ein solcher Parameter, der beispielsweise Benutzerkennung, Terminal-Id, interne Prozessnummer des rufenden Anwenderprogramms, Adressen auf Puffer und ähnliche Kontrolldaten enthält.

Solche Daten müssen über die Dauer einer einzelnen GSF Anwendung hinaus aufbewahrt werden und bilden das Gedächtnis des zugehörigen Programmoduls. In der Regel sind sie für den Benutzer einer GSF irrelevant, können deshalb als modullokale Daten vereinbart werden, d.h. sie sind dann nach außen (gegenüber den Schnittstellen Programmodul-Operatoren) verdeckt. Zusammenfassend erhält man einen SWB-Rahmen für ein Gastsystem, indem für alle seine GSF ein GSF-Rahmen nach folgendem Schema erzeugt wird:

(1) Entscheidung darüber, welche Daten verdeckt (modullokal) und welche als Aufrufparameter der entsprechenden Moduloperatoren realisiert werden sollen.

(2) Die nicht verdeckten Parameterdaten werden zur Übergabe aufbereitet. Für diese wird die PAL zunächst wie in 4.1 beschrieben

aufgebaut, d.h. es werden zunächst die Adressen der zum GSF-Rahmen gehörenden Parameter in die PAL eingetragen.

(3) Anschließend müssen zusätzlich auch die Adressen der verdeckten Daten, die als lokale Daten des Programmoduls vereinbart worden sind, in die PAL einer jeden GSF eingetragen werden.

(4) Schließlich erfolgt die Übergabe der Ablaufkontrolle an das Objektprogramm mittels einer Call-Schnittstelle, die wie in 4.1 beschrieben, konstruiert werden kann.

4.3 Einbettung eines Hauptprogramms

Hauptprogramme können ausschließlich unter der Kontrolle des Betriebssystems aktiviert werden und geben nach Ablauf die Kontrolle stets an das Betriebssystem zurück. Die Aufrufbarkeit aus einem Programm der Basissprache ist nur mittelbar über spezielle Funktionen des Betriebssystems möglich, wobei unterschieden werden kann, ob das Hauptprogramm als Hintergrundprozess oder als logisch untergeordneter Prozess unter der Kontrolle des aufrufenden Programms der Basissprache ablaufen soll.

Bei ersterem ist vom aufrufenden Programm lediglich ein Aktivierungskommando für den als Batchprogramm vorliegenden SWB an das Betriebssystem abzusetzen (beispielsweise per ENTER-Macro im BS 2000).

Im letzten Fall hingegen ist der Ablauf des aufrufenden Hauptprogramms zu synchronisieren mit dem des aufgerufenen Hauptprogramms. Hierzu bedarf es einer speziell konstruierten Kommandofolge der Betriebssystemschnittstelle, die z.B. die drei folgenden Teilaufgaben abwickelt:

(1) Sicherstellen des augenblicklichen Programmzustands des aufrufenden Hauptprogramms (Setzen eines Checkpoints). Dies kann ggf noch unter der Kontrolle des aufrufenden Programms erfolgen (per Aktivierung einer entsprechenden Betriebssystemroutine),

(2) Laden und Aktivieren des (untergeordneten) Hauptprogramms, sowie nach dessen Ablauf

(3) Reaktivieren des in (1) gesicherten Hauptprogramms.

Das Ansprechen einer geeigneten Sequenz von Betriebssystemkommandos, die die Maßnahmen zu (1) bis (3) realisieren, ist eine Aufgabe, die sich ebenfalls in einem SWB-Rahmen für Hauptprogramme verdeckt realisieren läßt. Auf diese Weise kann man in der einbettenden Basissprache ein Hauptprogramm wie eine - zunächst noch parameterlose - Prozedur erscheinen lassen. Die erforderliche Folge von Kommandos der Betriebssteuersprache ist entweder vorab in der einbettenden Systemumgebung bereitzustellen, so etwa im BS 2000 in Form von DO-Prozeduren der Kommandosprache, oder aber sie sind innerhalb des SWB-Rahmens dynamisch zu generieren und anschließend zu starten.

Ein Äquivalent zu der bei Unterprogrammen üblichen Parameterschnittstellendeklaration, aufgrund derer die Datenübergabe sich mit sprachlichen Mitteln formal (und vom Compiler der Basissprache syntaktisch überprüfbar) beschreiben läßt, fehlt hier. Die mit der aufrufenden Umgebung auszutauschenden Daten können nur über die Datenbasis (z.B. Dateien) übergeben werden. Eingabedaten müssen von der aufrufenden Programmumgebung vor Aufruf des SWB in dieser Datei hinterlegt werden, Ergebnisdaten können nach Abschluß des SWB von der rufenden Umgebung aus dieser entnommen werden.

Das erläuterte Prinzip der Umrahmung erlaubt es aber auch, die Übergabedaten als Parameter des zugehörenden SWB-Rahmens "einzubauen", und die Datenübergabe über die Datenbasis innerhalb des SWB-Rahmens verdeckt abzuwickeln, etwa durch die drei folgenden einfach realisierbaren Konstruktionsschritte:

(1) Eingabe- und Ausgabedatei des SWB werden innerhalb des SWB-Rahmens angelegt und dem SWB zugeordnet.

(2) Eingabe- und Ausgabedaten werden als Aufrufparameter der SWB-Schnittstelle erklärt.

(3) Das oben erwähnte Hinterlegen der Eingabedaten in die Eingabedatei bzw. das Entnehmen der Ausgabedaten aus der Ausgabedatei wird für die Parameter vor bzw. nach der Aktivierung des SWB geregelt.

Die Deklaration einer Parameterschnittstelle des SWB-Rahmens in Schritt 2 setzt allerdings voraus, daß die Strukturen der Eingabe- und der Ausgabedaten statisch beschrieben werden können. Anzahl und/oder Typen der Parameter dürfen sich also nicht erst aus der Konstellation der Eingabedaten selbst ergeben.

5 Ausblick

Hauptaugenmerk der vorangehenden Arbeit war es, Vorgehensweisen systematisch aufzuzeigen zur einfachen Integration verschiedenartiger Softwarebausteine, auf die bei der Erstellung neuer Systeme prinzipiell zurückgegriffen werden kann.

Das wohl schwierigste Problem, das der Wiederverwendbarkeit vorgefertigter Softwarebausteine entgegensteht, liegt sicherlich im Bereich der Spezifikation und Verifikation von beliebigen, anwendungsspezifischen SWB und der aus ihnen zusammenzusetztenden Systemen, und daraus folgernd auch in unzureichenden Auswahlhilfen für den SWB-suchenden Benutzer.

Jedoch sei bemerkt, daß es angesichts des großen Potentials an bereits vorhandener Software ungerechtfertigt erscheint, eine Reduzierung der steigenden Softwarekosten allein in Softwareengineering-Philosophien und -Werkzeugen zur Unterstützung der Produktion neuer Software zu suchen. Konzepte, die eine rasche und kostengünstige Nutzung vorhandener Software ermöglichen, dürften in Zukunft nicht nur aus methodischer, sondern zunehmend auch aus wirtschaftlicher Sicht zur Forderung bei der Systementwicklung werden.

Danksagung

Ganz besonderer Dank gebührt Herrn Prof. Dr. P.C. Lockemann, dem Betreuer meiner Dissertation, die letztlich auch diesem Beitrag zugrunde liegt. In ihm fand ich einen geduldigen, immer ansprechbaren Diskussionspartner, der durch seine konstruktive Kritik wesentlich zur systematischen Erfassung und Durchleuchtung der hier erläuterten Problemstellungen beigetragen hat.

Literatur

[ALP 80] : P. Alpar: Computergestützte interaktive Methodenauswahl. FWI-Verlag, Frankfurt, 1980

[BOD 80] : F. Bodendorf et al.: SAMBA - ein Methodenbankrahmen um das Statistikpaket SPSS. Arbeitsbericht der Universität Erlangen, 13(1980)5

[BRS 78] : F. Bodendorf, W. Renninger, K. Schaller: Zwei neue Methodenbanksysteme für statistische Anwendungen. Arbeitsbericht des Instituts f. Math. Masch. u. Datenverarb.11, Nr. 22, Universität Erlangen-Nürnberg 1978

[DHL 79] : K.R. Dittrich, R. Hüber, P.C. Lockemann: Methodenbanksysteme: Ein Werkzeug zum Maßschneidern von Anwendungssoftware. Informatik-Spektrum Band 2, 1979, pp.194-203

[EOSS 82]: G. Enderle, W. Olbrich, E.G. Schlechtendahl, U. Schumann: Techniken der Modulverwaltung für Methodenbanken und CAD-Systeme, 12. GI-Jahrestagung, Kaiserlautern 1982

[ESP 78] : A.C. Esprester: Die Entwicklung einer Methodenbank und einer Methodenbanksprache. Angew. Inform. 20, 1978, pp.203-206

[GOKA 77]: G. Goos, U. Kastens: Programming languages and the design of modular programs. In: Constructing quality software, conference Novosibirsk; Hrsg. P.E.Hibbard, S.A. Schumann, Amsterdam/North-Holland, 1977, pp. 153-138

[GOO 81] : G.Goos: Programmkonstruktion. Vorlesungsskriptum der Universität Karlsruhe, 1981

[HAN 79] : R. Hansen: Möglichkeiten und Probleme beim Einsatz von Standard- Anwendungssoftware. IBM-Nachrichten 29(1979)245, pp. 149-155

[HAU 80] : K.H. Hauer: Portable Methodenmonitoren. Springer Verlag, Berlin 1980, Informatik Fachberichte Nr. 23

[HAU 81] : K.H. Hauer et al.: Untersuchung über Maßnahmen zur Verbesserung der Software-Produktion. GMD-Bericht Nr. 133, Teil 4; Oldenburg Verlag, 1981

[HUE 82] : R. Hüber: Systeme aus vorgefertigten Softwarebausteinen - Entwurfsprinzipien und Realisierungskonzepte. Dissertation, Universität Karlsruhe, Feb. 1982

[HDL 79] : R. Hüber, k.R. Dittrich, P.C. Lockemann: Das KARAMBA Methodenbanksystem. In: K.H. Böhling, P.P. Spies (Hrsg.): Proc 9. Gi-Jahrestagung, Bonn, 1979, pp. 322-336

[KLSC 79]: W. Klösgen, W. Schwarz: Das Modellbanksystem MBS - ein Dialogsystem zur Unterstützung der Arbeit mit Planungsmodellen. GMD-Jahresbericht, 1979, pp. 55-62

[LIS 78] : LIS Reference Manual, Siemens Druckschrift UB D Dv WSSP31, München, 1978

[SAP 81]: H.Plattner: Systeme R / SAP Real Time Systeme, Springer Verlag, FB 43, Proc. GI-Arbeitstagung in Karlsruhe 'Werkzeuge der Programmiertechnik, März 1981, pp. 244-260

[SCHU 77]: H.R. Schuchmann: Programme aus Fertigteilen oder: Ist ein "Baukasten-Ansatz" als universelle Programmiertechnik praktisch sinnvoll? Elektron. Rechenanl. 19(1977), pp. 58-63

[STRO 77]: M. Stonebraker, L.A. Rowe: Observations on data manipulation-Languages and their embedding in general purpose languages. In: Proc. Third intern. Conference on Very Large Data Bases, Tokyo, 1977, pp. 128-143

[WEI 78] : R. Weicker: Neuere Konzepte und Entwürfe für Programmiersprachen. Inf. Spektrum, 1(1978), pp. 101-112

[WIR 78] : N. Wirth: MODULA-2, ETH Zürich Inst. für Informatik, Bericht Nr. 27, 1978

Techniken der Modulverwaltung für Methodenbanken und CAD-Systeme

G.Enderle, W.Olbrich, E.G.Schlechtendahl, U.Schumann

Kernforschungszentrum Karlsruhe
Institut für Reaktorentwicklung
Postfach 3640, D-7500 Karlsruhe 1

Zusammenfassung

Methodenbanken und CAD-Systeme enthalten viele Programme für unterschiedliche Aufgabenstellungen. Solche Systeme müssen, um handhabbar zu bleiben, modular entwickelt werden. Üblicherweise wird die Modularität in der Entwurfsphase und bei der Programmierung durch geeignete Strukturierungsmethoden gewährleistet, während durch das Binden und beim Laden des Systems vor der Ausführung diese Modularität verloren geht. Techniken der dynamischen Modulverwaltung, wie sie in verschiedenen Systemen implementiert wurden, übertragen die Vorteile des modularen Aufbaus auch in diese späteren Phasen. Verschiedene Techniken der Modulverwaltung (in ICES, REGENT und einigen anderen Systemen) werden erläutert und bewertet. Die Einbettung dieser Techniken in Programmiersprachen und "programming environments" wird empfohlen.

1. Modulverwaltung als Teilaufgabe eines Methodenbanksystems

Methodenbanksysteme haben in den letzten Jahren steigende Beachtung gefunden [1, 2, 3, 4, 5, 6]. Eine Methodenbank stellt dem Anwender ein weites Spektrum an Methoden zur Verfügung, aus dem er je nach Problemstellung, persönlicher Erfahrung und gewünschtem Aufwand zur Lösung einer gestellten Aufgabe auswählen kann. Es ist für den Entwickler eines Methodenbanksystems nicht vorhersehbar, welche Methoden der Anwender im Einzelfall miteinander kombiniert. Er muß ein System bereitstellen, das einerseits sehr aufwendige Kombinationen vieler Methoden unter Ausschöpfung der Computer-Resourcen erlaubt; andererseits darf aber eine einfache Anwendung weniger und -im Hinblick auf die Resourcen- anspruchsloser Methoden durch diese weitergehenden Möglichkeiten nicht unnötig belastet werden.

Eine Methode ist aus Anwendersicht definiert. Realisiert wird sie durch verschiedene Softwarekomponenten (Programme, Datenbestände) auf einer Rechenanlage. Die Programme werden in einer Programmiersprache erstellt, vom Compiler in einen Bindemodul [7] übersetzt, vom Binder in eine ausführbare Form

(Lademodul oder Phase [7]) gebracht, in den Arbeitsspeicher des Rechners geladen und schließlich ausgeführt. Das Methodenbanksystem (oder, um eine andere Formulierung zu benutzen: der Systemkern des Programmsystems) unterstützt diese einzelnen Schritte. Im folgenden wird der Begriff Modul verwendet. Hier steht dieser Begriff für einen Lademodul, d.h. für eine Menge von Programmen, die als ein Ganzes in den Arbeitsspeicher geladen, aber eventuell nur teilweise ausgeführt werden. Die Programme innerhalb eines Moduls können zum Teil von außerhalb des Moduls, zum Teil nur von innerhalb desselben Moduls gerufen werden. Die Verwaltung solcher Moduln ist eine Aufgabe, die in jeder Methodenbank -mehr oder weniger stark ausgebildet- unterstützt werden muß. Dieser Beitrag soll verschiedene Realisierungen dieser Funktion vorstellen.

Für den Endbenutzer sind diese Aspekte eher von untergeordnetem Interesse. Für ihn ist der Funktionsumfang der Methodenbank, die Art der Kommunikation mit ihr und die Behandlung von Fehlern von größerer Bedeutung. Der Implementierer einer Methodenbank jedoch benötigt die Kenntnisse über die verschiedenen Arten der Modulverwaltung.

2. Die Aufgaben einer Modulverwaltung

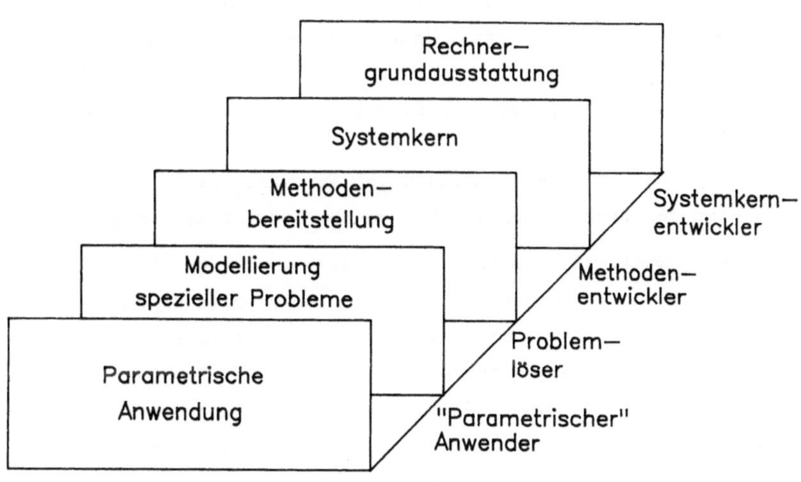

Abb.1: Das Ebenen-Konzept für Methodenbanksysteme

Den folgenden Ausführungen liegt die Vorstellung verschiedener Anwendungsebenen eines Methodenbanksystems zugrunde (Abb.1). Aufbauend auf der Grundausstattung des

Rechners (Hardware und rechnernahe Software) wurde von den Entwicklern des Methodenbanksystems ein Systemkern bereitgestellt, der alle für Entwicklung und Anwendung der Methoden erforderlichen Dienstleistungen bieten soll. Hierauf aufbauend wurden Methoden entwickelt, die auf der nächsten Anwendungsebene zur Lösung bestimmter Aufgaben kombiniert werden. Auf der parametrischen Anwendungsebene ist der Lösungsweg durch eine vorausgewählte Methodenkombination bereits festgelegt, lediglich zahlenmäßige Parameter der Aufgabenstellung können noch variieren. Diese Einteilung entspricht auch etwa der in [7] gewählten. Hier wollen wir uns vor allem mit der Methodenentwicklung und der Methodenanwendung befassen, und zwar vorrangig mit der Anwendung, da sie die wesentlichsten Anforderungen an die Modulverwaltung stellt und aus ihr heraus die Erfordernisse während der Entwicklungsphase abgeleitet werden können.

Zur ordnungsgemäßen Ausführung eines Programms ist notwendig:

- das Programm muß übersetzt und zu einem ausführbaren Modul gebunden worden sein;
- der Modul, der das Programm enthält, muß in den Arbeitsspeicher des Rechners geladen werden; dazu ist ein ausreichend großer zusammenhängender Adreßraum nötig;
- die Kontrollübergabe muß funktionieren (Einsprung in das Programm und Rücksprung zur rufenden Stelle);
- der Datenaustausch muß bewerkstelligt werden; dabei ist an Parameterübergabe, globale Daten (COMMON in FORTRAN) und an Zugriff auf externe Speichermedien (Dateien und Datenbanken) zu denken;
- das Programm muß selbst andere Programme aufrufen können; hier ist zu unterscheiden zwischen Aufrufen innerhalb desselben Moduls und Aufrufen zu anderen Modulen hin;
- das Programm muß Zugang zu den Dienstleistungsfunktionen des Systemkerns haben;
- das Programm muß in die Laufzeitumgebung eingebettet werden, die vom Laufzeitsystem der Programmiersprache und vom Betriebssystem gebildet wird.

An verschiedenen Stellen dieses Beitrages wird auf Schnittstellen zum Betriebssystem Bezug zu nehmen sein. Da alle Implementierungen, über die hier berichtet wird, auf IBM-Anlagen laufen, wird dort, wo auf konkrete Randbedingungen des Betriebssystems eingegangen werden muß, ein System vom Typ OS-360 [8] zugrunde gelegt. Im Gegensatz zur den Ebenen der Methodenentwicklung und Methodenanwendung ist auf der Systemkernebene kaum eine Unabhängigkeit vom Rechnersystem erreichbar. Der Systemkern soll gerade alle Abhängigkeiten vom Rechnersystem, insbesondere vom Betriebssystem, in sich konzentrieren, damit die Methoden über die Grenzen einer Rechnerfamilie hinweg portabel gemacht werden können. Erforderlich ist dafür natürlich die Implementierung des Systemkerns auf den verschiedensten

Rechnerfamilien.

Neben den genannten Bedingungen, die die Ausführung betreffen, stellt die Verwaltung der Methoden innerhalb der Methodenbank weitere Anforderungen:

- selbstverständlich müssen Dateien mit genügendem Platz zur Speicherung bereitgestellt sein;
- es muß sichergestellt sein, daß es nicht zwischen Programmen oder Modulen, die zu unabhängig voneinander entwickelten Methoden gehören, zu Namenskonflikten kommt. Sonst wäre die Eindeutigkeit einer Methode verletzt.

Weitere Anforderungen, die an die Modulverwaltung zu stellen sind, betreffen nicht deren Funktionalität sondern ihren Resourcenaspekt. Die Modulverwaltung soll sich den verfügbaren Resourcen anpassen:

- bei knappem Arbeitsspeicher soll mit einem Minimum an Speicherplatz gearbeitet werden. Der Arbeitsspeicher kann von der Hardware-Ausstattung her eine wesentliche Restriktion darstellen. Bei dem gegenwärtigen Trend zu billigen, großen Speichern, die von einem virtuellen Speichersystem verwaltet werden, hat der Speicher meist den Charakter einer scharfen Begrenzung verloren. Dennoch ist der Speicherbedarf auch in solcher Umgebung noch wichtig, da der Anwender oft den Speicher freiwillig unter das technisch mögliche Maß verringern will, um entweder die abgerechneten Kosten zu reduzieren oder eine kürzere Turn-around-Zeit zu erzielen. Beides hängt sehr stark von der Art ab, wie die Rechnerinstallation betrieben wird. Die optimale Rechnernutzung kann sogar bei Tag und bei Nacht völlig verschiedene Speicherplatzzuweisungen verlangen, denen die Modulverwaltung sich anzupassen hat;
- neben dem Speicherplatz stellt die Zahl der Zugriffe auf externe Dateien einen wesentlichen Resourcenpunkt dar. Je seltener die Modulverwaltung Module aus der Bibliothek nachladen muß, desto rascher und billiger kann der Programmlauf durchgeführt werden.

Schließlich gilt noch:

- alle Funktionen müssen, soweit sie nicht vom System ohne Einflußnahme des Benutzers wahrgenommen werden, in geeigneter Form durch den Anwender oder den Entwickler in einer Programmiersprache oder Kommandosprache angesprochen werden können.

An dieser Stelle sind vielleicht einige quantitative Angaben angebracht. Diese Angaben beziehen sich auf die Installationen der Systeme ICES [9], REGENT [10, 11, 12], SSYST-2 [13] und KAPROS [14, 15] im Kernforschungszentrum Karlsruhe. Die Zahl der Module in diesen Systemen betrug im März 1982:

- 752 bei ICES mit ingesamt ca. 24 MBytes;
- 780 bei REGENT mit insgesamt ca. 42 MBytes;
- 51 bei SSYST-2 mit insgesamt ca. 1.5 MBytes;
- 200 bei KAPROS mit insgesamt ca. 10 MBytes.

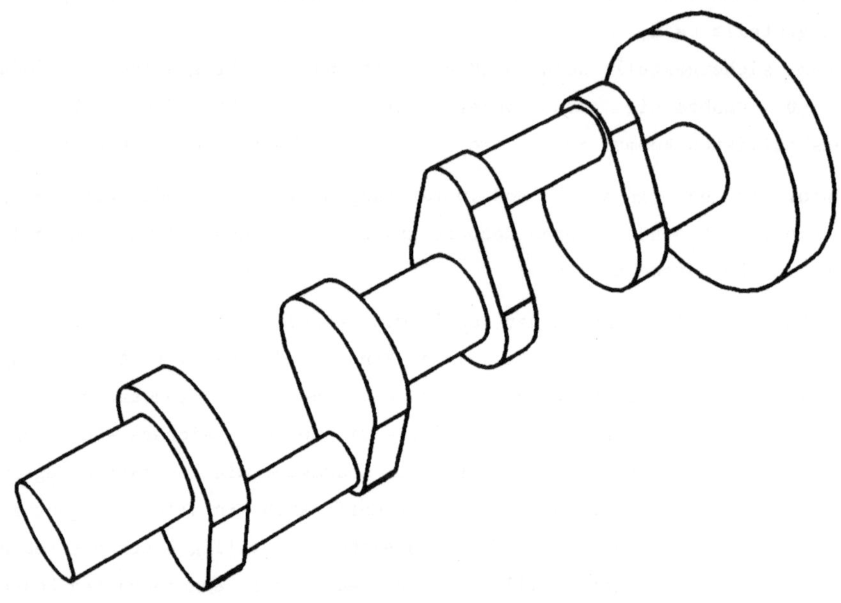

Abb.2: Ein Beispiel aus der graphischen Methodenbank REGENT/GIPSY

Die Anzahl der Module, die in einem typischen Programmlauf aufgerufen werden, schwankt stark mit der Aufgabenstellung. Sie hängt auch wesentlich von der Art der Methoden ab. In KAPROS dominieren beispielsweise umfangreiche numerische Methoden der Neutronenphysik (Systeme partieller Differentialgleichungen). Eine Methode ist dabei jeweils einem Modul zugeordnet. Ähnlich ist es bei SSYST2. Die einzelnen Moduln wechseln relativ selten und haben je einzeln lange Ausführungszeiten. ICES und REGENT enthalten verschiedene Methoden, die "Subsysteme" genannt werden und jeweils viele Module enthalten. Die Module der REGENT-Subsysteme für graphische Datenverarbeitung sind relativ klein und wechseln in ihrer Ausführung häufig. An der Erzeugung der Abb.2 waren 26 Module des Subsystems GIPSY [16, 17, 18] beteiligt. Die Aufrufstatistik in Abb.3 gibt ein Bild über das breite Spektrum der Aufrufhäufigkeiten. Sehr oft wurden hier z.B. Module aufgerufen, die Programme zur Bestimmung der Sichtbarkeit der Körperkanten enthalten. Es wird vermutet, daß für Methodenbanken im CAD-Bereich ein solch häufiger Modulwechsel typisch ist. Neben Modulgöße und Häufigkeit des Modulwechsels ist die Lebensdauer der Module von ausschlaggebender Bedeutung. In einer auf Methodenentwicklung ausgerichteten

Umgebung ist es wichtig, Methoden ändern, d.h. Module austauschen zu können, ohne daß alle Bestandteile der Methode neu generiert werden müssen.

```
PRESENT  RMM POOL SIZE          :        400000 BYTES
MAXIMUM POOL USED    FOR MODULES :        337392 BYTES
MINIMUM POOL NEEDED FOR MODULES  :        108144 BYTES
TOTAL LENGTH OF ALL MODULES USED :        337392 BYTES
THE MOST OFTEN LINKED/LOADED MODULE/MEMBERS :
GI#RANGE  140716       GI#ISMAT  61290       GI#PROSP   1572
GI#ISPOS     348       GI#ALASS    251       GI#PLSV     242
GI#DIMRE     240       GI#PLOT     240       GI#PSECT    196
GI#PEDGE     168       GI#PSPAC     36       GI#PCONT     28
GI#POINT      16       GI#LTRAN      9       GI#CHAN       8
GI#PLAN4       8       GI#SPA62      6       GI#CYLI3      5
GI#ARGT2       3       GI#BOD62      2       GI#PBODY      2
GI#OPPL        2       GI#STATE      1       GI#INIT       1
GI#WINDO       1       GI#ENPLO      1
```

Abb.3: Modul-Aufruf-Statistik für die Erzeugung von Abb.2

3. Die elementare Lösung: Unterprogramm-Bibliothek

Die üblichen Programmiersprachen stellen dem Anwender die Unterprogrammtechnik zur Verfügung. Unterprogramme enthalten Teile der Methode und können Daten mit anderen Programmteilen über Parameter, globale Daten und Dateien austauschen. Alle in Kap.2 angesprochenen notwendigen Aufgaben für das Funktionieren einer aus Unterprogrammen aufgebauten Systems werden von der Grundsoftware des Rechners (Compiler, Binder, Laufzeitsystem) wahrgenommen. Das Laufzeitsystem ist dabei vor allem für den Zugriff auf Dateien und die Fehlerbehandlung zuständig.

Bei einem umfangreichen System erreicht die Gesamtlänge aller Unterprogramme hintereinander leicht einen nicht mehr akzeptablen Wert. Eine mögliche Abhilfe ist die bekannte Overlay-Technik, eine andere Möglichkeit ist die Verwendung eines Programmgenerators, der aufgrund der vom Anwender formulierten Aufgabenstellung dafür sorgt, daß nur solche Programme in den Modul gebunden werden, die überhaupt in Frage kommen. Eine Variante ist das gezielte Binden nur derjenigen Unterprogramme, die voraussichtlich benötigt werden, während für die übrigen nur kurze Ersatz-Routinen gebunden werden (so z.B. in SSYST-2). Diese Techniken sind verbreitet, haben aber ihre eigenen Probleme.

Die Overlay-Technik verlangt normalerweise die Planung einer Overlay-Struktur vor dem Bindevorgang. Dies ist ein oft sehr schwieriges Unterfangen und erfordert sehr genaue Kenntnis der Aufrufstruktur und des tatsächlichen Speicherplatzbedarfs der einzelnen Unterprogramme. Außerdem ist der Bindevorgang selbst ein recht aufwendiger Vorgang, der durchaus mehr Zeit und Geld kosten kann als die anschließende Programmausführung (bei entsprechend großen Systemen). Daher ist diese Technik wohl nur dann zweckmäßig, wenn der Modul für viele Anwendungen gleich bleibt und als Ganzes für praktisch alle Anwendungen des betrachteten Methodenbereiches verwendet werden kann. Sie ist aber nicht geeignet in einer sich rasch entwickelnden Umgebung, in der es obendrein darauf ankommt, die neuesten Methodenentwicklungen so rasch als möglich der Anwendung zuzuführen. Die Overlay-Technik ist für solche Anforderungen zu starr, die häufig zu wiederholenden Bindeläufe zu aufwendig.

Die Technik der Programmgenerierung bietet demgegenüber größere Flexibilität. Im Gegensatz zur Overlay-Technik bedeutet sie, daß die Anwendersprache kompiliert statt interpretiert werden muß; denn nur, wenn der Programmgenerator die gesamte Aufgabenstellung analysiert hat, kann er alle erforderlichen Unterprogrammaufrufe zusammenstellen. Die Grenze findet die Programmgenerierungstechnik dort, wo wirklich erst bei der Ausführung entschieden werden kann, welche weiteren Methoden zu verwenden sind. Als Beispiel sei eine Methodenbank postuliert, die Methoden für zweidimensionale Geometriebehandlung bereitstellt. Eine Teilaufgabe darin ist die Bestimmung von Schnittpunkten von Linienzügen. Erst zur Ausführungszeit kann entschieden werden, ob die Aufgabe gekrümmte Linien enthält, was andere und kompliziertere Algorithmen erfordert, als wenn nur gerade Striche auftreten. Die Forderung, der Anwender solle vorab die Menge der einzubeziehenden Methoden als eine Hilfestellung für den Programmgenerator angeben, ist eine Lösung, die oft -aber nicht generell- zweckmäßig ist.

4. Die Modulverwaltung in ICES

Das System ICES wurde in der zweiten Hälfte der 60er Jahre am MIT entwickelt [9, 19]. ICES (Integrated Civil Engineering System) wurde Vorbild mehrerer anderer Entwicklungen, die aus heutiger Sicht als Methodenbanksysteme für technisch-wissenschaftliche Anwendungen anzusehen sind (siehe Tab.1). ICES hat vor allem aufgrund seiner strukturmechanischen Methoden im Subsystem STRUDL [20] eine weite internationale Verbreitung gefunden.

In ICES wurden hinsichtlich der Speicherplatzverwaltung drei verschiedene Strategien bereitgestellt. Die historisch älteste Strategie 1 stützt sich ganz auf die vom Betriebssystem gebotenen Fähigkeiten ab. Die Strategien 2 und 3 beinhalten eine eigene Platzverwaltung. Allen drei Strategien gemeinsam sind die Techniken des Datenaustauschs, der Kontrollübergabe und der Einbettung in die Laufzeitumgebung.

Tab.1:Technisch-wissenschaftliche DV-Systeme mit Methodenbankcharakter

Name	Organisation	Veröffentlichung und Jahr
ICES	MIT	[9] 1968
GENESYS	The Genesys Centre	[21] 1970
IST	TU Berlin	[22] 1974
REGENT	KfK	[10] 1975
DINAS	TU Berlin	[23, 24] 1978

4.1. Die Grundfunktionen des Betriebssystems

Wir diskutieren zunächst die gemeinsamen Aspekte. Das Betriebssystem stellt auf Assembler-Ebene folgende Makros zur Verfügung:

- LINK sowie
- LOAD, CALL und DELETE.

Funktionell ist LINK mit der Aufeinanderfolge der drei anderen Makros identisch. Sie unterscheiden sich jedoch hinsichtlich ihrer Auswirkung auf die Speicherverwaltung, was noch zu erläutern sein wird. Zunächst genügt aber die Betrachtung des Link-Makros.

Zum LINK gehören als wesentliche weitere Angaben:

- der Name des Moduls;
- die Datei, die den Modul enthält;
- die Parameterliste, die der gerufenen Routine übergeben werden soll.

Nach Ausführung der gerufenen Routine geht die Kontrolle wieder zurück an die rufende Stelle. Folgende Operationen werden vom Betriebssystem wahrgenommen:

- Suche des Moduls in der angegebenen Datei;
- Bereitstellen des Speicherplatzes für den Modul;
- Laden des Moduls in diesen Speicherbereich;
- Übergabe der Kontrolle und der Parameterliste sowie Rückgabe der Kontrolle an die rufende Stelle (so, als handle es sich lediglich um ein CALL).

Diese Grundfunktionen enthalten nicht die Übergabe der Laufzeitumgebung und die Kommunikation über globale Datenstrukturen (COMMON).

Im Hinblick auf eine möglichst wirtschaftliche Programmausführung versucht das Betriebssystem eine Minimierung der erforderlichen Zugriffe auf die

Modulbibliothek. Dem liegt die Annahme zugrunde, daß ein einmal gerufener Modul wohl noch häufiger benutzt werden wird. Um die Zahl der Dateizugriffe klein zu halten, verwahrt das Betriebssystem einen über LINK gerufenen Modul im Arbeitsspeicher, solange dies möglich ist. Bei einer Wiederbenutzung desselben Moduls entfällt dann der zeitkritische Dateizugriff. Genau hierin unterscheidet sich das LINK von der Abfolge LOAD, CALL und DELETE. Bei dieser wird ein Modul aufgrund des DELETE sofort gelöscht und muß im Bedarfsfall neu aus der Bibliothek geladen werden.

4.2. Bereitstellen der Laufzeitumgebung

Ein über LINK gerufener Modul kann mit der rufenden Stelle über Parameter kommunizieren; er kann auch eine Datei öffnen, benutzen und wieder schließen, aber nicht z.B. eine bereits geöffnete Datei weiterbenutzen. Ebenso ist er hinsichtlich der Fehlerbehandlung vom rufenden Modul getrennt. In der Implementierung äußert sich dies beispielsweise darin, daß rufender und gerufener Modul beide die FORTRAN-Laufzeit-Routine für die Ein-/Ausgabe enthalten. Auch die speziellen Systemkern-Routinen, die die Systemkern- fähigkeiten (beispielsweise die der Modulverwaltung) bereitstellen, sind Bestandteil der Laufzeitumgebung. Um den gerufenen Modul in die Laufzeitumgebung des rufenden einzubetten, muß dafür gesorgt werden, daß er dessen Exemplar der Ein-/Ausgabe-Routine benutzt und nicht ein eigenes. Dies geschieht in ICES -und in ähnlicher Form auch in anderen Systemkernen- in der Weise, daß nur der Hauptmodul (das ist der Modul, der vom Betriebssystem aus geladen und gestartet wird) das Original der Laufzeit-Routine eingebunden erhält, während in die gerufenen Module lediglich gleichnamige "Verzweigungs-Routinen" oder "Kommunikations-Routinen" gebunden werden. In den Modulen wird also die jeweilige Verzweigungs-Routine gerufen, die jeweils in ihr Original verzweigt. Die Verzweigungs-Routine muß die Parameter weitergeben (was im Einzelfall Anpassungen auf Assemblerebene unter sehr genauer Beachtung der in den Laufzeit-Routinen verwendeten Techniken erfordert). Ferner benötigt die Verzweigungs-Routine die Kenntnis über die Adresse des zugehörigen Originals. In ICES ist dies so gelöst, daß der COMMON (es gibt nur einen) nach vorne hin verlängert wird. Vor den vom Programmierer eines ICES-Subsystems definierten COMMON fügt ICES selbst Speicherplätze ein, die alle für die Weitergabe der Laufzeitumgebung nötigen Daten und Adressen enthalten. Damit reduziert sich die Aufgabe, alle Module in dieselbe Laufzeitumgebung einzuhüllen, auf das Problem, in allen Modulen auf denselben COMMON zuzugreifen.

Die Verzweigung in ein einziges Exemplar der jeweiligen Routine ist im Prinzip nur dann erforderlich, wenn diese Routine Seiteneffekte hat. Eine Routine, die lediglich über ihre Parameter kommuniziert und keinerlei inneren Zustand speichert, kann durchaus in jedem Modul mit einem Exemplar vertreten sein. Typische Routinen dieser Art sind die arithmetischen Funktionen SIN, COS etc. Aber auch in diesen Fällen kann der Systementwickler sich dazu entscheiden, eine Verzweigungs-Routine zu einem Original im Hauptprogramm vorzusehen, wenn er Speicherplatz einsparen will; denn die Verzweigungs-Routinen sind stets vernachlässigbar klein im Verhältnis zum Original.

4.3. Zugriff auf globale Daten

Wir müssen zunächst genauer unterscheiden zwischen "globalen" Daten, die allen Programmen eines Moduls zugänglich sind, und "universalen" Daten, auf die alle Programme aller Module einer Methode zugreifen können. Ein COMMON im üblichen FORTRAN-Sinne entspricht globalen Daten. In ICES und verwandten Systemen wird der COMMON zu einer universalen Datenbasis umfunktioniert. Durch Eingriffe in die vom Compiler erzeugten Bindemodule wird in ICES z.B. der eigentliche COMMON auf eine Minimalgröße reduziert und der Zugriff über ein anderweitig nicht benutztes Register auf einen sogenannten Pseudo-COMMON umgeleitet, der vom ICES-Systemkern als universale Datenbasis bereitgestellt wird. Die dafür erforderlichen Maßnahmen werden von einem Assemblerprogramm durchgeführt, das als "Modulkopf" Bestandteil aller Module ist (in [7] wird dafür der Begriff "Rahmen" benutzt). Ein Modulaufruf führt stets über diesen Modulkopf und wird erst nach Aufbau der Laufzeitumgebung an das eigentlich gewünschte Unterprogramm im Modul weitergeleitet. Die Verzweigungs-Routinen benutzen einen ersten, reservierten Teil des COMMON, um auf ihre Originale zu verzweigen. Der geschilderte Zusammenhang ist schematisch in Abb.4 dargestellt.

4.4. Speicherplatzverwaltung

Neben der Verwendung der vom Betriebssystem bereitgestellten, in 4.1 geschilderten Speicherplatzverwaltung kann der ICES-Anwender zwei andere Verwaltungsmethoden auswählen. Dies ist sinnvoll, da in ICES auch eine eigene Platzverwaltung für Daten (die sogenannten "dynamic arrays") existiert. Beide Verwaltungen können bei knappem Speicherplatz miteinander in Konflikt geraten, was weitgehend vermieden wird, wenn diese Aufgabe nur an einer Stelle, d.h. im ICES-Kern, vorgenommen wird.

Bei Strategie 2 wird ähnlich vorgegangen wie im Betriebssystem, nur eben vom ICES-Kern selbst. Es wird versucht, die Module möglichst lange im Arbeitsspeicher zu halten. Wenn für das Laden eines neuen Moduls nicht genügend Platz vorhanden ist, so veranlaßt ICES eine Speicher-Reorganisation. Nicht mehr benötigte Module werden dann gelöscht. Dies geschieht nach vier Prioritäts-Stufen. Der Subsystem-Programmierer kann durch geeignete Zuweisung der Module in diese

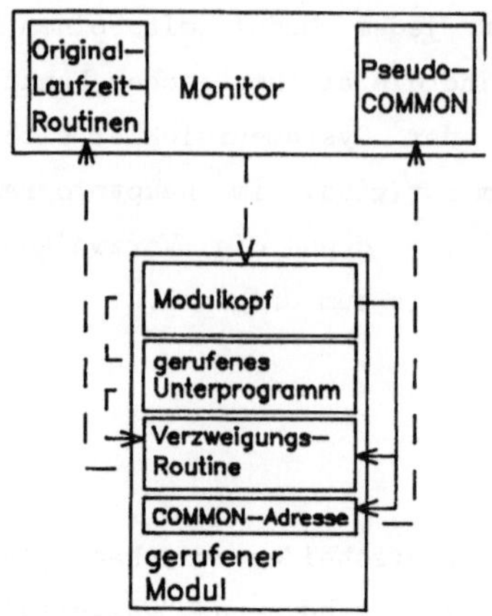

Abb.4: Einbettung der ICES-Module in die Laufzeitumgebung

Prioritätsstufen dafür sorgen, daß das Löschen der Module in einer für den erwarteten weiteren Programmverlauf als optimal angesehen Weise erfolgt. Aktive Module oder solche, die explizit durch ein LOAD geladen wurden, sind von der Reorganisation ausgeschlossen. Bei knappem Speicher besteht nun allerdings die Möglichkeit einer Speicherfragmentierung derart, daß zwar insgesamt noch genug Platz für einen Modul vorhanden ist, dieser Platz aber zu sehr zerstückelt ist. Ein solches Beispiel ist in Abb.5 gezeigt. Zu aufeinanderfolgenden Zeiten sollen dabei die Module A, B, C und D aufgerufen werden:

- A hatte B, B hatte C gerufen;
- C führt RETURN aus;
- B führt RETURN aus;
- A ruft C, welches noch im Speicher liegt;
- C ruft D; D ist zu groß für eine der vorhandenen Lücken.

Eine denkbare Lösung des Fragmentierungsproblems wäre das Verschieben der Module im Speicher. Da dies bei der vorliegenden Adressierungstechnik jedoch sehr schwierig wäre, wurde in ICES eine alternative Strategie 3 bereitgestellt, die keine Lücken aufkommen läßt. Dabei wird in Kauf genommen, daß häufiger auf die Modul-Bibliothek zugegriffen werden muß. Der Ablauf der Aufrufe wie in Abb.5 würde nach der Strategie 3 (siehe Abb.6) einmal zusätzlich das Laden von C aus der Bibliothek erfordern; dafür aber würde der Aufruf von D nicht zum Zusammenbruch führen.

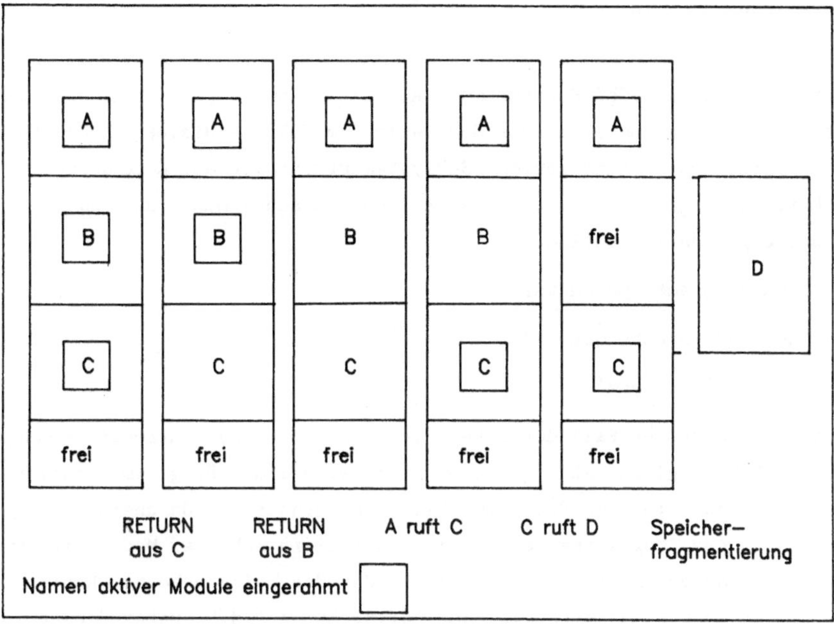

Abb.5: Modul-Verwaltung nach Strategie 2 in ICES

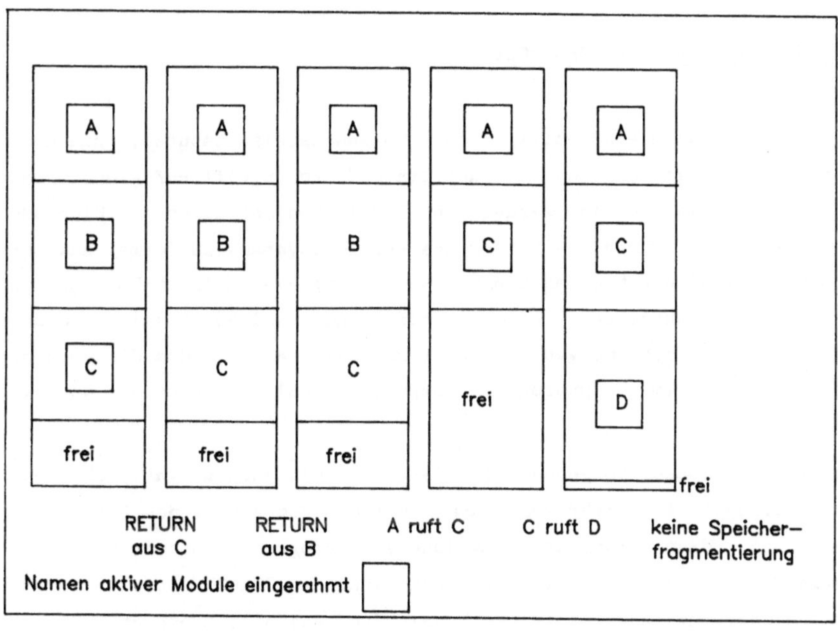

Abb.6: Modul-Verwaltung nach Strategie 3 in ICES

4.5. Sprachliche Formulierung

Der Ersteller eines ICES-Subsystems hat stets zwei getrennte Aufgaben zu bewältigen: die Programmierung der Module in dem FORTRAN-Dialekt ICETRAN und die Definition der problemorientierten Subsystemsprache mit der Kommandosprache CDL (Command Definition Language). Die wesentlichen Sprachelemente zum Ansprechen der Modul-Verwaltung sind in ICETRAN

```
LINK programm( parameter )
```

und in der Kommandosprache CDL

```
EXECUTE 'programm'
```

wobei in diesem letzteren Fall der Datenaustausch nicht über Parameter sondern nur über den COMMON möglich ist. In jedem Fall ist bei das Programm "programm" als gleichnamiger Modul in der Programmbibliothek enthalten. Darüberhinaus gibt es noch einige andere Möglichkeiten, wie das Kellern mehrerer Modulnamen und die Ausführung des so definierten Modulkellers oder die Weitergabe der Kontrolle von einem Modul an einen nächsten gleicher Aufruf-Ebene, d.h. unter Einsparung der normalerweise dazwischenliegenden Folge von RETURN und LINK. Auf diese Möglichkeiten soll hier nicht weiter eingegangen werden.

4.6. Die Modulverwaltung bei PSU-ICES

In PSU-ICES [25] wird eine völlig andere Vorgehensweise benutzt, die gerufenen Module in die Laufzeitumgebung einzubetten und den Zugriff auf globale Daten zu bewerkstelligen. Die Module werden in PSU-ICES nicht durch das Einbinden von Verzweigungs-Routinen durch den Binder des Betriebssystems zu formal ausführbaren Moduln gebunden. Vielmehr bleiben die Referenzen auf die Laufzeit-Routinen und die Systemkern-Routinen ungelöst. Beim Aufruf eines solchen Moduls wird dann zur Ausführungszeit ein systemeigenes Binder-Programm aktiv, das die noch offenen Referenzen auf die im Hauptprogramm bereits enthaltenen Routinen und globalen Daten auflöst.

Das Attraktive an dieser Vorgehensweise ist, daß ein derart dynamisch gebundener Modul sich überhaupt nicht mehr von einem zuvor mit dem Binder des Betriebssystems erstellten und dann insgesamt geladenen Programm unterscheidet. Die Verzweigungs-Routinen und die besondere Behandlung des COMMON entfallen. Dafür ist aber der Aufwand für jeden einzelnen Modulaufruf wesentlich erhöht. Die Technik des dynamischen Bindens ist wohl deswegen nicht so weit verbreitet wie die des dynamischen Ladens, weil der Lernaufwand und Implementierungsaufwand dafür erheblich größer ist.

5. Die Modulverwaltungen in REGENT

5.1. Die Modulverwaltung des Laufzeitsystems

In REGENT sind drei verschiedene Modulverwaltungen implementiert. Wir befassen uns zunächst mit der Modulverwaltung des Laufzeitsystems.

So wie die ICES-Module in die Laufzeitumgebung von FORTRAN eingebettet werden mußten, so ist die bei REGENT für PL/1 zu tun. Auch in REGENT wird die Technik der Verzweigungs-Routinen benutzt. Insgesamt wurden 33 Routinen des PL/1-Laufzeitsystems identifiziert, die wegen ihrer Seiteneffekte oder ihrer Länge nur einmal im gesamten System vertreten sein sollen. Die übrigen Laufzeit-Routinen können in jedem Modul mit einer eigenen Kopie auftreten.

Für den Zugriff auf globale Daten und für den Zugriff der Module auf Laufzeit-Fähigkeiten des REGENT-Systemkerns (wie die Modul-Verwaltung oder die Daten-Verwaltung [26]) wird jedoch eine andere Technik benutzt als in ICES. Dies wird dadurch ermöglicht, daß PL/1 -im Gegensatz zu FORTRAN- es erlaubt, <u>alle</u> Datentypen, insbesondere auch Dateien (FILE), Prozeduren (ENTRY) und Zeiger (POINTER) als Variable zu behandeln und über Parameter weiterzureichen. Die globale Datenstruktur eines Subsystems wird in REGENT zwar auch COMMON genannt, ist aber keine dem FORTRAN-COMMON entsprechende EXTERNAL-Struktur, sondern sie hat die Speicherklasse BASED (d.h. sie wird über einen Zeiger angesprochen). Der Zeiger auf diesen "COMMON" ist eingebettet in die REGENT-Datenbasis, auf die ein Zeiger (genannt QQ) zeigt, welcher von den REGENT-Sprachprozessoren in alle Prozedur-Vereinbarungen und alle Prozedur-Aufrufe eingebaut wird, soweit dies erforderlich ist.

Im Hinblick auf die Speicherplatz-Verwaltung ist in REGENT die ICES-Strategie 2 implementiert. Für das Ansprechen der Modulverwaltung (wie für andere spezielle Fähigkeiten) stellt REGENT Spracherweiterungen der Basissprache PL/1 bereit. Die sprachliche Formulierung für die Verwendung der Modul-Verwaltung in REGENT-Modulen sieht (etwas vereinfacht) wie folgt aus:

Vereinbarung:

```
DECLARE programm ENTRY( parameter_vereinbarung ) DYNAMIC
                  MODULE( modul_name );
```

AUFRUF:

```
CALL programm( parameter );
```

Die Vereinbarung wird übersetzt in:

```
DECLARE 1 QQ_programm_CONTROL_BLOCK,
    2 QQ_programm_BASIS POINTER INITIAL(ADDR(QQ_programm_POINTER)),
    2 QQ_programm_ENTRY ENTRY VARIABLE INITIAL(modul_verwaltung),
    2 QQ_programm_ENTRYNAME CHARACTER(8) INITIAL('programm'),
    2 QQ_programm_MODULNAME CHARACTER(8)
                        INITIAL('subsystem-prefix'||modul_name),
    2 QQ_programm_LOAD_COUNTER BINARY FIXED(15) INITIAL(0);
```

Die Aufrufanweisung für einen Modul unterscheidet sich also nicht von der für eine normale PL/1-Prozedur. Entsprechendes gilt auch für Funktionsprozeduren. Der Aufruf

```
CALL programm( parameter );
```

wird übersetzt in:

```
CALL QQ_programm_ENTRY( QQ_programm_BASIS, parameter );
```

Aufgrund der Vereinbarung wird die Entry-Variable QQ_programm_ENTRY mit der Verzweigungs-Routine für die Modul-Verwaltung initialisiert. Der Aufruf bewirkt -nach dynamischem Laden des Moduls- den Aufruf der Prozedur "programm", wobei anstelle des anfangs auf sich selbst zeigenden Zeigers QQ_programm_BASIS der Zeiger auf die REGENT-Datenbasis an den gerufenen Modul weitergegeben wird, der so Zugriff auf alle REGENT-Fähigkeiten und auf die globalen Daten erhält.

Besonders effektiv wird die Modul-Verwaltung bei mehrfacher Verwendung desselben Moduls, wenn die Sequenz

```
LOAD programm;
wiederhole mehrfach CALL programm;
DELETE programm;
```

benutzt wird. Der LOAD-Befehl bewirkt, daß die Entry-Variable QQ_programm_ENTRY mit der Einsprungadresse von "programm" im inzwischen geladenen Modul (anstelle der Einsprungadresse der Verzweigungs-Routine) und der Zeiger QQ_programm_BASIS mit dem Zeiger auf die REGENT-Datenbasis gefüllt wird. Der Aufruf in der CALL-Anweisung umgeht dann die Modul-Verwaltung vollständig und erspart so jeglichen unnötigen Aufwand. Mehrfache Ausführung eines LOAD auf denselben Modul führt (wie auch schon in ICES) nicht zu mehrfachem Laden sondern nur zu einer Zählung der LOAD-Anforderungen. Die DELETE Anweisung macht die Wirkung von LOAD rückgängig.

5.3. Die Modulverwaltung für Generierungszwecke

Für die Generierung eines neuen Moduls wird nacheinander ein REGENT-Sprachprozessor (der die Anwendersprachen in PL/1 übersetzt), der PL/1-Compiler und der Binder benötigt. Unter Umständen muß bei dieser Gelegenheit auch eine Reorganisation auf der Modul-Bibliothek vorgenommen werden, für die weitere Dienstprogramme des Betriebssystems benötigt werden. Alle diese Programme werden vom REGENT-Modulgenerator dynamisch gerufen. Als Modulverwaltung wird dabei (da die Anforderungen geringer sind) nicht die in 5.2 geschilderte technik benutzt sondern auf die Betriebssystemfähigkeiten (siehe 4.1) zurückgegriffen. Die Programme bauen jeweils ihre eigene Laufzeitumgebung auf und erhalten vom Modulgenerator lediglich einige Zeichenketten als Parameter übergeben (normalerweise die Namen von Dateien) und liefern einen Return-Code zurück.

Auch der REGENT-Sprachprozessor [27] zur Übersetzung problemorientierter Sprachen benutzt zum Laden seiner Teilprogramme (der Anweisungstreiber, die bei der Sprachdefinition erzeugt werden) eine entsprechende dynamische Modulverwaltung. Entsprechend wird auch im REGENT-Systemgenerator vorgegangen, der dazu dient, eine Neuinstallation des REGENT-Systems von der Source her vorzunehmen.

5.4. Die Modulverwaltung auf der Bibliothek

Ein spezieller Teil der Modul-Verwaltung überwacht die Bibliotheken:

- es wird automatisch dafür gesorgt, daß zwischen den Moduln verschiedener Subsysteme keine Namenskonflikte auftreten;
- beim Laden eines neuen Moduls wird die Modulbibliothek für exklusiven Zugriff reserviert. Alle anderen REGENT-Anwendungen warten solange;
- wenn die Bibliothek überzulaufen droht, wird sie reorganisiert. In dieser Zeit wird ihr Datenträger für alle Zugriffe gesperrt. Andere REGENT-Anwendungen warten solange, bis die Reorganisation beendet ist.

6. Die Modulverwaltung in einigen anderen Systemen

Es gibt eine Reihe anderer Vorschläge und Lösungen zur Modul-Verwaltung [28]. PL/1 [29] bietet eine Möglichkeit zum dynamischen Laden und Aufrufen von Unterprogrammen über die Anweisungen:

```
FETCH programm;
CALL programm( parameter );
RELEASE programm;
```

Die wesentliche Einschränkung verglichen mit den Modul-Verwaltungen in ICES oder REGENT liegt darin, daß ein so gerufener Modul nicht selbst wieder weitere Module rufen kann. Spacek [30] schlägt "writable overlays" vor, für die der Compiler aufgrund seiner Kenntnis des Programmstruktur eine maximal mögliche Segmentierung vorbereiten soll. In [31] findet man den Vorschlag einer speziellen Syntax zur Overlay-Definition. IST [22] stellt eine Modulverwaltung bereit, die an derjenigen von ICES orientiert, aber auf besondere Effizienz hin implementiert ist. PLAN [32] sieht das Anlegen und Ausführen eines Modul-Kellers vor, wobei der Datenaustausch über einen COMMON erfolgt. Nach [33] bietet PLAN auch die Möglichkeiten des dynamischen Bindens (wie PSU-ICES) und des Auslagerns des rufenden Moduls (wie KAPROS). Mit AELINK [34] können nur vollständige Programme (nicht Unterprogramme) dynamisch aufgerufen werden. In MODCON [35] wurde ein virtueller Speicher für Module durch Software realisiert.

7. Schlußfolgerungen und Empfehlungen

Noch vor 10 Jahren war ein Hauptargument für den Einsatz einer dynamischen Modulverwaltung der Engpaß im Arbeitsspeicher. Durch die rapide sinkenden Speicherkosten und die damit einhergehende Verbreitung virtueller Systeme, deren Adressräume in den Gigabytebereich vorstoßen, hat dieser Punkt an Bedeutung verloren. Lediglich in Installationen, die aus betrieblichen Gründen dem Anwender Speicher-Restriktionen auferlegen oder eine Prioritätensetzung in Abhängigkeit vom Speicherbedarf vornehmen, hat dieser Punkt nach wie vor seine Berechtigung. Das gilt besonders auch für Systeme, die auf kleineren Rechnern installiert werden sollen.

Von völlig anderer Qualität ist der zweite Grund für eine Modulverwaltung. Die Modulverwaltung erlaubt es, das Prinzip der Modularität vom Entwurf eines Systems über die Kompilation hinaus bis zum Binden und Laden durchzuziehen. Dies bringt wesentliche Erleichterungen bei Entwicklung und Pflege großer Software-Systeme (insbesondere Methodenbank-Systeme) mit sich. Demgegenüber hört normalerweise das Modularitätsprinzip beim Bindevorgang auf. In einer Umgebung, in der sich die Methoden rasch weiterentwickeln und wo viele Gruppen an Entwicklung und Anwendung arbeiten, ist eine Modulverwaltung praktisch unentbehrlich.

Zu bedauern ist, daß -abgesehen von PL/1- keine Programmiersprache Ansätze zu einer Modulverwaltung enthält. Einige neuere Sprachen (wie ADA [36]) bieten zwar besondere Unterstützung für das nachträgliche Binden getrennt übersetzter Unterprogramme und zusammengehöriger Pakete (packages). Dabei wird aber auf die besonderen Aspekte des dynamischen Ladens und Bindens (im Gegensatz zum statischen Binden) nicht genügend eingegangen. Die Ursache dafür ist wohl, daß umfangreiche Methodenbanksysteme nicht den Standardfall der DV-Anwendung darstellen und nicht im Blickpunkt des Interesses derer stehen, die sich um Entwurf und Standardisierung von Programmiersprachen bemühen. Die Methoden, wie sie z.B. in ICES und REGENT seit Jahren benutzt werden, haben sich bewährt. Es wäre zu wünschen, in den Programmiersprachen und "programming environments" derartige Fähigkeiten in standardisierter Form verfügbar zu haben.

8. Literatur

[1] H.Noltemeier:
Modelle - Methoden - Daten. In: H.Noltemeier (ed.): Computergestützte Planungssysteme. Würzburg, Köln (1976) P.247:253

[2] B.Schips:
Ein Beitrag zum Thema "Methodenbanken". Angewandte Informatik 11 (1977) 465:470

[3] K.R.Dittrich, R.Hüber, P.C.Lockemann:
Methodenbanksysteme: Ein Werkzeug zum Maßschneidern von Anwendersystemen, Informatik-Spektrum (1979) 2 P.194:203

[4] H.Barth:
Grundlegende Konzepte von Methoden- und Modellbanksystemen. Angewandte Informatik 8 (1980) P.301:309

[5] R.Eggensberger:
Design eines interaktiven didaktisch orientierten Methodenbanksystems. Angewandte Informatik 9 (1981) P.394:399

[6] E.G.Schlechtendahl, G.Enderle:
Ansätze zu Methodenbanken im technisch-wissenschaftlichen Bereich. Angewandte Informatik (1982) wird veröffentlicht

[7] IBM:
IBM System /360 Operating System. Supervisor and Data Management Macro Instructions.
IBM System /360 Operating System. Supervisor and Data Management Services.

[8] R.Hüber:
Aufgaben und Prinzipien der Einbettung vorgefertigter Softwarebausteine in eine Systemumgebung. Fachgespräch "Softwaretechnologische Aspekte bei Modell- und Methodenbanken sowie bei CAD-Systemen" anläßlich der 12. GI-Jahrestagung 1982, Kaiserslautern, 5.-7.10.1982

[9] D.T.Ross:
ICES System Design, Cambridge (1976) MIT Press

[10] E.G.Schlechtendahl:
Grundzüge des integrierten Programmsystems REGENT. Angewandte Informatik (1976) 11 P.490:496

[11] E.G.Schlechtendahl, K.H.Bechler, G.Enderle, K.Leinemann, W.Olbrich:
REGENT-Handbuch. Report KfK 2666 (KfK-CAD 71). Karlsruhe (1981) Kernforschungszentrum

[12] E.G.Schlechtendahl:
Der Systemkern REGENT als Basis zur Entwicklung technisch-wissenschaftlicher Programmsysteme. 9. Int. Kongress über die Anwendungen der Mathematik in den Ingenieurwissenschaften, Weimar, 28.6.-4.7.1981, Hochschule für Architektur und Bauwesen, Heft 1 (1981) P.89:92

[13] R.Meyder:
SSYST-2. Eingabebeschreibung und Handhabung. Report KfK 2966. Karlsruhe (1980) Kernforschungszentrum

[14] G.Buckel, W.Höbel:
Das Karlsruher Programmsystem KAPROS, Teil I, Übersicht und Vereinbarungen. Report KfK 2253. Karlsruhe (1976) Kernforschungszentrum

[15] H.Bachmann, S.Kleinheins:
Das Karlsruher Programmsystem KAPROS, Teil II, Dokumentation des Systemkerns. Report KfK 2254. Karlsruhe (1976) Kernforschungszentrum

[16] R.Schuster:
System und Sprache zur Behandlung graphischer Information im rechnergestuetzten Entwurf, Report KfK 2305 Karlsruhe (1976) Kernforschungszentrum rechnergestützten Entwurf. Angewandte Informatik 19, (1977) P.155:163

[17] G.Enderle, K.H.Bechler, F.Katz, K.Leinemann, W.Olbrich, E.G.Schlechtendahl, K.Stölting:
GIPSY-Handbuch, Report KfK 2878 Karlsruhe (1980) Kernforschungszentrum

[18] G.Enderle, K.-H.Bechler,, H.Grimme, W.Hieber, F.Katz:
GIPSY-Handbuch Band II. Report KfK 3216, Karlsruhe (1981) Kernforschungszentrum

[19] J.M.Sussmann:
Primary Memory Management in ICES. Report R67-68. MIT, Dep. Civil Eng. (1967)

[20] M.F.Nelson:
ICES STRUDL II. In:Three-dimensional Continuum Computer Programs for Structural Analysis. New York (1972) ASME P.23:24

[21] Alcock, Shearing and Partners.:
GENESYS Reference Manual, Loughborough (1971) The GENESYS Centre

[22] P.J.Pahl, L.Beilschmidt:
Informationssystem Technik. Programmierhandbuch. Report KfK CAD-81. Karlsruhe

(1978) Kernforschungszentrum

[23] K.P.Beier:
Systemsoftware für ein integriertes schiffbautechnisches Programmsystem. Dissertation. Berlin (1976) Techn. Univ.

[24] K.P.Beier, W.Jonas:
DINAS - A Transportable Executive System for Interactive Computer Aided Design, Proc.Int.Conf. Interactive Techniques in Computer Aided Design Bologna (1978) P.393:403

[25] M.A.Prichard:
PSU-ICES I Operations Manual. Interim Document Version 1.04. University Park (1972) Dep. Arch. Eng. Penn. State Univ.

[26] K.Leinemann:
Dynamische Datenstrukturen des integrierten CAD-Systems REGENT, Angewandte Informatik (1977) 1 P.26:31

[27] G.Enderle:
Problemorientierte Sprachen im REGENT-System, Angewandte Informatik (1976) 12 P.543:549

[28] L.Presser, J.R.White:
Linkers and Loaders. Computing Surveys 4 (1972) P.149:167

[29] IBM:
OS PL/1 Checkout and Optimizing Compilers. Language Reference Manual.

[30] T.R.Spacek:
A Proposal to Establish a Pseudo Virtual Memory via Writable Overlays. Comm. ACM 15 (1972) P.421:426

[31] H.Wettstein:
Die Organisation von Programmüberlagerungen als Teilaufgabe des Binders. Elektronische Rechenanlagen (1971) P.170:177

[32] R.Schwarz:
Problem Oriented Language Analyser (PLAN). IBM-Nachrichten 20 (1970) 204 P.556:563

[33] IBM:
Problem Oriented Language Analyser (PLAN). User's Introduction H20-0626 (1967)
Problem Oriented Language Analyser (PLAN). Program Description Manual GH20-0594 (1969)

[34] R.E.Rien:
The Development of a Preliminary Concept for the MODCON Operating System. Report 70-S. University Park, Penna (1970) Dep. Arch. Eng., College of Eng., Penn. State Univ.

[35] J.Ichbiah et al.:
Preliminary ADA Reference Manual. SIGPLAN Notices 14 (1979) 6

Automatische Quellcodegenerierung

aus einem Programmablaufplan

E.-F. Kaebelmann
Fraunhofer-Institut für
Produktionsanlagen und
Konstruktionstechnik (IPK)
1000 Berlin 30
Kleiststr. 23-26

Die Idee der Automatischen Quellcodegenerierung ist aus dem Bestreben entstanden, ein vorhandenes CAD-System (CADSYM) auch für zusätzliche Aufgabenbearbeitungen einzusetzen.
Das System CADSYM ist ein Programmsystem für den grafisch interaktiven Entwurf von Schemazeichnungen. Mit diesem System können Ablaufstrukturen aus unterschiedlichen Branchen entworfen werden. Die Grobstruktur des Systems ist in Bild 1 dargestellt.

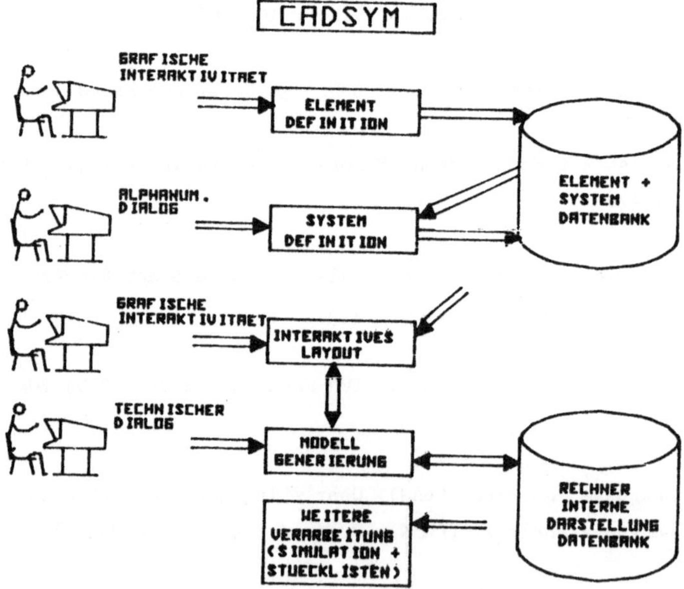

Bild 1: Gesamtstruktur vom System CADSYM

Mit dem Programmsystem CADSYM ist der Anwender in der Lage, sich einen zugeschnittenen Systembaustein per Dialog zu definieren, d.h., er ist

nicht gezwungen, für branchenspezifische Anforderungen das Programmsystem mittels programmiertechnischer Änderungen anzupassen. Dadurch werden vom Anwender keinerlei Programmierkenntnisse, z.B. in FORTRAN IV, vorausgesetzt.
Das System CADSYM kann als ein problemunabhängiger Generierungsbaustein für zugeschnittene grafisch interaktive Entwurfssysteme aufgefaßt werden. So können je nach Anwendungswunsch Entwurfssysteme, z.B. für

- analoge und digitale Schaltungen,
- Rohrleitungstechnik,
- Funktionsstrukturen aller Art,
- Programmablaufpläne,
- Fabrikanlagenplanung

generiert werden.
Die Arbeit mit dem System CADSYM erfolgt in vier Schritten, wobei zwei Schritte zu der Definitionsphase zusammengefaßt werden, Bild 2, und zwei weitere Schritte in der Arbeitsphase enthalten sind, Bild 3.

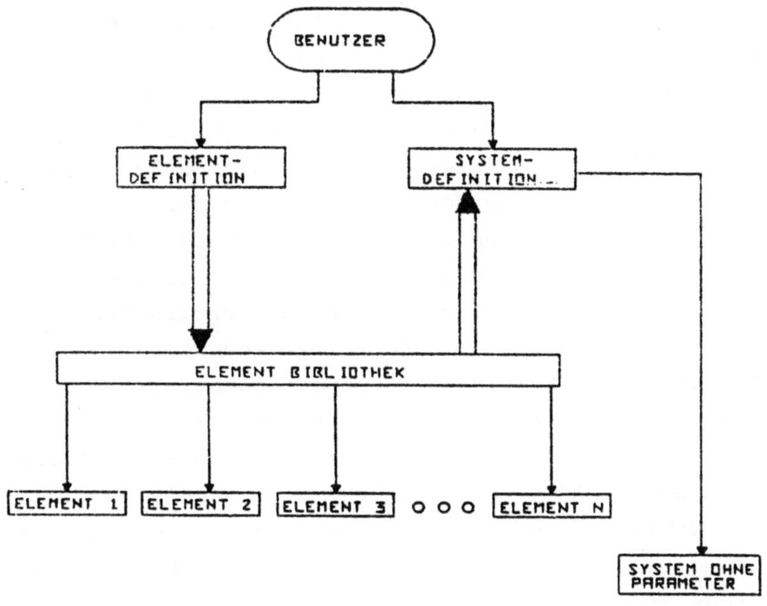

Bild 2: Definitionsphase des Systems CADSYM

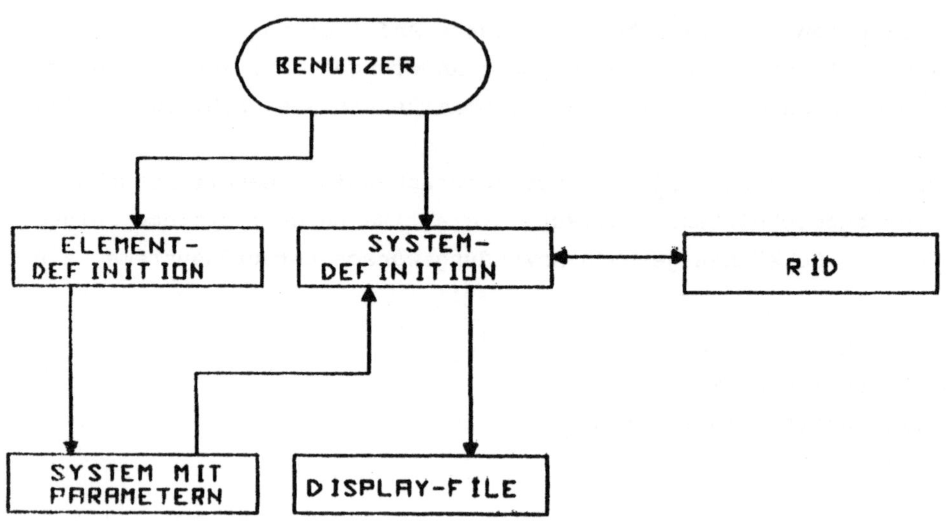

Bild 3: Arbeitsphase des Systems CADSYM

Nach dem interaktiven Entwurfsprozeß ist in der Rechner-Internen-Darstellung (RID) das Modell der kreierten Ablaufstruktur vorhanden, d.h. über eine Unterprogrammschnittstelle kann auf dieses Modell zugegriffen werden. Über eine Schnittstelle kann erfaßt werden, welches grafische Symbol an welchem Anknüpfungspunkt mit einem weiteren Symbol verbunden ist. Deshalb war man davon überzeugt, daß sich das System CADSYM auch für die Generierung von Programmablaufplänen eignet. Denn zur Veranschaulichung der Zusammenhänge zwischen den Daten eines Prozesses und der an ihnen vorzunehmenden Veränderung zeichnet man häufig Diagramme. Deshalb liegt die Idee nahe, solche grafischen Darstellung nicht nur zur Unterstützung bei der Programmierung in eine normale (eindimensionale) Sprache zu verwenden und sie für die maschinelle Bearbeitung erst wieder in eine sequenzielle Notation zu übersetzen (manuell), sondern Methoden zu entwickeln, die es gestatten, die grafische Darstellung unmittelbar als Programm aufzufassen. Sind die Programmablaufpläne eindeutig und vollständig im rechnerinternen Modell beschrieben, dann ist man auch dazu in der Lage, ein Programmodul zu entwickeln, das dieses Modell abtastet und eine Datei mit dem Programmcode erzeugt, Bild 4.

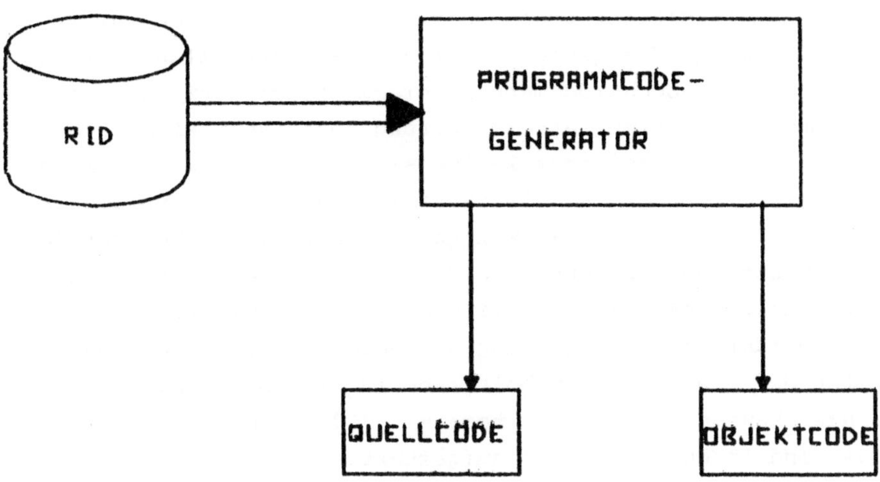

Bild 4: Ankopplung eines Programmcode Generators an die Rechnerinterne Darstellung

Für den Programmcodegenerator (Übersetzer) kann man zwischen zwei Möglichkeiten der Dateigenerierung unterscheiden. Es würde sich anbieten, einen Übersetzer so zu entwerfen, daß ein korrektes Programm direkt in den Maschinen-Code umgewandelt wird. Man konnte den Übersetzer aber auch wie einen Pre-Compiler entwerfen, der die korrekten Programme in eine Ziel-Sprache übersetzt und die Erstellung des Maschinen-Codes dem jeweiligen Compiler überläßt.
Die erste Idee ist nicht zuletzt aus Zeitgründen zu verwerfen. Um sämtliche syntaktische Regeln aller Sprachen zu beachten, müßte das System unnötig aufgebläht werden, ohne daß man einen Nutzen daraus ziehen könnte. Zusätzlich ergäbe sich der Nachteil der rechnerabhängigen Lösung, so daß eine Übertragbarkeit auf andere Rechenanlagen nicht gewährleistet ist. Die zweite Lösung hat zusätzlich den Vorteil, daß Pre-Compiler für weitere höhere Programmiersprachen angekoppelt werden können. Außerdem bereitet die Integration von schon vorhandenen Programmoduln keine Probleme. Ein weiterer Vorteil besteht auch darin, daß Programmdokumentations- und Testhilfen für die Softwarequalitätssicherung, die meist auf der Basis des Quellenprogramms operieren, verwendet werden können. Bei der Untersuchung

geeigneter allgemeingültiger grafischer Darstellungsformen für Programmablaufpläne mußte festgestellt werden, daß Darstellungsformen nach DIN 66001, Nassy-Schneidermann-Diagramm, Petri-Netze u.a. für eine rechnerunterstützte Weiterverarbeitung ungeeignet sind. Besser geeignet waren die Ansätze einer 2-dimensionalen Programmiersprache /1,2,3/, die an der TU-Berlin entwickelt worden ist. Die Sprachelemente (Grafische Symbole) wurden weitgehends übernommen und der dort angestrebte Ansatz, den Objektcode direkt zu erzeugen, wurde dahingehend abgewandelt, daß als Ergebnis ein FORTRAN Quellprogramm entsteht. Eine ausführliche Erläuterung der Bedeutung und Anwendungsmöglichkeiten der grafischen Symbole kann in diesem Kurzbeitrag nicht erfolgen. Hier kann nur auf die Literatur /1,3,3/ verwiesen werden. Die Symbole sind in der Tabelle 1 aufgeführt.

SYMBOL	BEDEUTUNG	FUNKTION
	BLOCK	'BEGIN'-'END' CONSTUCT
	REGEL	ZUWEISUNG UND DEKLARATION
	MACRO	EINFUEGEN EXTERNER PROGRAMMTEILE
	COMPUT	BEDINGUNGSTEIL BEI BEDINGTEN VERZWEIGUNGEN
	ZEIGER	FUER FORTRAN UNWICHTIG
	CASE	VERGLEICHSTEIL BEI BEDINGTEN VERZWEIGUNGEN
	RELAT	FUER FORTRAN UNWICHTIG
	LOOP	'REPEAT'-'UNTIL' SCHLEIFE
	REPEAT	FUER FORTRAN UNWICHTIG
⟶		FUER FORTRAN UNWICHTIG
----->	STRUK-TURELE-MENT	VERZWEIGUNG LOGISCHER AUSDRUECKE WENN WAHR
·········>		VERZWEIGUNG LOGISCHER AUSDRUECKE WENN FALSCH
-·-·->		UNBEDINGTE VERZWEIGUNG
⟹	PROZE-DURELE-MENT	PARAMETERZUWEISUNG
====>		FUER FORTRAN UNWICHTIG
::::::::>		FUER FORTRAN UNWICHTIG
=:⟹		ZUWEISUNG

Tabelle 1: Zur Verfügung stehende Symbole

Die Möglichkeiten der automatischen Quellcodegenerierung soll an den Beispielen 1,2,3 dargestellt werden.

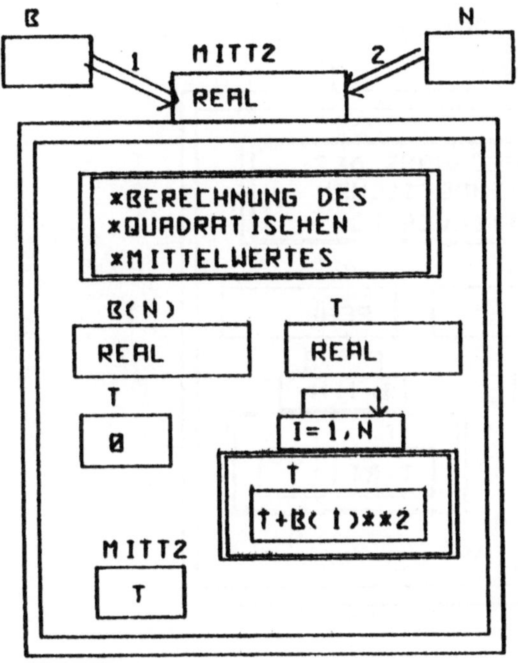


```
      REAL FUNCTION MITT2(C,M)
C BERECHNUNG DES
C QUADRATISCHEN
C MITTELWERTES
      REAL B(N)
      REAL T
      T=0
      DO  1   I=1,N
      T=T+B(I)**2
 1    CONTINUE
      MITT2=T
      RETURN
      END
```

<u>Beispiel 1</u>: Definition einer Funktion

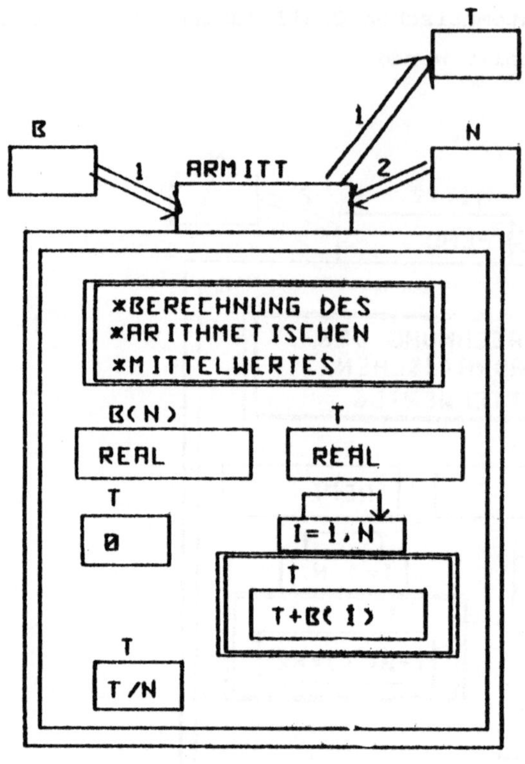


```
      SUBROUTINE  ARMITT(T,B,N)
C BERECHNUNG DES
C ARITHMETISCHEN
C MITTELWERTES
      REAL B(N)
      REAL T
      T=0
      DO  1   I=1,N
      T=T+B(I)
1     CONTINUE
      T=T/N
      RETURN
      END
```

Beispiel 2: Definition einer Suboutine

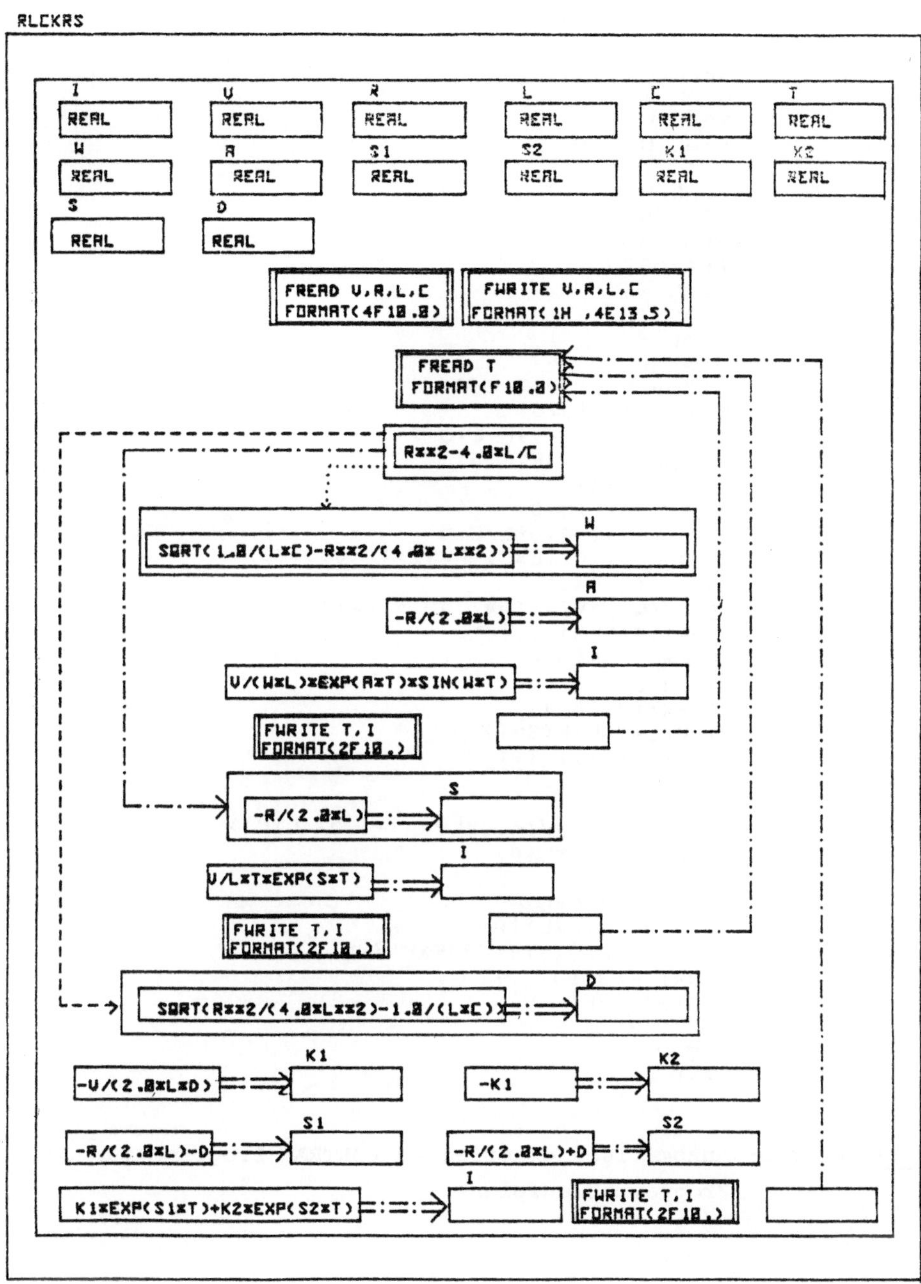

Beispiel 3.1: Programmablaufplan für ein Berechnungsprogramm

```
      PROGRAM RLCKRS
       REAL I
       REAL V
       REAL R
       REAL L
       REAL C
       REAL T
       REAL W
       REAL A
       REAL S1
       REAL S2
       REAL K1
       REAL K2
       REAL S
       REAL D
        READ(5,1) V,R,L,C
1      FORMAT(4F10.0)
        WRITE(5,2) V,R,L,C
2      FORMAT(1H ,4E13.5)
3       READ(5,4) T
4      FORMAT(1F10.0)
       IF  (R**2-4.0*L/C)5    ,6    ,7
5      W=SQRT(1.0/(L*C)-R**2/(4.0*L**2))
       A=-R/(2.0*L)
       I=V/(W*L)*EXP(A*T)*SIN(W*T)
        WRITE(5,8) T,I
8      FORMAT(2F10.0)
       GOTO 3
6      S=-R/(2.0*L)
       I=V/L*T*EXP(S*T)
        WRITE(5,9) T,I
9      FORMAT(2F10.0)
       GOTO 3
7      D=SQRT(R**2/(4.0*L**2)-1.0/(L*C))
       K1=-V/(2.0*L*D)
       K2=-K1
       S1=-R/(2.0*L)-D
       S2=-R/(2.0*L)+D
       I=K1*EXP(S1*T)+K2*EXP(S2*T)
        WRITE(5,10) T,I
10     FORMAT(2F10.0)
       GOTO 3
       STOP
       END
```

<u>Beispiel 3.2</u>: Automatisch generiertes FORTRAN Programm aus dem Programmablaufplan

Zusammenfassung

Mit dem am Institut entwickelten Programmsystem für eine automatische Quellcodegenerierung wurde eine Möglichkeit der automatisierten Programmierung aufgezeigt. Hierdurch wird ein Programmierer von Routinetätigkeiten entlastet, indem er die häufig vorkommenden Syntaxfehler, die sich meist erst nach dem Übersetzungslauf herausstellen, nicht korrigieren muß, da sie hoffentlich nicht vorkommen werden. Für das zu schaffende Produkt (hier Programmbaustein) ist es im Sinne der Steigerung der Qualität sicherlich dienlich, wenn der Programmentwickler dazu gezwungen ist, eine geordnete Ablaufstruktur zu entwerfen. Dokumentationen könnten wesentlich einfacher ein- bzw. ausgeblendet werden, da das am IPK realisierte grafische System eine Ebenenstruktur zuläßt. Da in der Entwicklung von Programmiersprachen noch kein Ende abzusehen ist, wird durch die konsequente Anwendung eines solchen Systems eine Integration von geeigneten Programmiersprachen ohne umständliche Umprogrammierung möglich.

Erfahrungen bei der Integration von Datenbanken- und Statistik-Software

H. Schubel

MEDIS Institut der GSF
Ingolstädter Landstraße 1, 8042 München-Neuherberg

Das MEDIS - Institut für Medizinische Informatik und Systemforschung - bearbeitet u.a. folgende Aufgabenbereiche:

- Methoden zur Analyse des Gesundheitssystems
- Verfahren zur Bewertung medizinischer Leistungen
- Vorsorge- und Früherkennungsstrategien.

Die Untersuchungen dazu basieren auf Daten aus dem Gesundheitsbereich die entweder

- laufend entstehen und erfaßt werden
  (z.B. auf Krankenscheinen und Rezepten)

oder

- in Studien speziell gesammelt und gespeichert werden.

Daneben wird an Methoden gearbeitet, Erfassung, Auswertung und Aufbereitung von Daten im Gesundheitssystem zu verbessern. Aus diesem methodischen Bereich werde ich hier berichten und an Hand von Beispielen aus der Gesundheitssystemforschung die Arbeiten erläutern.

Die Aktivitäten in den oben erwähnten Studien lassen sich durch folgende Phasen systematisieren

- Konzeption
- Datenerfassung
- Datenmanipulation
- Auswertung
- Ergebnispräsentation

Wesentlich für die Güte der Ergebnisse ist die Qualität der Daten, die durch alle Phasen geprägt wird. Dabei stellt jede Studienphase besondere methodische Anforderungen, die mit Software unterschiedlichster Struktur unterstützt werden kann (Abb.1). Dennoch geschieht das in den meisten Studien nicht. Sie sind geprägt vor allem von einer, nämlich der Auswertungsphase. An ihren Gegebenheiten orientieren sich alle Schritte von der

Konzeption	Formulargenerator Maskengenerator Data Dictionary
Datenerfassung	Dialogprogramme Prüfroutinen Datenbank
Datenmanipulation	Abfragesprachen High Level Programmiersprachen
Auswertung	Statistikbibliotheken Statistikpakete
Ergebnispräsentation	Graphiksysteme

Abb.1

Konzeption über die Datenerfassung hin bis zur Präsentation der Ergebnisse. So erfolgt die Datenerfassung z.B. über Fragebögen, Erfassungsbelege und Lochkarten. Prüfungen werden im nachhinein vorgenommen, was dazu führt, daß aufgedeckte Inplausibilität und Fehler nur schwer oder gar nicht den Fakten entsprechend korrigiert werden können.

Der Ansatz, statt dieser Batch-orientierten Erfassung die Daten im Dialog zu erfassen, zu prüfen und in einer Datenbank zu speichern, führt zu einer wesentlichen Verbesserung der drei Studienphasen Konzeption, Datenerfassung und Datenmanipulation (Abb.2). Für die

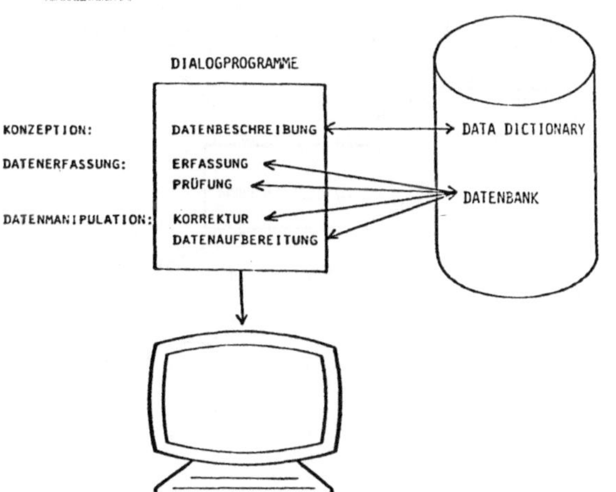

Abb.2

weiteren Studienphasen ergeben sich jedoch folgende Probleme:

- die Daten sind in der Datenbank nicht für Statistik-Pakete zugängig
- der Statistiker muß sich die Daten aus der Datenbank extrahieren
- der Statistiker muß dafür sowohl das Datenbanksystem als auch das Statistikpaket bedienen können.

Dies sind offensichtlich wesentliche Hemmschwellen in der Benutzung der für die ersten 3 Phasen adäquaten Software. Zur Überwindung dieser Schnittstellenproblematik möchte ich drei Verfahren vorstellen, Datenbank- und Statistik- Software zu integrieren.

Verfahren A

Das einfachste Verfahren besteht darin, mit einer Abfragesprache Datensätze aus der Datenbank zu selektieren und die gewünschten Datenfelder in einer sequentiellen Datei für die weitere Bearbeitung abzuspeichern (Abb.3).

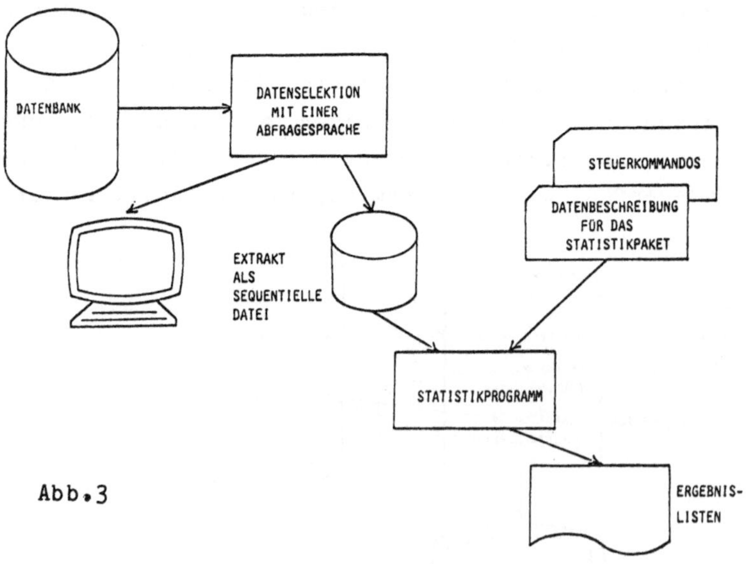

Abb.3

Das im MEDIS verwendete Datenbanksystem ist ADABAS mit der Abfragesprache NATURAL. Eine Selektion mit NATURAL mag folgendes Beispiel verdeutlichen. Untersucht werden sollen Abhängigkeit zwischen Arzt- und Krankenscheindaten

Alter Jahr der Approbation Jahr der Zulassung	des Arztes
Versicherungsgruppe Zahl der Leistungen Kosten der Leistungen	vom Krankenschein

Dabei sollen nur Daten von Ärzten mit einer Approbation zwschen 1945 und 1955 einbezogen werden.

```
0010 FIND ARZT WITH JAHRAPP = 1945 THRU 1955
0020    FIND KSCHEINE WITH ARZTNR = ARZTNR (0010)
0030    WRITE WORK FILE 1 VERSGR ALTER(0010) JAHRAPP(0010)
0040                      JAHRZUL(0010) ANZ-S PREIS-S.
```

Abb.4

Die Selektion der Fälle (Krankenscheine) ist durch die beiden geschachtelten FIND's realisiert (Abb.4). Die Auswahl der Datenfelder wird im WRITE-Befehl festgelegt. Der Statistiker erhält damit die Daten in der für die Statistikpakete typischen "Rechteckform":

- für jeden Fall 1 Record
- alle Records haben dieselbe feste Länge
- alle Records beinhalten dieselben Variablen.

Um die extrahierten Daten mit Statistikpaketen wie SPSS, BMDP oder SAS weiter zu bearbeiten, muß der Aufbau der Extraktionsdateien für die Statistikpakete erneut beschrieben werden.

Verfahren B

Eine solche Beschreibung ist in der Extraktionsanweisung in Zusammenhang mit dem Data Dictionary bereits implizit enthalten. Das Verfahren B basiert auf Verfahren A; zusätzlich wird der WRITE-Befehl im Extraktionsprogramm analysiert und die Beschreibung der Daten - wie Reihenfolge der Datenfelder, Name des Datenfeldes, Typ und Länge - in der Syntax des Statistik-Paketes aufbereitet. Im NATURAL ist ein Bereitstellen der Datenbeschreibung nicht vorgesehen, aber sowohl Data Dictionary als auch NATURAL - Programme für die Extraktion sind als "Daten" in der Datenbank abgespeichert. Damit sind beide wiederum mit NATURAL - Programmen zu erreichen. Auf dieser Basis haben wir das Verfahren B für den Anschluß an das Statistikpaket SAS realisiert. Das Interface ist eingebettet in ein System, das über Menuetechnik die gewünschten Auswertungen mit den dazugehörigen Parametern von Anwender erfragt. Anschlüsse an SPSS und BMDP sollen folgen.

Verfahren C

Einige Statistikpakete wie BMDP und SPSS nutzen eine interne Darstellung, zum Zwischenspeichern von Datenbeschreibung und Daten, ein sogenanntes "Systemfile". Ein BMDP-Systemfile hat einen Header, der die Datenbeschreibung enthält, dahinter folgt pro Fall ein Satz mit den Daten als Floatingpoint-Zahlen, zum Abschluß der Datei folgen Trailer-Records. Ein solches Systemfile wird im Verfahren C benutzt.

Um das Verfahren C zu implementieren haben wir in Zusammenarbeit mit dem Hersteller Eingriffe in die Software des Systems NATURAL vorgenommen. Bei Verarbeitung des NATURAL-Befehls "WRITE" wird zum Schreiben eines BMDP-Systemfiles (gekennzeichnet durch WRITE (16)) in eine Sonderbehandlung verzweigt. Dort werden Header- und Trailer-Records erzeugt, die Konvertierung der Datenformate vorgenommen und die Sätze ausgegeben.

Durch die vollständige Einbettung des Interfaces in NATURAL wird dem Anwender der volle Leistungsumfang von NATURAL zur Verfügung gestellt, auch abgeleitete Größen wie z.B. die Differenz aus dem

Jahr der Approbation und dem Jahr der Zulassung des Arztes im obigen Beispiel können damit für die statistischen Verfahren zur Verfügung gestellt werden.

Andere Verfahren

Alle vorgestellte Verfahren basieren auf dem Prinzip, die Daten aus der Datenbank zu extrahieren und die Information über Dateien an das Statistikpaket zu übergeben. Als weitere Verfahren wären denkbar:

- Aufruf der Statistikprogramme aus der Abfragesprache des Datenbanksystems heraus
- Zugriff der Statistiksoftware auf die Datenbank.

Solches Vorgehen bedingt jedoch wesentliche Eingriffe in die Statistiksoftware. Bei den meisten Statistikpaketen handelt es sich um Programme die nicht so modular aufgebaut sind, daß ein Herauslösen des Dateneingabeteils möglich ist. Außerdem erschweren die Floatingpointdarstellung von FORTRAN und die Verwendung von COMMON-Bereichen eine Verbindung zur Datenbank.

Schlußfolgerungen

Den vorgestellten Verfahren gemeinsam ist, daß Daten und ihre Beschreibung zwischen den Systemen ausgetauscht werden. Dabei ist das Data Dictionary von wesentlicher Bedeutung. Sein Ausbau um zusätzliche Eigenschaften der Daten und ihrer Relationen wie z.B. Codetabellen, Prüfkriterien und Transformationen würde den Umfang der Integrationsmöglichkeiten erweitern.
Um auch Graphiksysteme zu integrieren, müßten die Ausgabedaten der Statistikpakete auch im Data Dictionary beschrieben werden. Damit wäre eine Integration der Graphik nach denselben Verfahren möglich, wie sie für die Statistiksoftware vorgestellt wurden. Die Datenbankabfragesprache zusammen mit dem Data Dictionary wird damit zum Trägersystem für eine Methodenbank.

Strukturmodell des Schiffskörpers im Konstruktionsbeschreibungs- und -Dimensionierungssystem des Germanischen Lloyd

Dipl.-Ing. K. Kaube

Beim Germanischen Lloyd (GL) wurde in den Jahren 1976 - 1981 das Programmsystem GLKBD zur Beschreibung und Dimensionierung schiffbaulicher Konstruktionen nach den "Vorschriften für den Bau von stählernen Seeschiffen" (1) des Germanischen Lloyd entwickelt. Grundlage des Systems ist ein Strukturmodell des Stahlschiffskörpers, das unabhängig vom Typ des gespeicherten Schiffes ist und die Möglichkeit bietet, eine Vielzahl von Schiffskonstruktionen zu einer Modelldatenbank zusammenzufassen. Entwurfsziele für das System waren die effektive computergerechte Erfassung und Nachberechnung von Konstruktionen, die dem GL zur Prüfung eingereicht werden, und die Durchführbarkeit von Parameterstudien an Schiffskonstruktionen für die Weiterentwicklung der Bauvorschriften des GL. Außerdem sollte das System auch für Zwecke des CAD im Schiffsentwurf einsetzbar sein. Das System besteht zur Zeit aus den Komponenten

- Konstruktionsbeschreibungsdatei
- Konstruktionsgenerierungs- und -änderungsprogramme
- Dimensionierungs- und Profilauswahlprogramme
- Auswertungsprogramme
- Hilfsprogramme.

Den Grundstock des in der Konstruktionsbeschreibungsdatei enthaltenen Strukturmodells bilden die Daten der einzelnen Konstruktionsteile. Schiffbauliche Konstruktionen setzen sich aus Stahlblechen mit Versteifungen zusammen, die aus Walzprofilen bestehen oder aber ihrerseits wieder, und zwar meist in mehreren Stufen, aus Stahlblechen und Versteifungen zusammengesetzt sind. Letztlich können alle Konstruktionen auf Konstruktionsteile des Typs "Platte" oder "Profil" zurückgeführt werden. In der Konstruktionsbeschreibungsdatei werden für jedes Konstruktionsteil beschreibende Daten, geometrische Daten und Ergebnisdaten gespeichert.

Da das System nicht zu Fertigungszwecken bestimmt ist, brauchen die Konstruktionsteile nicht mit den späteren Bauteilen übereinzustimmen. Es ist vielmehr gestattet, gleichartige und zusammenhängende Bauteile zu einem einzigen Konstruktionsteil zusammenzufassen, wie z.B. die gesamte Innenbodenplatte eines Schiffes in voller Breite von Bord zu Bord. Alle gekrümmten Platten, wie z.B. die Außenhautplatten, werden dagegen in mehrere fiktive, ebene Teilstücke aufgeteilt. Sämtliche plattenförmigen Konstruktionsteile können so geometrisch in einem zweidimensionalen, lokalen Koordinatensystem durch einen zusammenhängenden Linienzug beschrieben werden. Die dritte Dimension läßt sich aus der Dicke gewinnen, die als Parameter gespeichert wird. Auch bei Profilkonstruktionsteilen läßt sich mit einer rein zweidimensionalen Beschreibung auskommen, da verwundene Profile praktisch nie gebaut werden und Profile einen konstanten Querschnitt aufweisen.

Linienzüge werden durch eine Folge von Punktkoordinaten mit zwischengeschalteten Kurvenfunktionen dargestellt. Da die Anzahl erforderlicher Kurvenstücke nicht vorhergesagt werden kann, benötigt man Wertefelder dynamischer Länge.

Jedem Konstruktionsteil ist eine Ebene zugeordnet, deren Parameter in bezug auf ein schiffsfestes, räumliches Koordinatensystem gebildet und getrennt gespeichert werden. Nach festen Regeln wird in jeder Ebene ein zweidimensionales, ebenfalls schiffsfestes Koordinatensystem definiert. Zusammen mit jedem Konstruktionsteil wird die Lage seines lokalen Koordinatensystems in bezug auf das Koordinatensystem der zugehörigen Ebene gespeichert. So läßt sich die 3-dimensionale Geometrie der Konstruktion ohne Schwierigkeit aus der 2-dimensionalen Geometrie der Konstruktionsteile gewinnen. Gleichzeitig benötigen mehrfach vorkommende Teile nur eine einzige geometrische Beschreibung, wenn es gelingt, beim Aufbau der Wertefelder mehrfach verwendbare Daten konsequent von solchen zu trennen, die nur für das spezielle Konstruktionsteil gelten.

Herkömmliche schiffbauliche Dimensionierungsprogramme wurden jeweils für ganz spezifische Konstruktionen wie z.B. Öltanker oder Massengutschiffe geschrieben. Die logische Funktion der einzelnen Konstruktionsteile im Gesamtzusammenhang läßt sich dann direkt in den Programmtext integrieren. Für allgemeinverwendbare Verarbeitungsprogramme müssen dagegen die logischen Beziehungen zwischen den einzelnen Konstruktionsteilen und den übergeordneten konstruktiven Einheiten explizit im Strukturmodell gespeichert werden. Zu diesem Zweck wurden in unserem System die verschiedenen Wertefelder der Konstruktionsteile durch Zeigerketten verknüpft. Um von jedem Wertefeld aus jedes andere Wertefeld der Kette erreichen zu können, wurden ringförmige Ketten verwendet.

Mit Hilfe solcher Verkettungen können mit ein und demselben Satz von Wertefeldern zweidimensionale und räumliche Aspekte der Konstruktion bearbeitet werden. So enthält das GLKBD-System Routinen zur Berechnung der Festigkeitseigenschaften eines Schiffsquerschnittes, also ein zweidimensionales Problem, neben solchen zur Bestimmung der Masse und Schwerpunkte der Gesamtkonstruktion, ein typisch dreidimensionales Problem.

Die Bildung übergeordneter Konstruktionseinheiten mit Hilfe von Zeigerketten gewährt große Freiheit in der Gestaltung dieser Einheiten und ihrer gegenseitigen Abhängigkeiten. Je nach Anwendungsfall können die Einheiten einander gleichgeordnet oder über- und unterordnet werden. Modelle variabler Hierarchieabstufung sind realisierbar. Neue Modelle können aus verschiedenen gespeicherten durch Anketten von Konstruktionseinheiten gewonnen werden.

Bei der Verarbeitung solcher Hierarchien variabler Tiefe stößt man jedoch auf Schwierigkeiten. Da in herkömmlichen Programmiersprachen wie FORTRAN ein rekursiver Aufruf von Unter programmen nicht erlaubt ist, muß man für jede Hierarchiestufe einen neuen Satz von Unterprogrammen bereitstellen. In unserem System konnte deshalb nur eine feste hierarchische Ordnung realisiert werden in den Stufen

- Schiffskörper
- Schiffsabschnitt
- Konstruktionshauptgruppe
- Konstruktionsgruppe
- Konstruktionsteil.

Natürlich sind Verknüpfungen durch Zeigerketten auch unabhängig vom logischen Aufbau des Strukturmodells ein wichtiges Hilfsmittel für die Gestaltung einer Datenbank. So brauchen z.B. Informationen, die für Gruppen von Konstruktionsteilen identisch sind, nur einfach gespeichert zu werden und können über Zeiger von den zugehörigen Wertefeldern aus erreicht werden. Man stößt in der Praxis jedoch sehr schnell an Grenzen. Einerseits belegen auch Zeiger Speicherplatz, der zwar billiger geworden ist, aber auch heute keineswegs umsonst zur Verfügung steht. Vor allem gelangen aber Verknüpfungsinformationen ebensowenig wie andere Informationen von allein in die Datei. Zeigerketten müssen wie andere Daten eingegeben, geprüft und gepflegt werden, damit die Verarbeitungsprogramme sich ihrer bedienen können. Mit zunehmender Anzahl der Zeigerketten wird das Strukturmodell bald so unübersichtlich, daß man den Benutzer bei der Datenerstellung mit immer aufwendigeren Programmen unterstützen muß. Die allgemeine Verwendbarkeit eines Verarbeitungsprogramms für das Strukturmodell wird dann erkauft durch komplizierte Generierungsprogramme, und die Beschreibung der speziellen Eigenschaften der Konstruktion entfällt nicht etwa, sondern sie wird lediglich von der späteren Verarbeitung entkoppelt und an den Beginn vorgezogen.

Realisiert wurden das Strukturmodell und die Verarbeitungsprogramme des GLKBD-Systems in FORTRAN mit Unterstützung durch die Systemsoftware DINAS (2) und ergänzt durch die TCS-Grafiksoftware für Speicherbildschirme. Als Wertefelder variabler Länge wurden die Gruppen der von DINAS bereitgestellten "Gruppenfiles" verwendet. Ihre Verknüpfung erfolgt im GLKBD-System durch Zeigerringe. Zur Erhöhung der Effektivität der Zeigerverarbeitung wurde eine getrennte Speicherung von Zeigern und Wertefeldern gewählt. Alle Zeiger, die von einem Wertefeld aus auf andere verweisen, sind in einem Zeigerfeld variabler Länge zusammengefaßt, wobei jedes Wertefeld genau ein Zeigerfeld besitzt. Alle Zeigerfelder zusammen bilden ein gesondertes Zeigerfile. In dieser Organisationsform können Zeigerstrukturen sehr effektiv verarbeitet werden, da keine Datenfelder bewegt werden müssen. Sämtliche Routinen für Aufbau, Pflege und Verarbeitung der Zeigerringe bilden zusammen ein einheitlich konzipiertes Unterprogrammpaket, den Ringprozessor.

Alle Programme des KBD-Systems werden durch Kommandos vom interaktiven Arbeitsplatz aus gestartet, der mit einem grafischen Bildschirm ausgestattet sein muß. Je nach Komplexität des

Verarbeitungsschrittes wird dabei zwischen Kommandosteuerung und geführtem Dialog abgewechselt.

Die bisher erstellten Kommandos sind in 3 Klassen einteilbar:

- Generieren von Wertefeldern, Inhalten und Verknüpfungen
- Verändern von Wertefeldern, Inhalten und Verknüpfungen
- Verarbeiten der gespeicherten Information.

Die Verfügbarbeit eines komplexen Strukturmodells erlaubt die Dimensionierung der Konstruktionsteile sowohl nach den Regeln der Bauvorschriften als auch mit Hilfe expliziter Berechnungsmethoden der Festigkeitslehre, denn sämtliche Informationen, die man zur Erstellung auch komplizierter Ersatzsysteme der Konstruktion benötigt, sind in der Datei enthalten.

In dieser Eigenschaft, die typisch für Systeme mit Modell- und Methodenbanken ist, liegen zugleich Stärke und Schwäche: Ihre Stärke ist die Freiheit in der Wahl der Methode, ihre Schwäche der Aufwand für die Erstellung des Modells. Denn Strukturmodell und Generierungsprogramme müssen sich am Maximum des Informationsbedarfs aller erfaßten Methoden orientieren, auch wenn im konkreten Anwendungsfall eine verhältnismäßig anspruchslose Methode genügt. Die Erfahrung aus ca. einjähriger Anwendung zeigt, daß mit dem Strukturmodell des GLKBD-Systems die Synthese zwischen diesen gegensätzlichen Forderungen geglückt ist.

Literatur:

(1) GERMANISCHER LLOYD, "Vorschriften für Klassifikation und Bau von stählernen Seeschiffen", Hamburg, 1980

(2) Beier, K.-P.: DINAS-Systemsoftware für das Rechnergestützte Entwerfen und Konstruieren. Dokumentation, Teil Einführung und Überblick. CAD-Satellitenrechner am Fachbereich Verkehrswesen, Technische Universität Berlin, 1978.

DIE REPRÄSENTATION VIRTUELLER TECHNISCHER OBJEKTE INNERHALB EINES HIERARCHISCH-FUNKTIONAL VERTEILTEN CAD-SYSTEMS

P. Gorny und A. Viereck, Universität Oldenburg, Angewandte Informatik
Postfach 2503, D-2900 Oldenburg

SEMANTIK UND SEMANTISCHE DIMENSIONEN EINES VIRTUELLEN TECHNISCHEN OBJEKTS

Im Konstruktionsprozeß wird ein zu konstruierendes Objekt (virtuelles Technisches Objekt (VTO)) nicht in seiner Gesamtheit beschrieben, sondern die in Form von projektiven, schematischen oder verbalen Darstellungen vorliegenden Konstruktionsinformationen beziehen sich immer nur auf einzelne Teilaspekte und werden erst in der Vorstellung eines Konstrukteurs zu einem einheitlichen Ganzen miteinander verknüpft.

Diese Aufteilung der Gesamtbeschreibung eines VTO (Semantik eines VTO) auf eine Reihe relevanter Teilaspekte (semantische Dimensionen) sollte beim Entwurf eines CAD-Systems Berücksichtigung finden, um vom System her der Arbeitsweise eines Konstrukteurs entgegenzukommen.

Erreicht werden kann dies durch eine hierarchische Aufteilung der Datenbank des Systems: Die unterste Ebene verwaltet die Semantik eines VTO und modelliert die vielfältigen Beziehungen zwischen seinen semantischen Dimensionen, während die Teilmenge des Gesamtdatenbestandes, die eine angegebene semantische Dimension repräsentiert, zusätzlich in einer darüberliegenden Ebene gespeichert wird und die Arbeitsgrundlage für den Konstrukteur bildet.

Berücksichtigt man weiter, daß bei der Erstellung und Bearbeitung der Konstruktionsinformation unterschiedlich komplexe Tätigkeiten anfallen (vgl. Bild 1), so liegt eine weitere hierarchische Aufteilung einer CAD-Datenbank nahe, durch die jeder Manipulationsart eine eigene Teildatenbank zugrundegelegt wird. Entsprechend der Komplexität der Manipulationen vereinfachen sich die zu speichernden Informationsstrukturen von Ebene zu Ebene der Hierarchie.

MANIPULATIONSART	VERBAL/NUMERISCH DARGESTELLTE INFORMATION	SCHEMATISCH/BILDLICH DARGESTELLTE INFORMATION
MANIPULATION DER DARSTELLUNG	UNTERTEILUNG IN ZEILEN, SCHRIFTTYP, -FARBE, -STÄRKE	STRICHART, STRICHSTÄRKE, FARBE, SCHATTIERUNGEN
MANIPULATION DER DARSTELLUNGSART	KORREKTUR DER RECHTSCHREIBUNG UND DER INTERPUNKTION	KORREKTUR NICHT NORMGERECHTER ELEMENTE, GENERALISIERUNGEN ÄNDERN, PROJEKTIONSART WECHSELN, VERDECKTE KANTEN DARSTELLEN ODER UNTERDRÜCKEN
MANIPULATION DES OBJEKTS	(NEU)SCHREIBEN VON TEXT	(NEU)KONSTRUKTION EINES VTO

Bild 1: Manipulationsarten von Konstruktionsinformation

Zur Verbindung der Teildatenbanken sind dann Prozessoren einzurichten, die außer dem Datentransfer zwischen zwei Ebenen die Aufgabe haben, dem Konstrukteur als Dialogpartner gegenüberzutreten, wenn dieser Eingaben entsprechender Komplexität tätigt (funktionale Aufteilung).

Wegen der verschiedenen Anforderungen und Informationsstrukturen bietet es sich an, die einzelnen Prozessoren und zuzuordnenden Teildatenbanken auf hintereinandergeschalteten Rechnern unterschiedlicher Leistungsfähigkeit zu implementieren und dadurch ein in diesem Sinn hierarchisch-funktional verteiltes CAD-System zu schaffen.

ARCHITEKTUR DES CAD-SYSTEMS

Im einzelnen ist für das geplante CAD-System folgende mit den Modellen von GKS (und GSPC) verträgliche hierarchisch-funktionale Aufteilung vorgesehen (vgl. Bild 2):

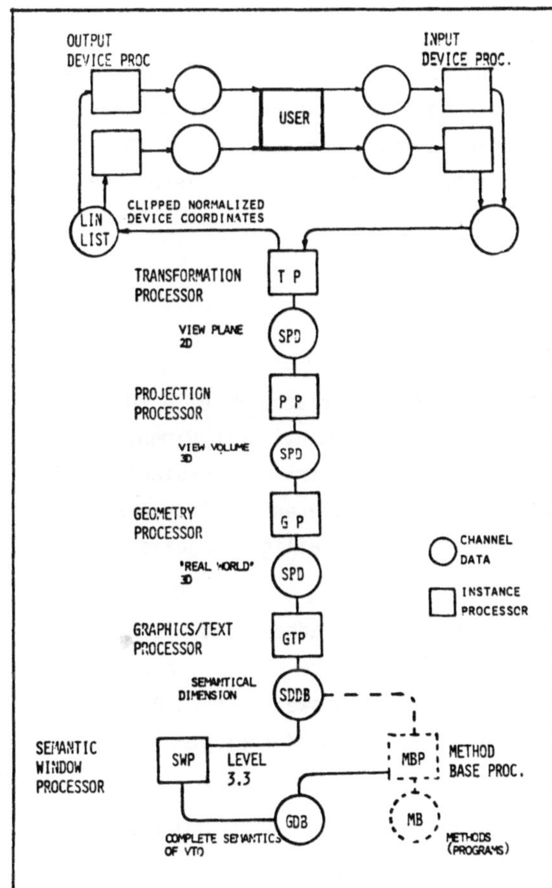

Bild 2: Architektur eines hierarchisch-funktional verteilten CAD-Systems

- Das untere Ende der Hierarchie bildet die sogenannte Datenbankkomponente (GDB). Sie verwaltet die Semantik eines VTO. (Realisierung durch die assoziative Datenstruktur DATAS /1/).
- Daran anschließend folgt die Strukturierte Bilddatei, Structured Picture Definition, (SPD), in der die grafischen Daten einer semantischen Dimension gespeichert werden (Realisierung durch die Netzwerk-Datenstruktur HADS /2/).
- Die dritte Komponente, die Strukturierte Bilddatei für Projektionsdaten, enthält genau eine Projektion des in der SPD in einem 3-D-Benutzerkoordinatensystem gespeicherten Objekts und beruht auf einem 2-D-Betrachterkoordinatensystem.
- Als letzte Komponente ist eine Lineare Liste (LIN LIST) vorgesehen, die die Anfangs- und Endpunkte von in einer grafischen Darstellung zu zeichnenden Kanten einer Projektion enthält. Grundlage für die Punktkoordinaten ist ein normalisiertes

Gerätekoordinatensystem, das den Ausgangspunkt für die das Bild erzeugenden Geräteprozessoren bildet.

Eine Verbindung dieser vier Komponenten wird wie folgt realisiert:

- Der Semantic Window Processor schafft innerhalb der Datenbankkomponente eine Sub-Datenbank mit allen einer semantischen Dimension zuzuordnenden Daten, bzw. integriert für den entgegengesetzten Datenfluß eine semantische Dimension in eine Semantik.
- Der Grafik/Text-Prozessor ermittelt aus den Daten einer semantischen Dimension die zugehörige grafische Darstellung und erstellt die SPD. Umgekehrt fügt er die grafischen Daten einer SPD in eine semantische Dimension ein. Er tritt als Dialogpartner auf, falls inhaltliche Veränderungen am Objekt gewünscht werden.
- Der Geometrieprozessor beschränkt eine grafische Darstellung auf einen Betrachtungsraum mit lokalen 3-D-Koordinaten. Er wird integriert in den Projektionsprozessor, der aus der 3-D-Darstellung eine Projektion berechnet und dann durch Hidden-Line-Verfahren die sichtbaren Kanten ermittelt. Andersherum rekonstruiert der Projektionsprozessor aus einer Projektion ein 3-D-Objekt. Dialogpartner wird dieser Prozessor bei Manipulationen der Darstellungsart.
- Der Transformationsprozessor führt die Umrechnungen zwischen einem 2-D-Betrachterkoordinatensystem und dem normalisierten Gerätekoordinatensystem durch und erstellt die Lineare Liste. Außerdem bearbeitet er Manipulationen der Darstellung. Als benutzernächster Prozessor muß er zusätzlich Benutzereingaben interpretieren und an den jeweiligen Adressaten weiterleiten.

GEOMETRISCHE MODELLE DES CAD-SYSTEMS

Zur Realisierung der beschriebenen Architektur wurden geometrische Modelle für die Semantik eines VTO und die grafischen Informationen einer semantischen Dimension entwickelt. Beide Modelle unterteilen ein Objekt in seine "geometrischen Bestandteile": Körpergruppen, Körper, Flächen, Kanten, Punkte und repräsentieren es ("Boundary Representation" /3/), indem diese Elemente entsprechend des jeweiligen Objekts miteinander in Relation gesetzt werden.

Unter Kanten werden dabei Geradenabschnitte verstanden und Flächen sind als eine Menge von Kanten innerhalb einer Ebene definiert. Es folgt, daß gekrümmte Linien und Flächen in diesen Modellen nicht direkt, sondern nur näherungsweise durch Polygonzüge, bzw. durch endlich viele, der Fläche entsprechend aneinandergefügte Vielecke dargestellt werden können.

Der Elementtyp Körpergruppe wurde in Anlehnung an Begriffe des Konstruktionsprozesses wie Funktionskomplex oder Baugruppe eingeführt.

MODELL FÜR DIE STRUKTURIERTE BILDDATEI

Für die Verknüpfung von Elementen zur Modellierung grafischer Informationen einer semantischen Dimension werden einige Regeln vorgesehen, die einerseits gewährleisten, daß durch Operationen innerhalb des Modells nur reale geometrische Objekte entstehen, andererseits aber auch eine Unterstützung der unterschiedlichen Darstellungsarten bieten.

Danach kann ein Punkt endlich vielen Kanten als Endpunkt, eine Kante höchstens zwei Flächen als Seite, eine Fläche genau einem Körper als Oberfläche, ein Körper genau einer Körpergruppe und eine Körpergruppe genau einem VTO zugeordnet werden.

Elemente des Typs Flächen und Körper werden innerhalb des Modells nach einem Kriterium "Vollständigkeit" weiter unterteilt. Während für unvollständige Elemente außer den genannten, keine weiteren Regeln definiert sind, unterliegen vollständige Elemente, die durch die Nachbildung realer Objekte entstehen, einer Reihe von zusätzlichen Bedingungen. Beispielhaft angeführt sei hier, daß die Kantenmenge einer "vollständigen Fläche" einen oder mehrere geschlossene Kantenzüge bilden muß, daß Flächen, die in verschiedenen Ebenen liegen, sich nicht durchdringen dürfen und daß innerhalb eines "vollständigen Körpers" jede Kante zu genau zwei Flächen gehört.

Um schematische Darstellungen, bei denen in der Regel körperhafte Elemente nicht auftreten, optimal zu unterstützen, werden zusätzlich zu den beschriebenen Elementtypen sogenannte "Freie Elemente" in das Modell übernommen. Dadurch können Punkte, Kanten und Flächen direkt mit Körpergruppen in Beziehung gesetzt werden. Ein weiterer Anwendungsbereich für diese Elemente ist die Modellierung ausgezeichneter Objekte innerhalb projektiver Darstellungen, wie z.B. Schwerpunkt, Lot, Schnittlinie oder Schnittfläche.

Vor allem der Unterstützung verbaler Darstellungen dient die Möglichkeit, den Elementen des Modells Zusatzinformationen zuzuordnen. Ein Konstrukteur kann so für einzelne Elemente Benutzernamen definieren; er kann unter dem Oberbegriff "Kenninformationen" zu einem Element allgemeine Daten, die alle semantische Dimensionen betreffen, anführen; drittens kann er unter dem Oberbegriff "semantische Informationen" für ein Element Daten bzgl. der modellierten semantischen Dimension speichern. Beispiele hierfür wären Kantenlänge, Flächeninhalt und Volumen bei einer semantischen Dimension "körperliche Gestalt".

Mit Hilfe "unvollständiger Flächen" und Zusatzinformationen ist z.B. auch eine Modellierung von Bemaßungen denkbar. Hierzu werden die Bemaßungslinien als Kanten und Maße als Zusatzinformationen zu Kanten geführt und alle diese "Bemaßungskanten" werden zu "unvollständigen Flächen" zusammengefaßt. Beim Erstellen einer Zeichnung werden nun die entsprechenden Kanten nicht direkt dargestellt, sondern zwischen den beiden Endpunkten wird der im Informationsbereich befindliche Text ausgegeben.

Die Modellierung von schematisch/grafischer Information, die also nicht aus der Projektion von Körpern herrührt, erfolgt somit in der gleichen Datenstruktur wie bildlich/projektive Information. Dies ist möglich, weil die erstere immer von geringerer Komplexität ist als die letztere (Es handelt sich immer um planare Schematisierungen).

REALISIERUNG DER STRUKTURIERTEN BILDDATEI

Der Realisierung dieses Modells der grafischen Informationen einer semantischen Dimension wird als Zwischenschicht das Netzwerkmodell zugrundegelegt, dessen Strukturierungsmöglichkeiten durch das Sammlungs- und Gebietskonzept nur bei der Darstellung der Endpunkt- und Seitenbeziehung nicht ausreichten und entsprechend den Anforderungen erweitert wurden. Die entstehenden Sammlungen und Gebiete ließen sich dann durch mehrfach gekettete Listen als Datenstruktur HADS /2/ auf einem Rechner abbilden.

MODELL FÜR DIE DATENBANKKOMPONENTE

Durch die Interpretation der Semantik eines VTO als Zusammenfassung einer Reihe von semantischen Dimensionen liegt es nahe, das Modell der grafischen Informationen einer semantischen Dimension als Grundlage für das Modell der Semantik eines VTO zu verwenden. Diese Vorgehensweise gewährleistet einerseits, daß die Algorithmen zur Datenübertragung zwischen der SPD und der GDB einfach gestaltet werden können und andererseits, da die semantische Dimension "körperliche Gestalt" allen VTO gemeinsam ist, daß hinsichtlich der nachbildbaren Objekte keine Einschränkungen vorgenommen werden.

In das Modell der Semantik eines VTO werden also die oben beschriebenen Elementtypen unverändert übernommen. Wegen der Unterteilung einer Semantik wird jedoch zusätzlich gefordert, daß Körpergruppen nur genau einer semantischen Dimension zugeordnet sein dürfen, diese also repräsentieren.

Außerdem werden, um Zusammenhänge zwischen den semantischen Dimensionen modellieren zu können, Erweiterungen für die möglichen Beziehungen unter den Elementen vorgenommen. Sie betreffen Körper- und Flächenelemente und erlauben, daß in diesem Modell Körper mehreren Körpergruppen zugeordnet sein können, sofern diese jeweils verschiedene semantische Dimensionen repräsentieren. Flächenelemente können als "Oberflächen" beliebig vielen Körpern angehören, wenn diese Körper unterschiedlichen Körpergruppen zugeordnet sind. Weiter kann eine Fläche gleichzeitig als "Freie Fläche" innerhalb der einen und als "Oberfläche" in einer anderen semantischen Dimension auftreten.

Da für die Körper entsprechend der semantischen Dimensionen unterschiedliche "Oberflächenmengen" und für die Flächen unterschiedliche "Seitenmengen" definiert sein können, erlauben diese Erweiterungen je nach betrachteter semantischer Dimension verschiedene grafische Darstellungen für ein Element.

Nur verbal darstellbare Aspekte einer Semantik werden durch dieses Modell erfaßt, indem die Bedeutung der semantischen Informationen neu festgelegt wird: Für das Modell der Semantik eines VTO bilden alle sich ergebenden Informationen zu einzelnen Elementen deren semantische Informationen. Dies sind insbesondere natürlich Beziehungen zu grafisch nicht darstellbaren Aspekten eines VTO. Beispiele sind technologische Angaben, wie Formtoleranzen oder Oberflächengüte und fertigungstechnische Angaben, wie Werkzeug- oder Montagehinweise.

REALISIERUNG DER DATENBANKKOMPONENTE

Zur Realisierung dieses Modells der Semantik eines VTO wurde das System DATAS (Datenstrukturen in assoziativer Speicherung) /1/ verwendet, daß zum einen, da es auf dem Relationenmodell aufbaut, ausreichende Strukturierungsmöglichkeiten zur Darstellung der beschriebenen Beziehungen besitzt, und zum zweiten kostengünstig und in leicht implementierbarer Form zur Verfügung stand.

ENTWICKLUNGSSTAND

Für das vorgestellte CAD-System ist durch die Möglichkeiten an der Universität Oldenburg die Rechnerhierarchie TR 440 - HP 9836 - HP 9845b mit grafischer Peripherie vorgesehen. Die Implementierung der einzelnen Prozessoren ist weitgehend abgeschlossen, die Benutzerschnittstelle und der Daten-, bzw. der Steuerfluß zwischen den Prozessoren wird zur Zeit noch simuliert. Ebenso werden die Probleme der Datenkonsistenz und -integrität noch bearbeitet.

LITERATUR

/1/ Weck,G.: Das erweiterte DATAS-System. Bericht. Universität des Saarlandes, Saarbrücken 1975

/2/ Gorny,P. (Hrsg): Projekt AAI - Auswirkungen der automatisierten Informationsverarbeitung. Arbeitsvorhaben: Computerunterstützte Produktionsvorbereitung. Zwischenberichte: Oktober 1978, April 1979, April 1980
CAD - 1. Teilbericht: Peters,U., Willms,C.: Implementierung der Funktion "Punkt versetzen". Oktober 1980.
CAD - 2. Teilbericht. Martens,M., Schumacher,H., Viereck,A.: Datenbank-, Grafik/Text-, Projektions- und Transformationsprozessor - Theorie und Implementierung Februar 1982
CAD - 3. Teilbericht. Peters,U., Willms,C.: System für Paging und Recovery. Februar 1982
CAD - 4. Teilbericht. Saathoff, A.: Formale Modelle für den Mensch - Rechner Dialog. April 1982

/3/ Requicha,A.: Representations for Rigid Solids: Theory, Methods, and Systems. In: Computing Surveys, Vol. 12, No. 4, December 1980

SOFTWARETECHNISCHE ASPEKTE BEIM ÜBERGANG VON EINEM ANWENDUNGSNEUTRALEN DATEN- UND METHODENBANKSYSTEM ZU EINEM INTERAKTIVEN SYSTEM FÜR INGENIEURMÄSSIGE ENTWURFSOPTIMIERUNG

J.Redmer, IBM Deutschland GmbH, Wissenschaftliches Zentrum Heidelberg

ZUSAMMENFASSUNG

Grundlage dieses Berichts ist die benutzerspezifische Installation eines ingenieurmäßigen Optimierungskonzepts aus dem Bereich der Raumfahrttechnik in einem benutzerneutralen Daten Analyse und Management System. Die wesentlichen Aspekte bei diesem Projekt sind : leichte und flexible Kommunikation zwischen Benutzer und System, geeignete Schnittstellen zur Datenbank, vielseitige graphische Verarbeitung, sowie Modifikationsmöglichkeiten in den genannten Bereichen. Insbesondere wird im folgenden der Aufwand für die benutzerorientierte Anpassung und Integration von Anwender-Komponenten und Daten dargestellt.

1) EINLEITUNG

Unter CAD im herkömmlichen Sinne wird ein eng umschriebenes Anwendungsgebiet im Bereich der Konstruktion verstanden. Eine Erweiterung dieses Begriffes führt zu einer Loslösung vom Zeichenbrett hin zur allgemeinen Entwurfsunterstützung für technische Anwendungen, insbesondere für ingenieurmäßige Optimierungsprobleme und Berechnungsmethoden. Diese Zielsetzung mit Schwerpunkt "Arbeitsunterstützung durch einen Rechner" bewirkt zwangsläufig eine interaktive Vorgehensweise, bei der ein

Ingenieur Entwurfsalternativen mit einem Minimum an Programmierkenntnissen erstellen und analysieren kann. Das System antwortet mit Beurteilungen oder mit wertungsneutralen Berechnungen, die sich numerisch oder graphisch auf vielfältige Weise darstellen lassen, und es bietet Analyse-Möglichkeiten an.
Im Rahmen einer gemeinsamen Studie des Instituts für Raumfahrtantriebe (IRA) der Universität Stuttgart und des Wissenschaftlichen Zentrums Heidelberg der IBM Deutschland wurde ein derartiges System entwickelt und erprobt. Das hierbei zugrundeliegende Problem ist die Optimierung der Aufstiegsbahn eines luftatmenden Raumtransporters mit Kombinationsantrieb /1,2/ durch Variation einer Vielzahl von Parametern. Als Basis für die Installation zum Zweck des bequemen, interaktiven Datenbank-Zugriffs und Programmaufrufs, der Benutzung bequemer Menu-Techniken sowie graphischer Methoden wurde ein zu Forschungszwecken am Wissenschaftlichen Zentrum Heidelberg entwickeltes interaktives Daten Analyse und Management System (IDAMS) /3/ herangezogen. In dieses System wurden Daten und Berechnungsprogramme, die in mehrjähriger Forschungsarbeit am Institut für Raumfahrtantriebe entwickelt worden waren /2/, eingebettet. Die Kommunikation mit dem Benutzer geschieht über eine Menu-Sprache mit speziell für diese Anwendung definierten Menu-Angeboten. IDAMS basiert auf APL /4/ als Trägersprache, sodaß jederzeit von Menu-Eingabe auf direkten APL-Modus übergegangen werden kann.
Zu den Abschätzungen bezüglich Zeitaufwand muß erwähnt werden, daß die meisten Installations-Arbeiten von Personen durchgeführt wurden, die zunächst nicht mit dem System vertraut waren.

2) DAS PROJEKT DER UNIVERSITÄT STUTTGART

Das Institut für Raumfahrtantriebe der Universität Stuttgart befaßt sich seit 1972 mit einem Forschungsvorhaben über ein unkonventionelles Antriebssystem für zukünftige Raumtransporter. Ein Team aus fünf Wissenschaftlern und mehreren wissenschaftlichen Hilfskräften führt diese Untersuchung im Auftrag der Deutschen Forschungsgemeinschaft als Zielprojekt des Sonderforschungsbereiches 85 durch. Hierbei werden zwei Alternativ-Projekte ISTRA und ITUSTRA studiert, die aus konventionellen Antriebsaggregaten in neuartigen Konstellationen bestehen. Bei dieser Kombination von Antriebssystemen soll in Abhängigkeit vom jeweiligen Flugzustand eine Auswahl von Teilsystemen mit dem aufgrund wechselnder Randbedingungen momentan günstigsten Wirkungsgrad genutzt werden /1,2/. Dieses System wurde inzwischen international anerkannt. Die Zu- und Abschaltung der verschiedenen Komponenten stellt ein Optimierungsproblem mit vielen Freiheitsgraden dar, dessen Zielfunktion sich nicht einfach mit gut/schlecht oder einer allumfassenden Bewertungsgröße beschreiben läßt. Zu einer sinnvollen Beurteilung einzelner Optimierungsschritte gehört auch eine anschließende Analyse physikalischer Sachverhalte und unerwarteter Effekte, bei der in hohem Maße die Erfahrungen der Raumfahrtingenieure zum Tragen kommt. Aus diesem Grunde wurde eine konsequente Trennung zwischen Entwurfs- und Analysezyklus eingeführt. Der Entwurfszyklus beinhaltet die Eingabe von Parametern, Randbedingungen, Merkmalen und Beschreibungen, den Start umfangreicher Detailberechnungen und die graphische Veranschaulichung der wichtigsten Ergebnisse. Im positiven Fall schließt sich der Analysezyklus an. Für den Entwurfszyklus wurden in erster Linie Benutzerkomponenten eingebracht. Für den Analysezyklus wurden IDAMS-Komponenten durch eine ausgewogene Menu-Struktur den vielseitigen Aufgabenstellungen und speziellen Benutzerwünschen angepaßt.

3) DAS IDAMS-PROJEKT

Ziel des IDAMS- Projekts war es , zu erforschen, ob ein umfangreiches System zur rechnerunterstützten Problemlösung und Entscheidungsfindung entwickelt werden kann, das es in leicht zu erlernender Weise erlaubt, zu großen Datenmengen zuzugreifen und sie detailliert zu analysieren. Anwendungsspezialisten, Planer, Wissenschaftler und Ingenieure mit geringer DV-Erfahrung sollten in der Lage sein, IDAMS zur Unterstützung und Verbesserung ihrer Planungen, Datenanalysen und Berichterstattungen in Industrie und Wissenschaft einzusetzen. Von diesen Endbenutzern wurde angenommen, daß sie vielseitige Erleichterungen benötigen, welche in eine System-Umgebung mit einer einfachen und einheitlichen Sprachschnittstelle integriert sein sollten. Diese Schnittstelle sollte selbst für Nichtprogrammierer angemessen sein, aber ebenso attraktiv für Leute mit Programmier-Übung. Das System und seine Benutzer-Sprache mußten hinreichend flexibel gestaltet werden, um an besondere Anwendungen und die DV-Erfahrung der Benutzer anpassungsfähig zu sein. Die Komponenten von IDAMS sind :

- --Ein erweitertes relationales Daten-Management System
- --Programm-Bibliotheken (z.B. in APL, PL/I, FORTRAN und/oder ASSEMBLER)
- --Bildschirm-Unterstützung für graphische Darstellung und Manipulation von Daten auf Farbschirmen und auf hochauflösenden Schirmen

--Formatieren von Berichten

--Bestandsverzeichnis, direkte Benutzerführung und Übungskomponenten für beschreibende Informationen über das System und die eingebetteten Objekte

--Permanenter und aktiver Katalog

--Eine nichtprozedurale Datenmanipulationssprache, die APL mit der syntaktischen Idee von Query-by-Example /5/ verbindet

--APL als die interaktive Trägersprache für Datenanalyse und Manipulation

--Eine zentrale Verbindung der APL- und Nicht-APL-Teile von IDAMS und bequemer, schneller Aufruf von übersetzten (Nicht-APL-) Programmen von VSAPL aus

Um die Anpassung an den Benutzer durchzuführen, bietet das anwendungsunabhängige IDAMS Erleichterungen zur systematischen Installation von anwendungsspezifischen Daten, Programmen und beschreibender Information. IDAMS ist im wesentlichen in APL implementiert. Das Forschungsprojekt hierüber ist abgeschlossen, es existiert ein laufender Prototyp.

4) AUFWAND FÜR DEN MENU-AUFBAU

Zur Lösung von allgemeinen, standardisierten Problemen könnte durchaus innerhalb der IDAMS-eigenen Menu-Sprache mit darin enthaltener Programmauswahl oder ergänzenden Auftragsprogrammen* gearbeitet werden. Zur Lösung von anwendungsbezogenen standardisierten Verfahren bietet es sich jedoch an, den Zugriff auf Benutzerkomponenten durch eigens hierfür zugeschnittene Menus den Anwendungsproblemen exakt anzupassen.

Grundlage für den benutzerorientierten Menu-Aufbau sind modifizierte IDAMS-Menuprogramme. Bei ihrem Entwurf werden nach der Definition eines anwendungsspezifischen Entscheidungsbaumes alle hierbei entstandenen Knotenpunkte mit Nummern versehen und mit Namen für die späteren Menus auf separaten Dateien etabliert. In der Anwendung erfolgt sodann der Aufruf einer IDAMS-Funktion in Verbindung mit der jeweiligen Knotenpunkt-Nummer, welche abhängig von der Benutzer-Entscheidung eine Kodierung zur Ansteuerung von ausführenden Funktionen oder neuen Menus liefert. Zum Beispiel erzeugt der Aufruf "20 MENDEF 122" auf dem

---

* In IDAMS wird für derartige, vom Benutzer leicht zu erstellende Programme die auch für Datenbank-Lesefunktionen häufig benutzte Terminologie "Query" verwendet.

Bildschirm das Menu Nr.122 mit dem in der Datei 20 abgelegten Zusatz-Text und liefert entsprechend der Eingabe des Benutzers einen Antwort-Kode.

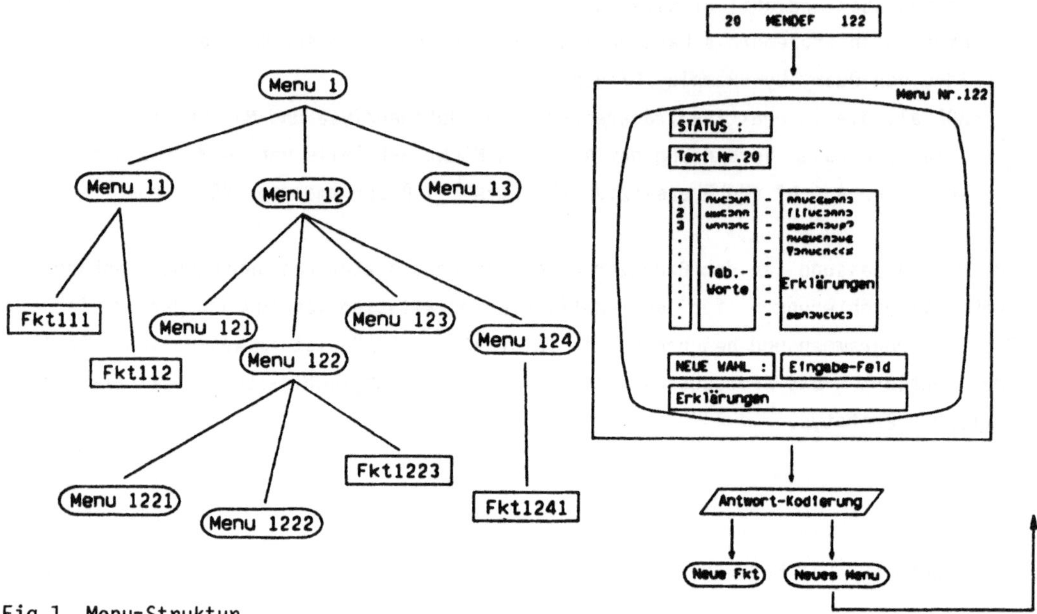

Fig.1 Menu-Struktur

Die Struktur der für die IRA-Anwendung speziell zugeschnittenen Menus läßt sich grob durch drei Aufgabenbereiche (Zyklen) umschreiben :

a) Entwurfs-Zyklus
b) Analyse-Zyklus
c) Beschreibung und Archivierung der Resultate

Als Ergänzung existiert noch ein Bereich für Optionen, mit dem sich einzelne Anwendungen flexibel gestalten lassen. Diese allgemeine Struktur wurde zusammen mit den Anwendungsexperten des Instituts für Raumfahrtantriebe der Universität Stuttgart entworfen; die detailierte Struktur auf den unteren Ebenen wurde dann im Laufe der ersten Anwendungsphasen den Bedürfnissen im Sinne einer einprägsamen und überschaubaren Gliederung angepaßt. Nach mehrmonatiger Ausreifung im Testbetrieb wurde dieses System im Hinblick auf Wartungsfreundlichkeit und möglichst zeitsparende Handhabung überarbeitet und als vorläufig abgeschlossen betrachtet. Der zeitliche Aufwand für den gesamten Prozeß läßt sich daher nur schwer abschätzen (eine obere Schranke dürften 4-5 Mann-Monate sein); der Aufwand für die

Menu-Installation mit den zur Verfügung stehenden Hilfsprogrammen ist vernachlässigbar.

5) AUFBAU DER DATENBANK

a) Datenbank-Strukturierung

Bei dem zugrundeliegenden System handelt es sich um eine erweiterte relationale Datenbank, welche der Struktur der IRA-Daten sehr entgegenkommt. Die angelegte Benutzer-Datenbank beinhaltet vier rechteckige Tabellen (T1 bis T4). T1 und T2 sind durch einen Schlüssel (die gültige Versuchs-Nr.) miteinander verknüpft. Durch diese Aufteilung in mehrere Tabellen läßt sich eine saubere Trennung zwischen beschreibenden Daten und Problemdaten (Meßdaten) verwirklichen; die Ergebnisse von Zusatzberechnungen können vom Benutzer auf Wunsch separiert werden. Im einzelnen teilt sich die IRA-Datenbank wie folgt auf :

In der ersten Tabelle (T1) werden alle Berechnungsergebnisse (aus dem Entwurfs-Zyklus) in Form von Vektoren abgespeichert. Die Tabelle enthält 3 Spalten mit Versuchs-Nr., Id-Nr. und Lösungsvektor.

In der zweiten Tabelle (T2) sind sämtliche Informationen zur Beschreibung und Archivierung des DB-Inhaltes (Vers.-Nr., Datum, zusätzliche Kommentare der Benutzer, Eingabe-Parameter und Ergebnisse von Berechnungen, verschiedene Variationen, etc.) enthalten. Die einzelnen Spalten dieser Tabelle beinhalten Skalare, Vektoren und zum Teil Matrizen, deren Inhalt mit Hilfe von IDAMS-Funktionen zeilenweise oder auch nur in Auszügen der APL-Umgebung zugänglich gemacht wird.

T3 enthält ausschließlich formatierte Datensätze mit physikalischen Triebwerksdaten für den Analyse-Zyklus. Aus dieser Tabelle werden nur Betriebsdaten gelesen; ihr Inhalt wird bei der Anwendung des Systems nicht modifiziert.

Die vierte Tabelle (T4) ist eine stark reduzierte Fassung der ersten Tabelle und wurde für Nachberechnungen mit systematischer Variation von Eingabe-Parametern und für Experimente angelegt.

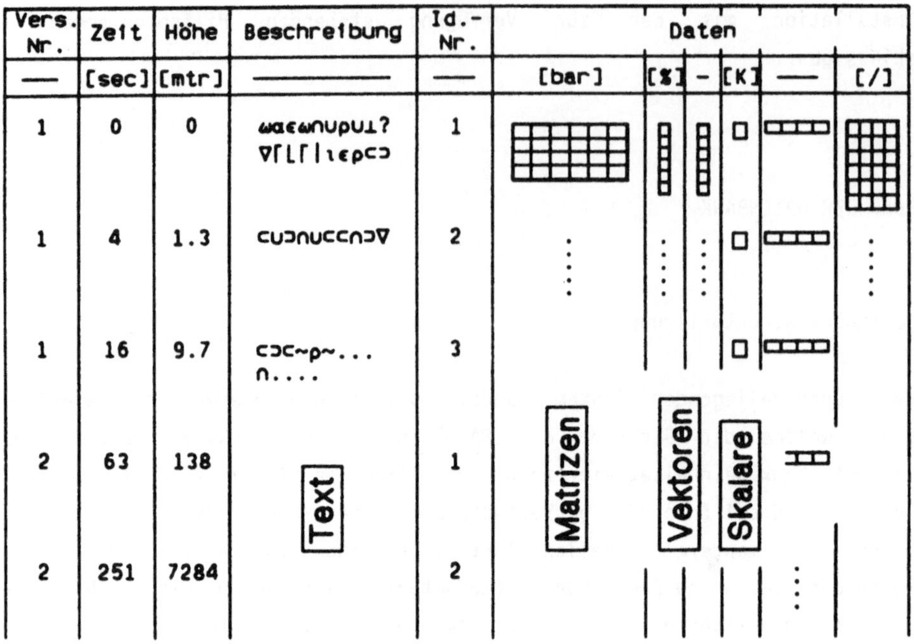

Vers. Nr.	Zeit	Höhe	Beschreibung	Id.-Nr.	Daten					
—	[sec]	[mtr]	—	—	[bar]	[%]	-	[K]	—	[/]
1	0	0		1						
1	4	1.3		2						
1	16	9.7		3						
2	63	138	Text	1	Matrizen	Vektoren		Skalare		
2	251	7284		2						

Fig.2 Datenbank-Tabelle aus Benutzersicht

b) Einbringen von Daten

Vor dem ersten Einlesen von Daten in die Datenbank müssen die anzusprechenden Tabellen definiert werden. In den Tabellen können die einzelnen Spalten mit je einer Einheit verknüpft sein. Diese müssen im Bedarfsfall zuerst durch eine IDAMS-Funktion deklariert werden. Wurden für Tabellenspalten repräsentative Einheiten sowie Verknüpfungen zwischen unterschiedlichen Einheiten

(z.B.: KP = 9.81 x (KG * 1) x (MTR * 1) x (SEC * -2))

festgelegt, so ist das System selbst in der Lage, Einheiten umzurechnen. Beim Auffüllen von Tabellen werden durchaus auch gemischte Ausdrücke akzeptiert und automatisch in die mit den Tabellenspalten identifizierten Einheiten umgerechnet. Der Ausdruck

(3.73 x CM) + 0.08 x YARD

wird z.B. bei einer in CM definierten Spalte mit 11.0452 eingetragen. Alle Definitionen werden über IDAMS-Kommandos sowohl im aktiven als auch im permanenten Bereich eventuell in Kombination mit einem beschreibenden Text gespeichert /3/. Für weniger geübte Benutzer steht ein Bildschirm-Formular zur Definition von Objekten zur Verfügung. Nach diesem Vorgang sind alle neu definierten Tabellen dem System bekannt und ansprechbar. Im Falle der gemeinsamen IRA-IDAMS-Studie hat das Anlegen der Tabellen sowie das Laden und Sichern der Daten von einem Band in diese permanenten Datenbank-Tabellen etwa 6 Arbeitsstunden gekostet.

Das Auffüllen der angelegten Tabellen geschieht zunächst ausschließlich im aktiven Bereich entweder direkt und elementweise mit einer weiteren IDAMS-Funktion, oder über eine APL-Variable mit entsprechenden vom Benutzer zusammengestellten Übertragungsfunktionen, wobei diese Variable durchaus automatisch von Benutzer-Programmen in APL-Syntax gebildet werden kann. Erst danach werden in der Regel die temporären Daten mit einer SAVE-Routine permanent gesichert.

Das Hauptproblem beim Einbringen der IRA-Daten in die Datenbank war das Übertragen und Formatieren der Betriebsdaten-Felder für Tabelle 3. Diese Daten stammten aus FORTRAN-Berechnungen auf einem anderen Rechner und waren auf Magnetbändern gespeichert. Sie mußten zunächst mit verzweigten Prüf- und Abfrage-Programmen fehlerfrei gelesen werden. Dazu wurden den einzelnen Bändern CMS-Dateien /6/ zugewiesen, diese Dateien Satz für Satz in APL übertragen und einer Textvariablen zugewiesen. In dieser APL-Umgebung wurden die einzelnen Text-Daten aufwendigen Kontroll-Prozeduren unterworfen, in bereits vorformatierte Matrizen eingelesen und über die zuvor erwähnten IDAMS-Funktionen in Datenbank-Tabellen eingebracht. Danach wurden sämtliche Matrizen einer nochmaligen Überprüfung durch graphische Darstellung unterzogen.

```
Matrix Beschreibung  INDEX  INDEX                  ,
Zeilen Beschreibung                                ,
$DATEN                                             ,
---------------------------------------------------------
TEXT1 = WERT1 , TEXT2 = WERT2 , TEXT3 = WERT3 ,
TEXT4 = WERT4 , TEXT5 = WERT5 , TEXT6 = WERT6 ,
TEXT7 = WERT7 , ........
  :
  :
  :
---------------------------------------------------------
$END                                               ,
Zeilen Beschreibung                                ,
$DATEN                                             ,
---------------------------------------------------------
TEXT1 = WERT1 , TEXT2 = WERT2 , TEXT3 = WERT3 ,
TEXT4 = WERT4 , ........
  :
  :
---------------------------------------------------------
$END                                               ,
Zeilen Beschreibung                                ,
$DATEN                                             ,
---------------------------------------------------------
TEXT1 = WERT1A , WERT1B                            ,
TEXT2 = WERT2A , WERT2B                            ,
  :
  :
  :
---------------------------------------------------------
$END                                               ,
END OF DATA
```

Fig.3 Organisation einer CMS-Datei mit Analyse-Daten

6) DATENBANK-ZUGRIFF

Die Datenmanipulations-Sprache in IDAMS ist eine nichtprozedurale Sprache, die sich in ihrer Syntax an APL und Query-by-Example /5/ anlehnt. Ein Anwender, der die Menu-Umgebung mit ihrem fest installierten Standard-Angebot an Datenbank-Zugriffen verläßt, hat somit die Möglichkeit, innerhalb seiner "APL-Welt" ohne tiefgreifende Programmier-Kenntnisse an die Datenbank zu gelangen /3/. IDAMS stellt Übersetzungs-Programme bereit, die nichtprozedurale Datenbank-Lesefunktionen in APL-Programme übersetzen. Solche Lesefunktionen können dann direkt wieder von Menus aus aufgerufen werden.

Um der Zielsetzung einer interaktiven, vergleichenden Arbeitsweise gerecht zu werden, umfaßt die für dieses Projekt angelegte Datenbank aktuelle Daten und Daten zu vorangegangenen Berechnungen. Für die Tabellen T1 und T2 existieren jeweils separate Zugriffsfunktionen für aktuelle und ältere Datenbereiche. Die betreffenden Funktionen zum Lesen der Datenbank greifen direkt auf die permanenten Tabellen zurück. Zum Schreiben oder Ändern von Tabellen-Zeilen definieren die hierfür zuständigen Programme zunächst temporäre Tabellen, welche erst nach vollständiger und fehlerfreier Abarbeitung einer Entwurfsrechnung in die permanente Datenbank übertragen werden.

Für die Tabelle T3 mit den physikalischen Triebwerksdaten existiert lediglich eine Lesefunktion, da diese Daten in der Anwendung keiner Änderung mehr unterliegen.

Das Übertragen von Experimentaldaten in T4 erfolgt über eigene Leseprogramme ohne Nutzung von temporären Tabellen. Zur Archivierung und Katalogisierung der Datenbank sind gesonderte Zugriffsfunktionen vorhanden, die Untermengen der einzelnen Tabellen lesen (nicht schreiben) können. Solche Funktionen werden vom Benutzer in der nicht-prozeduralen Abfragesprache EQBE formuliert und vom IDAMS-Übersetzer in APL-Programme übersetzt. Das folgende Beispiel einer Lesefunktion soll EQBE veranschaulichen.

```
      ∇DVOUT[⎕]∇
      ∇ Y←DVOUT X
[1]   ⍝QUERY HOLT EINGABEVEKTOR AUS DER TABELLE
[2]    HADU[VERSNR=X;RVEC∊A;IVEC∊B]
[3]    Y←(,A),(,B)
      ∇
```

Diese vom Benutzer spezifizierte Abfrage erlaubt den Zugriff auf alle Zeilen einer Datenbanktabelle (HADU), in denen die Versuchsnummer den Wert X hat. X stellt in dieser Abfrage einen Parameter dar. A und B sind Matrizen, deren Zeilen den Tabellen-Elementen RVEC bzw. IVEC der jeweiligen HADU-Zeilen mit VERSNR = X entsprechen. Aus diesen Aggregaten A und B wird das explizite Resultat Y der Lesefunktion gebildet.

Darüber hinaus wurden gesonderte Auftragsprogramme erstellt, um Untermengen der Tabellen aufzugreifen und eine sofortige Weiterverarbeitung für graphische Darstellungen durchführen. Das Aufstellen dieses Systems aus Lese- und Schreibfunktionen sowie die Erzeugung dieser Zugriffsfunktionen mit Hilfe von IDAMS und deren Erprobung hat etwa einen Mann-Monat an Arbeitszeit benötigt.

7) INTEGRATION VON BENUTZER-PROGRAMMEN

Das zunächst unmodifizierte Daten Analyse und Management System IDAMS ist ein benutzerneutrales Paket, welches bereits eine Anzahl von Bearbeitungsprogrammen enthält. Diese Programme sind in der Benutzerführungskomponente in einem Informationsnetz beschrieben. Dem Benutzer wird somit das Auffinden geeigneter Programme für eine gegebene Anwendung unter Führung des Systems erleichtert. Die einzelnen Beschreibungen hierfür sind übergeordneten Gruppen zugeteilt, wodurch eine hierarchische Struktur entsteht. Ein Ausschnitt daraus ist in Fig.4 skizziert.

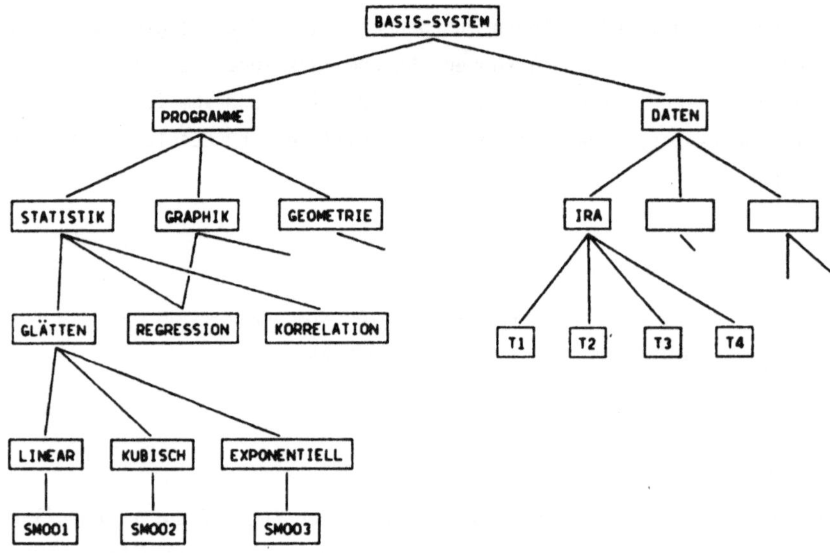

Fig.4 Aufbau des Informationsnetzes zur Benutzerführung

Das System bietet aber auch die Möglichkeit , eigene in APL, FORTRAN, PL/I oder Assembler geschriebene Benutzerprogramme einzubetten /3/ und in die allgemeine Beschreibung der Benutzerführungskomponente mit aufzunehmen. In der hier diskutierten Studie ist das Kernstück der benutzerspezifischen Komponenten ein iteratives Flugbahn-Berechnungsprogramm der Universität Stuttgart, das auf einem anderen Rechner in FORTRAN erstellt und erprobt wurde. Dieses FORTRAN Programm nebst 21 Unterprogrammen muß von der Anwender-Ebene aus, d.h. aus der Menu-/APL-Umgebung heraus gestartet und bedient werden können. Zu diesem Zweck stellt IDAMS einen Hilfsprozessor zur Verfügung, der es ermöglicht, z.B. in FORTRAN geschriebene und übersetzte Programme aufzurufen und mit Argumenten zu versorgen.

Als erster Schritt der Installation erfolgt die Übersetzung des FORTRAN-Programmes, danach die Beschreibung der Parameter dieses Programmes für den Hilfsprozessor sowohl auf FORTRAN-Ebene als auch auf der später vorherrschenden APL-Ebene. Auf APL-Ebene wird mit einer hierfür geschaffenen IDAMS-Funktion eine Verbindung zu dem im CMS gespeicherten, übersetzten FORTRAN-Programm erzeugt. Die Eingabe dieser Funktion beinhaltet den Namen des FORTRAN-Programmes und die Namen aller vom APL zu übergebenden Argumente mit den Formaten der entsprechenden Parameter des FORTRAN-Programmes. Zum Beispiel :

```
Z ← FLNK 'INTPL F;VAR1 I(1) I4;VAR2 I(1) R4;RES 0 R4'
```

Bei Aufruf der Verbindungsfunktion FLNK wird das FORTRAN-Programm dynamisch geladen und Kode für die Konversion und Rück-Konversion (z.B.: INTEGER --> REAL oder EINFACHE --> DOPPELTE GENAUIGKEIT) der Parameter vorbereitet. In der routinemäßigen Anwendung wird dann aufgrund dieser Beschreibung die Transformation der Eingabedaten von APL-Format in FORTRAN-Format und die Rücktransformation der Ausgabewerte vollautomatisch von dem Hilfsprozessor übernommen.
In der IRA-Anwendung zeigte sich diese Installation weitgehend unproblematisch. Die einzigen Schwierigkeiten entstanden durch eine Reihe von Nicht-Standard-Instruktionen im FORTRAN-Quellprogramm, die jedoch durch Anpassung von Common-Blöcken und einigen Formaten sowie durch ein Zusatzprogramm zur Start-Initialisierung von Daten-Feldern behoben werden konnten. Die Beseitigung dieser Schwierigkeiten erforderte immerhin einen halben Monat intensiver Arbeit, während die Definition der Schnittstellen über den Hilfsprozessor nur zwei Stunden (unter fachlicher Betreuung) in Anspruch nahm.

8) GRAPHIK-ANPASSUNG

Die einzelnen Problemkreise der graphischen Darstellungen sind in Funktionsgruppen aufgegliedert. Diese Gruppen charakterisieren bereits im wesentlichen die Knotenpunkte für den Menu-Aufbau zum Analyse-Zyklus. Wichtige Punkte sind :

a) Grunddarstellungsarten wie perspektivische Darstellung von 3-dimensionalen Sachverhalten, Draufsichten (ISO-Linien-Plots) und 2-dimensionale Graphiken entweder als 3D-Untermenge (Abwickelung längs beliebiger Wegkoordinaten), oder als direkte Funktion von nur einer Variablen /7/

b) Bearbeitung von regulär und irregulär angeordneten, 3-dimensionalen Datenmengen /7,8/

c) Maßstabsgenerierung für die einzelnen Darstellungen automatisch oder nach vorgegebenen Vereinbarungen bzw. vorübergehendes "Einfrieren" der Skalierung für eventuelle Nachträge in vorhandenen Darstellungen

d) Auswahlmöglichkeiten zwischen vordefinierten Standardgraphiken und flexiblen, frei definierbaren Parameterdarstellungen

Diese Punkte kennzeichnen weitgehend die Maske für das Analyse-Menu. Sie werden von Hilfsfunktionen bearbeitet, welche direkt auf IDAMS-Funktionen zurückgreifen. Darüber hinaus gibt es eine ganze Reihe von speziell auf die Anwendung zugeschnittenen Interpolations- und Graphik-Programmen im APL-Arbeitsbereich. Der zeitliche Aufwand für diesen Teil der Anpassung liegt mit 3-4 Mann-Monaten relativ hoch; es handelte sich hierbei jedoch um tiefgreifende Änderungen am System, die weit über eine normale Benutzer-Anpassung hinausgingen.
Konkret begründete sich diese erweiterte Graphik in folgenden Forderungen :

a) lokale Definition von Verfeinerungsgraden

b) künstliches Zusammensetzen von Teilbereichen (mehrere flexible Bildbereiche in eine definierte Bildschirmfläche)

c) Behandlung von gezielten Unstetigkeiten (dies beschränkt sich nicht nur auf ISO-Linien-Darstellungen, sondern ist auch eine entscheidende Forderung innerhalb des Interpolationskomplexes. Bei der vorliegenden IRA-Studie kommt der Interpolation auch innerhalb der graphischen Analyse eine gewichtige Rolle zu.)

d) gesonderte Behandlung von Daten-Randbereichen

Dazu kommen noch besondere Einrichtungen, wie Eingriffsmöglichkeiten innerhalb der Menus durch Kurzbefehle und Kombinationen von Design, Analyse und Datenbank-Funktionen nebst geschlossener 2-dimensionaler "Rückinterpolation" von Stützpfaden innerhalb der 3-D-Verarbeitung. Die Behandlung von Unstetigkeiten erfolgt stellenweise zweigleisig, um durch gezielte Zuschnitte und Abmagerung komplexer Funktionen eine erheblich schnellere Interaktion zu erzielen.

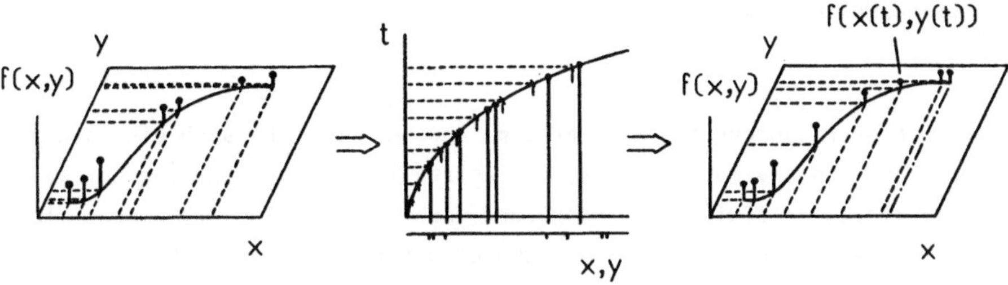

Fig.5 Rückgewinnung von parameterbezogenen Stützpunkten

9) WARTUNG

Dieser Punkt ist in erster Linie bei Änderungen und Neuinstallationen wichtig für den kleinen Kreis der mit dem Aufbau des Systems vertrauten Personen. IDAMS bietet eine Reihe von Wartungsprogrammen und Analyse-Möglichkeiten wie Aufrufs-Bäume, Kreuz-Referenzen und interne Beschreibungen; jedoch wird ein späterer Anwender aus seiner Menu-Umgebung heraus nicht mit diesen Einrichtungen belastet. Nach Verlassen der Menu-Ebene befindet sich der Benutzer in einer reinen APL-Umgebung und kann auch über sämtliche Wartungsprogramme in normaler APL-Syntax verfügen. Darüber hinaus sind einige IRA-eigene Wartungsprogramme verfügbar zum Regenerieren oder Neuanlegen von definierten Menu-Folgen, zum Compilieren ganz bestimmter Funktionen und zum Auslagern von Datenbank-Teilen auf Band in Verbindung mit Neu-Initialisierung der betreffenden Tabellen.

Um auch tiefgreifenden Wartungsarbeiten, wie Änderungen von mathematischen oder graphischen Algorithmen, Benutzerkomponenten, etc. gerecht zu werden, ist das System weitgehend modular aufgebaut /9/. Die einzelnen Bausteine sind mit exakt definierten Schnittstellen versehen und als kleinste Einheiten zu verstehen, die nicht mehr abgeändert, sondern im Bedarfsfall ausgetauscht werden sollen. Außerdem sind auch diese benutzerspezifischen Funktionen mit in der gesamten Kreuz-Referenz etabliert und verfügen über eigene Beschreibungen, welche jederzeit interaktiv auf dem Bildschirm sichtbar gemacht werden können.

10) SCHLUSSBEMERKUNGEN

Nach den bisher durchgeführten ersten Anwendungen läßt sich eine sehr positive Reaktion der einzelnen Anwender feststellen. Für den ausschließlich auf Anwendungsprobleme fixierten Benutzer waren kaum Einschränkungen in seiner Arbeitsmethodik durch Kommunikationsschwierigkeiten mit dem System zu verzeichnen. Aufgrund der Interaktivität ließ sich der Zeitaufwand für Detailstudien auf ein Minimum verkürzen. In diesem Zusammenhang muß bemerkt werden, daß nach bisherigen Erfahrungen schätzungsweise 80-90% der Benutzungszeit ausschließlich mit einer kleineren Auswahl von inzwischen standardisierten Menu-Angeboten routinemäßig gearbeitet wurde, und 10-20% der Zeit für interaktive Untersuchungen aus einer momentanen Situation heraus aufgewendet wurden. Es hat sich gezeigt, daß das System nach der Fertigstellung fehlerfrei gearbeitet hat, die Benutzerwünsche und damit die Anforderungen an das System jedoch während der Anwendung (insbesondere in der Anfangsphase) einem deutlichen Wandel unterlagen. Daraus resultiert, daß ein derart komplexes Projekt zumindest etwa in den ersten 12 Monaten der Anwendung nicht ohne Betreuung und regen Erfahrungsaustausch zwischen Anwender und Ersteller bleiben sollte.

An dieser Stelle möchte ich all denen für Anregungen zu diesem Aufsatz herzlich danken, die das IRA-IDAMS-Projekt gestaltet und beeinflußt haben :
Prof.R.D.Bühler, Prof.R.R.Hartwig, P.A.Kramer, Dr.H.A.Lehmann

11) REFERENZEN

/1/ P.A.Kramer, R.D.Bühler : Reusable Air Breathing Ballistic Space Transport Systems, Proceedings of the International Conference "The Future of Launchers in Europe", Paris, 19-21 January 1982

/2/ P.A.Kramer, R.D.Bühler : Hybrid Rocket / Air-Breathing Propulsion for the Ballistic Space Transportation-Project ITUSTRA, Proceedings of the Fourth International Symposium on Air Breathing Engines, Orlando, Florida, USA, 1979
published as AIAA paper (American Institut of Aeronautics and Astronautics) in Journal of Spacecraft and Rockets, Vol.17, No.4, July - August 1980

/3/ R.Erbe et al.: Integrated Data Analysis and Management for the Problem Solving Environment, in Information Systems, Vol.5, 1980, p.273-285

/4/ APL-Language Manual, IBM-Form Nr.GC26-3847

/5/ M.M.Zloof : Query-by-Example, AFIPS Conference Proceedings, 1975 NCC, pp. 431-438

/6/ IBM Virtual Machine/System Product: CMS Command and Macro Reference, Order No.SC19-6209

/7/ R.Hartwig, R.Bühler, P.Kramer : Schnelle interaktive graphische Datenanalyse, IBM-Nachrichten 31 (1981), Heft 225, S.45 ff.

/8/ R.R.Hartwig : Hyperbolic Data Representation and Analysis, Proceedings of Eurographics 1979, Bologna, Italy, 1979

/9/ J.Redmer : Erprobung des experimentellen Daten Analyse und Management Systems für die interaktive Entwurfsoptimierung eines Raumtransporters mit Kombinationsantrieb, Diplomarbeit IRA - 80 S 4 1980, Inst.f.Raumfahrtantriebe der Universität Stuttgart

AUFBAU UND ARBEITSWEISE EINER MODELL- UND METHODENBANK ZUR LÖSUNG LINEARER OPTIMIERUNGSSYSTEME AUF EINEM KLEINRECHNER

Roland Gabriel
Universität - GH Duisburg
Wirtschaftsinformatik
Lotharstraße 65
4100 Duisburg 1

1. Gegenstand und Zielsetzung

Der Bericht soll über ein Projekt informieren, das am Institut für Wirtschaftsinformatik an der Universität - GH Duisburg durchgeführt wird. Es handelt sich dabei um die Entwicklung eines Modell- und Methodenbanksystems zur Lösung von Optimierungsproblemen auf einem Kleinrechner. Unterstützt wird dieses Vorhaben durch die aktive Mitarbeit der Studenten, die im Rahmen einer Lehrveranstaltung am Systemaufbau und an Systemerweiterungen beteiligt sind. Zur Zeit sind vorwiegend Modelle und Methoden zur Lösung linearer kontinuierlicher und ganzzahliger Optimierungsprobleme implementiert. Das Planungssystem soll für weitere Modelle und Methoden des Operations Research ausgebaut werden.

Das Optimierungssystem soll zunächst vorwiegend in der Lehre eingesetzt werden. Die Studierenden sollen selbständig ihre Modelle aufbauen und alternative Modellierungstechniken durchführen können. Die Lösung eines Modells soll mit mehreren Methoden möglich sein, die der Benutzer interaktiv steuern kann. Ein Informationssystem soll sowohl den Fachmann als auch den gelegentlichen und ungeübten Benutzer bei der Ausführung unterstützen.

2. Aufbau eines Modell- und Methodenbanksystems

Ein Modell- und Methodenbanksystem (MMBS) für einen Kleinrechner soll zur Lösung von Optimierungsproblemen aus folgenden Systemkomponenten bestehen:

a) Modellbanksystem (MoBS)
zum Aufbau, zur Sammlung, Koordination und Bereitstellung mathematischer Optimierungsmodelle, bestehend aus Modellbank und Modellaufbausystem.

b) Methodenbanksystem (MeBS)
zum Aufbau, zur Sammlung, Koordination und Bereitstellung der Methoden zur Lösung von Optimierungsproblemen, bestehend aus Methodenbank und Methodenkonstruktionssystem.

c) Datenbanksystem (DBS)
zum Aufbau, zur Sammlung, Koordination und Bereitstellung der Modelldaten.

d) Informationssystem (IS)
zur Information des Anwenders über Aufbau, Inhalt und Arbeitsweise des Systems und über seine Einsatzmöglichkeiten.

e) Anwendungssystem (AS)
zur Unterstützung des Anwenders (Problemlösers) beim Arbeiten mit dem Optimierungssystem, speziell mit den Modellen, Methoden und Daten.

f) Verwaltungssystem (VS)
zur internen Steuerung und Koordination des Optimierungssystems, so daß die Aufgaben des Systembenutzers zufriedenstellend unterstützt und ausgeführt werden.

Zum Aufbau eines Modell- und Methodenbanksystems vgl. z. B. BARTH (1979) und (1980); BASTIAN, LANGE (1981); DITTRICH, HÜBNER, LOCKEMANN (1979); EGGENSPERGER (1981); MERTENS, BODENDORF (1979).

3. Das System 'Lineare Optimierung' als Teilsystem eines universellen Optimierungssystems

Modelle und Methoden zur Lösung linearer Optimierungsprobleme bilden ein Teilsystem eines universellen Modell- und Methodenbanksystems zur Lösung betrieblicher Planungsprobleme. Lineare Optimierungsmodelle zeichnen sich vor allem durch klare Modellstrukturen aus, die bei der praktischen Anwendung nur wenig verändert werden müssen. Der Schwerpunkt einer dialogorientierten Anwendung liegt hierbei stärker bei der Auswahl eines geeigneten Modells (Arbeiten mit der Modellbank) als bei der Manipulation bzw. beim Aufbau eines speziellen Modells (Arbeiten mit dem Modellaufbausystem). Zur Lösung stehen bewährte Methoden zur Verfügung, die in der

Methodenbank gespeichert sind. Diese lassen sich jedoch sehr stark abändern und für individuelle Probleme einsetzen (Arbeiten mit dem Methodenkonstruktionssystem).

3.1 Modellbanksystem 'Lineare Optimierung'

Das Modellbanksystem besteht aus den Hauptkomponenten Modellbank und Modellaufbausystem. Die Modellbank enthält alle fertigen, in programmierter Form vorliegenden Modelle. Die Modellbank des Teilsystems 'Lineare Optimierung' besteht aus folgenden Modellen:

LP-MAX: Standardmaximummodell der linearen Programmierung ($x \in \mathbb{R}^n$)

LP-MIN: Standardminimummodell der linearen Programmierung ($x \in \mathbb{R}^n$)

LP-S: Allgemeines lineares Optimierungsmodell mit unteren und oberen Schranken der Variablen ($x \in \mathbb{R}^n$)

GLP: Allgemeines ganzzahliges lineares Optimierungsmodell ($x \in \mathbb{N}^n$)

GLP-S: Ganzzahliges lineares Optimierungsmodell mit unteren und oberen Schranken der Variablen ($x \in \mathbb{N}^n$)

BINLP: Allgemeines binäres lineares Optimierungsmodell ($x \in \mathbb{B}^n$)

BINLP-S: Spezielles binäres lineares Optimierungsmodell ($x \in \mathbb{B}^n$)

KNA: Knapsack-Problem als spezielles binäres Optimierungsmodell (eine Restriktion) ($x \in \mathbb{B}^n$)

BINLP-L: Binäres lineares Optimierungsmodell mit logischen Restriktionen (Special-Ordered-Sets) ($x \in \mathbb{B}^n$)

FIX: Fixed-Charge-Problem als spezielles ganzzahliges Optimierungsmodell ($x \in \mathbb{R}^{n1}$, $y \in \mathbb{B}^{n2}$)

GGLP: Gemischt-ganzzahliges Optimierungsmodell ($x \in \mathbb{R}^{n1}$, $z \in \mathbb{N}^{n2}$)

MIP: Allgemeines Mixed-Integer-Modell ($x \in \mathbb{R}^{n1}$, $z \in \mathbb{N}^{n2}$, $y \in \mathbb{B}^{n3}$), aus dem alle linearen Optimierungsmodelle ableitbar sind. MIP besitzt folgende Formalstruktur:

$$
\begin{aligned}
&\text{Max } z = c'x + d'z + e'y \\
&\text{so daß } A\,x + B\,z + C\,y \leq b \\
&\qquad\qquad x,z,y \geq 0 \\
&\qquad\qquad x \in \mathbb{R}^{n1} \\
&\qquad\qquad z \in \mathbb{N}^{n2} \\
&\qquad\qquad y \in \mathbb{B}^{n3}
\end{aligned}
$$

Die angeführten Modelle sind in ihrer formalen Struktur in der Modellbank gespeichert. Sie werden unter ihrem Namen aufgerufen und können dann nach Angabe der Anzahl der Variablen und Restriktionen mit den Problemdaten belegt werden. Das entstehende Modell ist berechenbar. Eine Strukturveränderung bzw. ein Modell-Neuaufbau ist nur über das Modellaufbausystem durchführbar. Dieses gewährleistet z. B. die Entwicklung spezieller Restriktionen bzw. spezieller Modellstrukturen. Diese entstehen vor allem durch logische Anforderungen an das Entscheidungsmodell. Einige dieser Restriktionen, die als Special-Ordered-Sets (SOS) bezeichnet werden, sind im Modell BINLP-L bereits gegeben und können dort eingesetzt werden. Weitere spezielle Modellstrukturen lassen sich durch die Vielfalt der Blockstrukturen bilden, die häufig bei umfangreichen praktischen Problemen der linearen Optimierung gegeben sind.

3.2 Methodenbanksystem 'Lineare Optimierung'

Das Methodenbanksystem besteht aus den Hauptkomponenten Methodenbank und Methodenkonstruktionssystem. Die Methodenbank enthält alle fertigen, in programmierter Form vorliegenden Methoden. Eine Methode zur Lösung von Optimierungsproblemen stellt einen Algorithmus dar, der als iterativer Prozeß zahlreiche Möglichkeiten zur interaktiven Beeinflussung zuläßt. Der Problemlöser hat stets die Möglichkeit, ein exaktes oder ein heuristisches Verfahren zu initiieren. Die in der Methodenbank gespeicherten Verfahren sind über ein Methoden-Informationssystem abrufbar. Hierbei werden der Aufbau und die Arbeitsweise der Methoden beschrieben. Der Problemlöser kann sich informieren und die geeignete Methode zur Lösung seines Modells auswählen. Häufig besteht gerade bei den Optimierungsproblemen ein direkter Bezug von Modell zu Methode, so z. B. die Lösung eines kontinuierlichen linearen Optimierungsmodells mit Hilfe der Simplex-Methode. Zur Lösung ganzzahliger Probleme sind jedoch zahlreiche alternativ einsetzbare Methoden entwickelt worden. Hier besteht für den Anwender ein echtes Auswahlproblem bzw. die Möglichkeit des Einsatzes mehrerer Methoden zur Lösung eines gegebenen Modells. Die Verknüpfung mehrerer Methoden zu einem einheitlichen Verfahren und die Neuentwicklung von Verfahren können mit Hilfe des Methodenkonstruktionssystems durchgeführt werden. Bei ganzzahligen Problemen bieten sich z. B. die Kopplung bestehender bzw. die Neukonstruktion heuristischer Verfahren an. Diese Vorgehensweise ist nicht selten der einzige Weg zur wirtschaftlichen Lösung ganzzahliger Optimierungsprobleme.

Das Teilsystem 'Lineare Optimierung' der Methodenbank besteht aus folgenden Methoden, die unter ihrem Namen aufgerufen werden können:

SIMPLEX: Simplexalgorithmus zur Lösung allgemeiner kontinuierlicher linearer Optimierungsprobleme

STAMAX: Primaler Simplexalgorithmus zur Lösung standardisierter linearer Maximierungsprobleme

STAMIN: Dualer Simplexalgorithmus zur Lösung standardisierter linearer Minimierungsprobleme

SIMSP: Spezielles Simplexverfahren zur direkten Berücksichtigung von oberen und unteren Variablenschranken (Bound-Techniken)

BB: Allgemeines Branch-and-Bound-Verfahren, das als exaktes Verfahren konzipiert ist

BBH: Branch-and-Bound-Verfahren mit mehreren heuristischen Strategien

BALAS: Impliziter Enumerationsalgorithmus von E. BALAS zur Lösung binärer Optimierungsprobleme

ENUM: Allgemeines Enumerationsverfahren mit mehreren heuristischen Strategien

KASKADE: Spezielles Enumerationsverfahren von MÜLLER-MERBACH zur Lösung des Knapsackproblems

PARA: Programm zur Durchführung von Parametrisierungen bei gegebener Optimierungsmethode SIMPLEX, STAMAX, STAMIN bzw. SIMSP.

Zur interaktiven Methodenauswahl vgl. ALPAR (1980). Ein Methodenbanksystem zur Lösung statistischer Probleme ist bei MERTENS, BODENDORF (1979) beschrieben.

3.3 Informationssystem

Neben den speziellen Informationssystemen zur getrennten Beschreibung der Modellbank (Modellkatalog) und der Methodenbank (Methodenkatalog) erläutert das universelle Informationssystem den gesamten Aufbau und Ablauf des Modell- und Methodenbanksystems, hier speziell für das Teilsystem 'Lineare Optimierung'. Es zeigt vor allem den Verbund bzw. die Abhängigkeiten der Modelle und Methoden an und soll ihren flexiblen Einsatz gewährleisten. Das Informationssystem stellt insbesondere für den gelegentlichen und ungeübten Benutzer ein notwendiges Hilfsmittel dar.

Neben der Auflistung der Modelle und Methoden und den Beschreibungen ihres Inhalts und ihrer Abhängigkeiten soll das Informationssystem auch über Anwendungsschwierigkeiten, Rechenaufwand und Erfahrungen informieren.

3.4 Datenbanksystem, Anwendungssystem und Verwaltungssystem

Das Datenbanksystem erhält erst bei Anwendung umfangreicher Probleme, bei denen Datenbestände angelegt werden, seine volle Bedeutung. Das Anwendungssystem stellt eine Dialogsprache dar, mit der der Anwender mit dem Optimierungssystem kommunizieren kann. Es kann sich dabei um eine einfache Abfragesprache oder um höhere Sprachen handeln. Das Verwaltungssystem sollte neben der Steuerung und Koordination auch den Schutz und die Sicherung des Systems gewährleisten.

4. Nutzung eines Modell- und Methodenbanksystems

Der Ablauf der Nutzung eines Modell- und Methodenbanksystems ist stark von der zu lösenden Problemstruktur und dem Kenntnisstand des Anwenders abhängig. Ein wichtiges Ziel der Nutzung ist der flexible Einsatz bzw. die Austauschbarkeit geeigneter Modelle und Methoden. Dies soll an einem einfachen Schema dargestellt werden, das sich speziell auf diese beiden Systemkomponenten bezieht. Mit Hilfe des Informationssystems kann der Anwender die Modellbank (Modell-Angebot) bzw. das Modellaufbausystem (Modell-Aufbau) und die Methodenbank (Methoden-Angebot) bzw. das Methodenkonstruktionssystem (Methoden-Konstruktion) nutzen. Nach Aufruf des allgemeinen Informationssystems wird der Anwender aufgefordert, sein Problem zu definieren. Die Angabe 'Optimierung' und 'Linear' führt ihn zum Teilsystem 'Lineare Optimierung'. Es werden ihm die Modelle des Teilsystems vorgestellt und beschrieben bzw. Techniken zum Modellaufbau zur Verfügung gestellt. Bevor sich der Anwender für ein Modell entscheidet, hat er die Möglichkeit, sich stets über weitere Modelle zu informieren bzw. neue Modelle aufzubauen oder das Problem wieder neu zu definieren. Nach der Modellauswahl werden vom System geeignete Methoden zur Lösung angeboten, wobei eine genaue Beschreibung und die Anforderungen an den Anwender mitgeliefert werden. Ebenso kann er spezielle Verfahren mit Hilfe des Methodenkonstruktionssystems entwickeln. Vor der Auswahl besteht die Möglichkeit, neue Methoden abzufragen, neue Modelle zu generieren bzw. das Problem wieder umzuformulieren.

Hat der Problemlöser sich für ein zulässiges Modell und eine zulässige Methode entschieden, so folgt die Berechnung. Nach der Lösungsfindung bestehen die Möglichkeiten der Neuberechnung, weitere Modelle und Methoden alternativ einzusetzen oder der Neudefinition des Problems. Eine detaillierte Beschreibung des Systems mit Anwendungsbeispielen ist bei GABRIEL (1982) gegeben.

5. Systembewertung und Erfahrungen

Eine Bewertung des Systems kann sich bisher nur auf seinen Einsatz an der Hochschule beziehen. Hauptanwender sind Studenten, für die die Nutzung eine ausgezeichnete Lernmethode bei hoher Motivation darstellt. Da die bisher vorliegenden Modelle sehr gut strukturiert und überschaubar sind, treten beim Modellaufbau nur selten Probleme auf. Sehr schnell werden die Eigenschaften und insbesondere die Unterschiede der Modelle verstanden. Schwierigkeiten bereitet die Anwendung des Methodenkonstruktionssystems. Ein 'optimales' Arbeiten mit dem System besitzen nur die Anwender, die sich auch intensiv damit beschäftigen. Sehr häufig werden von den Studenten Verbesserungsvorschläge gemacht, die in der Regel zu einer Effizienzsteigerung der Methodenanwendung führen. Aus der Beobachtung des Verhaltens der Benutzer (hier Studenten) beim Arbeiten mit dem System lassen sich viele Hinweise für einen effizienten Systemaufbau in der Praxis gewinnen.

6. Weitere Ausbaumöglichkeiten des Planungssystems

Neben der Integration weiterer Optimierungsprobleme, wie z. B. spezielle gemischt-ganzzahlige und nichtlineare Ansätze, sollen später noch einige anwendungsorientierte Probleme aus dem Bereich des Operations Research implementiert werden. Geplant sind Modelle und Methoden zur stochastischen Netzplantechnik, zur Warteschlangentheorie und zur Simulation. Im Mittelpunkt steht dabei stets die Anwendung praktischer Problemstellungen. Ziel ist es, ein Anwendungssystem für unterschiedliche Benutzergruppen zu schaffen, d. h. sowohl für gelegentliche und ungeübte Benutzer als auch für den Planungsfachmann mit ausgezeichneten Modell- und Methodenkenntnissen. Wichtige Komponenten zur benutzerfreundlichen Systemgestaltung sind das Informationssystem für den gelegentlichen Benutzer und Möglichkeiten zum Modellaufbau (Modellaufbausystem) und zur Methodenkonstruktion (Methodenkonstruktionssystem) für den OR-Fachmann. Die Entwicklung dieser Systembausteine soll auch den Schwerpunkt der zukünftigen Projektarbeit darstellen.

L i t e r a t u r :

Alpar, P. (1980)
Computergestützte interaktive Methodenauswahl, FWI-Verlag, Frankfurt a. M. 1980

Barth, H. (1979)
Verallgemeinerte Anwendungssysteme auf der Basis von Daten-, Methoden- und Modellbanksystemen, Dissertation Universität Dortmund, 1979

Barth, H. (1980)
Grundlegende Konzepte von Methoden- und Modellbanksystemen, in: Angewandte Informatik 8, 1980, S. 301 - 309

Bastian, M., Lange, E. (1981)
Zur Konzeption und Handhabung von Modellbanksystemen als Komponente eines Modell- und Methodenbanksystems, in: Angewandte Informatik 11, 1981, S. 475 - 483

Dittrich, K.R., Hüber, R., Lockemann, P.C. (1979)
Methodenbanksysteme: Ein Werkzeug zum Maßschneidern von Anwendersoftware, in: Informatik-Spektrum 2, 1979, S. 194-203

Eggensperger, R. (1981)
IMBS - Konzepte und Techniken für interaktive Methodenbanksysteme, Dissertation Universität Stuttgart, 1981

Gabriel, R. (1982)
Aufbau einer Modell- und Methodenbank zur Lösung von Optimierungsproblemen auf einem Kleinrechner, Arbeitsbericht 7/82 des Instituts für Wirtschaftsinformatik, Universität -GH Duisburg, Duisburg 1982

Mertens, P., Bodendorf, F. (1979)
Interaktiv nutzbare Methodenbanken - Entwurfskriterien und Stand der Verwirklichung, in: Angewandte Informatik 12, 1979, S. 533 - 541

ANWENDUNGEN DER GRAPHISCHEN DATENVERARBEITUNG IM BAYERISCHEN STAATSMINISTERIUM FÜR LANDESENTWICKLUNG UND UMWELTFRAGEN

K. Panzer
Bayerisches Staatsministerium für
Landesentwicklung und Umweltfragen, München

1. Aufgabenstellung

Die Aufgabenbereiche Landesentwicklung, Raumordnung, Umweltschutz und Umweltfragen sind in Bayern in einem Ministerium zusammengefaßt. Leitziel der Landesentwicklungspolitik ist die Schaffung gleichwertiger Lebens- und Arbeitsbedingungen in allen Landesteilen. Die Ziele sind bindend in einem Landesentwicklungsprogramm festgelegt. In diesem Programm sollen die einzelnen fachlichen Planungen koordiniert und aufeinander abgestimmt werden. Weiter ist es erforderlich, die tatsächliche Entwicklung laufend zu beobachten und die durch Prognosen und Hochrechnungen erwartete zukünftige Entwicklung zu berücksichtigen. Zur Unterstützung dieser Planungsaufgaben wird seit 1970 die elektronische Datenverarbeitung eingesetzt. Da jede Planung einen Raumbezug hat, liegt es nahe, die Möglichkeiten der graphischen Datenverarbeitung zu nutzen, um diesen Raumbezug in geeigneter Form darstellen zu können.

Planungen laufen als Prozesse ab. Die erste Fragestellung ist im allgemeinen nicht formalisierbar und zu Beginn des Prozesses nicht endgültig und abschließend. Sie verläuft vielmehr wie ein Frage- und Antwortspiel: Eine erste Antwort ergibt eine neue, exaktere Fragestellung, diese unter Umständen erneut und sofort. Will man diese iterierenden, meist konvergierenden Fragestellungen mit EDV unterstützen, so muß das EDV-Instrumentarium diesem flexiblen Prozeß angepaßt sein. Dies gilt für Datenauswertungen, Prognoserechnungen und insbesondere für die graphische Datenverarbeitung. Die Fragestellung sollte auch vom Planer selbst mit EDV abgewickelt werden können, wenn möglich, direkt an seinem ständigen Arbeitsplatz. Die Aufgabenstellung Unterstützung von Planungsprozessen erfordert also benutzerfreundliche, flexible und interaktive EDV-Systeme.

2. Datenbasis

Der Datenbedarf für solche Auswertungen ist nicht endgültig abschätzbar. Deshalb müssen planungsverdächtige Daten gespeichert werden, um schnell auf veränderte Anforderungen reagieren zu können. Die Daten müssen auch beliebig kombinierbar sein zum Aufspüren von Relationen und gegenseitigen Abhängigkeiten. Im wesentlichen liegen vier verschiedene Datenstrukturen vor: Daten über ein Gebiet (z.B. Anzahl Einwohner in den Gemeinden), Infrastrukturdaten (z.B. Standort eines Krankenhauses), Stromdaten (z.B. Anzahl Berufspendler vom Wohnort zum Arbeitsort) und flächen- oder rasterförmig bezogene Daten (z.B. koordinatengenaue Lage von Landschaftsschutzgebieten). Diese unterschiedlichen Datenstrukturen müssen sachlich, räumlich und zeitlich kombinierbar sein. Dies erfordert u.a. auch Programme zur Umrechnung verschiedener Koordinatensysteme (z.B. UTM-Koordinaten in Gauß-Krüger-Koordinaten). Im StMLU sind deshalb die Daten der einzelnen Fachbereiche in Dateien zusammengefaßt und werden einheitlich von dem Datenbanksystem ADABAS verwaltet. Der Benutzer des Systems greift mit Datenabzugsprogrammen auf die beruhigte Datenbasis zu und selektiert und kombiniert sich die für seine Fragestellung erforderlichen Datengruppen in der gewünschten Hierarchiestufe in einer Arbeitsdatei. Dazu wird das System ORS (Operation Research System) verwendet. Mit ORS kann der Benutzer eine Selektions- und Rechenmethode definieren und erhält damit erste Listen bzw. Bildschirmantworten oder Dateien zur Weiterverarbeitung. Diese Arbeitsdateien sind also Eingabe für z.B. Prognosemodelle, Listengeneratoren, Statistikprogramme oder graphische Auswertungen.

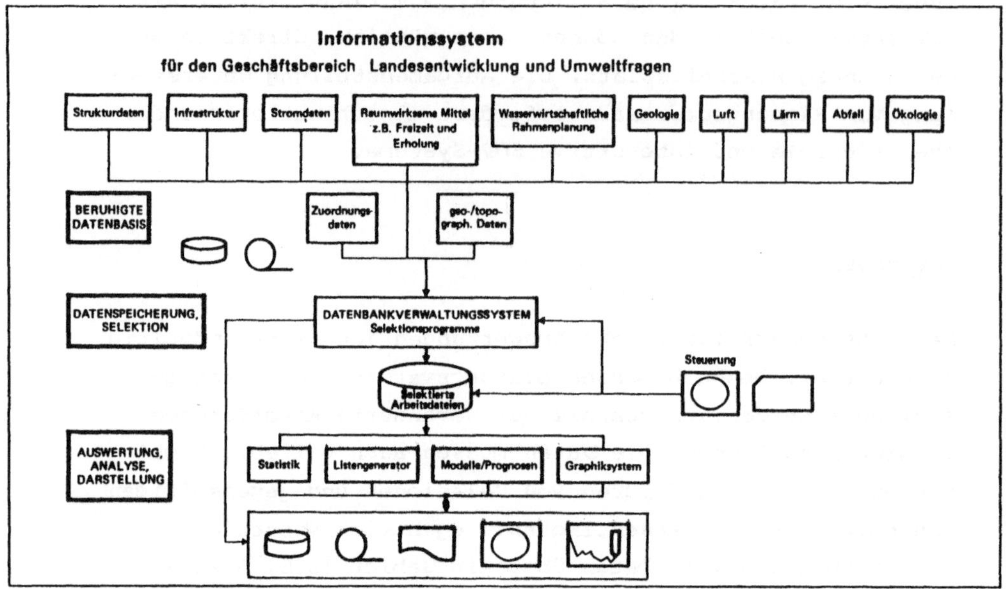

3. Graphiksystem

Zur graphischen Darstellung der gewonnenen Aussagen als Abbildungen oder thematische Karten wird im Staatsministerium für Landesentwicklung und Umweltfragen seit 1976 das interaktive graphische System SICAD der Firma Siemens eingesetzt. Die Graphikhardware besteht aus einer Speicherbildröhre mit begrenzter Refreshmöglichkeit, einem alphanumerischen Bildschirm, einem Prozeßrechner mit 128 k Worte Hauptspeicher und Floppydisk-Laufwerk mit 256 k Worten. Zum Digitalisieren ist ein Tablett mit Präzisionslupe angeschlossen. Die Plotterausgabe von erzeugten und gestalteten Bildern kann online auf Tewidata-Plotter oder offline auf 3 Calcomp-Zeichensysteme erfolgen. Die graphischen Arbeitsplätze sind direkt mit einem Siemensrechner unter dem Betriebssystem BS 2000 verbunden. Als Software steht das interaktive graphische System von Siemens in seiner Grundversion mit den Zusatzpaketen Vermessung und Flurbereinigung sowie eigenen Erweiterungen zur Verfügung. Dieses Programmsystem besteht aus ca. 150 Kommandos, d.s. Unterprogramme, die im interaktiven Dialog am Arbeitsplatz unabhängig in der Reihenfolge interpretiert und ausgeführt werden. Über eine Datenschnittstelle können die selektierten Sachdaten sofort als thematische Karte oder Graphik/Abbildung dargestellt werden und dann durch den Endbenutzer gestaltet, verändert und manipuliert werden, um die erzeugte Karte dann auf Plotter mit eventueller Weiterverarbeitung im Offsetdruck auszugeben. Folgende Forderungen an ein solches, im täglichen Einsatz stehendes System, sind unverzichtbar:

- Abarbeitung einer Aufgabe durch Aufteilen in einfache Systemfunktionen, die beliebig kombinierbar sind

- offenes System, um Erweiterungen vom Benutzer zu ermöglichen und die vorhandene Systemumgebung einbinden zu können

- durch Verbindung des Graphiksystems mit einem Universalrechner flexibler Zugriff auf Datenbanken und Dateien

- durch hohe Benutzerfreundlichkeit muß es auch dem EDV-Laien, z.B. Fachplaner, möglich sein, seine Auswertungen selbst zu tätigen und so den üblichen Verlust durch Know-how-Austausch zu vermeiden

- damit auch die Chance der Akzeptanz und Einbindung der EDV in die Fachaufgaben.

Die o.g. Forderungen sind bei dem im Staatsministerium für Landesentwicklung und Umweltfragen eingesetzten System voll erfüllt.

4. Anwendungen

Haupteinsatzgebiete der graphischen Datenverarbeitung sind: Karten, Graphiken, Abbildungen für

- analytische Zwecke
  für den Fachplaner zum Auffinden und Erkennen von Entwicklungen
- argumentative Zwecke
  für die politische Ebene zur Unterstützung der Argumente und als Hilfe zur Entscheidungsfindung
- kommunikative Zwecke
  für die Veröffentlichung in Berichten und Broschüren.

Bei folgenden Anwendungen sind die erwähnten Programmsysteme mit z.Z. drei graphischen Bildschirmen und vier Plottern täglich im produktiven Einsatz: thematische Karten für Landes- und Regionalplanung Bayerns auf Gemeindeebene, Landkreisebene, Planungsregionen etc. in Form von Schraffur/-Vollflächenkarten oder auch wertproportionalen Kreissymbolen/Kreissektoren mit Freistellungstechnik, Abbildungen und graphische Tabellen für Berichte.

Im Umweltbereich Digitalisieren und Auswerten verschiedenster Fachkartierungen, wie z.B. Biotopkartierung, Auwaldkartierung, Brutvogelkartierung, Feuchtgebietskartierung, Amphibienkartierung, Seeuferkartierung auf Gauß-Krüger-Meßtischblattebene oder UTM-Raster. Entscheidende Vorteile bringt dabei nicht so sehr die Digitalisierung und Zeichnung der erhobenen Unterlagen, sondern die Vielfalt der möglichen Auswertungskarten sowie die vor allem die automatische Zusammenfassung von einzelnen Kartenblättern zu Karten kleineren Maßstabs. Weiter gewinnt die automatische Verschneidung von verschiedenen Kartierungen immer mehr Bedeutung. Ziel dabei ist es, Flächen mit Nutzungskonflikten automatisch zu errechnen und so auch neue Daten zu gewinnen. Erst durch die Kombination verschiedener flächenscharfer Daten wird EDV-Einsatz wirtschaftlich interessant.

Ziel des Einsatzes der graphischen Datenverarbeitung ist die produktive und wirtschaftliche Aufgabenunterstützung der Fachabteilungen mit benutzerfreundlichen, vom Fachplaner selbst zu steuernden EDV-Instrumenten.

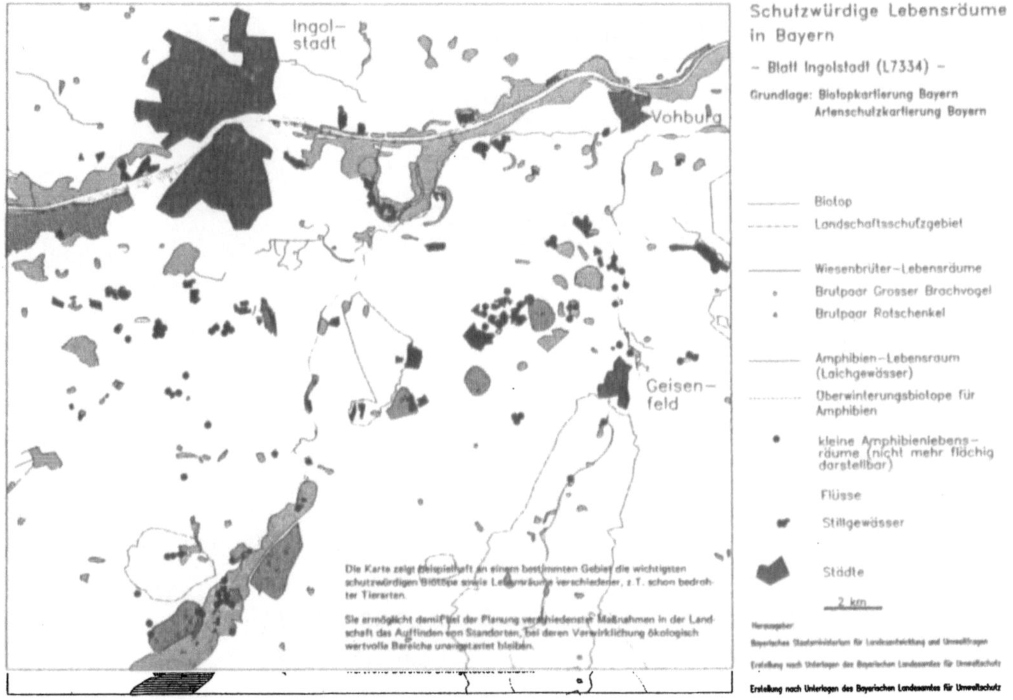

Beispiel einer rechnerischen Zusammenfassung verschiedener fachlicher Kartierungen auf Meßtischblattebene 1 : 50.000 und interaktiver Nachbearbeitung am graphischen Arbeitsplatz.

F A C H G E S P R Ä C H

"KÜNSTLICHE INTELLIGENZ"

Veranstaltet vom Unterausschuß "Künstliche Intelligenz" im Fachausschuß 6

Programmkomitee

P. Raulefs, Kaiserslautern (Vorsitz) - P. Deussen, Karlsruhe - J. Foith, Kaiserslautern ( ) - B. Neumann, Hamburg - J. Siekmann, Karlsruhe - W. Wahlster, Hamburg

Inhalt des Fachgesprächs Seite

THE ERLANGEN SYSTEM FOR RECOGNITION AND UNDERSTANDING OF CONTINUOUS GERMAN SPEECH

H. Niemann
Lehrstuhl für Informatik 5 (Mustererkennung)
Universität Erlangen-Nürnberg
Martensstr. 3
D-8520 Erlangen

Abstract: The system developed at the University of Erlangen for continuous speech understanding consists of a set of specialized independent modules operating on a common data base under the supervision of a control module. Speech quality is limited to telephone band width, the size of the vocabulary presently is about 1300 words, and syntactic, semantic, and pragmatic constraints are used. The paper describes the present status of the system, in particular the modules which are operational now; and it mentions the modules which are still in the development stage.

1. Introduction

Automatic recognition of speech has been a research topic since several years [1]. Recent advances in data processing and hardware technology as well as new insights in basic problems of speech recognition make automatic recognition of continuous speech to appear as a solvable - although not yet satisfactorily solved - problem [2]. The presently available isolated word recognizers are mainly used for data entry into a computer and for control of systems, e. g. transport systems, by speech [3]. Continuous speech recognizers will open new domains of applications ranging from advanced dialog and inquiry systems to automatic typewriters and will make the use of computers attractive also to people who are not, and do not see any need to become, computer specialists [4]. The obvious advantages of speech are access to systems via telephone lines, relative independence of speech from hands and eyes, high data rate as compared to the untrained user of teletypes, and high familiarity of anybody with speech as a means of communication [2, 5].

A system for understanding connected German speech is being developed at our Institute. The goals are:

1. Obtain a flexible system structure suited for basic research in speech recognition. Consequently we do not (yet) require approximately real time processing.
2. Achieve speaker independence.

Parts of the work reported here are supported by the DFG (Deutsche Forschungsgemeinschaft) and the BMFT (Bundesministerium für Forschung und Technologie)

3. Limit the speech to telephone band width.
4. Recognize a vocabulary of at least 1000 words, but be prepared for an enlargement of the vocabulary.
5. Incorporate syntactic, semantic, and pragmatic knowledge.
6. Operate in the task domain of inquiries about German Inter City trains.
7. Go through all phases of an inquiry system including generation of an answer to a spoken input.

These goals are presently met to varying degrees. It is the purpose of this paper to give an account of our approach, of the present state of the system, and of first results.

The general approach is to conceive the task as a special problem of pattern analysis and to use a suitably specialized version of the general system structure discussed in [6]. This means that we view a speech understanding system as consisting of a set of specialized processing modules which perform certain transformations of data, of a data base which contains intermediate results of processing and which may be accessed by the processing modules, and of a centralized control or strategy module which initiates, supervises, and directs the activities of the processing modules. This results in the system structure shown in Fig. 1. Its basic properties are given in [7 - 9]. A system of this type meets goal 1, because it is easily possible to add, modify, and delete processing modules and to investigate various control strategies. It is also suited for realization on a dedicated multi-microproces-

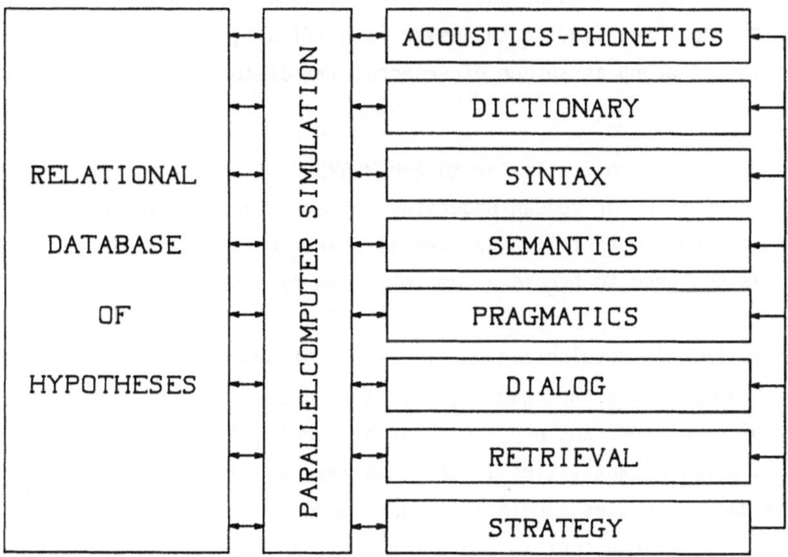

Fig. 1 The general structure of the speech understanding system

sor configuration.

An inquiry system which is able to answer to a spoken input basically has the functions shown in Fig. 2. This involves a variety of processing steps ranging from low

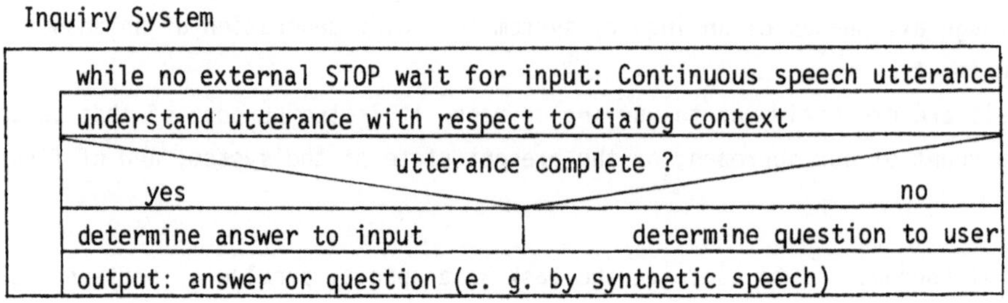

Inquiry System

while no external STOP wait for input: Continuous speech utterance
understand utterance with respect to dialog context
utterance complete ?
yes | no
determine answer to input | determine question to user
output: answer or question (e. g. by synthetic speech)

Fig. 2 The basic operation of an inquiry system

level numeric calculations on sample values of the speech wave to high level symbolic manipulations of semantic and pragmatic concepts, including problem solving and reasoning activities in order to understand the input and generate an answer. Every educated human can do all these things fast and reliable; the processing steps required to recognize words in an utterance and to understand its meaning do not even require conscious effort. However, generation of an answer to a question usually does require conscious effort, like searching in a train schedule and trying to meet restrictions required by the question. This may lead to the impression that recognizing words is simple and finding an answer is difficult; obviously, the first part of the impression is wrong as anyone experiences immediately if he tries to simulate thes processes.

The structure of our system is similar to the HEARSAY II structure; this system as well as others developed for speech understanding are discussed in [2, 10 - 12]. There are, among others, the following special characteristics of our system:

1. The system is designed to become a complete inquiry system, capable to perform a dialog with the user.
2. The system is strictly modularized on all levels of processing, including syntax, semantics, pragmatics, answer generation, and dialog.
3. The number of processors and processes may be specified in order to simulate asynchronous parallel activities in the experimental system.
4. The results data base uses a relational data model.
5. The words in the lexicon contain ample syntactic and semantic information.
6. The peculiarities of the German language have to be accounted for, in particular on the syntax and semantics level.

Besides, a variety of subtle differences, like type and number of phonemic units, word matching, type of grammar and parser, control strategies, and so on, which distinguish the system from other continuous speech recognition systems.

2. The Environment for Software Development

This section gives an overview of the tools which were prepared to facilitate development of software. Such tools are also necessary because besides of the three staff members usually about 15 to 20 students are working on the project, every student spending only several months on it.

A standard for the layout of a program and for its documentation has been introduced and continuously is reinforced. Programs and data are listed in catalogs containing the released programs, the tapes where they are stored, and the types. For each program their is a description of the program, of its interface to other programs and data, of its function, and of its usage. Programs not containing these descriptions will not be included in the catalog. These standards are supported by text, program, and documentation editors as well as by several print programs. In addition, there are graphics programs available, in particular the "Erlanger Grafik System".

A very useful tool is the interactive experimentation frame which allows a user to define his system configuration. The speech understanding software is organized in a tree structure which is indicated by a menu. A user may start execution of the programs as he wishes, he may also compose a particular system from available modules, and he may supervise and direct an understanding task. In addition, the experimentation frame provides protocols and statistics about different stages of program execution.

Programming of the Acoustics-Phonetics Module is done in FORTRAN on a PDP 11/34 because entry of acoustic data is possible only at the PDP. All other programming is done in SIMULA on a CDC CYBER 173 of the "Regionales Rechenzentrum Erlangen". There is a 9600 Baud data link between the CYBER and the PDP for transfer of programs and data.

3. Data Base for Hypotheses

The system structure in Fig. 1 contains as an integral part a data base for storing intermediate results of processing. Since these results usually may be wrong they are called hypotheses in this text. A hypothesis may concern any result, for example a single phone, a fragmemt of a sentence, or a semantic interpretation of the whole utterance. An overview of the data base is given in this section. Because of its generality a relational data model [13] was chosen to represent hypotheses. A facility for defining relations and a relational algebra for manipulating and accessing relations are available.

Speech understanding starts from the set of sample values and advances via several intermediate levels to the representation of the meaning of an utterance. Presently there are the following levels in our system, each level represented by a relation:

1. LAUTHYP: Hypotheses about phones, generated by the Acoustics-Phonetics Module.
2. WORTHYP: Hypotheses about words, generated bottom-up from the Dictionary Module or top-down from the Syntax Module.
3. STRUKTUR: Hypotheses about syntactic structures, generated by the Syntax Module.
4. SINN : Hypotheses about semantic structures, generated by the Semantics Module.

Each level with its relation may be viewed and realized by an independent Data Base Module, thereby allowing for parallel accesses of the different levels. As an example, the relation WORTHYP is shown in its familiar tabular form in Fig. 3.

Relation: WORTHYP

Score	Viterbi Dist.	Label	Begin	End	Content
. . .					

Fig. 3 The relation WORTHYP contains hypotheses about words

The attributes or columns of the table are a Score which is an estimate of the reliability of a hypothesis, the Viterbi Distance (see Sect. 5), a Label giving a unique number, the Begin time of the first phone in the word, the End time of the last phone, and a Content which is a text containing the number of the word in the lexicon, its spelling, and linguistic information. Incidentally, the relation LAUTHYP has the same attributes except Viterbi distance, and Content consists of a phone symbol, a phone number, pitch frequency, and loudness.

In the data base a relation is represented as a set having the structure shown in Fig. 4. Procedures are available to define a relation. The first step is to generate the five boxes with inscription "Set ..." in Fig. 4. This is done by procedure

MENGE (Pointer to Set, Name of Set, Type of Set, Order of Set).

In the example of relation WORTHYP the parameters of the procedures might be

MENGE (Atributeset, Attributes, Nil, Nil),

where Nil indicates arbitrary type and arbitrary order. The next step is to define the attribute by a procedure

ATTRIBUT (Pointer to Attribute, Attribute internal name, Attribute external name, Attribute type).

In the example of attribute Score the parameters might be

ATTRIBUT (Attribute 1, 1, Score, Integer).

The five other attributes are defined similarly. By another procedure the defined attributes are linked to the set defined by procedure MENGE (...). This is done by

EINORDNUNG (Attributeset, Attribute 1),

...

EINORDNUNG (Attributeset, Attribute 6).

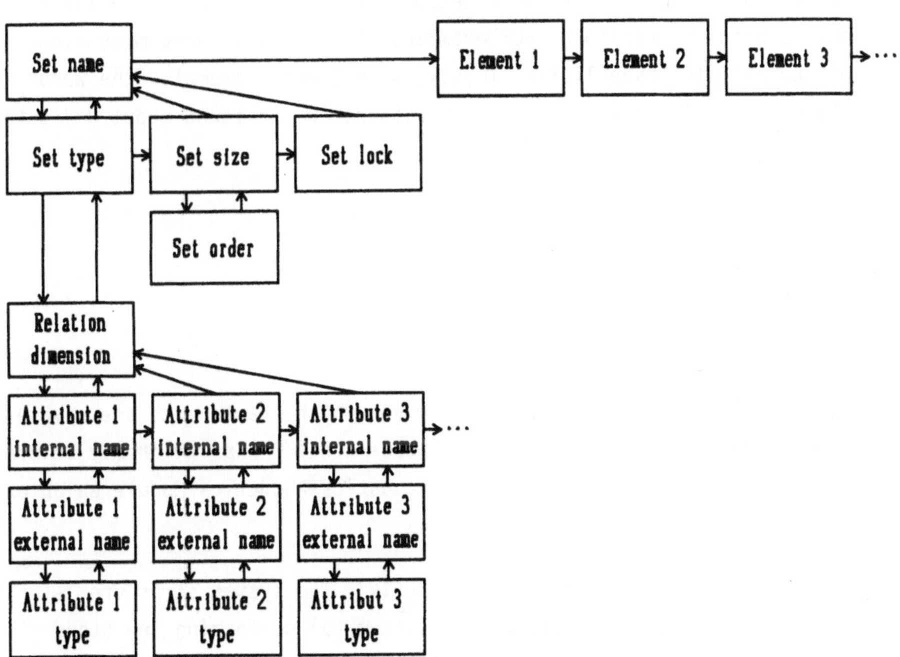

Fig. 4 A relation of the type shown in Fig. 3 is represented by a set. The rows or tuples of the relation correspond to elements in the set.

Finally a relation (which also is a set) is defined by procedure

RELATION (Pointer to relation, Name of relation, Type of relation, Order of relation, Attributeset corresponding to relation).

In the example of relation WORTHYP in Fig. 3 the parameters are

RELATION (Relpointer, WORTHYP, Nil, greater, Attributeset).

This last procedure generates another set having five boxes with inscription "Set ... " as in Fig. 4, but the "Set name" now is WORTHYP, and similar modifications hold for the other boxes. The tuples of the relation (rows of the table in Fig. 3) become elements of the set in Fig. 4. Each element may in general be a list of trees. In the example of relation WORTHYP a list of trees is not required because, for example, the Score is just an integer or the Content is a text.

Most of the well-known procedures to manipulate relations are available in the results data base. One may inspect the boxes marked by "Set" in Fig. 4 and lock or unlock the relation. It is possible to insert or delete a tuple or an attribute, and it is possible to find a completely specified tuple, that is a tuple uniquely defined by one or several attributes. Set oriented operations available are union, difference, intersection, complement of intersection, Cartesian product, projection, join, and selection of rows with certain properties. These operations are fully described in [13].

The length of a word hypothesis is variable because the size of linguistic information of attribute Content is variable. For example, verbs usually have much linguistic information and articles have little. To give a particular example, the word hypothesis of "aber" ("but") consists of 115 characters and it takes about 0.3 s to write it.

4. Acoustics-Phonetics Module

In this section an outline of the processing is given which starts with the sample values of the speech wave and ends up with hypotheses about phones which may be present in the utterance. This is performed by the Acoustics-Phonetics Module which extracts phones from the speech wave.

A detailed description of this module is given in [14]. The system structure is shown in Fig. 5. It is basically a hierarchical system [6] performing the steps shown in the figure in succession. In order to limit the signal to telephone bandwidth the speech recorded by a microphone in an unprepared room is filtered from o,1 - 3,4 kHz and then it is sampled at 1o kHz with 12 bit per sample value. These

Acoustics-Phonetics Module

input: speech wave from microphone in unprepared room
0,1 - 3,4 kHz band pass filtering, 10 kHz sampling
mean energy normalization
LPC based extraction of features
1. classification stage: categories
2. classification stage: phone components
combine into string of segments to obtain phones
output: phone hypotheses, i. e. string of classified segments

Fig. 5 The structure of the Acoustics-Phonetics Module

values are stored on a disk. The speech signal is normalized with respect to the mean energy (loudness) which in turn is the mean square value of the sentence. To this value contribute all samples exceeding a threshold, thereby eliminating silence parts. Based on an LPC analysis of the normalized speech various features are computed to perform the classification. Segmentation of the speech into phones is done by the "classification, then segmentation" approach. This means that the whole utterance first is subdivided into a number of frames, in our system frames are repeated every 12 ms and contain 20 ms of speech passed through a Hamming window. In a first classification step each frame is classified into the four categories silence, voiceless, voiced fricative, and voiced nonfricative. Each category of a frame which has an a posteriori probability greater than 2 % is considered in further processing. In a second classification step the categories of a frame are classified into phone components. The features used in this step depend on the category assigned in the first step. Examples of phone components are M, I, L, O, E, EH in category voiced nonfricative, Z in category voiced fricative, and S, F, burst of t, aspiration of t in category voiceless. Presently there are 32 phone components. In most cases a phone component coincides with a phone, e. g. the phone component I with the phone I in b<u>ea</u>t, but in some cases they do not, e. g. the plosive [t] has the phone components silence, burst of t, and aspiration of t. In total there are 30 phones. Reliability of a phone component assigned to a frame is measured by the product of the posterior probabilities of the category and the phone component of this frame. The five most reliable phone components are used for further processing. Finally, several frames are combined to one segment which corresponds to one phone. This is done by several rules which merge adjacent similar frames to a segment part, determine essential segment parts, and extend essential parts as far as possible. Again, up to five alternative phone classes may be assigned to one segment. Only successive segments are created, but no segment lattice.

The module was trained with a learning sample of 60 seconds of speech which was labeled by hand. Tests were made with a test sample of 40 seconds. The total sample of 100 seconds was spoken by six speakers (4 male, 2 female) and contained about 32 different German sentences. Learning and test set are disjoint with respect to persons as well as to sentences. In the segmentation there are 22 % insertion errors, that is additional segments, and 6 % omission errors. In 51 % the first phone assigned to a segment was correct, in 73 % the correct phone was among the first three alternatives assigned to a segment. The weakest results are obtained for the nasals and the plosives (b, d, g). The module in its present state is adequate for first experiments within the whole system. Work is in progress to enlarge the sample to about 700 seconds of hand labeled speech spoken by 12 speakers, to investigate further normalization techniques, and to improve the recognition of nasals and voiced plosives by using time dependent features.

5. Dictionary Module

The task of the Dictionary Module described in this section is to find words in the string of phones which is written in the data base by the Acoustics-Phonetics Module. Its activity may be influenced to some extent by the Strategy Module.

The structure of the Dictionary Module is shown in Fig. 6. It has a lexicon of words known to the system and an algorithm for matching substrings of phones with words in the lexicon as its main components. Interfaces are provided to the data base and to the Control Module. A monitor controls the Dictionary Module and initiates it to perform one of the following functions:

1. Read phone hypotheses from the data base relation LAUTHYP.
2. Write word hypotheses into the data base relation WORTHYP.
3. Read word hypotheses (in particular incomplete hypotheses).
4. Compute Viterbi distance with or without weighting matrix and with or without threshold.
5. Search for verbs (or nouns) in input string.
6. Search for words in particular interval of input string.
7. Determine missing parts in incomplete (top-down) word hypothesis.

Each of these functions may have parameters, for example the size of an interval to be searched or the number of alternatives to be generated, which have to be specified by the Strategy Module. A search for words in general in the whole input string, that is any word contained in the lexicon, is conceivable but not feasible because

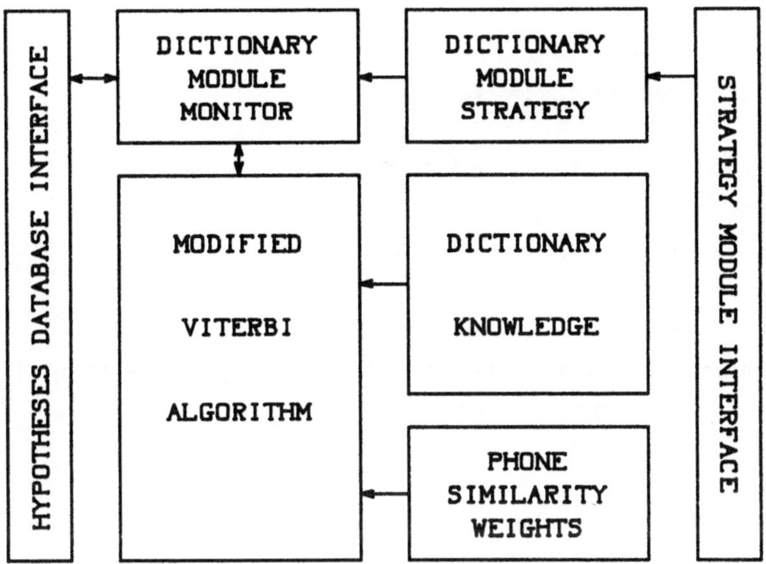

Fig. 6 The structure of the Dictionary Module

of the time required to do so.

The lexicon of the system is built up in two steps. First, a set of words is acquired and listed in the order of acquisition - this is the base lexicon. Second, a pre-processor arranges an arbitrary subset of the base lexicon in a graph structure where similar words are linked by edges. A detailed description of the principles used to build up the base lexicon is given in [15]. It consists of a minimal lexicon derived from [16] and statistics of German words, a task oriented vocabulary (concerning the German Inter City trains), and an augmenting vocabulary containing numbers, city names, and week-days; in total there are 306 words. In addition, all possible in-flexions of these words are included in the lexicon; this increases the total size of the lexicon to 1380 words. A word in the lexicon has the format

entry number (spelling, pronunciation, syntactic information, semantic information).

Apparently, the lexicon contains all relevant information to interface the Dictionary Module with the Acoustics-Phonetics Module, the Syntax Module, and the Semantics Module. It is another point whether this information is split and distributed by a preprocessor - presently this is not the case. The syntactic informtion distinguishes the word classes used by the ATN grammer of the Syntax Module and has the format

```
wordclass 1  -  feature 1    :=  value 1
                  . . .
                feature n_1  :=  value n_1
  . . .
wordclass k  -  feature 1    :=  value 1
                  . . .
                feature n_k  :=  value n_k
```

for example

```
verb         -  tense        :=  infinitive.
```

The semantic information for verbs is a combination of the valence theory [17] and the case grammar [18]. It has the form

```
meaning 1 :  :=   value 1
obligatory 1 :
    casefunction    :=   value
    (deep) case     :=   value
    selection       :=   value
. . .
obligatory n :
. . .
optional 1   :
. . .
optional m   :
. . .
meaning 2   :=   value 2
. . .
```

Nouns and so on have somewhat different entries. Due to the added syntactic and semantic information the size of the lexicon in printed form is about 600 pages.

A preprocessor takes the words in the lexicon or a specified subset of the words and builds up a graph in which each word is a node and similar words are connected by an edge. This is done by determining the Viterbi distance of all different word pairs and inserting an edge between two nodes whose distance is below a threshold. The graph facilitates access to words which are acoustically similar to another word.

The main algorithm of the Dictionary Module is a modified Viterbi-algorithm which basically computes a distance between two phone strings of arbitrary length. In its simplest version the Levenshtein distance is used which is the minimal number of insertions, deletions, and substitutions necessary to convert one phone string into the other [19]. As is well known, this distance may be computed via dynamic programming [2, 6]. The Viterbi distance used in relation WORTHYP in Fig. 3 is a normalized distance, that means that the distance between two phone strings is divided by the length of the longest string. Modifications of the basic algorithm are a phone similarity matrix to assign weights to different substitutions [20], the possibility to stop computation as soon as a prespecified distance threshold is exceeded, the variation of the assumed first and last phone in the acoustic data, and the consideration of the alternative phone classes determined by the Acoustics-Phonetics Module. The number of phones per word is about seven (the minimum number is two phones in the word "Mai", the maximum is twenty in "Wochenendrückfahrkarte"), and, therefore, one call of the Viterbi algorithm takes only about 10 ms. A reasonably reliable statistic of the performance of this module is not yet available. As mentioned in the beginning, the module may restrict himself to certain word classes, it can hypothesize words bottom-up from acoustic data, and it can evaluate top-down word hypotheses generated by the Syntax Module.

6. Syntax Module

This section gives an overview of the Syntax Module which has two important tasks. The first is to constrain the number of possible sentences and thereby aid in the recognition of words; the second is to build up the syntactic structure of an utterance and thereby provide the basis for understanding the utterance and generating an answer.

The structure of this module is shown in Fig. 7. Its main components are a parser, an ATN grammar of the German language, and a monitor. The monitor can execute one of the following activities:

1. Select a word hypothesis to generate an island. An island in general consists of a sequence of word hypotheses, a set of traces which give the paths in the grammar covered by the words, and a set of constituents which contain the result of syntactic analysis.
2. Grow an island to the left / right. An island and a word hypothesis at the left / right border of the island are merged to a new island.
3. Merge two adjacent islands. This is simulated by successively growing the left most of the two islands to the right.
4. Predict left / right. A prediction is made about words or word classes which may follow to the left / right of an island.
5. Verify constituent. This is used to test syntactic correctnes of (incomplete) constituents which may be generated by other modules, provided it uses the same grammar as the Syntax Module.

Since in general there will be several islands at some time of processing an utterance, the islands are ordered by priority and the island with highest priority is se-

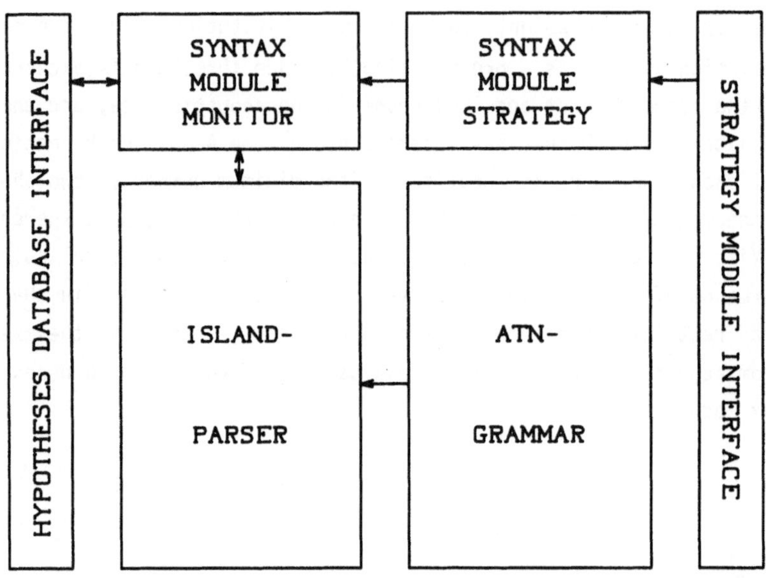

Fig. 7 The structure of the Syntax Module

lected first for processing. The priority is a weighted average of the rating of the word hypotheses in the island and of the constituents. The rating of constituents is estimated from the importance of the relevant subnets of the ATN grammar.

The three steps in the development of the Syntax Module were an ATN Grammar of the German language [21], an island parser which accepts a preprocessed version of the ATN grammar [22], and the integration and test of the grammar and the parser in a complete Syntax Module [23]. The definition of an ATN grammar is assumed to be known [24], and our grammar is a modification of another one which was developed for processing of printed texts [25]. It consists of 16 subnets having 105 states and 225 edges and it distinguishes 31 word classes. As an example the first subnet is given in Fig. 8. To reduce computer time in preliminary experiments some smaller versions of the complete grammar are available. The main modifications over [25] are the evaluation of dependencies between constituents like noun groups and prepositional groups, the labeling of the nucleus of a constituent, the labeling of the main verb in a verbal group, and the adaptation to spoken language.

The parser is a left / right top-down / bottom-up parser [26] which can check syntactic correctness of a string of words and predict words which might precede or follow a string. To achieve this the ATN grammar is transformed into a so called completed ATN

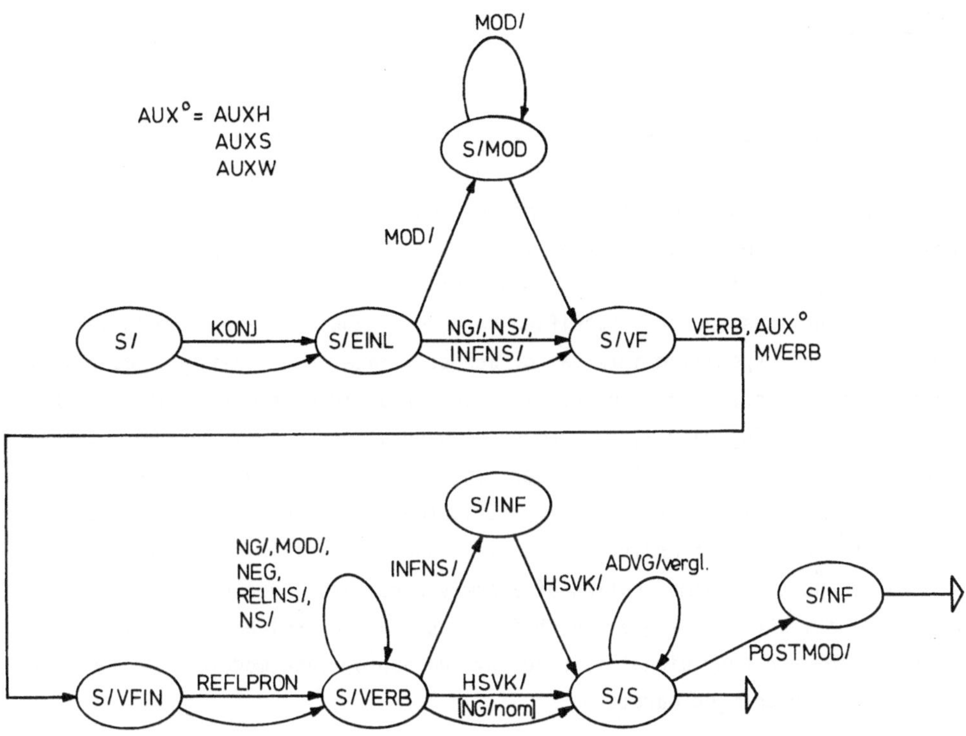

Fig. 8 The first subnet out of 16 subnets of the ATN grammar used by the Syntax Module. Capital letters indicate word classes, and capital letters followed by a / label PUSH-edges to other subnets.

grammar by a preprocessor. Basically the preprocessor attributes to every PUSH-edge a BEGIN-edge which connects the source of the PUSH-edge to the start state of the called subnet; and it replaces every POP-edge by a set of END-edges which connect the source of the POP edge to all possible end nodes of the calling PUSH-edge. This is to avoid that the parser, when going right to left, may not find an edge at the start node of a subnet from which to proceede further to the left. For example, when given the sentence "wann fährt der Zug" (when does the train leave), it takes about 4 s to generate the first island for the word "wann", and having an island consisting of the words "wann fährt der" it takes about 7 s to grow the island one word to the right. These results hold for the smaller version of the ATN grammar.

7. Control Module

The Control Module has the task to supervise the activities of all other modules and to influence their behaviour by a set of global parameters. The global parameters of the Acoustics-Phonetics Module are the maximal number of phone alternatives and the minimal rating required of an alternative. For the Dictionary Module there are nine parameters. They specify the relative amount of computation time attributed to each of the three functions search a specified word in a acoustic data, determine word hypotheses within a specified interval of acoustic data, and verify a word class; in addition the parameters determine the distance threshold of the Viterbi algorithm (if any), the weighting matrix, the number of word alternatives, and the interval in the acoustic data. There are 14 parameters in the Syntax Module. Five of them specify the relative amount of computation time attributed to each of the main functions given in Sect. 6. Examples of additional parameters are the allowed overlap or gap between islands and the minimal rating of a newly considered hypothesis. Every module also has a binary strategy signal which is set by the Control Module if a parameter was changed. The strategy signal is reset by the appropriate module to acknowledge for receipt of the changed parameter.

Actually, control is executed on two levels. The superior level is that of the Control Module which sets global parameters. This enables it, for example, to give priority first to the Acoustics-Phonetics Module, then to the Dictionary Module, and only after a set of word hypotheses is available to invoke other modules. In the beginning of analysis priority may be given to the left part of the utterance and to highly rated word hypotheses. Another option of the Control Module is to maintain a certain size of the hypotheses in the data base and an approximately equal workload for all processors. It is fairly easy to change the behaviour of the Control Module and to implement various strategies. In this way the activity of the whole system is influenced. The lower level of control is distributed to the strategy and monitor of each of the modules (see Fig. 6, 7). They are specialized to direct the activities of the module, for example, to grow an island in the Syntax Module, and they may be influenced by the global parameters.

8. The System

All the modules described above operate under a software system which is called experimental frame here. The size of it and of the various modules is given in the table below (all numbers rounded to the next higher integer multiple of 1 k words).

module	Exper. Frame	Data Base	Par.Comp. Simul.	Acoust. Phon.	Diction.	Syntax	Control
size in k words	31	25	2	2	5	28	1

Table 1 The size of the various system compoments

Of course, it is not necessary, and presently not possible, to have all these modules in working memory. The above table does not include the required data which are given in table 2 (all numbers rounded to the next higher integer multiple of 1 k Byte).

data	Lexicon	Lexicon small	ATN grammar	ATN grammar small	train schedule
size in k Byte	257	57	159	16	246

Table 2 The size of the various data used by the system

During system development and integration several problems with handling a number of fairly large programs caused considerable delays. A detailed description of the whole system will be given in a forthcoming dissertation [27].

9. Additional Modules

In Fig. 1 there are eight modules, and four were described in this text (Acoustics-Phonetics, Dictionary, Syntax, Strategy) in order to limit the discussion to already available and operational modules. A good deal of work was also done on the remaining modules (Sementics, Pragmatics, Dialog, Retrieval).

The Semantics Module will give the meaning of an utterance based on semantic information in the lexicon, check the compatibility of words, and determine the (deep) case of phrases. Its most important component is a matcher [28] which basically uses an inexact matching algorithm [6] and compares a syntactic structure and a prototype of a case frame to produce an instance of this case frame. The Pragmatics Module has situational knowledge about inquiries, travelling by train, and so on. The knowledge base is presently under development. The module will detect the goal of the question and generate a plan to answer it, perhaps after setting intermediate goals which are met via questions by the system. Again the matcher is of central importance. The Retrieval Module has a train schedule and an algorithm to find train connections. Presently, only direct connections and simple indirect ones can be found. A basic structure of all three modules are graphs and semantic nets. To support these structures the GRASPE formalism [29] was made available under SIMULA [30]. So there is a basic algorithm, the matcher, and a basic data structure, the semantic net implemented by GRASPE, available and common to the three modules. The Dialog Module will have knowledge about standard and specialized dialogs, it will trace a dialog over various utterances and questions, draw inferences from the context, and determine intermediate questions to the user, if necessary. Presently, there are first theoretical thoughts about this module.

10. Outlook

It is obvious that a continuous speech understanding system realized on a PPD 11/34 and a CYBER 173 of a computer center is of limited value because such a computer is used by dozens of people simultaneously and because the size and cost of it prevents any consideration of practical application of speech understanding. The structure of the system in Fig. 1 and the above mentioned partitioning of the data base into independent levels make it attractive to realize the system by a set of asynchronously operating microprocessors. The parallel computer simulation in Fig. 1 allows us to simulate the behaviour of such a system by specifying an arbitrary number of modules and processors. Because of the ongoing progress in developing cheaper and more powerful microprocessors and complete microsystems a microprocessor based special hardware realization appears to be a promising and feasible approach to a practically useful system. The development of such a system may be done with a certain overlap to the development of additional modules and the improvement of existing modules. The tables in Sect. 8 show that the programs require less than 1 M B, the data also less than 1 M B, and if one estimates the additional modules of Sect. 9 with another 1 M B, the whole system is well within the physical address space of a 16 bit microprocessor [31].

References

[1] K. H. Davis, R. Biddulph, S. Balashek: Automatic Recognition of Spoken Digits. J. Acoustical Soc. of America 24 (1952) 637 - 642

[2] W. A. Lea (ed.): Trends in Speech Recognition Prentice Hall, Englewood Cliffs

N. J. 1980

[3] T. B. Martin: Practical Applications of Voice Input to Machines. Proc. IEEE 64 (1976) 487 -495

[4] H. Niemann: Automatische Erkennung zusammenhängend gesprochener Sprache. In B. Radig (ed.): Modelle und Strukturen, Informatik Fachberichte 49. Springer, Berlin Heidelberg New York 1981, 2 - 25

[5] A. Chapanis: Interactive Human Communication. Scient. American 232, No. 3 (1975) 36 - 42

[6] H. Niemann: Pattern Analysis, Springer Series in Information Sciences 4. Springer, Berlin Heidelberg New York 1981

[7] H. Niemann, H.-W. Hein: A Program System of Parallel Processes for Understanding Continuous Speech. Computing Suppl. 3 (1981) 141 - 148

[8] H.-W. Hein, H. Niemann: Expert Knowledge for Automatic Understanding of Continuous Speech. Proc. First European Signal Processing Conference, Lausanne 1980, North Holland Publ. Comp., 647 - 651

[9] H.-W. Hein: A System for Understanding Continuous German Speech. In J. H. Siekmann (ed.): GWAI-81, German Workshop on Artificial Intelligence, Bad Honnef, Januar 1981. Informatik Fachberichte, Springer, Berlin 1981, 277 - 286

[10] D. R. Reddy: Speech Recognition by Machine, a Review. Proc. IEEE 64 (1976) 501 - 531

[11] D. H. Klatt: Review of the ARPA Speech Understanding Project. J. Acoustical Soc. of America 62 (1977) 1345 - 1366

[12] R. De Mori: Recent Advances in Automatic Speech Recognition. Proc. 4. Int. Joint Conf. Pattern Recognition, Kyoto, Japan 1978, 106 - 124

[13] C. J. Date: An Introduction to Database Systems, 2nd ed. Addison-Wesley, Reading 1977

[14] P. Regel: A Module for Acoustic-Phonetic Transcription of Fluently Spoken German Speech. IEEE Trans. ASSP-30 (1982) 440 - 450

[15] R. Müller-Meernach: Datenbasis für den Lexikonexperten eines Spracherkennungssystems. Studienarbeit Informatik, Lehrstuhl für Informatik 5 (Mustererkennung), Univ. Erlangen 1981

[16] M. J. Kelly, A. Chapanis: Limited Vocabulary Natural Language Dialog, Intern. Journal of Man-Machine Studies 9 (1977) 479-520

[17] G. Helbig, W. Schenkel: Wörterbuch zur Valenz und Distribution deutscher Verben. VEB Bibl. Inst., Leipzig 1973

[18] C. J. Fillmore: Plädoyer für Kasus. In W. Abraham (ed.): Kasustheorie. Athenaion, Wiesbaden 1971

[19] G. Merz: Ähnlichkeiten zwischen Zeichenketten. Studienarbeit, Lehrstuhl für Informatik 5 (Mustererkennung), Univ. Erlangen 1980

[20] R. Krüger: Lautähnlichkeits- und Lauthäufigkeitsstatistiken für den Lexikonexperten eines Spracherkennungssystems. Studienarbeit, Lehrstuhl für Informatik 5 (Mustererkennung), Univ. Erlangen 1982

[21] A. Brietzmann: Eine ATN Grammatik des Deutschen für die automatische Sprachverarbeitung. Diplomarbeit, Lehrstuhl für Informatik (Mustererkennung), Univ. Erlangen 1980

[22] M. Gerlach: ATN-Inselparser für den Syntaxexperten eines Spracherkennungssystems. Studienarbeit, Lehrstuhl für Informatik 5 (Mustererkennung), Univ. Erlangen 1980

[23] N. Reithinger: Ein Syntaxexperte für das Erlanger Spracherkennungssystem. Studienarbeit,Lehrstuhl für Informatik 5 (Mustererkennung), Univ. Erlangen 1982

[24] W. A. Woods: Transition Network Grammars for Natural Language Analysis. Commun. ACM 13 (1970) 591 - 606

[25] A. Lötscher, M. Kolvenbach: Morphosyntaktische Analyse in einem Frage-Antwort-System. In M. Kolvenbach, A. Lötscher, H. D. Lutz (eds): Künstliche Intelligenz und natürliche Sprache. G. Narr, Tübingen 1979, 187 - 226

[26] W. A. Woods et al.: Speech Understanding Systems Vol. IV, Syntax and Semantics. Report No. 3438, Bolt Beranek and Newman, Cambridge, Mass. 1976

[27] H.-W. Hein: Das Erlanger Spracherkennungssystem. Dissertation in preparation, Univ. Erlangen, 1983

[28] M. Gerlach: Matching in semantischen Netzwerken. Diplomarbeit, Lehrstuhl für Informatik 5 (Mustererkennung), Univ. Erlangen 1982

[29] D. P. Friedman, D. C. Dickson, J. F. Fraser, T. W. Pratt: GRASPE 1.5 - A Graph Processor and its Application. Department of Computer Science, Univ. of Houston 1969

[30] A. Hoffmann: Eine GRASPE-Pragmatik für die automatische Sprachverarbeitung. Diplomarbeit, Lehrstuhl für Informatik 5 (Mustererkennung), Univ. Erlangen 1981

[31] Introduction to the iAPX 286. Intel Corporation, Santa Clara, Calif. 1982

TOWARDS NATURAL LANGUAGE DESCRIPTION OF REAL-WORLD IMAGE SEQUENCES

Bernd Neumann
Fachbereich Informatik
Universitaet Hamburg
Schlueterstrasse 70
D-2000 Hamburg 13

Abstract

Computer analysis of image sequences showing real-world scenes with motion may generate interpretations at a sufficiently high level of abstraction to permit interfacing with a natural language system. Yet many natural language motion concepts cannot be evaluated solely from scene analysis results but require additional knowledge and representations at intermediate levels of abstraction. This paper reports about progress of project NAOS (*) towards natural language description of traffic scenes. In the scene analysis stage several existing processes have been combined to produce a geometrical scene description. This is the input for high-level motion interpretation processes which are linked to an existing natural language dialogue system. While simple motion processes could be implemented using procedures attached to case frame representations of verbs, more complex concepts call for an explicit encoding of experience.

1. Introduction

The task of analyzing an image sequence to derive a natural language description involves two major areas of Artificial Intelligence - image understanding and natural language understanding - which have been studied rather independently from each other. Image understanding aims at computing meaningful interpretations from images. Difficult problems arise already in very early processing stages, e.g. when extracting object contours, and hence much work is centered around raw images and their properties. If interpretations are attempted, they are usually given in terms of identified objects or object configurations. While this is a level of abstraction where object names can be given and hence natural language comes into play, none of the major experimental image understanding systems (as covered e.g. in HANSON and RISEMAN 78a) renders scene descriptions in natural language. Typically, lists or graphics are provided from which the system performance can be inferred.

(*) This project is partially supported by the Deutsche Forschungsgemeinschaft.

Similarly, in natural language research work centered mainly around language phenomena and, if concerned with images at all, pictorial input was simulated at the level of abstraction required by the particular world of discourse. When talking about a scene with the dialogue system HAM-RPM, for example, a symbolic data base is addressed where objects are represented as points in bird's-eye view augmented by a rich semantic description in terms of natural language concepts (v.HAHN et al. 80). Another well-known example is Winograd's SHRDLU (WINOGRAD 72) where one can talk about a simulated toy scene containing blocks, pyramids and cylinders. Here, spatial relations like "left of" are evaluated making direct use of a geometrical scene description. Similar problems have also been investigated in SWYSS (SCHEFE 81, HANSSMANN 80) for an interieur scene with various objects represented by polygonal contours.

Some new motivation for studying the border area between natural language and image understanding stems from the increased interest in time-varying scenes, which are also the subject of this report. The analysis of image sequences showing the temporal development of a scene raises several issues which could be ignored or given minor attention in single image analysis. First, there is the very practical problem of how to represent the interpretation of a sequence of - say - 250 images covering a time span of 10 sec. Lists or graphics showing, for example, object locations for each individual image, are clearly no solution. NAGEL 77 foresaw this difficulty and proposed natural language descriptions as a means to interface with the human experimentator.

Underneath this problem, however, lies a more fundamental question which is discussed in WALTZ 79: What is the output of a (complete) vision system? More specifically, what are the levels of abstraction and which concepts should be used for representing the output of a vision system? Waltz suggests to study vision and natural language in common since both may share common concepts. In WALTZ 81 several levels of abstraction are proposed, ranging from geometrical 3D-models at the vision end to case frames at the language end. Waltz also points out kinds of knowledge which are required to judge the plausibility of a natural language description for an imagined scene ('My dachshund bit our mailman on the ear'). He proposes scripts and 'subscripts' to represent events and verb meanings.

One of the primary goals of image sequence analysis is the interpretation of image variations in terms of moving objects. This can be done at a rather low level of abstraction without using special domain knowledge by tracking nonstationary image regions and interpreting these in terms of rigid bodies. An approach like this has been persued by Nagel and collaborators (DRESCHLER and NAGEL 81) and will be described in the next section with more details since it provides part of the input for the scene description project NAOS. Given a particular domain, e.g. street scenes with children playing ball, image sequence analysis may provide motion interpretations in terms of higher level concepts like 'bounce', 'roll', 'drop', etc. which are much closer to but not necessarily identical with natural language concepts. BADLER 75 showed how these kinds of motion concepts can be derived from a sequence of computer generated line drawings. His work focusses on the process of decomposing motion into a sequence of primitives which in turn can be combined into complex motion patterns corresponding to some natural language concept.

The work of Tsotsos (TSOTSOS 80) builds upon some of the motion concepts developed by Badler but also improves on Badler's framework in several respects. Most importantly, a hierarchy of conceptual motion frames is defined without presupposing domain specific knowledge. Thus certain concepts like 'area-change' may be applied to left ventricular wall motion (Tsotsos' problem domain) as well as street scenes. Problem specific motion frames, e.g. 'beat' (of a heart), may be defined in terms of lower-level concepts. Tsotsos also offers a control structure based on the 'hypothesize-and-test' paradigm and data-directed hypothesis selection.

It is interesting to note that Tsotsos, who did not attempt to provide natural language output, based his motion concepts on categories developed by MILLER 72 for motion verbs of the English language. Tsotsos realized, however, that some of Miller's categories could not easily be incorporated into a vision system, e.g. 'causative' or 'permissive' motion, and chose to exclude them, while other concepts, e.g. 'inchoative' motion, do not pose severe problems at all. This has also been observed in MARBURGER et al. 81 which is the first report on the NAOS scene description project.

A different set of motion concepts underlies the system SUPP (OKADA 80) which produces sentences from a short sequence of stylized 2D line drawings showing, for example, a bird landing on a tree, a man entering a car, a dog sliding down a ramp. Okada uses 20 semantic features, e.g. 'displacement', 'deformation', 'change in quality', 'start and stop', to decide which of a set of about 1200 primitive verb concepts applies to a given scene. Usually, many concepts qualify giving rise to as many simple sentences describing the same event.

This concludes the presentation of previous work related to natural language description of image sequences. Several worthy contributions have not been mentioned, e.g. the work of Tsuji and collaborators (ABE et al. 81). It is felt, however, that some of the interesting problems specific to this area have been exposed. They can be summarized by the following questions:

1. Which concepts underly natural language descriptions of motion?

2. What are the motion concepts computable from image sequences?

3. What knowledge is required in addition to the image data?

The following sections refer to project NAOS which - in its current phase - tries to answer these questions for a special domain: traffic scenes as viewed from a stationary observer. Some of the typical motions can be seen in Fig. 1 showing 4 out of a sequence of 64 images with an overall duration of approximately 13 seconds. Pedestrians walk, cross the street, cars start and stop, turn off right, etc.

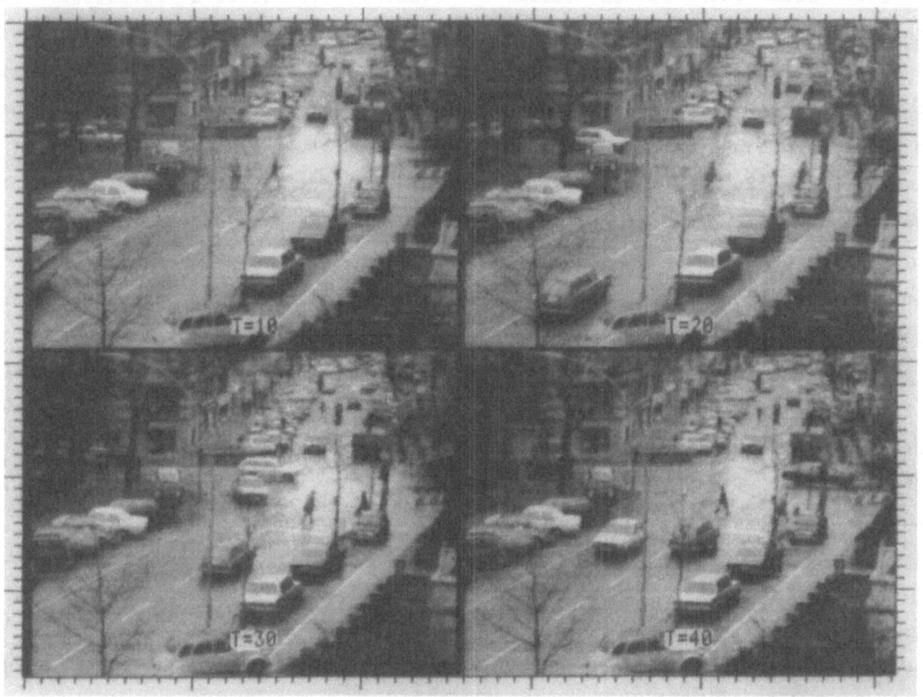

Figure 1: Images of a traffic scene to be described by NAOS

Scenes like this have been used for many years as experimental data for image understanding research at Hamburg University. For this project, the scene analysis processes developed so far are combined to produce a low-level scene interpretation in terms of object names and trajectories called 'geometrical scene description'. This is the first stage of processing towards obtaining a natural language description. Many of the processes of this stage are subject to ongoing research, but nevertheless a certain architecture and certain representational forms are emerging. They are described in section 2.

In the second stage of processing the geometrical scene description is taken as input for processes which connect to the natural-language dialogue system HAM-ANS (the successor of HAM-RPM, v.HAHN et al. 79). These processes will be the core of NAOS. So far, only yes/no questions pertaining to simple motion concepts are implemented (MARBURGER et al. 81). More complex motion verbs have been theoretically analyzed, however, and in section 3 some results concerning the problems raised earlier in this paper are reported. It is shown that many motion verbs of the traffic domain are not 'observable', i.e. their application requires more than a geometrical scene description. One of the additional knowledge sources which must be provided is experience, i.e. some encoding of (abstractions of) past observations.

2. Obtaining a geometrical scene description

This section gives an overview of the first stage of NAOS. Its input is a TV-image sequence, and its output is the geometrical scene description, where objects are identified and 3D object positions are given at each instance of time. The main processes employed for this task can be conveniently visualized within the framework of a general vision system as depicted in Fig. 2. Several boxes representing data structures are shown in perspective. They are arranged vertically according to their level of abstraction and in depth corresponding to the time slices which they describe. Some boxes extend along the time axis to indicate time-specific descriptions, others correspond to a single time slice only. In fact, the traditional framework for single-image interpretation (KANADE 80, NAGEL 79, HANSON and RISEMAN 78b) can be obtained from this diagram by separating out all boxes associated with a single time slice.

Boxes are connected by directed arrows corresponding to processes. Double arrows indicate that processing may take place in both directions. The order in which processes are carried out is not specified. As a matter of fact, the diagram lacks any representation of data structures or processes related to control strategy. It should be clear, however, that in general the bottom-up direction corresponds to hypothesis generation and the top-down direction to hypothesis verification.

The following is a description of processes currently used in NAOS. The numbers refer to the corresponding arrows in the diagram.

1: Change detection. The greyvalue characteristics of consecutive images are compared. Differences give rise to nonstationary image regions which may correspond to moving objects (NAGEL and REKERS 82).

2: Extraction of straight lines and corner points. Straight line segments are extracted using an algorithm described in NEUMANN 78. They are good descriptors for many stationary objects of the scene, e.g. houses, streets, light poles.

Corner points are extracted to measure the exact displacement of nonstationary image components.

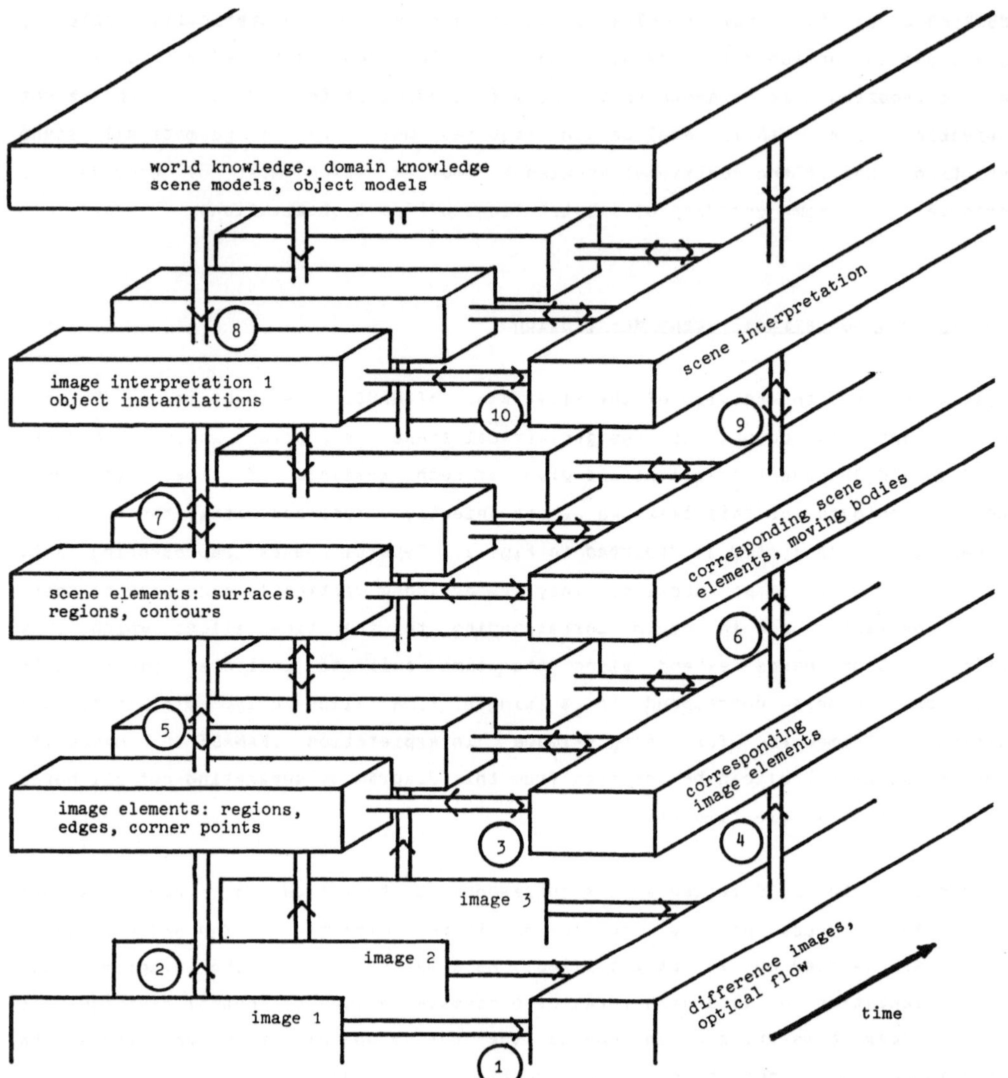

Figure 2: Basic components of a system for image sequence analysis

3: Interimage matching of corner points. Corner points of consecutive images are chained together if they depict the same physical surface point (DRESCHLER 81).

4: Chains are grouped according to connected nonstationary image regions.

5: Interpreting 2D lines as 3D lines. A 2D image line may be the projection of any 3D scene line assuming certain camera parameters. Collinear 2D line segments may correspond to a single 3D line. More than two 2D lines interesecting in one point are assumed to be parallel in 3D.

6: Motion stereo. From the 2D displacements of corner points belonging to a nonstationary component one can compute their 3D structure and trajectory assuming a rigid configuration (BONDE and NAGEL 79).

7,8: Object identification. 3D lines are matched to corresponding descriptors of an extensive street model and the camera parameters, i.e. view point and direction from which the scene is observed, are determined. Major stationary image components are identified as named objects, e.g. 'Post',' Schlueterstrasse', 'Gehweg1'.

9: Moving objects like cars and pedestrians are identified and named by human interaction.

10: Scene interpretation. While in general this process may extract higher level motion concepts, it is a simple step in NAOS. A symbolic database is created partitioned along the time axis. The first time slice contains the instantiated models of all stationary objects, i.e. 3D-surface descriptions along with viewpoint information, as well as polyhedral representations of the moving objects visible at this moment. Further time slices describe changes with respect to the initial description, i.e. objects are only entered if they have changed location, appeared or disappeared. This database is called geometrical scene description and represents the output of the first stage of NAOS.

This concludes the overview of the scene analysis subsystem of NAOS. Most of the processes are the result of independent research in image sequence analysis at Hamburg University and I gratefully acknowledge the friendly support of all people in the Cognitive Systems group.

3. Higher level motion concepts

The geometrical scene description represents a scene interpretation at a rather low level of abstraction in comparison with natural language concepts like 'ueberholen' ('overtake') or ausweichen ('give way to'), and it is not immediately clear how to compute the latter from the former. In fact, the verb 'ausweichen' seems to imply a certain intensionality which may not be computable from the geometrical scene description at all. On the other hand, there are examples like 'anhalten' ('stop') or beschleunigen ('accelerate') which may be readily evaluated from the data captured in the geometrical scene description.

As a first step towards gaining some understanding of these problems a simplified paradigm was adopted. The system simulates a human observer who may be asked decision questions about a scene, e.g.

'Ist ein Lastwagen von der Schlueterstrasse abgebogen?'
('Has a truck turned off Schlueterstrasse?')

Thus only top-down processes have to be devised which determine the applicability of a given natural language expression. On the other hand, additional complexities arise from the free use of natural language, e.g. time adverbials. They define an 'interval of consideration', i.e. a subsequence of images to which the natural language expression may apply. In bottom-up processing intervals of consideration may be selected according to other, possibly simpler criteria.

A system for answering decision questions was implemented using components of HAM-RPM (now HAM-ANS) and several newly devised modules which are described in MARBURGER et al. 81 in some detail. Several simple motion concepts like 'anfahren' ('start'), 'anhalten' ('stop'), 'fahren' ('drive'), 'gehen' ('go'), 'abbiegen' ('turn off') are implemented using a case frame representation associated with a predicate to determine the applicability of the motion concept. The predicate is implemented as a procedure which can be directly applied to the geometrical scene description, restricted to the interval of consideration.

This system demonstrates the possibilities but also the limitations of obtaining natural language descriptions by linking a natural language system to a scene analysis system via verb expert procedures. On the positive side, it has been shown that scene analysis and natural language processing have progressed far enough to make natural language description of image sequences feasable. Furthermore, the data supplied by the geometrical scene description suffice to answer decision questions about certain motion concepts, and solutions are offered to achieve this. On the other hand, not all verbs can be processed in this framework, also the procedural representation of motion concepts may become unwieldy in complex cases.

Before extending a vocabulary it is useful to determine criteria for its completeness. This has been carried out recently for the domain of traffic scenes (NOVAK 82). Novak shows that natural language descriptions can be produced with an extremely limited vocabulary (such descriptions are essentially a natural language rendering of the geometrical scene description). On the other hand, there is an undeterminable number of verbs which potentially be applied to a scene, particularly in metaphorical use. Many of these verbs express more than a description of trajectories, i.e. more than can be gathered from the geometrical scene description alone. This will be elaborated in the remainder of this section.

Let us consider the verb 'rasen' ('speed'). As a first try one might define 'rasen' as the motion of vehicles at a velocity exceeding the local speed limit. Thus a representation could be chosen comparable to a motion frame in TSOTSOS 80 where domain knowledge (here: the local speed limit) is encoded via constraints on certain motion properties (here: velocity). But how about wheel chairs? Clearly, some other constraints would be in order, possibly derived from a 'typical-speed' slot of a wheel-chair frame. Consider now a parking area or a road with children playing ball. Regardless of speed limit and typical vehicle speed 'rasen' would apply if the speed exceeded constraints imposed by the locality. To do justice to all of these uses of 'rasen' some representation of typical scenes is required which does not only associate typical velocities with the respective agents but also captures other scene characteristics on which the typical velocity might depend.

As another example consider 'abbiegen' ('turn off'). In a simple definition 'abbiegen' would apply whenever the trajectory of a vehicle suddenly changed direction by a certain amount. This would also apply, however, to cars following a sharp turn of a road, hence the existence of a road continuing in the old direction should be postulated. Again this does not suffice since one should not use 'abbiegen' if the continuation is a side road and the through traffic turns. To remedy this, one is led to define 'abbiegen' with respect to the typical traffic flow pattern at this locality.

Several other verbs, e.g. 'begegnen' ('meet') or 'ankommen' ('arrive'), can also be shown to refer to typical aspects of a scene. Hence a representational scheme is emerging which allows to determine verb applicability by comparing the actual scene description with certain abstractions of experienced scenes. This is in perspicuous analogy to suggestions of Waltz regarding shape representation (WALTZ 79). He proposes to describe the shape of an unfamiliar object as a mapping with respect to the shape of well-known objects.

4. Conclusions

The task of computing natural language descriptions for real-world scenes has been addressed by characterizing the level of abstraction achieved by existing scene analysis processes as opposed to motion concepts used in natural language. To bridge this gap additional knowledge sources are required. It has been shown that an explicite encoding of experience may be the key to verb sense representation. Other kinds of knowledge which have not been addressed in this paper are also required, e.g. a communication model or hierarchical relations between concepts. Further work in NAOS is intended to lead to concrete representational structures for experience.

References

Abe et al. 81
A Plot Understanding System on Reference to Both Image and Language
N. Abe, I. Soga, and S. Tsuji
IJCAI-81, pp. 77-84

Badler 75
Temporal Scene Analysis: Conceptual Descriptions of Object Movements
N.I. Badler
Technical Report No. 80, Dept. Computer Science, University of Toronto
February 1975

Bonde and Nagel 79
Deriving a 3-D Description of a Moving Rigid Object from Monocular TV-Frame Sequences
T. Bonde and H.-H. Nagel
WCATVI-79, pp. 44-45

Dreschler 81
Ermittlung markanter Punkte auf den Bildern bewegter Objekte und Berechnung einer 3D-Beschreibung auf dieser Grundlage
L. Dreschler
Dissertation (Juni 1981), Fachbereich Informatik der Universitaet Hamburg

Dreschler and Nagel 81
Volumetric Model and 3D-Trajectory of a Moving Car Derived from Monocular TV-Frame Sequences of a Street Scene
L. Dreschler and H.-H. Nagel
IJCAI-81, pp. 692-697

Hanson and Riseman 78a
Computer Vision Systems
A.R. Hanson and E.M. Riseman (eds.)
Academic Press New York 1978

Hanson and Riseman 78b
VISIONS: a Computer System for Interpreting Scenes
A.R. Hanson and E.M. Riseman
in A.R. Hanson and E.M. Riseman (eds.): Computer Vision Systems, Academic Press New York 1978, pp. 303-333

Hanssmann 80
Sprachliche Bildinterpretation fuer ein Frage-Antwort-System
H.-J .Hanssmann
IfI-HH-M-74/80, Fachbereich Informatik, Universitaet Hamburg, 1980

Kanade 80b
Region Segmentation: Signal vs Semantics
T. Kanade
Computer Graphics and Image Processing 13 (1980) 279-297

Marburger et al. 81
Natural Language Inquiries about Motion in an Automatically Analyzed Traffic Scene
H. Marburger, B. Neumann, and H.J. Novak
in J. Siekmann (ed.): GWAI-81, Informatik-Fachberichte 47, Springer Berlin 1981, pp. 79-87

Miller 72
English Verbs of Motion: A Case Study in Semantics and Lexical Memory
G. Miller
in A.W. Melton and E. Martin (eds.): Coding Processes in Human Memory, Winston and Sons, Washington/DC 1972, pp. 335-372

Nagel 77
Analysing Sequences of TV-Frames: System Design Considerations
H.-H. Nagel
IJCAI-77, p. 626, IfI-HH-B-33/77 (March 1977) Fachbereich Informatik, Universitaet Hamburg

COMPLETE AND INCOMPLETE SYSTEMS OF REDUCTIONS

Michael M. Richter, RWTH Aachen

§ 1 *Introduction*

In this article we discuss some aspects of systems of reductions. Our point of view is mainly determined by decidability questions. The problems occuring here are *theoretical* problems (algebraic, logical etc.) as well as *practical* ones (feasible algorithms suitable for implementations). Our examples come from semigroup and group theory. We think that this theory as well as every other special theory needs its own methods and tricks. On the other hand it is interesting to see how useful the general theory in this special case is. We think that this experience can be transferred to other situations (which then would need their individual techniques).

We put some emphasis on incomplete and infinite systems. It is not that we particularly like them but in many cases they are the only things available. It seems so that they are more useful than ordinarily thought.

Proofs are generally omitted. The (V+ R)-algorithm was developed by Susanne Kemmerich who also obtained most of the explosion results. The connections to automata theory are mainly due to Patrick Horster while the last version of the program (cf. § 9) was written by Klaus Dittrich, cf. [Ke], [Ho], [D-Ho-Ke-Ri]. We gratefully acknowledge a grant of the Deutsche Forschungsgemeinschaft which made this research possible.

§ 2 *Terminology and basic results*

In this article we will not be concerned with the historical development of the subject; for some general references we refer to [Hu] and [Lo]. As a reminder some of the terminology and basic results will briefly be mentioned. The naive equality is denoted by "=" while "≡" is the formal equality symbol.

We will be interested in classes of *finitary algebras* of some fixed signature (e.g. classes of semigroups or groups). The *algebra Term of terms* is the absolutely free algebra generated by the (countable) set of variables; the subalgebra of variable free terms (or words or ground terms) is the *word algebra Word*. We consider a reduction $s \to t$ as an equation which can only be applied from left to right; systems $\mathcal{R}$ of reductions are not necessarily finite. If some term v results from some term u by a reduction from $\mathcal{R}$ this will be denoted by $u \underset{\mathcal{R}}{\to} v$; $\overset{*}{\underset{\mathcal{R}}{\to}}$ (or simply $\overset{*}{\to}$) is the reflexive and transitive hull of $\underset{\mathcal{R}}{\to}$. With a system $\mathcal{R}$ of reductions we have various languages associated; here s and t are terms:

(i) $L(t,\mathcal{R}) = \{s \mid t \overset{*}{\to} s\}$;

(ii) t is irreducible with respect to $\mathcal{R}$ iff $L(t,\mathcal{R}) = \{t\}$;

(iii) Irred $(\mathcal{R}) = \{s \mid s \text{ irreducible}\}$;

(iv) Red $(\mathcal{R})$ = *Term* ∖ Irred $(\mathcal{R})$;

(v) $L_t(\mathcal{R}) = \{s \mid L(t,\mathcal{R}) \cap L(s,\mathcal{R}) \neq \phi\}$.

Without explicit notion these definitons will later be relativized to the ground case. The most important properties a system $\mathcal{R}$ may enjoy are the following:

(a) The *finite termination property* FTP (i.e. absence of infinite chains $t_n \to t_{n+1}$).

(b) The *weak Church-Rosser property* WCR (i.e. $t \underset{\mathcal{R}}{\to} t_1$ and $t \underset{\mathcal{R}}{\to} t_2$ imply $L(t_1,\mathcal{R}) \cap L(t_2,\mathcal{R}) \neq \phi$).

(c) The *Church-Rosser property* CR (i.e. $t_1, t_2 \in L(t,\mathcal{R})$ implies $L(t_1,\mathcal{R}) \cap L(t_2,\mathcal{R}) \neq \phi$).

(d) The *unique termination property* UTP (i.e. each t reduces to exactly one irreducible term t*).

(e) $\mathcal{R}$ is called complete iff $\mathcal{R}$ has FTP and CR.

WCR is a local property (such systems are also called *locally confluent*) while CR is global property (such systems are also called *confluent*); both properties are in general not equivalent. In case $\mathcal{R}$ has FTP (or is *noetherian*) WCR and CR coincide, however, because induction arguments over the well-founded set of reduction chains are possible. Furthermore completeness implies UTP; for systems with FTP again CR is equivalent to UTP. The algorithmic considerations start with the observation that FTP implies the decidability of WCR. This leads to the so-called *Knuth-Bendix*-(KB-) *completion algorithm*: Suppose one has discovered $t \overset{*}{\to} t_1$, $t \overset{*}{\to} t_2$, $t_1, t_2 \in$ Irred $(\mathcal{R})$ and $t_1 \neq t_2$; then one may replace $\mathcal{R}$ by $\mathcal{R}_1 = \mathcal{R} \cup \{t_1 \to t_2\}$ or by $\mathcal{R}_2 = \mathcal{R} \cup \{t_2 \to t_1\}$ provided $\mathcal{R}_1$ or $\mathcal{R}_2$ have FTP. To ensure FTP one uses most often *term orderings* ≪ (well-founded not necessarily total orderings compatible with substitutions) and requires that $s \to t$ implies $t \ll s$ (" $\mathcal{R}$ is compatible with ≪ "). If "≪" is total on the word algebra then in the ground case the completion algorithm applied to some finite $\mathcal{R}$ always yields a complete system $\mathcal{R}^{\infty}$ which may be infinite, however..

§ 3 *Systems of Reductions in Computer Science and Mathematics*

Systems of reductions as described here occur whenever equational calculi occur. Rewrite rules in a more general sense are older but similar in principle and have a wide range of applications. An early and important example is the λ-calculus where one finds much of the terminology and several of the basic theorems. From there originated the use of rewrite rules in order to define the semantics of programming languages (LCF, functional prgramming languages and parts of LISP e.g.): To execute a program means to compute an irreducible term. Given such a semantics the reductions are fixed, of course; but during the design process one needs to experiment with the system. Similar remarks apply to the specification of abstract data types and related areas. In the moment, however, our main interest is in the area of automatic theorem proving. Practically every theorem proving calculus can be regarded as a system of reductions, e.g. in the algebra of formulas of the predicate calculus. Because of the logical incompleteness theorems these systems are usually incomplete and in general one doesn't even have FTP. If one regards a theorem proving calculus as a big system with several auxiliary subsystems it is however desirable that some subsystems are complete. These subsystems which supplement the main system might e.g. be concerned with algebraic structures (from classical as well as from universal algebra); we refer to the survey article [Lo].

§ 4 *The basic decision problems*

One of the main ideas to replace equations by reductions is to get decision procedures. We restrict ourselves to the ground case and assume that at least one constant ist present.

This covers also the case of semigroups and groups (see below); the generators are denoted by constants and we identify *Word* with the free semigroup resp. the free group generated by the constants. Suppose $\ll$ is a term ordering which is total on *Word* and Σ is a set of equations between words.

Then $\mathcal{R}(\Sigma) = \{s \to t \mid t \ll s,\ s = t \in \Sigma \text{ or } t = s \in \Sigma\}$ is compatible with $\ll$; let $\mathcal{R}^{\infty}(\Sigma)$ be the result of the KB-completion algorithm. Let $A = \mathit{Word}/\hat{\Sigma}$ be the algebra defined by Σ; its elements are the congruence classes of words modulo $\hat{\Sigma}$, where $\hat{\Sigma}$ is the smallest congruence relation containing Σ. The effect of $\mathcal{R}^{\infty}(\Sigma)$ is that it reduces each word u to the smallest word (w,r, to $\ll$) in the congruence class of u. Hence each congruence class contains exactly one irreducible element; this last property also implies completeness, provided FTP is present. Therefore in a simple way a finite complete system decides the word problem for $\mathit{Word}/\hat{\Sigma}$ which will be started now. The word problem is not the only but probably the most important decision problem; we will mention some others too. We consider $\mathit{Word}/\hat{\Sigma}$; [u] denotes the congruence class of some word u.

1) *Word Problem* (WP): Decide for arbitrary u and v wether [u] = [v] holds.
2) *Special Word Problem* with respect to some word v_0 (SWP): Decide for an arbitrary word u wether $[u] = [v_0]$ holds.
3) *Finiteness Problem*: Is $\mathit{Word}/\hat{\Sigma}$ finite?
4) *Triviality Problem*: Is $|\mathit{Word}/\hat{\Sigma}| = 1$?
5) *Solutions of Equations*: Decide solvability of certain equations.
6) *Isomorphism Problem*: Decide $\mathit{Word}/\hat{\Sigma}_1 \cong \mathit{Word}/\hat{\Sigma}_2$; similar one defines special isomorphism problems.

7) Special properties of *Word*/$\overset{\wedge}{\Sigma}$ (e.g. for semigroups: when is it a group?).

There are of course many connections between these problems; e.g. for semigroups a solution to WP provides a solution to the triviality problem.

The importance of the SWP is that in many cases (e.g. groups, boolean algebras) its solution provides a solution to the WP. Now a finite system $\mathcal{R}$ of reductions solves some SWP if we have: $u \overset{*}{\underset{\mathcal{R}}{\rightarrow}} v_0$ iff $[u] = [v_0]$. This is obviously weaker than completeness. It leaves us with the following situation:

(i) $\mathcal{R}^{\infty}(\Sigma)$ is complete; it decides the WP if it is finite. Unfortunately the the latter is very seldom the case.

(ii) For finite systems completeness is easy to test (observe that we assume FTP because we have a well-founded ordering).

(iii) Incomplete systems very often solve some SWP; unfortunately this is very difficult to test.

Similar remarks apply to the other decision problems.

The preceding remarks leave us in the case that the completion algorithm does not terminate with the task either

(a) to simulate the infinite system in some finitary manner

or

(b) to use incomplete finite approximations of the infinite system.

§ 5 *Completions, termination and explosion*

First we will have a closer look to the completion algorithm. As an illustration we consider a group $G = \langle a_1, \ldots, a_n \mid S \rangle$ where $a_1, \ldots, a_n$ are the generators and S is the defining set of (ground) equations. Working with bracket-free written words we can neglect the (non-ground) law of associativity and omit the identity symbol 1 in the words. In order to replace $xx^{-1} = 1$ we need to form $\Sigma = S \cup \{a_i a_i^{-1} \equiv 1,\ a_i^{-1} a_i \equiv 1 \mid 1 \leqslant i \leqslant n\}$ (the semigroup case is somewhat simpler).

The test for deciding WCR forsome system $\mathcal{R}$ consists in an investigation of the so-called *critical pairs*: For $l_1 \rightarrow r_1$ and $l_2 \rightarrow r_2$ in $\mathcal{R}$, $l_1 = l_1' u$, $l_2 = u l_2'$ we have $l_1' u l_2' \rightarrow r_1 l_2'$ and $l_1' u l_2' \rightarrow l_1' r_2$ and the critical pair is $\langle r_1 l_2', l_1' r_2 \rangle$; the irreducibles of the critical pairs give rise to the new reductions generated by the completion algorithm, in case they are not redundant. If we fix some $l_1 \rightarrow r_1$ and let $l_2 \rightarrow r_2$ run through all reductions of the form $a_i^{-1} a_i \rightarrow 1$ and $a_i a_i^{-1} \rightarrow 1$ then all newly generated reductions are contained in

$$\mathrm{Sym}(l_1 \rightarrow r_1) = \{u \rightarrow v \mid uv^{-1} \text{ is a cyclic permutation of } l_1 r_1^{-1} \text{ or } r_1 l_1^{-1}\}.$$

This means that we can neglect these special critical pairs and can look at $\mathrm{Sym}(\mathcal{R}) = \bigcup(\mathrm{Sym}(l \rightarrow r) \mid l \rightarrow r \in \mathcal{R})$ directly. Summarizing we can describe the completion algorithm as follows:

1) Put $\mathcal{R}_0 = \mathcal{R}(S)$,

2) Given $\mathcal{R}_n$ form Sym($\mathcal{R}_n$), test all critical pairs, add the newly generated reductions and remove all redundancies in order to get $\mathcal{R}_{n+1}$.

By removing redundancies we mean that the reductions reduce each other and only those $l \to r$ are kept where $l \neq r$ and l and r are irreducible by all other reductions. For these remaining $l \to r$ one sees that $l = l'a_j$ implies $l' \ll ra_j^{-1}$ and $l = a_j l''$ implies $l'' \ll a_j^{-1} r$.

We call the $\mathcal{R}_n$ the *stages* of the completion algorithm. We distinguish three main cases which may occur:

(I) *Termination*: $\mathcal{R}_{n+1} = \mathcal{R}_n$ for some n.

(II) *Explosion*: There is some n_0 s.t. for all stages $n \geq n_0$ the left sides of all reductions in $\mathcal{R}_n$ have a smaller length than the left sides of all newly generated reductions.

(III) The remaining cases.

The nicest case is certainly (I) but it does not occur too often. It happens e.g. if the group $G = \langle a_1, \ldots, a_n \mid S \rangle$ is finite. To see this we represent G by the minimal words $w_1, \ldots, w_m$ in the congruences classes. Using these words we write down the multiplication table and the table for forming inverses. These equations define us reductions of the form $w_i w_k \to w_{ik}$ and $w_i^{-1} \to w_j$. This finite system has UTP and hence is complete; by removing all redundancies (actually just by deletion) we obtain the system generated by the completion algorithm (this argument is quite general and works for arbitrary algebras).

In some sense the explosion case is almost as good as the terminating case. The WP e.g. is solved too: given words u and v one generates the reductions up to a stage where the left sides have a greater length than both u and v. The main disadvantage is that if one is actually in the process of completing the system one usually does not know wether explosion really takes place. In this situation we might help ourselves in two ways:

1) By giving a proof that in certain cases the algorithm explodes

or

2) by giving an algorithm which detects explosion.

As we will see both methods have their merits.

Termination depends very much on the ordering, already a slight change of the ordering may change termination into explosion, cf. the example in § 9.

In several cases one has a good overview over the behavior of the completion algorithm; we mention some examples.

Proposition 1: Suppose G is a finitely presented group, $G = G_1 * \ldots * G_n * F_1 * \ldots * F_m$ where all G_i are finite and all F_j are free abelian. Then the completion algorithm for all KB-orderings (see § 6) either terminates or explodes; if all F_j are $\mathbb{Z}$ then we have termination.

A good example for a class of presentations are the *v. Dyck-groups* D(k,m,n). They have two generators $a_1 = a$, $a_2 = b$ and are defined by the equations $a^k \equiv b^m \equiv (ab)^n \equiv 1$. It is known that D(k,m,n) is finite iff $\frac{1}{k} + \frac{1}{m} + \frac{1}{n} > 1$.

Proposition 2: (i) For any KB-ordering the completion algorithm either terminates or explodes.

(ii) Explosion takes place in exactly the following cases:

1) $k = 2$, $m \geqslant 5$ and $n = 2j$ for some $j > 1$.
2) $k \geqslant 5$, $m = 2$ and $n = 2j$ for some $j > 1$.
3) $k,m \in \{2,3\}$, $k \neq m$, $n \geqslant 6$.
4) $k = 2$, $m = 4$, $n \geqslant 4$.
5) $k = m = 3$, $n \geqslant 3$.
6) $k,m \in \{3,4\}$, $k \neq m$, $n \geqslant 4$, n even.
7) $k = 4$, $m = 2$, $n \geqslant 4$, n even.

§ 6 *Incomplete systems*

A widely used incomplete system in group theory is *Dehn's algorithm*. For some set S of defining relators this system contains the reductions $u \to v$ for $uv^{-1} \in S$ and $|u| > |v|$, $|w|$ denoting the length of w (usually it is required that S is closed under inverses and the reductions are closed under "Sym"). The *Knuth-Bendix (KB-) orderings* are extensions and variations of the ordering by length:
For some vector $(g_1, \ldots, g_n)$ of positive natural numbers one puts $g(a_i) = g(a_i^{-1}) = g_i$ and defines the weight g(u) of a word u as the sum of the weights of the generators in u (in the multiplicity). The ordering first looks on the weight; words of equal weight are ordered lexicographically.
If one puts all $g_i = 1$, then for given S the system Sym($\mathcal{R}$(S)) defines only a slight extension of Dehn's algorithm (because of the additional lexicographic ordering) with essentially the same decidability properties. There is an extensive literature on these groups for which Dehn's algorithm solves the SWP. Most of the conditions on S in this context are known under the name *small-cancellation-conditions*.

Def. 1: S satisfies $C'(\lambda)$ for some real numbers λ iff $u,v \in S$, $u \neq v^{-1}$ and w is a common subword of both u and v imply that $|w| < \lambda \cdot \min(|u|, |v|)$.

If λ is small then $C'(\lambda)$ means that in the completion algorithm of $\mathcal{R}$(S) "very little" overlapping takes place (observe that "no overlapping" means that the algorithm terminates).A classical result is:

Theorem 3: If S is symmetrized and satisfies $C'(\frac{1}{6})$ then Dehn's algorithm solves the SWP.

The classical proof (cf. [Ly-Sch]) is combinatorial and gives in our opinion little insight in the decision procedure itself. A more algorithmic approach can be found in [Bü]. There a non-numerical but algorithmically recognizable condition K is formulated s.t. for the KB-ordering with $g_i = 1$, $1 \leq i \leq n$:

(i) If S satisfies K, then Sym($\mathcal{R}$(S)) solves the SWP;

(ii) $C'(\frac{1}{6})$ implies K.

There are other small-cancellation conditions in [Bü] which also imply K. The terminology allows also to formulate a very general condition which implies the explosion of the completion algorithm. Here we assume tacitly that all words are freely reduced, i.e. pairs of the form aa^{-1} are eliminated.

Def. 2: (i) $u \supset v$ iff $u = w_1 v w_2$ for some words w_1, w_2;

(ii) $u \sqsupset V$ for a set V of words iff $u \supset v$ for some $v \in V$;

(iii) $V_S = \{u \mid \text{if } uv_1, uv_2 \in S \text{ then } v_1 = v_2\}$.

Def. 3: A presentation $G = \langle a_1, \ldots, a_n \mid S \rangle$ is called a *SC-presentation* iff

(i) $\mathcal{R}(S) = \text{Sym}(\mathcal{R}(S))$ and S satisfies $C'(\frac{1}{4})$.

(ii) If w is non-empty, $u_1 w_1 w \to v_1 w_2^{-1} \in \mathcal{R}(S)$, $w w_2 u_2 \to w_1^{-1} v_2 \in \mathcal{R}(S)$, $u \to v \in \text{Sym}(u_1 v_2 \to v_1 u_2)$ and not $w_1 w w_2 \sqsupset V_S$ then $u \to v = s_1 s_2 \to t_1 t_2$ s.t. either $t_1^{-1} s_1$ is a subword of an element of $\{v_1^{-1} u_1, u_1^{-1} v_1\}$ and $s_2 t_2^{-1}$ is a subword of an element of $\{v_2 u_2^{-1}, u_2 v_2^{-1}\}$ or vice versa.

(iii) If $s_1 = c c_2 \bar{s}_1$, $t_1 = c_1^{-1} \bar{t}_1$, $s_2 = \bar{s}_2 d_1 d$, $t_2 = \bar{t}_2 d_2^{-1}$, $u_1 c_1 c \to v_1 c_2^{-1} \in \mathcal{R}(S)$, $d d_1 u_2 \to d_1^{-1} v_2 \in \mathcal{R}(S)$, not $c_1 c c_2 \sqsupset V_S$ but $d_1 d d_2 \sqsupset V_S$, then $\bar{s}_i \sqsupset V_S$ and $\bar{t}_i \sqsupset V_S$ for $i = 1,2$.

Theorem 4 (cf. [Bü]): If all weights $g_i = 1$ then the completion algorithm for $\mathcal{R}$(S) terminates or explodes for all SC-presentations.

§ 7 *Back and forth*

In order to detect explosion we introduce a method which simulates an infinite system of reductions in a finitary way. The basic idea is to use two (ordinary) systems instead of one. To demonstrate this we will explain a special case, the *back and forth* or (V+R)-algorithm ("vorwärts-rückwärts"). Suppose we are given some KB-ordering $\leq_1$. Using the same weights we obtain a second ordering $\leq_2$ by reversing the lexicographic ordering of $\leq_1$. For a given set S of equations these orderings define two systems $\mathcal{R}_1(S)$ and $\mathcal{R}_2(S)$ of reductions which both have FTP; certainly $\mathcal{R}_1(S) \cup \mathcal{R}_2(S)$ will fail to have FTP and in order to use it we need to take some precautions. To be precise we take a system $\mathcal{R}$ compatible with some KB-ordering $\ll$.

Def. 4: (i) $\mathcal{R}_r = \{v \to u \mid u \to v \in \mathcal{R},\ g(u) = g(v)\}$.

(ii) $\mathcal{R}_{v+r} = \mathcal{R} \cup \mathcal{R}_r$.

The definition of $\underset{\mathcal{R}_{v+r}}{\overset{*}{\rightarrow}}$ is as before with the following exception: A (finite) number of reductions which leads from some word w to a word w' is allowed only if $w' \ll w$ and in the sequence of intermediate words no word occurs twice. The system $\mathcal{R}_{v+r}$ simulates a bigger system $\hat{\mathcal{R}}$. If $\hat{\mathcal{R}}$ is finite the completion algorithm will eventually generate some system $\bar{\mathcal{R}}$ which is at least as powerful as $\hat{\mathcal{R}}$ and therefore $\mathcal{R}_{v+r}$ is unnecessary. All the ordinary definitions for reduction systems (resp. their analogues) can be repeated for the (V+R)-systems; in particular we have the notion of a complete system as one with CR and FTP and we see that in our situation $\mathcal{R}_{v+r}$ has FTP. Certainly a finite complete system will solve the WP. One of the earlier concepts provides a difficulty, however, namely the WCR. In order to define a completion algorithm we want some notion $(WCR)_{v+r}$ which satisfies (assuming FTP):

(1) $(WCR)_{v+r}$ is decidable,

(2) $(WCR)_{v+r} \Leftrightarrow$ CR.

(1) would suggest to take WCR for $\mathcal{R}_{v+r}$ (regarded as an ordinary system of reductions) as $(WCR)_{v+r}$ while (2) would suggest to take WCR for $\hat{\mathcal{R}}$ instead. Unfortunately the first choice is insufficient to ensure (2) while the second choice would lead in general to an infinite decision procedure. There are , however, many interesting situations where the first choice (WCR for $\mathcal{R}_{v+r}$) is strong enough to ensure CR. In this case we can define the completion algorithm as before.

<u>Proposition</u> 5: If all defining equations of S have even length and $g(a_j) = 1$ for all j then the WCR-test is finite for all systems occuring in the (V+R)-completion algorithm of $\mathcal{R}_{v+r}(S)$.

The (V+R)-completion algorithm gives sometimes rise to a similar classification with respect to termination and explosion as we have in the ordinary case. Examples are again the v. Dyck-groups. We have additional termination e.g. for $k, m \in \{2,4\}$, $k \neq m$, $n \geq 4$, n even.

§ 8 *Formal languages and automata theory*

The various decision problems of § 4 are closely connected with a number of languages as e.g. Irred($\mathcal{R}$) or $L_t(\mathcal{R})$ for a complete system $\mathcal{R}$. Because these languages are nicely located in the Chomsky hierarchy general automata theory provides a number of decision procedures whenever a finite complete system (or in certain cases a complete (V+R)-system) is available. We mention a number of results in this direction. We again restrict ourselves to semigroups (resp. groups).

<u>Proposition</u> 6: Irred ($\mathcal{R}$) is regular for finite $\mathcal{R}$.

This holds also for infinite $\mathcal{R}$ provided $\{u \mid u \rightarrow v \in \mathcal{R}\}$ is regular. For arbitrary algebras only Red($\mathcal{R}$) is reducible; this has no negative influence on the decision problems because it is decidable whether some string of symbols is a term.

Corollary 7: Suppose a finite complete system $\mathcal{R}$ is present.

(i) The finiteness problem is decidable.

(ii) In the group case one can effectively find an element of infinite order if the group is infinite.

In general a finitely presented group may have infinitely many elements of finite order.

Problem: Can a group with a finite complete system have infinitely many elements of finite order? (Conjecture: No)

The automaton A($\mathcal{R}$) which accepts Irred($\mathcal{R}$) can be constructed effectively (by several different methods) from $\mathcal{R}$ which in turn allows a construction of the semigroup table (an enumeration in the infinite case). One way to do this is as follows: Suppose B($\mathcal{R}$) is a finite deterministic automaton which accepts Red($\mathcal{R}$).

Def. 5: The *word graph* Γ = (E,V) is the directed graph which has as vertices V those states of B which are not final states; for e_1, $e_2 \in V$ there is an edge in E from e_1 to e_2 labeled with some generator a iff $\delta(e_1,a) = e_2$.

Each path (starting at the initial state e_0) in Γ determines an irreducible word and vice versa; the semigroup is finite iff Γ has no cycles. From Γ we obtain the (possibly infinite) *reduction graph* Δ by translating Γ into a tree which has the same paths (but now different words end at different vertices) and by adding the following edges: If the irreducible word w corresponds to a path from the initial state e_0 to e_1, wa is reducible to v, v irreducible and v corresponds to the path from e_0 to e_1 then there is an edge from e_1 to e_2 labeled with a. Δ contains all the information of the multiplication table; it is nothing than the well known Caley-diagram. From the viewpoint of storage complexity the graph Γ is very useful because it contains a compact represetation of the semigroup; the method applies to arbitrary algebras. It should be mentioned that the construction for the vertices uses only the left sides of the reductions in $\mathcal{R}$. In fact, we have for a complete system $\mathcal{R}$ belonging to the semigroup G:

Proposition 8: The minimal words representing the elements of G are products of proper subwords of left sides of reductions as well as products of subwords of right sides of reductions. In general one needs at least as many factors as there are generators.

The construction of Γ and Δ applies to arbitrary algebras as well as to incomplete systems. In the last case the correspondence between semigroup elements and irreducible words is lost but it allows a purely graph theoretical interpretation of the completion algorithm.

Returning to finite complete systems $\mathcal{R}$ of semigroups we have as an application:

<u>Proposition</u> 9: (i) If the semigroup is finite then for each w $L_w(\mathcal{R})$ is regular.

(ii) For groups the converse is true, i.e. the regularity of some $L_w(\mathcal{R})$ implies that the group is finite.

The group case is known as Anisimovs theorem. Another related subject is a complexity property. Let w* denote the (unique) irreducible word of w and Irr(X) = {w* | w ∈ X} for some set X of words. In general the operator Irr can be carried out by a push-down transducer with two states. Its time complexity is at least quadratic in the length of the input (e.g. consider ba → ab as the only reduction and $X = \{b^n a^n \mid n \in \mathbb{N}\}$). In special cases the situation is better:

<u>Proposition</u> 10: In any of the following cases the computation of w* can be carried out in linear time:

(i) Irred($\mathcal{R}$) is finite.

(ii) $|u| > |v|$ holds for all $u \to v$ in $\mathcal{R}$;

(iii) $\mathcal{R}$ is monadic, i.e. $|v| = 1$ for all $u \to v \in \mathcal{R}$.

In case (i) Irr can be carried out by a finite automaton. In general the complexity of Irr is unknown to us; we conjecture that it is polynomial. The properties of the operator Irr are widely unknown and we think it is an important problem to clarify its language theoretic aspects. A step in this direction are some extensions of the results in this section which determine the location of languages like Irred($\mathcal{R}$) or $L_w(\mathcal{R})$ in the Chomsky hierarchy under certain assumptions on $\mathcal{R}$ (cf. [Ho]).

§ 9 *Examples*

Although theoretical decidability results provide the background for the implementation of decision algorithms they are in general insufficient for a succesful implementation. Firstly, one needs not only the existence of an algorithm and secondly computer implementations demand usually new arragements of the algorithms. In this section wė want to discuss some of the experiments made at the RWTH Aachen (some of them where also made in Austin/Texas). The main part of the program contains three versions of the completion algorithm.

(1) The group case.

(2) The (V+R)-algorithm for groups.

(3) The semigroup case.

As the ordering one can take any KB-ordering. Several features support interactive reasoning (e.g. changes of orderings, documentation of the history etc.). The rôle of the semigroup program is to support the group program. Suppose the completion algorithm for groups does not terminate (for whatever reason). Besides changing the ordering one can try two things:

(a) Add an additional equation u ≡ 1. This means one investigates a quotient group in order to obtain information about the group itself. The quotient group is certainly easier to treat but it may collapse too much.

(b) Take some word u, choose a new constant U, add the equations $UU \equiv U$, $uU \equiv U$ and run the semigroup program (for reductions not containing U the group program still applies).

This means one studies the semigroup of left cosets of the subgroup generated by the element which u denotes. This is closely related to the so-called Todd-Coxeter-Algorithm used in group theory. Of course, both (a) and (b) can be done with more than one element.

Most of the theoretical results mentioned here, in particular the investigation of various classes of presentations depend on experience with the program. A practical experience was that the (V+R)-algorithm is usually faster than the ordinary completion algorithm; in case a semigroup is already a group the semigroup algorithm is also faster.

Examples:

1. Different orderings may give different complete systems.

Group presentation F(2,5): $abbaba \equiv b$

$bababbab \equiv a$

a) $g(a) = 5$, $g(b) = 1$.

Complete system:

$a \to b^3$, $a^{-1} \to b^{-3}$, $b^{-6} \to b^5$, $b^6 \to b^{-5}$.

b) $g(a) = g(b) = 1$

Complete system:

$b^{-2} \to ba^{-1}$, $b^2 \to ab^{-1}$, $aba^{-1} \to b$, $a^{-1}b \to ba^{-1}$, $ba^{-1}b^{-1} \to a^{-1}$, $ba \to ab$, $b^{-1}a \to ab^{-1}$, $b^{-1}a^{-1} \to a^{-1}b^{-1}$, $a^{-2}b^{-1} \to ab$, $a^2b \to a^{-1}b^{-1}$, $a^3 \to ba^{-1}$, $ba^{-2} \to a^2$, $a^2b^{-1} \to a^{-2}$, $a^{-3} \to ab^{-1}$.

c) Same as b) but regarded as a semigroup:

Complete system:

$b^3 \to a$, $ba \to ab$, $a^4 \to b$.

2) Ordering and termination.

Group presentation:

$a^2b^2 = c^2$

a) $g(a) = g(b) = 1$, $g(c) = 10$: Explosion.

b) $g(a) = g(b) = g(c) = 1$: Termination.

The complete system contains 16 reductions.

Group presentation:

$ab \equiv ba$;

a) $g(a) = g(b) = 1$: Explosion.

b) Change of the ordering s.t. $a \ll a^{-1} \ll b \ll b^{-1}$

(Observe that this is not a KB ordering!).

Complete system:
$ba^{-1} \to a^{-1}b$, $b^{-1}a^{-1} \to a^{-1}b^{-1}$, $b^{-1}a \to ab^{-1}$, $ba \to ab$.

3) The (V+R)-algorithm.
Group presentation:
$abc \equiv cba$ (Greendlingers group)
a) The completion algorithm explodes for all KB-orderings.
b) $g(a) = g(b) = g(c) = 1$.
Complete (V+R)-system:
$cba \leftrightarrow abc$, $a^{-1}cb \leftrightarrow bca^{-1}$, $b^{-1}a^{-1}c \leftrightarrow ca^{-1}b^{-1}$, $c^{-1}b^{-1}a^{-1} \leftrightarrow a^{-1}b^{-1}c^{-1}$,
$b^{-1}c^{-1}a \leftrightarrow ac^{-1}b^{-1}$, $c^{-1}ab \leftrightarrow bac^{-1}$.

4) Infinity problem. In many cases the formal test for infinity is unnecessary.
Group presentation F(2,6):
$(bba)^2(bab)^2 \equiv 1$, $a^2(bab)^2 = 1$
$g(a) = g(b) = 1$. The completion algorithm explodes but the complete (V+R)-system is $\mathrm{Sym}(\{b^2a \to ab^{-2}, a^{-2}b \to ba^2\})$. Obviously all words a^n, $n \in \mathbb{N}$, are irreducible and hence F(2,6) is infinite.

5) Left cosets.
Group presentation F(2,5):
$ab \equiv c$, $bc \equiv d$, $cd \equiv e$, $de \equiv a$, $ea \equiv b$ (Elimination of c, d and e yields the presentation of 1)). Added equations: $dU = U$, $UU = U$. The complete semigroup system contains 30 reductions. The new reductions containing U are exactly $aU \to U$, $bU \to U$, $cU \to U$, $dU \to U$. Therefore the semigroup is trivial and hence F(2,5) is cyclic.

References

[An] A.V. Anisimov: Group Languages, Cybernetics 7 (1971), p. 594 - 601.

[Bü] H. Bücken: Anwendung von Reduktionssystemen auf das Wortproblem in der Gruppentheorie. Dissertation Aachen 1979.

[D-Ho-Ke-Ri] K. Dittrich - P. Horster - S. Kemmerich - M.M. Richter: Applications of systems of Reductions to Group Theorie. In preparation.

[Ho] P. Horster: Reduktionssysteme, formale Sprachen und Automatentheorie. In preparation.

[Hu] G. Huet: Confluent Reductions: Abstract Properties and Applications to Term Rewriting Systems, JACM, Vol 27 No 4, 1980, 797 - 821.

[Ke] S. Kemmerich: Algorithmische Betrachtungen über unendliche Reduktionssysteme. In preparation.

[Lo] R. Loos: Term Reduction Systems and Algebraic Algorithms. Informatik Fachbericht 47 (ed. J.J. Siekmann), S. 214 - 234, Heidelberg - New York 1981.

[Ly-Sch] R.C. Lyndon - P.E. Schupp: Combinatorial Group Theory. Heidelberg - New York 1977.

Textverstehende Systeme:
Ein Beispiel fuer die Beziehung Informatik - Kognitionswissenschaft

Christopher Habel
c/o Projekt KIT
Institut fuer Angewandte Informatik / Technische Universitaet Berlin
Sekr. FR 5-8 / Franklinstr. 28-29 / D-1000 Berlin 10

1. Einleitung und Ueberblick

Die Entwicklung natuerlichsprachlicher Systeme (NSS) - einen Ueberblick ueber NSSe des Deutschen gibt [Wah 81a]; eine generelle Zusammenstellung von Forschungs- und Entwicklungsprojekten findet sich bei [Kap 82] - stellt einen wesentlichen Bestandteil der Forschung innerhalb der Kuenstlichen Intelligenz dar. Zum einen ist dies sicherlich deswegen der Fall, weil die Faehigkeit mit (natuerlicher) Sprache zu kommunizieren, eine der herausragenden Faehigkeiten des Menschen ist und insofern dem (KI-) Forscher besonders interessant erscheinen muss, zum anderen deswegen, weil zu nahezu allen anderen Teilgebieten der KI starke inhaltliche Bezuege bestehen (s. 2.2.2). Darueberhinaus stellen die Anwendungsmoeglichkeiten von NSSen einen weiteren Grund fuer die intensive Forschung auf diesem Gebiet dar (vgl. 2.3).

Textverstehende Systeme (TVS) werden im weiteren als ein spezieller Typ von NSSen angesehen, der sich in Methoden und Zielen von z.B. natuerlichsprachlichen Frage-Antwort-Systemen, Dialogsystemen, Expertensystemen unterscheidet, auch wenn in vielen Bereichen gemeinsame oder parallele Ansaetze vorhanden sind (2.2.1). Die Aufgabe eines TVSs besteht darin, die Bedeutung / den Inhalt eines Textes aufzudecken, d.h. eine Repraesentation zu erstellen und diese anschliessend (eventuell fuer weitere Verarbeitungsschritte) verfuegbar zu machen. Oder mit anderen Worten: TVSe sollen aus Texten Wissensbasen aufbauen. Mit dieser Formulierung wird eines der Hauptprobleme des Textverstehens (bei Mensch und Maschine), welches zugleich den wesentlichen Vorteil des Verstehens aus Texten ausmacht, deutlich: durch Texte kann ein System Wissen aufbauen, ohne die entsprechenden Erfahrungen in der realen Welt selbst gemacht zu haben. In diesem Zusammenhang ist daran zu erinnern, dass der Grossteil menschlichen Wissens, wie es etwa von Experten verwendet wird [Rau 81] [Fei 80], in Form von Texten vorliegt bzw. in dieser Form vermittelt wird.

Die Forschung auf dem Gebiet TVSe (oder allgemeinen NSSe) kann und muss zwei Aufgabenstellungen (bzw. Blickrichtungen) gerecht werden (vgl. auch [Wah 82]):

- Es ist zu untersuchen und zu erklaeren, wie Texte verstanden werden: wie verarbeiten menschliche "Informations-verarbeitende Systeme" Texte? Hier sind Erkenntnisse der Kognitionswissenschaften (z.B. Linguistik, kognitive Psychologie,

Philosophie) zu beruecksichtigen und in den expliziten begrifflichen Apparat der KI/Informatik zu transformieren. D.h. es ist ein explizites Prozess-Modell des Textverstehens zu entwickeln.

- Die Prozess-Modelle des Textverstehens sind durch Implementierungen zu realisieren, d.h. es muessen lauffaehige Systeme entwickelt werden, die Texte "verstehen" (wobei dieser Begriff mit Vorsicht verwendet werden sollte) und die die Repraesentation der Textbedeutung maschinell verfuegbar machen.

Aus beiden Aufgabenstellungen ergibt sich eine wechselseitige Beziehung zwischen Informatik/KI und Kognitionswissenschaft. (Einige Aspekte dieser Beziehung werden in Kap. 4 erlaeutert werden).

Die Probleme und Moeglichkeiten TVSe werden in Kap. 3 am Beispiel eines speziellen Prozess-Modells dargestellt werden, das im Rahmen des Projektes KIT [1] am Institut fuer Angewandte Informatik der TU Berlin entwickelt wird. Aufgrund des gegenwaertigen Standes der Projektarbeit (Beginn der Foerderung: Dezember 1981) werden auch Konzeptionen erlaeutert werden, die noch nicht durch Systemkomponenten realisiert wurden, bzw. die noch Aenderungen unterworfen sein werden. Die Textklasse wird durch (ausfuehrliche) Wettervorhersagen aus der Tagespresse gebildet.

2. Textverstehende Systeme

2.1 Bemerkungen zum Sprachverstehen

Der Problembereich des Verstehens nimmt innerhalb der Entwicklung NSSe aufgrund der zentralen Stellung der Faehigkeit, Texte zu verstehen (unter den Faehigkeiten des Menschen) eine Schluesselposition ein. 'Zentral' ist hier nicht nur im Sinne von 'besonders wichtig' zu sehen, sondern auch in einem uebertragenen, bildhaften Sinne, wie es in Abb. 1 veranschaulicht ist.

Fuer KI-Modelle ist charakteristisch, dass die Gesamtheit der im Verstehensprozess eingesetzten Faehigkeiten, insbesondere die Interaktion der Komponenten, untersucht wird.

Das Ziel des Verstehensprozesses ist - in erster Naeherung - die Erstellung einer Repraesentation der Bedeutung der betreffenden sprachlichen Aeusserung, d.h. in einem formalen Sinne kann ein TVS als Abbildung

(1) TVS: NL -> RL

NL= Natuerliche Sprache / RL = Repraesentationssprache

----

[1] KIT = "Kognitive Verfahren zur Informations-Extraktion und Zusammenfassung aus Texten" wird vom BMFT (PT 135.01) gefoerdert. Wesentliche Vorarbeiten, wie z.B. die Entwicklung der semantischen Repraesentationssprache SRL und des prototypischen NL-FAS BACON (Berlin Automatic COnstruction of semantic Nets) wurden im Rahmen des Projektes "Automatische Erstellung semantischer Netze" (BMFT PT 131.03) durchgefuehrt.

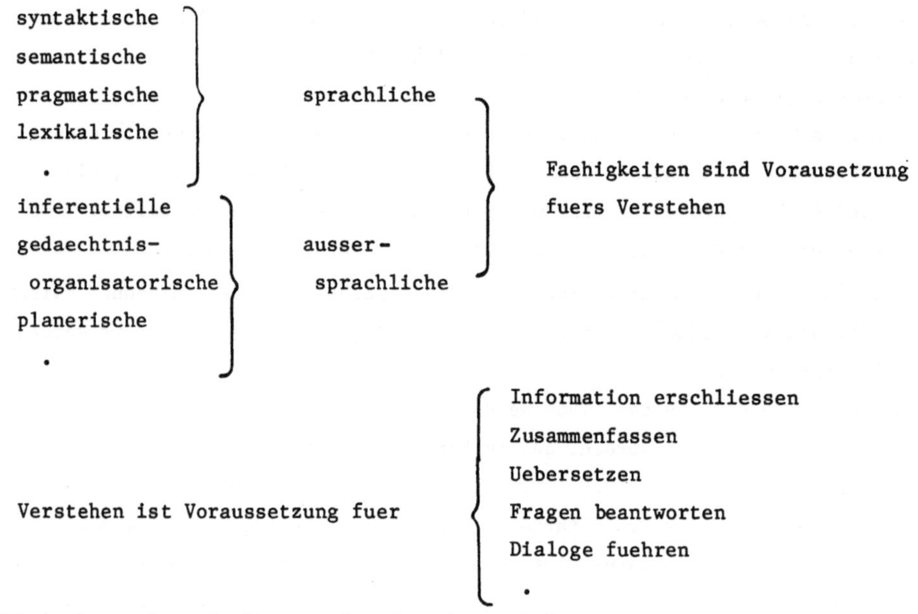

Abb 1: Verstehen als Zentrum der Sprachverarbeitung

---

angesehen werden, d.h. TVS wird im weiteren systematisch mehrdeutig verwendet: zum einen ist das kognitive bzw. formale System gemeint, zum anderen wird TVS als Abbildung betrachtet, wobei Ausdruecke aus RL als Bedeutungsrepraesentationen aufgefasst werden. Die in KIT verwendete "semantische Repraesentationssprache" SRL ist ebenso wie die meisten RL eine propositionale Sprache. (Aehnlich zu SRL sind die Sprachen DEEP und SURF der Systeme HAM-RPM, HAM-ANS; vgl. [JHW 80]). Der Sprachtyp der propositionalen Sprachen hat sich - abgesehen von einigen durchaus relevanten Unterschieden zwischen den verschiedenen Auspraegungen (zur Heterogenitaet des Feldes "Repraesentation von Wissen": [BS 80]) - zum dominierenden innerhalb der KI entwickelt [Nil 81].

Die in Abb. 1 aufgefuehrten Faehigkeiten, ueber die ein TVS verfuegen sollte, beinhalten zum einen sprachliche Faehigkeiten, zum anderen auch nicht-sprachliche kognitive Faehigkeiten, z.B. Bezugnehmen auf vorhandenes Wissen ueber die Diskurs-Welt und den Gespraechspartner und Schlussfolgerungen, die ueber diesem Wissen durchgefuehrt werden. Betrachten wir hierzu ein Beispiel, das in Kap. 3 wieder aufgenommen wird:

(2) "Heute ueberquert ein schwacher Auslaeufer des Nordmeerwirbels Kalliope das noerdliche Mitteleuropa und fuehrt auf seiner Rueckseite etwas kuehlere Meeresluft heran, wobei jedoch die Niederschlagsneigung gering bleibt." (Tagesspiegel: 17.4.82)

Zuerst einmal ist es notwendig, dass das TVS die beschriebenen bzw. prognostizierten Ereignisse in den bisherigen Verlauf der Ereignisse einordnet. Dies wird u.a. durch das deiktische Zeitadverb "heute" gesteuert: die Prognose wird als eine, die den 17.4.82 betrifft, interpretetiert.

Ein besonderes Charakteristikum der vorliegenden Textklasse besteht in der haeufigen Verwendung vager bzw. unpraeziser Ausdruecke [2], z.B. in "schwacher Auslaeufer", "etwas kuehlere Meeresluft" oder "geringe Niederschlagsneigung". Beim Leser des Textes (2) wird hierdurch der Eindruck entstehen, dass sich das Wetter gegenueber dem Vortag geringfuegig, und zwar zum schlechten, aendern wird, und er eventuell mit Regen zu rechnen hat. (Dass es sich nicht um Schnee handeln wird, kann er nur aus der allgemeinen Wetterlage um den 17.4. erschliessen.) Wie gelangt nun ein Leser zu dieser Erwartung? Durch Inferenzen und durch Einordnung der Prognose in sein Modell der Welt, genauer: durch in Beziehungsetzen zum tatsaechlichen Wetter der Vortage. Die Erwartung fuer "etwas kuehler" kann verbal durch die Ergaenzung "als gestern" beschrieben werden. Dass es eventuell regnen wird, wahrscheinlich jedoch nicht, wird geschlossen aus dem Wissen ueber die Verwendung des Ausdrucks "geringe Niederschlagsneigung" in der Meteorologen-Fachsprache (Sprachregister "Wetterbericht"). Derartige Inferenzen koennen zum Alltagswissen eines Hoerers (vgl. Kap. 2.2) gerechnet werden; durch Hinzunahme von "Fachwissen" koennen weitere Informationen aus (2) aufgedeckt werden. Aufgrund verschiedener Wissensquellen bzw. Argumentationswege kann man zu Antworten etwa auf die Frage "Ist Kalliope ein Hoch oder ein Tief?" gelangen (Zur Problematik der Evidenzberechnung / -verstaerkung bei Mehrfachableitungen vgl. [Wah 81b].), z.B. durch

- Erfahrungen (Alltagswissen) : "Nordmeerwirbel sind meist Tiefs." bzw. "Kuehle und Niederschlag sind Indizien fuer Tiefs."
- sprachliche Einschaetzungen : " 'Wirbel' spricht fuer Tief."
- partielles Fachwissen : In der Meteorologie werden weibliche Namen fuer Tiefs, maennliche fuer Hochs verwendet.

Da auch die implizit im Text enthaltene Information fuer das Verstaendnis des Textes als wesentlich angesehen werden muss, muessen TVSe ueber inferentielle Faehigkeiten verfuegen. Diese Ueberlegungen zeigen, dass ein TVS durch die Schematisierung (1) zu vereinfacht dargestellt wird, es ist u.a. zu beruecksichtigen, dass

- Wissen unterschiedlichen Typs bei der Erstellung der Repraesentation verwendet wird (insbesondere inferentielles Wissen),
- die Bedeutungsrepraesentation nicht nur erstellt werden muss, sondern insbesondere deren Integration in den bisherigen Wissensbestand erfolgen muss. (Einem Slogan Schank's folgend: "Verstehen ist Integration von neuem Wissen in das vorhandene Wissen.").

----

[2] Zur Verwendung und Verarbeitung vager Ausdruecke wurden in HAM-RPM [JHW 80] wesentliche Arbeiten geleistet; vgl. auch Abs. 3, in dem ausfuehrlicher auf diese Problematik eingegangen wird.

Aus diesen Gruenden ergibt sich fuer KI-TVSe ein Aufbau (s. Abb. 2.; aehnlich Fig. 2. bei [Win 80]), dem z.B. auch KIT und HAM-ANS (vgl. [JHW 80], Fig. 3.) folgen, und

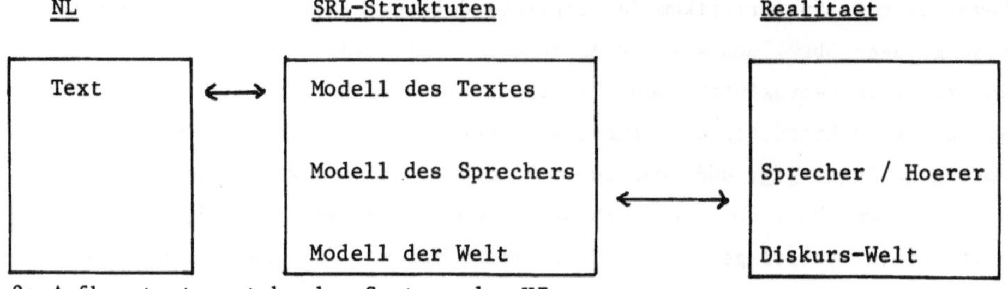

Abb. 2: Aufbau textverstehender Systeme der KI

----

der ueber die Schematisierung (1) in einem Punkt wesentlich hinausgeht, dadurch naemlich, dass das dem System bekannte Wissen ueber die Welt, den bisherigen Verlauf des Diskurses und seine Einschaetzungen des Kommunikationspartners den Prozess der Repraesentationserstellung beeinflusst bzw. steuert. Dies bedeutet insbesondere, dass der Verstehensprozess als ganzheitlicher Prozess mit dem Ziel, eine Bedeutungsrepraesentation zu erstellen, verstanden werden muss; die Interaktion der Teilkomponenten, etwa syntaktischer und semantischer Analyse, Hinzuziehen von Wissen aus der Wissensbasis, wird in dem Masse zu erfolgen haben, wie es dem Ziel der Bedeutungszuweisung dient. Gerade in diesem Punkt besteht eine wesentliche Verbindung zwischen KI/Informatik und Kognitionswissenschaften. Die TVSe der Kognitionswissenschaften basieren ebenfalls auf der Annahme modularer interagierender Gedaechtnis-basierter Systeme [Kin 77]. So liefert die Gedaechtnispsychologie wertvolle Informationen in Bezug auf die Speicherorganisation von Wissensbasen (z.B. Verweisstrukturen, Suchheuristiken); auch die Organisation der Interaktion der beteiligten Prozesse bei der menschlichen Textverarbeitung erlaubt Aufschluesse ueber geeignete Verfahren in TVSen der KI (s. Kap. 4.).

2.2 Zur Einordnung von TVSen

2.2.1 Textverstehende Systeme, Natuerlichsprachliche Systeme

Neben TVSen, die dadurch charakterisiert werden koennen, dass ihre Aufgabe darin besteht, Bedeutungsrepraesentationen fuer Texte zu erstellen, stehen Dialog- und Frage-Antwort-Systeme im Vordergrund der Forschung im Gebiet NSSe. Dialog-Systeme (DS) - als Beispiel fuer ein derartiges Dialog-System sei HAM-ANS genannt; vgl. hierzu [JHW 80], [Wah 82], [JW 82] - sollen dem Benutzer einen natuerlichsprachlichen Zugang zu "Wissens-Systemen" ermoeglichen. Der Begriff "Wissens-System" kann ein breites Spektrum vom Datenbank- oder Informations-System in klassischer Hinsicht bis zu Experten- und Planungssystemen der KI mit ausgepraegten inferentiellen Faehigkeiten umfassen. Die Aufgaben der Dialog-Komponente (in einem weiteren Sinne) liegen hierbei nicht nur in der Anfrage-Analyse und Antwort-Generierung, sondern darueberhinaus in der Dialog-Steuerung, Antwort-Erklaerung, und -Begruendung [Wah 81b] sowie der Steuerung des Auswertungsprozesses (z.B. Steuerung der Datenbankanfragen) aufgrund des aufgebauten Partnermodells. Die Dialog-Situation fuehrt dazu, dass DSe Planungs- und Handlungs-Faehigkeiten besitzen muessen, da es nur so moeglich ist, eine befriedigende Beratung des Benutzers zu erreichen. Ein weiteres Charakteristikum der gegenwaertigen DSe ist es, dass der Wissensbestand (ueblicherweise) nicht natuerlich-sprachlich aufgebaut wird. Eine der wesentlichen Forschungsaufgaben im Gebiet der DSe besteht gegenwaertig darin, auch fuer die Akquisition von Wissen geeignete KI-Verfahren zu entwickeln. Auf ein weiteres besonderes Problem der DSe soll noch hingewiesen werden. Im "Extremfall" besteht ein natuerlich-sprachliches Datenbanksystem aus zwei getrennten Komponenten, einer natuerlich-sprachlichen Schnittstelle und einem DBS. Eine derartige Systemarchitektur steht aber der KI-Philosophie (s.o.) stark interagierender Komponenten entgegen: die Methode der Interface-Architektur verlagert die Interaktionsproblematik (und -Vorteile) auf die Konstruktion spezieller Interaktionsprozesse [Gro 80]. Die Loesung entsprechender Probleme innerhalb von HAM-ANS sind das Thema des Vortrages von Nebel/Marburger waehrend dieses Fachgespraeches.

Die wesentliche Aufgabe der TVSe besteht dagegen darin, aus Texten Wissen zu erschliessen, d.h. durch das Verstehen eines Textes wird das Systemwissen um das im Text enthaltene Wissen vermehrt. Auch hier wird natuerlich von einem Basiswissen (Alltags- und Expertenwissen, vgl. 2.2.1), welches insbesondere die konzeptuelle Struktur des Gegenstandbereiches (z.B. Wetter bzw. Meteorologie) beinhaltet, ausgegangen, denn: ohne Vorwissen ist das Verstehen von Texten unmoeglich. Im Gegensatz zu DSen wird aber die Modellierung des Kommunikationspartners, d.h. des Autors des Textes in den Hintergrund treten. Da es nicht das ausschliessliche Ziel eines Systems sein kann, Wissen anzuhaeufen, etwa nach dem Motto "Once in, never out!", muss ein TVS durch ein System ergaenzt werden, dass das aus Texten erworbene Wissen wieder zugaenglich macht; dies ist sowohl aus Anwendungs-/Nutzbarkeits-Gesichtspunkten notwendig, als auch deswegen, weil nur so eine exakte Pruefung der Verstehensleistung erfolgen kann.

Die oben erlaeuterten unterschiedlichen Schwerpunkte von DSen und TVSen koennen nun auch entsprechend Abb. 3 dargestellt werden, wobei "primaer" und "sekundaer" keine Gewichtung im Hinblick auf generelle Relevanz bedeuten, sondern Schwerpunkte in der Forschungsarbeit. Die Entwicklung auf dem Gebiet der NSSe zeigt, dass die Kombination zu integrierenden (bzgl. der Aspekte: Akquisition - Bereitstellung von Wissen) NSSen in Zukunft im Vordergrund stehen wird. Entsprechende Arbeiten werden sowohl in Deutschland bei HAM-ANS und KIT durchgefuehrt, als auch in den USA, z.B. am Stanford Research Institute (SRI) [HWA 82].

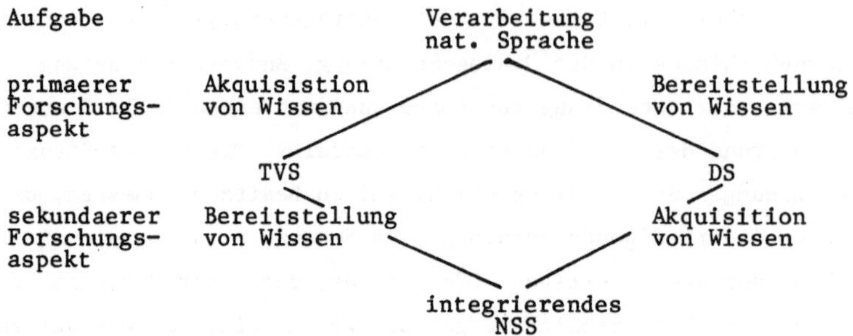

Abb. 3: Dialogsysteme - Textverstehende Systeme

2.2.2 NSSe - KI-Systeme

Will man die Stellung des Gebietes NSSe innerhalb der KI beschreiben, so bietet sich als Ausgangspunkt dieser Darstellung der gemeinsame Kern der KI-Forschung an: die Repraesentation und Verarbeitung von Wissen (Experten- und Alltagswissen) [New 81], [Nil 81]. Das Problem der Beschreibung und Verwendung von Expertenwissen innerhalb von Expertensystemen [Fei 80], [Raul 81] stellt einen Schwerpunkt der gegenwaertigen Forschung der KI sowohl im Hinblick auf Grundlagenforschung, als auch auf Anwendung dar. Auf diesem Gebiet ist auch einer der wesentlichsten Einfluesse der KI/Informatik auf andere Disziplinen zu erwarten: die expliziten Darstellungsmechanismen, die im Rahmen von Expertensystemen fuer das "Wissen einer Disziplin" (z.B. Medizin, Meteorologie) entwickelt werden, stellen fuer viele Disziplinen einen wesentlichen Fortschritt in Bezug auf Explizitheit, Formalisierbarkeit und Theorienbildung dar [Nil 81], [Rau 81]. Neben dem Expertenwissen nimmt das Alltagswissen innerhalb der KI einen besonderen Stellenwert ein. Hierzu sind z.B. unsere Vorstellungen ueber Kausalzusammenhaenge, zeitliche Abfolgen von Ereignissen und aehnliches zu rechnen. Etwas spezielleres Wissen, z.B., dass man bei Regen nass werden kann, bei Frost Glatteisgefahr herrscht (und aehnliches), besitzen und verwenden Menschen im taeglichen Leben, z.B. beim Verstehen und Interpretieren von Wettermeldungen. Derartiges Wissen muss auch Systemen zur Verfuegung stehen, wenn sie im entsprechenden Gebiet eingesetzt werden und dort befriedigende Ergebnisse erzielen sollen. Die Analyse derartigen Weltwissens, das in [Hay 79] unter dem Begriff "naive Physik" zusammengefasst wird, faellt als Untersuchungsgegenstand der KI zu. [Nil 80] beschreibt diesen Umstand durch "...the research task of making it explicit has fallen, by default, to AI researchers." (Siehe hierzu jedoch auch Kap. 4). So wird z.B. im Rahmen der Analyse von Wettermeldungen (s. Kap. 3) eine "naive Meteorologie" zu entwickeln sein. Das Hauptproblem bei der Analyse derartigen Alltagswissens besteht darin, dass es sich hierbei um weitgehend unbewusstes Wissen handelt. Daher sind direkte Befragungen und Introspektion nicht geeignet, um derartiges Wissen aufzudecken; vielmehr muss es durch empirische Untersuchungen aus dem Verhalten erschlossen werden.

Neben der Repraesentationsproblematik steht natuerlich die Frage nach den Mechanismen zur Verarbeitung von Wissensbestaenden. Hierbei sind - und dies ist nur eine exemplarische (insbesondere ungeordnete und nicht hierarchische) Auflistung - die folgenden KI-Gebiete von Bedeutung: Expertensysteme (im allgemeinen), Planungssysteme, Problem-Loesungs-Systeme (heuristisches Suchen), automatisches Beweisen/Verifizieren,... . Darueberhinaus stellt der automatische bzw. semi-automatische Erwerb von Wissensbestaenden einen weiteren Forschungsschwerpunkt dar. Neben dem Erwerb von Faktenwissen (z.B. aus Texten, also duch TVSe) besteht das Problem, das konzeptuelle Wissen ueber Gegenstandsbereiche (z.B. im Rahmen von Expertensystemen) zu erwerben . Dieser Bereich wird unter den Begriffen "maschinelles Lernen" und "automatische Wissensakquisition" bearbeitet.

2.3 Anwendungsperspektiven fuer Textverstehende Systeme

Unter den moeglichen Anwendungen, d.h. Einsatzmoeglichkeiten, TVSe sollen hier nur einige exemplarisch skizziert werden:

Textverstehende Systeme als Informationserschliessungs-Systeme: Der Wissenserwerb, d.h. die Bereitstellung des Wissens, stellt den Engpass bei der Entwicklung von Expertensystemen, aber auch traditionellen Informationssystemen, dar [Fei 80]. Andererseits liegt ein bedeutender Teil des Expertenwissens in Texten natuerlicher Sprache vor. Wenn es gelingt, das in diesen Texten dargestellte Wissen maschinell, d.h. durch TVSe, zugaenglich zu machen, kann eine wesentliche Verbesserung im Hinblick auf die Wissensakquisition in Expertensystemen erzielt werden. Entsprechende Ziele liegen z.B. den Arbeiten des SRI [HWA 82] in Bezug auf Fachwissen ueber Hepatitis zugrunde. Durch die Formulierung dieser Anwendungsperspektive soll jedoch nicht behauptet werden, dass durch TVSe das Wissensakquisitionsproblem geloest werden koenne; gerade im Bereich des Expertenwissens spielt der Bereich des auch den Experten wenig bewussten Wissens, das erst aufgedeckt werden muss, eine bedeutende Rolle.

Textverstehende Systeme als Zusammenfassungs-Systeme: Ausgehend von Bedeutungsrepraesentationen von Texten koennen Zusammenfassungs-Prozesse, als spezielle inferentielle Prozesse, eingesetzt werden. Durch diese koennen Kurzfassungen von Texten, bis hin zu Abstracts, erstellt werden, die es dem menschlichen Leser ermoeglichen, entweder die relevanten Informationen schon aus diesen Kurzfassungen zu erhalten oder aufgrund der Kurzfassungen die Auswahl interessierender Texte durchzufuehren. Verwendet man bei diesen Prozessen Benutzermodelle (wie in DSen), so ist eine interessensabhaengige Zusammenfassung von Texten moeglich, was zu Systemen, die Texte bzgl. von Interessensprofilen verteilen, fuehren kann.

Textverstehende Systeme als Komponenten von Uebersetzungssystemen: Die Misserfolge der maschinellen Uebersetzung (der ersten Generationen von Uebersetzungssystemen) ist bekanntermassen darauf zurueckzufuehren, dass "Uebersetzung ohne Verstaendnis des Textes" versucht wurde. Da derartiges auch einem menschlichen Uebersetzer nicht moeglich ist, man denke hierbei etwa an schlechte Uebersetzungen von Fachtexten durch Nicht-Experten, kann davon ausgegangen werden, dass Uebersetzungsqualitaet und Verstehensleistung (bzgl. der beteiligten Sprachen) voneinander abhaengig sind.
Fuer saemtliche dieser TVSe ist natuerlich - da Verstehen ohne Wissen nicht moeglich ist - eine Basisanalyse der konzeptuellen Struktur des Gegenstandsbereichs notwendig. Erst aufbauend auf einem Grundbestand von Wissen kann ein TVS neues Wissen erwerben, Texte verstehen, zusammenfassen oder uebersetzen.

3 Die KIT-Konzeption eines textverstehenden Systems [3]

3.1 Die Repraesentations-Ebene

Wissen ueber die Welt (sowohl Alltags- als auch Expertenwissen) und Bedeutungsrepraesentationen werden in der propositionalen Sprache SRL dargestellt. Die Syntax von SRL ist durch ein - bei Sprachen der Logik uebliches - Rekursionsschema gegeben [HRR 81], wobei hier nur auf die wesentlichen Konzepte von SRL naeher eingegangen werden soll:

- es existieren zwei Arten bedeutungstragender SRL-Ausdruecke: Terme und Formeln. Terme repraesentieren Objekte der Welt (oder des Denkens), Formeln Beziehungen zwischen derartigen Objekten oder Beziehungen zwischen Objekten und Beziehungen (usw.).
- entsprechend existieren zwei Arten von SRL-Operatoren: termbildende und formelbildende Operatoren. Neben der durch das uebliche Rekursionsschema gegebenen Wohlgeformtheitsbedingung fuer SRL-Ausdruecke (bzgl. der Stellenzahl der Argumente eines Operators bzw. der Variablenbindung) wird durch Sortenbedingungen (bzgl. einer konzeptuellen Sortierung der Diskurswelt) fuer die Argumentbelegung der Operatoren eine zweite Ebene von Wohlgeformtheit (= Sortenkorrektheit) eingefuehrt. (Das Sortenkonzept, insbesondere der Sortenverband der Term-Sortierung, wird in [HRR 81] beschrieben.)

----

[3] Im weiteren wird die Konzeption des TV-Modells bzw. TVSs, das im Projekt KIT entwickelt wird, an Beispielen erlaeutert. Aus Gruenden der Uebersichtlichkeit, aber auch der Vorlaeufigkeit einiger Ueberlegungen, kann nicht davon ausgegangen werden, dass die Beispiele vollstaendig adaequat sind. Ausfuehrliche Beschreibungen finden sich in den zitierten Berichten, in denen die Beziehungen und Unterschiede zu verwandten Ansaetzen in anderen NSSen, z.B. bei HAM-ANS [JHW 80], erlaeutert werden.

- Mengen von (akzeptierten) Formeln werden als Faktenwissen des TVSs interpretiert (s.u.).

Ein vereinfachendes (oberflaechenorientiertes) Beispiel (3), das an den Satz (2) angelehnt ist, soll fuer die Erlaeuterung weiterer wesentlicher Konzepte von SRL dienen (Operatoren und Sortenchararakteristiken s. Abb. 4):

(3) a. prognose (ueberqueren ('Kalliope', 'noerdl. Mitteleuropa', 'heute'))

b. Es wird prognostiziert, dass Kaliope heute das noerdl. Mitteleuropa ueberqueren wird.

c. ueberqueren ('Kalliope', 'noerdl. Mitteleuropa', 'heute')

Operator	Sortencharakteristik	nat.-spr.Entsprechung
ueberqueren	<wett-er, geogr, zeit>	'wett-er' ueberquert zur Zeit 'zeit' das Gebiet 'geogr'
causal	<formel, formel>	'formel.2' weil 'formel.1'
trotzdem	<formel, formel>	'formel.2' obwohl 'formel.1'
nach	<formel, formel>	'formel.2' nach 'formel.1'
prognose	<formel>	es wird vorhergesagt, dass 'formel'
Sorten:	wett-er	Wettererscheinungen (Hoch, Orkan,..)
	geogr	geographische Objekte (Staedte, ...)
	zeit	Zeitangaben (Punkte, Intervalle)

Abb. 4: Operatoren, Sorten, Sortencharakteristiken

Waehrend der Formel (3.a) der Wahrheitswert 'wahr' zugewiesen werden kann, sollte das TVS der eingebetteten Formel (3.c) keinen expliziten Wahrheitswert zuweisen (Motto: "Nicht alles , was vorhergesagt wird, tritt ein."). Um bzgl. dieser Anforderung ein geeignetes, d.h. adaequates Systemverhalten - z.B. bei Anfragen - zu erzielen, werden zwei weitere Repraesentationskonzepte verwendet:

- Kontexte: die Auswertung der Formel (3.c) kann (vgl. (4)) ueber den Kontext (d.h. die einbettenden Formeln, bzw. genauer : Operatoren) erfolgen, in diesem Fall via "prognose". Diese Loesung wurde im Wissensverwaltungssystem SIREN des BACON-Systems realisiert [KR 79].
- Evidenzwerte: allen Formeln, also auch eingebetteten, werden mehr-dimensionale Bewertungen zugewiesen; einige dieser Bewertungen werden als Evidenzen interpretiert [4].

----

[4] Dieses Vorgehen ist in [GHR 80], [Hab 82b] beschrieben. Es wird dabei keine Interpretation der Evidenzen im Sinne einer FUZZY-Logik [Wah 81b] vorgenommen.

Die Wirkungsweise dieser Konzepte, die beide im TVS eingesetzt werden, zeigt sich bei Antworten auf die - zugegebenermassen unwahrscheinliche - Frage:

(4) a. Wird Kalliope heute das noerdl. Mitteleuropa ueberqueren?
b. (Kontext): Es wird vorhergesagt, dass..........
c. (Evidenz): Es ist wahrscheinlich, dass..........

Bevor nun eine weniger oberflaechennahe Repraesentationsebene dargestellt werden wird, soll die Frage "Wie kommt das TVS zu Evidenzwerten?" skizzenhaft beantwortet werden. Ein weiteres relevantes Konzept der SRL sind

- Inferenzregeln. Diese koennen auch als spezielle Formeln angesehen werden [Hab 82b], der Hauptoperator ist in diesem Fall ein spezieller Ableitungsoperator "->", wobei jedoch wesentlich ist, dass Inferenzregeln nicht deklarativ ueber der Wissensbasis der Fakten, sondern als Transformationen, d.h. Prozesse, die Formeln in Formeln ueberfuehren, interpretiert werden. Zusaetzlich werden bei der Anwendung von Inferenzregeln Bewertungen berechnet.

Eine einfache Inferenzregel (der Wetterberichtswelt) waere etwa:

(5) <progn. (FORMEL), ev > -> < FORMEL, ev * K >

wobei in dieser Darstellung Paare von Formeln und Evidenzwerten als grundlegende Datenstrukturen [5] angesehen werden. 'K' ist ein fuer den Operator 'prognose' charakteristischer Wert der Evidenzsenkung.

Durch die Menge der Regeln wird ein wesentlicher Teil des Systemwissens dargestellt. So repraesentiert die Regel (5) eine Einstellung gegenueber dem Eintreffen von Wetter-Prognosen. Wichtig fuer adaequates Verhalten TVSe ist es, derartige Regeln zu finden und insbesondere die Berechnungs-/Bewertungs-Vorschriften aufzudecken. Gerade dies betrifft den in Kap. 2.2.2 beschriebenen Problemkreis des Alltagswissens. Zum anderen ist davon auszugehen, dass Inferenzregeln kontextabhaengig sind, bzw. ueber komplexe "Strukturbeschreibungen" verfuegen. So wird die Evidenzsenkung 'K' davon abhaengen, wer eine Prognose erstellt und worueber, ob etwa die eingebettete Formel in (3) generelle Bewegungen von Hoch- und Tiefdruckgebieten betrifft (hier ist die Zutreffenswahrscheinlichkeit sehr hoch) oder ob spezielle Vorhersagen, z.B. ueber Niederschlaege oder Sonnenschein, gemacht werden. Derartige Strukturbeschreibungsprobleme koennen durch die Sortierung von Formeln (analog zur Term-Sortierung) behandelt werden.

Die wesentliche Inadaequatheit der oberflaechenorientierten Darstellung (3a) besteht darin, dass die Beziehung zur "referentiellen Ebene" nicht explizit ist (vgl. [Wah 82]). Innerhalb von SRL wird dieser Forderung nach einer expliziten Referenzsemantik durch Referenzoperatoren Rechnung getragen. So werden fuer die in (3a) auftretenden Objekte der realen Welt systeminterne Stellvertreter ("Referenz-Objekte = RefOs)

---

[5] Die fuer das TVS geplante Datenstruktur operiert ueber hoeherdimensionalen Bewertungen und wird komplexere Berechnungen beinhalten.

Sorte	RefO		Deskription
wett-er	r.1	—	ηx : auslaeaufer (r.6 ,x , 'schwach')
geogr	r.2	—	gebiet (r.7, 'noerdlich')
zeit	r.3	—	HEUTE (17.4.82)
		\	17.4.82
wett-er	r.6	—	'Kalliope'
		\	ηx : nordmeerwirbel (x)
geogr	r.7	—	'Mitteleuropa'

Abb. 5: Ein referentielles Netz

---

kreiert, die in einem "referentiellen Netz" (RefN, [Hab 80], [Hab 82b], [Hab 82c]) zu ihren Deskriptionen in Beziehung gesetzt sind. Mit den referentiellen Beziehungen des Satzes (2) - vereinfacht dargestellt in Abb. 5 - ergibt sich als explizite referentielle Repraesentation des ersten Teilsatzes von (2):

(6) prognose (ueberqueren (r1, r2, r3)).

3.2 Zur Erstellung von Textbedeutungsrepraesentationen

Das Verstehen von Texten kann aufbauend auf der Schematisierung (1) und deren Erweiterung im TV-Modell (Abb. 2) charakterisiert werden durch die beiden interagierenden Prozesse der Erstellung von Repraesentationen (zu Saetzen bzw. Texten) und der Integration dieser Repraesentationen in das Text- bzw. Weltmodell aufgrund von Wissen [6].

Zerlegt man den Prozess des Textverstehens / der Textverarbeitung in einzelne Schritte, die z.B. durch Saetze oder Teilsaetze vorgegeben sind, so gelangt man zu einem ebenfalls schrittweisen Aufbau der Textbedeutungen, was informell durch

(7) Falls T := <T.1,.....T.n> eine Zerlegung des Textes,
so gilt: repr.(<T.1,....,T.i>) :=
integr. (repr.(T.i), repr(<T.1,.....,T.i-1>))

beschrieben werden kann. Dem jeweiligen Schritt der Integration einer Repraesentation eines Teiltextes T.i geht die semantische Repraesentation dieses T.i voraus, die wiederum von der bisher erstellten Textrepraesentation (als Teil des

----

[6] Das Wissen des TVSs (ueber die Welt, der sprachliche Teil soll hier ausgeklammert bleiben) kann in drei Typen eingeteilt werden [Hab 82b]: Faktenwissen in der Gestalt von Formeln und deren Bewertungen, Regelwissen, dargestellt durch Inferenzregeln und Wissen ueber Objekte, repraesentiert durch das referentielle Netz. Die aufgabenabhaengige Kombination verschiedener Wissenstypen fuehrt trotz (oder wegen) der redundanten Speicherung zu guenstigen Suchverfahren.

Systemwissens) abhaengt (vgl. Abb. 6). Im KIT-TVS wird fuer die Erstellung der

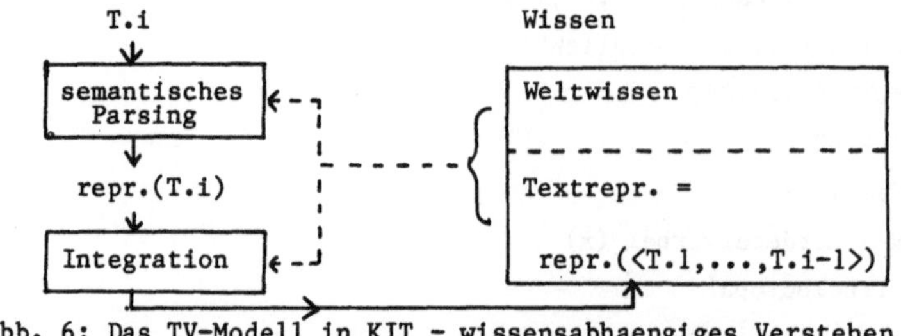

Abb. 6: Das TV-Modell in KIT - wissensabhaengiges Verstehen

semantischen Repraesentation ein semantisches Parsing eingesetzt [GR 82]. In KIT fuehrt das Parsing direkt zur SRL-Repraesentation ohne den Zwischenschritt einer syntaktischen Analyse. Der Schritt der Integration in die vorhandene Textstruktur (als Teil des Systemwissens, vgl. Abb. 6) erfolgt durch Verknuepfung der aktuellen Teiltextrepraesentation 'repr(T.i)' vermittels spezieller Textoperatoren mit Formeln aus der Textrepraesentation. Die durch Textoperatoren induzierten Beziehungen zwischen SRL-Ausdruecken spiegeln Kohaerenzbeziehungen auf der textuellen Ebene wider [HWA 82]. Derartige Kohaerenzbeziehungen sind sowohl durch den Wissenstyp "Wissen ueber Objekte", z.B. durch referentielle Ketten, als auch durch explizite oder implizite Beziehungen zwischen Formeln moeglich. Beispiele fuer entsprechende Kohaerenzoperatoren sind "causal", "trotzdem" und insbesondere zweistellige Zeitoperatoren, die die zeitlichen Beziehungen zwischen Ereignissen (bzw. Zustaenden usw.), im weiteren als EZHs [7] bezeichnet, festlegen. Vermittels derartiger Kohaerenzoperatoren wird ein Formelnetz gebildet, ein EZH-Netz, welches Textbedeutungen (aber auch kohaerente Bereiche des Weltwissens) beschreiben kann.

Geht man von der schon erwaehnten Haltung "Verstehen eines Textes bzw. Textteils bedeutet Integration der Textbedeutung in RefN und EZH-Struktur." aus, so stellt sich die Frage, wie die Integration durchgefuehrt wird. Neben referenzaufloesenden Verfahren [Hab 82c] auf Term- und Formelebene, die Bestandteile des semantischen Parsings darstellen, spielen insbesondere Inferenzen eine tragende Rolle [HR 82]. Siehe hierzu die Darstellung (Abb. 7) der propositonalen Repraesentation des Beispiels (2).

----

[7] EZH steht fuer 'Ereignis', 'Zustand', 'Handlung', die drei Grundsorten der Formelsortierung. Die netzartigen Strukturen im Bereich des Faktenwissens werden dementsprechend als EZH-Strukturen bzw. -Netze bezeichnet. Das EZH-Netz ermoeglicht es, analog zum referentiellen Netz fuer Objekte, auch Formeln als Deskriptionen interner Stellvertreter zwischen Beziehungen in der realen Welt aufzufassen; d.h. im EZH-Netz sind z.B. Ereignisse wohldefinierte individalisierte Entitaeten. [HR 82]

```
prognose   (trotzdem    (und  (ueberqueren (r.1, r.2, r.3)
                                 mitfuehren (r.1, r.4, r.5) ),
                            wenig-wahrsch. (niederschlag (r.2, r.3) ) )
```

Abb. 7.a : Propositionale Repraesentation des Satzes (2)

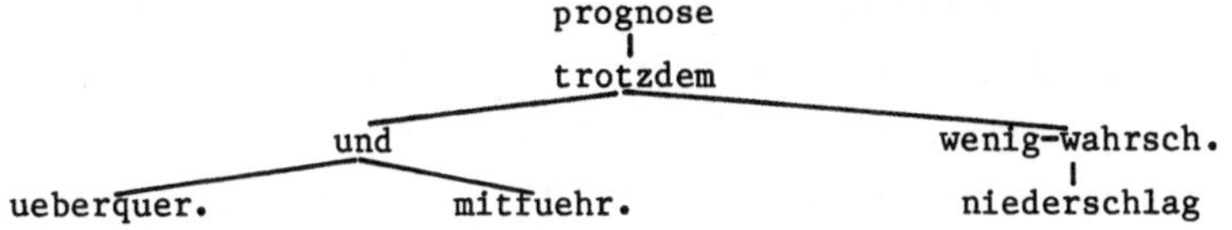

Abb. 7.b : EZH- Struktur zu (2)

Nach der Verarbeitung der ersten beiden Teilsaetze (d.h. der Erstellung der Formel mit dem Hauptoperator "und") kann (unter Verwendung von Alltagswissen) auf (7.a) bzw. unter Beruecksichtigung von Evidenzwerten (die Wahl des Faktors 0.7 dient hier nur der Veranschaulichung) auf (7.b) geschlossen werden. Im Textverstehensprozess wird nun als naechste Proposition (7.c) durch den semantischen Parser erstellt. Unter Verwendung der ueblichen Schluesse fuer "prognose" und "neigung" (und unter Beruecksichtigung der natuerlichsprachlichen Markierung "jedoch" des Oberflaechenausdrucks) ergibt sich zusaetzlich eine Repraesentation (einschl. Bewertung) (7.d):

(7) a. wahrscheinlich (niederschlag (r.2, r.3))

(7) b. <niederschlag (r.2, r.3) , 0.7>

(7) c. prognose (niederschlag (r.2, r.3), 'gering')

(7) d. <niederschlag (r.2, r.3) , 0.3>

Aufgrund der Inkonsistenz bzw. des Evidenzunterschiedes zwischen (b) und (d) kann nun auf eine Integration in die bisher aufgebaute Repraesentation vermittels des "trotzdem"-Operators [8] geschlossen werden; es ergibt sich die in Abb 7 dargestellte Struktur.

3.3 Zur Verarbeitung von Textrepraesentationen

Die vom TVS - entsprechend Abb. 6 - erstellten Bedeutungsrepraesentionen koennen nun als neuerworbenes Wissen des Systems aufgefasst werden, und etwa wie in (4)

----

[8] Der "trotzdem"-Operator hat die Funktion gewisse Inferenzen (bzgl. der ersten Argumentes), und zwar solche, die mit dem zweiten Argument zu Konflikten fuehren koennen, zu blockieren. Betrachtet man den Schluss auf (7.a,b) als default-Schluss, so kann man "trotzdem" als default-reasoning-blockierenden Operator auffassen. Die Beziehung zur nicht-monotonen Logik [NML 80] kann hier nicht ausgefuehrt werden.

beschrieben, im Frage-Antwort-Modus durch ein DS Benutzern zur Verfuegung gestellt werden. Darueberhinaus bestehen u.a. die folgenden Weiterverarbeitungsmoeglichkeiten:

Relevanzbewertungen: Nicht alles Wissen, was aus einem Text erworben wird, ist gleich relevant: die Relevanz von Informationen ist abhaengig u.a. vom Personenkreis und vom Zeitpunkt der Bewertung. Bei der menschlichen Informationsverarbeitung schlaegt sich dies z.B. in unterschiedlichen Vergessensraten bzw. Erinnerungsleistungen nieder. Entsprechend kann es fuer ein TVS von Vorteil sein (Speicherplatzoekonomie), wenn weniger relevante Fakten nicht gespeichert bzw. bei Wissensbasisreorganisationen "vergessen" werden. Bei KIT werden Relevanzbewertungen analog zu Evidenzbewertungen z.T. durch Inferenzregeln berechnet. Hierdurch kann z.B. in der Beispielswettermeldung den Formeln, die auf explizite Wettererscheinungen wie Niederschlaege oder Sonnenschein verweisen (dies ist durch die entsprechenden Operatoren und die hierdurch vermittelte Formelsortierung erkennbar; s.o.) eine hohe Relevanz fuer den normalen Benutzer zugewiesen werden. Andererseits kann den fuer Fachleute wesentlichen Formeln - dies sind z.B. solche, die generelle Wettererscheinungen betreffen - eine entsprechende Relevanzmarkierung (bzgl. einer anderen Dimension des Bewertungsraumes) zugewiesen werden.

Textgenerierung: Bedeutungsrepraesentationen, d.h. EZH-Strukturen und referentielle Netze, koennen als Basis fuer die Textgenerierung dienen: kohaerente Pfade durch EZH-Strukturen bilden die Eingabe fuer einen Sprachgenerierungsmodul, aehnlich wie er bei der Generierung von Antworten in DSen [JHW 80], [JW 82] verwendet wird. (An den zusaetzlichen Problemen der Erstellung von Textkohaerenz wird gegenwaertig in KIT gearbeitet.)

Zusammenfassung: Durch die Auswahl spezieller (insbesondere kurzer) Pfade durch die EZH-Struktur kann ein Zusammenfassungseffekt erzielt werden. Kriterien fuer die Wahl eines Pfades koennen etwa die oben beschriebenen Relevanzbewertungen sein. Unter Verwendung der Dimensionen "Alltagsrelevanz" und "Meteorologenrelevanz" ergaeben sich spezielle Zusammenfassungspfade bzw. Zusammenfassungen aus der EZH-Struktur [HR 82].

Neben der Pfadsuche aufgrund von Bewertungen treten auch inferentielle Verfahren der Pfadkonstruktion auf. So kann etwa aus einer Ereignisfolge der Art

```
(8)     HOCH-DRUCK ---------> TIEF-DRUCK ---------> HOCH-DRUCK
                  zeitl.nach           zeitl.nach
```

durch Inferenz (Alltagswissen) auf "wechselhaftes Wetter" geschlossen werden. Es wird also vermittels der inferentiellen Komponente des TVSs implizite Information erschlossen, in die EZH-Struktur integriert und im Zusammenfassungsprozess verwendet.

Uebersetzungen: Ausgehend von den Komponenten fuer TV und Textgenerierung wird es moeglich sein, Uebersetzungen auf beliebigen Zusammenfassungsebenen durchzufuehren [9].

4 Zur Beziehung Informatik/KI - Kognitionswissenschaft(en)

Die Beziehung zwischen KI und den Kognitionswissenschaften (hier ist der Plural wesentlich) ist durch die partiell gemeinsamen Forschungsobjekte "Intelligenz" und "kognitive Prozesse" gegeben. So waere es unmoeglich bzw. unsinnig, NSSe innerhalb der KI entwickeln zu wollen, ohne die Vorarbeiten und Erkenntnisse [10] der Psychologie, Linguistik und Philosophie zu beruecksichtigen. Dementsprechend findet man auch bei allen Forschungs- und Entwicklungsarbeiten an NSSen den Rueckgriff auf linguistische und psychologische Modelle des Sprach-/Textverstehens, insbesondere auf Arbeiten aus den Gebieten: 'Textverstehen, Zusammenfassen und Gedaechtnis' (Kognitive Psychologie, Textlinguistik,) 'Syntax, Semantik und Pragmatik natuerlicher Sprachen' (Linguistik, Sprach-Philosophie), 'Diskursanalyse' (Linguistik, Psychologie, Soziologie).
Ueblicherweise werden die Modelle der Kognitionswissenschaften in die Terminologie der KI/Informatik "uebersetzt", anschliessend den speziellen KI-Anforderungen entsprechend geaendert und erweitert und in einem dritten Schritt in einem KI-System realisiert (vgl. Abb. 8):

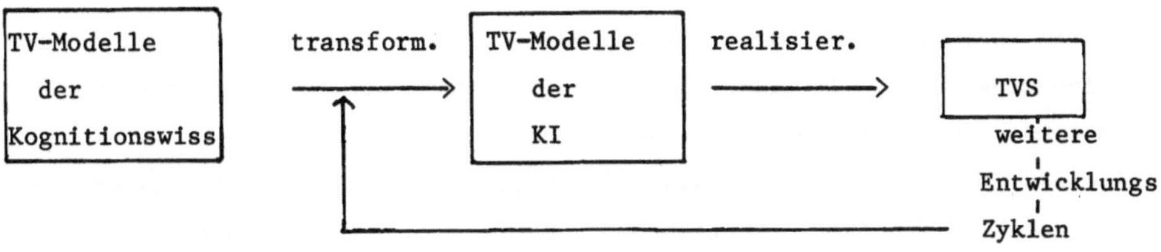

Abb. 8:Informationsfluss: Kognitionswissenschaften -> KI

Der generellen KI-Methodologie folgend, erfolgt dieser Prozess in mehreren Zyklen, wobei aus dem Verhalten/der Leistung des Systems im Zyklus i (und hierdurch zusaetzlich relevant gewordenen Erkenntnissen der Kognitionswissenschaften) ein KI-

----

[9] Es muss jedoch darauf hingewiesen werden, dass die in SRL vorliegende Konzeptualisierung des Gegenstandsbereichs nicht sprachunabhaengig ist. So ist es durchaus moeglich, dass bei fremdsprachlicher Ausgabe zuerst einmal (per Inferenzkomponente) eine fremdsprachenspezifische Bedeutungsrepraesentation erstellt werden muss. (Uebersetzungen ins Englische, die aufgrund der Sprachverwandtschft weniger problematisch sein werden, sind geplant.)

[10] Obwohl eine Aufstellung von Beziehungen aufgrund von "Zitierpfaden" interessant und aufschlussreich waere, muss aus Platzgruenden in diesem Abschnitt hierauf verzichtet werden. Einen entsprechenden Ueberblick ueber fuer die KI/Informatik relevante Literatur aus den Kognitionswissenschaften kann der Leser in den Literaturverzeichnissen der in den Kap. 1-3 erwaehnten KI-Arbeiten bzw. speziell fuer TVSe in [Hab 82a] finden.

Modell des Zyklusses i+1 entwickelt wird. In einer Beziehung zwischen den Disziplinen, die dem Schema der Abb. 8 entspricht, kommt den Kognitionswissenschaften ausschliesslich die Funktion des Lieferanten von Modellen und empirischen Daten zu. Eine extreme Haltung von KI-Seite koennte sogar dahingehend lauten, dass die Aufgabe der Kognitionswissenschaften darin besteht, die empirischen Daten (und Modelle) zu liefern, auf die die KI im "Einbahnstrassenverlauf des Informationsflusses" wartet.

Die Forschungsrealitaet zeigt jedoch, dass auch die Gegenrichtung von der KI/Informatik zu den Kognitionswissenschaften existiert. D.h. es werden Erkenntnisse (und Modelle) der KI und Informatik in die Kognitionswissenschaften uebernommen und dort disziplin-intern verwendet bzw. weiterentwickelt: So gewinnen Grammatiken und Parsing-Methoden der Informatik, z.B. ATN-Mechanismen, in der Linguistik eine zunehmende Bedeutung. Die "Wiederbelebung" der Schema-Ansaetze (auf [Bar 32] zurueckgehend) in der kognitiven Psychologie, ist auf die erfolgreiche Verwendung der frame-/script-Konzepte [Min 75], [SA 77] in der KI zurueckzufuehren. Beide Beispielsbereiche zeigen eine relevante Gemeinsamkeit (vgl. Kap. 2.): die innerhalb des KI-Bereichs "Repraesentation von Wissen" (sprachliches bzw. Welt-Wissen) entwickelten expliziten Beschreibungsmethoden werden in den Kognitionswissenschaften mit Gewinn eingesetzt, insbesondere dann (s. Schema-Konzept), wenn vorher keine vergleichsweise wohldefinierten Beschreibungsansaetze vorlagen. Als weiterer wesentlicher Einfluss auf die Kognitionswissenschaften ist der experimentelle Charakter der KI-Simulationen zu nennen. Durch KI-Systeme eroeffnet sich eine neue, weitere Moeglichkeit, Bestaetigungen/Ueberpruefungen fuer Modelle und Theorien des Textverstehens durchzufuehren (vgl. [Hab 82a]).

Ausgehend von diesen durchaus wechselseitigen Beziehungen sollte von einer Zusammenarbeit auf der Basis gegenseitiger Information (d.h. zweier Einbahnstrassen) zu einer echten Interdisziplinaritaet uebergegangen werden, wie sie etwa in Abb. 9 in Bezug auf TVSe schematisiert ist:

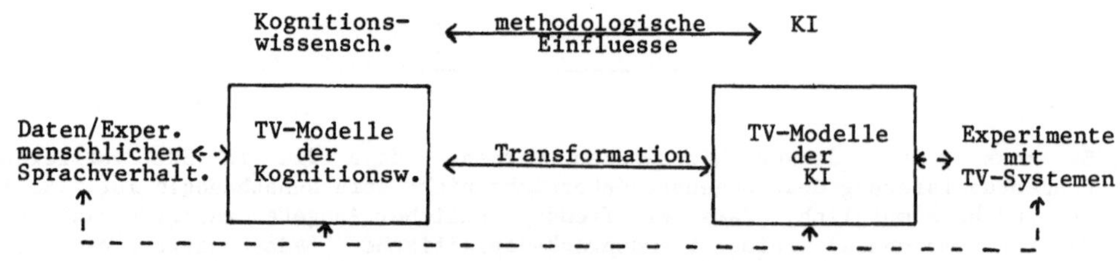

Abb. 9: Interdisziplinaere Forschungskonfiguration (TVSe)

Ist eine derartige interdisziplinaere Forschungskonfiguration wuenschenswert oder sogar notwendig? Newell (zitiert nach [Nil 81]) meint dazu:

> "... AI (and computer science) can live and prosper without psychology, but psychology cannot prosper without AI"

Beide Teile dieser Prognose sind m.E. uebertrieben: Informatik und Kognitioswissenschaften koennen getrennt leben und Fortschritte machen, gemeinsam werden sie jedoch (erheblich) erfolgreicher sein. Dies betrifft die Informatik (ueber die Teildisziplin KI hinaus) u.a. in den folgenden Bereichen: Mensch-Maschine-Systeme als symbiotische Systeme, gemeinsame Mensch-Maschine-Aktionen (z.B. Problem-Loesungen, Programmier-Umgebungen,...), Speicher-Strukturen und ihre Beziehungen zu Gedaechtnisstrukturen (z.B. Suchheuristiken,...) oder parallele Prozesse (menschliche Informationsverarbeitung laueft ueberwiegend parallel ab).
Zum Schluss soll noch auf eine zu Anfang dieses Abschnitts gemachte Bemerkung zurueckgekommen werden: bisher war stets von Kognitionswissenschaften (Plural) die Rede, wohingegen im Titel dieses Aufsatzes auf eine Kognitionswissenschaft (Singular) Bezug genommen wird. Ob eine derartige Disziplin schon besteht, kann gegenwaertig noch nicht festgestellt werden: so wird einerseits, etwa in [Nil 81], bezweifelt, dass ein entsprechendes Forschungsfeld (definiert durch den Forschungsgegenstand "intelligentes Verhalten von Mensch oder Maschine") einen hinreichend starken inhaltlichen Zusammenhang besitzen kann, andererseits spricht die Entwicklung der Cognitive Science in den USA, gekennzeichnet durch eigene Tagungen und Zeitschriften und die Einfuehrung von Studien- und Forschungs-Programmen durchaus fuer die Tendenz zur Etablierung einer eigenstaendigen Disziplin Kognitionswissenschaft. Ein Testfall, ob ein gemeinsamer Kern fuer die Kognitionswissenschaft existiert, ist sicherlich die in Kap. 2 erwaehnte Problematik der Repraesentation und Verarbeitung von Alltagswissen. Dieses Feld, das fuer die Entwicklung von KI-Systemen eine grosse Bedeutung besitzt, kann sowohl ausschliesslich von KI-Forschern (ohne Zusammenarbeit mit Kognitionswissenschaftlern) bearbeitet werden, wie es gegenwaertig ueberwiegend der Fall ist, oder gemeinsam mit Psychologen und anderen Kognitionswissenschaftlern [11], oder aber getrennt und disziplinen-intern. Welche der in der Ueberschrift dieses Abschnitts angedeuteten Moeglichkeiten der Beziehung eintreten wird, wird erst in einigen Jahren aufgrund der Erfahrungen in zahlreichen Forschungsbereichen (und auch in Ausbildungsprogrammen) erkennbar sein.

Anmerkung: Der Autor dieser Arbeit wird gegenwaertig durch die DFG im Rahmen eines Habilitanden-Stipendiums zum Thema "Probleme der Referentialitaet" gefoerdert; die oben beschriebene Konzeption referentieller Netze stellt den Kern des Forschungsvorhabens zur Referentialitaet dar.
Den Kollegen aus den beiden Projekten "Automatische Erstellung semantischer Netze" und KIT danke ich fuer die zahlreichen Diskussionen ueber die Themen "Textverstehen" und "KI-Systeme" (und alles was sich dazwischen abspielt).

---

[11] Gerade die Aufdeckung unbewussten Wissens (vgl. Kap. 2.2) erfordert Methoden, wie sie in den Kognitionswissenschaften schon entwickelt und angewendet wurden.

Literatur:

[Bar 32] Bartlett, F.C. (1932) : Remembering. Cambridge UP

[BR 80] Brachman, R. / Smith, B. (eds.) (1980) : Special Issue on Knowledge Representation. SIGART Newsletter 70.

[Fei 80] Feigenbaum, E. (1980) : "Expert Systems: Looking Back and Looking Ahead" . R. Wilhelm (Hrsg.) : GI - 10. Jahrestagung. Springer: Berlin.

[Gro 80] Grosz, B. (1980) : "Utterance and Objective" . AI Magazine 1.

[GHR 80] Gust, H./ Habel, Ch. / Rollinger, C.-R. (1980) : "Valuating Transformations and Inferences" . TU Berlin , Fachbereich Informatik Bericht Nr. 80-6 .

[GR 82] Gust, H. / Reddig, C. (1982) : "A Logic-Oriented ATN. Grammar Knowledge as Part of the System's Knowledge" .COLING-82: Abstracts of Short Communications.

[Hab 82a] Habel, Ch. (1982) : "Probleme und Konzepte der maschinellen Sprachverarbeitung aus Sicht der Kuenstlichen Intelligenz und Cognitive Science". in: I. Batori / H.D. Lutz / J. Krause (Hrsg.) : Linguistische Datenverarbeitung, Versuch einer Standortbestimmung im Umfeld von Informationslinguistik und Kuenstlicher Intelligenz. Niemeyer: Tuebingen.

[Hab 82b] Habel, Ch. (1982) : "Inferences - the base of semantics?" to appear in the Proceedings of the Konstanz Conference on "Meaning, Use, and Interpretation of Language" (Sept. 1981), de Gruyter: Berlin.

[Hab 82c] Habel, Ch. (1982) : "Referential nets with attributes" . in: J. Horecky (ed.) : Proceedings of the COLING82. North-Holland: Amsterdam.

[HRR 81] Habel, Ch. / Reddig, C. / Rollinger, C.-R. (1981) : "Term-Sortierung in MSRL" . SNP Report 1/80 .

[Hay 79] Hayes, P. (1979) : "The Naive Physics Manifesto" . D. Michie (ed.) : Expert Systems in the Microelectronic Age. Edinburgh University Press. Edinburgh.

[HWA 82] Hobbs, J. / Walker, D. / Amsler, R. (1982) : "Natural Language Access to Structured Text" . J. Horecky (ed.) : COLING 82 . North Holland: Amsterdam.

[JHW 80] Jameson, A. / Hoeppner, W. / Wahlster, W. (1980) : "The Natural Language System HAM-RPM as a Hotel Manager: Some Representational Prerequisites" . R. Wilhelm (Hrsg.) : GI - 10. Jahrestagung. Springer: Berlin.

[JW 82] Jameson, A. / Wahlster, W. (1982) : "User Modelling in Anaphora Generation: Ellipsis and Definite Description" ECAI-82 (Orcay, France), Conference Proceedings

[Kap 82] Kaplan, S. J. (ed.) (1982) : "Special Section - Natural Language Processing". SIGART Newsletter 79.

[Kin 77] Kintsch, W. (1977) : Memory and Cognition . Wiley : New York.

[KR 79] Klein, N. / Rollinger, C.-R. (1979) : "SIREN - Konzeption und Implementierung eines Systems zur Verwaltung semantischer Netze", SNP Report 4/79.

[Min 75] Minsky, M. (1975) : "A framework for representing knowledge" . in : P.H. Winston (ed.) : The psychology of computer vision . New York.

[New 81] Newell, A. (1981): "The Knowledge Level". AI Magazine 2.

[Nil 81] Nilsson, N. (1981): "Artificial Intelligence: Engineering, Science, or Slogan ?". AI Magazine 3.

[NML 80] Special Issue on Non-Monotonic Logic. Artificial Intelligence 13, 1980.

[Rau 81] Raulefs, P. (1981): Expert Systems: State of the Art and Future Prospects". J. Siekmann (ed.): GWAI-81. Springer : Berlin.

[SA 77] Schank, R. / Abelson, R. (1977) : Scripts, plans, goals and understanding. Hillsdale, New Jersey.

[Wah 81a] Wahlster, W. (1981): "Natuerlichsprachliche KI-Systeme: Entwicklungsstand und Forschungsperspektive". J. Siekmann (ed.) : GWAI-81. Springer: Berlin.

[Wah 81b] Wahlster, W. (1981) : Natuerlichsprachliche Argumentation in Dialogsystemen. Springer : Berlin.

[Wah 82] Wahlster, W. (1982): "Aufgaben, Standards und Perspektiven sprachorientierter KI-Forschung". I. Batori / H.D. Lutz / J. Krause (Hrsg.) : Linguistische Datenverarbeitung, Versuch einer Standortbestimmung im Umfeld von Informationslinguistik und Kuenstlicher Intelligenz. Niemeyer: Tuebingen.

[Win 80] Winograd, T. (1980) : "What does it mean to understand language?" . Cognitive Science 4.

DAS NATÜRLICHSPRACHLICHE SYSTEM HAM-ANS: INTELLIGENTER ZUGRIFF AUF HETEROGENE WISSENS- UND DATENBASEN

Bernhard Nebel und Heinz Marburger

Forschungsstelle für Informationswissenschaft
und Künstliche Intelligenz
Universität Hamburg
Mittelweg 179
2000 Hamburg 13 [1] [2]

1. Einleitung

Parallel zu dem Aufbau von Schnittstellen, die einen *natürlichsprachlichen Zugriff* auf *formatierte Massendaten* ermöglichen sollten (vgl. WALTZ 77), wurden in den siebziger Jahren im Rahmen der *sprachorientierten Künstlichen Intelligenz* (KI) Forschung *Expertensysteme* entwickelt, die *Expertenwissen* und die darauf beruhenden Fähigkeiten maschinell verfügbar machen (vgl. FEIGENBAUM 80). Die Synthese dieser beiden Forschungsrichtungen bilden die *wissensbasierten natürlichsprachlichen Zugangssysteme*. Dieses sind Systeme, in denen ein *natürlichsprachliches Dialogsystem* (vgl. WAHLSTER 81), ein Expertensystem und z.B. ein *Datenbanksystem* integriert sind. Für den Benutzer hat das den Vorteil, daß der Dialog nicht auf reine Faktenfragen beschränkt ist, sondern auch Fach- und Hintergrundwissen in den Dialog mit einfließen. Daß diese *integrierten Systeme* auch in den nächsten Jahren einen Forschungsschwerpunkt innerhalb der KI bilden werden, wird durch das japanische "5th Generation Computer System"-Projekt und das geplante "Advanced Information Processing"-Programm der Europäischen Gemeinschaft belegt.

Da schon heute einfache natürlichsprachliche Schnittstellen und Softwarewerkzeuge zum Aufbau von Expertensystemen kommerziell erhältlich sind, z.B. INTELLECT und LIFER bzw. MICRO-EXPERT und EMYCIN, ist damit zu rechnen, daß nach Abschluß der oben genannten Förderungsprogramme die Entwicklung der wissensbasierten natürlichsprachlichen Zugangssysteme so weit gediehen ist, daß sie in der Praxis eingesetzt werden können. Das Projekt HAM-ANS (Hamburger anwendungsorientiertes natürlichsprachliches System) ist ein erster Schritt in diese Richtung: Es soll als allgemeine Entwurfsvorlage für künftige anwenderspezifische Produkte der deutschen Software-Industrie gelten und realistisch große Sachgebiete bewältigen können.

Dazu gehört die Anpassung und Verbreiterung von Systemmoduln des abgeschlossenen Systems

---

[1] Der vorliegende Aufsatz entstand im Rahmen des Projektes HAM-ANS, das mit Mitteln des BMFT gefördert wird.

[2] Unser besonderer Dank gilt Dr. Wolfgang Wahlster, der durch seine Unterstützung und sorgfältige Durchsicht einer Rohversion wesentlich zum Entstehen dieses Aufsatzes beigetragen hat.

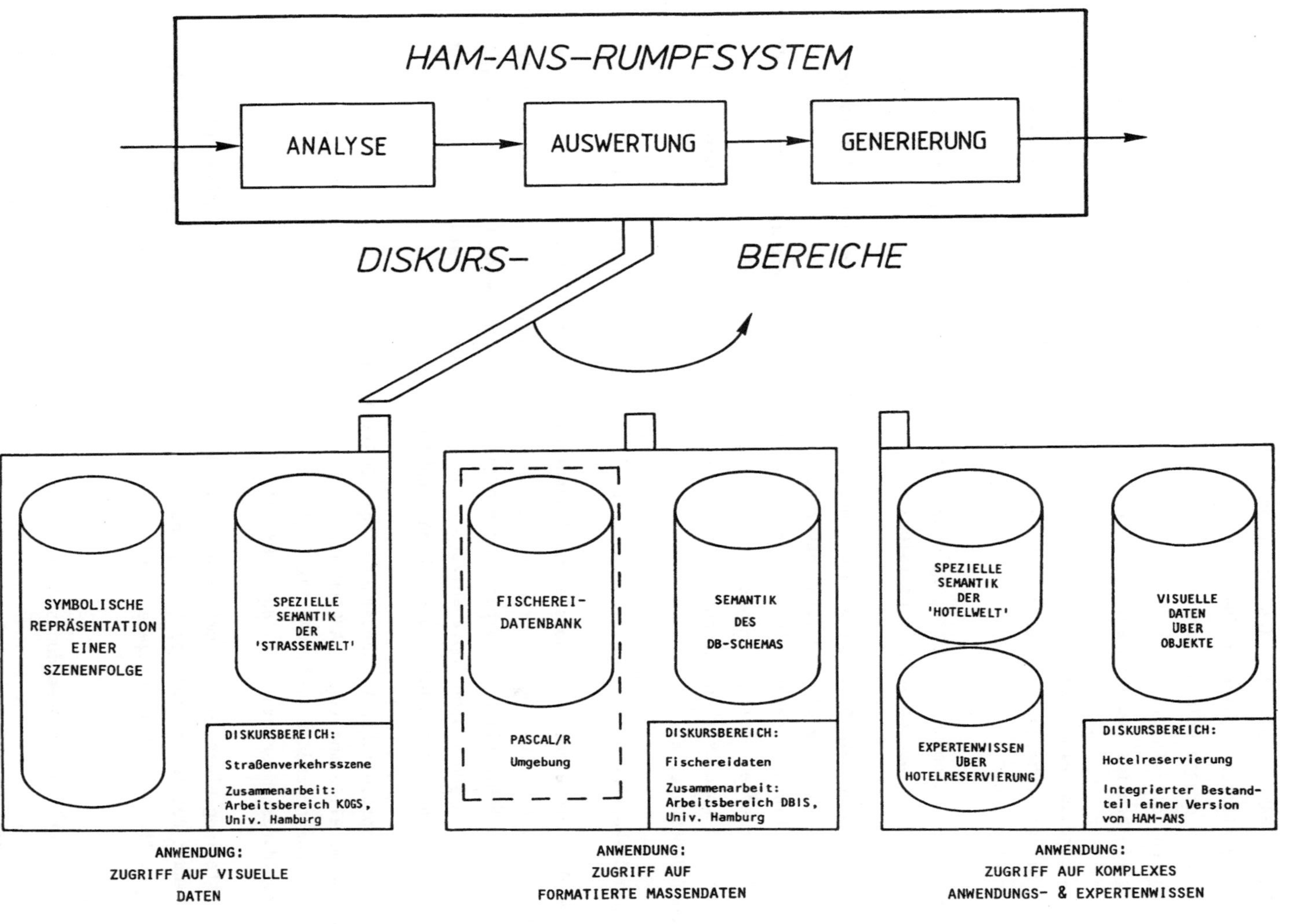

Abb. 1: HAM-ANS als Zugangssystem zu drei Diskursbereichen

HAM-RPM (v. HAHN et al. 80), das eine präzise Formulierung und experimentelle Prüfung wissenschaftlicher Hypothesen über die Interdependenz sprachlicher, kommunikativer und kognitiver Prozesse beim Sprachverstehen und bei der Sprachproduktion ermöglichte. HAM-ANS dagegen soll ein *effizientes, robustes* und *kooperatives* System sein, dessen Leistungen auf ein breites Spektrum *kommunikativer* und *deduktiver* Fähigkeiten gegründet sind.

Auf die Struktur einer derzeitigen *Rumpfversion* von HAM-ANS (HOEPPNER 81, NEBEL 82) werden wir unter besonderer Berücksichtigung des Aufbaus der Wissensbasis in Abschnitt 2 näher eingehen.

Exemplarische *Anwendungsbereiche*, zu denen ein natürlichsprachlicher, intelligenter Zugriff ermöglicht werden soll, sind (siehe Abb. 1):

- Zugang zu einer symbolischen Straßenszenenbeschreibung, die von dem Bildfolgenanalysesystem (MORIO) erzeugt wird (DRESCHLER/NAGEL 81)
- Zugang zu Fischereidaten, die in einem *relationalen Datenbankmanagementsystem* (DBMS) als formatierten Massendaten gespeichert sind (SCHMIDT/MALL 80)
- Zugang auf komplexes Anwendungs- und Expertenwissen am Beispiel einer Hotelreservierung (JAMESON et al. 80)

Auf den Diskursbereich Fischereidaten gehen wir in Abschnitt 3 näher ein.

Um dem Anspruch eines wissensbasierten Zugangssystems gerecht zu werden, reicht die ausschließliche Anpassung und Erweiterung der bereits existierenden Systemmoduln nicht aus. Weitere Fähigkeiten zur Behandlung einiger häufiger und wichtiger Formen kommunikativer Handlungen müssen implementiert werden. Zu diesen Neuentwicklungen - die wir in diesem Aufsatz nicht näher betrachten - gehören:

- Natürlichsprachlicher Wissenserwerb (vgl. CHRISTALLER 82a)
- Partnermodellierung (vgl. JAMESON 82)
- Erklärungskomponente (vgl. WAHLSTER 81)
- Wortbildungskomponente (vgl. HOEPPNER 82)

Die Erstellung eines solchen umfassenden Systems ist nur möglich im Rahmen einer entsprechenden Betriebsmittelausstattung und unterstützenden Softwareumgebung, auf die wir im 4. Abschnitt kurz eingehen werden.

2. Wissensquellen und Anwendungsbereiche von HAM-ANS

Die in HAM-ANS ablaufenden Teilprozesse benötigen spezielle Arten von Wissen, so greift z.B. die *Lexikalische Analyse* u.a. auf das *Wort-* und *Syntagmenlexikon* und die *Flexionsinformation* zu (siehe Abb. 2). Um eine höhere Performanz und eine adäquate Simulation sprachlicher, kommunikativer und kognitiver Fähigkeiten zu verwirklichen, sind die Wis-

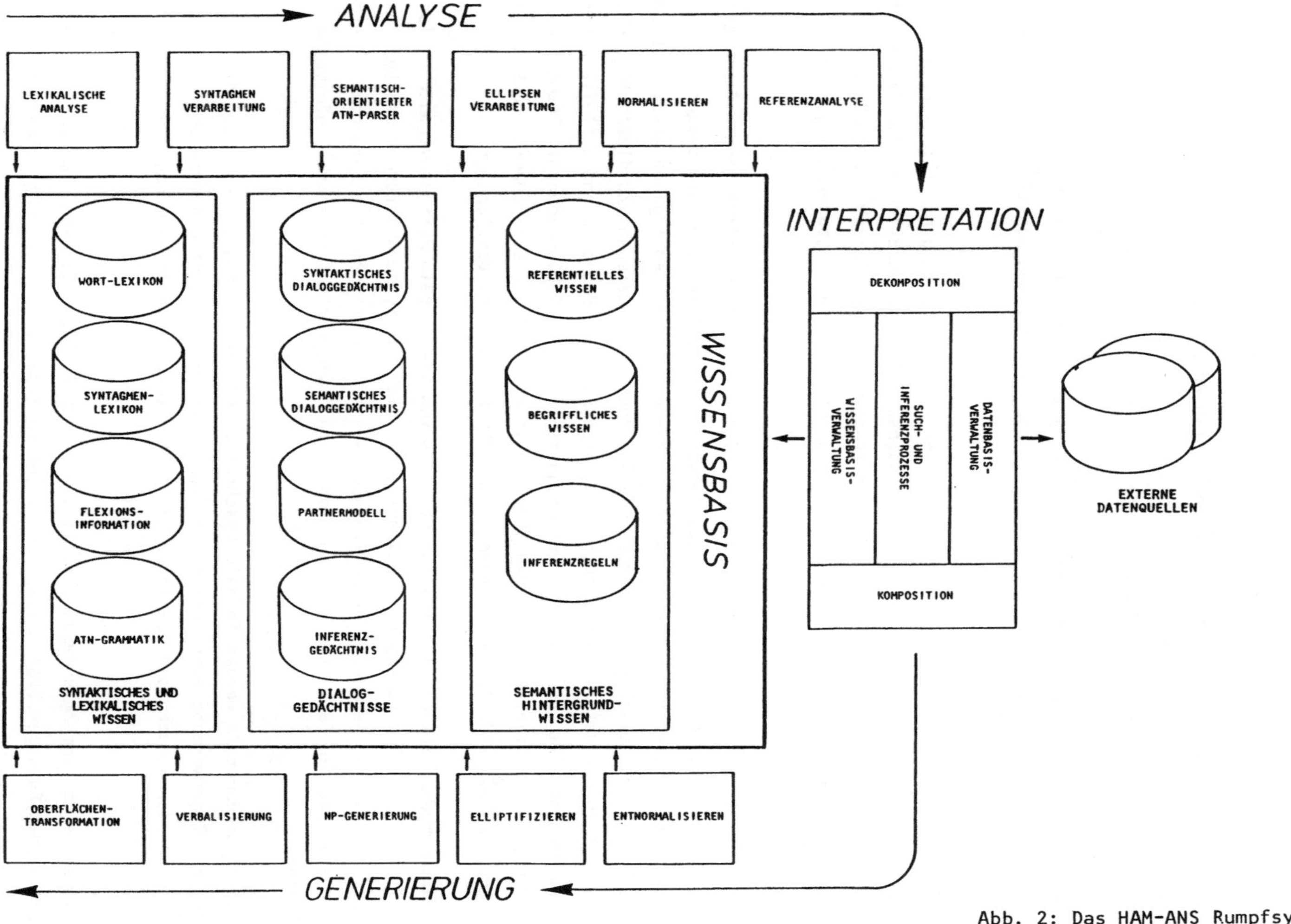

Abb. 2: Das HAM-ANS Rumpfsystem

sensquellen in *heterogenen Repräsentationssprachen* implementiert. Die Wissensbasis ist unterteilt in drei Hauptkomponenten: das *syntaktische* und *lexikalische Wissen*, die *Dialoggedächtnisse* und das *semantische Hintergrundwissen*.

Das Wortlexikon enthält alle dem System bekannten Wörter. Durch die Implementierung einer neuen *Lemmatisierungskomponente* und die Aufnahme der Flexionsinformation (morphologisches Wissen) in die Wissensbasis konnte das Lexikon zum größten Teil von einem Vollformen- in ein Stammformenlexikon umgewandelt werden (vgl. BERGMANN 82). Das Syntagmenlexikon wird vor allem von der Komponente Syntagmen-Verarbeitung in Anspruch genommen, die u.a. das Erkennen von Mehrwortlexemen, diskontinuierlichen Konstituenten und idiomatischen Wendungen zur Aufgabe hat.

Die *ATN-Grammatik* enthält das notwendige Wissen zur Verarbeitung natürlichsprachlicher Eingaben. Zur Allgemeingültigkeit dieser Wissensquellen ist anzumerken, daß Größe und Inhalt des Wort- und Syntagmenlexikons relativ anwendungsspezifisch sind, während die gespeicherte Flexionsinformation und die ATN-Grammatik anwendungsunabhängig sind.

Der mittlere Teil der Wissensbasis in Abb. 2 ist einer der konstituierenden Teile eines Dialogsystems, die temporären *Dialoggedächtnisse*. Im *syntaktischen* und *semantischen Dialoggedächtnis* werden Aspekte des Dialogs abgelegt, so daß es möglich wird, sich syntaktisch oder semantisch auf vorhergehende Äußerungen zu beziehen. Zu diesen Möglichkeiten gehören in der natürlichen Sprache die *Anaphora*, z.B. Pronomen und definite Kennzeichnungen und *Ellipsen* (Sätze, in denen ganze Satzteile fehlen können). Sowohl bei der Behandlung von Benutzereingaben (JAMESON 81) als auch bei der Generierung von Systemäußerungen (JAMESON/WAHLSTER 82) wurden in HAM-ANS Anaphora berücksichtigt.

Das *Partnermodell* enthält Information über das vom System beim Partner vermutete Wissen. Hier werden u.a. alle Aussagen gespeichert, die sich aus Systemäußerungen ergeben. Der Zugriff auf das Partnermodell ermöglicht dem System z.B. informative Antworten zu erzeugen, die auf keinen Fall sich aus dem bisherigen Dialogverlauf ergebende Information enthalten.

Im *Inferenzgedächtnis* werden formale Beschreibungen von Inferenzen abgelegt, die das System zur Beantwortung einer Frage ausgeführt hat, um bei nachfolgenden Begründungsanforderungen des Benutzers diese Inferenzschritte verbalisieren zu können (vgl. WAHLSTER 81).

Das *semantische Hintergrundwissen* teilt sich in drei Wissensquellen. Im begrifflichen Wissen werden Aussagen über Klassen von Objekten gemacht, im referentiellen hingegen Aussagen über die Objekte selbst. In der Anwendungsklasse Datenbanken wird das referentielle Wissen weitgehend durch die *externe Datenquelle* konstituiert.

Die *Inferenzregeln* werden benutzt, um nicht explizit in der Wissensbasis gespeicherte

Aussagen abzuleiten. Durch *approximative Inferenzprozesse* gelingt es HAM-ANS auch bei Unvollständigkeit, Vagheit und Unsicherheit in den angesprochenen Wissensbeständen Benutzeranfragen intelligent zu beantworten.

Bevor wir auf den Zugang zu einem relationalen Datenbanksystem als eine der im ersten Abschnitt angeführten Anwendungsklassen eingehen, geben wir eine Motivation für die Wahl solch heterogener Anwendungsklassen.

• Überprüfung der Adaptionsfähigkeit des Rumpfsystems

Die bis heute entwickelten natürlichsprachlichen Systeme wurden alle in Hinblick auf eine bestimmte Anwendungsklasse, z.B. Zugang zu Datenbanken entwickelt. Daß diese Systeme nicht ohne weiteres auf eine andere Anwendungsklasse umstellbar sind, läßt sich schon daraus schließen, daß nur wenige überhaupt eine relative Diskursbereichsunabhängigkeit innerhalb einer Anwendungsklasse besitzen. Die Fähigkeiten dieser Systeme sind zwar für ihren Anwendungsbereich recht gut, können jedoch nicht für andere Anwendungsbereiche verallgemeinert werden.

• Erkennen von Parametrisierungsmöglichkeiten des Rumpfsystems

D.h. Identifikation und Streichen von, in speziellen Anwendungsklassen nicht benötigten, Systemmoduln. Dieser Grund gewinnt insbesondere bei späteren Anwendungen an Gewicht, da dann Effizienzbetrachtungen ins Spiel kommen. Es scheint die Notwendigkeit einer komplexen Partnermodellierung oder die Behandlung von vagen Quantoren in der Anwendungsklasse "Datenbankzugriff" nicht gegeben, so daß durch Streichen der zugehörigen Moduln der Betriebsmittelbedarf und die Antwortzeiten des Systems verringert werden können.

• Generalisierung von speziellen Problemlösungen

Lösungen, die im ersten Augenblick als sehr speziell zugeschnitten für eine Anwendungsklasse erscheinen, können häufig durch geringfügige Erweiterungen auf andere Klassen verallgemeinert werden. Als Beispiel hierfür mag das Partnermodell dienen, das zuerst für die Hotelreservierungssituation entwickelt wurde, sich aber auch bei der Generierung von Bewegungsbeschreibungen in einer Straßenverkehrsszene als notwendig erwiesen hat. So ist das Wissen des Systems über die Genauigkeit der Kenntnis des Benutzers über die Szene entscheidend für den Detaillierungsgrad der Beschreibung.

• Verfügbarkeit der Anwendungsgebiete

Ein weiteres Kriterium für die Auswahl der einzelnen Anwendungsgebiete war die Verfügbarkeit der entsprechenden Softwaresysteme.

Die Hotelreservierungssituation wurde in einer Vorversion im Projekt HAM-RPM realisiert (vgl. JAMESON et al. 80).

Der Zugriff auf formatierte Massendaten wird durch Zusammenarbeit mit dem von J.W. SCHMIDT geleiteten Arbeitsbereich "Datenbank- und Informationssysteme" (DBIS) am Fachbereich Informatik der Universität Hamburg ermöglicht. Mit der vollständig und zuverlässig implementierten Datenbanksprache PASCAL/R (SCHMIDT/MALL 80) steht eine der fortschrittlichsten Sprachen dieser Art zur Verfügung.

Die Entwicklung eines Szenenanalysesystems für reale Fernsehbildsequenzen wird ebenfalls am Fachbereich Informatik in Hamburg in dem Arbeitsbereich "kognitive Systeme" unter Leitung von H.-H. NAGEL vorangetrieben. Zusammenarbeit findet auch mit dem in diesem Arbeitsbereich angesiedelten DFG-Projekt NAOS (Leiter B. NEUMANN) statt, das sich u.a. mit der Generierung natürlichsprachlicher Beschreibungen von Objektbewegungen in einer Straßenverkehrsszene beschäftigt (NEUMANN 82, NOVAK 82).

Die Repräsentationssprachen für das referentielle (extensionale) Wissen und damit die Zugriffsmethoden variieren zwischen den einzelnen Anwendungsklassen stark. So werden die formatierten Massendaten in einem relationalen DBMS verwaltet. Die geometrische Szenenfolgebeschreibung wird dagegen in einer relationalen Darstellung abgelegt, die im LISP/FUZZY-System direkt zugänglich ist. Im Hotelreservierungssystem werden die referentiellen und visuellen Daten in einer von FUZZY verwalteten assoziativen Datenbasis gespeichert.

3. Wissensbasierter Zugang zu formatierten Massendaten

Für den natürlichsprachlichen Zugriff auf in Datenbanken gespeicherten formatierten Massendaten ist das relationale Datenmodell besonders geeignet (vgl. CODD 74). Mit der von J.W. SCHMIDT und M. MALL entwickelten Programmiersprache PASCAL/R zur Defintion und Manipulation relationaler Datenbanken steht am Fachbereich Informatik in Hamburg eine Datenbanksprache zur Verfügung, in der Datendefinitions-, Datenmanipulations- und Wirtsprache vereinigt sind. Ein interaktiver Anfrageinterpreter deckt eine Untermenge von PASCAL/R ab, in der eine relational vollständige - d.h. eine die Prädikatenlogik erster Stufe umfassende - Anfragesprache enthalten ist.

Von denen mit Hilfe dieses DBMS aufgebauten Datenbanken wählten wir die Fischereidatenbank exemplarisch für den natürlichsprachlichen Zugriff aus, weil in ihr reale Daten gespeichert sind, sie über ein ausreichendes Datenvolumen (ca. 11MByte) sowie eine reichhaltige Struktur (7 Objekte in ca. 70 Relationen) verfügt und die Möglichkeit der Evaluation anwenderspezifischer Dialogsequenzen gegeben ist.

Dialogformen, die in dieser Anwendungsklasse untersucht werden, sind die folgenden (die Beispielsätze sind hypothetisch):

- reine Faktenwiedergewinnungsfragen
- Meta-Kommunikation über das Datenbankschema, z.B.

  Benutzer: "Nenn mir alle Attribute der Relation 'Schiffe'."

Für die Bearbeitung der ersten beiden Fragetypen stellt der PASCAL/R Anfrageinterpreter geeignete Sprachkonstrukte zur Verfügung, so daß lediglich eine Übersetzung der natürlichsprachlichen Eingabe in eine Folge von PASCAL/R Statements vorzunehmen ist. Für die Überführung benötigte Wissensquellen müssen im natürlichsprachlichen System vorhanden sein.

- Meta-Kommunikation über den Diskursbereich, z.B.
  Benutzer: "Was ist der Unterschied zwischen einer Möwe und einem Pinguin?"

Semantisch orientierte Repräsentationsformalismen und damit auch Sprachkonstrukte für den Zugriff auf solche Darstellungen fehlen heute noch in fast allen DBMS. Um eine Kommunikation über den Diskursbereich zu ermöglichen, müssen dem natürlichsprachlichen System Wissensquellen bereitgestellt werden, die die Semantik der Daten in der Datenbank beschreiben.

- Kooperatives Dialogverhalten in Bezug auf Problemlösungsvorgänge, z.B.
  Benutzer: "Wie lange muß ich noch warten?"
  System: "Ca. 10 Minuten."
  Benutzer: "Dann stoppe die Bearbeitung."

Dieser Dialogtyp wird durch die spezielle Kopplungsart zwischen HAM-ANS und PASCAL/R erreicht, bei der PASCAL/R unter vollständiger Kontrolle von HAM-ANS läuft. Dadurch bleibt bei einem entsprechenden Steuerungsalgorithmus die Dialogfähigkeit von HAM-ANS nach Abschicken einer Anfrage an PASCAL/R vollkommen erhalten. Zur Beantwortung der o.a. Frage muß allerdings vorher eine Aufwandsabschätzung durchgeführt worden sein.

- Anfragen nach implizit in der Datenbank gespeicherten Daten, z.B.
  Benutzer: "Welche Schiffe fuhren im gleichen Gebiet?"
  System: ""Oceanus II und Posseidonia."

Hierfür müssen Inferenzregeln und Deduktionsmechanismen für das natürlichsprachliche System bereitgestellt werden.

- Behandlung von Fokussierung und Auswertungskohärenz, z.B.
  Benutzer: "Welche Schiffe fahren nach Athen?"
  System: "Oceanus II, Karageorgis, Posseidonia und Otto Hahn."
  Benutzer: "Welches von diesen wird mit Atomkraft betrieben?"
  System: "Die Otto Hahn."

Diese Dialogart kann nur behandelt werden, wenn das natürlichsprachliche System kohärenzstiftende Ausdrücke verarbeiten kann. Um das ständige Neuberechnen von Zwischenergebnissen zu vermeiden, muß das DBMS auch über Sprachkonstrukte verfügen, um Zwischenergebnisse zu speichern. Damit stellt man auf der DBMS-Seite die Behandlung einer Auswertungskohärenz bereit. Diese Fähigkeit ist im PASCAL/R Anfrageinterpreter durch die Deklaration von Variablen, auf denen Ergebnisse gespeichert werden können, gegeben.

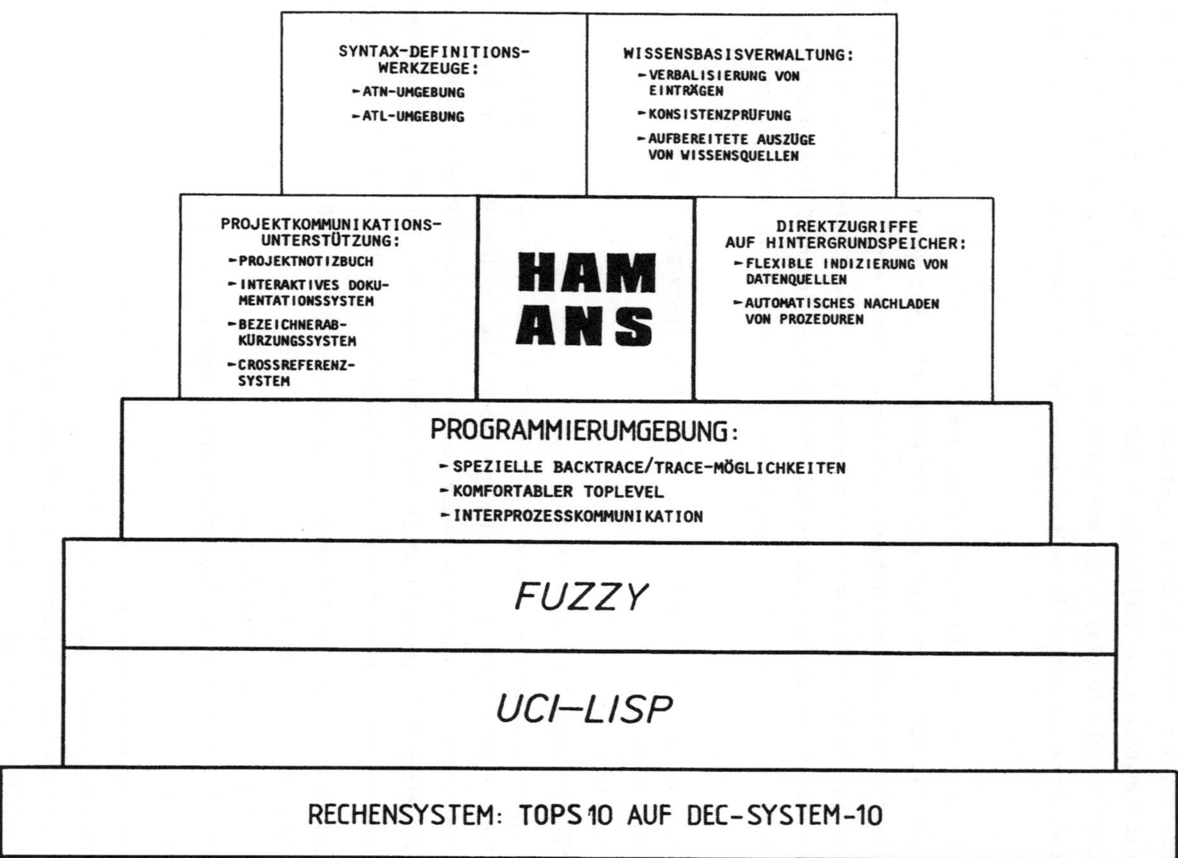

Abb. 3: Programmierumgebung und unterstützende Software

4. Implementationstechnische Daten

HAM-ANS ist in UCI-LISP/FUZZY (MEEHAN 79, LEFAIVRE 78) auf einem DECSystem-10 Rechner unter dem Betriebssystem TOPS10 implementiert und benötigt z.Zt. etwa 170 K-Worte-Hauptspeicher (à 36 Bits) (siehe Abb. 3). Durch die Implementierung in LISP/FUZZY ist es möglich, alle Softwarewerkzeuge in einer uniformen Umgebung zu nutzen, so daß ein multiplakativer Effekt eintritt: Werkzeuge sind aufeinander anwendbar und miteinander kombinierbar (vgl. CHRISTALLER 82b).

Die Programmierumgebung von HAM-ANS wurde gegenüber der von LISP/FUZZY bereitgestellten wesentlich erweitert, z.B. spezielle Backtrace- und Tracemöglichkeiten zur Vereinfachung der Programmfehlersuche und -korrektur, ein komfortablerer Toplevel zur Arbeitserleichterung des Programmierers beim interaktiven Programmieren.

Da bei wachsender Komplexität eines Systems und steigender Anzahl von Projektmitgliedern die Dokumentation des Systems bzw. die Kommunikation innerhalb des Projekts an Bedeutung gewinnt, wurden spezielle Softwarewerkzeuge zur Projektkommunikationsunterstützung entwickelt. Dazu gehören z.B. ein auf dem Rechner geführtes Projektnotizbuch zur direkten Kommunikation der Mitarbeiter, ein interaktives Dokumentationssystem und ein Bezeichnerabkürzungssystem, das den Benutzer ermutigen soll, lange möglichst selbsterklärende Bezeichner zu wählen, um die Lesbarkeit des Programmcodes zu verbessern. Unterstützende Software wurde auch erstellt zur Verwaltung der komplexen Wissensbasis, z.B. Verbalisierung von Teilen der semantischen Netze, Ausgaben von aufbereiteten Auszügen aus den Wissensquellen und Hilfsmittel zur automatischen Konsistenzsicherung in semantischen Netzen (CHRISTALLER 82a). Mit diesen Hilfsmitteln wurde eine neue Diskurswelt im Anwendungsbereich Hotelreservierung von einem ungeübten Bearbeiter in ca. 2 Wochen erstellt.

5. Zusammenfassung

Das Projekt HAM_ANS verfolgt die Absicht, wissensbasierte Zugangssysteme als Entwurfsvorlage für Anwendungsprojekte der Software-Industrie zu entwickeln. Ein wesentlicher Prüfstein für die Anwendbarkeit ist die Vielfalt der Anwendungsklassen, der wir durch die Auswahl der o.g. Diskursbereiche Rechnung tragen.

Es ist offensichtlich, daß der Übergang von einer zur anderen Anwendungsklasse nicht durch alleinigen Austausch der Wissensquellen zu bewerkstelligen ist, sondern daß das Rumpfsystem entsprechend zu parametrisieren ist. Dies betrifft zum einen Komponenten, die kognitive und kommunikative Fähigkeiten realisieren: Es werden nie alle Fähigkeiten in allen möglichen Anwendungen benötigt. Zum anderen sind die internen Prozeßabläufe verschieden (z.B. die Zugriffsmethoden auf verschiedenartig strukturiertes Wissen) und somit auch die Möglichkeiten, diese zum Gegenstand des Dialogs zu machen. Beispielsweise ist in der Anwendungsklasse Datenbankanfrage ein Dialog über Zugriffskosten möglich, im Hotelreservierungssystem dagegen unsinnig.

Die Heterogenität der Wissensrepräsentation ist dabei entweder durch die Aufgabestellung vorgegeben - bei den Datenbankanfragen - oder aber durch die Verwendung des Wissens determiniert. Es wird von uns also der Standpunkt vertreten, daß nicht die Uniformität von Strukturen ein Ziel an sich ist, sondern daß die Vielfältigkeit von Repräsentationsproblemen sich in der Wahl der jeweils angemessenen Repräsentationssprache widerspiegeln sollte.

6. Literatur

BERGMANN, H. (1982): Lemmatisierung in HAM-ANS. Memo ANS-10, Forschungsstelle für Informationswissenschaft und Künstliche Intelligenz, Universität Hamburg

CHRISTALLER, T. (1982a): Konsistenzüberprüfungen beim Aufbau von Wissensbasen. Erscheint in: WAHLSTER, W. (Hrsg.): GWAI-82, 6th German Workshop on AI, Bad Honnef. Springer, Heidelberg

CHRISTALLER, T. (1982b): Neuere LISP-basierte Softwaretechniken für die KI-Forschung: Dialekte, Systemsoftware und eingebettete Sprachen. In: NEHMER, J. (Hrsg.): GI-12. Jahrestagung, Kaiserslautern. Springer, Heidelberg

CODD, E.F. (1974): Seven steps to RENDEZVOUS with the casual user. In: KLIMBIE, J.W., KOFFERMAN, K.L. (Hrsg.): Data base management. North-Holland, Amsterdam, S. 179-200

DRESCHLER, L., NAGEL, H.-H. (1981): Volumetric model and 3D-trajectory of a moving car derived from monocular TV-frame sequences of a street scene. In: Proc. 7th Int. Joint Conf. on AI, Vancouver, S. 692-697

FEIGENBAUM. E.A. (1980): Expert systems: Looking back and looking ahead. In: WILHELM, R. (Hrsg.): GI-10. Jahrestagung, Saarbrücken. Springer, Heidelberg

v. HAHN. W., HOEPPNER, W., JAMESON, A., WAHLSTER, W. (1980): The anatomy of the natural language dialogue system HAM-RPM. In: BOLC, L. (Hrsg.): Natural language based computer systems. Hanser/Macmillan, München, S. 119-253

HOEPPNER, W. (1981): Eine Übersicht zur FUZZY-Programmierumgebung und den Dateizugriffen in HAM-ANS. Memo ANS-1, Forschungsstelle für Informationswissenschaft und Künstliche Intelligenz, Universität Hamburg

HOEPPNER, W. (1982): A multilayered approach to the handling of word formation. In: HORECKY, J. (Hrsg.): COLING-82 - The ninth International Conference on Computational Linguistics, Prague. North-Holland, Amsterdam, S. 133-138

JAMESON, A. (1981): Documentation for three HAM-ANS components: Ellipsis, NORMALIZE and NORMALIZE-1. Memo ANS-4, Forschungsstelle für Informationswissenschaft und Künstliche Intelligenz, Universität Hamburg

JAMESON, A., WAHLSTER, W. (1982): User modelling in anaphora generation: Ellipsis and definite description. In: Proc. 1st European Conf. on AI, Orsay, S. 222-227

JAMESON, A. (1982): A model of evaluation-oriented dialog. Erscheint in: WAHLSTER, W. (Hrsg.): GWAI-82, 6th German Workshop on AI, Bad Honnef. Springer, Heidelberg

LEFAIVRE, R.A. (1978): RUTGERS/UCI-LISP Manual. Rutgers University, Comp. Science Dep.

MEEHAN, J.R. (1979): The new UCI-LISP Manual. Lawrence Erlbaum, Hillsdale, New Jersey

NEBEL, B. (1982): Der Systemrahmen von HAM-ANS. Memo ANS-6, Forschungsstelle für Informationswissenschaft und Künstliche Intelligenz, Universität Hamburg

NEUMANN, B. (1982): Towards natural language description of real-world image sequences. In: NEHMER, J. (Hrsg.): GI-12. Jahrestagung, Kaiserslautern. Springer, Heidelberg

NOVAK, H.-J. (1982): On the selection of verbs for natural language description of traffic scenes. Erscheint in: WAHLSTER, W. (Hrsg.) GWAI-82, 6th German Workshop on AI, Bad Honnef. Springer, Heidelberg

SCHMIDT, J.W., MALL, M. (1980): PASCAL/R Report. Fachbereich Informatik, Universität Hamburg, Report IFI-HH-66/80

WAHLSTER, W. (1981): Natürlichsprachliche Argumentation in Dialogsystemen. Informatik Fachberichte Bd. 48, Springer, Heidelberg

WALTZ, D.L. (1977): Natural language interfaces. In: SIGART Newsletter, 61, S. 16-65

NEUERE LISP-BASIERTE SOFTWARETECHNIKEN FÜR DIE KI-FORSCHUNG:

DIALEKTE, SYSTEM SOFTWARE UND EINGEBETTETE SPRACHEN

Th. Christaller

Forschungsstelle für Informationswissenschaft
und Künstliche Intelligenz
Mittelweg 179
2000 Hamburg 13 [1]

Einleitung

Die Programmiersprache LISP (List Processing Language) ist nach FORTRAN die zweitälteste heute noch verwendete höhere Programmiersprache. Die erste Implementierung geht auf das Jahr 1959 zurück und basierte auf (MCCARTHY 60). Dieser Artikel zusammen mit dem LISP 1.5 Handbuch (MCCARTHY et al. 62) sind wohl die in der Informatik bekanntesten Publikationen zur Programmiersprache LISP. Tatsächlich gibt es aber eine Reihe von neuerer Literatur über LISP, die diesen vorzuziehen sind (WINSTON/HORN 81) (ALLEN 78)(STOYAN 80). Nicht zuletzt deswegen, weil diese weniger Fehler enthalten.

Während LISP fast als einzige Programmiersprache in der künstlichen Intelligenz verwendet wurde und wird, galt sie in der übrigen Informatik meistens als exotisch, praktisch nicht einsetzbar und höchstens für Theoretiker interessant.

In den letzten Jahren ist allerdings das Interesse an LISP in vielen Bereichen der Informatik gestiegen, so z.B. in Arbeiten zur denotationellen Semantik (GORDON 79), Design von Programmiersprachen (BACKUS 78), sprachorientierter Hardware und des Software Engineerings (SANDEWALL 78). Es ist deswegen interessant zu sehen, wie LISP heute verwendet wird.

In den folgenden Abschnitten wird versucht, eine Reihe von neueren Konzepten und Techniken vorzuführen, die in KI-Systemen eingesetzt werden. Natürlich kann dies nur eine Auswahl sein, die aufgrund persönlicher Präferenzen zustande kam. Der interessierte Leser findet neben der zu Anfang genannten Literatur in (CHARNIAK et al. 80) vieles, was hier nicht dargestellt werden kann.

Zuerst erfolgt ein Überblick zu drei LISP-Dialekten, die in den letzten Jahren implementiert wurden. Sie werden sowohl die Entwicklung von KI-Systemen beeinflussen als auch den Anwendungsbereich von LISP außerhalb der KI vergrößern.

---

1) Der vorliegende Aufsatz entstand im Rahmen des Projektes HAM-ANS, das mit Mitteln des BMFT gefördert wird.

Ein Beispiel dafür ist die Implementierung eines EMACS-Editors (FINSETH 80). Einige der Überlegungen, die dazu führten, daß LISP anderen Programmiersprachen bei der Implementierung vorgezogen wurde, werden anschließend dargestellt.

Im letzten Teil wird anhand einer KI-Sprache die Technik der Einbettung demonstriert. Gleichzeitig wird dabei gezeigt, wie bildhafte Vorstellungen von Konzepten in LISP-Datenstrukturen abgebildet werden können.

In der folgenden Liste werden noch einmal die wichtigsten Konzepte zusammengefaßt (nach (MCCARTHY 80) pp. V-VI), die in LISP 1.5 eingesetzt wurden.

1. Berechnungen erfolgen mit symbolischen Ausdrücken statt mit Zahlen, d.h. bit-Muster im Arbeitsspeicher und in den Registern eines Rechners können für beliebige Symbole stehen nicht nur für solche aus der Arithmetik.

2. Repräsentation symbolischer Ausdrücke und anderer Informationen in Listenstrukturen im Speicher.

3. Repräsentation von Informationen auf Papier, auf Ein-Ausgabegeräten meistens direkt durch verschachtelte Listen und manchmal durch S-Ausdrücke.

   Eine Liste ist eine (möglicherweise leere) Sequenz beliebiger LISP Datenobjekte. Sie werden in der Reihenfolge ihres Auftretens in der Sequenz (rekursiv) hingeschrieben, jeweils getrennt durch Leerzeichen und insgesamt durch ein Klammerpaar eingeschlossen. Es ist wichtig gewesen, daß jede denkbare Form von Daten durch einen einzigen allgemeinen Typ repräsentiert werden kann.

4. Eine kleine Menge von Selektoren und Konstruktoren in Form von Funktionen, d.h. CAR, CDR und CONS.

5. Hintereinanderschalten von Funktionen als (einziges) Mittel, um komplexere Funktionen zu formen.

6. Die Verwendung konditionaler Ausdrücke, um Verzweigungen in Funktionsdefinitionen zu ermöglichen. Sie werden auch für die Definition rekursiver Funktionen verwendet.

7. Die Verwendung von λ-Ausdrücken für benannte Funktionen.

8. Das Ablegen von Informationen auf den Eigenschaftslisten von Atomen.

9. Die Repräsentation von LISP-Programmen als LISP-Daten, die durch LISP-Programme manipuliert werden können. Dies hat die Unterteilung in System- und Anwendungsprogrammierer verhindert. Jeder kann sein LISP "verbessern" und viele dieser "Verbesserungen" haben sich zu Verbesserungen der Sprache entwickelt.

10. Die Interpretation boolescher Ausdrücke erfolgt wie bei den konditionalen Ausdrücken.

11. Die LISP-Funktion EVAL, die gleichzeitig als eine formale Definition der Sprache und als Interpreter verwendet wird.

12. Garbage Collection als das Mittel zum Löschen von nicht mehr verwendeten Daten. Während die Erzeugung von Daten explizit erfolgt, geschieht das Löschen automatisch.

13. Minimale Bedingungen für Deklarationen, so daß LISP-Ausdrücke ohne Vorbereitungen in einer on-line Umgebung ausgeführt werden können.

LISP ist ständig weiterentwickelt worden. Dabei wurden Konzepte aus anderen Programmiersprachen übernommen. Deshalb kann diese Liste die heutigen LISP-Dialekte nicht mehr ausreichend charakterisieren. Eine profunde und ausreichende Darstellung dieser Entwicklungen findet man in (STOYAN 80).

I. Dialekte

In diesem Abschnitt werden drei der neuesten LISP-Dialekte diskutiert. Dies geschieht aber nur unter dem Gesichtspunkt, welche Sprachkonstrukte und Teile des Designs für KI-Software neue Möglichkeiten eröffnen. Insgesamt kann man an diesen Dialekten die folgenden Trends ablesen:

- Optimierung und Erweiterung der Programmierumgebung

- Optimierung des Laufzeitsystems

- 'Absenken' von bewährten Konstrukten aus früherer KI-Software auf LISP-Ebene

FRANZ LISP

Der Dialekt Franz Lisp wurde an der University of California at Berkeley entwickelt (FODERARO 80). Er basiert auf dem PDP-11-Lisp (ca. 1974), MacLisp (MOON 74) und Lisp Machine Lisp (WEINREB/MOON 81). Er ist fast vollständig in C und LISP selbst geschrieben und läuft bisher nur auf DEC-Maschinen vom Typ VAX 11 unter dem Betriebssystem UNIX. Lediglich ein kleiner Teil ist in der Maschinensprache des Gastrechners geschrieben. Damit sollte Franz Lisp leichter portierbar sein als andere LISP-Dialekte. Allerdings liegen dazu noch keine Erfahrungswerte vor.

Franz Lisp ist z.Zt. die einzige LISP-Implementierung auf einem Großrechner der neueren Generation, die leistungsfähig genug erscheint, um die KI-Forschung in den nächsten Jahren zu unterstützen. Sie bietet zumindest eine gute Übergangsmöglichkeit, bis spezielle KI-Maschinen verfügbar sind.

Der Kern der Sprache besteht aus 478 Funktionen und einer (bisher) ungezählten Menge von in LISP selbst geschriebenen Funktionen. (Man vergleiche dies mit den 113 Funktionen, die in LISP 1.5 zur Verfügung standen.)

In den folgenden Punkten unterscheidet es sich in der einen oder anderen Form von früheren LISP-Dialekten.

- eine Vielfalt an typenreinen Funktionen für die vorhandenen elf Basisdatentypen.
- die Möglichkeiten, die das umgebende UNIX-Betriebssystem bietet, stehen dem LISP-Programmierer zur Verfügung, u.a.
    - hierarchische Dateistrukturen
    - Prozeßkommunikation
    - Die Möglichkeit, Unterprogramme anderer Programmiersprachen anzubinden
- Verwendung eines Compilers auch für noch nicht ganz ausgetestete Funktionen (da er immer nur ganze Dateien compiliert).
- Ein-Ausgabefunktionen verwenden Pipes.

Eine ganze Reihe von KI-Software ist inzwischen nach Franz Lisp portiert worden. U.a. FRL (ROBERTS/GOLDSTEIN 77), ORBIT (STEELS 81), OBJTALK (LAUBSCH 82) und PEARL (DEERING et al. 81). Angaben über Aufwand und Schwierigkeiten sind über diese Portierungen nicht publiziert worden. Franz Lisp soll so weiterentwickelt werden, daß es kompatibel mit den beiden anderen hier beschriebenen Dialekten wird (FATEMAN 82). Deshalb gehen wir an dieser Stelle nicht weiter auf Franz Lisp ein.

LISP Machine Lisp

Seit einigen Jahren gibt es sogenannte LISP-Maschinen. Im Augenblick kann man nur solche erhalten, die auf einem am MIT entwickelten Prototyp basieren (BAWDEN et al. 77). Sie stellen eine Integration von Hardware-Firmware-Software dar, um eine effizientere Verwendung von LISP zu ermöglichen. Der dabei entstandene LISP-Dialekt heißt LISP Machine Lisp (WEINREB/MOON 81). Er ist der bisher umfangreichste Dialekt einer höheren Programmiersprache und zeichnet sich durch folgende Eigenschaften aus:

- single-user Betrieb ermöglicht es, leistungsfähigere interaktive Programmierumgebungen zur Verfügung zu stellen (TEITELMAN/MASINTER 81)

- das in Lisp integrierte Flavorsystem erlaubt objektorientiertes Programmieren ähnlich wie in SMALLTALK (GOLDBERG/KAY 76)

- Stack-Gruppen und darauf aufbauende Kontrollstrukturen unterstützen die Programmierung nebenläufiger Prozesse.

- Hardware-Stack, Typenkennzeichnungsarchitektur, inkrementelle Speicherbereinigung und die (optionale) kompakte Repräsentation von Listenstrukturen sorgen für größere Effizienz.

- fast die gesamte Software ist in LISP geschrieben, z.B. I/O-System, Hardware- und Software-Debugger. Der Benutzer kann diese beliebig modifizieren.

- mit Hilfe eines Mikroprogrammcompilers können zeitkritische LISP-Funktionen in Mikrocode übersetzt werden.

Die gesamte Software, die aus 9400 Funktionen, 30000 Symbolen und einen Umfang von 6,3 MBytes hat, ist auf einer Menge von 237 mikrocodierter Unterprogramme aufgebaut. Dabei wurde an vielen Stellen von der Technik des bootstrapping Gebrauch gemacht.

Ein Beispiel dafür ist das sogenannte DEFSTRUCT-Paket. Dies ist eine Menge von Funktionen, mit denen benutzereigene Datentypen in einem recordähnlichen Format definiert werden können. Ein solcher Datentyp wird von DEFSTRUCT auf einen in LISP vordefinierten Typ, z.B. dem Typ der Liste oder des Feldes abgebildet. Dazu werden natürlich bestimmte Informationen benötigt, die in Datenstrukturen dargestellt werden müssen. Die dafür gewünschten Datentypen wurden mit DEFSTRUCT selber definiert.

Die wesentlichen Sprachkonstrukte in LISP, die eine solche Form der Spracherweiterung ermöglichen, sind die Read- und Textmacros. Während Readmacros es erlauben, die lexikalische Analyse des LISP-Interpreters zu modifizieren, erweitern Textmacros die Syntax von LISP. Der dafür benötigte Macroprozessor (BROWN 74) ist Bestandteil des LISP-Interpreters und erlaubt den gesamten Sprachumfang von LISP.

Ein einfaches Beispiel für die Verwendung beider Macrotypen zeigt die Definition von IF in Figur 1.

```
(defmacro IF (premise consequence alternative)
        `(cond [, premise ,consequence]
               [T ,alternative ]))
```

Figur 1: Die Definition von IF in Form eines Macro.

Dies definiert ein Macro IF mit drei Argumenten. Ein Aufruf dieses Macros expandiert in einen Aufruf von COND, in dem die Argumente in entsprechende Klausen verteilt sind.

```
(IF  (NULL X) (ERROR) X )
```

expandiert zu

```
(cond [(null x) (error)]
      [T     x ])
```

Die Zeichen "`" und "," sind Readmacros, die eine kompakte Darstellung der Zielstruktur der Expansion ermöglichen. Sie werden beim Einlesen in das LISP-System expandiert, während die Textmacros erst zur Evaluations- bzw. Compilationszeit expandiert werden.

In unserem Beispiel expandiert

```
`(cond [,premise ,consequence]
       [T ,alternative])
```

zu

```
(list 'COND
      (list premise consequence)
      (list 'T alternative))
```

Jeder Aufruf von DEFSTRUCT der Form

```
(DEFSTRUCT (name option1 option2...)
      component1 component2...)
```

definiert einen neuen benutzereigenen Datentyp mit Namen *name*.

Es werden dabei implizit eine Reihe von Funktionen definiert, die die Konstruktion, Selektion der Komponenten und Typüberprüfung einer Instanz des Datentyps ermöglichen. Die Option: NAMED-LIST gibt z.B. an, daß alle Instanzen intern in Form von Listen dargestellt werden.

Alle mit dem benutzereigenen Typ assoziierten Funktionen (Konstruktor, Prädikat, Selektoren) werden als Macros definiert, die in Aufrufe der entsprechenden Funktionen des angegebenen LISP-Datentyps expandieren. Um die Komponente eines Record zu verändern, wird in LISP der generische Zuordnungsoperator SETF verwendet. Dies geschieht in der Form

```
(SETF (selector instance)  new_value)
```

und bewirkt (durch Seiteneffekt), daß die mit dem Selektor referierte Komponente den neuen Wert enthält.

Das DEFSTRUCT-Paket ist zusätzlich in die Programmierumgebung integriert. Viele der anderen in LISP Machine Lisp enthaltenen Pakete verwenden selber DEFSTRUCT. Der entscheidende Punkt ist hier nicht so sehr, daß der normale Benutzer Records definieren kann. Wichtig ist zu sehen, daß

- weder der LISP-Interpreter noch -Compiler modifiziert werden mußten,

- DEFSTRUCT mit Hilfe von DEFSTRUCT implementiert wurde,

- der Benutzer DEFSTRUCT selber modifizieren kann.

In der sprachverarbeitenden KI-Forschung wurden LISP-Maschinen schon eingesetzt, um u.a. bessere Analyseverfahren zu entwickeln (HEIN 82)(PHILLIPS/HENDLER 82)(KAY 82). Dafür mußte mit wesentlich komplexeren Algorithmen als den bisher bekannten experimentiert werden. Ohne die wissenschaftliche Leistung schmälern zu wollen, kann man sagen, daß der dabei erreichte Erfolg erst durch den Einsatz der LISP-Maschinen möglich geworden ist.

SCHEME

Der LISP-Dialekt SCHEME ist im wesentlichen von G.L. Steele und G.J. Sussman als pädagogisches Hilfsmittel entwickelt worden, um die Semantik der Konstrollstrukturen in den ACTOR-ähnlichen KI-Sprachen (HEWITT 77)(FISCHER et al. 81) deutlich zu machen. SCHEME basiert auf dem λ-Kalkül (CHURCH 41). Zusätzlich sind aber Seiteneffekte und die Behandlung von Evaluierungsumgebungen als Datenstruktur in die Sprache aufgenommen worden (SUSSMAN/STEELE 75)(STEELE/SUSSMAN 78).

Inzwischen wird am MIT in der allgemeinen Informatikerausbildung SCHEME verwendet (ABELSON et al. 81). Weiterhin sind die ersten VLSI-Chips produziert worden, die sowohl den SCHEME-Interpreter als auch die dynamische Speicherverwaltung enthalten (STEELE/SUSSMAN 80)(HOLLOWAY et al. 80).

Die Defininition von SCHEME unterscheidet sich im wesentlichen in zwei Punkten von den vorhergehenden LISP-Dialekten:

- alle λ-Ausdrücke werden in ihrer Definitions- bzw. Deklarationsumgebung abgeschlossen, d.h. alle freien Variablen werden lexikalisch gebunden (SCHEME wäre kein LISP-Dialekt, wenn es nicht auch die Möglichkeit der dynamischen Bindung zulassen würde).

- Restrekursionen werden ohne Belastung des Kontrollstacks ausgeführt. Das hat zur Folge, daß ein Funktionsaufruf sich wie ein GOTO verhält. Damit kann man auch sehr komplexe Kontrollstrukturen, die durch verschachtelte Funktionsaufrufe definiert werden, effizient kompilieren (BROOKS et al. 82).

Ein einfaches Beispiel (STEELE/SUSSMAN 78) kann uns zeigen, welche Möglichkeiten dadurch gegeben sind. Nehmen wir an, daß das einfache Konditional IF gegeben ist. Es wird in LISP normalerweise als eine Funktion definiert, deren Parameterübergabemechanismus CALL-BY-NAME ist im Gegensatz zum CALL-BY-VALUE-Mechanismus 'normaler' Funktionen. Aber das ist nicht notwendig.

Die beiden Wahrheitswerte TRUE bzw. FALSE können nach einer Idee von (SCOTT 73) als

```
(LAMBDA (IF-TRUE IF-FALSE)(IF-TRUE))
(LAMBDA (IF-TRUE IF-FALSE)(IF-FALSE))
```

definiert werden. Alle Prädikate haben als Wert einen dieser beiden λ-Ausdrücke (siehe Punkt 7. in der Einleitung!). Statt IF überhaupt zu definieren, können wir sagen:

```
((= A B)(LAMBDA ( )<do this if TRUE>)
        (LAMBDA ( )<do this if FALSE>))
```

Falls A gleich B ist, liefert '=' den λ-Ausdruck

```
(LAMBDA (IF-True IF-FALSE)(IF-TRUE))
```

der nun an 'funktionaler' Stelle steht. Es erfolgen die folgenden Bindungen:

```
IF-TRUE  ←(LAMBDA ( ) < do this if TRUE > )
IF-FALSE ←(LAMBDA ( ) < do this if FALSE > )
```

Der Körper (IF-TRUE) wird in dieser Bindungsumgebung evaluiert, d.h. ((LAMBDA ( ) < do this if TRUE >)).

Der Wert davon ist wie gewünscht der Wert von < do this if TRUE >. Der entscheidende Punkt ist hier, daß die Verwendung von λ-Ausdrücken an der Stelle des THEN- und ELSE-Argumentes dafür sorgt, daß < do this if TRUE > bzw. < do this if FALSE > nicht vor der Zeit evaluiert werden.

Man könnte noch einen Schritt weitergehen und alle Prädikate so definieren, daß sie keinen bestimmten Wert wie TRUE oder FALSE zurückgeben. Stattdessen verlangt ein Prädikat zwei Fortsetzungen ('continuations' siehe (REYNOLDS 72), von denen eine aktiviert wird:

```
(= A B (LAMBDA ( ) < do this if TRUE > )
       (LAMBDA ( ) < do this if FALSE > ))
```

d.h. '=' ist eine Funktion, die nie mehr zurückkommt.

Das folgende Beispiel (STEELE/SUSSMAN 76) demonstriert die Verbindung der Konzepte von Escape-Operatoren (REYNOLDS 72), Fortsetzungen und Restrekursion. Das gestellte Problem ist, die harmonische Summe der Zahlen in einem eindimensionalen Feld zu berechnen. Falls eine der Zahlen gleich Ø ist, soll eine Escape-Funktion aufgerufen werden, die Ø als Wert liefert.

Die Definition in Figur 2 verwendet den Escape-Operator CATCH in der Form (CATCH x form). Der Ausdruck < form > wird in einer Umgebung evaluiert, in der die Variable < x > an eine Escape-Funktion gebunden ist. Wird diese in < form > nie aufgerufen, so ist der Wert von CATCH der von < form >. Wendet man in < form > dagegen die Escape-Funktion auf ein Argument < a > an, wird die Evaluierung von < form > abgebrochen und CATCH liefert < a > als Wert.

```
(labels     ; definiert im 1. Argument lokal Funktionen
  ([harmsum
     (lambda (a n escfun)  ;a = Feldname, n=Länge von a, escfun = Escape-Funktion
       (labels                    ; lokale Definition von LOOP
        ([loop (lambda (i sum)    ; iteriert über i und akkumuliert in sum
                 (if (= i n) sum
                    (if (= (a i) Ø) (escfun Ø)
                        (loop (+ i  1)
                              (+ sum (/ 1 ( a i ))))))))])

          ; Initialisierung der Schleife
          ( loop Ø Ø )))])
   ; als nächstes folgt der Körper dieses LABELS-Aufrufs. Er wird evaluiert.
   ( block (array b 1ØØ) ; definiert ein 1-dim. Feld
          ; als nächstes erfolgt der Aufruf von HARMSUM innerhalb eines CATCH-Aufrufes.
          ; beachte, daß X der Bezeichner der Escape-Funktion ist.
          (print (catch x (/ 1ØØ (harmsum b 1ØØ  x))))))
```

Figur 2: Die erste Version von HARMSUM

Die Iteration über die Elemente des Feldes erfolgt mit LOOP. Sie ist als restrekursive temporäre Funktion definiert. Temporär heißt, daß außerhalb des lexikalischen Kontextes von (LABELS ((LOOP...))...) diese Definition nicht existiert. Die zwei möglichen Werte von LOOP sind die jeweiligen THEN-Arme der beiden IF-Aufrufe. Im ersten Fall wird die bis dahin in SUM akkumulierte Summe der Wert von HARMSUM. Der zweite erfaßt den Ausnahmefall. Der Wert von ESCFUN ist der Bezeichner X für die in CATCH angegebene Escape-Funktion. Ihr Aufruf gibt die Kontrolle sofort an CATCH zurück und dieses hat dann als Wert den des Argumentes von ESCFUN.

In dieser Version mußte erst der Wert von HARMSUM berechnet werden, bevor die Kontrolle an CATCH zurückgegeben werden konnte. In der folgenden Version wird HARMSUM mit einem zusätzlichen Argument - einer Fortsetzung - aufgerufen. Hier wird sowohl im Normalfall als auch im Ausnahmefall die Kontrolle weitergegeben. HARMSUM kehrt nie mit einem Wert zurück.

```
(labels
 ([harmsum
   (lambda (a n escfun c)  ; c = Fortsetzung im Normalfall
    (labels
     ([loop ( lambda (i sum)
              (if (= i n) ( c sum ) ;normale Fortsetzung
                 (if  (= (a i) Ø) (escfun Ø ); der 'Fluchtweg'
                      (loop( + i 1) ; iteration
                          ( + sum (/ 1 (a i)))))))])
      (loop Ø Ø)))])
(block (array b 1ØØ)
      (labels ;es folgt die Definition der Hilfsfunktion AFTER-THE-CATCH.
        ([after-the-catch ( lambda (z)(print z))])
        ;der Escape-Operator wird nicht mehr benötigt.
        (harmsum b                  ; das Feld
                1ØØ                 ; die Länge des Feldes
                after-the-catch ; die Escape-Fortsetzung
               (lambda (y)          ; die normale Fortsetzung
                 (after-the catch (/ 1ØØ y))))))
```

Figur 3: Die zweite Version von HARMSUM

Die zweite Version verdeutlicht die Ähnlichkeit zwischen normaler Fortsetzung und Escape-Operator. ESCFUN kann man als alternative Fortsetzung auffassen. Dies entspricht genau dem von Backus geforderten Stil der funktionalen Programmierung (BACKUS 78). Ein entsprechender Compiler kann aufgrund dieses Programmtextes Code erzeugen, der ein bei restrekursiven Funktionen unnötiges Aufblähen des Kontrollstacks vermeidet (BROOKS et al. 82). (Der Begriff 'Restrekursion' ist etwas verwirrend, da in diesem Sinne auch die zweite Version von HARMSUM restrekursiv ist.)

II. System Software

Für die meisten LISP-Dialekte sind sprach-orientierte Editoren implementiert worden. Der Editor in der Programmierumgebung von Interlisp (TEITELMAN 78) ist dabei häufig das Vorbild gewesen. Dieser besitzt u.a. die folgenden Eigenschaften:

- in Lisp selber implementiert
- ist immer vollständig im Arbeitsspeicher vorhanden
- besitzt Schnittstellen zu anderen Teilen der Programmierumgebung
- der Benutzer kann eigene Editoroperationen definieren

Im Gegensatz dazu ist für MacLisp (MOON 74) der sogenannte EMACS Editor entwickelt worden, der die letzten beiden Eigenschaften nicht besitzt (STALLMAN 79). Er ist in seiner Basisstufe auch nicht sprach-orientiert. Da er aber erweiterbar ist, gibt es u.a. eine Erweiterung, die diesen Editor in den sogenannten Lisp-Modus versetzt.

Neuere Implementierungen von EMACS, z.B. auf PDP-10-Anlagen (unter dem Betriebssystem Multics), LISP-Maschinen oder VAX, wurden in LISP durchgeführt. Insbesondere bei Multics-EMACS ist dies interessant, da dieser Editor bei Honeywell selber implementiert wurde (GREENBERG 80) und als Systemsoftware für Multics vertrieben wird.

Dabei ist LISP aus Effizienzgründen gegenüber PL/I vorgezogen worden. Dazu hat wesentlich die unverzichtbare Bedingung beigetragen, daß EMACS erweiterbar sein soll. Das setzt aber voraus, daß der Benutzer auch auf alle einfachen Editorfunktionen zugreifen kann. Diese können damit in PL/I nicht als interne Unterprogramme definiert werden. Außerdem müssen alle verwendeten Variablen, alle externen Namen, etc. explizit deklariert werden. Will man aber Programmierumgebungen bzw. Teile davon implementieren, so ist dies eher hinderlich (GOODWIN 80).

Dagegen benötigen Funktionsaufrufe in LISP immer denselben Verwaltungsaufwand. Da LISP-Programme normalerweise in Form von vielen sich gegenseitig aufrufenden Funktionen geschrieben werden, ist in vielen Dialekten der notwendige Aufwand optimiert worden (STEELE 77). In diesem speziellen Fall wurde MacLisp verwendet, für das außerdem ein guter Compiler existiert.

Die in LISP verwendete Vorstellung der Datenabstraktion ist besonders für die Konstruktion von Teilsystemen geeignet. Der Programmierer kann einen Datentyp schon durch Konventionen in seinen Programmen definieren (DEFSTRUCT basiert darauf) ohne in irgendeiner Form "die Sprache zu informieren". Z.B. werden in EMACS Zeiger in Buffer definiert (sie werden Marken genannt, sind konzeptionell Zeiger zwischen zwei Zeichen in einem Text und werden dynamisch verschoben, wenn Text hinzugefügt oder gelöscht wird). Die LISP-Programme in EMACS manipulieren und speichern Marken, ohne etwas über deren interne Struktur zu wissen.

Man kann natürlich dagegen einwenden, daß man durch die Weitergabe von Zeigern in PL/I oder einer anderen Programmiersprache denselben Effekt erreicht: tatsächlich macht LISP intern nichts anderes (siehe das Beispiel im Abschnitt über eingebettete Sprachen). Aber konzeptionell stellt man sich einen Wert in LISP als "eine Liste, ein Record, eine Marke oder als einen Buffer" vor und nicht als Zeiger. Alle Werte in LISP sind "Zeiger" auf irgendein Objekt. Sieht man dies richtig, so läßt LISP die Aussage "einen Zeiger auf" als bedeutungslos verschwinden.

III. Eingebettete Sprachen

Will man eine höhere Programmiersprache implementieren, so geschieht dies normalerweise mit Hilfe einer anderen Sprache. Zwei Möglichkeiten dafür sind in Figur 4 dargestellt. In einem Schichtenmodell wird für die jeweils höhere Schicht ein Interpreter in der Sprache der darunterliegenden Schicht implementiert. Das bedeutet, daß Ausdrücke der Sprache D in Figur 4a. durch einen dreifachen Interpretationsprozeß laufen müssen. Diese Methode ist für die frühen KI-Sprachen verwendet worden. Daraus resultierte zum einen ihre Langsamkeit und zum anderen die Schwierigkeit, Schnittstellen zur LISP-Programmierumgebung zu definieren.

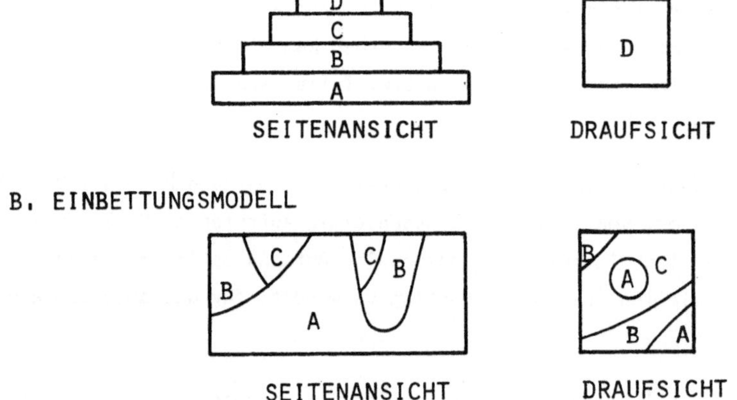

Figur 4: Zwei Möglichkeiten, um neue Sprachen mit Hilfe schon vorhandener zu implementieren.

Spätere KI-Sprachen, z.B. FRL (ROBERTS 77), werden dagegen in LISP eingebettet. Dadurch ist es möglich, LISP- und FRL-Ausdrücke miteinander zu vermischen. Da in allen LISP-Dialekten die Möglichkeit besteht, die Programmierumgebung gezielt zu modifizieren, wird diese auch für die KI-Sprache einsetzbar. Es existiert kein monolithischer Interpreter mehr und Ausdrücke der KI-Sprache können vom LISP-Compiler effizient übersetzt werden.

CONSTRAINTS

Jede Programmiersprache kann nach dem Kriterium klassifiziert werden, welches Verarbeitungsmodell ihr zugrundegelegt wurde. Z.B. basieren die PLANNER-artigen KI-Sprachen auf dem Prinzip des mustergesteuerten Prodezuraufrufes (siehe dazu Kapitel VI in (BARR/FEIGENBAUM 82)). Um u. a. die Technik der Einbettung zu demonstrieren, wird hier eine Teilimplementierung einer KI-Sprache verwendet, die auf dem Constraint-Modell basiert (STEELE 80). Dazu sind einige theoretische Vorbemerkungen notwendig (nach (STEELS 82)):

Ein Constraint stellt eine Relation auf einer Menge von qualitativen oder quantitativen Beschreibungen dar. Z.B. ist a + b = c ein Constraint zwischen a, b und c. In einer Constraint-Sprache kann man ein Constraint ansehen als eine Menge von Prozeduren, die diese Relation aus Teilbeschreibungen vervollständigen kann und auch über Veränderungen ihrer Teile hinweg bewahrt. Ist z.B. c gleich 10 und b gleich 5, so kann das obige Constraint ableiten, daß a gleich 5 ist.

Ein großer Teil der Ausdrucksstärke einer Constraint-Sprache entstammt der Möglichkeit, Constraints als Bestandteile in komplexeren Constraints und in Constraint-Netzwerken zu verwenden. Berechnungen in solchen Netzwerken erfolgen nach dem Prinzip der Weiterverteilung von Werten: eine neue oder geänderte Beschreibung aktiviert diejenigen Constraints, die diese Beschreibung als Teil enthalten. Die Aktivierung erzeugt neue Beschreibungen, die wiederum neue Constraints aktivieren usw. Dieser Prozeß endet, wenn keine neuen Beschreibungen mehr erzeugt werden können.

Die ersten Constraint-Sprachen sind im Zusammenhang mit Expertensystemen zur Analyse elektronischer Schaltkreise entstanden (SUSSMAN/STALLMAN 75)(SUSSMAN 78). Die zu solchen Schaltkreisen äquivalenten Gleichungssysteme lassen sich in der Regel nicht algebraisch lösen. Stattdessen verwenden menschliche Experten Heuristiken zur arithmetischen Lösung dieser Gleichungen. Eine dieser Heuristiken besteht darin, gezielt Werte für einzelne Bauteile vorläufig anzunehmen. Danach wird simuliert, welche Konsequenzen diese Anfangsbelegung für alle anderen Teile hat. Die Auflösung dabei auftretender Widersprüche führt approximativ zu einer Gesamtlösung. Diese Heuristik ist Vorbild für das 'Prinzip des Weiterleitens von Werten' in den Constraint-Sprachen gewesen. Es gibt eine Reihe ähnlicher Sprachen, z.B. Datenflußsprachen oder PROLOG. An dieser Stelle kann aber leider kein Vergleich mit ihnen erfolgen (siehe aber (STEELE 80) Kapitel X).

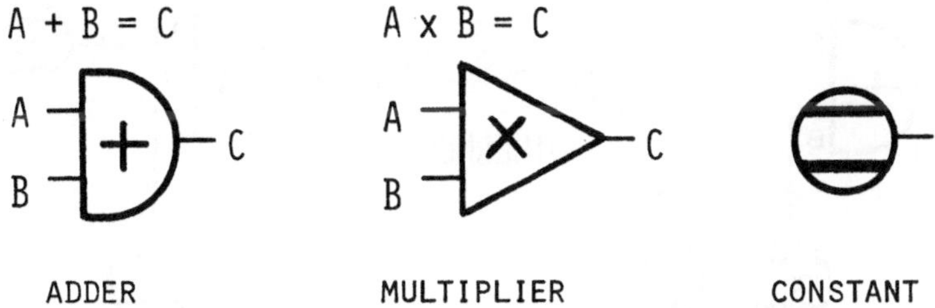

Figur 5: Repräsentation einfacher Constraints und Konstanten

In der hier verwendeten Constraint-Sprache gibt es zwei einfache Constraint-Typen ADDER und MULT (siehe Figur 5). Sie besitzen jeweils drei (mit A,B, und C benannte) 'Pins'. Mehrere Constraints werden mit Hilfe dieser Pins untereinander zu einem Netzwerk verbunden. Ein ADDER-Constraint versucht für die vorhandenen Werte 'auf seinen Pins' sicherzustellen, daß immer die Gleichung a + b = c gilt. Da Constraint-Netzwerke ungerichtet sind, muß auch immer die Gleichung c - a = b erfüllt sein. Analog versucht MULT für sich die Gleichung a x b = c sicherzustellen.

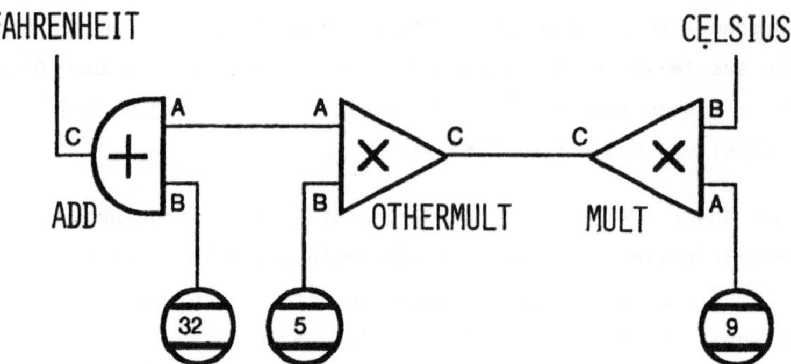

Figur 6: Ein Constraint-Netzwerk zur Temperatur-Konversion

Das folgende Beispiel (siehe (STEELE 80) Kapitel II) eines Constraint-Netzwerkes konvertiert Temperaturangeaben in Celsius nach Fahrenheit und umgekehrt. Die Konversion erfolgt nach der Gleichung

$$\text{Celsius} = \frac{5 \times (\text{Fahrenheit} - 32)}{9}$$

Die Figur 6 zeugt die graphische Darstellung des dazu äquivalenten Constraint-Netzwerkes. Dort wird erst dann ein neuer Wert produziert, wenn entweder auf dem Pin B des Constraint MULT oder dem Pin C des Constraint ADD ein Wert 'angelegt' wird. Setzen wir z.B. die Variable CELSIUS gleich der Konstanten -40.

```
(== Celsius (Constant -40))
```

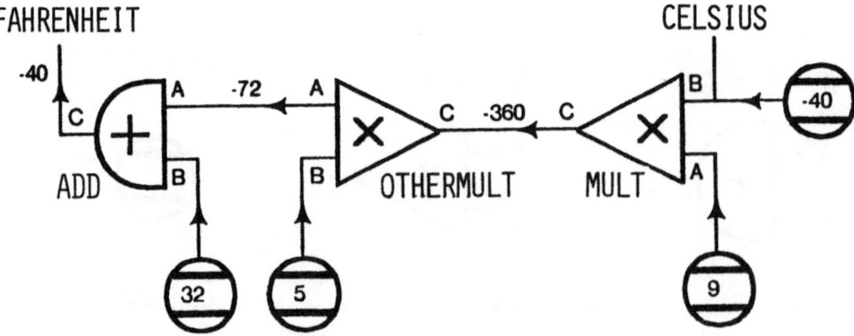

Figur 7: Berechnung einer Temperatur-Konversion

Daraus ergeben sich die folgenden Berechnungsschritte:
(Der Ausdruck (the pin-name constraint-name) referiert auf den Wert des spezifizierten Pin.)

aus: Centigrade =(the b mult)= -40
und: (the a mult)= 9
deduziert mult:
(the c mult)= -40 x 9 = -360

aus: (the c mult)=(the c othermult)= -360
und: (the b othermult)= 5
deduziert othermult:
(the a othermult)=(-360)/5 = -72

aus: (the a othermult)=(the a add) = -72
und: (the b add) = 32
deduziert add:
(the c add)= -72 + 32 = -40

Das Ergebnis ist in Figur 7 dargestellt.

Die wichtigsten Elemente dieser Sprache sind Constraints, Pins, Konstanten und Variablen. Da die letzten drei in ähnlicher Weise verwendet werden (nur sie repräsentieren Werte, die den Constraints für ihre Berechnungen zugänglich sind), repräsentieren wir sie durch eine einzige Datenstruktur CELL. Zellen enthalten nicht nur den Wert eines Pins, einer Konstante oder Variablen, sondern auch Verweise auf andere Zellen, um Gleichungen wie z.B. (=CELSIUS (CONSTANT -40)) zu repräsentieren. Gleichungen dieser Art definieren Äquivalenzklassen in der Menge aller Zellen eines Netzwerkes. Die für eine Äquivalenzklasse typischen Informationen werden in einem Speicher abgelegt, der allen Elementen der Klasse zugänglich ist. Die Technik, die wir dabei verwenden, ist die der 'Identifizierung gemeinsamer Teilstrukturen'.

Wir definieren CELL als eine Datenstruktur, die aus vier Komponenten besteht:

1. eine Identifikation ID. Sie ist in erster Linie für die Meta-Kommunikation mit dem Benutzer gedacht.
2. eine Komponente OWNER, die weggelassen werden kann (in dem Fall, daß eine Zelle eine globale Variable repräsentiert) oder die einen Constraint enthält.
3. eine Komponente NAME, die einen globalen Namen enthält, wenn die Angabe zum OWNER fehlt, oder den Namen des Pins, wenn OWNER ein Constraint ist. Repräsentiert die Zelle eine Konstante, so ist der Wert "?".
4. eine Komponente REPOSITORY, die eine Datenstruktur enthält, in der solche Informationen repräsentiert werden, die mehreren Zellen gemeinsam sind.

Auf ähnliche Weise definieren wir den gemeinsamen Speicher REPOSITORY als Datenstruktur mit sechs Komponenten:

1. eine Markierung BOUNDP, die angibt, ob ein Wert für die Äquivalenzklasse der

Zellen berechnet wurde oder nicht.

2. eine Komponente CONTENTS, die den berechneten Wert enthält, wenn BOUNDP wahr ist.
3. CELLS, die Liste aller Zellen, die diese Struktur als REPOSITORY verwenden.
4. ein Komponente SUPPLIER, die gerade diejenige Zelle der Äquivalenzklasse enthält, die als erstes den Wert für dieseKlasse lieferte.
5. eine Komponente RULE, die den Namen der zur Berechnung verwendeten Regel enthält.
6. eine Markierung MARK, die von Graphmarkierungsalgorithmen bei Konfliktlösungen und Erklärungen verwendet wird.

Äquivalenzklassen werden implizit durch eine Reihe von Selektoren definiert. Ihre Namen sind von der Form NODE- <Komponente des Repository>).

```
(defstruct (repository :named-list :conc-name)
           (contents ( ))
           (boundp   ( ))
           (cells   '( ))
           (supplier'( ))
           (rule    '( ))
           (mark     ( )))
(defmacro node-contents (cell) `(repository-contents (cell-repository ,cell)))
(defmacro node-boundp (cell) `(repository-boundp (cell-repository ,cell)))
(defmacro node-cells (cell) `(repository-cells (cell-repository ,cell)))
(defmacro node-supplier (cell) `(repository-supplier (cell-repository ,cell)))
(defmacro node-rule (cell) `(repository-rule (cell-repository ,cell)))
(defmacro node-mark (cell) `(repository-mark (cell-repository ,cell)))
(defstruct (cell :named-list :conc-name)
     id  owner  name  repository)
(defun cell-ids (rep)
     (forlist (x in (repository-cells rep)) (cell-id x)))
```

Figur 8: LISP Programme zur Definition der Datenstrukturen NODE, CELL und REPOSITORY.

In der Figur 9 wir die Situation dargestellt, daß drei äquivalente Zellen existieren, die den Wert 5 haben. Es wird deutlich, daß alle drei Zellen auf dieselbe Struktur verweisen, die ihren Wert enthält. Die Veränderung des Wertes einer der Zellen wird automatisch in alle anderen Zellen derselben Äquivalenzklasse weitergeleitet.

Da ein Constraint-Netzwerk ein ungerichteter Graph ist, in LISP aber nur gerichtete Graphen direkt darstellbar sind, werden zur Verbindung des ADDER-Constraints und seines C-Pins zwei Zeiger verwendet. Dieselbe Technik der doppelt-verketteten Liste wurde verwendet, um die beiderseitige Verbindung zwischen Zellen und ihrer gemeinsamen Teilstruktur zu erreichen. Das LISP-Programm in Figur 10 stellt gerade diese Verbindung her.

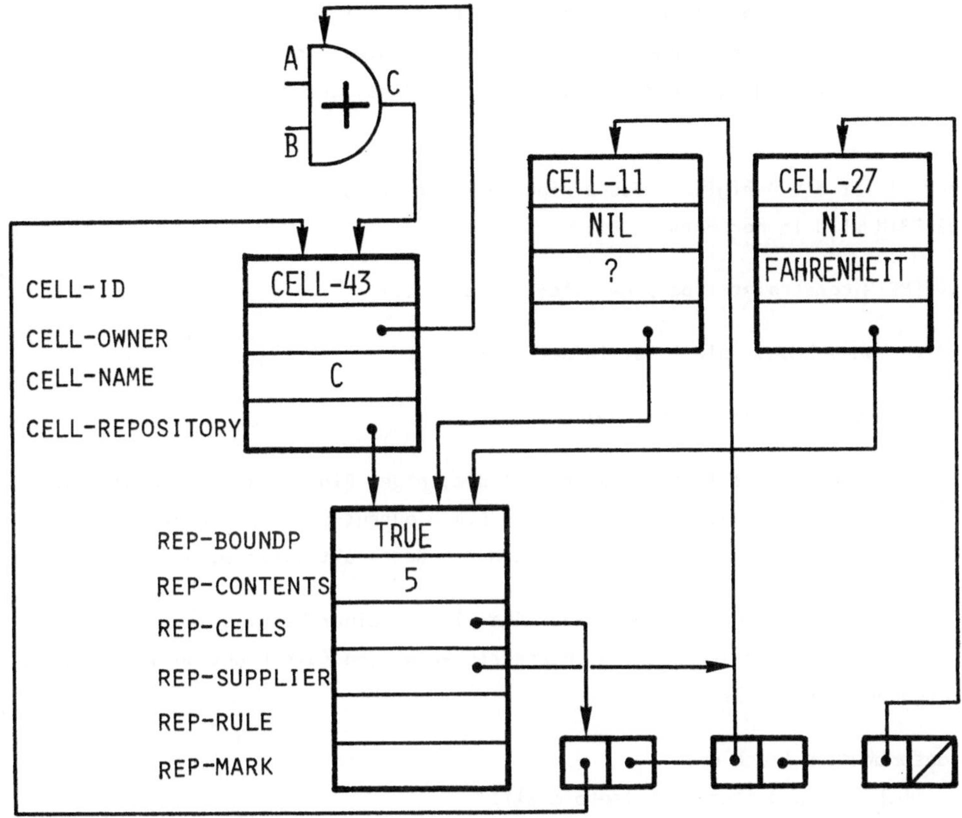

Figur 9: Drei äquivalente Zellen mit Wert fünf.

```
(defun gen-cell (&optional (name '?) (owner ( )))
  (let ([aCell (make-cell)]
        [aRepository (make-repository)]
        [anID   (gen-name 'cell)])
  (setf(cell-id aCell) anID )
  (set anID  aCell)
  (setf(cell-owner aCell) owner)
  (setf(cell-name aCell) name)
  (setf(cell-repository aCell) aRepository)
  (setf(repository-cells aRepository) (cons aCell (repository-cells aRepository)))
  aCell))
```

Figur 10: Verknüpfung zwischen einer Zelle und einem Speicher für die Äquivalenzklasse.

Analog dazu werden Datenstrukturen für Constraint-Typen und Constraints, d.h. Instanzen von Typen, definiert. Wird ein Constraint-Typ, z.B. ADDER, kreiert, müssen für jeden seiner Pins Regeln angegeben werden. Sie definieren sowohl, welche Werte weitergereicht werden sollen, als auch wann ein Widerspruch auftreten soll. In diesen Regeln wird hier die Technik der Einbettung deutlich. Der Code, den jede einzelne Regel enthält, ist eine Mischung aus Lisp, d.h. der Gastsprache, und Ausdrücken der Constraint-Sprache.

In Figur 11 ist die Definition des einfachen Constraints MULT dargestellt. Die Funktion DEFPRIM wird in der Form

```
(DEFPRIM constraint-type pins rule-1 rule-2 ...)
```

aufgerufen. Jede Regel rule-i ist in der Form

```
(output-pins trigger-pins body)
```

dargestellt. Die Liste trigger-pins enthält diejenigen Pins, die Werte haben müssen, damit die Regel angewendet werden kann. Die Liste output-pins spezifiziert die Pins, die möglicherweise einen Wert erhalten, wenn die Regel aktiviert wird.

Der body gibt den Code an, der bei einer Aktivierung einer Regel evaluiert wird. Die Lisp-Anteile darin sind in Figur 11 unterstrichen worden (die Funktion SETC ist der Zuordnungsoperator für Zellen).

```
(defprim mult ( a b c )
   ((c) (a) (and (zerop a) (setc c Ø)))
   ((c) (b) (and (zerop b) (setc c Ø)))
   ((c) (a b) (setc c ( * a b)))
   ((b) (a c) (and (not (zerop a)) (zerop (\ c a))
                   (setc b (/ c a))))
   ((a) (b c) (and (not (zerop b)) (zerop (\ c b))
                   (setc a (/ c b)))))
```

Figur 11: Die Definition des Constraint MULT

Zusammenfassung

Mehrere Softwaretechniken, die typischerweise in LISP-basierter KI-Software verwendet werden, sind anhand mehr oder weniger einfacher Beispiele vorgeführt worden. Im ersten Beispiel wurde ein Bootstrapping-Verfahren bei einer Spracherweiterung von Lisp angedeutet. Dabei wurde von dem Macro-Prozessor in Lisp Gebrauch gemacht. Im Zusammenhang mit SCHEME sind typische Kontrollstrukturen wie Fortsetzungen und Escape-Operator vorgestellt worden. Sie werden häufig bei der Implementierung non-deterministischer Algorithmen eingesetzt.

Zur Entwicklung von KI-Software sind immer hohe Ansprüche an die Programmierumgebung gestellt worden. Die Verwendung von Lisp zur Implementierung von allgemeinen Editoren zeigt, daß Lisp als Breitbandsprache eingesetzt werden kann.

Der größte Teil ist der Teilimplementierung einer KI-Sprache gewidmet. Dabei ist u.a. die Technik der Spracheinbettung eingesetzt worden. Eine andere ist die der Identifizierung gemeinsamer Teilstrukturen. Daraus resultierte eine relativ gute Abbildung der visuellen Konzepte einer auf Netzwerken basierenden Sprache in Lisp-Datenstrukturen und deren interne Repräsentation.

Literatur:

Abelson,H.; Fano, R.; Sussman, G.J. (1981): Stucture and interpretation of computer programs. Course Note, M.I.T. Dep. of Electronical Engineering and Computer Science, Cambridge (MA), 1981

Allen, J. (1978): The anatomy of Lisp. McGraw Hill, New York, 1978

Backus, J. (1978): Can programming be liberated from the Von Neumann style? In: Comm. of ACM, Vol 21, 1978, S. 613-641

Barr, A.; Feigenbaum, E. (1982) (Hrsg.): Handbook of Artificial Intelligence. Vol. II, William Kaufmann, Los Altos (CA), 1982

Bawden, A.; Greenblatt, R.; Holloway, J.; Knight, T.; Moon, D.; Weinreb, D. (1977): Lisp machine progress report. AI Memo 444, M.I.T. Artificial Intelligence Laboratory, Cambridge (MA), 1977

Brooks, R.A.; Gabriel, R.P.; Steele, G.L. (1982): An optimizing compiler for lexically scoped-Lisp. In: Proceedings SIGPLAN Symposium on Compiler Construction, Boston, 1982, S. 261-275

Brown, P.J. (1974): Macro Processors. John Wiley, New York, 1974

Charniak, E.; Riesbeck, C.; McDermott, D. (1980): Artificial Intelligence programming. Lawrence Erlbaum, Hillsdale, 1980

Church, A. (1941): The calculi of Lambda conversion. Princeton University Press, Prince ton 1941, Nachdruck bei Klaus Reprint, New York, 1965

Deering, M.; Faletti, J.; Wilensky, R. (1981): PEARL: A package for efficient access to representations in Lisp. In: Proceedings of 7th Int. Joint Conf. on Artificial Intelligence, Vancouver, 1981, S. 930-932

Fateman, R.J. (1982): FUGUE Notes. Dep. of Computer Science, University of California, Berkeley (CA), 1982

Finseth, C.A. (1980): Theory and practice of text editors or a cookbook for an Emacs. Memo TM-165, M.I.T. Computer Science Lab., Cambridge (MA), 1980

Fischer, H.L.; Raulefs, P.; Voss, H. (1981): CSSA-Projekt. Memo SEKI-BN-81-02, Institut für Informatik, Bonn, 1981

Foderaro, J.K. (1980): The Franz Lisp manual. Dep. of Computer Science, University of California, Berkeley (CA), 1980

Goldberg, A.; Kay, A. (1976): Smalltalk-72 instruction manual. Memo SSL 76-6, Learning Research Group, Xerox, Palo Alto (CA), 1976

Gordon, M.J.C. (1979): The denotational description of programming languages. Springer, Heidelberg, 1979

Greenberg, B.S. (1980): Prose and CONS. In: Proceedings of the Lisp Conference, Stanford, 1980, S. 6-12

Hein Sågvall, A. (1982): An experimental parser. In: Proceedings of Coling '82, North Holland, Amsterdam, 1982, S. 121-126

Hewitt, C. (1977): Viewing control structures as patterns of passing messages. In: Journal of Artificial Intelligence, Vol 8, 1977, S. 323-364

Holloway, J.; Steele, G.L., Sussman, G.J. (1980): The Scheme-79 chip. AI Memo 559, M.I.T. Artificial Intelligence Lab., 1980

Kay, M. (1982): When meta-rules are not meta-rules. In: Proc. of Natural Language Parsing Workshop, Colchester (Essex), 1982

Laubsch, J.M. (1982): OBJTALK eine Lisp-Erweiterung zum objekt-orientierten Programmieren. MMK-Memo 22, Institut für Informatik Stuttgart, 1982

McCarthy, J. (1960): Recursive functions of symbolic expressions and their computation by machine. Part I. In: Comm. of ACM, Vol. 3, 1960, S. 184-195

McCarthy, J.; Abrahams, P.W.; Edwards, D.J.; Hart, T.P.; Levin, M.I. (1962): Lisp 1.5 programmer's manual. M.I.T. Press, Cambridge (MA), 1962

McCarthy, J. (1980): Lisp-Notes on its past and future. In: Proceedings of the Lisp Conference, Stanford, 1980, S. V-VIII

Moon, D.A. (1974): MacLisp reference manual (Revision Ø), Project MAC, M.I.T., Cambridge (MA), 1974

Phillips, B.; Hendler, J.A. (1982): A message-oriented control structure for text understanding. In: Proceedings of Coling '82, North Holland, Amsterdam, 1982, S. 307-312

Reynolds, J.C. (1972): Definitional interpreters for higher order languages. Proceedings of ACM National Conference, Boston, 1972, S. 717-740

Roberts, R.B.; Goldstein, I.P. (1977): The FRL manual. AI Memo 409, M.I.T. Artificial Intelligence Lab., Cambridge (MA), 1977

Sandewall, E. (1978): Programming in an interactive environment: the "Lisp" experience. In: Computing Surveys, Vo. 10, 1978, S. 35-71

Scott, D. (1973): Models for various type-free calculi. In: Suppes, P; Henkin, L.; Joja, A.; Moisil, G.C. (Hrsg.) Methodology and philosophy of science IV, North-Holland, Amsterdam, 1973, S. 157-187

Stallman, R.M. (1979): Emacs: The extensible, customizable, self-documenting display editor. AI Memo 519, M.I.T. Artificial Intelligence Lab., Cambridge (MA), 1979

Steele, G.L.; Sussman, G.J. (1976): LAMBDA the ultimate imperative. AI Memo 353, M.I.T. Artificial Intelligence Lab., Cambridge (MA), 1976

Steele, G.L. (1977): Debunking the "Expensive Procedure Call" myth. AI Memo 443, M.I.T. Artificial Intelligence Lab., Cambridge (MA), 1977. Auch in: Proc. of ACM National Conference, Seattle, 1977

Steele, G.L.; Sussman , G.J. (1978): The revised report on Scheme a dialect of Lisp. AI Memo 452, M.I.T. Artificial Intelligence Lab., Cambridge (MA), 1978

Steele, G.L. (1980): The definition and implementation of a programming language based on constraints. AI TR-595, M.I.T. Artificial Intelligence Lab., Cambridge (MA) 1980

Steele, G.L.; Sussman , G.J. (1980): Design of a Lisp-based microprocessor. In: Comm. of ACM, Vol. 23, 1980, S. 628-645

Steels, L. (1981): Programming with objects using Orbit. AI Memo 13, AI Publications, Schlumberger-Doll Research, Ridgefield (CT), 1981

Steels, L. (1982): Constraints as consultants. In: Proc. of European Conference on Artificial Intelligence, Paris, 1982, S. 75-78

Stoyan, H.(1980): Lisp - Anwendungsgebiete, Grundbegriffe, Geschichte. Akademie-Verlag, Berlin, 1980

Sussman, G.J.; Stallman, R.M. (1975): Heuristic techniques in computer-aided circuit analysis. In: IEEE Trans Circuits and Systems, Vol, CAS-22, 1975, S. 857-865

Sussman, G.J.; Steele, G.L. (1975): Scheme an interpreter for extended Lambda Calculus. AI Memo 349, M.I.T. Artificial Intelligence Lab., Cambridge (MA), 1975

Sussman, G.J. (1977): SLICES: At the boundary between analysis and synthesis. In: Latombe, J.-C. (Hrsg.) Artificial Intelligence and Pattern Recognition in Computer-Aided Design, North-Holland, Amsterdam, 1978, S. 261-298

Teitelman, W. (1978): Interlisp reference manual. Xerox, Palo Alto Research Center, Palo Alto (CA), 1978

Teitelman, W.; Masinter, L. (1981): The Interlisp programming environment. In: IEEE Computer, Vol. 14, 1981, S. 25-33

Weinreb, D.; Moon, D.A. (1981): Lispmachine Lisp manual. Symbolics, Cambridge (MA), 1981

Winston, P.H.; Horn, B.K.P. (1981): Lisp. Addison-Wesley, Reading (MA), 1981

F A C H G E S P R Ä C H

"INFORMATIK ZWISCHEN MILITÄRISCHEN UND ZIVILEN ANWENDUNGEN"

Veranstaltet von der Fachgruppe "Gesellschaftliche Aspekte der Informatik" im Fachausschuß 15

Programmkomitee

H. Winkler, Sindelfingen (Vorsitz) - H. Brinckmann, Kassel - H. Genrich, Bonn - B. Lutterbeck, Bonn

Inhalt des Fachgesprächs Seite

* Der Beitrag ist erst nach Redaktionsschluß eingegangen

INFORMATIK ZWISCHEN MILITÄRISCHEN UND ZIVILEN ANWENDUNGEN

Einige notwendige Vorbemerkungen des Programmkomitees

Warum dieses Thema?

Zwei Pressemeldungen aus jüngster Zeit:

Der Spiegel berichtet am 26. April 1982 unter der Überschrift "Krieg der Automaten":

> "Die Sowjetunion will nach Berichten von US-Experten ihre nukleare Verteidigung grundlegend ändern. Durch die Modernisierung der strategischen US-Rüstung sehen Moskaus Militärplaner vor allem ihr Arsenal an landgestützten Interkontinentalraketen bedroht. Die Sowjets erwägen daher, so erfuhr eine Besuchergruppe des Washingtoner "Institute for Policy Studies" in Moskau, diese Raketen automatisch zu starten, sobald die Frühwarnsysteme einen Atomangriff anzeigen. Dieses Verfahren, das "menschliche Element" aus der Krisenplanung auszuschalten, sei äußerst gefährlich, räumte ein russischer Rüstungsexperte ein. Bisher hätten die Sowjets "rigidere Kontrollen über Atomwaffen" gehabt als die Amerikaner. Der Mensch scheint verläßlicher als die Automaten: Zweimal, im November 1979 und im Juni 1980, hatte die amerikanischen Computer irrtümlich den Anflug sowjetischer Raketen gemeldet."

Die Frankfurter Rundschau meldete am 26. Juni 82, daß ab 1. September 1982 ein Stab der militärischen Nasa, des militärischen Oberkommandos für den Weltraum arbeiten wird.

Beides ein Thema für Informatiker und die Gesellschaft für Informatik?

Die Wechselwirkungen zwischen Informatik und Gesellschaft werden seit langem auch in der GI thematisiert. Themen waren bzw. sind z. B. Datenschutz, die automatisierte Fabrik, die automatisierte Verwaltung sowie Informations- und Kontrollsysteme im betrieblichen und öffentlichen Bereich, aber auch im Sicherheitsbereich.

Das automatisierte Gefechtsfeld oder die die militärischen Systeme steuernden und koordinierenden Informations-, Kontroll- und Kommunikationssysteme waren bisher kein Thema für eine wissenschaftliche Auseinandersetzung. Nicht thematisiert wurde auch die Frage, welche militärischen Anforderungen an der Wiege der Informatik gestanden haben und diese heute noch herausfordern und ob und inwieweit diese Fragestellungen die technologische Entwicklung auch im zivilen Bereich prägen.

Inzwischen stoßen bestimmte Formen von Automatisierung auf Widerstand. Insbesondere für die Realität automatisierter Kriege sowie die reale Möglichkeit eines durch Computerentscheidung ausgelösten dritten Welt- oder Weltraumkrieges scheint bisher jedoch die Vorstellungskraft, mehr noch die Bereitschaft, sich wissenschaftlich damit auseinanderzusetzen, zu fehlen.

Obwohl uns bewußt war, daß die Diskussion eines bisher weitgehend tabuisierten und von Geheimhaltung gekennzeichneten Themas zur Emotionalisierung und zum Austausch von Schlagworten statt zu Analysen und Argumenten führen könnte, haben wir uns entschlossen, dieses Fachgespräch zu veranstalten. Wir gehen davon aus, daß diese Fragen sachlich und wissenschaftlich diskutierbar sind.

Innerhalb der Disziplin Informatik nimmt Joseph Weizenbaum am entschiedensten Stellung:

> "Nehmen wir als Beispiel den sehr einfachen Satz: "Computer wurden erfunden und entwickelt, um Menschen bei der Lösung menschlicher Probleme zu helfen." Eine sehr einfache Aussage. Ich habe sie oft gehört und an vielen Leuten ausprobiert. Sie wird kaum bestritten. Aber der Satz stimmt nicht. Denn Computer wurden entwickelt, um den Massenmord an Menschen effizienter zu machen. Ihr Ursprung liegt, abgesehen

> von der ersten Erfindung, im Militärwesen. So steht es auch mit der Kerntechnologie, der Luftverkehrstechnik, der Raketenentwicklung, ja man kann verallgemeinern und sagen, daß alle modernen Hochtechnologien ihrer Entwicklung militärischen Gründen verdanken."

So wenig seine These oder eine mögliche Gegenthese bisher bewiesen ist, so ist diese Position gegenüber möglichen anderen und ihre Folgerungen auch in der GI offen zu diskutieren.
Das Fachgespräch kann jedoch nur ein Einstieg und ein Anstoß zu Forschungsarbeiten sein.

Zum Zusammenhang von Informatik und Gesellschaft

Die gegenseitigen Beziehungen zwischen Informatik und Gesellschaft lassen sich wie folgt charakterisieren: Es gibt Wirkungen der Informatik auf die Gesellschaft und es gibt Wirkungen der Gesellschaft auf die Informatik. Dieses Fachgespräch will zunächst nach dem zweiten Teilaspekt fragen: Welche gesellschaftlichen Bedingungen brachten die Informatik hervor und gerade auf den Stand, auf dem sie heute steht?

Da man kaum annehmen kann, es sei nur die eine Informatik denkbar oder gar nur eine einzige informationstechnische Entwicklungslinie, muß man präziser danach fragen, welche gesellschaftlichen Bedingungen - auf allgemeiner Ebene - zu dem vorfindlichen Typ von Informatik und - auf konkreter Ebene - zu den einzelnen Ausprägungen der Technik geführt haben, die wir heute am Markt vorfinden und die dann hier und heute gesellschaftliche Auswirkungen entfalten.

Zu fragen ist, welche Auswahlen im Rahmen der Entwicklung von informatischer Wissenschaft und Technik aufgrund der gesellschaftlichen wie wissenschaftlich-technischen Ausgangslage getroffen worden sind und ob das Militär als einer der potentiell wirksamen gesellschaftlichen Faktoren hier besondere Bedeutung gezeigt hat.

Zum Verhältnis von Technikentwicklung und -anwendung

Hier gibt es stark vereinfacht zwei Sichtweisen:

Die eine besagt, daß die technische Entwicklung im wesentlichen durch die Anstöße von potenten Anwendern bestimmt wird, also primär von den Anforderungen her erklärt ist. Im Gegensatz dazu steht die Sicht einer gegenüber ihre späteren Anwendung verselbständigten wissenschaftlich-technischen Entwicklung; hiernach setzen nicht anwendungsorientierte Anstöße, sondern andere gesellschaftliche Faktoren - z. B. wissenschaftlich-technischer Erfindergeist - Innovationen in Gang und lassen sie anwendungsreif werden, während die Anwender nur aus dem fertigen Warenkorb auswählen und bestenfalls noch Anstöße zu weiteren Verbesserungen geben.

Legt man die erste Sichtweise den weiteren Überlegungen zugrunde, dann muß man weiter danach fragen, was dies für die Richtung der wissenschaftlich-technischen Entwicklung, für die gesellschaftliche Brauchbarkeit der Forschungs- und Entwicklungsergebnisse bedeutet. Wiederum gibt es zwei Möglichkeiten:

Man kann annehmen, daß es letztlich gleichgültig ist, welcher Art von Anstöße unsere Gesellschaft einen bestimmten Stand von Technik verdankt, und kann hierzu aufgrund folgender Auffassungen gelangen:

> Eigengesetzlichkeit der wissenschaftlich-technischen Entwicklung: Danach beeinflußt die gesellschaftliche Nachfrage lediglich die Geschwindigkeit, aber grundsätzlich nicht Richtung und Inhalt wissenschaftlich-technischer Forschung und Entwicklung und Gesellschaft wirkt nur insofern, als sie die Entwicklung von Wissenschaft und Technik oder einer speziellen Ausprägung, z. B. der Informatik, mehr oder weniger begünstigt.

Prinzipielle Gleichheit von zivilen und militärischen Anforderungen: Zumindest in den heutigen industriellen Systemen unterscheiden sich militärische und zivile Anforderungen an wissenschaftlich-technische Entwicklung und also auch an Informatik dem Inhalt nach nicht. Die Nachfrage aus dem militärischen Bereich entspricht der aus dem zivilen im Grunde. Bei dieser Sicht kann also Nachfrage durchaus initiale Wirkung haben, aber militärisch dominierte Nachfrage nimmt lediglich die noch nicht artikulierte zivile Nachfrage vorweg.

Man kann aber auch annehmen, daß es höchst bedeutsam ist, wie die Entstehungsbedingungen aussehen, weil die Anstöße, die die Entwicklung in Gang setzen, durchaus auch Inhalt und Richtung bestimmen. Wer danach annimmt, daß die Entwicklung der Informatik von dem kräftigsten Nachfrager geprägt ist, kommt zu dem Ergebnis, daß die Technik gerade nicht neutral ist im Sinne beliebiger Verwendbarkeit; denn die wissenschaftlich-technische Entwicklung insgesamt wie in einzelne Verfahren und Produkte gehen die Vorstellungen dieses Nachfragers über Sinn und Zweck der Technik ein. Die so konstruierte Technik transportiert in ihren einzelnen Ausprägungen eingebaute Vorstellungen des nachfragenden Gesellschaftsbereiches in die anwendenden Gesellschaftsbereiche hinein.

Knapp formuliert bedeutet dieses für die Informatik, daß zumindest bestimmte Aussagen, Arbeitsweisen wie auch Produkte sich an aus militärischer Sicht formulierten Bedürfnissen orientiert haben. Sie sind dann auch von militärischen Vorstellungen geprägt. Ein Beispiel scheint die aufgrund der Spezifikationen des militärischen Auftraggebers entworfene Sprache ADA zu sein. Militärischen Vorstellungen - etwa in bezug auf Effizienz, sozialer oder ökologischer Verträglichkeit, Aktionsfreiheit, Flexibilität, Verwundbarkeit - sind nach dieser Einschätzung in die Struktur dieser Sprache eingegangen. Sie kann dann dem Anwender im zivilen Bereich insofern nicht mehr als neutrales Instrument zur Verfügung stehen.

Zur Verdeutlichung der Fragestellungen sei der Transfer von Technik aus Industrieländern in die Länder der Dritten Welt angeführt: Auch hier geht es darum, ob Verfahren und Produkte, die für Nachfrager mit ganz spezifisch sozio-ökonomischen Merkmalen, eben den Merkmalen der westlichen Wirtschaftsordnung oder auch der hochindustriellen Länder, entwickelt worden sind, sich in anderen sozialen Umwelten verwenden lassen, ohne zugleich diese Merkmale (die des Kapitalismus oder die der Industriegesellschaft) oder zur Wirkung kommen zu lassen.

Kehren wir nochmals kurz zum Ausgangspunkt unserer Überlegungen zurück: Dort haben wir uns zunächst dem einen Wirkungszusammenhang zugewandt und die Informatik als von der Gesellschaft bestimmte Größe betrachtet. Im zweiten Teil des Fachgesprächs wollen wir auch den anderen Wirkungszusammenhang zur Diskussion stellen: Welche Auswirkungen hat der heute erreichte Stand der Informatik wie der Informationstechnik auf die militärpolitische Lage, auf den Krieg als Mittel der Politik, auf die interne und externe Situation des Militärs.

Folgerungen für die Informatik und die Informatiker

Es sind also durchaus recht weitreichende Fragestellungen formulierbar, die jedoch bisher - soweit ersichtlich - nicht bearbeitet werden, aber dringend der wissenschaftlichen Aufarbeitung bedürfen. Geschieht das nicht, dann besteht die Gefahr, daß sich oberflächlich so etwas wie eine Eigengesetzlichkeit der wissenschaftlich-technischen Entwicklungen durchzusetzen scheint, während unter dieser Oberfläche die gesellschaftlichen Kräfte unkontrollierbar, weil unerkannt, am Werke sind.

Ein Fachgespräch wie dieses sollte auch die Situation der Informatiker an ihren unterschiedlichen Arbeitsplätzen einbeziehen. Damit ist auch so etwas wie eine Berufsethik für Informatiker angesprochen. Was bei Medizinern eine jahrhundertealte Tradition hat, was die Atomphysiker seit Hiroshima bewegt, was gerade jetzt in der Genforschung Wissenschaft und Öffentlichkeit aufrührt, geht auch die Informatiker an:

- Was ist die Rolle der Disziplin Informatik?

- Wie verhalten sich die Informatiker gegenüber ihrer Arbeit und deren Folgen?

COMPUTERISIERTES MILITÄR - MILITARISIERTE INFORMATIK ?

M.Reisin

Institut für angewandte Informatik
Fachgebiet Softwaretechnik
TU Berlin

0. Einleitung

Im Rahmen eines Interviews für eine bundesrepublikanische Tageszeitung stellte der am MIT tätige Computerwissenschaftler J. Weizenbaum u.a. fest:

> "...(Die) einfache Wahrheit muß ausgesprochen werden, sie betrifft die Tatsache, daß die Computerforschung und -entwicklung vom ersten Tag bis heute fast ausschließlich von der Weltrüstung ausgegangen ist, hauptsächlich vom nordamerikanischen Verteidigungsministerium." /1/

Tatsächlich liegt in dieser Aussage nicht mehr als die einfache Wahrheit. Sie ist nicht besonders und auch nicht neu. Bemerkenswert an der von J. Weizenbaum getroffenen Feststellung ist nur, daß hier als Mahnung ausgesprochen wird, was in der Fachliteratur der Informatik häufig als Würdigung und Huldigung einer gelungenen Symbiose erscheint:

> "Computer technology is a prime contributor to the success of today's modern defense force. Large and complex weapon systems such as the AEGIS Fleet Defense System, Minuteman and the Airborne Warning and Control System (AWACS) depend upon digital computer networks to perform critical weapon control, combat direction, target detection and tracking, guidance and navigation functions in real time. Computer technology has been widely exploited in the development of these systems..." /2/

Zweifellos ist die Verquickung wissenschaftlicher und technischer Entwicklungen mit militärstrategischen Veränderungen und rüstungstechnologischen Neuerungen nicht allein für die Computertechnologie feststellbar. Im Kontext einer auf wirksame Abschreckung beruhenden Militärdoktrin, die die qualitative Aufrüstung als Maxime verfolgt, spielen Wissenschaft und Technik eine entscheidende Rolle:

> "...World War II was won, essentially, on quantity of weaponry. All present indications are that, if there is a World War III, it will be won by whichever side possesses at the outset weaponry of superior quality... There are fewer and fewer production lines of the type we had in the past. On the other hand, there is more and more research and development in a never-ending effort to turn out better and still better weapon systems..." /3/

Dennoch kommt dem Zusammenhang zwischen der Forschung und Entwicklung in der Computertechnik und den innovativen Veränderungen im gesamten militärischen Bereich in den letzten Jahrzehnten eine spezifische Bedeutung zu. Die Elektronik und Computertechnologie bilden die zentrale und unersetzliche Voraussetzung nicht nur für die Modernisierung der Waffensysteme, sondern auch für die Perfektionierung militärischer Kontroll- und Führungs-, sowie Planungs- und Verwaltungssyssteme.

Computersysteme sind das Kernstück moderner Kriegsführung. Hieraus ergibt sich eine innere Wechselbeziehung zwischen rüstungstechnologischen und computertechnologischen Entwicklungen, wobei das Primat militärstrategischer Anforderungen für die Entwicklung und Forschung der Computerwissenschaft von Anbeginn kennzeichnend ist und in wachsendem Maße zunimmt.

> "Deterrence by maintenance of a realistic assured destruction capability has been and remains the fundamental objective of United States Strategic Nuclear Forces. During the past three decades there have been definite shifts in national strategy, following on the heels of technology break-throughs represented by the long range bomber, thermonuclear weapons, intercontinental ballistc missiles, nuclear submarines, and reconnaisance satelites..." /4/

Keiner dieser - im wesentlichen die sechziger Jahre bestimmenden - "technologischen Durchbrüche" ist ohne die umfassende Computerisierung der Luftwaffe und Raumfahrt denkbar und jedes dieser Waffensysteme ist bereits Gegenstand wissenschaftlicher Beiträge auf computerwissenschaftlichen Fachtagungen gewesen. Und doch sollen die militärstrategischen Anforderungen in den siebziger Jahren noch wachsen:

"An interesting departure is now occurring from the historic order of strategy lead by technology... Strategy is leading technology to provide the President an ability to execute new weapon systems anywhere on the earth using sophisticated information gathering, analysis, command and control capabilities... While the current evolution in targeting doctrine does not mean radical departure from postplanning procedures, the information data processing and computational requirements for strategic planning are significantly increased." /5/

Vor diesem Hintergrund ist das Leitmotiv des vorliegenden Beitrages "Computerisierung des Militärs - Militarisierung der Informatik" gewählt worden.
Gegenstand des Papiers ist es, die Rolle der Computertechnologie und -wissenschaft für eine auf ständiger Erweiterung und Verbesserung der Waffensysteme basierende Militärtechnologie zu beleuchten und umgekehrt die Wirkungsweise militärstrategischer Vorgaben auf die Entwicklung und Entfaltung der Informatik zu untersuchen.

Es ergibt sich von selbst, daß dies nicht in der nötigen Detaillierung und Vertiefung, sondern nur am Beispiel und auch hier verkürzt erfolgen kann.

Die Beschränkung der Untersuchung auf die Wechselwirkung Militär - Informatik in den Vereinigten Staaten von Amerika erklärt sich aus der Beschaffenheit der mir zugänglichen Literatur.

Die Entscheidung, die oben benannten Zusammenhänge anhand der unter der Schirmherrschaft der NATO durchgeführten ersten internationalen Arbeitskonferenz über Software-Engineering herauszuarbeiten, soll sich aus der Behandlung des Gegenstandes selbst ergeben.

Anliegen des Beitrages ist es, Fragen nach den gesellschaftspolitischen aber auch nach den wissenschaftsimmanenten Konsequenzen einer sich vor unseren Augen vollziehenden, offensichtlichen und doch von uns kaum reflektierten Entwicklung zu formulieren. Insofern ist der vorliegende Beitrag nicht als Präsentation erzielter Forschungsergebnisse zu begreifen, sondern eher als erster Versuch paradigmatisch ein Forschungsvorhaben zu formulieren.

Im 1. Kapitel werden technologische Voraussetzungen sowie militär- und wirtschaftspolitische Hintergründe, die für die Einberufung der 1. NATO-Konferenz zu Software-Engineering eine Rolle gespielt haben, beleuchtet.

Im 2. Kapitel wird der Stellenwert der Konferenz in der Entwicklung der Informatik dargestellt.
Im 3. Kapitel schließlich werden gewissermaßen schlußfolgernd einige der sich aus 1. und 2. ergebenden Fragen diskutiert.

1. Technologische und wirtschaftspolitische Hintergründe der Softwarekrise der 60er Jahre

> "It was the US military-industriell complex that first started to try and develop very large systems involving man-millenia of effort."
>
> B. Randell

Die 1. NATO Konferenz für Software-Engineering 1968 wurde auf dem Hintergrund einr für die sechziger Jahre festgestellten Softwarelücke ("Software Gap"), deren Auswirkungen die Form einer Softwarekrise ("Software Crisis") angenommen hatten /6/, einberufen.

Die Vokabel Softwarelücke beschreibt die spezifische Erscheinung einer Entwicklunsphase der Computertechnologie und kann insofern als fachimmanenter Begriff angesehen werden.

Demgegenüber benennt das Wort Softwarekrise eine im Kontext der Computertechnologie und infolge der Softwarelücke entstandene ökonomische und politische Situation. Softwarekrise wird im folgenden als politökonomisches Theorem im Sinne einer Hypothese behandelt.

Für den Entwicklungsstand der Computertechnologie, der durch den Begriff Softwarelücke bezeichnet wurde, sollen nur die relevanten Kennzeichen skizziert werden. Seine Ursachen in der vorangegangenen Computergeschichte in den vierziger und fünfziger Jahren werden nicht näher untersucht.

Der Begriff Softwarekrise hingegen soll näher untersucht werden. Hierbei wird der Versuch unternommen, die Ursachen aufzuspüren, die die Softwarelücke als Krise politischen und ökonomischen Charakters erscheinen lassen. Dabei geht es letztlich um die Bestimmung derjenigen gesellschaftspolitischen Kräfte, denen die Softwarelücke als Krise erscheinen muß. Diese werden im Militär-Industrie-Komplex angesiedelt, was zu begründen sein wird.

Die Untergliederung des Kapitels ergibt sich wie folgt:

1.1. Softwarelücke - Kennzeichen eines Entwicklungsstandes der Computertechnologie in den sechziger Jahren

> "During the 1960's dramatic things happened to the technology of digital computers. Microelectronic integrated circuits....were introduced. This new silicon technology gave birth to a new generation of airborne digital computers which is characterized by low cost per bit, small volume per bit, small weight per bit and high speed." /7/

Zweifellos stellt die integrierte Halbleitertechnik einen vorläufigen Höhepunkt der während der vierziger und fünfziger Jahre nachweislich von militärischer Seite vorangetriebenen Umwälzung im Hardwarebereich dar. Das Ziel weitgehender Miniaturisierung der zentralen Bauelemente des Computers bei gleichzeitig erhöhter Zuverlässigkeit war erreicht. Erstmalig Anfang der sechziger Jahre von der Fa. Autonetics beim Bau eines verbesserten Führungs- und Regelsystems der dreistufigen interkontinentalen Feststoffrakete "Minuteman II" angewendet /8/, leitete die neue Technologie eine neue Computergeneration - die sogenannte 3. Generation - ein.

Mit der Umstellung des Herstellungsverfahrens integrierter Schaltkreise von manuell-mechanischer auf photolithographische Technologie konnten Computerbauelemente als Massenprodukte erzeugt werden.

Kennzeichnend für die 3. Computergeneration ist die Möglichkeit der preiswerten Herstellung großdimensionierter Hardwaresysteme und insbesondere die serienmäßige Produktion komplexer Computer-Konfigurationen.

Kennzeichnend für die 3. Computergeneration ist aber auch die zunehmende Bedeutung der Software und der Softwareerstellung.

Insbesondere bezüglich der Leistungskapazität und Produktivität der Computersysteme nahm die Bedeutung der Systemsoftware im Verhältnis zur Hardware zu.

> "The distinguishing characteristic of third-generation-systems...-(is that)...the hardware system is designed to operate...under control of a rather sophisticated software system, and will perform very poorly or not at all in the absence of such a system." /9/

Komplexe Systemsoftware war die Grundlage für gleichfalls groß dimensionierte, für spezifische Anwendungsbereiche entwickelte Softwaresysteme. Damit ergaben sich jedoch neuartige Problemstellungen.

> "The problems of digital computer hardware faded into the background to be replaced with new problems of using the computers - how to communicate with the displays...how do you program the computer to do all the things you are now asking it to do? how do you discover, when the computer is malfunctioning...? /10/

Insgesamt fehlten Wissen und Erfahrung bei der Erstellung großer und neuartiger Software. Weder der Kosten- noch der Zeitaufwand der Softwareerstellung konnten abgeschätzt werden. Es mangelte an Fachkräften, Softwaresysteme wurden häufig von Laien erstellt. Undurchschaubare, kaum erweiterbare und weitgehend unzuverlässige Softwareprodukte waren die Folge. Enorme Verlustkosten entstanden für Fehlentwicklungen sowie für die Instandsetzung fehlerhafter Systeme.

Vor solche und ähnliche Probleme sahen sich Computerwissenschaftler, -anwender und -hersteller Mitte der sechziger Jahre gestellt.

Forciert durch enorme finanzielle und technische Ressourcen und Ergebnis naturwüchsiger Entwicklung war die Computerentwicklung an Grenzen gestoßen. Erstmalig in der Computergeschichte machte sich der Mangel an Theoriebildung, an Methodologie und Qualifikationen geltend und schlug sich materiell nieder.

1.2. Stellenwert der Computertechnologie für den Militär-Industrie-Komplex in den sechziger Jahren

1.2.1. Begriffsklärung Militär-Industrie-Komplex

Unter Militär-Industrie-Komplex verstehe ich die ökonomisch-politische Macht, die sich aus der Verschmelzung der Rüstungsunternehmen, der militärischen Führungsorgane und der für die Verteidigungspolitik verantwortlichen staatlichen Organe ergibt. Die Begriffsbildung selbst ist auf die Abschiedsrede des US-Präsidenten Eisenhower vom 17.1.1961 zurückzuführen:

> "Die Verquickung des riesigen Militärestablishments mit der gewaltigen Rüstungsindustrie stellt in der Geschichte Amerikas eine neue Erscheinung dar...Wir müssen uns über ihre bedrohlichen Folgen klar werden und Maßnahmen dagegen treffen, daß der Militär- und Industriekomplex absichtlich oder unbeabsicht einen derart großen Einfluß gewinnt, wie er nicht geduldet werden kann." /11/

1.2.2. Determinanten der Militärstrategie und Rüstungstechnologie der USA am Beispiel der Luftwaffe

Anfang der sechziger Jahre, auf dem Höhepunkt des "kalten Krieges" und unter dem Eindruck des sogenannten Sputnikschocks sowie der gescheiterten Schweinebuchtoperation in Kuba /12/ erschienen in der amerikanischen Presse Berichte von einer Raketenlücke, die auf entsprechende Mitteilungen des Verteidigungsministeriums zurückgingen. Einen monokausalen Zusammenhang zwischen der Ende der sechziger Jahre beklagten Softwarelücke und der am Anfang der 60-er Dekade festgestellten Raketenlücke herzustellen, dürfte schwerlich gelingen. Dennoch möchte ich mich im folgenden darauf beschränken, Entwicklungen und computertechnologische Erfordernisse der Luftwaffe für diese Zeit zu beleuchten und die Erscheinungen hier als repräsentative Faktoren für die Softwarekrise zu behandeln.
Während Ende der 50er Jahre bis Anfang 1961 die Entwicklung und Einführung bodenstationierter Raketenfrühwarn- und luftgestützter Überwachungssysteme rüstungstechnologisch im Vordergrund standen (alle

ohne komplexe Computeranlagen nicht denkbar), sollte in den folgenden Jahren ab 1962 die umfassende Einführung neuer und modernisierter Raketensysteme die Militärtechnologie der USA prägen. Bestimmend hierfür war die Formulierung einer neuen Kernwaffenstrategie:

> "Auf Anregung der neuen wissenschaftlichen Strategen, der 'Spieltheoretiker' wie Prof. Teller, des 'Vaters der Wasserstoffbombe', und mit Unterstützung der Unternehmen für Forschung, von denen die Rand Corperation das berühmteste ist,....wurde eine neue Strategie entwickelt, die sogenannte Strategie des Gegenschlages. Dabei sollte der erste Schlag die Kräfte der anderen Seite zerschlagen, mit dem Ziel, den Krieg ohne Verlust zu gewinnen... Diese Strategie wurde 1962 vom amerikanischen Kriegsminister McNamara offiziell übernommen...." /13/

Träger der nuklearen Waffen sollten ballistische Raketen und Fernraketen sein. Flugzeuge als vorherrschender Waffenträger konnten weitgehend ersetzt werden, zumal es sich bei dem Schaden, der mit der nunmehr vervollkommneten Wasserstoffbombe angerichtet werden konnte, und bei der Zielgenauigkeit, die mit der Mikroelektronik erreicht wurde, offenbar lohnte, Fernraketen und insbesondere ballistische Interkontinentalraketen (ICBMs) einzusetzen. Mit dem Ausbau der Raketenwaffensysteme in den sechziger Jahren wurden die wesentlichen Flanken für das als TRIAD bezeichnete militärstrategische Konzept geschaffen.

> "The strategic deterrent does not, of course, end with land-based missiles. The United States has three types of weapon delivery systems known as TRIAD, a mix of ICBMs, seabased ballistic missiles and manned bombs.
> To ensure that the TRIAD cannot be knocked out in a single massive attack, many of the manned bombers are dispersed to different airfields, the missiles are protected by steel and concrete silos, and the missile-carrying submarines cruise unseen beneath the oceans.
> TRIAD is operational at all time...Operations are under the direction of the SAC underground command post. Each crew has...to be prepared 24 hours a day upon receipt of orders initiated by the US-President, to effect the near simultaneous launch of ICBMs toward preassigned targets." /14/

Grundlage für die Funktionsweise dieser Waffensysteme und insbesondere für ihre Interaktion waren von Anbeginn computergestützte Kontroll-, Führungs- und Planungssysteme. Bordrechner sowie komplex vernetzte "bodenstationierte" Computersysteme erforderten großdimensionierte Hardwarekonfigurationen und entsprechende Softwaresysteme zur Bewältigung der Prüf-, Datenverarbeitungs- und Steuerungsaufgaben.

> "The Defense Department needs computers to aid people in making quick decision in a crisis, to manage its complex and far flung resources, and to control weapon systems. That means that software technology is an important aspect of American military

> strength, because software determines what functions computers perform." /15/

Vergegenwärtigt man sich, daß die Zielsetzung für die strategischen Nuklearwaffen der USA - für die interkontinentalen Raketen und für die atomar bewaffnete Marine also - sich aus einem einzigen integrierten mit Hilfe eines vernetzten Computersystems erstellten und sich ständig verändernden Operationsplan ergibt (Single Integrated Operational Plan /16/), so wird die militärpolitische Bedeutung der Computertechnologie ersichtlich.

Vor dem Hintergrund dieser militärstrategischen und rüstungstechnologischen Veränderungen erfolgte in den Vereinigten Staaten von Amerika ein enormer Aufschwung sowohl der Luft- und Raumfahrt als auch der Elektronikindustrie.

Unternehmen dieser Industriezweige dominierten seit Beginn der 60er Jahre in der Liste der führenden 100 Auftragsnehmer des Department of Defense. Auf sie entfielen 75% der Entwicklungs- und Produktionsaufträge des Verteidigungsministeriums. Dabei gilt es hervorzuheben, daß die Entfaltung <u>computertechnologischer</u> Entwicklung und Produktion nicht allein in der Elektronik- sondern weitgehend auch in der Luft- und Raumfahrtindustrie vonstattenging.

> "One distinguishing feature of the present period is the diversification of interests within the industry. Many new firms are now being drawn into the field of aerospace work, including electronics, navigational instruments and ground support equipment ... it is estimated, that in 1964 the percentage of electrical and electronic engineers related to the total number of technicans will have doubled, i.e. from 18% in 1954." /17/

1.3. <u>Bestimmungsfaktoren der Softwarekrise</u>

Wurden im Abschnitt 1.1. die Kennzeichen der Softwarelücke benannt, so soll im folgenden ihre Auswirkung in den Bereichen der industriellen Herstellung und militärischen Anwendung untersucht werden.

Die mit dem Mangel an theoretischem Verständnis und methodischer Erfahrung verbundenen Fehlkalkulationen des benötigten Zeit- und Personalaufwandes für die Erstellung und Wartung komplexer Software brachte hohe finanzielle Verluste mit sich. Hiervon waren insbesondere die ökonomischen Interessen privatindustrieller Hersteller berührt. Zudem erwies sich hier der Mangel an qualifizierten Fachkräften als Engpaß, so daß Produktionsaufträge, die mit der Erstellung großer Softwaresysteme verbunden waren, häufig nicht angenommen werden konnten. Dies wurde dadurch verschärft, daß infolge fehlender Managementerfahrungen Entwicklungsprojekte oftmals nur mit einem übermäßg hohen Personalaufwand durchgeführt werden konnten. Die bei solchen Projekten erstellten Softwareprodukte waren - sofern sie sich nicht als Fehlentwicklung erwiesen - einmalig, in dem Sinne, daß sie kaum durchschaubar und schlecht dokumentiert, für die Hersteller nicht veränderbar und damit nicht mehrfach verwendbar waren. Überdies brachte die als Wartung bezeichnete Instandsetzung verkaufter fehlerhafter Softwaresysteme für die industriellen Hersteller hohe Verlustkosten mit sich, zu einer Zeit, da die Softwareerstellung und -dienstleistung im Preis der gesamten Computeranlage inbegriffen war.

> "The software industry is not industrialized... Softwareproduction today appears in the scale of industrialization somewhere below the more backward construction industries..." /18/

Vom Standpunkt der computertechnologischen Privatindustrie bedeutete dies: Technisch möglich gewordene, potentiell vorhandene wirtschaftliche Entwicklungsmöglichkeiten konnten nicht genutzt werden und zwar auf Grund außerökonomischer Faktoren.

Für das Militär standen neben den hohen Verlustkosten für die Erstellung und Wartung großer Softwaresysteme insbesondere Faktoren der Zuverlässigkeit und der Effizienz im Vordergrund. Die Brisanz fehlerhafter, unzuverlässiger Software, die zudem häufig den geforderten Zielvorgaben nicht entsprach, wird vor dem Hintergrund folgender Ausführungen deutlich:

"- Mission effectiveness depends on software and information processing.
- The process is dependent on multiple dissimilar computer hardware.
- The process is subject to immediacy and change. Software must always be operational to support day to day requirements while simultaneously adapting to meet changing requirements.
- SIOP (Single Integrated Operational Plan) plans and analysis support human decision makers under conditions of stress.

- Security classification of SIOP plans is an issue of national importance
- The SIOP plans cannot be tested by trial and error under actual conditions for which they were designed, so extensive simulation techniques are required.
- SIOP plans for national nuclear strategy forces demand reliability - far greater than that tolerated by commercial software..." /19/

Die durch Softwareerstellung und -installation häufig verursachten zeitlichen Verzögerungen der Inbetriebnahme neuer Waffensysteme, sowie der auch im militärischen Bereich hohe Personalaufwand zur Veränderung und Weiterentwicklung vorhandener Softwaresysteme führte zu starker Irritation der militärischen Führungsorgane. Die Softwarelücke mußte hier als Gefahr für die reibungslose Funktionsweise des Militärsystems angesehen werden.

2. Die 1. NATO-Konferenz über Software-Engineering 1968

> "Software at this point remains an art form, not an engineering discipline. This the Department of Defense is going to have to change."
> A. Whitaker

Im Jahre 1967 führte das Wissenchaftskomitee der NATO erste Beratungen mit Wissenschaftlern aus verschiedenen Nationen über mögliche Aktivitäten auf dem Gebiet der Informatik durch. Dabei wurde die Einberufung einer Konferenz oder der Aufbau eines internationalen Instituts für Informatik - zu einem späteren Zeitpunkt - in Betracht gezogen.

Im Herbst 1967 wurde eine Arbeitsgruppe für Informatik eingerichtet, die die Aufgabe hatte, das gesamte Feld der Computerwissenschaft einzuschätzen und Vorschläge für das Wissenschaftskomitee zu erarbeiten. Dabei sollte sich die Arbeitsgruppe auf solche Aktivitäten konzentrieren, deren Umsetzung national nicht zu bewältigen war, sondern internationalen Einsatz erforderte. Insbesondere lenkte sie ihre Aufmerksamkeit auf Softwareprobleme.

Ende 1967 empfahl die Arbeitsgruppe eine Arbeitskonferenz über "Software Engineering" einzuberufen. Mit dem absichtlich gewählten, bis dahin unbekannten Begriffspaar "Software Engineering" sollte die

Notwendigkeit hervorgehoben werden, die Softwareherstellung auf theoretischen Grundlagen und mit einer praktischen Disziplin zu betreiben, wie sie in den traditionellen Ingenieurzweigen üblich sind.
Es wurde vorgeschlagen ca. 50 Experten aus den verschiedenen, durch Softwareprobleme tangierten Bereichen, einzuladen und die Konferenz als Arbeitskonferenz durchzuführen.
Auf einem Treffen im Frühjahr 1968 wurde beschlossen, die Arbeitskonferenz im Oktober 1968 in Garmisch abzuhalten./20/
Soweit die teilweise Wiedergabe der organisatorischen Hintergründe der Konferenz.
Nachdem im 1. Kapitel die Ursachen für ihre Einberufung benannt worden sind, soll in dem vorliegenden 2. Kapitel der Stellenwert solcher wissenschaftspolitischer Initiativen zunächst allgemein diskutiert werden. Des weiteren soll die Bedeutung der 1. Arbeitskonferenz über Software-Engineering für die Informatik aufgezeigt werden.
Aufgabe dieses Kapitels ist es, exemplarisch zu verdeutlichen, in welcher Weise die Nutzbarmachung einer Wissenschaftsdisziplin im militärischen und ökonomischen Interesse verfolgt wird.

Die Untergliederung des 2. Kapitels ergibt sich wie folgt:

2.1. Die 1. NATO-Konferenz über Software Engineering - Beispiel einer wissenschaftspolitischen Initiative
2.2. Bedeutung der 1. NATO-Konferenz über Software-Engineering für die Informatik.

2.1. Die 1. NATO-Konferenz über Software-Engineering - Beispiel einer wissenschaftspolitischen Militärinitiative

In der einleitenden Bemerkung zu der 1976 neu aufgelegten Ausgabe der Berichte von der 1. sowie der im Jahre 1969 darauf folgenden 2. NATO-Konferenz über Software Engineering heißt es u.a.:

> "The conferences on software engineering were held under the auspices of the NATO Science Commitee as part of its continuing effort to promote the useful progress of science through international cooperation. The Science Commitee Conferences are deliberately designed on what is <u>not</u> known rather than on what is known. The participants are carefully selected to bring together the variety of complementary viewpoints. Through intensive group

discussion, they seek to reach agreement on conclusions and recommendations for further research which will be of value to the scientific community." /21/

Insofern die für das Militär notwendige Einwirkung auf Wissenschaft und Forschung als nützliche Dienstleistung für die Wissenschaftsgemeinschaft dargestellt wird, verkehren sich die Dinge in diesen Ausführungen. Dennoch wird hier in anschaulicher Weise der organisatorische Rahmen, in dem Wissenschaft gegenwärtig zur Entfaltung kommt, umrissen.

Hierzu einige weitere Überlegungen zur Einordnung der Software-Engineering-Konferenz in diesen Rahmen:

Die auf dem gegenwärtigen Entwicklungsstand erforderliche Organisation von Forschung und Wissenschaft und die hiermit verbundenen Anforderungen für Sach- und Personalmittel übersteigen die Kapazität selbst eines großen Industrieunternehmens. Ohne staatliche Organisations- und Regulierungsmaßnahmen in Forschungs-, Bildungs- und Technologiebereich könnte das Wachstumstempo der Arbeitsproduktivität in den hochentwickelten Staaten kaum gehalten und schon gar nicht gesteigert werden. Dabei ist für die letzten Jahrzehnte, insbesondere in den USA, eine mit der staatlichen Wissenschaftsförderung verbundene Schwerpunktverlagerung des wissenschaftlich-technischen Fortschritts auf dem militärtechnologischen Bereich festzustellen. Hierbei handelt es sich um ein ganzes Ensemble stimulierender und korrigierender Maßnahmen, mit deren Hilfe der wissenschaftlich-technische Fortschritt direkt über Rüstungsaufträge und über staatliche Förderung von Forschung und Entwicklung in Bahnen gelenkt wird, die den wirtschaftspolitischen Zielvorstellungen der USA dienlich sind.

Die durch die Softwarelücke gekennzeichnete Entwicklungsphase der Computertechnologie und insbesondere Computerwissenschaft wirft Problemstellungen auf, die nicht nur vom Standort eines einzelnen Unternehmens, einer Universität oder eines Forschungsinstituts nicht lösbar zu sein scheinen, sondern die die wissenschaftliche Kompetenz und wissenschaftspolitische Kapazität einer gesamten Nation überschreiten.
Untersucht man die Erscheinungsform der Softwarelücke im Kontext der sich gegenwärtig vollziehenden wissenschaftlich-technischen Entwicklung, so wird dies verständlich:
In den vergangenen Jahrhunderten klafften Entwicklungen in Technik

und Naturwissenschaften häufig auseinander. Demgebenüber ist die weitgehende Verschmelzung von Wissenschaft und Technik charakteristisches Merkmal innovativer Entwicklungen der Gegenwart. Mehr noch, gegenwärtig kann die Herausbildung neuer wissenschaftlicher Theorien und mithin die Entdeckung neuer Naturgesetze als eine notwendige Voraussetzung bei der Erschließung neuer Gebiete der Technik angesehen werden.
In der Softwarelücke machte sich der Widerspruch zwischen den fehlenden wissenschaftlichen Voraussetzungen und einer stark forcierten Technikentwicklung geltend. Die hieraus erwachsenen Probleme waren mit einfachen administrativen Maßnahmen nicht lösbar. Wissenschaftstheoretische Grundlagen, Begrifflichkeit und Methodologie sollten für eine technische Entwicklung nachgeholt werden, deren Komplexität und Innovationsschub in der bisherigen Geschichte unbekannt waren.
Hieraus erklärt sich die Internationalisierung der Diskussion um Lösungswege und Strategien, zur Behebung einer sich zur politisch-ökonomischen Krise zuspitzenden Situation. Die Eignung der NATO zu Initiierung solcher internationaler Aktivitäten ergibt sich nicht zuletzt aus einer spezifischen Aufgabenteilung im nordatlantischen Verteidigungssystem:

> "While the apportioning of military production contracts between various countries is a feasible proposition, confirmed by one or two reasonably successfull instances in the history of NATO, the co-ordination of advanced resarch and development is a much more complex problem. It may well be that the only possible solution would be a Western European system of collaboration .... covering research and development together with civil and sientific applications ... The activities of government departments would then be limited to general supervision, administration of national budgets and the working out of overall requirements and specifications." /22/

2.2. Bedeutung der 1. NATO-Konferenz über Software-Engineering für die Informatik

Der Stellenwert der 1. NATO-Konferenz über Software-Engineering für die Informatik besteht darin, daß mit ihr ein neues Fachgebiet, d.h. ein neues Gebiet der Lehre und der Forschung ins Leben gerufen wurde.

Es ergibt sich die Frage, welche wissenschaftsstrategischen Maßnahmen zur Behebung der Softwarekrise von hier ausgehen konnten.

In dem vorliegenden Abschnitt beschränke ich mich auf eine kurze Darstellung der Konferenz und der mit ihr verfolgten Zielvorstellungen. Auf eine explizite Beurteilung der von ihr ausgehenden Entwicklung der Softwaretechnik wird verzichtet. Dabei soll nicht verschwiegen werden, daß die Erforschung der Maßstäbe hierfür, d. h. die Bewertung der eingeleiteten Forschungsrichtung und verallgemeinerter Forschungsergebnisse der Softwaretechnik mir auf individueller und gewissermaßen voluntaristischer Basis nicht leistbar erscheint.

Mit der Einberufung der Konferenz wurde ausschließlich der Anspruch verfolgt, das international vorhandene Wissen zu den Problemen, die aus der Erstellung und Benutzung großer Softwaresysteme erwachsen, zusammenzufassen. Im wesentlichen sollten der repräsentative Entwicklungsstand eingeschätzt, Erfahrungen ausgetauscht und Ansätze für weiterführende Forschungs- und Investitionstätigkeit ermittelt werden.

> "It was hoped that the conference would be able to identify present necessities, shortcommings and trends and that the findings could serve as a signpost to manufacturers of computers as well as their users." /23/

Mehr als fünfzig Teilnehmer, Experten aus elf Nationen, die hauptsächlich aus Universitäten, aus staatlichen Institutionen, aus dem militärischen Bereich sowie aus der Industrie kamen, hatten die Aufgabe qua intensiver Diskussion einen Orientierungsrahmen für Forschung und Entwicklung im Softwarebereich zu erarbeiten.

Im wesentlichen wurden auf der Konferenz folgende Punkte diskutiert:

- Kriterien, Strategien und Werkzeuge für den Entwurf großer Softwaresysteme
- Zuverlässigkeit großer Softwaresysteme
- Managementprobleme bei der Planung und Leitung der Produktion großer Softwaresysteme
- Technische Probleme der Softwareentwicklung
- Fragestellungen der Evaluation und Installation, sowie der Wartung, Erweiterbarkeit und Mehrfachverwendung von Software

Es ergibt sich die Frage, welche wissenschaftsstrategischen Maßnahmen zur Behebung der Softwarekrise von hier ausgehen konnten.

In dem vorliegenden Abschnitt beschränke ich mich auf eine kurze Darstellung der Konferenz und der mit ihr verfolgten Zielvorstellungen. Auf eine explizite Beurteilung der von ihr ausgehenden Entwicklung der Softwaretechnik wird verzichtet. Dabei soll nicht verschwiegen werden, daß die Erforschung der Maßstäbe hierfür, d. h. die Bewertung der eingeleiteten Forschungsrichtung und der verallgemeinerten Forschungsergebnisse der Softwaretechnik mir auf individueller und gewissermaßen voluntaristischer Basis nicht leistbar erscheint.

Mit der Einberufung der Konferenz wurde ausschließlich der Anspruch verfolgt, das international vorhandene Wissen zu den Problemen, die aus der Erstellung und Benutzung großer Softwaresysteme erwachsen, zusammenzufassen. Im wesentlichen sollten der repräsentative Entwicklungsstand eingeschätzt, Erfahrungen ausgetauscht und Ansätze für weiterführende Forschungs- und Investitionstätigkeit ermittelt werden.

> "It was hoped that the conference would be able to identify present necessities, shortcomings and trends and that the findings could serve as a signpost to manufacturers of computers as well as their users." /23/

Mehr als fünfzig Teilnehmer, Experten aus elf Nationen, die hauptsächlich aus Universitäten, aus staatlichen Institutionen, aus dem militärischen Bereich sowie aus der Industrie kamen, hatten die Aufgabe qua intensiver Diskussion einen Orientierungsrahmen für Forschung und Entwicklung im Softwarebereich zu erarbeiten.

Im wesentlichen wurden auf der Konferenz folgende Punkte diskutiert:

- Kriterien, Strategien und Werkzeuge für den Entwurf großer Softwaresysteme
- Zuverlässigkeit großer Softwaresysteme
- Managementprobleme bei der Planung und Leitung der Produktion großer Softwaresysteme
- Technische Probleme der Softwareentwicklung
- Fragestellungen der Evaluation und Installation, sowie der Wartung, Erweiterbarkeit und Mehrfachverwendung von Software-

produkten
- Aspekte einer möglichen Ausbildung für Softwareingenieure und schließlich
- Fragen der Preisfindung für Softwareprodukte, sowie die Entkopplung der Hardware und Software. /24/

Bemerkenswert an dieser Arbeitskonferenz ist die Offenheit, in der ökonomische Engpässe, wissenschaftliches Unverständnis und allgemeine Ratlosigkeit behandelt wurden.

> "Software is as vital as hardware, and in many cases much more complex, but it is much less well understood. It is a new branch of engineering, in which research, development and production are not clearly distinguished, but recent advances in hardware, together with economic pressures to meet urgent demands, have sometimes resulted in this young and immature technology of software being stretched beyond its present limit." /25/

oder

> "There is no theory which enables us to calculate limits on the size, performance or complexity of software. There is, in many instances, no way even to specify in a logically tight way what the software product is supposed to do or how it is supposed to do it." /26/

Welche Impulse konnten von dieser Konferenz ausgehen?

> "The Conference had been planned...as effectively a group debate, aimed at the production of an agreed report surveying the problems and practices of 'software engineering'." /27/

In der Tat war der bereits eine Woche nach der Konferenz erstellte und hiernach von der NATO weltweit verbreitete Konferenzbericht zunächst das entscheidende Mittel zur Durchsetzung neuer Richtungen und Schwerpunkte in der Forschung und Entwicklung der Informatik.

Seine Eignung als Grundlage für einzuleitende Maßnahmen zur Durchsetzung der Softwaretechnik als eigenständiges Fachgebiet der Informatik zu dienen, erklärt sich daraus, daß in ihm der tatsächliche, gleichwohl fortgeschrittenste Stand der Entwicklung im softwarespezifischen Bereich widergespiegelt ist. Liest man die Diskussionsprotokolle und Arbeitspapiere zum heutigen Zeitpunkt, so wird darüber hinaus ersichtlich:
Alle im weiteren Verlauf der Geschichte der Informatik relevant werdenden Aspekte der Ökonomisierung der Softwareherstellung, der

Effektivierung der Softwareverwendung und -anwendung, sowie der Qualitätsbestimmung der Softwareprodukte wurden hier benannt. Hier zeigt sich sicherlich das Niveau dieser vielfach gewürdigten Arbeitskonferenz. Hierin zeigt sich aber auch die Potenz und die Fähigkeit des Militär-Industrie-Komplexes die gesamte repräsentative "Fachwelt" für seine Zielvorstellungen in Dienst zu nehmen.

Die von nun an beginnende Geschichte der Softwaretechnik vollzieht sich auf dem Hintergrund umfassender organisatorischer und regulativer Maßnahmen, insbesondere des Department of Defense: Direktiven, Konferenzen, Publikationen und Forschungs- und Entwichklungsaufträge enormer Kapazität führen zur breiten Entfaltung und schließlich zur Etablierung des neuen Fachgebiets Mitte der siebziger Jahre. Die sich hiermit verbindenden Implikationen - der mögliche Nachweis der Militarisierung der Informatik - können im Rahmen dieses Beitrages nicht näher untersucht werden.

Einige, aus dem bisher Gesagten resultierende Fragestellungen, sollen im 3. Kapitel diskutiert werden.

3. Fragen zur Perspektive der Software

> "Particulary alarming is the seemingly unavoidable fallibility of large software, since a malfunction in an advanced hardware-software system can be a matter of life and death."
>
> E. E. David, A. G. Fraser

Eine Beurteilung der bisherigen Geschichte des Fachgebiets Softwaretechnik - von welchem Standort auch immer - wird die Tatsache zum Ausgangspunkt nehmen müssen, daß das Department of Defense der weltweit größte "Softwarekonsument" /28/ ist. Jährlich werden hier zig Milliarden Dollar für Softwareforschung und -entwicklung ausgegeben /29/, woraus allein schon die Intensität und Breite der vom militärischen Bereich ausgehenden Anforderungen ersichtlich wird. Dabei - und dies ist möglicherweise spezifisch für die Computerwissenschaft allgemein und für Softwaretechnik im besonderen - sind die vom DOD ausgehenden Leitlinien und Regulierungsmaßnahmen nicht einmal versteckt, sondern offen und offensichtlich. Auf Softwaretagungen und -konferenzen mit Nachdruck und entlang der Komplexität verheerender (Waffen-) Systeme formuliert, sind die militärischen Zielstellungen und Maßgaben in den entsprechenden Publikationen - in der computerwissenschaftlichen Fachliteratur also - für jedermann nachlesbar. Hierin kommt sicherlich eine Notlage des DoD zum Ausdruck. Bei der Bewältigung noch weitgehend unbegriffener Problemstellungen, welche aus der Erstellung und Anwendung großer Softwaresysteme erwachsen, ist es auf die Einbindung der breiten wissenschaftlichen Öffentlichkeit angewiesen. Bemerkenswert erscheint, wie reibungslos dies gelingt. Dies umsomehr als hiermit gesellschaftspolitische Folgen verbunden sind, die die Existenz der Menschheit aufs Spiel setzen. Verblüffend ist aber auch, wie einseitig sich wissenschaftsimmanente Begriffsbildung und Denkweise prägen läßt.

Kosteneffektivität und Zuverlässigkeit waren von Anbeginn die Maximen eines wissenschaftlichen Fachgebiets der Informatik, die Perfektionierung einer Tötungsmaschinerie ihr hauptsächliches Anwendungsgebiet.

> "...as DoD continues to automate more and more of the processes which control its activities --strategic warning systems, weapons control, air traffic control, personal records, medical equipment -- it continues to trust more and more in the reliable functioning of this proliferating mass of software. Software engineering is the means by which we attempt to produce all of this software in a way that is both cost-effective and reliable enough to deserve our trust. Clearly, it is a discipline which is important to establish well and to perform well." /30/

Kann sich auf dieser Grundlage Wissenschaft entfalten, und hat sie eine Legitimation?

Zweifellos wird es den Ergebnissen zukünftiger Forschung vorbehalten bleiben, nachzuweisen, ob Softwaretechnik auf der Basis des bisherigen Technikverständnisses und mit den Kategorien herkömmlicher Ingenieurwissenschaften faßbar ist. Auch wird zu erforschen sein, ob die bisher als allgemeingültig anerkannten Prinzipien und Methoden der Softwareerstellung und Gütemerkmale der Softwarequalität wirklich allgemeingültig oder, ob sie nicht vielmehr Ausdruck der Dominanz eines einzigen Anwendungsbereichs sind.

Die Auseinandersetzung mit den Auswirkungen und Folgen der gegenwärtigen Wissenschaftspraxis darf demgegenüber nicht lange auf sich warten lassen. Angesichts der Computerisierung des militärischen Bereichs - häufig auch mit der Vision des automatisierten Schlachtfeldes verglichen - kommt gegenwärtig Computerwissenschaftlern eine

besondere Verantwortung zu:
Zum einen ist es vornehmlich den Informatikern vorbehalten, den wissenschaftlichen Entwicklungsstand ihrer eigenen Disziplin einzuschätzen, die Grenzen zu erkennen und diese nicht zu überschreiten. Zum anderen hängt die Zukunft der Menschheit grundsätzlich und nicht zuletzt davon ab, daß die Vereinnahmung der Computerwissenschaft und damit auch der Computerwissenschaftler für Zwecke der Zerstörung und Vernichtung von ihnen selbst vereitelt wird.

Die folgenden Bemerkungen und Fragen beziehen sich also auf drei Punkte:

3.1. Softwarequalität, welche Maßstäbe liegen hier zugrunde?

3.2. Grenzen der Softwaretechnologie oder Krieg aus Versehen

3.3. Militarisierung der Informatik?

3.1. Softwarequalität, welche Maßstäbe liegen hier zugrunde?

Auf der 2. NATO-Konferenz über Software-Engineering im Jahre 1969 in Rom wurden Qualitätsmerkmale für Software als Hauptthema diskutiert. Hierbei handelte es sich um:

- Zuverlässigkeit
  (Korrektheit, Ausfallsicherheit)
- Softwareflexibilität
  (Adaptabilität, Portabilität)
- Effizienz

In den folgenden Jahren wurden diese Qualitätsmerkmale ergänzt u.a. durch:

- Benutzerfreundlichkeit
  (Verständlichkeit, Angemessenheit)

- Wartungsfreundlichkeit
  (Änderbarkeit und Erweiterbarkeit)
- Lesbarkeit

Bemerkenswert an der Entwicklung der Softwaretechnik erscheint, daß für lange Zeit neben Zuverlässigkeit im wesentlichen die kosteneffektivierenden Qualitätsmerkmale für Software im Vordergrund standen. Eine genauere Untersuchung der heute als gültig angesehenen Qualitätsmerkmale für Software kann hier nicht vorgenommen werden. Dennoch halte ich es für notwendig, den Stellenwert kosteneffektivierender Merkmale gegenüber z. B. Angemessenheit zu problematisieren.

Es erscheint mir, daß die Funktionsweise von Software im Maschinenkontext für lange Zeit die Diskussion über Softwarequalität bestimmt hat und auch heute noch im Vordergrund steht. Auch hierfür kann die Dominanz militärischer Anforderungen als ausschlaggebend angesehen werden. Waffensysteme sind als Maschinensysteme zu begreifen. Insbesondere handelt es sich um Systeme, aus denen der besondere Faktor Mensch weitgehend ausgeschaltet werden soll. Individualität, Kreativität, Eigenständigkeit und Fehlbarkeit dürfen hier keine Berücksichtigung finden, soll die Riesenmaschinerie funktionieren. Hieraus erklärt sich auch die Zustimmung, die der Terminus Software-Engineering fand.

Computeranwendungen haben eine starke Verbreitung in allen gesellschaftlichen Bereichen gefunden. Insbesondere vor diesem Hintergrund scheint es lohnenswert, nicht die Vergleichbarkeit, sondern die Unvergleichbarkeit der Softwareprodukte mit bisher bekannten technischen Produkten zu untersuchen, die Spezifik der Softwaretechnik gegenüber herkömmlichen Ingenieurdisziplinen herauszuarbeiten. Möglicherweise erfordern die (Leistungs-)Komplexitat und die Vielfalt der Bezüge von Softwaresystemen ein verändertes Technikverständnis und neuartige Verfahren und Methoden.

3.2. Grenzen der Softwaretechnologie oder Krieg aus Versehen

Erhöhung der Zuverlässigkeit von Software war von Anbeginn die zweite wesentliche Zielstellung, die mit der Entwicklung von Theorie und Methodologie im Fachgebiet Software-Engineering verfolgt wurde. Sicher sind auf diesem Gebiet Fortschritte erzielt worden. Es gibt inzwischen Korrektheitsbegriffe und auch in der Theoriebildung ist Entscheidendes geleistet worden. Das Ziel korrekte Software zu erstellen ist jedoch nicht erreicht. Komplexe Softwaresysteme sind grundsätzlich fehlerbehaftet. Dies ist der Stand der Kunst. Dies sind die Grenzen des gegenwärtigen Entwicklungsstandes der Softwaretechnik. Wissenschaftliche Erkenntnisfähigkeit läßt sich nicht durch Zeitdruck bestimmen und nicht mit Geldmitteln erzwingen.

> "In zwanzig Monaten haben die US-Computer 147mal einen Sowjetangriff angezeigt....Bei vier dieser Vorgänge wurde immerhin die Alarmbereitschaft der strategischen Streitkräfte verstärkt. Am 9. November 1979 führte ein Programmierfehler beispielsweise zu der Meldung, die Sowjets griffen mit ihren auf U-Booten stationierten Raketen an. Aus dem Pentagon verlautete, daß man sechs Minuten brauchte, um den Fehler zu finden." /31/

Es gehört zur Verantwortung des Wissenschaftlers, die Grenzen des jeweiligen Entwicklungsstandes der eigenen Wissenschaft zu respektieren. Es gehört zur besonderen Verantwortung des Informatikers sie deutlich und wirksam geltend zu machen.

3.3. Militarisierte Informatik?

In seinen Erinnerungen an die 1. NATO-Konferenz über Software-Engineering 1968 schreibt B. Randell:

> "I still remember the ABM debate vividly, and my horror and incredulity that some computer people really believed that one could depend on massively complex hardware and software systems to detonate one or more H-bombs at exactly the right time and place over New York City to destroy just the incoming missiles, rather than the city and its inhabitants." /32/

B. Randell weiß es und tausende Informatiker wissen es mit ihm: Die Computerwissenschaft spielt eine zentrale Rolle bei der Perfektionie rung von Waffensystemen. Waffensysteme sind zur Zerstörung und Vernichtung da. Jedermann weiß es und keiner will es wahrhaben. Wie ist es sonst erklärlich, daß Informatiker in Universitäten, in Softwarehäusern und Betrieben an der Entwicklung von Waffensystemen arbeiten? Wie ist es sonst zu verstehen, daß Informatiker es hinnehmen, daß auf ihren wissenschaftlichen Konferenzen rüstungstechnologische und militärstrategische Fragen beraten werden?

Auf der 2. internationalen Softwarekonferenz im Jahre 1976 in San Francisco /33/ waren 105 Teilnehmer. Von 71 Vorträgen aus den USA hatten 30 rein militärische Forschungs- und Entwicklungsprojekte zum Thema. Allein 9 Referenten stellten Ergebnisse aus Forschungsvorhaben, die im Auftrage der BMDATC (Ballistic Missile Advanced Technology Center) durchgeführt wurden.
Beitragstitel wie "A Defense View of Software", "Software Engineering in the Development of the Trident Fire Control System", "A Laboratory for the Development and Evaluation of BMD Software Quality Enhancement Techniques" /34/ etc. sind in Konferenzberichten häufig zu lesen.

Irren diejenigen, die die Informatik als Kriegswissenschaft, den Computer als Waffe titulieren?

Könnte man diesen Irrtum beseitigen?

Schlußbemerkung

Dieser Beitrag ist in der Überzeugung geschrieben worden, daß Informatik eine Perspektive nur hat, wenn wir Informatiker verstehen, daß diese untrennbar mit der Zukunft der Menschheit verbunden ist. Einige haben begonnen ihre wissenschaftliche Praxis daraufhin zu überdenken. Am Fachbereich für Informatik an der TU Berlin arbeitet seit einem Jahr eine Friedensinitiative. Hier entstand die Idee zu diesem Beitrag. Die vielen wertvollen Anregungen aus den Diskussionen haben es mir ermöglicht ihn zu schreiben.

Danken möchte ich auch Herrn Dieter Moritz für sachliche und moralische Unterstützung.

LITERATUR

/1/ Frankfurter Rundschau vom 5.6.1981
/2/ Reifer, D.J., "Software Engineering: An Acquisition Viewpoint", in: Research Directions in Software Technology, Wegner, P., Ed., Massachusetts 1979, p.178
/3/ Bergen, W.B., zit. nach: Golvine, M.N., "Conflict in Space - A Pattern of War in a New Dimension", Großbritannien 1962, p.71
/4/ Greene, J.S. jr., "Dynamic Software Engineering: An Evolutionary Approach to Automated Software Development and Management", in: Proc. 2nd International Conference on Software Engineering, NY 1976, pp.375-376
/5/ Ebd.
/6/ Naur, P., Randell, B., Buxton, J.N., "Software Engineering", New York 1976
/7/ Smyth, R.K., Smith, G.H., "Overview of Aerospace Vehicle Computer on the Applications", in: Proc. of the AGARD Conference on the Application of Digital Computers to Guidance and Control, GB 1970, p. 1-1
/8/ Lewicki, A., "Einführung in die Mikroelektronik", München - Wien 1966, pp.426 ff
/9/ Rosen, S., "Software" in: Encyclopedia of Computer Science, Ralston, A., Meck, Ch.L., Eds., NY 1976, p.1284
/10/ Smyth, R.K., a.a.o., p.1-1
/11/ Zit. nach Meier, H. D., "Der Militärisch-Industrielle Komplex" in: Neue politische Literatur 3/1972
/12/ Gotland, K., "Missiles And Rockets", GB 1973, p.117
/13/ Bernal, J. D., "Wissenschaft", Bd.3 Hamburg 1970, p.780
/14/ Gotland, K., a.a.o., p.137
/15/ Carlson, W.E., "Software a Research in the Department of Defense", in: Proc 2nd Int. Conf. on Software Engineering, NY 1976, p. 379
/16/ Greene, J.S. jr., a.a.o., p.375
/17/ Golvine, M.N., a.a.o., p. 63
/18/ Naur, P. et al, a.a.o., p. 89
/19/ Greene, J.S. jr., a.a.o., p. 376
/20/ Naur, P. et al, a.a.o., p. 5
/21/ Ebd.
/22/ Golvine, M. N., a.a.o., p. 80
/23/ Naur, P. et al, a.a.o., p. 5
/24/ Ebd.
/25/ Ebd., p. 80
/26/ Ebd., p. 42
/27/ Randell, B., "Software Engineering as it was in 1968", in: Proc of the 4th Int. Conf. on Software Engineering, NY 1979, p. 6
/28/ Boehm, B., "Software Engineering : R&D. Trends and Defense Needs", in: Research Directions in Software Technology, Wegner, P., Ed., Massachusetts 1979, p.44

/29/ "Boehm schaetzt die in den USA 1976 für Software aufgewendeten Mittel auf 20 Mrd $. Das sind mehr als 2% des US-Bruttosozialprodukts." Kimm, R., Koch, W. , Simonsmeier, W., Tontsch, F. , "Einführung in Software Engineering", Berlin 1979, p.14
/30/ Boehm, B. a.a.o., p.45
/31/ Albrecht, U., "Kündigt den Nachrüstungsbeschluß!", Frankfurt a. M. 1982, p.19
/32/ Randell, B. a.a.o., p.5
/33/ Proc. 2nd Int. Conf. on Software Engineering, NY 1976
/34/ Ebd.

Die neue Waffe - der Computer

Reinhard Keil
Technische Universität Berlin
Institut für Angewandte Informatik
Ernst-Reuter-Platz 7, D-1000 Berlin 10

1. Einleitung

Bis heute gibt es keine geschlossene historische Abhandlung über die Geschichte des Computers und der Informatik, die versucht, Entwicklungsfaktoren systematisch zu erfassen und ihre wechselseitigen Bedingungen zu beschreiben. Eine Sozialgeschichte der Datenverarbeitung /1/ liefert zwar Ansätze hierzu, wobei aber der prägende Einfluß des Militärs nur unzureichend berücksichtigt wird. Diese Lücke versucht der folgende Beitrag zu schließen.

Ausgehend von den Entwicklungen in Deutschland, Großbritannien und den USA wird aufgezeigt, warum und unter welchen Bedingungen das Militär der entscheidende Entwicklungsfaktor war und zum großen Teil auch heute noch ist. Dabei steht die Entwicklung in den USA im Vordergrund, weil die von dort ausgehenden Impulse die internationale Entwicklung bestimmten. Die letztgenannte Tatsache ist wiederum wesentlich auf den Einfluß des amerikanischen Militärs zurückzuführen.

Obwohl viele Verbindungen zwischen Informatik und Militär offenkundig sind, ist es im Einzelfall kaum möglich nachzuweisen, ob erfolgversprechende Ansätze durch militärische Einflußnahme behindert oder gar blockiert wurden. Fest steht aber, daß die Informatik immer den jeweiligen Anforderungen des Militärs nachkam und dementsprechend geprägt wurde. Gleichwohl wäre es falsch, die Informatik als Kriegswissenschaft zu bezeichnen, weil dadurch wichtige Entwicklungsfaktoren (z.B. die ökonomischen Bedingungen) in ihrer Bedeutung vernachlässigt würden. Mit Recht kann aber behauptet werden, daß die Verbindung von Informatik und Militär unser Leben entscheidend beeinflußt und gefährdet.

Es ist nicht in erster Linie das Ziel dieses Beitrages eine geschlossene Darstellung der historischen Entwicklung zu geben. Vielmehr soll die Notwendigkeit aufgezeigt werden, sich angesichts der nicht verantwortbaren Auswirkungen kritisch mit der eigenen wissenschaftlichen Praxis auseinanderzusetzen. Um dazu möglichst viele Anregungen und Hinweise zu geben, wurde an manchen Stellen auf ausführlichere Erläuterungen verzichtet.

2. Die Entwicklung von Computern in Europa

Bereits 1843 hatte Charles Babbage das Konzept eines universellen Digitalrechners (analytical engine) entwickelt, bestehend aus Speicher, Rechenwerk, Lochkarten-Ein/Ausgabe und einem Steuerungsmechanismus, der Iteration und bedingte Verzweigungen zuließ /2/. Obwohl für Babbage die Analytical Engine prinzipiell nur für die Aufstellung mathematischer Tabellen geeignet schien, erkannte er die grundsätzliche Bedeutung seiner Entwicklung (Universalrechner). Seine Schülerin Augusta Ada Countess of Lovelace sprach bereits von einer Maschine, die mit herkömmlichen Rechenmaschinen nichts zu tun habe: "The Analytical Engine weaves algebraic patterns" /3/. Weitergehende Oberlegungen stellte 1909 Percy E. Ludgate an, der, ausgehend von Aufzeichnungen über die Analytical Engine, bereits bedingte Sprünge und Drei-Adreß-Befehle einführte /4/. Als während des zweiten Weltkrieges die ersten programmgesteuerten Rechner entwickelt wurden, waren diese Ansätze wieder in Vergessenheit geraten /5/.

Die ersten Computer wurden etwa zur gleichen Zeit, aber unabhängig voneinander, in Deutschland, England und den USA entwickelt. Im Laufe der nächsten zwanzig Jahre zeigte sich aber, daß dort, wo die stärkste militärische Unterstützung vorhanden war, nämlich in den USA, die Informatik geformt und geprägt wurde.

2.1. Die Entwicklung in Deutschland

Der erste deutsche Relaisrechner (Z1) wurde schon 1938 von Konrad Zuse entworfen und gebaut. Zuse, der seine ersten beiden Maschinen noch mit der Unterstützung von Freunden und den Geldmitteln eines Spezialrechenmaschinen-Fabrikanten entwickelte, konnte jedoch später ohne Unterstützung von militärischer Seite an seiner Entwicklung nicht weiterarbeiten. "Auch der Aufbau der Firma 'Zuse Ingenieurbüro und Apparatebau Berlin' mitten im Krieg wäre ohne die Unterstützung der Henschel-Flugzeugwerke kaum möglich gewesen... Die Stellung bei Henschel brachte Zuse nicht nur die notwendige Unterstützung für den Aufbau seiner Firma, sondern sie war auch gleichzeitig eine inhaltliche Unterstützung für die Entwicklung von Rechengeräten, nämlich durch die Aufgaben, die sich bei der Entwicklung von ferngesteuerten fliegenden Bomben ergaben. Er entwickelte z.B. einen Spezialrechner für die Flügelvermessung, der Berechnungen an fliegenden Bomben vollautomatisch durchführte." /6/ Trotz dieser militärischen Anwendungen waren die Anforderungen an die Maschinen Z1 bis Z4 in erster Linie durch Probleme aus dem Bereich der Baustatik bestimmt. "Für Zuse war die endgültige Maschinenstruktur noch nicht gefunden. Diese hatte sich den Aufgaben anzupassen. Also mußte der Weiterentwicklung der Maschinen die Entwicklung eines Plankalküls vorausgehen, der es erlaubte, die einschlägigen Probleme zu beschreiben. Für die Probleme, die Zuse zum Maßstab nahm, war zu dieser Zeit für eine Bearbeitung auf den Maschinen noch kein großes Interesse vorhanden." /7/ Der Zusammenbruch des Hitler-Faschismus setzte der deutschen Rechnerentwicklung vorerst ein Ende. Acht Jahre später (1953) importierte die Kaufhalle GmbH in Köln den ersten Computer aus den USA.

Im Gegensatz zu dem in den USA besonders ausgeprägten Interesse des Militärs an diesen neuen Maschinen und ihren Einsatzmöglichkeiten fehlte es in Deutschland an einer auch nur ansatzweise gleichwertigen Unterstützung. Im Rahmen der nationalen und internationalen Entwicklung der Informatik sind Zuses Arbeiten lediglich von historischem Wert /8/. Zwanzig Jahre nach Beendigung des Zweiten Weltkrieges gab es die von Zuse gegründete Firma nicht mehr. Sie war von dem größten deutschen Rechnerhersteller, der Siemens AG, aufgekauft worden. Siemens hatte sich mit der Entwicklung des Großrechners 2002 (und später auch des 4004) aufgrund von Kooperationsvereinbarungen mit der Radio Corporation of America (RCA) entschlossen, den auch von RCA verwendeten Assembler der IBM 360 - Serie zu übernehmen. Die Kooperation wurde zwar nach einigen Jahren beendet, doch wurde mit dieser Entscheidung der dominierende Einfluß der amerikanischen Entwicklung anerkannt.

2.2. Die Entwicklung in Großbritannien

Außer in den USA gab es in England während des Zweiten Weltkrieges von seiten des Militärs konzentrierte Anstrengungen zur Entwicklung elektronischer Rechner. Zwei Jahre, bevor die Amerikaner den ENIAC in Betrieb nahmen, wurde in Bletchley Park ein vergleichbarer Rechner mit der Bezeichnung COLOSSUS fertiggestellt. Eine wichtige Aufgabe der Government Code and Cypher School in Bletchley Park bestand darin, den Code der Deutschen Chiffriermaschinen ENIGMA (vgl. /9/ und /10/) zu knacken. Durch die sehr hohe Anzahl der möglichen Kombinationen wurden, ähnlich wie bei ballistischen Berechnungen, enorme Anforderungen an die Rechengeschwindigkeit gestellt. Sowohl ENIAC als auch COLOSSUS waren elektronische (Röhren-)Rechner, die im Vergleich zu den elektromechanischen (Relais-)Rechnern um ein Vielfaches schneller waren /11/. Beide Rechner waren nicht als Universalrechner entwickelt worden. Auch wenn die Benutzung von COLOSSUS für andere Zwecke im Prinzip möglich war, wäre es als künstlich und aufgezwungen erschienen /12/. In ihrer Konzeption waren sie die Vorläufer des kurze Zeit später von der ENIAC-Gruppe entwickelten Prinzips eines programmgespeicherten Computers (EDVAC).

In Bletchley Park führte das Militär Spitzenwissenschaftler und -Techniker aus unterschiedlichen Bereichen zusammen. Unter ihnen waren u.a. (nach /13/):

- A.M. Turing, der (unabhängig von John von Neumann /14/) mit seinen Entwürfen für eine "Automatic Computing Engine" (ACE) die Entwicklung programmgespeicherter Rechenmaschinen am National Physics Laboratory (NPL) leitete. Daß seine Vorschläge zur Entwicklung des Rechners PILOT ACE führten, ist unter anderem seinen Aktivitäten in Bletchley Park und damit zusammenhängend dem Umstand zu verdanken, daß das Foreign Office seine Unterstützung zusagte /15/. Zusammen mit einer Gruppe von der English Electric Company wurde der Rechner DEUCE entwickelt. Dieser Rechner konnte sich aber nicht durchsetzen, weil die Speichertechnologie mit "mercury delay lines" /16/ mittlerweile durch den am Massachusetts Institute of Technology (MIT) im Rahmen des "Whirlwind-Projektes" entwickelten Magnetkernspeichers überholt war.

- M.H.A. Newman, Leiter der COLOSSUS-Entwicklungen, der zusammen mit anderen Mitgliedern des COLOSSUS-Projektes ein Computerprojekt an der University of Manchester begann. In den späteren Phasen dieses Projektes wurden auch Mitglieder der "US. armed services" beteiligt, die jeweils für ein Jahr oder länger mitarbeiteten /17/. Zusammen mit Ferranti Ltd. wurde 1959 der Entwurf des Rechners ATLAS fertiggestellt, der mit dem Konzept des "Paging" einen bedeutenden Beitrag zur Rechnerentwicklung darstellte. Ein wesentlicher Anstoß für dieses Projekt kam wiederum von militärischer Seite. P.M.S. Blackett, Director of Naval Operational Research während des Krieges, und deshalb sowohl mit den Entwicklungen in Bletchley Park als auch mit anderen wissenschaftlichen Beiträgen im Zusammenhang mit den Kriegsaktivitäten (z.B. Radar) vertraut, ermutigte Newman bei der Royal Society einen Antrag zu stellen: "for a projected calculating machine laboratory at Manchester University" /18/.
- A.W.M. Coombs und W. Chandler, die auf der Grundlage von ACE beim Post Office Research Station einen Rechner mit der Bezeichnung MOSAIC entwickelten.

Das COLOSSUS-Projekt in Bletchley Park war in jeder Hinsicht erfolgreich. Die Nachrichten der deutschen Wehrmacht konnten entschlüsselt werden. Es wurden mehr als zehn COLOSSUS-Rechner entwickelt und gebaut, "von denen keine zwei gleich waren" /19/. Die Mitglieder des Projektes erhielten höchste Auszeichnungen und Geldpreise vom Königshaus. Daß Großbritannien unmittelbar nach Kriegsende eine enorme Vitalität auf dem Gebiet der Computertechnik entwickelte, wunderte viele Amerikaner /20/. "It is my opinion that the COLOSSUS project was an important source of this vitality, one that has been largely unappreciated, as has the significance of it's place in the chronology of the invention of the digital computer." /21/

Obwohl die Briten sich aufgrund ihrer Militärprojekte in der Nachkriegszeit eine gewisse Eigenständigkeit bewahren konnten, wurde die weitere Entwicklung durch die Amerikaner geprägt. Dies ist wesentlich auf die unterschiedlichen Verteidigungsprobleme zurückzuführen, mit denen die beiden Nationen während des Kalten Krieges konfrontiert waren. Die kontinentale Luftüberwachung und -verteidigung der USA erforderte ein umfangreiches Verbundnetzwerk von Radarstationen, gekoppelt mit geeigneten Auswertungs-

und Steuerungsgeräten. Die Entwicklung von "Verteidigungscomputern" erhielt äußerste Priorität und erforderte einen enormen finanziellen Aufwand. "Allgemein war die Rede von einem Betrag von 250 Millionen Dollar. ... Entsprechende Ausgaben lud die englische Regierung nicht auf sich, ganz einfach, weil das entsprechende Bedürfnis fehlte. Verwunderlich ist es nicht, daß die Computerindustrie der USA der unseren [gemeint ist Großbritannien, der Verf.] in mancher Hinsicht voraus ist, sondern daß die unsere als Konkurrentin der amerikanischen überhaupt noch existiert." /22/

3. Die Entwicklung von Computern in den USA

Im Gegensatz zur Situation in Großbritannien, wo der Ausgangspunkt für die Rechnerentwicklung Probleme der Kryptologie waren, kamen die Anforderungen des amerikanischen Militärs bis zum Ende des Zweiten Weltkrieges im wesentlichen aus dem Gebiet der Ballistik. "We shall see how the ballistical needs of the United States were to be a primary incentive to the development of the modern computer." /23/

3.1. Institutionelle und personelle Voraussetzungen

Bereits während des Ersten Weltkrieges etablierte das Militär zwei erstklassige Gruppen von Wissenschaftlern, die sich mit ballistischen Problemen beschäftigten. Eine Gruppe war in Washington und wurde ab 1918 von Forest Ray Moulton geleitet, die andere Gruppe befand sich am 1918 eingerichteten Aberdeen Proving Ground (APG) und stand unter der Leitung von Oswald Veblen. Sowohl Veblen als auch Moulton hatten an der Universität von Chicago studiert, an der eine ganze Generation von Spitzenmathematikern ihre wissenschaftliche Karriere begonnen hat. Moulton und Veblen waren durch ihre Pionierarbeit wesentlich daran beteiligt, auf personeller Ebene die Verschmelzung von Militär und Wissenschaft herbeizuführen. Moulton überzeugte Armee und Marine, junge Offiziere an die Universität von Chicago zu schicken, um in Mathematik zu promovieren - Spezialgebiet Ballistik. In Moultons Abteilung begannen auch die Karrieren vieler an der Computerentwicklung beteiligter Personen, wie beispielsweise die von H. Kent, der bis zum Ersten Weltkrieg an der University of Pennsylvania unterrichtete, dann der Armee beitrat und später der wissenschaftliche Leiter des Aberdeen Proving Ground wurde. Veblen arbeitete mit N. Wiener zusammen, brachte 1930 John von Neumann nach Princeton und war eine der maßgeblichen Persönlichkeiten in Aberdeen /24/.

Ballistische Probleme wurden mit gewöhnlichen Differentialgleichungen beschrieben (im Gegensatz zu partiellen Differentialgleichungen). Differentialgleichungen dieser Art werden unter anderem auch zur Berechnung elektrischer Netze sowie in der Quantenmechanik benutzt. V. Bush vom MIT hatte 1930 einen mechanischen Analogrechner zur

Lösung solcher Gleichungen entwickelt. Die Moore School of Electrical Engineering an der University of Pennsylvania und das Ballistic Research Laboratory in Aberdeen (beide nur wenige Kilometer voneinander entfernt), wandten sich an Bush, um eine solche Maschine zu erhalten. Das Ordnance Department der US Army, die Moore School und das MIT entwickelten daraufhin gemeinsam einen Entwurf, dessen Ergebnis zum Bau zweier Maschinen führte. "The two machines were completed in 1935 and were to form the nexus between the Ordnance Department and the University of Pennsylvania that was to be so significant, not only to both of them but to the world, just a decade later." /25/

Analogrechner, wie der von Bush entwickelte Differential Analyzer waren zu dieser Zeit die fortgeschrittensten Rechenmaschinen. 1937 begannen H. Aiken, Professor in Havard und Commander der United States Naval Reserve, und R. Stibitz von Bell Telephone Laboratories (BTL) mit der Entwicklung von digital arbeitenden Relaisrechnern. Obwohl beide eng mit der Industrie zusammenarbeiteten (Aiken mit IBM und Stibitz mit BTL) und ausschließlich Rechner für militärische Anwendungen produzierten (vgl. Tabelle im Anhang), konnten sie mit dem um ein vielfaches schnelleren ENIAC nicht konkurrieren. Allerdings hatten sie mit ihren Arbeiten bewiesen, daß Digitalrechner für Berechnungen ballistischer Probleme geeignet waren. "It became apparent that digital computers would be much more useful for the war effect for solving urgent computation problems." /26/

3.2. Das ENIAC-Projekt

"A computer at that time (in fact, even in the pre-1956 dictionary sense) was a human being and not an object. Computers were a group of young women, each of whom had a 'programmed' set of operations to perform which where checked, passed along for more computations more checks, etc., until at the end of the chain a set of results appeared." /27/

Die Hauptaufgabe des Ballistic Research Laboratory (BRL) am Aberdeen Proving Ground bestand in der Bereitstellung von Bomber- und Feuertafeln, die sehr aufwendige Berechnungen erforderte. Mit dem Regierungsprogramm Engineering, Science, Management, War Defense Training (ESMWDT) sollte für diesen Zweck Ausbildungskapazität bereitgestellt werden. J.W. Mauchly und A.W. Burks, später maßgeblich an der Entwicklung des ENIAC beteiligt, absolvierten im Rahmen dieses Programmes Kurse an der Moore School. Ebenso wurden Frauen, die einen akademischen Grad besaßen, an der Moore School für ballistische Berechnungen ausgebildet, wofür ein neues Ausbildungsprogramm, zugeschnitten auf die militärischen Anforderungen, entwickelt wurde. Ältere Mathematik-Professoren der Moore School, die den Anforderungen einer intensiven, mehrstündigen Ausbildung nicht mehr gewachsen waren, mußten vorzeitig emeritieren. Während sich die Männer am Aberdeen Proving Ground mit der technischen Entwicklung beschäftigten, übernahmen ihre Ehefrauen die Ausbildung an der Moore School und rekrutierten auf Reisen zu Kollegen das Woman's Army Corps (WAC) /28/. Die Berechnungen erfolgten mit mechanischen Tischrechnern: "Two classrooms full of the girls doing just that day after day was impressive. The groundwork was being established for the invention of the computer." /29/

Doch all diese Anstrengungen waren für die militärischen Anforderungen nicht ausreichend. Eine typische Feuertabelle enthielt ca. 3 000 Flugbahnen. Der von Bush entwickelte Differential Analyzer war zwar etwas schneller als die bis dahin entwickelten Relaisrechner, auch 50mal schneller als ein Mensch mit einem mechanischen Tischrechner, jedoch hätte die Berechnung einer einzigen Feuertafel noch 30 Tage gedauert /30/.

Aufgrund eines Vorschlages von J. Mauchly, in dem er empfahl, Röhren zum Bau von Rechnern zu verwenden, schrieben er und P. Eckert 1943 einen Report über einen "Electronic Diff. Analyzer", der mindestens 10mal so schnell sein sollte wie die bisher benutzen Maschinen. Sie sandten ihn im Namen der Moore School an das Ballistic Research Laboratory in Aberdeen. Nach einem kurzen Treffen in Aberdeen wurden die Mittel zur Realisierung dieses Vorschlages vom Militär bewilligt. Mauchly's Konzept basierte auf den Anregungen von J.v. Atanasoff, der ihm bereits 1941 seine Vorstellungen einer digitalen elektronischen Version des Differential Analyzers unterbreitet hatte.

Das Ergebnis, der Electronic Numerical Integrator and Computer (ENIAC), erfüllte die militärischen Anforderungen an die Rechengeschwindigkeit besser als erwartet; etwa 1000mal schneller als die Relaisrechner und der Differential Analyzer.

Die bis zu diesem Zeitpunkt verbreiteten Analogmaschinen verloren ihre Bedeutung. Die mechanischen Geräte hatten gegenüber den Digitalrechnern den Nachteil, daß sie mit wachsender Rechengeschwindigkeit ungenauer wurden. Von Neumann begründete seine Erwartung, daß Digitalrechner effektiver sind, mit dem Argument, daß bei digitalen Maschinen mit doppelten Kosten eine doppelte Genauigkeit erzielt werden kann, dieser Faktor jedoch bei analogen Geräten erheblich ungünstiger wäre /31/. Daß Analogrechner prinzipiell dieselbe Leistungsfähigkeit wie Digitalrechner erreichen können, ist bis heute nicht widerlegt. Doch spätestens mit der Entwicklung der dritten Computergeneration (Verwendung von Transistoren anstelle von Röhren) wurden die Analogrechner endgültig ins Abseits gedrängt. Sie konnten die enormen Anforderungen des Militärs an Rechengeschwindigkeit, Verarbeitungskapazität und Zuverlässigkeit nicht erfüllen. Der ENIAC wurde zur Wurzel der weiteren Rechnerentwicklung.

Wiederum gefördert von den Ballistic Research Laboratories entwickelte das ENIAC-Team den Electronic Discrete Variable Arithmetic Computer (EDVAC). Im EDVAC-Entwurf wurde zum ersten Mal das Konzept eines Universalrechners mit interner Programmspeicherung (von Neumann-Rechner) entwickelt, das auch heute noch das Grundprinzip des Computers ist. Durch die Verbreitung dieser Entwürfe und die Vorlesungen von Neumanns an der Moore School (1946) wurden die Arbeiten der ENIAC-Gruppe international bekannt /32/.

Doch ohne die weitere massive Unterstützung des Militärs wären viele Entwicklungen nicht möglich gewesen /33/. Dies gilt insbesondere auch für die Rechnerentwicklung am Institute for Advanced Studies (IAS) in Princeton unter der Leitung von John von Neumann (IAS-Computer) /34/, sowie die ORDVAC-Serie (Ordnance, Variable Automatic Computer) /35/ und das WHIRLWIND-Projekt am MIT.

3.3. Technologische Weichenstellung - das WHIRLWIND-Projekt

Noch 1942 wurde von V. Bush und seinen Mitarbeitern am MIT eine verbesserte Version des Differential Analyzers entwickelt, bei der mechanische Teile durch elektronische Konstruktionen ersetzt wurden. 1944 begann eine andere Gruppe am MIT unter der Leitung von J.W. Forrester, einen Analogrechner zur Flugsimulation (WHIRLWIND) zu entwickeln. Nach einigen Gesprächen im November 1944 mit Offizieren und Wissenschaftlern, die an der Entwicklung des ENIAC beteiligt waren, wurde diese Entscheidung revidiert: "We are no longer building an analog computer; we are building a digital computer." /36/ Doch die Förderung für dieses Projekt wurde ab 1948 reduziert und schließlich ganz eingestellt. Das Interesse des Office of Naval Research (ONR), das bisher ca. 1 Million Dollar pro Jahr für das Projekt ausgegeben hatte, bestand primär in mathematischen Berechnungen, wie Feuerkontrolle, Flugbahnberechnungen usw.; an der Echtzeitverarbeitung, dem Schwerpunkt des WHIRLWIND-Projektes, bestand kein Interesse. Der "Kalte Krieg" führte aber dazu, daß Frühwarnsysteme (air defense systems) eine hohe Priorität in der Förderung erhielten. Die Arbeiten am MIT auf dem Gebiet der Radartechnologie zeigten, daß WHIRLWIND für den neuen Zweck optimal geeignet war; die Förderung wurde jetzt (1950) von der Luftwaffe übernommen. Der Grundstein für das größte und gefährlichste /37/ Flugüberwachungs- und -abwehrsystem war gelegt.

Die militärischen Anforderungen nach Steigerung der Rechengeschwindigkeit, Vergrößerung der Leistungsfähigkeit, Erhöhung der Zuverlässigkeit und nach zunehmender Miniaturisierung wurden von WHIRLWIND erfüllt. Als Kernstück des "Cape Cod system" war dieser Rechner der Prototyp für das Semiautomatic Ground Environment (SAGE) Air Defense System. Es war der erste Rechner mit Echtzeitverarbeitung, doch ohne interrupt handling, so daß für die ankommenden Radardaten als externer Zwischenspeicher eine Magnettrommel benötigt wurde. Eine weitere Trommel benötigte man für die Speicherung des 20 000 Instruktionen umfassenden Cape Cod systems. Mit seinem 16 bit -

Prozessor kann WHIRLWIND trotz seiner Größe als erster Mini-Computer bezeichnet werden /38/. Neuartig waren

- die Verwendung eines main bus
- der Einbau eines Magnetkernspeichers, durch den die Rechengeschwindigkeit verdoppelt werden konnte
- der Anschluß von Telefonleitungen zur Übermittlung der Radardaten (Datenfernübertragung)
- die Verwendung von Bildschirmgeräten (Radarschirme mit Schriftanzeige)
- die Benutzung eines Lichtgriffels (light gun) für die Positionseingabe durch den Flugüberwachungs-Offizier.

Neben der Anpassung von WHIRLWIND an die durch die Air Force gestellten Aufgaben entwarf das Projektteam den neuen Computer für SAGE. Zehn Jahre nach der Fertigstellung wurde der Betrieb von WHIRLWIND 1959 eingestellt. Das wichtigste Argument dafür waren neben den Betriebskosten von 300 000 Dollar die hohen Wartungskosten für die Software. Das WHIRLWIND-Projekt war der Anfang einer langen Entwicklung bis hin zum "vollautomatisierten Schlachtfeld". Die Anforderungen des Militärs an zunehmend größere und leistungsstärkere Computer hatte nicht nur Einfluß auf die technologische Entwicklung, sondern auch auf die Strukturen im Hersteller- und Anwenderbereich.

3.4. Auswirkungen auf Hersteller und Anwender

"The Korean War (which started in 1950) brought about a great expansion in the defense-related industries and a greatly increased need for computation of all kinds." /39/

Wenn man bedenkt, daß die bis 1950 hergestellten Computer fast ausschließlich für militärische Zwecke produziert und eingesetzt wurden, so kann man ohne Zweifel die Computerhersteller als "defense related industry" bezeichnen. Auch in den 50er Jahren, in denen die Hersteller versuchten, den Computermarkt zu erschließen, dominierte das Militär mit seinen Anforderungen.

Um als Computerhersteller bestehen zu können, waren zu Beginn zwei Voraussetzungen notwendig: qualifiziertes Personal und Aufträge vom Militär. Doch das reichte in den 50er Jahren nicht mehr aus. Firmen, die das Rennen um die Marktanteile mithalten wollten, mußten zudem in der Lage sein, in kurzer Zeit neue Großrechner zu entwickeln. Bei diesem Rennen lagen zwei Firmen vorn: Remington Rand und IBM.

Während des Zweiten Weltkrieges hatte sich eine Abteilung der US Navy mit dem offiziellen Namen "Communications Supplementary Activities - Washington (CSAW)" mit Arbeiten auf dem Gebiet der Kryptologie beschäftigt. Um diese von Capt. H. Wenger geleitete und hochqualifizierte Gruppe mit ihrem angesammelten Know How zusammenzuhalten, wurde die "Engineering Research Associates, Inc. (ERA)" gegründet /40/. ERA arbeitete eng mit dem "United States Naval Computing Machine Laboratory (USNCML) zusammen, dessen Leiter im Winter 1945 zu ERA kam. Die Existenzgrundlage wurde durch "illegale" "task contracts" der US Navy gesichert. Das Ergebnis einer dieser Aufgaben (task 13) war ein Rechner mit der Code-Bezeichnung ATLAS, dessen Erfolg in der geringen Installationszeit (acht Tage) lag und der für damalige Verhältnisse mit äußerst geringer Ausfallzeit arbeitete. Die Navy gab eine modifizierte Version für den Verkauf frei, die unter der Bezeichnung 1101 (13 binär) bekannt wurde (später UNIVAC 1101). Trotz mancher Erfolge mit ihren mit Magnettrommeln ausgerüsteten Rechnern für Air Defense Systems, mit dem BOMARC Missile Program, dem Navy Tactical Data System usw., war die Finanzdecke zu dünn; 1952 wurde ERA von Remington Rand aufgekauft. Vorher schon hatte Remington Rand die Eckert-Mauchly Computer Corporation als eigenständige Abteilung eingegliedert. Trotz des technischen Erfolges, die Eckert und Mauchly mit BINAC und UNIVAC 1 (1951) hatten, reichte das Geld der Regierung für die ersten drei UNIVAC 1 nicht aus. Obwohl dieser Großrechner fast fünf Jahre lang der beste Rechner auf dem Markt war, konnten sie zum damaligen Zeitpunkt außer den Maschinen für das Militär keine weiteren Exemplare verkaufen /41/.

IBM verschaffte sich eine gute Ausgangsposition durch die Zusammenarbeit mit H. Aiken und J. Mauchly vor und während des Zweiten Weltkrieges, sowie 1951/52 mit J.v. Neumann, H. Goldstine (Ballistic Research Laboratory, später IAS) und J. Pomerene (ebenfalls IAS). Von dem ab 1948 ausgelieferten "Electronic Calculation Punch", der 1948 zum Card Programmed Calculator (CPC) erweitert wurde, verkaufte IBM zwar in den nächsten Jahren mehrere tausend Geräte, jedoch begann der Einstieg in das Computergeschäft mit dem "Defense Calculator (IBM 701)" /42/. Für das SAGE-System lieferte IBM mehrere Folgemodelle dieses Großrechners (IBM 704 und 705). Neben der Erfüllung der militärischen Anforderungen verschaffte sich IBM im kommerziellen Bereich durch eine aggressive und teilweise unseriöse Marktpolitik weitere Vorteile /43/.

Mit diesen beiden großen Unternehmen konnte nur konkurrieren, wer in der Lage war, die militärischen Anforderungen an zunehmend größere, vor allem aber schnellere Computer zu erfüllen; dies gelang noch der Borroughs Corp., der Control Data Corp. (entstanden aus einer Gruppe, die Remington Rand verlassen hatte) und Honeywell. Dreizehn Jahre nach der Entwicklung des ENIAC war ein Höhepunkt erreicht: "Early in 1958 the Ballistic Missile Early Warning System (BMEWS) project requested bids from computer manufacturers to supply a number of very large, fast computers for data analysis and general computation." /44/

Durch ein geschicktes Angebot, nämlich einen bereits entwickelten Rechner (709) aufzurüsten, gewann die IBM den Kontrakt für das BMEWS und konnte rechtzeitig zum Ende des Jahres 1959 die ersten zwei Maschinen (7090) ausliefern. Doch das eigentliche Wagnis, "Super Computer" zu entwickeln, begann schon früher. Bereits 1956 erhielten sowohl IBM als auch Remington Rand den Auftrag von der Atomic Energy Comission (AEC), den leistungsfähigsten und größten Rechner zu bauen, zu dem sie in der Lage waren. Im Jahre 1961 wurde der Rechner von IBM (Stretch) an das Los Alamos Scientific Laboratory ausgeliefert. Bereits im Frühjahr 1960 erhielt das Livermore Research Laboratory den UNIVAR LARC (Livermore Atomic Research Computer). Einen zweiten Rechner, LARC II lieferte Remington Rand an das David Taylor Model Basin der US Navy; damals der größte und leistungsstärkste Rechner des Department of Defense (DoD) /45/. Sowohl LARC als auch Stretch waren vom kommerziellen Gesichtspunkt ein Fehlschlag, doch durch beide Projekte wurde ein enormer Fortschritt in der Rechnertechnologie erzielt, der sich sehr schnell in anderen kommerziellen Rechnern niederschlug und so diesen Firmen ihre Marktanteile sicherte.

Neu auf den Markt drängende Hersteller konnten beim Bau zunehmend größerer Rechner nicht mithalten. Gelang es ihnen, leistungsfähige Großrechner zu produzieren (z.B. Philco), so scheiterten sie an der mangelnden Vermarktungsfähigkeit ihrer Produkte, konnten sie keine "Super-Computer" entwickeln, fehlte ihnen das Know How und die Reputation. Der Herstellermarkt konzentrierte sich auf wenige Firmen, die zudem mit ihren Großrechnern auch heute noch international den Trend bestimmen.

Bis Mitte der 60er Jahre unterschied man zwischen wissenschaftlichen (scientific) und kommerziellen (business) Computern, wobei wissenschaftlich fast ausschließlich bedeutete: Einsatz für militärische Zwecke. Die Entwurfsphilosophie für "Militärcomputer" ging von der Annahme aus, daß zwar in großem Umfang Berechnungen, dagegen aber wenig Ein/Ausgabe erforderlich waren /46/. Für die wissenschaftlichen Computer waren Peripheriegeräte wie Magnettrommeln (ERA), Lichtgriffel und Radargeräte (WHIRLWIND), Lochstreifeneingabe usw. entwickelt worden. Die auf militärische Anforderungen zugeschnittenen Anlagenkonfigurationen zusammen mit den Betriebssystemen entsprachen jedoch nicht den Bedürfnissen kommerzieller Anwender. Erst mit der Entwicklung der 709 sah sich IBM genötigt, den kommerziellen Anforderungen an Ein/Ausgabe nachzukommen. Für die Rechnerarchitektur galt: "In these scientific computers, the objectives of an exceedingly fast arithmetic unit and a low-access-time internal memory have tended to overshow other design features." /47/ Die meisten kommerziellen Rechner waren leicht modifizierte Militärcomputer. "... only the IBM 702 and 705 were considered primarily business machines..." /48/

Der Einsatz militärischer Großrechner hatte auch für die Anwender Folgen. So konnten nur große Firmen Computer einsetzen und sich dadurch Marktvorteile verschaffen. In diesen Firmen bildeten sich zentrale DV-Abteilungen, die meist direkt dem Management unterstanden. Großrechenzentren mußten eingerichtet werden, um die großen und teuren Anlagen unterhalten zu können (aus Rentabilitätsgründen mußten viele Anlagen Tag und Nacht ausgelastet sein) /49/. Militärische Großtechnologien wurden im kommerziellen Bereich übernommen, ohne daß ihr Erfolg bzw. ihre Wirtschaftlichkeit hätte überprüft werden können /50/ (z.B. electronic fund transfer, EFT). Diese Strukturen sind bis heute zum großen Teil erhalten geblieben.

In der Zeitschrift "Der Arbeitgeber" hieß es noch 1966, "... daß der Computer wegen seiner Zusammenhänge mit der Militärentwicklung des letzten Krieges und mit der Weltraumtechnik ganz eigenartige Fehlentwicklungen in Gang gebracht hat." /51/ Die Anforderungen an eine Waffe waren und sind trotz mancher Gemeinsamkeiten verschieden von denen an ein Werkzeug zur Datenverarbeitung: "No one was vocal concerning a need for more powerful computational tools in accounting or other business applications and the terms data-handling and data-processing had not been coined." /52/

Militärische Attribute, wie Hierarchisierung und Zentralisierung einhergehend mit dem Hang zum Umfassenden, zum Alles-Bestimmenden und -Erfassenden in einer bislang unerreichten Größenordnung spiegeln sich in der Computertechnologie wider. "For the last 150 years the nature of technology itself has been such that those applications which pushed the state of the art have been defensible only for the military... as technology grows more sophisticated, and as expenses escalate, the military tends to become the only supplier of the pleasures associated with extreme technological performance." /53/ Entwickelt wurde in erster Linie eine Waffe, und nicht ein Werkzeug!

Auch wenn sich die kommerziellen Anwender bezüglich ihrer Einflußnahme auf die Rechnerentwicklung mit Beginn der 60er Jahre langsam emanzipierten, blieb der militärische Einfluß in weiten Bereichen der Informatik bestimmend. Bis Mitte der 60er Jahre wurde in den USA ungefähr die Hälfte aller Ausgaben für Forschung und Entwicklung im Rahmen des Nationalen Verteidigungsprogrammes bewilligt; 1976 waren es noch rund 40%, die das Amerikanische Verteidigungsministerium (DoD) für diese Zwecke ausgab. "Nach amtlichen Schätzungen hatte die Regierung 1964 mindestens 135 Millionen Dollar für Entwurf und Entwicklung von DV-Anlagen, Forschungsarbeiten über Programmierungsverfahren und mathematische Probleme der Verwendung von DV-Anlagen aufgewendet. Zusätzliche nicht näher bezeichnete Mittel - sie wurden inoffiziell auf mindestens 190 Millionen Dollar geschätzt - waren für wissenschaftliche Arbeiten auf dem Gebiet der Datenverarbeitung bei der Entwicklung von Waffensystemen, von militärischen Führungs- und Kontrollsystemen und im Rahmen der Abwehr bestimmt." /54/ Durch diesen enormen finanziellen Aufwand war das Militär sowohl größter Auftraggeber als auch Anwender im Bereich der Datenverarbeitung. "This means that the chances were good that any sufficiently large research undertaking had to receive its financial support from and hence be justified of its contribution to the defense program." /55/

Der dominierende Einfluß des Militärs wurde jetzt weniger bei den Rechnern selbst, als vielmehr in der Entwicklung großer Softwaresysteme und Rechnernetze spürbar, sowie in der Finanzierung neuer Forschungsbereiche (z.B.: Erkennung natürlicher Sprache). Dabei wurden durch Standardisierungen und Großprojekte Entwicklungslinien festgelegt und zugleich andere Möglichkeiten abgeschnitten.

Ein typisches Beispiel für eine Art von Großentwicklungen ist der Aufbau von Rechnernetzen, deren militärische Notwendigkeit sich aus dem SAGE-System und seinem Ausbau ergab. "The first packet switching network was the ARPANET, developped for the Advanced Research Projects Agency of the Department of Defense." /56/ Angeschlossen an dieses Netz sind alle wichtigen Institutionen und Firmen, die sich maßgeblich oder ausschließlich mit militärischer Forschung und Entwicklung beschäftigen /57/. Das Konzept des "packet switching" wurde Mitte der 60er Jahre von P. Baran und anderen bei Remington Rand entwickelt. Obwohl dieses Konzept zu dieser Zeit von fast allen Fachleuten abgelehnt wurde, konnte es sich aufgrund der militärischen Anforderungen durchsetzen. "As developped for the military, the object of packet switching was not to improve the state of the art of computer communications networking but to assure military survivability." /58/ Das Militär hatte ein Verteidigungssystem gefordert, das selbst im Falle größter Zerstörungen (analog zum Fall Pearl Harbor) weiter funktionieren würde. Die Entwicklung des ARPANET mit dem Konzept des "packet switching" ist bis heute Standard geblieben.

Doch nicht nur durch Großprojekte konnten Standards gesetzt werden. Als Großanwender ist das DoD maßgeblich an allen Arbeiten der American Standards Association (ASA) beteiligt. "... an American Standard is accepted as the one national authorative standard in its immediate field of application." /59/ Durch die Bedeutung amerikanischer Entwicklungen werden diese oft auch zum internationalen Standard. Dies wurde besonders bei der Entwicklung und Standardisierung der Programmiersprache COBOL deutlich: "The significance of COBOL was greatly enhanced when it was chosen as a required language on DoD computers." /60/ Durch die vom DoD abgewickelte Standardisierung setzte sich die Sprache COBOL trotz mancher Mängel (z.B. in der procedure division) als internationaler Standard durch. Auch die Anstrengungen von IBM, COBOL durch eine eigene Sprachentwicklung zu ersetzen, schlugen fehl.

Bei der Standardisierung von COBOL trat das Militär lediglich als Anwender in Erscheinung. Anders ist dies bei der Programmiersprache ADA, wo militärische Interessen auch die Entwicklung der Sprache bestimmen. ADA wurde für militärische Anwendungen konzipiert (military command, control and communication); daß die Sprache auch für kommerzielle Anwendungen geeignet ist, wird von vielen Fachleuten bestritten. Trotz umfangreicher Kritik an sprachlichen Konstrukten und Konzepten, an Umfang und Komplexität der Sprache /61/, an der Eignung im Rahmen des ADA Programming Support Environment

(APSE) /62/, an den Auswirkungen auf die soziale Situation der Programmierer /63/, und den Nachteilen für kleinere Firmen /64/ versuchte das DoD eine schnelle Standardisierung durchzusetzen /65/. Was bezweckt das DoD mit einer Standardisierung zu einem Zeitpunkt, wo noch keine vollständige und gültige Implementierung der Sprache vorliegt? Sicher ist: Sollte sich die Vorstellung von ADA als standardisierte "Weltprogrammiersprache" durchsetzen, würden wieder einmal militärische Attribute wie Größe, Universalität und Mächtigkeit eine Entwicklungsrichtung der Informatik bestimmen. "The strategy for DoD is to implement ADA on large host computer systems and provide code generation for smaller embedded target computers." /66/ Alle Vorschläge, die Sprache zu verkleinern (bzw. zu "glätten") oder aber geeignete Untersprachen zu definieren werden vom DoD kategorisch abgelehnt. Ziel des Militärs ist es, zentral die Software für die kleineren embedded target computers (z.B. in einer cruise missile) zu entwickeln, damit Waffensysteme schnell und einheitlich modifiziert bzw. neu entwickelt werden können. "..., some features of ADA will prove less than optimal. But perfection was not the design goal of ADA. The ADA effort has been based on the view that the benefits of standardization outweigh the residual defects inevitable in any design process." /67/ Die Vorteile einer Standardisierung zu diesem Zeitpunkt sind aber für Wissenschaft und Industrie praktisch nicht vorhanden.

Durch das hohe Finanzvolumen für Forschung und Entwicklung kann das DoD ganze Forschungszweige etablieren bzw. durch Verweigerung von Mitteln Forschern und Institutionen die Existenzgrundlage entziehen. Dies läßt sich am Beispiel des Computer-unterstützten Unterrichts (CUU) nachvollziehen. Neben den staatlichen Bildungseinrichtungen war das Militär in den USA bis Anfang der 70er Jahre maßgeblich an der Entwicklung des CUU beteiligt. Dabei erhoffte man sich von Rechnerspielen und der Simulation von Entscheidungen nach strategischen Gesichtspunkten - beides wesentliche Momente des CUU - eine Optimierung der Ausbildung für militärische Entscheidungsträger. "Gaming or practice in management exercises will play a serious role in the future of the United States." /68/ Bekannte Systeme, die ab 1972 von der National Science Foundation (NSF) gefördert wurden, sind PLATO IV (CERL, University of Illinois) und TICCIT der Rüstungsfirma MITRE Corporation. Als sich die Erwartungen an CUU nicht erfüllten, zogen sich mit dem Militär auch die privaten und öffentlichen Mittelgeber zurück. Obwohl über Erfolg oder Mißerfolg des CUU prinzipiell noch gestritten wird /69/ und die entwickelten Systeme auch heute noch eingesetzt werden, ist das Fachgebiet nicht nur in den USA sondern z.B. auch in der Bundesrepublik Deutschland zur Bedeutungslosigkeit herabgesunken, wenn nicht vollständig verschwunden (wie z.B. an der TU Berlin) /70/.

Andere Fachgebiete wurden je nach militärischen Anforderungen ausgebaut oder modifiziert. Dazu gehören neben dem Gebiet der Kryptographie /71/, die automatische Spracherkennung /72/, die Disziplin des Software Engineering /73/, Methoden des "signal separation" und "pattern recognition" /74/, die Mikrotechnologie /75/, Glasfaseroptik und viele andere mehr. Wie weit aber die direkte Beeinflussung durch militärische Anforderungen geht, ist im Einzelfall nur schwer nachzuweisen. Fest steht jedoch, daß alle für die Entwicklung neuer Waffen-, Frühwarn- und Informationssysteme /76/ benötigten Forschungsarbeiten maßgeblich von militärischer Seite spezifiziert und kontrolliert wurden. Damit hat das Militär in der Informatik stärker als in jeder anderen wissenschaftlichen Disziplin, Paradigmen aufgestellt, die zum Teil vom wissenschaftlichen und kommerziellen Bereich ohne Kritik oder gar Kenntnis der zugrundeliegenden Anforderungen und Interessen übernommen wurden.

4. Militärisches Denken in der Technik

Der Einfluß des Militärs auf die Entwicklung der Informatik ist erst bei einer Betrachtung der jeweils zugrundeliegenden Denkweisen vollständig erfaßbar. Bei der Entwicklung der Informatik und des Computers standen zwar in erster Linie immer wieder militärische Anforderungen im Vordergrund, aber es gibt keine monokausalen Abhängigkeiten. Die Frage, inwieweit umgekehrt technikinhärente Aspekte die Denk- und Vorgehensweise des Militärs geprägt haben, ist im Rahmen dieses Beitrages nicht zu klären.

Die Parallelität naturwissenschaftlichen und militärischen Denkens /77/ läßt sich sowohl in der häufigen Verbindung von Offizier und Wissenschaftler in einer Person wiederfinden, als auch in der Sprache. Militärische Projekte (z.B. ENIAC) werden als universitäre Projekte bezeichnet; Militärcomputer sind immer wissenschaftliche Computer (im Gegensatz zu kommerziellen Rechnern). "In der Sicht der Informatik ist die militärische Führung mit einem Regelungsprozeß vergleichbar, durch den die militärischen Aktionen entsprechend der vorliegenden Lage so bestimmt werden, daß als Ergebnis ein militärischer Auftrag zur Durchführung gelangt. Ein Führungssystem muß daher alle zur Charakterisierung der militärischen Lage relevanten Informationen speichern, der Führung "auftragsbezogen" zur Verfügung stellen und gegebenenfalls nach erfolgter Entscheidung über das Was, Wie, Wo und Wann des Einsatzes die Einsatzführung auslösen und überwachen können." /78/ Hier ist die "Sicht der Informatik" von der menschenverachtenden Denkweise "moderner" Militärstrategen nicht mehr zu unterscheiden. Das hier angesprochene kybernetische Regelungsmodell wurde von Norbert Wiener während des Zweiten Weltkrieges zur Beschreibung ballistischer Probleme (Abschätzen der Trefferkoordinaten bei beweglichen Zielen) entwickelt. Das diesem Modell zugrundeliegende Prinzip der Rückkopplung (feedback) wurde zum bestimmenden Paradigma der Kybernetik, die auch in sozialen Bereichen angewendet wurde und wird. Paradigmen, die aus rein militärischen Problemstellungen entwickelt wurden, werden ohne Kritik ihres Entstehungszusammenhanges auf andere Bereiche übertragen. Der Versuch, die "Oberwissenschaft Kybernetik" zu etablieren, ist allerdings gescheitert. Welche Auswirkungen dagegen die Übertragung des Konzeptes "embedded system" (eingebettetes System) auf die Gestaltung soziotechnischer Systeme hat /79/, kann man nur vermuten. Was hat anerkannte Informatiker dazu bewegt, soziale Zusammenhänge in Organisationen mit den technischen Bedingungen einer "cruise missile" gleichzusetzen?

Die enge Verbindung von Militär und Informatik bestand auch nach Ende des Zweiten Weltkrieges weiter. So fand das erste nationale Treffen der 1947 gegründeten Association for Computing Machinery (ACM) im Aberdeen Proving Ground statt, zwei Jahre später in den Oak Ridge National Laboratories. Das ACM-Treffen 1962 in Syracuse wurde von Maj. Gen. Henry Vicello, Commander of the 26th Air Division of SAGE, feierlich eröffnet. In einer kurzen Notiz zu diesem Treffen wird über eine Rede des Manager of Technical Military Planning Operations, Dr. R.C. Raymond von der General Electric Company berichtet: "Bringing a stimulating talk of the future aspects of computing systems and human thought processes, he told how he himself looks forward for the down-to-earth values that the introduction of improved computer-controlled activities in management will bring to the executive especially saving wear and tear on his nervous system when he can bypass those humans so susceptible to imaginative apprehensions the real meaning of the boss' everyday more." /80/

Ist es ein gemeinsames Ziel von Militär und Informatik, die Menschen "auszuschalten"? /81/

5. Die Entwicklung in der Bundesrepublik Deutschland - Resümee und Ausblick

Die rasante Entwicklung der Informatik in den USA, maßgeblich verursacht durch die enge Verquickung von Militär und Wissenschaft, führte dazu, daß Länder wie die Bundesrepublik Deutschland ähnliche Voraussetzungen schaffen mußten, um mit der technologischen Entwicklung schritthalten zu können. Als die Bundesregierung aufgrund der "Technologischen Lücke" /82/ im Jahre 1968 begann, auf staatlich administrativem Wege die Wissenschaft Informatik zu etablieren, erhoffte man sich dadurch, den Anschluß an die Amerikaner zu finden. "Diese Hoffnung wurzelt in der Ansicht, daß die deutsche Kultursubstanz, die trotz allem 'typisch deutsche Art zu denken', wieder zu Höchstleistungen fähig sein wird, wenn sie von den Fesseln eines überholten Bildungsideals und einer antiquierten Weltanschauung befreit ist." /83/

Obwohl das Militär in der Bundesrepublik Deutschland - im Vergleich zu den USA - eine erheblich geringere Rolle bezüglich der Entwicklung der Informatik spielt, gibt es keine spezifisch deutsche Ausprägung der Informatik. Durch die reibungslose Übernahme amerikanischer Entwicklungstendenzen hat sich somit auch in der Bundesrepublik das Militär (wenn auch mittelbar) als ein entscheidender Entwicklungsfaktor erwiesen, der

- Entwicklungen der Informatik beschleunigt
- globale Entwicklungsrichtungen festlegt (Großrechner, Software Engineering usw.)
- unmittelbaren Einfluß auf die Gestaltung der Hardware ausübt
- Ausprägungen von Methoden, Konzepten und von Forschungsbereichen bestimmt
- Denk- und Arbeitsweise von Informatikern prägt.

Wie eine von den Arbeiten Zuses ausgehende Entwicklung hätte verlaufen können und ob sie sich wesentlich von der jetzigen unterscheiden würde, ist ungewiß.

Wie Weizenbaum betont, haben wir zwar zählen und rechnen gelernt und dafür Supercomputer entwickelt, haben aber zunehmend verlernt festzustellen, was überhaupt gezählt und was sinnvoll berechnet werden sollte. Wir haben Waffensysteme und Produktionsstraßen gebaut. "Das Ergebnis ist eine Verschmelzung in völliger Entleerung von allem, was den pränatalen Glücksbegriff ausmacht: kein Zurück, sondern ein Weiter, Weiter, Weiter, zu noch mehr Ferne, Zerstückelung, Unfaßbarkeit, bis dahin, wo jeder Gedanke von Ich, Zusammengehören, Grenze von Glück und Unglück, Arbeit und Genuß zerplatzt, wo das einst Innerste ganz außen geworden ist, das Äußerste; wo mein Kopf zur Kopie des Computerprogrammes wird und meine Hand zu einer fehlerbehafteten Ergänzung ... Wenn wir eine andere Technik wollen, dann dürfen wir als Kinder nicht Krieger und Helden werden wollen." /84/

Anhang

Bezeichnung	Zeit	Hersteller	Abnehmer	Verw.-zweck
Harvard Mark I	1937-44	Aiken/IBM	US-Marine	Funktionstab.
Harvard Mark II	1945-48	"	Navy-Bureau of Ordnance des Dahlgren Proving Ground	
Mark III	1948-50	"	"	
Bell Model II	1942	Stibitz/BTL	BRL Aberdeen	Justieren von Feuerleitwaffen
"Ballistic Comp." III	1939-42	"	"	
IV, V, VI	ab 1944	"	" u. NACA	
PSRC	1944-45	IBM	BRL Aberdeen	
ENIAC	1943-46	Moore-School	BRL Aberdeen	Leitbahnrechner Überschallstr.
EDVAC	1944-52	Moore-	BRL Aberdeen	
BINAC	1947-49	Eckert-Mauchly Comp. Corp.	Northrop Aircr.	
UNIVAC I	1948-51		Pentagon	
WHIRLWIND	1947-51	MIT	US. Navy u. Air Force	Flugabwehr u. -überwachung
SEAC	1948-50	NBS	NBS	
SWAC	1948-50	UCLA	NBS	
1101	1948-52	ERA	US. Navy	
1102	1950-52	ERA	US. Air Force	
LOGISTIC	1953	ERA/UNIVAC	ONR	Mil. Logistik
"Defense Calculator" 701	1950-53	IBM		
diverse (704)	1954-59	IBM	DoD	SAGE
7090	1957-59	IBM	DoD	BMEWS
NORC	1951-55	IBM	US. Naval Weapons Lab.	
STRETCH	1956-61	IBM	Los Alamos	
ORDVAC	1952	IAS	BRL Aberdeen	
JONNIAC	1953-54	RemRand		
ORACLE	1954	Oak Ridge		
LARC	1956-60	RemRand	US. Navy	

...

Anmerkungen

/1/ P. Brödner, D. Krüger, B. Senf: Der programmierte Kopf; Berlin 1981

/2/ B. Randell (Ed.): The Origins of Digital Computers; Berlin, Heidelberg, New York 1973; S. 8

/3/ Zitiert nach F.L. Bauer, G. Goos: Informatik; Zweiter Teil; Berlin, Heidelberg, New York 1974; S. 195

/4/ Zur Beschreibung der wesentlichen Eigenschaften und der Bedeutung einer Analytical Engine siehe: Percy E. Ludgate: On a proposed Analytical Machine; in: B. Randell /2/; S. 71 ff.

/5/ N. Metropolis, J. Howlett, G.-C. Rota (Eds.): A History of Computing in the Twentieth Century; New York 1980

/6/ "Zur Geschichte des Computers"; Diskussionspapier der Lehreinheit EDV, Technische Universität Berlin, FB Informatik; Juni 1973

/7/ G. Hotz: Konrad Zuse - Forschung und Entwicklung; Informatik-Spektrum (3) 1, 1980

/8/ Vergleiche dazu den Aufsatz von: F.L. Bauer: Formulierung, Formalisierung und automatische Programmierung in den frühen Arbeiten Konrad Zuses; Informatik-Spektrum (3) 2, 1980

/9/ I.J. Good: Pioneering Work on Computers at Bletchley; in: N. Metropolis et al /5/

/10/ D. Kahn: The Code Breakers; Macmillan; New York 1967

/11/ vgl. J.W. Mauchly: The Use of High Speed Vacuum Tube Devices for Calculating; in: B. Randell /2/

/12/ Nach einem Interview von B. Randell mit D. Michie, einem Mitarbeiter im COLOSSUS-Projekt; in: N. Metropolis et al /5/; S. 47 ff.

/13/ B. Randell: The COLOSSUS; in: N. Metropolis et al /5/; S. 47 ff

/14/ Einige Autoren schreiben die 'Entdeckung' des 'Von Neumann-Rechners' A.M. Turing zu (vgl. auch /5/; S. 84 f.)

/15/ zitiert nach /13/; S. 85

/16/ H. Goldstine: The Computer from Pascal to von Neumann; Princeton 1973; S. 188 ff.

/17/ D. Michie: The Bletchley Machines; in: B. Randell /2/

/18/ S.H. Lavington: A History of Manchester Computers; National Computing Centre, Manchester 1975; zitiert nach B. Randell /13/; S. 85

/19/ siehe /13/; S. 71

/20/ vergleiche dazu: H. Goldstine /16/

/21/ siehe /13/; S. 87

/22/ The Earl of Halsbury: Ten Years of Computer Development; The Computer Journal 1, Jan. 1951; zitiert nach: Automation in der BRD; Das Argument, AS7, Berlin 1975

/23/ H. Goldstine /16/; S. 72

/24/ Ausführlich beschrieben in H. Goldstine /16/, speziell Part I, Chapter 9: Ballistics and the Rise of the Great Mathematicians; S. 72 ff., sowie PART II, Chapter 2: The Ballistic Research Laboratory; S. 127 ff.

/25/ H. Goldstine /16/; S. 96 f.

/26/ B. Randell /2/; S. 289

/27/ H.S. Tropp: The Smithsonian Computer History Project; in: N. Metropolis et al /5/

/28/ siehe H. Goldstine /16/; S. 134 f.

/29/ H. Lukoff: From Dits to Bits: A personal history of the electronic computer; Portland 1979; S. 21 f.

/30/ Ausführliche Berechnungen finden sich in: H. Goldstine /16/; S. 137 f.

/31/ nach Birkhoff: Computing Developments 1935 - 1955, as seen from Cambridge, USA; in: N. Metropolis et al /5/; S. 25

/32/ siehe insbesondere H. Goldstine /16/; Chapter 9: The Spread of Ideas; sowie B. Randell /2/: Stored Program Electronic Computers; S. 349 ff.

/33/ Einen guten Oberblick über weitere Entwicklungen gibt Saul Rosen: Electronic Computers: A Historical Survey; Computing Surveys, Vol 1, No 1, 1969

/34/ siehe J. Bigelow: Computer Development at the Institute for Andvanced Study; in: N. Metropolis et al /5/
sowie H. Goldstine /16/; S. 239 ff.

/35/ siehe J. Robertson: The ORDVAC and the ILLIAC; in: N. Metropolis et al /5/

/36/ R. Everett: Whirlwind; in: N. Metropolis et al /5/

/37/ Eine Zusammenfassung der gefährlichsten Beinah-Katastrophen und Pannen gibt H. Strom: Friedlich in die Katastrophe; Frankfurt 1981; S. 481 ff.

/38/ Ken Olsen, Mitarbeiter im WHIRLWIND-Projekt wurde später Präsident der Digital Equipment Corp. (DEC); Architektur und Konzept der DEC PDP 11 knüpfen nahtlos an die Entwicklungen von WHIRLWIND an.

/39/ S. Rosen /33/; S. 13

/40/ siehe E. Tomash: The Start of an ERA: Engineering Research Associates, Inc., 1946 - 1955; in: N. Metropolis et al /5/; S. 485 ff.

/41/ vergleiche dazu die ausführliche Beschreibung in: H. Lukoff /29/

/42/ vergleiche C. Hurd: Computer Development at IBM; in: N. Metropolis et al /5/; S. 389 ff.

/43/ siehe dazu: W. Rodgers: Die IBM Saga; Hamburg 1971

/44/ S. Rosen /33/; S. 23

/45/ siehe Nachricht in: Communications of the ACM; Vol 4, 1961; S. 242

/46/ siehe auch S. Rosen /33/; S. 14 f.

/47/ E.W. Canon: The reflection of Logistics in Electronic Computer Design; Naval Research Logistics Quarterly; Vol 7, No 4, 1960; S. 367

/48/ in: E.W. Canon /47/; S. 367

/49/ Eine anschauliche Schilderung dieser Situation findet sich in E. Zöpfi: Jede Minute kostet 33 Franken; Zürich 1979

/50/ vergleiche Communications of the ACM, Vol 22, No 12, 1979; speziell K. Kramer, K. Colton: Overview of the EFT Symposium; S. 641 ff.

/51/ "Über die Grenzen der Computerei"; in: Der Arbeitgeber, 1966; S. 279 f.

/52/ E.W. Canon /47/; S. 366

/53/ M. Koenig: The Toy Theory of Western History; The Journal of Community Communications; Vol IV, No 1; S. 36

/54/ K. Mainzer: Entwicklungsfaktoren der Informatik in der Bundesrepublik Deutschland; in: W.v.d. Daele, W. Krohn, P. Weingart: Geplante Forschung; Frankfurt 1979; S. 138

/55/ D. Slotnick, J. Slotnick: Computers - Their Structure, Use, and Influence; Englewood Cliffs 1979; S. 152

/56/ S. Emerson: Introduction to an article written by P. Baran: Some Perspectives on Networks - Past, Present and Future; The Journal of Community Communications, Vol IV, No 1; S. 30

/57/ vergleiche dazu H. Frank, W. Chou: Network Properties of the ARPA Computer Network; Networks, Vol 4, 1974; S. 213 - 239

/58/ S. Emerson /56/; S. 30

/59/ S. Gorn, R. Bemer, J. Green (ed.): Structures of Standard-Processing Organizations in the Computer Area; Communications of the ACM; Vol 6, No 6, 1963; S. 301

/60/ P. Wegner: Programming Languages - The first 25 years; IEEE Transactions on Computers, Vol C-25, No 12, 1976; S. 1210

/61/ vergleiche dazu die Sigplan Notices (ACM) der Jahrgänge 79, 80 und 81

/62/ R. Brender: The Case against Ada as an APSE Command Language; Sigplan Notices (ACM), Vol 15, no 10, 1980; S. 27 ff.

/63/ R. Kling, W. Scacchi: The DoD Common High Order Programming Language Effort (DoD-1): What Will the Impacts Be?; Sigplan Notices (ACM), Vol 14, No 2; 1979

/64/ J. Galkowski: A Critique of the DoD Common Language Effort; Sigplan Notices (ACM), Vol 15, No 6; 1980

/65/ siehe dazu: P. Skelly: The ACM Position on Standardization of the Ada Language; Communications of the ACM, Vol 25, No 2; 1982

/66/ Stellungnahme des DoD; in: /65/; S. 119

/67/ Stellungnahme des DoD; in: /65/; S. 120

/68/ Aus einer Nachricht über die Vergabe eines 20 000 Dollar-Kontraktes des Office of Civil and Defense Mobilization an die Remington Rand Univac Division of Sperry Rand Corporation; Communications of the ACM, Vol 4, 1961; S. 242

/69/ siehe dazu die Studie von Eyferth, Fischer, Kling, Korte, Laubsch, Löthe, Schmidt, Schulte, Werkhofer: Computer im Unterricht; Stuttgart 1974

/70/ z.B. gibt es das 1972/73 an der Technischen Universität Berlin eingerichtete Prüfungsfach "Rechnergestützter Unterricht" für Informatik-Studenten im Hauptstudium nicht mehr. Vergleiche dazu: K.-H. Rödiger: Zu Konzeption und Inhalt eines Zyklus "Computergestütztes Lernen" im Informatik-Hauptstudium an der Technischen Universität Berlin; in: A. Melezinek: Ingenieurpädagogik - Perspektiven für die 80er Jahre; Referate des 10. Internationalen Symposiums "Ingenieurpädagogik 81"; Alsbach 1981

/71/ vergleiche D. Slotnick, J. Slotnick /55/; S. 172 f.

/72/ vergleiche dazu die Kritik von J. Weizenbaum: Die Macht der Computer und die Ohnmacht der Vernunft; Frankfurt 1978; S. 354 f.

/73/ siehe dazu auch den Beitrag von M. Reisin: Computerisiertes Militär - Militarisierte Informatik; GI-Jahrestagung 1982 (in diesem Band)

/74/ Die US Marine entwickelt zur Zeit das Sound Surveillance Undersea System (SOSUS). Ähnliche Projekte für das Festland werden von der Advanced Research Projects Agency (ARPA) gefördert. Siehe dazu M.A. Arbib: Computers and the Cybernetic Society; New York, San Francisco, London 1977; S. 323 ff.

/75/ siehe dazu G. Friedrichs, A. Schaff (Hrsg): Auf Gedeih und Verderb; Mikroelektronik und Gesellschaft; Wien, München, Zürich 1982
dabei speziell den Beitrag von T.R. Ide: Die Technologie

/76/ vergleiche dazu die ausführliche Übersicht von R.S. Logan (Mc Donnell Douglas Astronautics Co.): A Survey and analysis of military computer based systems: a two-part study; Vol I: A Survey and annoted bibliography of aids; Febr. 1977

/77/ vergleiche dazu den Aufsatz von R. Raestrup: Perversion oder Weiterentwicklung; Wechselwirkung, Nr. 9; Mai 1981; S. 14 ff.

/78/ N. Franßen: Verteidigung; in: P. Mertens: Angewandte Informatik; Berlin, New York 1972; S. 169 f.

/79/ vergleiche dazu von P. Wegner: Introduction and Overview; in: P. Wegner (Ed.): Current Trends in Programming Methodologies; Cambridge, London 1979; S. 4

/80/ Nachricht in Communications of the ACM, Vol 5, 1962; S. 535

/81/ Vergleiche dazu die Betrachtung des Falles Mc Arthur von G. Anders, wo zu Beginn des Korea Krieges die Grundsatzentscheidung, möglicherweise einen Dritten Weltkrieg zu verursachen, dem Rechner übertragen wurde.
G. Anders: Die Antiquiertheit des Menschen; Erster Band; München 1980, S. 59 ff.

/82/ vergleiche dazu OECD: The Overall Level and Structure of R & D Efforts in OECD Member Countries; Paris 1967
sowie H. Barth: Technologische Lücken in der Bundesrepublik; ADL-Nachrichten (13) 1968; S. 230 - 241

/83/ E. Lutterbeck: Das Förderungsprogramm 'Datenverarbeitung' der Bundesregierung; Zeitschrift für Datenverarbeitung Vol 7, No 8, 1969; S. 257

/84/ D. Hoffmann-Axthelm: Stichwort Technik und Sozialisation; Ästhetik und Kommunikation, Heft 48, Juni 1982; S. 33

DIE INFORMATIKER
UND DIE FOLGEN IHRER ARBEIT

Frieder Nake
Universität Bremen, Fachbereich 2
2800 Bremen

1. Historisches Beispiel

ROBERT HAVEMANN wurde 1943 als Mitglied einer Widerstandsgruppe vom Volksgerichtshof zum Tode verurteilt. Freunden unter den Wissenschaftlern gelang es, Vollstreckungsaufschub zu erreichen. Im Zuchthaus Brandenburg wurde ein Labor für ihn eingerichtet, in dem er für die Kriegsführung des Deutschen Reiches arbeiten sollte. Die Arbeit hing mit dem Einsatz von Giftgas zusammen. HAVEMANN baute einen Kurzwellenempfänger und paßte ihn so in seine Apparaturen ein, daß er nicht leicht zu erkennen war. Die abgehörten Nachrichten gab er in einer Zeitung an die Widerstandsgruppe der KPD im Zuchthaus weiter, die für die Verbreitung sorgte. Die Häftlinge waren dadurch gut über die Lage informiert. HAVEMANN erlebte das Ende des Krieges. (Vgl. /4/)

Warum diese Begebenheit einleitend zu einer Betrachtung über Informatiker und die Folgen ihrer Arbeit? Keine der Einzelheiten gibt einen Anknüpfungspunkt: Chemiker, nicht Informatiker; das Dritte Reich, nicht die BRD; Krieg, nicht Waffenstillstand genannt Frieden; Todesurteil und Zuchthaus, nicht freier Mann in Arbeit; Kommunist, nicht Anhänger einer der im Bundestag vertretenen Parteien; Widerstandskämpfer, nicht einer, der seiner Pflicht nachkommt. Offensichtlich liegt der Fall fernab jeder realen Annahme über den durchschnittlichen Informatiker in der BRD Anfang der 80er Jahre. Das ist nicht zu leugnen.

Dies soll auch nicht geleugnet werden. Mit dieser eher heroischen Begebenheit soll kein Analogieschluß auf uns hier und heute versucht werden. Vergegenwärtigen wir uns jedoch das Dilemma, in dem HAVEMANN sich befand!

Der Staat, den er aktiv bekämpft, verurteilt ihn zum Tode. Der Staat kann dazu veranlaßt werden, an HAVEMANN mit einem Angebot heranzutreten: du wirst etwas später gehenkt, wenn du erst noch für unseren Krieg arbeitest. HAVEMANNs Alternative: dem Gegner zu dienen, dabei moralisch verwerfliche Forschung an Giftgas betreiben für die geringe Aussicht, davonzukommen - oder getötet zu werden. Er entscheidet sich für das erste und dient damit in Wirklichkeit weiter dem Widerstand. Und das auch später.

Wenn auch unter der Drohung des Todes Werte zusammenbrechen können, für die man in gewöhnlichen Zeiten eintritt, es kommt hier nicht auf die persönlichen Umstände an. Das Beispiel wirft ein Licht auf eine Frage, vor die viele unter ganz alltäglichen Umständen sich gestellt finden: Wie sich verhalten, wenn man an Rüstungsaufgaben arbeiten soll?

2. Haltungen

Informatiker ist für uns jeder, der sein Brot dadurch erarbeitet, daß er sich praktisch oder theoretisch mit Computersystemen befaßt. Vorrangig sind dies Informatiker in Lohnarbeit. Für kleine Selbständige wird manches im folgenden insofern gelten, als sie selbst arbeiten müssen; da sie nicht Lohn beziehen, gilt manches schon anders. Den Informatiker, der nur andere arbeiten läßt, muß ich außer acht lassen; seine objektiven Interessen sind zu verschieden.

Ein lohnabhängiger Informatiker ist mit seiner Arbeit einem in viele Richtungen gespannten Geflecht von Widersprüchen ausgesetzt. Einem Geflecht von Forderungen des Arbeitgebers, der seine Arbeitskraft kauft; denen seiner Familie, die mit aus dem Lohn reproduziert werden muß; denen anderer Lohnabhängiger, deren Arbeit von seinen Ergebnissen verändert wird; denen der Bevölkerung insgesamt, die von automatisierten Kontrollsystemen überzogen wird; denen der Völker schließlich, die von computerisierter Kriegsplanung und -führung bedroht werden.

Nehmen wir an, dem Informatiker wird aufgetragen, ein Verfahren zur Verarbeitung sehr schnell veränderlicher Bilder zu entwickeln. Ein gegebenes Detail soll sehr genau erkannt werden. Offensichtlich handelt es sich um eine militärische Anwendung. Welche Haltungen kann er einnehmen?

Er kann das Projekt begrüßen und sich in die schwierigen technischen Fragen vertiefen, die sich rasch eröffnen. Er kann sich gleichgültig verhalten ("na und?") und ebenso technisch Feuer fangen. Oder er kann das Projekt ablehnen, weil er politisch oder moralisch gegen Rüstungsaufgaben ist. In diesem Fall hat er folgende Möglichkeiten zum Handeln. Er verweigert die Mitarbeit und verliert seinen Arbeitsplatz oder wird zumindest kaltgestellt und vorgemerkt. Oder er macht trotz innerer Ablehnung mit und läßt sich auch nichts anmerken. Er verarbeitet den Konflikt privat. Für diese Haltung gibt es Gründe, die in der Regel auf die Notwendigkeit zurückführen, den Arbeitsplatz halten zu müssen. Folge können psychische, physische oder soziale Störungen sein. Oder er arbeitet aus politischen Gründen an dem Projekt mit, indem er die Gelegenheit zu subversiver Tätigkeit nutzt. In diesem Fall hat er feste Ansichten über gesellschaftliche Veränderungen und wie sie zu erreichen sind.

Diese Stichworte lassen sich hinsichtlich ziviler Projekte genauso aufzählen. Der Gegensatz "militärische/zivile Anwendungen" bezeichnet das mögliche Dilemma des Informatikers ja nur oberflächlich. Er unterstellt, daß jede militärische Anwendung abzulehnen sei, was falsch ist (nationale Befreiungskriege!); er unterstellt auch, daß jede zivile Anwendung zu begrüßen sei, was falsch ist (Rationalisierung mit Arbeitsplatzverlust!). Die Gleichung militärisch = böse und zivil = gut geht nicht auf. Der Widerspruch sitzt tiefer.

3. Zwei technische Beispiele

C.A.R. HOARE nutzte die Verleihung der TURING Award 1980 zu folgendem eindringlichen Appell an die Informatiker in den USA:

> "And so, the best of my advice to the originators and designers of Ada has been ignored. In this last resort, I appeal to you, representatives of the programming profession in the United States, and citizens concerned with the welfare and safety of your own country and of mankind: Do not allow this language in its present state to be used in applications where reliability is critical, i.e., nuclear power stations, cruise missiles, early warning systems, anti-ballistic missile defense systems. ..."/5/

Wie andere auch ist HOARE der Überzeugung, daß eine Sprache so komplex wie Ada mit Notwendigkeit zu gravierenden Folgen für die Menschheit führen muß. Um seine These zu stützen, weist er auf den Verlust einer Venus-Sonde hin, die wegen der Fortran eigenen impliziten Deklaration von Variablen dem Computer "davonlief". Eine über alle Maßen unscheinbare technische Frage hatte hier ganz erhebliche Folgen, wenn auch nicht militärische. Ähnliches, nur vergrößert, erwartet HOARE von Ada.

Noch unscheinbarer mag das folgende Beispiel auf den ersten Blick anmuten. Es ist ziviler Natur. In einem beachteten Artikel gab PETERSON /7/ einen Überblick über den Stand der automatischen Erkennung von Rechtschreibefehlern. Im wesentlichen wird so verfahren, daß ein Wort nach dem anderen gegen ein Lexikon überprüft wird. Schon dieses Vorgehen wirft nicht-triviale Probleme auf. In einem Brief weist RABEN /8/ darauf hin, daß das einzelne Wort für die Entscheidung "Dieser Text ist korrektur-gelesen" eine äußerst bedenkliche Grundlage darstellt. Denn schon Fehler, die eine einzige Stelle im Wort betreffen, können unbemerkt den Stempel "geprüft" erhalten: Durst/Wurst, Laib/Leib, Bremser/Bremer, komisch/kosmisch, Riese/Reise deuten ein paar der Möglichkeiten an.

Aus technischen Gründen wird man zunächst kaum etwas besseres machen können als einen solchen Wortvergleich - falls die Aufgabe lautet: ein System zur Korrektur von Rechtschreibfehlern. Wie sinnlos solch ein System werden kann, zeigen die Beispiele. Sinnlos ist vielleicht jedoch nicht das System, das entwickelt wird, sondern die Zielsetzung. Es macht einen gewaltigen Unterschied, ob auf eine vollständig automatisierte Lösung des Entscheidungsprozesses (ein "System") gezielt wird oder darauf, die Maschine zu nutzen, um die Arbeitsbelastung zu senken.

Wir sind mit diesen Beispielen weit weg vom Heroischen der Einleitung. Soll denn der Informatiker sich auch darüber Gedanken machen, welche Programmiersprachen nicht implementiert, gar nicht entworfen, welches System nicht oder ganz anders entwickelt werden soll?

4. Folgen der Arbeit = Anwendung der Resultate der Arbeit?!

In seinem Buch "Mathematik - mein Leben" /11/ schreibt NORBERT WIENER in einem Kapitel über "moralische Probleme eines Naturwissenschaftlers". Er befaßt sich darin mit der Atombombe und der automatischen Fabrik. Seine mathematischen Forschungen über Regelung und Steuerung ("Kybernetik") hatten ihn zu einem Verständnis der Möglichkeiten der automatischen Fabrik geführt. "Vom streng wissenschaftlichen Standpunkt aus war das nicht so revolutionär wie die Atombombe, aber seine sozialen Möglichkeiten im Guten wie im Bösen waren ungeheuerlich" (S.252). WIENER überlegt, ob es seine Pflicht sei, "meine Ideen und die Arbeit, die ich getan hatte, (zu) unterdrücken".

Die Arbeit, die er getan hatte: das sind die Resultate seiner Arbeit. Angesichts der "katastrophalen Arbeitslosigkeit", die "jede plötzliche und ausgleichlose Ersetzung" der Arbeit zur Folge haben mußte, war es ihm ein ernsthaftes Problem, ob die Unterdrückung seiner Resultate nicht auch deren Folgen verhindern könnte.

WIENER entschied sich anders. Da "meine Ideen eher den Zeitverhältnissen als mir selbst gehörten," kam er zu dem Schluß: "Ich konnte vom Rükken dieses Tigers nicht herunter, also blieb mir nichts weiter übrig, als ihn zu reiten". Er wandte sich an einflußreiche Führer erst der Gewerkschaften, dann des Managements und hoffte, daß "gemeinschaftliches Bemühen" einen Modus finden würde.

Im Ergebnis eines Arbeitsprozesses liegt "geronnen" (MARX) all jene lebendige, konkrete Arbeit vor, die verausgabt werden mußte, um diesen Gegenstand (ein Programm, ein System, eine Analyse, ein Vorschlag) zu erzeugen. Der Weg hin zum Produkt ist nicht mehr erkennbar. Die an seiner Entstehung beteiligten Individuen verschwinden hinter der Existenz des Produktes. Das Produkt trennt den Prozeß seiner Entstehung vom Prozeß seines Verbrauchs. Indem das Produkt entstanden ist, fertig vorliegt, entschwindet es den Händen und Köpfen seiner Produzenten. Es gehört jetzt nicht mehr ihnen, ist außer ihnen und wird auch sogleich entfernt von ihnen. Es gehört ihrem "Arbeitgeber", der es verkauft (oder selber anwendet, was den Vorgang nur etwas undurchsichtig macht).

Damit das Produkt verkauft werden kann, muß es zumindest die geforderte Spezifikation erfüllen. Es muß "funktionieren". Dem Arbeitgeber wäre es zwar im Grunde gleichgültig, wenn er dennoch den verlangten Preis dafür erhielte. Bei Nicht-Funktionieren geschieht das aber nur ausnahmsweise. Die Frage, die der Informatiker also schon vor der Ablieferung beantworten mußte, ist: funktioniert es wie vorgesehen?

Unter dieser Frage der technischen Funktion führt er seine Arbeit aus. Die Tatsache, daß er getrennt ist von der Anwendung des Produktes, die Trennung von Produktion und Konsumtion ist die materielle Basis für die Haltung des Informatikers: das Resultat muß funktionieren, alles andere ist nur Anwendung, die entzieht sich meinem Einfluß.

Dies ist die wohlbekannte, unter Ingenieuren und Wissenschaftlern vorherrschende Auffassung, die sich fortsetzt in der behaupteten Wertfreiheit von Wissenschaft und Technik. Wichtig ist zweierlei: erstens sahen wir, daß diese Haltung keine willkürliche ist, sondern von der Realität der bürgerlichen Gesellschaft erzeugt wird; zweitens ist etwas bleibend richtig daran. Bleibend richtig ist die Behauptung, die

Folgen der Arbeit der Informatiker seien die Anwendung der Resultate dieser Arbeit, in dem Maße, wie die Trennung der Resultate der Arbeit vom Arbeitsprozeß und von seinen Voraussetzungen und Zielsetzungen nicht nur eine gesellschaftliche Tatsache, sondern auch inhaltlich möglich ist.

Im Beispiel ausgedrückt: insofern verschiedene Produktionsverhältnisse das Bedürfnis nach schnellen Suchalgorithmen hervorbringen, in dem Maße ist ein Suchalgorithmus nur nach seinem Zeitverhalten zu bewerten. Er dient in jedem Fall dazu, geistige Tätigkeit zu maschinisieren. Er führt zur Senkung von (für einen Prozeß notwendiger) Arbeitszeit. Soweit ist er unabhängig von den gesellschaftlichen Verhältnissen. Wo in der Gesellschaft sich die gesunkene notwendige Arbeitszeit als Fortschritt niederschlägt, dies ist die Frage der Anwendung.

Der Informatiker als Informatiker hat also ein gewisses Recht, zu sagen: ich liefere korrekte Resultate; deren Anwendung ist meine Sache nicht mehr als die jedes anderen. So jedenfalls erscheint es zunächst.

Bei der Betrachtung der stofflichen Basis von Technologien stellt OTTO ULLRICH /9/ fest, daß gelegentlich diese Basis von vornherein ein komplettes System ist, das keine andere als kapitalistische Verwendung finden kann (Kernkraftwerk). In anderen Fällen aber besteht die stoffliche Basis aus Elementen, die erst zu Systemen der Anwendung zusammengefügt werden müssen (Mikroprozessor).

Die "stoffliche Basis", das ist der sachliche Bestandteil der Produktivkräfte. ULLRICHs Hinweis bedeutet, wenn er zutrifft, daß die Produktivkräfte nicht in Bausch und Bogen als zunächst neutrale Technik zu behandeln sind. In dem Maße, wie die Wissenschaft unmittelbare Produktivkraft wird, in dem Maße wird sie den Produktionsverhältnissen unterworfen und damit, mehr oder weniger, von ihnen geprägt.

Die Informatik ist die Wissenschaft von der Maschinisierung der Kopfarbeit (vgl. /1/). Als solche fußt sie auf der Trennung von Hand- und Kopfarbeit. Ihre Entwicklung forciert diese Trennung einerseits, treibt andererseits Teile der Kopfarbeit zurück in sehr einfache maschinengesteuerte Handarbeit. Dieser Widerspruch ist der Hintergrund für WEIZENBAUMs scharfe Kritik der "grundsätzlichen Unverständlichkeit von Computersystemen" /10/. Relativ weit verbreitet ist daher gerade unter kritischen Informatikern die Ansicht, die Systeme seien selbst durchdrungen von den gesellschaftlichen Verhältnissen, die sie ablehnen (vgl. Schilderung in /3/).

Wir gelangen zu einer komplizierten Dialektik. Indem er das Problem als Teilproblem behandelt, macht der Informatiker es lösbar. In dem Maße, wie dies gelingt, geht es nur um das technisch-logische richtig/falsch. Gleichzeitig verliert er die gesellschaftlichen Zusammenhänge, die, die das Problem erst interessant machten. Die vorherige Teillösung wird eventuell nutzlos. Um das Rechtschreibe-System bauen zu können, engt er es ein. Umfassendere Betrachtung würde vielleicht zeigen, daß das ganze System unsinnig ist. Schwer für den Informatiker einzugestehen. Er konstruiert einen Benutzer.

5. Was tun?

Der Informatiker zieht sich zurück. "Technik ist gut, sie muß allen dienen." Gelegentlich mag das ausreichen. Doch wertfrei ist Informatik nicht /2/. Spürbar wird das spätestens bei der Finanzierung konkurrierender Projekte. Der Widerspruch zwischen technischer Möglichkeit und gesellschaftlicher Wirklichkeit stürzt auf den Informatiker ein. Er empfindet ihn als moralischen Druck, nicht wissenschaftlich oder politisch.

Wir können den Informatiker nicht entlassen. Er hat - als Fachmann! - besondere Verantwortung. Das, was er an Zusammenhängen erkennen kann, das muß er auch zu erkennen versuchen. Die Erkenntnis muß er mitteilen, damit sie wirkt. Diese Verantwortung dem Informatiker zuzumuten, heißt nicht, ihn zur Elite zu erheben (vgl. /6/). Als Fachmann in demokratischer Gemeinschaft soll er seiner Aufgabe nachgehen, geben und aufnehmen.

Warum sollte der Kontakt zur Gewerkschaft, zum Betriebsrat, zur Bürgerinitiative nicht herstellbar sein? Ist ein Leserbrief verboten? Darf man auf einer Betriebsversammlung nichts sagen? - Für den, der das will, gibt es viele Formen, sein Wissen mitzuteilen. Manche Form, so harmlos sie aussieht, bringt bereits persönliche Gefährdung mit sich, derzeit. Folgt nicht daraus, daß man im Zweifelsfall mit anderen eine andere Form finden muß? Daß man, gemeinsam mit anderen, darauf hinarbeiten muß, solche persönlichen Gefährdungen abzubauen? Sicher, es gibt Druck. Ohne Gegendruck wird er nicht nachlassen. Nur dagegen zu sein, aber gar nichts tun, das kann kein Dagegen-Sein sein. Was man tun muß oder kann, mag sehr widersprüchlich sein. Das können wir wohl von HAVEMANN lernen. Politisch wirksam wird die Aktion des einzelnen erst, wenn sie ein Teil einer Bewegung ist. Und die Tat des einzelnen spornt die Bewegung an.

Keine Frage, Informatik ist eng mit Rüstung und Krieg verbunden. Ihr Ursprung, ihre Entwicklung. Abstrakt ist fast jeder gegen "den Krieg". Konkret kann das nur heißen, für Bedingungen zu kämpfen, unter denen Kriege nicht mehr möglich sind. Noch immer ist der Krieg die Fortsetzung der Politik mit anderen Mitteln. Also müssen wir für Verhältnisse kämpfen, in denen militärische Mittel zur Durchsetzung politischer Ziele geächtet sind. Durch Krieg darf nichts zu erreichen sein; niemand darf Ziele verfolgen, für die ein Krieg sich lohnt.

Literatur

/ 1/ BRÖDNER,PETER, DETLEF KRÜGER, BERND SENF: Der programmierte Kopf. Berlin: Wagenbach. 1981.

/ 2/ BULTHAUP, PETER: Zur gesellschaftlichen Funktion der Naturwissenschaften. Frankfurt: Suhrkamp. 1973.

/ 3/ COOLEY, MIKE: Produkte für das Leben statt Waffen für den Tod. Reinbek: Rowohlt. 1982.

/ 4/ HAVEMANN, Robert: Ein deutscher Kommunist. Rückblick und Perspektiven aus der Isolation. Reinbek: Rowohlt. 1978

/ 5/ HOARE, C.A.R.: The emperor's old clothes. Comm. ACM 24 (1981) 75-83. (Vgl. auch "ACM Forum" in Comm. ACM 24 (1981) 783ff.)

/ 6/ MOWSHOWITZ, ABBE: On approaches to the study of social issues in computing. Comm. ACM 24 (1981) 146-155.

/ 7/ PETERSON, J.L.: Computer programs for detecting and correcting spelling errors. Comm. ACM 23 (1980) 676-687.

/ 8/ RABEN, JOSEPH: On spelling checker reliability. Comm. ACM 25 (1982) 220f.

/ 9/ ULLRICH, OTTO: Weltniveau. Berlin: Rotbuch-Verlag. 1979.

/10/ WEIZENBAUM, JOSEPH: Vertrauen in die Wissenschaft. Wechselwirkung Nr. 4, 1980, 48-52. Vgl. auch drs., Die Macht der Computer und die Ohnmacht der Vernunft. Frankfurt: Suhrkamp. 1978.

/11/ WIENER, NORBERT: Mathematik - mein Leben. Düsseldorf: Econ.1962. Hier zitiert nach Fischer Taschenbuchausgabe 1965.

F A C H G E S P R Ä C H

"FÜHRUNG BETRIEBLICHER INFORMATIKBEREICHE"

Veranstaltet von der Fachgruppe "Informatik-Management" im Fachausschuß 12

Inhalt des Fachgesprächs | Seite

* Der Beitrag ist erst nach Redaktionsschluß eingegangen

EINIGE UNTERSUCHUNGEN ZUR VORBEREITUNG DER ZENTRALISIERUNGS-/DEZENTRALISIERUNGSENTSCHEIDUNG IN DER BETRIEBLICHEN DATENVERARBEITUNG 1)

P. Mertens und M. Kretzschmar

Betriebswirtschaftliches Institut und Informatik-Forschungsgruppe VIII der Universität Erlangen-Nürnberg

---

1: Der Vortrag basiert auf einem Aufsatz, der unter dem Titel VERFAHREN ZUR VORBEREITUNG DER ZENTRALISIERUNGS- /DEZENTRALISIERUNGSENTSCHEIDUNG IN DER BETRIEBLICHEN DATENVERARBEITUNG zur Veröffentlichung in der Zeitschrift INFORMATIK SPEKTRUM angenommen wurde.

Zusammenfassung: Die Entwicklung des Preis-Leistungs-Verhältnisses und die Vernetzungsmöglichkeiten moderner Kleinrechner haben dazu geführt, daß sich die Unternehmen heute vor eine Vielzahl von DV-Verteilungsalternativen gestellt sehen. Neben den Extremen einer vollständig zentralen EDV-Anlage auf der einen und stark dezentralisierten Kleinrechnern am Arbeitsplatz auf der anderen Seite ist eine große Zahl dazwischenliegender Lösungen denkbar. Hinzu kommt die Entscheidung über die Verteilung der Tätigkeiten "Systemplanung", "Systementwicklung/Programmierung" oder "Systempflege". Da ein detaillierter Wirtschaftlichkeitsvergleich aller Entscheidungsalternativen wegen des hohen Aufwandes nur in den seltensten Fällen durchgeführt werden kann, konzentrierte sich ein Teil der Forschungsanstrengungen darauf, leistungsfähige Methoden zur Entscheidungsvorbereitung zu entwickeln. In diesem Beitrag wird ein Überblick über solche Verfahren gegeben und ihre Bewährung in einem Großunternehmen erörtert.

Summary: The development of price/performance ratio and network capabilities of modern mini-computers have led to a multiplicity of distributed data processing alternatives which corporate management must face today. In addition to the diagonally opposite cases of a totally centralized data processing system on the one hand and strongly decentralized mini-computers attached to work stations on the other hand, a great number of intermediate solutions are conceivable. Added to this must be decisions concerning the distribution of such activities as "system planning", "system development/programming" or "system maintenance". As detailed cost and profitability analysis for all decision alternatives are rarely justified because of high expenses, a part of the research efforts was focused on the development of efficient decision models. This paper presents a survey of such decision models and discusses their chances for success in large corporations.

1. Einleitung

Nachdem Kleinrechner mit einem erstaunlichen Preis-Leistungs-Verhältnis hergestellt werden können und die unterschiedlichsten Verfahren der Vernetzung von elektronischen Rechenanlagen entwickelt worden sind, ergeben sich schon rein kombinatorisch in den meisten Betrieben sehr viele unterschiedliche Möglichkeiten der Ausstattung mit Computern. Neben den beiden Extremen "Ein Rechenzentrum mit einer (Groß-) Rechenanlage" und "Kleinrechner am Arbeitsplatz" ist eine Vielzahl dazwischenliegender Lösungen denkbar. Zu der Entscheidung über die Zentralisierung/Dezentralisierung der Hardware kommt die über die Verteilung der Tätigkeiten "Systemplanung", "Systementwicklung/Programmierung", "Systempflege" und evtl. noch anderer Aktivitäten. Zusammengenommen ergibt sich daraus ein äußerst komplexes und schlecht strukturiertes Entscheidungsproblem. In diesem Beitrag wird ein Überblick über Verfahren zur Vorbereitung derartiger Entscheidungen gegeben. Die Bewährung dieser Methoden in einem Großunternehmen wird auf der Grundlage einer größeren Untersuchung erörtert.

2. Die grundsätzliche Vorgehensweise

Die Vorbereitung der Zentralisierungs-/Dezentralisierungs-Entscheidung kann man sich in die folgenden Schritte zerlegt vorstellen:

1) Aufnahme des Istzustandes der Datenverarbeitung im Unternehmen und Ermittlung der gegenwärtigen EDV-Kosten

2) Aufdeckung und Analyse der Schwachstellen bzw. der Notwendigkeiten einer Weiterentwicklung der DV-Anwendungen

3) Ausarbeitung eines Sollkonzeptes der DV-Anwendungssysteme für die kommenden Jahre bis zum Planungshorizont

4) Entwicklung von unterschiedlich zentralisierten Hardwarekonfigurationen einschließlich der Vernetzung von Computern

5) Entwicklung von unterschiedlich zentralen Konzepten der Systemplanung, -entwicklung und -pflege

6) Ermittlung aller sinnvollen Kombinationen der Konzepte gem. Punkt 4 und Punkt 5

7) Abschätzung der Kosten für DV-Geräte, andere Sachmittel (z.B. Räume, Klimaanlagen etc.), Betriebs- und Anwendungssoftware, Fernübertragung und Personal für jede Kombination gem. Punkt 6

8) Zusammenstellung und Bewertung der qualitativen Effekte der einzelnen Lösungen

9) Verbindung der Kostenabschätzung gem. Punkt 7 und der qualitativen Effekte gem. Punkt 8 in einer Nutzwertanalyse und Ableitung einer Rangfolge der Vorteilhaftigkeit

10) Untersuchung der Stabilität der gefundenen Empfehlungen gegenüber Änderungen der Datengrundlage bzw. Sensitivitätsanalyse.

Die Forschungsgruppe Informatik VIII der Universität Erlangen-Nürnberg hat zwei Studien nach diesem Schema durchgeführt, und zwar eine in einem Unternehmen der elektrotechnischen Industrie (5) und eine in einem Unternehmen des Maschinenbaus (die letztere wird weiter unten skizziert). Der Aufwand betrug in beiden Fällen je ca. vier Mannjahre, woraus deutlich wird, daß man derart aufwendige Untersuchungen in der Unternehmenspraxis nur in den seltensten Fällen durchführen kann, ganz abgesehen davon, daß während der Bearbeitungszeit der Betrachtungsgegenstand laufenden Veränderungen (Modifikationen der Aufbauorganisation, Zukauf oder Verkauf von Unternehmensteilen, Fortschritte der DV-Technologie u.ä.) unterliegt. Daher sind Methoden erwünscht, mit denen man Empfehlungen zur Richtung, in der die Lösung gesucht werden muß, geben kann ("Vorentscheidungsmodelle"). Drei solche Verfahren werden im nächsten Abschnitt beschrieben 2) .

3. Vorentscheidungsmodelle

3.1. Das Modell von Rockart et al.

Das Ziel des am Massachusetts Institute of Technology (MIT) (6) entwickelten Modells liegt vorrangig in der optimalen Anpassung des Informationssystems an die Unternehmensstruktur. Die meist sehr große Anzahl möglicher DV-Verteilungsformen soll zunächst auf eine für das Unternehmen sinnvolle Bandbreite eingeschränkt werden, worauf sich dann die Phase der "normalen" Investitionsentscheidung zwischen konkreten und unter Wirtschaftlichkeitsgesichtspunkten bewertbaren Alternativen anschließt.

Der Vorentscheidungsteil des Modells, das hier in etwas modifizierter Form beschrieben wird, gliedert sich in vier Phasen:

1) Zunächst wird die Ebene innerhalb der Unternehmensstruktur bestimmt, auf der die "Pole" der Zentralisierungs-Dezentralisierungs-Entscheidung liegen. Das Modell läßt hier grundsätzlich alle Möglichkeiten der organisatorischen DV-Verteilung, wie etwa zwischen Konzern und Werk, Werk und Hauptabteilungen oder Abteilung und einzelnen Arbeitsplätzen zu.

2: Der Test der Modelle anhand unternehmensspezifischer Daten wurde im Rahmen von zwei Diplomarbeiten durchgeführt. (3) (9)

2) Der nächste Schritt besteht in der dreidimensionalen Zerlegung des Entscheidungsfeldes in sogenannte "basic decision units". Der Kerngedanke ist hierbei, daß sich eine Zentralisierungs-Dezentralisierungs-Entscheidung nicht global für ein ganzes Unternehmen fällen läßt, sondern für möglichst kleine Teilbereiche differenziert werden muß. Im nachhinein ist neben dieser Detailbetrachtung immer noch eine Zusammenfassung in Form einer Generalaussage möglich. Die Aufteilung erfolgt nach aufbauorganisatorischen Gesichtspunkten (z.B. Aufgliederung des Werkes in Hauptabteilungen), nach funktionalen Aspekten (z.B. Aktivitäten im Rahmen der Zeitwirtschaft) und nach DV-technischen Kriterien. Letztgenannter Punkt wird in die Aufgabenfelder "Systementwicklung", "Systembetrieb" und "Systemmanagement" unterteilt. Am besten läßt sich diese Zerlegung an einem Würfel veranschaulichen (vgl. Abbildung 1). Auffallend ist außerdem, daß das "Systemmanagement" nicht weiter aufgeteilt ist; hier unterstellt man eine für alle Teilbereiche einheitliche Entscheidung.

Abb. 1	Entscheidungswürfel (Rockart)

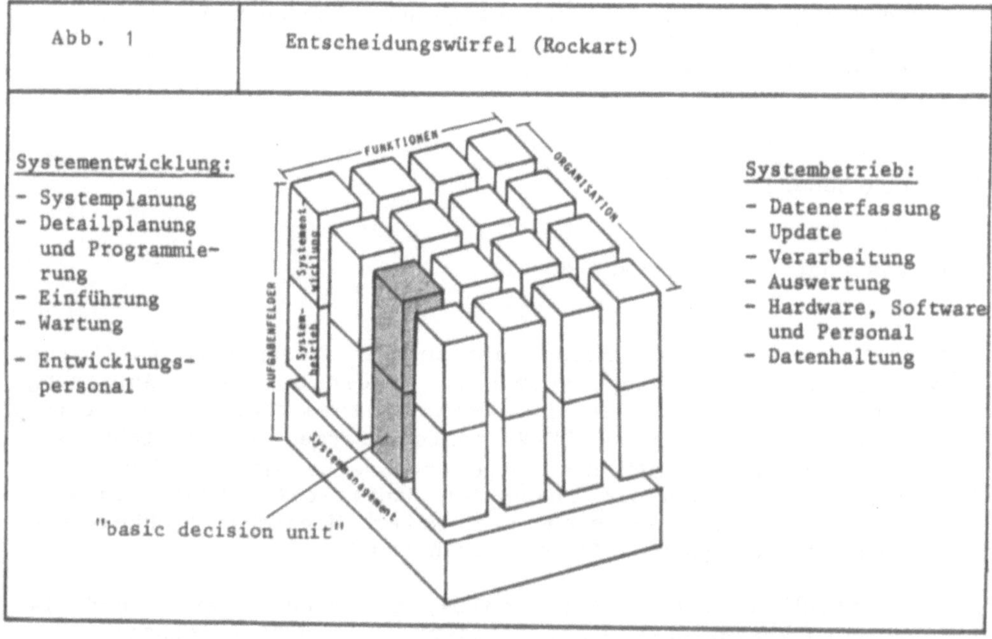

3) Das Kernstück des Modells bildet die Bewertung der Zentralisierungs- oder Dezentralisierungsneigung der Entscheidungseinheiten. Mit Hilfe eines aus empirischen Forschungen entstandenen Tableaus der Einflußfaktoren werden für die Gesamtorganisation, die einzelnen organisatorischen Teilbereiche und alle darin enthaltenen funktionalen Aufgabenkomplexe Bewertungskriterien aufgeführt, die jeweils eine starke oder schwache Neigung zur

Zentralisation oder Dezentralisation der EDV-Aufgabenfelder besitzen. Diese Wirkungen sind durch große bzw. kleine Kreise oder Quadrate symbolisiert. Abbildung 2 zeigt ein solches Tableau in etwas vereinfachter Darstellung. Der Anwender bestimmt die für den untersuchten Bereich zutreffenden Faktoren und erhält damit eine bestimmte Anzahl von Quadrat- und Kreissymbolen, die außerdem je nach der Wichtigkeit des betrachteten Faktors ("Dominanz") unterschiedlich gewichtet werden können. Dies kann der Anwender durch farbliche Kennzeichnung der Symbole graphisch deutlich machen.

Hier sollen nun die einzelnen Faktoren kurz kommentiert werden:

Faktorengruppe I: Organisation des Unternehmens

Besitzt das Unternehmen eine stark dezentralisierte Grundorganisation, so paßt dazu kaum eine stark zentralisierte Datenverarbeitung; dieser Faktor wirkt also in Richtung auf eine Dezentralisierung der EDV, und zwar für alle Aufgabenfelder (Systementwicklung, -betrieb und -management).

Strebt man im Unternehmen eine einheitliche Planung und Kontrolle, verbunden mit einem vereinheitlichten Berichtswesen an, so muß man dies wohl mit einer eher zentralen EDV sicherzustellen versuchen; es dürfte zwar nicht unmöglich, aber doch auch nicht einfach sein, diese Einheitlichkeit bei dezentraler DV-Organisation allein durch zentrale Normen zu gewährleisten. Eine Vielzahl von Produkten, Märkten oder unterschiedlichen Technologien oder gar multinationale Aktivitäten weisen im Zweifel in Richtung auf eine dezentralisierte EDV, weil es für eine Zentralabteilung schwer ist, den ganz unterschiedlichen Wünschen gerecht zu werden.

Weitere Faktoren berücksichtigen den bisherigen Stand der Datenverarbeitung im Unternehmen. Es bedarf kaum der Erläuterung, daß man eine bisher zentralisierte Datenverarbeitung auch zentralisiert lassen wird, wenn nicht sehr starke Argumente für eine Umorganisation sprechen, welche zunächst einmal beträchtliche Investitionen verlangen und Änderungswiderstände hervorrufen würde. Wenn der Eindruck vorhanden ist, daß die Kontakte zwischen den Datenverarbeitungsspezialisten und den Fachabteilungen oder Endbenutzern gut sind und daß das Rechenzentrum professionell und nicht amateurhaft geführt wird, besteht insoweit kein Anlaß, dieser Einrichtung durch Dezentralisierung Aufgaben wegzunehmen.

Faktorengruppe II: Organisation des Teilbereiches

Ein hoch spezialisierter Teilbereich, wie z.B. die Entwicklungsabteilung eines Unternehmens, benötigt eher einen dedizierten Rechner - etwa zur computerunterstützten Konstruktion oder Prozeßdatenverarbeitung -, weil ein auf das ganze Unternehmen ausgerichtetes Rechenzentrum sich nicht so stark spezialisieren

Abb. 2	Tableau der Einflußfaktoren nach Rockart (vereinfacht)

	Faktoren	Systementwicklung	Systembetrieb	Systemmanagement
Organisation des Unternehmens	*Allgemeines*			
	- dezentrale Organisation	□	□	□
	- Einheit von Planung, Kontrolle und Berichten	o		o
	- Vielzahl von Produkten, Technologien, Märkten; multinational	□	□	□
	Datenverarbeitung (gegenwärtiger Stand)			
	- momentan zentralisiert	◯	◯	◯
	- momentan dezentralisiert	□	□	□
	- gute Kontakte zu Fachabteilungen	◯	o	◯
	- RZ professionell geführt	◯	◯	◯
Organisation des Teilbereiches	*Aufgabenprofil*			
	- hoch spezialisiert	▫	□	▫
	- in sich abgeschlossen	▫	▫	
	- geographisch getrennt	▫	▫	
	- Änderungen/Ungewißheit	□	□	▫
	- schnelles Wachstum	▫	▫	
	- unternehmerische Tätigkeit	▫	▫	▫
	Andere Faktoren			
	- kompetente Führungskräfte verfügbar	□	□	
	- geringer organisatorischer Umfang	◯	◯	
Anforderungen der Anwendung	*Aufgabenbeschreibung*			
	- Unternehmensplanung	◯	◯	
	- Kontrolle des Managements	o	o	
	- Durchführungskontrolle, Qualitätskontrolle	▫	▫	
	- Arbeitsfortschrittskontrolle	□	□	
	- DV hochsensitiv für Aufgabenerfüllung	▫	▫	
	- Konsolidierung/Integration der Aufgabe und der Daten beabsichtigt	◯	◯	
	Spezielle Erfordernisse			
	- hohes Ausmaß an DV-Erfahrung vorausgesetzt	o	o	
	- hohe Ansprüche an Technologie	o	o	
	- kurze Antwortzeiten erforderlich		□	
	- Spezialausrüstung erforderlich	▫	▫	
	- Einsatz von Datenbanktechnologie	o	o	
	- hoher Speicherplatzbedarf zu Spitzenzeiten		◯	
	- Datenübertragungsfehler kritisch		□	

Bedeutung der Symbole:

◯ Starke Neigung zur Zentralisierung
o Schwache Neigung zur Zentralisierung
□ Starke Neigung zur Dezentralisierung
▫ Schwache Neigung zur Dezentralisierung

kann. Wenn der Teilbereich in sich weitgehend abgeschlossen ist, wie z.B. die Kreditabteilung eines Kaufhauses, und wenig Integrationsbeziehungen zu anderen Unternehmensbereichen vorhanden sind, entfällt ein wichtiger Vorteil der zentralen DV, so daß die Argumente für eine Dezentralisierung überwiegen. Ähnliches gilt bei geographischer Trennung, weil dann durch mehr Zentralisierung zusätzliche Datenübertragungsprobleme geschaffen werden.

Sind oft Änderungen von Aufgaben und Organisation des Teilbereiches zu erwarten oder wächst der Teilbereich, so spricht das wegen der flexibleren Anpassung für eine Dezentralisierung. Sind zur Führung des Teilbereiches unternehmerisches Denken und selbständige Entscheidungen notwendig, so wird man dazu neigen, diesen Führungskräften auch die Entscheidungen über ihre Datenverarbeitungshilfsmittel zu überlassen, weil im anderen Fall, d.h. wenn man diese Manager durch Verfahrens- und Prioritätsentscheidungen eines fernen Rechenzentrums bindet, rasch Möglichkeiten zu Ausreden eröffnet werden. Voraussetzung ist natürlich, daß im Teilbereich kompetente Führungskräfte vorhanden sind, die sich auch in die Sonderprobleme der bereichseigenen EDV einarbeiten können. Ist dies nicht der Fall, so vertraut man den Teilbereich besser einem Rechenzentrum an.

Ein geringer organisatorischer Umfang des Teilbereiches läßt es kaum geraten erscheinen, dort eine eigene Datenverarbeitung einzuführen.

Faktorengruppe III: Anforderungen der Anwendung

Wenn die EDV zur Unterstützung der Unternehmensplanung und der Kontrolle des Managements eingesetzt wird, spricht das in Anbetracht des zentralen Charakters dieser Aufgaben eher für eine zentralisierte DV, weil sehr viele Vergleichsinformationen und meist sehr stark verdichtete Daten benötigt werden. Hingegen ist es dann, wenn die Hauptaufgabe der Datenverarbeitung mehr in der Kontrolle der Durchführung von Detailaufgaben oder in der Überwachung von Arbeitsfortschritt und Terminen zu sehen ist, wie z.B. bei der Fertigungskontrolle, vorteilhaft, zu dezentralisieren, weil es auf hohe Verfügbarkeit der EDV-Dienstleistungen am Arbeitsplatz oder auf die Möglichkeit ankommt, das Kontrollsystem veränderten Bedingungen anzupassen.

Eine Tendenz zur dezentralen Datenverarbeitung ist ferner gegeben, wenn Störungen der Datenverarbeitung die Aufgabenerfüllung im Teilbereich stark beeinträchtigen. Hier gilt ähnlich wie oben, daß man nicht durch Zentralisierung der DV der Führung des Teilbereichs bzw. den für eine Aufgabe Verantwortlichen die Chance zu Ausflüchten ("die unzuverlässige EDV ist schuld") eröffnen darf. Die Verantwortung für die Datenverarbeitung und die Verantwortung für eine Aufgabe gehören dann in eine Hand.

Ist die Aufgabe aber ein Teil eines größeren Ganzen, d.h. bestehen enge Integrationsbeziehungen oder sollen solche in der Zukunft geknüpft werden, so spricht das für mehr Zentralisierung.

Setzt die Systementwicklung ein hohes Maß an DV-Erfahrung voraus und muß man hohe Ansprüche an die Technologie stellen, so haben wir ein Argument für die Zentralisierung, beispielsweise, weil man kaum soviele hochgradige Spezialisten anwerben und bezahlen kann, wie man bei einer evtl. Dezentralisierung benötigt.

Ein Bedarf an kurzen Antwortzeiten favorisiert die dezentralen Kleinrechner. Das gleiche gilt für Spezialausrüstungen, wie z.B. Prozeßrechner oder Digitalisierer, die nur an einem Ort und nicht zentral eingesetzt werden müssen.

Will man sehr viele Daten speichern und/oder Datenbanktechniken implementieren, so ist zumindest gegenwärtig die zentrale Großrechenanlage im Vorteil. (Allerdings gibt es Entwicklungen, wie etwa kleinere Datenbankcomputer, die hier den Vorsprung des Großrechners gegenüber dem Kleinrechner verringern dürften.)

Sind Übertragungsfehler kritisch, so spricht das mehr für eine Datenverarbeitung vor Ort.

4) Im letzten Schritt werden nun die Teilbereichsergebnisse zusammengefaßt, indem die Anzahl und Gewichte der Symbole für die einzelnen Aufgabenfelder betrachtet werden. Durch diese "visuelle Integration" kann relativ leicht erkannt werden, ob ein Aufgabenfeld zentralisiert (überwiegende Anzahl großer Kreise), dezentralisiert (hauptsächlich große Quadrate) oder verteilt organisiert werden sollte. Den Grad einer evtl. Verteilung kann man ebenfalls durch die Anzahl der kleinen Kreise oder Quadrate grob abschätzen.

3.2. Das Modell von Slonim et al.

Das Modell von Slonim, Schmidt und Fisher (7) basiert ähnlich wie das von Rockart et al. auf den Ideen der Nutzwertanalyse. Neben einer zentralen werden zehn dezentralisierte Grundkonfigurationen vorgegeben, deren Kennzeichen in Abbildung 3 dargestellt sind. Die Grundkonfigurationen sind stark formalisiert und unterscheiden sich hinsichtlich Datenverteilung und -kompatibilität und der dabei erreichten Homogenität von Hardware und Software. Für jeden Konfigurationstyp findet der Anwender in einer Tabelle Bewertungsziffern für die sieben Kriteriengruppen

- Operationale Faktoren,
- System-Leistung,
- Update-Anforderungen,
- Geforderte Datenzugriffsmöglichkeiten,
- Wirtschaftlichkeit,
- Größe des Datenbestandes und

- Zahl und Verteilung der Benutzer,

die er je nach den Anforderungen und Gegebenheiten des Untersuchungsbereiches auswählt und entsprechend ihrer Bedeutung gewichtet. Abbildung 4 zeigt einen Ausschnitt aus der Kriterienliste. Nach Addition dieser Werte erhält man für jede Grundkonfiguration einen Gesamtindex, der einen groben Anhaltspunkt für die Vorteilhaftigkeit dieser Lösung darstellt.

Abb. 3	Grundkonfiguration im Modell von Slonim et al.

Konfiguration							
1	Zentrales System						
	Dezentrale Systeme						
	Daten		Hardware		Software		Kompatibilität
	segmentiert	redundant	homogen	heterogen	homogen	heterogen	vorhanden
2	x		o	o	o	o	o
3	x		o	o		x	o
4	x			x	o	o	o
5	x			x	x		x
6	x			x		x	x
7		x	o	o	o	o	o
8		x	o	o		x	o
9		x		x	o	o	o
10		x		x	o	o	x
11		x		x		x	x

Erläuterung: x = Eigenschaft trifft zu
o = keine Aussage getroffen

Abb. 4 Modell von Slonim et al: Ausschnitt aus der Kriterienliste

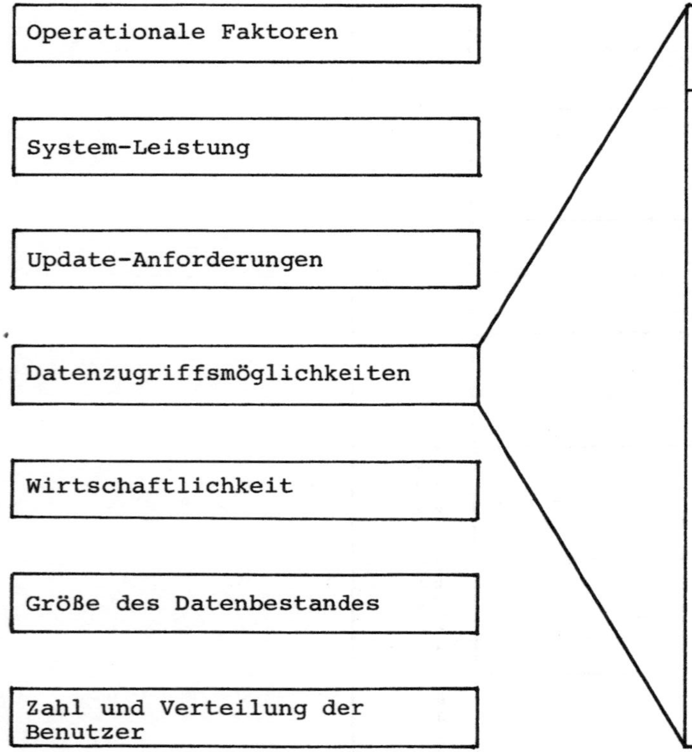

Operationale Faktoren

System-Leistung

Update-Anforderungen

Datenzugriffsmöglichkeiten

Wirtschaftlichkeit

Größe des Datenbestandes

Zahl und Verteilung der Benutzer

Datenzugriff	Konfiguration 1	2	3	4	5	6	7	8	9	10	11
Batch-Abfragen	5	3	2	2	0	0	3	2	2	0	0
Online-Abfragen	3	5	2	2	0	0	5	4	4	0	0
Abfragen über mehrere Datenbestände	3	4	2	2	0	0	5	4	4	0	0
Abfragen über verteilte Daten	1	4	2	2	1	1	5	4	4	1	1
Eingeschränkte Abfragen	5	3	1	1	1	1	2	2	2	2	2
Uneingeschränkte Abfragen	5	4	3	3	2	2	5	3	3	2	2
⋮											

Bewertungsziffern

3.3. Das Modell von Buchanan und Linowes (1)

Der Dezentralisierungsgedanke zielt bei dieser Methode weniger auf die Verteilung der Hardware als vielmehr auf den Grad der Benutzermitwirkung, der sich für Buchanan und Linowes als relativ unabhängig von der technischen Gestaltung des Rechensystems darstellt. Nach ihrer Argumentation resultiert der Mitwirkungsgrad eines Benutzers aus sich ergänzenden Anteilen an der Leitungs- und an der Ausführungskompetenz. So kann beispielsweise die geringere Einflußnahme auf den Systembetrieb eines Rechenzentrums durch verstärkte Kontrollfunktionen ausgeglichen werden.

Die Ermittlung dieses Benutzermitwirkungsgrades geschieht mit Hilfe dieses Modells in zwei Schritten:

1) Zunächst wird eine genaue Analyse im untersuchten Bereich durchgeführt, die sich auf die DV-Aktivitäten "Entwicklung" und "Betrieb" konzentriert und dabei Leitungs- und Ausführungsfunktionen unterscheidet. Als Hilfsmittel dazu bietet das Modell eine Liste der zu den genannten Aktivitäten gehörenden Teilaufgaben mit ihren unterschiedlichen zentralisierten oder dezentralisierten Ausprägungsformen. Der Anwender legt anhand dieses "Aufgabenspektrums" die sich aus der Organisation ergebenden oder für die Zukunft erwünschten Dezentralisierungsgrade für jede Teilaufgabe fest, indem er die Schnittstellen zwischen den von der Fachabteilung und den von der EDV-Zentrale zu erledigenden Aktivitäten markiert (vgl. dazu Abbildung 5).

Abb. 5 Verfahren von Buchanan und Linowes: Ausschnitt aus dem Aufgabenspektrum "Ausführung"

z (zentral) ⟷ (dezentral) d

Hardware-Betrieb

Vorbereiten der Ursprungsbelege	Verantwortlich für die Dateneingabe	Bedienung eines Satellitenrechners ohne Datenbank	Bedienung eines Satellitenrechners mit Datenbank	Betrieb einer unabhängigen Anlage

Datenfernübertragung

Nennen der Kommunikationsbedürfnisse	Planung der Netzwerkkonfiguration	Benennen der Schnittstellenprotokolle	Implementierung des Netzwerkes	Warten des Netzwerkes

System-Programmierung

Benutzung von Betriebssystemen, Compilern, Utilities	Anpassung der Anwendungsprogramme an die Systemsoftware	Durchführung von Updates der Systemsoftware	Entwicklung und Anpassung der Systemsoftware

Wartung der Anwendungsprogramme

Aufschreiben der Systemfehler	Diagnose der Systemfehler	Korrektur der Systemfehler

Datenverwaltung

Kontrolle der Ursprungsbelege	Bestimmung des Datenbedarfs und Formatabsprache	Erstellen der logischen Datenbank	Erstellen der physischen Datenbank	Aufstellen und Überwachen von Zugriffsbestimmung	Leiten aller Datenbanken

Markierung des Dezentralisierungsgrades einer Aufgabe

2) Im nächsten Schritt erstellt man eine Auswertungsgraphik. Im sogenannten "Lageplan der Aufgabenfelder" werden an den Kanten eines Quadrats die Endpunkte der am weitesten zentralisierten oder dezentralisierten Teilaufgaben für die DV-Aktivitäten "Leitung Systementwicklung" und "Ausführung Systementwicklung" sowie "Leitung Systembetrieb" und "Ausführung Systembetrieb" abgetragen. Verlängert man die sich auf diese Weise ergebenden Linien, so bilden ihre Schnittpunkte im Inneren des Quadrats zwei kleinere Rechtecke für die "Systementwicklung" und den "Systembetrieb". Der Grad der Benutzermitwirkung läßt sich anhand ihrer Lage zu einer (in der Bildmitte von Abb. 6 eingezeichneten) Dezentralisierungslinie feststellen.

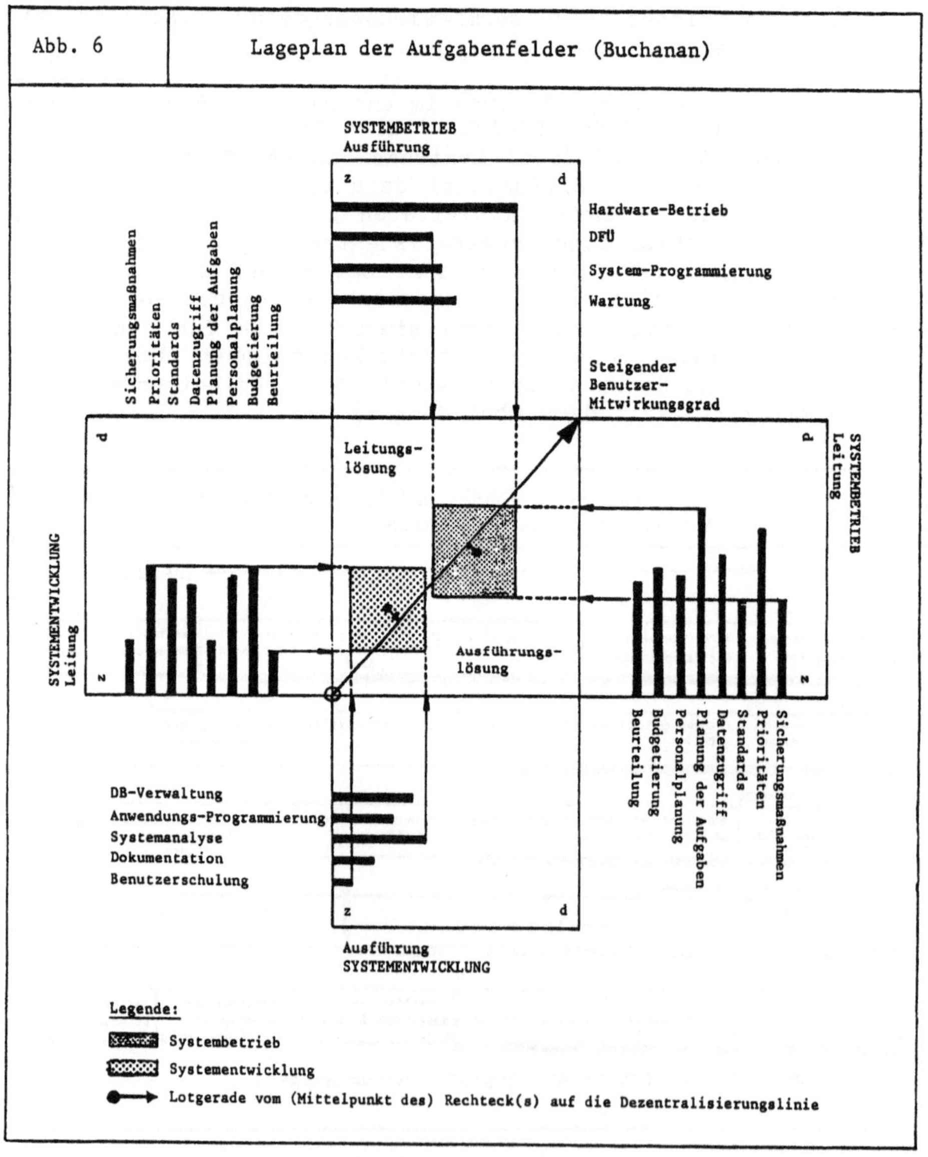

Abb. 6 Lageplan der Aufgabenfelder (Buchanan)

Je weiter die von diesem Rechteck ausgehende Lotgerade auf die Dezentralisierungslinie vom Ursprung entfernt ist, desto ausgeprägter sollte die Benutzermitwirkung sein. Dabei ist es unerheblich, auf welcher Seite der Dezentralisierungslinie das Rechteck liegt; im einen Fall sollte der Benutzer stärker an den Leitungsfunktionen beteiligt sein ("Leitungslösung") und im anderen Fall mehr am Betrieb mitwirken ("Ausführungslösung").

4. Fallstudien

Die genannten Vorentscheidungsmodelle wurden im Rahmen einer Fallstudie in zwei Unternehmen eingesetzt und mit den Ergebnissen der jeweiligen detaillierten Kosten-Nutzen-Untersuchung verglichen, um zu überprüfen, ob diese relativ einfach zu handhabenden Verfahren dem Management den richtigen Weg in der Zentralisierungs-/Dezentralisierungsfrage weisen können.

4.1. Eine Untersuchung in einem Unternehmen der elektrotechnischen Industrie

Die erste Untersuchung betraf mit der Triumph-Adler (TA) AG in Nürnberg ein größeres Unternehmen der elektrotechnischen Industrie, in dem die meisten Untersuchungsbereiche bereits durch die EDV unterstützt wurden. Die Fragestellung lautete daher, ob es wirtschaftlich sinnvoll ist, sich stärker als bisher vom traditionellen Rechenzentrum zu lösen und gegenwärtig zentral abgewickelte Aufgaben auf dezentrale Kleinrechner zu verlagern. Abbildung 7 zeigt stark vereinfacht die untersuchten Konzeptionen. Da die Ergebnisse dieser Studie bereits publiziert sind (5), sollen an dieser Stelle lediglich die wesentlichsten Punkte zusammengefaßt werden:

- Eine im Vergleich zum status quo noch verstärkte Zentralisierung erfordert höhere Aufwendungen für Hardware, andere Sachmittel, Software und Personal.

- Die Kosten einer teilweisen Dezentralisierung liegen zwischen denen der stark zentralen Konzepte und den gegenwärtigen Aufwendungen.

- Kosteneinsparungen ergeben sich dagegen im Vergleich zum Ist-Zustand bei den dezentralen Netzkonzeptionen, so daß dem Unternehmen eine (vorsichtige) Dezentralisierung seiner EDV empfohlen werden kann.

Abbildung 8 zeigt einen Überblick über die Ergebnisse der Kostenvergleichsrechnung.

Abb. 7	Untersuchte Konzeptionen in der elektrotechnischen Industrie (vereinfachte Darstellung)

Ist-Zustand

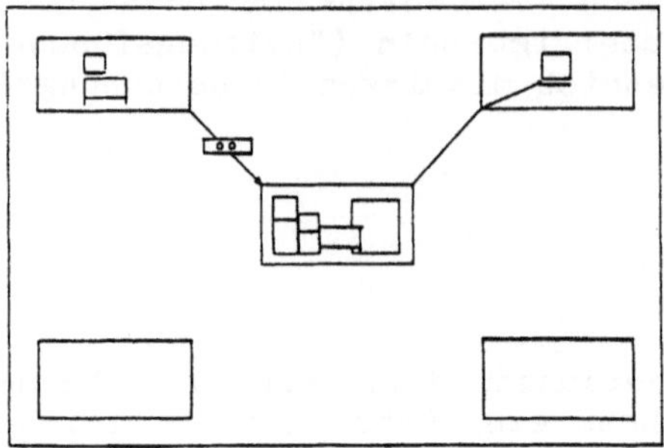

K I: Völlig dezentrale nicht miteinander verbundene Rechner

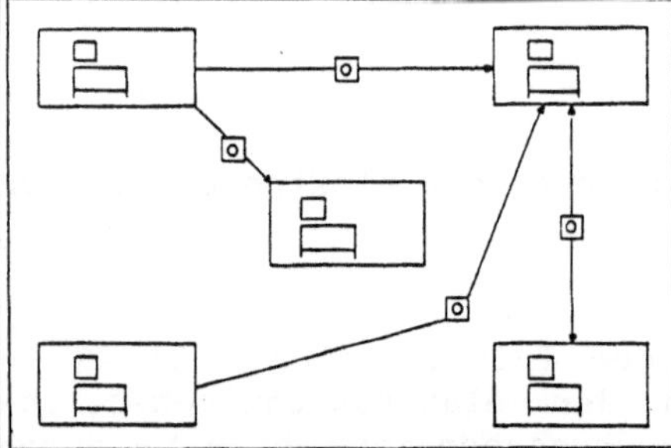

K II: Völlig dezentrale miteinander verbundene Rechner

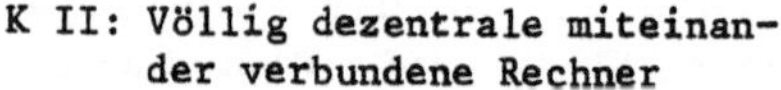

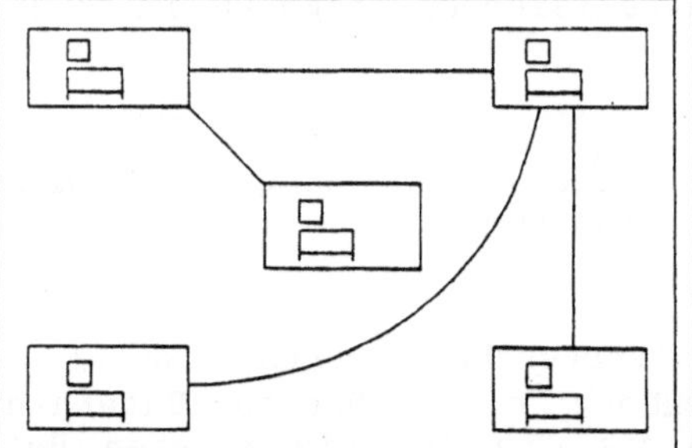

K III: Dezentrale Datenverarbeitung mit zentraler Datenbasis

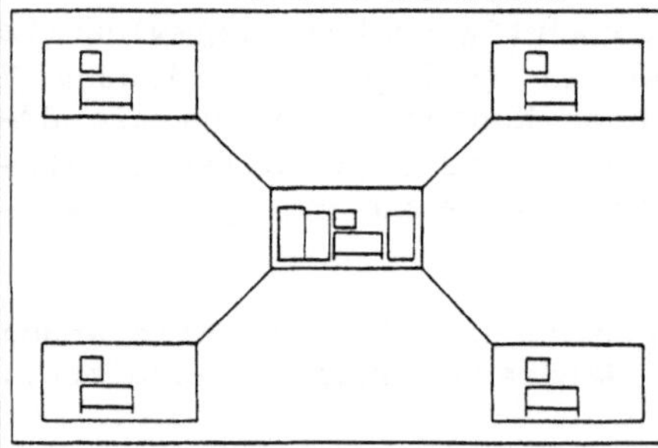

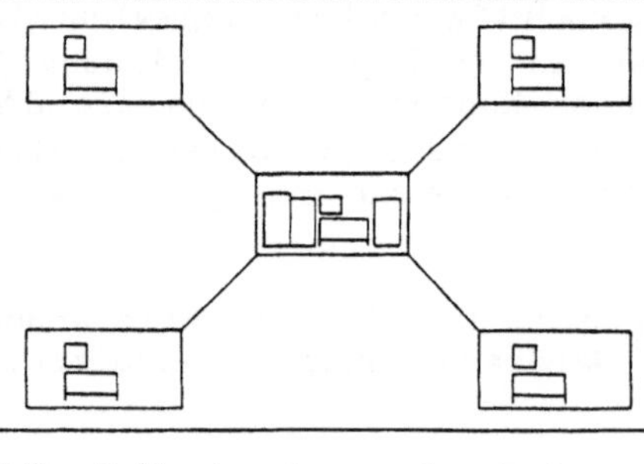

K IV: Teilweise dezentrale nicht miteinander verbundene Rechner

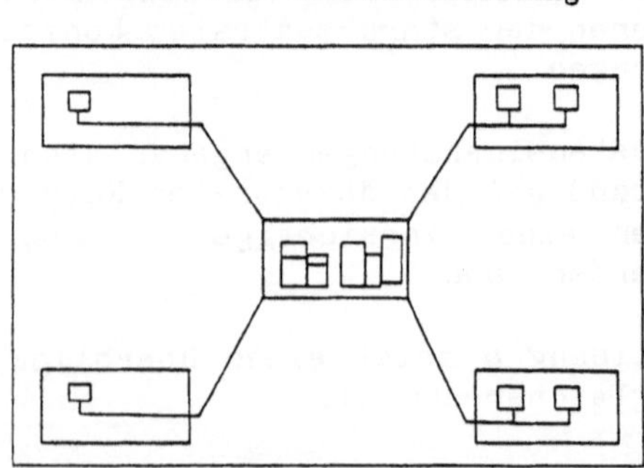

K Va: Teilweise dezentrale miteinander verbundene Rechner

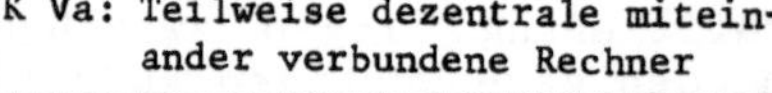

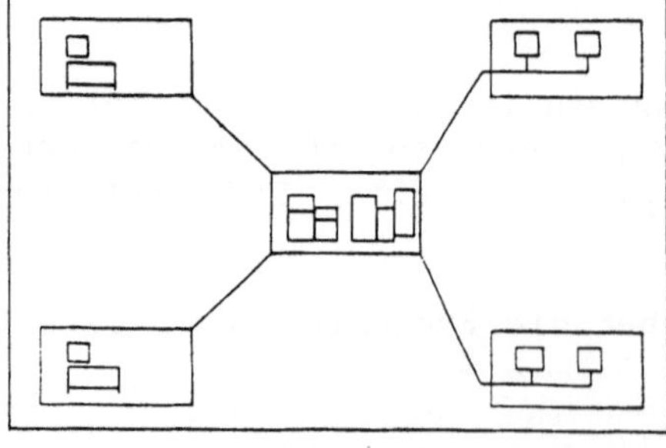

K Vb: Zentrale Datenverarbeitung

Eine im Anschluß an den Kostenvergleich durchgeführte kombinierte Nutzwert- und Risikoanalyse bestätigte größtenteils die auf der Basis quantitativer Kriterien ermittelte Konzeptrangfolge.

Vergleicht man die Ergebnisse dieser Analyse mit denen des parallel dazu eingesetzten Rockart-Verfahrens, so stellt man eine recht gute Übereinstimmung fest. Aus dem Rockart-Modell ließen sich folgende Verteilungsvorschläge ableiten:

- Stärkere Dezentralisierung des Systembetriebs
- "Verteilte Verantwortung" zwischen EDV-Bereich und Fachabteilungen für die Systementwicklung
- Zentrales Systemmanagement mit Delegation von Verantwortung auf die Ebene der Anwendergruppen

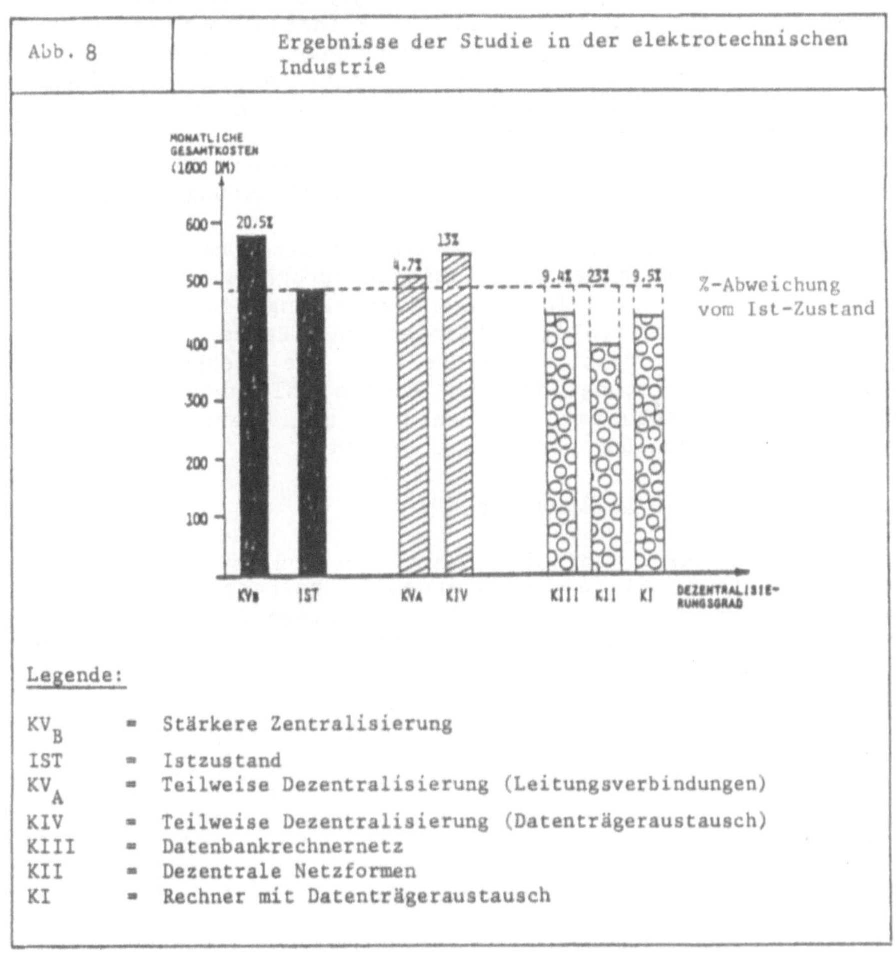

Abb. 8 Ergebnisse der Studie in der elektrotechnischen Industrie

4.2. Eine Untersuchung in einem Maschinenbauunternehmen

Die zweite Untersuchung, auf die nun näher eingegangen werden soll, erstreckte sich auf den Produktbereich "Fördertechnik" der Maschinenfabrik-Augsburg-Nürnberg AG (MAN) mit ihrem Werk in Nürnberg. Die Aktivitäten dieses Unternehmenszweiges liegen hauptsächlich im Kran- und Förderanlagenbau, im Stahlhochbau und in der Fertigung von Schienenfahrzeugen. Da das Unternehmen im untersuchten Bereich der Auftragsabwicklung über keine nennenswerte Datenverarbeitungsgeschichte verfügt, bestanden bei der Konzeptgestaltung größere Freiheiten. Für den Untersuchungsbereich wurde ein von uns entwickeltes weitreichendes EDV-Sollkonzept unterstellt, das mit der Angebotsbearbeitung beginnen, ein CAD-System zur Konstruktion mit vielfältigen Schnittstellen zu den betriebswirtschaftlichen Bereichen umfassen, die gesamte Material- und Zeitwirtschaft einschließen und bis zur Feinsteuerung der Fertigung reichen soll. Durch dieses Aufgabenspektrum mit einer Mischung aus Graphik-Datenverarbeitung, rechenintensiven technisch-wissenschaftlichen Programmen, Online- und Batchanwendungen aus dem betriebswirtschaftlichen Bereich und aufgrund der Größe und Struktur des Untersuchungsbereiches ergibt sich zumindest theoretisch eine breite Palette unterschiedlicher Dezentralisierungsmöglichkeiten.

Wichtigstes Kriterium zur Bestimmung des Dezentralisierungsgrades ist die Lokalisierung der für Anwendungsprogramme verfügbaren Rechenleistung, d.h. die "Intelligenzverteilung" innerhalb des EDV-Systems. Hierzu werden im folgenden zwei Betrachtungsebenen unterschieden, die "organisatorische" und die "technische" Verteilung der Rechenleistung. Darüber hinaus soll der Dezentralisierungsgrad von Datenbasis, Systementwicklung, Operating und Management in die Betrachtung einbezogen werden.

Organisatorische Verteilung der EDV

Zur Bestimmung des organisatorischen Dezentralisierungsgrades wird die hierarchische Stufe im Unternehmen betrachtet, auf der die Rechner eingesetzt werden. Speziell in einem Großunternehmen mit tiefer vertikaler Gliederung ist dieses Zentralisierungs-Dezentralisierungs-Maß besonders wichtig.

Der Untersuchungsbereich wird dazu in die Ebenen

a) Sachbearbeiter,
b) Gruppe,
c) Abteilung,
d) Hauptabteilung,
e) Produktbereich,
e) Werk und
d) Konzern

gegliedert und in Form des in Abbildung 9 dargestellten Schalen- bzw. Sektorenmodells beschrieben. Aus verschiedenen, insbesondere auch unternehmenspolitischen Gründen schied eine Zentralisierung auf der Ebene des Konzerns von vornherein aus. Eine solche Lösung wird deshalb in der Folge nicht diskutiert.

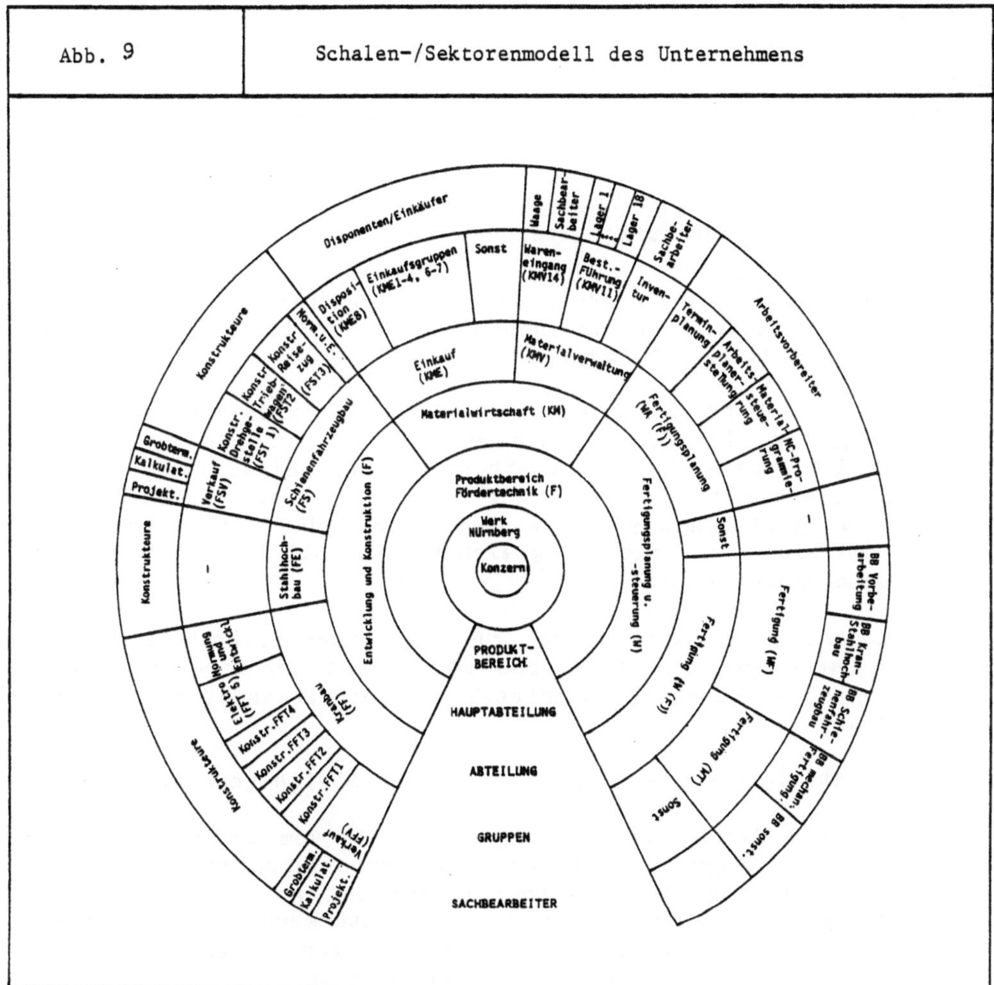

Abb. 9 Schalen-/Sektorenmodell des Unternehmens

Technische Verteilung der EDV

Dieses Kriterium zielt auf die Verteilung der Intelligenz innerhalb der einzelnen Hardwarekonfigurationen und die Art der Rechnerkopplung ab.

- Konzeptgruppe I:
  Dezentrale autonome Rechner mit physischem Datenträgeraustausch

- Konzeptgruppe II:
  Netzkonzepte dezentraler Rechner (Konzept I mit Leitungsverbindungen(=II1), Maschennetze(=II2), ringförmige Topologien(=II3))

- Konzeptgruppe III:
  Netz dezentraler Rechner mit zentralem Datenbankrechner

- Konzeptgruppe IV:
  Zentralrechner und autonome Kleinrechner mit physischem Datenträgeraustausch

- Konzeptgruppe V:
  Zentralrechner mit angeschlossenen Kleinrechnern (Mini-Maxi-Verbund, ein- und mehrstufige Sternnetze hierarchischer Rechner)

- Konzeptgruppe VI:
  Rechenzentrum (Zentralrechner mit intelligenten und nichtintelligenten Terminals, Kleinrechnerpool, Zentralisierung über den untersuchten Bereich hinaus)

Wählt man aus den möglichen Kombinationen die sinnvollen Varianten aus, so ergeben sich 28 unterschiedlich dezentrale Konzepte, die zusammen mit ausgewählten Computerherstellern konkretisiert wurden 3) . Zielsetzung war, daß die geforderte Leistung von allen Systemen bzw. Verbundnetzen in annähernd gleicher Weise erbracht wird, damit sich der Konzeptvergleich hauptsächlich auf Kostenkriterien beschränken kann.

Die ausgewählten Konzepte wurden zunächst einer Kostenvergleichsrechnung unterzogen, in die neben den reinen Hardwarekosten die Aufwendungen für sonstige Sachmittel, Systemsoftware und Personal einflossen.

Folgende Detailergebnisse sollen an dieser Stelle genannt werden:

- Die gesamten Hardwarekosten hängen weniger vom technischen als vielmehr vom organisatorischen Dezentralisierungsgrad ab und weisen ein Minimum beim Rechnereinsatz auf Abteilungsebene in Verbindung mit dem Zentralrechner auf. Stärkere Dezentralisierung und weitergehende Zentralisierung bis zur Größenordnung des bisherigen Rechenzentrums führen zu höheren Kosten. Vorteile zeichnen sich erst bei noch stärkerer Zentralisierung auf Werksebene ab. Abbildung 10 zeigt die Ergebnisse im Überblick. (Die Bandbreiten für die Kostenwerte ergeben sich aus der Variation der jeweils anderen als in der Abszisse abgetragenen Dezentralisierungsebene.)

3: Die detaillierte Ausgestaltung der einzelnen Konzepte wurde durch eine Reihe von Diplomarbeiten unterstützt. (2) (4) (8)

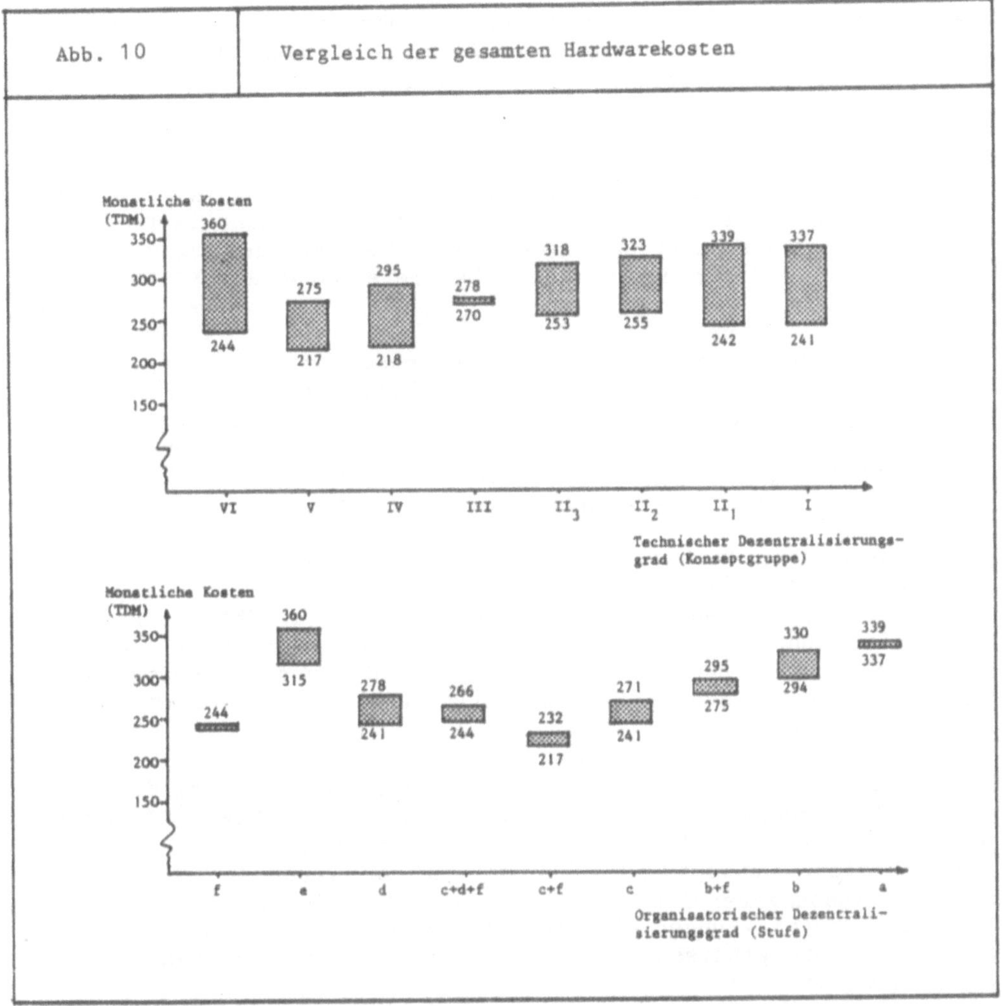

Abb. 10 Vergleich der gesamten Hardwarekosten

- Bei isolierter Betrachtung der technisch-wissenschaftlichen Systeme für den CAD-Bereich ergeben sich mit zunehmendem Dezentralisierungsgrad steigende Kosten, die darin begründet sind, daß teure Graphikperipherie entsprechend häufiger zu installieren wäre und daß jedes dezentrale System über einen großen Hauptspeicher und eine hohe Rechenleistung verfügen muß, um dreidimensionale Graphikprogramme abwickeln zu können.

- Interessante Aspekte ergeben sich bei der Einzelanalyse der Peripheriekosten. Hier zeigt sich beispielsweise, daß ein Funktionsverbund (Resource Sharing) dezentral installierter Geräte, wie er bei den Maschen- und Ringnetzen möglich ist, bei gleicher Leistung für den Untersuchungsbereich kostengünstiger ist als die Nutzung zentral eingesetzter Großeinheiten.

- Bei den Kosten für DÜ-Einrichtungen zeigten sich erwartungsgemäß hohe Werte für Maschen- und Ringnetze, da die Gleichberechtigung der Knoten komplexe Kontroll- und Abstimmungsmechanismen erforderlich macht. Sternnetze liegen dagegen etwas günstiger. Wegen der Vielzahl entfernt aufgestellter Datenstationen müssen auch für die Zentralrechnerlösungen erhebliche DÜ-Geräte-Kosten eingeplant werden.

- Bei den Personalkosten schneiden die Rechenzentrumslösungen bisheriger Größe und die stark dezentralisierten Systeme auf Arbeitsplatzebene am ungünstigsten ab. Den geringsten Personalaufwand verursachen dagegen die lediglich bis auf Abteilungs- oder Hauptabteilungsebene dezentralisierten Systeme und das Rechenzentrum in seiner am weitesten zentralisierten Variante.

- Die Kosten für Rechnerräume, Installation, Verbrauchsmaterial, Energie und Versicherungen folgen in ihrer Summe in etwa diesem Trend mit günstigen Werten für die Systeme auf Abteilungsebene mit oder ohne Kopplung zu einem Zentralrechner sowie für die zentralste RZ-Lösung und mit hohen Werten für die Arbeitsplatzrechner, das bisherige Rechenzentrum und die mehrstufige Rechnerhierarchie.

Da sich die Frage "Zentralisierung oder Dezentralisierung der EDV" verständlicherweise nicht allein aufgrund quantitativer Kriterien beantworten läßt, schließt sich eine Nutzwertanalyse an, die unterschiedliche Gewichtungen von seiten der Verantwortlichen aus dem Untersuchungsbereich einfließen läßt, zukünftige Kosten- und Technologieentwicklungen einzubeziehen versucht sowie die Stabilität des Gesamtergebnisses hinsichtlich möglicher Prämissenänderungen nachweisen soll.

Wie aus Abbildung 11 ersichtlich, bestätigen die Ergebnisse die bereits im Kostenvergleich gewonnenen Aussagen. (Die Bandbreiten der Vorteilhaftigkeits-Rangziffern resultieren aus der Variation der Gewichtungen für die einzelnen Nutzenkriterien durch das MAN-Management.)

Zusammenfassend kann für den Untersuchungsbereich festgestellt werden, daß der günstigste organisatorische Dezentralisierungsgrad auf Abteilungs- und Hauptabteilungsebene liegt, die Rechenzentrumsorganisation bisherigen Umfangs dagegen relativ ungünstig ist. Eine pauschale Antwort auf die Frage nach dem besseren System hinsichtlich des technischen Dezentralisierungsgrades wurde in unserer Untersuchung nicht gefunden. Je nach organisatorischer Verteilungsstufe sind die einzelnen Konzepttypen unterschiedlich zu beurteilen. Der Grad der Datenverteilung ist eng an die physische Dezentralisierung und die Vernetzungsmöglichkeiten der Hardware

Abb. 11 | Gesamtnutzenvergleich

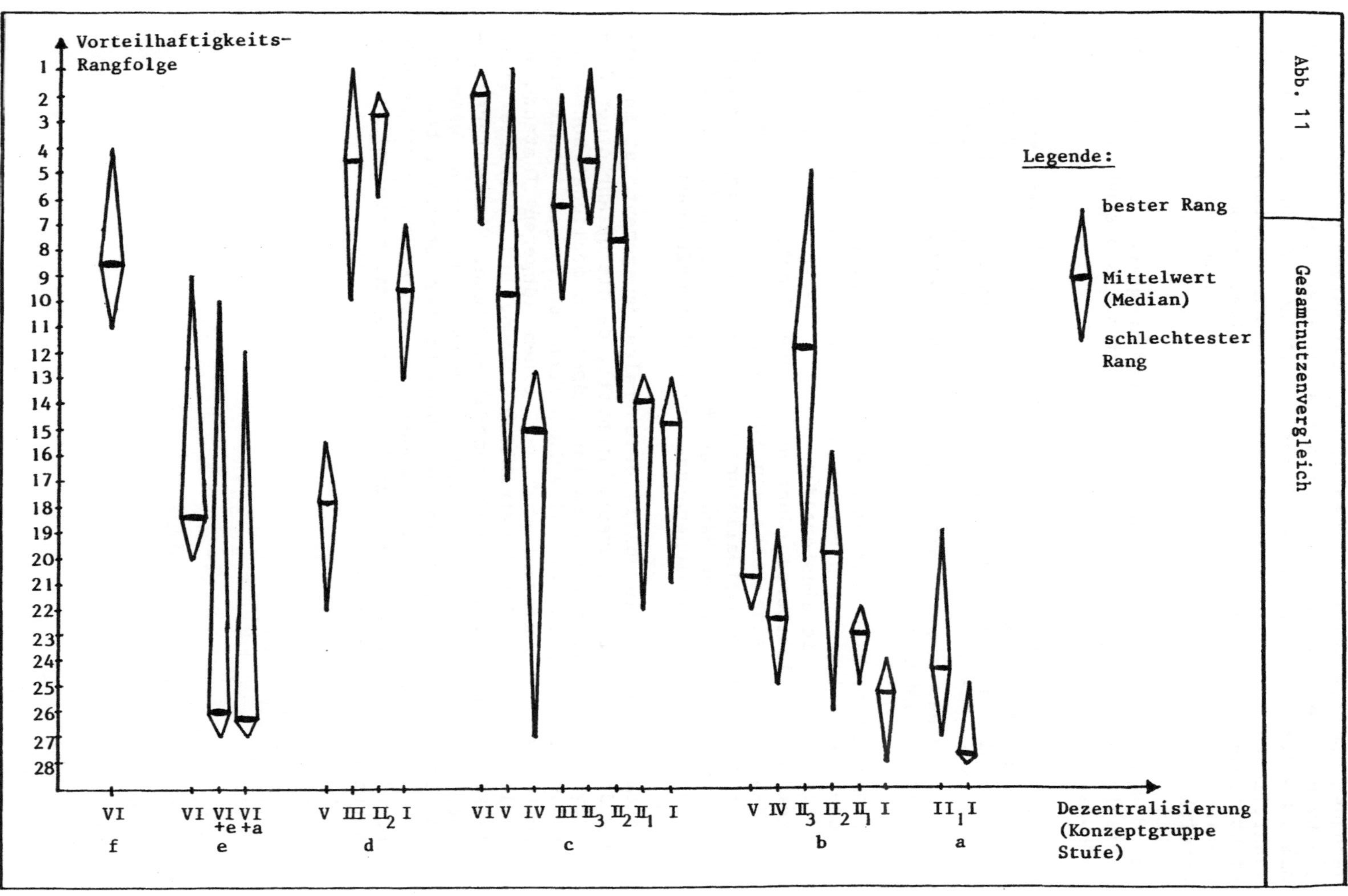

gebunden. Da die Vorzüge eines Datenbankeinsatzes derzeit nur für nichtverteilte Datenbestände nutzbar sind, liegt der beste Kompromiß zwischen der günstigsten Datenverteilung und der Gesamtwirtschaftlichkeit des Systems im redundanzarmen Dateienkonzept der nichthierarchischen Rechnernetze. Die Optimallösung kann sicher erreicht werden, wenn die verteilten DB-Systeme zur Marktreife entwickelt sind.

Für die Systementwicklung und das Systemmanagement haben sich im Verlauf unserer Untersuchung folgende Formen als besonders günstig herausgestellt:

- Systementwicklung: Bei möglichst großer Einflußnahme der Benutzer auf die funktionelle Gestaltung der Anwendungsprogramme sollte die Programmierung von zentraler Stelle koordiniert und überwacht oder - besser sogar - völlig zentralisiert werden. Der Einsatz eines eigenen Entwicklungsrechners erscheint dabei als besonders vorteilhaft.

- Systembetrieb: Hier richtet sich die Organisation nach der räumlichen Verteilung der Hardware. Unsere dezentralen Konzepte bieten dabei Vorteile hinsichtlich der Verfügbarkeit und des Personaleinsatzes (letzteres rührt daher, daß Sachbearbeiter in den Fachabteilungen eine Reihe von EDV-Aufgaben mit übernehmen können); die stärker zentralisierten Varianten ermöglichen dagegen durch Konzentration der Band- und Plattenstationen leichtere und wirkungsvollere Datensicherungs- und -schutzmaßnahmen.

- Systemmanagement: Ein völlig dezentrales Management ist in keinem der untersuchten Konzepte sinnvoll, da die Gefahr einer Desintegration zu groß wäre. Es ist jedoch ein möglichst hohes Maß an Verantwortung für die einzelnen Fachabteilungen anzustreben, damit die "Reibungsverluste" auf einem längeren Instanzenweg vermieden werden. Die langfristige Planung und Kontrolle aller DV-Aktivitäten sollte jedoch zentral erfolgen. Ein weiteres Argument für eine stärkere Zentralisierung ergibt sich, wenn die Komplexität des DV-Systems den Einsatz von Spezialisten, wie etwa eines Datenbankadministrators oder eines Netzkoordinators, erfordert, da diese nur bei zentralem Management sinnvoll ausgelastet werden können.

4.3. Vergleich mit den Ergebnissen des Verfahrens von Rockart et al.

Die starke vertikale Untergliederung des Untersuchungsbereiches machte es notwendig, das Verfahren von Rockart etwas zu modifizieren. Da das Modell jeweils nur drei getrennte Ebenen der Zentralisierungs-/Dezentralisierungsentscheidung betrachtet, wurde es stufenweise auf den Hierarchiestufen

1) Abteilung/Gruppe - Hauptabteilung - Produktbereich
2) Hauptabteilung - Produktbereich - Werk
3) Produktbereich - Werk - Konzern

eingesetzt. Durch diese Vorgehensweise konnte untersucht werden, wie weit sich Zentralisierungstendenzen für einzelne Entscheidungseinheiten auf den nächsten Stufen fortsetzen. Wenn z.B. bei der Untersuchung der ersten drei Hierarchiestufen als Empfehlung resultierte, tendenziell auf Hauptabteilungs- und Produktbereichsebene zu zentralisieren, wurde in der nächsten Phase überprüft, ob eine Zentralisierung auf Werksebene noch weitere Vorteile bringt.

Die Anwendung des Rockart-Verfahrens brachte folgende Ergebnisse (vgl. auch Abbildung 12):

- Im Rahmen der Systementwicklung sollte die Systemplanung, d. h. die Entwicklung des Sollkonzeptes, hauptsächlich von den betroffenen Abteilungen vorgenommen werden. Die Hauptabteilungen und der zentrale EDV-Bereich besitzen hier lediglich ein Mitspracherecht, soweit abteilungsübergreifende Interessen berührt werden. Dagegen sollte die Detailplanung und Programmierung vorwiegend den DV-Spezialisten der EDV-Abteilung überlassen bleiben; den Abteilungen und Hauptabteilungen ist lediglich die Programmierung kleiner isolierter Teilaufgaben gestattet. Bei der Software-Wartung wird den dezentralen Stellen jedoch eine größere Einflußnahme zugestanden.

- Der Systembetrieb wird generell stärker den einzelnen Abteilungen zugeordnet. Abgesehen von Datenerfassung und -auswertung, die ohnehin a priori fast ausschließlich dezentralisiert sein sollten, sind die Abteilungen in etwa zur Hälfte für "Update" und "Verarbeitung" zuständig, während sich die Hauptabteilungen und der zentrale EDV-Bereich die andere Hälfte teilen. Diese Aufgabenverteilung sollte durch eine hierarchische Rechnerausstattung auf Abteilungs-, Hauptabteilungs- und Werksebene realisiert werden, wobei man die Daten überwiegend lokal auf Abteilungsebene halten sollte.

- Für das Systemmanagement wird empfohlen, die Aufgaben der langfristigen Planung auf Werksebene zu zentralisieren, die Aktivitäten der taktischen Kontrolle dagegen überwiegend auf Abteilungsebene zu dezentralisieren.

Abb. 12	Ergebnisse des Rockart-Modells für die MAN

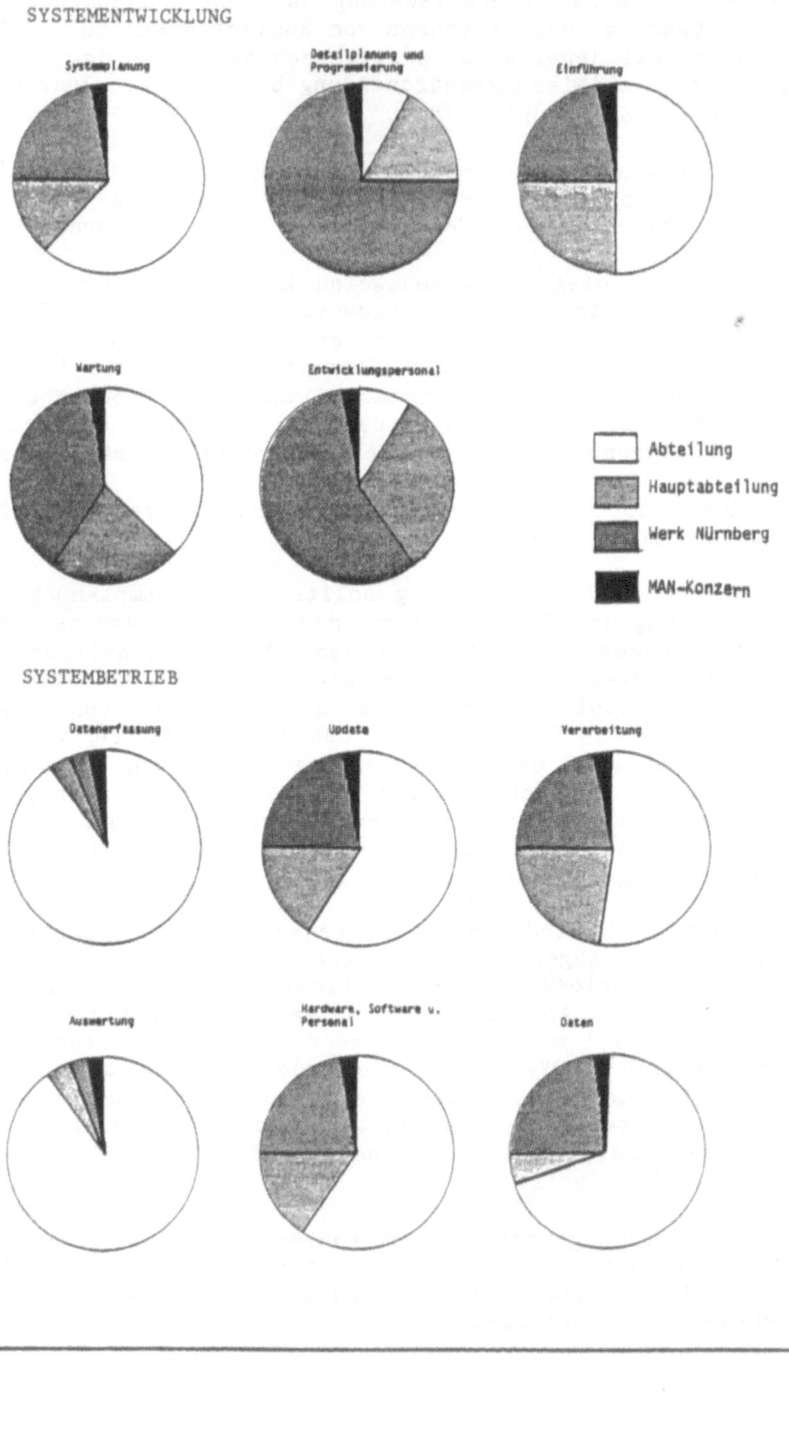

SYSTEMENTWICKLUNG

SYSTEMBETRIEB

Nach einem Vergleich mit unseren Untersuchungsergebnissen kann man feststellen, daß das Verfahren von Rockart et al. den Anwender durchaus auf den richtigen Weg weist. Die Verteilung der EDV-Ressourcen bis auf Abteilungsebene in Kombination mit dem Rechenzentrum zählt auch zu den in unserer Kosten-Nutzen-Analyse als besonders vorteilhaft ausgewiesenen Lösungen. Bezüglich der stärkeren Zentralisierung der Systementwicklungsaktivitäten und der Verteilung der Managementaufgaben kam unsere Studie ebenfalls zu den gleichen Resultaten. Einschränkend muß jedoch gesagt werden, daß die Ergebnisse des Rockart-Modells relativ grob sind, da sie keine Schlüsse auf die technische Gestaltung der Hardwarekonfigurationen zulassen. So liegt beispielsweise eine hierarchische Rechnerorganisation mit Datenträgeraustausch, die nach Rockart als ebenso günstig zu interpretieren wäre, in der unteren Hälfte unserer Vorteilhaftigkeitsrangfolge. Außerdem bleiben Mischformen, wie der in unserer Untersuchung besonders günstig eingeschätzte Kleinrechnerpool auf Abteilungsebene gänzlich unberücksichtigt.

Daß die Rockart-Ergebnisse keine Hinweise auf die ebenfalls besonders vorteilhaft eingestuften nichthierarchischen Netze erkennen lassen, kann man jedoch auch als Vorzug des Modells hinsichtlich der Zielsetzung werten, dem Entscheidenden nur den nächsten "stabilen" Schritt in Richung auf ein wirtschaftliches Optimum aufzuzeigen. Das untersuchte Unternehmen wird sich mittelfristig ohnehin nicht völlig vom Rechenzentrum lösen können.

Generelle Schwächen des Modells von Rockart liegen in der mangelnden Nachprüfbarkeit der aus empirischen Studien gewonnenen Einflußkriterien mit den ihnen zugewiesenen Zentralisierungs-Dezentralisierungs-Neigungen. Hier stellt sich die Frage, ob sie vom Erhebungszeitpunkt (1977) und -ort (USA) ohne Modifikationen auf heutige Verhältnisse im europäischen Raum übertragbar sind. Als weiterer Kritikpunkt kann aufgeführt werden, daß die Wirkungen der einzelnen Einflußkriterien auf manche DV-Aufgabenfelder jeweils gleich sind (z.B. Systemplanung und Einführung), so daß hier von vornherein eine Zusammenfassung vorgenommen werden kann. Zuletzt erscheinen uns die Wirkungssymbole "zentral", "dezentral", "verteilt/zentral" und "verteilt/dezentral" gegenüber den heute realisierbaren Abstufungsmöglichkeiten für den Entwurf verteilter Systeme als zu undifferenziert, um mehr als grobe Anhaltspunkte für eine Entscheidung liefern zu können. Unter diesen Einschränkungen ist dieses Verfahren jedoch ein sehr nützliches Hilfsmittel für das Management.

4.4. Vergleich mit den Ergebnissen des Verfahrens von Slonim et al.

Nach einem Test des Modells mit MAN-spezifischen Daten ergab sich der Grundtyp "dezentral mit segmentierten Daten" als die günstigste Lösung. Die auch in unserer Vorteilhaftigkeitsrangfolge an erster Stelle stehenden nichthierarchischen Netze mit redundanzarmen verteilten Datenbeständen entsprechen dieser Grundkonfiguration.

Die gute Übereinstimmung der Resultate darf jedoch nicht darüber hinwegtäuschen, daß das Modell von Slonim et al eine Reihe von Schwächen aufweist, die seine Eignung für die Praxis anzweifeln lassen:

- Durch die Vorgabe von lediglich elf Grundkonfigurationen ist das Modell zu grob. Obwohl in unserer Studie viele Zwischenformen unberücksichtigt bleiben mußten, standen dennoch bereits 28 Alternativen zur Diskussion.

- Die Typisierung der Konzepte lediglich nach ihrer Datenverteilung und ihrem Homogenitätsgrad ist zu abstrakt, als daß die Ergebnisse Schlußfolgerungen auf eine konkrete Hardwarekonzeption zuließen. Hierarchische Lösungen werden beispielsweise generell nicht betrachtet.

- Die starke Hardwareorientierung läßt keine Schlüsse auf die zweckmäßigste Verteilung der Systementwicklungs- und -managementaktivitäten zu.

4.5. Vergleich mit den Ergebnissen des Verfahrens von Buchanan und Linowes

Eine Anwendung dieses Verfahrens mit den Daten des Untersuchungsbereiches läßt erkennen, daß die Entwicklung weitgehend zentralisiert, der Betrieb hingegen stärker dezentralisiert werden sollte. Aus der Position der Rechtecke zur Dezentralisierungslinie kann man ableiten, daß die günstigste Form der Systementwicklung zwischen einer reinen Leitungs- oder Ausführungslösung liegt. Das könnte für den konkreten Untersuchungsbereich die Einrichtung einer zentralen Programmierabteilung bedeuten, die dem Benutzer in größerem Umfang Mitsprachemöglichkeiten bietet und die - etwa in Form eines Programmiererpools - die Fachabteilungen bei der Entwicklung dezentraler Systeme unterstützt. Der Benutzermitwirkungsgrad beim Systembetrieb sollte dagegen insgesamt höher sein. Auch hier lassen die Ergebnisse des Modells die Möglichkeiten einer stärkeren Dezentralisierung der Rechner ("Ausführungslösung") oder einer weitgehenden Hardwarekonzentration im Rechenzentrum mit starker Einflußnahme der Anwender ("Leitungslösung") zu.

Diese Ergebnisse stimmen ebenfalls sehr gut mit denen unserer Studie überein. Insbesondere bieten die bestplazierten Konzepte der dezentralen Netze und der Kleinrechnerpool genau den geforderten Mitwirkungsgrad der Benutzer.

Zu den Vorzügen des Modells zählen die relativ leichte Handhabung und der Versuch, das gesamte Feld der EDV-Aktivitäten einzubeziehen. Durch die sehr abstrakte Größe des "Benutzermitwirkungsgrades" ergeben sich jedoch starke Unschärfen, insbesondere was die eigentliche Frage der Verteilung von EDV-Ressourcen anbetrifft. Bei der Einschätzung der Einzelaktivitäten spielen subjektive Kriterien eine große Rolle; außerdem verwischen sich die Grenzen zwischen dem gegenwärtigen und dem zukünftigen gewünschten Zustand sehr, oder anders ausgedrückt, es wird zu wenig scharf zwischen der Istzustandsanalyse und den Veränderungsabsichten getrennt. Mit den Einzelmarkierungen (Abb. 5) wird das Ergebnis bereits determiniert. Die Autoren gehen daneben von einer jeweils gleichen Bedeutung der einzelnen Aktivitäten aus, da sie keine unternehmensspezifische Gewichtung zulassen. Insgesamt gesehen bietet das Modell von Buchanan und Linowes jedoch gute Ansatzpunkte, die es bei weiterer Verfeinerung und evtl. Modifikation zu einem brauchbaren Werkzeug zur Entscheidungsvorbereitung machen könnten.

5. Schluß

Unsere Untersuchungen erlauben den Schluß, daß zumindest zwei der beschriebenen drei Verfahren eine gemessen am relativ bescheidenen Aufwand beachtliche Hilfe darstellen, wenn die Richtung der Weiterentwicklung einer betrieblichen DV-Organisation gewiesen werden soll. Abbildung 13 zeigt nochmals eine Zusammenfassung der Ergebnisse.

Abb. 13 Vergleich und Bewertung der Vorentscheidungsmodelle

Entscheidungsebene	Studien MAN/TA	Modelle: Slonim	Buchanan	Rockart
Systementwicklung	V/V	?/-	Z/-	V/V
Systembetrieb	D/D	D/-	D/-	D/V
Systemmanagement	V/Z	?/-	V/-	V/D
Bewertung		schlecht	ausreichend	gut

Legende: Z = zentralisiert, V = verteilt, D = dezentralisiert
- = nicht untersucht

Literatur:

(1) Buchanan, J., Linowes, R., Understanding Distributed Data Processing, Harvard Business Review 58, H. 4, S. 143 (1980) und dieselben, Making Distributed Data Processing Work, Harvard Business Review 58, H. 5, S. 143 (1980)

(2) Edelmann, R., Gestaltung von hierarchischen Netzkonzepten für die Auftragsabwicklung in einem Maschinenbauunternehmen, Diplomarbeit, Nürnberg 1981

(3) Jablonski, T., Dezentralisierung oder Zentralisierung von Computerleistung - Ein kritischer Vergleich von Methoden zur systematischen Entscheidungsvorbereitung am Beispiel ausgewählter Unternehmen, Diplomarbeit, Nürnberg 1981

(4) Kaiser, J., Gestaltung von nichthierarchischen Netzkonzepten für die Auftragsabwicklung in einem Maschinenbauunternehmen, Diplomarbeit, Nürnberg 1981

(5) Mertens, P., Weigand, L., Vorteile abgestufter dezentraler EDV-Konzepte in einem Großbetrieb, Online 19, S. 744 (1981)

(6) Rockart, J. F., Bullen, C. V., Leventer, J. S., Centralization versus Decentralisation of Information Systems: A Preliminary Model for Decision Making, Vorabdruck, Cambridge 1977

(7) Slonim, J., Schmidt, D., Fisher, P., Consideration for Determining the Degrees of Centralization or Decentralization in the Computing Environment, Information and Management 2, S. 15 (1979)

(8) Wiedmann, S., Entwicklung unterschiedlicher Hard- und Softwarekonzeptionen zentraler Datenverarbeitung im Rahmen der Auftragsabwicklung eines Maschinenbauunternehmens, Diplomarbeit, Nürnberg 1981

(9) Wolf, W., Dezentralisierung oder Zentralisierung von Computerleistung - Ein kritischer Vergleich von Methoden zur systematischen Entscheidungsvorbereitung am Beispiel ausgewählter Unternehmen, Diplomarbeit, Nürnberg 1981

F A C H G E S P R Ä C H

"M I K R O R E C H N E R I M U N T E R R I C H T"

Veranstaltet vom Fachausschuss 9/10 "Ausbildung"
und seiner Fachgruppe "Informatik in der Schule"

Programmkomitee:

R. Gunzenhäuser, Stuttgart (Vorsitz) -
W. Hosseus, Mainz - L. Klingen, Bonn -
B. Koerber, Berlin

Inhalt des Fachgesprächs | Seite

MIKROCOMPUTER IM UNTERRICHT

Helmut Schauer
Institut für Praktische Informatik der
Technischen Universität Wien
A-1o4o Wien, Argentinierstr.8

Um immer wiederkehrenden Mißverständnissen vorzubeugen, muß eine Diskussion über Mikrorechner im Unterricht streng zwischen der passiven Verwendung des Rechners als Lehrbehelf in verschiedenen Unterrichtsfächern und dem konstruktiven Lösen gestellter Aufgaben mit Hilfe des Rechners unterscheiden. Während im ersten Fall meist ein vorgefertigtes Programm ausgeführt wird und die Freiheitsgrade der Benutzung sich meist auf die Veränderung von Parametern beschränken - typische Beispiele sind etwa Simulationsprogramme zur Veranschaulichung physikalischer Gesetze oder die graphische Darstellung von mathematischen Funktionen - ist die Konstruktion eines Computerprogrammes ein hochgradig kreativer Vorgang, der den Unterricht enorm bereichern kann, aber auch brisanten Sprengstoff in sich trägt. Die prinzipiellen Möglichkeiten und Schwierigkeiten eines solchen konstruktiven Rechnereinsatzes im Unterricht sollen im folgenden kurz aufgezeigt werden. Bewußt wird versucht, jene grundlegenden Aspekte in den Vordergrund zu stellen, die von den zufälligen, dem raschen technologischen Wandel unterliegenden technischen Details unabhängig sind. Allein aufgrund der kurzen Halbwertzeit des technischen Fachwissens wäre eine andere Vorgangsweise im Schulunterricht nicht zu verantworten. Daß die konstruierten Programme heute auf Mikrorechnern implementiert werden können, entspricht in diesem Sinn den momentanen Gegebenheiten, es könnten jedoch ebensogut Großrechner, Rechnernetze - oder überhaupt keine Rechner sein.

Eine weitere Anwendungsmöglichkeit, den Computer als Ersatz des Lehrers oder - in einer weniger krassen Form - zur Unterstützung des Lehrers einzusetzen als Computerunterstützter Unterricht (CUU) englisch "computer assisted instruction (CAI)" bzw. "computer assisted learning (CAL)" bezeichnet, hat seit ihren euphorischen Anfängen Ende der 60er Jahre zunehmend an Bedeutung verloren und ist zur Zeit in einigen Sparten - nicht zuletzt dank der Verfügbarkeit preisgünstiger Hardware - im Begriffe, eine Renaissance zu erleben.

Erfolgversprechende Einsatzmöglichkeiten bieten sich dort an, wo es in erster Linie auf Training und weniger auf Kreativität ankommt. Auf computerunterstützten Unterricht soll hier nicht näher eingegangen werden.

Eine andere Unterscheidung, die häufig zu Mißverständnissen Anlaß gibt, ist die zwischen der Anwendung von Mikrorechnern im allgemeinbildenden sowie im berufsbildenden Bereich. Während die Verwendung von Computern wie auch der Unterricht über Computer in technischen und kaufmännischen Schulen meist außer Frage steht, liefert der Computereinsatz an allgemeinbildenden höheren Schulen immer noch Stoff für hitzige Diskussionen. Eine umfassende Darstellung dieser Problematik, die auch vor den Fragen eines eigenen Unterrichtsfaches im Gegensatz zur Integration des Informatikunterrichtes in bestehende Unterrichtsfächer nicht haltmacht, kann im Tagungband der"Passauer Tagung" nachgelesen werden [1].

Unabhängig von all diesen Diskussionen birgt die Frage der Lehrerausbildung eine eigene Problematik in sich, ist es doch kaum möglich, in vertretbarer Zeit das benötigte Lehrerpersonal aus den Reihen bereits praktizierender Lehrer oder aus neu auszubildenden Lehrern zu rekrutieren. Richtlinien zur Lehreraus-, -fort- und -weiterbildung sind in einer Empfehlung des Fachausschusses "Ausbildung" der GI zusammengestellt [2].

Doch zurück zur Kernfrage des kreativen Entwurfs von Computerprogrammen.

In vielen Bereichen der Wissenschaft wie auch des täglichen Lebens sind unter dem Banner des Computereinsatzes Entwicklungen ausgelöst worden, die ebensogut auch ohne Computer stattfinden hätten können - warum sollte es im Unterricht anders sein. Die Beschäftigung mit Programmiersprachen etwa hat zu Beschreibungsformen der Syntax künstlicher Sprachen geführt, die weit über den Bereich der Programmiersprachen anwendbar sind. Die Notwendigkeit, extrem große Programmsysteme in Teamarbeit zu erstellen, hat zur Entwicklung von Software-Management-Methoden geführt, die sich auch bei anderen Großprojekten bewähren. Die Durchleuchtung der Organisationsstruktur von Betrieben zum Zweck der Einführung eines Computers hat in vielen Fällen Verbesserungen herbeigeführt, die auch (oder vielleicht gerade) ohne Computereinsatz zielführend sind. Auch in der Schule zeichnen sich Unterrichtsformen ab, die durch den Computereinsatz motiviert, aber keineswegs ausschließlich begründbar sind.

Beispiele dafür sind ein fächerübergreifender, projektorientierter Unterricht, in dem Lehrer unterschiedlicher Disziplinen zusammenarbeiten, die Förderung, Organisation und Beurteilung von Teamarbeit, wobei das gemeinschaftliche Zusammenwirken von in getrennten Schülergruppen erstellten Bausteinen im Vordergrund steht, sowie überhaupt der Mut, die Schüler in einem naturwissenschaftlichen Fach zu kreativen Leistungen zu veranlassen und diese auch zu beurteilen.

Der konstruktive Aspekt

Die Programmierung eines Computers bietet die Möglichkeit, ähnlich wie ein Architekt, schöpferisch tätig zu sein und gleichzeitig die Ideen ohne materiellen Aufwand zu realisieren. Die formalisierte Beschreibung des Systems in Form des Computerprogrammes ist gleichzeitig seine Realisierung an der sich die Güte des Entwurfes offenbart. Die Rückkopplung des fertigen Produkts auf seinen Schöpfer, der aus der Benutzung zu Verbesserungen motiviert wird, ist hier ausschlaggebendes Moment.

Daß dieser Entwurf unter ingenieurmäßigen Gesichtspunkten, bei vorgegebener Aufgabenstellung unter Berücksichtigung von Randbedingungen und technischen sowie humanen Optimierungskriterien zu erfolgen hat, unterscheidet ihn wesentlich vom Entwurf künstlerischer Produkte, wie etwa eines Musikstückes, eines Gemäldes oder eines Theaterstücks. Auch die Frage der Verantwortung des Konstrukteurs für die Auswirkungen seines Produktes auf Umwelt und Gesellschaft knüpft sich hier zwanglos an.

Ein weiterer Aspekt, der beim Entwurf eines Programmes Beachtung finden sollte, besteht in der Auswahl und im Schmieden des Werkzeuges. Nahezu ohne Einschränkungen kann das Spektrum zwischen universell anwendbaren Unterprogrammen der Art eines Schweizer Armeemessers und maßgeschneiderten Spezialbausteinen ausgeschöpft werden und dabei Einsicht in die grundlegenden Unterschiede zwischen Universalität und Spezialistentum gewonnen werden.

Wird das Programm nicht aus selbstgefertigten sondern aus vorhandenen Bausteinen zusammengesetzt, was ab einem bestimmten Detaillierungsgrad - man denke etwa an den vorgegebenen Instruktionssatz - zwangsläufig der Fall sein wird, so stellt sich auch die Frage der Durchschaubarkeit solcher "schwarzer Schachteln" (black boxes).

In einer Welt, die in zunehmenden Maße auf undurchschauten und undurchschaubaren Systemen basiert, eine Fragestellung, der im Unterricht ebenfalls Raum gewidmet werden sollte. Wertvolles Gedankengut zu dieser Problematik ist in Vorträgen von Prof. Weizenbaum und Prof. Zemanek [3,4] enthalten, die auf Tonbandkassetten verfügbar sind. Eine sehr anschauliche und auch für den Schulunterricht geeignete Darstellung von Prozessen als "black boxes" bietet H. Lawson am Beispiel einer Einführung in die Funktionsweise von Rechnersystemen [5].

Die Reihenfolge, in der beim Entwurf eines Systems Entscheidungen getroffen werden, die unter Umständen den Freiheitsgrad weiterer Entscheidungen als "Sachzwänge" einengen, kann beim Entwurf eines Computerprogrammes ebenfalls anschaulich demonstriert werden. Auch hier bietet sich zwischen den Extremformen eines rein deduktiven (top-down) Vorgehens bis zu einer induktiven (bottom up) Vorgangsweise ein breites Spektrum von Kompromißformen an. Das induktive Moment entspricht dabei dem Entwurf von Fertigteilen, aus denen zwar letztlich ein funktionelles Haus gebaut werden soll, die Wünsche des Bauherrn aber vorderhand unbekannt sind, während die rein deduktive Vorgangsweise zuerst das gesamte Haus den Anforderungen gemäß entwirft, ohne Rücksicht darauf zu nehmen, ob dieser Entwurf mit den vorhandenen Baumaterialien technisch und ökonomisch vertretbar realisiert werden kann.

Im Gegensatz zu den meisten mathematischen Aufgabenstellungen, wo klar zwischen richtigen und falschen Lösungen unterschieden werden kann und gegebenfalls höchstens mehrere Wege zum gleichen richtigen Ziel führen können, gibt es bei Computerprogrammen meist eine Vielzahl alternativer Lösungsvarianten, zu deren Beurteilung erst objektive Kriterien festgelegt werden müssen. Ein Programm kann zum Beispiel"optimal" in Bezug auf sein Laufzeitverhalten sein - wobei sich minimaler Speicherbedarf und minimale Laufzeit meist diametral gegenüberstehen - aber auch die Kürze des Programmtextes , die Verständlichkeit, die Änderungsfreundlichkeit und Wartbarkeit, die Schnelligkeit der Erstellung, die Beweisbarkeit der Richtigkeit oder schlicht der Komfort der Benutzung oder die Sicherheit gegen Fehlbedienung sind Kriterien, die zur Beurteilung einer Lösung herangezogen werden können. Daß manche dieser Anforderungen nicht quantifizierbar sind, erschwert die Beurteilung zusätzlich.

Die Meinung, daß dies Utopien seien, die weit über das in der Schule Machbare hinausgehen, wird durch ein Beispiel Dijkstras widerlegt in dem dieser in knapp einer Stunde unter Mitwirkung seiner Zuhörer und ohne diese im geringsten darauf vorzubereiten, eine "Maus" entwirft, die die Kontur einer dunklen Figur auf hellem Grund mit vorgegebener Genauigkeit durchlaufen können soll. Die Realisierung dieser Maus mit Hilfe eines Mikrorechners ist zwar aufgrund dieses Entwurfs leicht, in der kurzen Zeit aber naturgemäß nicht inbegriffen. Die Anzahl der Augen einer solchen Maus oder die Steuerung der Fortbewegung durch diskrete oder kontinuierliche Parameter sind Entwurfsentscheidungen, die hier ausführlich diskutiert werden können. Ein weiteres sowohl illustratives wie auch machbares Beispiel ist die softwaremäßige "Entprellung" einer Eingabetaste, die einen Interrupt des angeschlossenen Mikrorechners bewirkt, wie sie gemeinsam mit vielen anderen Anregungen im Bericht über ein Mikroprozessor-Labor von J. Mühlbacher beschrieben wird [6].

Der sprachliche Aspekt

Abgesehen von der Formulierung des Programmes nach den Regeln einer Programmiersprache in Umgangssprache, treten sprachliche Aspekte bereits bei der Spezifikation der Aufgabenstellung in Umgangssprache auf - als Pendant zu den Programmiersprachen gibt es tatsächlich schon eigene "Spezifikationssprachen". Ebenso will aber auch der Lösungsvorgang sowie die Dokumentation eines Programmes in Umgangssprache beschrieben werden. Klarheit und Prägnanz der Ausdrucksweise sind hier Kriterien, die gekonnten Umgang mit der Ausdruckskraft der Muttersprache auszeichnen.

Inbesondere die Verwendung streng formulierter, künstlicher Sprachen - wie sie Programmiersprachen darstellen - aber auch sogenannter "halbverbaler" Ausdrucksformen - wie sie etwa beim Entwurf eines Programmes Verwendung finden - macht den Unterschied zwischen Syntax und Semantik einer Sprache deutlich. So belanglos diese Unterscheidung zunächst scheint, öffnet sie gerade dort, wo Syntax und Semantik beliebig frei definiert werden kann, Einblick in Sachverhalte, die im täglichen Leben immer dann auftreten, wenn derselbe Inhalt (Semantik) in unterschiedlicher Gestalt (Syntax) präsentiert wird. Unterstrichen wird dieser Aspekt noch durch den interdisziplinären Charakter vieler Computeranwendungen, wo Vertreter unterschiedlicher Disziplinen in den diesen eigenen Fachsprachen kommunizieren müssen.

Über die Unterscheidung zwischen Syntax und Semantik hinaus wird auch der Begriff der Redundenz einer Sprache durch die Betrachtensweise der Informatik illustriert. Die Redundenz im Sinne der Informationstheorie, also die Differenz zwischen der tatsächlich verwendeten Länge eines Codes und dem theoretischen Minimum, dem Informationsgehalt, tritt auch bei jeder Übertragung von Information durch natürliche Sprachen auf. Hohe Redundenz kann dabei zum Schutz der Übertragung gegen Fehler durchaus wünschenswert sein, geringe Redundenz hingegen erlaubt eine kompakte Darstellung der Information. Ein kurzer Exkurs in die Grundlagen der Informationstheorie, der sich etwa auf eine Doppelstunde beschränken kann, eröffnet hier Einblicke, die sich auch auf nicht-technische Gebiete, wie die Codierung der Erbinformation durch den genetischen Code oder die Aufnahme und Speicherung von Information im menschlichen Gehirn erstrecken können.

Nicht zuletzt können am Beispiel des Mensch-Maschine-Dialoges die Grundlagen jeglicher Kommunikation untersucht werden, wie sie auch bei einem zwischenmenschlichen Informationsaustausch auftreten.

Der Mythos vom algorithmischen Denken

Lange Zeit hindurch wurde unter den wesentlichen Vorzügen eines Informatikunterrichtes in der Schule die Schulung des "algorithmischen" Denkvermögens gepriesen, wie sie etwa beim Entwurf eines Algorithmus und dessen Realisierung durch ein Programm erfolgt. Im Mittelpunkt steht dabei die intellektuelle Überwindung der Kluft zwischen den ablauforientierten, dynamischen Vorgängen und Veränderungen, die durch die Ausführung eines Programms veranlaßt werden sowie der Beschreibung dieser Vorgänge durch "statische" Programmtexte. Wie Beispiele aus anderen traditionsreichen Disziplinen zeigen, ist der menschliche Intellekt zumeist bestrebt, nicht die Veränderung, sondern das Gleichbleibende in den Vordergrund seiner Betrachtungen zu stellen - prominente Beispiele hierzu sind der Versuch der Mathematik, Veränderungen durch Differential-"Gleichungen" zu beschreiben oder das physikalische Prinzip von der Erhaltung der Energie. Ein ähnlicher Trend zeichnet sich auch bei den Programmiersprachen ab, wo einerseits die Programmentwichlung durch "Zusicherungen" (engl. assertions) - also gleichbleibenden Relationen zwischen den Variablen eines Programmes - unterstützt wird [7] und andererseits die traditionellen, ablauforientierten, prozedualen Sprachen durch sogenannte objektorientierte Sprachen ergänzt werden. Ein Beispiel für eine solche objektorientierte Programmiersprache, die sicherlich in einigen Jahren Einzug in die Schule finden wird, ist SMALLTALK [8].

Schwierigkeiten für den Lehrer

Während in traditionellen Unterrichtsfächern der Lehrer auf Grund seiner Kompetenz und Erfahrung den Schülern gegenüber Autorität aufbauen kann, ist bei der Programmentwicklung der Wissensvorsprung des Lehrers meist unbedeutend. Da hier in hohem Maße die Kreativität entscheidend ist, ist es durchaus üblich, daß der Lehrer von einzelnen Schülern überflügelt wird. Auch der experimentelle Charakter, der mit der Realisierung eines entworfenen Programmes am Computer verbunden ist, stellt an den Lehrer spontane Anforderungen, auf die er sich kaum vorbereiten kann. Auch angesichts der Schwierigkeiten, die die Organisation der Gruppenarbeit und des Projektes mit sich bringt, wird der Lehrer dabei ein eher kollegiales Verhältnis zu seinen Schülern suchen müssen.

Die Schwierigkeiten, die sich bei der Beurteilung der von den Schülern eingebrachten Leistungen ergeben, wurden bereits angedeutet.

Eine Gefahr für Lehrer und Mitschüler bilden immer wieder jene Schüler, die ungeheures Engagement dazu aufwenden, um Details der Hardware oder des Betriebssystems ausfindig zu machen und sich durch deren Kenntnis eine Pseudokompetenz aufbauen. Da solche Freaks die Homogenität einer Gruppe empfindlich stören können, sollten sie vom Lehrer rechtzeitig erkannt und entweder mit der Zuteilung tüfteliger Aufgaben gefordert oder von der Banalität ihres Detailwissens überzeugt werden.

Die Angst vieler Humanisten, daß mit dem Einzug der Mikrorechner in den Unterricht die Technokratisierung auch in der Schule Fuß faßt ist unbegründet. Im Gegenteil: Nur indem der Computer bereits in der Schule entmystifiziert wird und der Schüler mit seinen Möglichkeiten und Grenzen vertraut wird, kann uns der Computer als Werkzeug zur Verfolgung unserer humanistischen Ideale dienen.

LITERATUR

[1] Schauer, H.; Tauber, M. (Hrsg.): "Informatik in der Schule" Ergebnisse der Passauer Tagung; Schriftenreihe der OCG, Band 7; R. Oldenbourg Verlag Wien München 1980

[2] Claus, V.; Eickel, J.; Gunzenhäuser, R; Hackel, C.; Loff, J.; Hosseus, W.; Schauer, H.; Schell-Haungs, I.; Schulz-Zander, R.; Spitta, G.: "Empfehlungen zur Ausbildung, Fortbildung und Weiterbildung für das Lehramt Informatik für die Sekundarstufen I und II" Informatik Spektrum, Band 2, Heft 1, Springer-Verlag, Berlin Heidelberg New York 1979

[3] Weizenbaum, J:"Undurchschaubare Systeme" Aufzeichnung auf Kasette, Österreichische Computer Gesellschaft, Bestellnummer KA 101

[4] Zemanek, H: "Schwarze Schachteln - Undurchschaute und undurchschaubare Systeme" Aufzeichnung auf Kasette, Österreichische Computer Gesellschaft, Bestellnummer KA 102

[5] Lawson, H.W. JR.: "Understanding Computer Systems", Linköping 1979

[6] Mühlbacher, J.R.: "Mikroprozessor - Software - Labor" Ein Beitrag zur Ausbildung in Praktischer Informatik, SYSPRO 8/79, Informatik-Berichte, Johannes Kepler Universität Linz, A-4045 Linz/Auhof, Altenbergerstr. 69

[7] Schauer, H.: "Dynamisches Versus statisches Denken", in: Informatik und Psychologie; Schriftenreihe der OCG, Band 15; R. Oldenbourg Verlag Wien München 1982

[8] Goldberg, A.: "Introducing the Smalltalk-80 System" BYTE Publictions, August 1981

UNTERNEHMENSPLANSPIEL IM SCHULUNTERRICHT
EINSATZMÖGLICHKEITEN EINES PERSONAL-COMPUTERS

N. Grau

Lehrstuhl für Allgemeine und Industrielle Betriebswirtschaftslehre der TU München, Arcisstr. 21, 8000 München 2

1. EINLEITUNG

Jedes Jahr bekommen in der Schweiz mehrere hundert Abiturienten die Gelegenheit, im Rahmen der "Wirtschaftswochen" /1/ an einem Unternehmensplanspiel (UPS) teilzunehmen. Der hohe Aufwand für die Planspieldurchführung mit Hilfe eines Großcomputers (Rechenzentrum), hat bisher den Eingang von Planspielen in den Schulunterricht stark behindert. In diesem Beitrag werden die Möglichkeiten aufgezeigt, die sich durch die Durchführung von UPS mit Hilfe eines Personal-Computers ergeben.

1.1 Grundstruktur von Unternehmensplanspielen

In einem UPS wird die Fähigkeit trainiert, unternehmerische Entscheidungen richtig zu treffen, ohne unternehmerische Risiken tragen zu müssen, denn durch die Entscheidungen der Planspielteilnehmer wird nicht ein reales Unternehmen sondern das Modell

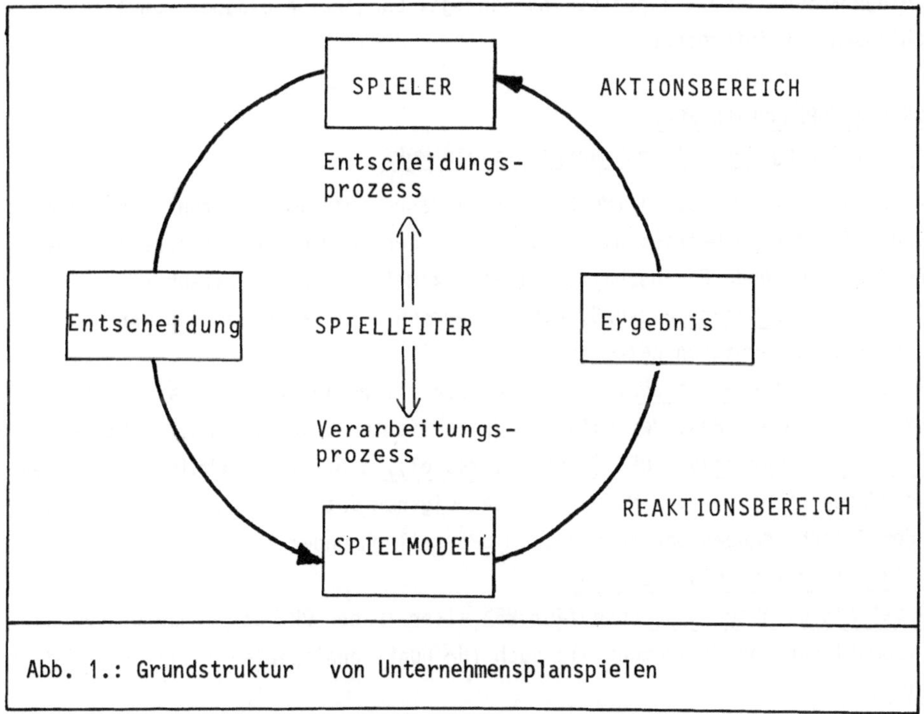

Abb. 1.: Grundstruktur von Unternehmensplanspielen

eines Unternehmens gesteuert. Die wichtigsten Komponenten eines UPS sind der Aktions- und Reaktionsbereich (s.Abb.1) /2/.
Den Spielteilnehmern wird in der Regel die Aufgabe gestellt, die Entscheidungen zu treffen, die das Management eines Unternehmens bei der Leitung des Unternehmens für die nächste Periode treffen muß (Aktion).
Mit Hilfe eines Spielmodells wird ermittelt, wie sich diese Entscheidungen ausgewirkt hätten, wenn sie in einem realen Unternehmen und auf realen Märkten durchgesetzt worden wären. Das Ergebnis dieser Berechnung wird den Spielteilnehmern in Form von Geschäftsberichten, Marktberichten usw. präsentiert, also in der gleichen Art, in der auch das Management eines realen Unternehmens über die Konsequenzen seiner Entscheidungen informiert wird (Reaktion).
Die Ergebnisse (der Stand des gespielten Unternehmens am Ende einer Periode) bilden den Ausgangspunkt für die Entscheidungen für die nachfolgende Periode.
Die mehrmalige Wiederholung des Entscheidungs- bzw. Verarbeitungsprozesses ermöglicht den Spielteilnehmern den Einblick in die Interdependenzen der Entscheidungsvariablen innerhalb des simulierten Unternehmens und auf den simulierten Märkten.

1.2 Organisatorische Durchführung von Unternehmensplanspielen

Die meisten in der BRD angebotenen UPS haben eine Spieldauer von 6-12 Perioden ($\approx$75% aller UPS) zuzüglich einer Einführungsveranstaltung und einer Abschlußdiskussion. Kürzere Spieldauer ist nicht zu empfehlen, da sie das Erkennen von im Modell eingebauten "Time - lags" beeinträchtigt. Längere Spieldauer führt leicht zum Nachlassen des Interesses.

2. UNTERNEHMENSPLANSPIEL MOPS

2.1 Klassifizierung des Unternehmensplanspiels MOPS

Das Marktorientierte Planspiel (MOPS), das im Jahre 1979 am Lehrstuhl für Allgemeine und Industrielle Betriebswirtschaftslehre der TU München entwickelt wurde, /3/ kann durch folgende Eigenschaften klassifiziert /4/ werden (s.Abb.2):

1) MOPS ist ein Top-Management-UPS, d.h. es werden Entscheidungen aus mehr als zwei Funktionalbereichen getroffen.
2) MOPS ist ein allgemeines UPS, d.h. es werden allgemeine wissenschaftliche Erkenntnisse ohne die Besonderheiten einer bestimmten Branche berücksichtigt.
3) MOPS ist ein interaktives UPS (Konkurrenzspiel), d.h. die Ergebnisse einer Periode hängen nicht nur vom Modell und den eigenen Entscheidungen, sondern auch von den Entscheidungen der anderen, am UPS teilnehmenden "Unternehmen" ab.
4) MOPS ist ein deterministisches UPS.
5) MOPS ist ein Computer-UPS, (ungefähr 25% aller in der BRD angewendeten UPS waren (sowohl für Top-Management als auch für Funktionalspiele) 1981 noch Handspiele).

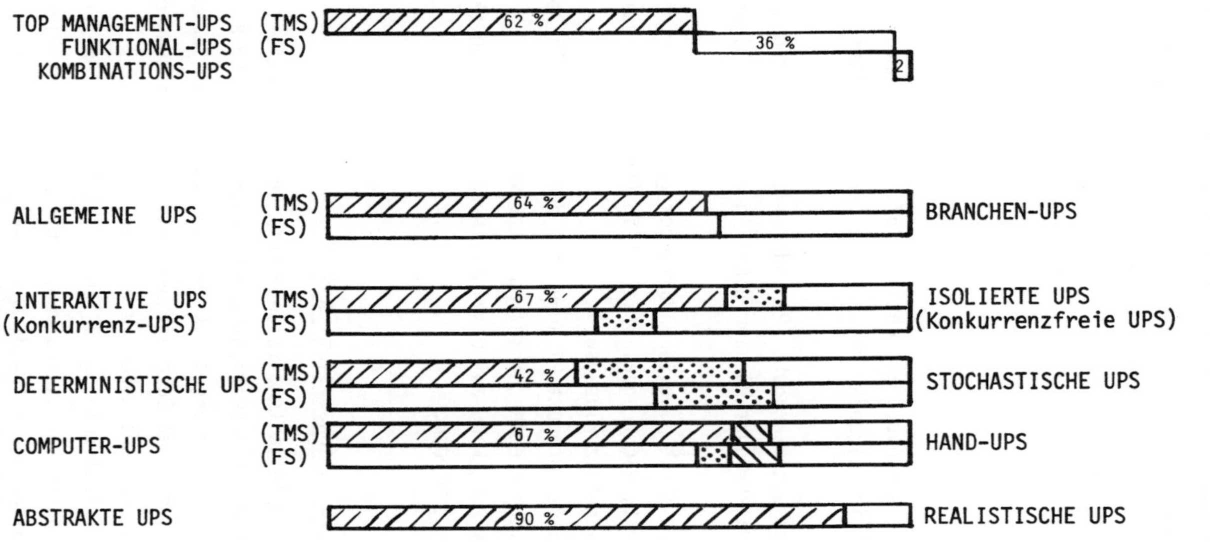

TOP MANAGEMENT-UPS (TMS) 62 %
FUNKTIONAL-UPS (FS) 36 %
KOMBINATIONS-UPS 2

ALLGEMEINE UPS (TMS) 64 % (FS) — BRANCHEN-UPS

INTERAKTIVE UPS (Konkurrenz-UPS) (TMS) 67 % (FS) — ISOLIERTE UPS (Konkurrenzfreie UPS)

DETERMINISTISCHE UPS (TMS) 42 % (FS) — STOCHASTISCHE UPS

COMPUTER-UPS (TMS) 67 % (FS) — HAND-UPS

ABSTRAKTE UPS 90 % — REALISTISCHE UPS

Abb.2: Klassifizierung von in der BRD verwendeten UPS

(schraffiert): Eigenschaft trifft beim UPS MOPS zu

(gepunktet): keine Angaben über dieses Merkmal

(gegenläufig schraffiert): Das UPS kann wahlweise als Computer-/Handspiel betrieben werden.

6) MOPS ist ein abstraktes UPS, d.h., die Parameter (z.B. Nachfrageentwicklung, Konjunkturverlauf) können frei gewählt werden; Produkte, Märkte usw. bekommen keine realen Namen, sondern höchstens allgemeine Beschreibungen als Konsum-/Investitionsgut, Inland-/Auslandmarkt usw. /5/.

Das UPS MOPS soll mit 4-6 "Unternehmen" über eine Spieldauer von 7-10 Perioden gespielt werden.

2.2 Flexibilität des MOPS

Die Grundstruktur des UPS MOPS ist aus Abb.3 ersichtlich /6/. Diese Grundstruktur kann bei der Durchführung des UPS in folgenden Punkten von der Spielleitung variiert werden:

1) Das Spiel kann entweder nur mit einem Produkt (P1) oder mit beiden Produkten (P1 und P2) gespielt werden. Das Produkt P2 kann dabei in einer beliebigen Periode eingeführt werden.
2) Die Märkte für P1 und P2 können durch jeweils 9 Parameter gesteuert werden (z.B. Monopolmarkt-Oligopolmarkt; Nachfrageelastizität in Abhängigkeit vom eigenen Preis, Werbeausgaben; Konjunkturzyklus usw.).
3) Es kann zugelassen werden, daß das Produkt P1 außer auf dem üblichen Oligopolmarkt als Sonderauftrag auf einem fremden Markt abgesetzt wird.
4) Die Möglichkeit der Geldbeschaffung kann auf bestimmte Kreditlaufzeiten (kurz-, mittel-, langfristig) beschränkt werden.
5) Der Steuersatz ist variabel.

2.3 Entscheidungsvariablen und Informationssystem im MOPS

In Abhängigkeit von der durch die Spielleitung vorgegebenen Spielkomplexität müssen die Spielteilnehmer bis zu 20 Entscheidungsvariablen/Periode bestimmen (z.B. Preis, Produktionsmenge, Investition, usw.). Die Ergebnisse werden den Spielteilnehmern am Ende jeder Periode kostenlos in Form eines Geschäftsberichtes zur Verfügung gestellt. Dazu gehören folgende Angaben über das Geschehen im eigenen "Unternehmen": Liquiditätsbericht, Gewinn- und Verlustrechnung, Bilanz, Eingabedaten (Überprüfung der Eingaben), Verkaufsbericht, Lagerbestand, Kostenbericht, Bilanzkennzahlen.
Darüber hinaus können die Spielteilnehmer folgende Marktberichte "kaufen":

1) Ausgaben der Konkurrenz für verkaufsfördernde Maßnahmen
2) Nachfrage und Preis der Konkurrenz
3) Geplante Produktion der Konkurrenz.

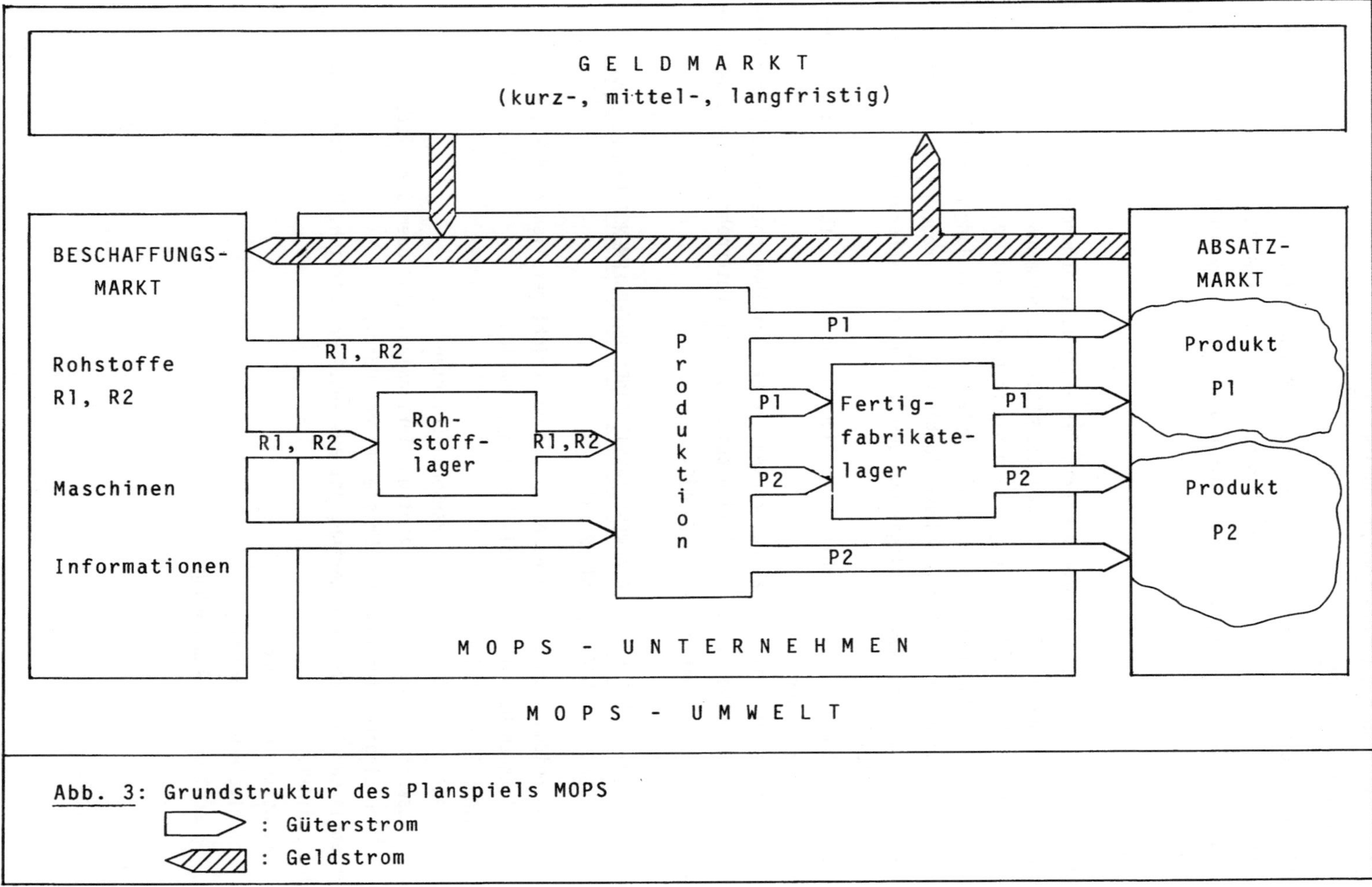

Abb. 3: Grundstruktur des Planspiels MOPS

: Güterstrom

: Geldstrom

2.4 Implementierung des Unternehmensplanspiels MOPS

2.4.1 Hardware-Konfiguration

Das UPS MOPS ist implementiert auf den Rechner CBM 8032 mit einem 32 KB-RAM Arbeitsspeicher, Bildschirm und Tastatur. Daran sind der Drucker CBM 3022 und CBM Floppy-Disk Doppellaufwerk 8050 angeschlossen. Die Disketten (5.25") haben eine Kapazität von je ≈0,5 MB.

2.4.2 Software

Das UPS MOPS ist in BASIC 4.0 programmiert. Der Programmspeicherbedarf beträgt ≈34 KB, der Variablenspeicherbedarf hängt von der Anzahl der teilnehmenden "Unternehmen" ab (≈3KB/"Unternehmen"). Daraus ergab sich die Notwendigkeit, eine Overlay-Technik anzuwenden. Die Ein-/Auslagerungsstrategie mußte die relativ langen Zeiten zum Nachladen berücksichtigen (≈5-10 sec bei Modulgröße ≈10K). Das Programm wurde unter Berücksichtigung der Programmablauflogik und der optimalen Speicherplatzbelegung in 5 Modulen aufgeteilt.

Die gesamte Rechenzeit (einschließlich der Ein-/Auslagerungen) für eine Periode beläuft sich auf ungefähr 2-3 min.

Rechnet man noch die Zeit für das Ausdrucken der Geschäftsberichte hinzu (1 min/Seite; 3 Seiten/Unternehmen), so ergibt sich bei z.B. sechs Unternehmen eine Gesamtauswertungszeit pro Spielperiode von ≈25 min.

3. KRITERIEN ZUR BEURTEILUNG DER ANWENDBARKEIT EINES UNTERNEHMENSPLANSPIELS AUF EINEM PERSONAL-COMPUTER IM UNTERRICHT

Ist die Entscheidung zum Einsatz eines UPS im Unterricht gefallen /7,8,9/, so ist zwischen folgenden Durchführungsmöglichkeiten zu wählen:

- manuelle Auswertung
- Auswertung mit Hilfe eines Personal Computer
- Auswertung in einem Rechenzentrum (Terminalanschluß oder Übermittlung der Eingabedaten bzw. Ergebnisse auf dem Postwege).

Das Ergebnis der Alternativenbewertung ist aus Abb.4 ersichtlich. Die Bewertung erfolgt ordinal:

+: beste Ausprägung

o: mittlere Ausprägung

-: schlechteste Ausprägung.

Beurteilungskriterien / Verarbeitungsalternativen	Handspiel	Personal-Computer	Großrechner/ Rechenzentrum
1) Flexibilität bei der Modellvariation	-	+	+
2) Geschwindigkeit der Auswertung (gesamt)	-	+	0
3) Verfügbarkeit der Rechenkapazität	+	+	0
4) Zuverlässigkeit der Rechenkapazität	-	+	+
5) Kosten (Personal + Programm + Rechenzeit)	-	+	0
6) Möglichkeit, EDV-Ausbildung als "Nebenprodukt" des UPS zu betreiben	-	+	0
Punktesumme	+ - - - - - -	+ + + + + +	+ + 0 0 0 0
G E S A M T B E W E R T U N G	-	+	0

Abb. 4: Bewertung der Verarbeitungsalternativen für Unternehmensplanspiele im Schulunterricht

4. ZUSAMMENFASSUNG UND AUSBLICK

Aus der Tatsache, daß bei ≈40% aller in der Bundesrepublik angewendeten UPS eine Version existiert, die weniger als 64 KB Arbeitsspeicher beansprucht geht hervor, daß ein Personal-Computer genug Kapazität für Verarbeitung von UPS-Modellen bietet.

Berücksichtigt man die didaktischen Vorteile (Flexibilität der Modellvariation, Geschwindigkeit der Auswertung, hohe Verfügbarkeit und Zuverlässigkeit der Rechenkapazität) und die Kostengesichtspunkte (Personal- bzw. EDV-Kosten), so erscheint ein Personal-Computer als das ideale Mittel für die Auswertung von UPS.

Der direkte Kontakt der Schüler mit allen Komponenten eines EDV-Systems (Ein-/Ausgabe, interner/externer Speicher, CPU-Leistung) steigert die Motivation, sich mit EDV-Themen zu beschäftigen und bietet Gelegenheit, durch Erklärung der EDV-Konfiguration und der Arbeitsweise des Computers "nebenbei" auch Wissensinhalte über die EDV zu vermitteln.

5. LITERATUR

/1/ o.V.: Wirtschaftswochen - Ein Beitrag zur besseren Verständigung zwischen Wirtschaft und Allgemeinheit, im besonderen zwischen Wirtschaft und Jugend.
Eine Schrift der Schmidheiny-Stiftung, Schweiz, August 1976.

/2/ BLEICHER, K.: Unternehmungsspiele-Simulationsmodelle für unternehmerische Entscheidungen.
Baden-Baden, 1962.

/3/ GRAU, N.: MOPS - Marktorientiertes Planspiel. Diplomarbeit an der TU München München, 1980.

/4/ St.FRAY, H.: Unternehmungsspiele - Eine systemkonforme Ausbildungsmethode.
Bern - Frankfurt/M., 1975.

/5/ ALBACH, H.: Daten für realistische Unternehmensspiele.
in: forschen-planen-entscheiden Nr.1, 1965, S. 4-11.

/6/ GRAU, N.: Spielerhandbuch für das Unternehmensplanspiel MOPS, unveröffentl. Lehrunterlagen an der TU München, München, 1981.

/7/ LEHMANN, J. (Hrsg.): Simulations- und Planspiele in der Schule.
Bad Heilbrunn/Obb., 1977.

/8/ REHM, M.: Das Planspiel als Bildungsmittel. Heidelberg, 1964.

/9/ TAYLOR, J.L., WALFORD, R.: Simulationsspiele im Unterricht, erziehungs- und gesellschaftswissenschaftliche Studientexte. Ravensburg, 1974.

DIE AUSWIRKUNGEN DER MIKRORECHNERVERSIONEN VON LOGO AUF ARBEITSSTIL UND STOFFSICHT IM MATHEMATIKUNTERRICHT

Herbert Löthe
Pädagogische Hochschule
7300 Esslingen

Zusammenfassung: Anhand von Beispielen werden Verbindungen zwischen der Mathematikdidaktik und dem Arbeiten mit dem interaktiven Programmiersystem LOGO aufgezeigt. Zum einen ist der Arbeitsstil damit vorgeformt in der Arbeit mit Taschenrechnern und kann daraus entwickelt werden, zum andern kann der Grundbegriff der Liste inhaltlich zu einer Vereinheitlichung mathematischer und informatischer Begriffsbildungen in der Schule beitragen.

Seit Anfang dieses Jahres ist Sprache und System LOGO in einem ausreichend großen Sprachumfang auf dem Mikrorechner apple II und schon etwas länger in einem eher eingeschränkten Umfange auf dem TI 99/4 vorhanden (Abelson 1982). Es ist damit eine Sprache für den Schuleinsatz verfügbar, die sich in verschiedener Hinsicht von BASIC und PASCAL unterscheidet. Dabei geht es nur in zweiter Linie um die informatischen Unterschiede der Sprachen und ihrer Systemeinbettungen. Es muß vor allem in Zukunft diskutiert werden, welche Übereinstimmungen oder welche Interferenzen zwischen didaktischen Vorgaben einer Schuldisziplin und den Möglichkeiten von Sprachen und Systemen bestehen. Eine solche Diskussion ist selbstverständlich abhängig von den generell verfolgten Bildungszielen und vom betrachteten Schulfach. Bei den folgenden Überlegungen wird immer von der Didaktik der Mathematik her argumentiert, wobei die Computernutzung lediglich Hilfsfunktion beim Lernen mathematischer Inhalte und Verhaltensweisen hat. Es soll also nichts zum Problem des Informatikunterrichts in der Schule und seine Erfordernisse an Methodik und Computerunterstützung gesagt werden.
Diese Einschränkung auf Mathematikunterricht bedeutet jedoch nicht, daß allein der derzeitige Stoffkanon und seine Methodik maßgebend wären. Das Schulfach Mathematik wird sich vielmehr unter dem Einfluß der Computernutzung wandeln. (Man vergleiche dazu die Empfehlungen der Fachverbände: GDM 1981, NCTM 1980.)

LOGO ist im Unterschied zu BASIC und PASCAL, den derzeit verbreitetsten Sprachen in der Schule, eine Dialogsprache. Das heißt

- die Sprache ist selbst vom Entwurf her auf interaktives Programmieren ausgerichtet, und

- die Systemeinbettung orientiert sich voll am Dialogbetrieb und bildet mit der Sprache eine Einheit.

PASCAL ist dagegen im Sprachdesign vom batch-Betrieb geprägt und dialogfeindlich. Wesentlich für dieses Urteil ist dabei etwa die statische Typbestimmung durch Deklarationen, die Unterordnung von Prozeduren unter ein Hauptprogramm u.a. Mit anderen Worten: Eine dialogfreundliche Einbettung von PASCAL macht die Sprache nicht zur interaktiven Sprache. (Es ist dies auch nicht wünschenswert, da PASCAL seine spezifischen Anwendungsbereiche hat.)

Die Defizite von BASIC als Sprache und als Dialogsystem brauchen wohl nicht näher dargestellt zu werden.

Mit LOGO kann also nun zum ersten Mal eine konsequent für die Schule entwickelte Dialogsprache in breiterem Umfange zur Anwendung kommen. Es sind dabei in verschiedener Hinsicht Auswirkungen auf didaktische und methodische Vorgehensweisen zu erwarten. Der wichtige Bereich der Programmiermethodik möchte ich hier ausklammern (vgl. Löthe 1978) und nur den Arbeitsstil am Rechner betrachten und einiges zur Wandlung der Sicht mathematischer Grundbegriffe ausführen.

1. Arbeitsstil der Computernutzung im Mathematikunterricht

Der Computer ist in der Regel nicht die erste "mathematische" Maschine, mit der ein Schüler in Berührung kommt. In allen Bundesländern wird heute schon etwa ab der 7. Klasse (mehr oder weniger intensiv) der Taschenrechner genutzt. Der Arbeitsstil am Taschenrechner ist von einer starken Interaktion mit der Problemlösung geprägt, die dadurch gefördert wird, daß Eingaben primär zur Ausführung gelangen. Erst in zweiter Linie ist es bei Taschenrechnern möglich, Tastenfolgen für einen späteren Lauf zu speichern. Ein Taschenrechner präsentiert sich also als eine Maschine, die vor allem ausführungsbereit ist; der grundlegende Interaktionszyklus ist die Ausführung eines Tastendrucks und nicht seine Speicherung. Die Einstiegsschwelle zur Nutzung von Taschenrechnern ist denkbar gering, da sich die Syntax von Tastenfolgen sehr eng an die mathematische Notation anlehnt (jedenfalls bei den meisten Geräten). Sobald Unterschiede vorhanden sind (z.B. bei der Rolle der Gleichtaste und bei der automatischen Konstanten), werden diese in der Regel experimentierend festgestellt und auf diese Weise die Beherrschung der Maschine gelernt. Vom Standpunkt der Mathematikdidaktik aus ist es naheliegend diesen Arbeitsstil und die damit verbundene Vorstellung über den Rechner zu übertragen. Man kommt so zwangsläufig auf die Nutzung von Dialogsystemen als Expansion der Arbeit an Taschenrechnern.

Als Beispiel für den nahtlosen Übergang möge die Durchrechnung eines Ratensparvertrages dienen. Es werde einmalig am 1.1. eines Jahres 5000 DM und danach 10 Jahre lang am 31.12. jedes Jahres ein Betrag von 1000 DM bei 5% Verzinsung eingezahlt. Man kann die Lösung der Aufgabe für die Arbeit mit einem Taschenrechner in einer Tastenfolge darstellen:

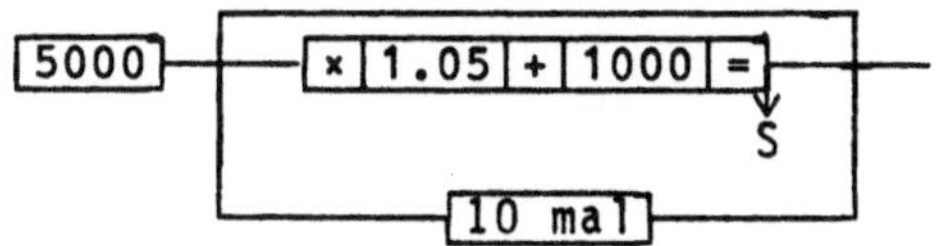

Der Kontostand S am 1.1. jedes Jahres läßt sich am Pfeil ablesen. Der Kontrollrahmen dient als Darstellung der Zählschleife. Die tatsächliche Durchrechnung einer solchen Aufgabe motiviert das Speichern ganzer Tastenfolgen im Taschenrechner, die "Formelprogrammierung", die einzig akzeptable Form der Programmierung von Taschenrechnern in der Schule:

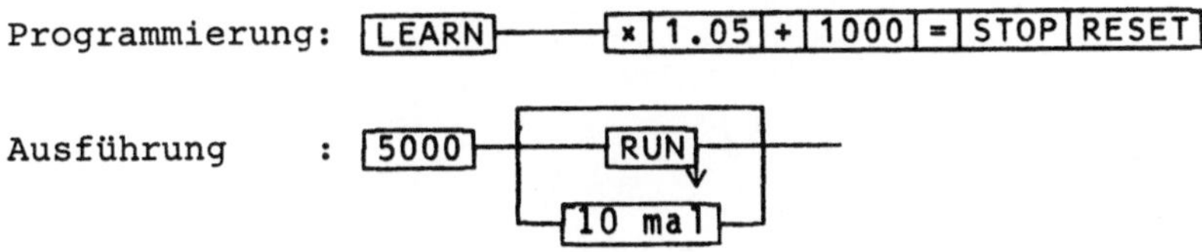

Die Ausführung der Zählschleife wird hier dem Benutzer überlassen, während die Zahlenrechnung vom Taschenrechner gemacht wird. Beim Übergang auf LOGO tritt begrifflich das Variablenkonzept und die Zuweisung hinzu; es wird also die Rolle der Anzeige des Taschenrechners bewußt gemacht. Bedienungstechnisch ergibt sich lediglich der Übergang von der Tasteneingabe zur Zeileneingabe (Rolle der RETURN-Taste):

```
Programmierung:  LERNE "RS [SETZE "S :S*1.05 + 1000]
Ausführung    :  SETZE "S 5000
                 WIEDERHOLE 10 [RS DRUCKEZEILE :S]
```

Mit dem Befehl WIEDERHOLE ... wird die Ausführung der Zählschleife noch zusätzlich dem Rechner übertragen. S ist eine globale Variable, die die Rolle der Anzeige des Taschenrechners übernimmt und von der Prozedur RS verändert wird.

Dieses Beispiel wurde so konstruiert, daß Programmierung und Ausführung möglichst vergleichbar mit dem entsprechenden Taschenrechnervorgehen ist. Es ist jedoch in LOGO leicht möglich, den vom Standpunkt sowohl der Mathematikdidaktik als auch einer guten Programmiermethodik notwendigen Schritt zur Beschreibung des Ratensparvorgangs durch eine Funktion zu tun. Die oben definierte Prozedur RS (in der zum Editieren gebräuchlichen Gestalt)

```
PR RS
  SETZE "S :S*1.05 + 1000
ENDE
```

erhält nun eine Möglichkeit der Eingabe von S und einen Befehl zur Rückgabe von S, nachdem die Berechnung ausgeführt wurde:

```
PR RS :S
  SETZE "S :S*1.05 + 1000
  RÜCKGABE :S
ENDE
```

Begrifflich muß hier vom Schüler der Übergang von der globalen zur lokalen Variablen S vollzogen werden. Die naheliegende Kurzfassung zeigt, daß die Zuweisung (auch begrifflich) nicht notwendig ist:

```
PR RS :S
  RÜCKGABE :S*1.05 + 1000
ENDE
```

Auch ohne ausdrücklichen Druckbefehl kann RS jederzeit ausgetestet werden:

```
RS 1000
ERGEBNIS: 2050
RS 5000
ERGEBNIS: 6250
```

Es sei nur noch angefügt, daß bei dieser funktionalen Form der Beschreibung von Sachverhalten auch im schulischen Kontext die Rekursion als Kontrollstruktur verwendet werden kann. Der Kontostand des Ratensparvertrages nach J Jahren und Anfangskapital S ergibt sich wie folgt:

- Wenn J=0 ist, ist die Berechnung abgeschlossen,
- sonst muß man den Kontostand für J-1 Jahre und zwar mit dem durch einen Ratensparschritt erhöhten Anfangskapital berechnen.

```
PR KONTOSTAND :J :S
  (DRUCKEZEILE :J :S)
  WENN :J=0 DANN RÜCKKEHR
  KONTOSTAND :J-1 RS :S
ENDE
KONTOSTAND 10 5000
10  5000
...
 0  20722.30
```

Der Arbeitsstil bei einem interaktiven System, der im Experimentieren mit Prozeduren und Ausbauen vom Programmierumgebungen besteht, müßte also schrittweise aus dem Umgang mit Taschenrechnern gewonnen werden.

2. Begriff der Liste

Durch die Einführung der sogenannten "Mengenlehre" wurde in der Schulmathematik versucht, die Begriffsbildungen zu vereinheitlichen, wie dies der Bourbakismus für die Fachdisziplin erreicht hat. Es ist dies der Versuch, die konzeptionelle Verbindung der auseinanderdriftenden mathematischen Disziplinen auch für die Schule nutzbar zu machen. Obwohl dies vor allem durch vielfältige Innovationsprobleme nicht sehr überzeugend ausgefallen ist, bleibt die Notwendigkeit für ein grundlegendes Konzept bestehen und wird durch die Computernutzung verstärkt, die derzeit die Einheitlichkeit mathematischen Wirkens eher stört als festigt. Vom Wesen der Mathematik her liegt dabei ein multifunktionales Konzept wie der Listenbegriff näher, als ein von der Datenverarbeitung her motiviertes System von Strukturierungsmitteln für Daten, wie es z.B. in PASCAL vorliegt.

Listen sind im Sinne der Mathematik n-Tupel, d.h. die darin zusammengefaßten Objekte sind linear geordnet und können sich wiederholen. Es handelt sich also in gewissem Sinne um die zum Mengenbegriff komplementäre Abstraktion durch Zusammenfassen von Elementen.

Beide Abstraktionstechniken sind für mathematisches Arbeiten gleichermaßen grundlegend und wichtig; sie müssen bei didaktischen Überlegungen berücksichtigt werden:

- geordnetes Zusammenfassen von Objekten mit Wiederholgung (n-Tupel, Listen),
- ungeordnetes Zusammenfassen ohne Wiederholung (Mengen).

Es scheint jedoch so zu sein, daß mathematisches Arbeiten, das auf konkrete Ausführung auf einem Rechner ausgerichtet ist, eher Listen als Mengen erfordert. Dies soll an einigen Beispielen erläutert werden.

Listen werden in LOGO durch eckige Klammern dargestellt, in denen die zusammengefaßten Objekte durch Leerzeichen getrennt sind:

```
SETZE "L (LISTE 1 2 3 4 5 )
WERT "L
ERGEBNIS: [1 2 3 4 5]
```

Als grundlegende Listenfunktionen ist in LOGO folgendes eingebaut:

- der Zugriff auf das erste Element,
- die um das erste Element verkürzte Liste und
- das Bilden einer Liste durch Hinzufügen eines Objektes als erstes Element:

```
ERSTES :L
ERGEBNIS: 1
OHNEERSTES :L
```

```
ERGEBNIS: [2 3 4 5]
MITERSTEM 7 :L
ERGEBNIS: [7 1 2 3 4 5]
```

Der Begriff "Menge" wird in LOGO in naheliegender Weise als Liste dargestellt, indem man die Ordnung in der Liste "nicht beachtet"; auch bei der üblichen aufzählenden Darstellung einer Menge mit Mengenklammern kommt man ja nicht umhin, irgendeine Ordnung der Elemente zu wählen. Der Begriff "Menge" existiert dann auf dem Rechner, wenn bei jedem vorgegebenen Objekt entschieden werden kann, ob es eine Menge ist oder nicht. Jede Liste, in der Elemente nicht wiederholt werden, können wir demnach als Menge bezeichnen:

```
PR MENGE? :X
  WENN NICHT LISTE? :X DANN RÜCKGABE "FALSCH
  WENN :X =[] DANN RÜCKGABE "WAHR
  PRÜFE EL? ERSTES :X OHNEERSTES :X
  WENNWAHR RÜCKGABE "FALSCH
  WENNFALSCH RÜCKGABE MENGE? OHNEERSTES :X
ENDE
```

Es wird eine Prozedur EL? :X :L benutzt, die prüft, ob X Element der Liste L ist:

```
PR EL? :X :L
  WENN :L =[]  DANN RÜCKGABE "FALSCH
  PRÜFE :X = ERSTES :L
  WENNWAHR RÜCKGABE "WAHR
  WENNFALSCH RÜCKGABE EL? :X OHNEERSTES :L
ENDE
```

Damit kann man z.B. folgende Prüfungen vornehmen:

```
EL? 2 [1 2 3 2 1]
ERGEBNIS: WAHR
MENGE? [1 2 3 2 1]
ERGEBNIS: FALSCH
MENGE? [1 2 3]
ERGEBNIS: WAHR
MENGE? [1 2 3 [1 2]]
ERGEBNIS: WAHR
```

Zur vollständigen Konstituierung des Begriffs Menge in LOGO fehlt nocht das Festlegen der Mengengleichheit und der Mengenverknüpfungen.

Als ein Beispiel für die Abstraktion durch geordnetes Zusammenfassen soll die Einführung des Bruchbegriffs dienen. Ein Bruch ist eine Liste mit genau zwei Zahlen als Elementen:

```
PR BRUCH? :X
  WENN EINES? (NICHT LISTE? :X) :X=[] DANN RG "FALSCH
  RG (ALLE? (ZAHL? ER :X) (ZAHL? LZ :X) (2=LÄNGE :X))
ENDE
```

(Abkürzungen: ER ERSTES; LZ LETZTES; RG RÜCKGABE; ZAHL? ist eine LOGO-Grundfunktion, LÄNGE müßte noch geschrieben werden.)

```
BRUCH? 1
ERGEBNIS: FALSCH
BRUCH? [1 2]
ERGEBNIS: WAHR
BRUCH? [1 2 3]
ERGEBNIS: FALSCH
```

Mit der Definition der Datenstruktur BRUCH sind auch Selektorfunktionen verbunden; diese entsprechen der mit jeder Begriffsbildung in der Mathematik gegebenen Terminologie, z.B.:

```
PR ZÄHLER :X
  WENN BRUCH? :X DANN RÜCKGABE ERSTES :X
ENDE
ZÄHLER [3 7]
ERGEBNIS: 3
```

Die Wertgleichheit von Brüchen vervollständigt den begrifflichen Aufbau:

```
PR WGL? :A :B
  RG (NENNER :A)*(ZÄHLER :B) = (ZÄHLER :A)*(NENNER :B)
ENDE
WGL? [2 3] [4 6]
ERGEBNIS: WAHR
```

Noch an einem weiteren Beispiel soll die enge und eineindeutige Entsprechung zwischen dem statisch mathematischen Vorgehen beim Bilden von Begriffen und der Darstellung durch Listen erläutert werden.

Ein Netz ist definiert als ein Paar (E,K)
- einer Menge E von "Ecken" und
- einer Menge K von "Kanten mit $K \subset E \times E$.

Genau dieser abstrakte Aufbau des Netzes ist auch für die Darstellung als Liste adäquat, wie wir bei der Programmierung des folgenden Problems sehen werden. Wir stellen uns als Aufgabe zu prüfen, ob ein Netz durchlaufbar ist, d.h. ob es nicht mehr als zwei ungerade Ecken hat.

Ein Netz habe fünf Ecken und sechs Kanten, die in beiden Richtungen durchlaufen werden können.

Die zugehörige Liste ist dann

[[A B C D E] [[A B] [B A] [A C] [C A] [B C]—
—[C B] [B D] [D B] [C E] [E C] [D E] [E D]]]

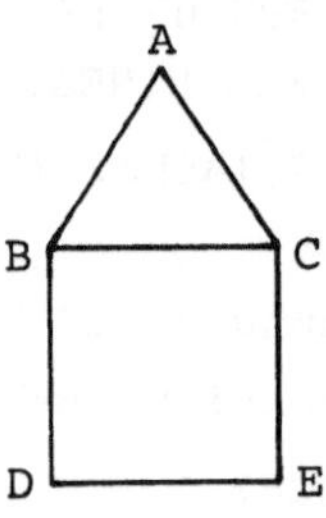

Wenn wir die Aufgabenlösung top-down angehen, ergibt sich zunächst eine Prozedur, die die Durchlaufbarkeitsbedingung prüft:

```
PR DURCHLAUFBAR? :N
  RÜCKGABE NICHT 2 > UNGERADE ECKEN :N :N
ENDE
```

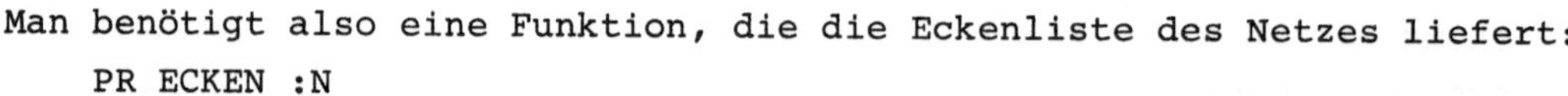

Man benötigt also eine Funktion, die die Eckenliste des Netzes liefert:

```
PR ECKEN :N
  RÜCKGABE ERSTES :N
ENDE
```

(Eine Funktion KANTEN wird analog gebildet.)

Für die Problemlösung muß als nächstes die Prozedur UNGERADE entwickelt werden, die die Anzahl der ungeraden Ecken angibt. Dazu müssen alle Ekken durchgegangen werden, jeweils

- die von jeder Ecke ausgehenden Anzahl der Kanten auf "gerade" und "ungerade" geprüft und
- entsprechend hochgezählt werden:

```
PR UNGERADE :EL :N
  WENN :EL=[] DANN RÜCKGABE 0
  PRÜFE 0=REST (KANTENZAHL (ERSTES :EL) (KANTEN :N)) 2
  WENNWAHR RÜCKGABE UNGERADE (OHNEERSTES :EL) :N
  WENNFALSCH RÜCKGABE 1 + UNGERADE (OHNEERSTES :EL) :N
ENDE
```

Es fehlt noch die Prozedur KANTENZAHL :E :KL, die die von einer Ecke E ausgehenden Kanten der Kantenliste KL ermitteln soll:

```
PR KANTENZAHL :E :KL
  WENN :KL=[] DANN RÜCKGABE 0
  PRÜFE :E = ERSTES ERSTES :KL
  WENNWAHR RÜCKGABE 1 + KANTENZAHL :E OHNEERSTES :KL
  WENNFALSCH RÜCKGABE KANTENZAHL :E OHNEERSTES :KL
ENDE
```

Damit ist die Aufgabe vollständig gelöst. Das Beispiel sollte zeigen, wie durch den Aufbau des Netzes als Liste in Anlehnung an die abstrakte Definition eine übersichtlich Modularisierung der Problemlösung erreicht wird, die in jedem Fall sachlich adäquat ist. Daß dieser Aufbau auch kognitiv effizient ist und damit eine Leitlinie für didaktisches und methodisches Vorgehen sein kann, mag hier noch als These gelten. Erste Erfahrungen deuten jedoch genau in diese Richtung. Eine Listenstruktur mit den damit verbundenen Zugriffsfunktionen ist für Schüler dann verständlich und durchschaubar, wenn sie mit Hilfe der Zugriffsfunktionen aufgebrochen werden kann. Ein bottom-up-Definieren der Funktionen und ein Austesten in einer interaktiven Umgebung ist dafür unerläßlich. So ist etwa für Schüler der Klasse 9 eine Adressdatei mit dem Aufbau

[[[MUELLER OTTO] [[MUEHLENWEG 5] [7 STUTTGART]] [12345]] ...]

dann durchschaubar und hantierbar, wenn sie die Zugriffsfunktionen NAME, VORNAME, NACHNAME, TELEFON etc geschrieben und ausprobiert haben. Aufgaben wie "Telefonliste erstellen", "Telefonnummer zu Namen suchen" etc sind danach ohne größere Schwierigkeiten zu lösen.

Das letzte Beispiel sollte auch zeigen, in welch engem Zusammenhang Aufgaben aus der Mathematik einerseits und aus der Datenverarbeitung andrerseits durch den Listenbegriff gebracht werden können. Es ist zu hoffen, daß diese Vereinheitlichung mathematischer und informatischer Konzepte durch den Listenbegriff in der Schulmathematik sowohl eine Einbeziehung von Problemen der realen Datenverarbeitung fördert, als auch das Konkretisieren abstrakter mathematischer Inhalte unterstützt.

Literatur

Abelson, H., LOGO for the Apple II, Peterborough, byte books/McGraw Hill 1982

GDM (Gesellschaft für Didaktik der Mathematik), Stellungnahme der GDM zur Einbeziehung von Inhalten und Methoden der Informatik in den Mathematikunterricht der Sekundarstufe I und in die Hochschulausbildung von Mathematiklehrern, Juli 1981

Löthe, H., Zum Arbeitsstil der Computernutzung in der Schule, Beiträge zur ACU-Tagung II/78 (208) Paderborn 1978

NCTM (National Council of Teachers of Mathematics), An Agenda for Action, Recommendations for School Mathematics of the 1980s, April 1980

Mikrorechner im Unterricht am Beispiel der Physik

Kurt Wagner

Bundesgymnasium

Völkermarkter Ring 21

A-9020 Klagenfurt

Zusammenfassung:

Das Spektrum der Einsatzmöglichkeiten des Computers im Unterricht ist sehr umfangreich. Es umfaßt keinesfalls nur den Gegenstand Mathematik oder den Unterricht im Fach EDV selbst. Ich kann mir kaum einen Gegenstand vorstellen, in dem der Computer nicht wertvolle Hilfestellung leisten könnte, dies gilt besonders für die Ausnützung seiner Graphik. Bis zum sinnvollen Einsatz dieser Geräte in der Schule ist jedoch noch viel Entwicklungsarbeit zu leisten, die nicht nur die Anschaffung der technischen Geräte, die Erstellung geeigneter Programme, sondern sehr stark auch fachdidaktische Überlegungen einschließt. Ansatzpunkte dazu, das Fach Physik betreffend, sollen im folgenden diskutiert werden. Im besonderen wird untersucht, was ein Computer im Physikunterricht leisten könnte und welche Anforderungen an ein Physikprogramm zu stellen sind. Diese Überlegungen werden an dem konkreten Beispiel des Programmes OHM erläutert.

Warum überhaupt Physikprogramme?

Visualisierung. Es ist bekannt, daß alle Eindrücke, die mit Sehen verbunden sind, weit besser im menschlichen Gehirn haften bleiben als etwa rein akustische. Dies nützt man im Unterricht immer stärker aus. In der Physik werden komplexe Vorgänge mit Hilfe einer graphischen Darstellung, besonders mit einer, die "lebt", weit besser verstanden. Hier bietet sich ein großes Feld für die Computergraphik.
B e i s p i e l : Sichtbarmachen der Vorgänge auf der Magnetplatte bei der Datenspeicherung und beim Lesen der Daten.
Auswertung von Experimenten. Meßergebnisse sind oft mühsam auszuwerten. Diese Arbeit kann der Rechner übernehmen. Da die Mathematik hiezu meist nur in der Auswertung einer oder mehrerer Formeln besteht, können die dazu notwendigen einfachen Programme von den Schülern selbst geschrieben werden.
B e i s p i e l : Meßreihe zur g-Bestimmung. Eingabe der Fallzeiten, der Computer rechnet den Mittelwert und die Streuung von g aus und zeichnet gleichzeitig ein Balkendiagramm.
Computer im On-line-Betrieb. Mit den nötigen Schnittstellen kann die Maschine die Auswertung von Experimenten selbst übernehmen oder auch in der Rolle eines Prozessors ihren Ablauf steuern.
B e i s p i e l e : Aufnahme der Kennlinien von Elektronenröhren oder Halbleiterelementen. Registrierung der Aktivität eines radioaktiven Präparates oder der natürlichen Strahlenbelastung der Umwelt durch längere Zeiträume.
Simulation von Experimenten. Manche Experimente sind für die Vorführung im Unterricht zu zeitaufwendig, andere wieder haben einen zu großen Gerätebedarf. Es ist daher zweckmäßig, solche Experimente am Bildschirm zu simulieren. Vorgänge aus der statistischen Physik oder aus dem Mikrobereich sind einer direkten Anschauung überhaupt nicht zugänglich. Hier kann die Simulation besonders gute Dienste leisten.
Im Gegensatz zum Lehrfilm besteht dabei die Möglichkeit, die Parameter des Vorgangs in weiten Grenzen zu verändern und den Ablauf des Programms in verschiedener Art und Weise zu beeinflussen, was die Anschaulichkeit stark steigert und zu neuen Fragestellungen Anlaß gibt.

B e i s p i e l e : Simulation des Comptoneffektes. Verfolgung der Brownschen Bewegung eines Teilchens. Drift eines geladenen Teilchens, das die Wärmebewegung mitmacht, in einem vorgegebenen Feld. Absorptionsvorgänge.

Querverbindungen zu anderen Gegenständen. Dieses dringende Anliegen der Didaktik bietet in der Durchführung immer wieder Schwierigkeiten. Der Computer kann z.B. das Verhältnis der Schüler zur Mathematik verbessern, indem er erstens zeigt, daß diese bestens zu gebrauchen ist und zweitens weil durch den häufigen Umgang mit mathematischen Problemen, die von der Mühsal des direkten Ausrechnens befreit sind, im Schüler eine gewisse Vertrautheit mit der mathematischen Denkweise hervorgerufen und die Scheu vor diesem Gegenstand gemindert wird. Es ist oft im Unterricht sehr schwierig, die Wirksamkeit der Physik in anderen Wissensgebieten wie Chemie oder Biologie den Schülern offenkundig zu machen. Auch hier können geeignete Computerprogramme helfen. Die Zusammenarbeit von Lehrern verschiedener Fächer ist nötig.

B e i s p i e l : Nach Simulation des Ehrenfestversuches am Bildschirm kann dieser mit den Mitteln der Wahrscheinlichkeitsrechnung der Oberstufe sowohl im Gleichgewichtszustand, wie auch im Anlaufbereich berechnet werden. Ein Vergleich mit den aus der Simulation erhaltenen Werten hebt das Vertrauen zu beiden Vorgängen.

Anwendungsorientierte Probleme. Eine echte Anwendung physikalischer Erkenntnisse betrifft komplexe Sachverhalte und macht die Darstellung für den Lehrer schwierig. Der Kontext ist nicht nur den Schülern, sondern oft auch dem Lehrer fremd. Die meist knapp bemessene Unterrichtszeit erlaubt kein langatmiges Erklären eines Problems. Ein überlegt geschriebenes Programm kann die schwierige Aufgabe des Lehrers sehr unterstützen.

B e i s p i e l : Simulation des Leit- und Überwachungssystem einer U-Bahn.

Schülerselbsttätigkeit. Es ist nicht gedacht, daß Physikprogramme im Unterricht nur durch den Lehrer vorgeführt werden sollen. Schüler können auch selbst vor den Bildschirmgeräten sitzen und mit den Programmen arbeiten. Es ist denkbar, daß Schüler Wiederholungs- oder Prüfungsfragen mit Hilfe des Computers beantworten. Es ist zu hoffen, daß die Schüler beim Arbeiten mit einem Programm zu eigenen Fragestellungen finden und diese durch entsprechende Steuerung des Programms zu beantworten versuchen.

B e i s p i e l e : Arbeiten mit einer simulierten elektrischen Schaltung. (Siehe Programm OHM). Zeichnung des Potentialfeldes zu einer selbst erdachten Ladungsverteilung.

Spielerisches Element. Automaten in Spielhallen, sowie Videospiele am TV-Schirm üben auf Jugendliche eine große Anziehungskraft aus. Warum sollte man diesen Spieltrieb nicht ausnützen? Vom Spielprogramm bis zum "Spielen" mit einem Lehrprogramm ist nur ein kleiner Schritt zu tun.

B e i s p i e l : "Spielen" mit einem Programm zum FERMAT-Prinzip der Optik. Das Licht soll von einem Punkt A im Medium 1 zu einem Punkt B in einem anderen Medium 2 gelangen. Ohne den Brechungsindex zu kennen, versucht der "Spieler" durch Wahl des Auftreffpunktes des Lichtstrahls auf der Begrenzungsfläche der beiden Medien den zeitlich minimalen Lichtweg möglichst schnell zu finden.

Wiederholung und Vertiefung. Im Gegensatz zum Mathematikunterricht, in dem wichtige Inhalte im Rahmen der Unterrichtsarbeit von selbst immer wieder zur Sprache kommen, werden physikalische Größen und Sätze oft nur wenige Male genannt, im nächsten Abschnitt kommen wieder andere Größen vor und es ist nicht möglich, dauernd alles zu wiederholen. Daher kommt es, daß physikalische Lerninhalte von den Schülern meist recht oberflächlich aufgenommen und rasch wieder vergessen werden. Diesen allen Physiklehrern bekannten mißlichen Umstand kann man vielleicht etwas verbessern, wenn am Ende eines Unterrichtsabschnittes geeignete Physikprogramme zur Wiederholung und Vertiefung gebracht werden. Besonders, wenn der Schüler selbst mit ihnen arbeiten kann, darf man hoffen, daß er mit den physikalischen Begriffen etwas vertrauter wird und daß wichtige Lernziele besser erreicht werden.

B e i s p i e l e : Darstellung des Auftriebs. Simulation von Reflexion, Brechung und Totalreflexion. Auffrischen der mechanischen Wellenlehre am Beginn des Kapitels "Elektromagnetische Wellen".

Wie soll ein Physikprogramm beschaffen sein?

Die Möglichkeiten beim Programmieren sind praktisch unbegrenzt. Um für den Unterricht geeignete Programme zu schreiben, muß man sich eine gewisse Selbstdisziplin auferlegen. Wenn im folgenden einige grundsätzliche Eigenschaften aufgezählt werden, die ein für den Physikunterricht geeignetes Programm haben soll, so sind damit weniger Eigenschaften im Sinne der Informatik, wie Programmsprache, Programmstruktur u.ä. gemeint, sondern es handelt sich um Anforderungen, die der Benutzer, also der Lehrer und der Schüler an solche Programme stellen wird. Ich habe mich bemüht, in dem unten geschilderten Programm OHM diese Richtlinien möglicht einzuhalten.

Ein Programm soll lernzieladäquat sein. Man muß der Versuchung widerstehen, ein schönes und interessantes Programm zu schreiben, das aber weit außerhalb der gesteckten Lernziele liegt. Der Physiklehrplan läßt, zumindest in Österreich, keine weiten Abschweifungen zu. Der Computer soll keinesfalls neue Lerninhalte in den Physikunterricht einbringen, sondern er soll helfen, die im Lehrplan angegebenen Lernziele zu erreichen und nicht zuletzt zu einer besseren Zeitausnützung der Physikstunden beitragen.

Ausreichende Beschreibung. Eine knappe, doch verständliche Beschreibung des Programms sollte auf dem Bildschirm selbst erfolgen und nicht auf irgendwelchen Beiblättern, die häufig nicht auffindbar sind, wenn man sie braucht. Es ist nicht nötig, lange physikalische Erklärungen anzuschreiben, diese gibt ja der Lehrer und sie stehen im Physikbuch, vielmehr soll klar erkenntlich sein, was das Programm will und was es leistet.

Steuerung des Programmablaufes. Ein komplexes Programm hat viele Verzweigungen, die der Benutzer über die Tastatur ansteuern kann. Es ist für den Programmierer, der sich in seinem Programm ja gut auskennt (zumindest im Zeitpunkt der Erstellung), nicht einfach, die Verzweigungen so zu kennzeichnen und zu beschreiben, daß auch der Benutzer genau weiß, was er zu tun hat, um wohin zu kommen. Dennoch muß man dies anstreben, denn das schönste Programm hilft wenig, wenn man sich bei der Bedienung dauernd ärgern muß oder wenn man erst durch Auslisten des Programms den Zusammenhang der einzelnen Teile mühsam herausklauben kann. Oft macht man die Erfahrung, daß die Ansteuerung der Programmteile zwar schön übersichtlich gestaltet ist, daß man aber seine liebe Not hat, von dem gewählten Programmteil "regulär" wieder herauszukommen. Solche Schwierigkeiten treten wahrscheinlich deswegen auf, weil ein wirklich vollständiger Test eines sehr verzweigten Programms den Programmierer zeitlich überfordert.

Variation der Ausführung. Es ist manchmal wünschenswert, ein Programm nur kurz zu zeigen. Dies wird sehr erschwert, wenn der Benutzer erst eine lange Liste von Ausführungsmöglichkeiten studieren muß oder wenn sehr viele Parameter, deren geeignete Belegungen man oft zu erraten hat, eingetippt werden müssen. Es ist daher sehr praktisch, wenn für jeden Parameter im Programm Defaultwerte vorgesehen sind. Dann ist ein Direktstart durch einen einzigen Tastendruck möglich und die Belegung eines Parameters mit dem Wert 0, die oft zu einem Fehler führt, wird vermieden. Das Programm wählt dann selbst bei vorgegebenen Parametern den wichtigsten Zweig. Abgesehen davon sollte es immer möglich sein, Teile des Programms für sich allein laufen zu lassen.

Interaktion. Ein Programm soll nicht unverzweigt wie ein Lehrfilm ablaufen, sondern es soll für den Benutzer viele Möglichkeiten für das Eingreifen und Steuern geben. Die vorher angesprochene Schülerselbsttätigkeit ist ja nur möglich, wenn das Programm eine sinnvolle Interaktion zuläßt. Ein gutes Programm soll die Interaktion zwar formal eindeutig beschreiben, es soll andererseits dem Benutzer fachlich einen gewissen Denkspielraum lassen. Lehrer und Schüler sollen nicht nur Tasten drücken, sondern die Beschäftigung mit dem Programm soll zu physikalischem Denken anregen. Man muß zugeben, daß große Interaktionsmöglichkeit und Übersichtlichkeit eines Programms in einem gewissen Widerspruch stehen, es ist durchaus nicht ganz einfach, hier Wohlausgewogenheit zu erreichen.

Das Programm OHM

Einordnung in ein Groblernziel. Im Versuchslehrplan der AHS in Österreich findet man für die 7.Klasse (11. Schulstufe): "Der Schüler soll die Größen Spannung, Stromstärke und Widerstand definieren, messen und für verzweigte Leitersysteme berechnen können". Der derzeit in den Regelschulen noch gültige Lehrplan gibt keine Lernziele an. Die in ihm angeführten, diesem Kapitel entsprechenden Inhalte haben jedoch das gleiche Lernziel im Auge.

```
üRUN 22
        SPANNUNGS- UND STROMMESSUNG
        ===========================

UEBER DAS POTENTIOMETER RO WIRD DER VER-
AENDERLICHE WIDERSTAND R1 MIT STROM VER-
SORGT. STROMSTAERKE UND SPANNUNG AN R1
WERDEN GEMESSEN, DARAUS DER WIDERSTAND
ERRECHNET UND MIT DEM EINGESTELLTEN WERT
VERGLICHEN. RO,R1 BZW.DIE SCHALTER SO,S1
WERDEN MIT DEN PADDLES 0 BZW.1 BEDIENT.
DIE BEIDEN MEOGLICHEN SCHALTUNGEN DER
MESSGERAETE SIND WAEHLBAR.(A=0 BZW. A=1)
DER STROMKREIS IST MIT 10A ABGESICHERT.
```

Abb.1 Textseite 1

Kurze Beschreibung des Programms und Hinweise für die Verwendung der Paddles.

```
     FESTLEGUNG DER PARAMETER

V - VORW.DES VOLTMETERS
I - INNENW.DES AMPEREMETERS
U - QUELLSPANNUNG
P - GESAMTW.DES POTENTIOMETERS RO
R - GESAMTW.VON R1
A - AMPEREMETER INNEN/AUSSEN  0/1
S - START, LEER - GRAPHIK --> TEXT
K - SPANNUNGSKENNLINIE
Z - ENDE

     DIREKTSTART MIT NORMWERTEN MOEGLICH
     A=0,RV=1000,RA=0.1,RO=10,R1=100,U=40
```

Abb.2 Textseite 2

Angabe der wählbaren Parameter und der vorgesehenen Defaultwerte, Schaltanweisungen.

Beschreibung des Programms. Bei Start des Programms erscheint zunächst eine Textseite mit einer Kurzbeschreibung. (Abb.1). Die nächste Seite erlaubt die Festlegung der Parameter. (Abb.2). Dann erfolgt der Wechsel in den Graphikmodus und am Bildschirm wird eine Schaltskizze sichtbar, die während des Lesens der Beschreibung bereits vorgezeichnet wurde. (Abb.3,4,5). Die Schaltung erlaubt die Teilung einer vorgegebenen festen Spannung U, so daß jede Spannung zwischen 0 und U stufenlos abgenommen werden kann. Dieser Schaltkreis ist als Potentiometer in der Praxis sehr häufig anzutreffen. In der simulierten Schaltung ist RO das Potentiometer, ein Schiebewiderstand, bei dem alle drei Anschlußbuchsen verwendet werden. Das Potentiometer RO ist über einen Schalter SO und die Sicherung SI an die Spannungsquelle U angeschlossen. Zwischen dem Ende des Potentiometers und dem Gleitkontakt liegt der Verbraucher R1. Der Schalter S1 kann seine Stromversorgung unterbinden. Spannung und Stromstärke an R1 werden durch zwei Meßinstrumente mit digitaler Anzeige gemessen. Die beiden, bei der Widerstandsmessung grundsätzlich möglichen Schaltungen der Instrumente sind ausführbar. Mit dieser Potentiometerschaltung kann nun so experimentiert werden, als wäre sie real vorhanden.

Interaktion mit dem Programm OHM. Die Textseite 2 (Abb.2) zeigt, daß Quellspannung, Gesamtwiderstand von RO und R1, sowie Vor- bzw. Innenwiderstand der Instrumente über Tasten gewählt werden können. Die Belegung der Größe A mit 0 oder 1 kann die

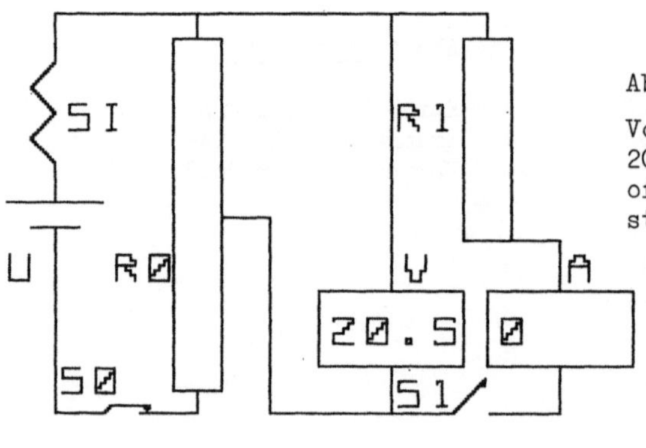

Abb.3 Potentiometerschaltung I=0.

Vom Potentiometer wird die Spannung 20.5V abgenommen. Weil der Schalter S1 offen ist, bleibt der Verbraucher R1 stromlos.

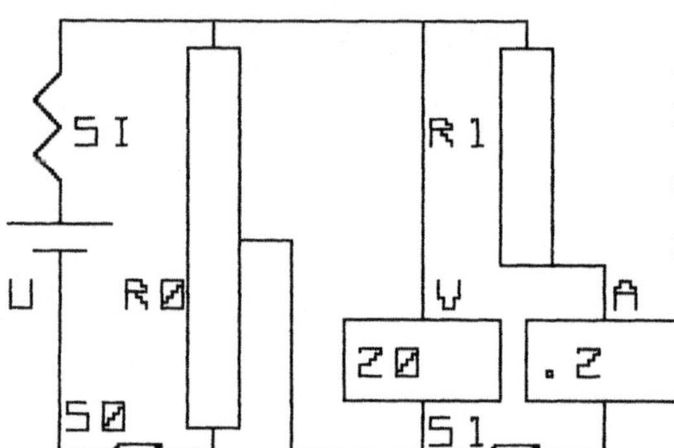

Abb.4 Potentiometerschaltung I=0.2

Nach Schließen von S1 fließt ein Strom durch R1. Bei unveränderter Potentiometerstellung hat sich die Spannung gegenüber Abb.3 etwas verändert. Das Verhältnis U/I = 100.

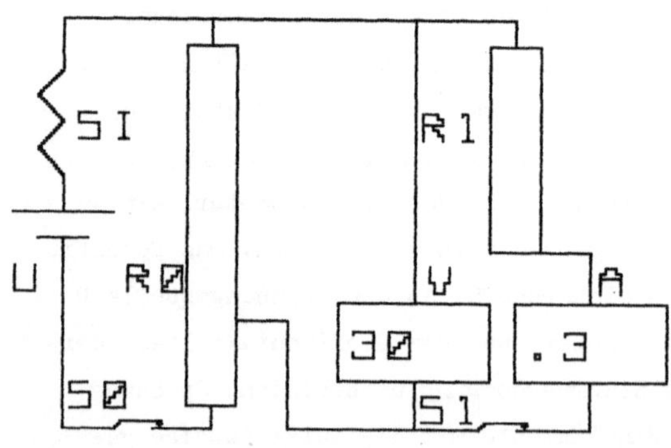

Abb.4 Potentiometerschaltung I=0.3

Veränderte Potentiometerstellung liefert veränderte Spannung U=30V, jedoch konstantes Verhältnis U/I = 100. Nachweis des Gesetzes von Ohm.

Schaltung der Instrumente verändern, gleichzeitig wird die Zeichnung dem jeweiligen Schaltzustand angepaßt. Ein Direktstart mit fest eingegebenen Werten ist möglich. Schließlich kann über die Taste K ein selbständiger Programmteil aufgerufen werden, der später beschrieben wird. Nach Umschaltung auf Graphik treten die Paddles in Aktion. Mit ihren Schaltern kann man die entsprechenden Schalter S0 und S1 des

Kreises betätigen. Der Drehknopf von Paddle 0 verschiebt den Gleitwiderstand des Potentiometers, während jener von Paddle 1 die Größe des wirksamen Verbraucherstand verändern kann. Alle Eingriffe werden auf der Schaltskizze durch Änderung der Kontakte und Anzeige der Meßinstrumente sichtbar gemacht.

Lerninhalte, die mit dem Programm OHM erarbeitet werden können.

Funktion der Schalter, geschlossener Stromkreis. Der Vergleich von Abb.3 mit Abb.4 zeigt, daß durch den Verbraucher R1 erst bei geschlossenem Schalter S1 ein Strom fließen kann.

Das Gesetz von Ohm. In den Textzeilen unterhalb der Graphik (in den Abbildungen nicht wiedergegeben) werden zwei Werte angezeigt: die Größe des über Paddle 1 eingegebenen Verbraucherwiderstandes R1 und das Meßergebnis U/I der Strom-Spannungsmessung. Die beiden Werte werden, der Realität entsprechend, ein wenig differieren. (Siehe Meßfehler). Durch Variation der vom Potentiometer abgenommenen Spannung kann die Konstanz von U/I verfolgt werden. (Abb.4,5).

Die Gesetze von Kirchhoff. Die am Bildschirm sichtbaren Meßgeräte messen ja nicht wirklich, sie errechnen den anzuzeigenden Wert nach den Kirchhoffschen Gesetzen. Der Schüler kann diese nicht sichtbare Rechnung nachvollziehen.

Systematischer Meßfehler. Bei der Strom-Spannungsmessung wird ein systematischer Meßfehler begangen, der nicht von der Unzulänglichkeit der Instrumente oder von Beobachtungsfehlern abhängt. Sein Einfluß auf das Meßergebnis kann mit dem Programm OHM sehr gut untersucht werden. Der "wahre" Wert des Widerstandes ist ja immer ersichtlich. An dieser Stelle dürfte die Simulation die reale Ausführung des Versuches an Aussagekraft übertreffen.

Aufgabe der Sicherung. Durch Verkleinern des Widerstandes R1 kann man die Sicherung "durchgehen" lassen. Darauf kann ein in der Praxis häufig begangener Fehler demonstriert werden. Das bloße Einsetzen einer neuen Sicherung führt nur zu einer abermaligen Stromunterbrechung. Erst muß die Ursache der zu hohen Stromstärke (zu geringer Gesamtwiderstand) beseitigt werden. Dies kann durch Vergrößerung des Widerstandes R1 oder durch Verringerung der Teilspannung geschehen.

Abhängigkeit der Teilspannung von der Potentiometerstellung und vom Verbraucher. Die Aufgabe des Potentiometers, Veränderung der abgenommenen Teilspannung, wird durch Verschieben des Gleitkontaktes erfüllt. Doch auch bei unveränderter Potentiometerstellung wird sich die Teilspannung ändern, falls der Verbraucherwiderstand R1 variiert wird. (Abb.3,4). Beide Abhängigkeiten können qualitativ und quantitativ untersucht werden.

Aufnahme der Spannungskennlinie. Die eben erwähnte Abhängigkeit der Teilspannung kann mit dem Programmteil K (Abb.6) näher untersucht werden. Ohne die Schaltskizze zu zerstören (Seite 1 der Graphik), wird die Seite 2 der Computergraphik zur Zeichnung der Kennlinien verwendet. Man kann jederzeit zwischen den beiden Graphikbildern frei wählen.

ÜPOKE 1913,2:?CHR$(17)

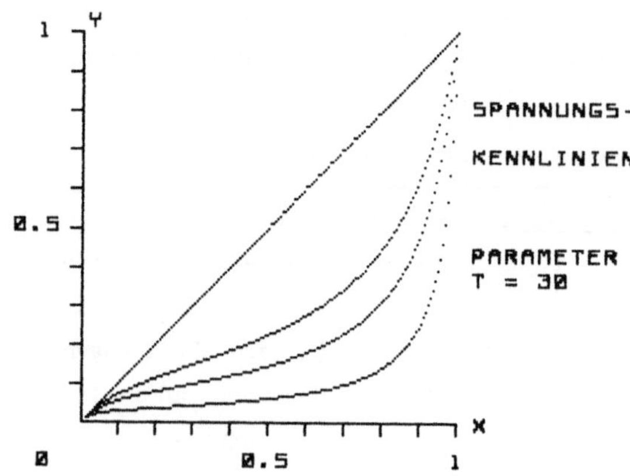

Abb.6 Spannungskennlinien.

Von oben nach unten sind die Kurven für die Parameterwerte t=0, 5, 10 und 30 gezeichnet.

Es bedeuten:

x - Verhältnis des Teilwiderstandes, an dem die Spannung abgegriffen wird zum Gesamtwiderstand R0. Diese "Potentiometerstellung" kann demnach alle Werte zwischen 0 und 1 annehmen,

y - Verhältnis der abgenommenen Teilspannung zur Gesamtspannung (ebenfalls eine Größe zwischen 0 und 1),

t - Verhältnis des Potentiometerwiderstandes R0 zum Verbraucherwiderstand R1.

Im Graphen wird y als Funktion von x und t für beliebig wählbare Parameter t dargestellt. Der gefühlsmäßig erwartete lineare Zusammenhang tritt jedoch nur bei offenem Verbraucherkreis auf. (R1 ist dabei unendlich und t ist 0). In allen anderen Fällen erhält man eine Kurve. Sie ist durch die Funktion $y=x/(1+tx-tx^2)$ bestimmt. Die unterste Kurve in Abb.6 (t=3o) zeigt, daß sich die Teilspannung zwischen x=0 und x=0.8 nur wenig ändert, im darauf folgenden kurzen Bereich bis x=1 dafür sehr steil ansteigt.

Das Programm OHM ist gut geeignet, den Lerninhalt Strom und Spannung in verzweigten Leitersystemen zusammenfassend zu wiederholen und zu vertiefen. Es kann in verschiedenen Stufen eingesetzt werden: Von der kurzen Präsentation mittels Direktstart über die vielfältigen Variationsmöglichkeiten für die Parameter bis zur theoretischen Durchdringung des gesamten Problems. Die Querverbindung zur Mathematik (z.B. Diskussion der Spannungskennlinie mit Berechnung der Koordinaten des Wendepunktes) kann sehr aktiv gestaltet werden.

OStR. Mag. Kurt Wagner
Bundesgymnasium A 9o2o Klagenfurt
Völkermarkter Ring 27

Projektunterricht und Facharbeit in der Informatik: Der Mikrocomputer als Terminal zum Schulrechner

Hermann Stimm
Christian Stöckl
Staatliches Leibniz-Gymnasium
Karolinenstraße 103
D-6730 Neustadt an der Weinstraße

Zusammenfassung

Projekte und Facharbeiten sind dem Lernen in der Oberstufe besonders angemessen, da sie die Selbständigkeit des Schülers fördern und mit einem wissenschaftsnahen Arbeitsstil und überschaubaren Leistungsansprüchen verbunden sind. Nach einer allgemeinen Einführung in die Problematik wird eine besondere Facharbeit über den Anschluß eines Mikrocomputers als Terminal an den Schulrechner vorgestellt.

Einführung

Der rheinland-pfälzische Lehrplan für das Grundfach Informatik gründet sich auf die "Zielsetzungen und Inhalte des Informatikunterrichts" der Gesellschaft für Informatik /Bra 76/ mit dem Unterschied, daß die Projektkurse an das Ende des Grundkurses gerückt werden /Bau 77, revidierte Fassung Lau 81/. Im ersten Teil ist der Lehrplan streng top-down orientiert, d.h. nach einer allgemeinen Betrachtung von Algorithmen schließt sich deren Realisierung in einer Programmiersprache auf einem konkreten Rechner an. Den Abschluß bildet eine exemplarische Betrachtung der Maschinensprache und der Rechnerarchitektur, sowohl in Technik als auch in der Theorie. Diese Betrachtungen werden durch Anwendungen und gesellschaftliche Bezüge der Informatik abgerundet.

Wahlthemen sind der Klassenstufe 13 vorbehalten. Insbesondere bieten sich hier Programmierprojekte an /vgl. dazu Leh 81, Dit 81/. Hier können Schüler, vielleicht mehr als in anderen Fächern, durch geeignete Vorschläge Einfluß auf den Unterricht nehmen. Dem Lehrer kommt bei der Auswahl des Themas besondere Verantwortung zu, da er die Schüler über eine lange Zeit immer beim gleichen Thema bei der Stange halten muß. Häufig sind für alle Beteiligten die Probleme und Risiken nicht ganz abschätzbar, so daß auch ein Scheitern des Projektes in Kauf genommen werden muß.

In der Regel wird der Inhalt eines Projektkurses nicht dem Informatikunterricht entstammen. Den Vorkenntnissen der Schüler ist daher besondere Beachtung zu schenken. Auch die Kenntnisse aus dem Informatikunterricht sind zu berücksichtigen. Gerade bei Programmierprojekten kommt der guten Kenntnis der Programmiersprache erhöhte Bedeutung zu. Andererseits ist es natürlich, daß das Wissen aus der Programmierphase (die Halbjahre 11/2 und 12/1) zumindest bei den schwächeren Schülern im anschließenden Halbjahr 12/2 verblaßt, wenn es nicht ständig aufgefrischt wird. Die im Lehrplan vorgesehenen Unterrichtsinhalte bieten dazu allerdings kaum Möglichkeiten. Der Lehrer muß daher andere Wege gehen. Hier bieten sich Referat und Facharbeit an /vgl. Bou 77, Bie 78 und Lau 76/. Sie dienen in besonderem Maße dazu, den jungen Menschen zu Eigentätigkeit und Selbständigkeit zu erziehen und ihn so "in seiner personalen und sozialen Entfaltung" zu fördern /MSS 79, §2/.

In der *Facharbeit* erarbeitet der Schüler "ein eng begrenztes Thema mit Hilfe wissenschaftlicher Arbeitstechniken insofern selbständig, als er für die detaillierte Problemstellung, die Lösungswege, die Informationsbeschaffung und die Problemlösung unter Anleitung seines Fachlehrers selbst verantwortlich ist" /Bie 78, 17/.

"Das *Referat* ist eine gegenüber der Facharbeit kleinere, aber ebenfalls selbständig angefertigte Ausarbeitung zu einer Detailfrage mit unterschiedlichen Aufgabenstellungen. Die Anfertigung ... soll nicht auf ein bloßes Abschreiben beschränkt sein, sondern die Information selbständig gegliedert darbieten" /Bie 78, 17/.
Das Referat wird mündlich vorgetragen.

In der oben geschilderten Situation bietet sich für den Informatikunterricht folgende Synthese an: Zu Beginn des Halbjahres 12/2 wird an jeden Schüler eine Programmieraufgabe vergeben. Der Schwierigkeitsgrad richtet sich nach der Leistungsfähigkeit des Schülers, der Inhalt nach seinen Wünschen, falls realisierbare Ideen vorliegen, sonst kann er unter mehreren Vorschlägen auswählen. Im Laufe des Halbjahres steht der Fachlehrer beratend zur Verfügung. Die Schüler lösen ihr Problem außerhalb des Unterrichts. Daher ist für sie ein freier Zugang zum Schulrechner in ihrer Freizeit notwendig. Gegen Ende des Halbjahres stellen die Schüler ihr Problem, ihre Lösung und die Realisierung in einem Programm dem Kurs in einem Referat vor. Die gesamte Aufgabe geht sicher über ein Referat hinaus, erreicht aber normalerweise nicht den Umfang einer Facharbeit. Jedoch ist nicht ausgeschlossen, daß das Thema zu einer Facharbeit erweitert wird. Diese Aufgaben tragen in mancher Beziehung die Eigenschaften von Projekten, als nicht immer die Probleme richtig einzuschätzen sind und als manchmal die ausgewählten Probleme keine Lösung finden. Durch die ständige Beschäftigung der Schüler mit der Programmiersprache wird für die anstehenden Projektkurse in der Klassenstufe 13 gewährleistet, daß wenigstens die notwendigen Kenntnisse der Programmierung vorhanden sind.

Hier soll über eine solche Aufgabe berichtet werden, deren Lösung anfangs wesentlich einfacher aussah, als sich bei der Bearbeitung herausstellte.

Vor der Darstellung der Aufgabe und ihrer Lösung müssen aber noch einige technische Voraussetzungen der Schule beschrieben werden.

Schulische Gegebenheiten

Das Leibniz-Gymnasium in Neustadt an der Weinstraße erhielt in Rahmen des Modellversuchs "Programmiersprachen für den Unterricht" einen Minicomputer mit u.a. zwei Bildschirmarbeitsplätzen. Ein weiterer Ausbau konnte wegen finanzieller Beschränkungen nicht vorgenommen werden. Jedoch war die Planung so weitsichtig, daß ein weiterer Ausbau aus Schulmitteln ohne wesentliche technische Probleme möglich war. Insbesondere ist das Betriebssystem für weitere Benutzer ausgelegt, und die Anlage enthält Schnittstellen für weitere vier Bildschirmarbeitsplätze.

Vor einiger Zeit stand nun etwas Geld zum Ausbau der Anlage zur Verfügung. Normalerweise hätte man das ausgenutzt, um ein weiteres Terminal zu kaufen. Aus verschiedenen Gründen hat sich die Schule aber anders entschieden.

- Für ein Terminal der gleichen Qualität wie die vorhandenen reichte der zur Verfügung stehende Betrag nicht aus. Bei "Low-cost-Terminals" hätte es fast die gleichen Probleme wie bei der gewählten Lösung gegeben.
- Ein weiteres Terminal hätte höhere laufende Wartungskosten nach sich gezogen, die der Schulträger nicht ohne weiteres übernehmen wollte.
- Erfahrungen mit Mikrocomputern sind für die Schule im Hinblick auf die Zukunft nützlich. Einzelne Schüler arbeiten heute bereits mit Mikrocomputern zu Hause, und es ist nur noch eine Frage der Zeit, bis die Mehrheit der Schüler damit arbeitet. Die Schule muß dann auf die dadurch entstehenden Probleme eine Antwort bereit haben.

- Für einen vollständigen Mikrocomputer mit einem Doppel-Mini-Floppy-Laufwerk und einem Drucker oder Plotter, der dann auch außerhalb des Informatik-Fachraumes einsetzbar gewesen wäre, reichte das Geld aber ebenfalls nicht.

Die Schule kaufte aus diesen Gründen einen Mikrocomputer mit serieller Schnittstelle zum Anschluß an den Schulrechner als Bildschirmarbeitsplatz und paralleler Schnittstelle zum Anschluß an den vorhandenen Drucker. Die Schule hegte dabei die Hoffnung, den Mikrocomputer irgendwann voll ausbauen zu können, und die weitere Hoffnung, daß keine Reparaturen anfallen würden. Der letzte Wunsch ist nicht in Erfüllung gegangen.

Der Mikrocomputer als Terminal zum Schulrechner

Für die Lösung des Anschlußproblems war der Kaufzeitpunkt glücklich gewählt: Im Informatikunterricht lief gerade die erste Unterrichtseinheit des Halbjahres 12/2, in der kleine Programme in eine hypothetische Maschinensprache übersetzt werden. Eine reale Maschinensprache kommt in dieser Unterrichtsphase auf Grund der angestrebten Lernziele wegen ihrer Komplexität nicht in Frage. Einige Schüler waren jedoch am Lernen einer realen Maschinensprache interessiert. Dies paßte nicht ganz zu den oben geschilderten Vorstellungen. Da bei den Betroffenen jedoch keine Bedenken bzgl. der Kenntnisse in der unterrichteten Programmiersprache bestanden, wurde der Anschluß des Mikrocomputers als Aufgabe vergeben.

Zuerst sollte der Drucker angeschlossen werden. Hierzu war nur die Anpassung der Hardware zu leisten. Es traten die gleichen Probleme auf wie beim Anschluß als Terminal. Sie werden dort geschildert. Es hat sich inzwischen herausgestellt, daß die konkrete Lösung sehr speziell ist und vor allem von dem verwendeten Interface abhängt. Hier soll nur die allgemeine Vorgehensweise dargestellt werden. Die spezielle Lösung ist deshalb getrennt unter "*Druckeranschluß*" beigefügt.

Im nächsten Schritt sollte der Mikrocomputer wie ein normales Terminal des Schulrechners arbeiten. Seine eigene"Intelligenz" sollte dabei nicht voll ausgenutzt werden. Das Problem sah nicht übermäßig umfangreich aus:

- Beide Rechner waren über die angeblich gleichen V 24-Schnittstellen zu verbinden.
- Es war ein kleines Kopplungsprogramm in Maschinensprache für den

Mikrocomputer zu schreiben, das den Terminal-Betrieb simulierte.

Jedoch schon die Technik bereitete erhebliche Schwierigkeiten. Die Schnittstellen waren keineswegs identisch. Nicht einmal Ein- und Ausgänge lagen an der gleichen Stelle. Jedes einzelne Kabel mußte also auf seine Funktion hin überprüft werden, da auch die der Schule zugänglichen Unterlagen nicht immer eine Lösung anboten. Weiter stellte sich heraus, daß ohne zusätzliche Bauteile nicht alle Funktionen der Hardware des Schulrechners dargestellt werden konnten. Die konkrete Lösung ist wieder sehr gerätespezifisch und daher getrennt unter "*Terminalanschluß*" dargestellt.

Für die Anlage des Kopplungsprogramms standen zwei grundlegend verschiedene Alternativen zur Verfügung. Einmal werden alle Ein- und Ausgaben im Speicher des Mikrocomputers gesammelt und dann geschlossen übertragen bzw. ausgegeben. Bei der zweiten Möglichkeit wird jedes einzelne Zeichen sofort aus- bzw. weitergegeben.

Die erste Möglichkeit wurde auch zuerst realisiert. Sie hatte den Vorteil, daß die Übertragung der Daten zwischen den beiden Computern mit der gleichen Geschwindigkeit wie bei den übrigen Terminals, nämlich 9600 Baud, erfolgen konnte. Es stellte sich jedoch als sehr lästig heraus, daß oft lange Wartezeiten auftraten, bis alle Daten im Speicher waren. Dafür liefen sie dann um so schneller über den Bildschirm, so daß sie oft nicht aufzunehmen waren.

Deshalb wurde anschließend die zweite Möglichkeit realisiert. Das Kopplungsprogramm hat folgende Funktionen:

- Initialisierung,
- Ausgaberoutine,
- Eingaberoutine.

Bei der Initialisierung wird durch Software das Interface des Mikrocomputers eingestellt (z.B. Anzahl der Datenbits, Paritätsbit). Anschließend muß das Programm zur Aus- oder zur Eingabe verzweigen. Dabei sind einige Eigenheiten der verwendeten Anlagen zu berücksichtigen. So hat der Mikrocomputer kein Zeichen "[" auf seiner Tastatur, es ist auch bei Tastenkombinationen nicht vorgesehen. Es muß daher erzeugt werden. Dies geschieht durch entsprechendes Belegen der Tastenkombination "Ctrl-K". Auf der anderen Seite erzeugt der Schulcomputer zur Bildschirmsteuerung zusätzliche Zeichen "LF" (= Line Feed), die vom Mikrocomputer unterdrückt werden müssen. Der Mikrocomputer realisiert das Zeichen "RB" (= Ring Bell) durch ein langes Unterprogramm. Damit keine Zeichen verloren gehen, muß "RB" unterdrückt werden. Außerdem wird durch jede Übertragung eines Zeichens die Einstellung der Schnittstelle geändert (es hat lange gedauert, bis das herausgefunden war!), so daß jedesmal neu initialisiert werden muß. Sicher sind diese Eigenheiten sehr maschinenspezifisch. Sie zeigen jedoch deutlich, was alles berücksichtigt werden muß. Sie waren sehr unerwartet und lieferten daher die größten Schwierigkeiten.

Das Programm ist als Endlosschleife geschrieben und hat folgendes Aussehen:

```
wiederhole
    initialisiere Interface
    warte, bis Schulrechner sendet oder eine Eingabe erwartet
    Eingabe erwartet?
    ja:
        wiederhole
            warte Betriebsbereitschaft des Schulrechners ab
            lese Zeichen von der Tastatur
            wandle "Ctrl-K" in "["
            gebe Zeichen zur Kontrolle auf dem Bildschirm aus
            sende Zeichen
        bis Zeichen = "CR"
        warte Rückmeldung des Schulrechners ab
    nein:
        übernehme Zeichen
        Zeichen ≠ "LF", "RB" ?
        ja:
            gebe Zeichen auf dem Bildschirm aus
        nein:
            (leer)
```

Das Maschinenprogramm ist, verglichen mit seiner Erläuterung, winzig. Leider ist der Mikrocomputer bei der Abarbeitung dieses Programms sehr langsam, so daß die Übertragungsrate auf 600 Baud herabgesetzt werden mußte. Dies beeinträchtigt zwar nicht die Eingabe, es ist aber unschön, wenn man sich Programme auflisten läßt.

Der nächste, noch nicht realisierte Schritt, soll nun darin bestehen, die "Intelligenz" des Mikrocomputers auszunutzen. Es soll erreicht werden, daß man beliebige Programme auf dem Hintergrundspeicher des Schulrechners ablegen und von dort wieder abrufen kann. Dazu sind noch einige Probleme zu lösen.

Eine ähnliche Aufgabe ist an anderer Stelle, in Hermeskeil und Trier, bereits gelöst, nämlich die Übertragung von Daten von einem Mini-Floppy-Laufwerk des Mikrocomputers zum Hintergrundspeicher des Schulrechners und umgekehrt. Dies ist insofern einfacher, als die Daten nicht aus dem Arbeitsspeicher des Mikrocomputers entnommen werden, man dessen Speicherorganisation also nicht zu kennen braucht.

Druckeranschluß

Die hier beschriebenen Einzelheiten gelten nur für die verwendete Gerätekombination. Als Schulrechner steht ein Dietz-Computer 621 X2 und als Mikrocomputer ein Apple II plus zur Verfügung. Als paralleles Interface wird das Centronics Drucker Interface A2B0007 verwendet. Zum Schulrechner gehört ein Binder Matrix-Drucker mit seriellem Eingang (für den Schulrechner) und parallelem Eingang (für den Mikrocomputer). Die Eingänge sind durch einen Schalter zu wählen, wobei ein gleichzeitiger Zugriff nicht möglich ist.

Beim Anschluß muß man zuerst die Quittungssignale, die der Drucker braucht, auf dem Parallelinterface einstellen. Dazu muß man den 16-poligen DIL-Stecker aufPlatz B1 der Interfacekarte auf folgende Weise brücken:

Pin 1

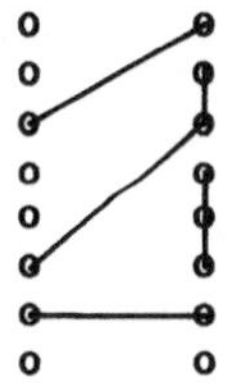

Dieser Vorgang legt die Signale STR-ACK fest.

Danach müssen die Kabel des 20-poligen Flachkabels des Parallelinterfaces mit dem Stecker für den Drucker verbunden werden. Dies geschieht wie folgt (Nicht belegte Stifte werden nicht genannt.):

Apple II			Drucker	
Stift	Bedeutung	Kabelfarbe	Stift	Bedeutung
1	Masse	braun	2	Masse
2	ACK	rot	14	DAC
8	STROBE	grau	13	DAV

Apple II			Drucker	
Stift	Bedeutung	Kabelfarbe	Stift	Bedeutung
10	Datenbit 0	schwarz	5	Datenbit 0
11	Datenbit 1	braun	6	Datenbit 1
12	Datenbit 2	rot	7	Datenbit 2
13	Datenbit 3	orange	8	Datenbit 3
14	Datenbit 4	gelb	9	Datenbit 4
15	Datenbit 5	braun	10	Datenbit 5
16	Datenbit 6	blau	11	Datenbit 6

Zum Druck muß der Schalter "LINE" beim Drucker gelöst sein. Danach ist der Drucker mit dem Kommando "PR≠3" bzw. im Monitor mit "3 Ctrl-P" anzusprechen (da sich die Interfacekarte im Peripherieanschluß 3 befindet). Falls keine weiteren Kommandos folgen, wird auf dem Drucker alles ausgegeben, was auf dem Bildschirm erscheint. Graphik wird aber nicht ausgedruckt.

Terminalanschluß

Als Schnittstelle wird das Asynchron serial Interface CCB0008 verwendet.

Zuerst muß mit Hilfe von 16 Schaltern das Interface des Schulrechners, das auf einer Multiinterface-Karte liegt, auf den Betrieb mit dem Mikrocomputer eingestellt werden. Folgende Schalterstellung ist nötig:

Schalter	Einstellung	Bedeutung
1	aus	keine Funktion
2	aus	keine Funktion
3	aus	Wortlänge 8 Bit
4	aus	
5	aus	2 Stopbits
6	aus	ohne Parität
7	aus	keine Funktion
8	an	Wartezeit zugelassen
9	aus	keine Funktion
10	aus	keine Funktion
11	aus	Quarzoszillator
12	an	Baudrate 600
13	aus	
14	aus	
15	aus	
16	aus	ohne Betriebsbereitschaftsabfrage

Im seriellen Interface des Mikrocomputers muß durch Schalter nur die Übertragungsrate 600 Baud einstellen:

Schalter	1	2	3	4
Einstellung	an	aus	aus	an

Die beiden Rechner werden mit 25-poligen Cannon-Steckern verbunden. Die Stifte (Nicht belegte Stifte werden nicht genannt.) sind wie folgt belegt:

Apple II			Dietz 621		
Bedeutung	Stift		Stift	Bedeutung	Kabelfarbe
Sendedaten	2		2	Empfangsdaten	gelb
Empfangsdaten	3		3	Sendedaten	grün
Gerät sendebereit	4 6 20		6 11 20	Gerät empfangsbereit	blau
Masse	7		7	Masse	rot
			21	Schutzerde	

Weil das Interface im Apple abschalten würde, sobald die Dietz-Anlage auf Empfang schaltet, muß in eine Leitung eine Schutzdiode eingelötet werden.

Der Apple kann nun wie ein normales Terminal dem Dietz-Betriebssystem bekannt gemacht werden.

Das Kopplungsprogramm wird nun von einer Kassette geladen und gestartet. Dies geschieht mit folgenden Befehlen:

Befehl	Erklärung
CALL -151	Sprung in den Betriebssystemmonitor
1000.1048R	Laden des Programms von Kassette (Solange wiederholen, bis kein Fehler auftritt)
300<1000.1048M	Verschieben des Programms in einen Speicherbereich, in dem es nicht überschrieben werden kann
300G	Starten des Programms

Danach kann man mit dem Apple wie mit jedem normalen Terminal arbeiten, mit den Einschränkungen, daß keine Break-Funktion existiert, daß keine Kleinbuchstaben verarbeitet werden können und daß der Apple keine Nachrichten empfangen kann, da das serielle Interface von der Hardware her diese Funktion ausschließt.

Zum Abschluß sei das Kopplungsprogramm selbst mit einigen Erkärungen angegeben:

Maschinenprogrammausdruck				Erklärung
0300-	A9 23	LDA	≠§23	Zurücksetzen des Interfaces
0302-	8D 90 C0	STA	§C090	Abspeichern auf Betriebsartbyte
0305-	A9 11	LDA	≠§11	Einstellen des Interfaces auf Wortlänge 8 Bit 2 Stopbits keine Parität Interrupts unwirksam
0307-	8D 90 C0	STA	§C090	Abspeichern auf Betriebsartbyte

Maschinenprogrammausdruck				Erklärung
030A-	AD 90 C0	LDA	§C090	Beginn der Warteschleife
030D-	29 05	AND	≠§05	
030F-	4A	LSR		Abfrage, ob Eingabe erwünscht
0310-	D0 13	BNE	§0325	Sprung zur Eingaberoutine
0312-	90 F6	BCC	§030A	Sprung zur Warteschleife
0314-	AD 91 C0	LDA	§C091	Beginn der Ausgaberoutine
0317-	C9 8A	CMP	≠§8A	
0319-	F0 EF	BEQ	§030A	"LF" unterdrücken
031B-	C9 87	CMP	≠§87	
031D-	F0 EB	BEQ	§030A	"RB" unterdrücken
031F-	20 F0 FD	JSR	§FDF0	empfangenes Zeichen ausgeben
0322-	4C 0A 03	JMP	§030A	Sprung zur Warteschleife
0325-	AD 90 C0	LDA	§C090	Beginn der Eingaberoutine
0328-	29 02	AND	≠§02	
032A-	F0 F9	BEQ	§0325	Warten, bis Übertragung möglich
032C-	20 0C FD	JSR	§FD0C	Zeichen von Tastatur lesen
032F-	C9 8B	CMP	≠§8B	Ausgabe zur Kontrolle, falls
0331-	D0 02	BNE	§0335	≠"Ctrl-K"
0333-	A9 DB	LDA	≠§DB	"Ctrl-K" in "[" wandeln
0335-	20 F0 FD	JSR	§FDF0	Ausgabe auf dem Bildschirm
0338-	8D 91 C0	STA	§C091	Senden zur Dietz-Anlage
033B-	C9 8D	CMP	≠§8D	
033D-	D0 E6	BNE	§0325	Wiederholung, bis "CR" kommt
033F-	A9 55	LDA	≠§55	
0341-	20 A8 FC	JSR	§FCA8	Warten, bis "CR" gesendet
0344-	4C 00 03	JMP	§0300	Rücksprung zum Programmbeginn
0347-	00	BRK		
0348-	FF	???		Füllbefehl, erleichtert das Laden des Programms

Literatur

Bau 77 Baumann, A. et al.
Entwurf eines lernzielorientierten Lehrplanes INFORMATIK, Grundfach, für die Mainzer Studienstufe
in: Maaß, D. (Hrsg.)
Modellversuch zum Computereinsatz in Unterricht und Verwaltung
Mainz 1978

Bra 76 Brauer, W. et al.
Zielsetzungen und Inhalte des Informatikunterrichts
Zentralblatt für Didaktik der Mathematik 1/1976

Bie 78 Bietz, W.; Lautzas, P.
Protokoll und Referat in der Mainzer Studienstufe
Mainz ohne Jahr (1978?)

Bou 77 Bous, H. et al.
Empfehlungen zur Leistungsfeststellung (Handreichung zum Lehrplan INFORMATIK, 2. Folge)
in: Maaß, D. (hrsg.)
Modellversuch zum Computereinsatz in Unterricht und Verwaltung
Mainz 1978

Dit 81 Dittrich, E.
Projektbezogenes Arbeiten in einem Grundkurs Informatik

in: Brauer, W. (Hrsg.)
GI-11. Jahrestagung
Berlin 1981

Lau 76 Lautzas, P.
Die Facharbeit in der Mainzer Studienstufe
ALK-Informationen 2/76, Bad Kreuznach 1976

Lau 81 Laubenheimer, N. et al.
Lehrplan INFORMATIK, Grundfach
unveröffentlichtes Manuskript, Mainz 1981

Leh 81 Lehmann, E.
Projekt "U-Bahn-Auskunftssystem", 1. Teil
LOG IN 1,4 (November 1981), 44-50

MSS 79 Landesverordnung über die Oberstufe des Gymnasiums (Mainzer Studienstufe) vom 7.02.1979
Amtsbl. 6/79, 125

Mikrorechner und ein geeignetes Ausbildungssystem

Lothar Hammerl
Karl-Heinz Köster
Gerd Schürmann
Technische Universität Berlin
Fachbereich 20, Informatik
FG Softwaretechnik
Ernst Reuter Platz 7
D - 1000 Berlin 10

Zusammenfassung:

Im folgenden Papier wird aufgezeigt, welche Anforderungen an einen Rechner gestellt werden, damit er als geeignetes Lehrmittel im Informatikunterricht eingesetzt werden kann. Nach einer Diskussion, inwieweit Mikrorechner dieser Anforderung gerecht werden, wird ein ELAN-Ausbildungssystem für Mini- und Mikrorechner skizziert, das in einem Forschungsprojekt an der TU-Berlin entwickelt wurde.

Einleitung

Die Gestaltungsmöglichkeiten des Informatikunterrichts mit Hilfe eines Rechners wurden in der Vergangenheit hauptsächlich von der Hard- und Software-Entwicklung bestimmt. Die didaktischen Bedürfnisse des Lehrers wurden nur selten einbezogen, fehlende Hilfsmittel mußten von ihm selbst integriert werden. Die Entwicklung von Systemen, die auch im Unterricht Verwendung fanden, orientierte sich eher an den Betriebsarten (z.B. Einbenutzer-, Stapel-, Mehrbenutzerbetrieb) als an Ausbildungsbedürfnissen. Mit den neuen Einbenutzersystemen auf der Grundlage von Mikrorechnern hat die Programmiersprache BASIC und das unterstützende System zumindest auf dem Markt der Personal-Computer, eine neue Aktualität erzielt. Soll die Informatikausbildung an der Schule diesem Trend folgen? Wir glauben, daß dieser Trend sowohl durch die denkbar schlecht geeignete Sprache BASIC /1/ als auch durch die unsystematische

Arbeitsweise mit diesen Systemen für die Ausbildung nicht tragfähig ist. Im folgenden Papier wird versucht darzustellen, inwieweit Mikrorechner als Lehrmittel für einen Informatikunterricht geeignet sind. Außerdem wird ein Ausbildungssystem skizziert, das in einem Forschungsprojekt auf der Grundlage einer Kooperation zwischen der TU-Berlin und der Firma Nixdorf und einer Förderung des BMFT entwickelt wurde.

Der Rechner als Lehrmittel im Informatikunterricht

Dialog-Systeme sind auf dem ersten Blick sehr beeindruckend, da sie einen leichten Einstieg in die Arbeit mit dem Rechner ermöglichen ohne hohe Anforderungen an das Vorwissen des Benutzers zu stellen. Die leichte Erstellung und unmittelbare Ausführbarkeit von Programmen unterstützt die Experimentierfreude und welcher Lehrer möchte darauf verzichten? Ein Unterricht, der eine systematische Einführung in das Programmieren und die Rechnernutzung gibt, sollte aber nicht den experimentellen Aspekt sondern die systematische Vorgehensweise in den Vordergrund stellen. Ein besser geeignetes System, wie z.B. das UCSD-Pascal-System /2/, legt mehr Wert auf die systematische Programmkonstruktion und die Aufdeckung von syntaktischen und statisch semantischen Fehlern durch eine separate Analysephase und verzichtet auf die unmittelbare Ausführbarkeit. Die Experimentierfreudigkeit soll mehr durch motivierende Aufgabenstellungen und die erzielten und demonstrierbaren Ergebnisse angeregt werden /3/.

Die zur Zeit verfügbaren Rechnersysteme bieten in ihrer Hard- und Software-Konzeption nur wenig Möglichkeiten, auf die Programmiermethodik Einfluß zu nehmen. Eine der Ursachen ist darin zu sehen, daß die Systeme nicht für den Ausbildungsbereich, sondern für den technisch wissenschaftlichen und kommerziellen Einsatz entwickelt wurden. Wie bei allen ingenieurmäßigen Tätigkeiten üblich, darf auch die Konstruktion von Algorithmen nicht auf der "Baustelle" erfolgen, sondern ist eine schöpferische Tätigkeit, bei der Konzentration und ein gewisses Maß an Erfahrung notwendig sind. Für diesen Prozeß ist ein Terminal nicht geeignet. Die Konstruktion eines jeden Algorithmus muß am Schreibtisch vorbereitet werden, und dies gilt insbesondere für die Ausbildung. Nur so wird erreicht, daß ein Schüler vor dem Entwurf von Algorithmen über seine Lösungsstrategie nachdenkt und versucht, diese Idee mit systematischen Konstruktionsprinzipien in ein Programm umzusetzen.

Eine interaktive Programmentwicklung am Terminal ist nicht nur hinderlich, sondern stellt jegliche Lehrziele in Frage, die über die Beherrschung syntaktischer Strukturen irgendeiner Programmiersprache hinausgehen. Der Schüler gerät durch die Interaktion mit dem Rechner unter Leistungsdruck und vermag dadurch häufig selbst einfache Sachverhalte nicht zu durchschauen. Er wird zwangsläufig versuchen müssen, seine Lösung hinzubiegen, ohne die wesentlichen logischen Fehlschlüsse zu korrigieren. Ein Unterricht, der auf die Arbeit mit einem solchen interaktiven System abgestimmt ist, hat daher bereits dort seine Grenzen, wo die eigentlichen Lehrinhalte, nämlich die Beherrschung systematischer Konstruktionsprinzipien, beginnen.

Wer diesen Überlegungen zustimmt, kann leicht die Arbeitsgänge erkennen, für die das Terminal das geeignete Werkzeug ist:

- die Eingabe einer vorbereiteten Lösung

- die texttuelle Korrektur festgestellter Fehler

- die Eingabe von Testdaten bei interaktiven Programmen.

Wird nach der Eingabe eines vorbereiteten Programmes das Terminal verlassen, erhöht sich die Verfügbarkeit von Terminals, außerdem werden die sonst üblichen langen und unergiebigen Sitzungen mit zwei oder gar noch mehr Schülern an einem Arbeitsplatz vermieden.

Die Arbeitsgänge, die am Schreibtisch durchgeführt werden, sind:

- die Entwicklung einer Lösung für die gestellte Aufgabe

- die Formulierung dieser Lösung in einer geeigneten Notation

- die Verbesserung von fehlerhaften Algorithmen.

Am Terminal wird somit immer mit vorbereiteten Dokumenten gearbeitet.

Für die Arbeit am Schreibtisch ist es unverzichtbar, daß von der Programmanalyse- und ablaufphase aussagekräftige Protokolle zur Verfügung gestellt werden. Dies kann das System dadurch unterstützen, daß

- der Compiler seine Ausgabe (Listing) auf einen abgesetzten

Drucker schickt

- die Fehler- und Ablaufprotokolle standardmäßig auch über den Drucker geleitet werden.

Die angeführten Punkte beschreiben elementare Anforderungen an die Gestaltung einer Ausbildungsumgebung. Ein Informatikunterricht, der den Anspruch erhebt, mehr als eine Einführung in eine Programmiersprache zu sein, darf sich nicht nur auf die Vermittlung des Umgangs mit einem Rechner und der Problemlösung im Kleinen beschränken. Auch die Lösung umfangreicher Probleme und damit die Erstellung großer Software muß Unterrichtsgegenstand sein. Konsequenterweise müssen daher in der Schule nicht nur die technischen Aspekte einer Problemlösung mit Hilfe von Software-Engineering-Methoden vermittelt werden, sondern auch die Erstellung von Programmen im Team mit den Problemen der Team-Organisation, deren Notwendigkeit und die Vor- und Nachteile verschiedener Modelle müssen diskutiert und angewendet werden./4/,/5/

Es erscheint uns daher sinnvoll, im fortgeschrittenen Unterricht diese Techniken an Hand eines Projektes darzustellen und einzuüben. Dazu muß die Untergliederung des Software- Erstellungsprozesses in Phasen und Tätigkeiten, die Regelung der Arbeitsteilung und der Kommunikation der Projektmitarbeiter (Schulklasse oder Kurs) Unterrichtsgegenstand sein. Dabei werden nicht nur die organisatorische Seite der Software-Erstellung und die Probleme bei Gruppenarbeiten und ihre Bewältigung behandelt.

Die Eignung des Mikrorechners als Lehrmittel

Prinzipiell eignen sich Mikrorechner für den Anfängerunterricht, weil sie den ersten Zugang zum Rechner gut ermöglichen, der Benutzer sich nicht um die An- und Abmeldeprozeduren kümmern muß und es sich mit nur sehr wenigen Benutzerkommandos erfahrbare Reaktion erzielen lassen.

Für das dargestellte Konzept der Arbeitsweise mit dem Rechner im Unterricht zur Erlernung des Problemlösens ist der Mikrorechner nur brauchbar, wenn mindestens eine höhere Programmiersprache wie ELAN /6/ oder Pascal vorhanden ist. Außerdem muß die Benutzung des Rechners zumindest durch einen bildschirmorientierten Editor einfach und dennoch komfortabel sein.

Die Durchführung von Projekten wird erst dann ermöglicht, wenn auch für den Schulbereich mit Hilfe von Mikrorechnern folgende Anforderungen erfüllbar sind:

- Kommunikation der einzelnen Projektgruppen über ein gemeinsames Informationssystem

- Austausch von Modulen zwischen den Projektgruppen

- Unterstützung eines inkrementellen Integrationstests

- Vorgaben von gemeinsam zu nutzenden Umgebungen durch den Lehrer

Mit Hilfe von Mehrbenutzer-Systemen, wie sie bereits von Groß- und Minirechnern geboten werden, sind zumindest die technischen Voraussetzungen für obige Forderungen gegeben. Im Gegensatz dazu sind die Mikrorechner beim heutigen Stand der Technologie noch nicht ausgereift. Es gibt Bestrebungen, Mikrorechner lokal zu koppeln. Hintergrund dieser Kopplung ist die gemeinsame Nutzung von teuren Geräten wie Plattenlaufwerken und Schnelldruckern. Bekannte Vernetzungen sind bislang nur mit gleichartigen Rechnern realisiert /7/. Eine Normung (wie Ethernet) wird in den nächsten Jahren auch die Verbindung verschiedenartiger Rechnertypen ermöglichen. Mit den neuen 16-Bit-Mikrorechnern ergibt sich mit der verteilten Rechnerleistung eine deutliche Leistungssteigerung gegenüber herkömmlichen Mikrorechnern. Durch das mehrfache Vorhandensein kleiner autonomer Rechner wird sich die Verfügbarkeit des Gesamtsystems im Vergleich zu einem zentralisierten Mehrplatzsystem erhöhen.

Das ELAN-Ausbildungssystem

Im Rahmen der Entwicklung des ELAN-Systems wurden Werkzeuge geschaffen, die die oben beschriebenen unterschiedlichen Anforderungen der Informatik-Ausbildung erfüllen.

Für die erste Phase der Ausbidung steht ein ELAN0-Interpreter zur Verfügung /8/, der auf der Ebene von Verfeinerungen (refinements) /9/ das Editieren, Analysieren und Ausführen im Dialog unterstützt. Ein Verständnis von Dateien und ihrer Verwaltung wird nicht vorausgesetzt. Der Interpreter akzeptiert bei der Programmeingabe nur syntaktisch korrekte Konstrukte. Der Ausführungsphase geht eine Analysephase voraus.

Die nächste Stufe beinhaltet ein compilatives System, das auch Sprachkonstrukte wie Prozeduren und Pakete (Moduln) analysieren und transformieren kann. Das Laufzeitsystem ist in der Lage, umfangreiche Informationen über den Programmablauf zu erzeugen und im Fehlerfalle wiederzugewinnen. Die Programm- Erfassung wird durch einen bildschirmorientierten Editor unterstützt.

Für den Mehrbenutzer-Betrieb gibt es ein hierarchisch strukturiertes Dateiensystem, das jedem Benutzer seinen eigenen Bereich, dem Lehrer aber eine übergeordnete Rolle zubilligt. Für die Durchführung von Projekten steht ein Bibliothekssystem zur Verfügung, das getrennt übersetzte Module verwaltet und auch ihre Zusammenfassung unterstützt. Es bietet dem Lehrer auch die Möglichkeit, verschiedenen Schülergruppen dedizierte Umgebungen anzubieten. Dateien- und Bibliothekssystem ergänzen sich in der Unterstützung des Austausches und der Integration von Moduln verschiedener Projektgruppen./10/

Das ELAN System besteht aus folgenden Komponenten:

- einem ELAN-Interpreter
- einem ELAN-Übersetzer und Executive
- einem Pascal-Übersetzer und Executive
- einem Bildschirmorientierter Editor
- einem Dateiensystem
- einer Benutzerverwaltung
- einem Bibliothekssystem

Ausblick

Bei unserem Systementwurf für einen Minirechner haben wir verschiedene Restriktionen in Kauf nehmen müssen (z.B. 48kB virtueller Adressraum). Heutige Mikrorechner bieten einen Speicherausbau dieser Größe und mehr an, sodaß die Komponenten des Systems dort leicht installierbar sind. Für die Installation des Gesamtsystems sind aber bei vielen Mikrorechnern wichtige technische Voraussetzungen (z.B. Kopplung der Mikros untereinander) noch nicht gegeben. Unsere Pläne zielen darauf, moderne Mikrorechner-Architekturen (M68000, Z8000) für die Installation unseres Systems auszunutzen. Wir hoffen, damit alle Werkzeuge des ELAN-Systems anbieten zu können, die unsere didaktische Konzeption im Informatikunterricht unterstützen.

Literaturliste

/1/ ASS Arbeitskreis Schulsprache,
Haefner, K. (Red.)
Empfehlungen, Ergebnisse, Abschlußbericht und Stellungnahmen zu BASIC,
Paderborn, FEoLL, (1976)

/2/ Overgaard, M.:
UCSD Pascal: A portable Software Environment for small Computers,
AFIPS Conference Proceedings, 1980 NCC, 747-754,
Anaheim, (1980)

/3/ Bowles, K.L.:
Mikrocomputer Problem Solving Using Pascal,
Springer Verlag, (1977)

/4/ Schulz-Zander, R.:
Ein didaktischer Ansatz für den Informatikunterricht,
LOG IN 1, Heft 1, S.24-27 (1981)

/5/ Kimm, R.; Koch, W.; Simonsmeier, W.; Tontsch F.:
Einführung in Software Engineering,
Berlin, New York, Walter de Gruyter, (1979)

/6/ Hommel, G.; Jäckel, J.; Jähnichen, S.; Kleine, K.; Koch, W.; Koster, C.H.A.:
ELAN - Sprachbeschreibung
Wiesbaden, Akademische Verlagsanstalt (1979)

/7/ Kommunikationstechnik
Elektronik 8/23.4.82, S.73-80

/8/ Koster, C.H.A.:
Short Description of the ELAN-0 Interpreter for small Computers,
Department of Informatics, Faculty of Science,
Katholieke Universiteit Toernooiveld,
Nijmegen, The Netherlands, (March 1981)

/9/ Hommel, G.; Jähnichen, S.; Kleine, K.; Koch, W.:
Program construction with abstract notions in ELAN,
IFIP, WCCE 81, Conference Proceedings, (July 81)

/10/ Hammerl, L.; Köster, K.-H.:
Ein Ausbildungssystem für ELAN,
IKD ´82 Tagungsband, (1982)

/11/ Hommel, G.; Jähnichen, S.; Koster, C.H.A.:
Systematisches Programmieren mit ELAN, Skriptum
TU-Berlin, Fachbereich 20 (Informatik),
to be published

/12/ Haefner, K.(Hrsg.):
Schulrechner 85,
Arbeitskreis Schulrechner Empfehlung für die Rechnerausstattung der Schulen der Sekundarstufe II,
Stuttgart, Teubner Verlag, (1980)

TELEKOMMUNIKATION IM BILDUNGSWESEN: DER MIKROCOMPUTER ALS "INTEGRIERTES DATENTERMINAL"

R. Peschke
Hessisches Institut für Bildungsplanung und Schulentwicklung
Bodenstedtstraße 7
6200 Wiesbaden

Zusammenfassung

Neue Fernmeldedienste der Bundespost wie Bildschirmtext und Teletex können sinnvoll in Aufgaben der Bildungsverwaltung, des Schulmanagements, aber auch teilweise für unterrichtliche Zwecke einbezogen werden.
Die für eine Teilnahme an den Diensten erforderlichen Endgeräte sind zumindest beim Bildschirmtext kostengünstig und für Schulen erschwinglich. Mit Mikrocomputern als Schulrechner sind darüberhinaus dort oft schon Komponenten vorhanden, die bei einer Nutzung von Kommunikationsdiensten miteingesetzt werden könnten.

An Beispielen soll auf Serviceleistungen hingewiesen werden, die für Schulen mittels Bildschirmtext angeboten werden können. Die bei Bildschirmtext mögliche Verbindung von Kommunikationsdiensten und Datenverarbeitungsleistungen (über externe Rechner) gewinnt hierbei einen besonderen Stellenwert.

1. Neue Formen technischer Kommunikation

In sehr vielen Schulen werden bereits Telekommunikationsformen genutzt, ohne daß über sie gesondert unter der Thematik Kommunikationstechnik gesprochen werden würde.

° Das Fernsehen wird als breitbandige Kommunikationsform im Unterricht eingesetzt.

° Das Fernsprechen als schmalbandige Kommunikationsform dient der Individualkommunikation.
Das öffentliche Fernsprechnetz wird darüber hinaus von manchen Schulen zur Datenübertragung genutzt, insbesondere im Zusammenhang mit Automatisierungen von Schulmanagementaufgaben.

° Die Datenverarbeitung wird schulintern oder vereinzelt über Datenübertragungsnetze im Schulverbund eingesetzt und ist meist wesentlicher Bestandteil bestimmter Unterrichtsfächer geworden.

Neue Telekommunikationsformen sind:

- Telefax (Fernkopien)
- Teletex (Bürofernschreiben)
- Bildschirmtext (Informations- und Übertragungssystem im Verbund von Telefonnetz und Fernsehgerät)

In den achtziger Jahren werden diese Dienste über das öffentliche Fernsprechnetz angeboten. Langfristig deutet sich ein einheitliches Übertragungskonzept für Bild-, Sprach-, Text- und Datenkommunikation an: Das dienstintegrierte Digitalnetz, das die sogenannte Breitbandkommunikation mit Hilfe der Glasfasertechnik (Verkabelung) ohne die derzeitigen, technisch bedingten Einschränkungen der Kommunikationsdienste ermöglichen soll.

Für den Schulbereich werden insbesondere Bildschirmtext und Teletex eine besondere Bedeutung gewinnen können. Teletex allerdings nur für Aufgaben der Bildungsverwaltung und des Schulmanagements. Bildschirmtext wird darüber hinaus aufgrund seines Mediencharakters auch im Unterricht einen Platz einnehmen können, worauf noch im einzelnen eingegangen wird.

2. Zugang zu neuen Telekommunikationsformen für Schulen

Teletex und Telefax werden in Schulen nur dann verbreitet Eingang finden können, wenn die Kommunen als Schulträger bzw. die Schulaufsicht die Einrichtung dieser Dienste fördern.

Bildschirmtext kann dagegen mit der ohnehin vorhandenen Fernsprechanlage und ebenfalls vorhandenen Fernsehgeräten mit geringen Investitionskosten für eine Zurüstung (300 DM - 500 DM in der Anfangsphase) von jeder Schule eingerichtet werden. Da der Bildschirmtextdialog zum Ortstarif abgewickelt wird und Mediengebühren von lediglich 5,00 DM im Monat entstehen werden, sind auch die Betriebskosten dieses Kommunikationssystems von der Schule bestreitbar.

Viele der Lehrer und Schüler werden privat Bildschirmtextanschluß besitzen und nutzen.

3. Die Bedeutung von Kommunikationstechnik für die Schule

Bereits die derzeit vorhandene Vielfalt technischer Kommunikationsformen als auch deren Akzeptanz und Verbreitung im öffentlichen und privaten Bereich deuten darauf hin, daß ein Strukturwandel in der Geschäfts- und Individualkommunikation eintreten wird. Systeme wie Bildschirmtext, Kabel- und Satellitenfernsehen, Video und Home-Computer erweitern die Medienlandschaft und verstärken mögliche Gefahren für das Konsumverhalten von Kindern, Jugendlichen und Erwachsenen. Andererseits sind Systeme wie Teletex, Telefax, Kabeltex und auch hier Bildschirmtext Instrumentarien, die vorwiegend in der Wirtschaft zur Effektivierung der Bürokommunikation eingesetzt werden.

Auf einschlägigen Tagungen (Münchner Kreis, München 1980 und 1982, Online '82', Düsseldorf, Arbeitsgemeinschaft Computer im Unterricht, Wiesbaden 1982 und Gesellschaft für Pädagogik und Information, Hannover 1982) wurden mögliche Herausforderungen der Informationstechnik an Schule und Ausbildung bereits thematisiert (vgl.dazu /5/, /4/, /2/, /1/).

Von jedem einzelnen werden mit hoher Wahrscheinlichkeit wesentliche Veränderungen tradierten Informationsverhaltens gefordert. Es wird für seinen beruflichen und sozialen Erfolg von großer Wichtigkeit sein, informationsspeichernde und -verarbeitende Systeme erfolgreich bedienen zu können. Mit einer rechtzeitigen Auseinandersetzung mit Kommunikationstechniken könnten schon in der Schule Grundlagen für Bildungs- und Berufschancen geschaffen werden.

4. Einsatzmöglichkeiten von Bildschirmtext in der Schule

Im April 1981 hat die Bundesregierung die Entscheidung getroffen, den Bildschirmtextdienst ab 1983 im gesamten Bundesgebiet einzuführen. Seit dem 2.6.1980 wird Bildschirmtext in zwei öffentlichen Versuchen erprobt:

- Im Raum Düsseldorf/Neuss
- in Berlin (West)

Informationsanbieter können auch außerhalb der Versuchsgebiete ansässig sein, nicht jedoch im Ausland.

4.1 Das allgemeine Leistungsangebot

Das von der Bundespost vorgesehene Netz von Bildschirmtextzentralen hat folgende Aufgaben (aus der Sicht des Anwenders):

- Dialog mit Teilnehmer führen
- Informationsaustausch zwischen Teilnehmern ermöglichen
- Vermittlung zu externen Rechnern herstellen
- Gebührenabrechnung.

Die generellen Nutzungsmöglichkeiten von Bildschirmtext (Btx) stehen dem schulischen wie jedem privaten Anwender zur Verfügung (vgl. die nachfolgende Tabelle aus /6/, S. 3).

Anwendungskategorien	Anwendungsbeispiele
1 Informationen für Mehrere	
1.1 Abrufinformationen für alle Teilnehmer	Aktuelle Übersichtsinformationen - Nachrichten, Sport, Wirtschaft, Lokales, Notdienste, Lotto/Toto Informationen von Behörden - Besuchszeiten, Sitzungstermine von kommunalen Parlamenten, lokale Verordnungen, Verzeichnisse (Adressen, Straßen, Tarife und Gebühren) Informationen über Reisen und Verkehr - Zimmernachweis, Urlaubsreisen, Reisewetter, Wandervorschläge, Fahrplanauskünfte Informationen über kulturelle und sontige Veranstaltungen - Theater- und Konzertprogramme, Filmprogramme, lokaler Veranstaltungskalender, Besteller und Neuveröffentlichungen Informationen der Wirtschaft - Branchenverzeichnis, Konditionen, Kurse (Devisen, Papiere, Rohstoffe) Informationen für Haushalte - Hobby, Rezepte, Kleinanzeigen, Verkaufsangebote, Immobilien, Stellenangebote
1.2. Abrufinformationen für Teilnehmergruppen	Informationen für gewerbliche Verbraucher - Hersteller-, Bezugsquellenverzeichnis, interne Fernsprechauskunft Informationen für Freiberufe - Ärzte (Medikamentenverzeichnis, Kurmöglichkeiten), Apotheken, Rechtsanwälte (Rechtsauskünfte), Steuerberatung Informationen für Mitglieder in Vereinen, Clubs - Veranstaltungshinweise, Wahlergebnisse, Satzungsänderungen
1.3 Mitteilungen an mehrere Teilnehmer	Hinweise - Geschäftseröffnungen, Mitgliederversammlungen, Zahlungstermine, Mahnungen, Mitteilungen an Klienten und Patienten
2. Informationen für den Einzelnen	
2.1 Mitteilung eines anderen Teilnehmers	Glückwunsch- und Grußkarten, Verabredungen, briefliche Mitteilungen, Spiele mit Partnern
2.2 Mitteilungen von mehreren Teilnehmern	Warenbestellungen, Reservierungen, Buchungen, Schadensmeldungen
2.3 Abrufinformationen persönlicher Art	Kontostand, persönlicher Terminkalender
3. Dialog mit dem Rechner	
3.1 Rechendienstleistungen	Mathematische Berechnungen, programmgeführte Berechnungen (Kalkulationen, Renten, Finanzierungen, Steuererklärung)
3.2 Aus- und Weiterbildung, Tests	Heimkurse, Schulaufgaben, Erwachsenenbildung IQ-Tests, Eignungstests
3.3 Computerspiele	Labyrint

4.2. Btx als Informationssystem im Unterricht

Vorwiegend in Fächern wie Deutsch, Gesellschaftslehre, Geschichte, Erdkunde u.a. kann Bildschirmtext als hilfreiches Instrument eingesetzt werden.

Beispiel: Als Unterrichtsthema wird der "Umgang mit Behörden" behandelt. Mittels Btx können in einfacher Weise Grundinformationen zu Zuständigkeiten, Adressen, Öffnungszeiten, Formularanforderungen u.v.a. mehr beschafft werden. "Was muß ich tun, um einen Personalausweis/ Reisepaß zu beantragen?", "Wie melde ich ein Moped/Auto bei der KFZ-Zulassungsstelle an?" usw. sind mögliche Einzelprobleme, zu denen sich Schüler rasch und gezielt einen Überblick verschaffen können.

Insbesondere für Schüler mit Sprachproblemen kann der einfache Bildschirmtextdialog sehr hilfreich sein; beispielsweise dann, wenn Informationen in verschiedenen Sprachen zur Unterstützung für Ausländer angeboten werden.

4.3. Schulen als Informationsanbieter über Btx

Jede Schule kann durch Anmieten von Speicherseiten in einer Btx-Zentrale Informationsanbieter zur Verbesserung ihrer Öffentlichkeitsarbeit werden. Voraussetzung ist dann allerdings zumindest eine Editierstation (Alphatastatur mit Funktionstasten).

Beispiel: Eltern möchten sich wegen eines bevorstehenden Wohnortwechsels über das örtliche Schulangebot informieren, um für ihr Kind eine möglichst günstige Schulwahl treffen zu können. Über den Informationsdienst der Schule könnten sie sich einen Überblick über deren Größe, Ausstattung, über das Fächerangebot und besondere Leistungen verschaffen.

Innerhalb des Unterrichts oder in freiwilligen Arbeitsgemeinschaften können Schüler ebenfalls "Öffentlichkeitsarbeit" betreiben (Schülerzeitung, Mitteilungen für andere Schulen, Eltern, Lehrer, etc.). Projekte dieser Art vermitteln einen Einblick in die Leistungsfähigkeit des Btx-Systems, in Probleme der Informationsauswahl, der -gestaltung und der Informationssuche. Darüberhinaus kann der Zusammenhang von Kommunikation und Textverarbeitung erfahren werden.

5. Datenverarbeitung und Kommunikation

5.1. Btx als Datenkommunikationssystem

Das Bildschirmtextsystem ermöglicht den privaten Zugang zu DV-Leistungen, die über die sog. externen Rechner angeboten werden. Nach den bisherigen Erfahrungen mit Bildschirmtext wird es vor allem als Medium für die interaktive Datenkommunikation Bedeutung erlangen.

Vorteile des Btx-Systems für die Datenkommunikation sind:
- besonders einfache Handhabung und Dialogführung
- relativ geringe Investitionskosten für Endgeräte und Teilnehmeranschlüsse
- geringe Gebühren für Datenübertragung
- zeitlich und räumlich unbegrenzter Zugriff auf Informationen und Dienstleistungen
- Kompatibilität zu anderen Telekommunikaionssystemen

Für Bereiche der Bildungsverwaltung, der Schulaufsicht und des Schulmanagements eröffnen diese Vorteile des Btx-Systems ein preisgünstiges und einfach implementierbares Datenkommunikationssystem.
Im Unterricht rückt die Verknüpfung des Kommunikationssystems mit dem Schulrechner in den Vordergrund (vgl. Abb. 1).

Mögliche Transaktionen zwischen externen Rechnern oder dem Speicherplatz-Service der Btx-Zentralen und dem Schulrechner können sein:
- Überspielen von Daten
- Überspielen von Programmen (Telesoftware)
- Mitteilungen/Anforderungen/Bestellungen/Anmeldungen

Gerade die unter dem Begriff "Telesoftware" angesprochenen Dienste eröffnen den Schulen den Zugang zu öffentlich angebotenen Spielen, Programmen, Lernangeboten. Andererseits bietet das Übertragungssystem Btx zentralen Service- und Beratungsstellen, die zunehmend von den Bundesländern eingerichtet werden, ein Medium zur Versorgung von Schulen mit Software (z.B. für Informatikunterricht).

5.2. Zentrale Dienstleistungen für Lehrer am Beispiel Hessens

Serviceleistungen, die derzeit über das Hessische Institut für Bildungsplanung und Schulentwicklung angeboten werden, sind:
- Das Hessische Literaturdokumentationssystem - Pädagogik, das Lehrern Studienseminaren, Einrichtungen der Lehrerfortbildung auf Anfrage Dokumente zur Unterrichtsvorbereitung bereitstellt (ausgewertete

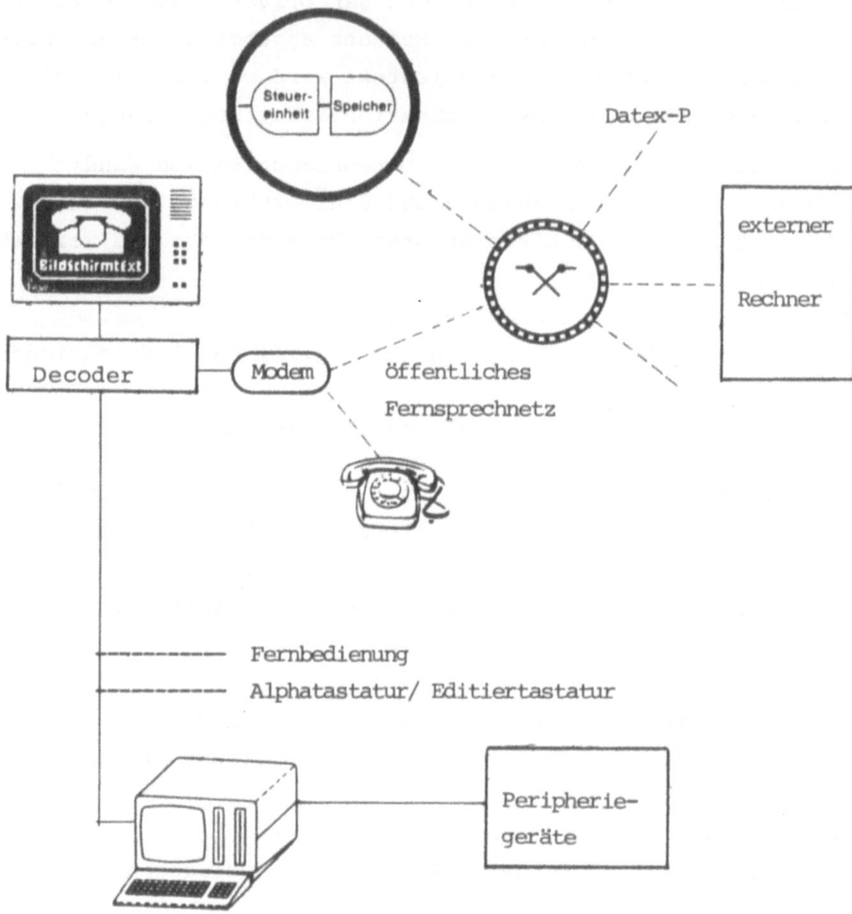

Abbildung 1: Der Schulrechner mit Anschluß an das Bildschirmtextsystem. Der Dialog erfolgt entweder mit der Bildschirmtextzentrale oder direkt mit dem "externen Rechner".

Schriften aus einschlägigen Fachzeitschriften, die über Schlagworte zusammengestellt werden).

- Die zentrale Schulrechnerberatungsstelle, die u.a. Software schulischen Interessenten bereitstellt.

Mit Hilfe des Bildschirmtextsystems und mit geeigneten Endgeräten könnten die bisherigen Verfahren der Anfrage, des Bestellwesens, des Versandes benutzerfreundlicher, aktueller und insgesamt kostengünstiger abgewickelt werden. Diese Umstellungen sind allerdings für eine Erprobung erst in Vorbereitung.

5.3. Der Mikrocomputer als "integriertes Datenterminal"

Schon weit über die Hälfte der Gymnasien, Gesamtschulen und Beruflichen Schulen verfügen heute über eigene (Mikro-) Computer. In wenigen Jahren wird in Hessen der Großteil dieser Schulen mit Rechnern ausgestattet sein.

Noch vor der offiziellen bundesweiten Einführung des Bildschirmtextdienstes durch die Bundespost werden derzeit die Mikrocomputer von vielen Firmen mit einer Btx-Schnittstelle ausgestattet. Die Kompatibilität mit Teletex wird ebenfalls vorangetrieben. Die Integration der Bürosysteme, wie sie derzeit voranschreitet, gewinnt für schulische Applikationen ebenfalls an Bedeutung, wobei der Mikrocomputer als mehrfunktionaler Arbeitsplatz angesehen werden kann:

- o Bildschirmorientierte Textverarbeitung für das Sekretariat und für die Lehrerarbeit
- o Textkommunikation mit Dienststellen und anderen Teilnehmern am Teletex-Netz
- o Datenverarbeitung im Rahmen des Schulmanagements und in Fächern wie Informatik, Mathematik, Polytechnik/Arbeitslehre, Physik u.a.
- o Datenkommunikation mit externen Rechnern, die entweder speziell auf schulische Dienste ausgerichtet sind. (z.B. im Rahmen von "closed user groups")oder öffentlich ansprechbar sind.

Bereits heute sollte bei DV-Beschaffungsmaßnahmen für Schulen der Zusammenhang von Datenverarbeitung und Telekommunikation berücksichtigt werden. Ähnlich wie in England die Mikrocomputer Schnittstellen zum dortigen interaktiven Videotex (PRESTEL) anbieten, wird auch in der BRD mit für Schulen geeigneten, preisgünstigen Mikrocomputern der Zugang zu Fernmeldediensten erschlossen.

6. Ausblick

Neue Telekommunikationsformen sollten nicht zur Wiederbelebung "alter" bildungstechnologischer Ansätze beitragen (z.B. Wiederbelebung einfachster Lernformen des computerunterstützten Unterrichts). Auch sollte die Frage eines neuen Faches nicht ernsthaft diskutiert werden. Im Zusammenhang mit Informatik, Mikroelektronik und fächerübergreifenden Ansätzen sind ausreichende Möglichkeiten für eine Thematisierung von Informationstechniken gegeben.

Wesentlich erscheint mir die Ausstattung von Schülen mit Formen der Telekommunikation als Instrumente der Problemlösung. Sie sollten als Arbeitsmittel und Kommunikationssysteme den Jugendlichen und Erwachsenen zur Verfügung stehen. Da die Entwicklung der Kommunikationstechnik erst am Anfang steht und mit einer sehr dynamischen Entfaltung gerechnet werden muß, könnten Schulen diejenigen Einrichtungen sein, an denen Kinder und Jugendliche den Umgang mit neuen Medien frühzeitig kennenlernen.

7. Literatur

/1/ Gesellschaft für Pädagogik und Information (Hrsg.): Bildung am Bildschirm. Paderborn 1982

/2/ Hessisches Institut für Bildungsplanung und Schulentwicklung(Hrsg.): Ist "technische Kommunikation" eine Herausforderung an den Einsatz des Computers im Unterricht? Wiesbaden 1982

/3/ Horlacher, E.: Telesoftware für rechnerunterstütztes Lernen mit Bildschirmtext und Mikrorechnern.a.a.O. in diesem Band

/4/ ONLINE '82: Kongreß III - Bildschirmtext - Interactive Videotex, VDE-Verlag GmbH, Berlin 1982

/5/ Vöge, K.H.(Hrsg.): Telekommunikation für Bildung und Ausbildung. Berlin 1981

/6/ Witte, E.: Am Beispiel Bildschirmtext: Kommunikationssysteme wachsen zusammen. Sonderdruck bit, o.O., o.J.

Die Verteilung von Programmen zum rechnerunterstützten Lernen über öffentliche Kommunikationsmedien

---

E. Horlacher
Institut für Informatik
der Universität Stuttgart
Azenbergstr. 12
7000 Stuttgart 1

Zusammenfassung

Die Entwicklung neuer Kommunikationsmedien und die Entwicklung preisgünstiger Mikrocomputersysteme können von entscheidender Bedeutung für das Lern- und Problemlöseverhalten künftiger Generationen werden. Über öffentliche Kommunikationsnetze erhält der Benutzer schnellen Zugriff auf große Informationsmengen. Mikrorechner dienen als Darbietungsmedien für komplexe Anwendersysteme, die den Benutzer beim Lernen und beim Lösen spezieller Probleme wirkungsvoll unterstützen. Die vorliegende Arbeit zeigt eine Vorgehensweise auf, derartige Anwenderprogramme aus einer zentralen Bibliothek über ein öffentliches Kommunikationsnetz an Mikrorechner in Schulen, Büros und im Heim des Benutzers zu verteilen, wo sie dann genutzt werden können.

Einleitung: Rechnerunterstützes Lernen

Intelligente Dialogsysteme, die den Menschen bei Lern- und Problemlöseprozessen wirkungsvoll unterstützen können, sind keine Utopie mehr. Zur Beurteilung des Computers in seiner Funktion als Lehrmedium können die in den 70-er Jahren entwickelten linearen, verzweigten und adaptiven Programme des computerunterstützten Unterrichts nicht mehr als alleiniger Maßstab herangezogen werden. Wesentlich aussagekräftiger sind generative Dialogsysteme, die durch den Einsatz von Techniken der Künstlichen Intelligenz bzw. der Mensch-Maschine-Kommunikation in begrenzten Wissensbereichen mit einer Sach- und Lehrkompetenz versehen werden können, die der eines menschlichen Experten gleichkommt.

Hauptmerkmal derartiger Systeme ist, daß der Lernende völlig frei in einer Lernumgebung agieren, Problemlösestrategien entwickeln und mit diesen experimentieren kann. Ein integriertes Lehrsystem beobachtet den Lern-/Problemlöseprozeß, reagiert auf Fehler oder Anfragen des Lernenden und führt mit ihm Dialoge in natürlicher Sprache, die wechselseitig initiiert sein können.

Im Gegensatz zu den Programmen des computerunterstützten Unterrichts, deren mögliche Aktionen, Reaktionen und die jeweils an den Lernenden auszugebenden Lehreinheiten oder Hilfestellungen fest vordefiniert sein müssen, verfügen intelligente generative Systeme über Mechanismen zur Darstellung von Wissen über den Problembereich, den Dialogkontext und über das Wissen und die Fähigkeiten des Lernenden.

Das zum Beispiel auf der Basis logischer Verknüpfungen, semantischer Netzwerke /Quillian 1968/, des darauf aufbauenden Framekonzepts /Minsky 1975/ oder durch Produktionssysteme /Newell und Simon 1972/ repräsentierte Wissen ermöglicht das Verstehen und Generieren auch nicht vorhersehbarer Dialog- und Wissenseinheiten.

Prototypen für generative oder wissensbasierte Systeme des rechnerunterstützten Lernens sind in Brown und Burton /1974/, Carboneil /1970/, Goldberg /1973/, Koffman und Perry /1976/, O`Shea /1979/ und Wexler /1970/ beschrieben.

Intelligentes Verhalten zeigen vor allem auch Expertensysteme. Durch ihre Fähigkeit, Schlußfolgerungen zu ziehen, diese zu begründen und die Begründung in einer dem Benutzer adäquaten Form mitzuteilen, sind sie ebenfalls zum Bereich des rechneruntestützten Lernens zu zählen. Tutorielle Systeme, die auf die Wissensbasis eines Expertensystems zugreifen können, sind insbesondere dazu geeignet, Methoden und Strategien zur Lösung eines Problems zu vermitteln.

Rechnerunterstützes Lernen mit Mikrorechnern

Die derzeit in den Schulen verfügbaren Mikrorechner sind -insbesondere wenn sie mit Programmiersystemen wie APL oder LISP ausgestattet sind-durchaus geeignet den Unterricht durch Programme des rechnerunterstützten Lernens und Problemlösens zu ergänzen. Ihre Verwendbarkeit als Darbietungsmedien für die einfacheren Strategien des rechnerunterstützten Lernens ist durch viele Beispielimplementierungen hinreichend belegt, zur Manipulation umfangreicher Wissensbestände reicht ihre Kapazität noch nicht aus. Die Entwicklung auf dem Mikrocomputermarkt zeigt aber deutlich, daß dieser Engpaß in absehbarer Zeit behoben sein wird. Bereits heute sind Rechner mit APL-Interpreter auf dem Markt, die dem Benutzer zu einem erschwinglichen Preis bis zu 1,5 Megabytes freien Arbeitsspeicher bieten.

Die Zahl der für den Unterricht an allgemeinbildenden Schulen, anderen Bildungseinrichtungen und im privaten Bereich geeigneten Programme ist hauptsächlich aus drei Gründen nicht ausreichend:

(1) Es stehen keine geeigneten Informations- und Verteilungsmedien zur Verfügung, die dem potentiellen Benutzer alle erforderlichen Programminformationen liefern und eine schnelle und preisgünstige Verteilung der Anwendersoftware gewährleisten;

(2) Der Entwicklungsaufwand ist so hoch, daß die Anwendersoftware für den einzelnen Benutzer -aufgrund des kleinen erreichbaren Adressatenkreises- nicht erschwinglich ist;

(3) Die entwickelte Software ist nur eingeschränkt auf Rechnern verschiedener Typen lauffähig.

Ansätze, die zur teilweisen Beseitgung dieser Engpässe beitragen können, sind in den folgenden Kapiteln beschrieben.

Die Verteilung von Software über öffentliche Kommunikationsmedien

Durch die Entwicklung neuer Telekommunikationsmedien ist die Chance gegeben, Informations- und Verteilungssysteme für Unterrichtssoftware aufzubauen, mit denen nahezu alle potentiellen Anwender erreicht werden können. Für den Bereich der Schule kommen vor allem Videotex-Systeme in Betracht, da sie bereits vorhandene Kommunikationseinrichtungen benutzen.

Videotex-Systeme als Informationssysteme

Rundfunk-Videotex-Systeme wie das deutsche **Videotext**-System, benutzen die Austastlücke des Fernsehsignals, um Daten an das Fernsehgerät zu übertragen. Ein Decoder im Fernsehgerät wandelt die Daten in Textinformationen oder graphische Symbole um, die auf dem Bildschirm dargestellt werden. Die in Seiten abgespeicherten Daten werden zyklisch -zusammen mit dem Fernsehprogramm- ausgestrahlt. Der Teilnehmer kann jede Seite über eine Fernbedienungstastatur auswählen.

Bei interaktiven Videotex-Systemen wie dem **Bildschirmtext**-System der Deutschen Bundespost (Btx) wird der Benutzeraspekt wesentlich stärker berücksichtigt. Der Benutzer kommuniziert über das öffentliche Fernsprechwählnetz mit einem Informationssystem, das auf dem Rechner einer Btx-Zentrale oder auf einem an das Bildschirmtext-System angeschlossenen Externrechner installiert ist.
Der Zugriff auf bestimmte Informationen, die ebenfalls in einzelnen Seiten gespeichert sind, erfolgt über einen Suchbaum, der den Benutzer von allgemeinen zu speziellen Informationen führt. Jeder Seite ist eine Nummer zugeordnet, mit der die gewünschte Information auch direkt angesprochen werden kann.
Im Gegensatz zu Videotext wird eine Seite erst dann übertragen, wenn dies vom Benutzer gewünscht wird. Die Übertragung erfolgt über das Fernsprechwählnetz, die einzelnen Seiten werden auf dem Bildschirm eines Fernsehgeräts dargestellt.
Für die Benutzung des Bildschirmtext-Systems sind neben Telefon und Fernsehgerät mit Btx-Decoder ein Modem und eine einfache (alpha-) numerische Tastatur erforderlich /2/.

Für die Suche nach speziellen Programmen oder Informationen, die den Zweck oder Einsatzbereich eines Programms beschreiben, können die von den Systemen zur Verfügung gestellten Dialogtechniken genutzt werden.

Bei interaktiven Videotex-Systemen können sie auch für einfache Tests dienen, die dem Benutzer Aufschluß darüber geben, ob er die zur Bearbeitung eines bestimmten Lernprogramms erforderlichen Kenntnisse und Fähigkeiten besitzt.

Videotex-Systeme als Verteilungsmedien

Hier kommt dem Begriff **Telesoftware** eine zentrale Bedeutung zu der erstmals dazu verwendet wurde die Übertragung von Computerprogrammen über Fensehkanäle an intelligente Terminals zu beschreiben /7/.
Inzwischen wird der Begriff Telesoftware generell für das Prinzip verwendet, Computerprogramme, die an einem zentralen Rechner entwickelt wurden, über ein beliebiges Kommunikationsmedium an andere (Mikro-)Rechner zu übertragen, wo sie zur späteren Benutzung gespeichert werden.

Videotex-Systeme bieten sich aufgrund ihrer allgemeinen Verfügbarkeit und großen Reichweite -zumindest für die nahe Zukunft- als Verteilungsmedien an.
Der schematische Aufbau eines Videotex-Telesoftwaresystems ist in Bild 1 dargestellt. Beliebige Programme, nur eingeschränkt durch die Speicherkapazität der als Darbietungsmedien verwendeten Mikrorechner, werden in Daten umgewandelt und in einer Folge von Videotex-Seiten gespeichert. Eine oder mehrere Seiten geben dem Benutzer inhaltliche Informationen über das Programm.
Während die Programmseiten (P) und die Informationsseiten (I) bei Rundfunk-Videotex-Systemen nur zu bestimmten Zeiten gesendet werden können, werden sie bei interaktiven Videotex-Systemen permanent zum Abruf durch den Benutzer bereitgehalten. Die Auswahl eines Programms erfolgt über den durch Menueseiten (M) repräsentierten Suchbaum.

Nach der Auswahl eines Programms durch den Benutzer, werden die erforderlichen Programmseiten automatisch vom Mikrorechner abgerufen und auf einem externen Speichermedium zur späteren Benutzung gespeichert.

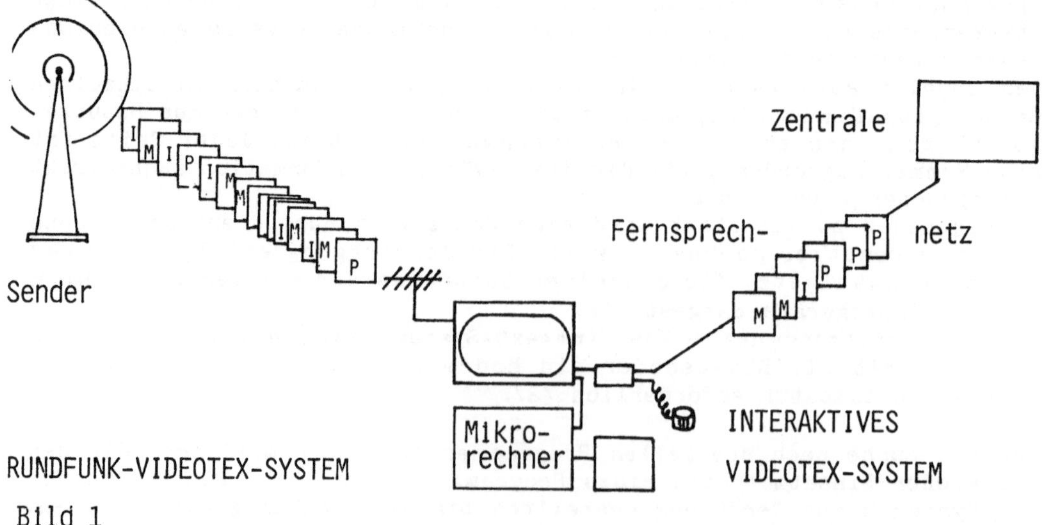

Bild 1

Telesoftwareprojekte

Projekte, in denen Telesoftwaresysteme auf der Basis unterschiedlicher Kommunikationsmedien entwickelt werden und deren Nutzen im Bildungsbereich untersucht wird, sind vor allem in Großbritannien zu finden. Dort werden mit großzügiger finanzieller Unterstützung mehrerer englischer und schottischer Ministerien die Rundfunk-Videotex-Systeme CEEFAX und ORACLE, das interaktive Videotex-System PRESTEL und ein speziell aufgebautes Kommunikationsnetz dazu verwendet, Programme des rechnerunterstützten Lernens an ausgewählte Schulen zu verteilen /1/, /5/, /7/.

Spezielle Ziele, die mit diesen Projekten verfolgt werden, sind

- die Entwicklung von Programmen für rechnerunterstütztes Lernen, die im Unterricht und als Ergänzung zum Unterricht eingesetzt werden können;
- die Ausbildung von Lehrern in der Handhabung der entwickelten Programme (Informatik- oder Programmierkenntnisse werden nicht vorausgesetzt);
- die Förderung des Informationsaustausches zwischen Lehrern an verschiedenen Schulen und
- die Aus- und Weiterbildung von Lehrern allgemein.

Das Stuttgarter Telesoftwaresystem

Die Akzeptanz von Telesoftwaresystemen hängt neben der Qualität der angebotenen Programme, wesentlich davon ab, ob und wie leicht der Benutzer (Schüler oder Lehrer) ein seinen Zwecken entsprechendes Programm findet und wie einfach die ausgewählten Programme benutzt werden können. Diese Kriterien waren entscheidend für den Entwurf des Stuttgarter Telesoftwaresystems, dessen Hauptkomponenten im folgenden skizziert werden.

Das Bildschirmtextsystem der deutschen Bundespost (Btx) bietet die Möglichkeit, externe Großrechner an das Bildschirmtextnetz anzuschliessen. Sie können als Träger weiterer umfangreicher Informationssysteme verwendet werden. Im Konzept des Stuttgarter Telesoftwaresystems dient ein solcher externer Rechner als Träger eines Systems zur rechnerunterstützten Entwicklung von Lernprogrammen für Autoren und als Träger eines Informationssystems für die Adressaten.

Das Bildschirmtextsystem wird als Vermittlungs- und Verteilungssystem verwendet.

Die durch einen Mikrorechner mit Diskettenlaufwerken ergänzte Btx-Teilnehmereinrichtung wird zur Darbietung der Lernprogramme verwendet.

Bild 2 gibt einen Überblick über das Gesamtsystem und über die erforderliche Benutzereinrichtung.

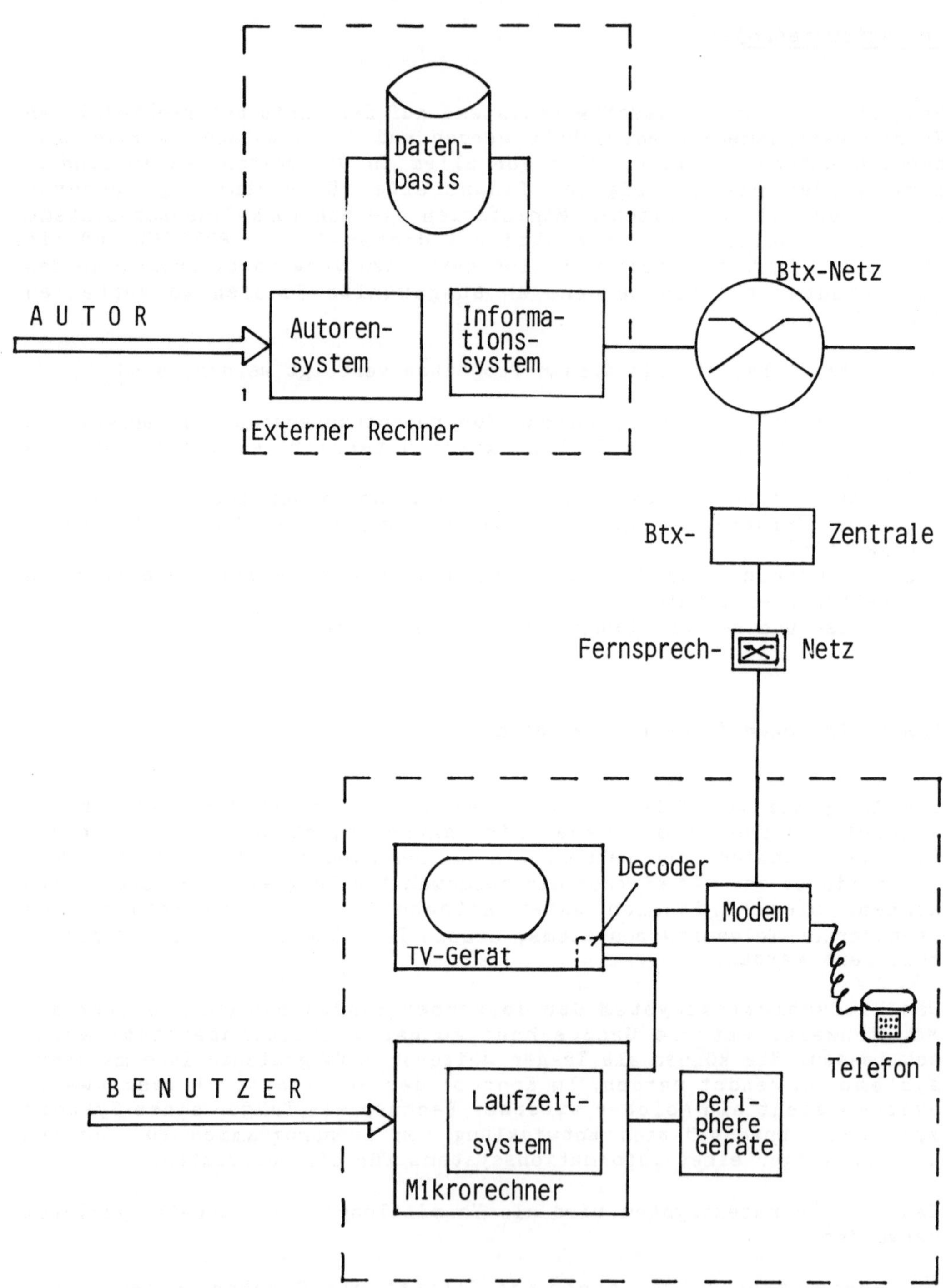

Bild 2: Komponenten des Stuttgarter Telesoftwaresystems

Ausgangspunkt für den Entwurf der Autorenkomponenten des Stuttgarter Telesoftware Systems war, den Autor eines Dialogprogramms für rechnerunterstütztes Lernen und Problemlösen so weit wie möglich beim Entwurf und bei der Implementierung zu unterstützen, dabei aber nicht seine Kreativität durch fest vorgegebene Strukturen einzuschränken.

Zwei Grundprinzipien für den Aufbau von Dialogprogrammen unterstützen unserer Ansicht nach dieses Ziel entscheidend:

(1) Zwischen Dialogstrategie und Lerninhalten muss eine strikte Trennung erfolgen;

(2) Das Dialogprogramm muss modular aufgebaut sein.

Der prinzipielle Aufbau eines Dialogprogramms ist in Bild 3 dargestellt. Ein Hauptmonitor kommuniziert mit verschiedenen Submonitoren, die die Steuerung einzelner Aufgabenbereiche übernehmen, zum Beispiel die Verwaltung der Lerninhaltsdaten, deren Manipulation auf dem Bildschirm oder die Steuerung der Eingabeverarbeitung. Der Hauptmonitor bildet zusammen mit den Submonitoren eine Grundstrategie, die ein grobes Ablaufschema des Dialogprogramms darstellt.

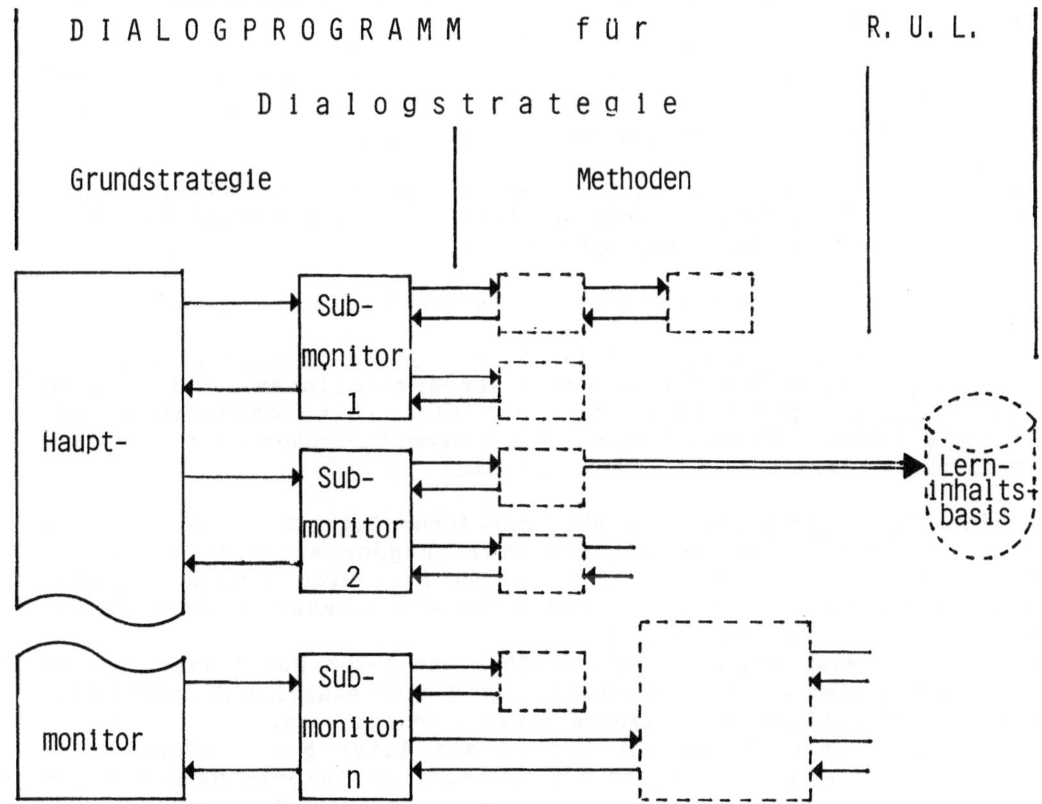

Bild 3: Aufbau eines Dialogprogramms für R.U.L.

Eine dynamische Menge problemorientierter Methoden, die zur Laufzeit in die Grundstrategie eingebettet werden, übernimmt spezielle Aufgaben, die auf einen bestimmten Problembereich oder auf bestimmte Lerninhalte bezogen sind. Diese Methoden machen letztlich die Qualität und Intelligenz der Benutzerschnittstelle aus.

Beispiele für derartige Methoden sind:

- Verfahren zur automatischen Erzeugung beliebig komplexer Aufgaben,
- einfache Antwortanalyseverfahren, die etwa Identitätsvergleiche durchführen,
- komplexe Transformationsalgorithmen, mit deren Hilfe die Ursachen gesucht werden können, die fehlerhaften Problemlösungen zugrundeliegen oder
- Schnittstellen, die einen eingeschränkten natürlichsprachlichen Dialog erlauben.

Rechnerunterstützte Entwicklung von Telesoftware

Der Autor eines Lernprogramms wird in dem beschriebenen System in zwei Ebenen unterstützt.

In Ebene 1 wird der Autor bei der Auswahl einer Grundstrategie und bei der Suche nach Methoden unterstützt, die seiner intendierten methodisch-didaktischen Zielsetzung entsprechen.

Die in Ebene 2 verwendeten Komponenten stellen ein komfortables Werkzeug zur Strukturierung der Lerninhaltsdaten und zur Einbettung ausgewählter Methoden in das Lernprogramm dar.

Bild 4 zeigt einen Überblick über den Aufbau des Autorensystems.

Über ein <u>Auskunftssystem</u> hat der Autor jederzeit Zugriff auf eine Strategienbank, in der verschiedene Repräsentationen der im System existierenden Strategien gespeichert sind. Sie beschreiben eine Strategie verbal, graphisch oder anhand exemplarischer Lernprogramme, die in dieser Strategie implementiert sind.

In einem <u>Methodenbanksystem</u> erhält der Autor Zugriff auf eine allgemeine Methodenbank und auf mehrere anwendungsorientierte Methodenbanken. Die Methodensuche erfolgt auf der Basis von Menues oder über eine Liste von Attributen, die der Autor als relevante Merkmale für eine zu suchende Methode ansieht.
Die Wirkungsweise einer Methode erfährt der Autor aus einer verbalen Beschreibung oder in einem Testmodus, in dem er einzelne Methoden oder Methodenkombinationen mit eigenen Daten aufrufen kann.
Schliesslich unterstützt das System den Autor beim Aufbau einer persönlichen Methodenbank, in der er selbstdefinierte Methoden und Kopien oder Modifikationen fremddefinierter Methoden organisieren kann.

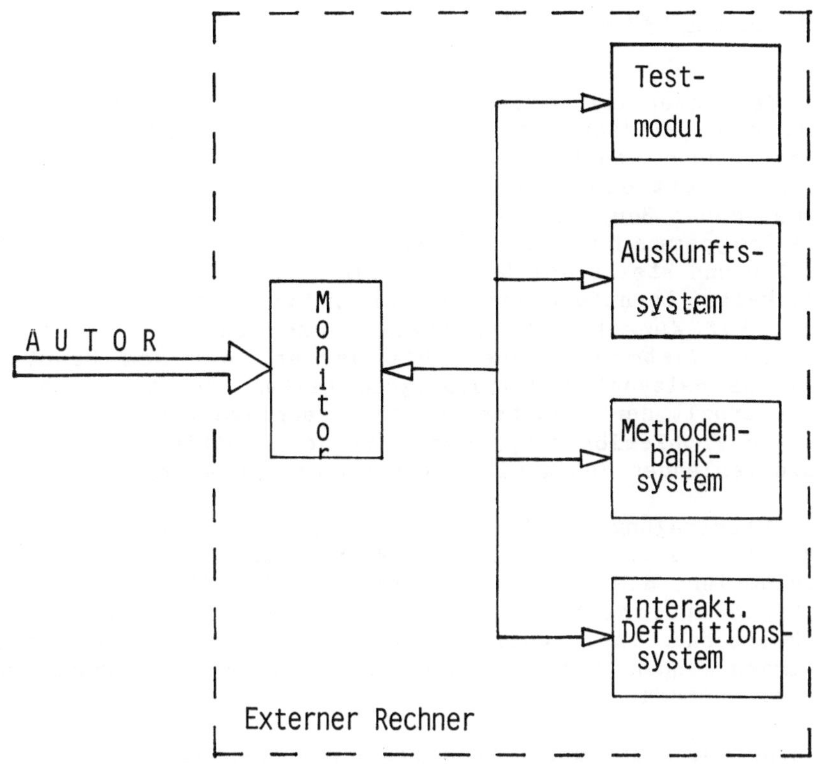

Bild 4: Hauptkomponenten des Autorensystems

Nach der Auswahl einer Grundstrategie und der erforderlichen Methoden strukturiert der Autor die Lerninhalte mit Unterstützung des interaktiven Definitionssystems (IDS).
Als Benutzerschnittstellen zu IDS dienen spezielle, zu den einzelnen Strategien korrespondierende Fenstersysteme. Sie teilen den Bildschirm auf in mehrere Definitionsfenster, in denen vom System problemorientierte Eingaben erwartet werden und in ein Informationsfenster, das zur Ausgabe von Benutzerinformationen, zum Beispiel über die Art der erwarteten Eingaben in einem bestimmten Definitionsfenster, benutzt wird. Dieses Informationsfenster dient weiterhin als Schnittstelle zum Methodenbanksystem, das ebenfalls von IDS aus aktiviert werden kann.
Die vom Autor eingegebenen Lerninhaltsdaten werden vom System in einer Lerninhaltsbank organisiert und auf Anforderung des Autors mit der Grundstrategie und den erforderlichen Methoden zu einem Lernprogramm zusammengesetzt, das unter Systemkontrolle getestet werden kann.

Systemkomponenten für den Endbenutzer

Die mit Hilfe des interaktiven Definitionssystems entwickelten Lernprogramme werden in Bildschirmtextseiten gespeichert und am Externrechner zum Abruf durch den Benutzer bereitgehalten. Zur Unterstützung des Endbenutzers steht ein ebenfalls am Externrechner implementiertes Informations-/ Beratungssystem zur Verfügung. Es gestattet die Auswahl eines Programms mittels Menuetechnik oder über inhaltliche Schlüsselbegriffe und stellt dem Benutzer auf Anfrage auch Informationen über Lerninhalte, Lernziele und über die notwendigen Vorkenntnisse zur Verfügung. Auf Wunsch können diese Vorkenntnisse durch die Aktivierung eines Testmoduls überprüft werden, der dem Benutzer Einzelaufgaben aus relevanten Dialogprogrammteilen stellt. Durch das Beratungssystem erhält der Benutzer ferner Vorschläge für die Auswahl solcher Lern- und Problemlöseprogramme, mit deren Hilfe das fehlende Wissen oder die fehlenden Fähigkeiten erarbeitet werden können.

Nach erfolgter Übertragung der Programmdaten wird die Verbindung zum Bildschirmtextsystem aufgehoben. Ein im Mikrorechner implementierter Übersetzer regeneriert die einzelnen Programmobjekte (Methoden, Lerninhaltsdaten) und speichert sie so, dass sie zur Laufzeit in die bereits am Mikrorechner implementierten Grundstrategien automatisch eingebettet werden können. Natürlich können bei Bedarf auch Grundstrategien übertragen werden.

Bild 5 zeigt eine Übersicht über die Benutzerkomponenten

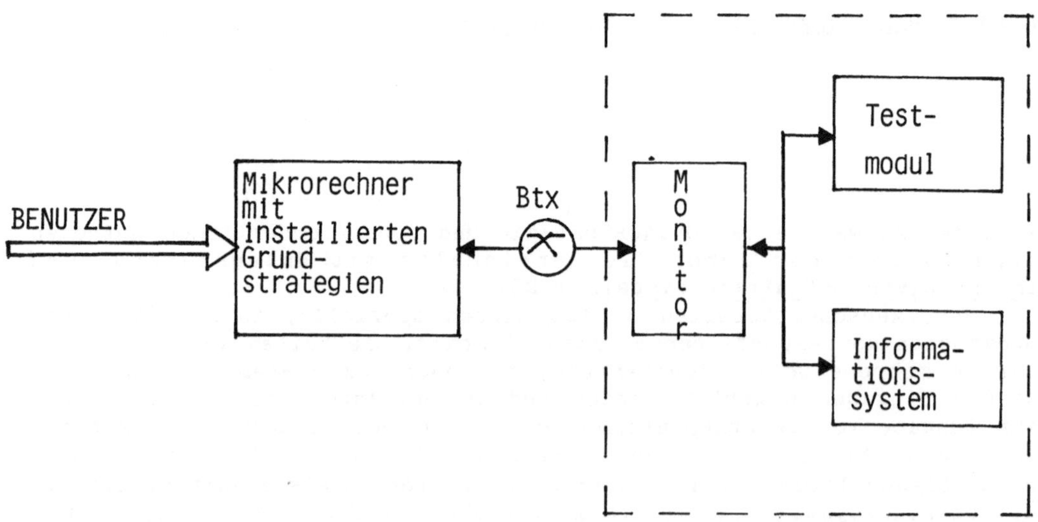

Bild 5

Die Dreiteilung eines Dialogprogramms für R.U.L. in Grundstrategie, Methoden und Lerninhalte erleichtert die Verteilung von Telesoftware auf verschiedene Mikrorechnertypen. Der Übersetzer simuliert zusammen mit einer Grundstrategie ein allgemeines Hardwaresystem auf dem die übertragenen Programme unabhängig vom Rechnertyp dargeboten werden können.

Schlussbemerkung

Die Ausnutzung öffentlicher Kommunikationsmedien zur Verteilung oder zum Austausch von Dialogprogrammen stellt eine wirtschaftliche Möglichkeit dar, pädagogisch wirkungsvolle Lernumgebungen durch den Aufbau aktueller lokaler Programmbibliotheken zu schaffen, die zum Beispiel in öffentlichen Bildungseinrichtungen auch grösseren Benutzer gruppen zugänglich gemacht werden können. Dialogprogramme zur Unterstützung von Lern- und Problemlöseprozessen stellen eine Ergänzung des bisherigen Bildungsangebots dar, die aber erst dann voll ausgenutzt werden kann, wenn der Computer als das begriffen wird was er ist - ein komfortables Werkzeug, dessen Wirkungsweise und Nutzung der Mensch (Lehrer) bestimmt.
Es muß Anliegen der Schule sein, künftigen Generationen eine Bildung im Umgang mit dem Computer zu vermitteln.

Literatur

/1/ Aston, M.H.: Towards an Integrated Approach to Distribution of Educational Software. In: Lewis, R.; Tagg, D.(Hrsg.): Computers in Education, Band 1. Amsterdam/New York/Oxford: North-Holland Publishing Company; IFIP 1981; 385-390.

/2/ Bundesministerium für das Post und Fermeldewesen(Hrsg.): Bildschirmtext - Beschreibung und Anwendungsmöglichkeiten; Bonn 1977.

/3/ Brown, J.S.; Burton, R.R.; Bell, A.G.: SOPHIE - A Sophisticated Instructional Environment For Teaching Electronic Troubleshooting. BBN Report No. 2790. 1974.

/4/ Brown, J.S.; Burton, R.R.; Hausmann, C.; Goldstein, I.; Huggins, B.; Miller, M.: Aspects of a Theory for Automated Student Modelling. BBN Report No. 3549. Cambridge Massachusetts 1977.

/5/ Brown, M.: Viewdata Telesoftware. In: Lewis, R.; Tagg, D.(Hrsg.): Computers in Education, Band 2. Amsterdam/New York/Oxford: North-Holland Publishing Company; IFIP 1981;827.

/6/ Carbonell, J.R.: AI in CAI: An Artificial Intelligence approach to Computer-Assisted Instruction. IEEE Transactions on Man-Machine Systems, 11(4). 1970.

/7/ Council of Educational Technology: Telesoftware. CET Information Sheet No.3, 1981.

/8/ Dew, B.: Will Viewdata Systems be Used in Education?. Computer Education, (1979) 33, 19-22.

/9/ Gunzenhäuser, R.: Rechnerunterstütztes Lernen - heute und morgen. edu magazin, (1981) 4, 3-5.

/10/ Gunzenhäuser, R.; Horlacher, E.: Trends der Mensch-Maschine-Kommunikation in den 80-er Jahren. In: Tagungsband Informationssysteme für die 80-er Jahre, Linz 1980, 655-670.

/11/ Goldberg, A.: Computer Assisted Instruction: the application of theorem proving to adaptive response analysis. Tech.Report 203. Stanford University. 1973.

/12/ Horlacher, E.: Rechnerunterstützte Einführung in eine Programmiersprache. Tagungsband DECUS München Symposium, München, 1980.

/13/ Koffman, E.B.; Perry, J.M.: A model for generative CAI and concept selection. International Journal of Man-Machine Studies 8, 1976.

/14/ Minsky, M.: A framework for representing knowledge. In: Winston (Hrsg.): The psychology of copmuter vision. New York 1975.

/15/ Newell, A.; Simon, H.: Human problem solving. Prentice Hall, Englewood Cliffs, 1972.

/16/ O`Shea, 6.: A self-improving quadratic tutor. International Journal of Man-Machine Studies 11, 1978.

/17/ Quillian, M.R.: Semantic Memory. In: Minsky (Hrsg.): Semantic Information Processing. Harvard, Mass. 1968.

/18/ Wexler, J.D.: Information networks in generative Computer-Assisted Instruction. IEEE Transactions on Man-Machine Systems, 11 (4), 1970.

F A C H G E S P R Ä C H

"INTEGRIERTE INFORMATIONSSYSTEME"

Veranstaltet von der Fachgruppe "Datenbanksysteme" im Fachausschuß 5/7

Programmkomitee

G. Schlageter, Hagen (Vorsitz) - H. Biller, Berlin - F. Gebhardt, St. Augustin - J. Höhe, Köln - P. Lockemann, Karlsruhe - R. Munz, Berlin - E. J. Neuhold, Stuttgart - H. J. Schek, Heidelberg - H. J. Schneider, Berlin - B. Schröder, Wolfsburg

Inhalt des Fachgesprächs Seite

Automatische Erzeugung von konsistenzerhaltenden Transaktionen: Ein Hilfsmittel zur Datenmanipulation auf Arbeitsplatzrechnern

Jürg Rebsamen und Carl August Zehnder
Institut für Informatik
Eidgenössiche Technische Hochschule (ETH) Zürich
CH-8092 Zürich

Zusammenfassung

Moderne Datenbanksysteme sollten eine ganze Reihe wichtiger Konzepte vereinigen, wie logisches Datenmodell, hohe Datenkonsistenz, bequeme Entwurfstechnik. Dieser Bericht schildert die Realisierung eines solchen Systems (erweitertes Relationenmodell als Basis, strenge Konsistenzbedingungen, interaktive Entwurfsmöglichkeit) auf einem Arbeitsplatzrechner. Im Vordergrund stehen Fragen der zweckmässigen Architektur des Datenbanksystems sowie dessen saubere Einbettung in die vorhandene Computerumgebung, wobei anderseits der Benutzer konsequent unterstützt wird. Das System zeigt, dass eine Integration der verschiedenen Konzepte nicht nur theoretischen Ueberlegungen dient, sondern ganz konkret bei Entwurf und Aufbau von Datenbanken die Arbeit erleichtert und die Qualität der Datenbestände (Konsistenz) verbessern kann.

1 Einleitung

Bei der Manipulation strukturierter Daten stellen *Aenderungsoperationen* (oft auch als *Mutationsoperationen* bezeichnet) einen nach wie vor nicht vollständig befriedigend gelösten Problemkreis dar. Mit der Verbreitung von Arbeitsplatzrechnern einerseits und der Ausweitung der Anwendungsbereiche von Datenbanken anderseits steigt das Bedürfnis nach *sicherer* und *einfach herzustellender* Software für laufende Aenderungen von strukturierten Daten.

Unter *Konsistenz* verstehen wir die Uebereinstimmung des Inhalts der Datenbank mit der Datenbeschreibung und die innere Widerspruchsfreiheit der Daten *(semantische Datenintegrität)*. Mit der Formulierung von *Konsistenzbedingungen* wird festgelegt, welche Einschränkungen (meist analog zur realen Welt) auch in der Datenbank gelten sollen. Von einem *konsistenten Zustand* der Datenbank sprechen wir also bereits dann, wenn alle *formulierten* Konsistenzbedingungen befriedigt sind. Eine *Transaktion* ist eine Kombination von elementaren (Standard-)Operationen, welche *in ihrer Gesamtheit* die Datenbank bezüglich aller definierten Konsistenzbedingungen von einem ersten in einen nächsten konsistenten Zustand überführt; Transaktionen sind also konsistenzerhaltend.

Die Forderung nach der Formulierung *aller* Konsistenzbedingungen zur Definitionszeit der Datenstrukturen stellt recht hohe Anforderungen an das verwendete Modellierungs- und Definitonshilfsmittel. Die Entwicklung unzähliger Datenmodelle und der zugehörigen Datendefinitionssprachen zeugt von der Bedeutung, welche diesem Problem zugemessen wird. Die meisten der in den letzten Jahren publizierten Konzepte für den Datendefinitionsprozess haben eine saubere und semantisch aussagekräftige Modellierung von Entitätsmengen und ihrer

Beziehungen zum Ziel (globale Aspekte). Für die Detailspezifikation auf der Stufe Entität werden in vielen Fällen die Typkonzepte von höheren Programmiersprachen verwendet. Der Versuch, sämtliche Konsistenzbedingungen mit den Strukturierungs- und Formulierungsmechanismen eines Datenmodells im engeren Sinne zu bewältigen, hat aber in den meisten Fällen eine Aufblähung des Modells zur Folge, die in keinem Verhältnis zum dadurch gewonnen Nutzen steht. Diese Erkenntnis wiederum führt zu (sinnvollen) Beschränkungen der Datenmodelle auf einige wesentliche Grundkonzepte. Marginale oder auch schwierig zu formulierende Konsistenzbedingungen werden daher während der Datendefinition ausgeklammert und später (hoffentlich) in den Anwenderprogrammen mit den Mitteln einer mächtigen Datenmanipulationssprache bewältigt. Solange "datenbewusste" Programmierer die Benutzerschnittstelle gestalten, ist diese Verlagerung der Konsistenzprüfung wenig kritisch und stellt in vielen Fällen sicher die sinnvollste Lösung dar. Mit der Entwicklung benutzerfreundlicher und mächtiger interaktiver Datenmanipulationssprachen wird nun aber mehr und mehr auf dieses "Sicherheitspersonal" zwischen Datenbanksystem und Benutzer verzichtet. Daher wollen wir eine benutzerfreundlichere Form der Behandlung von Konsistenzbedingungen anstreben. Die Diskussion soll anhand einer konkreten Fragestellung erfolgen:

> Mit welchen Mitteln können bereits zur Definitionszeit der Datenstrukturen alle erforderlichen Konsistenzbedingungen formuliert und damit der Verantwortung des Datenbanksystems übertragen werden?

Abschnitt 4 soll unter anderem aufzeigen, dass der Einsatz von programmiersprachlichen Konzepten an *geeigneter* Stelle im Datendefinitionsprozess durchaus handlich sein kann und es erlaubt, die angestrebten 100% der Konsistenzbedingungen an das Datenbanksystem zu binden.

Eine zweite Sicht des angeschnittenen Problems bildet den anderen Schwerpunkt dieses Berichts:

> Wie kann die Einhaltung der formulierten Konsistenzbedingungen erzwungen werden?

Diese Frage führt auf eine Diskussion der geeigneten Datenbanksystem-Architektur (Abschnitte 2 und 3). Dabei muss wohl auf die platzmässigen Beschränkungen auf einem Arbeitsplatzrechner Rücksicht genommen werden, doch spielen auch Ueberlegungen der *Software-Entwicklung* für die einzelne Anwendung eine Rolle. Aenderungsprogramme enthalten in ihrem datenbanknahen Teil einen stets wiederkehrenden Kern: Anforderung einer Eingabe, Ueberprüfung der Eingabe auf Erfüllung der definierten Konsistenzbedingungen, Ausführung der gewünschten Operation resp. Ausgabe einer Fehlermeldung und ev. Anfordern von Korrekturen. Die systemnahen Teile dieser Operationssequenz, (d.h. Dialogkontrolle, Vorbereitung der auszugebenden Meldungen, Konsistenzprüfungen sowie die eigentlichen Datenoperationen) können aus dem Anwenderprogramm herausgenommen werden. Die erwähnten Programmstücke, konsistenzerhaltende Transaktionen, sind in hohem Masse standardisierbar; sie lassen sich aus der Datenstruktur erzeugen und können als Teil des Datenbanksystems betrachtet werden. Die Integration von Konsistenzkontrolle und Ablaufsteuerung für Mutationen führt zu einem systematischeren, sicheren und vor allem mit geringerem Aufwand programmierbaren Aenderungsdienst (Abschnitt 5).

2 Datenbanksystem-Architektur und Konsistenzüberprüfung

So verschieden die Definition von Konsistenzbedingungen in einzelnen Datenbanksystemen angegangen wird, so unterschiedlich präsentieren sich auch die Techniken zur Gewährleistung dieser Bedingungen. Ohne auf Implementations-Details einzugehen, sollen in der Folge einige grundsätzliche Lösungsmöglichkeiten skizziert werden (Figur 1).

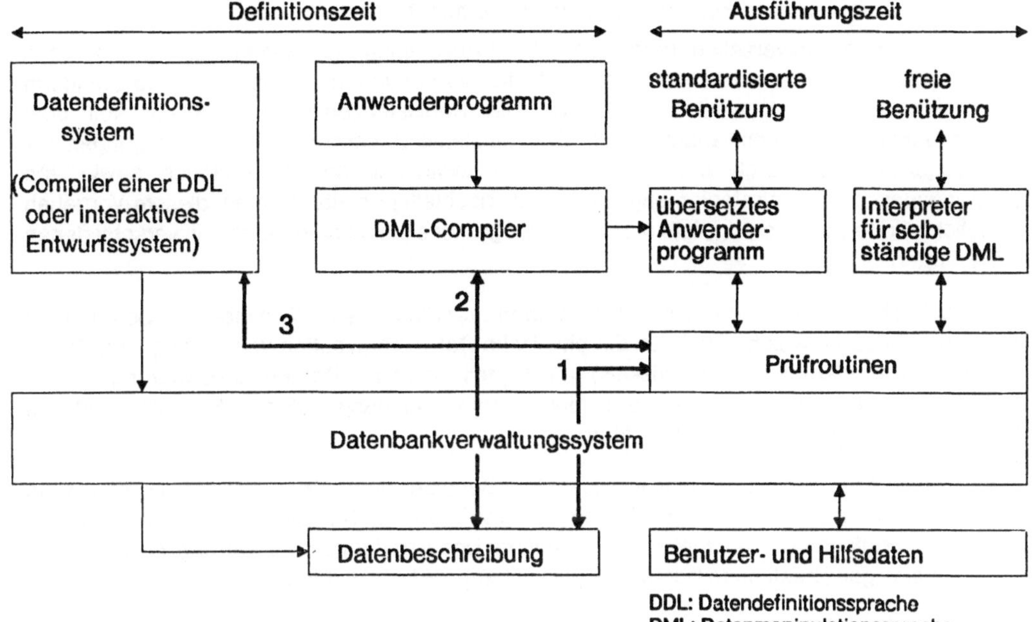

Figur 1: Ansätze zur Überprüfung von Konsistenzbedingungen

Variante 1: **Feste, parametrisierte Prozeduren**

Die Datenbeschreibung, bestehend aus der Datenstruktur und allen definierten Konsistenzbedingungen, muss zur Ausführungszeit eines Anwenderprogramms verfügbar sein. Das Datenbankverwaltungssystem muss bei jeder Datenmanipulation herausfinden, welche Bedingungen dadurch verletzt werden könnten. Dann sind die eigentlichen Prüfungen durchzuführen, und zwar durch den Aufruf von systemeigenen, parametrisierten Unterprogrammen. Dieser Ansatz, vielfach auch für die Zugriffssteuerung verwendet (IMS, diverse CODASYL-Realisierungen, INGRES), erscheint angemessen für die Bewältigung von häufigen (Standard-)Bedingungen, weil die Prüfprozeduren durch die Parametrisierung universell verwendbar sind. Für seltenere Konsistenzbedingungen ist das Konzept allerdings ungeeignet, da für jede Klasse von Bedingungen ein Sortiment von Prüfprozeduren mitgeführt werden müsste. Effizienz der Ausführung kann mit dieser Variante oft nur schlecht erreicht werden.

Variante 2: **Modifikation der Aenderungssoperationen**

Die Konsistenz-Prüfungen werden bei dieser Variante zur *Uebersetzungszeit des Anwenderprogramms* in dieses eingebaut. Der DML-Compiler (oder ein Precompiler) analysiert die Datenmanipulationsbefehle und ergänzt diese gemäss der Datenbeschreibung zu konsistenzerhaltenden *Transaktionen,* resp. kleidet sie so in bedingte Anweisungen ein, dass sie nur unter bestimmten Voraussetzungen zur Ausführung kommen [Ston75]. Vorteilhaft wirkt sich bei diesem Ansatz aus, dass erstens die Prüfsequenzen übersetzt oder wenigstens einer Voranalyse unterzogen werden können und somit die Interpretation zur Laufzeit vereinfacht werden kann. Zweitens kann grundsätzlich ein breites Sortiment an Bedingungen mit diesem Vorgehen bewältigt werden. Als nachteilig erweist sich die geringere Datenunabhängigkeit der Anwendungen, indem die Integration der Prüfmechanismen in die Programme auch bei relativ kleinen internen Aenderungen eine Neuübersetzung bedingt.

Variante 3: **Erzeugung von Pruefroutinen aufgrund der Datendefinition**

Die Entwicklung von universellen, parametrisierten Prüfroutinen kann umgangen werden, wenn während oder nach der Datendefinition auf die vorhandenen Strukturen *zugeschnittene* Unterprogramme erzeugt werden [Webe81]. Die Konsistenzüberprüfung bleibt voll dem Datenbankverwaltungssystem angegliedert. Eine effiziente Ueberprüfung der Bedingungen zur Ausführungszeit wird durch den Gebrauch von systeminternen Operationen sowie von strukturangepassten Prüfstrategien angestrebt. Als nachteilig erweist sich bei diesem Vorgehen die mögliche Code-Duplizierung, falls mehrere analoge Konsistenzbedingungen an verschiedenen Orten auftreten.

Selbstverständlich ist auch der *selektive Einsatz mehrerer* dieser *Techniken* möglich. So wird eine Konsistenzbedingung, welche auch für die physische Datenorganisation von Belang ist (z.B. die Eindeutigkeit des Identifikationsschlüssels), mit Vorteil direkt ins Datenbankverwaltungssystem integriert (Variante 1), während seltenere oder komplizierter darzustellende Fälle eher mit den anderen Methoden behandelt werden sollten.

Den skizzierten Ansätzen ist gemeinsam, dass dem Benutzer auch für Mutationsoperationen die Datenmanipulationssprache uneingeschränkt zur Verfügung steht. Die universell verfügbaren (Standard-)Operationen werden mittels mannigfaltiger Ueberprüfungstechniken *spezifisch* (d.h. im Hinblick auf eine ganz bestimmte Datenbank) wieder *eingeschränkt* (Figur 2).

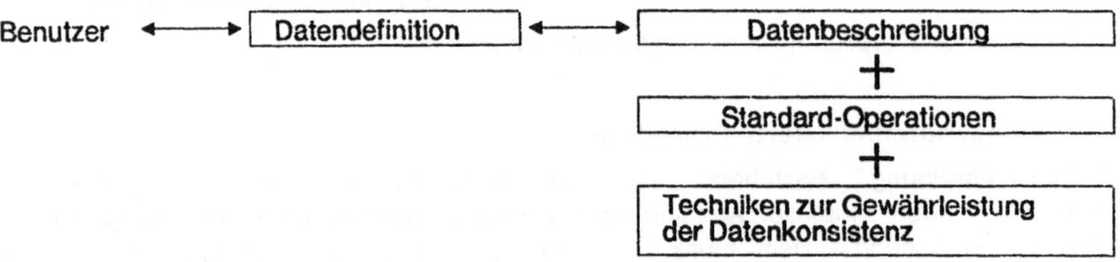

Figur 2: Konsistenzerhaltung durch spezifische Einschränkungen

Neuere Konzepte zielen auf eine bessere Integration von Daten und deren Manipulationen ab. Dies kann beispielsweise dadurch erreicht werden, dass aus dem Definitionsprozess neben der statischen Datenbeschreibung auch ein für diese *spezifisches* Sortiment an konsistenzerhaltenden *Grundoperationen* (Transaktionen) hervorgeht (Figur 3).

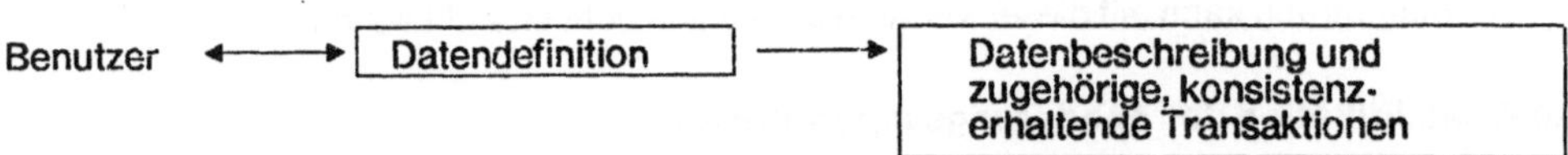

Figur 3: Konsistenzerhaltung durch datenabhängige Grundoperationen

Das Einbeziehen von zugeschnittenen Grundoperationen in die Datenbeschreibung, d.h. die Definition sog. verallgemeinerter *Datenklassen* [Baro81], wird mit einem grösseren Arbeitsaufwand bei der Definition bezahlt. Durch die ausschliessliche Benützung der auf diese Weise vorbereiteten Transaktionen für Aenderungsoperationen ist gleichzeitig die Datenunabhängigkeit der Programme und die Konsistenz des Datenbestandes gesichert.

3 Realisierung von Datenmoduln auf einem Arbeitsplatzrechner

Das Konzept des *Moduls* als einer logisch abgeschlossenen Einheit hat in modernen Programmiersprachen [Wirt82] die korrekte Realisierung ***abstrakter Datentypen*** [Gutt77] wesentlich gefördert. Dieses flexible Strukturierungshilfsmittel erlaubt es, nebst den durch die Programmiersprache angebotenen (vielfach skalaren) Datentypen und den ihnen angepassten Standardoperationen weitere Objektklassen adäquat zu behandeln. Werden nun Datenstrukturen mitsamt den auf sie zugeschnitten Basis-Transaktionen als Ganzheit definiert und realisiert, so sprechen wir bei der sie umfassenden Struktur von einem *Datenmodul.* Die manuelle Definition von konsistenzerhaltenden Transaktionen erweist sich schon bei einem mittelgrossen Schema als zeitraubende, fehleranfällige und teilweise langweilige Arbeit. Wird zur Datendefinition ein Datenmodell mit hinreichender Semantik verwendet (vgl. Abschnitt 4), ist es allerdings möglich, die Grundoperationen aus der Datenstruktur direkt ***herzuleiten*** und ***automatisch zu erzeugen*** (Abschnitt 5).

Die Strategie der automatischen Erzeugung von Datenmoduln erweist sich als gangbarer Weg für eine Datenbanksystem-Implementation auf einem Arbeitsplatzrechner. Wir können dabei auf den Modula-2-orientierten Lilith-Rechner aufbauen [Wirt81]. Das residente Datenbankverwaltungssystem kann in erheblichem Masse vereinfacht werden, während die unumgängliche Code-Duplizierung (für Konsistenz-Prüfungen) weniger ins Gewicht fällt, solange nicht Anwendungen mit sehr komplexen Schemata realisiert werden. Die in Figur 4 dargestellte Architektur wurde im System *LIDAS* (LIlith DAtabase System) realisiert:

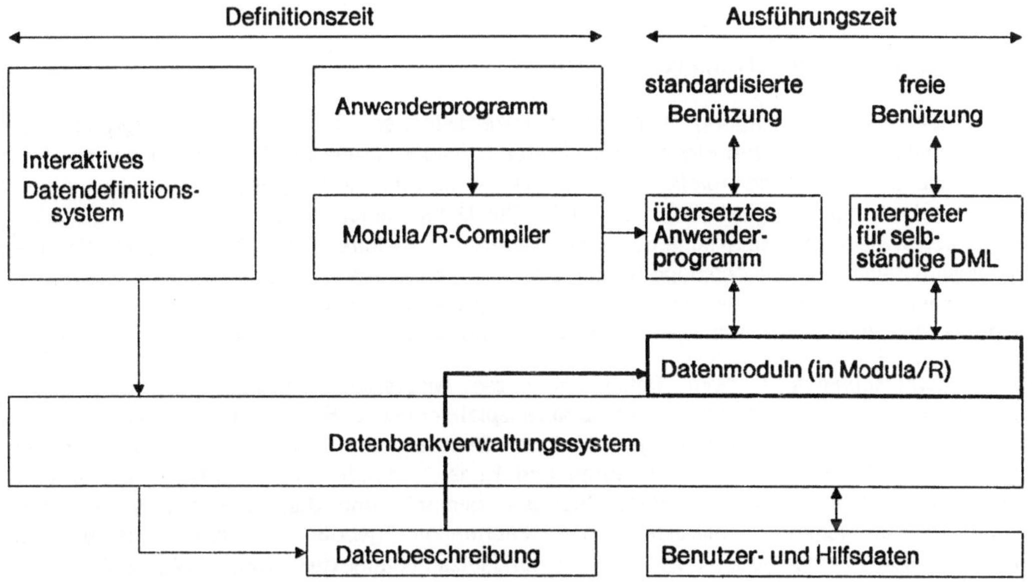

Figur 4: Architektur des Datenbanksystems LIDAS

Im folgenden sind die wichtigsten Systemkomponenten und ihr Zusammenwirken kurz beschrieben:

Die ***Datenbeschreibung,*** d.h. die Abspeicherung der Benutzerschemata ist als ***Metadatenbank*** organisiert. Dies hat den Vorteil, dass zur Verwaltung der Datenstruktur und aller Konsistenzbedingungen das unveränderte Datenbankverwaltungssystem eingesetzt werden kann.

Das *interaktive Datendefinitionssystem* wird somit zu einem "Anwenderprogramm" auf der Metadatenbank: Die Vorteile der transparenten Datenorganisation und einer mächtigen Datenmanipulation werden auf diese Weise bereits für die Implementation der höheren Systemkomponenten genutzt.

Das *Datenbankverwaltungssystem* von LIDAS [Rebs82] ist als Einbenutzersystem konzipiert und bietet wahlweise eine Schnittstelle für Operationen auf Relationenelementen (Datensatz, Tupel) oder eine Schnittstelle für Relationen (Mengen von Datensätzen) an.

Im Anschluss an die Definition von Daten und der Bezeichnung der gewünschten *Aenderungsoperationen* werden Transaktionen aufgrund der Metadatenbank ***automatisch erzeugt***. Datenmoduln sind funktionell dem Datenbanksystem zuzuordnen, werden allerdings in der Datenmanipulationssprache formuliert und sind somit lesbar wie ein Anwenderprogramm. Sowohl die Anwenderprogramme als auch das interpretative System für freie Datenmanipulation beziehen die Datendefinitionen aus den Datenmoduln, und sie führen sämtliche Aenderungsoperationen ausschliesslich mit den angebotenen Transaktionen durch.

Für die ***Datenmanipulationssprache, Modula/R*** [Koch81], wurde eine höhere Programmiersprache, Modula-2 [Wirt82], um den Datentyp ***Relation*** erweitert, dies in ähnlicher Weise wie Pascal/R [Schm77]. Für die Selektion von Relationenelementen und logische Operationen auf relationenwertigen Ausdrücken steht der ***Prädikatenkalkül 1. Ordnung*** zur Verfügung, und für die syntaktische Umfassung einer konsistenzerhaltenden Operationssequenz wird ein *Transaktionskonzept* eingeführt [Reim81].

4 Datendefinition und Transaktionsauswahl

Die automatische Erzeugung von konsistenzerhaltenden Transaktionen aufgrund der Datendefinition erfordert den Einsatz eines leistungsfähigen Datenmodells. Dem Gesamtsystem entsprechend ist das Modell *relational,* allerdings erweitert um einige grundlegende Klassen von Konsistenzbedingungen ([Zehn80], [Zehn81]). Die Unterscheidung von ***lokalen und globalen Attributen,*** sowie die systematische Behandlung ***zwischenrelationaler Beziehungen*** sind dabei die wichtigsten Elemente. Entscheidend für den Gebrauch auf einem Arbeitsplatzrechner sind neben der semantischen Reichhaltigkeit des Modells vor allem dessen Uebersichtlichkeit und die Möglichkeit, Konstruktionen der konzeptionellen Ebene einfach auf interne Strukturen abzubilden.

Die ***Benutzerschnittstelle*** beim Definitionsprozess widerspiegelt sowohl das eingesetzte Datenmodell als auch Charakteristika eines Arbeitsplatzrechners. Beginnend mit Entitätsmengen und ihren gegenseitigen Beziehungen wird der Benutzer vom System mittels ***schrittweiser Verfeinerung*** zur Definition von Attributen und Konsistenzbedingungen geführt. Dabei wird intensiv von graphischen Hilfsmitteln Gebrauch gemacht und dank der gut ausgebauten Metadatenbank jederzeit hilfreiche Zusatzinformation geboten. Dennoch bleibt die Datendefinition für einen neuen Datenbanktyp grundsätzlich Sache des Informatik-Spezialisten.

Der Prozess der Datendefinition, die Auswahl der Aenderungsoperationen sowie das Resultat der automatischen Transaktionserzeugung (Abschnitt 5) wird in diesem Bericht lediglich anhand eines *Beispiels* skizziert:

> In einer Arbeitsgruppe will sich der für die Software-Organisation (Sicherung, Dokumentationswesen, Software-Verteilung) zuständige Mitarbeiter die Kontrolle der aktuellen Dateien erleichtern. Als Teilproblem stellt sich ihm dabei die Aufgabe, Dateien in Anwendungsbereiche (z.B. "Bestellwesen", "Lohnabrechnung") zu gruppieren. Nebst den für jede Datei relevanten Aufgaben soll er je nach Dateityp (Textdatei, Programm, Daten) noch

spezifische Eigenschaften formatiert festhalten. Die Dateien selbst sollen dabei nicht direkt in die Datenbank integriert werden.

In diesem (vergleichsweise einfachen) Teilproblem zeichnen sich ziemlich rasch Entitätsmengen wie *Anwendung* und *Datei* ab. Von den Dateien sind darüber hinaus noch deren diskjunkte Teilmengen *Textdatei, Programm* und *Daten* relevant. Die zweidimensionale Darstellung mittels Kästchen [Chen76] erleichtert dem Benutzer den nächsten Schritt, nämlich die Eingabe der *Beziehungen* mit den *Zuordnungskardinalitäten* (Figur 5).

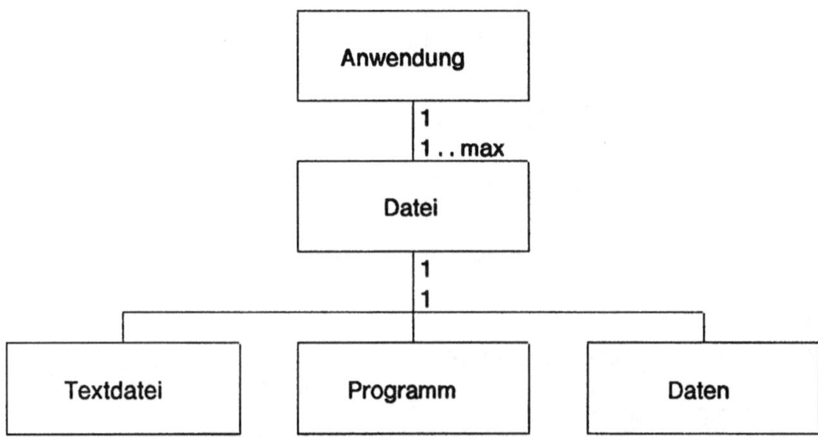

Figur 5: Entitätsmengen und Beziehungen

In diesem Beispiel soll offenbar zu jeder definierten Anwendung mindestens eine Datei existieren. Jede Datei wiederum gehört zu genau einer Anwendung und sie soll genau einer der drei Teilmengen zuzuordnen sein. Diese Darstellung muss nun dem Arbeitsplatzrechner interaktiv übermittelt werden. In unserem System erfolgt die Eingabe mittels Positionsgeber (Maus) resp. via Tastatur. Bei Beziehungen vom Typus m-n verlangt das System die Einführung einer zusätzlichen (Beziehungs-)Entitätsmenge, so dass die definierten Objekte schliesslich eine Halbordnung aufweisen [Zehn81].

Als nächstes wird der Benutzer aufgefordert, für die definierten Entitätsmengen *Identifikationsschlüssel* zu bezeichnen. Dieses Vorgehen ist sehr unbekümmert, doch erweist sich diese a priori Festlegung in der Praxis als äusserst hilfreich und zudem als nicht sehr einschränkend. Die Identifikationsschlüssel erhalten eine tragende Bedeutung bei der Realisierung der interrelationalen Beziehungen, indem bei der *Referenzierung* einer Entitätsmenge diese stets durch ihren Identifikationsschlüssel vertreten wird (Figur 6). Im Beispiel werden die Dateien mittels ihrer dreiteiligen Namen identifiziert (z.B. "Bestellwesen.Monatsabrechnung.Programm"). Der Praefix erlaubt die Zuordnung zu einer Anwendung, name bezeichnet die Dateigruppe, deren verschiedene Ausprägungen wiederum durch suffix unterschieden werden.

Während der Bezeichnung der *Global-Attribute* (Identifikations- und Fremdschlüssel) bleibt dem Definierenden die Sicht auf das Gesamtsystem erhalten. Hingegen spielen zu diesem Zeitpunkt Datentypen, lokale Attribute oder relationeninterne Konsistenzbedingungen noch keine Rolle.

Danach erfolgt der Uebergang von der globalen Sicht (Schema) auf die lokale Detailspezifikation der einzelnen Relationen. Als wesentliche Erleichterung für den Benutzer ist sofort nach der Wahl der zu spezifizierenden Relation ein Gerüst mit den vorgängig definierten Global-Attributen vorhanden (Figur 7, *kursiv Gedrucktes)*. Die Form der Definition der lokalen Attribute, der

Datentypen sowie beliebiger zusätzlicher Konsistenzbedingungen orientiert sich an der zur Verfügung stehenden Datenmanipulationssprache Modula/R.

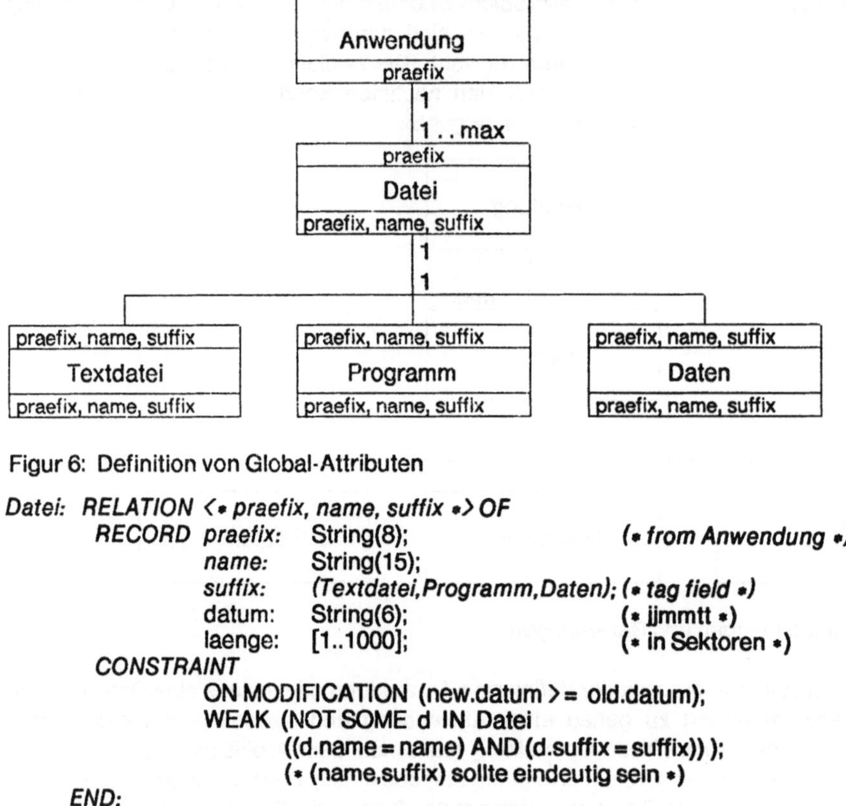

Figur 6: Definition von Global-Attributen

```
Datei:  RELATION <* praefix, name, suffix *> OF
        RECORD praefix:  String(8);                      (* from Anwendung *)
               name:     String(15);
               suffix:   (Textdatei,Programm,Daten); (* tag field *)
               datum:    String(6);                      (* jjmmtt *)
               laenge:   [1..1000];                      (* in Sektoren *)
        CONSTRAINT
               ON MODIFICATION (new.datum >= old.datum);
               WEAK (NOT SOME d IN Datei
                    ((d.name = name) AND (d.suffix = suffix)) );
                    (* (name,suffix) sollte eindeutig sein *)
     END;
```

Figur 7: Lokal-Attribute, Datentypen und zusätzliche Konsistenzbedingungen

Durch den Einsatz der Datenmanipulationssprache bereits zur Definitionszeit können beliebige Konsistenzbedingungen formuliert werden, sei dies als Prädikate wie im vorangehenden Beispiel, oder in der Form von Boolean-wertigen Prüfprozeduren. Die an dieser Stelle gelieferten Bemerkungen (* . . . *) zu Attributen oder Prädikaten werden in der Metadatenbank aufbewahrt; sie können zur Laufzeit als Eingabehilfen resp. Fehlermeldungen ausgegeben werden. Für die nachfolgende automatische Erzeugung der Transaktionen ist es notwendig, den Typ der Konsistenzbedingung (schwach - streng, eventuelle Operationsabhängigkeit) explizit zu definieren und in der Metadatenbank formatiert festzuhalten. Die eigentlichen Prädikate resp. der Rumpf der Testprozeduren werden hingegen *unformatiert* aufbewahrt. Allfällige Syntaxfehler oder gegenseitige Unverträglichkeiten können damit zwar erst zur Uebersetzungszeit bzw. während der Ausführung entdeckt und korrigiert werden; der Mehraufwand für die syntaktische Analyse von Prädikaten wäre im Vergleich zum gewählten Lösungsansatz jedoch enorm und würde das Problem von redundanten oder widersprechenden Bedingungen noch keineswegs bewältigen.

Mit der Detailspezifikation der einzelnen Relationen ist die Datendefinition im engeren Sinn eigentlich abgeschlossen. Die nun folgende ***Bestimmung der benötigten Transaktionen*** hat Aehnlichkeit mit der Definition eines ***Subschemas,*** nur dass in diesem Fall nicht eine Teilmenge der Daten, sondern ein Teil der möglichen Transaktionen ausgewählt wird (Figur 8).

Beim Bezeichnen der gewünschten Operation (Einfügen, Löschen, Aendern) für eine bestimmte

Relation macht das System sofort den passiven (nur lesen) und den aktiven (Lese- und Schreiboperationen) *Fortpflanzungsbereich* der Transaktion sichtbar [Sche80]. Beim Beispiel in Figur 8 wird für das Einfügen einer neuen Datei geprüft, ob die zugehörige Anwendung (praefix) existiert. Mit dem Einfügen der Datei muss aber gemäss dem Wert des Attributs suffix auch für die passende Teilmenge ein Relationenelement geliefert werden, die Transaktion pflanzt sich also in der Hierarchie der Relationen um eine Stufe nach unten fort.

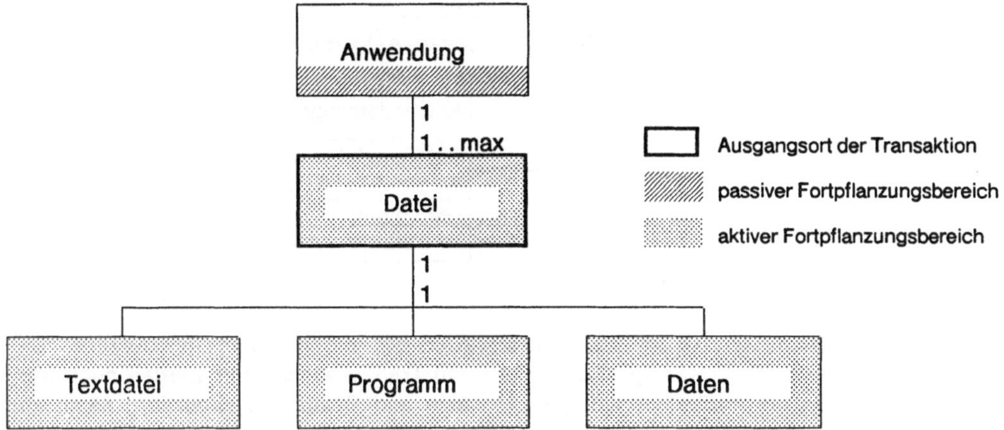

Figur 8: Auswahl von Transaktionen (Beispiel "Datei einfügen")

Die interaktive Datendefinition umfasst grob folgende Schritte:

1 Entitätsmengen
2 Beziehungen zwischen Entitätsmengen
3 Global-Attribute (Identifikations- und Fremdschlüssel)
4 Lokal-Attribute, Datentypen, zusätzliche Konsistenzbedingungen
5 Auswahl der benötigten Transaktionen

Dabei handelt es sich nicht um einen linearen Prozess. Iterationen sind sowohl innerhalb als auch ausserhalb der einzelnen Phasen möglich, wobei aber z.B. die Aenderung einer Beziehung zwischen Entitätsmengen (Phase 2) die Neudefinition von Global-Attributen (Phase 3) zur Folge haben kann.

5 Erzeugung der konsistenzerhaltenden Transaktionen

Der in Abschnitt 3 erläuterte Funktionsumfang der Datenmoduln, nämlich die *Definition* der Daten und Transaktionen aus der *Sicht des Benutzers* einerseits, und die *Realisierung* der Konsistenzprüfungen und der Dialogkontrolle anderseits, legt eine Trennung dieser beiden Basisfunktionen nahe. Diese gewünschte separate Formulierung von Definition und Implementation wird durch die Programmiersprache Modula-2 und ihre Erweiterung Modula/R durch die Unterscheidung in zwei Typen von Moduln angeboten ([Wirth80], [Koch81]): Ein *Definitionsmodul* besteht aus der Exportliste und den Deklarationen für die exportierten Konstanten, Typen, Variablen und Prozeduren. Im Falle der Prozeduren (resp. Transaktionen) sind dabei die formalen Parameter zu definieren. Ein *Implementationsmodul* enthält die Importlisten, lokale Objekte zur Realisierung des Moduls, sowie die Körper der exportierten Prozeduren. Der Definitionsmodul wird bei der Uebersetzung des zugehörigen Implementationsmoduls und für alle importierenden Moduln benötigt, während ein Implementationsmodul jederzeit geändert und *separat* übersetzt werden kann (Figur 9).

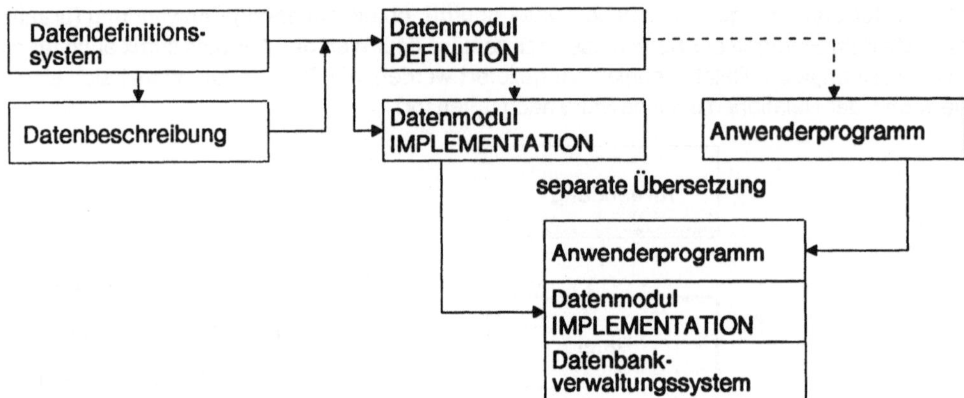

Figur 9: Erzeugung von Datenmoduln

Ein Daten-Definitionsmodul enthält alle Deklarationen, welche für die Benutzung des spezifizierten Ausschnitts der Datenbank notwendig sind: Neben den Transaktionsköpfen werden auch alle vorkommenden Typen für Attribute (Felder), Datensätze und Relationen exportiert, damit im Anwenderprogramm lokale Variable mit passendem Datentyp angelegt werden können. Im System LIDAS werden aufgrund der Entwürfe (Abschnitt 4) anschliessend ***automatisch*** die notwendigen konsistenzerhaltenden Transaktionen generiert. Die nachfolgenden Beispiele enthalten aus Platzgründen jeweils nur Teile des Definitions- und Implementationsmoduls für die in Abschnitt 4 entworfene Datenstruktur.

```
DATABASE DEFINITION MODULE Dateiverwaltung;
  EXPORT QUALIFIED
    (* Datentypen *)        NameTyp, SuffixTyp, LaengeTyp,  . . .
    (* Recordtypen *)       DateiRecTyp,  . . .
    (* Relationstypen *)    DateiRelTyp,  . . .
    (* Relationen *)        Datei, . . .
    (* Transaktionen *)     DateiEinfuegen,  . . . ;

  TYPE
    NameTyp              = ARRAY[0..14] OF CHAR;
    SuffixTyp            = (Textdatei, Programm, Daten);
    LaengeTyp            = [1..1000];
    . . . . .
    DateiRecTyp    = RECORD
                       praefix   : PraefixTyp;
                       name      : NameTyp;
                       suffix    : SuffixTyp;
                       datum     : DatumTyp;
                       laenge    : LaengeTyp;
                     END;
    DateiRelTyp    = RELATION <* praefix, name, suffix *> OF DateiRecTyp;

    EinleseProzedurTyp = PROCEDURE (ARRAY OF CHAR; VAR ARRAY OF WORD);
    MeldungProzedurTyp = PROCEDURE (FehlerTyp; ARRAY OF CHAR);

  VAR Datei        : DateiRelTyp;

  TRANSACTION DateiEinfuegen (Einlesen: EinleseProzedurTyp;
                              Meldung:  MeldungProzedurTyp);
END Dateiverwaltung.
```

Die exportierten Transaktionen enthalten prozedurwertige Parameter, welche dem Benutzer erlauben, beim Aufruf der Transaktion Bezeichner von privaten Prozeduren des entsprechenden Typs mitzuliefern. Diese im Bereich des Benutzers definierten Unterprogramme besorgen das Einlesen, und die Vermittlung von Systemmeldungen in einer der Programmumgebung angepassten Art.

Der Implementationsmodul enthält als wesentlichste Elemente den systemnahen Teil der Dialogkontrolle, die Konsistenzprüfungen und die eigentlichen Datenoperationen.

```
IMPLEMENTATION MODULE Dateiverwaltung;
  . . .
  TRANSACTION TextdateiEinfuegen (Einlesen: EinleseProzedurTyp,
                                  Meldung: MeldungProzedurTyp);
  . . .
  TRANSACTION DateiEinfuegen (Einlesen: EinleseProzedurTyp,
                              Meldung: MeldungProzedurTyp);
  VAR new     : DateiRecTyp;
  BEGIN
    WITH new DO
      REPEAT
        Einlesen ("Datei", new);
        IF NOT Anwendung[praefix] IN Anwendung
        THEN Meldung (fatal, "referenced entity does not exist" ) END;
        IF Datei[praefix,name,suffix] IN Datei
        THEN Meldung (fatal, "uniqueness of id.key violated") END;
        IF SOME d IN Datei ((d.name=name) AND (d.suffix=suffix))
        THEN Meldung (weak, "(name,suffix) sollte eindeutig sein" ) END;
        . . .
      UNTIL . . .  ;(* Konsistenz gewährleistet *)
      Datei :+ {new};
      CASE suffix OF
        Textdatei:  TextdateiEinfuegen (. . ., . . .)|
        Programm :  ProgrammEinfuegen (. . ., . . .)|
        Daten:      DatenEinfuegen (. . ., . . .)
      END;
    END;
  END DateiEinfuegen;
  . . .
END Dateiverwaltung.
```

deutsche Fehlermeldungen stammen vom Benutzer (vgl. Figur 7), englische Meldungen wurden aufgrund der Datenstruktur automatisch erzeugt.

Der Ablauf des Dialogs beim Aufruf der Transaktion `DateiEinfuegen` kann folgendermassen skizziert werden: Der Datenmodul gibt die Kontrolle unmittelbar nach Beginn der Transaktion wieder dem aufrufenden Programm zurück, indem die Benutzerprozedur `Einlesen` gestartet wird. Diese Prozedur muss den Datensatz `new` zurückliefern, worauf der Datenmodul die Konsistenzprüfungen vornehmen kann. Man beachte dabei, dass ein Teil der Prädikate vom Datendefinitionssystem direkt aus der Definition der Global-Attribute abgeleitet wurden, während die restlichen unverändert aus der Detailspezifikation übernommen werden konnten. Dieser Vorgang wiederholt sich nun so lange, bis zumindest die strengen Bedingungen erfüllt sind, worauf der Datensatz in die Relation eingefügt wird (`Datei :+ {new}`). Entsprechend der in Figur 8 illustrierten Fortpflanzung wird nun zwingend eine weitere Transaktion zur Ausführung gebracht, wobei auch dort das Anwenderprogramm für die Dateneingabe und für die Ausgabe von Fehlermeldungen jeweils temporär die Dialogkontrolle übernimmt.

Literatur

[Baro81] Baroody,A.J.Jr., DeWitt,D.J.: An Object-Oriented Approach to Database System Implementation. ACM ToDS, Vol.6, No.4, December 1981, pp.576-601.

[Chen76] Chen,P.P.S: The Entity-Relationship Model - Toward a Unified View of Data. ACM ToDS, Vol.1, No.1, March 1976, pp.9-36.

[Gutt77] Guttag,J.V.: Abstract Data Types and the Development of Data Structures, CACM, Vol.20, No.6., June 1977, pp.396-404.

[Koch81] Koch,J., Mall,M., Putfarken,P., Reimer,M., Schmidt,J.W., Zehnder,C.A.: Modula/R Report. ETH Zürich, Institut für Informatik, draft version, December 1981.

[Rebs82] Rebsamen,J., Reimer,M., Ursprung,P., Zehnder,C.A.: LIDAS - A Database System for the Personal Computer Lilith - The Database Management. ETH Zürich, Institut für Informatik, Report 50, June 1982.

[Reim81] Reimer,M., Schmidt,J.W.: Transaction Procedures with Relational Parameters. ETH Zürich, Institut für Informatik, Report 45, October 1981.

[Sche80] Scheuermann,P., Schiffner,G., Weber,H.: Abstraction Capabilities and Invariant Properties Modelling within the Entity-Relationship Approach. In: Entity-Relationship Approach to Systems Analysis and Design, Chen,P.P.S.(ed.), North Holland, 1980, pp.121-140.

[Schm77] Schmidt,J.W.: Some High Level Language Constructs for Data of Type Relation. ACM ToDS, Vol.2, No.3, September 1977, pp.247-261.

[Ston75] Stonebraker,M.: Implementation of Integrity Constraints and Views by Query Modification. Proc. ACM SIGMOD Conf., San Jose CA, May 1975, pp.65-78.

[Webe81] Weber,W.: Ein Subsystem zur Aufrechterhaltung der semantischen Integrität in Datenbanken. Dissertation Universität Karlsuhe, Jochem Heizmann Verlag, Karlsruhe, 1981.

[Wirt81] Wirth,N.: Lilith: A Personal Computer for the Software Engineer. Proc. 5th Int. Conf. on Software Engineering, San Diego, March 1981.

[Wirt82] Wirth,N.: Programming in Modula-2. Springer-Verlag, Heidelberg, New York, 1982.

[Zehn80] Zehnder,C.A., Thurnherr,B.: Dynamic Consistency Constraints in the Conceptual Schema and their Connections with the External Schema. Proc. 10. Jahrestagung der Gesellschaft für Informatik, Informatik-Fachberichte 33, Springer, September 1980.

[Zehn81] Zehnder,C.A.: Informationssysteme und Datenbanken. Verlag der Fachvereine, Zürich, 1981.

Integriertes Dokumenten- und Fakten-Retrieval mit variabler Selektionsschärfe[1)]

Friedbert Jochum
ACTIS GmbH, Zweigniederlassung Berlin

Zusammenfassung

Der vorliegende Beitrag diskutiert einige semantische Probleme beim integrierten Dokumenten- und Fakten-Retrieval und stellt einen Ansatz zu deren Lösung sowie einige experimentelle Ergebnisse vor. Die entwickelte Repräsentationssprache zeichnet sich durch ein hohes Auflösungsvermögen bei der Bedeutungsdarstellung von Texten aus und gestattet, dieses kontrolliert zu variieren. Dies ermöglicht die Definition verschiedener semantischer Ebenen über den natürlichsprachlichen Texten und damit den gezielten Zugang zu einzelnen Textinhalten ebenso wie eine allgemeine semantische Klassifikation von Texten.

1. Einleitung

Den unterschiedlichen Informationsbedürfnissen in unserer Gesellschaft stehen verschiedene Arten von Informationssystemen gegenüber:

- Dokumenten-Retrieval-Systeme (Dokumentations- und Bibliotheks-systeme) zur Deckung des Bedarfs bei der Informationsvermittlung durch wissenschaftliche Literatur (Dokumente)
- Fakten-Retrieval-Systeme (Datenbanksysteme, Frage-Antwort-Systeme) zur Deckung des Bedarfs bei der Vermittlung von Faktenwissen.

In zunehmendem Maße jedoch erfordern praktische Aufgaben in Wirtschaft, Verwaltung, Jurisprudenz und Medizin den Einsatz integrierter Systeme, mit denen beide Arten von Informationsbedürfnissen abgedeckt werden können. Dabei wird in vielen Fällen, neben einer allgemeinen Suche von Dokumenten, ein gezielter Zugriff auf spezielle Texte nach vorgegebenen semantischen Kriterien oder eine direkte Ausgabe einzelner Textinhalte oder Fakten gewünscht. Dies erfordert neue Methoden der Informations-

---

1) Der Beitrag entstand im Rahmen der Forschungstätigkeit des Autors am Institut für Angewandte Informatik der TU Berlin.

erschließung, -darstellung und -wiedergewinnung, da auf der einen Seite Dokumenten-Retrieval-Systeme (DRS) für solche Anwendungen zu grob sind und sich auf der anderen Seite Fakten-Retrieval-Systeme (FRS) für die Dokumentation natürlichsprachlicher Texte nicht eignen.

Der vorliegende Beitrag stellt eine Methode der Wissensrepräsentation vor, die sowohl eine Dokumenten- als auch eine Fakten-spezifische Informationsverarbeitung zuläßt. Ausgehend von einer Diskussion der Anforderungen an eine solche Informationsdarstellung, erfolgt die Beschreibung einer semantischen Repräsentationssprache, die versucht, diesen Anforderungen gerecht zu werden. Anschließend werden einige Anwendungsmöglichkeiten und experimentelle Untersuchungen behandelt.
Da es bei der Datenstruktur um die Darstellung der Bedeutung natürlichsprachlicher Texte (Sätze) geht, wird im folgenden der in der Künstlichen Intelligenz geprägte Begriff "semantische Repräsentationssprache" (Semantic Representation Language), abgekürzt SRL, verwendet.

2. Anforderungen an die Informationsdarstellung

Die Frage, welche formalen Elemente zur Inhaltsbeschreibung erforderlich sind, um ein effektives Retrieval natürlichsprachlicher Texte zu ermöglichen, führt zunächst zu zwei elementaren Forderungen an eine Repräsentationssprache, die von Habel et al. (/HAB 79a/) für das Fakten-Retrieval in natürlichsprachlichen Frage-Antwort-Systemen aufgestellt wurden:

- Beschreibungsadäquatheit
  Die semantische Repräsentationssprache muß die Bedeutung natürlichsprachlicher Texte (Sätze) adäquat beschreiben können.
- Verarbeitungsadäquatheit
  Die semantische Repräsentationssprache muß eine adäquate Weiterverarbeitung der Beschreibungen ermöglichen.

Die Vorstellung bei Frage-Antwort-Systemen, daß zwei bedeutungsverschiedene Sätze der natürlichen Sprache auch in der SRL unterschiedlich repräsentiert werden sollten (vgl. /HAB 79a/), findet sich auch im Dokumenten-Retrieval (DR) wieder (s. /STO 77/). Hier muß jedoch eine Abschwächung vorgenommen werden, zumal es sich bei Dokumenten nicht nur um Sätze, sondern um natürlichsprachliche Texte handelt, deren semantische Struktur in der Linguistik erst ansatzweise untersucht wurde.
Die vorherrschenden Semantiktheorien betrachten als größte Einheit lediglich den Satz, innerhalb dessen Grenzen aber auch nur Teilaspekte

behandelt werden. Erst in letzter Zeit wurden Ansätze einer umfassenden Texttheorie sichtbar (s. z.B. /RAU 76/). Diese sind jedoch sehr komplex und für DR-Zwecke im Augenblick weniger geeignet, ebenso die inferenziellen Heuristiken aus der Künstlichen Intelligenz (s. z.B. /SCA 74/).

Infolgedessen ist die Bedeutung natürlichsprachlicher Texte nicht vollständig analysier- und beschreibbar, wodurch die Texte bei ihrer Repräsentation immer einer Vergröberung unterliegen. Das heißt, Texte können nie ohne Informationsverlust in eine formale Sprache überführt werden. Daß dies prinzipiellen Restriktionen unterliegt, wird von Cherniavsky (/CHE 78/) gezeigt. Aufgrund dieser Tatsache unterscheiden sich Informationssysteme, die natürlichsprachliche Texte verarbeiten, essentiell von Systemen, bei denen das Datenmaterial bereits in einer formalisierten Sprache vorliegt, so daß sowohl die Speicherung der Daten als auch die Festlegung der Suchaspekte immer eindeutig erfolgen kann. Im Gegensatz dazu DRS, bei denen weder die Informationen aus den Dokumenten noch das Informationsbedürfnis der Benutzer exakt als formaler Ausdruck in einer Repräsentationssprache existiert.

Dieser Informationsverlust ist um so größer, je spezifischer die Textinhalte und je einfacher die SRL-Elemente sind. Er kann sich auf zweierlei Weise bemerkbar machen (vgl. /STO 77/):

- Zwei inhaltlich gleiche Texte werden auf verschiedene Repräsentationen abgebildet ("ambiguous translation"),
- zwei inhaltlich verschiedene Texte werden auf gleiche Repräsentationen abgebildet ("cohesion of meanings").

Abhängig von der benutzerintendierten Suchgenauigkeit haben die obigen Abbildungsfehler ein unterschiedliches Gewicht. Sollen Texte nach allgemeinen inhaltlichen Kriterien gesucht werden, ist eine unscharfe semantische Repräsentation der Dokumente und Suchfragen ausreichend. Hierbei kann eine zu feine Beschreibung sogar zu einer "ambiguous translation" führen, wenn durch die SRL Dokumente nach Aspekten unterschieden werden, die für die Erfordernisse bestimmter Benutzerklassen vernachlässigbar sind. Für diesen Fall sind die Texte durch ihre Beschreibung überspezifiziert, so daß wichtige Dokumente nicht gefunden werden.

Sollen dagegen Texte oder Textteile (bzw. Fakten aus Texten) nach differenzierten inhaltlichen Kriterien selektiert werden, ist eine präzisere semantische Repräsentation erforderlich, um ein "cohesion of meanings" zu vermeiden. In diesem Fall werden durch einen Informationsverlust immer auch Texte gefunden, die den Suchkriterien nicht genügen.

Die Elemente einer SRL sollten also so angelegt sein, daß die eindeutige Spezifikation solcher inhaltlicher Kriterien möglich ist, nach denen Benutzer Informationen aus der Datenbasis selektieren möchten. Je differenzierter diese Kriterien sind, um so feiner müssen die formalen Darstellungselemente sein, d.h. um so tiefer muß die Repräsentation der Texte erfolgen.

Soll ein breites Benutzerspektrum mit einem System befriedigend abgedeckt werden, ist einerseits durch die SRL die Möglichkeit zu bieten, Suchfragen und Texte in unterschiedlicher Tiefe zu repräsentieren und andererseits ein geeignetes Repertoir an Funktionen bereitzustellen, das eine Auswertung dieser Repräsentationen nach wechselnden Gesichtspunkten zuläßt. Die Notwendigkeit einer Inhaltsbeschreibung auf mehreren Ebenen wurde bereits an anderer Stelle hervorgehoben, sowohl in der Dokumentation (s. /DAH 74/) als auch in der Künstlichen Intelligenz (s. /HUD 76/).

3. Die semantische Repräsentationssprache CSRL

Um die erforderlichen Sprachmittel konkret zu untersuchen, wurde die semantische Repräsentationssprache CSRL (Case-oriented Semantic Representation Language) entwickelt und in dem experimentellen Informationssystem SIRAS (Semantic Information and Fact Retrieval System) implementiert (s. /JOC 79/). Die Sprache basiert auf der Tiefenkasustheorie von Fillmore (/FIL 68/), auf deren Ursprung auch viele Projekte aus der Künstlichen Intelligenz zurückzuführen sind.

3.1 Formaler Aufbau von CSRL

Eine Proposition (Satzaussage) wird in CSRL formal als Prädikat dargestellt, wobei die Tiefenkasus als Typen der Argumentstellen des Prädikats fungieren. Ein wohlgeformter CSRL-Ausdruck besteht dann aus einer Menge n-stelliger Prädikate mit typisierten Variablen:

$$SR = \{h_1(t_1o_1,\ldots,t_no_n),\ldots,h_m(t_1o_1,\ldots,t_no_n)\}$$

$SR \in CSRL$, $h_i \in H$, $o_i \in O$, $t_i \in T$ (n ist variabel)

Demnach basiert CSRL auf folgenden formalen Komponenten:

$H = \{h_1,\ldots,h_p\}$ einer Menge von Prädikatnamen. Sie repräsentieren Verben und deren (Quasi-) Synonyme (Handlungsdeskriptoren).

$O = \{o_1,\ldots,o_q\}$ einer Menge von Prädikatvariablen. Sie repräsentieren die durch die Verbvalenzen gebundenen Nomen und deren (Quasi-) Synonyme (Objektdeskriptoren).

$T = \{t_1,\ldots,t_r\}$ einer Menge von Typen. Die Typen sind Tiefenkasussymbole. Sie repräsentieren explizit die inhaltlichen Beziehungen zwischen der Handlung (Verb) und den beteiligten Objekten (Nomen) und beschreiben dadurch die Bedeutungsverschiebung eines Objektdeskriptots, abhängig vom Kontext, in dem dieser vorkommt.

V = (,) Verknüpfungsgliedern (Klammern). Sie markieren den Kontext, in dem die durch die Typen repräsentierten Beziehungen zwischen Verben und Nomen gültig sind. Sie verknüpfen dadurch alle Deskriptoren, die in einem Bedeutungszusammenhang stehen (im Sinne der Satzsemantik).

{}, Hilfszeichen.

Die semantische Repräsentation (SR) eines natürlichsprachlichen Textes erfolgt durch aktuelle Belegung der Elemente des obigen Ausdrucks SR. Alle Prädikatnamen und Variablenbelegungen sind auf ihre Grundform zurückgeführte und desambiguierte Wörter des Oberflächenstrings. Dies soll an einem Beispiel verdeutlicht werden. Der natürlichsprachliche Satz

"Der Fachbereichsrat eröffnet das Prüfungsverfahren für Herrn Schulze und wählt Herrn Meier in den Prüfungsausschuß"

wird in CSRL wie folgt semantisch repräsentiert:

{ERÖFFNEN(TKO1 FBR , TKO2 SCHULZE , TKO3 PRÜFUNGSVERFAHREN) ,
WÄHLEN(TKO1 FBR , TKO2 MEIER , TKO3 PRÜFUNGSAUSSCHUSS)}

TKO1 typisiert den Ausführenden (Agens), TKO2 den Betroffenen (Dativ) und TKO3 das Objekt (Objektiv) der Handlung. Die Numerierung stimmt hier nur zufällig mit der Reihenfolge der Argumentstellen überein. Die Reihenfolge hat keine Bedeutung (s. auch Pkt. 4.1).

3.2 Manipulation der Repräsentationstiefe

Ein wesentliches Charakteristikum von CSRL ist, in Anlehnung an die in Pkt. 2 genannten Anforderungen, die Möglichkeit einer kontrollierten Veränderung der Repräsentationstiefe, so daß mit variierender Genauigkeit auf die Texte zugegriffen werden kann.

Es sei B die syntaktische Basis von CSRL, wobei die Elemente von B die in Pkt. 3.1 eingeführten formalen CSRL-Komponenten sind:

$$B = \{O,H,T,V\}$$

Da jedes Element von B einen bestimmten inhaltlichen Aspekt beschreibt, wird durch jedes Eliminieren eines Elements die Beschreibung der Dokumente und Suchfragen unschärfer. Da weniger Einzelinformationen dargestellt werden, verringert sich die Tiefe der semantischen Repräsentation. So können durch verschiedene syntaktische Ausprägungen von CSRL verschiedene semantische Ebenen über den natürlichsprachlichen Texten definiert werden, was einer Verwendung mehrerer Repräsentationssprachen mit unterschiedlicher Mächtigkeit gleichkommt.

Mit den vier Komponenten sind theoretisch 15 verschiedene Repräsentationssprachen als Spezialisierungen von CSRL darstellbar. Für die praktische Anwendung sind davon jedoch nur acht SRL sinnvoll, da Sprachen, bei denen keine Nomen repräsentiert werden (Komponente O), i. allg. nicht zweckmäßig sind. Die Übersetzung aus der natürlichen Sprache (NL) erfolgt lediglich nach CSRL. Die restlichen Sprachen werden direkt aus CSRL generiert (s. Abb. 1). Die Übersetzung der natürlichsprachlichen Suchfragen in CSRL-Ausdrücke erfolgt mit Hilfe des Systems BEAST (vgl. /HAB 79b/). Die Dokumententexte bedürfen z.Z. einer Präkodierung.

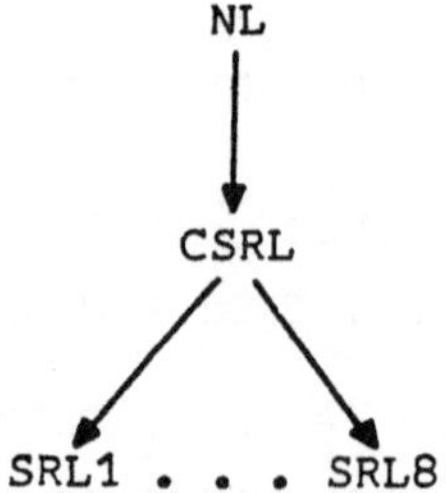

Abb. 1: Generierung der verschiedenen SRL

Diese acht Sprachen SRL1...SRL8 werden durch Reduktion der syntaktischen Basis B gewonnen, wobei SRL1 mit der vollen CSRL-Ausprägung identisch ist:

$B_1 = \{O,H,T,V\}$

$B_2 = \{O,H,T\}$

$B_3 = \{O,H,V\}$

$B_4 = \{O,T,V\}$

$B_5 = \{O,V\}$

$B_6 = \{O,T\}$

$B_7 = \{O,H\}$

$B_8 = \{O\}$

Bezüglich ihrer syntaktischen Basen und den mengentheoretischen Verknüpfungen Durchschnitt und Vereinigung bilden SRL1...SRL8 einen Verband (s. Abb. 2).

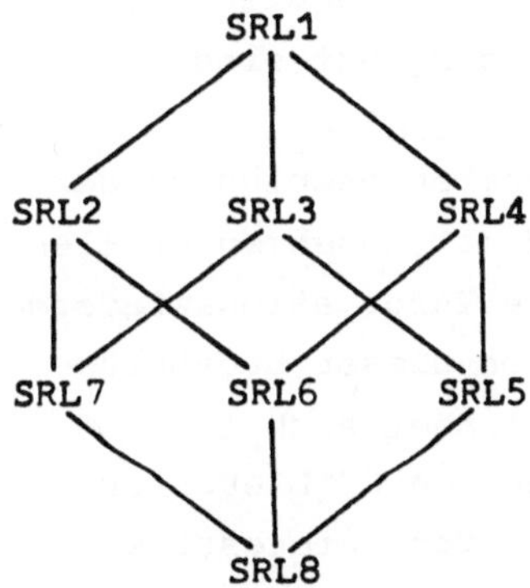

Abb. 2: SRL1-SRL8 als syntaktischer Verband

Zwischen SRL1 und SRL8 findet eine starke Vergröberung statt, wobei ein erheblicher Teil an semantischer Information über die Texte verloren geht. So hat der Beispielsatz aus Pkt. 3.1 in SRL8 folgende Repräsentation:

{SCHULZE,MEIER,FBR,PRÜFUNGSVERFAHREN,PRÜFUNGSAUSSCHUSS}

Während einfache Sprachen wie SRL8 in den meisten z.Z. existierenden DRS eingesetzt werden, erreicht SRL1 die Tiefe von Repräsentationen in

Frage-Antwort-Systemen. Die Sprachen SRL2 bis SRL7 liegen in ihrer Beschreibungsfähigkeit (Repräsentationstiefe) innerhalb dieser Grenzen.

CSRL ist in SIRAS in der Art implementiert, daß die Dokumente und Suchfragen nicht in diesen acht Sprachen repräsentiert werden, sondern nur einmal in SRL1. Erst beim Retrievalprozeß erfolgt die Auswahl der gewünschten SRL, indem bei der Ähnlichkeitsberechnung zwischen Dokumenten und Suchfragen nur die für die betreffende SRL gültigen CSRL-Komponenten herangezogen werden. Dadurch bleiben die restlichen inhaltlichen Aspekte bei der Suche unberücksichtigt.

4. Auswirkungen auf das Systemverhalten

Aufgrund der Verbandsstruktur über den semantischen Repräsentationssprachen kann systematisch untersucht werden, wie sich eine Reduktion oder Erweiterung des Wissens über die in der Datenbank gespeicherten Texte auf das Systemverhalten auswirkt. Da sich zwei Sprachen SRL_i und SRL_j im syntaktischen Verband wohldefiniert unterscheiden, lassen sich Änderungen im Systemverhalten eindeutig auf die SRL-Komponenten zurückführen, in denen B_i und B_j disjunkt sind.

Retrievaltests, die mit Gremienbeschlüssen der TU Berlin durchgeführt wurden, haben gezeigt, daß mit zunehmender Elementzahl der syntaktischen Basis eine differenziertere Informationswiedergewinnung möglich ist. Eine ausführliche Diskussion dieser Ergebnisse, die aus Platzgründen hier nicht erfolgen kann, findet sich in /JOC 82/. Stattdessen sollen einige mögliche Anwendungen von CSRL erörtert werden, die im Rahmen der vorliegenden Themenstellung von Interesse sind.

4.1 Variation der Selektionsschärfe

Bei entsprechender Gestaltung der Benutzerschnittstelle ist es bei CSRL möglich, durch Navigieren im syntaktischen Verband die Suchinhalte schrittweise einzugrenzen oder auszuweiten, so daß ein "unwissender" Benutzer mit Hilfe des Systems seine Informationswünsche nach und nach präzisieren kann.

So könnte z.B. eine Suche mit SRL8 einer groben Vorauswahl dienen, um dann durch Spezialisierung der Suchfrage auf einer höheren Ebene spezifische Dokumente gezielt zu selektieren. Folgende Alternativen bieten sich nach einer SRL8-Suche an:

- SRL7, wenn sich bei der Inspektion des Systemvorschlages herausstellt, daß Verben wichtige Suchkriterien sind
- SRL6, wenn die in der Suchfrage angegebenen Nomen in den gefundenen Dokumenten mit unterschiedlichen semantischen Rollen (unterschiedliche Präpositionen, Oberflächenkasus) vorkommen, von denen nur eine bestimmte relevant ist
- SRL5, wenn der erste Systemvorschlag überwiegend längere Texte mit mehreren Themen enthält.

Entsprechend kann zu höheren CSRL-Ausprägungen übergegangen werden, wenn Kombinationen der oben genannten Kriterien die Suchinhalte weiter präzisieren.

Einem linguistisch ungeschulten Benutzer bereitet es allerdings Schwierigkeiten, anhand der gefundenen Texte zu entscheiden, welche Erweiterungen der Suchfrage sinnvoll sind bzw. bessere Ergebnisse liefern. Außerdem können die semantischen Eigenschaften einer SRL nicht unabhängig von den gesamten Dokumenten in der Datenbasis betrachtet werden. Das bedeutet, daß der Übergang von einer Suchebene zu einer anderen unterschiedliche Wirkungen haben kann, abhängig vom Dokumentenbestand und der jeweiligen Suchfrage (vgl. /JOC 82/). Das System muß daher den Benutzer bei der Optimierung seiner Suchstrategie unterstützen.

Eine Methode, die diesen Anforderungen auf einfache Weise gerecht wird, ist ein erweitertes Relevanz Feedback, ein adaptives Verfahren, bei dem der Benutzer in den Retrievalprozeß mit einbezogen wird. In einem Präzisierungsdialog muß der Benutzer die vom System ausgegebenen Dokumente nach ihrer Relevanz beurteilen. Auf der Grundlage dieses Relevanzurteils modifiziert das System (eventuell über mehrere Iterationen) die Repräsentationstiefe (s. Abb. 3).

Die Funktionsweise sei exemplarisch an einem Retrievallauf erörtert, wobei angenommen wird, daß ein Benutzer die Ausgabe von n = 3 Dokumenten wünscht. Die Suchfrage lautet:

"In welchen Beschlüssen werden für die Einheit Betriebssysteme für das WS 73/74 Lehraufträge erteilt ?"

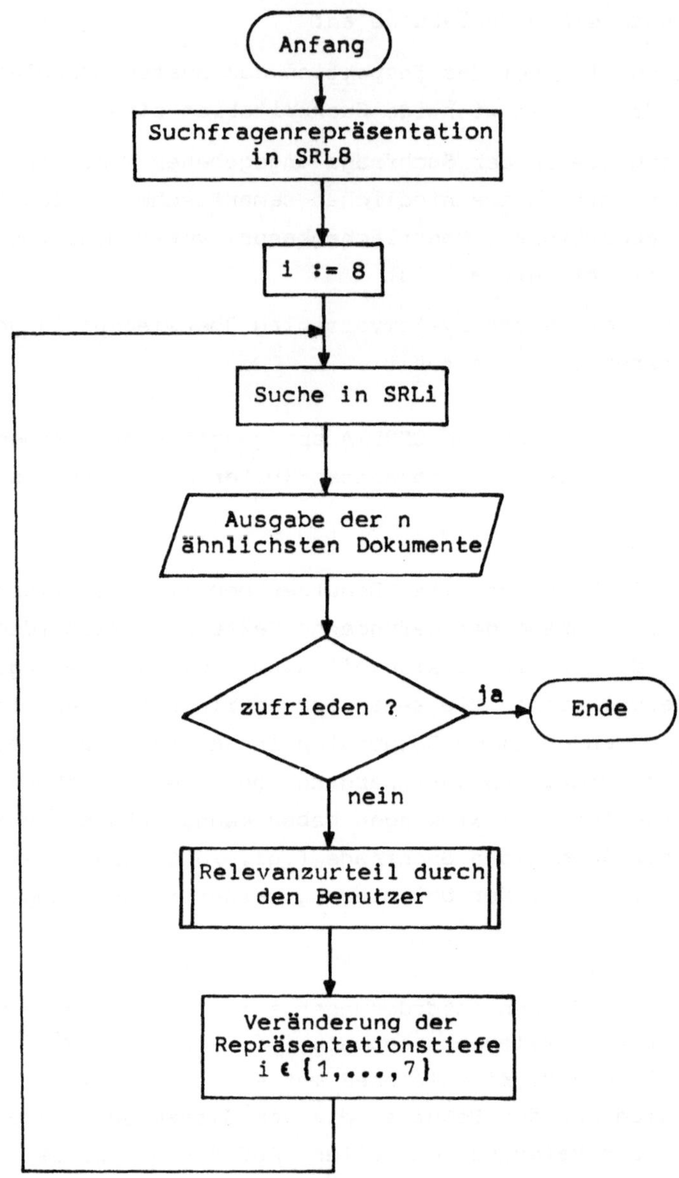

Abb. 3: Automatische Anpassung der Repräsentationstiefe durch Relevanz Feedback

Bei SRL8, mit der die initiale Suche erfolgen soll, werden ein relevantes und zwei nichtrelevante Dokumente gefunden und vom Benutzer bewertet (s. Abb. 4).

Rang	initiale Suche mit SRL8	erste Iteration
1	12R	12R
2	1	13R
3	4	46R

Abb. 4: Erhöhung der Anzahl der relevanten Texte (R) durch automatische Anpassung der Repräsentationstiefe

Da die Dokumente durch den spezifischen CSRL-Aufbau implizit als Repräsentationen in SRL1,...,SRL8 vorliegen, kann die SRL8-Suchfragenrepräsentation aufgrund des Relevanzurteils in SRL7,...,SRL1-Repräsentationen transformiert werden, indem sie jeweils um die Elemente der entsprechenden SRL-Komponente erweitert wird, die in der Repräsentation der identifizierten relevanten Dokumenten vorkommen.

Das bei der initialen Suche identifizierte relevante Dokument Nr. 12 hat folgende CSRL-Repräsentation (es ist nur das Prädikat dargestellt, das die meisten Suchfragendeskriptoren enthält, da nur dieses für die Ähnlichkeitsberechnung relevant ist; außerdem ist aus Datenschutzgründen der Personenname geändert):

{ERTEILEN(TKO1 UP,TKO3 LEHRAUFTRAG,TKO2 MÜLLER,TK13 WS73/74,TKO7 BS)}

Die SRL8-Suchfragenrepräsentation

{LEHRAUFTRAG , BS , WS73/74}

wird dann aufgrund des Relevanzurteils in die folgenden SRL7...SRL1-Ausdrücke transformiert:

SRL7 :

{ERTEILEN , LEHRAUFTRAG , BS , WS73/74}

SRL6 :

{TKO3 LEHRAUFTRAG , TKO7 BS , TK13 WS73/74}

SRL5 :

{(LEHRAUFTRAG , BS , WS73/74)}

SRL4 :

{(TK03 LEHRAUFTRAG , TK07 BS , TK13 WS73/74)}

SRL3 :

{ERTEILEN (LEHRAUFTRAG , BS , WS73/74)}

SRL2 :

{ERTEILEN , TK03 LEHRAUFTRAG , TK07 BS , TK13 WS73/74}

SRL1 :

{ERTEILEN (TK03 LEHRAUFTRAG , TK07 BS , TK13 WS73/74)}

Für alle Sprachen (SRL1...SRL8) wird nun (mit dem Maß von Tanimoto) die mittlere Ähnlichkeit zwischen der Suchfrage und den bei der initialen Suche gefundenen relevanten Dokumenten ($\bar{\alpha}_R$) und nichtrelevanten Dokumenten ($\bar{\alpha}_N$) berechnet und jeweils die Differenz Δ ($\bar{\alpha}_R - \bar{\alpha}_N$) gebildet:

	SRL8	SRL7	SRL6	SRL5	SRL4	SRL3	SRL2	SRL1
$\bar{\alpha}_R$	0.33	0.38	0.25	0.40	0.40	0.50	0.30	0.50
$\bar{\alpha}_N$	0.33	0.20	0.00	0.50	0.00	0.33	0.00	0.00
Δ	0.00	0.18	0.25	-0.1	0.40	0.17	0.30	0.50

Nach dieser Tabelle ist die Differenz der mittleren Suchfragen-Ähnlichkeit zwischen den relevanten und nichtrelevanten Dokumenten bei SRL1 am größten, weshalb bei der nächsten Iteration eine Suche auf SRL1-Ebene erfolgt. Wie Abb. 4 zeigt, werden dabei zwei weitere relevante Dokumente gefunden.

Im obigen Beispiel resultiert aus dem Relevanz Feedback ein Zuwachs an gefundenen relevanten Dokumenten, wobei die positiven Rangeigenschaften bestimmter Sprachen zu Buche schlugen. In ähnlicher Weise kann auch die hohe Selektionsfähigkeit von Sprachen mit Tiefenkasus durch das Relevanz Feedback für eine Verringerung der nichtrelevanten Texte ausgenutzt werden (s. Abb. 5). Hierbei muß der Benutzer lediglich das erste gefundene relevante Dokument markieren (für eine ausführlichere Beschreibung siehe /JOC 82/).

Rang	initiale Suche mit SRL8	erste Iteration
1	49	53R
2	53R	
3	30	
4	1	
5	4	
6	12	
7	61	
8	54	
9	55	
10	13	
11	31	

Abb. 5: Verringerung der Anzahl der nichtrelevanten Texte durch automatische Anpassung der Repräsentationstiefe

4.2 Integriertes Dokumenten- und Fakten-Retrieval

Aufgrund des hohen Auflösungsvermögens bei der Darstellung von Einzelinformationen und ihren Verknüpfungen erlaubt die Repräsentationssprache CSRL, neben der Suche von Texten auf verschiedenen semantischen Ebenen, auch eine direkte Wiedergewinnung von Textinhalten.

Auf eine Anfrage der Art

"Für welche Lehreinheiten wurden im SS 75 BAT I-Stellen beantragt ?"

wird dann nicht eine Menge von Texten erwartet, sondern die direkte Ausgabe entsprechender Fakten aus den Texten; also beispielsweise

Computer Graphics
Automatentheorie/Formale Sprachen
Computergestützte Informationssysteme

Dagegen verlangt eine Anfrage der Art

Welche Dokumente enthalten Angaben über den Sachverhalt
"Im SS 75 werden BAT I-Stellen beantragt" ?

die Anzeige oder Ausgabe einer Menge von Texten, die eine bestimmte semantische Ähnlichkeit zu diesem Sachverhalt aufweisen.[1)]

Beide Anfragetypen kommen in der Praxis vor, werden aber in der Regel durch verschiedene Systemtypen bearbeitet. Da die meisten Informationsobjekte, die für eine automatische Verarbeitung in Frage kommen, gemischte Informationsarten enthalten, also weder als reines Faktenmaterial noch als reines Textmaterial vorkommen, ist ein integriertes Dokumenten- und Fakten-Retrieval von hoher praktischer Relevanz. Zum Beispiel enthalten Berichte über Arzneimittelnebenwirkungen für ein Arzneimittelinformationssystem sowohl Fakten wie Darreichungsform und Wirkstoffe des Arzneimittels oder Alter und Gewicht des Patienten, als auch Textinformationen wie Versuchsanordnungen, Krankheitsverläufe u. dgl.

Da in CSRL Informationsobjekte differenziert wiedergegeben werden, braucht in der Datenbank nicht zwischen strukturiertem Wissen (Faktenwissen) und unstrukturiertem Wissen (Textwissen) unterschieden zu werden, bzw. es kann auch der Dokumentenbestand (genauer der Bestand der Dokumentenrepräsentationen) als Wissensbasis für ein Fakten-Retrieval dienen. Art und Genauigkeit der Wiedergewinnung sind dann nicht mehr so sehr durch das System begrenzt, sondern lediglich durch die in den Texten enthaltenen Informationen.

Dies ermöglicht ein breites Retrievalspektrum, angefangen von einer allgemeinen Suche nach ähnlichen Texten, bis hin zur gezielten Selektion einzelner Fakten. Ein Benutzer kann dabei vom System schrittweise an die gewünschten Informationen herangeführt werden, indem iterativ eine Spezialisierung erfolgt (Lupeneffekt). Ein umgekehrtes Vorgehen ist ebenfalls vorstellbar, wenn z.B. zu gefundenen Fakten Texte gesucht werden, die "ähnliche" Angaben enthalten. In diesem Fall erfolgt der Übergang von einer spezielleren zu einer allgemeineren semantischen Ebene.

---

1) Da beim DR immer Texte gesucht werden, die ähnliche Sachverhalte enthalten, wie sie in der Suchfrage umschrieben sind, wird diese nicht als Frage formuliert, sondern als Aussage über Sachverhalte. Daher ist nur der in Hochkommata gesetzte Teil der obigen Suchfrage relevant. Der Rest liefert keine Selektionsinformation. Er ist bei allen Suchfragen konstant und kann eliminier werden, da er als systemtypisch implizit vorausgesetzt wird. D.h. in einem DRS sind normalerweise nur Suchfragen dieses Typs erlaubt.

Die Wiedergewinnung von Fakten ist am präzisesten nur auf SRL1-Ebene möglich, da dort alle Strukturinformationen dargestellt werden, die für eine eindeutige Selektion erforderlich sind. Die Verknüpfungsglieder zerlegen einen Text in kleinere bedeutungstragende Einheiten. Sie sind daher Voraussetzung für einen selektiven Zugriff auf Teiltexte. Die Handlungsdeskriptoren und Tiefenkasus legen die genaue Bedeutung der durch die Objektdeskriptoren repräsentierten Objekte fest, die diese innerhalb einer natürlichsprachlichen Äußerung haben, d.h. innerhalb der durch die Verknüpfungsglieder festgelegten Einheiten.

5. Schlußbemerkungen

Im vorliegenden Beitrag wurden Möglichkeiten aufgezeigt, Informationssysteme durch semantische Verfahren intelligenter und benutzerfreundlicher zu gestalten und funktional in Richtung integriertes Dokumenten- und Fakten-Retrieval zu erweitern. Neben einem kontinuierlichen Übergang zwischen den Retrievalarten bieten derartige Systeme weitere interessante Anwendungsmöglichkeiten. Zum Beispiel beim SDI-Einsatz (Selective Dissemination of Information) zur Steuerung der Suchtiefe nach sehr unterschiedlichen Interessenprofilen, oder zur Realisierung von Skimming-Prozessen (wie sie z.Z. in der Künstlichen Intelligenz z.B. von Schank untersucht werden), bei denen Texte verschieden gründlich überflogen werden (ähnlich dem Diagonallesen), um verschieden tiefe Zusammenfassungen zu erhalten. D.h. Texte werden je nach Interessenprofil unterschiedlich tief verstanden, wobei dies auch innerhalb eines Textes variieren kann.

Es standen hauptsächlich Aspekte des Information Retrieval im Vordergrund. Um das bei der Repräsentationssprache CSRL vorhandene Potential noch stärker für eine Fakten-spezifische Verarbeitung zu nutzen, sind entsprechende Erweiterungen der Auswertfunktionen erforderlich, wie z.B. die Einführung inferenzieller Mechanismen, um auch implizites Wissen in einer Frage-Antwort-Umgebung für den Benutzer zu erschließen.

Literatur

/CHE 78/ Cherniavsky, V. : On Algorithmic Natural Language Analysis and Understanding, in: Information Systems 3, 1978, 5-1o.

/DAH 74/ Dahlberg, I. : Multi-Level Semantic and Formal Subject Representation of Document Contents, in: Study Committee "Research on the Theoretical Basis of Information", Moscow, 24.-26. April 1974.

/FIL 68/ Fillmore, C.J. : The Case for Case, in: Bach, E.; Harms, R.T. (eds.): Universals in Linguistic Theory, New York, 1968.

/HAB 79a/ Habel, Ch.; Rollinger, C.; Schmidt, A. : Modale Repräsentationssprachen, in: /SCN 79/.

/HAB 79b/ Habel, Ch.; Schmidt, A.; Schweppe, H. : Das BEAST-System, in: /SCN 79/.

/HUD 76/ Hudson, P.Th.W. : Depth of Understanding, in: /LAU 76/.

/JOC 79/ Jochum, F. : SIRAS - ein natürlichsprachliches Informationssystem, Interner CIS-Bericht, Institut für Angewandte Informatik, Technische Universität Berlin, 1979.

/JOC 82/ Jochum, F. : Semantische Repräsentationssprachen in Dokumenten-Retrieval-Systemen, Dissertation, Technische Universität Berlin, 1982.

/LAU 76/ Laubsch, J.H.; Schneider, H.J. (Hrsg.) : Dialoge in natürlicher Sprache und Darstellung von Wissen, Workshop des GI-FA6, Freudenstadt, 17.-19.3. 1976.

/SCN 79/ Schneider, H.J. (Hrsg.) : Abschlußbericht des Projektes "Automatische Erstellung semantischer Netze", Technische Universität Berlin, 1979.

/SCA 74/ Schank, R.C. : Understanding Paragraphs, in: Working Papers 6, 1974.

/STO 77/ Stokolova, N.A. : The Concepts of Relevance and Information Language, in: Information Processing and Management 13, 1977, 227-234.

/RAU 76/ Rauscher, H.D. : TeSWeST - eine Texttheorie als theoretischer Rahmen für die Künstliche Intelligenz, in: /LAU 76/.

Strukturierte Attribute in Relationen zur Unterstützung von IR - Anwendungen

Jürgen Freitag
Horst-Dieter Werner
Wolfgang Wilkes

Universität Dortmund
Lehrstuhl Informatik VI
Postfach 5oo 5oo
D-46oo Dortmund 5o

Zusammenfassung:

Entities in IR-Systemen (Dokumente) setzen sich i.a. aus einem Text und einem Deskriptorteil, der Schlagwörter zur Beschreibung des Inhalts des Textes enthält zusammen. Suchfragen beziehen sich auf die "Elemente" der Deskriptorteile und Texte (Wörter, Sätze). Die Datenstruktur "K-Folge" ermöglicht eine natürliche Darstellung von Texten und Deskriptorteilen und umfaßt Operatoren, die ein Textretrieval unterstützen. Mit der Zulassung von "K-Folgen - Attributen" in Relationen wird ein Modell geschaffen, das IR- und DB-Anwendungen gleichermaßen gerecht wird. Es wird gezeigt, wie Dokumente, Wörterbücher und Thesauri als Basisrelationen oder Sichten definiert werden können und welche zusätzlichen Einsatzmöglichkeiten die K-Folge für DB-Anwendungen bietet. Unter dem Arbeitstitel STEREO (System zur Integration von Texten in eine relationale Datenbank) wurden einige Teile eines Zugriffssystems implementiert, das K-Folgen-Attribute in Relationen unterstützt.

1. Einleitung

Die heutigen Informationssysteme kann man im Prinzip in zwei Gruppen einteilen: Während auf der einen Seite Information Retrieval-Systeme für die Verwaltung von Texten (Dokumenten) eingesetzt werden, gibt es andererseits Datenbanksysteme, die spezialisiert sind auf die Verarbeitung von formatierten Daten und vorwiegend zum "Fakten-Retrieval" eingesetzt werden (d.h. die abgespeicherten Daten sollen Tatbestände (Fakten) der realen Welt wiedergeben).

Die Information wird zur Verarbeitung im Datenbanksystem in ein strenges Format gebracht (Relation, Baumstruktur, Netzwerk), so daß die Bedeutung von abgespeicherten Werten durch die Struktur der Daten festgelegt ist. Über die Einbeziehung der Struktur-Information (aus dem Datenbankschema) in die Suchfrage können die auszugebenden Daten genau beschrieben werden, besonders elegant und einfach durch die deskriptiven Datenbanksprachen des relationalen Ansatzes.

In Information Retrieval-Systemen abgespeicherte Texte bedürfen dagegen einer sprachlichen Interpretation, so daß die darin enthaltene Information nicht auf so einfache Art und Weise beschrieben werden kann wie bei formatierten Daten. Deshalb werden Texten oft Deskriptoren zugeordnet, die schlagwortartig ihren Inhalt beschreiben sollen, und über Textfunktionen können Elemente und Strukturen von Texten in die Suchfragen eingehen.

DOK-NR	AUTOR	TITEL	DESKRIPTOREN	ABSTRACT

ABSTRACT: Textfeld

Abb. 1

Sind beispielsweise auf der Dokumentstruktur der Abb. 1 Dokumente zu finden, die

(1) über STEREO berichten
(2) Vorträge über STEREO enthalten
(3) von der Integration des Information Retrievals und Datenbanken handeln,

so könnte dies in die Formulierung folgender Fragen münden:

Q1: Suche die Dokumente, in denen das Wort 'STEREO' im ABSTRACT vorkommt.

Q2: Suche die Dokumente, in denen die Worte 'Vortrag' und 'STEREO' in einem Satz im ABSTRACT auftreten.

Q3: Suche die Dokumente, in denen die Worte 'Integration' und 'Datenbank' und die Wortfolge 'Information Retrieval' im ABSTRACT vorkommen.

Es kommt also vor allem darauf an,

- Elemente und Strukturen von Texten zugreifbar zu machen (Wörter, Sätze, Teilsätze, etc.) und
- die Position von Elementen innerhalb der Struktur und ihre Stellung zueinander zu erkennen.

Mit dem System STEREO wird versucht, eine Integration auf der Basis eines relationalen Datenbanksystems vorzunehmen. Daher ist zu überlegen, ob Textfunktionen im relationalen Modell realisiert werden können.

Üblicherweise arbeiten relationale Datenbanksysteme nur mit atomaren Attributen [5], die nicht weiter strukturiert sind. Somit lassen sich Texte nicht als Attribute darstellen (wie z.B. in Abb. 1), da dies eine Berücksichtigung der inneren Struktur bei der Recherche ausschließt und die Behandlung von Texten als atomare Objekte im allgemeinen sinnlos ist ("Suche Kokumente mit ABSTRACT = X").

Wird die Forderung nach normalisierten Relationen beibehalten, müssen Texte also normalisiert werden, d. h. ihre Elemente (Worte) werden auf unterschiedliche Tupel verteilt, evtl. unter Hinzunahme eines "Positions-Attributs":

TEXTE	WORT	T_NR	POSITION

Abb. 2

Zur Darstellung von Textstrukturen (Satz, Abschnitt, etc.) sind weitere Attribute nötig, so daß insgesamt eine sehr unübersichtliche Darstellung von Texten entsteht.

Darüberhinaus ergeben sich Schwierigkeiten bei der Ausführung von Anfragen, da die Texte durch komplexe JOIN-Operationen wieder zusammengefügt werden müssen [12]. Somit erscheint es nützlich, auch nicht-normalisierte Relationen zuzulassen, in denen Texte als strukturierte Attribute dargestellt werden, deren Elemente und deren Aufbau durch wohldefinierte Operationen zugänglich sind.

Den Ausgangspunkt der Entwicklung eines solchen Attributtyps bildete der Komplex von Childs ([3], [4]), der eine Erweiterung des Mengenbegriffs darstellt. Childs' Ziel war es, "Informationsstrukturen ..., seien es Sequenzen, Mengen im üblichen Sinn oder aus der rekursiven Verschachtelung beider entstanden, neu zu definieren, und zwar auf der Grundlage der klassischen Mengentheorie, jedoch unter explizieter Einbeziehung des Ordnungsbegriffs" [2]. Dazu wird jeder Menge eine Ordnung aufgeprägt, die in einer vereinfachten Schreibweise durch Indizierung der Elemente dargestellt werden kann.

Dadurch wird es möglich

- mehrere verschiedene Elemente bzgl. der Ordnung als gleich anzusehen ($\{a_1, b_1, c_1\}$ entspricht der Menge $\{a,b,c\}$),

- ein und dasselbe Element an verschiedenen Stellen im Komplex zu positionieren

- Lücken ("Gaps") zuzulassen
  (Beispiel: $\{a_1,b_3,c_7,a_{11}\}$).

Da einzelne Elemente wiederum Komplexe sein dürfen, ergibt sich eine Vielzahl von Möglichkeiten zur Darstellung von Informationsstrukturen. Insbesondere läßt sich die Struktur eines Textes in einen Komplex abbilden, wobei jedem Strukturelement eindeutig eine Position zugeordnet wird:

$$\{\{\{D_1 i_2 e_3 s_4 e_5 r_6\}_1 \ \{V_1 o_2 r_3 t_4 r_5 a_6 g_7\}_2 \ \{b_1 e_2 r_3 i_4 c_5 h_6 t_7 e_8 t_9\}_3$$

$$\{ü_1 b_2 e_3 r_4\}_4 \ \{S_1 T_2 E_3 R_4 E_5 O_6\}_5\}_1 \quad \{\ldots\}_2 \ \ldots \ \{\ldots\}_i\}$$

Abb. 3

Die Elemente des Komplexes "Text" sind wiederum Komplexe, die Sätze darstellen und entsprechend ihrem Auftreten im Text angeordnet sind. Jeder "Satz-Komplex" besteht aus "Wort-Komplexen", in denen schließlich eine Folge von Buchstaben für eine Verankerung des Textes in der Menge der Zeichen sorgt.

Das Beispiel zeigt, daß Texte sehr gleichmäßig aufgebaut sind und deshalb gar nicht alle Strukturierungsmöglichkeiten von Komplexen ausgeschöpft werden:

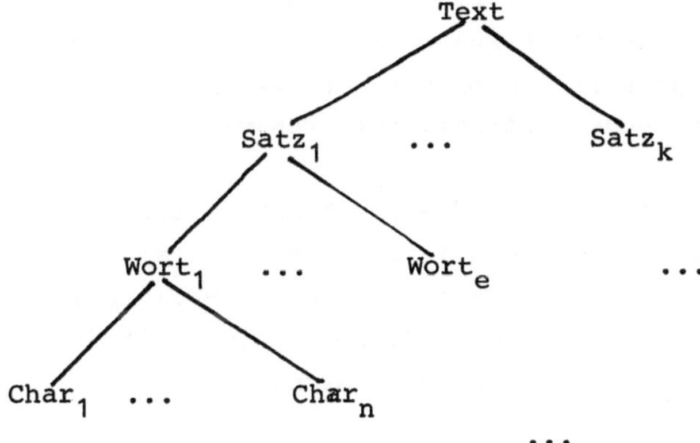

Abb. 4

Daher werden zur Textdarstellung nur Komplexe benötigt,
- deren Elemente streng geordnet sind
- die keine Lücken aufweisen
- die "homogen genestet" sind:

  Alle Blätter des Struktur-Baumes haben die gleiche Stufe.

Diese Einschränkungen führen zum Konzepteiner geschachtelten Folge, der "Komplex-Folge" (K-Folge), und spiegeln sich in deren formaler Definition wider.

2. Definition der K-Folge

Die von Texten gelöste K-Folge ermöglicht eine relativ einfache und präzise Definition von (Text-) Funktionen, da Struktur (z.B. eine Strukturierung in Sätze und Wörter), Komponenten (z.B. der Inhalt eines Satzes) und Positionen (z.B. die Position eines Wortes innerhalb eines Satzes) formal erfaßt werden und so zu "zugreifbaren Daten" werden. Mit den minimalen Verallgemeinerungen, daß außer der Menge der Zeichen auch andere Mengen mit bestimmten Eigenschaften die Basis einer K-Folge (Grundmenge) bilden können, und daß die Nestungstiefe nicht an die Nestungstiefe von Texten gebunden ist, sollen eine Reihe weiterer Anwendungsmöglichkeiten erschlossen werden.
Die Grundmenge einer K-Folge ist eine nicht-leere Menge, deren Elemente als atomar angesehen werden, d.h., eine evtl. vorhandene innere Struktur kann nicht durch K-Folgen- Operatoren eingesehen werden. Um eine strenge Ordnung zu einer Menge von K-Folgen definieren zu können, wird verlangt, daß die Grundmenge streng geordnet ist. Werden keine weiteren Aussagen über die Grundmenge benötigt, notieren wir die Grundmenge mit dem Symbol G.
Um die homogene Nestung einzubeziehen, wird die Beschreibung einer K-Folge mit der Angabe einer Stufe (Nestungstiefe) S vervollständigt. Wir lassen zu jeder Stufe und jeder Grundmenge auch leere K-Folgen zu (z.B. leere Abschnitte in Texten) und notieren diese K-Folgen mit dem Symbol der leeren Menge unter entsprechenden Indizierungen (Stufe, Grundmenge).

Def. "K-Folgen"

(1) Sei G eine streng geordnete Menge, deren Elemente atomar sind.

$x \subset G \times \mathbb{N}$ heißt K-Folge der Stufe 1 über G

$:\Longleftrightarrow$

$x = \{\ \}_1^G \ \vee$

$[((y,i) \in x \wedge j \in \mathbb{N} \wedge j < i \Longrightarrow \exists z \in G : (z,j) \in x)$

$\wedge ((y,i) \in x \wedge (y',i') \in x \wedge i' = i \Longrightarrow y' = y)]$

Mit K_1^G := {x| x ist K-Folge der Stufe 1 über G} notieren wir die Menge aller K-Folgen der Stufe 1 über G.

(2) Sei G eine streng geordnete Menge, deren Elemente atomar sind.
Sei K_S^G die Menge aller K-Folgen der Stufe s über G.

$x \subset K_S^G \times \mathbb{N}$ heißt K-Folge der Stufe s+1 über G

$:\Longleftrightarrow$

$x = \{\ \}_{s+1}^G \quad v$

$[((y, i) \in x \wedge j \in \mathbb{N} \wedge j < i \Longrightarrow \exists z \in K_S^G : (z,j) \in x)$

$\wedge ((y,i) \in x \wedge (y',i') \in x \wedge i' = i \Longrightarrow y' = y)]$

Mit K_{s+1}^G := {x| x ist K-Folge der Stufe s+1 über G} notieren wir die Menge aller K-Folgen der Stufe s+1 über G.

Bsp.: K_4^Z ist die Menge der K-Folgen der Stufe 4 über der Menge der ganzen Zahlen.

Wie die Darstellung einer K-Folge als eine Menge von Paaren "(Komponente, Position)" zur Definition von Funktionen ausgenutzt werden kann, wird ausführlich in [6] gezeigt. In diesem Rahmen wollen wir uns von einer formalen Beschreibung der Datenstruktur "K-Folge" lösen.

In STEREO lassen wir neben der Menge der Zeichen (C) die Menge der ganzen Zahlen (Z) und die Menge der reellen Zahlen (R) als Grundmengen von K-Folgen zu. Neben atomaren Attributen können Relationen K-Folgen-Attribute besitzen, deren Wertebereich die Menge der K-Folgen einer bestimmten Stufe und Grundmenge ist. Einem K-Folgen-Attribut ist also genau ein Element der Menge

KF-DOMAINS := $\{K_s^m | \ m \in \{C,Z,R\} \wedge s \in \mathbb{N}\}$

Ist A ein K-Folgen-Attribut der Relation R mit der Stufe s und Grundmenge G, so gilt:

$$\forall\ t \in R : t[A] \in K_S^G$$

Da in K-Folgen "jede Position mit höchstens einer Komponente besetzt ist" und "keine Lücken" existieren, können wir in Beispielen eine K-Folge einfacher in einer durch Winkelkammern begrenzten Aufzählungsform notieren. In "textuellen" K-Folgen (Grundmenge C) wollen wir zudem Wörter in ihrer natürlichen Darstellung übernehmen.

Bsp.: $<<2,6,-1>, <-7,8,1>> \in K_2^Z$

<<Die>, <K-Folge>, <in> , <STEREO>> $\in K_2^C$

3. Die K-Folge als Attribut von Relationen

Bevor die K-Folgen-Operatoren vorgestellt werden, soll anhand von Beispielen ein Eindruck vom Anwendungsbereich der K-Folge vermittelt werden. Da an die Grundmenge nur die Forderung gestellt wird, streng geordnet zu sein, besteht die Möglichkeit, K-Folgen sowohl über Zeichen als auch über Zahlen zu definieren. Dadurch kann sie in DB-Anwendungen, z.B. zur Darstellung von Zahlenlisten oder -tabellen verwandt werden:

Attribut "Polygon" (Koordinaten eines Vielecks):

<< 5,1>, <2,2> , <3,3> , <4,1>, <2.5,2>> $\in K_2^R$

Aber auch die Grundmenge der Zeichen spielt bei DB-Anwendungen eine große Rolle, z.B. lassen sich Character-String-Attribute durch eine K-Folge der Stufe 1 über C als Felder unbegrenzter Länge darstellen und sind sogar einfachen "Maskierungen" (wie in SQL durch LIKE) zugänglich, da die Attributwerte nicht mehr als atomar angesehen werden.

Attribut "Buchtitel":
<Implementierung von Datenbanksystemen> $\in K_1^C$

Ein wichtiger Aspekt des K-Folgen-Einsatzes in DB-Anwendungen besteht darin, durch die Einführung von Wiederholungsfeldern eine "Entnormalisierung" der Relation durchzuführen, was oft zu einer natürlichen Darstellung von Objekten führt.

Zum Beispiel könnte eine Relation ANGESTELLTE ein Attribut KINDER enthalten:
<<Egon>, <Isolde> , <Max>> $\in K_2^C$

Die speziell auf das Text-Retrieval zugeschnittene K-Folge läßt nur geschachtelte Folgen (die zur Darstellung geschachtelter Mengen einsetzbar sind) als Attributstruktur zu. Trotzdem kann sie in einigen Fällen auch zur Darstellung von (Unter-)Relationen benutzt werden. Voraussetzung ist eine einheitliche Nestungstiefe der Attribute und eine gemeinsame Grundmenge.

Attribut "Gehaltsgeschichte":

<<1978,28000> , <1979,30000> , <1980,31000>, <1981,31500>> $\in K_2^Z$

Das Hauptmotiv für die Einführung von K-Folgen war die Notwendigkeit, die innere Struktur von Texten zu erhalten und die Möglichkeit zu schaffen, Anfragen unter Berücksichtigung dieser Struktur zu formulieren. Dabei soll der IR-Anwender jedoch weiterhin mit dem Objekt

"Text" arbeiten, das nur intern durch eine K-Folge dargestellt wird. Das System muß dazu in die Lage versetzt werden, die K-Folgen-Struktur eines Strings anhand von Trennsymbolen zu erkennen.

Wir lösen uns auch hier von Texten und verlangen, daß bei der Definition eines K-Folgen-Attributes eine Trennsymboltabelle spezifiziert wird. Jede Zeile dieser Tabelle ist genau einer Stufe zugeordnet und gibt die Trennsymbole wieder, durch die zwei Substrukturen entsprechender Stufe voneinander getrennt sein können. Eine Trennsymboltabelle zu einer K-Folge der Stufe 3 könnte wie folgt aussehen:

		Trennsymbole				
Stufe	1	␣	,	:	-	"
Stufe	2	.	!	?		

Abb. 5

Als Trenner wird dann jede beliebige Aneinanderreihung dieser Symbole interpretiert. Treten Symbole zu verschiedenen Stufen auf, so ist das Symbol maßgebend, das der höchsten Stufe zugeordnet ist. Eine derartige Tabelle kann selbst wieder als K-Folgen-Attribut definiert werden, wenn Kataloge als Relationen abgespeichert werden. Ein Attribut "Text" läßt sich dann als K-Folgen-Attribut mit gewünschter Nestungstiefe - z.B. 4, wenn eine Strukturierung in Abschnitte, Sätze und Wörter vorliegt - unter Hinzunahme einer Trennsymboltabelle definieren.

In den meisten IR-Systemen werden den einzelnen Dokumenten Deskriptoren zugeordnet, die einen schlagwortartigen Einblick in den Inhalt der Dokumente geben. Ein Deskriptor besteht aus einem oder mehreren Worten und kann deshalb in der Regel als K-Folge der Stufe 2 dargestellt werden. Die Gesamtheit aller Deskriptoren zu einem Dokument wird dann in einer Folge von Deskriptoren, also einer K-Folge der Stufe 3, zusammengefaßt. Durch den Einbau der Deskriptoren in die Dokumentstruktur lassen sich alle K-Folgen-Operatoren auf Deskriptoren anwenden, wodurch bzgl. der Frageformulierung kein Unterschied zwischen Deskriptorsuche und Textrecherche gemacht werden muß.

Unsichtbar für den Benutzer wird diese Deskriptorsuche möglicherweise über eine Zugriffspfadstruktur unterstützt, in der die Wörter der Deskriptoren oder die Deskriptoren selbst eingetragen sind. In STEREO wird bei der Definition einer Zugriffspfadstruktur zu einem K-Folgen-Attribut die Angabe einer Stufe m verlangt. Zu Schlüsseln werden dann alle K-Folgen der Stufe m, die Elemente des K-Folgen-Attributes sind.

Entsprechend der Philosophie, alle Anfragen allein auf den Primärdaten beantworten zu können, muß ein solcher Index explizit bei entsprechendem Bedarf definiert werden und ist nicht, wie in den meisten IR-Systemen, automatisch an Deskriptoren gebunden. Genauso kann eine Zugriffspfadstruktur zu einem Attribut "Text" aufgebaut werden, die das Textretrieval unterstützt und zur Beschleunigung entsprechender Anfragen dient.

Ein Wörterbuch, das zu jedem Deskriptor verzeichnet, in wievielen verschiedenen Dokumenten er vorkommt, ist nichts anderes als eine bestimmte Sicht auf eine Relation DOKUMENT, da alle benötigten Informationen aus den Tupeln der Relation ermittelt werden können. Mit den üblicherweise angebotenen Built-in-Funktionen läßt sich eine derartige Sicht allerdings nicht beschreiben.

Als hilfreich erweist sich eine Funktion, die Tupel in eine Menge von Tupeln überführt, in denen ein genestetes Attribut A jeweils durch ein Element von A ersetzt ist:

DOK_NR	D
1	$\langle D_1, D_2, D_3 \rangle$
2	$\langle D_1, D_4 \rangle$

$\xrightarrow{\text{UNNEST}_D}$

DOK_NR	D'
1	D_1
1	D_2
1	D_3
2	D_1
2	D_4

Abb. 6

Da mehrere K-Folgen-Attribute vertreten sein können, muß das zu entnestende Attribut identifiziert werden. Eine "Wörterbuchsicht" läßt sich dann durch ein UNNEST mit anschließendem COUNT erzeugen.

Die Funktion UNNEST wurde bereits in [9] und [1o] zu sogenannten "NF^2-Relationen" definiert. In [6] konnte diese Definition unter minimalen Modifikationen auf K-Folgen übertragen werden.
Ebenfalls übertragen wurde die Funktion NEST, mit der der umgekehrte Weg beschritten werden kann:
Tupelmengen werden unter Nestung eines Attributes zu einem einzigen Tupel zusammengefaßt.

DOK_NR	D
1	D_1
1	D_2
1	D_3
2	D_1
2	D_4

$\xrightarrow{NEST_D}$

DOK_NR	D
1	D_1, D_2, D_3
2	D_1, D_4

Abb. 7

Unter Einbeziehung der Funktionen NEST und UNNEST ist es möglich, sowohl "genestete" als auch "entnestete" externe Sichten auf Basisrelationen zu führen. Im Gegensatz zum Wörterbuch enthält ein Thesaurus, in dem Deskriptoren in Beziehung zu anderen Deskriptoren gesetzt werden, Informationen, die nicht ohne weiteres aus den Dokumenten ersichtlich sind. Zur Relaisierung des Thesaurus köntne z.B. die folgende Relation mit K-Folgen-Attributen dienen:

DESKRIPTOREN (Synonyme)	Unterbegriffe	Oberbegriffe ...
$\langle D_1, D_2 \ldots D_i \rangle$	$\langle U_1, \ldots U_j \rangle$	$\langle O_1, \ldots, O_k \rangle$

Abb. 8

4. K-Folgen-Operatoren

Basierend auf der K-Folge lassen sich Operatoren definieren, die den üblichen IR-Funktionen entsprechen. Da zu jedem Wort oder Satz die zugehörige Position innerhalb eines Satzes bzw. Abschnitts bekannt ist, kann eine detaillierte Textrecherche durchgeführt werden. Die einzelnen Operatoren, die wir auf der K-Folge definiert und implementiert haben, werden anhand von Beispielen beschrieben. Für die formale Definition der Operatoren sei auf [6] verwiesen, da die Definitionen diesen Rahmen sprengen würden. Im folgenden werden zunächst die K-Folgen-Prädikate beschrieben. Daran schliessen sich die K-Folgen-Funktionen an, die den Zugriff auf einzelne Elemente bzw. Folgen von Elementen einer K-Folge ermöglichen und somit das Browsing unterstützen.

Elementprädikat (e)

Mit dem Elementprädikat kann an beliebige Ebenen einer K-Folge eine Elementbedingung gestellt werden. Stellt man sich eine K-Folge als Baumstruktur vor, so muß dazu der Pfad von der Wurzel bis zum ausgewählten Element (über die jeweilige Position in der übergeordneten Ebene) beschrieben werden. Über die einzelnen Positionsangaben kann eine ganz bestimmte Stelle innerhalb einer K-Folge ausgewählt werden. Die "beliebige Stelle" wird zum Spezialfall, die über die Positionsangabe "Ø" ausgedrückt wird. Beliebige und festgelegte Positionen können untereinander kombiniert werden (z.B. ein Wort soll an siebter Stelle eines beliebigen Satzes stehen).

Die Positionsangaben werden im Prädikat als K-Folge notiert.

Beispiele:

x = <<Die> , <K-Folge >, <in> , <STEREO>>
e (<K-Folge>, <O> , x) = e (<K-Folge> ,<2> , x) = true
e (g,<o,o>,x) = e (g,<o,6>,x) =
e (g,<2,6>,x) = e (g,<2,o>,x) = true

Sei T ein in Abschnitte, Sätze und Wörter strukturierter Text. "Steht das Wort <K-Folge> an beliebiger Stelle des siebten Satzes eines beliebigen Abschnittes des Textes T" kann ausgedrückt werden durch e (<K-Folge>,<o,7>,T).

Teilfolgenprädikat (t)

Wird nach einer geschlossenen Wort- oder Zeichenfolge gesucht, wobei die Position innerhalb der K-Folge irrelevant ist, kann dies über eine Teilfolgenbedingung formuliert werden. Das Teilfolgenprädikat wurde so definiert, daß nach Teilfolgen auf beliebigen Stufen einer K-Folge gesucht werden kann (beispielsweise nach einer Folge von Worten,

Sätzen oder Abschnitten).

Beispiele:

x = <<Die> , <K-Folge> , <in >, < STEREO>>

t (<<K-Folge> , <in> , <STEREO>> , x) = true

t (<Folge> , x) = true

Sei T ein in Abschnitte, Sätze und Wörter strukturierter Text. "Existiert ein Satz, der die Wortfolge x enthält?" kann ausgedrückt werden durch t(x,T).

Maskenprädikat (m)

Eine Wort- oder Satzmaskierung, die für das Information Retrieval üblicherweise angeboten wird, läßt sich ebenfalls auf der K-Folge realisieren. Das Maskenprädikat erlaubt die Suche nach in bestimmter Weise aufgebauten Sätzen (Worten), wobei nur einzelne Worte (Zeichenfolgen) vorgegeben werden. Eine Maskierung wird über die folgenden zwei K-Folgen beschrieben:

- eine Aufzählung $x_1, x_2, \ldots, x_n$ von K-Folgen mit übereinstimmender Stufe und Grundmenge, die die Elemente, deren Auftreten verlangt ist, und deren Reihenfolge spezifiziert;
- eine Aufzählung von Intervallen $i_1, i_2, \ldots, i_{n+1}$ beschreibt die Anzahl der Elemente vor $x_1 (i_1)$, die Anzahl der Elemente nach $x_n (i_{n+1})$ und den Abstand zwischen zwei Elementen x_k und $x_{k+1} (i_{k+1})$. Jedes Intervall beschreibt einen minimalen und einen maximalen Abstand (-1 steht für "Anzahl nicht nach oben begrenzt");

Beispiele:

- Wortmaskierung

  x = <abcdefgh>

  m (x, <<ab> ,<fg>> , << o,o> , < o,3> , <1,-1>>) =

  m (x, <<ab> ,<fg>> , << o,-1>, < 3,3> , <1,-1>>) = true

  m (x, <<ab> ,<fg>> , << o,-1>, < 3,3> , <o,o >>) = false

- Satzmaskierung

  x = <<Die> , <K-Folge> , <in> , <STEREO>>

  m (x,<<<K-Folge> , <in> ,<STEREO>>> , <<O,-1> ,<o,o>>) = true

  m (x,<<<K-Folge> ,<<STEREO>>> ,<<0,3> , <1,1> ,<o,-1>>) = true

m(x,<<<K-Folge>> , <<STEREO>>> ,<<1,-1> , <1,-1> , <1,-1>>)
= false

Vergleichsprädikate

Zur Überprüfung von Ordnungsrelationen zwischen K-Folgen wurden die üblichen Vergleichsprädikate (<,< =, =,>,>=) definiert. Wir sagen, daß eine K-Folge x "kleiner" ist als eine K-Folge y, wenn die ersten i Elemente in beiden K-Folgen übereinstimmen und das (i+1). te Element von x "kleiner" ist als das (i+1). te Element von y oder x im Gegensatz zu y kein (i+1).tes Element mehr besitzt. Die strenge Ordnung der Menge der K-Folgen der Stufe s wird dabei auf die strenge Ordnung der Menge der K-Folgen mit Stufe s-1 zurückgeführt (Voraussetzung: Die Grundmenge G ist streng geordnet).

Projektion (p)

Die Projektion erlaubt die Auswahl aufeinanderfolgender Elemente (Teilfolge) aus einer K-Folge. Dazu ist die Ordnungszahl i zum ersten auszugebenden Element und die maximale Elementanzahl j der Teilfolge anzugeben. Es werden dann die Elemente mit den Ordnungszahlen i,i+1,..., i+j-1 ausgewählt. Ist die "Laenge" der K-Folge, auf die die Projektion angewandt wird, kleiner als (i+j-1), so werden entsprechend weniger Elemente übernommen. Ist die "Laenge" der K-Folge sogar kleiner als i, so ist das Ergebnis leer.

Beispiele:

x = <<Die> , <K-Folge> , <in> ,<STEREO>>
p(x, 1, 3) = <<Die> , <K-Folge> , <in>>
p(x,4,7) =<< STEREO>>

Selektion (s)

Mit der Selektion kann auf bestimmte Elemente in beliebigen Ebenen einer K-Folge zugegriffen werden. Ähnlich dem Elementprädikat wird der gesamte Pfad bis zum gewünschten Element spezifiziert. Die Positionsangabe "Ø" wird interpretiert als "Suche das letzte Element in der entsprechenden Ebene". Die Aneinanderreihung der Positionsangaben wird in der Funktion wieder als K-Folge gehandhabt.

Beispiele:

x = <<Die> , <K-Folge> , <in> ,<STEREO>>
s(x,<o>) = s(x,<4>) = <STEREO>
s(x,<2,3>) = F

5. Anwendungsbeispiel

STEREO bietet die Möglichkeit, das Information Retrieval in DB-Anwendungen einfließen zu lassen und sowohl Texte als auch formatierte Daten in einer Relation zu verwalten. Dies soll an dem folgenden Beispiel demonstriert werden, das aus dem Bereich der Medizin stammt, und zwar werden die Patientendaten eines Krankenhauses betrachtet. Es sei jedoch darauf hingewiesen, daß das Beispiel hypothetischer Natur ist und wir keinen Anspruch auf Vollständigkeit oder Korrektheit der Daten erheben. Bezogen auf die folgenden Relationen werden einige komplexe Suchbedingungen formuliert, die beispielhaft zeigen, wie die verschiedenen K-Folgen-Operatoren in beliebiger Kombination auch mit Prädikaten über atomaren Attributen für das Retrieval eingesetzt werden können. In den Relationen wird der jeweilige Attributtyp hinter den Attributnamen gesetzt (N = natürliche Zahlen, I = ganze Zahlen, C = Buchstaben, Sonderzeichen oder Ziffern).

PERS. DATEN

PK (N)	Name (C)	Vorname (C)	Geb.-Datum(K_1^I)	Berufe (K_2^C)	eigene Vorgeschichte (K_3^C)
4711	Müller	Heinz	<53,o1,o1>	<<Kaufmann>, <Betriebswirt>>	<<<Masern> ,<Mumps>>, < >, <<Blinddarmreizung>>>

KLINISCHE DATEN

PK (N)	Aufn.-Datum (K_1^I)	vorläufige Diagnose (K_2^C)	endgültige Diagnose (K_2^C)
4711	<81,11,14>	<<Blinddarmentzündung>, <Spannung>, <der>,<Bauchdecke>, <Fieber>>	<<eitrige> <Appendizitis>>

Therapie (K_2^C)	Epikrise (K_3^C)
<<operative>, <Entfernung>, <des>, <appendix> , <vermiformis>>	<<<Auf>, <Grund>, <der> , <weit>, <fortgeschrittenen>, <Entzündung>, <war>, <eine>, <sofortige> , <Entfernung>, <des> , <appendix> , <vermiformis> , <notwendig>> , <<Die> , <Operation> , <verlief>, <ohne> ,< Komplikationen>>>

Abb. 9

Komplexe Suchbedingungen:
Alle Suchbedingungen liefern für die in der Abbildung 9 angegebenen Tupel den Wert true.

Patienten mit dem Namen Müller, die im Monat November 1981 aufgenommen wurden:

Name = Müller and
P(Aufn.-Datum, 1,2) = <81,11>

Patienten, die in der zweiten Hälfte des Jahres 1981 eingeliefert wurden:

s(Aufn.-Datum, <2>) >= 7 and
e(81,<1>,Aufn.-Datum)

Informationen zum Stichwort Blinddarm:

T(<Blinddarm>, Epikrise) or
T(<<appendix> , <vermiformis>> , Epikrise)

Patienten, die im 2. Lebensjahrzehnt keine Beschwerden und im 3. Lebensjahrzehnt eine Blinddarmreizung(-entzündung) hatten:

```
e(<> ,<2> , eigene Vorgeschichte) and
m(s(eigene Vorgeschichte,<3>), <<Blinddarm>>,<<O,O>,
  <7, 1o>>)
```

6. Feedback-Retrieval

Beim Feedback-Retrieval ist es das Ziel, möglichst viele "relevante" Dokumente zu finden und möglichst viele "nicht relevante" auszuschliessen (Precision-Recall-Problematik,[8]). Dabei wird der Benutzer durch verschiedene Hilfsmittel unterstützt, z.B. Wörterbücher und Thesauri mit Deskriptorbeziehungen, wodurch er sich langsam von einfachen Suchfragen zur endgültigen Frageformulierung vortasten kann. Deshalb spricht Rijsbergen hier von einer "induktiven" Retrievalstrategie[11]. Diese Retrievalstrategie muß auch in einem integrierten System unterstützt werden, d.h. dem Benutzer müssen die verschiedenen Hilfsmittel angeboten werden. Mit Hilfe des Entnestungsoperators kann das Wörterbuch folgendermaßen definiert werden: Es wird zunächst eine "Hilfssicht" erzeugt, die die Relation DOKUMENT (s. Abb. 1) entlang des Attributs DESKRIPTOREN entnestet. Darauf kann dann das Wörterbuch definiert werden.

```
define view WB (D-NR,DESK) as
       select  D-NR, unnest (DESKRIPTOREN)
       from    DOKUMENT

define view    WÖRTERBUCH (DESKR, HÄUFIGKEIT) as
       select  DESK, count (D-NR)
       from    WB
       group   by DESK
```

Stellt sich beispielsweise nach Einsicht in das Wörterbuch heraus, daß der Deskriptor X eine zu große Häufigkeit besitzt, können über den Thesaurus Unterbegriffe zur genauen Beschreibung der gesuchten Dokumente ermittelt werden:

```
select   unnest UNTERBEGRIFFE = U_BEGRIFF ,HÄUFIGKEIT
from     THESAURUS, WÖRTERBUCH
where    e(X, <ø> , DESKRIPTOREN)
and      U_BEGRIFF = DESKR
```

(In der Select-Klausel wird das entnestete Attribut mit U_BEGRIFF bezeichnet.)

Hat der Rechercheur aus den Unterbegriffen geeignete Deskriptoren ausgewählt, so wird er sie durch boolesche Operatoren verknüpfen, um sich anschließend die Anzahl der Dokumente anzeigen zu lassen, die die gewünschte Kombination von Deskriptoren enthalten.

Beispiel: "Oderung" der ausgewählten Deskriptoren D1,...,Dn.

```
select   count (unique D-NR)
from     WB
where    DESK = D1  or
         DESK = D2  or
              .
              .
              .
         DESK = Dn
```

Auf Grund dieses Ergebnisses wird der Benutzer entweder eine weitere Veränderung der Suchfrage durchführen durch wiederholte Einschaltung des Thesaurus, oder er läßt sich die qualifizierten Dokumente zeigen. Falls ihm die Relevanz der gesehenen Dokumente noch nicht ausreichen sollte, so kann er wieder zur Formulierung der Suchfrage zurückgehen, um eine genauere Beschreibung der gewünschten Dokumente anzustreben. Damit die Ergebnisse bereits gestellter Suchfragen in diesen Prozess eingehen können, können sie als Sicht (entsprechend der SET-Anweisung in GOLEM) zwischengespeichert werden. Häufig auftretende Frageformulierungen können für den Benutzer als "parametrisierte" Sichten vordefiniert werden, wodurch er auf einfache Weise in die Lage versetzt wird, seine Suchfrage zu verfeinern.

7. Aspekte der Implementierung des Zugriffssystems

Aufbauend auf dem Modell der K-Folge wurde der Kern des integrierten Systems STEREO implementiert, dessen Architektur sich an dem vonn Härder beschriebenen "Aufbau eines datenunabhängigen Datenbanksystems" [7] orientiert, die auf SYSTEM R [1] zurückgeht. Im folgenden soll an Hand einiger Konzepte erläutert werden, wie die K-Folge in die Implementierung des Zugriffssystems eingeht.

- Die Darstellung der K-Folge

Die K-Folge setzt sich aus drei Komponenten zusammen:

- Vorspann
- KF-String
- Trenner-Leiste

Der Vorspann beschreibt die Strukturierung des KF-Strings in einzelne Elemente (Worte, Sätze, Abschnitte,...), und der KF-String enthält den ursprünglichen Sting ohne Trennsymbole. Die Trennsymbole werden bei Umwandlung eines String in eine K-Folge aus dem String herausgezogen, da die Struktur des Strings eindeutig aus dem Vorspann hervorgeht und die Trenner für die Auswertung des Strings ohne Bedeutung sind. Für die Ausgabe einer K-Folge werden die Trenner jedoch zur Rekonstruktion des ursprünglichen Strings benötigt. Deshalb werden sie in der sogenannten Trenner-Leiste abgelegt, die zu den jeweiligen Trennern auch die entsprechende Position im KF-String enthält. Um den Speicherplatz für die Trenner-Leiste möglichst gering zu halten, können für jede Stufe der K-Folge Standardtrenner definiert werden, die nicht explizit abgespeichert werden müssen, sondern implizit bei der Ausgabe eingefügt werden. Als Standardtrenner werden die am häufigsten verwendeten Trennsybole definiert.

Der Vorspann ermöglicht einen direkten Zugriff auf einzelne K-Folgen-Elemente insbesondere auf einzelne Abschnitte oder Kapitel (K-Folgen der Stufe 4) bei sehr langen K-Folgen. Zudem können die Vorspanneinträge zur Auswertung der K-Folgen-Prädikate ausgenutzt werden. Wird beispielsweise nach dem Enthaltensein eines bestimmten Wortes gefragt, so brauchen nur noch Worte entsprechender Länge berücksichtigt zu werden, auf die dann direkt zugegriffen werden kann. Bei Nichtübereinstimmung des ersten Zeichens können die restlichen Zeichen des Wortes im KF-String übersprungen werden, da die Position des nächsten Wortes im KF-String aus dem Vorspann bekannt ist.

Zur Veranschaulichung der Struktur diene das folgende Beispiel, in dem die Anzahl der einem Element untergeordneten Elemente als Vorspanneintrag verwendet wird.

Zugrundeliegender Text:

```
          1o        2o        3o        4o        5o
          |         |         |         |         |
Dies ist der einzige Satz im Abschnitt 1!! Erster Satz im Abschnitt
```

60
2. Zweiter Satz.

KF-String:

DiesistdereinzigeSatzimAbschnitt1ErsterSatzimAbschnitt2ZweiterSatz

Trenner-Leiste: 1o | 3 | b b b || 17 | 3 | b b b || 3 3 | 3 | ! !

(Standardworttrenner: 'b', Standardsatztrenner:'.b',
b = Leerzeichen).

Vorspann:

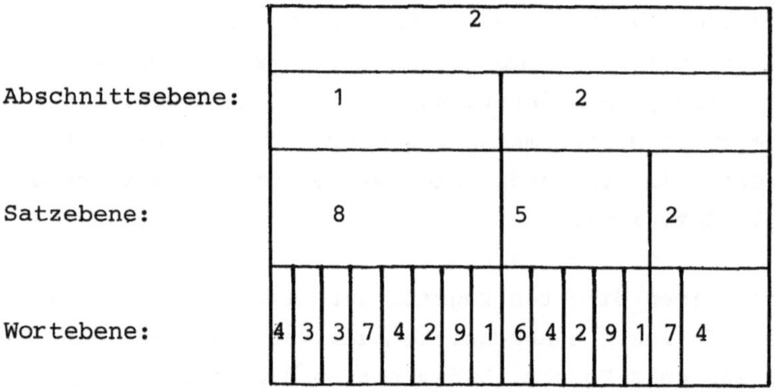

	2														
Abschnittsebene:	1								2						
Satzebene:	8								5					2	
Wortebene:	4	3	3	7	4	2	9	1	6	4	2	9	1	7	4

Abb. 1o: Trenner-Leiste, KF-String und Vorspann einer K-Folge

- Abspeichern und Lesen von Tupeln

Beim Entwurf der Speicherungsstruktur für Tupel muß berücksichtigt werden, daß K-Folgen-Attribute beliebig lang werden können und sich möglicherweise über mehrere Seiten erstrecken. Würde ein solches Tupel sequentiell auf hintereinander folgende Seiten abgelegt (siehe Abb.11), so wären die hinteren Attribute beim Zugriff benachteiligt, da erst alle davorliegenden Attribute (und damit möglicherweise mehrere Seiten) gelesen werden müssen.

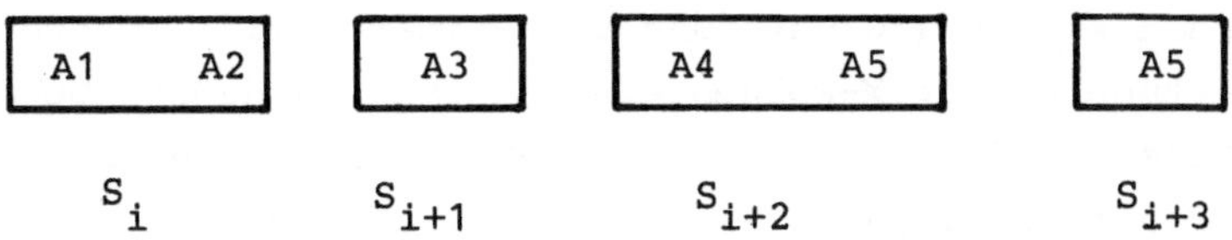

Abb. 11

Geeigneter ist eine zweistufige Tupelstruktur, in der Attribute aus dem "Primärtupel" ausgelagert und durch Adreßeinträge ersetzt werden können:

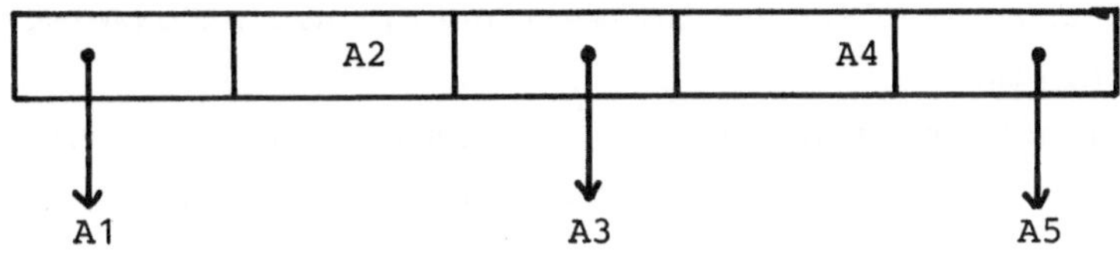

Abb. 12

Wird das Primärtupel immer auf einer Seite abgespeichert, so kann es mit einem externen Speicherzugriff eingelesen werden. Von diesem günstigen Zugriffsverhalten profitieren auch die Attribute, die in das Primärtupel eingelagert sind. Deshalb werden alle atomaren Attribute einer Relation im Primärtupel abgelegt, so daß Datenbank-Anwendungen keine wesentlichen Effizienz-Einbußen durch die Existenz langer K-Folgen hinzunehmen haben.

Es ist sinnvoll, neben den atomaren Attributen auch die K-Folgen im Primärtupel abzuspeichern, auf die häufig zugegriffen wird. Es kann jedoch nicht von vorneherein festgelegt werden, welche K-Folgen ein- oder auszulagern sind, da sie in ihrer Länge nicht begrenzt sind, das Primärtupel jedoch auf eine Seite passen muß. Deshalb wurde ein dynamisches Auslagerungsverfahren realisiert, das in Abhängigkeit von Einlagerungsprioritäten, die den Attributen im Schema zugeordnet werden, zum Zeitpunkt der Abspeicherung eines Tupels entscheidet, welche K-Folgen ein- und ausgelagert werden.

Die Auslagerung muß einen Konflikt zwischen den atomaren und den K-Folgen-Attributen berücksichtigen: Kurze Primärtupel begünstigen den Zugriff auf atomare Attribute, da mehrere Primärtupel auf einer Seite abgelegt werden können ("Clusterung der Primärtupel"), während bei langen Primärtupeln mehr K-Folgen eingelagert und damit ebenfalls in einem Speicherzugriff gelesen werden können. Durch die Zuordnung einer "maximalen Primärtupellänge" (PT-MAX) zu einer Relation kann der Grad der Primärtupel-Clusterung von außen eingestellt werden, da Auslagerungen veranlaßt werden, sobald die Länge des Primärtupels PT-MAX überschreitet.

Die oben beschriebene Tupelstruktur erlaubt es, Attribute im Primärtupel mit einem Zugriff einzulesen und ausgelagerte Attribute nur bei Bedarf in den Hauptspeicher zu übertragen. Da Sekundärattribute keiner Längenbeschränkung unterliegen, ist es wichtig, sie stückweise einlesen zu können, um

(1) Qualifikationsüberprüfungen parallel zum Einlesen vornehmen und bei Vorliegen eines Ergebnisses weitere Lesevorgänge unterbinden zu können, und um
(2) bei K-Folgen-Funktionen wie Selektion oder Projektion nur auf die tatsächlich benötigten Stücke extern zugreifen zu müssen.

Diese Prinzipien spiegeln sich in der Modulstruktur des Zugriffsystems wider, die ausschnittweise in Abb. 12 wiedergegeben ist. (Gesamtübersicht [6]) Die Module sind in ihrer Aufrufhierarchie angeordnet, d.h. jedes Modul darf die Operationen aller darunterliegenden Module aufrufen.

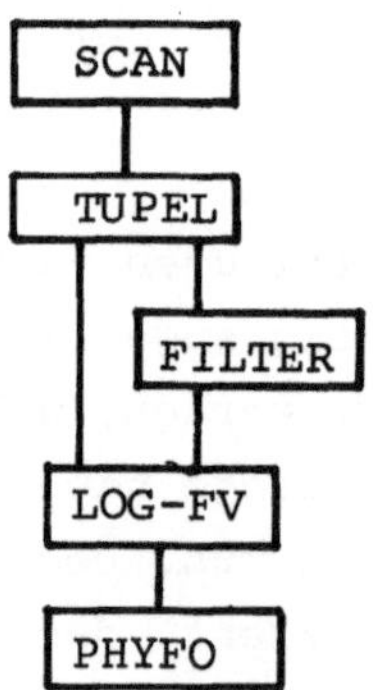

Die zweistufige Tupelstruktur führt zu einer Aufspaltung der Tupelverwaltung: Das Modul TUPEL bearbeitet die Primärtrupel und PHYFO (Physische Folgenverwaltung) ist für ausgelagerte Attribute zuständig. FILTER überprüft Qualifikationsprädikate auf Tupeln, wobei es sich bei K-Folgen-Bedingungen der Operationen von LOG-FV (logische Folgenverwaltung) bedient.

LOG-FV vereinigt alle K-Folgen-Funktionen. Wird eine Operation für eine ausgelagerte K-Folge aufgerufen, so erhält LOG-FV deren Adresse als Parameter und liest über PHYFO die Stücke des Sekundärattributs ein, die zur Durchführung (des nächsten Schritts) der Operation benötigt werden. Dadurch kann das Einlesen von ausgelagerten Attributen auf die K-Folgen-Funktionen abgestimmt werden, so daß nur die Teile einzulesen sind, die für die Durchführung der Operation benötigt werden.

Zum Lesen eines Tupels erhält das Modul TUPEL die Adresse eines (Primär-) Tupels sowie eine Qualifikationsbedingungen und eine Ausgabe - Spezifikation. Als Ergebnis werden die in der Ausgabe-Spezifikation angegebenen Attribute geliefert (bzw. die sich durch Anwendung spezifizierter K-Folgen-Funktionen ergebenden Attribut-Teile), falls das Tupel der Qualifikation genügt. Andernfalls meldet eine Statusvariable, daß die Qualifikation nicht erfüllt wurde.

Durch die Ansiedlung der Module FILTER und LOG-FV unter die zentrale Instanz der Tupelverwaltung ist es gelungen, den Scans die (Zweistufigkeit der) Tupelstruktur und die konkrete Abspeicherung einer K-Folge (im Primärtupel oder als ausgelagertes Attribut) zu verbergen, gleichzeitig aber die Möglichkeiten zum sparsamen Einlesen von langen K-Folgen zu nutzen. Den Scans, deren Auswahl- und Qualifikationsparameter die K-Folgen-Operationen dem Datensystem zugänglich machen, haben nur noch die Tupeladresse in der scanspezifischen Reihenfolge aus verschiedenen Zugriffspfaden zu ermitteln.

Literaturliste:

[1] Astrahen, M.M.; u.a.:
System R: A Relational Approach to Database Management, in: ACM Transactions on Database Systems 1,2 (1976), pp. 97-137.

[2] Bertram G.; Braig,A.; Gwiessner, S.; Mandrella, R; Matheis,U: Mathematical Implementation methods for a set-theoretical data base system, BMFT-Report FB DV 79-o2, Batelle-Institut, Frankfurt 1979.

[3] Childs, D.L.:
Feasibility of a Set-Theoretic Data Structure, in: Proceedings of the IFIP-Conference, 1968, pp. 42o-43o, North Holland Publishing Company, Amsterdam 1969.

[4] Childs, D.L.:
Extended Set Theory: A General Model for Very Large, Distributed, Backend Information Systems, in: Proceedings of the 3rd International Conference on Very Large Databases, Tokio 1977, pp. 28-46, IEEE, New York 1977.

[5] Date, C.J.:
An Introduction to Database Systems. Second Edition, Addison-Wesley, Reading, Mass. 1977.

[6] Freitag, J.; Wilkes, W.; Werner, H.-D.:
Entwurf und Implementierung eines Zugriffssystems auf der Basis der Komplexfolge. Diplomarbeit an der Abteilung Informatik der Universität Dortmund 1982.

[7] Haerder, T.:
Implementierung von Datenbank-Systemen. Carl Hanser-Verlag, Muenchen, Wien 1978.

[8] Heaps, H.S.:
Information Retrieval. Computational and Theoretical Aspects. Academic Press, New York, San Francisco, London 1978.

[9] Jaeschke, G.; Schek, H.-J.:
Remarks on the Algebra of Non First Normal Form Relations to appear in the ACM Proceedings of the SIGACT-SIGMOD Symposium on Principles of Data Base Systems, Los Angeles, March 29-31, 1982.

[1o] Pistor, P.; Schek, H.-J.:
Ein Datenmodell mit Nf^2-Relationen: Motivation und Entwurfs-überlegungen. Interner Bericht, IBM Heidelberg 1981.

[11] van Rijsbergen, C.G.:
Information Retrieval. 2nd edition Butterworth, London, Boston 1979.

[12] Schek, H.-J.:
Methods for the Administration of Textual Data in DB-Systems, in: Proceedings of the Jount BCS/ACM Conference on R & D in Information Retrieval, Cambridge, U.K. 1981.

Prädikat-Sperren mittels Textfragmenten

P. Dadam, P. Pistor, H.-J. Schek
IBM Wissenschaftliches Zentrum
Tiergartenstr. 15, 6900 Heidelberg

1. Einleitung

In den letzten Jahren wurde immer häufiger der Wunsch laut, die in Datenbanksystemen (DBS) und Information-Retrieval-Systemen (IRS) jeweils getrennt verfügbaren Funktionen zur Datenspeicherung, -manipulation und -suche in einem, integrierten Datenverwaltungs-System bereitzustellen. Großen Auftrieb erhält diese Forderung u. a. durch die Büroinformationssysteme, die sich weder auf Basis reiner DBS noch auf Basis reiner IRS geeignet realisieren lassen.

Beim Versuch, Datenbank- und Information Retrieval Systeme zu integrieren /JS,Sche,SP/ ergeben sich allerdings eine Reihe von Problemen, die zuvor zu lösen sind. Ein Problem ist zum Beispiel der hohe Änderungsaufwand für herkömmliche IRS-Indexe, der Online-Update zu einer zeitraubenden Angelegenheit macht.

Ein anderes damit zusammenhängendes Problem ist das einer effizienten Mehrbenutzer-Kontrolle (Synchronisation) in solchen integrierten Systemen. Die Synchronisations-Problematik wurde bisher fast ausschließlich für DBS untersucht. In klassischen IRS dagegen hat man das Problem des gleichzeitigen Zugriffs von Lesern und Schreibern nur zweitrangig behandelt. Typischerweise wird hier das Einfügen und Löschen von Dokumenten dann durchgeführt, wenn keine Leser mehr im System aktiv sind.

Für Datenbanken sind zwischenzeitlich sehr leistungsfähige, auf die vorhandenen Zugriffspfade abgestimmte Synchronisations-Techniken entwickelt worden (als Beispiel möge hier das DAG-Sperrprotokoll des System R genügen /GLP,GLPT/). Eine direkte, unkritische Übertragung dieser Techniken auf Information Retrieval Systeme erscheint wegen der dort vorherrschenden umfangreichen Index-Strukturen (daraus resultieren lange und grobe Sperrgranulate) jedoch problematisch.

Die in den bisherigen IRS implementierten Zugriffspfade (vgl. z. B. /IBM/) sind einerseits nicht sehr änderungsfreundlich und erschweren andererseits auch die Realisierung eines effizienten Synchronisations-Verfahrens mit einem möglichst hohen

Grad an Transaktions-Parallelität. Dies motiviert die Suche nach anderen Zugriffs-Verfahren mit besseren Änderungseigenschaften und günstigeren Voraussetzungen für die Realisierung eines effizienten Synchronisations-Verfahrens.

Hier wollen wir ein prädikaten-orientiertes Sperrverfahren für ein Dokumenten-Verwaltungssystem vorstellen. Es eignet sich für Indexe mit einer festen Anzahl von Schlüsselworten. Ein solcher ist zum Beispiel der schon früher vorgestellte Fragment-Index /KW,KSW/. Wir werden im folgenden nochmals kurz darauf eingehen, um danach das Prädikat-Sperrverfahren und seine Implementierung zu diskutieren. Darüberhinaus werden wir am Beispiel des System R auch aufzeigen, wie sich dieses Sperrverfahren in ein bestehendes Datenbank-System integrieren läßt.

2. Die Fragment-Zugriffsmethode

Für die folgenden Betrachtungen genügt es, eine Datenbank vorauszusetzen, die aus einer (großen) Dokumentendatei besteht, auf die viele Benutzer lesend und schreibend zugreifen. Jedes Dokument wird als variabel lange Folge von Wörtern betrachtet. (Eine komplexere Dokumentenstruktur, etwa die Unterscheidung von Sätzen, Abschnitten usw., ist für die hier diskutierte Problematik nicht relevant.) Beispiele für Dokumente sind Literaturabstrakte, Briefe oder Patientenberichte.

Die Fragment-Zugriffsmethode (FZM), wie sie in dieser Arbeit vorausgesetzt sei, basiert auf einer festen Menge F von Textfragmenten, die für jeweils homogene Dokumentdateien (z. B. chemische Formeln, Patientenberichte) repräsentativ ist. Ein Fragment ist eine Folge von Wörtern oder eine Folge von Buchstaben. Es braucht an dieser Stelle nicht im Detail zu interessieren, wie geeignete Textfragmente ermittelt werden können (vgl. hierzu z. B. /Sche,SH/). Im wesentlichen handelt es sich um statistische Verfahren, welche durch Verlängerung und Verkürzung von (ursprünglich gegebenen, stark ungleichförmig verteilten) Fragmenten neue erzeugen, die - im Idealfall - alle gleich häufig sind.

Jedem Dokument d_i aus unserer Dokumentendatei ordnen wir mittels einer Zerlegungsfunktion Z eindeutig eine "Zerlegungsmenge von Fragmenten" zu:

$$Z(d_i) := \{f_{i_1}, f_{i_2}, \ldots, f_{i_k}\}; \; f_{i_s} \ldots \text{ Fragment aus F}$$

Betrachten wir hierzu das folgende Beispiel:

Beispiel 1:

Gegeben seien die Text-Fragmente

F = {ANWEND, CAD, DATENBANK, INTEGRIERTE DATENVERWALTUNG, SYSTEM}

sowie die folgenden Buch-Titel als Beispiel für eine Dokumentdatei:

(1) DATENBANKEN FÜR CAD ANWENDUNGEN
(2) ANWENDUNGEN VON DATENBANKSYSTEMEN
(3) DATENBANKSYSTEME FÜR INTEGRIERTE DATENVERWALTUNG

Die den Titeln zugeordneten Fragment-Mengen sind dann

(1) {ANWEND, CAD, DATENBANK}
(2) {ANWEND, DATENBANK, SYSTEM}
(3) {DATENBANK, INTEGRIERTE DATENVERWALTUNG, SYSTEM}

Eine Invertierung ergibt dann den Fragment-Index zu unseren Beispieldokumenten:

Fragment	Dokument-Nummer
ANWEND	1, 2
CAD	1
DATENBANK	1, 2, 3
INTEGRIERTE DATENVERWALTUNG	3
SYSTEM	2, 3

Abb. 1: Prinzip eines Fragment-Index

Bei den Anfragetypen betrachten wir in dieser Übersicht Fragen der Form

$$q_j := t_{j_1} \wedge t_{j_2} \wedge \ldots \wedge t_{j_{k_j}},$$

wobei jedes t_j eine Folge von Wörtern, also von gleichem Typ wie die Dokumente ist. Ein Dokument d_i ist genau dann Treffer zu q_j, wenn t_{j_1} Teilfolge von d_i und t_{j_2} Teilfolge von d_i usw. ist.

Wichtig für das Folgende ist die Eigenschaft der hier nicht näher erläuterten Zerlegungsfunktion Z:

Falls t_j Teilfolge zu d_i, dann muß

(1) $Z(t_j) \subseteq Z(d_i)$

gelten. Mit der Definition

$$Z(q_j) := Z(t_{j_1}) \cup Z(t_{j_2}) \cup \ldots \cup Z(t_{j_{k_j}})$$

folgt daher aus (1), daß für Trefferdokumente gelten muß

(2) $Z(q_j) \subseteq Z(d_i)$.

Praktisch bedeutet (2), daß eine Obermenge der Treffer bestimmt wird durch Intersektion der invertierten Listen, die zu den Fragmenten aus $Z(q_j)$ gehören.

Beispiel 2:

$q = t_1 \wedge t_2$
t_1 = DATENBANKSYSTEM
t_2 = CAD ANWENDUNG
$Z(q)$ = {DATENBANK, SYSTEM} $\cup$ {CAD, ANWEND}

Offensichtlich gibt es bei diesem Beispiel kein Dokument mit $Z(q) \subseteq Z(d)$, also auch keine Treffer.

3. Sperren in Information Retrieval Systemen: Problemstellung

Wir setzen im folgenden voraus, daß alle Benutzer logischen Einbenutzerbetrieb fordern, insbesondere soll also wiederholbares Lesen unterstützt werden. Die Anzahl der Dokumente liege zwischen 10^3 und 10^6, so daß sich eine sequentielle Suche verbietet und ein Index aufgebaut werden muß. Das hat zur Folge, daß beim Einfügen oder Löschen eines Dokumentes in sehr vielen invertierten Listen Verweise eingesetzt bzw. gelöscht werden müssen. Wir erkennen damit

Problem 1: Einfügungen und Löschungen von Dokumenten sind zeitaufwendig.

Dies gilt im Ein- und im Mehrbenutzerbetrieb. In letzterem ergibt sich aber jetzt sofort ein weiteres Problem:

Problem 2: Während Einfügen und Löschen ist die Anzahl direkt und indirekt (z. B. über einen assoziierten Index) gesperrter Objekte relativ hoch.

Man muß bei IRS davon ausgehen, daß eine Reihe von Lesern iterativ nach Dokumenten sucht: abhängig von den gewonnenen Zwischenergebnissen werden die nächsten Anfragen verallgemeinert oder eingeschränkt. Für die gesamte, relativ lange Zeitdauer einer solchen Anfrage muß systemseitig das Auftreten von Phantomen verhindert werden. Somit kommen wir zum nächsten Problem:

Problem 3: Bei Beachtung des strikten Zwei-Phasen-Sperrprotokolls müssen Sperren in IRS relativ lange gehalten werden.

Offensichtlich stehen die Probleme 2 und 3 dem Ziel, eine möglichst hohe Transaktions-Parallelität zu erreichen, direkt entgegen. Will man den sich abzeichnenden Flaschenhals integrierter Systeme verhindern bzw. mildern, muß untersucht werden, wie ohne Konsistenzeinbuße

(1) die Menge der gesperrten Objekte möglichst klein gehalten werden kann,

(2) sich die Sperr-Dauer der Objekte verkürzen läßt.

Punkt (1) berührt die Frage, wie man mit vertretbarem Aufwand möglichst nur die Objekte sperrt, die tatsächlich gesperrt werden müssen. Punkt (2) berührt die Frage nach Alternativen zum strikten Zwei-Phasen-Sperrprotokoll, jedoch ohne den Preis von Konsistenzeinbußen und fortgepflanztem (cascading /Ran/) Rollback.

Im folgenden wollen wir uns vor allem Punkt (1) zuwenden. Zu Punkt (2) laufen gegenwärtig Untersuchungen.

4. Prädikat-Sperren auf der Basis der Fragment-Zugriffsmethode

Prädikat-Sperren wurden schon wiederholt als elegantes Sperrverfahren vorgeschlagen /EGLT,Schl/. Insbesondere die hierdurch erreichbare einfache Behandlung des sogenannten "Phantomproblems" ist vorteilhaft. Andererseits wurde darauf hingewiesen, daß der Aufwand bei einer Implementierung, selbst wenn man sich auf Prädikate in disjunktiver Normalform beschränkt, zu groß sei /Cha/. Hinzu kommt, daß typische DBMS-Transaktionen häufig direkt (über Primärschlüssel) zugreifen und der "echte" assoziative Zugriff (über Prädikate) seltener ist. In IRS dagegen sind die vorherrschenden Anfragetypen assoziativ, so daß die Idee der Prädikat-Sperren sich erneut anbietet.

Wir zeigen im folgenden, wie man unter Beschränkung auf einfache Prädikate, die von den ursprünglichen Benutzerprädikaten automatisch abgeleitet werden, zu einer einfachen Implementierung von Prädikat-Sperren kommt[1].

Bei den zulässigen Anfragen wollen wir zunächst wieder die Booleschen Anfragen vom Typ

$$q = t_1 \wedge t_2 \wedge \ldots \wedge t_v$$

betrachten. Wir wissen aus (2), daß für Trefferdokumente d die Bedingung $Z(q) \subseteq Z(d)$ gelten muß.

Ein wichtiges Merkmal der Fragment-Zugriffsmethode ist die feste und je Datenbestand invariante Menge von Textfragmenten. Ordnet man diese Textfragmente lexikographisch, so erhält man die Folge

$$F := (f_1, f_2, \ldots, f_k)^2.$$

Jedem Dokument d_i läßt sich damit mittels der bereits erwähnten Zerlegungsfunktion Z eindeutig ein Dokument-Fragment-Vektor DFV (Bitvektor) der Länge k zuordnen:

$$DFV(d_i) := (e_{i_1}, e_{i_2}, \ldots, e_{i_k})$$

$$\text{mit } e_{i_j} := \begin{cases} 1, \text{ falls } f_j \in Z(d_i) \\ 0, \text{ sonst} \end{cases} \quad (j = 1, 2, \ldots, k).$$

Veranschaulichen wir dies an einem kleinen Beispiel:

Beispiel 3:

Gegeben seien wieder die Textfragmente aus Beispiel 1 sowie die zugehörigen Dokumente. Die entsprechenden Dokument-Fragment-Vektoren haben dann folgendes Aussehen:

---

1 Ein anderer Vorschlag zu Implementierung von Prädikat-Sperren findet sich in /JBB/. Wir werden hierauf später nochmals zurückkommen.

2 k liegt hierbei für homogene Dokumentenklassen größenordnungsmäßig im allgemeinen zwischen 2000 und 4000

$DFV(d_1) := (1, 1, 1, 0, 0)$
$DFV(d_2) := (1, 0, 1, 0, 1)$
$DFV(d_3) := (0, 0, 1, 1, 1)$

Analog zu den Dokumenten wird mittels der Zerlegungsfunktion Z auch jeder Anfrage q_j eindeutig ein Anfrage-Fragment-Vektor

$$QFV(q_j) := (s_{j_1}, s_{j_2}, \ldots, s_{j_k})$$

mit $$s_{j_l} := \begin{cases} 1, & \text{falls } f_l \in Z(q_j) \\ 0, & \text{sonst } (l = 1, 2, \ldots, k) \end{cases}$$

zugeordnet.

Seien $B_1 := (b_{11}, b_{12}, \ldots, b_{1k})$ und $B_2 := (b_{21}, b_{22}, \ldots, b_{2k})$ zwei binärwertige Vektoren der Länge k.
Wir definieren B_1 enthalten in B_2, in Symbolen: $B_1 \underline{\tilde{c}} B_2$, wie folgt:

(3) $$B_1 \underline{\tilde{c}} B_2 \iff ((b_{1i} \wedge b_{2i}) = b_{1i}) \equiv \underline{\text{true}}, \quad (i = 1, 2, \ldots, k)$$

$B_1 \underline{\tilde{c}} B_2$ liefert also immer dann true, wenn entweder B_1 leer ist (alle Bits stehen auf Null) oder wenn alle Bits, die in B_1 auf Eins stehen auch in B_2 auf Eins stehen.

Sei q_j eine Anfrage und $QFV(q_j)$ der korrespondierende Anfrage-Fragment-Vektor, so sind alle Dokumente d, für deren Dokument-Fragment-Vektoren DFV(d) gilt:

(4) $$QFV(q_j) \underline{\tilde{c}} DFV(d)$$

potentielle Treffer der Anfrage q_j; (4) ist also genau dann erfüllt, wenn $Z(q_j) \underline{\tilde{c}} Z(d)$ gilt.

Man kann somit für jede Anfrage q_j, ohne Ansehen der tatsächlich vorhandenen Dokumente, bereits bestimmen, wie die Dokument-Fragment-Vektoren der in Frage Dokumente aussehen müssen. Bezeichnen wir diese "potentiellen Treffer-Vektoren" für eine Anfrage q_j im folgenden kurz als $PTV(q_j)$.

Beispiel 4:

Sei $QFV(q) := (0, 1, 0, 1, 0)$ der Anfrage-Fragment-Vektor einer gegebenen Anfrage q. Potentielle Treffer-Vektoren sind alle Dokument-Fragment-Vektoren, die in den Bitpositionen 2 und 4 eine Eins aufweisen. Es gilt also

$$PTV(q) := \{(0, 1, 0, 1, 0),\ (0, 1, 0, 1, 1),\ (0, 1, 1, 1, 0),\ (0, 1, 1, 1, 1),\ (1, 1, 0, 1, 0),\ (1, 1, 0, 1, 1),\ (1, 1, 1, 1, 0),\ (1, 1, 1, 1, 1)\}.$$

Wenden wir uns nun der Frage zu, wie man diesen Ansatz für die Synchronisation nutzbar machen kann:

Offensichtlich definiert $PTV(q_j)$ den potentiellen Read-Set einer Lese-Transaktion. Eine Insert-Transaktion, die ein Dokument d_i einfügen möchte, steht dann in potentiellem Konflikt zu einer Lese-Transaktion q_j, wenn gilt:

$$DFV(d_i) \in PTV(q_j)$$

Dasselbe gilt analog für das Löschen eines Dokuments.

Eine Update-Transaktion, die aus einem Dokument d ein Dokument d' erzeugt, steht in einem potentiellen Konflikt mit einer Lese-Transaktion q_j, wenn gilt:

$$DFV(d) \in PTV(q_j) \vee DFV(d') \in PTV(q_j)$$

Natürlich braucht $PTV(q_j)$ für eine gegebene Anfrage q_j nicht explizit berechnet zu werden, um entscheiden zu können, ob z. B. eine Überlappung des Read-Sets von q_j mit einer Insert-Transaktion, die ein Dokument d_i einfügt, vorliegt. Ein potentieller Konflikt liegt genau dann vor, wenn gilt:

$$QFV(q_j) \underline{\tilde{\subset}} DFV(D_i).$$

Dieser Konflikt-Test läßt sich effizient implementieren. Wenn wir z. B. von einem Dokument-Datenbestand ausgehen, dem 4000 Textfragmente zugeordnet sind, so sind die Anfrage- und Dokumenten-Fragment-Vektoren jeweils 500 Bytes lang[3]. Bei den bisher diskutierten einfachen Booleschen Anfragen vom Typ

(5) $$q = t_1 \wedge t_2 \wedge \ldots \wedge t_v$$

[3] Bei dem in /JBB/ vorgeschlagenen Prädikat-Sperrverfahren ist der Text auf Konfliktfreiheit im allgemeinen wesentlich aufwendiger; allerdings können dort auch allgemeinere Prädikate formuliert werden.

benötigt man für jede Transaktion gerade einen (bei Update-Transaktionen zwei) solcher Vektoren, um den Read-/Write-Set zu beschreiben. Sind die Booleschen Anfragen dagegen vom Typ

$$
\begin{aligned}
& q' = (t_{v1_1} \wedge t_{v1_2} \wedge \ldots \wedge t_{v1_{n1}}) \vee \\
(6) \qquad & (t_{v2_1} \wedge t_{v2_2} \wedge \ldots \wedge t_{v2_{n2}}) \vee \ldots \\
& \vee (t_{vm_1} \wedge t_{vm_2} \wedge \ldots \wedge t_{vm_{nm}}),
\end{aligned}
$$

so werden je Anfrage m solcher Vektoren benötigt. Bezeichnen wir diese kurz als $QFV^i(q')$, $(i = 1, 2, \ldots, m)$.

Um für zwei Vektoren B_1 und B_2 dieser Länge den Test $B_1 \subseteq B_2$ auszuführen, werden im /370-Assembler

2 AND,
1 COMPARE - sowie
4 Registerlade-Operationgen

benötigt. Führt man den Test $B_1 \subseteq B_2$ nicht wie in (3) angegeben durch, sondern testet anstatt dessen die äquivalente Beziehung (vgl. /TT/)

$$B_1 \subseteq B_2 \Leftrightarrow ((b_{1i} \wedge \neg b_{2i}) = \emptyset) \equiv \underline{\text{true}}, \; (i=1,2,\ldots,k),$$

so kommt man bei geeigneter Implementierung der internen Sperr-Tabellen sogar mit nur einer anstelle der zwei oben angegebenen AND-Operationen aus.

Es bietet sich an, intern zwei Sperrtabellen (Bit-Matrizen) zu führen; und zwar eine für S-(Prädikat-)Sperren, eine zweite für X-(Prädikat-)Sperren. Eine neue Lesetransaktion q muß dann für jeden Vektor $QFV^i(q)$ auf Konfliktfreiheit mit jeder X-Zeile prüfen. Im Falle der Konfliktfreiheit werden alle Vektoren $QFV^i(q)$ in die S-Matrix eingefügt.

Umgekehrt muß eine neue Einfügetransaktion ihren Vektor DFV auf Konfliktfreiheit mit jeder S- und jeder X-Zeile prüfen und danach in die X-Matrix eintragen.

Will man ausschließlich das Prädikaten-Sperren zur Synchronisation konkurrierender Zugriffe verwenden, muß man auch die Fälle betrachten, bei denen der Zugriff nicht über "normale" Prädikate, sondern etwa über Primärschlüssel erfolgt. In diesem Fall hat man Datenobjekte der Form

```
+-----------------------------------+
| Primärschlüssel | Dokument        |
+-----------------------------------+
```

und diese wiederum sind ein Spezialfall von Datenobjekten der Form

```
+-------------------------------------------------------------+
| Attr-1 | ... | Attr-k    | ....... | Attr-k+i  | .... | Attr-n |
| Typ X  | ... | Typ Text  | ....... | Typ Text  | .... | Typ Y  |
+-------------------------------------------------------------+
```

also von Datenobjekten integrierter Systeme. Überlegungen, auch solche Fälle mittels (erweiterten Prädikat-Sperren abzudecken, werden zur Zeit unternommen, sind aber noch nicht abgeschlossen. Wir wollen deshalb im nächsten Kapitel einen anderen Weg diskutieren, und zwar die Einbettung der fragment-orientierten Prädikat-Sperren in das DAG- (directed acyclic graph) Konzept des System R-Sperrsystems.

5. Einbettung der Prädikat-Sperren in das DAG-Sperrkonzept

Am Beispiel des System R /Bla/ soll gezeigt werden, wie sich die Vorschläge des Kapitels 4 in ein bestehendes System integrieren lassen.

Nach /GLP,GLPT/ lassen sich im System R die zu sperrenden Bereiche in einem sogenannten Sperr-Graphen (s. Abb. 2) anordnen, dessen Knoten von oben (DB) nach unten fortschreitend mit Sperren geeigneter Sperr-Modi (IS, IX, S, SIX, X) zu belegen sind.

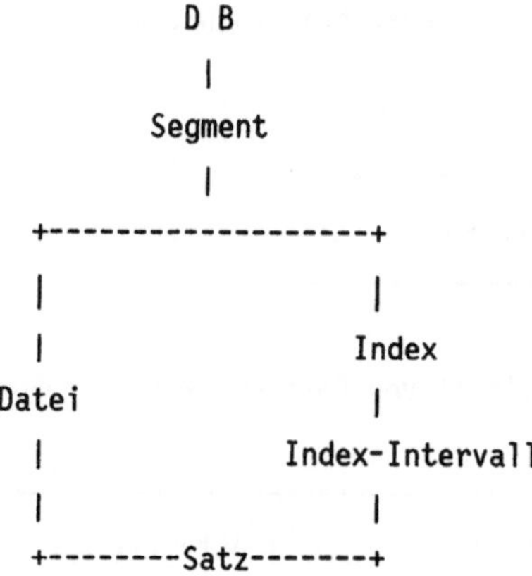

Abb. 2: Sperr-Graph im System R (Typ-Darstellung)

Prinzipiell lassen sich im Falle einattributiger Indexe mit Hilfe dieses Verfahrens einfache Prädikate sperren wie

(7) $1000 \leqq \text{GEHALT} < 2000$.

Setzen wir die Existenz der entsprechenden Indexe voraus, lassen sich Intervall-Sperren auch für disjunktive Suchbedingungen verwenden, wie etwa im Falle

(8) $(1000 \leqq \text{GEHALT} < 2000) \vee (20 \leqq \text{ALTER} < 30)$.

Die Schwäche dieses Ansatzes wird deutlich, wenn man die Operation "V" in (8) durch "Λ" ersetzt:

(9) $(1000 \leqq \text{GEHALT} < 2000) \wedge (20 \leqq \text{ALTER} < 30)$.

Hier wird man bei dem DAG-Verfahren im Falle eines lesenden Zugriffs bei höherer Selektivität des Gehaltsindex lediglich das Gehaltsintervall, im umgekehrten Fall lediglich das Altersintervall sperren. Die erzielte Schutzwirkung ist in beiden Fällen ausreichend. Eine gleichzeitige Sperrung beider Intervalle würde die Menge der gesperrten Sätze unnötig vergrößern[4].

[4] Der Nutzen der Intervall-Sperren ist auch beim Mehrattribut-Index beschränkt. Ein kombinierter Index Gehalt/Alter läßt zwischen (1000,20) und (2000,30) auch die Kombination (1500,65) zu.

Was bedeutet diese Beobachtung im Zusammenhang mit einem Fragment ? In unserem Beispiel 2 (s. Kapitel 2) war die Zerlegung der dortigen Anfrage

$$Z(q) = \{DATENBANK, SYSTEM, CAD, ANWEND\}$$

Da alle Dokumente die dargestellten Fragmente gleichzeitig enthalten müssen, geht unsere ursprüngliche Originalabfrage über in eine Hilfsabfrage, die eine Konjunktion von 4 einfachen Prädikaten (z. B. "Satz enthält 'ANWEND'") umfaßt. Nach den obigen Ausführungen kann man im DAG-Sperr-Verfahren nach /GLP,GLPT/ nichts besseres zum Schutze eines derartigen Prädikates tun, als das selektivste Fragment (etwa "CAD") zu sperren.

Hierdurch werden aber - unnötigerweise - alle Dokumente vor Veränderungen geschützt, die CAD enthalten und nicht nur die, welche die Kombination DATENBANK $\wedge$ SYSTEM $\wedge$ CAD $\wedge$ ANWEND enthalten.

Dies ist vor allem deswegen unbefriedigend, weil Leser i. a. nicht nur mit einem Wort, sondern mit einer Konjunktion aus mehreren Worten suchen, wie in Beispiel 2 angedeutet. Die Behinderung des Schreibens durch die Leser ist daher unnötig groß.

Abhilfe schafft jetzt die Einfügung der Fragment-Konjunktionen zwischen Index-Keys und Dokumenten, wie in Abb. 3 angedeutet:

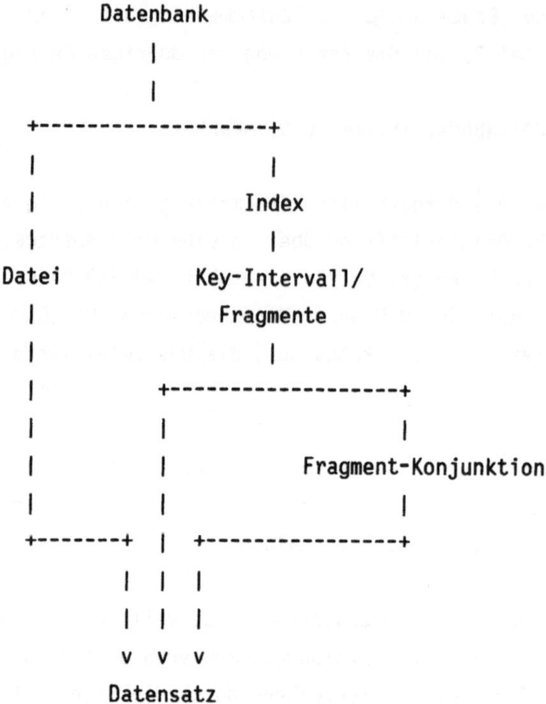

Abb. 3: Erweiterter DAG

Dabei ist die hierarchische Beziehung zwischen Fragment → Fragment-Konjunktionen → Datensatz wie folgt definiert:

Eine Fragment-Konjunktion als Knoten im erweiterten DAG hat jedes enthaltene Fragment (entspricht Key Intervall des bisherigen DAG) als Vaterknoten. Ein Datensatz R mit einem Dokument D(R) als Feld hat - wie bisher - die Datei oder die Index-Key-Intervalle als Vaterknoten. Vaterknoten ist außerdem jede Fragment-Konjunktion F, für die gilt

$$F \underset{\sim}{\subset} Z(D(R)).$$

An einigen Beispielen soll die Sperr-Disziplin des modifizierten DAG-Verfahrens kurz skizziert werden.

<u>Fall a:</u> Isolierung Einfüger/Leser

Ein Einfüger erwirbt zum Einfügen eines Datensatzes R, der Dokument D(R) als Feld enthält, folgende Sperren:

DB:	IX	
Datei:	IX	
Index:	IX	
Index-Intervalle/ Fragmente:	IX	für alle Fragmente, die in Z(D(R)) auftreten
Prädikat-Ebene:	IX	für Fragment-Konjunktion, die Z(D(R)) entspricht (wird gewährt, wenn keine Fragment-Konjunktion F existiert mit F $\underset{\sim}{\tilde{c}}$ Z(D(R)), für die eine X oder S Sperre gewährt wurde).
Satz-Ebene:	X	

Eine Leseanfrage q erwirbt folgende Sperren:

DB:	IS	
Datei:	IS	
Index:	IS	
Index-Intervalle/ Fragmente:	IS	für alle Fragmente, die in Z(q) auftreten
Prädikat-Ebene:	S	für eine Fragment-Konjunktion zu Z(q) (wird gewährt, wenn keine mit X, IX, SIX belegte Fragment-Konjunktion F existiert mit Z(q) $\underset{\sim}{\tilde{c}}$ F).

Damit ist die Menge aller Sätze R gesperrt, für die Z(q) $\underset{\sim}{\tilde{c}}$ Z(D(R)) gilt.

<u>Fall b:</u> Isolierung Löscher/Leser.

Es genügt hier, die Sperrdisziplin für den Löscher anzugeben. Sei R der zu löschende Satz.

DB:	IX	
Datei:	IX	
Satz R:	S	(diese Sperre erlaubt es dem Löscher, die Fragment-Konjunktion zu R zu ermitteln).
Index:	IX	
Index-Intervalle/ Fragmente:	IX	für alle Fragmente, die in Z(D(R)) auftreten
Prädikat-Ebene:	IX	für die oben ermittelte Konjunktion. (Damit werden gemäß der DAG-Philosophie alle zum Satz R führenden Wege mittels IX-Sperre abgesichert und somit die Voraussetzungen zum Erwerb einer X-Sperre auf Satzebene gegeben).
Satz R	X	(als Voraussetzung zum Löschen).

Es sei nochmals darauf hingewiesen, daß Konflikte mit konkurrierenden Lesern auf der Prädikat-Ebene aufgelöst werden. Entweder sind die Konjunktionen für Leser und Löscher verträglich, oder Leser und Löscher werden über die Unverträglichkeit von IX- uns S-Sperren voneinander isoliert.

6. Experimentelle Untersuchungen

Um die analytisch gewonnenen Erkenntnisse über die besseren Performance-Eigenschaften des Prädikat-Sperrverfahrens mittels Text-Fragmenten gegenüber dem einfachen Intervallsperren sowie dem DAG-Sperren etwas zu quantifizieren, werden zur Zeit experimentelle Untersuchungen /RS/ auf Basis eines Simulationsmodells durchgeführt. Einige der dabei bereits gewonnenen Ergebnisse wollen wir im folgenden kurz vorstellen und erläutern.

Betrachtet werden im folgenden nur Leser und Einfüger. Ein Leser bzw. sein Read-Set wird charakterisiert durch seinen Anfrage-Fragment-Vektor QFV, ein Einfüger bzw. sein Write-Set durch den entsprechenden Dokument-Fragment-Vektor DFV. Simuliert wurde eine Dokumenten-Datenbank, der 1000 Fragmente zugeordnet sind. Das Auftreten dieser Fragmente in den Daten (Dokumenten) und in den Anfragen wurde als gleich wahrscheinlich angenommen. Einem einzufügenden Dokument werden in der Regel mehr Fragmente als einer Anfrage zugeordnet. Im Simulations-Modell wurde dem dadurch Rechnung getragen, daß einem Einfüger 5 bis 100, einem Leser 1 bis 5 Fragmente zufällig zugeordnet werden. Die mittlere Transaktions-Dauer (= Dauer der Sperren) wurde für Einfüger mit 150 Zeiteinheiten und für Leser mit 750 Zeiteinheiten angenommen.

Simuliert wurden drei verschiedene Sperr-Strategien: das Prädikat-Sperren, das DAG-Sperren und "einfaches" Sperren; und zwar jeweils für zwei verschiedene Strategien der Warteschlangen-Behandlung. - Bezeichne im folgenden q wieder eine Anfrage und d ein einzufügendes Dokument.

Beim Prädikat-Sperren liegt ein potentieller Konflikt nur dann vor, wenn alle Bits, die in QFV(q) auf Eins stehen auch in DFV(d) auf Eins stehen. Beim DAG-Sperren muß der Leser mindestens einen Zugriffs-Pfad (einen Fragment-Index-Key) mit einer S-Sperre versehen, der Einfüger alle betroffenen Fragment-Index-Keys mit einer X- oder IX-Sperre. Im Simulations-Modell wurde dies so nachgebildet, daß der Leser jeweils den ersten seiner Fragment-Indexe mit einer S-Sperre versieht.

Würde man die Fragment-Zugriffs-Methode auf ein Datenbank-System an dessen Benutzer-Schnittstelle "aufsetzen" (die Fragment-Index-Keys und ihre Verweislisten wären in diesem Fall aus System-Sicht normale Benutzer-Daten), so würden alle angesprochenen "Benutzer-Zugriffspfade" (Fragmente) mit einer S-Sperre (Leser) bzw. einer X-Sperre (Einfüger) versehen werden. Ein potentieller Konflikt liegt im Fall dieser "einfachen" Sperren somit bereits dann vor, wenn QFV(q) und DFV(d) an mindestens einer gemeinsamen Bitposition i eine Eins aufweisen.

Bei diesen Simulationen wurde durchgängig unterstellt, daß zwei Einfüger nicht in Konflikt zueinander stehen. Diese Annahme ist zwar auf Dokument-Ebene offensichtlich erfüllt, setzt jedoch für die Änderungsaktionen auf Sekundärdaten-Ebene eine geeignete Implementierung voraus, auf die wir hier nicht näher eingehen.

Für die Behandlung der in der Warteschlange befindlichen Transaktionen wurden zwei verschiedene Strategien untersucht. Bei der halbfairen Behandlung (HF) der Warteschlange werden neu ankommende Transaktionen auf Konflikt-Freiheit mit der Sperr-Tabelle verglichen. Liegt kein Konflikt vor, wird die Transaktion ausgeführt, ansonsten wird sie hinten in der Warteschlange eingereiht. Die Warteschlange selbst wird nach dem FIFO-Prinzip verwaltet. Das heißt, die Transaktionen in der Warteschlange werden seriell abgearbeitet.

Bei der unfairen Behandlung (UF) der Warteschlange wird diese im Gegensatz zu oben nicht streng nach dem FIFO-Prinzip abgearbeitet, sondern wartende Transaktionen dürfen auch von anderen wartenden Transaktionen "überholt" werden. Natürlich kann bei beiden Strategien ein unendliches Blockieren einzelner Transaktionen auftreten, so daß an sich geeignete Gegenmaßnahmen vorzusehen wären, hierauf wurde jedoch im Rahmen dieser Simulation verzichtet.

Die Abbildungen 4 - 9 veranschaulichen die ermittelten Simulations-Ergebnisse graphisch; und zwar jeweils für einen Einfüger-Anteil an den Gesamt-Transaktionen von 10, 20 und 30 Prozent. Eine in etwa parallel zur Zeitachse verlaufende Kurve besagt, daß sich die Warteschlange auf einem bestimmten Niveau stabilisiert hat, das System diese Transaktions-Ankunftsrate (in den Abb. 4 - 9 jeweils 120 Transaktionen je 1000 Zeiteinheiten) also verkraftet. Dies gilt zum Beispiel für die Prädikat-Sperren-Linie in Abb. 4 sowie 7 - 9. Wie man sieht, ist das Prädikatensperren den anderen Verfahren im Hinblick auf den Grad der erreichbaren Transaktions-Parallelität in allen untersuchten Fällen überlegen.

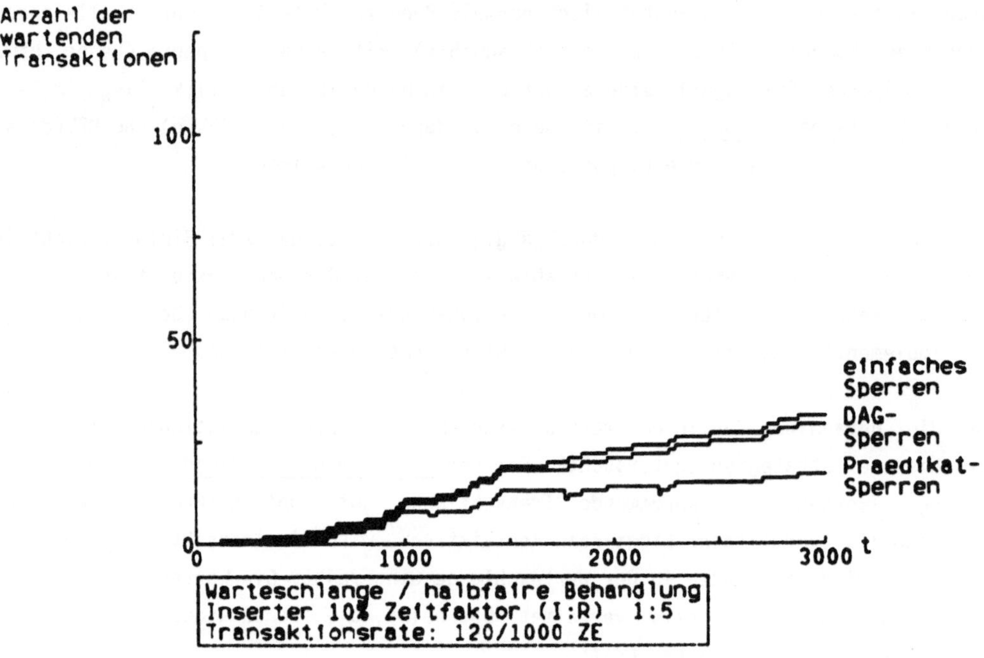

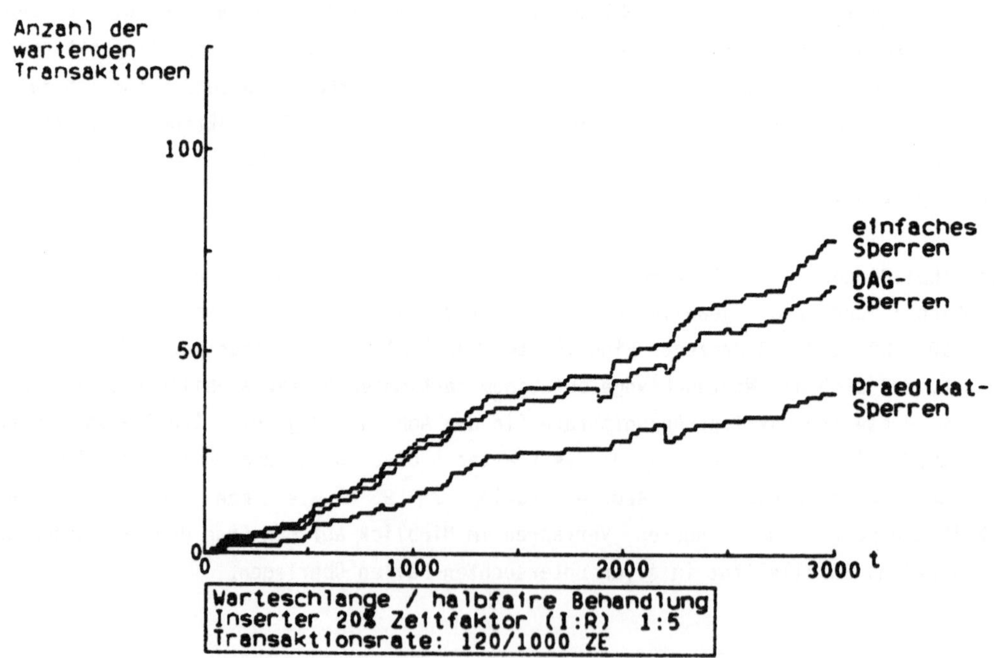

Abb. 4 und 5: Sperrverfahren im Vergleich

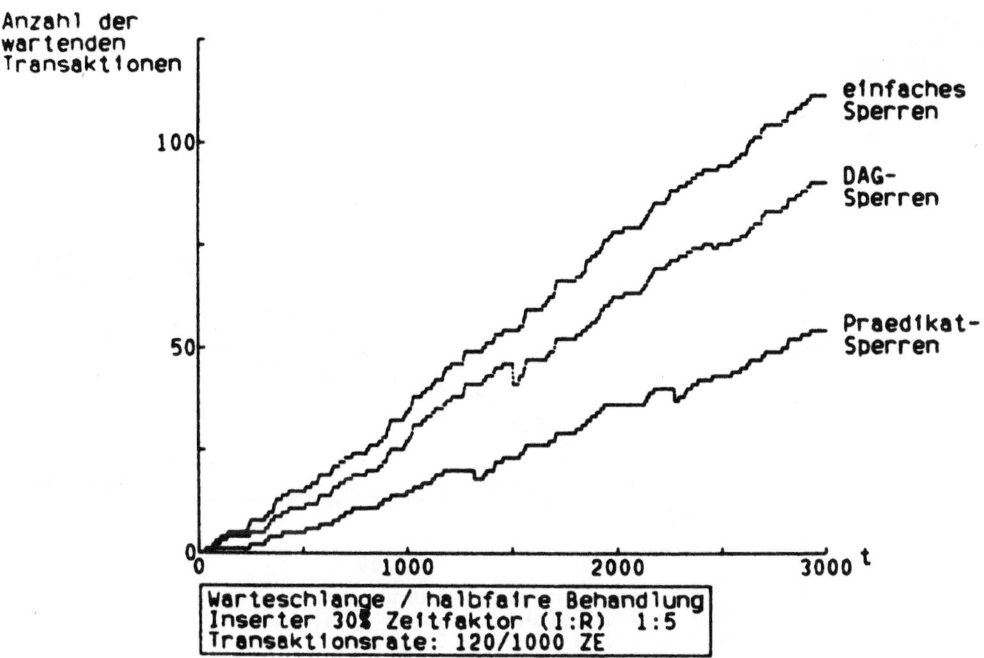

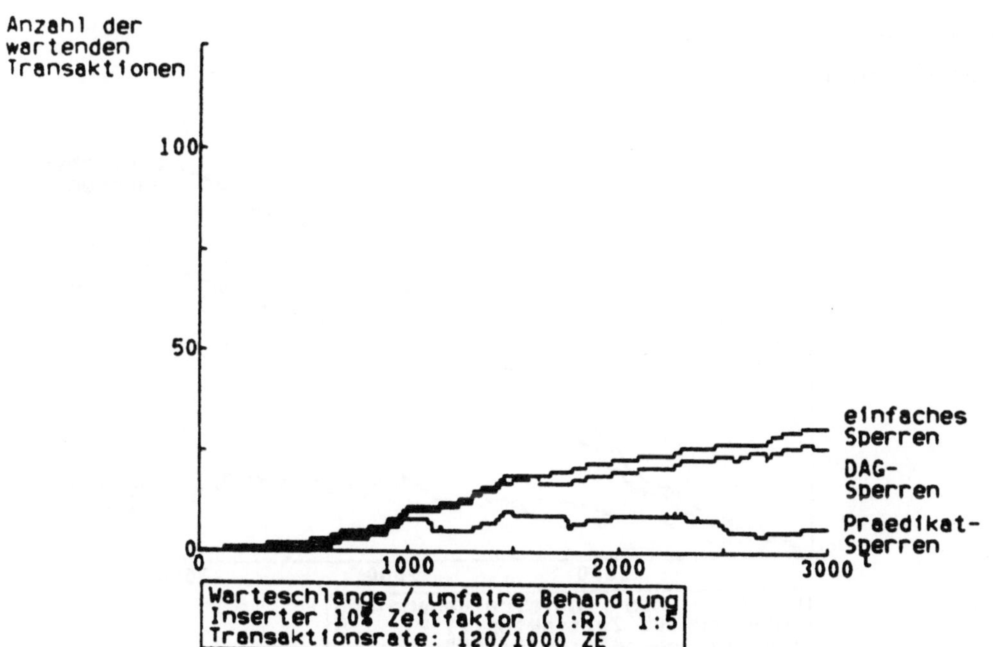

Abb. 6 und 7: Sperrverfahren im Vergleich

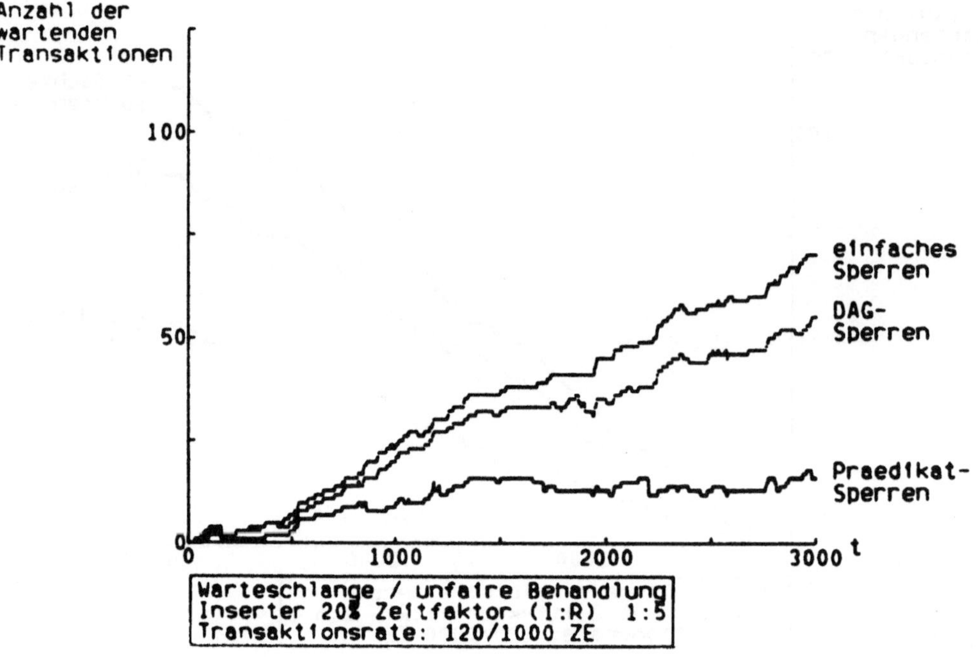

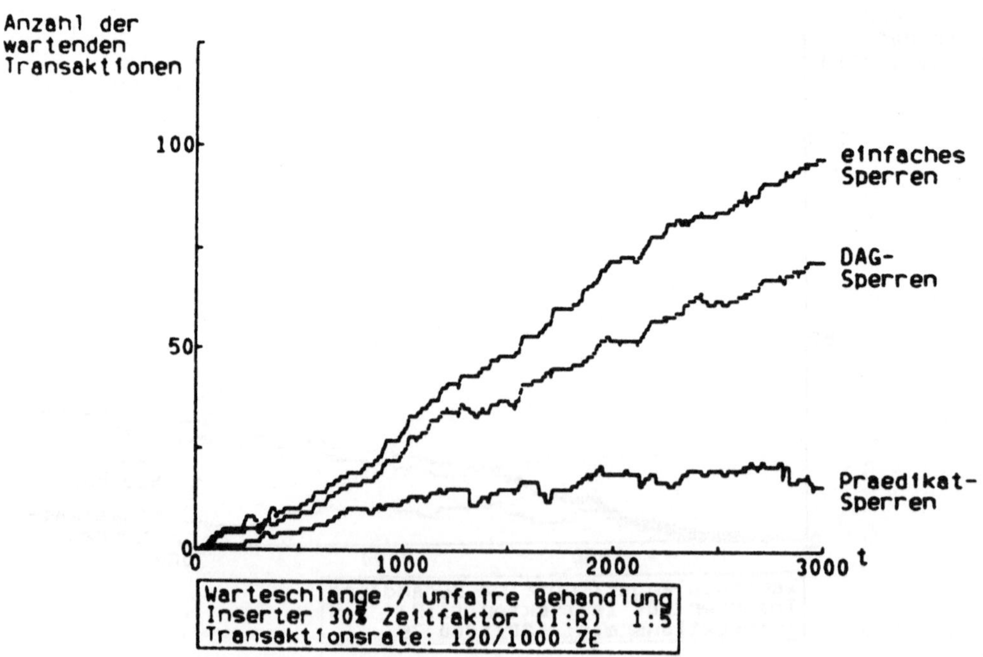

Abb. 8 und 9: Sperrverfahren im Vergleich

7. Zusammenfassung und Ausblick

Gerade in letzter Zeit wurde immer häufiger die Frage diskutiert, ob nicht DBS- und IRS-Funktionen innerhalb eines integrierten DB-IR-Systems realisiert werden könnten.

Zur Lösung des Synchronisations-Problems in solchen integrierten DB-IR-Systemen haben wir ein Prädikat-Sperrverfahren vorgestellt, das - zumindest für den IR-Bereich - geeigneter als das herkömmliche Objekt-Sperren erscheint. Im Hinblick auf die Realisierung integrierter DB-IR-Systeme haben wir zudem am Beispiel des System R aufgezeigt, wie sich dieses Sperrverfahren in ein herkömmliches Datenbank-Sperrverfahren integrieren ließe.

Eine andere Alternative wäre - und diese wird zur Zeit untersucht -, diese Prädikat-Sperrtechnik so weiter zu entwickeln, daß sich auch der DB-Bereich geeignet damit abdecken läßt.

Insgesamt gesehen, ist jedoch - auch auf anderen Gebieten, wie etwa Abfragesprachen, Datenmodelle und Recovery - noch viel Forschungsarbeit zu leisten, bis geeignete integrierte DB-IR-Systeme realisiert werden können.

Literatur:

Bla — Blasgen, M. W. et al.: System R: An Architectural Overview. IBM Systems Journal, Vol. 20, No. 1, Febr. 1981, pp. 41 - 62.

Cha — Chamberlin, D. D., et al.: A History and Evaluation of System R. Comm. ACM, Vol. 24, No. 10, Oct. 1981, pp. 632 - 646.

EGLT — Eswaran, K. P.; Gray, J. N.; Lorie, R. A.; Traiger, I. L.: The Notions of Consistency and Predicate Locks in a Database System. Comm. ACM, Vol. 19, No. 11, Nov. 1976, pp. 624 - 633.

GLP — Gray, J. N.; Lorie, R. A.; Putzolu, G. R.: Granularity of Locks in a Shared Data Base. Proc. Int. Conf. on Very Large Data Bases, New York, Sept. 1975, pp. 428 - 451.

GLPT — Gray, J. N.; Lorie, R. A.; Putzolu, G. R.; Traiger, I. L.: Granularity of Locks and Degrees of Consistency in a Large Shared Data Base, in: Modelling in Data Base Management Systems, North-Holland Publ. Comp., 1976, pp. 365 - 394.

IBM — STAIRS/VS, General Information Manual, IBM Corp., GH 12-5114, 1980.

JBB — Jordan, J. R.; Banerjee, J.; Batman, R. B.: Precision Locks. Proc. ACM-SIGMOD 1981, Int. Conf. on Management of Data, Ann Harbor, Michigan, April/May 1981, pp. 143 - 147, ACM Order No. 472810.

JS Jaeschke, G.; Schek, H.-J.: Remarks on the Algebra of Non First Normal Form Relations, in Proc. SIGACT-SIGMOD Symposium on Principles of Data Base Systems, Los Angeles, March 1982, ACM Order No. 475820.

KSW Kropp, D.; Schek, H.-J.; Walch, G.: Text Field Indexing, in: Database Technology (Proc. ACM German Chapter, Seminar on Data Base Technology, 1979), Teubner-Verlag, 1979, pp. 101 - 115.

KW Kropp, D.; Walch, G.: A Graph Structured Text Field Index Based on Word Fragments. Information Processing and Management, Vol. 17, No. 6, 1981, pp. 363 - 376.

Ran Randell, B.: Reliable Computing Systems, in: Operations Systems, Lecture Notes in Computer Science, No. 60, Springer-Verlag, 1978, pp. 282 - 336.

RS Rath, P.; Siebenmorgen, F.: Prädikat-Sperren mittels Fragezerlegung in stabile Index-Schlüssel. Studienarbeit, TH Darmstadt, FB Informatik, 1982.

Sche Schek, H.-J.: Methods for the Administration of Textual Data in DB Systems, in Information Retrieval Research (Proc. of Research and Development in IR, Cambridge, May 1980) Butterworths, London 1981, pp. 218 - 235.

Schl Schlageter, G.: The Problem of Lock by Value in Large Data Bases. The Computer Journal 19 (1976), pp. 17 - 20.

SH Schuegraf, e. J.; Heaps, H. S.: Query Processing in a Retrospective Document Retrieval System that Uses Word Fragments as Language Elements, Inform. Proc. Management, Vol. 12, 1976, pp. 283 - 292.

SP Schek, H.-J.; Pistor, P.: Data Structures for an Integrated Data Base Management and Information Retrieval System, to appear in the Proc. of the Int. Conf. on Very Large Data Bases, Mexico City, Sept. 1982.

TT Tharp, A. L.; Tai, K.-Ch.: The Practicality of Text Signatures for Accelerating String Searching. Software Practice and Experience, Vol. 12, 1982, pp. 35 - 44.

CONCURRENCY CONTROL IN VERSIONEN-DATENBANKSYSTEMEN

Georg Lausen
Institut für Angewandte Informatik
und Formale Beschreibungsverfahren
Universität Karlsruhe (TH)
Postfach 6380 D-7500 Karlsruhe 1

Abstract:

In dieser Arbeit wird untersucht, inwieweit die algorithmische Komplexität der allgemeinen Serialisierbarkeitsproblematik in einem Versionen-Datenbanksystem für eine Concurrency Control Komponente (CCK) von Bedeutung ist. Es wird begründet, daß eine CCK eines Versionen-Datenbanksystems zeitmarkenorientiert sein sollte. Unter dieser Annahme wird gezeigt, daß für die Problemstellungen der CCK effiziente Algorithmen angegeben werden können. Solche Algorithmen werden angegeben für den Fall, daß die Benutzer zu jeder Transaktion zu Beginn ihrer Ausführung ein Zeitmarkenintervall spezifizieren, bezüglich dessen die zu lesenden Versionen ausgewählt werden. Am Ende der Transaktion wird eine Zeitmarke aus diesem Intervall ausgewählt und der Transaktion zugeordnet. Falls dies zu einer nichtserialisierbaren Situation führt, wird die Transaktion zurückgesetzt.

1. Einleitung

In der bisherigen Literatur werden überwiegend Datenbanksysteme untersucht, in denen zu jedem Datenelement zu einem Zeitpunkt nur genau ein für die Transaktionen zugreifbarer Wert existiert. In diesen konventionellen Systemen bedeutet eine Änderung eines Datenelementes immer gleichzeitig das Löschen des bisherigen Wertes. Ein Versionen-Datenbanksystem ist ein Datenbanksystem, in dem die Änderung eines Datenelementes nicht mehr das Löschen des alten Wertes bedeutet, sondern das Erzeugen einer neuen Version des Datenelementes. Im Gegensatz zu konventionellen Systemen enthalten Versionen-Datenbanksysteme auch Informationen über die Vergangenheit. Sie erlauben eine bessere Modellierung der Realität [Bu] und eine der menschlichen Denkweise angemessenere Verarbeitung der Daten [Ha]. Von der Hardwareseite her lassen sich ebenfalls Argumente für Versionen-Datenbanksysteme finden. Zukünftige Hardwareentwicklungen wie optische Speicher haben eine 'nondeletion'-Eigenschaft [Ma], [Co]. Bei Verwendung solcher Speichertechnologien werden Versionen-Datenbanksysteme physisch automatisch existieren.

Die Mehrversionen-Eigenschaft eines Versionen-Datenbanksystems beeinflußt auch die Concurrency Control Komponente (CCK). Die Aufgabe einer CCK ist die Sicherstellung der Korrektheit paralleler Transaktionsabläufe. Das allgemein anerkannte Korrektheitskriterium beruht auf der Serialisierbarkeit der Transaktionen [EGLT], [Pa], [Sc]. Ein paralleler Transaktionsablauf wird serialisierbar genannt, wenn seine Ergebnisse reproduzierbar sind durch einen seriellen Ablauf derselben Transaktionen. Im Gegensatz zu einem konventionellen Datenbanksystem kann die CCK eines Versionen-Datenbanksystems einen potentiell höheren Grad an Parallelität gewährleisten. Das heißt, es können mehr parallele Transaktionsabläufe serialisierbar ausgeführt werden als in einem konventionellen Datenbanksystem.

Betrachten wir hierzu den folgenden parallelen Transaktionsablauf:

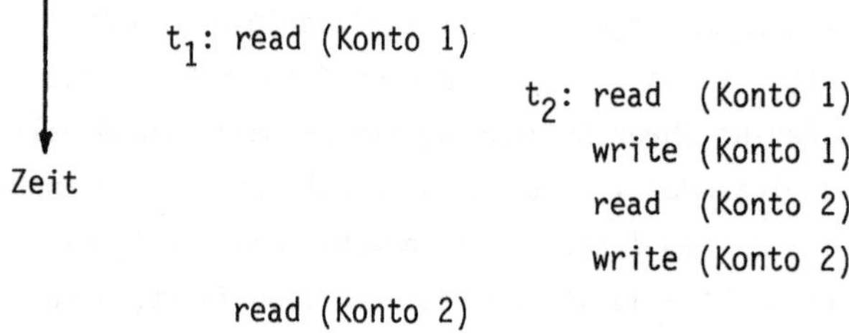

Abbildung 1

t_2 repräsentiere z.B. eine Umbuchungstransaktion und t_1 eine Transaktion, die die Kontenstände eines Kunden zur Bonitätsprüfung o.ä. aufsummiert. In einem konventionellen Datenbanksystem ist dieser Ablauf nicht serialisierbar, da t_1 den alten Kontostand von Konto 1 und den neuen Kontostand von Konto 2 liest. In einem Versionen-Datenbanksystem ist dieser Ablauf serialisierbar, wenn der noch verfügbare alte Kontostand von Konto 2 von t_1 gelesen wird.

Die CCK eines Versionen-Datenbanksystems hat somit die Aufgabe, zusätzlich zu der Serialisierbarkeit unter Ausnutzung der Mehrversionen-Eigenschaft einen höheren Grad an Parallelität zu ermöglichen, als es in einem konventionellen Datenbanksystem möglich ist. CCK, die die Existenz von mehreren Versionen in diesem Sinne ausnutzen, sind z.B. die Verfahren von [Re], [BG],[SR], [BHR]. Der Einfluß der Mehrversionen-Eigenschaft auf die Serialisierbarkeit unter mehr formalen Gesichtspunkten wird untersucht in [PK], [La1], [La2].

In dieser Arbeit werden die bezüglich der algorithmischen Komplexität negativen Ergebnisse der formalen Untersuchungen auf ihre Relevanz für eine CCK untersucht. Hierzu wird in Kapitel 2 die Concurrency-Problematik eines Versionen-Datenbanksystems soweit formalisiert, um die theoretischen Ergebnisse aus [La1], [La2] darzustellen und mit dem zentralen Ergebnis aus [PK] zu vergleichen. In Kapitel 3 beschäftigen wir uns zunächst mit dem Problem, wie die Benutzer eines Versionen-Datenbanksystems zu den in der Versionen-Datenbank enthaltenen Informationen zugreifen können. Es wird begründet, daß als einzige sinnvolle Möglichkeit Zeitmarken erscheinen. Unter Annahme einer festen Zeitmarkenordnung wird gezeigt, daß für die Problemstellungen einer CCK effiziente Algorithmen angegeben werden können. Konkrete Algorithmen werden angegeben für den Fall, daß die Benutzer den Transaktionen zu Beginn ihrer Ausführung ein Zeitmarkenintervall zuordnen. Die CCK ordnet dann den Transaktionen die bezüglich der rechten Intervallgrenze aktuellsten Versionen zu, die mit der Serialisierbarkeit vereinbar sind. Falls es bei Transaktionsende nicht möglich ist, der Transaktion eine Zeitmarke aus dem spezifizierten Intervall zuzuordnen, wird die Transaktion zurückgesetzt. Abschließend wird in Kapitel 4 skizziert, wie sich die Zeitmarkenalgorithmen mit einem Sperrprotokoll integrieren lassen.

2. Formale Grundlagen

Wir betrachten Transaktionen t, die Aktionen c auf (Datenbank-)Variablen v ausführen, wobei $T = \{t_1,\dots,t_n\}$ die Menge der Transaktionen ist, $C = \{\underline{r}ead, \underline{w}rite\}$ die Menge der Aktionen und $V = \{v_1,\dots,v_m\}$ die Menge der Variablen.

Eine parallele Ausführung der Transaktionen aus T wird durch einen Schedule $S = (H,\phi,\psi)$ modelliert.

Die Historie H repräsentiert den verzahnten Ablauf der Aktionen der Transaktionen. H ist ein Wort über dem Alphabet $\Sigma = t \cdot C \cdot V$, wobei trv (twv) eine Leseaktion (Schreibaktion) von t bezüglich der Variablen v ist. Wir nehmen an, daß jede Transaktion eine Variable höchstens einmal liest und schreibt, und daß sie eine Variable nicht liest, nachdem sie sie geschrieben hat. Mit einer Schreibaktion twv wird eine neue Version von v erzeugt, dargestellt als Tupel (v,t).

Die lese-von Relation $\phi \subseteq T \times V \times T$ gibt an, welche Versionen durch die Leseaktionen gelesen wurden. $(t',v,t) \in \phi$ besagt, daß t die durch t' erzeugte Version (v,t') von v liest.

Die überschreibe Relation $\psi \subseteq T \times V \times T$ zeigt an, in welchem Verhältnis die einzelnen Versionen einer Variablen zueinander stehen. $(t',v,t) \in \psi$ bedeutet, daß die von t erzeugte Version von v aktueller ist als die von t' erzeugte. Wir verlangen, daß bezüglich jeder Variablen die durch ψ gegebene Aktualitätsbeziehung ihrer Versionen gerade eine lineare Ordnung der sie erzeugenden Transaktionen impliziert.

Abbildung 2 zeigt zwei Schedule $S_1 = (H,\phi_1,\psi_1)$ und $S_2 = (H,\phi_2,\psi_2)$. Es wird angenommen, daß zu jeder Variablen v eine Startversion (v,t_o) existiert, die durch eine Starttransaktion t_o erzeugt wurde.

H:				
t_1:	$rv_1\ wv_1$		rv_2	$rv_3\ wv_3$
t_2:		$rv_1\ wv_2$		
t_3:			$rv_2\ wv_2\ rv_3\ wv_3$	

$$\phi_1 = \{(t_o,v_1,t_1),\ (t_1,v_1,t_2),\ (t_2,v_2,t_1),\ (t_2,v_2,t_3),\ (t_o,v_3,t_3),\ (t_3,v_3,t_1)\},$$
$$\psi_1 = \{(t_o,v_1,t_1),\ (t_o,v_2,t_2),\ (t_2,v_2,t_3),\ (t_o,v_3,t_3),\ (t_3,v_3,t_1)\},$$
$$\phi_2 = \{(t_o,v_1,t_1),\ (t_o,v_1,t_2),\ (t_2,v_2,t_1),\ (t_o,v_2,t_3),\ (t_o,v_3,t_3),\ (t_3,v_3,t_1)\},$$
$$\psi_2 = \{(t_o,v_1,t_1),\ (t_o,v_2,t_3),\ (t_3,v_2,t_2),\ (t_o,v_3,t_3),\ (t_3,v_3,t_1)\}.$$

Abbildung 2

Die Menge der bezüglich einer Historie H möglichen lese-von Relationen ist $\Phi(H)$. Die Menge der möglichen überschreibe Relationen analog $\Psi(H)$. Man beachte, daß die überschreibe Relationen aus $\Psi(H)$ Aktualitätsbeziehungen implizieren können, die der Reihenfolge der Erzeugung der Versionen nicht entsprechen (vgl. Abbildung 2 bezüglich v_2 in ψ_2).

In einem konventionellen Datenbanksystem kann nur die jeweils zuletzt erzeugte Version einer Variablen gelesen werden, und jede neue Version überschreibt die bis dahin aktuellste Version. Es existieren somit bezüglich einer Historie H gerade eine lese-von Relation $\phi_a(H)$ und eine überschreibe Relation $\psi_a(H)$ (vgl. Abbildung 2: $\phi_1 = \phi_a(H)$, $\psi_1 = \psi_a(H)$).

Ein Schedule heißt _seriell_, wenn in seiner Historie die Transaktionen nicht verzahnt ablaufen, d.h. wenn die Historie seriell ist. Das für Versionen-Datenbanksysteme anwendbare _Serialisierbarkeitskriterium_ verlangt, daß zu dem betreffenden Schedule S ein serieller Schedule S' derselben Transaktionen eines konventionellen Datenbanksystems angegeben werden kann, der dieselben Ergebnisse berechnet [PK], [La1]:
Ein Schedule $S = (H,\phi,\psi)$ heißt im folgenden _serialisierbar_ genau dann, wenn ein serieller Schedule $S' = (H',\phi_a(H'),\psi_a(H'))$ derselben Transaktionen existiert, so daß gilt:

$$\phi = \phi_a(H'),\quad \psi = \psi_a(H').$$

S' wird auch als _Serialisierung_ von S bezeichnet.

Der in Abbildung 2 gezeigte Schedule S_1 ist nicht serialisierbar, während S_2 serialisierbar ist. Es existiert nämlich eine Serialisierung, in der die Transaktionen in der Reihenfolge $t_3 - t_2 - t_1$ ausgeführt werden.

In dem Mehrversionen-Modell können die folgenden Entscheidungsprobleme betrachtet werden [La1]:

Serialisierbarkeit (SR)

Sei $S = (H,\phi,\psi)$ gegeben. Ist S serialisierbar?

ψ-fixe Serialisierbarkeit (ψSR)

Sei H und $\psi \in \Psi(H)$ gegeben.
Existiert ein $\phi \in \Phi(H)$, so daß $S = (H,\phi,\psi)$ serialisierbar?

ϕ-fixe Serialisierbarkeit (ϕSR)

Sei H und $\phi \in \Phi(H)$ gegeben.
Existiert ein $\psi \in \Psi(H)$, so daß $S = (H,\phi,\psi)$ serialisierbar?

Freie Serialisierbarkeit (FSR)

Sei H gegeben.
Existieren $\phi \in \Phi(H)$, $\psi \in \Psi(H)$, so daß $S = (H,\phi,\psi)$ serialisierbar?

Seien SR(S), ψSR(H,ψ), ϕSR(H,ϕ) und FSR(H) Prädikate, die genau dann wahr sind, wenn die Antwort auf das entsprechende Entscheidungsproblem "ja" ist.

Satz 1 [La1], [La2]

(1) Der Test, ob SR(S) gilt, ist in $O(/T/^3)$-Zeit möglich.

(2) Der Test, ob ψSR(H,ψ) (ϕSR(H,ϕ), FSR(H)) gilt, ist NP-vollständig.

□

In [PK] wird ebenfalls die Serialisierbarkeitsproblematik in einem Versionen-Datenbanksystem untersucht. In unser Modell übertragen lautet das dort verwendete Serialisierbarkeitskriterium wie folgt:

Eine Historie H heißt "multi-version serializable" genau dann, wenn eine serielle Historie H' derselben Transaktionen existiert, so daß gilt:

$$\phi_a(H') \in \Phi(H).$$

Es wird in [PK] gezeigt, daß der Test, ob eine Historie H multi-version serializable ist, NP-vollständig ist.

Satz 2

Sei H gegeben.
FRS(H) gilt genau dann, wenn H multi-version serializable ist.

Beweis:

1) Aus FSR(H) folgt die Existenz von $\phi \in \Phi(H), \psi \in \Psi(H)$, so daß $S = (H,\phi,\psi)$ serialisierbar. Das heißt, es existiert eine serielle Historie H', so daß $\phi = \phi_a(H')$. Damit gilt auch $\phi_a(H') \in \Phi(H)$.

2) Aus H multi-version serializable folgt die Existenz einer seriellen Historie H', so daß $\phi_a(H') \in \Phi(H)$. Sei $\phi = \phi_a(H')$ und $\psi = \psi_a(H')$. Da H und H' dieselben Schreibaktionen enthalten, gilt auch $\psi \in \Psi(H)$. Das heißt, es gilt $SR(H,\phi,\psi)$ und damit auch FSR(H).

□

Die freie Serialisierbarkeit entspricht somit der multi-version serializability. Wir werden weiter unten sehen, daß für eine konkrete CCK eines Versionen-Datenbanksystems weniger die freie Serialisierbarkeit (multi-version serializability) als vielmehr Spezialfälle der ψ-fixen und ϕ-fixen Serialisierbarkeit von Bedeutung sind.

3. Concurrency Control in Versionen-Datenbanksystemen

3.1 Transaktions- oder zeitmarkenorientierter Zugriff?

Bei der bisherigen Betrachtungsweise wird in der lese-von Relation registriert, welche Versionen die Transaktionen lesen. Es wird keine Aussage darüber gemacht, nach welchen Kriterien die Benutzer aus der Menge der Versionen der einzelnen Variablen eine bestimmte Version auswählten.

Eine Möglichkeit der Auswahl der Versionen ist ein transaktionsorientierter Zugriff, d.h. die Benutzer spezifizieren die Transaktionen, deren Versionen gelesen werden sollen. Da die Transaktionen letztlich Ereignisse der Realität repräsentieren, setzt dieser Zugriffsmechanismus eine vollständige Kenntnis der dynamischen Veränderungen der Realwelt voraus. Es ist fraglich, ob ein solches Verfahren praktikabel ist, da es eine Verarbeitung der Daten in Abhängigkeit von der Zeit nicht unterstützt. Als Beispiel betrachten wir eine Bank, in der nachmittags eine Zwischenbilanz berechnet werden soll, die gerade die um 12.oo Uhr gültigen Kontenstände berücksichtigt. Um diese Anfrage zu bearbeiten, müssen zunächst diejenigen Transaktionen bestimmt werden, die jeweils zuletzt vor 12.oo Uhr die betreffenden Konten veränderten. Danach können die entsprechenden Versionen gelesen werden.

Da das natürliche Ordnungskriterium von Realweltereignissen die Zeit ist, ist es sinnvoll, einen zeitabhängigen Zugriff zu den Versionen zu unterstützen. Seien Zeitmarken im folgenden reelle Zahlen, wobei eine größere (kleinere) Zeitmarke einem späteren (früheren) Zeitpunkt entspricht. Es gelte dann in Analogie zu [Re], [BG]:

(Z1) Jeder Transaktion t wird eindeutig eine Zeitmarke z(t) zugewiesen,

(Z2) alle von t erzeugten Versionen erhalten die Zeitmarke z(t),

(Z3) t liest die Versionen mit der größten Zeitmarke kleiner als z(t),

(Z4) die Zeitmarkenordnung der Transaktionen impliziert eine Serialisierung wie folgt:
$z(t) < z(t') \Rightarrow$ es existiert eine Serialisierung,
in der t vor t' ausgeführt wird.

Damit liest eine Transaktion t gerade diejenigen Versionen, die sie in der durch die Zeitmarkenordnung implizierten Serialisierung lesen würde.

Zeitmarkenordnungen ermöglichen eine einfache Auswahl der Versionen. Nachteile im Vergleich zum transaktionsorientierten Zugriff entstehen durch den Zusammenhang zwischen der Zeitmarkenordnung und einer Serialisierung (Z4). Eine Zeitmarkenordnung impliziert nämlich auch in solchen Situationen eine feste Ordnung, wo im Prinzip noch mehrere Ordnungen möglich sind. Hierdurch wird die potentiell mögliche Parallelität und die Flexibilität bei der Auswahl der Versionen eingeschränkt.
Betrachten wir als Beispiel die Historie:

t_1:	rv_1			wv_1		
t_2:		rv_2			wv_2	
t_3:			rv_1			rv_2 wv_2

Sowohl die Zeitmarkenzuordnung gemäß dem Transaktionsbeginn als auch die Zeitmarkenzuordnung gemäß dem Transaktionsende implizieren $z(t_1) < z(t_2)$. Es existiert jedoch nur eine Serialisierung mit der Zeitmarkenordnung $z(t_2) < z(t_3) < z(t_1)$.

Bezüglich der eingeschränkten Flexibilität betrachten wir als Beispiel die folgenden Transaktionen, die z.B. Einzahlungen eines Bankkunden auf seine Konten repräsentieren:

t_1: rv_1 wv_1, t_2: rv_1 wv_1, t_3: rv_2 wv_2

Angenommen, den Transaktionen werden Zeitmarken zugeordnet wie folgt:
$z(t_1) < z(t_2) < z(t_3)$. Wenn dann eine Transaktion t_4 ausgeführt wird, die zur Berechnung einer bestimmten Kontensumme eine Version von v_1 und v_2 liest, dann muß t_4 wegen (Z3), wenn es die von t_3 erzeugte Version von v_2 liest, auch die von t_2 erzeugte Version von v_1 lesen. Bei transaktionsorientiertem Zugriff kann in diesem Fall t_4 entweder die durch t_1 oder die durch t_2 erzeugte Version von v_1 lesen.

Gewährleistet man nur (Z1) und (Z2), dann erhält man einen Kompromiß zwischen transaktions- und zeitmarkenorientiertem Zugriff. Zu jedem Lesezugriff kann dann eine Zeitmarke z spezifiziert werden, und es wird die bezüglich z aktuellste Version ausgewählt. Verschiedene Lesezugriffe einer Transaktion können verschiedene Zeitmarken erhalten. Der transaktionsorientierte Zugriff wird somit unter Verwendung der Zeit realisiert. Diese Technik führt jedoch wegen des fehlenden Zusammenhangs zwischen der Zeitmarkenordnung und einer Serialisierung zu Problemen. In obigem Beispiel kann dann zwar t_4 die Version von v_1 bezüglich $z(t_1)$ und die Version von v_2 bezüglich $z(t_3)$ lesen. Wenn jedoch t_3 zusätzlich zu v_2 eine Version von v_1 gelesen hat, und zwar die von t_2 erzeugte, und t_2 die von t_1 erzeugte Version gelesen hat, dann führt dies zu einer nicht serialisierbaren Ausführung.

Dieses Beispiel zeigt deutlich die Vorteile des Zugriffs gemäß (Z1) - (Z4). Durch den Zusammenhang zwischen der Zeitmarkenordnung und einer Serialisierung (Z4) und durch den einheitlich gesteuerten Zugriff zu den Versionen (Z3) wird eine im Hinblick auf die Serialisierbarkeit geeignete Auswahl der Versionen vorgenommen, während bei ausschließlicher Gewährleistung von (Z1) und (Z2) die Gefahr groß ist, die Versionen bezüglich der Serialisierbarkeit widersprüchlich auszuwählen. Wir betrachten deshalb im folgenden einen zeitmarkenorientierten Zugriff zu den Versionen gemäß (Z1) - (Z4).

3.2 Problemstellungen einer zeitmarkenorientierten Concurrency Control

Wir untersuchen die Auswirkungen des zeitmarkenorientierten Zugriffs auf die Komplexität der Algorithmen einer CCK. Betrachten wir hierzu einen momentan serialisierbaren Schedule $S = (H,\phi,\psi)$. Die CCK muß dann bezüglich der nächsten Aktion tcv im Falle einer Leseaktion eine Version auswählen, bzw. im Falle einer Schreibaktion die Aktualität der erzeugten Version so festlegen, daß der abgelaufene Schedule zuzüglich der neuen Aktion und der fortgeschriebenen lese-von Relation und überschreibe Relation serialisierbar ist. In der Terminologie von Kapitel 2 haben wir das Problem, zu der Historie $H' = H$ tcv Relationen $\phi' \in \Phi(H')$, $\psi' \in \Psi(H')$ zu finden, so daß $S' = (H',\phi',\psi')$ serialisierbar ist. Dies ist formal das Problem der freien Serialisierbarkeit. Jedoch kommen die folgenden Restriktionen dazu:

(1) Es muß $\phi \subseteq \phi'$ gelten.
Während des Ablaufs von S wurden den Transaktionen Werte zugewiesen und verarbeitet. Damit kann natürlich die bisherige lese-von Relation ϕ nicht verändert werden.

Weiter folgt aus der Verwendung eines zeitmarkenorientierten Zugriffs:

(2) Es muß $\psi \subseteq \psi'$ gelten.
Die Aktualitätsbeziehungen der Versionen gemäß der überschreibe Relation stehen in direktem Zusammenhang zu den Zeitmarken der sie erzeugenden Transaktionen.

Wenn t_1 und t_2 zu v eine Version erzeugen, dann gilt:

(v,t_1) ist aktueller bezüglich ψ als (v,t_2)
$\Longleftrightarrow z(t_1) > z(t_2)$.

Eine Änderung von ψ impliziert somit eine Änderung der Zeitmarken der entsprechenden Transaktionen. Dies ist auf jeden Fall nicht zulässig, wenn in der Zwischenzeit von Zeitmarken abhängige Lesezugriffe bezüglich der Variablen dieser Versionen ausgeführt wurden. Aber auch wenn dies nicht der Fall ist, können die Zeitmarken von Transaktionen im nachhinein nicht mehr verändert werden. Denn diese Veränderung entspricht einer Verschiebung der Versionen im Zeitgefüge der Versionen-Datenbank. Es ist möglich, daß im Falle einer Verschiebung die Benutzer die durch ihre Transaktionen erzeugten Versionen nicht mehr über die diesen Transaktionen ursprünglich zugeordneten Zeitmarken auffinden können.

Aus (1) und (2) folgt zunächst, daß sich für die CCK nicht das allgemeine Problem der freien Serialisierbarkeit stellt. Für den Fall, daß die nächste zu berücksichtigende Aktion eine Leseaktion ist, erhalten wir wegen $\phi \subseteq \phi'$ und $\psi = \psi'$ einen Spezialfall der ψ-fixen Serialisierbarkeit. Entsprechend erhalten wir für eine Schreibaktion wegen $\phi = \phi'$ und $\psi \subseteq \psi'$ einen Spezialfall der ϕ-fixen Serialisierbarkeit.

<u>Satz 3</u>

Sei $S = (H,\phi,\psi)$ serialisierbar und sei $S' = (H',\phi',\psi')$.

(1) Sei $H' = H$ trv und $\psi = \psi'$.
Der Test, ob eine lese-von Relation $\phi' \in \phi(H')$ mit $\phi \subseteq \phi'$ existiert, so daß S' serialisierbar, ist in polynomieller Zeit möglich.

(2) Sei $H' = H$ twv und $\phi = \phi'$.
Der Test, ob eine überschreibe Relation $\psi' \in \psi(H')$ mit $\psi \subseteq \psi'$ existiert, so daß S' serialisierbar, ist in polynomieller Zeit möglich.

<u>Beweis:</u>

Seien n Transaktionen in H abgelaufen.

zu (1):

Es existieren zu v maximal n Versionen. Da die Serialisierbarkeit in $O(n^3)$-Zeit getestet werden kann, ist die Entscheidung bei systematischem Ausprobieren in $O(n^4)$-Zeit möglich.

zu (2):

Wegen $\psi \subseteq \psi'$ existieren maximal n + 1 mögliche Positionen innerhalb der bestehenden Ordnung der Versionen von v. Damit ist bei systematischem Ausprobieren der Test wiederum in $O(n^4)$-Zeit möglich.

□

Unter Annahme einer festen Zeitmarkenordnung kann somit einfach gezeigt werden, daß für die Problemstellungen einer CCK effiziente Algorithmen angegeben werden können.

3.3 Algorithmen einer zeitmarkenorientierten Concurrency Control

Wir betrachten im folgenden den Fall, daß die Benutzer den Transaktionen t zu Beginn ihrer Ausführung ein Zeitmarkenintervall $I(t) = [I_l(t), I_r(t)]$ zuordnen. Die CCK hat dann die Aufgabe, den Leseaktionen der Transaktionen die bezüglich der rechten Intervallgrenze aktuellsten Versionen zuzuordnen, die mit der Serialisierbarkeit vereinbar sind. Bei Transaktionsende wird t eine Zeitmarke $z(t) \in I(t)$ zugeordnet. Zeitmarkenintervalle erlauben im Vergleich zu fest vorgegebenen Zeitmarken potentiell mehr Parallelität, da Konflikte mit parallel ablaufenden Transaktionen berücksichtigt werden können (ein Beispiel hierzu wird weiter unten gezeigt).

Die CCK überprüft die Serialisierbarkeit bei Transaktionsende. Wir nennen eine Transaktion abgeschlossen, wenn die CCK ihre Serialisierbarkeit überprüft hat und auf serialisierbar entschieden hat. Vereinfachend nehmen wir an, daß die Überprüfung der Serialisierbarkeit eine atomare Operation ist. In der Überprüfung wird getestet, ob der bisherige Schedule der abgeschlossenen Transaktionen einschließlich der zu überprüfenden Transaktion serialisierbar ist. Falls nein, wird die zu überprüfende Transaktion zurückgesetzt.

Sei trv eine Leseaktion. Die CCK bestimmt dann eine abgeschlossene Transaktion $\bar{t}$, die zu v eine Version erzeugte, wie folgt:

(a1) trv ist die erste Leseaktion von t:
$\bar{t}$ ist die abgeschlossene Transaktion mit größter Zeitmarke kleiner $I_r(t)$, die eine Version von v erzeugte.

(a2) trv ist nicht die erste Leseaktion von t:
Sei t_l die abgeschlossene Transaktion mit größter Zeitmarke, von der t eine Version gelesen hat.
Sei t_r die abgeschlossene Transaktion mit größter Zeitmarke kleiner $I_r(t)$, so daß keine abgeschlossene Transaktion $t' \neq t_l$ mit Zeitmarke $z(t_l) < z(t') \leq z(t_r)$ existiert, die eine Version einer Variablen erzeugte, von der t bereits eine Version gelesen hat.
Sei $\bar{t}$ die abgeschlossene Transaktion mit größter Zeitmarke kleiner oder gleich $z(t_r)$, die eine Version von v erzeugte.

t wird dann die von $\bar{t}$ erzeugte Version $(v,\bar{t})$ zugeordnet.
Die Idee von (a2) ist wie folgt. Sei $z(t_1) < \ldots < z(t_n)$ die Zeitmarkenordnung der abgeschlossenen Transaktionen. t muß zunächst offensichtlich in obiger Ordnung rechts

von t_l stehen. Da weiter t möglichst bezüglich $I_r(t)$ die aktuellste Version von v lesen soll, wird dann t solange nach rechts geschoben, so daß $z(t) < I_r(t)$ und keine Transaktion t' zwischen t_l und t existiert, die eine Version zu einer Variablen erzeugt, zu der t bereits eine Version gelesen hat.

Bei Transaktionsende von t verfährt die CCK wie folgt:

(b1) Wähle eine Zeitmarke z(t) aus I(t) aus:

Sei t_l die abgeschlossene Transaktion mit größter Zeitmarke, von der t eine Version gelesen hat. Falls t keine Leseaktionen ausführte, setze $z(t_l) = -\infty$.
Sei t_r die abgeschlossene Transaktion mit nächst größerer Zeitmarke als $\max(z(t_l), I_l(t))$. Falls t_r nicht existiert, setze $z(t_r) = +\infty$.

Setze $z(t) := \dfrac{\max(z(t_l, I_l(t)) + \min(z(t_r), I_r(t))}{2}$

Falls z(t) schon vergeben, dann setze t zurück.

(b2) Überprüfe die Serialisierbarkeit:

(i) Für jede von t gelesene Version (v,t') führe aus:
Sei (v,t") die nächst aktuellere Version als (v,t'), wobei t" abgeschlossen.
Wenn (v,t") existiert und $z(t") < z(t)$, dann setze t zurück.

(ii) Für jede von t erzeugte Version (v,t) führe aus:
Sei (v,t') die zunächst aktuellere Version als (v,t), wobei t' abgeschlossen.
Falls (v,t') nicht existiert, setze $z(t') = +\infty$.
Wenn eine abgeschlossene Transaktion t" existiert, die eine Version von v gelesen hat und für die gilt: $z(t) < z(t") \leq z(t')$, dann setze t zurück.

In (b1) wird in solchen Fällen dieselbe Zeitmarke mehr als einmal zugeordnet, wenn für eine Transaktion t die Intervallgrenzen zusammenfallen und bereits eine abgeschlossene Transaktion t' existiert, so daß $z(t') = I_l(t) = I_r(t)$.

In (b2) wird überprüft, ob die existierende Zeitmarkenordnung der abgeschlossenen Transaktionen erweitert um z(t) eine Serialisierung impliziert.
In (b2) (i) wird die Serialisierbarkeit bezüglich t überprüft, und in (b2) (ii) wird getestet, ob t die Serialisierbarkeit einer bereits abgelaufenen Transaktion verletzt. Im Falle einer nicht serialisierbaren Situation wird t zurückgesetzt.

Betrachten wir als Beispiel die Historien in Abbildung 3.

H_1:

t_1:	rv_1 wv_1		wv_2				
t_2:		rv_2		wv_2			
t_3:					rv_1		rv_2
t_4:						rv_1 wv_2	

H_2:

t_1:	rv_1		rv_2 wv_2
t_2:		rv_1 wv_1 rv_2 wv_2	

H_3:

t_1:	rv_1 wv_1		
t_2:		rv_1 rv_2	
t_3:			rv_2 wv_2

Abbildung 3

Gelte im folgenden immer $z(t_o) = 0$.
Bezüglich H_1 sei $I(t_1) = I(t_2) = [0,10]$, $I(t_3) = [0,20]$ und $I(t_4) = [12,12]$. t_1 und t_2 lesen zunächst die Versionen (v_1, t_o) und (v_2, t_o). t_1 beendet seine Ausführung und erhält die Zeitmarke $z(t_1) = 5$. t_2 beendet seine Ausführung und erhält die Zeitmarke $z(t_2) = 2{,}5$. Man beachte, daß t_2 vor t_1 gesetzt wird, obwohl t_1 vor t_2 beginnt und beendet wird, und daß damit eine nicht serialisierbare Situation vermieden wird. t_3 und t_4 lesen dann die Version (v_1, t_1). t_4 beendet seine Ausführung und erhält die Zeitmarke $z(t_4) = 12$. t_3 liest die Version (v_2, t_4) und erhält schließlich die Zeitmarke $z(t_3) = 16$.

H_2 zeigt unabhängig von Zeitmarkenintervallen eine nicht serialisierbare Situation. t_1 wird zurückgesetzt, da t_2 vor t_1 beendet ist.

Bezüglich H_3 sei $I(t_1) = [0,5]$, $I(t_2) = [5,10]$ und $I(t_3) = [2,2]$. t_1 liest (v_1, t_o) und erhält die Zeitmarke $z(t_1) = 2{,}5$. t_2 liest (v_1, t_1) und (v_2, t_o) und erhält die Zeitmarke $z(t_2) = 7{,}5$. t_3 liest (v_2, t_o), erhält die Zeitmarke $z(t_3) = 2$ und wird zurückgesetzt, da t_2 eine Version von v_2 gelesen hat und $z(t_3) < z(t_2)$ gilt.

Man beachte, daß die in (b1) festgelegte Zeitmarke z(t) u.U. zu einer nicht serialisierbaren Situation führt, obwohl eine Zeitmarke z*(t) existiert, die eine Serialisierung impliziert. Abbildung 4 zeigt eine solche Situation. Sei $I(t_1) = [0,10]$ und $I(t_2) = [5,10]$, dann erhalten wir $z(t_2) = 7,5$ und $z(t_1) = 3,75$. Diese Ordnung impliziert keine Serialisierung, obwohl eine Serialisierung $t_2 - t_1$ existiert.

H:

t_1 : rv_1 wv_2

t_2 : rv_2 wv_2

Abbildung 4

Seien o.B.d.A. $t_1, \ldots, t_i$ die zum Zeitpunkt der Überprüfung von t abgeschlossenen Transaktionen mit $I_l(t) = z(t_1) < \ldots < z(t_i) = I_r(t)$ und gelte
$z(t_j) < z(t) < z(t_{j+1}),\ 1 \leq j < i$.
Um die Zeitmarke z*(t) zu finden, müssen dann maximal die Zeitmarken

$$z_k(t) := \frac{z(t_k) + z(t_{k+1})}{2},\ j + 1 \leq k < i$$

getestet werden. Diese Anzahl kann u.U. verringert werden, wenn man berücksichtigt, daß z(t) immer kleiner sein muß als die Zeitmarke jeder Transaktion t', die eine Version einer Variablen erzeugte, die aktueller ist als die von t gelesene Version dieser Variablen. Auf eine entsprechende Erweiterung von (b1) und (b2) wird verzichtet.

4. Zusammenfassung und Ausblick

In dieser Arbeit wird untersucht, inwieweit die algorithmische Komplexität der allgemeinen Serialisierbarkeitsproblematik in einem Versionen-Datenbanksystem für eine CCK von Bedeutung ist. Es wird begründet, daß eine CCK eines Versionen-Datenbanksystems zeitmarkenorientiert sein sollte. Unter dieser Annahme wird gezeigt, daß für die Problemstellungen der CCK effiziente Algorithmen angegeben werden können. Solche Algorithmen werden angegeben für den Fall, daß die Benutzer zu jeder Transaktion zu Beginn ihrer Ausführung ein Zeitmarkenintervall spezifizieren, bezüglich dessen die zu lesenden Versionen ausgewählt werden. Am Ende der Transaktion wird eine Zeitmarke aus diesem Intervall ausgewählt und der Transaktion zugeordnet. Für den Fall zusammenfallender Intervallgrenzen entsprechen die Algorithmen gerade den Methoden aus [Re] und [BG].

Die skizzierte CCK kann als optimistisch bezeichnet werden, da die Serialisierbarkeit erst am Ende überprüft wird. Es ist interessant zu sehen, daß in einem Versionen-Datenbanksystem ein u.U. kritischer Nachteil der optimistischen Verfahren [KR] umgangen wird. Aufgrund der Mehrversionen-Eigenschaft wird das Kopieren der Arbeitsbereiche der Transaktionen in die Datenbank nach erfolgreichem Serialisierbarkeitstest überflüssig.

Optimistische Verfahren gewährleisten die Serialisierbarkeit durch einen Rücksetz-Mechanismus. Dies kann in gewissen Situationen für einen Benutzer nicht akzeptabel sein. Wünschenswert wäre deshalb eine CCK, die sowohl ein optimistisches Verfahren als auch ein pessimistisches Verfahren (wie Sperrprotokolle) enthält. Ein solcher Integrationsansatz wird in [La3] für konventionelle Datenbanksysteme beschrieben. Angenommen, diejenigen Transaktionen, für die Rücksetzen nicht akzeptabel ist, verwenden ein deadlockfreies Sperrprotokoll und lesen jeweils die aktuellsten Versionen. Weiter erhalten sie an ihrem Ende eine Zeitmarke, die aktueller ist als alle bisher existierenden. Wenn sichergestellt wird, daß keine optimistische Transaktion die Serialisierbarkeit einer solchen pessimistischen Transaktion verletzen kann, dann werden diese Transaktionen immer ohne Rücksetzen ablaufen (abgesehen vom Benutzerabbruch). Dies kann nun erreicht werden, indem am Ende einer optimistischen Transaktion zusätzlich geprüft wird, ob eine von ihr geschriebene Variable gerade durch eine pessimistische Transaktion gesperrt ist. Falls ja, wird die optimistische Transaktion zurückgesetzt. Bei diesem Verfahren können allerdings alte Werte nur durch optimistische Transaktionen gelesen/erzeugt werden.

5. Danksagung

Ich danke Herrn Prof. Dr. W. Stucky für die zahlreichen wertvollen Hinweise während der Entstehung dieser Arbeit.

6. Literatur

[BG] P.A. Bernstein, N.Goodman
'Concurrency Control in Distributed Database Systems'
ACM Computing Surveys, vol. 13, no. 2, 1981

[BHR] R.Bayer, H.Heller, R.Raiser
'Parallelism and Recovery in Databases'
ACM TODS, vol.5, no. 2, 1980

[BU] J.A.Bubenko, jr.
'The Temporal Dimension in Information Modelling'
Proc. IFIP Working Conference on Modelling in DBMS, G.M.Nijssen (Ed.),
North Holland Publishing Company, 1977

[Co] G.Copeland
'What if Mass Storage were Free?'
Proc. Fifth Workshop on Computer Architecture for Non-Numeric Processing, ACM SIGMOD, vol. X, no. 4, 1980

[EGLT] K.P.Eswaran, J.N.Gray, R.A.Lorie, I.L.Traiger
'The Notions of Consistency and Predicate Locks in a Database System'
Com. of the ACM, vol.19, no. 11, 1976

[Ha] J.B. Harvill
'Functional Parallelism in an Operand State Saving Computer'
Proc. Fourth Workshop on Computer Architecture for Non-Numeric Processing, ACM SIGMOD, vol. X, no.1, 1978

[KR] H.T.Kung, J.T.Robinson
'On Optimistic Methods for Concurrency Control'
ACM TODS, vol. 6, no.2, 1981

[La1] G.Lausen
'Serializability Problems of Interleaved Database Transactions'
Proc. Third Conference of the ECI, LNCS 123, Springer-Verlag, 1981

[La2] G.Lausen
'Analyse und Steuerung paralleler Transaktionen in einem Versionen-Datenbank-system'
Dissertation 1982, Universität Karlsruhe

[La3] G.Lausen
'Concurrency Control in Database Systems: A Step Towards the Integration of Optimistic Methods and Locking'
erscheint ACM 1982 Annual Conference

[Ma] D.Maier
'Using Write-Once Memory for Database Storage'
Proc. of ACM Symposium on Principles of Database Systems, 1982

[Pa] C.H.Papadimitriou
'Serializability of Concurrent Database Updates'
JACM, vol. 26, no.4, 1979

[PK] C.H.Papadimitriou, P.C.Kanellakis
'On Concurrency Control by Multiple Versions'
Proc. of ACM Symposium on Principles of Database Systems, 1982

[Re] D.P. Reed
'Naming and Synchronization in a Dezentralized Computer System'
MIT / LCS / TR-205

[Sc] G.Schlageter
'Process Synchronization in Database Systems'
ACM TODS, vol.3, no.3, 1978

[SR] R.S.Stearns, D.J.Rosenkrantz
'Distributed Database Concurrency Control Using Before-Values'
Proc. ACM-SIGMOD, 1981

Einige Verbesserungen optimistischer Synchronisationsverfahren

U. Prädel, G. Schlageter, R. Unland
FernUniversität
Postfach 940, D 5800 Hagen

Abstract

Optimistische Synchronisationsverfahren könnten in integrierten Datenbank/Information-Retrieval-Systemen von besonderem Interesse sein, weil in solchen Systemen der Retrieval-Anteil hoch sein wird. Optimistische Verfahren weisen jedoch einige Schwächen auf, insbesondere sind lange Transaktionen besonders abbruchgefährdet, die bisher vorgeschlagene Lösungen für das Problem der permanenten Blockierung sind völlig unbefriedigend. In diesem Papier werden Möglichkeiten zur Verbesserung dieser Situation untersucht. Zur Reduzierung des Abbruchrisikos langer Transaktionen werden Zeitstempel-Mechanismen betrachtet; das Problem der permanenten Blockierung wird wiederum mittels "optimistischer" Methoden gelöst.

1. Einleitung

Für die Synchronisation paralleler Transaktionen wird in zentralen Datenbanken praktisch ausschließlich Locking verwendet. Im Zusammenhang mit verteilten Datenbanken wurden Zeitstempel-Verfahren vorgeschlagen, deren Leistungsfähigkeit im Vergleich zu Locking jedoch noch nicht geklärt ist. In vielen Anwendungen scheint der Aufwand und der Leistungsverlust für die Synchronisation mit diesen herkömmlichen Verfahren zu hoch, insbesondere dort, wo wenig Konflikte zwischen Transaktionen zu erwarten sind oder wo ein sehr hoher Anteil an reinen Lese-Transaktionen vorliegt. Derartige Anfrage-intensive Anwendungen sind beispielsweise zu erwarten in integrierten Systemen, die sowohl Datenbank- wie Information-Retrieval-Funktionen anbieten werden.

Auf der Suche nach geeigneten Lösungen für die skizzierten Anwendungssituationen wurden sogenannte *optimistische* Verfahren entworfen, erstmals wohl in [KuRo79]. Diese Verfahren zeichnen sich dadurch aus, daß während der Laufzeit einer Transaktion keine Synchronisationsmaßnahmen wirksam sind. Erst am Ende einer Transaktion wird geprüft, ob durch diese eine nicht-serialisierbare Situation entstanden sein könnte; wenn ja, wird die Transaktion zurückgesetzt und neu gestartet. Der Test am Ende der Transaktion muß natürlich möglichst einfach und kostengünstig sein.

Die vorgeschlagenen optimistischen Verfahren sind bislang nur wenig verstanden, die vorliegenden Leistungsvergleiche mit Locking oder Timestamping sind noch zu wenig aussagekräftig. Zwei Schwierigkeiten beim Einsatz von Verfahren des optimistischen Typs nach [KuRo79] sind jedoch sofort zu sehen:

- Das Risiko einer Transaktion, zurückgesetzt zu werden, wächst mit der Länge der Transaktion. Dies kann dazu führen, daß lange Transaktionen im Verhältnis zu kurzen Transaktionen in untragbarer Weise benachteiligt werden.

- Ein offensichtliches Risiko ist das der permanenten Blockierung (eine Transaktion wird immer wieder neu gestartet). Die vorgeschlagenen optimistischen Verfahren enthalten keine brauchbaren Ansätze zu diesem Problem.

In diesem Papier diskutieren wir Möglichkeiten für diese beiden Problemkreise. Eine detaillierte, exakte Behandlung der skizzierten Ideen muß einer getrennten Arbeit vorbehalten bleiben.

2. Optimistische Concurrency-Control

Kung und Robinson [KuRo79] haben Methoden zur Concurrency-Control in Datenbanksystemen entwickelt, die sie *optimistisch* nennen. Sie gehen davon aus, daß Konflikte zwischen konkurrierenden Transaktionen selten sind, so daß auf ein Sperren von Objekten der Datenbank, wie es in gängigen Concurrency-Control-Verfahren angewandt wird, verzichtet werden kann. Stattdessen ist das Backup das einzige Mittel zur Aufrechterhaltung der Konsistenz der Datenbank.

Eine Transaktion besteht aus drei Teilen: Einer Lese-Phase, einer Validations-Phase und einer Schreib-Phase. In der Lese-Phase liest die Transaktion alle benötigten Objekte aus der Datenbank, Schreib-Operationen werden auf lokalen Kopien durchgeführt. In der Validations-Phase wird überprüft, ob die von der Transaktion erzeugten Ergebnisse korrekt im Sinne der Serialisierbarkeit sind. Bei erfolgreicher Validation werden die geänderten Objekte in die Datenbank eingebracht. Schlägt die Validation fehl, so wird die Transaktion zurückgesetzt und danach neu gestartet. Validation und Schreiben sind ein kritischer Abschnitt.

Wir wollen den Ablauf der Validation etwas genauer erläutern: Für jede Transaktion T_i werden die Menge der von ihr gelesenen Objekte (R_i) und die Menge der von ihr geschriebenen Objekte (W_i) gespeichert. Validiert eine Transaktion erfolgreich, so wird ihr eine eindeutige *Transaktionsnummer* $t(T_i)$ zugewiesen. Hierzu wird ein globaler Transaktionszähler TNC geführt. Sei t_{start} die höchste Transaktionsnummer beim Start der Transaktion T_j und t_{finish} die höchste Transaktionsnummer beim Eintritt von T_j in die Validation. T_j führt dann folgende Überprüfung durch:

```
            valid := true
            for t(Ti) from tstart+1 to tfinish do
(VAL)          if Rj ∩ Wi ≠ Ø then valid := false
            if valid then
               (write),t(Tj) := TNC; TNC := TNC + 1;
            else (Backup)
```

Wir wollen nicht weiter auf das Verfahren nach [KuRo79] eingehen. Mehrere Implementierungs-Alternativen und Verfeinerungen finden sich im Originalaufsatz und in [Schl81], [Laus82] und [Bhar80].

3. Optimistische Synchronisation in integrierten Datenbank/Information-Retrieval-Systemen

Im ursprünglichen Vorschlag zur optimistischen Synchronisation [KuRo79] werden Lese-Transaktionen im Prinzip wie Update-Transaktionen behandelt, so daß also insbesondere auch Leser validieren müssen und abgebrochen werden können. In Datenbank-Information-Retrieval-Systemen (DBIRS) ist dieses Vorgehen sicherlich sehr problematisch, da dort ein hoher Anteil von Lesern vorliegt, die - und dies ist wesentlich - weitgehend interaktiv arbeiten. Der Benutzer läßt sich vielleicht Dokumente zeigen, beschließt aufgrund dieser Dokumente, seine Anfrage zu modifizieren, sieht eine neue Menge von Dokumenten usw. Bei dieser Art von "interaktiven Transaktionen" wäre ein Abbruch zu irgendeinem Zeitpunkt ein sehr schwerwiegender Eingriff.

Die in diesem Zusammenhang hinsichtlich der Synchronisation auftretenden Probleme sind weitgehend ungelöst. Im Bereich der optimistischen

Verfahren wurde jedoch in [Schl81] ein Vorschlag gemacht, der die skizzierte Situation in gewissen Grenzen berücksichtigt. Die Grundidee dieses Vorschlages kann man so zusammenfassen:

Lese-Transaktionen unterliegen grundsätzlich nicht der Validierung und kommen somit immer zum Abschluß. Update-Transaktionen müssen nun allerdings parallele Leser bei der Validierung berücksichtigen. Bei Konflikt mit einem Leser darf die Update-Transaktion nicht unmittelbar schreiben, sie wird bis zum Ende der Lese-Transaktion verzögert. Natürlich führen Konflikte zwischen Update-Transaktionen nach wie vor zum Abbruch und Neustart. Weitere Details sind in [Schl81] nachzulesen.

Im folgenden wird diese Variation optimistischer Synchronisation nicht speziell betrachtet, vielmehr werden einige grundlegende Verbesserungen zur optimistischen Synchronisation diskutiert, die in angepaßter Form auch bei dem Verfahren nach [Schl81] anwendbar sind.

4. Probleme der optimistischen Verfahren

Der in einem Transaktionssystem erreichbare Grad an Parallelität zwischen konkurrierenden Transaktionen hängt stark von den Validationskriterien ab. Das in Kapitel 2 angegebene Validationskriterium VAL erzwingt schon beim Verdacht einer Inkonsistenz (eine spätere Transaktion hat irgendwann etwas gelesen, was eine frühere irgendwann geschrieben hat) das Zurücksetzen einer Transaktion. Die Serialisierbarkeit von zwei parallelen Transaktionen hängt aber von der Reihenfolge der Operationen der einzelnen Aktionen ab. Betrachten wir ein Beispiel:

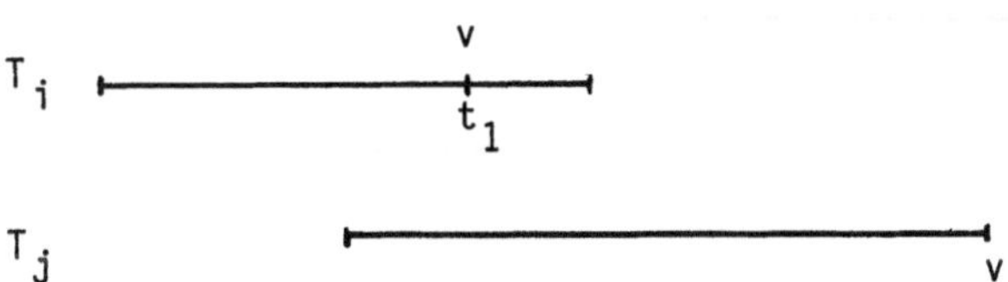

Fig. 1: Zeitliche Abhängigkeiten zwischen Transaktionen

Sei $C := (R_j \cap W_i) \neq \emptyset$. Aufgrund von VAL würde T_j invalidiert und zurückgesetzt. Hätte jedoch T_j alle $c \in C$ nach dem Zeitpunkt t_1 gelesen, so wäre in diesem Fall die entstehende Schedule serialisierbar und das Backup nicht notwendig.

Diese zeitlichen Aspekte wirken sich besonders stark bei der Behandlung langer Transaktionen aus. Auch unter optimistischen Voraussetzungen ist ein Konflikt zwischen einer langen Transaktion und verschiedenen kurzen Transaktionen nicht unwahrscheinlich. Gerade hier hat die Vernachlässigung der zeitlichen Abhängigkeiten besonders negative Folgen, wie anhand von Fig. 2 gezeigt wird:

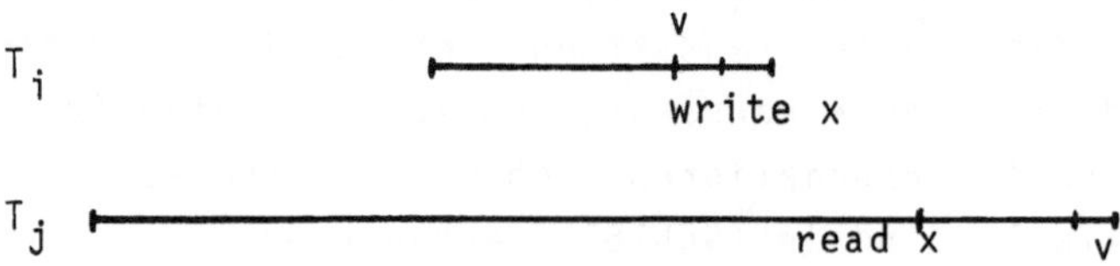

Fig. 2: Konfliktsituation zwischen Update-Transaktionen

Sei $R_j \cap W_i = \{x\}$. Die Transaktion T_j wird nach [KuRo79] durch die kurze Transaktion T_i invalidiert, obwohl die Konsistenz der Datenbank nicht verletzt wird. In diesem Fall sind die Kosten sehr hoch, da eine lange Transaktion zurückgesetzt wird, deren Chance auf eine erfolgreiche Validation durch die groben Kriterien stark vermindert ist. Gleichartige Überlegungen gelten für Read-Transaktionen, die ebenfalls validieren müssen, um inkonsistente Sichten auf die Datenbank zu vermeiden.

Betrachten wir folgende Situation:

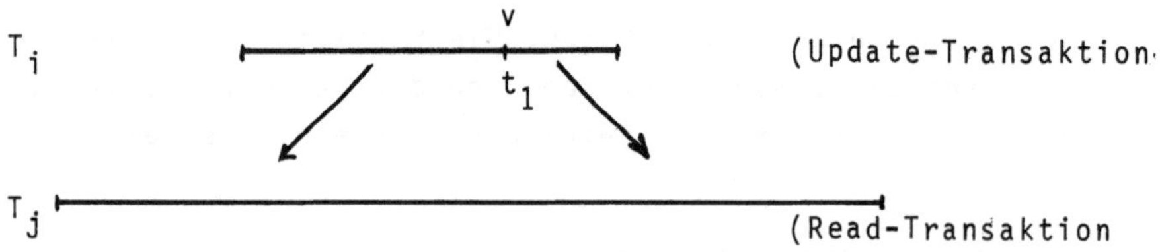

Fig. 3: Konfliktsituation zwischen Update- und Read-Transaktionen

Sei $C := (R_j \cap W_i) \neq \emptyset$. T_j wird nach [KuRo] wieder invalidiert, obwohl nur dann eine Inkonsistenz in Bezug auf T_i vorliegt, wenn T_j mindestens je ein Objekt aus C vor t_1 und nach t_1 gelesen hat, also inkonsistenten Input erhalten hat.

Zusammenfassend zeigt sich, daß das Vorgehen nach [KuRo79], Transaktionen beim "Verdacht" einer Inkonsistenz zu invalidieren, besonders lange Transaktionen, sowohl Leser als auch Schreiber, über

Gebühr gefährdet. Hierdurch wird der durch die optimistische Concurrency Control erreichbare Grad der Parallelität von Transaktionen unnötig gesenkt. Im folgenden wird ein Konzept vorgestellt, daß diese Nachteile bei geringem Mehraufwand abstellt.

5. Verfeinerungen der Validation

Ziel des erweiterten Ansatzes ist es, zeitliche Aspekte beim Zugriff auf Datenobjekte zu erfassen und diese bei der Validation mit zu berücksichtigen. Steht Transaktion T_j in Konflikt mit Transaktion T_i so soll erkennbar sein, welche Objekte T_j vor dem Schreiben von T_i und welche Objekte T_j nach dem Schreiben von T_i gelesen hat. Um das zu ermöglichen, muß zu jedem Objekt x als Zeitstempel TS(x) die Transaktionsnummer $t(T_i)$ der Transaktion gespeichert werden, die das Objekt zuletzt geschrieben hat. Jede Transaktion, die nun lesend auf ein Objekt x zugreift, hält in ihrem Read-Set zusätzlich die Zeitmarke TS(x) des Objektes fest. Dieses zusätzliche Festhalten der Zeitmarken ermöglicht im Konfliktfalle eine genauere Analyse, so daß in gewissen Fällen T_j beendet werden kann, obwohl der Standardtest VAL T_j zum Neustart zwingen würde.

(1) Validation in Ausführungsreihenfolge

Betrachten wir folgendes Beispiel:

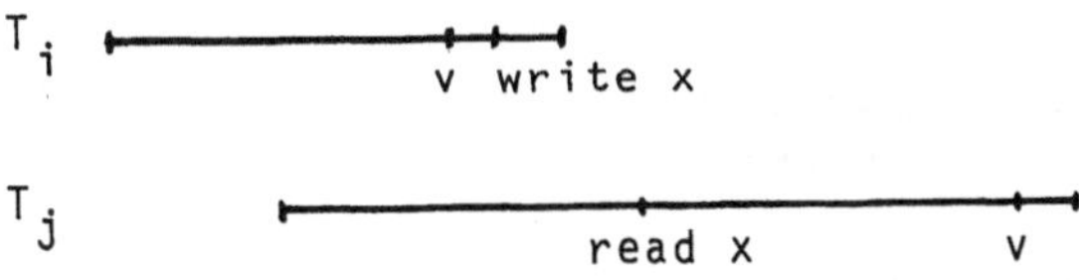

Die Transaktionen T_i und T_j stehen miteinander in Konflikt, da T_j ein Objekt x gelesen hat, das von der Transaktion T_i geschrieben wurde. Nach [KuRo79] muß T_j invalidiert werden, da ein Konflikt vorliegt. Bei genauerer Betrachtungsweise wird aber deutlich, daß, falls x das einzige Konfliktobjekt zwischen T_i und T_j ist, der Konflikt zwischen beiden Transaktionen unwesentlich ist, die beiden Transaktionen sind offensichtlich in der Reihenfolge T_i, T_j serialisierbar. Allgemein gilt für die skizzierte Situation, daß T_i und T_j dann serialisierbar sind (d.h. T_j positiv validieren könnte), wenn T_j alle Objekte aus der Konfliktmenge gelesen hat, *nachdem* T_i sie geschrieben hat. Die äquivalente serielle Ausführungsreihenfolge ist $T_i \rightarrow T_j$.

Mit Hilfe der oben eingeführten Timestamps kann die Validierung so modifiziert werden, daß im betrachteten Fall T_j tatsächlich beendet werden kann:

Statt lediglich den [KuRo79]-Test

$$R_j \cap W_i = \emptyset$$

durchzuführen, führt T_j folgenden zusätzlichen Test durch; wenn $R_j \cap W_i \neq \emptyset$:

$$\forall c \in R_j \cap W_i \text{ muß gelten: }$$
$$TS(c) \geq t(T_i),$$

d.h. die Zeitmarke des gelesenen Objektes muß größer oder gleich der Zeitmarke von T_i sein.

<u>(2) Validation entgegen der Ausführungsreihenfolge</u>

Das obige Beispiel legt es nahe, auch die umgekehrte zeitliche Reihenfolge zu einer Verfeinerung der Validation zu betrachten, also zu prüfen, ob T_j alle Objekte in $R_j \cap W_i$ *vor* dem Schreiben von T_i gelesen hat. Betrachten wir auch hierzu zunächst ein Beispiel:

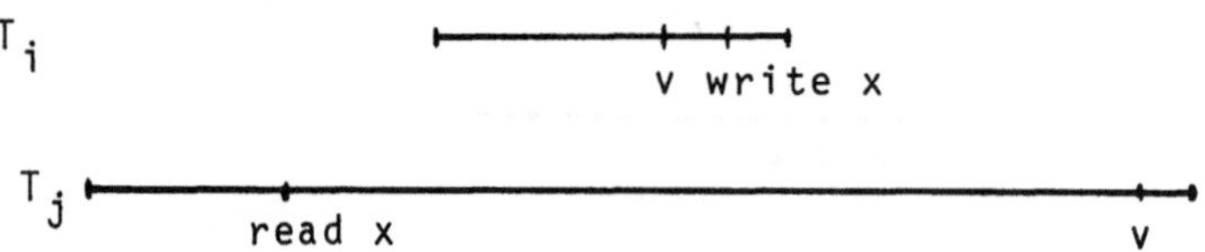

Die Transaktionen T_i und T_j stehen miteinander in Konflikt. Wieder besteht die Konfliktmenge aus dem Objekt x und wieder müßte T_j nach [KuRo79] zurückgesetzt werden. Nehmen wir an, T_j sei eine Lese-Transaktion. Dann müßte T_j nicht wirklich zurückgesetzt werden, die serielle Ausführung wäre $T_j \rightarrow T_i$. Allgemein gilt:
Ist T_j Lese-Transaktion und gilt: $R_j \cap W_i \neq 0$, so führt T_j folgenden Test durch:

$\forall c \in R_j \cap W_i$ muß gelten:
$TS(c) < t(T_i)$.

Man sieht natürlich sofort, daß dieser Test für Update-Transaktionen nicht ausreicht. Beispiel: Die Update-Transaktion T_j könnte x schreiben. In diesem Falle läge ein *lost-update* vor, *write* x von T_i ginge verloren. Umgekehrt könnte T_i ein Objekt gelesen haben, das T_j schreibt, so daß sowohl $T_j \rightarrow T_i$ als auch $T_i \rightarrow T_j$ gelten würde. Diese Situationen ließen sich durch den Test

$$W_i \cap W_j = \emptyset$$

und

$$W_j \cap R_i = \emptyset$$

ausschließen. Leider können trotz dieser kostspieligen Zusatztests nicht-serialisierbare Situationen entstehen. Der Grund liegt darin, daß die verfeinerte Validation die Serialisierung $T_j \rightarrow T_i$ annimmt, obwohl Validation und Schreiben umgekehrt ablaufen.
Ein Beispiel:

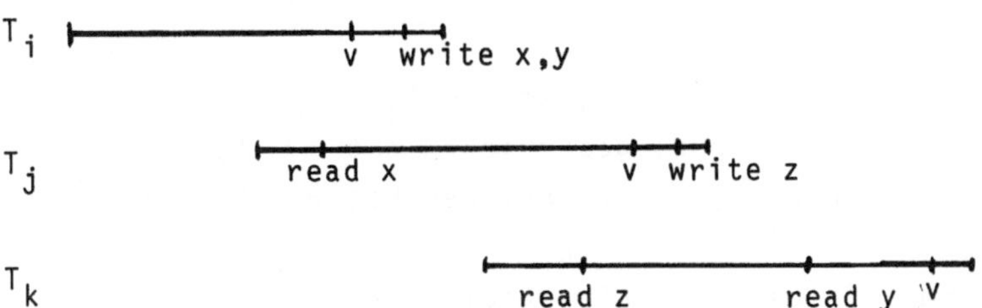

Offensichtlich gilt: wegen x, $T_j \rightarrow T_i$;
wegen z, $T_k \rightarrow T_j$.

Wegen y gilt aber auch $T_i \rightarrow T_k$.
Damit würde ein Zyklus $T_k \rightarrow T_j \rightarrow T_i$ entstehen. Da T_i zu Beginn von T_k beendet ist, entdeckt T_k diesen Konflikt nicht.

Obwohl die Umkehrung der Erweiterung "In Ausführungsreihenfolge" auf den ersten Blick naheliegend erscheint, ist sie lediglich für Lese-Transaktionen gültig. Eine Ausweitung auf Update-Transaktionen, wenn überhaupt sinnvoll, würde ganz erheblichen zusätzlichen Aufwand erfordern.

(3) Mischverfahren

Nachdem zumindest für Lese-Transaktionen beide Versionen von Verfeinerungen der Validierung möglich sind, stellt sich natürlich die Frage, inwieweit sich die Verfeinerungen kombinieren lassen. D.h. konkret: Darf Transaktion T_j gegenüber einer Transaktion T_i nach Verfeinerung 1, gegenüber einer anderen Transaktion T_k nach Verfeinerung 2 validieren? Dies würde offensichtlich die Überlebenschancen langer Transaktionen gegenüber kurzen ganz entschieden erhöhen.

Leider ist diese Art der Kombination nicht ohne weiteres möglich, wie folgendes Beispiel zeigt:

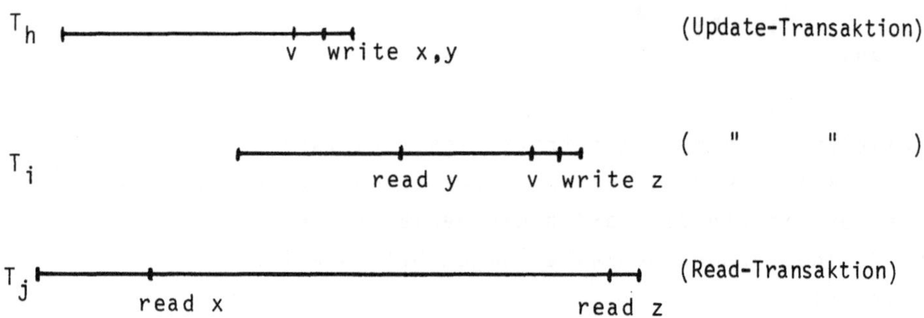

T_j liest Objekt x, bevor T_h es schreibt => $T_j \rightarrow T_h$
T_i liest Objekt y, nachdem T_h es geschrieben hat => $T_h \rightarrow T_i$
T_j liest Objekt z, nachdem T_i es geschrieben hat => $T_i \rightarrow T_j$

Es ergibt sich somit folgende nicht-serialisierbare Schedule

$$T_j \rightarrow T_h \rightarrow T_i \quad (T_i \rightarrow T_j)$$

Inwieweit sich sinnvolle Lösungen zu diesem Problem finden lassen, muß die zukünftige Forschung zeigen.

Die Ergebnisse dieses Abschnittes sind insgesamt nicht sehr befriedigend, die möglichen Verfeinerungen der Validation greifen nicht weit genug, um wesentliche Verbesserungen für lange Transaktionen zu erreichen. Sofern es nicht möglich ist, lange Transaktionen durch geeignete Validierungsmaßnahmen zu unterstützen, tritt um so deutlicher das Problem der permanenten Blockierung in den Vordergrund: Lange Transaktionen laufen ja Gefahr, immer wieder abgebrochen und neu gestartet zu werden. Es zeigt sich, daß der im folgenden Abschnitt entwickelte Mechanismus zur Lösung des Problems der permanenten Blockierung in sehr natürlicher Weise herangezogen werden kann, um lange Transaktionen zu unterstützen.

6. "Optimistische" Lösung der permanenten Blockierung

Da eine Transaktion immer bis zu ihrem Ende ausgeführt wird und erst nachträglich auf Serialisierbarkeit geprüft wird, kann permanente Blockierung auftreten. Das Risiko permanenter Blockierung ist besonders groß für langlebige Transaktionen: eine langlebige Transaktion tritt mit relativ großer Wahrscheinlichkeit in Konflikt mit parallelen kurzen Transaktionen; dieser Konflikt wird jedoch immer erst bei der Validierung der langen Transaktion entdeckt, die dann auch neu gestartet werden muß. Eine sehr einschneidende Lösung wird in [KuRo79] vorgeschlagen: nachdem eine Transaktion T eine bestimmte Anzahl von Neustarts durchlaufen hat, wird im Prinzip die ganze Datenbank für T gesperrt. Eine solche Lösung ist sicherlich nicht brauchbar in Datenbanken mit hohem Grad an paralleler Nutzung.

Eine Verfeinerung der Ideen aus [KuRo79] würde darin bestehen, gerade die für T benötigten Objekte zu sperren. Die Transaktion, die sicher bis zu ihrem Abschluß ausgeführt werden soll, muß Sperren erwerben. Lese- und Schreibmengen validierender Transaktionen müssen mit den gesperrten Objekten verglichen werden. Obwohl dieses Schema realisierbar ist, führt es zu beachtlichem zusätzlichen Overhead: nicht nur muß das zusätzliche Konzept "Sperre" integriert werden (Verwaltung von Sperren, Warten auf Sperren etc.), sondern es tritt auch wieder das Problem des Deadlocks auf, das im optimistischen Ansatz nicht vorhanden ist. Die Einfachheit des optimistischen Ansatzes ginge verloren.

Wir stellen im folgenden eine Lösung vor, die vollständig auf dem optimistischen Ansatz basiert.

Zur Vereinfachung der Präsentation gehen wir im folgenden davon aus, daß Validierung und Schreiben einen kritischen Abschnitt bilden, so daß die Validierung einer Transaktion T_j gegenüber einer Transaktion T_i aus dem Basistest $R_j \cap W_i = \emptyset$ besteht.

Permanente Blockierung kommt dadurch zustande, daß Transaktion T_i bei der Validierung immer ein T_j findet, so daß $R_i \cap W_j \neq \emptyset$. Nach einer bestimmten Anzahl von Versuchen muß erzwungen werden, daß T_i nicht mehr abgebrochen wird. Wir schlagen folgende prinzipielle Vorgehensweise vor:

Nach einer bestimmten Anzahl von Neustarts wird für T eine *Platzhaltertransaktion* T^p eingerichtet. T^p hat die Lese- und Schreibmengen von T. Aufgabe von T^p ist es, zu gewährleisten, daß T zu seinem Ende kommt, ohne validieren zu müssen, d.h. ohne Neustartrisiko. Eine Transaktion T_j, die validiert, muß T^p so berücksichtigen, daß Konflikt mit T ausgeschlossen ist, gegebenenfalls muß T_j neu gestartet werden.

Wir machen zunächst die folgende Annahme:
Die Lese- und Schreibmengen einer Transaktion sind fix, d.h. unabhängig von Zeitpunkt des Transaktionsbeginns.

Wir werden später zeigen, wie das Verfahren erweitert werden kann, wenn diese Annahme zu streng ist. In vielen Fällen sind jedoch (geeignete Obermengen der) Lese- und Schreibmengen bekannt, wie dies ja auch bei vielen Synchronisationsverfahren vorausgesetzt wird.

Platzhalter-Transaktion

Nach einer bestimmten Anzahl von Neustarts wird $T_i{}^p$ eingerichtet, so daß $R_i{}^p = R_i$, $W_i{}^p = W_i$. Solange $T_i{}^p$ existiert gilt:

Validiert T_j, so muß es auch gegen $T_i{}^p$ validieren.

Wesentlich ist, daß der Zeitpunkt der Einrichtung von $T_i{}^p$ relativ zum Startpunkt T_i *keine* Rolle spielt; $T_i{}^p$ wird immer gesehen als Transaktion, die während der Lese-Phase von T_j geschrieben hat.

Unmittelbar nach Einrichtung von $T_i{}^p$ wird T_i neu gestartet. Mit dem Ende von T_i verschwindet auch $T_i{}^p$.

Validierung gegen Platzhalter

Um Serialisierbarkeit zu gewährleisten, muß T_j gegenüber einem Platzhalter $T_i{}^p$ nicht den Standardtest $R_j \cap W_i{}^p = \emptyset$ ausführen. T_j sieht zwar den Platzhalter, tatsächlich schreibt aber T_i selbst erst *nach* dem Ende von T_j, da ja $T_i{}^p$ mit dem Ende von T_i aufhört zu existieren. Hat T_i vor der Validierung von T_j geschrieben, so gilt natürlich die übliche Validierung für T_j.

T_j muß also gegenüber einem Platzhalter $T_i{}^p$ den Test

$$W_i \cap R_i^p = \emptyset$$

ausführen. Damit ist die Serialisierbarkeit T_j vor T_i gewährleistet.

Permanentes Blockieren

Ist für eine Transaktion T_i ein Platzhalter T_i^p eingerichtet, so kommt T_i sicher zum Abschluß, da T_i selbst keine Validierung mehr durchführen muß. Kritisch ist jedoch die Etablierung der T_i^p: Grundsätzlich können Transaktionen nicht beliebig Platzhalter einrichten, so daß eine Transaktion beim Versuch der Einrichtung eines Platzhalters wieder permanent blockiert werden könnte. Die einfachste Lösung dieses Problems ist die, jeweils nur eine Platzhaltertransaktion zuzulassen. Das Einrichten von T_i^p selbst ist problemlos, da T_i^p ja keine Lese-Phase besitzt. Um Fairneß zu erreichen, muß lediglich eine Warteschlange eingerichtet werden, in der die Transaktionen, die einen Platzhalter benötigen, gehalten werden.

Eine Verallgemeinerung besteht darin, mehrere Platzhalter gleichzeitig zuzulassen. In diesem Falle müssen Platzhalter wechselseitig konfliktfrei sein. Ist P die Menge der Platzhalter, so kann ein neuer Platzhalter T_i^p nur dann akzeptiert werden, wenn er mit keinem $T_j \in P$ in Konflikt steht:
$R_i \cap W_i \cup R_j \cap W_i \cup W_i \cap W_j = \emptyset$
Fairneß kann auch hier wieder dadurch erreicht werden, daß für den Test zur Aufnahme in P eine Warteschlange gehalten wird, in der Überholen nicht möglich ist. Da jede Transaktion, die einen Platzhalter besitzt, nach endlicher Zeit beendet ist, erhält auch jede Transaktion den für sie benötigten Platzhalter nach endlicher Zeit.

Vergleich zu Locking

Bereits der skizzierte elementare Ansatz zur Lösung des Problems des permanenten Blockierens ist Sperr-Ansätzen deutlich überlegen:

- permanentes Blockieren wird durch Mittel der optimistischen Synchronisation verhindert; zusätzliche Mechanismen wie Sperren, Deadlock-Prüfung usw. sind nicht notwendig.

- Das vorgeschlagene Verfahren erhält den Parallelitätsgrad des optimistischen Ansatzes, während Sperren eine Reduktion der Parallelität bewirken würde: Beim Sperren werden bei überlappenden Schreibmengen T_i und T_j serialisiert, während beim skizzierten Ansatz Parallelität durchaus möglich ist: $W_i^p \cap W_j$ muß nicht getestet werden.

Veränderliche Lese- und Schreibmengen

Sobald höhere Anfragesprachen verwendet werden, ist die Fixierung der Lese- und Schreibmengen unproblematisch. Werden die Objektmengen auf einer Ebene spezifiziert, die den jeweiligen Zustand der Datenbank auf Exemplarebene widerspiegelt, so kann sich beim Neustart einer Transaktion die Lese- oder Schreibmenge verändern. Die Veränderungen werden jedoch im allgemeinen gegenüber früheren Läufen der Transaktion sehr gering sein. In diesem Falle kann man das Konzept der Platzhalter in abgewandelter Form anwenden:

Für T_i wird ein Platzhalter T^p eingerichtet, der bei der Validierung durch eine Transaktion T_j den beschriebenen Effekt hat. Da R_i und W_i verschieden sein können von R_i^p bzw. W_i^p, muß T_i validieren. Durch T_i^p wird die Wahrscheinlichkeit, daß die Validierung positiv verläuft, gegenüber einem T_i-Lauf ohne Platzhalter wesentlich erhöht. Muß T_i dennoch neu gestartet werden, so kann T_i^p mit $R_i \cup R_i^p$ und $W_i \cup W_i^p$ neu eingerichtet werden, womit die Wahrscheinlichkeit für einen positiven Lauf von T_i weiter erhöht wird. Lediglich in extrem ungünstigen Situationen wird T_i trotz des schützenden Platzhalters häufig wiederholt werden müssen. Für diesen unwahrscheinlichen Fall kann man auf die klassischen Vorschläge zur Auflösung der Wartesituation zurückgreifen, wobei diese Maßnahmen nun sehr grob sein dürfen.

Time-stamping Erweiterung

Die beschriebenen Methoden zur Vermeidung der permanenten Blockierung können auch bei den erweiterten optimistischen Verfahren, wie sie im Abschnitt 4 eingeführt wurden, angewandt werden. Die Details können hier nicht beschrieben werden. Im Prinzip müssen die Objektmengen der Platzhalter mit geeigneten Zeitmarken versehen werden.

7. Schlußbemerkung

Das vorliegende Papier diskutiert zunächst eine Möglichkeit zur Reduktion des Abbruchrisikos für lange Transaktionen. Eine einfache

Integration von Timestamps führt zu einer verfeinerten Validierung, so daß die zum Abbruch führenden Konflikte enger definiert sind als in [KuRo79]. Leider sind intuitiv vermutete Erweiterungen des Verfahrens nicht korrekt.

Eine neue Lösung schlägt das Papier für das Problem der permanenten Blockierung von Transaktionen vor. Der Ansatz verwendet ausschließlich Mittel des ursprünglichen optimistischen Verfahrens, benötigt also nicht zusätzlich Locking oder ähnliche Mechanismen. Detaillierte Untersuchungen zu den skizzierten Ideen werden anderweitig publiziert.

8. Literatur

[Bhar80] B. Bhargava: An Optimistic Concurrency Control Algorithm and its Performance Evaluation against Locking Algorithm. Int. Computer Symposium, 1980 (Vol.1)

[KuRo79] H.T. Kung, T. Robinson: On Optimistic Methods for Concurrency Control Int. Conference on Very Large Data Bases, 1979

[Laus82] G. Lausen: Concurrency Control in Data Base Systems: A Step towards the Integration of Optimistic Methods and Locking Institut für Angewandte Informatik und Formale Beschreibungsverfahren, Universität Karlsruhe, Forschungsbericht Nr. 111, 1982

[Schl81] G. Schlageter: Optimistic Methods for Concurrency Control in Distributed Database Systems Int. Conference on Very Large Data Bases, 1981

Informatik und Strategie

H.-D. Buttler
5300 Bonn 2
Weißdornweg 19

Die Auseinandersetzung mit dem Thema kann von zwei grundsätzlich verschiedenen Positionen begonnen werden. Mit der einen zu beginnen ist z. Zt. sehr naheliegend und wenn man hierbei an Rüstungswahnsinn und Menschheitsvernichtung denkt, ist der weitere Weg bereits festgelegt und wird zwangsläufig von starken Gefühlen und entschiedenen Wertungen bestimmt sein. Dies mag subjektiv sehr erleichternd sein und auch immer wieder für eine gewisse Zeit beruhigend, aber es liegen auf diesem Weg auch Gefahren, die nur zu leicht - und gern - übersehen werden. Einmal wird man die Ursachen bei dieser Haltung meist weit weg von sich selbst suchen, oft so weit weg, daß eine Beeinflussung durch den einzelnen völlig ausscheidet und zum zweiten wird man bei diesem subjektiven Vorgehen kaum jemals zu einem weitergehenden Verständnis dessen, was da überhaupt geschieht, kommen.

Es ist deshalb sicher ein interessanter Versuch, von einer anderen Position aus zu beginnen, an das Thema heranzukommen.

Der Weg, der hierbei einzuschlagen wäre, könnte darin bestehen, einen rationalen Bezugsrahmen zu konstruieren, innerhalb dessen das Thema so intersubjektiv wie eben möglich zu behandeln wäre, soweit Werthaltungen erforderlich wären, sie klar zu benennen und somit eine Grundlage wenigstens für sich selbst zu schaffen, die derzeitige Problemsicht einst auch mit der zukünftiger Zeitpunkte vergleichen zu können und aus dem theoretischen Rahmen abgeleitete Prognosen einer Prüfung zu unterziehen auch mit der Bereitschaft, fehlende Bestätigungen zu akzeptieren.

Es soll deshalb hier versucht werden, von einem Ansatz auszugehen,der menschliche Gesellschaften als arbeitsteilige, kompliziert zusammen - und teils auch gegeneinander wirkende soziale Gebildeteile auffaßt, deren rational durchaus festzustellende Leistung bei der Betrachtung über längere (geschichtliche) Zeiträume zumindest in der Erhaltung einer regelmäßig unverwechselbaren Identität besteht, der, wiederum lange genug betrachtet, auch willkürliche und gewaltsame Verletzungen kaum etwas anhaben können; ohne daß, wie die Geschichte natürlich auch zeigt, diese Gesellschaftsgebilde ganz gegen den Wegfall ihrer identifikatorischer Eigenschaften gesichert wären.

Auf diese Sozialgebilde lassen sich sehr wirkungsvoll nicht-triviale Systemdefinitionen anwenden, die als Modelle mit hohem Erklärungs-und auch Prognosewert dienen können. Das "Ziel" der Systemerhaltung braucht dabei nicht "bewußt" zu sein, was sollte auch das Bewußtsein eines Systems darstellen, aber faktisch resultieren die Abläufe im System für genügend lange Zeiten in diesem Ziel. In informierten, bewußten Gesellschaften kann man jedoch an vielen Stellen auf ausdrückliche Absichtserklärungen zur Systemerhaltung stoßen wie dann zwangsläufig auch auf solche, mit dem Ziel der Systemzerstörung oder wenigstens doch -veränderung. Ausdrücklich sei darauf verwiesen, daß die Erfahrung von der Erhaltung sozialer Systeme in der Zeit in Form von Gesellschaften oder Staaten nicht im mindesten eine Weiter- oder Höherentwicklung voraussetzt (ateleologischer Funktionalismus), eine Veränderung aber nicht ausgeschlossen ist, solange der definitorische Kern erkennbar bleibt (lernende Systeme).

Um sofort zu dem modernen Typus dieser Gesellschaften zu kommen, stellen sie sich - fast organismisch zu sehen - als hochgradig differenzierte Sozialsysteme dar, in denen die Teilsysteme auf hohem Abstraktionsniveau sehr spezialisierte aber meist unzweifelhaft dem Erhaltungspostulat dienende Aktivitäten/Aufgaben ausführen. Je tiefer man in der Abstraktion der sozialen Teilgebilde kommt, d.h., je elementarer diese Gebilde werden, desto unspezifizierter werden sie in ihren Funktionen, immer aber wird wiederum das Teilsystem erhalten, meist als oft unbewußter Beitrag zur Erhaltung des Gesamtsystems.

Zwei wesentliche Elemente des Themas lassen sich nunmehr zuordnen. Informatik kann hier nur als Bestandteil des gesellschaftlichen Teilbereichs Wissenschaft verstanden werden und Strategie soll vorerst dem Subsystem Militär zugeordnet sein. Es ist erforderlich, als weiteren, mit den beiden anderen Teilsystemen untrennbar verflochtenen Bereich die Wirtschaft mit einzubeziehen. Unter dem Blickpunkt des Fortbestandes der Gesellschaft muß dann der Höchststand an Leistung in jedem der einzelnen Bereiche eine wesentliche Voraussetzung sein. Für eine starke, überlebensfähige Gesellschaft muß also idealtypisch Harmonie zwischen den jeweilig angestrebten Zielen bestehen. Daß dies in der Realität keineswegs immer der Fall ist, liegt u.a. daran, daß innerhalb der Teilbereiche allein schon aufgrund der in modernen Industriegesellschaften gegebenen internen Komplexität und Differenziertheit (Spezialisierung) bei den Handelnden eine Tendenz zur Binnenorientierung entsteht, meist mit eigenen Wertsystemen die, wie besonders deutlich im Bereich der Wissenschaft zu sehen z.T. "übergesellschaftlich" angelegt sind und dazu führen können, daß suboptimale Lösungen innerhalb der Teilbereiche und nicht mehr das zu weit entfernte gesamtgesellschaftliche Optimum angestrebt wird. Diese Desorientierung oder Disharmonisierung kann ohne weiteres bis zu offenen innergesellschaftlichen Konflikten führen. Diese Haltung wird z.B. von dem Militär ausgedrückt, den Wissenschaft (und somit auch Informatik) und Wirtschaft ausschließlich in Bezug auf ihre strategische Bedeutung interessieren, oder dem Wirtschafter, der Wissenschaft und Rüstung nur unter der wirtschaftlichen Blickrichtung sieht, oder dem Wissenschaftler (Informatiker), der voller Seelenpein wirtschaftlichen oder militärischen Mißbrauch der von ihm erstrebten reinen Erkenntnis sieht und der in besorgniserregender Naivität zum Kampf gegen Bereiche aufruft, denen er seine Existenz verdankt.

In Bezug auf das Thema ist es nützlich, kurz die gegenseitigen Abhängigkeiten der genannten gesellschaftlichen Teilbereiche zu betrachten. Ohne Zweifel sind die Wissenschaften und hier zunehmend die von der Information, für den Wirtschaftsbereich von größter Bedeutung. Einmal ist Information selbst Ware, andererseits wesentliche Voraussetzung für erfolgreiches wirtschaftliches Handeln. Ohne den Rüstungsbereich würden westliche Wirtschaftssysteme erst nach schweren Anpassungskrisen existieren können und in östlichen Machtsystemen scheinen sich sogar zwei Wirtschaften gebildet zu haben, eine Konsum- und eine Rüstungswirtschaft.

Wissenschaft bedarf eingestanden oder uneingestanden sowohl einer leistungsfähigen Wirtschaft, als auch einer praktisch wirksamen Garantie ihres Freiheitsanspruches eben auch durch eine militärische Sicherung. Obwohl gerade hier die gesellschaftlichen Spezialisten für den rationalen Umgang mit der Realität anzutreffen sein sollten, hält sich hier die Illusion am hartnäckigsten, daß Wissenschaft ohne Abhängigkeit zu anderen Bereichen möglich sein könne. Für den militärischen Bereich gilt, daß militärische Stärke ohne wirtschaftliche Stärke nicht denkbar ist. Entscheidende Elemente militärischer Strategie sind neben dem Raum Kräfte (Kämpfer, Waffen), Wirkungen (Feuer), Beweglichkeit und Schnelligkeit (Zeit). Ähnlich wie im Bereich der Wirtschaft sind immer wieder Entscheidungen unter Unsicherheit zu treffen. Informationen über eigene und fremde Kräfte und Bewegungen haben höchste Bedeutung. Dies erklärt neben dem Interesse an den traditionellen technischen und wissenschaftlichen Bereichen, die der Verbesserung der genannten strategischen Elemente dienen können das große militärische Interesse und die strategische Bedeutung der Informationswissenschaften. Ob allerdings von diesem Interesse aus die Behauptung belegt werden kann, es gingen deswegen von dem militärischen Bereich starke Impulse auf die wissenschaftlichen Schwerpunkte der Informatik aus, ist sehr fraglich. Militärische Informationsprozesse sind viel zu wenig speziell, als daß dadurch eine Beschränkung für zivile Anwendungsbereiche erwachsen könnte, selbst wenn es ursprünglich einen Anstoß aus dem militärischen Bereich gegeben haben sollte.

Diese Frage ist aber auch im Rahmen der erweiterten Problemstellung interessant. Treibt die Rüstung die Wissenschaft oder ist es eher umgekehrt? Hierbei sollte es mißtrauisch machen, daß fast immer nur die Abhängigkeit von Wissenschaft und Wirtschaft von der Rüstung betont wird, obwohl gesicherte Erkenntnisse darüber kaum vorliegen. Pierre Lellouche hat in seinem Buch "La Science et le Désarmement" (Paris, 1981) einen der wenigen tiefschürfenden Versuche unternommen, diese Abhängigkeiten näher zu untersuchen. Er macht dabei einmal deutlich, wie komplex die zu behandelnden Fragestellungen sind und wie wechselseitig sich die Abhängigkeiten darstellen. Sehr vereinfacht lautet das Ergebnis seiner Untersuchung, daß unter der Voraussetzung der derzeitigen Weltlage mit der Polarität zweier riesiger Machtblöcke das rapide autonome Wachstum der Technologien für den Rüstungsbereich in immer kürzeren Zeitintervallen zu immer umfangreicheren Folgereaktionen führt, die in absehbarer Zeit sowohl aus wirtschaftlicher als auch aus menschlicher Unerfüllbarkeit militärisch sinnlos zu werden drohen. Nach Auffassung von Lellouche beeinträchtigt diese Entwicklung auch alle diplomatischen Bemühungen in Bezug auf Rüstungsbegrenzung, da Wissenschaft und Technik bisher immer wieder schneller waren als die Politik.

Als Fazit der Betrachtung bis hierher bleibt die Erkenntnis, daß es unter der Annahme, daß es sich lohne, die gegenwärtigen Gesellschaften/Staaten oder besser Gesellschaftsverbände/Staatenbünde in ihren wesentlichen Teilen zu erhalten, keine generellen Zielantinomien von wesentlichen gesellschaftlichen Teilbereichen gibt, daß aber deutlich erkennbar eine Gefahr von der unkontrollierten hypertrophen Entwicklung einiger Bereiche für das Gesamtziel ausgehen kann.

Zum Abschluß soll nun gefragt werden, was denn über die Richtung des Handelns (z. B. des politischen) in Anbetracht der skizzierten Lage für die Zukunft über das Verhältnis der drei betrachteten gesellschaftlichen Bereiche ausgesagt werden kann.

Eine wesentliche Aufgabe wird sicher darin bestehen, die Autonomie der einzelnen Bereiche nicht weiter ausufern zu lassen, sondern für jeden Bereich und seine Akteure wieder den Bezug zur Realität gesellschaftlicher Existenz herzustellen, auch wenn dies für den sozialen Schonbereich Wissenschaft z. Zt. besonders schwerfallen sollte. Voraussetzung hierfür ist der Konsens über zentrale gesellschaftliche Werte, ihre Erreichbarkeit und Sicherung sowie die dafür aufzubringenden individuellen und sozialen Kosten. Darüber hinaus wird allerdings noch mehr zu leisten sein. Es wird eine Veränderung des gesellschaftlichen Bewußtseins in Bezug auf die Rolle von Information und Kommunikation geben müssen, die weitergeht, als es bisher schon zu verzeichnen ist. Die Pole hierfür sind ungefähr gespannt zwischen dem, was Lenin auf der einen Seite für die zentrale Beherrschbarkeit einer Gesellschaft fordert und dem, was Norbert Wiener auf der anderen Seite über die Bedeutung von Information für die Behauptung und ggf. Verbreiterung gesellschaftlicher Ideale gesagt hat. Weit über den Bereich der Rüstung und des Militärs hinaus, wird die Entwicklung von Strategien bzw. ganzer Strategiekomplexe erforderlich sein, die die Potentiale aller gesellschaftlichen Teilbereiche nutzen und verbinden. Da es sich bestätigen läßt, daß politischer Stil (z.B. demokratischer Pluralismus im Gegensatz zu despotischem Totalitarismus) jeweils auch charakterisiert werden kann durch die Art des Umgangs mit Information und den möglichen bzw. geduldeten Kommunikationsprozessen (einschließlich derer der Konfliktregelung) und wenn weiter angenommen werden kann, daß in der Systemkonkurrenz der Machtblöcke die Erfolgschancen für die politischen Formen langfristig steigen (z. B. in der Frage, wofür sich die jungen Nationen gewinnen lassen), die strukturell reicher an Informationsprozessen und damit u.U. anpassungsfähiger sind, kann das nur für eine gesellschaftlich umfassende und philosophisch abgesicherte, d.h. sinn- und wertbezogene Weiterentwicklung und Nutzung aller Informationswissenschaften sprechen.

INTEGRATION MULTIFUNKTIONALER BÜROSYSTEME IN RECHNERNETZE

J. Speek

Der Büroarbeitsplatz rückt als Ansatzpunkt neuer Technologien zunehmend in den Mittelpunkt des allgemeinen Interesses.

Ein erster Schritt hin zur Informationsverarbeitung im Büro ist mit der Dezentralisierung der Datenverarbeitung vollzogen worden. Damit ist die Voraussetzung geschaffen worden, daß elektronische Datenverarbeitung in den täglichen Arbeitsablauf integriert werden konnte und ihre Flexibilität gegenüber organisatorischen Strukturen zugenommen hat. Die technische Unterstützung erfolgt jedoch primär in Bereichen vorgegebener, strukturierbarer Abläufe und hat sich nie von ihrer Historie, der Massendatenverarbeitung, lösen können. Parallel dazu haben sich Spezialterminals, die zielorientierte Tätigkeiten im Büro-, Konstruktions- und Verwaltungsbereich unterstützen und den Forderungen nach benutzerfreundlichen Hilfsmitteln für Datenverarbeitung, Textverarbeitung und Graphik gerecht werden, entwickelt.

Solche multifunktionalen Bürosysteme(MFBS) sollen <u>alle Bürotätigkeiten direkt unterstützen</u>:

- <u>Führungskräfte</u> bei der Text-, Bild-, Sprachkommunikation, beim Zugang zu Auskunftdiensten und zu persönlichen Arbeitsmitteln.

- <u>Fachkräfte</u> beim Erstellen von Text-, Daten-, Bilddokumenten, beim Zugang zu zentralen elektronischen Archiven, bei der elektronischen Übersendung von Dokumenten sowie beim Zugang zu DV-Anwendungen und Auskunftdiensten.

- <u>Sachbearbeiter</u> bei der Erstellung von Text-, Datendokumenten, deren Verteilung sowie beim Zugriff zu DV-Verfahren.

- <u>Unterstützungskräfte</u> bei der Erstellung von Textdokumenten, deren Übertragung, Ablage und Verteilung, beim Zugang zu Auskunftdiensten sowie zu eigenen oder anderen persönlichen Arbeitsmitteln.

Nach der Struktur unterscheidet man folgende Architekturen multifunktionaler Bürosysteme:

- Stand-alone-Architektur (Autarke Arbeitsplätze, Verbindung zu anderen Arbeitsplätzen nur zum Zweck des Informationsaustausches).
- Zentrale Architektur (Shared logic Systeme), Punkt-zu-Punkt-Verbindungen nur über die zentrale Steuerung).
- Local area networks (Shared Resource-Systeme, lokale Verbindungen von intelligenten Arbeitsplatzsystemen, Kleinrechnern und sonstigen Endgeräten (Servern) untereinander).

Es hat sich gezeigt, daß keine Produktlinie eines einzelnen Hardware-Herstellers allen Erfordernissen einer integrierten Systemlösung genügt, so daß als weitere ernstzunehmende Anforderung das Zusammenführen der unterschiedlichsten Systemkomponenten hinzugekommen ist. Die Mehrzahl der großen Anwender hat heute bereits zentrale Informationssysteme installiert und ihre informationstechnologische Organisationsstruktur diesen Systemen angepaßt. Es kommt demnach insbesondere darauf an, die neuen Bürotechnologien in diese Strukturen zu integrieren, damit nicht Insellösungen entstehen, die, wie von Entwicklungen aus dem Textverarbeitungsbereich her bekannt, zu desintegrierten Arbeitsabläufen in den Unternehmen führen.

1. Die Integration aus Anwendersicht

Die Anforderungen an eine Verbindung multifunktionaler Bürosysteme zu klassischen Rechnersystemen lassen sich aus Benutzersicht folgendermaßen zusammenfassen:

- Verwendung der Teilnehmerstationen innerhalb der Bürosysteme als Informationsterminals; Nutzung der vorhandenen Host-Programme mit möglichst identischer Bedienoberfläche.

- Verwendung des Hosts im Sinne einer lokalen Shared Resource, Nutzung zentraler Datenbestände bzw. zentraler Speicherkapazitäten zu Haltung von Dokumenten und Texthandbüchern.

- Verwendung des Hosts als Store-and-Forward-Vermittlungsknoten im Verbund mehrerer über das Host-Rechnernetz zusammengeschalteter, unabhängiger multifunktionaler Bürosysteme; Nutzung bestehender Übertragungskapazitäten und Verwendung zentraler Steuerungsmechanismen.

- Verwendung lokaler Resourcen durch Host-Anwender; Nutzung von Spezial-Ausgabesystemen.

- Verwendung von multifunktionalen Bürosystemen durch Host-Anwenderprogramme im Sinne von Gateways; Nutzung von Gateways zu öffentlichen Diensten (Teletex) oder zu anderen, nicht für den Host über sein Netz unmittelbar erreichbaren Bürosystemen.

Aus dem Genannten ergeben sich drei Aspekte, unter denen die Verbindung zu betrachten ist:

1.1 Der Host als Shared Resource
(die elementarste Funktion bei einer Verbindung zwischen Bürosystemen und zentralen DV-Systemen, in vielen Fällen reicht es hin, ein Relais-Programm auf dem Host zu haben, welches die besonderen Anforderungen des Bürosystems befriedigt.)

1.2 Das Bürosystem als Terminal Cluster
(im Trivialfall einer reinen Terminalemulation ebenfalls einfach realisierbar. Aus der Betrachtung integrierter Arbeitsabläufe ergeben sich jedoch eine Reihe von Zusatzanforderungen an lokale Terminalfunktionen, die in Punkt (2.) näher behandelt werden.)

1.3 Der Host und das Bürosystem als Vermittlungsknoten in einem Systemverbund
(hieraus resultieren die komplexesten Anforderungen an solch eine Schnittstelle. Die notwendigen Betrachtungen über ein Gateway zwischen Groß-DV-Systemen und Bürosystemen werden in Punkt (3.) dieses Vortrages erläutert.)

Für alle drei Aspekte ergeben sich gleichermaßen einige allgemeine Anforderungen an die Schnittstelle:

- Einfach (d.h. wirtschaftlich, der Leistungsfähigkeit des MFBS angemessen sein, keinen besonderen Rechenzentrums-Support fordern und einem Walk-and-use-Gedanken bei der Einführung integrierter Lösungen Rechnung tragen).

- Technisch sicher sein (d.h. es ist eine standardisierte, dokumentierte Hardware- und Basissoftware-Schnittstelle zu wählen. Insbesondere ist der Langlebigkeit dieser Schnittstelle Beachtung zu widmen).

- Juristisch sicher sein (Datenschutz, Zugriffsberechtigung zu Programmen, vom Rechenzentrum kontrollierbar).

2. Der Arbeitsplatz in MFBS als Informationsterminal

Die Konzeption soll, bezogen auf den einzelnen Arbeitsplatz, folgenden Anforderungen genügen:

2.1 Informationsterminal

für Sachbearbeitung mittels zentraler DV-Systeme.
(Die lokale Intelligenz des MFBS wird dazu verwendet, ein Informationsterminal (z.B. 3270-Bildschirm oder BTx-Endgerät) zu simulieren. DV-Terminal und lokale Funktion können alternativ auf einer Hardware genutzt werden.)

2.2 Integrierte Arbeitsabläufe

sind parallele Arbeitsprozesse folgender Form:

- Informationsverarbeitung mittels DV-Terminal-Simulation.

- Dokumentenbearbeitung mittels lokaler Funktionen.

Der Benutzer muß zwischen diesen beiden parallelen Prozessen mittels Funktionstaste hin und her schalten können, wobei jeweils der letzte aktuelle Dialogschritt konserviert wird und später der Dialog an dieser Unterbrechungsstelle fortgesetzt werden kann. Zudem darf zwischen den parallelen Prozessen kein 'Medienbruch' entstehen; d.h. die lokale Arbeitsplatzsoftware muß in der Lage sein, ausgewählte Datenbereiche zwischen den Prozessen wechselseitig auszutauschen.

Dabei kann es in Abhängigkeit vom Arbeitsvorgang notwendig sein, daß:

- während der Sachbearbeitung Datenbereiche für den nachfolgenden Textverarbeitungsschritt zwischengespeichert werden müssen (einzelner Sachvorgang).

- während der Sachbearbeitung Datenbereiche zwischengespeichert, gesammelt und mit Mitteln der Textverarbeitung nachbearbeitet werden müssen (Schreibaufträge, Serienbriefaktionen vorbereiten).

- innerhalb der Textverarbeitung aufgenommene Informationen über den Emulator an die zentrale Datenhaltung weitergeleitet werden müssen (Adresspflege).

2.3 Unter einer <u>programmierbaren Online-Schnittstelle</u>

verstehen wir eine Hintergrundschnittstelle zur zentralen Datenverarbeitung. Im 'Vordergrund' wird der Arbeitsprozeß mittels lokaler Funktionen unterstützt; der Zugriff auf das Zentralsystem erfolgt synchron im Hintergrund. Anwendungsbeispiele hierfür sind:

- Zugriff auf zentrale Informationen aus der programmierten Textverarbeitung (PTV) heraus (an Textbausteine gekoppelte Adressfelder).

- Transaktionsorientierter Zugriff auf zentrale Archive (z.B. Texthandbücher oder Retrievalinformationen).

- Einmischen von CAD-Scratch-Files (z.B. Ergänzen von Dokumenten um Graphiken).

Ein allen bisher genannten Anforderungen genügendes Modell wird im folgenden kurz beschrieben:

- Simulation eines Informationsterminals (IT) (2.1)

- Lokale Interpretation der IT-Puffer als Erweiterung der Simulation (2.2)

- Synchrone Programmschnittstelle zwischen Emulator und lokalen Funktionen (2.3).

Der Austausch der Daten erfolgt dabei sowohl interaktiv (2.2) als auch programmiert (2.3):

IT ⟶ Lokale Funktionen

Informationsquellen sind die IT-Puffer; Zielobjekte sind flüchtige Register (Zwischenspeicher, Rechenfelder, ...) oder permanente lokale Adressdateien (wiederverwendbar in mehreren Arbeitsgängen).

Die Beschreibung der Quellobjekte erfolgt durch Markieren von Bildschirmbereichen. Die Beschreibung der Zielobjekte erfolgt durch Benennung der Objekte.

Faßt man mehrere solcher Beschreibungspaare von Quellen und Zielen zu einer logischen Einheit zusammen, so erhält man eine Abbildungsvorschrift, welche einem (oder mehreren) IT-Bildschirm(en) eine Gruppe von lokalen Speichern zuweist. Solche tastenprotokollierten Abbildungsvorschriften lassen sich speichern und bei Bedarf vom Anwender aktivieren.

Damit erhält der Benutzer ein Werkzeug, welches ihn in die Lage versetzt, zentrale DV-Informationen in für die lokalen Funktionen zugänglichen Speicherbereichen zwischenzuspeichern und im Rahmen der lokalen Folgeverarbeitung interaktiv oder im Batch die zwischengespeicherten DV-Informationen zu verwenden.

Lokale Funktionen ⟶ IT

Informationsquellen sind lokale flüchtige oder permanente Speicherbereiche (Zwischenspeicher, Datensätze, geklammerte Bereiche innerhalb von Dokumenten); Ziel ist der aktuelle IT-Puffer.

Die Umkehrfunktion bedient sich vergleichbarer Abbildungsvorschriften, um die Datenpuffer wechselseitig zuzuordnen.

Der Benutzer ist in die Lage versetzt, Folgearbeiten zu lokalen Funktionen aus dem Bereich des Dialogs mit dem Zentralsystem am Bildschirm auszuführen.

Die Aktivierung kann dabei in beiden Fällen tastengesteuert über den Bediener erfolgen oder auch indirekt über die Programm-Schnittstelle.

3. Das multifunktionale Bürosystem im Systemverbund

Ein Bürokommunikationssystem ist ein Verbund unterschiedlichster Bürosysteme. Das Versenden von Informationen zwischen den verbundenen Bürosystemen erfolgt in der Form von Dokumenten, wobei ein Dokument als die 'materielle Reproduktion der Gedanken seines Autors, welche aus alphanumerischen, binären, Bild-, Graphik-und Sprachelementen zusammengesetzt ist' (AFNOR) definiert wird.

Ein Bürokommunikationssystem muß die folgenden globalen Funktionen unterstützen:

3.1 Eingabe und Überarbeitung von Dokumenten
3.2 Versenden von Dokumenten
3.3 Darstellen von Dokumenten auf Ausgabemedien

Eingabe, Überarbeitung und Darstellung von Dokumenten (3.1 und 3.3), lassen sich innerhalb einer Architektur zusammenfassen (im folgenden ein Datenmodell genannt). Solch ein Datenmodell besteht aus zwei Komponenten:

3.4 Einer internen Struktur zur Darstellung der Information im Datenmodell

3.5 Einer Formatstruktur, welche die Anordnung der Informationen auf ein Ausgabemedium festlegt.

Eine Formatstruktur kann verstanden werden als eine Einteilung eines Dokuments in Seiten, welche darüber hinaus in Formatblöcke (z.B. zu den Kanten der Seite parallelen Rechtecken) unterteilt sind. Die interne Struktur eines Dokuments wird als Endlos-String verstanden, welcher in Abhängigkeit von der Information in unterschiedliche Informationsblöcke unterteilt ist:

- Textblöcke
- Graphikblöcke
- Sprachblöcke
- Binäre Datenblöcke

Jeweils ein Informationsblock korrespondiert mit einem oder mehreren unmittelbar aufeinander folgenden Formatblöcken. Pro Formatblock ist nur ein Typ von Informationsblöcken zugelassen.

Die Forderung (3.1.) bedingt, daß alle im Bürokommunikationssystem verbundenen multifunktionalen Bürosysteme die Formatstruktur interpretieren können. Die interne Struktur von Dokumenten muß nur entsprechend der jeweiligen Leistungsfähigkeit des Systems interpretiert werden können (z.B. kann ein Textsystem auf die Darstellung von Graphikblöcken verzichten).

Änderungen einer Formatstruktur dürfen nur in dem Rahmen vorgenommen werden, wie die Auswirkungen auf beide Komponenten durch das MFBS übersehen werden (z.B. sollte ein Textsystem nicht einen Bildformatblock verkleinern können, wohl aber verschieben).

Die Forderung (3.3) ergibt sich aus der Zusammenführung beider Komponenten zu einem für Ausgabezwecke aufbereiteten Datenmodell (Formatierungsprozeß eines Dokuments). Dieser Formatierungsprozeß ist im allgemeinen nicht umkehrbar.

Zusammenfassend haben wir ein Datenmodell in zwei Varianten dargestellt:

- In einer editierbaren, für nicht sequentiellen Zugriff optimierten Darstellungsform. (EDIT FORM)
- In einer für sequentielle Ausgabezwecke formatierten Darstellungsform. (PRINT FORM)

Ein Beispiel für die erste Variante ist die 'Revisible-Form DCA (/1/), ein Beispiel für die zweite Variante ist das Teletex-Datenmodell (/2/).

Eine zweite Architektur wird benötigt, um den multifunktionalen Bürosystemen im Systemverbund die Möglichkeit zu eröffnen, untereinander Dokumente und Informationen über Dokumente auszutauschen.

Eine solche Architektur (Document Mail) enthält folgende Komponenten:

- ein Store-and-Forward Vermittlungssystem und
- ein Dokumenten-Verwaltungssystem.

Document Mail ist unabhängig von dem zugrundeliegenden Transportsystem (der Netzwerkarchitektur) und dem innerhalb der Dokumente verwendeten Datenmodell.
Document Mail enthält keine Bedieneroberfläche, stellt jedoch gewisse Anforderungen an eine Benutzerschnittstelle.

Die Aufgabe von Document Mail besteht darin, Dokumenten-Verwaltungssysteme im Systemverbund zu identifizieren und den Informationsaustausch zwischen den Servern im Systemverbund auszuführen und zu überwachen.

Datenflußkontrolle innerhalb des Dokument Mail

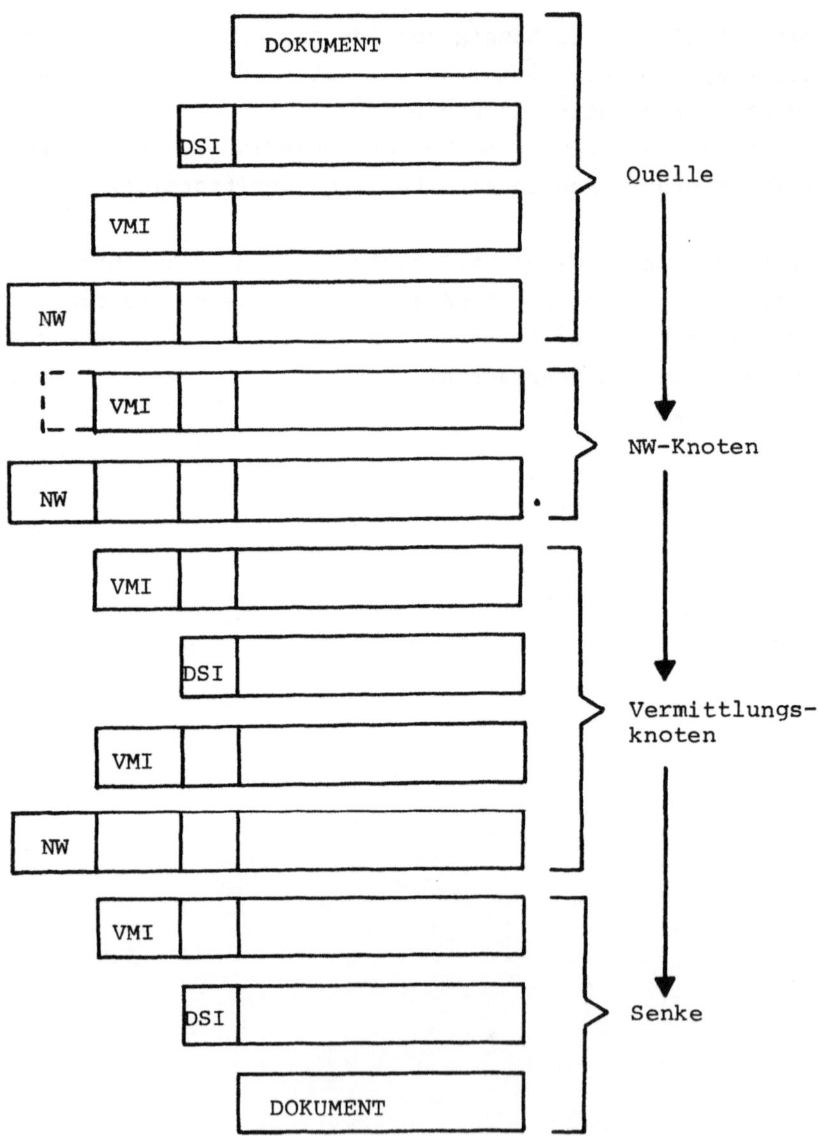

Document Mail besteht aus folgenden Bausteinen:

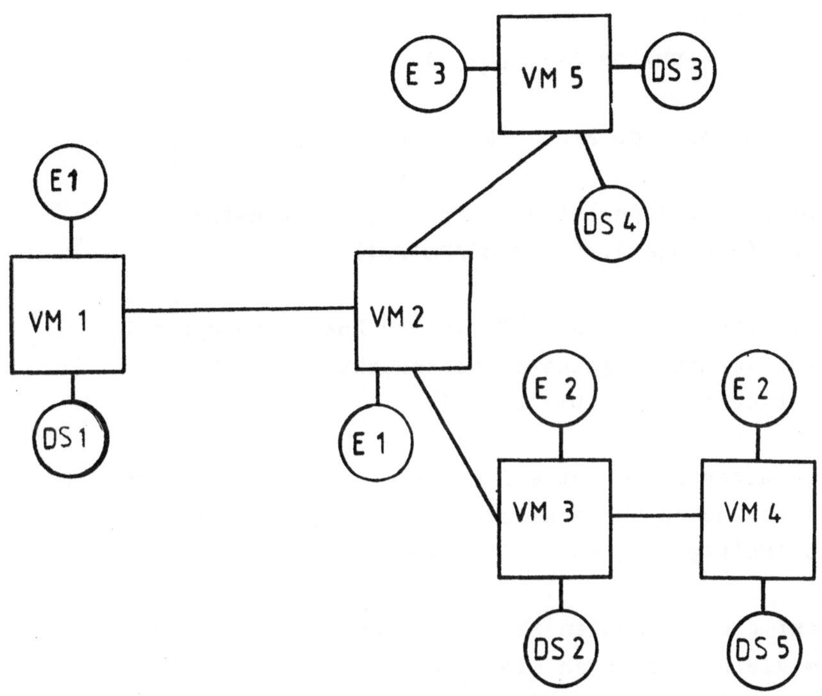

- Vermittlungsknoten (VM):
  Jeder Vermittlungsknoten enthält einen Mail-Server, welcher gleichermaßen als Quelle, Senke oder Store-and-Forward Zwischenstation fungieren kann. Eine Store-and-Forward Zwischenstation übernimmt die empfangenen Informationen, speichert sie zwischen und überträgt sie anschließend weiter.

- Dokumentenserver (DS):
  Jeder Dokumentenserver ist lokale Resource eines Vermittlungsknotens, pro Vermittlungsknoten können keine oder beliebig viele Dokumentenserver vorhanden sein.

- <u>Endbenutzergruppe (E):</u>
  Eine Endbenutzergruppe wird identifiziert durch die Angabe von:

  (VM/(DS/(MAILBOX)))

  Dabei können folgende Sonderfälle auftreten:

- Die Endbenutzergruppe ist auf einen Dokumentenserver beschränkt (Singulär). (VM1/VM2/DS1/E1)

- Die Endbenutzergruppe ist auf mehrere Dokumentenserver, aber einen Vermittlungsknoten beschränkt (Singulärer Multiple Excess). (VM5/DS3/DS4/E3)

- Die Endbenutzergruppe ist auf mehrere, an verschiedenen Vermittlungsknoten angeschlossene Dokumentenserver verteilt (Multiple Excess). (VM3/VM4/DS2/DS5/E2)

Der Zugriff auf die Dokumenten Server ist unabhängig davon, ob der Server am gleichen oder an einem anderen Vermittlungsknoten angeschlossen ist (VM1/VM2/DS1/E1). Zum Beispiel werden Remote-Zugriffe von VM2/E1 auf DS1 von den VM-Komponenten aufgelöst. Singuläre oder singuläre Multiple-Excess-Gruppen werden vom zuständigen Vermittlungsknoten aufgelöst. Im Fall von Multiple-Excess-Gruppen ist die Endbenutzergruppe E_j über einen direkten Pfad $P(VM_i)$ verbunden. Alle auf diesen Pfad $P(VM_i)$ liegenden Vermittlungsknoten enthalten die vollständigen Informationen über E_j. Trifft ein Dokument das erste Mal auf ein VM_l E $P(VM_i)$, so verhält sich dieser Vermittlungsknoten VM_l wie ein "Kopfrechner" und verteilt die Information in Form eines auf $P(VM_i)$ beschränkten Broadcast.
Für unser Beispiel gilt: $P(VM_i)$ = (VM3, VM4))

Bei den Document Mail Anwendungen können wir zwei Typen grundsätzlich unterscheiden:

3.6 Die Dokumentenverteilung (Electronic Mail)

3.7 Den Dokumentenaustausch

(3.6) verlangt, daß die verbundenen Stationen gemäß Forderung (3.3) die verwendete Teilmenge der PRINT-Form verstehen; (3.7) hingegen verlangt, daß die verbundenen Stationen gemäß Forderung (3.1) die EDIT-Form des Datenmodells in dem zuvor definierten Umfang erfüllen können.

4. Zusammenfassung

Dieser Beitrag gibt einen Überblick über die Problematik der Integration von Bürosystemen in klassische Informationssysteme. Dabei wird unterschieden zwischen:

4.1 dem Host als Shared-Resource für Zwecke der Informationsverarbeitung

4.2 dem Netz als Transportsystem für Büro-Informationen.

(1) M. R. DeSousa
'Electronic information interchange in an office environment'
IBM Systems Journal 20 No. 1 (1981)

(2) ISO 97/18/N3, Annex 2,
'Document Structure for Text Communications Services'.

Analyse und Bewertung von DV-gestützten Abläufen durch das Simulationssystem CAPSIM

A.-W. Scheer
Institut für Wirtschaftsinformatik
Universität Saarbrücken

Zusammenfassung

Neue Formen der betrieblichen Datenverarbeitung, die geprägt sind durch Dialogverarbeitung, Datenbankeinsatz und Integration von Daten-, Text-, Sprach- und Bildverarbeitung, erfordern in höherem Maße organisatorische Änderungen als frühere Formen der Datenverarbeitung. So werden z. B. vorher an verschiedenen Arbeitsplätzen ausgeführte Tätigkeiten nunmehr an einem Arbeitsplatz zusammengeführt (z. B. Dateneingabefunktion und Sacharbeitertätigkeit).

Das Simulationssystem CAPSIM stellt ein Analyseinstrument dar, mit dessen Hilfe derartige organisatorische Änderungen im Zusammenhang mit der Einführung neuer DV-Formen analysiert und bewertet werden können. Das System zeichnet sich durch eine große Benutzerfreundlichkeit aus: Der Anwender formuliert das zu untersuchende Problem in einer graphisch orientierten Beschreibungssprache. Aus den so festgelegten Strukturdaten wird ein Simulationsprogramm in der Sprache GPSS-F-II generiert. Nach der Durchführung der Simulationen kann der Benutzer die Ergebnisse im Dialog auswerten.

Das System CAPSIM wurde bisher in vier Anwendungsfällen aus verschiedenen Industriezweigen erprobt.

Summary

New forms of data processing, as there are conversational mode, use of data banks, and integration of data processing, word processing, communication techniques, and graphic processing require much more organisational changes than earlier forms of data processing. There are, for example, activities now performed at one employment place where several employment places used to take part in (e.g. data input functions and clerical activities).

The simulation system CAPSIM is an instrument for analysing and evaluating such organisational changes that take place in connection with the introduction of new EDP-forms. The program is optimised for use: The user formulates the problem at hand in a graphically oriented description language; From the structure dates, determined thereby, a simulation program in the GPSS-F-II language is generated; After the execution of the simulations the user can evaluate the results in conversational mode.

The CAPSIM system has been tested in four cases with data captured from different industry branches.

A. Einfluß von EDV-Anwendungen auf Arbeitsabläufe

Der Einsatz elektronischer Datenverarbeitungssysteme in betrieblichen Organisationen hat sich in folgenden vier historischen Phasen vollzogen:

1. Phase: Ausnutzung der schnellen und zuverlässigen Rechenfunktionen

2. Phase: Verarbeitung von Massendaten und Übernahme von dispositiven Sachbearbeiterfunktionen durch Batch-Verarbeitung in betrieblichen Teilbereichen

3. Phase: Integration von betrieblichen Funktionen durch Dialog- und Datenbankeinsatz

4. Phase: Vernetzung von Rechnern und Integration von Daten-, Text-, Sprach- und Bildverarbeitung

Die beiden ersten Phasen zeichnen sich dadurch aus, daß hier manuelle Verarbeitungsfunktionen weitgehend unverändert auf das EDV-System übertragen wurden. Es wird lediglich die Geschwindigkeit des Datenverarbeitungssystems ausgenutzt. Organisatorische Änderungen im Ablauf wurden allerdings dadurch bewirkt, daß Dateneingabe- und Verarbeitungsfunktionen getrennt wurden - es entstanden die großen Datenerfassungsabteilungen mit Datentypisten.

In der dritten und vierten Phase steht zwar immer noch der Ersatz menschlicher Arbeitsleistung durch eine höhere Verarbeitungsgeschwindigkeit der Maschine im Vordergrund, darüber hinaus werden nun aber auch direkte Zugriffszeiten auf gespeicherte Daten sowie die Zeiten zur Übertragung von Informationen zwischen Arbeitsplätzen reduziert. Gleichzeitig werden durch die verstärkte Dialogverarbeitung am Sachbearbeiterplatz Dateneingabefunktionen und Verarbeitungsfunktionen wieder zusammengefaßt. Derartige organisatorische Änderungen werden in einem Beispiel von REBLIN ((5), S. 52) besonders deutlich dargestellt (vgl. Abb. 1). Die 19 Arbeitsschritte bei einer batchorientierten Buchführung werden im Rahmen einer Dialogbuchführung auf fünf Arbeitsschritte reduziert.

OFF-LINE-DATENVERARBEITUNG

Buchhaltung	Datenerfassung	Rechenzentrum
1 Belege vorprüfen		
2 Belege kontieren (Buch-Stempel, A longe)		
3 Abstimmsummen bilden		
4 Belegtransport in Datenerfassung →		
	5 Belege auf Datenträger erfassen (lochen)	
	6 Erfassung prüfen durch erneute Eingabe	
	7 Korrigieren falsch erfaßter Daten	
←	8 Rücktransport der Belege in Buchhaltung	
	9 Transport Datenträger in Rechenzentrum →	
10 Belegrücklaufkontrolle		
11 Belegablage		
		12 Dateneingabe und Prüfung
		13 Drucken Fehlerprotokoll
←		14 Transport Fehlerprotokoll in Buchhaltung
15 Zum Fehlerprotokoll Urbeleg suchen		
16 Fehler korrigieren und Korrekturbeleg vorbereiten (→ 4)		
		17 Daten verarbeiten
←		18 Transport Auswertungen in Buchhaltung
19 Ergebnisse auswerten		

ON-LINE-DATENVERARBEITUNG

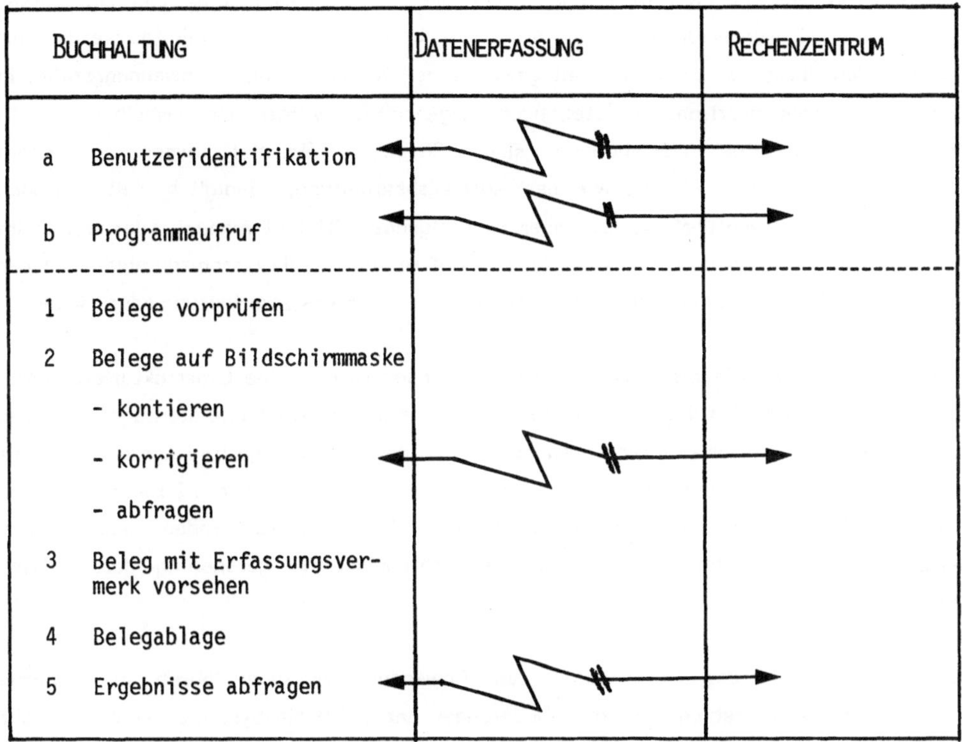

Abbildung 1: Umstellung von Off-line auf On-line-Verarbeitung in der Buchführung

Die Tatsache, daß bezüglich der EDV-Hardware von einer verstärkten Dezentralisierung gesprochen wird, während aus der Sicht der Arbeitsplätze eine stärkere Integration von Arbeitsfunktionen erfolgt, ist dabei kein Widerspruch. Aufgrund der überwiegenden Bedeutung der Hardware-Investitionen in den ersten Generationen der EDV-Entwicklung stand die Ausnutzung der Hardware im Vordergrund - die menschliche Arbeitsleistung mußte sich hier unterordnen. Mit fallenden Hardwarepreisen überwiegen dagegen die Kosten für die menschliche Arbeitsleistung, so daß nunmehr EDV-Kapazitäten zum Arbeitsplatz des Sachbearbeiters geführt werden, um die menschliche Arbeitsleistung produktiver nutzen zu können. Durch die Vernetzung der dezentralen Datenein- und -ausgabegeräte, der Datenspeicher und auch Rechenkapazitäten im Rahmen des Distributed Data Processing wird gleichzeitig eine stärkere Integration des Informationsflusses erreicht. Diese Tendenz wird auch durch den Einsatz von Datenbanksystemen unterstützt. Es ist gerade das

Kennzeichen von Datenbanken, daß die in ihr weitgehend redundanzarm gespeicherten Daten mehreren betriebswirtschaftlichen Anwendungen zur Verfügung gestellt werden.

Die Einführung von EDV-Systemen in der dritten und vierten Phase muß deshalb viel stärker durch Organisationsuntersuchungen und organisatorische Änderungen begleitet werden, als dieses in den Phasen 1 und 2 der Fall gewesen ist. Das zeigen auch Anwendungsfälle, in denen keine organisatorischen Umstellungen vorgenommen wurden und deshalb erwartete Rationalisierungserfolge ausgeblieben sind. So zum Beispiel, wenn in einem betriebswirtschaftlichen Ablauf, wie der Auftragsbearbeitung, lediglich Teilfunktionen dialogunterstützt ausgeführt werden, aber nachfolgende Tätigkeit manuell oder weiter im Batch verarbeitet werden. Dabei kann der Fall auftreten, daß die Gesamtdurchlaufzeit der bearbeiteten Objekte sich gegenüber einer früheren reinen Batchverarbeitung kaum ändert.

Im einzelnen können die organisatorischen Änderungen sowohl eine Umstrukturierung von Tätigkeiten zwischen Abteilungen bedeuten (z. B. eine direkte Kontrolle des Lagerbestandes an einem Terminal in der Auftragsabteilung anstelle einer Nachfrage im Lagerbereich) als auch die Erweiterung von Tätigkeiten an einem Arbeitsplatz, z. B. durch Zusammenfassung von Dateneingabe- und Sachbearbeiterfunktionen. Diese weitreichenden Konsequenzen werden in der Zwischenzeit auch von Arbeitnehmerorganisationen gesehen und dort kritisch beurteilt (2).

Die hohen Kosten der Entwicklung von Anwendungssystemen führen in größeren Unternehmungen mit regionalen Untergliederungen dazu, daß die Systeme mehr und mehr zentral entwickelt werden. Dieses führt gegenüber unabhängigen dezentralen Entwicklungen auch zu einer stärkeren Vereinheitlichung der Organisationsabläufe in den Teilbereichen.

Eine weitere Beeinflussung der Organisation wird durch den verstärkten Einsatz von Standardsoftware bewirkt. Obwohl diese durch Parametrisierung und sogenannte User Exits in beschränktem Umfang individuellen Gegebenheiten von Unternehmungen angeglichen werden kann, besteht ein gewisser Zwang zur Anpassung der Organisation an die Software, wenn diese nicht durch einen Eingriff in den Quellcode verändert werden soll. Hiervon ist aber im allgemeinen aus Wartungsgründen abzuraten.

Die bestehenden starken Verknüpfungen zwischen EDV-Systemen und organisatorischem Umfeld werden sowohl in der Theorie als auch bei Anwendern nur zögernd untersucht. In der Theorie befassen sich viele Untersuchungen auf organisatorischem Gebiet mit eher als Randerscheinungen zu bezeichnenden Problemen der Dialogverarbeitung wie einer ergonomischen Arbeitsplatzgestaltung oder der Gestaltung von Dialogabläufen selbst. Geeignete Hilfsmittel zur Festlegung des Dezentralisierungsgrades, der Stellenbildung und der Abteilungsgliederung fehlen aber weitgehend.

Die klassischen Verfahren der Organisationsanalyse (Multimomentanalyse, Stellenbeschreibungen) sind überdies arbeitsplatzbezogen und untersuchen weniger den Fluß von Arbeitsobjekten durch eine Organisation. Gerade durch die Dialogverarbeitung werden aber Informationsübertragungskosten zwischen Arbeitsplätzen und Abteilungen sehr stark beeinflußt, so daß der Ablauf von Vorgängen im Vordergrund der Organisationswirkungen stehen muß.

Auch die Praxis hat Wechselbeziehungen von EDV-Systemen und Organisation bisher nicht ausreichend gesehen. In Bezug auf die EDV-Anwender kann das daraus resultieren, daß EDV-Abteilungen in der Hierarchie häufig zu niedrig angesetzt werden, um grundsätzliche organisatorische Änderungen initiieren zu können. Von EDV-Herstellern geht ebenfalls die Tendenz aus, EDV-Systeme möglichst ohne Hinweis auf größere organisatorische Konsequenzen einzuführen, um dadurch einen vordergründig leichteren Eingang in das Unternehmen zu finden.

Mit dem System CAPSIM, das seit 1978 am Institut für Wirtschaftsinformatik (IWi) der Universität Saarbrücken entwickelt worden ist, wird ein Analyseinstrument zur Verfügung gestellt, mit dessen Hilfe alternative organisatorische Abläufe, wie sie durch unterschiedliche EDV-Systeme ermöglicht werden, analysiert und bewertet werden können. Damit wird ein Hilfsmittel geschaffen, das es ermöglicht, aus einer Alternativenschar die günstigste Organisationsform für ein computergestütztes Informationssystem auszuwählen. Gleichzeitig wird dadurch versucht, die Diskussion über organisatorische Auswirkungen neuer Formen der Elektronischen Datenverarbeitung auf einer rationaleren Ebene zu ermöglichen.

B. Das Simulationssystem CAPSIM

Da Kostengründe das Experimentieren an realen Organisationen verbieten, wird die Simulation als das geeignete Instrument zur Analyse von Arbeitsabläufen angesehen. Mit ihrer Hilfe wird der Fluß einzelner Arbeitsobjekte durch die Organisation verfolgt. Da die Aufstellung von Simulationsmodellen selbst bei Anwendung spezieller Simulationssprachen (GPSS, SIMULA, SIMSCRIPT, DYNAMO) einen erheblichen Aufwand erfordert, wird mit CAPSIM eine benutzerfreundliche Unterstützung der Modellbildung angeboten. Der Benutzer braucht über keine Programmierkenntnisse zu verfügen. Vielmehr werden von ihm lediglich eine inhaltliche Beschreibung der zu untersuchenden Abläufe in einer speziell entwickelten Beschreibungssprache verlangt sowie Daten über Zeitverbräuche von Vorgangsbearbeitungen und strukturelle Aufgliederungen der Bearbeitungen während des Ablaufs. Auch hat es sich erwiesen, daß die benötigten Datengruppen in vielen Unternehmungen im Rahmen von Organisationsuntersuchungen ohnehin bereits verfügbar sind oder aber durch einfache

Erhebungsverfahren (Befragungen, Gruppendiskussionen, Auszählen von vorhandenen Dokumenten) erhoben werden können.

Für die Aufbereitung des Outputs stellt das System CAPSIM eine Reihe von Hilfestellungen zur Verfügung, die den Anwender durch eine differenzierte Analyse des betrieblichen Ablaufs auf Schwachstellen und deren Gründe innerhalb des Organisationsablaufs hinweisen können.

I. Ergebnisdaten

Mit Hilfe einer CAPSIM-Simulation werden u.a. folgende Ergebnisdaten einer speziellen Organisationsalternative bereitgestellt:

- Verteilung der Durchlaufzeiten der während der Simulationsperiode bearbeiteten Geschäftsvorfälle
- Verteilung der Kapazitätsauslastung der einzelnen Arbeitsplatzgruppen
- Belastung der einzelnen Arbeitsgruppen durch unterschiedliche Tätigkeitsarten
- Verteilung der Wartezeiten der Geschäftsvorfälle vor einzelnen Arbeitsplatzgruppen
- Zeit- und Mengenanteile bestimmter Vorgänge an den Belastungen einzelner Arbeitsplatzgruppen

Diese Daten können dann in eine übergeordnete Kosten-/Nutzenanalyse eingehen. Beispielsweise ist die Durchlaufzeit bei einer Auftragsbearbeitung ein wichtiger Indikator für den Servicegrad einer Verkaufsabteilung. Da neben Kostenreduzierungen die Erhöhungen von Kundenservicegraden ein wichtiger Einflußfaktor für die Einführung computergestützter Informationssysteme ist ((4), S. 146), kann dieser Parameter direkt als Zielgröße verwendet werden.

Die Kapazitätsauslastungen sind Indikatoren für die Notwendigkeit von kapazitätsmäßigen Erweiterungen oder den Abbau von Arbeitsplätzen innerhalb einer Arbeitsplatzgruppe oder Abteilung.

Weiterhin geben die genannten Datengruppen Anhaltspunkte für die Zusammenstellung einer neu zu untersuchenden Organisationsalternative.

II. Beschreibungssprache von CAPSIM und Dateninput

Die organisatorischen Abläufe werden in einer neu entwickelten Beschreibungssprache dargestellt. In Abbildung 2 ist die Ablaufstruktur einer Auftragsbearbeitung angegeben ((6), S. 76). Jedes Kästchen stellt einen zu bearbeitenden Vorgang dar. In der unteren Hälfte ist die Vorgangsbeschreibung angegeben, in der oberen Hälfte die ausführende Abteilung (Arbeitsplatzgruppe). Da eine Abteilung mehrere Vorgänge ausführen kann, kann ihr Name bei unterschiedlichen Vorgängen erscheinen.

Abbildung 2 zeigt in vereinfachter Form, wie die Kundenanfragen beim Verkauf entgegengenommen werden, in 90 % der Fälle als Lagerartikel identifiziert werden und im Lager zu einer Bestandsüberprüfung führen. Ob der Artikel vorhanden ist oder nicht, wird dem Verkauf mitgeteilt, worauf in 75 % der Fälle der Versand ausgelöst wird, in 10 % der Fälle eine Absage an den Kunden erfolgt, in 10 % der Fälle eine Terminanfrage an die Produktion gerichtet wird und in 5 % der Fälle ein Produktionsplanungsvorgang ausgelöst wird. In ähnlicher Weise sind auch die anderen Abläufe des Beispiels zu interpretieren.

Die Pfeile verbinden die einzelnen Arbeitsschritte in ihrer logischen Folge. Dabei können Schleifen auftreten, wenn sich bei einem Vorgang herausstellt, daß ein vorhergehender Vorgang nochmals mit korrigierten Werten durchlaufen werden muß. Dieses ist bei der Terminmeldung der Produktion an den Verkauf der Fall. Falls der Verkauf mit der Terminmeldung nicht einverstanden ist, kann er eine neue Terminplanung von der Produktion erbitten.

Ein Vorgang kann mehrere unterschiedliche Vorgänge nach sich ziehen. So folgt der Kalkulation im Rechnungswesen entweder eine Preismeldung oder eine Absage an den Kunden. Die Prozentsätze an den Pfeilen geben den Anteil an, mit dem ein bestimmter Vorgang dem vorhergehenden Vorgang folgt.

Allerdings kann ein Vorgang nicht nur sich ausschließende Vorgänge nach sich ziehen, sondern auch mehrere nachfolgende Vorgänge gleichzeitig auslösen. Dies ist durch einen Bogen gekennzeichnet. Beispielsweise wird nach der Terminmeldung des Verkaufs gleichzeitig eine Nachricht an das Lager zur Versandvorbereitung und an das Rechnungswesen zur Auslösung der Rechnungsschreibung gegeben.

Ist der Abschluß mehrerer Vorgänge erforderlich, bevor ein neuer Vorgang beginnen kann, so wird dieses bei dem Eingang in einen Vorgang durch eine Verbindung gekennzeichnet. Dieses ist beim Rechnungswesen der Fall, das die Versandpapiere und Rechnungen sammelt, bevor diese an die Kunden verschickt werden.

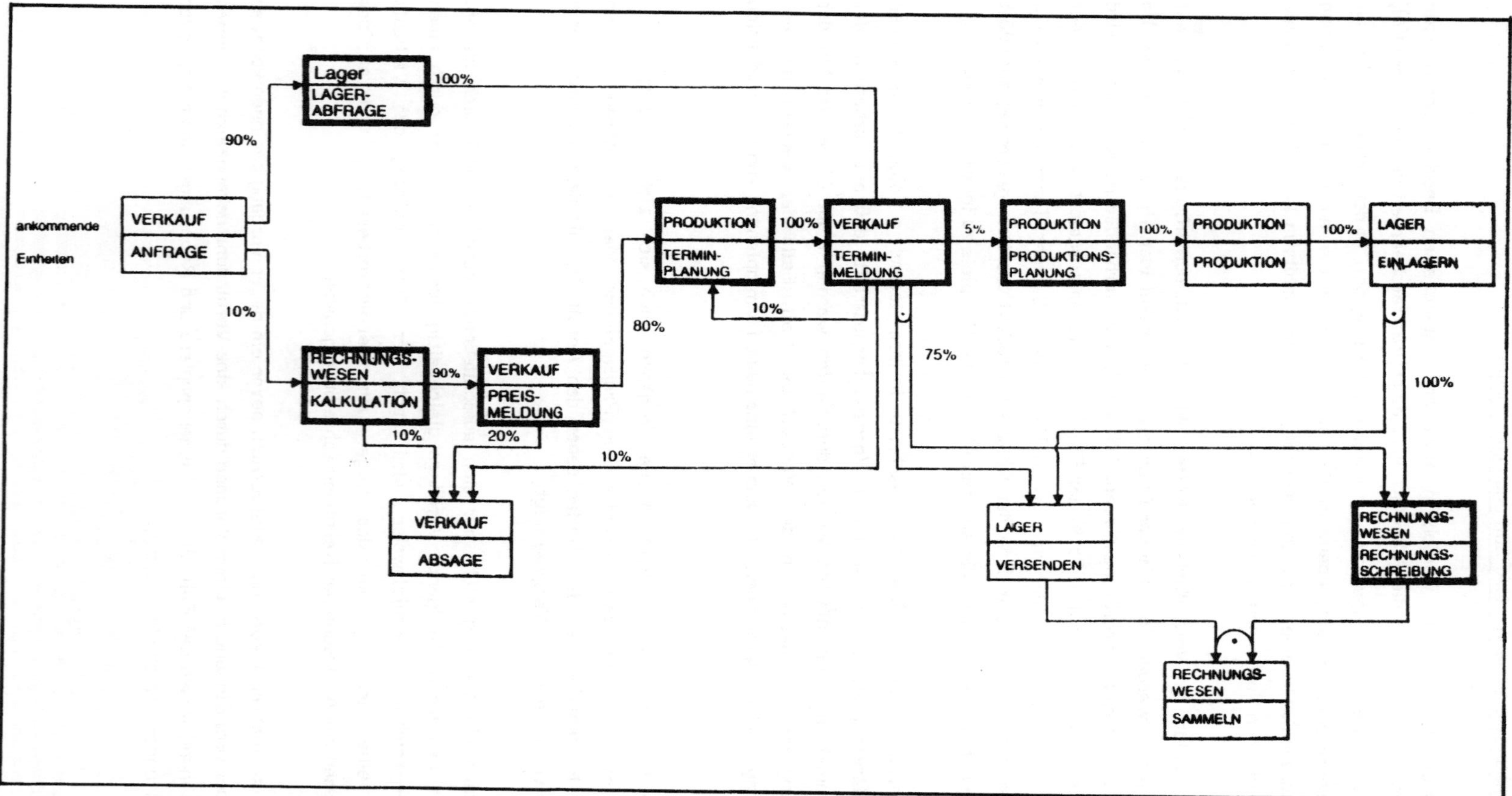

Abbildung 2: Ablaufstruktur einer Auftragsbearbeitung in CAPSIM-Darstellung

Die angeführte Beschreibungssprache zeichnet sich durch ihre Einfachheit aus. Gegenüber ähnlichen Abbildungen, wie sie im Rahmen der Netzplantechnik gebräuchlich sind, ist aber auf Unterschiede hinzuweisen. Innerhalb des CAPSIM-Systems wird für einen Planungszeitraum eine Vielzahl von Geschäftsvorfällen durch das System geführt, deren Abläufe und gegenseitige Beeinflussung gerade Gegenstand der Untersuchung sind. Innerhalb der Netzplantechnik wird dagegen nur ein Projekt analysiert. Gewisse Ähnlichkeiten zeigt aber die CAPSIM-Struktur mit dem Simulationssystem GERT (Graphical Evaluation and Review Technique), insbesondere in der modifizierten Form Q-GERT. Gegenüber diesem Verfahren besitzt CAPSIM aber eine größere Benutzerfreundlichkeit.

Die Abb. 2 bezieht sich auf den Ablauf einer batchorientierten EDV-Lösung. Diese stellt die Ist-Situation dar. Bei Einführung einer Online-Verarbeitung ändern sich die stark umrandeten Vorgänge. Die Lagerabfrage bleibt zwar als Vorgang erhalten, wird dann aber bereits in der Verkaufsabteilung über ein Terminal durchgeführt. Damit ändert sich die Abteilungsbezeichnung in dem Kästchen. Bei den anderen gekennzeichneten Vorgängen findet vor allen Dingen eine Reduktion der Bearbeitungsdauer statt. Dieses ist zum Beispiel bei einer online-unterstützten Kalkulation gegenüber einer manuellen Kalkulation innerhalb des Rechnungswesens offensichtlich.

Innerhalb einer CAPSIM-Untersuchung werden nun sowohl für vorgegebene Verteilungen der Auftragsankünfte die Ist-Situation als auch die Soll-Situation in ihren Abläufen simuliert. Aus dem Vergleich der Kenngrößen des Systems kann dann die Auswirkung der Online-Verarbeitung quantitativ ermittelt werden.

Bisher sind als Datengruppen genannt worden: Ankunftsverteilung der Vorgänge, Bearbeitungsdauern, Übergangswahrscheinlichkeiten zu nachfolgenden Tätigkeiten und Zusammenfassung bzw. Aufsplittung von Vorgängen. Dazu treten als weitere Datengruppen: Kapazitäten der Bedienstationen (Abteilungen) und Auswahlstrategie aus der Warteschlange.

Erfahrungen mit dem System haben gezeigt, daß die prinzipielle Ermittlung dieser Datengruppen auch mit begrenztem zeitlichen Einsatz möglich ist. Neben in der Arbeitsanalyse üblichen Verfahren der Zeiterhebung (Multi-Moment-Analyse) können auch Interviewtechiken und Beobachtung eingesetzt werden.

III. Ablaufsteuerung des Systems CAPSIM

Die Programme des Systems CAPSIM sind in FORTRAN IV geschrieben und benutzen die Simulationssprache GPSS-F-II. Das Verfahren läuft in fünf Stufen ab, die in Abbildung 3 dargestellt sind ((3), S. 185).

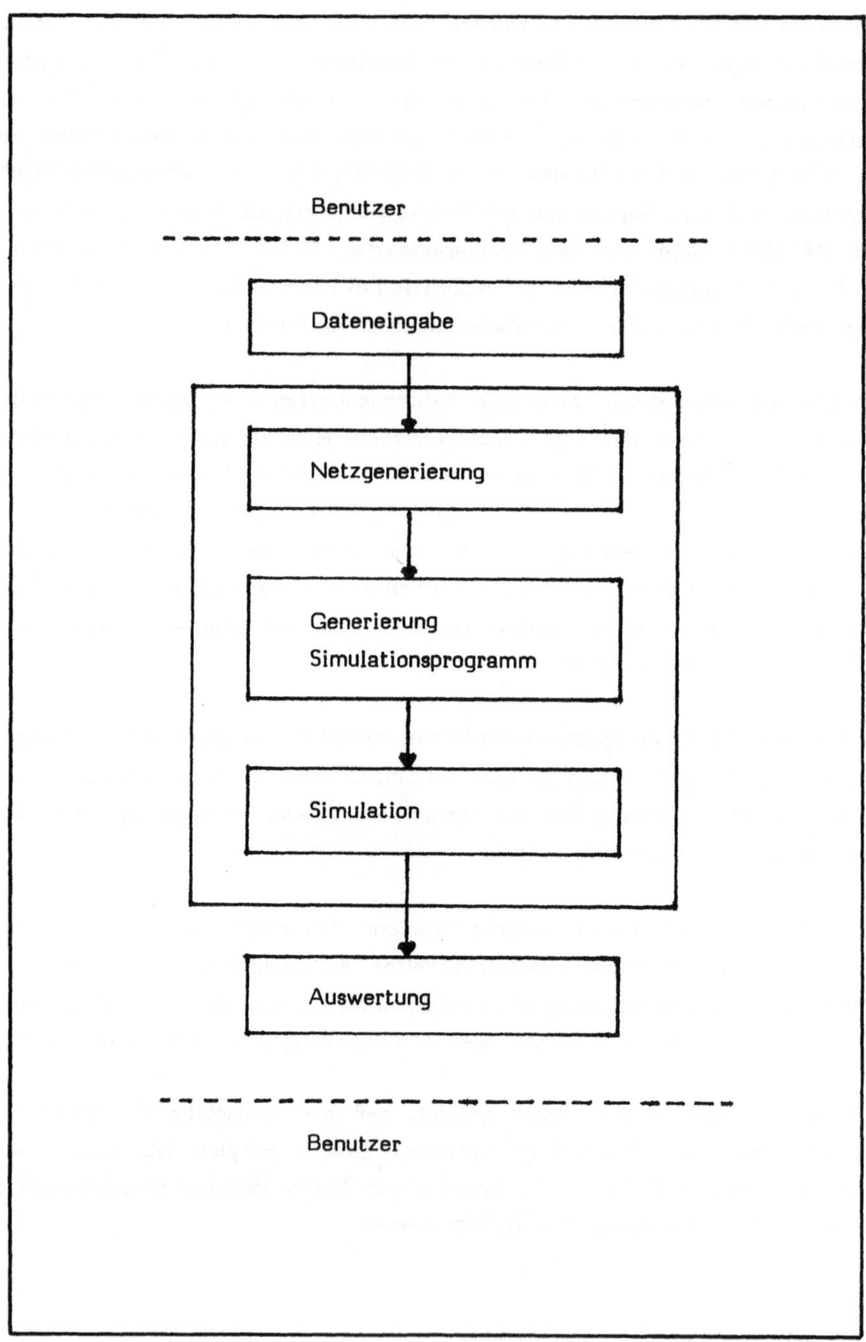

Abbildung 3: Stufen des CAPSIM-Systems

Im Dateneingabeteil werden die einzugebenden Datengruppen im Dialog vom Benutzer abgefragt. Hierbei wird streng zwischen sogenannten Strukturdaten und aktuellen Daten unterschieden. Die Strukturdaten definieren den logischen Zusammenhang der zu untersuchenden Vorgänge, also die Netzstruktur, wie sie mit Hilfe der CAPSIM-Beschreibungssprache formuliert worden ist. Da häufig unterschiedliche Alternativen bei annähernd gleicher Netzstruktur untersucht werden, ist es sinnvoll, diese Daten getrennt zu führen, da auch das aus diesen Daten generierte Simulationsmodell in seiner Struktur konstant bleibt.

Die aktuellen Daten umfassen dagegen solche Datengruppen, die sich in Abhängigkeit von der Simulationsalternative unterscheiden. Zu dieser Datengruppe gehören vor allen Dingen die Angaben über die Verteilung der Arbeitsobjekte sowie die Bearbeitungsdauern der Vorgänge und die Kapazitäten der Bearbeitungsstationen.

Bei der Dateneingabe wird gleichzeitig eine Plausibilitätsprüfung durchgeführt.

Im zweiten Schritt wird aus den eingegebenen Daten das Netz generiert, das Grundlage des folgenden Simulationsmodells ist.

Der dritte Schritt stellt das Kernstück der CAPSIM-Programme dar. In ihm wird aus den strukturellen Eingabedaten ein Simulationsprogramm in der Simulationssprache GPSS erzeugt. Dieses Programm befreit den Benutzer davon, selbst ein Simulationsprogramm zu programmieren.

Im vierten Schritt werden nun die aktuellen Daten mit dem erstellten Simulationsprogramm verknüpft und die eigentliche Simulation durchgeführt.

Im fünften Schritt werden die Ausgabeparameter der Simulation in einer Spool-Datei dem Benutzer zur Verfügung gestellt, so daß er neben generellen Übersichtsinformationen auch gezielt auf Detailergebnisse der Simulationsläufe zurückgreifen kann.

Bei der Berechnung einer neuen Alternative, die sich lediglich durch geänderte aktuelle Daten von der vorhergehenden unterscheidet, brauchen lediglich diese Daten neu eingegeben zu werden.

Die Ergebnisse des CAPSIM-Systems werden zur Zeit in Tabellenform dargestellt. Es ist geplant, diese Angaben auch in grafischer Form aufzubereiten. Die Abbildung 4 zeigt in zusammengefaßter Form das Ergebnis einer Simulation für das in Abbildung 2 dargestellte Beispiel ((7), S. 78). In der Tabelle sind sowohl die Ergebnisdaten der "Ist-Situation" als auch der Alternative "Onlineverarbeitung" angegeben. Es zeigt sich, daß bei der Onlineverarbeitung die Anzahl der zu bearbeitenden Aufträge erheblich ansteigt und die

Abteilung Produktion nunmehr zum Engpaß wird, während die Abteilung Rechnungswesen nur zu einem geringen Prozentsatz ausgelastet ist.

	Auslastungsgrade				
	Lager	Verkauf	Produktion	Rechnungs-wesen	Durchsatz an Aufträgen pro Woche
Ist-Situation	67%	89%	68%	85%	276
Einführung online bei gleicher Personalausstattung	57%	99%	92%	21%	353

Abbildung 4: Ergebnisse einer Simulationsstudie mit CAPSIM

C. Anwendungsgebiete für CAPSIM

Das System CAPSIM wurde bisher in vier Fallstudien an praktischen Einsatzfällen erprobt.

Bei der Analyse der Onlineverarbeitung in einem regional verzweigten Bankensystem wurde untersucht, wieviel Terminalarbeitsplätze in den Filialen eingerichtet werden müssen, um einen Mindestservicegrad (ausgedrückt in der Verweilzeit der Bankkunden am Terminalschalter) einzuhalten. Gleichzeitig wurde damit die erforderliche Personalausstattung in den Filialen ermittelt, die Grundlage für die Wirtschaftlichkeitsrechnung der Einführung von Onlineverarbeitung war.

Im Rahmen der Analyse der Auftragsannahme eines Stahlwerkes wurde analysiert, wie sich die Durchlaufzeiten der Auftragsannahme bei einem verstärkten Übergang zur Onlineverarbeitung gegenüber der gegenwärtigen Batchverarbeitung verändert. Hierbei wurden rund 90 Vorgänge in die Simulation einbezogen.

Ähnliche Analysen wurden bei der Beurteilung des Ablaufes in einer Speditionsfirma und in einem mittleren Unternehmen der Automobil-Zulieferindustrie bei der Untersuchung der Auftragsannahme angestellt. Hierbei wurden unterschiedliche Integrationsgrade bei der Zusammenfassung von Sacharbeiterfunktionen und Dateneingabe untersucht. Es zeigte sich, daß die Auflösung der Dateneingabeplätze bei Übernahme der Auftragserfassung durch die

Verkaufssachbearbeiter und dezentralem Ausdruck der Versandpapiere im Lagerbereich zu der organisatorisch besten Lösung führte (3).

Die Pilotprojekte haben gezeigt, daß die erforderlichen Daten für das System CAPSIM grundsätzlich bereitgestellt werden können. Damit entfällt ein häufig aus der Praxis gegenüber quantitativen Untersuchungsverfahren erhobener Einwand.

Da mit dem Analyseinstrument trotzdem ein gewisser Aufwand verbunden ist, eignet es sich insbesondere bei

- o Bewertung von größeren Reorganisationen in Großunternehmungen
- o Strukturuntersuchungen über organisatorische Auswirkungen bei der Einführung neuer Informationstechnologien für Verbände anhand von Modellunternehmungen
- o Analyse von organisatorischen Konsequenzen von Standardsoftware-Systemen für deren Hersteller

Das System CAPSIM steht in ausgetesteter und dokumentierter Form für Anwender zur Verfügung. Da die Entwicklung des Systems aus öffentlichen Mitteln des Dritten DV-Programms finanziert worden ist, wird das System zu einem vom BMFT genehmigten Selbstkostenpreis abgegeben. Nähere Auskünfte sind zu erhalten bei:

Institut für Wirtschaftsinformatik (IWi)
Universität des Saarlandes
6600 Saarbrücken 11
Tel. 0681/302 3106

Literatur

(1) Brandenburg, V. und Krcmar, H.: Simulation organisatorischer Abläufe mit CAPSIM, wird erscheinen in den Proceedings zum 1. Symposium Simulationstechnik ASIM 82 in Erlangen

(2) Jürgens, J.: Rationalisierung im Versicherungsgewerbe, in WSI-Mitteilungen 8/1980, S. 456 - 465

(3) Krcmar, H.: Gestaltung von Computer-am-Arbeitsplatz-Systemen, unveröffentlichtes Manuskript, Saarbrücken 1982

(4) Mertens, P. und Mitarbeiter: Betriebswirtschaftliche Nutzeffekte und Schäden der EDV-Ergebnisse des NSI-Projektes, in: ZfB 52. Jg. (1962), S. 135 - 153

(5) Reblin, E.: Stapel- oder Dialogverarbeitung im Rechnungswesen, in: Stahlknecht, P. (Hrsg.): Online-Systeme im Finanz- und Rechnungswesen, Berlin-Heidelberg-New York 1980

(6) Scheer, A.-W.: Assessing the Economy of Computer-Based Information Systems, in: Goldberg, R. and Lorin, H. (Hrsg.): The Economics of Information Processing, Vol. 1, John Wiley & Sons, 1982, S. 208 - 220

(7) Scheer, A.-W.: Kosten und Nutzen neuer Informationssysteme aus betriebswirtschaftlicher Sicht, in: Wirtschaftspolitische Blätter 4, herausgegeben von der Bundeskammer der gewerblichen Wirtschaft, Wien 1980, S. 67 - 78